KB246205

건축·인테리어 실사 모델링

3ds Max 2017

NEXT GENERATION 3D ENVIRONMENT

기본
+활용
실무 테크닉

이주영, 네모기획 지음

BM (주)도서출판 성안당

Foreign Copyright:
Joonwon Lee          Mobile: 82-10-4624-6629
Address: 3F, 127, Yanghwa-ro, Mapo-gu, Seoul, Republic of Korea
               3rd  Floor
Telephone: 82-2-3142-4151
E-mail: jwlee@cyber.co.kr

건축 · 인테리어 실사 모델링

# 3ds Max 2017 기본활용 실무테크닉

2017.  2.  3. 1판 1쇄 발행
**2024.  4. 24. 1판 5쇄 발행**

저자와의
협의하에
검인생략

지은이 | 이주영, 네모기획
펴낸이 | 이종춘
펴낸곳 | BM ㈜도서출판 성안당
주소 | 04032 서울시 마포구 양화로 127 첨단빌딩 3층(출판기획 R&D 센터)
       10881 경기도 파주시 문발로 112 파주 출판 문화도시(제작 및 물류)
전화 | 02) 3142-0036
      031) 950-6300
팩스 | 031) 955-0510
등록 | 1973. 2. 1. 제406-2005-000046호
출판사 홈페이지 | www.cyber.co.kr
ISBN | 978-89-315-5466-3 (13000)
정가 | 43,500원

**이 책을 만든 사람들**
책임 | 최옥현
진행 | 조혜란
기획 · 진행 | 네모기획
교정 · 교열 | 네모기획
디자인 | 디박스
홍보 | 김계향, 유미나, 정단비, 김주승
국제부 | 이선민, 조혜란
마케팅 | 구본철, 차정욱, 오영일, 나진호, 강호묵
마케팅 지원 | 장상범
제작 | 김유석

■ 도서 A/S 안내

성안당에서 발행하는 모든 도서는 저자와 출판사, 그리고 독자가 함께 만들어 나갑니다.
좋은 책을 펴내기 위해 많은 노력을 기울이고 있습니다. 혹시라도 내용상의 오류나 오탈자 등이
발견되면 **"좋은 책은 나라의 보배"**로서 우리 모두가 함께 만들어 간다는 마음으로 연락주시기
바랍니다. 수정 보완하여 더 나은 책이 되도록 최선을 다하겠습니다.
성안당은 늘 독자 여러분들의 소중한 의견을 기다리고 있습니다. 좋은 의견을 보내주시는 분께는
성안당 쇼핑몰의 포인트(3,000포인트)를 적립해 드립니다.

잘못 만들어진 책이나 부록 등이 파손된 경우에는 교환해 드립니다.

NEXT GENERATION 3D ENVIRONMENT

다시 한 번 독자 여러분과 책으로 만나게 되어 반갑습니다.

3ds Max 2013 이후로 두 번째 집필을 진행하며 앞서 집필한 내용보다 더 알차게 구성하고 보다 유용한 내용을 넣기 위해 기나긴 시간을 고민하고 노력하였습니다.

3ds Max는 매년 새로운 버전으로 출시가 되고 있으며 버전이 올라갈수록 사용자 편의 기능이 늘어나고 있습니다. 특히 이번 3ds Max 2017에서 많은 변화가 생긴 버전이라고 생각됩니다. 기본 UI부터 사용자가 보다 편리하게 사용할 수 있도록 보완되어 유저를 위한 배려가 많아졌다고 생각됩니다.

건축/인테리어 모델링은 시간을 투자한 만큼 실력도 오르게 된다고 생각합니다. 단순히 한번 따라하고 끝내는 것보다 꾸준한 연습을 통해 자신만의 노하우를 쌓아가는 것이 중요합니다. 3ds Max에 정답은 없습니다. 모델링과 매핑, 렌더링까지 개인마다 사용하는 툴과 만들어 가는 과정이 다르기 때문에 공부를 하며 자신에게 가장 편리한 방법을 찾아가는 것이 좋습니다.

책을 쓰면서 염두에 둔 부분은 "처음 배우는 분들도 혼자서도 쉽게 공부할 수 있는 책을 만들자!"였습니다. 되도록 어려운 용어는 피하고 누가 보더라도 이해할 수 있도록 설명하였으며 예제마다 재미를 느끼게 고민하였고 예제 하나에 며칠을 고민한 적도 있습니다.

기본적으로 이론적인 부분과 예제를 통해 쉽게 3ds Max를 익힐 수 있도록 설명하였으며 기본 도형을 이용한 모델링부터 사실적인 이미지를 만들기 위한 렌더링 방법까지 단계별로 접근할 수 있도록 구성하였습니다.

3ds Max의 방대한 양을 모두 담을 수는 없지만 반드시 익혀야 할 툴과 실무에서 사용하는 다양한 팁부터 이미지 연출 방법까지 3ds Max를 공부하는 독자에게 꼭 필요한 기능을 쉽게 다가갈 수 있도록 구성하였습니다. Max를 처음 접하고 공부하는 분들에게 많은 도움이 되기를 바랍니다.

책을 집필하는 오랜 시간 동안 옆에서 힘이 되어준 나의 아내 아영과 딸 윤지, 연지, 예지, 가족들 그리고 기획에 힘써주신 네모기획 분들과 편집에 고생이 많으셨던 성안당 분들에게 깊은 감사를 드립니다.

블로그 : http://blog.naver.com/okljy


저자 이주영

갤러리

# PART 01

# 3ds Max 2017 시작하기

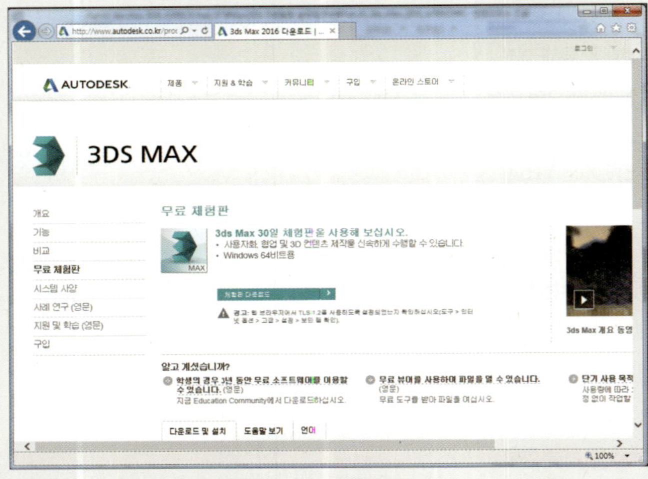

▲ Chapter 01 3ds Max 2017 설치 및 시작하기

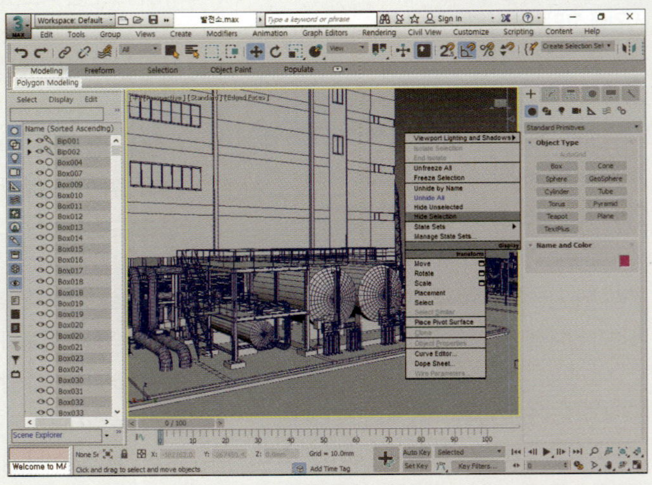

▲ Chapter 02 3ds Max 2017의 인터페이스와 주요 기능

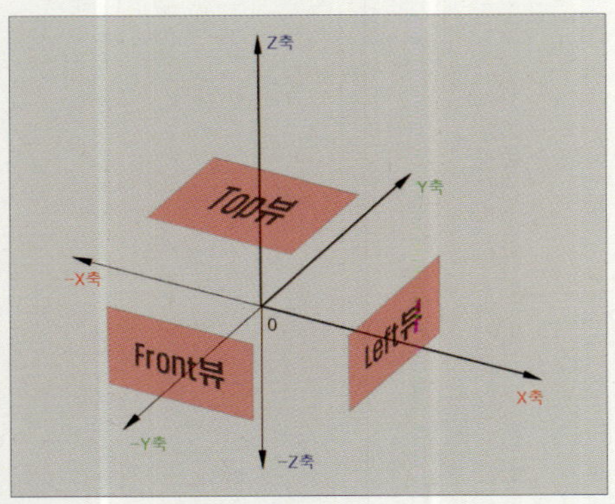


◀ Chapter 03 효율적인 3ds Max 작업을 위한 기초 다지기

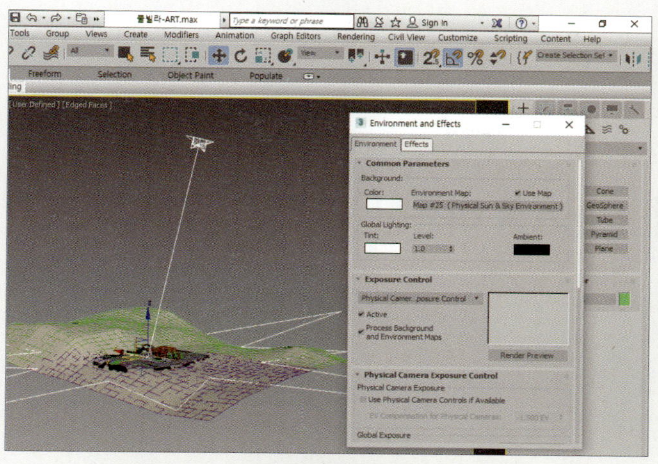

▲ Chapter 04 3ds Max 2017의 새로운 기능 알아보기

▲ Chapter 05 Ribbon의 기능과 활용 방법

# PART 02

# 인테리어 소품으로 모델링 연습하기

▲ Chapter 01 모델링의 기본! 3D Object 만들기

▲ Chapter 02 Polygon 편집 기능 알아보기

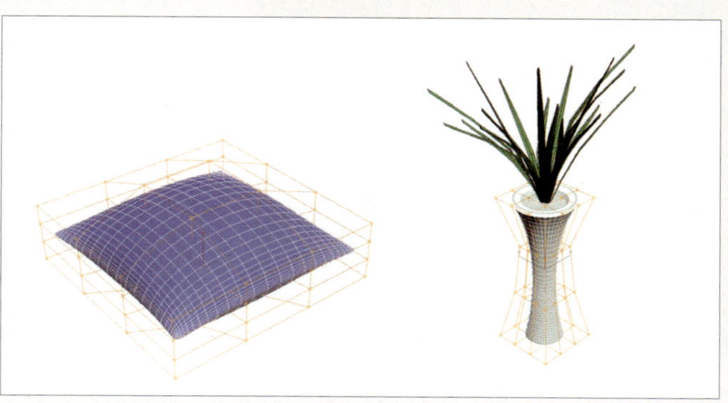

◀ Chapter 03 Object를 변형하는 명령어

# 건축 모델링의 필수 기법! Line을 이용한 모델링 방법 알아보기

▲ Chapter 01 원하는 형태의 모양을 마음대로!! Line에 대하여 알아보기

▲ Chapter 02 건축 모델링의 핵심! 2D를 3D로 만드는 기본 명령어

▲ Chapter 03 Object를 합성하는 Compound Objects의 활용

# 건축 재료를 제대로 표현하는 고급 Mapping 방법

◀ Chapter 01 Object에 질감을 불어 넣는 Mapping

▲ Chapter 02 정확한 반사와 굴절 표현을 위한 VRayMtl의 활용

▲ Chapter 03 실무에서 사용하는 재질의 활용 방법

# PART 05

# 클라이언트의 시선을 사로잡는 구도와 카메라의 설정

▲ Chapter 01 건축 CG에 필요한 구도 이야기

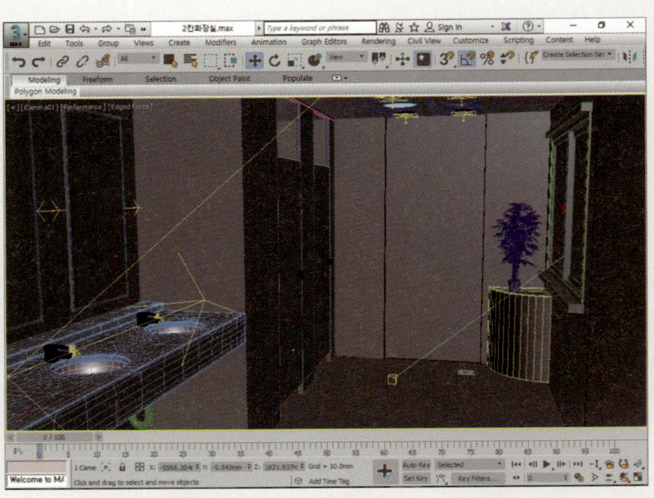

▲ Chapter 02 Camera의 종류와 설정

# PART 06

# Scene의 분위기를 완성하는 Lighting 실무 기법

▲ Chapter 01 사실적인 느낌을 만들어주는 Lights

▲ Chapter 02 최종 결과물을 확인하기 위한 렌더링의 모든 것

▲ Chapter 03 Interior Rendering 기본 익히기

▲ Chapter 04 Exterior 렌더링 기본 익히기

# PART 07

# 다양한 기능을 활용한 모델링 익히기

▲ Chapter 01 거실 인테리어의 기본! 홈시어터 만들기

▲ Chapter 02 건축 인테리어의 기본 ISO 만들기

▲ Chapter 03 도면을 이용하여 건축물 만들기

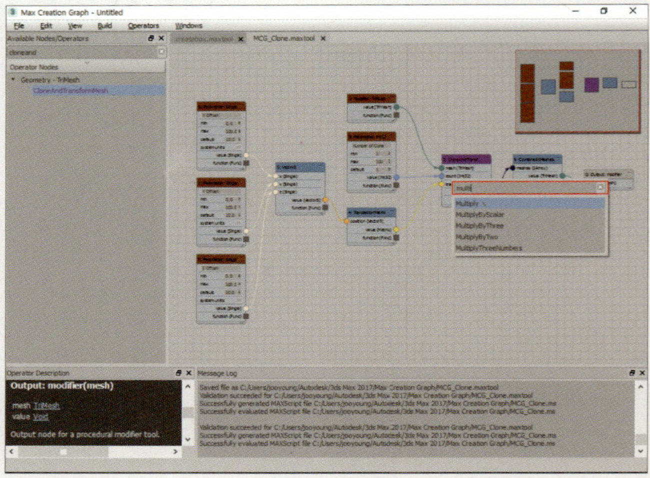

▲ Chapter 04 Max Creation Graph를 활용한 모델링

# V-Ray의 다양한 활용 방법

◀ Chapter 01 V-Ray의 기본 마스터하기

▲ Chapter 02 VRayMtl의 다양한 활용 방법

▲ Chapter 03 V-Ray로 할 수 있는 모델링 방법

# 기타 갤러리 이미지 컷

Digital
Expo
Seoul

CLAY INSTITUTE

# 이 책을 보는 방법

이 책은 건축과 인테리어 분야에서 필요한 건축 모델링을 다룬 3ds Max 서적입니다. 입문자 및 초보자들이 쉽고 빠르게 3ds Max의 기능을 습득하고 활용할 수 있도록 구성하였습니다.

## Chapter

각 과정의 핵심 과정을 쉽게 파악할 수 있도록 챕터 단계로 구분하였습니다.

## 학습 목표

Chapter 과정을 시작하기 전 핵심 내용을 제시하여 학습에 대한 내용을 미리 파악하도록 하였습니다.

## 미리 보기

학습 목표 및 따라하기 과정에서 더욱 잘 이해하기 위해 학습하게 될 예제 이미지들을 확인할 수 있습니다.

## 예제 파일 경로

성안당 홈페이지(www.cyber.co.kr)의 [도서몰]–[자료실]–[자료실]에서 다운로드한 예제 파일 및 완성 파일 (315-5466.zip) 경로를 표시합니다.

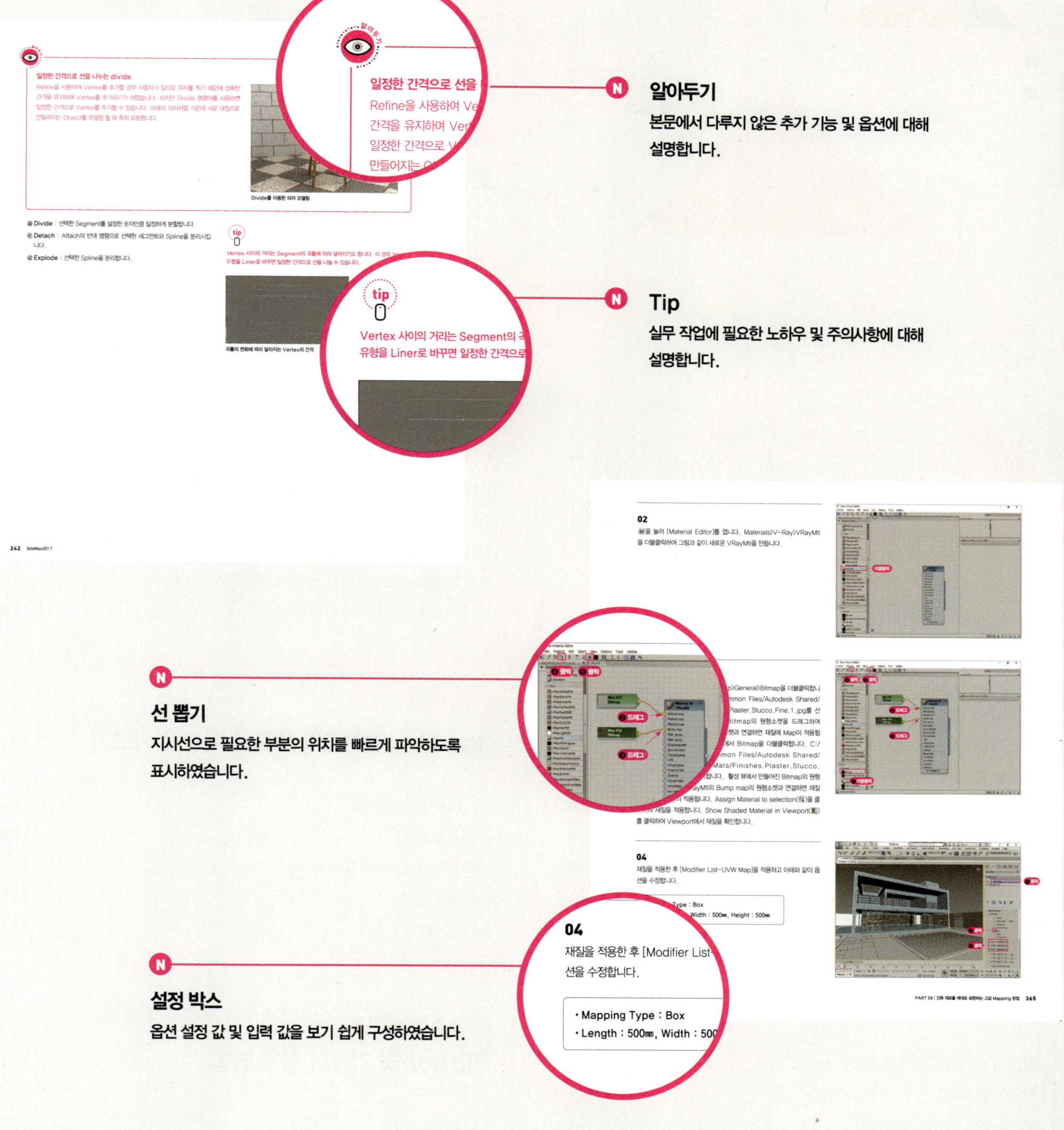

### 알아두기

본문에서 다루지 않은 추가 기능 및 옵션에 대해
설명합니다.

### Tip

실무 작업에 필요한 노하우 및 주의사항에 대해
설명합니다.

### 선 뽑기

지시선으로 필요한 부분의 위치를 빠르게 파악하도록
표시하였습니다.

### 설정 박스

옵션 설정 값 및 입력 값을 보기 쉽게 구성하였습니다.

# 목차

## PART 01
## 3ds Max 2017 시작하기

**PART 02**

# 인테리어 소품으로 모델링 연습하기

## PART 08

# V-Ray의 다양한 활용 방법

PART
3 d s
M A X
2 0 1 7

# 01

# 3ds Max 2017
# 시작하기

3ds Max 2017을 공부하기 위해서는 먼저 컴퓨터에 3ds Max를 설치해야 합니다. 이번 장에서는 3ds Max를 설치하는 방법과 환경 설정 방법에 대하여 알아보겠습니다. 그리고 3ds Max 2017의 새로운 기능 및 화면 구성에 대해서도 자세히 알아보겠습니다. 처음 3ds Max를 접하면 어렵게 느껴지는 것이 사실이지만 3ds Max 작업을 하는 데 있어 가장 기본적인 과정이므로 잘 익혀두시기 바랍니다.

## Chapter 01

# 3ds Max 2017 설치 및 시작하기

3ds Max는 강력한 3차원 Modeling과 Mapping, Rendering을 통하여 자연스럽고 사실적인 3차원 그래픽을 만들어 내는 3D 프로그램입니다. 이번에는 3ds Max를 Autodesk 홈페이지에서 다운로드하는 방법과 설치하는 과정, 그리고 실행하는 과정에 대하여 알아보겠습니다.

**학습 목표**  3ds Max를 시작하려면 가장 먼저 컴퓨터에 3ds Max를 설치해야 하므로 프로그램을 설치하는 과정과 기본적인 파일 관리 방법에 대하여 알아본다.

① 3ds Max의 활용 분야

② 3ds Max의 설치 및 실행하기

# 3ds Max의 활용 분야

최근 컴퓨터 그래픽의 활용도가 높아지면서 3ds Max의 비중도 점차 높아지고 있습니다. 3ds Max는 통합 3D Modeling, Animation, BIM 등 다양한 분야에서 폭넓게 활용되고 있습니다. 게임용 3D 그래픽과 TV 방송 및 CF, 영화의 시각 효과 연출 등이 그 대표적인 예입니다.

## ■ 3ds Max의 활용 분야

3ds Max는 실제로 존재하지 않는 빌딩, 제품, Interior 등을 사전에 미리 살펴볼 수 있게 함으로써 결과를 심도 있게 이해하는 데 도움을 줍니다.

## ■ 건축 프레젠테이션

3ds Max의 3차원 Modeling 기능은 현실적인 표현을 극대화하여 다양한 View에서 외관을 바라보거나 주변 환경과의 조화를 미리 확인하여 실사에 가까운 건축 결과물을 만들어 냄으로써 클라이언트와의 커뮤니케이션을 원활하게 하거나 마케팅을 할 때 많은 도움이 됩니다.

## ■ Interior

주거 공간이 발달함에 따라 시공이나 Remodeling 작업 시 Interior 디자인을 미리 만들어봄으로써 수작업보다 쉽고 빠르게 클라이언트를 이해시킬 수 있습니다. 또한 간단한 조명이 포함된 장면을 신속하게 설정하여 사실적이고 멋진 결과물을 얻을 수도 있습니다.

## ■ 제품/영상 광고 분야

홍보를 목적으로 하는 제품을 미리 만들어 해당 제품을 더 돋보이게 하는 등 여러 특수 효과를 내기 위해 사용합니다.

## ■ 게임 그래픽

게임 그래픽 분야는 컴퓨터 기술이 발전함에 따라 Polygon을 이용한 게임 산업에서 3ds Max의 비중이 커지고 있습니다. Polygon을 이용한 게임 캐릭터의 제작에서부터 디테일한 움직임, Animation에 이르기까지 다양한 방면에 이용되고 있습니다.

## ■ 영화, Animation

컴퓨터 기술의 발달과 Animation 영상 기능이 발전하면서 Digital Animation 분야 역시 비약적으로 발전하고 있습니다. 아티스트와 디자이너가 좀 더 신속하게 제작 단계에 착수할 수 있도록 강력한 통합 3D Modeling, Animation, Rendering 및 합성 도구를 제공하기 때문에 사실적인 Character와 고품질 Animation을 제작할 수 있습니다.

### 3ds Max를 빨리, 잘하는 요령

필자는 수업 시간 중에 학생들에게 가끔 아래와 같은 질문을 받습니다.

"Modeling을 빨리 하려면 어떻게 해야 하나요?"

"3ds Max를 빨리 배우려면 가장 먼저 무엇을 배우는 것이 좋은가요?"

완성된 결과물을 보면 자신도 그렇게 만들고 싶어 합니다. 하지만 반드시 알아두어야 하는 것은 누구나 처음부터 잘하는 사람은 없다는 것입니다. 3ds Max를 빨리 배우고 싶다면 열심히 하는 방법밖에는 없습니다. 가장 기본적인 인터페이스와 용어부터 차근차근 익히세요. 한번 했던 Modeling은 완전히 자신의 것이 될 때까지 반복하여 만들어보세요. 처음 할 때보다 두 번째 할 때의 속도가 더 빠를 것입니다. 이러한 과정을 거쳐 명령어를 자신의 것으로 만든 후에는 다른 작업을 좀 더 쉽고 편하게 할 수 있습니다. 3ds Max를 공부하기로 마음먹었다면 하루에 단 5분이라도 시간을 투자하세요. 꾸준한 노력만이 초보를 빨리 벗어나는 지름길입니다.

02

# 3ds Max 2017 설치하기

먼저 3ds Max를 설치하는 방법에 대하여 알아보겠습니다. 처음 설치하기 때문에 어렵게 느낄 수도 있지만 천천히 따라해 보시기 바랍니다.

### ■ 3ds Max 2017 Trial 버전 다운로드하기

3ds Max를 공부하기 위해서는 먼저 컴퓨터에 3ds Max를 설치해야 합니다. 오토데스크 홈페이지(http://www.autodesk.co.kr)에서 '제품-Autodesk 3ds Max'를 선택한 후 '무료 체험판 다운로드' 화면으로 이동하면 간단한 정보 입력하면 30일간 사용할 수 있는 무료 체험판을 다운로드할 수 있습니다.

**01**

오토데스크 홈페이지에 접속한 후 '무료 체험판 – 3ds Max'를 클릭합니다.

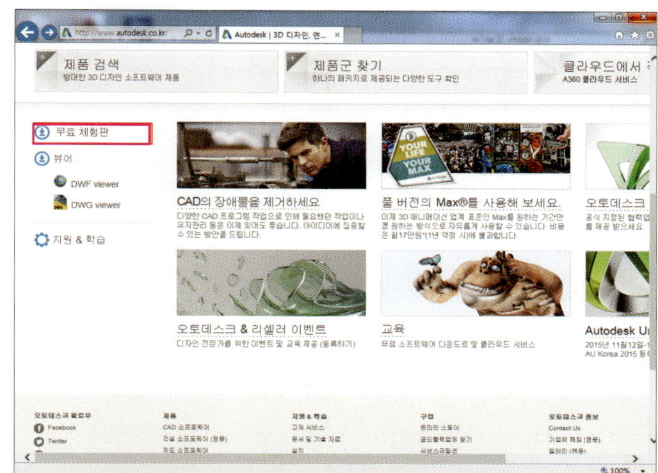

**02**

'체험판 다운로드'를 클릭하고 약관 동의 후 '계속'을 클릭하여 무료 체험판을 다운로드할 수 있습니다.

# 3ds Max 2017 Trial 버전 설치하기

다운로드를 완료한 후 3ds Max 2017 Trial을 설치하는 방법에 대하여 알아보겠습니다.

## 01

설치 파일을 실행하면 설치 과정을 안내하는 창이 나타납니다. [설치] 버튼을 클릭하면 다음 단계로 넘어갑니다.

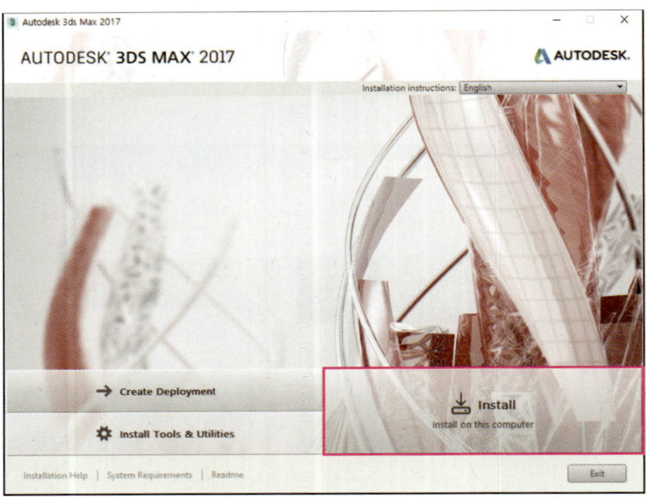

## 02

라이선스 계약에 관한 화면이 나타납니다. [동의함]을 선택한 후 [다음] 버튼을 클릭합니다.

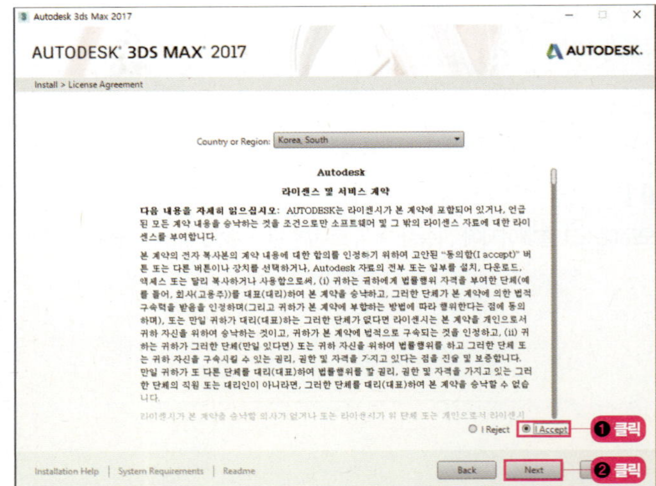


## 03

제품 일련 번호(Serial number)를 입력하는 화면에서 '30일 동안 이 제품을 시험 사용합니다.'를 선택한 후 [다음] 버튼을 클릭한 후 설치 경로를 지정하는 화면에서 [설치] 버튼을 클릭하면 설치가 시작됩니다.

tip 기본 설치 경로가 이미 지정되어 있습니다. 다른 경로에 설치하려면 [Browse]를 클릭한 후 설치 경로를 선택합니다.

## 04

3ds Max 2017이 설치 중인 화면입니다. 하단의 진행 바에서 설치 현황을
확인할 수 있습니다. 회색 바가 끝까지 도달하면 설치가 완료된 것입니다.

## 05

설치가 정상적으로 끝난 화면입니다. [마침] 버튼을 클릭하면 설치 과정이
종료됩니다.

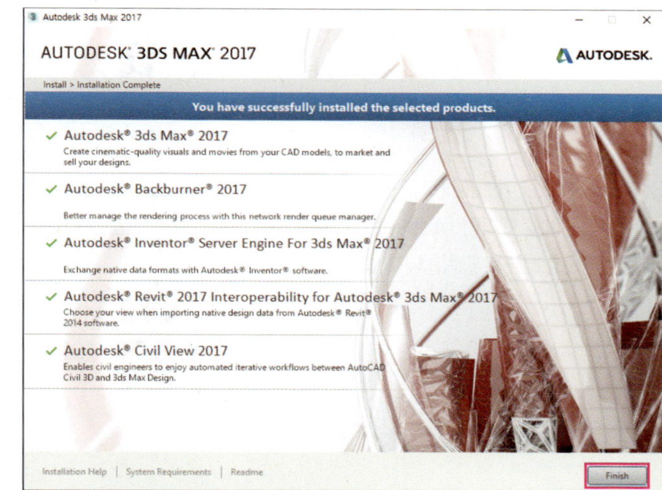

### 3ds Max 2017의 설치 사양

64bit Windows용

- 운영 체제 : Microsoft® Windows3pt 7 (SP1), Windows 8 and Windows 8.1 Professional operating system
- CPU : Intel 64-bit 또는 AMD3pt multi-core processor
- RAM : 8 GB RAM
- HDD : 6 GB의 하드 디스크 드라이브 여유 공간
- Pointing Device : 3 버튼 마우스와 마우스 드라이버 소프트웨어
- ODD : DVD-ROM 드라이브
- 웹 다운로드 및 오토데스크 서브 스크립션 혜택 이용을 위한 인터넷 연결

# 03

# 3ds Max 2017
# 실행과 종료하기

3ds Max 2017을 설치하면 다른 프로그램과 같이 바탕 화면에 실행할 수 있는 바로가기 아이콘이 만들어집니다. 바로가기 아이콘을 더블클릭하면 프로그램을 실행할 수 있습니다. 프로그램을 실행한 후 인증 과정을 거치는 방법과 종료하는 과정에 대하여 알아보겠습니다.

## 01

바탕 화면의 Autodesk 3ds Max 2017 아이콘을 더블클릭합니다.

## 02

3ds Max 2017이 실행되기 전에 정품 인증을 위한 대화상자가 나타납니다. 정품 구입을 했다면 [Activate] 버튼을 클릭하고, 무료 체험판을 사용하려면 [Run] 버튼을 클릭합니다.

## 03

3ds Max 2017을 실행하면 그림과 같은 화면이 나타납니다. 각 옵션에 대하여 알아보겠습니다. 처음 맥스를 실행하면 그림과 같이 Classic과 Design 중 하나를 선택할 수 있습니다. Classic 버전은 모델링과 애니메이션등 주로 게임 제작용으로 사용하며 Design 버전은 투시도나 조감도와 같이 실사와 같은 환경을 표현하는 건축용으로 사용합니다. 건축물을 주로 사용할 예정이므로 Design을 선택합니다.

## Classic과 Design을 변경하는 방법

Classic과 Design 중 하나를 선택하면 재실행 시 선택 화면이 다시 나오지 않습니다.

모드 변경이 필요할 경우 바로가기 아이콘의 정보를 수정하여 모드를 변경할 수 있습니다.

바탕 화면의 3ds Max 2017 아이콘에서 마우스 우클릭 후 속성을 선택하면 그림과 같은 창이 나타납니다.

정보창의 대상 끝에 아래 명령어를 추가하여 초기 선택을 바꿀 수 있습니다.

–df : 3ds Max 실행 시 대화상자를 표시합니다.

–dfc : Classic 버전을 실행합니다.

–dfd : Design 버전을 실행합니다.

EX) "C:\Program Files\Autodesk\3ds Max 2017\3dsmax.exe" –df

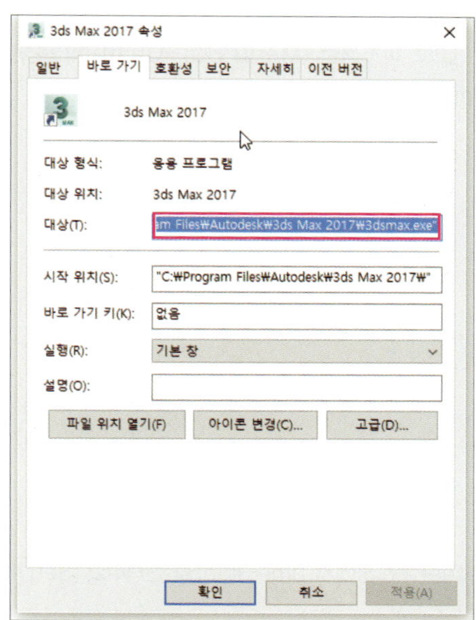

모드를 선택 화면 아래와 같은 환영 화면이 나타납니다. 환영 화면은 3개의 탭으로 구성되어 있습니다.

• Learn : 1분 시작 동영상과 새로운 기능, 학습에 필요한 동영상과 샘플 파일을 확인할 수 있습니다.

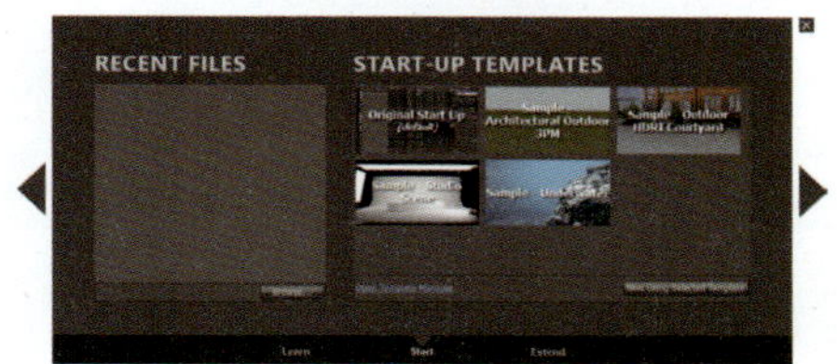

• Start : 최근 작업한 파일을 열거나 START-UP TEMPLATES에서 새로운 Scene을 선택하여 시작할 수 있습니다.

• Extend : Autodesk 360 및 The Area를 비롯하여 유용한 Autodesk 리소스뿐만 아니라 Autodesk Exchange Store에서 특정 앱 중 하나를 찾을 수 있습니다. 또한 Autodesk Animation Store 및 식물 다운로드를 클릭하여 Scene에 추가할 수도 있습니다.

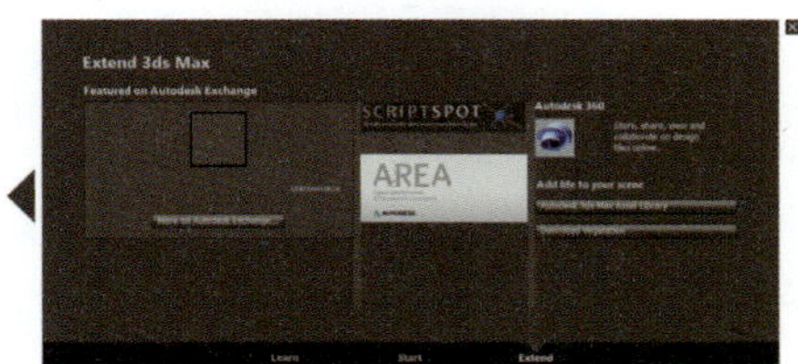

## 04

3ds Max 2017의 기본 UI는 약간 어둡게 설정되어 있습니다. 기본 UI를 다른 UI로 바꾸려면 [Menu Bar-Customize-Custom UI and Defaults Switcher]를 선택합니다.

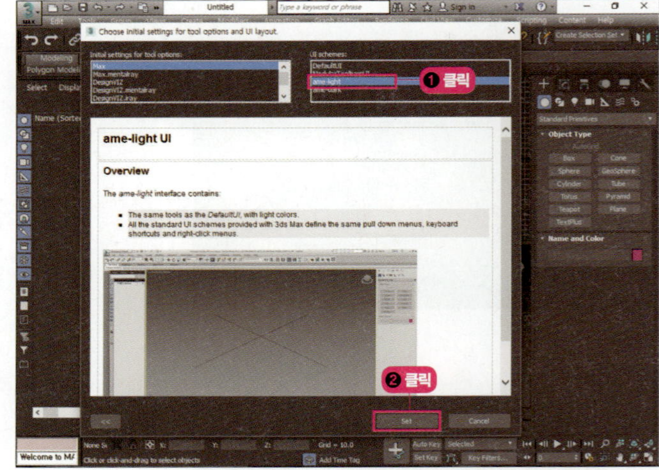

## 05

UI schemes 중에서 'ame-light'를 선택하고 [Set] 버튼을 클릭합니다.

## 06

기본 UI가 밝은 색으로 변경되었습니다. 화면이 어두우면 책의 내용이 잘 안 보일 수 있으므로 밝은 색 화면으로 진행하겠습니다.

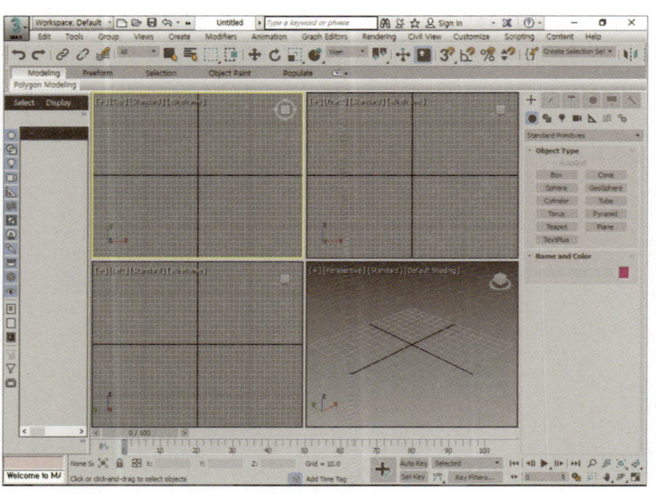

## 07

Application 메뉴(⊞)를 클릭한 후 [Exit 3ds Max]를 누르면 프로그램이 종료됩니다.

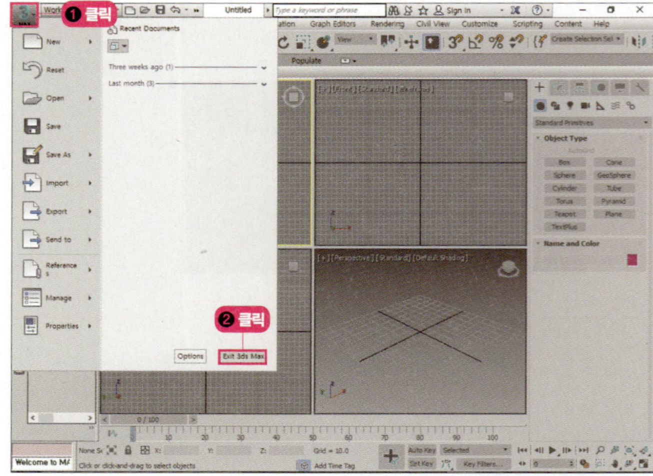

# 04

# 파일을 불러오는 Open

이번에는 파일을 여는 방법과 파일 형식에 대하여 알아보겠습니다. Open 명령을 통해 작업했던 파일이나 다른 Max 파일을 열어 수정할 수 있습니다.

 **예제 파일**
C:/315-5466/Part01/0101.max

## 01

Application 메뉴()를 클릭한 후 [Open]을 클릭합니다.

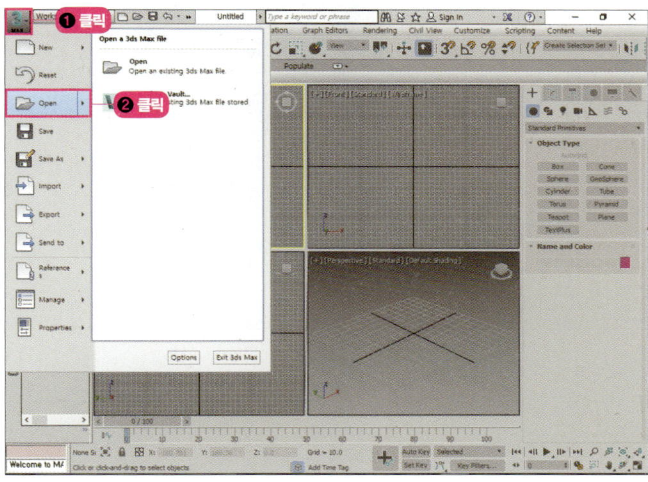

## 02

[Open File] 대화상자가 나타납니다. 'C:/315-5466/Part01/0101.max' 파일을 선택한 후 [Open] 버튼을 클릭합니다.

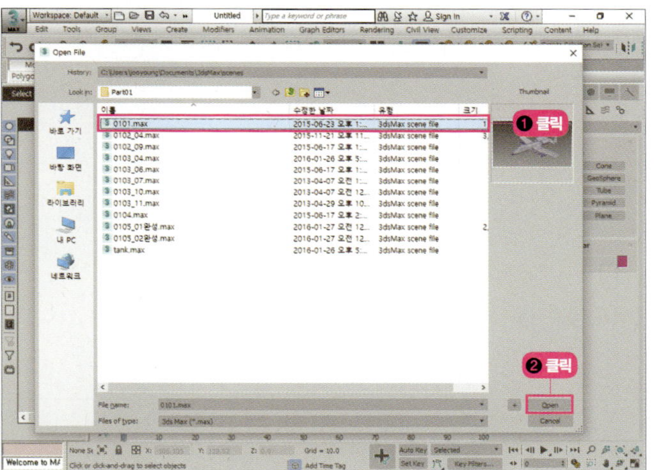

## 03

선택한 파일이 열리면서 Viewport에 Object가 나타납니다.

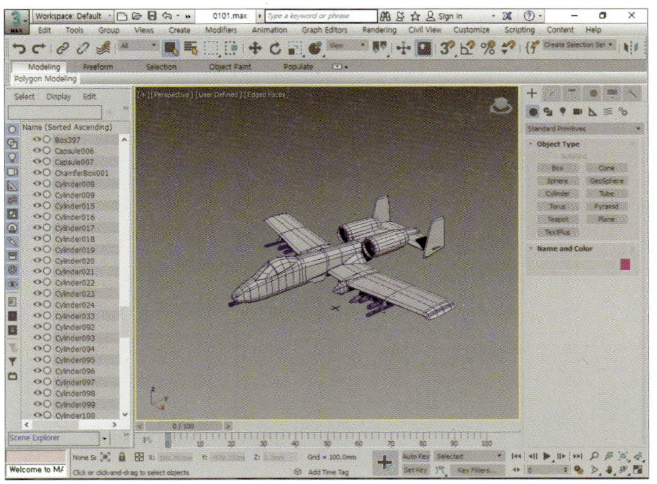

**tip**
Open 대화상자에서 Max 파일과 chr 파일을 열 수 있습니다. Max 파일은 3ds Max에서 사용하는 기본적인 장면 파일이고 chr 파일은 Character 저장으로 저장된 문자 파일입니다.

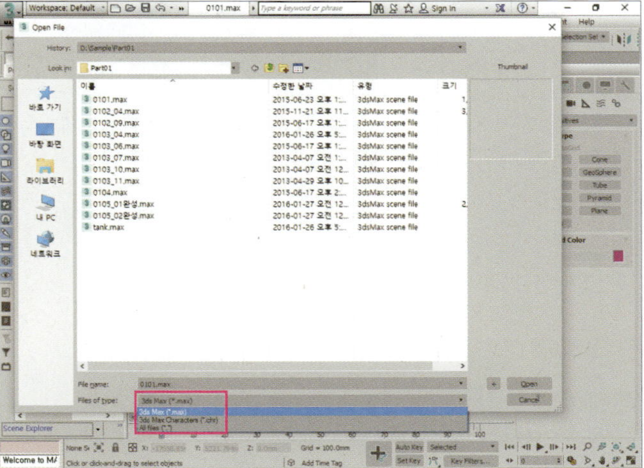

## 05

# 작업한 파일을 저장하는
# Save, Save As

모든 작업이 끝나면 파일로 저장해야 합니다.
이번에는 다양한 저장 방법에 대하여 알아보겠습니다.

## 01

작업한 파일에 그대로 덮어쓰기 하려면 Application 메뉴()의 [Save]를 클릭합니다. 이전에 저장한 적이 없는 경우에는 [Save File As] 대화상자가 나타나는데, 이 때 새로운 이름을 지정하여 저장할 수 있습니다.

**tip**

단축키 ' Ctrl + S '를 누르면 현재 화면에서 변경한 내용이 바로 저장됩니다.

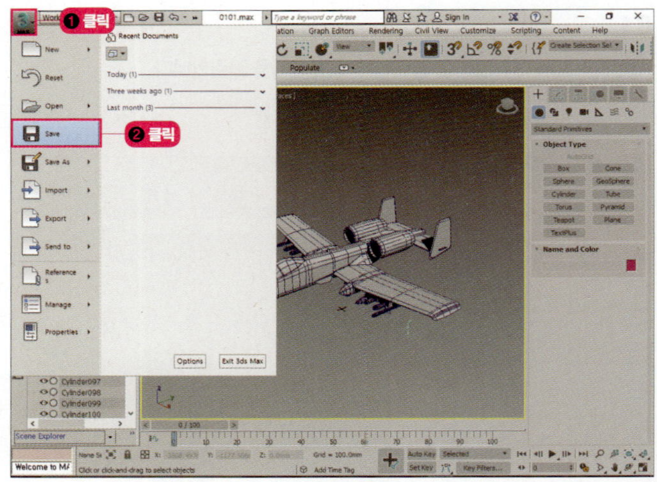

## 02

Application 메뉴()의 [Save As]를 클릭하면 저장할 경로를 설정할 수 있는 창이 나타납니다. 저장할 폴더를 설정한 후 새로운 파일명을 입력하고 [Save] 버튼을 클릭합니다.

**tip**

화면 내에 있는 Object 중 특정 Object를 따로 저장하려면, 따로 저장할 Object를 선택한 후 [Save As-Save Selected]를 클릭합니다.

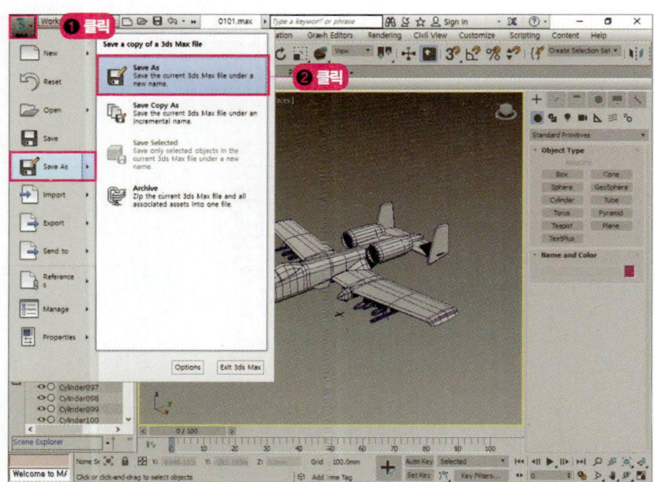

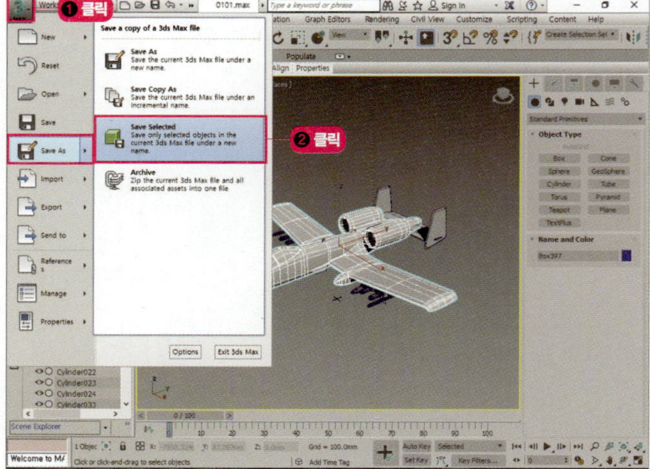

## 06

### 파일을 초기화하는
# Reset

새로운 3ds Max 작업을 시작하려면 작업한 내용을 저장한 후, 새로운 3ds Max 파일을 열어 작업을 해야 합니다.
Reset은 3ds Max 파일을 초기화해주는 명령어입니다.

## 01

Application 메뉴( )를 클릭한 후 [Reset]을 선택하면 초기 화면으로 되
돌아갑니다.

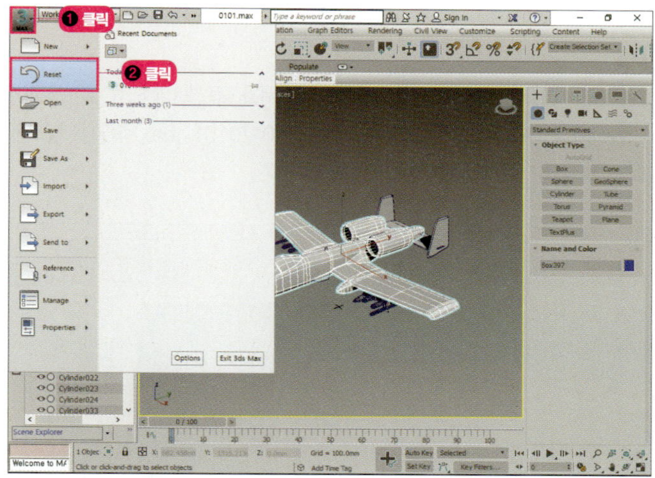

## 02

현재 파일에서 Object를 수정한 후 Reset을 클릭하면 'Reset 전에 파일을
저장하겠습니까?'라고 물어보는 대화상자가 나타납니다. 예(Y)를 클릭하면
파일을 저장한 후에 초기화하고, 아니오(N)를 클릭하면 저장하지 않고 파일
을 초기화합니다.

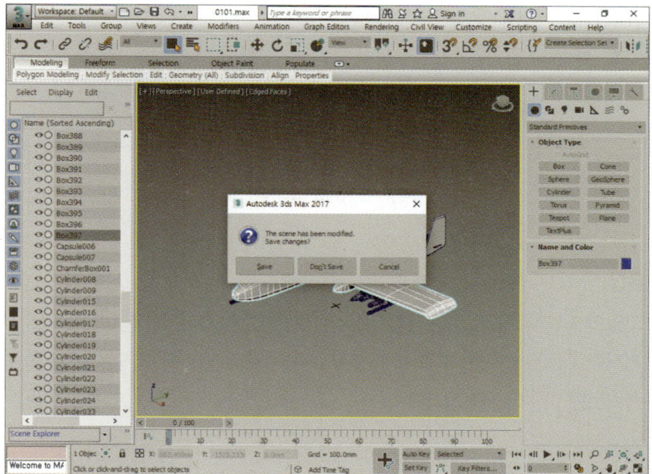

# 3ds Max의 기본 기능 익히기

이번에는 파일을 불러와서 저장하는 방법과 UI를 바꾸는 방법에 대하여 알아보겠습니다.

**예제 파일**
C:/315-5466/Part01/0101.max

## 01

Application 메뉴를 클릭한 후 [Open]을 클릭합니다. [Open File] 대화상자가 나타나면 'C:/315-5466/Part01/0101.max' 파일을 불러옵니다. A-10전투기가 화면에 나타납니다.

## 02

먼저 불러온 파일을 다른 이름으로 저장해보겠습니다. Application 메뉴를 클릭한 후 [Save As-Save As]를 클릭합니다.

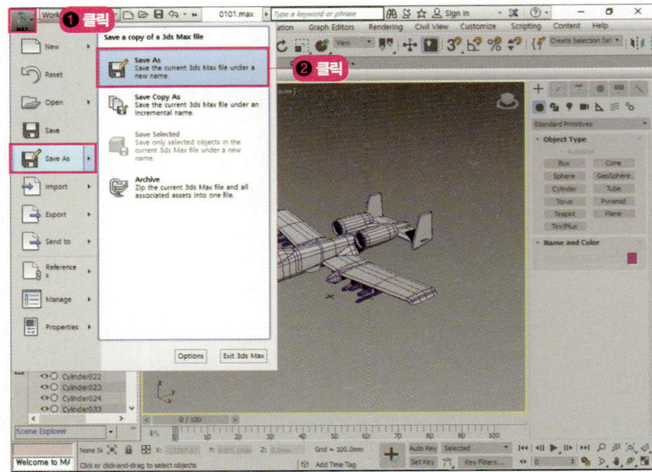

## 03

파일의 저장 위치와 이름을 입력할 수 있는 대화상자가 나타납니다. 파일을 저장할 위치를 지정한 후 파일 이름을 'A-10'으로 입력하고 [Save] 버튼을 클릭하면 파일이 저장됩니다.

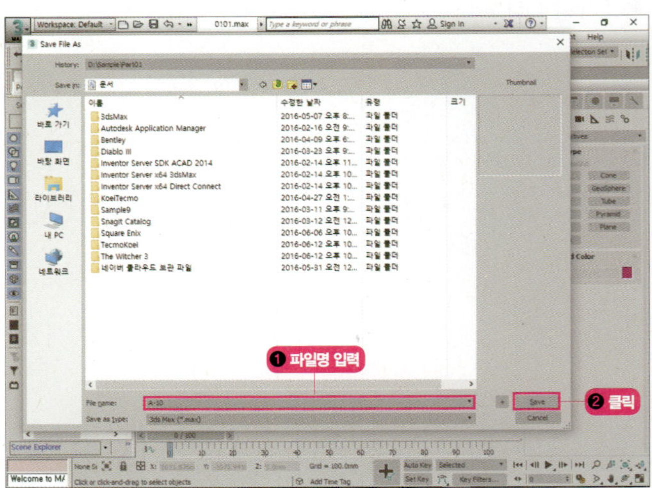

**tip** 컴퓨터의 하드디스크나 USB에 저장하는 것이 좋습니다.

## 04

이번에는 기본 UI의 색상을 바꿔보겠습니다. [Menu Bar-Customize-
Custom UI and Defaults Switcher]를 선택합니다.

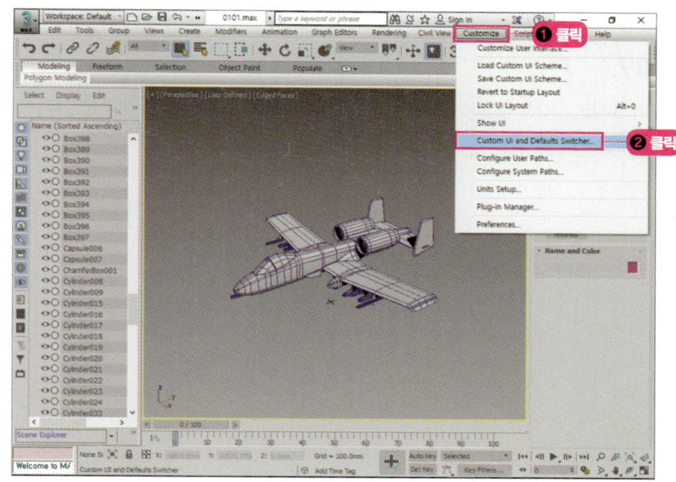

## 05

UI schemes의 옵션 중에서 'ame-dark'를 선택하고 [Set] 버튼을 클릭
합니다.

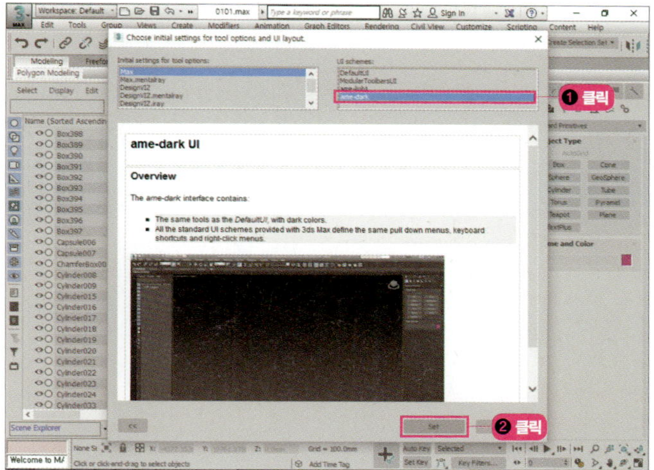

## 06

3ds Max의 UI가 어두운 색으로 변경되었습니다. 다시 밝은 화면으로 되돌
리려면 'ame-light'를 선택합니다.

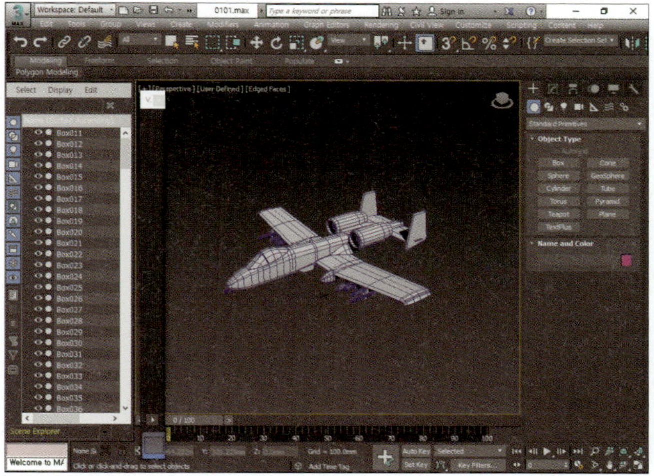

## 07

이번에는 3ds Max 파일을 초기화하는 방법에 대해 알아보겠습니다.
Application 메뉴()를 클릭한 후 [Reset]을 클릭합니다.

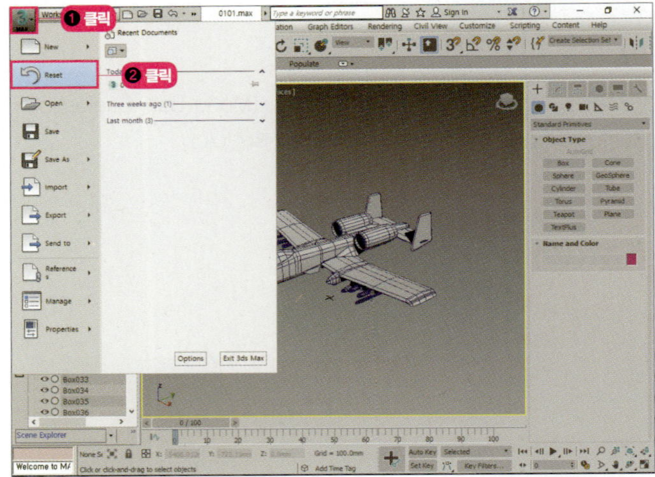

## 08

정말 파일을 초기화할 것인지를 물어보는 대화상자가 나타납니다. [Yes]를
클릭합니다.

**tip**

파일을 저장하지 않은 상태라면 파일을 저장할 것인지를 물어보는 대화상자가 나타납니
다. 중요한 작업을 하는 도중에 저장하지 않고 초기화하면 작업한 내용을 다 잃을 수 있으
므로 주의해야 합니다.

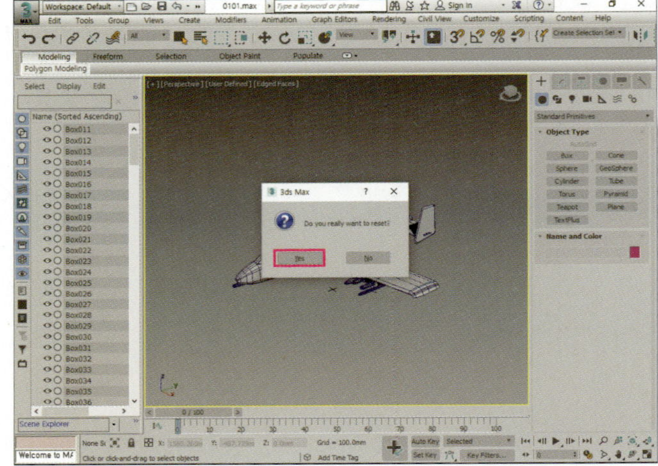

## 09

3ds Max 파일이 초기화되면서 처음 실행시킨 상태로 설정됩니다.

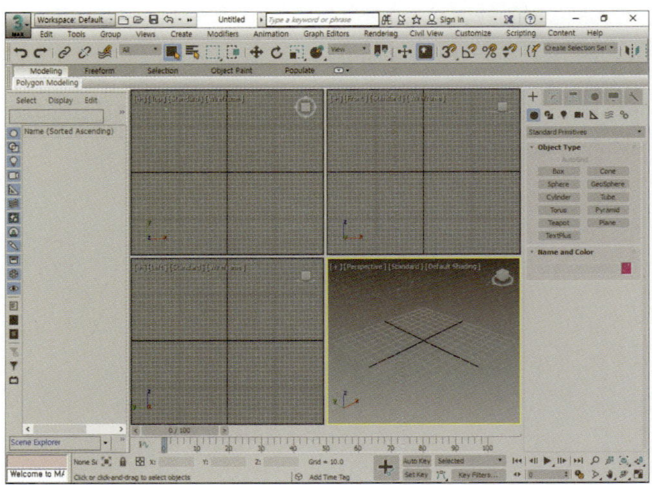

# 3ds Max 2017의 인터페이스와 주요 기능

3ds Max를 처음 실행하면 대부분의 기능들이 화면상에 표시되어 복잡해 보일 수 있지만, 툴을 익히면 빠른 속도로 작업할 수 있고, 원하는 대로 인터페이스를 꾸밀 수 있기 때문에 인터페이스를 효과적으로 활용할 수 있습니다. 이번에는 3ds Max의 기초적인 인터페이스와 주요 기능에 대해 알아보겠습니다.

학습
목표

3ds Max를 좀 더 편하고 빠르게 배우기 위해 기본적인 화면 구성과 화면 제어법, 기본 기능에 대하여 알아본다.

① 3ds Max의 화면 구성과 조작법 익히기

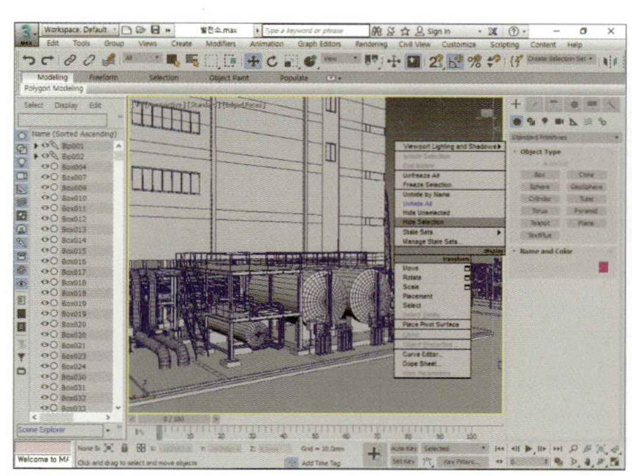
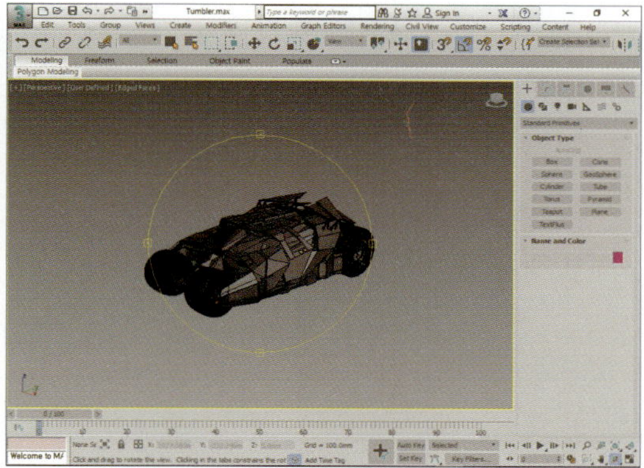

② ViewCube와 SteeringWheels 익히기

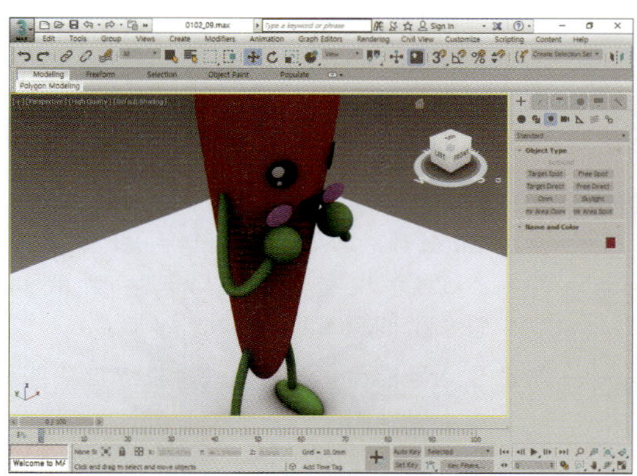
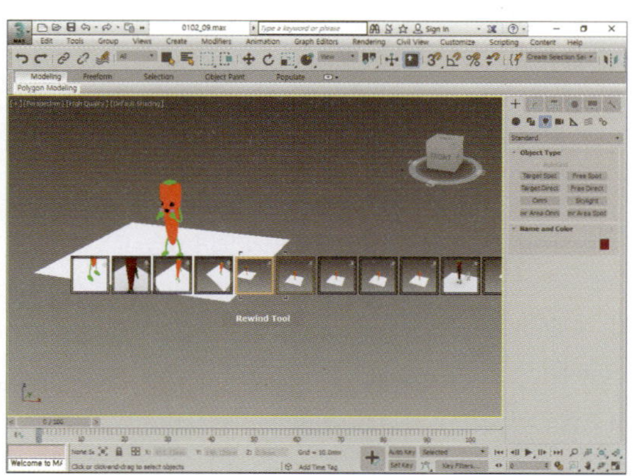

# 3ds Max 2017의 기본 화면 구성



이번에는 가장 기본적인 3ds Max 2017의 기본 화면 구성에 대하여 알아보겠습니다.

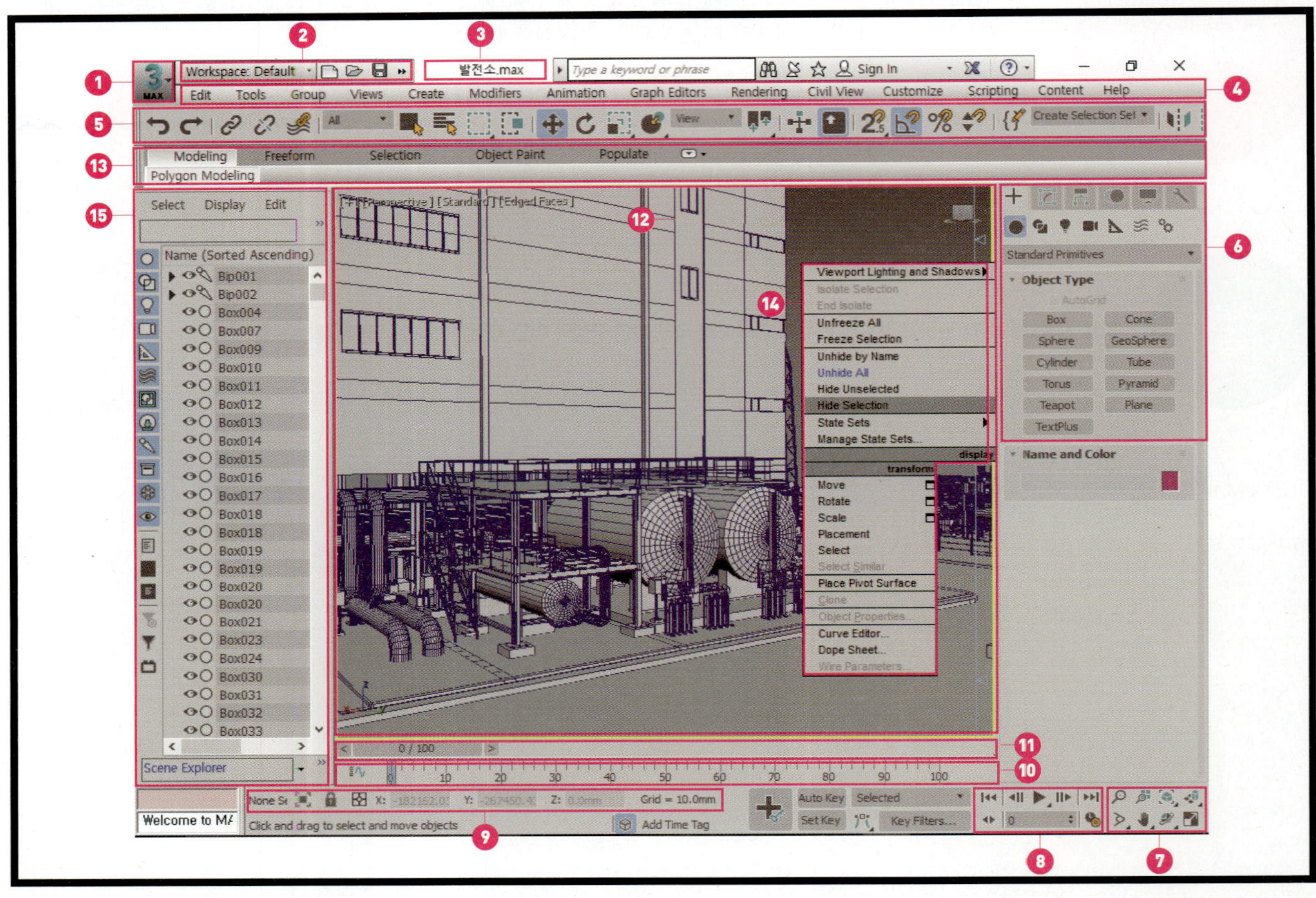

① **Application Menu( )** : 파일의 관리 메뉴와 종료 메뉴가 있습니다.

② **Customize Quick Access Toolbar** : 자주 사용하는 명령을 등록하여 사용할 수 있습니다. Graphite Modeling Tool 아이콘을 마우스 오른쪽 버튼으로 클릭한 후 'Add Quick Access Toolbar'를 선택하면 Customize Quick Access Toolbar에 명령어가 추가됩니다.

③ **제목 표시줄** : 현재 열려 있는 파일의 이름을 표시합니다.

④ **Menu Bar** : 작업을 위한 편집, Animation, 특수 도구 등의 메뉴로 구성되어 있습니다.

⑤ **Main Toolbar** : 3ds Max에서 가장 많이 사용되는 기능이 버튼 형식으로 표시되어 있기 때문에 빠르게 작업할 수 있습니다. 3ds Max를 사용하는 데 있어 가장 중요한 도구입니다.

⑥ **Command Panel** : 3ds Max 작업의 기본이 되는 Modeling 도구들과 편집 도구가 모여 있습니다.

⑦ **Viewport Controls** : Viewport를 회전, 확대, 축소할 수 있습니다.

⑧ **Animation 설정바** : Animation을 컨트롤할 수 있는 도구가 모여 있습니다.

⑨ **상태 표시줄** : Viewport상의 Object 위치를 좌표로 표시하거나 잠글 수 있습니다.

⑩ **Track bar** : Animation 작업 시 Frame이 되는 타임라인입니다.

⑪ **Time slider** : Animation의 특정 Frame으로 이동합니다.

⑫ **Viewport** : 3ds Max의 작업 공간으로 다양하게 활용할 수 있습니다.

⑬ **Ribbon** : 다각형 기반 Object 편집에 필요한 포괄적인 도구 세트입니다. 화면 혼잡을 최소화할 수 있도록 구성되어 있으며 사용자가 정의할 수 있습니다.

⑭ **Quad 메뉴** : Viewport의 아무 곳에서나 마우스 오른쪽 버튼을 클릭하면 나타나는 메뉴로, 다양한 편집 명령어로 구성되어 있습니다.

⑮ **Scene Explorer** : 씬에 있는 오브젝트를 관리할 수 있습니다.

02

# 작업이 이루어지는 공간 Viewport

Viewport는 3ds Max에서 실질적인 작업이 이루어지는 공간입니다. 3ds Max를 실행하면 가장 크게 보이는 부분으로 4개의 화면으로 분할되어 있습니다. 이번에는 Viewport의 구성에 대하여 알아보겠습니다.

## ■ Viewport의 기본 구성

Viewport는 기본적으로 4개의 화면으로 구성되어 있습니다. 각각 Top, Front, Left, Perspective라고 되어 있으며 현재 어느 View를 보여주는지를 의미합니다. 실제 작업이 이루어지는 View는 하나이기 때문에 현재 작업 중인 View는 노란색 테두리로 강조됩니다.

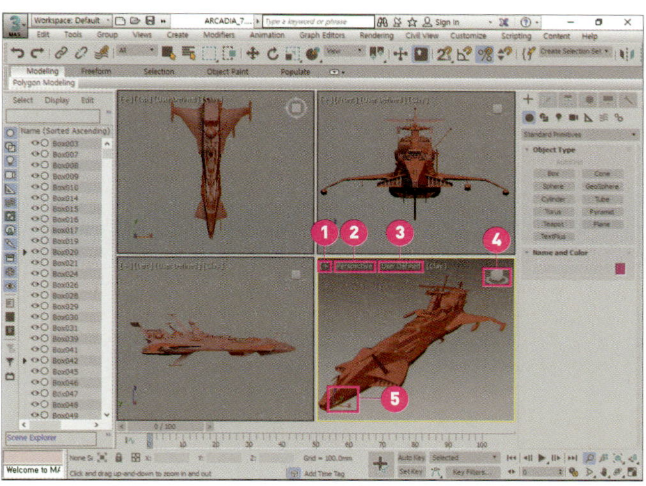

① **General Viewport Label 메뉴** : 일반 Viewport 레이블 메뉴로, 전체 화면 표시나 Viewport 활성화 옵션이 있습니다.

② **Point-Of-View(POV) Viewport Label 메뉴** : Viewport를 전환하여 어느 관점에서 볼 것인지를 설정할 수 있습니다.

③ **Shading Viewport Label 메뉴** : Viewport에서 Object의 음영 처리 방법을 설정할 수 있습니다.

④ **ViewCube** : ViewCube를 사용하여 Viewport를 전환할 수 있습니다.

⑤ **World-Space Tripod** : 각 Viewport의 왼쪽 하단에 공간 좌표축을 표시합니다. 공간 좌표는 빨강색=X, 녹색=Y 및 파란색=Z를 의미합니다.

## ■ Scene Explorer

Scene Explorer는 작업 중인 Scene에 있는 Object를 보고 정렬, 필터링, 선택할 수 있으며 선택한 오브젝트의 이름 변경, 삭제, 숨기기, 고정 등 오브젝트의 특성을 편집할 수 있습니다.

## 01

화면 좌측에 위치한 Scene Explorer의 메뉴 상단 경계 부분에 마우스를 올리면 정보가 나타납니다.

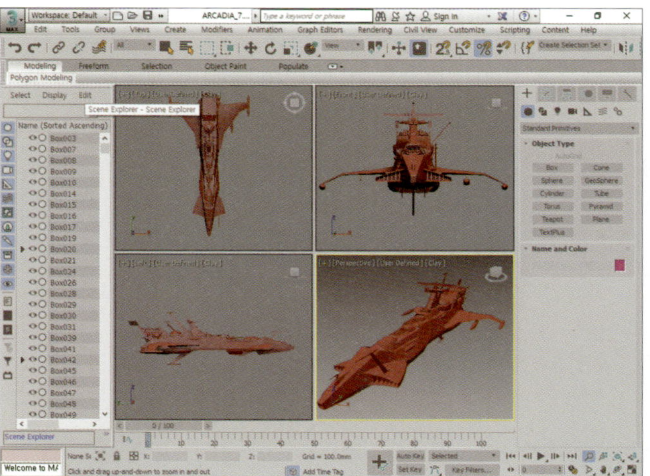

## 02

마우스 왼쪽버튼을 클릭하면 Scene Explorer 전체가 선택됩니다.

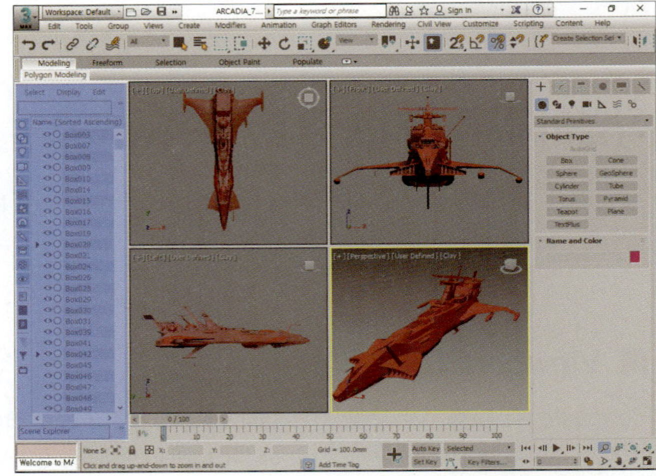

## 03

마우스를 드래그하여 임의의 위치에 놓으면 새로운 창으로 활성화 시킬 수 있습니다.
작업공간을 넓게 사용하고자 하는 경우 창을 닫을 수 있습니다.

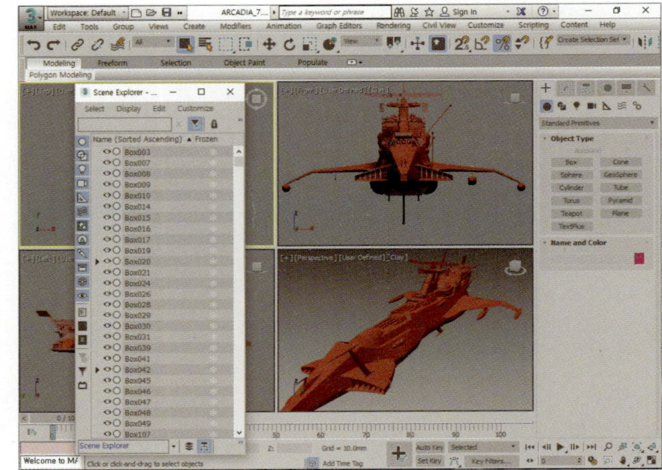

## 04

[Menu Bar-Tools-Scene Explorer]나 Main Toolbar의 (▦) Icon을 이용하여 창을 활성/비활성 시킬 수 있습니다.

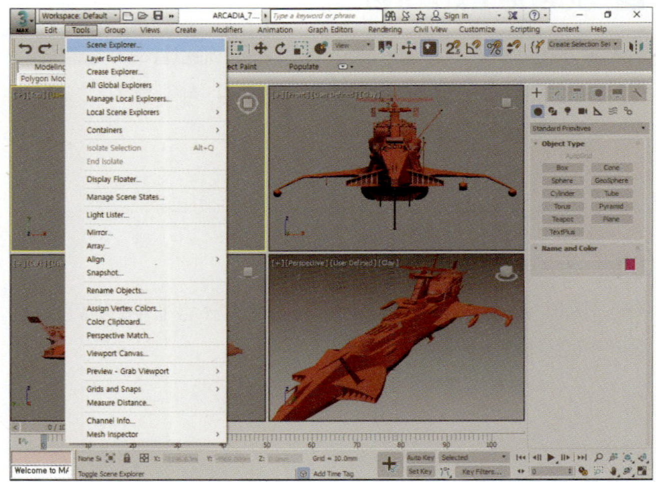

# ■ Grid

Grid는 Viewport에 표시되는 격자 형태의 안내선으로 공간의 배율을 시각적으로 확인하거나 Snap 기능에서 사용됩니다.
단축키인 G를 누를 때마다 Grid가 ON/OFF됩니다.

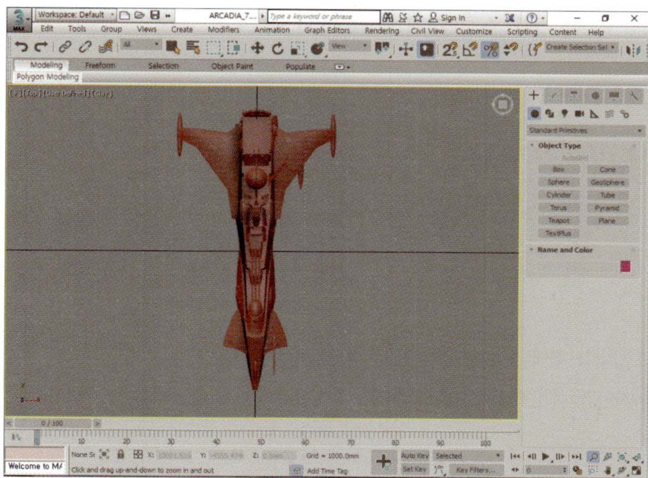

〈Grid ON Viewport〉

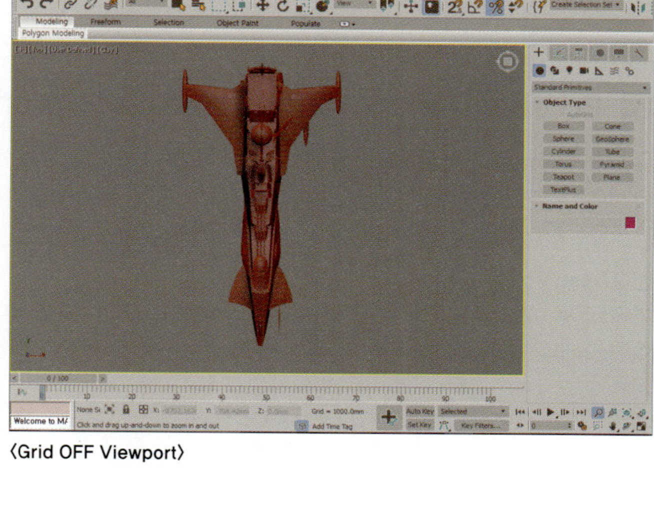

〈Grid OFF Viewport〉

〈Grid 설정으로 건물의 높이 측정 가능(Grid=1m)〉

# 03

# Viewport Control 익히기

Viewport Control은 3ds Max 작업 속도에 영향을 미치는 매우 중요한 부분입니다. Viewport를 효율적으로 움직이려면 단축키를 익혀두는 것이 좋습니다.

## ■ Perspective and Orthographic Viewport Controls

일반적인 Viewport에서 사용할 수 있으며, 보이는 그대로 Viewport를 제어하는 아이콘입니다. 하지만 아이콘이 너무 작기 때문에 직접 클릭하는 것보다는 단축키를 이용하는 것이 편리합니다.

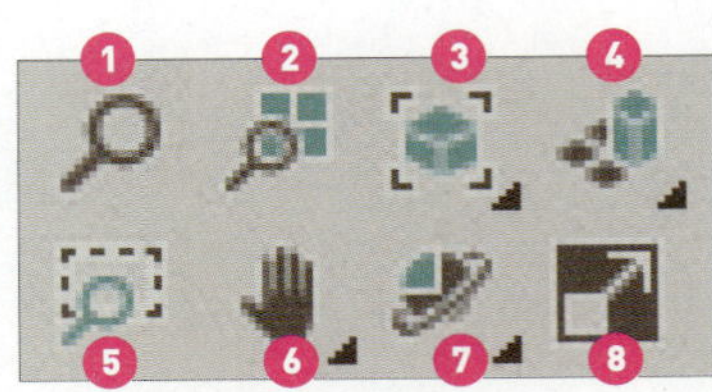
Viewport Control 아이콘

### ① Zoom( )

마우스 왼쪽 버튼으로 클릭한 후, 선택한 Viewport를 드래그하면 화면이 확대/축소됩니다. 마우스 휠을 위, 아래로 돌리는 것과 같은 기능입니다.

Perspective View에서 Zoom 기능을 실행했을 때는 선택한 Perspective View에서만 화면이 확대/축소됩니다.

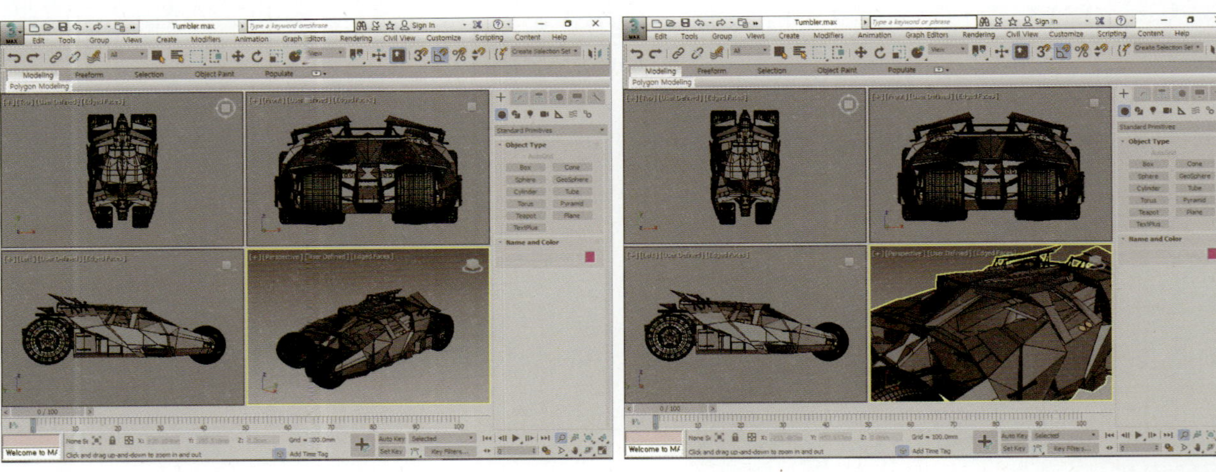

### ② Zoom All( )

전체 Viewport를 동시에 확대하거나 축소합니다. Perspective View에서 Zoom 기능을 실행했을 때에도 전체 View에서 화면이 확대/축소됩니다.

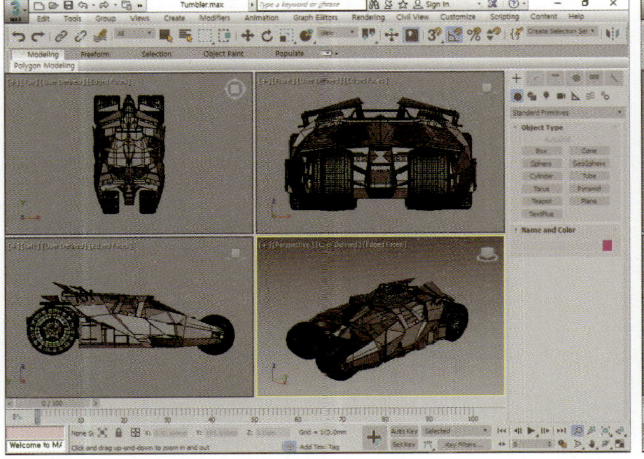
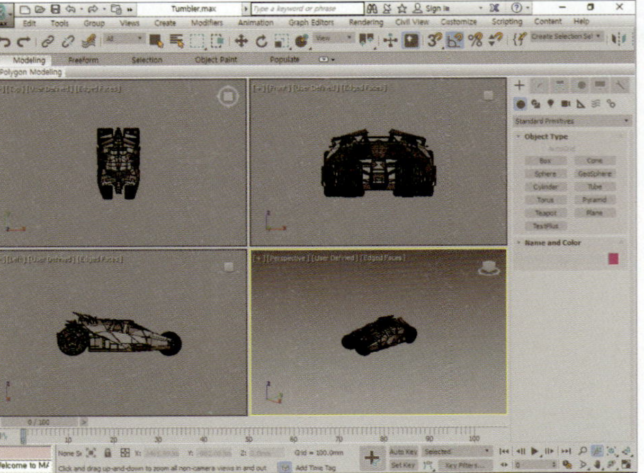

### ③ Zoom Extents Selected( )

선택한 Viewport를 화면에 맞게 확대합니다. Object를 선택한 상태에서 클릭하면 선택한 Object가 화면에 꽉 차게 확대하며, 아무 것도 선택하지 않은 상태에서 클릭하면 Viewport 내의 모든 Object가 화면에 나타납니다.(단축키 Z)

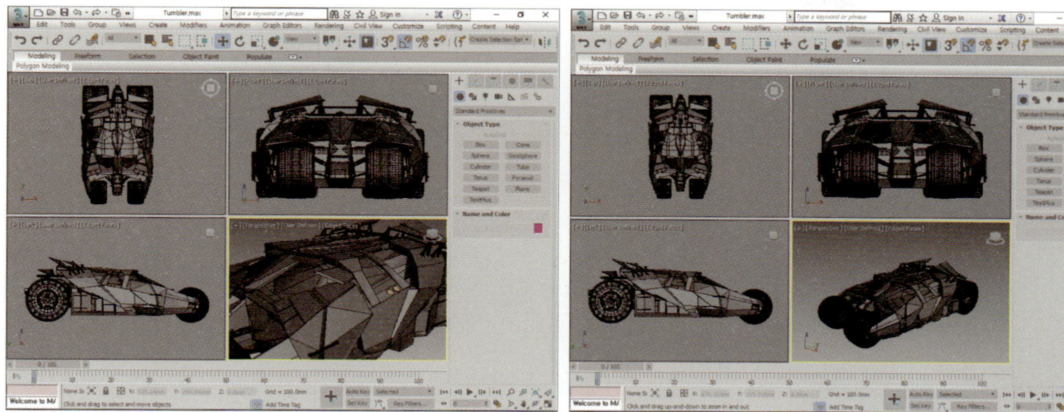

### ④ Zoom Extents All Selected( )

전체 Viewport를 화면에 맞게 확대합니다. Object를 선택한 상태에서 클릭하면 선택한 Object를 화면에 맞게 확대하며, 아무 것도 선택하지 않은 상태에서 클릭하면 Viewport 내의 모든 Object가 화면에 나타납니다.

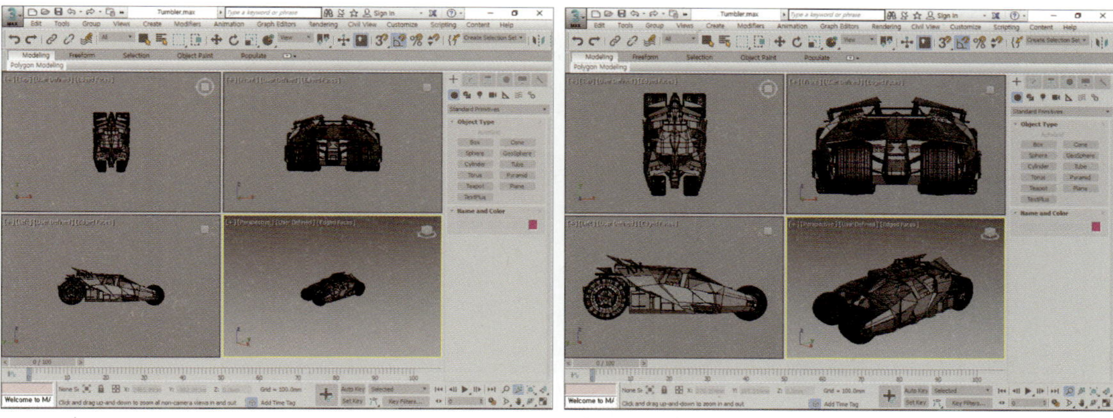

### ⑤ Zoom Region( )

마우스로 드래그한 사각형의 영역만을 확대하여 보여줍니다.

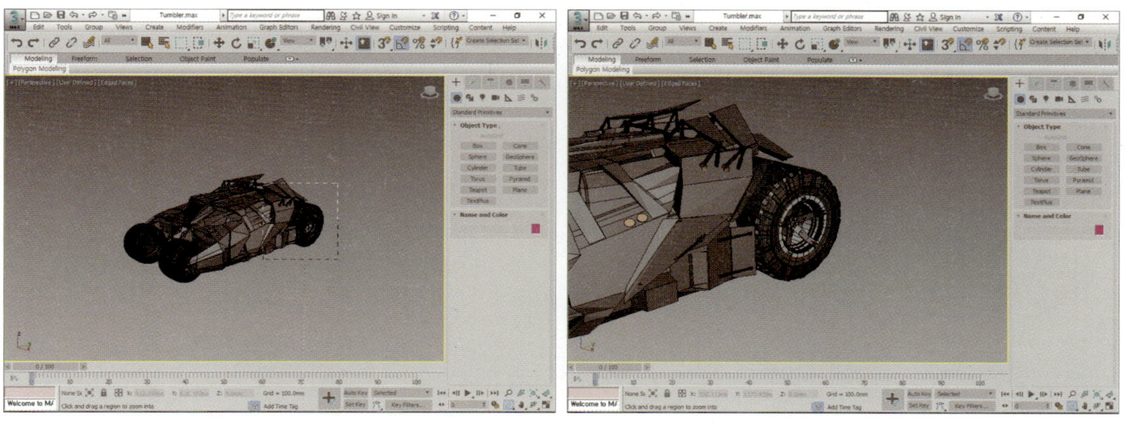

## ⑥ Pan View( )

View를 선택한 Viewport 평면에 평행하게 이동하는 기능으로, Object가 실제로 움직이는 것이 아니라 시점이 이동합니다. 마우스 휠을 누른 상태에서 이동하는 것과 같은 기능입니다.

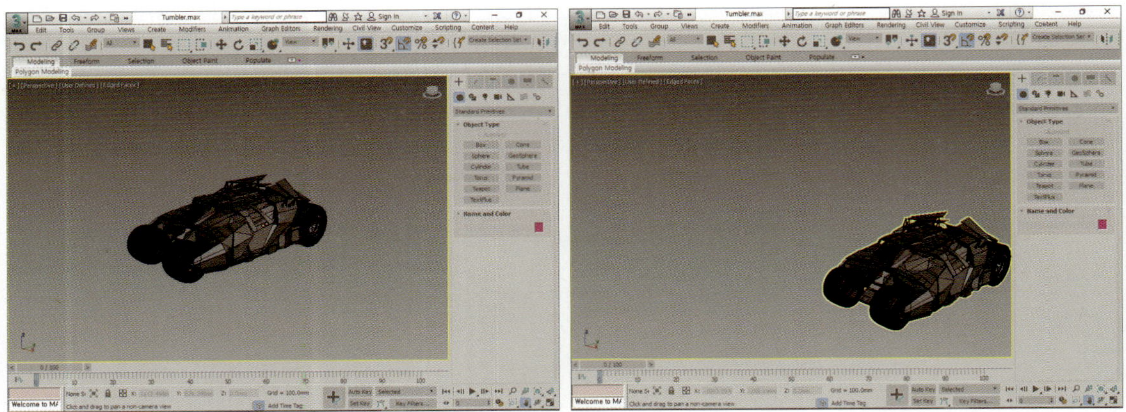

## ⑦ Orbit SubObject( )

Perspective View에서 Viewport를 회전시켜 Object를 보여줍니다. `Alt` +마우스 휠을 누르고 마우스를 움직이는 것과 같은 기능입니다.

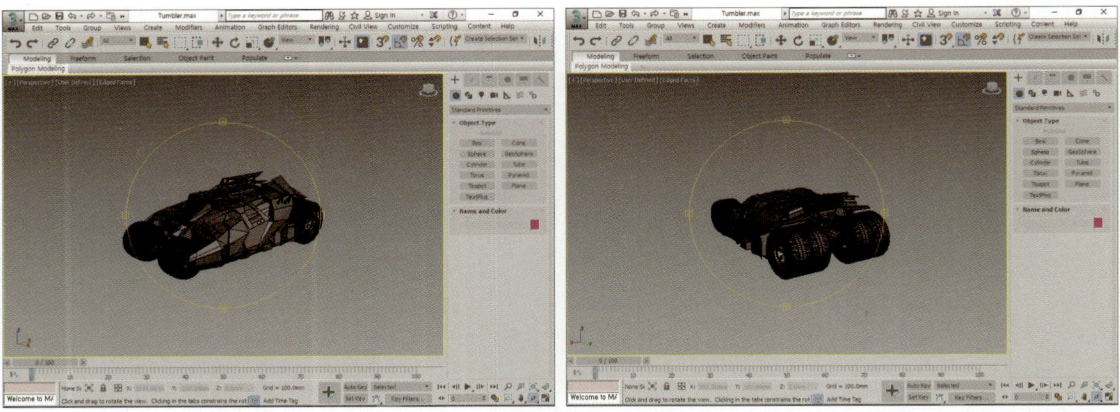

## ⑧ Maximize Viewport Toggle( )

선택한 Viewport를 확대/축소합니다. 단축키는 `Alt` + `W` 입니다. 자주 사용하는 기능이므로 단축키를 사용하는 것이 편리합니다.

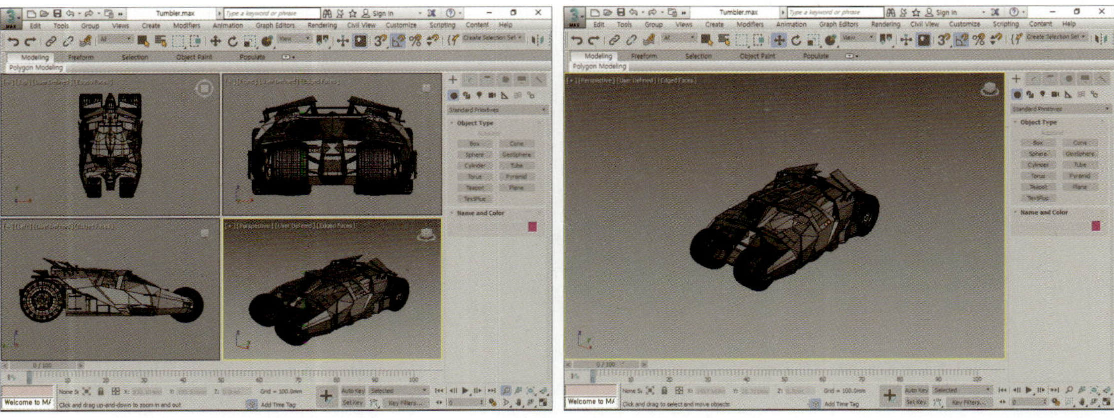

# ■ Camera Viewport Controls

Camera를 만든 후 시점을 Camera로 선택했을 때 표시되는 Viewport Controls입니다. 섬세한 Camera Control이 필요할 때 사용하기도 합니다. Camera에 관련된 자세한 내용은 Part 05에 정리되어 있습니다.

Viewport Control 아이콘

## ① Dolly Camera( )

설치된 Camera의 주요 축을 따라 Camera가 이동합니다. 화면을 확대/축소시키는 기능과 비슷합니다.

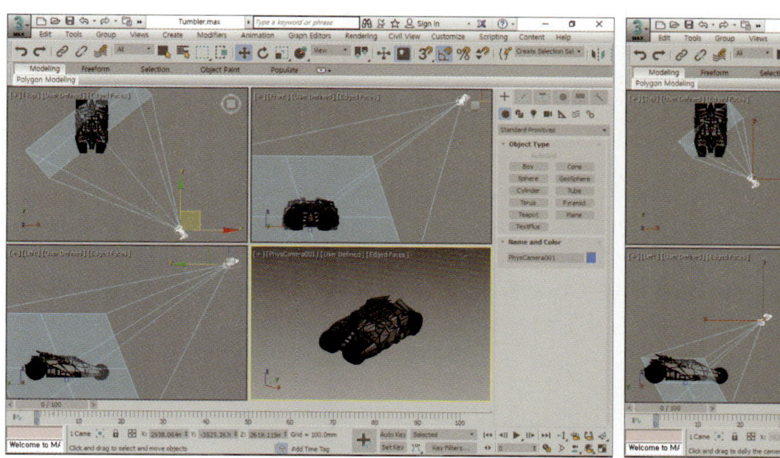
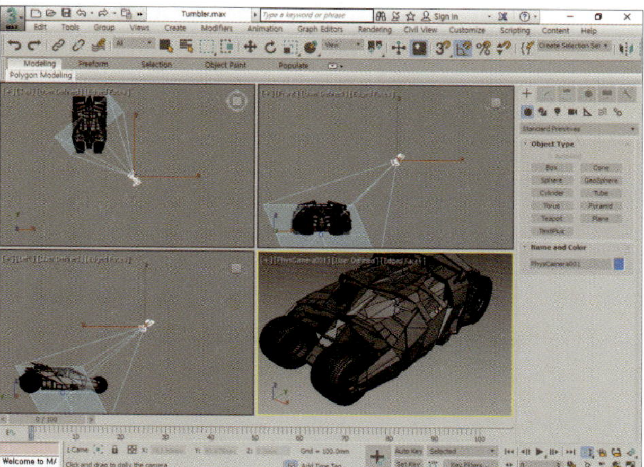

## ② Perspective( )

FOV와 Dolly의 조합으로 화면을 확대/축소합니다.

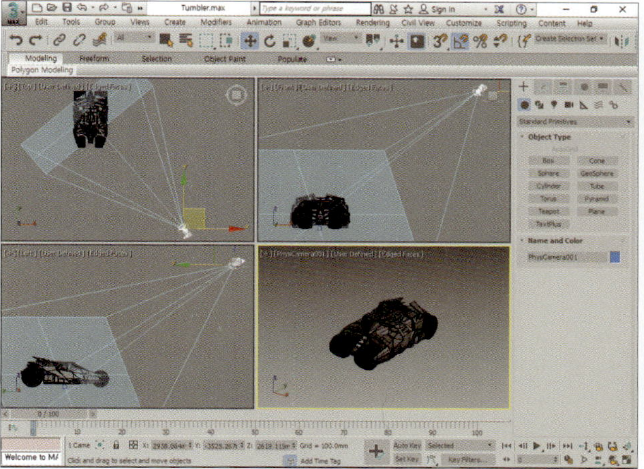
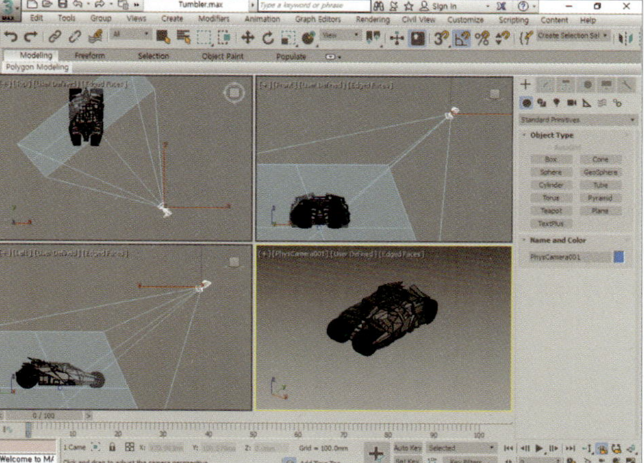

### ③ Roll Camera( )

선택한 Camera를 회전할 수 있습니다.

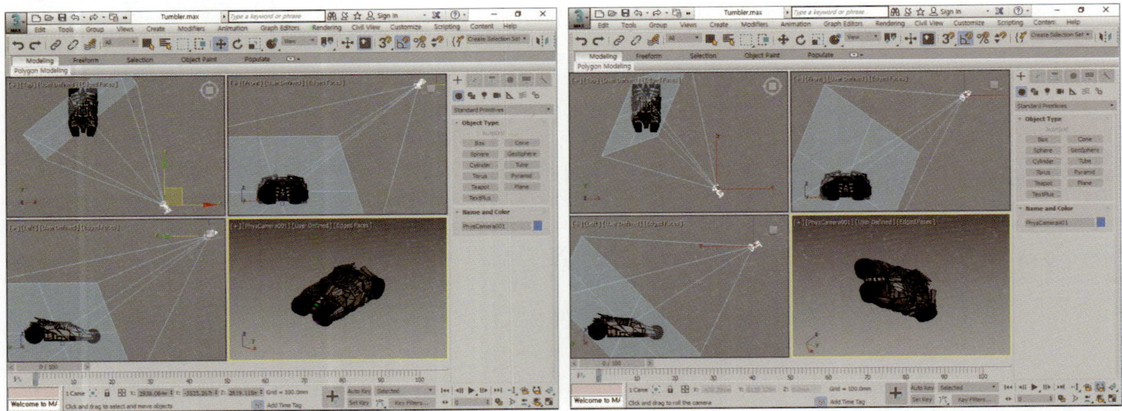

### ④ Zoom Extents All Selected( )

전체 Viewport를 화면에 맞게 확대합니다. Object를 선택한 상태에서 클릭하면 선택한 Object를 화면에 맞게 확대하며, 아무 것도 선택하지 않은 상태에서 클릭하면 Viewport 내의 모든 Object를 화면에 보여줍니다.

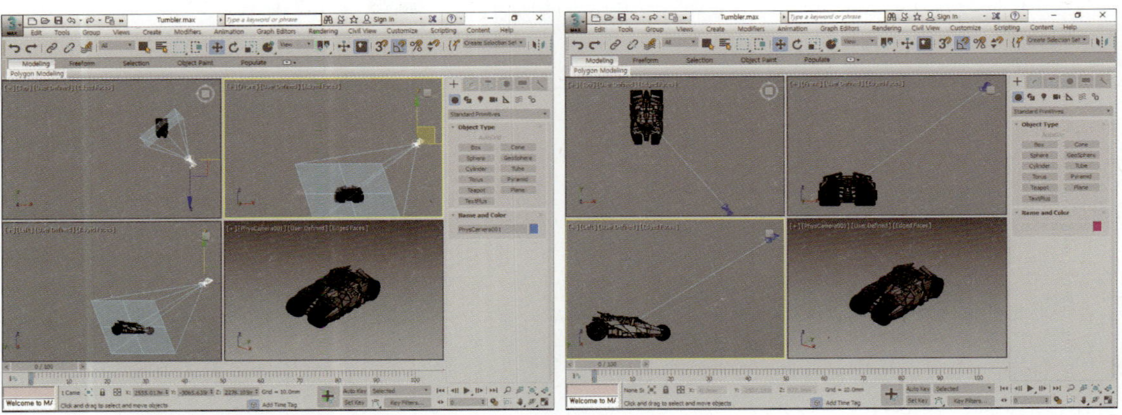

### ⑤ Field-of-View( )

FOV는 Viewport에 표시될 수 있는 장면의 크기 및 투시 플레어 크기를 조정합니다. FOV를 변경하면 Camera에서 렌즈를 교체하는 것과 비슷한 효과가 나타납니다. FOV가 커질수록 장면 수가 늘어나고, 작아질수록 줄어듭니다.

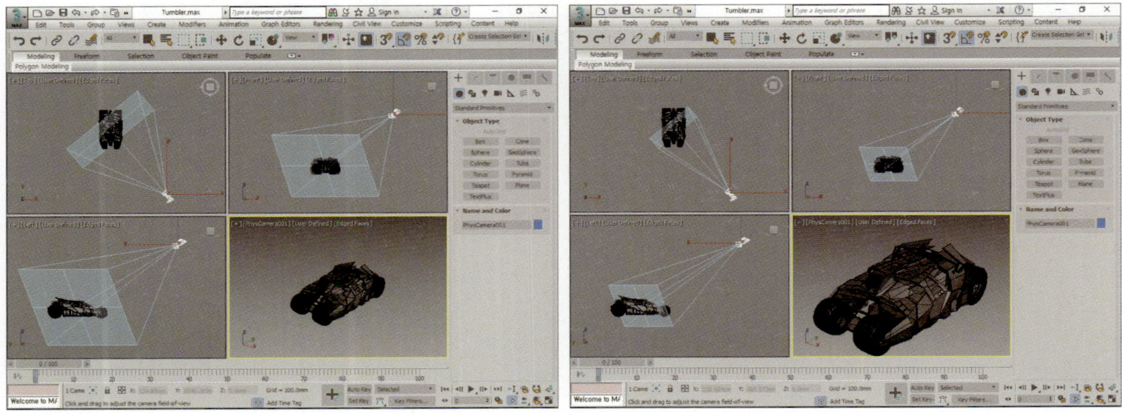

## ⑥ Truck Camera( )

Camera View를 View 평면과 평행하게 이동합니다.

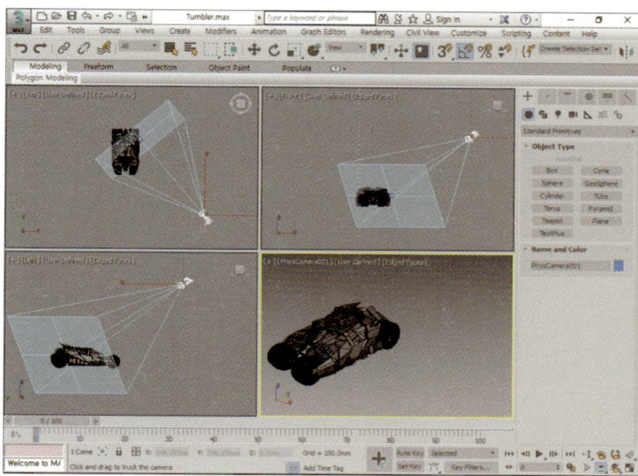
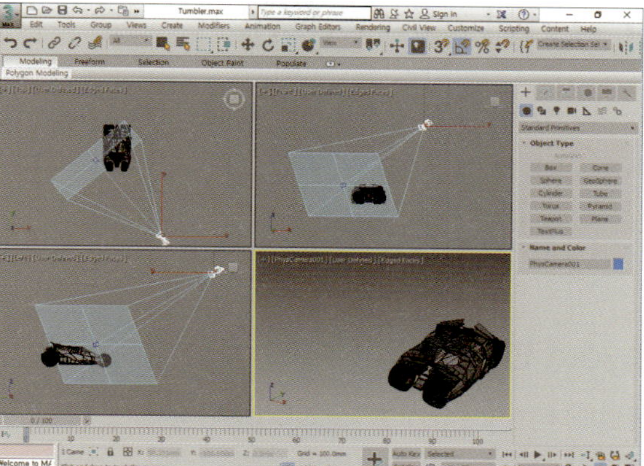

## ⑦ Orbit Camera( )

Target을 중심으로 Camera를 회전할 수 있습니다.

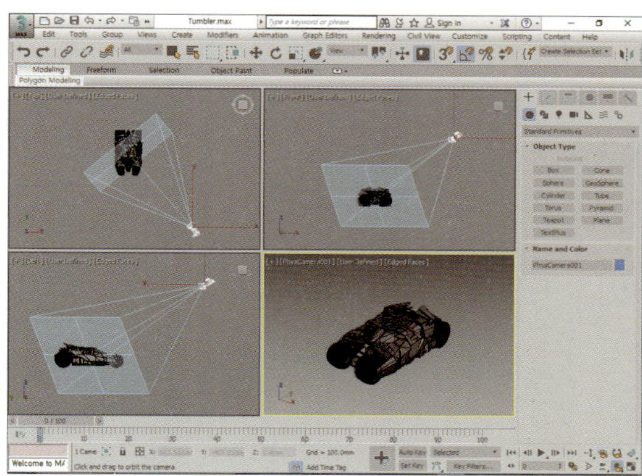
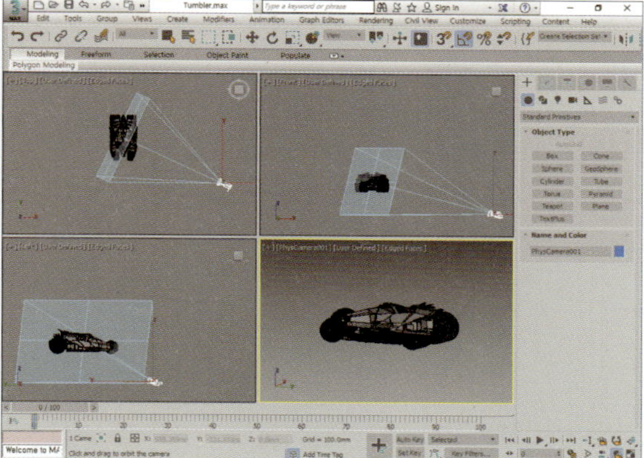

## ⑧ Maximize Viewport Toggle( )

선택한 Viewport를 크게 확대합니다. 단축키는 Alt + W 입니다. 자주 사용하는 기능이므로 단축키를 사용하는 것이 편리합니다.

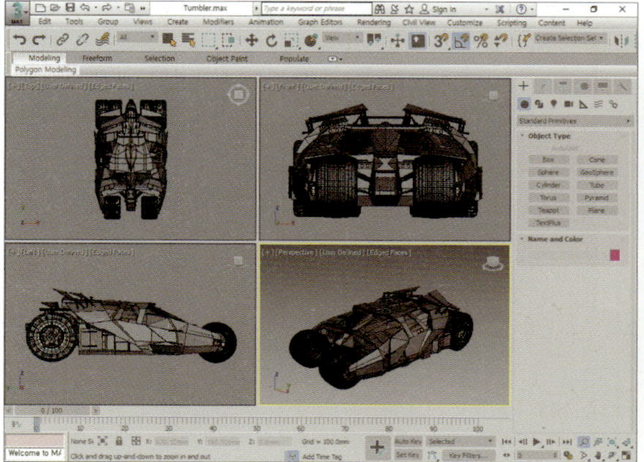
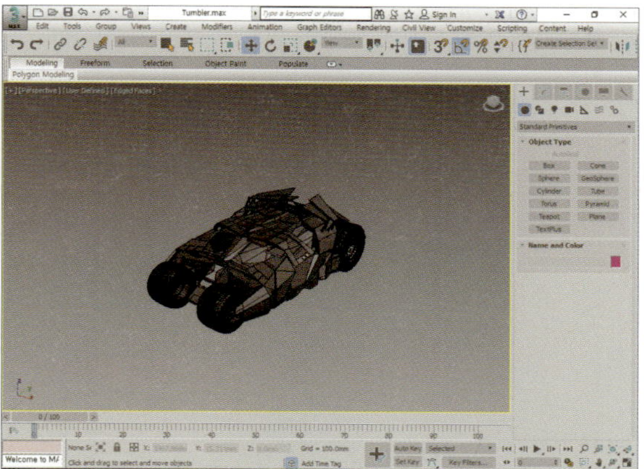

# 04

# Viewport의 크기와 설정 변경하기

3ds Max를 활용하는 데 중요한 것 중의 하나는 'Viewport를 얼마나 능숙하게 다룰 수 있는가'입니다. 사용자가 원하는 시점에서 자유롭게 크기를 조절하고 편집하는 것은 매우 중요합니다. Viewport는 기본적으로 4개의 화면으로 구성되어 있으며 사용자가 원하는 Viewport로 구성할 수도 있습니다. 키보드의 단축키를 사용하면 훨씬 편하게 관리할 수 있습니다.

## ■ Viewport Layout 변경하기

3ds Max는 사용자 편의에 맞게 다양한 Viewport를 제공하고 있습니다.
사용자의 작업 내용에 따라 Layout에서 원하는 Viewport를 선택하면 됩니다.

**예제 파일**
C:/315-5466/Part01/0102_04.max

## 01

'C:/315-5466/Part01/0102_04.max' 파일을 불러오면 멋진 건물이 보입니다. Viewport 하단의 [Create a New Viewport Layout] 탭을 클릭합니다. 다양한 Layout이 구성되어 있습니다. 원하는 Layout을 선택합니다.

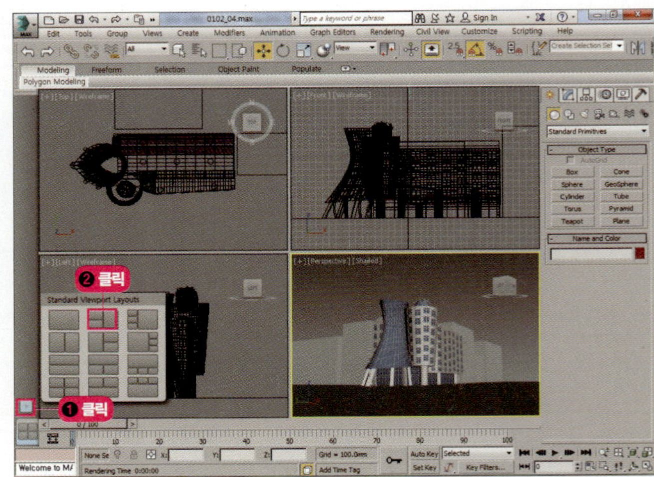

**tip**
[Viewport Layout Tabs]이 없다면 메인툴바 위에서 마우스 오른쪽 버튼을 누르면 나오는 팝업창에서 활성화시킬 수 있습니다.

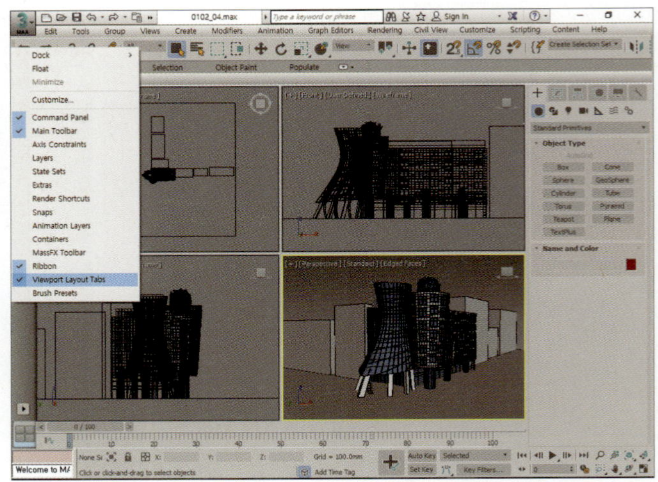

## 02

Viewport가 선택한 Layout으로 변경됩니다. Zoom Extents All Selected(  )을 클릭하여 Object를 Viewport에 맞게 확대합니다.

## 03

그림처럼 Viewport Layout에서 계속 Layout의 구성을 추가할 수 있습니다. [Layout] 창에서 마우스 오른쪽 버튼을 클릭하면 나타나는 Layout 메뉴를 통해 Viewport Layout 구성을 저장하거나 삭제할 수 있습니다.

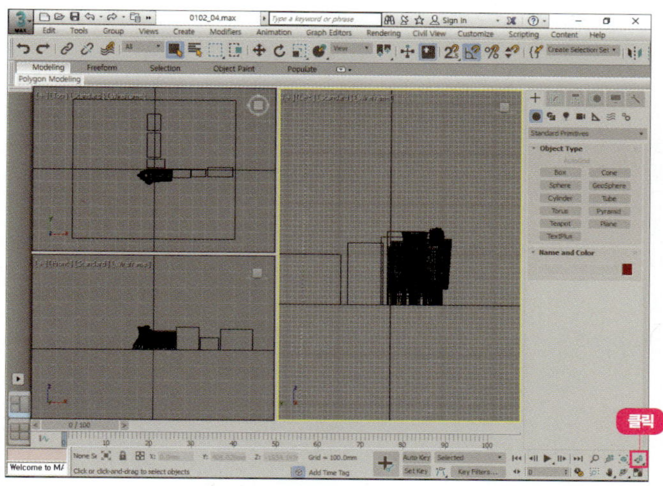

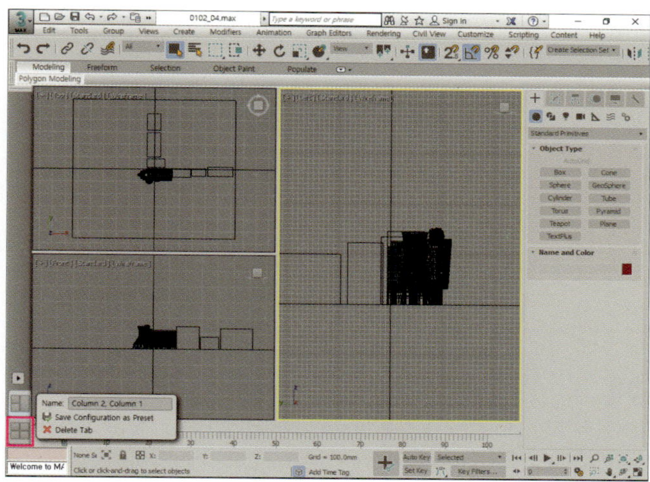

## ■ 다양한 Viewport 디스플레이 방식

3ds Max에서 작업할 때 Viewport에서 Object를 어떻게 볼 것인지는 매우 중요합니다. 기본적으로 Viewport에서 보이는 디스플레이 방식에 사용자가 원활하게 Modeling할 수 있는 환경을 설정하는 것도 중요합니다.

예제 파일
C:/315-5466/Part01/0102_04.max

## 01

‘C:/315-5466/Part01/0102_04.max’ 파일을 불러옵니다. 기본적으로 Top, Front, Left, Perspective View로 구성되어 있습니다. 오른쪽 그림을 보면 Perspective View에 노란색 테두리가 되어 있는데, 이는 Perspective View가 활성화되어 있다는 것을 의미하는 것입니다. 다른 Viewport를 활성화하려면 원하는 곳의 Viewport를 클릭하면 됩니다.

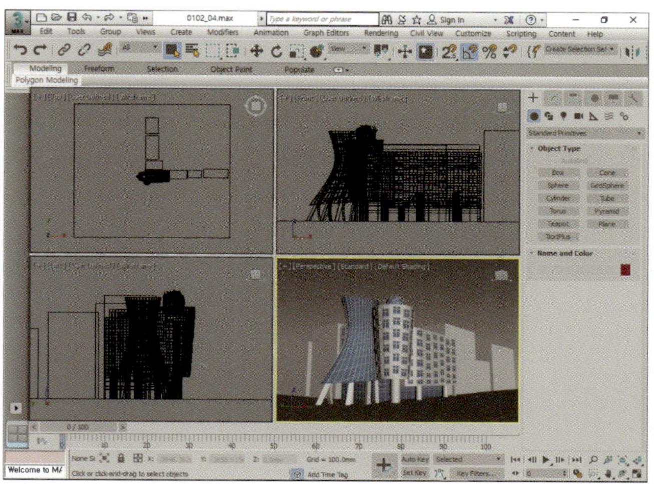

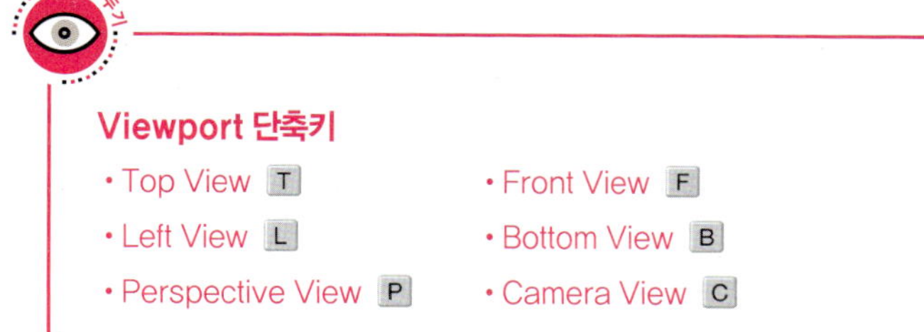

## 02

기본적인 Viewport에서는 Object의 색상이나 적용된 재질의 색상이 나타
납니다. Perspective View에서 F4 를 누르면 Object의 Wireframe까
지 같이 표현할 수 있습니다.

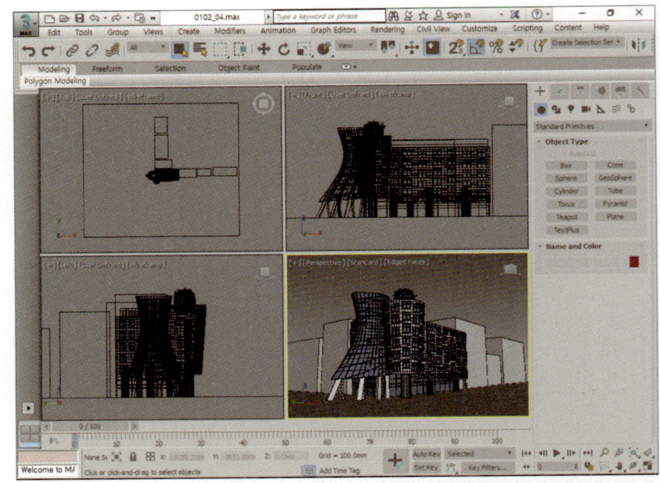

## 03

F3 을 누르면 Object의 Wireframe만 나타납니다. 3ds Max 2017에서
는 새롭고 다양한 Rendering 방법으로 Viewport에서 Object를 표시합
니다.

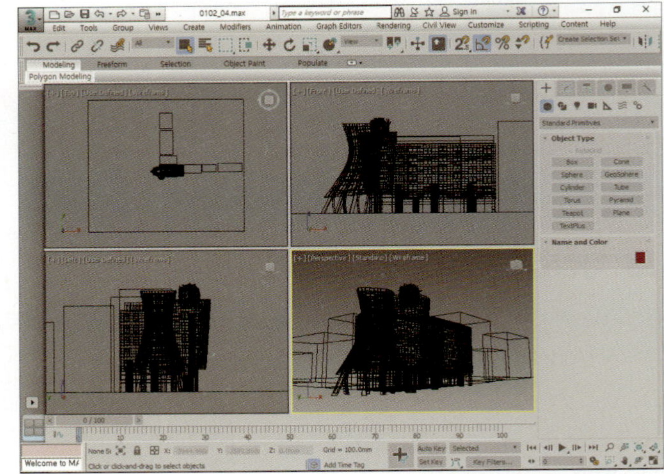

## 04

Viewport 표시 정보가 있는 부분에서 마우스를 클릭하면 Viewport 표시
스타일 메뉴가 나타납니다. 메뉴에서 원하는 Viewport 표시 스타일을 선택
합니다.

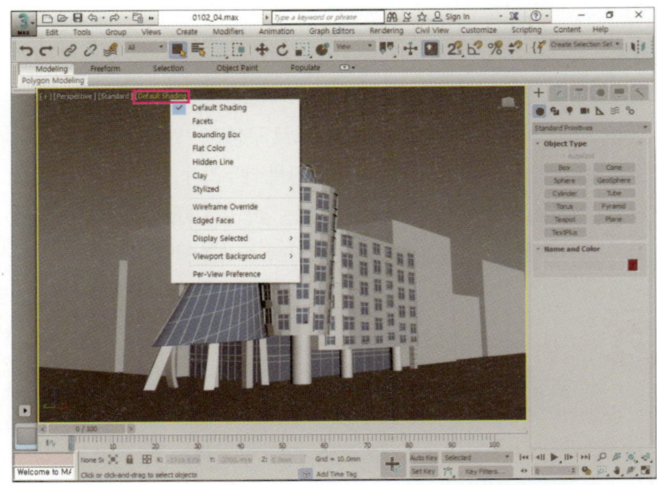

## Viewport 표시 스타일

1. Default Shading : 형상을 음영 처리하여 부드럽게 보여줍니다.

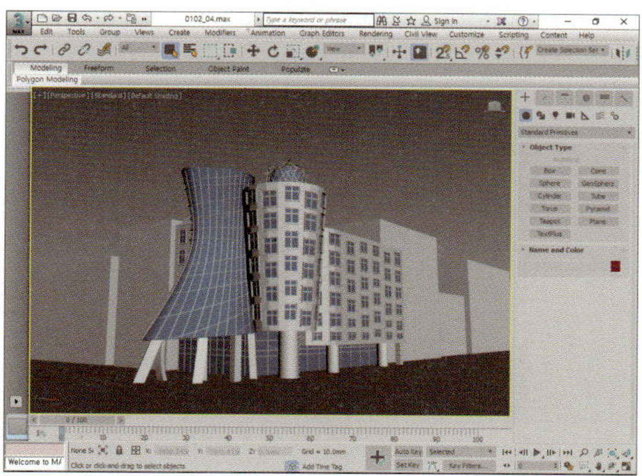

2. Facets : Object를 구성하고 있는 각진 Polygon 형태로 보여줍니다.

3. Bounding Box : 각 Object를 Box 형태로 보여줍니다.

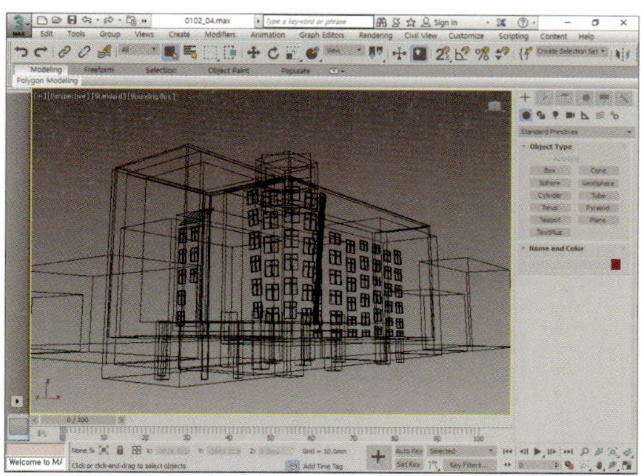

4. Flat Colors : 광원에 관계없이 원색으로 형상을 보여줍니다.

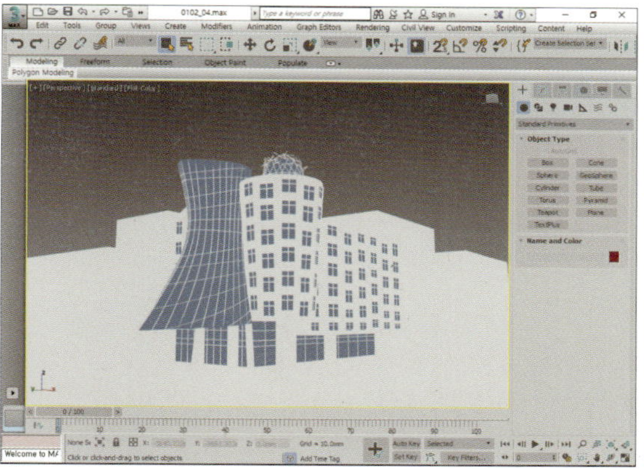

5. Hidden Line : Wireframe 상태로 보여주지만, 보이지 않는 부분은 표시하지 않습니다.

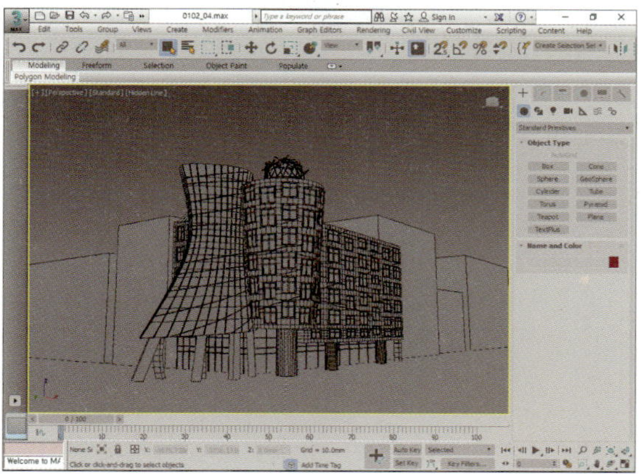

6. Clay : 재질이나 색상을 무시하고 점토 형태로 보여줍니다.

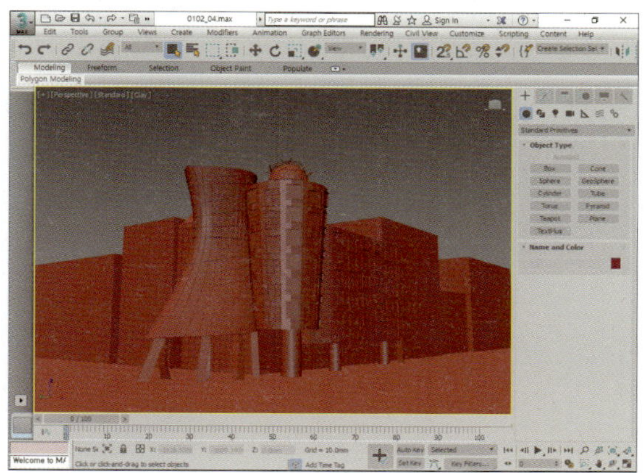

7. Wireframe Override : Object를 구성하고 있는 Wire 형태로 보여줍니다.(단축키 : F3)

8. Edged Faces : Object를 구성하는 Wireframe을 같이 보여줍니다.(단축키 : F4)

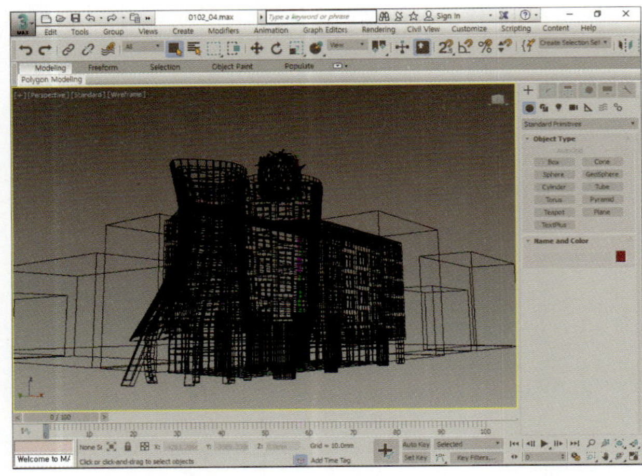

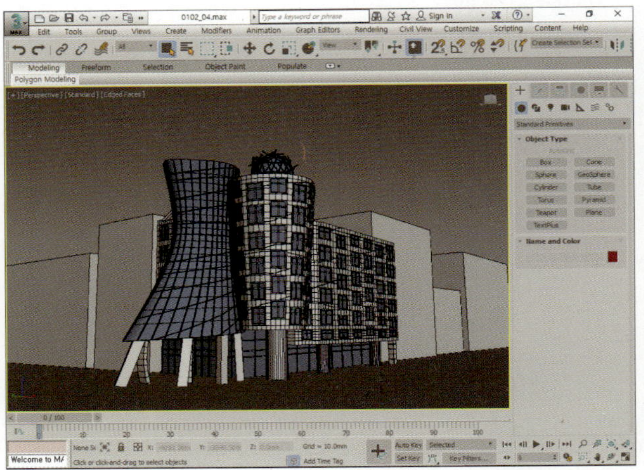

## Stylized 스타일

Stylized는 손으로 만든 아트 작업처럼 보여주는 효과가 있습니다. 그래픽 드라이버를 Nitrous로 선택하지 않으면 나타나지 않습니다.

Stylized 스타일을 선택하기 위해서는 Viewport 왼쪽 상단의 레이블에서 마우스를 클릭하여 메뉴를 활성화한 후 선택할 수 있습니다.

1. Graphite : Viewport를 연필로 그린 것과 같은 효과로 보여줍니다.

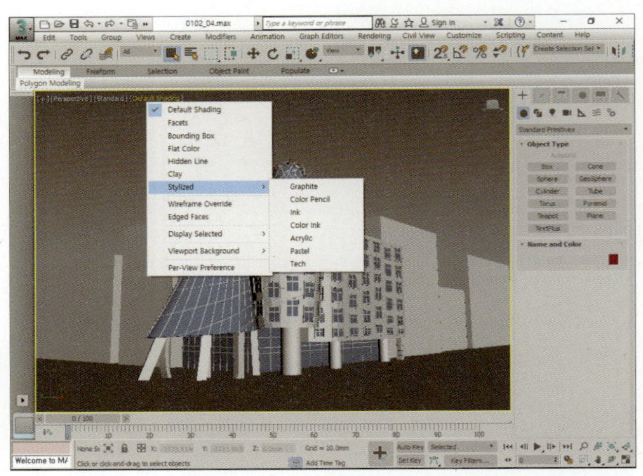

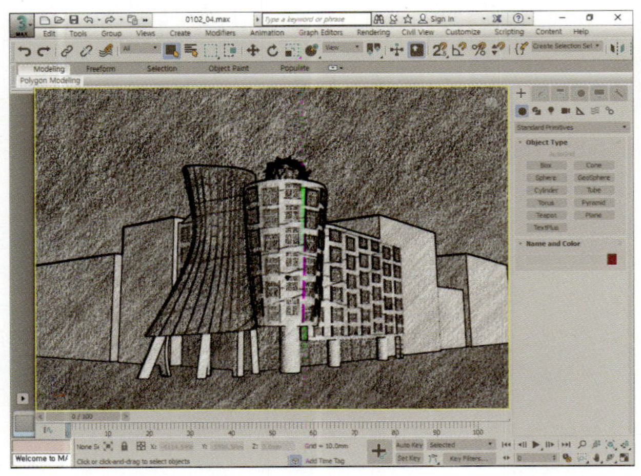

2. Color Pencil : Viewport를 색연필로 그린 것처럼 보여줍니다.

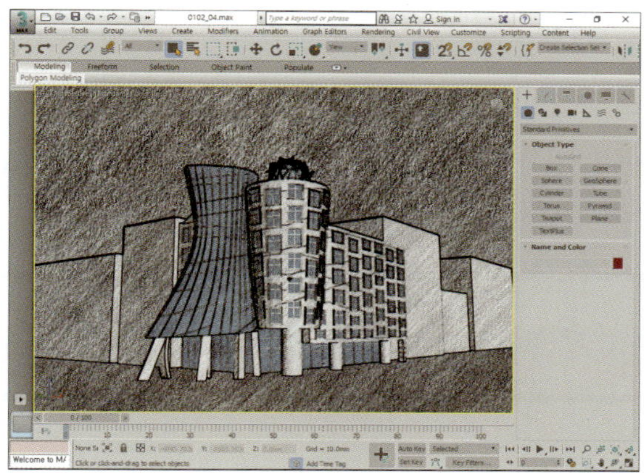

3. Ink : Viewport를 흑백 잉크로 채색한 것처럼 보여줍니다.

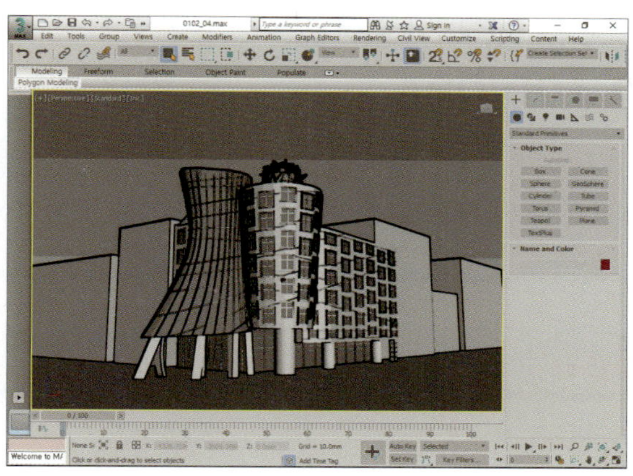

4. Color Ink : Viewport를 잉크로 채색한 것처럼 보여줍니다.

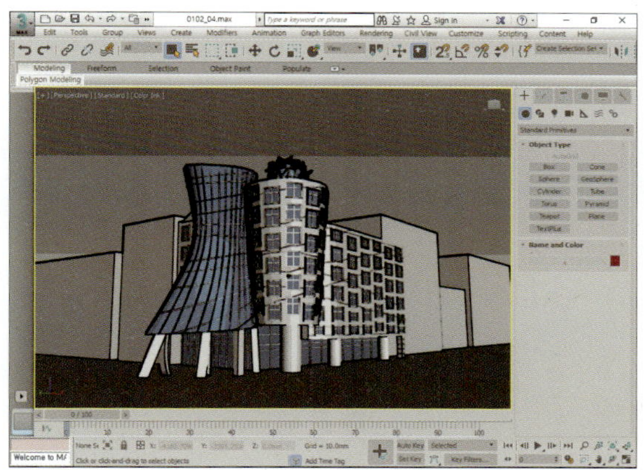

5. Acrylic : Viewport를 아크릴 물감으로 채색한 것처럼 보여줍니다.

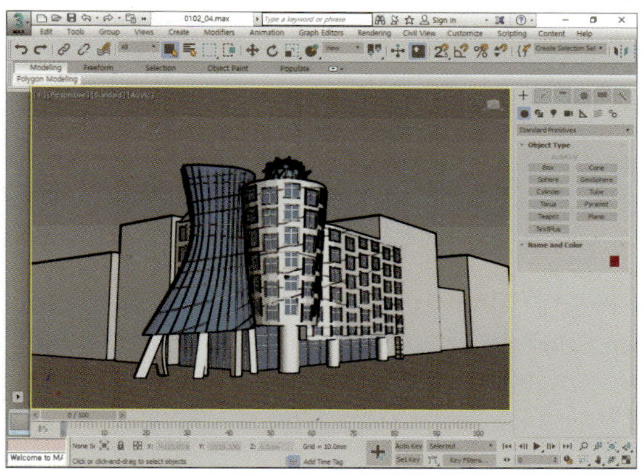

6. Pastel : Viewport를 파스텔로 그린 것처럼 보여줍니다.

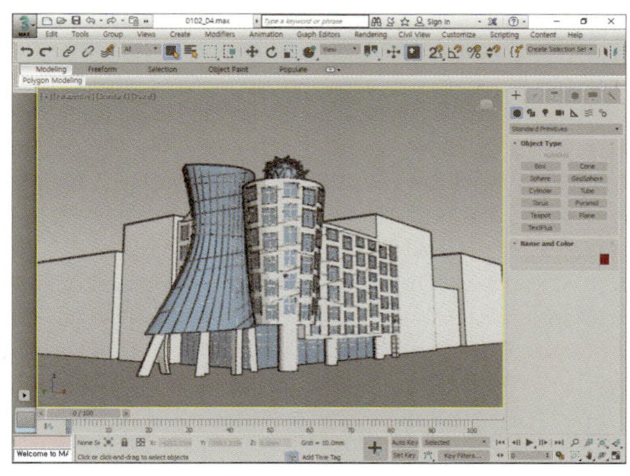

7. Tech : Viewport를 강한 색상으로 보여줍니다.

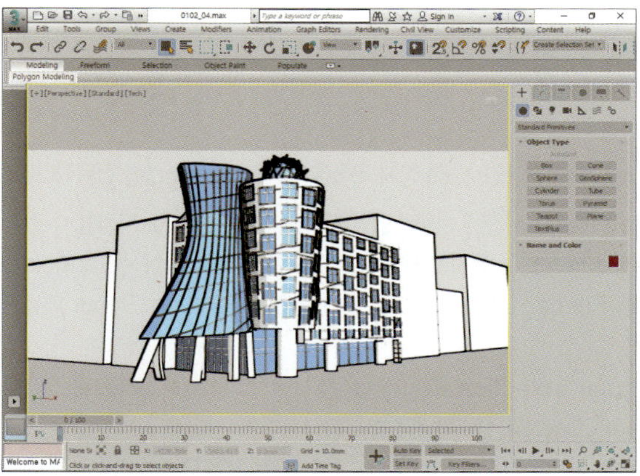

# 05

## 자주 사용하는 명령어가 모여 있는
# Main Toolbar

Main Toolbar에는 3ds Max에서 사용하는 가장 기본적이고 중요한 명령어가 모여 있습니다. Object를 선택하거나 이동하는 것에서부터 편집, 재질, Render 설정에 이르기까지 필요한 아이콘은 모두 모여 있습니다. Main Toolbar만 잘 활용하면 간단한 작업은 어렵지 않게 할 수 있습니다.

① **Undo(↺)** : 앞에 실행한 작업을 취소합니다.

 **tip** 기본적으로 20회 가능하며 [Menu Bar-Customize-Preferences]의 General 탭 중 Scene Undo에서 Undo 횟수를 설정할 수 있습니다.

② **Redo(↻)** : 취소한 작업을 다시 실행합니다.

③ **Select and Link(⊘)** : Object와 Object를 연결하여 종속 관계로 만듭니다.

④ **Unlink Selection(⊘)** : 두 Object의 종속 관계를 제거합니다.

⑤ **Bind to Space Warp(✎)** : Effect, Particle에 연결합니다.

⑥ **Selection Filter( All )** : 장면에 있는 Object, Light, Camera 등 Filter에서 선택한 대상만 선택합니다. 예를 들어 Selection Filter 목록에서 Lights를 선택하면 Viewport에서 Light만 선택됩니다.

⑦ **Select Object(▣)** : Object 및 Sub-Object만 선택할 수 있습니다. Ctrl 을 누른 후에 선택하면 Object를 추가할 수 있고, Alt 를 누른 후에 선택하면 Object를 선택하거나 해제할 수 있습니다.

 **tip** 이동 버튼으로도 Object를 많이 선택하지만 실수로 조금 움직이는 경우가 있습니다. Object를 움직이지 않고 선택할 때 사용하면 좋습니다.

⑧ **Select by Name(▤)** : 대화상자 목록에서 원하는 Object를 선택합니다.

⑨ **Selection Region(▢)** : 선택 영역을 다섯 가지 방법으로 지정할 수 있습니다. 선택 영역 버튼을 클릭한 후 누르고 있으면 위에서부터 Rectangular, Circular, Fence, Lasso, Paint 선택 영역 버튼이 있는 Flyout 메뉴가 열립니다.

- **Rectangular Selection Region(▢)** : 직사각형 선택 영역으로 직사각형 영역 내의 Object를 선택합니다.
- **Circular Selection Region(◯)** : 원형 선택 영역으로, 원형 영역 내의 Object를 선택합니다.
- **Fence Selection Region(▨)** 울타리 선택 영역으로, 불규칙한 울타리 모양 내의 Object를 선택합니다.
- **Lasso Selection Region(◌)** 올가미 선택 영역으로, 한 번의 마우스

동작으로 복잡하거나 불규칙한 영역 내의 Object를 선택합니다.

- **Paint Selection Region(✦)** : 페인트 선택 영역으로, 마우스를 Object 위로 드래그하여 Object를 선택할 수 있습니다.

⑩ **Crossing Selection Toggle(▣)** : Object를 선택할 때 선택 영역의 교차 여부를 설정합니다.

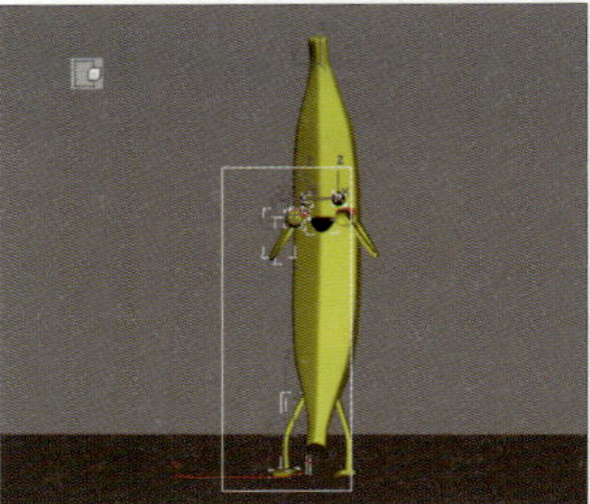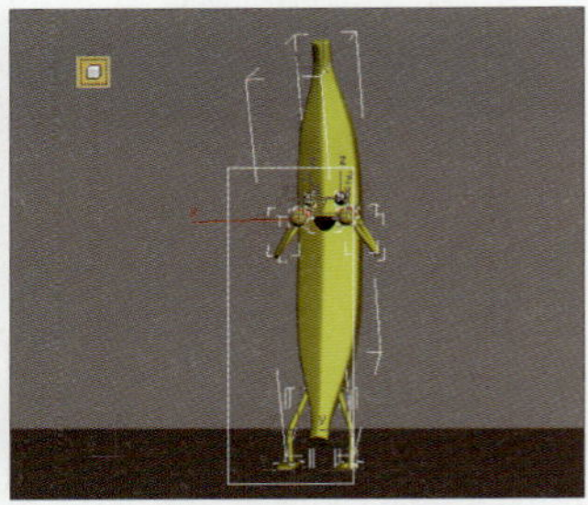

**Window Selection**은 선택 영역 내의 Object만 선택합니다.

**Crossing Selection**은 선택 영역 안에 있거나 선택 영역에 교차되는 모든 Object를 선택합니다.

 **tip**

Object를 선택할 때 선택 영역 안의 Object만 선택하는 Window와 선택 영역에 걸쳐지는 Object 까지 선택하는 Crossing은 유용하게 사용됩니다. 하지만 선택 영역에 따라 Main Toolbar의 아이콘을 클릭하여 바꾸는 것이 작업을 하다보면 번거롭게 느껴집니다.
마우스 드래그 방향에 따라 Window와 Crossing을 적용하는 방법이 있는데 [MenuBar-Customize-Preferences]에서 Scene Selection 의 Auto Window/Crossing by Direction을 체크하면 기본적으로 오른쪽에서 왼쪽으로 드래그하면 Crossing, 왼쪽에서 오른쪽으로 드래그하면 Window로 선택 영역을 만들 수 있습니다. Window는 실선으로, Crossing은 점선으로 선택 영역이 표현됩니다.

⑪ **Select and Move(✛)** : Object를 선택하거나 이동합니다.

⑫ **Select and Rotate(↻)** : Object를 선택하거나 회전합니다.

⑬ **Select and Uniform Scale(▣)** : 크기를 조절하는 툴로, 동일한 크기로 조절합니다. Gizmo의 한 방향으로 드래그하면 선택한 방향으로만 크기를

조절할 수 있습니다.

- **Select and Non-Uniform Scale(　) :** Object 전체를 동일한 배율의 크기로 조절합니다.
- **Select and Squash(　) :** 각각의 축 방향으로만 크기를 조절합니다. 축 방향 드래그 시 전체 상하좌우를 동일한 크기로 조절합니다.

### Object를 선택했을 때의 Gizmo 형태

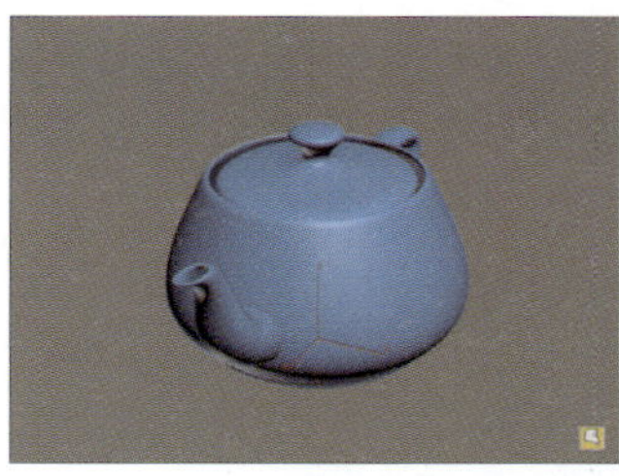

Select Object를 선택했을 때의 Gizmo

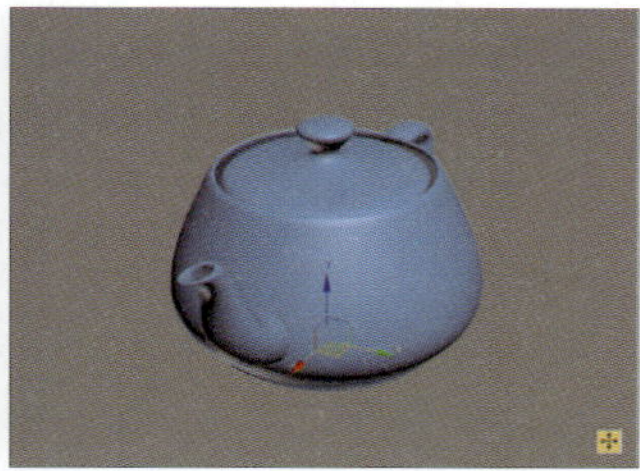

Select and Move를 선택했을 때의 Gizmo

Select and Rotate를 선택했을 때의 Gizmo

Select and Uniform Scale를 선택했을 때의 Gizmo

⑭ **Select and Place(　) :** 다른 Object의 표면에 맞춰 선택한 오브젝트를 정확하게 배치합니다.

⑮ **Reference Coordinate System(　) :** 참조 좌표계로 Object의 좌표를 선택합니다. 아래의 옵션 중에서 선택할 수 있습니다.

- **View :** 기본 설정되어 있는 좌표계입니다. 사용자가 보는 방향을 기준으로 수직은 Y축, 수평은 X축으로 보여줍니다. Perspective에서는 World 축으로 보여줍니다.
- **Screen :** 좌표를 평면으로 보여줍니다. View 좌표계와 같지만 Perspective View에서도 수직은 Y축, 수평은 X축으로 보여줍니다.
- **World :** 3ds Max의 모든 View가 절대 좌표를 기준으로 보여줍니다.
- **Parent :** Object에 Link가 걸려 있다면 선택한 Object는 부모 Object의 좌표에 따릅니다.
- **Local :** Object를 만들 당시 고유 좌표 기준으로 각 축의 방향이 결정됩니다. Object를 회전하지 않는 이상 World 좌표를 사용합니다.
- **Gimbal :** 오일러 XYZ 회전 제어기에 사용하기 위한 것으로, 로컬과 비슷하지만 세 회전 축이 서로 직각일 필요는 없습니다.
- **Grid :** 좌표가 Grid의 중앙에 위치합니다.
- **Working :** 작업 중인 Pivot의 좌표계를 사용합니다.

- **Pick :** 기준 좌표를 임의로 바꿀 때 사용하며, 주로 Interior Modeling에서 쓰입니다. 임시로 축을 만들거나 다른 Object의 Local 축을 지정하여 사용합니다.

⑯ **Use Pivot Point Center(　) :** 각각의 Object의 중심점에 위치하여 독립된 형태로 회전 등 변형할 수 있습니다.

- **Use Transform Coordinate Center(　) :** 2개 이상의 Object를 선택했을 때 자동으로 선택한 Object의 중심 위치에 Gizmo가 위치합니다.
- **Use Selection Center(　) :** 임의로 선택한 Object의 중심을 그대로 사용합니다.

⑰ **Select and Manipulate(　) :** 뷰포트에서 오브젝트의 Parameter를 마우스로 드래그하여 수정할 수 있습니다.

⑱ **Keyboard Shortcut Override Toggle(　) :** 단축키를 설정하거나 바로가기를 사용자 필요에 맞게 지정할 수 있습니다.

⑲ **2D Snap(　) :** Object에 Snap을 적용하여 정확하고 쉽게 이동할 수 있습니다. 평면에 적용하며 X, Y축으로만 적용하여 사용합니다.

- **2.5D Snap(　) :** 입체적인 Viewport에서 Snap이 적용된 것처럼 보이지만 실제 X, Y 축으로만 적용되어 사용합니다.
- **3D Snap(　) :** 입체적으로 Snap을 적용하여 사용할 수 있습니다. X, Y, Z축에 Snap이 적용됩니다.
- Snap 아이콘 위에서 마우스 오른쪽 버튼을 클릭하면 Grid and Snap Setting 대화상자가 나타납니다. Snap에서 Snap 옵션을 설정할 수 있습니다.

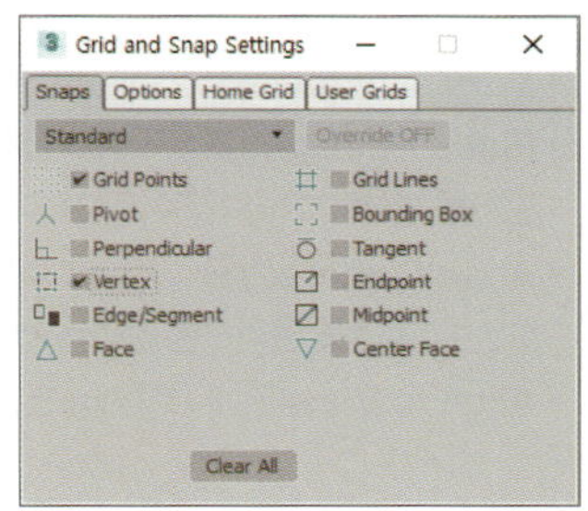

⑳ **Angle Snap Toggle(　) :** Object가 회전되는 각도에서 적용되는 Snap입니다. 회전되는 값을 미리 정해진 값만큼 축을 중심으로 움직여줍니다. (회전의 기본 값은 5°)

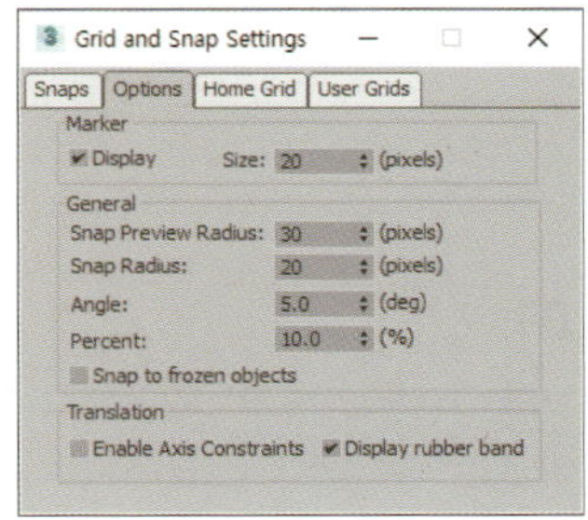

Angle Snap Toggle(　) 아이콘 위에서 마우스 오른쪽 버튼을 클릭하면 Grid and Snap Setting 대화상자가 나타납니다. [General-Angle] 메뉴에서 회전 각도를 설정할 수 있습니다.

㉑ **Percent Snap Toggle(　) :** Object의 스케일 증가 값이나 감소 값을 미리 정해 적용되는 Snap입니다. (크기 변경의 기본 값 10%)

㉒ **Spinner Snap Toggle(　) :** 증가 값이나 감소 값을 지정하여 적용할 수 있는 Snap입니다.

㉓ **Edit Named Selection Sets(　) :** 구성되어 있는 Set의 이름을 편집합니다.

㉔ Create Selection Set ▾ : 선택한 Object를 set로 지정합니다.

㉕ **Mirror( )** : Object의 위치를 대칭으로 이동하거나 복사할 수 있습니다.

- **Mirror Axis** : Object가 대칭으로 복사될 축을 선택합니다.
- **Offset** : Object의 Pivot 점을 기준으로 거리를 지정하여 Mirror시킵니다.
- **Clone Selection** : Mirror 기능으로 복사될 옵션을 선택합니다.
- **No Clone** : 복사되는 것 없이 선택 Object를 대칭으로 이동합니다.
- **Copy** : 지정 위치에 선택 Object의 복사체를 만듭니다. 원본과 독립적으로 명령이 적용됩니다.
- **Instance** : Copy와 같지만 복사체가 Instance입니다. 원본과 복사본이 동시에 명령어가 적용됩니다.
- **Reference** : Copy와 같지만 복사체가 Reference입니다. 원본은 복사본의 영향을 받지 않지만 복사본은 원본의 영향을 받습니다.

㉖ **Align( )** : Object와 Object를 정확하게 정렬하는 데 사용합니다.

- **Quick Align( )** : 현재 선택의 위치를 대상 Object의 위치로 즉시 정렬합니다.
- **Normal Align( )** : Object의 면을 선택하여 정렬합니다.
- **Place Highlight( )** : 주로 라이트를 정렬할 때 사용하며 강조 표시 또는 반사를 정확하게 배치할 수 있습니다.
- **Align Camera( )** : Camera를 선택한 후 Align Camera를 실행하고 Object의 면을 클릭하면 선택된 면 방향으로 적용됩니다.
- **Align to View( )** : 축에 따라 정렬합니다.

㉗ **Toggle Scene Explorer( )** : Scene Explorer를 활성화시킵니다. Scene Explorer에서는 오브젝트의 전반적인 관리를 할 수 있습니다.

㉘ **Toggle Layer Explorer( )** : Layer를 확장, 축소, 정렬하거나 Layer를 생성, 삭제할 수 있습니다.

㉙ **Toggle Ribbon( )** : Ribbon 메뉴를 보이거나 보이지 않게 설정합니다.

㉚ **Curve Editor(Open)( )** : Animation을 쉽게 보거나 제어할 수 있으며, 키 Frame 간에 만드는 Object의 변환을 시각화해줍니다.

㉛ **Schematic View(Open)( )** : Object의 관계를 만들거나 조회, 편집할 수 있습니다.

㉜ **Material Editor( )** : Object에 재질을 입히거나 설정할 수 있는 재질 편집 창을 엽니다.  을 선택하면 Compact Material Editor가 열리고,  를 선택하면 Slate Material Editor가 열립니다.

㉝ **Render Setup( )** : Rendering 옵션 설정 대화상자를 불러옵니다.(단축키 F10)

㉞ **Rendered Frame Window( )** : Rendering한 이미지를 출력하며, Rendering 영역 설정, Viewport 설정, 저장 등과 같은 다양한 기능이 있습니다.

㉟ **Render Production ( )** : Render Setup 대화상자를 열지 않고 바로 작업 화면을 Rendering합니다.(단축키 F9)

㊱ **Render in the Cloud( )** : A360 클라우드를 사용하여 Rendering합니다. A360 Rendering은 클라우드 리소스를 사용하여 Rendering이 진행되는 동안 데스크톱에서 계속 작업할 수 있습니다.

㊲ **Open Autodesk A360 Gallery( )** : A360 갤러리 웹페이지를 엽니다.

## ■ 구성 요소 추가하고 빼기

Main Toolbar에는 기본 아이콘 이외에도 다른 구성 요소가 많습니다. 이번에는 다른 명령 아이콘을 불러와 관리하는 방법에 대해 알아보겠습니다.

## 01

Main Toolbar의 빈 공간에서 마우스 오른쪽 버튼을 클릭하면 나타나는 툴바 관련 메뉴 중에서 Layer와 Snaps에 체크를 합니다.

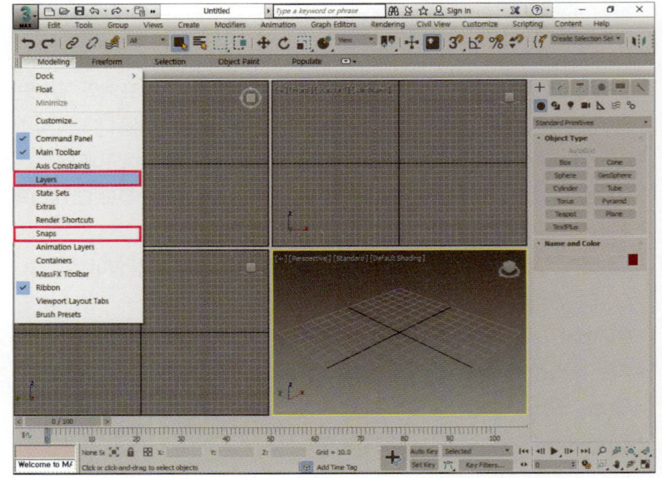

## 02

화면에 Layer와 Snaps 기능이 있는 툴 바가 새로 나타납니다. 툴 바의 텍스트 부분을 마우스로 클릭하고 화면의 왼쪽 끝으로 드래그 앤 드롭합니다.

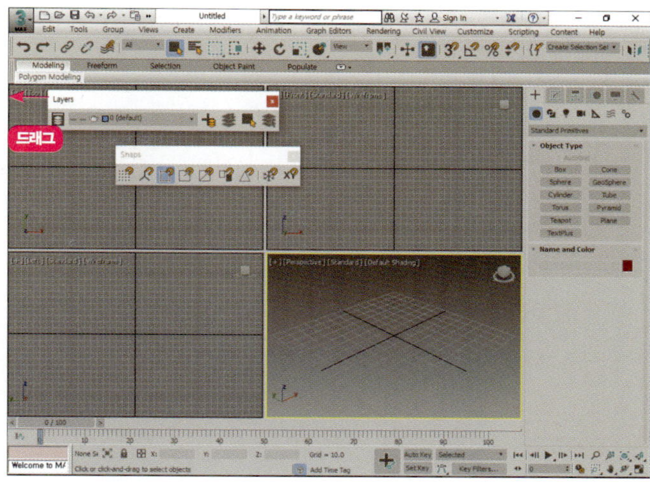

## 03

화면 왼쪽에 새로운 툴 바가 등록되었습니다. 등록된 툴 바를 다시 화면에 나타내려면 툴 바의 가장 윗부분을 마우스로 클릭한 후 Viewport에 드래그 앤 드롭합니다.

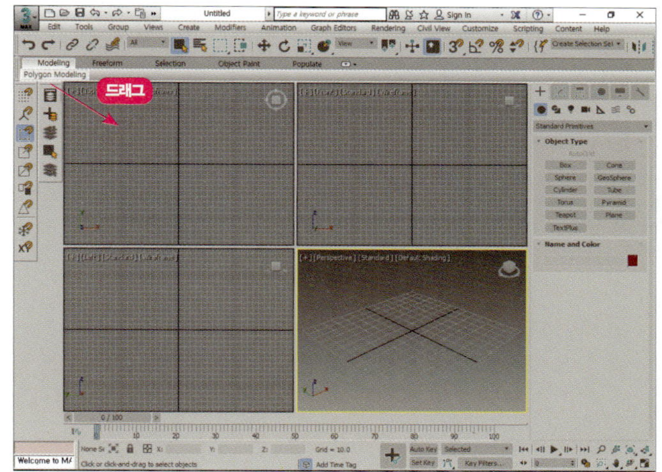

## 04

선택한 툴 바가 다시 화면에 나타납니다. 필요 없는 툴 바를 닫으려면 닫기를 클릭하거나 툴 바 메뉴에서 해당 툴 바를 클릭하여 선택 해제하면 됩니다.

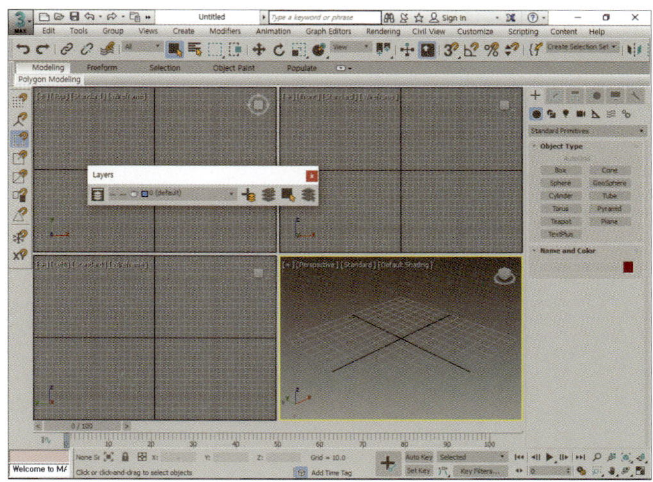

## Preference Settings 대화상자의 기능

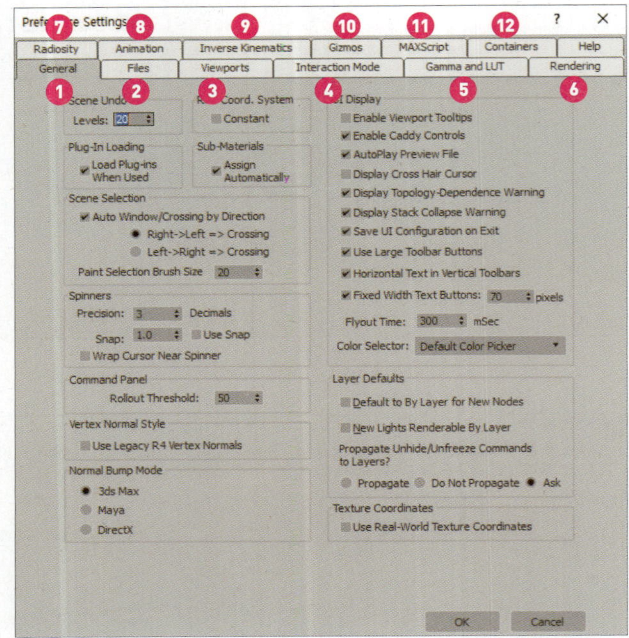


① **General** : 3ds Max의 기본적인 설정을 하는 부분으로, 사용자 인터페이스 및 옵션을 설정합니다.

② **Files** : Autobackup의 설정 및 Archive에 사용할 프로그램을 선택하는 등 파일 처리 옵션을 설정합니다.

③ **Viewports** : Viewport의 표시 및 동작에 관련된 옵션을 설정합니다.

④ **Interaction Mode** : 마우스와 키보드의 조작방법을 3ds Max와 Maya중에서 선택합니다.

⑤ **Gamma and LUT** : 입출력 이미지 및 모니터 보정을 위해 감마 및 LUT를 조정하여 설정합니다.

⑥ **Rendering** : Rendering할 장면의 광원 기본 색상과 같은 Rendering 옵션을 설정합니다.

⑦ **Radiosity** : Radiosity 솔루션에 대한 옵션을 설정합니다.

⑧ **Animation** : Animation에 관련된 사운드 플러그인 할당, 제어기 기본값 등 Animation에 관련된 옵션을 설정합니다.

⑨ **Inverse Kinematics** : 적용된 역운동학과 대화식 역운동학 모두에 대한 옵션을 설정합니다.

⑩ **Gizmos** : Gizmo의 표시 및 동작 옵션을 설정합니다.

⑪ **MaxScript** : MaxScript와 Macro Recorder의 기본 설정, 자동 스크립트 로드 활성화 또는 비활성화 등 MaxScript 편집기에서 사용하는 글꼴 스타일 및 크기 변경, Macro Recorder에 관련된 모든 옵션을 설정합니다.

⑫ **Containers** : 컨테이너 기능 사용 옵션을 설정합니다. 상태 및 업데이트 설정을 사용하여 성능을 향상시킬 수 있습니다.

06

# Object를 만들고 편집하는
# Command Panel

커맨드 패널은 기본적인 Modeling에서부터 편집, Animation, 화면 표시 등의 핵심 기능들을 모아놓은 곳입니다. 3ds Max 작업의 대부분이 이곳에서 이루어지기 때문에 전체적인 내용을 이해하는 것이 좋습니다.

## ■ Create Panel

Create Panel은 3ds Max에서 제공하는 가장 기본적인 3D Geometry, 2D Shape, Lights, Cameras를 비롯하여 Animation에 필요한 SpaceWarps 등 Modeling에 필요한 도구를 제공합니다. 3ds Max에서 Modeling을 할 때 처음 사용하는 부분이며, 일반적인 작업 순서로 보아도 무방합니다.

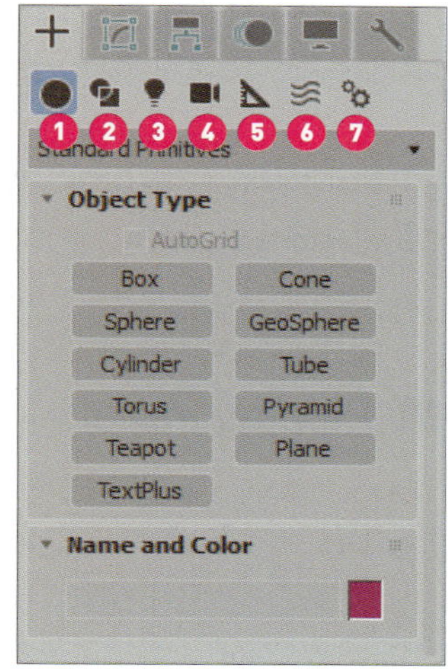

① **Geometry** : 기본적인 3차원 Object 도구들을 제공합니다.

② **Shapes** : 2D 객체 즉, 평면 Object를 만들 수 있습니다.

③ **Lights** : 조명 도구들을 제공합니다.

④ **Cameras** : 시점을 설정할 수 있는 Camera 도구를 제공합니다.

⑤ **Helpers** : 보조 도구로, 길이를 재거나 각도를 잴 때 도움을 줍니다.

⑥ **Space Warps** : 주로 Animation을 설정할 때 많이 사용하며, Object를 변형하거나 특수 효과를 줄 때 사용합니다.

⑦ **System** : Modeling에 특수하게 사용될 수 있는 도구들을 제공합니다.

## ■ Modify Panel

Viewport에 만들어진 Object의 Parameter를 수정하거나 Modifier(편집 명령어)를 추가하여 Object를 편집합니다. Modifier의 추가하려면 Modifier List를 클릭하여 편집할 명령어를 클릭하면 됩니다.

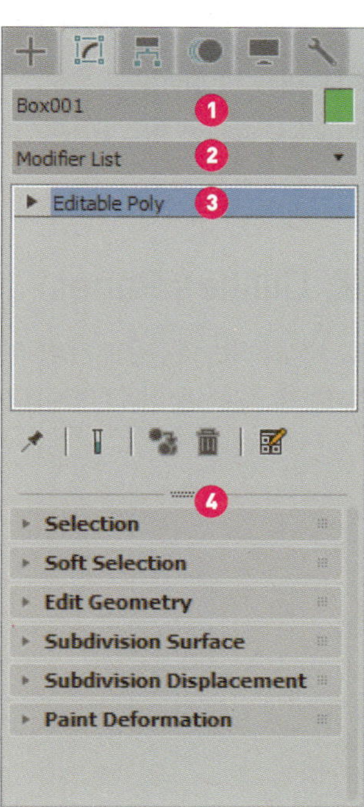

① **Name** : Object의 이름과 색상을 설정합니다.

② **Modifier List** : Object에 적용하는 편집 명령어를 선택하여 적용합니다.

③ **Stack List** : Sub-Object를 선택하거나 적용된 편집 명령어가 실행 순서대로 쌓여 수정할 수 있습니다.

④ **Rollout 메뉴** : 명령어가 적용되었을 때 나타납니다. '+' 표시가 붙은 부분을 클릭하여 밑에 메뉴가 나타나면 수정할 수 있습니다. Object의 속성에 따라 다른 메뉴가 나타납니다.

## ■ Hierarchy Panel

Object의 Pivot을 수정하거나 연결된 Object의 상태를 조정합니다. IK Animation 작업 시 각 연결 단계의 정보를 수정할 수도 있습니다.

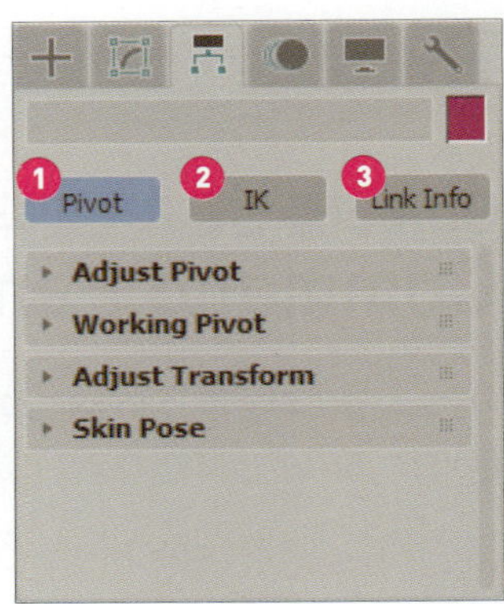

① **Pivot** : Object의 로컬 좌표 및 중심 축인 Pivot의 옵션을 설정합니다.

② **IK(Inverse Kinematics)** : 주로 Animation에 사용하며, 역운동학을 기반으로 복잡한 모션을 신속하게 설정하거나 컨트롤할 수 있습니다.

③ **Link Info** : Object에 적용한 링크를 컨트롤할 수 있습니다.


## ■ Motion Panel

Animation에 등록한 디테일한 부분을 상세히 컨트롤하는 기능으로 구성되어 있습니다.

① **Parameters** : 선택한 Object의 모션에 대한 세부 옵션을 설정합니다.

② **Trajectories** : 선택한 Object의 궤적을 편집할 수 있습니다.


## ■ Display Panel

Viewport상의 Object를 컨트롤합니다. 주로 숨기거나 다른 Object 작업을 편리하게 하기 위한 Freeze 기능을 제공합니다.

① **Display Color** : Object에 색상 표시 방법을 설정합니다.

② **Hide by Category** : Object를 범주별로 숨기도록 설정합니다.

③ **Hide** : 선택한 개별 Object를 숨기거나 숨김 해제할 수 있습니다.

④ **Freeze** : Object를 얼리거나 해제할 수 있습니다.

⑤ **Display Properties** : 선택한 Object의 디스플레이 속성을 수정할 수 있습니다.

⑥ **Link Display** : 링크 구조 디스플레이를 수정할 수 있습니다.


## ■ Utilities Panel

3D 작업을 하는 데 유용한 기능들이 추가되어 있는 곳입니다. 기본적으로 10개로 구성되어 있으며 More를 클릭하여 추가하거나 Sets를 이용하여 사용자 정의 버튼을 구성할 수 있습니다.

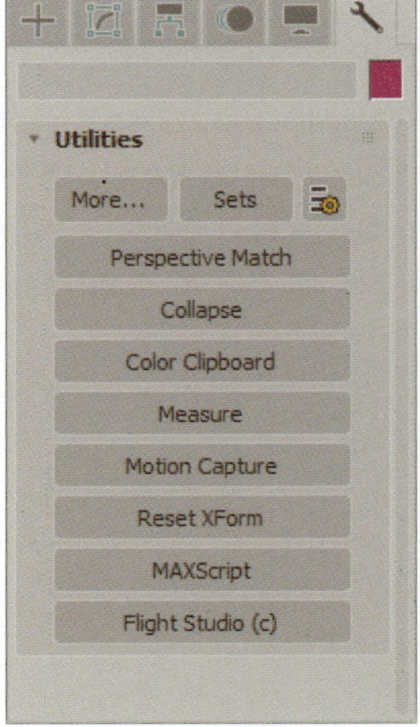

# 정확한 작업을 도와주는 Snap

Snap(스냅)은 정확한 Modeling을 위하여 커서가 정해진 대로 움직이게 하는 기능입니다. Snap 기능은 기본적으로 해제되어 있으므로 아이콘이나 단축키를 눌러 활성화해야 합니다. Snap이 활성화되면 축의 제한을 받지 않고 설정된 Snap 값으로 움직입니다. Main Toolbar에 있는 Snap Toggle 아이콘(🎯) 위에서 마우스 오른쪽 버튼을 누르면 Snap 대화상자가 나타납니다.

## ■ [Grid and Snap Settings] 대화상자의 Snaps 탭

Object에 사용될 Snap 유형을 선택할 수 있습니다. Modeling 작업 시 Snap을 적절히 사용하면 쉽고 빠르게 Object를 정렬하거나 만들 수 있습니다.

① **Grid Points** : Grid 교차점에 Snap합니다.

② **Grid Lines** : Grid 선 위에 Snap합니다.

③ **Pivot** : Object의 Pivot점에 Snap합니다.

④ **Bounding Box** : Object Bounding Box의 8개 모서리중 하나에 Snap합니다.

⑤ **Perpendicular** : 스플라인의 수직점에 Snap합니다.

⑥ **Tangent** : 스플라인의 접점에 Snap합니다.

⑦ **Vertex** : Object의 정점(Vertex)에 Snap합니다.

⑧ **Endpoint** : 메시나 스플라인의 끝점에 Snap합니다.

⑨ **Edge/Segment** : 모서리(Edge)나 선(Segment)에 Snap합니다.

⑩ **Midpoint** : 메시나 세그먼트의 중간에 Snap합니다.

⑪ **Face** : 표면의 아무 곳에나 Snap합니다.

⑫ **Center Face** : 삼각형 면의 중심에 Snap합니다.

## ■ [Grid and Snap Settings] 대화상자의 Options 탭

다양한 Snap 기능을 설정할 수 있습니다. Snap 커서의 크기 및 Snap의 옵션을 설정하면 정밀한 작업을 할 수 있습니다.

① **Marker** : Snap 점의 표시 여부와 크기를 설정할 수 있습니다.

② **Snap Preview Radius** : Snap을 미리 적용해볼 수 있는 반지름 값입니다.

③ **Snap Radius** : Snap이 자동으로 적용되는 커서 주변 영역의 크기입니다.

④ **Angle** : Angle Snap이 활성화되었을 때 회전되는 각도 단위입니다.

⑤ **Percent** : Percent Snap이 활성화되었을 때 스케일을 조정할 때 사용합니다.

⑥ **Snap to frozen object** : 체크를 하면 Freeze시킨 Object에도 Snap이 적용됩니다.

⑦ **Enable Axis Constraints** : 체크를 하면 Gizmo를 선택한 축 방향으로 움직일 수 있습니다.

⑧ **Display rubber band** : 체크를 하면 선택한 Object의 원래 위치와 마우스 버튼 사이에 지시선이 나타납니다.

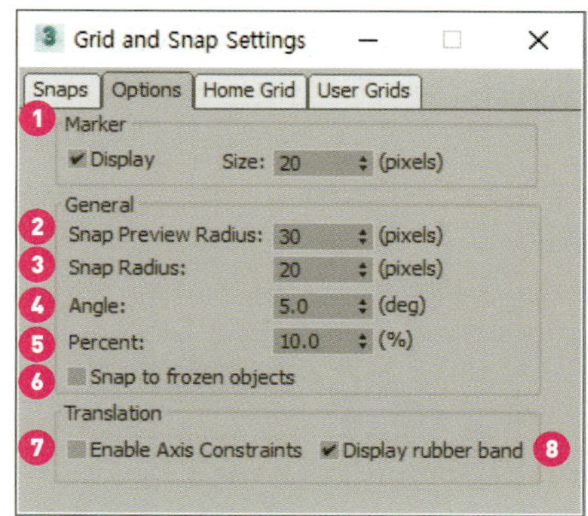

## ■ [Grid and Snap Settings] 대화상자의 Home Grid 탭

Grid의 간격 및 기타 특성을 설정할 수 있습니다.

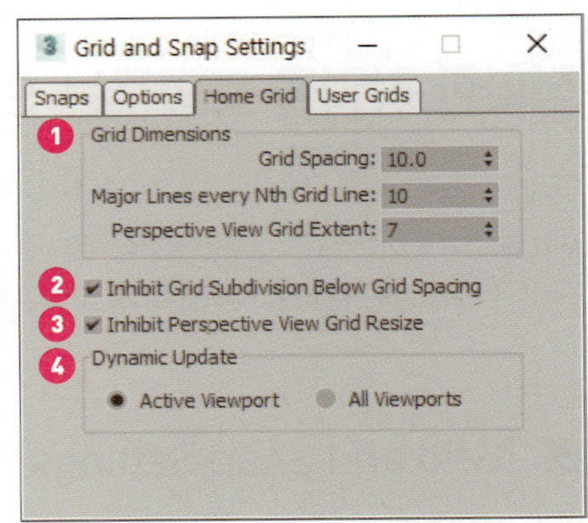

① **Grid Dimensions** : Grid 치수 그룹으로 Grid의 간격 및 크기를 설정합니다.

② **Inhibit Grid Subdivision Below Grid Spacing** : Grid 간격 세분화 설정 옵션으로 해제하면 Grid 평면을 무한하게 확대/축소할 수 있습니다.

③ **Inhibit Perspective View Grid Resize** : Perspective View에서 Grid가 고정된 선 세트로 취급 되도록 합니다. 해제하면 Grid가 세분화되어 확대/축소할 때 크기가 바뀝니다.

④ **Dynamic Update** : 기본적으로 선택된 Viewport만 Grid 간격이 바뀌면 업데이트되지만 다른 Viewport는 값이 변경된 후에 업데이트됩니다. 값을 변경할 때 다른 Viewport도 업데이트되도록 하려면 All Viewports를 선택하면 됩니다.

## ■ [Grid and Snap Settings] 대화상자의 User Grid 탭

Gird를 자동 활성화하거나 자동 Grid의 설정을 변경할 수 있습니다.

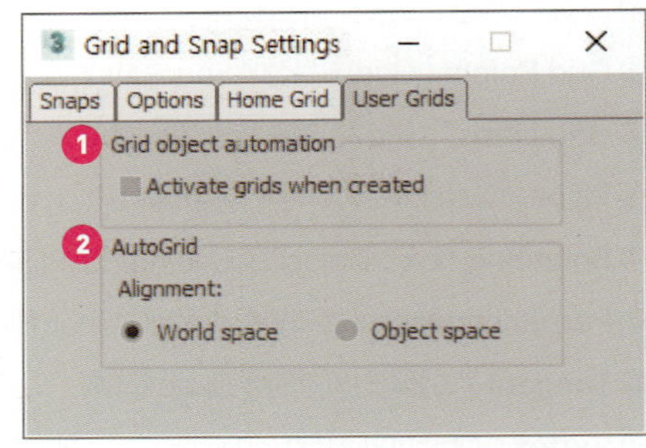

① **Grid object automation** : 설정하면 만든 Grid가 자동으로 활성화됩니다.

② **AutoGrid** : AutoGrid를 만드는 위치를 작업 공간/Object의 표면 중에서 선택할 수 있습니다.

## ■ Snap 기능 익히기

이번에는 간단한 예제를 만들어 Snap 기능을 익혀보겠습니다. 소개한 예제 이외에도 다른 옵션에 체크를 하여 Snap이 어떻게 적용되는지 알아보는 것이 좋습니다.

---

### 01

3ds Max를 실행한 후 Snaps Toggle 아이콘(3²)을 클릭하여 Snap을 활성화합니다. 아이콘에 노란불이 들어오면 해당 기능이 활성화된 상태입니다. 아이콘 위에서 마우스 오른쪽 버튼을 클릭하면 [Grid and Snap Settings] 대화상자가 나타납니다. Grid Points에 체크한 후 대화상자를 닫습니다.

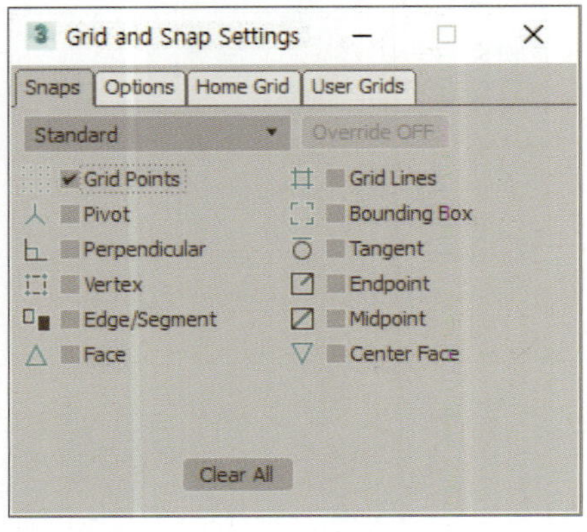

### 02

[Create-Shapes-Line]를 선택한 후 아래 그림과 같이 Line을 그려봅니다. 마우스 포인터가 Grid Point를 따라 움직여 Line을 정확한 간격으로 그릴 수 있습니다.

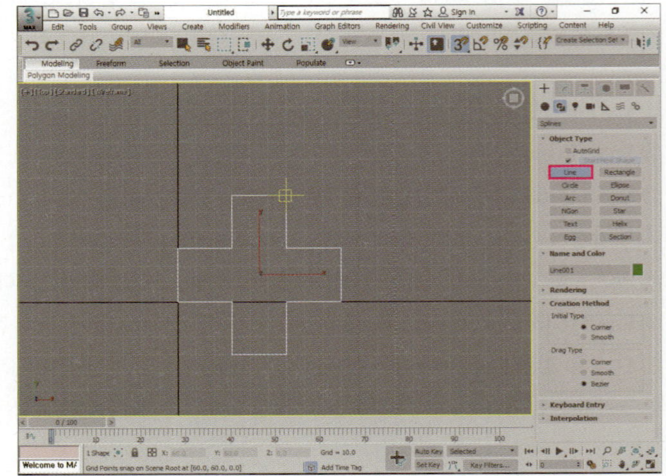

## 03

Application 메뉴()의 [Reset]을 클릭하여 Scene을 초기화합니다. 그런 다음, [Create-Geometry-Standard Primitives-Box]를 선택하고 그림과 같이 2개의 Box를 만듭니다.

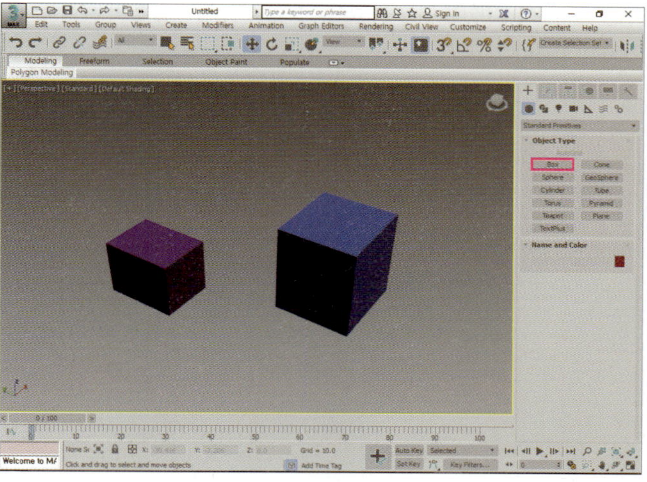

## 04

Snaps Toggle 아이콘(3°) 위에서 마우스 오른쪽 버튼을 클릭하면 [Grid and Snap Settings] 대화상자가 나타납니다. Vertex에 체크한 후 대화상자를 닫습니다.

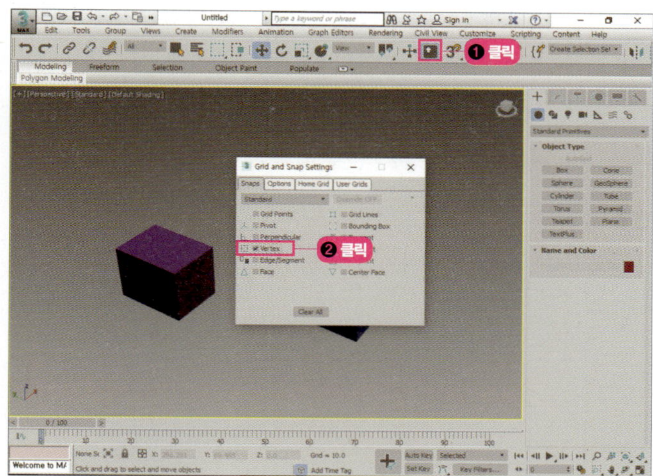

## 05

Select and Move(✛)를 클릭한 후 그림과 같이 Box 모서리에 마우스를 이동하면 모서리 점 부분에 노란색 포인터가 생기면서 마우스의 위치가 자동으로 맞춰집니다.

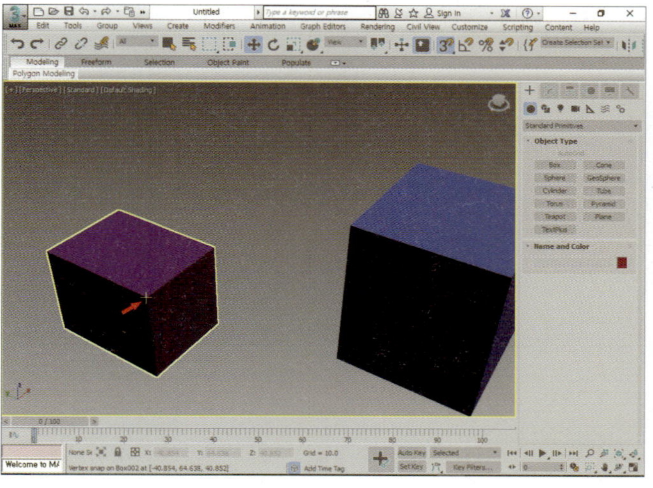

## 06

노란색 포인터가 생긴 상태에서 Move 아이콘이 나타나면 마우스 왼쪽 버튼을 클릭한 후 다른 Box의 모서리 부분으로 드래그 앤 드롭하여 이동하면 두 Box의 모서리를 정확하게 붙일 수 있습니다. 이렇게 Snap 기능을 이용하면 작업할 때 간단하게 Object를 정렬할 수 있습니다.

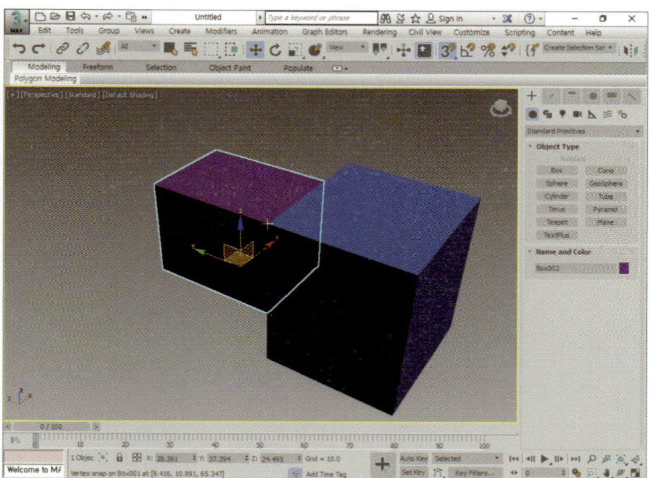

# 08

# 치수 단위를 설정하는 Units Setup

3ds Max에서 작업 시 가장 중요한 환경 설정 중의 하나로 외부 프로그램과의 호환에서 매우 중요한 역할을 합니다. Object의 크기 및 Grid, Light를 만들거나 편집할 때 편리하게 작업할 수 있는 환경을 만들어 줄 뿐만 아니라 최종 Rendering 결과물에도 영향을 미칠 수 있기 때문입니다. 특히 건축 및 Interior 작업을 할 때는 ㎜를 표준 단위로 사용하기 때문에 작업 전에 기본 단위를 ㎜로 설정하는 것이 좋습니다.

## 01

[Menu Bar-Customize-Units Setup]을 클릭합니다.

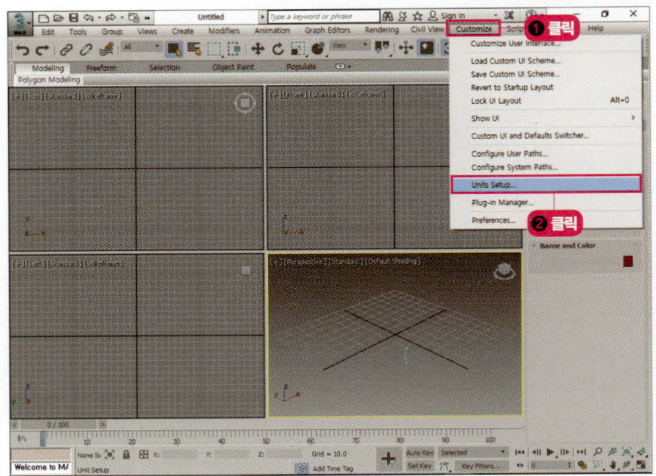

## 02

[Units Setup] 대화상자가 나타나면 Display Units Scale의 Metric을 선택한 후 Millimeters를 선택합니다. 그런 다음, [System Units Setup] 버튼을 클릭하면 나타나는 [System Units Setup] 대화상자에서 System Units Scale의 1Units에 Millimeters를 선택하고 [OK] 버튼을 클릭합니다.

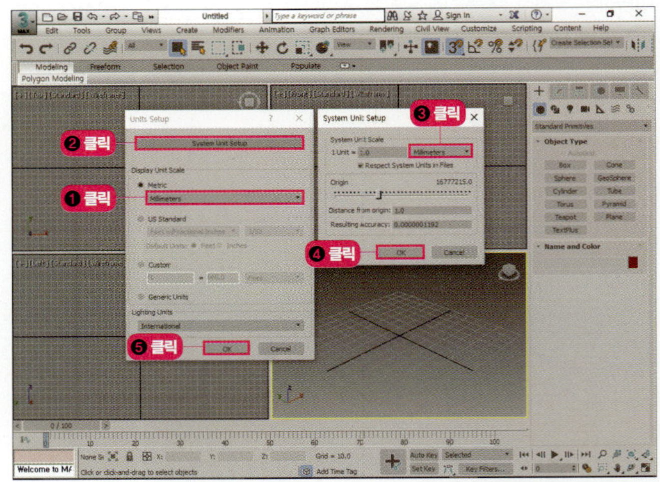

## 03

설정을 완료하면 수치 옆에 ㎜ 단위가 생긴 것을 볼 수 있습니다.

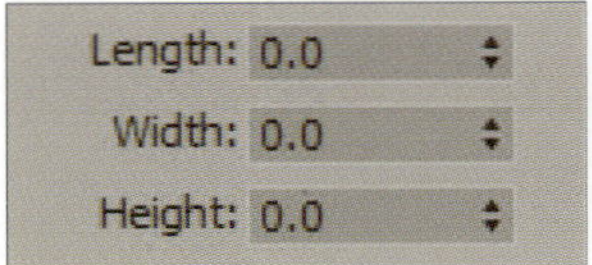

Unit Setup 설정 전

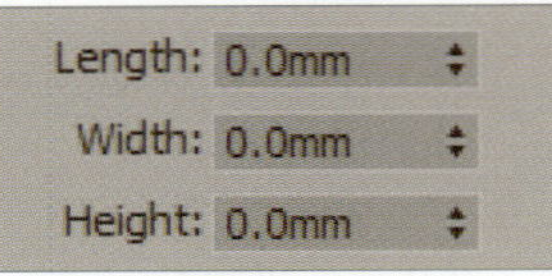

Unit Setup 설정 후

09

# ViewCube와 SteeringWheels

ViewCube와 SteeringWheels는 화면을 자유롭게 회전, 확대/축소 및 Viewport를 전환할 수 있는 기능입니다. 3ds Max 2009부터 추가된 기능으로 불투명도와 크기, 표시 여부를 따로 설정할 수 있습니다.

## ■ ViewCube 사용하기

### 01

Viewport위에 마우스 커서를 올려놓으면 ViewCube가 활성화되는데, 이 때 마우스 왼쪽 버튼을 사용하여 View를 회전하거나 사용 가능한 사전 설정 View로 전환할 수 있습니다.

### 02

[Menu Bar-Views-ViewCube] 메뉴에서 기본 옵션을 설정할 수 있습니다.

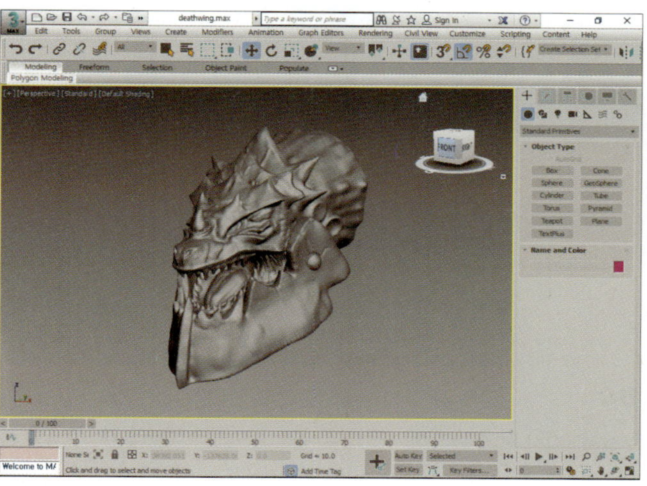

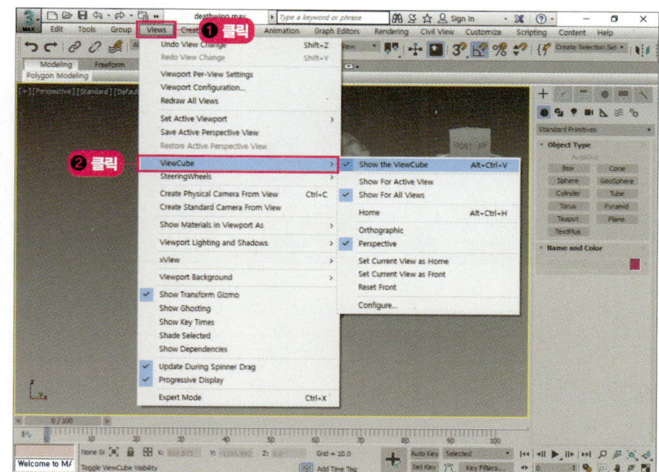

### 03

[Menu Bar-Views-ViewCube-Configure]를 클릭하면 나타나는 Viewport Configuration의 ViewCube 탭에서 상세 옵션을 설정할 수 있습니다.

① ViewCube의 표시 여부를 설정합니다.
② ViewCube의 크기를 설정합니다.
③ ViewCube의 투명도를 설정합니다.

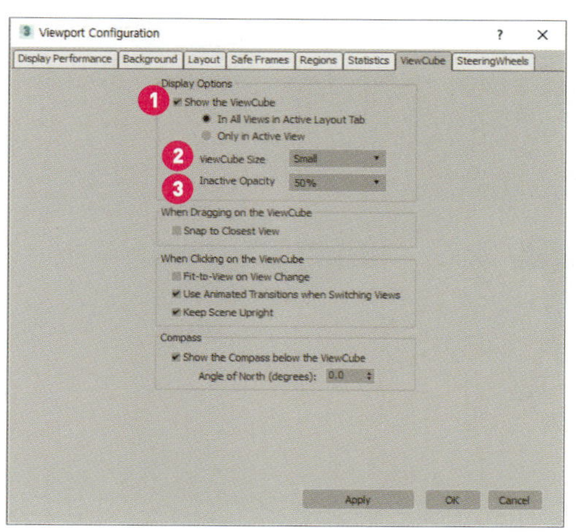

# ■ ViewCube 기능 익히기

이번에는 ViewCube를 사용하여 Viewport를 변경하는 방법을 알아보겠습니다. ViewCube로 간단하게 Viewport를 원하는 View로 바꿀 수 있습니다.

**예제 파일**
C:/315-5466/Part01/0102_09.max

## 01

'C:/315-5466/Part01/0102_09.max' 파일을 불러옵니다. 화면의 ViewCube를 마우스 왼쪽 버튼으로 클릭한 후 드래그합니다.

## 02

마우스를 클릭한 상태로 움직이면 Viewport가 마우스의 움직이는 방향에 따라 자유롭게 바뀝니다.

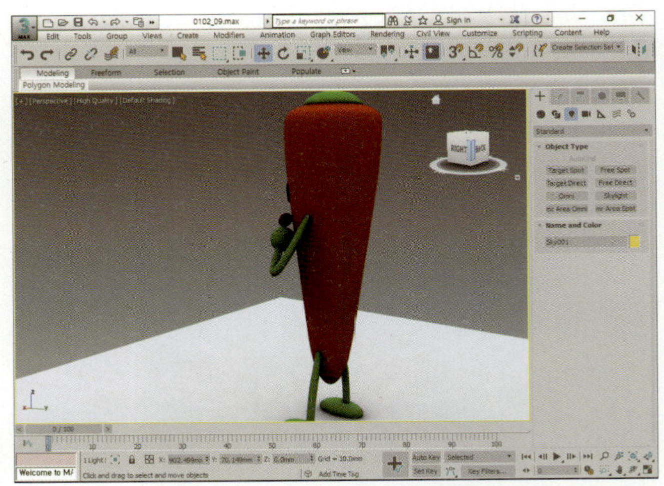

## 03

ViewCube의 Left 부분을 클릭합니다.

## 04

Viewport가 Left View로 바뀌었습니다. Left뿐만 아니라 각 View를 클릭하면 선택한 View로 Viewport가 변경됩니다.

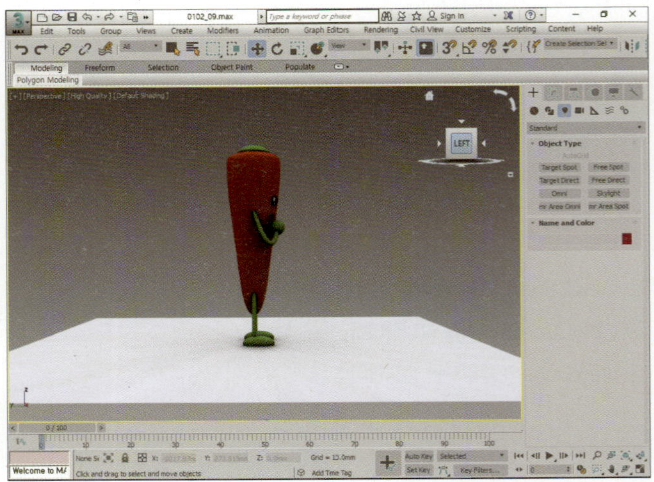

## 05

ViewCube 위의 삼각형을 클릭합니다.

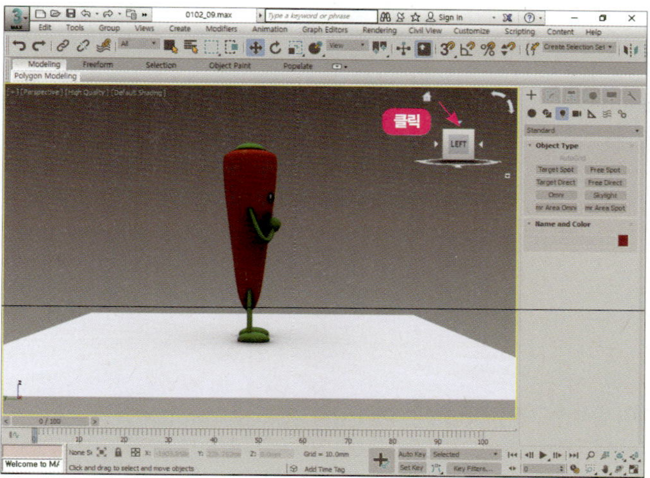

ViewCube 위의 화살표
를 클릭하면 Viewport를
선택한 방향으로 90°만큼
회전합니다.

## 06

Viewport가 앞으로 90° 회전하며 Top View로 변경되었습니다.
ViewCube 주변의 삼각형은 Top, Front, Left 등 정면에서 보이는 View
에서만 나타납니다. 선택한 삼각형의 방향으로 90° 회전하는 기능입니다.

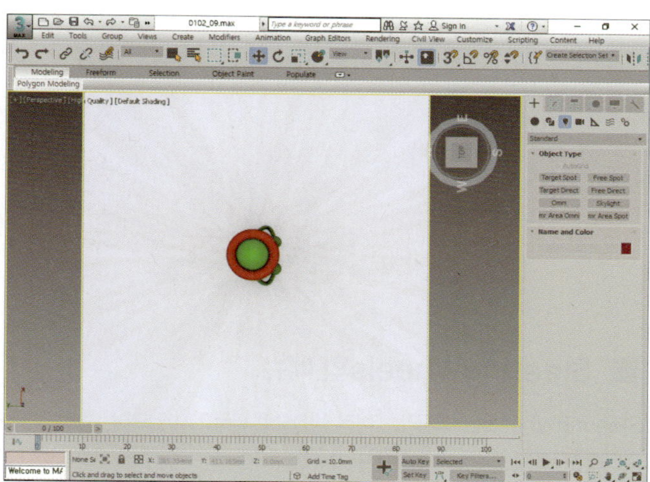

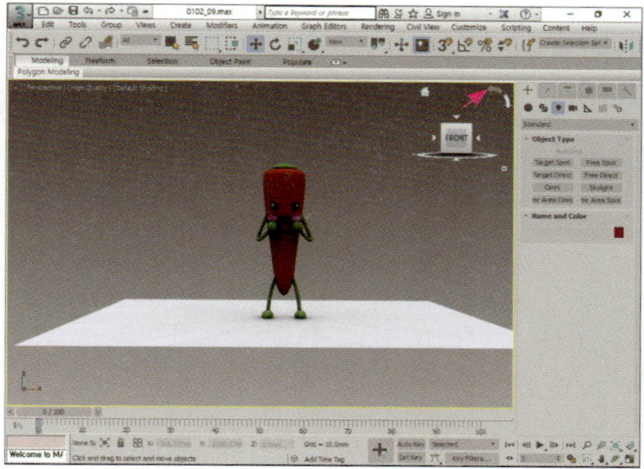

## 07

ViewCube 위의 Home 아이콘을 클릭하면 기본 Perspective View로
전환됩니다.

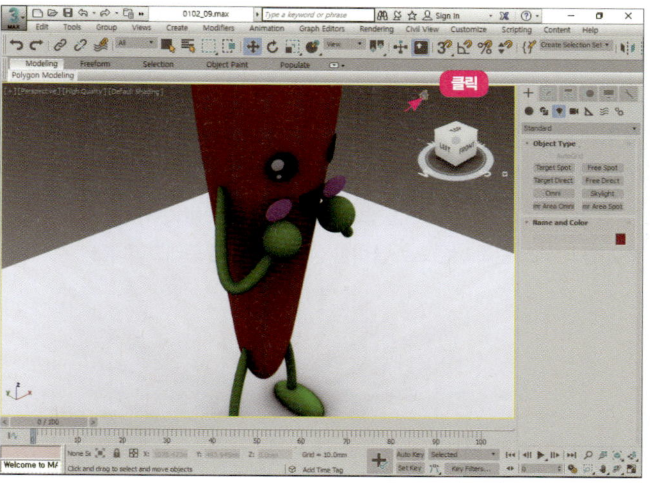

## 08

ViewCube의 Point를 클릭하면 View가 해당 포인트로 전환됩니다.
ViewCube의 아래 그림과 같이 모서리 부분을 클릭하면 Perspective
View와 같이 View가 바뀝니다.

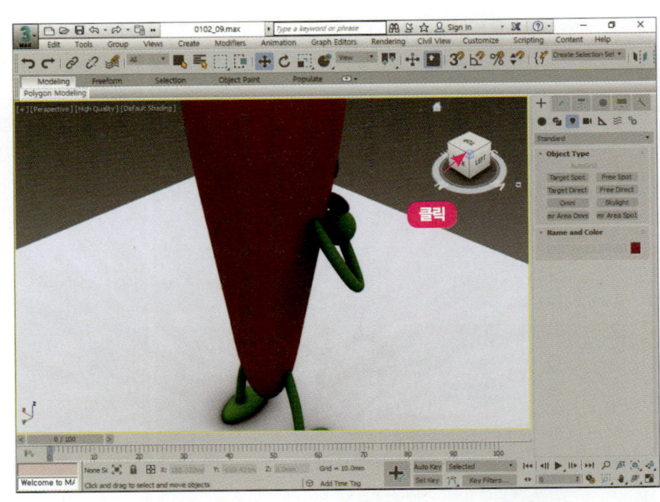


## ■ SteeringWheels의 메뉴

SteeringWheels은 웨지라는 여러 섹션으로 나누어져 있으며, 휠의 각 웨지는 단일 탐색 도구를 나타냅니다. 여러 가지 방법으로 Viewport를 조작할 수 있습니다.(단축키 Shift + W )

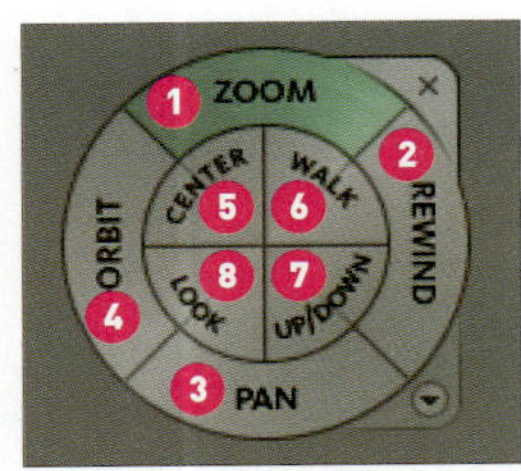

① **ZOOM** : 화면을 확대/축소합니다.

② **REWIND** : 이전의 View를 복원합니다.

③ **PAN** : 현재 View의 위치를 조정합니다.

④ **ORBIT** : 현재 View를 회전합니다.

⑤ **CENTER** : 모델의 한 점을 지정하여 현재 View의 중심으로 사용합니다.

⑥ **WALK** : 전체 장면에서 걷기를 시뮬레이트합니다.

⑦ **UP/DOWN** : 화면의 수직축에서 View를 이동합니다.

⑧ **LOOK** : View를 회전합니다.

## ■ SteeringWheels 기능 익히기

SteeringWheels를 활성화하면 기본적으로 마우스 커서를 따라다닙니다. SteeringWheels의 메뉴를 선택하여 Viewport를 다양하게 조정할 수 있습니다.

**예제 파일**
C:/315-5466/Part01/0102_09.max

## 01

'C:/315-5466/Part01/0102_09.max' 파일을 불러옵니다. Shift + W 를 눌러 SteeringWheels를 활성화합니다. SteeringWheels의 Zoom 웨지를 마우스 왼쪽 버튼으로 클릭한 상태에서 위로 드래그합니다.

**tip**
단축키가 적용되지 않을 경우 Keyboard Shortcut Override Toggle(■) 아이콘을 클릭하여 활성화시킵니다.

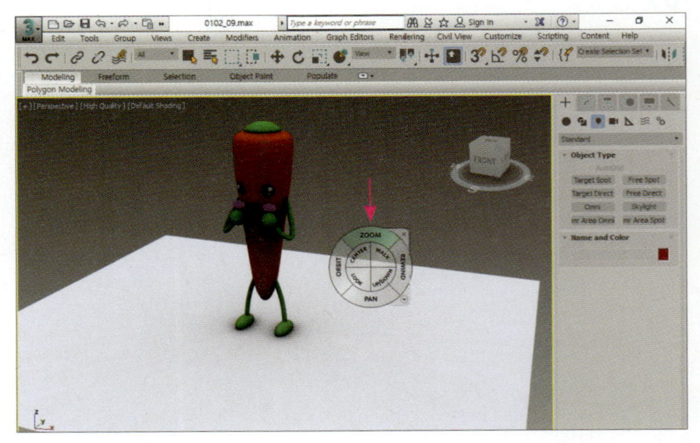

## 02

마우스를 위로 드래그하면 Viewport가 확대됩니다. Zoom 웨지에서 확대
되는 방향은 로컬 축을 중심으로 + 방향입니다.

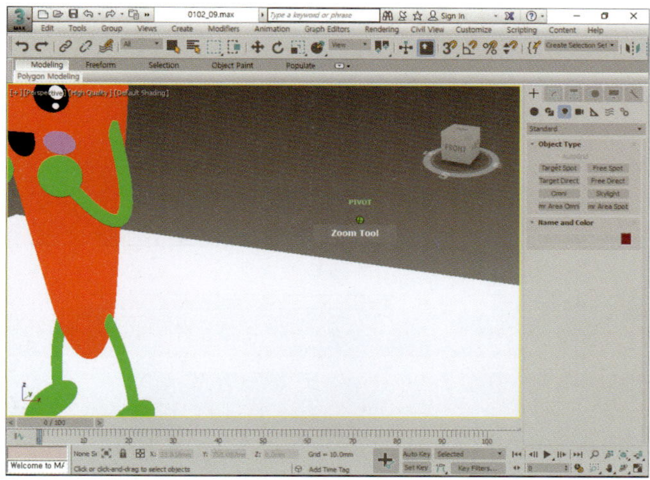

## 03

반대로 아래로 드래그하면 Viewport가 축소됩니다.

**tip** 마우스 휠을 이용하여 확대/축소하는 것과 같은 기능입니다.

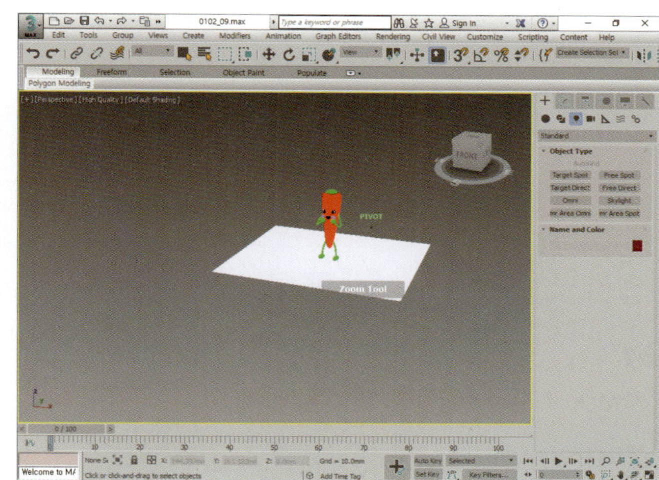

## 04

SteeringWheels의 ORBIT 웨지를 마우스 왼쪽 버튼으로 클릭하고 마우
스를 움직입니다.

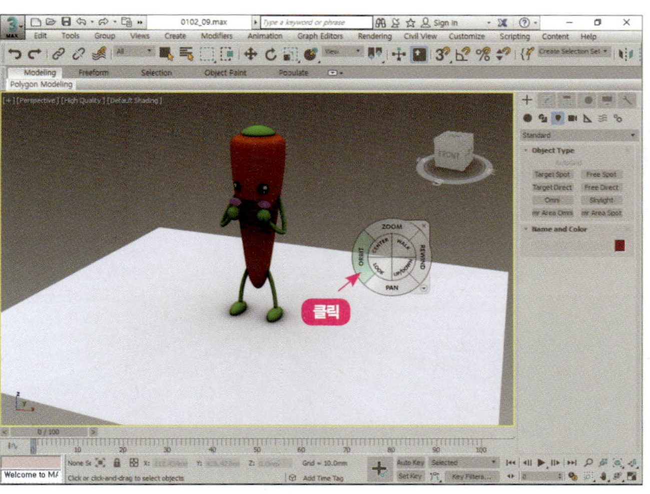


## 05

현재 SteeringWheels의 위치를 중심으로 Viewport가 회전합니다.

**tip** Alt +마우스 휠을 누른 상태에서 Viewport를 회전하여 보는 것과 같은 기
능입니다.

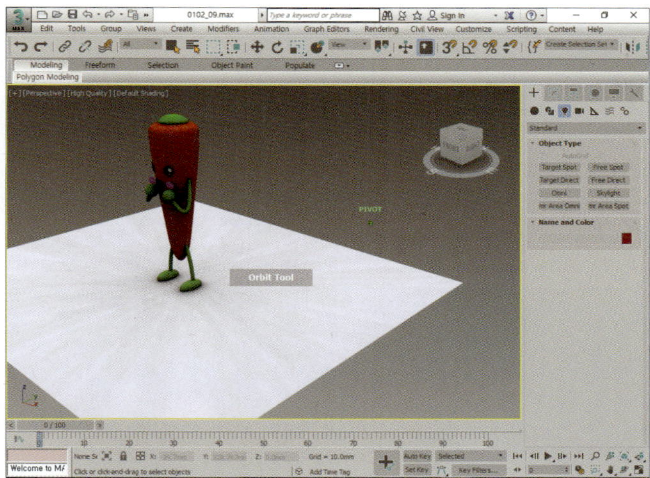

## 06

SteeringWheels의 PAN 웨지를 마우스 왼쪽 버튼으로 클릭하고 마우스
를 움직입니다.

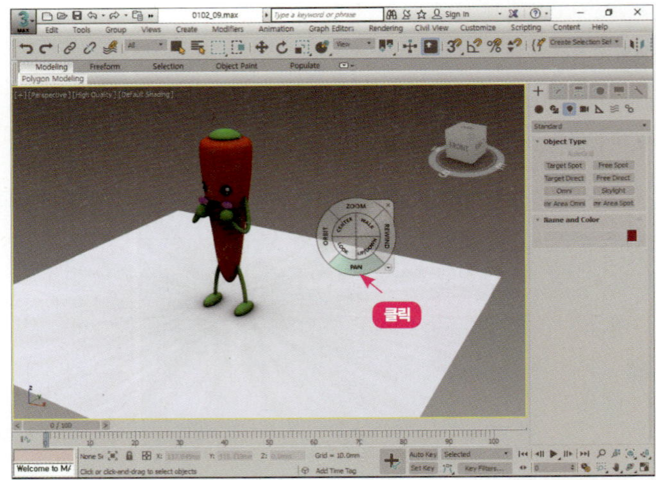


## 07

Viewport가 마우스를 움직이는 방향으로 이동합니다.

**tip** 마우스 휠을 누른 상태에서 Viewport를 이동하는 것과 같은 기능입
니다.

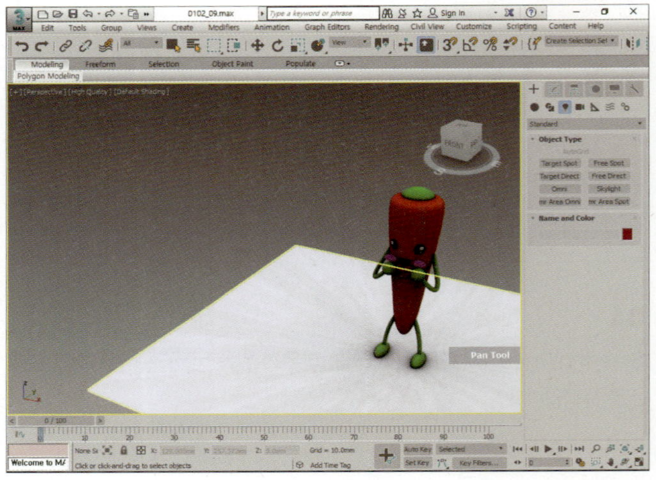

## 08

SteeringWheels의 REWIND 웨지를 마우스 왼쪽 버튼으로 클릭하고 마
우스를 움직입니다.

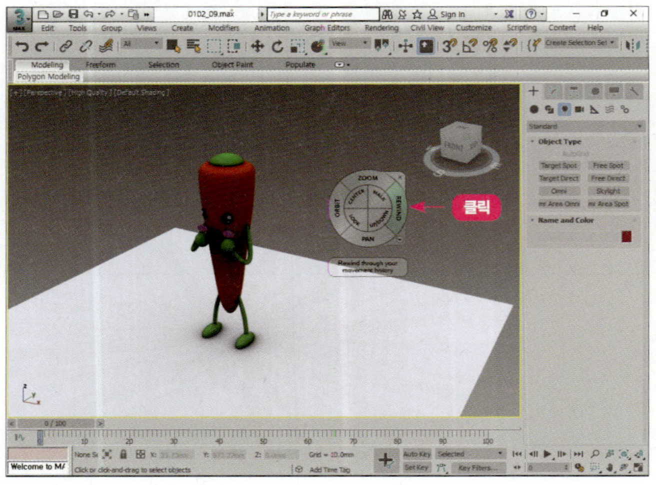


## 09

지금까지 움직였던 Viewport의 움직임이 필름처럼 나타나며, 전에 움직였
던 View로 이동할 수 있습니다.

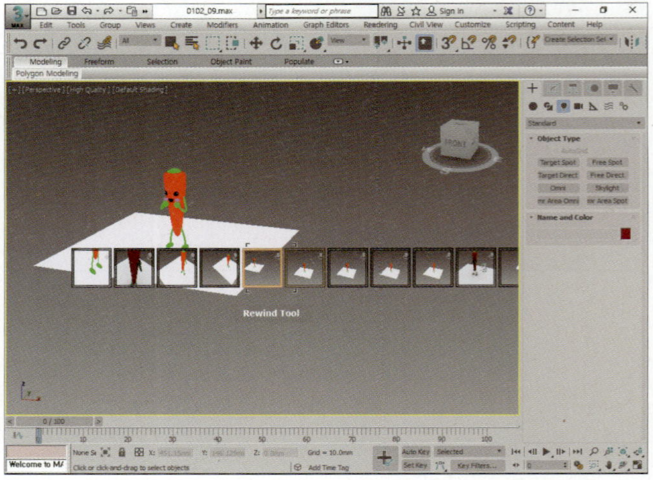

# 효율적인 3ds Max 작업을 위한 기초 다지기

3ds Max를 처음 접하는 분들은 생소한 용어가 많아 배울 때에 어려움이 많습니다. 작업을 하는 데 필요한 기초적인 용어나 3D의 기본 이론을 알아둔다면 3ds Max를 익히는 데 도움이 될 것입니다.

학습 목표

3ds Max를 사용하여 3D 이미지를 구현하기 위해 필수적으로 알고 있어야 할 요소들을 기본 용어부터 간단한 기능까지 학습한다.

① 3D 기초 이론 이해하기

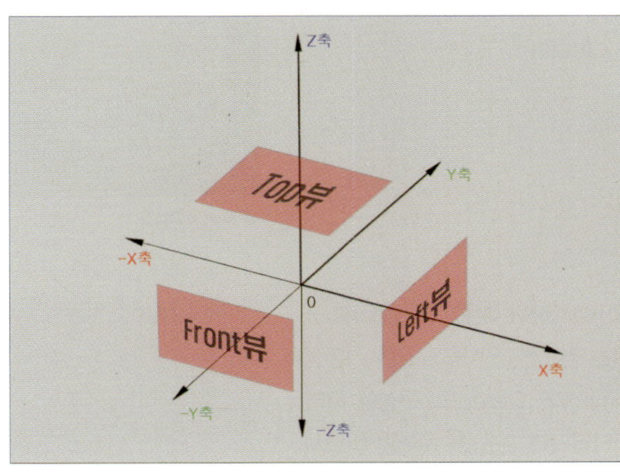


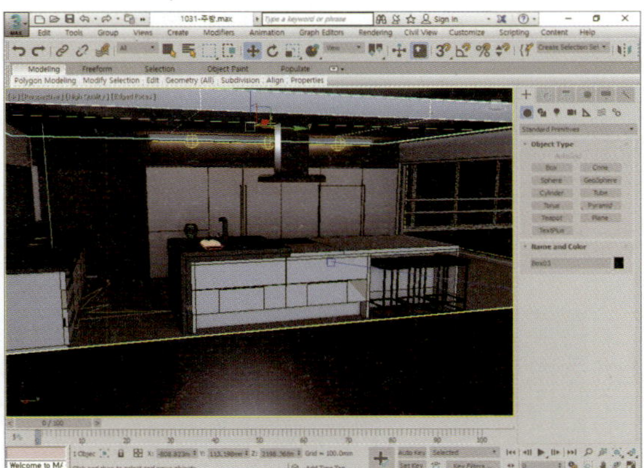

② 3ds Max의 작업 과정 알아보기

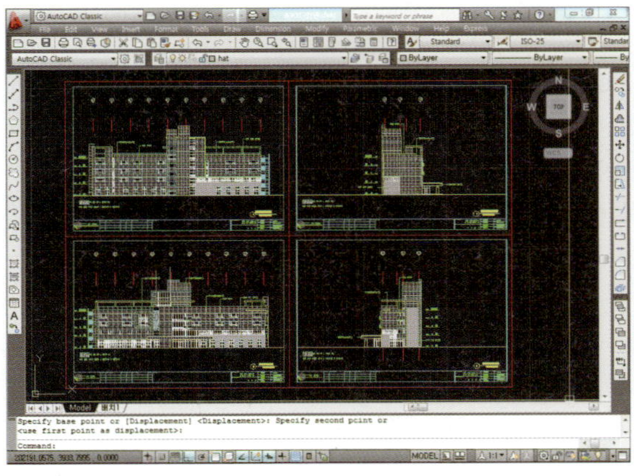

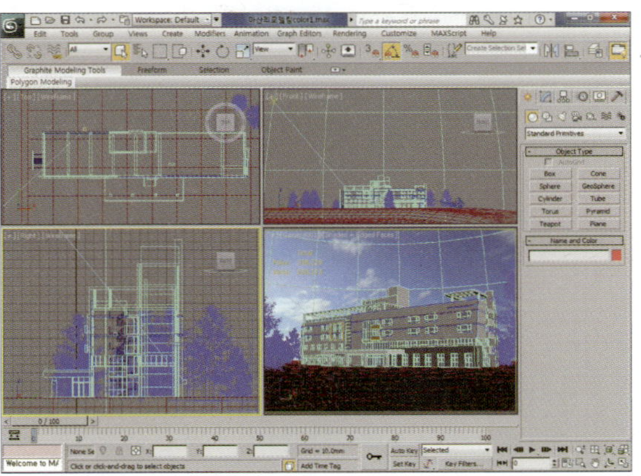

# 3ds Max 기본 용어의 정리

먼저 3ds Max에서 자주 사용하는 기본 용어에 대하여 알아보겠습니다. 대부분 낯익은 영어 단어들이지만 생소한 용어도 있으므로 한번 읽고 이해하는 것이 앞으로 학습하는 데 도움이 될 것입니다.

• **Object(객체)** : 3ds Max에서 만들어진 점과 선으로 이루어진 2D와 3D로 만들어진 모든 모델을 말합니다. 2D Object는 점과 선으로 구성되어 있지만 3D Object는 점, 선, 면으로 구성되어 있습니다.

• **Vertex(점)** : 길이, 넓이가 없는 3D 공간의 점입니다. 2D와 3D 도형의 기본이 됩니다.

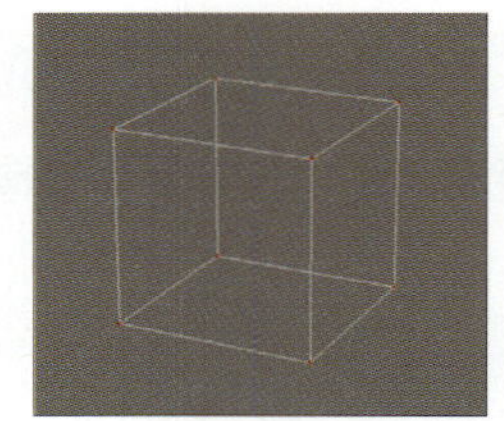

• **Segment(선)** : 2차원 Object에서 두 점을 연결하는 선입니다.

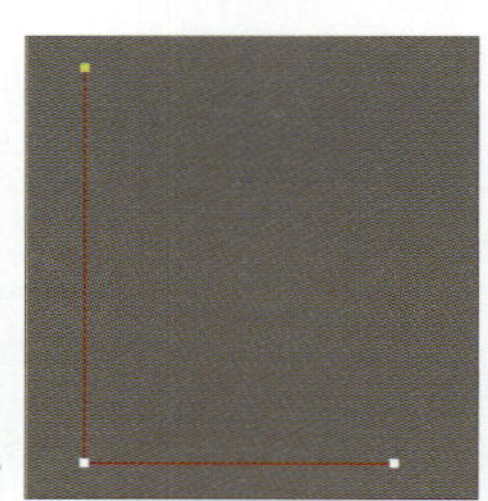

〈Vertex와 Segment〉

• **Shape(모양)** : 라인으로 만들어진 모든 2차원 Object를 말합니다.

〈Shape의 다양한 형태〉

• **Edge(모서리)** : 3D Object 구성 요소로 2개의 Vertex가 연결된 선입니다.

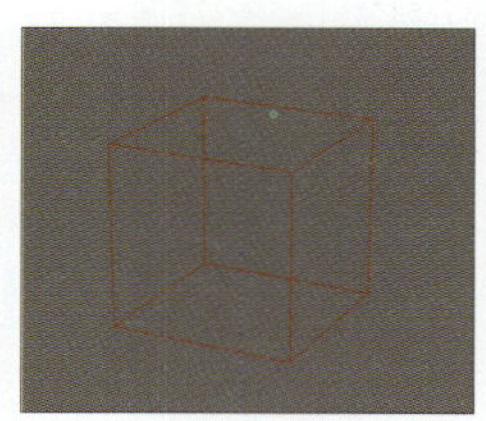

• **Polygon(면)** : 3D Object를 구성하는 면을 말합니다. 아래의 사각형은 총 6개의 Polygon으로 구성되어 있습니다. Polygon은 다음 장에서 자세히 알아보겠습니다.

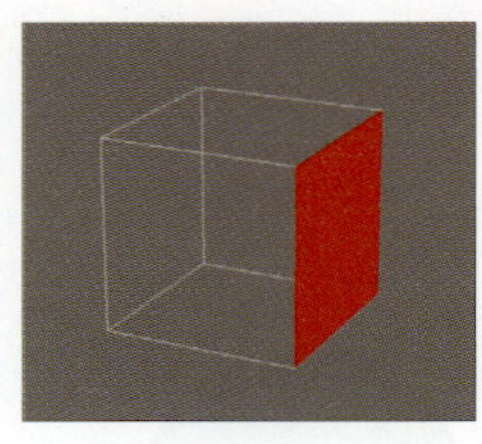

• **Drag(드래그)** : 마우스를 클릭한 상태로 움직이는 것을 말합니다.

• **Drag-and-drop(드래그 앤 드롭)** : 마우스를 클릭한 상태로 마우스를 이동한 후 원하는 곳에서 마우스 버튼을 떼어 이동시키는 것을 말합니다.

• **Pivot(피벗)** : 좌표축 Object의 중심과 위치를 표시합니다.

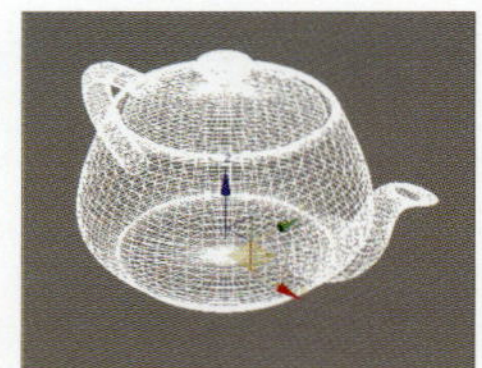

〈Pivot 이미지〉

• **Sub-Object(하위 객체)** : Object를 구성하고 있는 점, 선, 면 등과 같은 기본적인 구성체입니다. Object의 구성에 따라 다르게 나타납니다. 편집을 하려면 반드시 선택해야 하는 부분입니다.

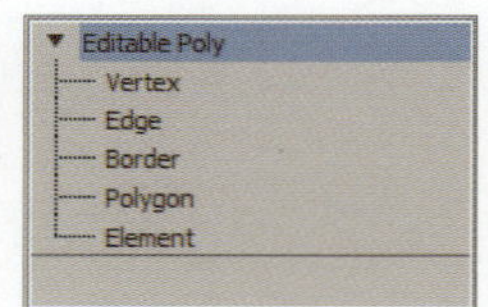

〈Polygon을 구성하고 있는 Sub-Object〉

• **Modifier(변형 명령어)** : Object를 수정하기 위한 명령어를 말합니다.

• **Stack List** : Object를 만들 때부터 수정 명령이 순서대로 기록되어 있는 것을 말합니다. 중간의 수정 명령을 선택하여 다시 수정하거나 취소할 수 있습니다.

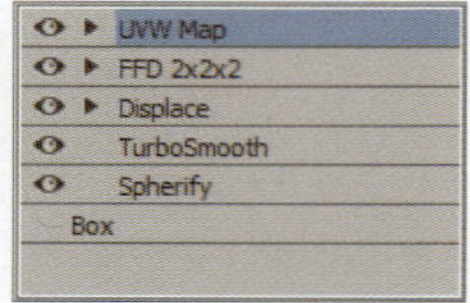

〈Box에 적용된 Stack〉

- **Flyout 메뉴** : 아이콘 중에서 오른쪽 하단에 작은 삼각형 표시가 있는 것은 Flyout 메뉴로 추가아이콘이 숨어 있다는 것을 의미합니다. 마우스 왼쪽 버튼으로 아이콘을 누른 상태에서 잠시 기다리면 메뉴가 활성화되며 숨겨진 아이콘목록이 나타납니다.

- **Quad 메뉴** : Viewport에서 마우스 오른쪽 버튼을 눌렀을 때 나타나는 메뉴입니다.

- **Transform Gizmo** : Object를 이동, 회전, 크기 변경 등 수정할 때 선택할 수 있는 형태를 말합니다.

- **Rollout** : '+' 표시가 붙은 부분을 누르면 밑으로 숨겨진 메뉴가 펼쳐집니다.

- **Value 값** : 각종 설정 값을 말합니다.

- **Modeling(모델링)** : 점, 선, 면을 만들고 수정하여 물체를 만드는 과정입니다.

- **Mapping(매핑)** : 모델링이 완성된 Object에 재질을 넣는 것을 말합니다.

- **Rendering(렌더링)** : 작업한 내용을 이미지로 출력하는 과정입니다.

- **Rigging(리깅)** : 모델링 된 데이터에 Bone(뼈)를 심고 연결하는 작업입니다.

- **Bitmap(비트맵 이미지)** : JPG, PNG, GIF, TIFF, BMP 등의 확장자를 가지고 있는 이미지 파일을 말합니다. 주로 매핑을 할 때 비트맵 이미지를 이용하여 재질을 적용합니다.

- **Fillet** : 각진 모서리를 둥글게 만들어 줍니다.

- **Chamfer** : 모서리를 직선으로 깍아냅니다.

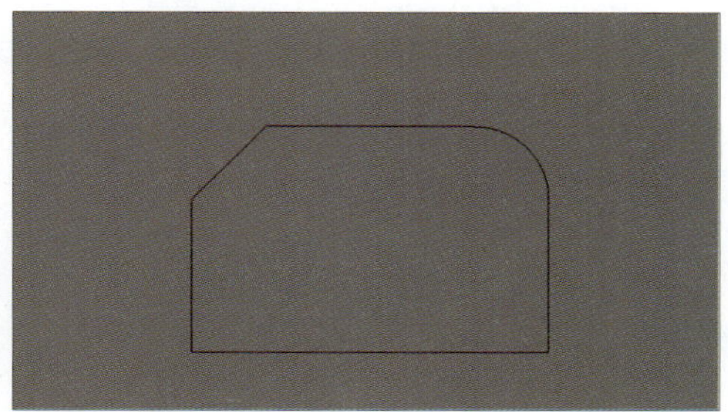
2D에서의 Fillet과 Chamfer

3D에서의 Fillet과 Chamfer

### 2D와 3D에서의 Fillet과 Chamfer

2D Spline 에서는 Fillet과 Chamfer 명령어가 있지만 3D Object에는 Chamfer 만 있고 Fillet은 없습니다. 3D 작업 중 Edge에 Chamfer를 넣을 때 옵션의 Segment 수를 1로 입력을 하면 Chamfer가 들어갑니다. Segment 수가 많으면 많을수록 둥근 형태로 만들어져 Fillet이 적용된 것처럼 보이기 때문에 따로 Fillet 명령어가 없습니다.

# Polygon의 개요 알아보기

Polygon은 컴퓨터 그래픽에서 가장 작은 단위의 도형으로 기본 이론에 대하여 알아보겠습니다.

Polygon은 Object를 구성하는 가장 작은 단위의 다각형을 말합니다. 가장 작은 Polygon 형태는 삼각형입니다. 하지만 삼각형 단위로는 Object를 편집하거나 Map을 적용하기 까다롭기 때문에 대개 사각형 단위로 Object를 편집합니다.

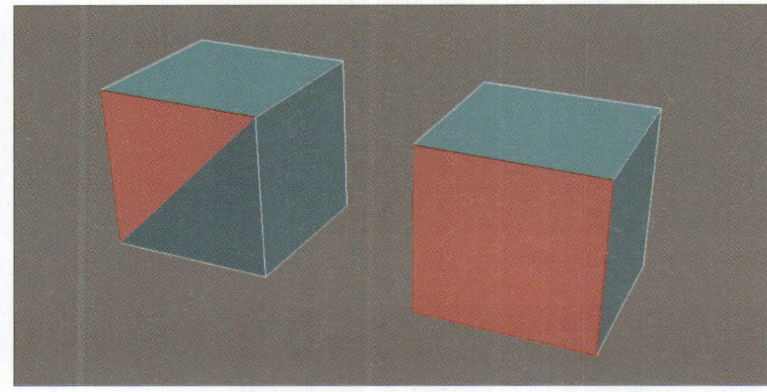

〈삼각형 Polygon과 사각형 Polygon〉

Polygon은 Object를 구성하고 있는 최소 단위입니다. 3D Object를 구성하고 있는 구성 요소에는 Polygon 이외에도 Vertex, Edge가 있습니다. 아래의 육면체를 보면 Vertex, Edge, Face, Polygon Element의 순서대로 구성 요소가 빨간색으로 표시되어 있습니다. 어떤 구성 요소를 선택하느냐에 따라 편집 명령어도 각각 달라집니다.

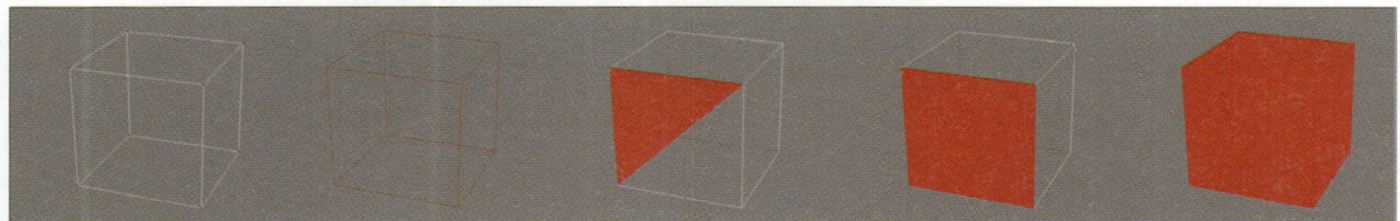

〈Vertex, Edge, Face, Polygon Element〉

아래 그림을 보면 수많은 Polygon으로 모델링 된 것을 확인할 수 있습니다. 건물들을 모두 구성하고 있는 Polygon의 수가 64,851개인 것을 알 수 있습니다. 이렇게 Polygon의 수가 많아지면 물체를 세밀하게 표현할 수 있지만 컴퓨터에서 계산할 부분이 많아져 컴퓨터의 속도가 느려질 수 있습니다. 가장 좋은 모델링은 최소한의 Polygon으로 최대한 좋은 이미지를 만드는 것입니다.

〈수많은 Polygon으로 구성된 건물〉

# 절대 좌표와 상대 좌표

3ds Max의 Object는 모두 좌표 값을 가지고 있습니다. 3ds Max에서 정밀하게 모델링을 하거나 편집을 하기 위해서는 좌표 값을 이용하면 됩니다. 좌표계는 절대 좌표와 상대 좌표가 있으며 이번에는 각각의 기능에 대하여 알아보겠습니다.

먼저 좌표계에 대하여 알아보겠습니다. 3ds Max는 3차원 프로그램이므로 X, Y, Z의 3개의 좌표를 가지고 있습니다. 2차원 프로그램은 당연히 X축과 Y축만 가지고 있습니다. 2차원 좌표에 높이 값, 즉 Z축이 더 추가된 것이 3차원 좌표계입니다.

중심인 0을 기준으로 각 좌표마다 +축과 −축으로 구분됩니다. 오른쪽 그림에서는 + 방향은 굵은 선으로, − 방향은 얇은 선으로 표시하였습니다.

Object가 만들어지면 X, Y, Z의 좌표 값을 가지게 됩니다. 어디에 만들어지는지, 어느 방향으로 만들어지는지에 따라 좌표 값이 변합니다. 이렇게 Object의 위치를 정확하게 지정하기 위해서는 좌표 값을 이용하여 만들거나 편집할 수 있습니다.

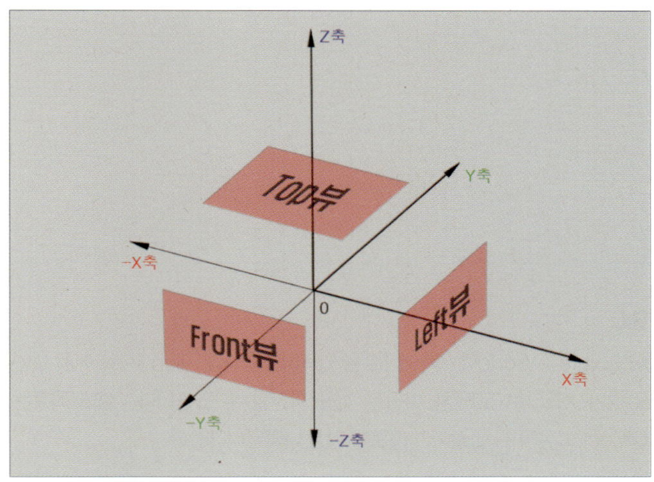


〈3차원 좌표계의 구성〉

## 01

3ds Max의 Viewport를 살펴보면 중앙에 검은색의 선이 가로지르는 것을 볼 수 있습니다. 이 검은색의 선이 절대 좌표입니다. 처음 Object는 선택한 Viewport의 절대 좌표를 기준으로 만들어집니다. 예를 들어 Top View에서 Box를 만들면 Z축은 0인 지점에서 길이와 너비가 만들어지고, 높이 값이 마지막에 만들어집니다. Front나 Left View에서 보면 검은색의 선을 기준으로 높이 값이 만들어지는 것을 확인할 수 있습니다.

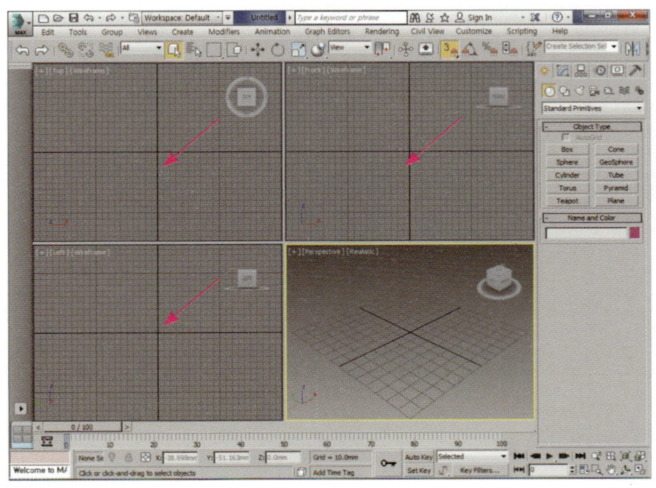

## 02

Object의 좌표 값은 하단의 좌표계를 이용하거나 Select and Move(✛) 아이콘을 이용하여 확인할 수 있습니다. Box를 생성한 후 Select and Move(✛) 아이콘 위에서 마우스 오른쪽 버튼을 클릭하면 그림처럼 좌표계가 활성화됩니다. F12 를 누르면 대화상자가 바로 나타납니다.

**tip** Absolute : World는 절대 좌표, Offset : World는 상대 좌표입니다. 아래의 Box는 X : 10.891, Y : −8.416, Z : 0인 절대 좌표를 가지고 있습니다.

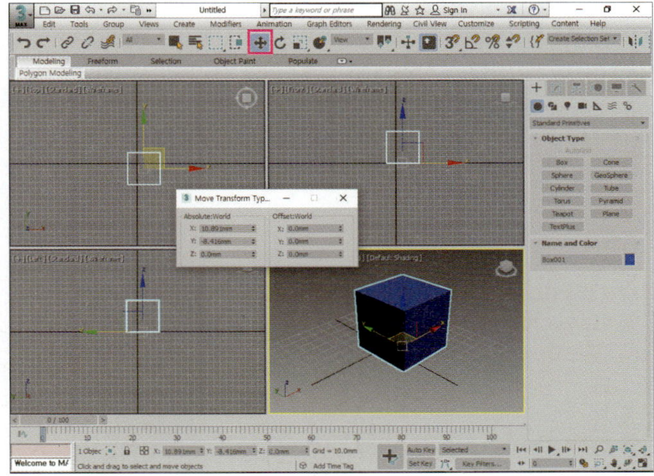

## 03

Absolute : World의 X, Y, Z 좌표 위치에 모두 '0'을 입력합니다. 그림처럼 Box가 가장 정중앙으로 이동됩니다.

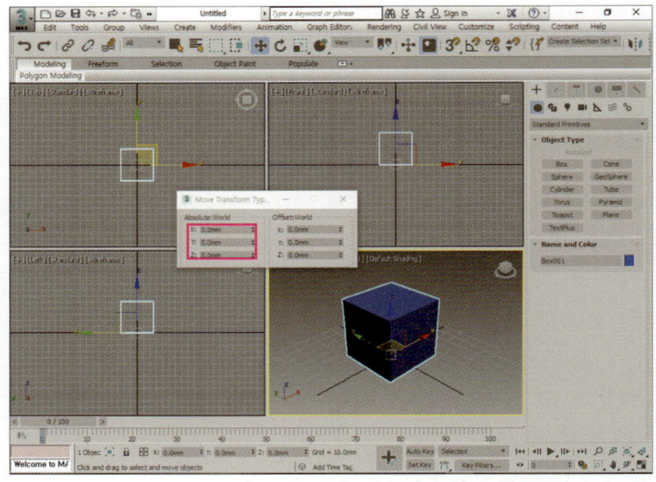

## 04

Absolute : World의 X축에 '50'을 입력하였습니다. Top View에서 보면 Box가 X축으로 50만큼 이동된 것을 확인할 수 있습니다. 절대 좌표는 Object 고유의 위치 값이기 때문에 항상 나타납니다.

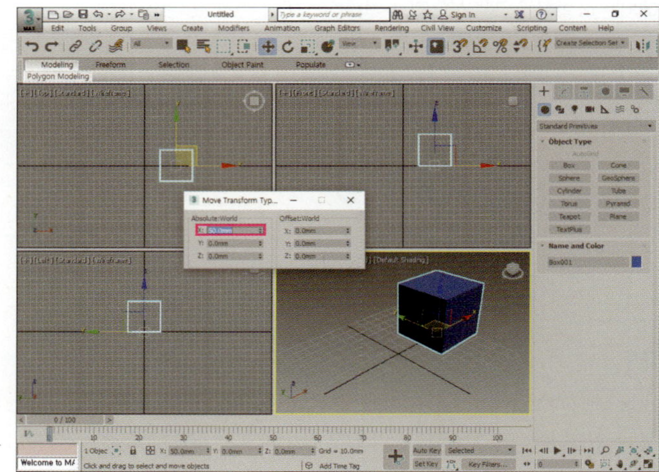

## 05

이번에는 Offset : World(상대 좌표)의 X축에 '50'을 입력하고 Enter를 눌러보았습니다. Box가 X축으로 50만큼 이동되면 Offset : World의 X축의 값이 0으로 초기화되고, Absolute : World의 X축의 값은 100으로 수정되는 것을 알 수 있습니다.

tip

이렇게 절대 좌표는 Object의 위치를 고정적으로 계속 보여주지만 상대 좌표는 현재 위치를 기준으로 계속 변하기 때문에 항상 0의 값을 가지고 있습니다. 간단하게 설명하면 절대 좌표는 Object의 위치 값이며, 상대 좌표는 Object가 이동하는 거리 값입니다.

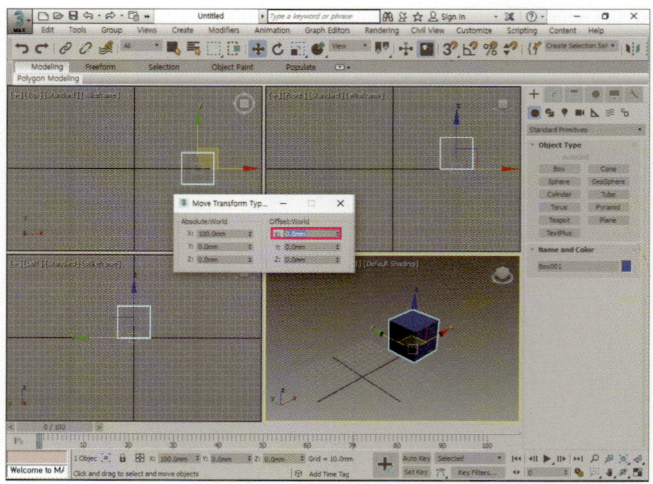

# 04

# 다른 Max 파일을 삽입하는 Merge

Merge는 다른 Max 파일의 Object를 현재 작업 중인 Max 파일로 불러오는 기능입니다. Open과는 다르게 파일 자체를 불러 오는 것이 아니라 선택한 Max 파일의 Object를 별도로 불러오기 때문에 자주 사용하는 명령입니다.

**예제 파일**
C:/315-5466/Part01/0103_04.max

## 01

'C:/315-5466/Part01/0103_04.max' 파일을 오픈하면 우주왕복선이 보입니다. 다른 파일에 있는 연료탱크와 보조추진장치를 불러와 보겠습니다.

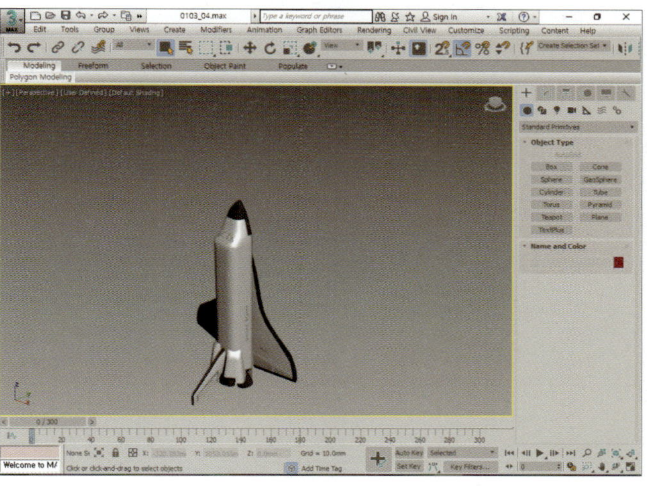

## 02

Application 메뉴( )의 [Import-Merge]를 클릭합니다.

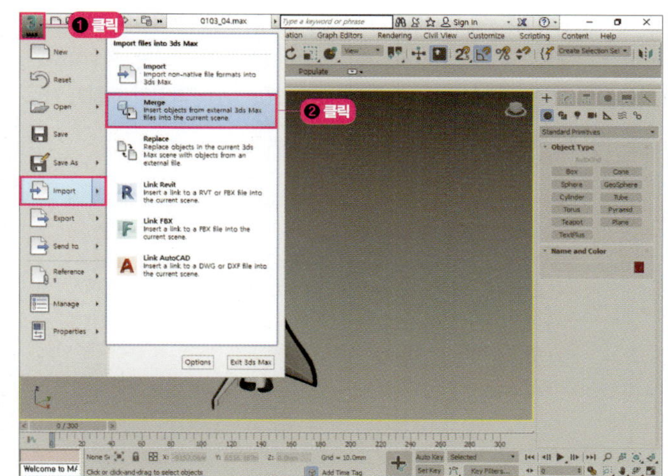

## 03

'C:/315-5466/Part01/tank.max' 파일을 선택한 후 [Open] 버튼을 클릭합니다.

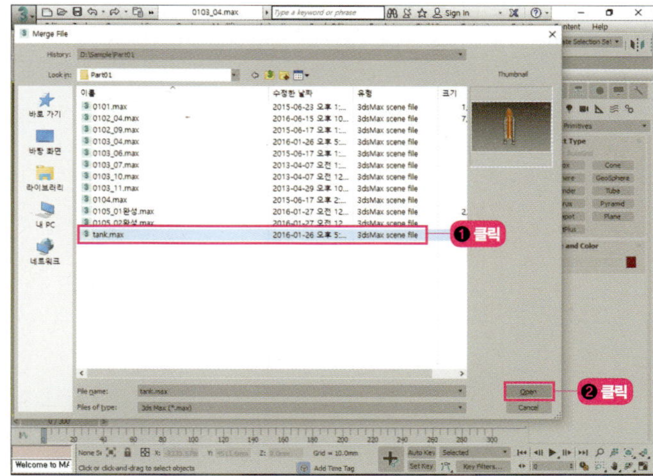

## 04

'tank.max' 파일에 있는 Object를 선택할 수 있습니다. 리스트의 Object
를 모두 선택한 후 [OK] 버튼을 클릭합니다.

**tip** 원하는 Object를 따로 선택하려면 Ctrl 을 누른 상태에서 Object를 선택
하세요.

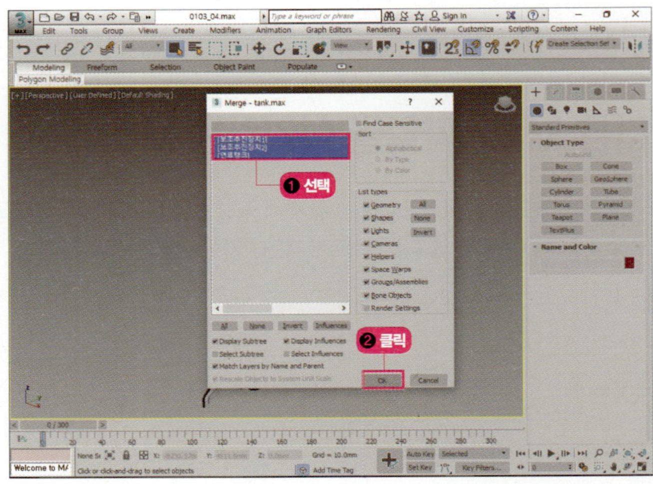

## 05

[OK] 버튼을 선택하면 대화상자가 나타나는 이유는 같은 이름의 재질이 존
재하기 때문입니다. 'Apply to All Duplicates'에 체크한 후 [Auto-
Rename Merged Material]를 선택하면 3ds Max 파일의 재질이 자동
으로 다른 이름으로 바뀌면서 불러집니다.

**tip** 위에서처럼 재질 이름이 같을 경우에는 아래의 세 가지 옵션 중 하나를 선택
하여 재질을 적용할 수 있습니다. 'Apply to All Duplicates'를 선택하면
3ds Max 파일의 재질이 자동으로 다른 이름으로 바뀌면서 불러집니다.
- Use Merged Material : 불러오는 파일의 재질로 사용합니다.
- Use Scene Material : 현재 3ds Max 파일의 재질로 사용합니다.
- Auto-Rename Merged Material : 불러오는 파일의 재질 이름을
  자동으로 바꿉니다.

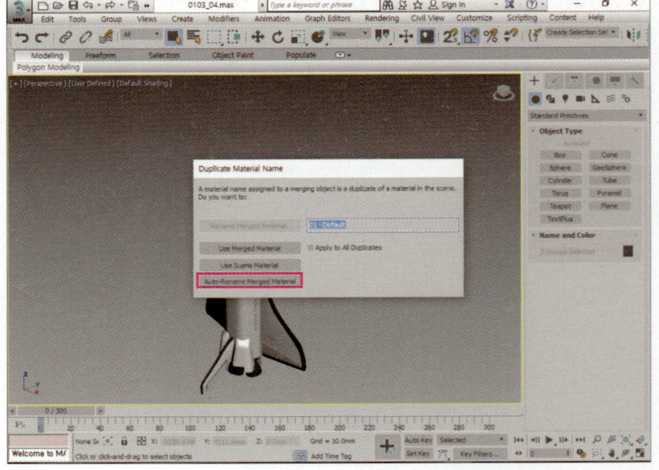

## 06

연료탱크를 불러와 우주왕복선이 완성되었습니다. 이처럼 Merge는 Max
작업에 꼭 필요한 기능으로, 자주 사용하는 명령어입니다.

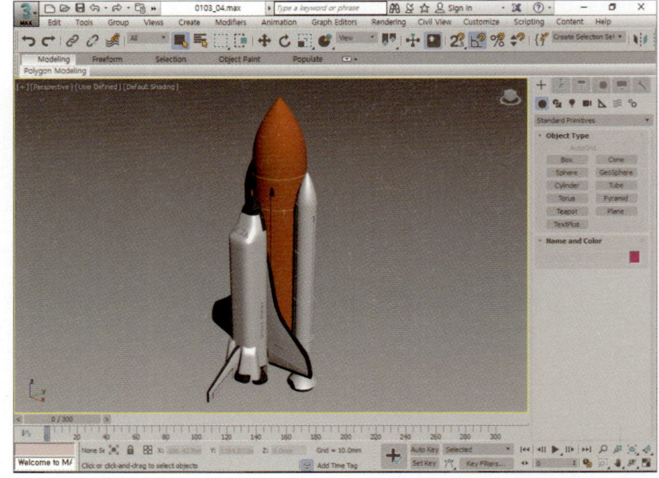

# 외부 파일을 불러오는 Import

Import는 Max 파일 이외에 다른 프로그램에서 작업한 파일을 불러오는 기능입니다. AutoCAD, Adobe Illustrator, Autodesk Inventor 등 3ds Max 에서 작업하기 힘든 부분을 외부 프로그램에서 작업한 후 3ds Max에서 불러오면 쉽고 빠르게 작업할 수 있습니다. 필자는 주로 AutoCAD 도면 파일(DWG) 을 불러올 때 사용합니다. AutoCAD에서 평면 작업을 한 후 3ds Max에서 3D로 만들어 쉽게 ISO를 만들 수도 있습니다.

이번에는 실무에서 주로 사용하는 AutoCAD 파일을 불러와 3ds Max에서 작업하는 방법을 알아보겠습니다. 3ds Max에서 라인을 그리면서 시작하는 것보 다 외부에서 작업을 한 후 3ds Max에서 불러오면 시간을 단축할 수 있습니다.

**예제 파일**
C:/315-5466/Part01/0103_05.dwg

## 01

3ds Max를 실행한 후 Application 메뉴()의 [Import-Import]를 클릭합니다.

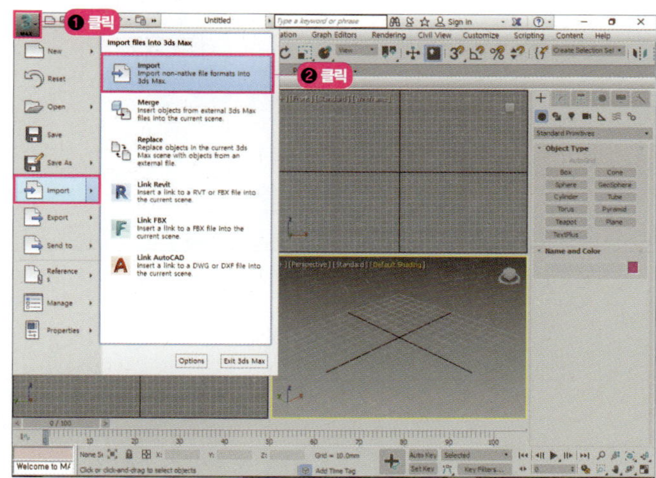

## 02

[Import] 대화상자가 나타나면 'C:/315-5466/Part01/0103_05.dwg' 파일을 선택한 후 [Open]을 클릭합니다.

**tip** 확장자가 dwg인 파일은 AutoCAD에서 작업한 파일입니다.

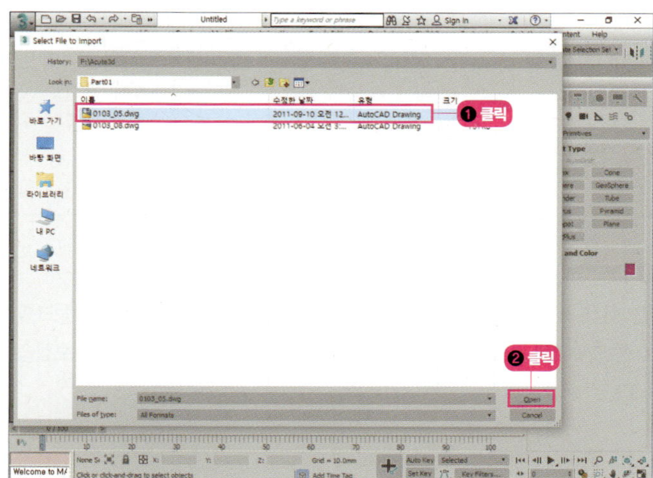

## 03

dwg 파일을 불러오면 아래의 대화상자가 나타납니다. 기본 값 그대로 사용
하므로 [OK] 버튼을 클릭합니다.

## 04

AutoCAD에서 작업한 도면을 Max에서 불러왔습니다. 아래 도면에서는 쉽
게 작업하기 위하여 벽은 분홍색으로, 문이나 창문 가구 등을 하늘색으로 설
정하였습니다.

**tip** dwg 파일을 불러왔을 때 나타나는 선의 색상은 AutoCAD에서 지정
한 Layer의 색상이 적용됩니다.

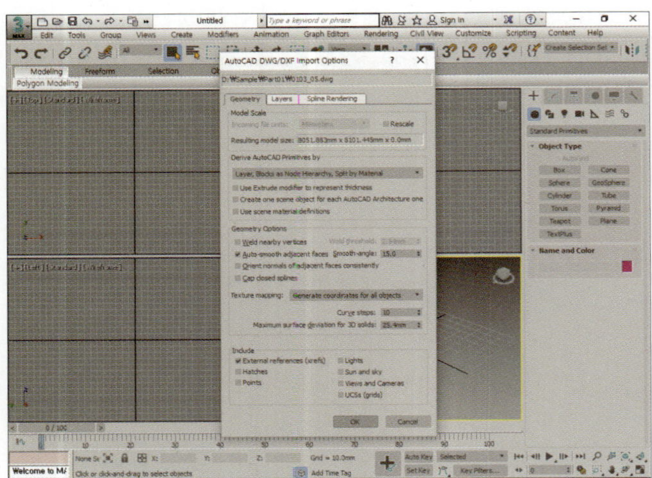

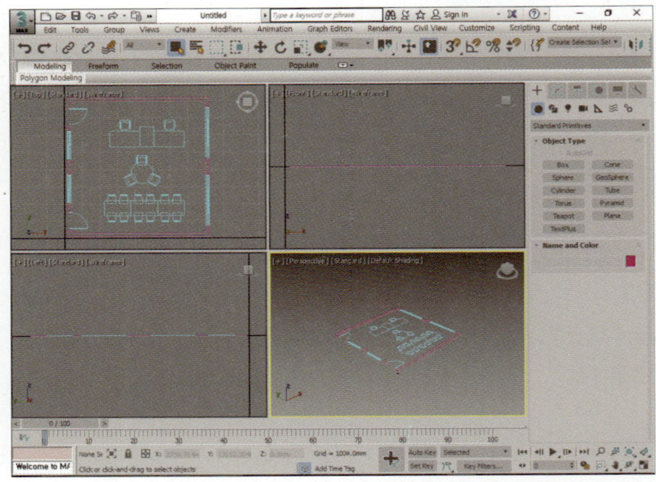



# 06

# Object를 숨기는 Hide

Hide는 Viewport에서 선택한 Object를 숨기는 기능입니다. Hide를 적용한 Object는 Viewport상에 나타나지 않기 때문에 다른 Object를 편집할 때 편
리합니다. 또한 Viewport 전환 속도도 빨라져 Object가 많아서 화면이 느려질 때 사용하면 좋습니다.

 예제 파일
C:/315-5466/Part01/0103_06.max

## 01

'C:/315-5466/Part01/0103_06.max' 파일을 불러옵니다. 연료탱크를
수정하기 위해 불필요한 우주왕복선과 보조추진장치를 화면에서 숨겨보겠습
니다.

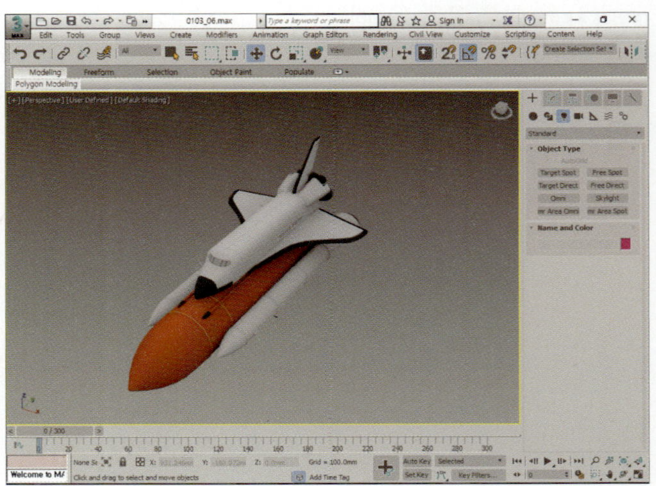

## 02

우주왕복선과 보조추진장치를 Ctrl 를 눌러 모두 선택한 후 마우스 오른쪽 버튼을 눌러 쿼드 메뉴를 활성화합니다. [Display-Hide Selection]을 선택합니다.

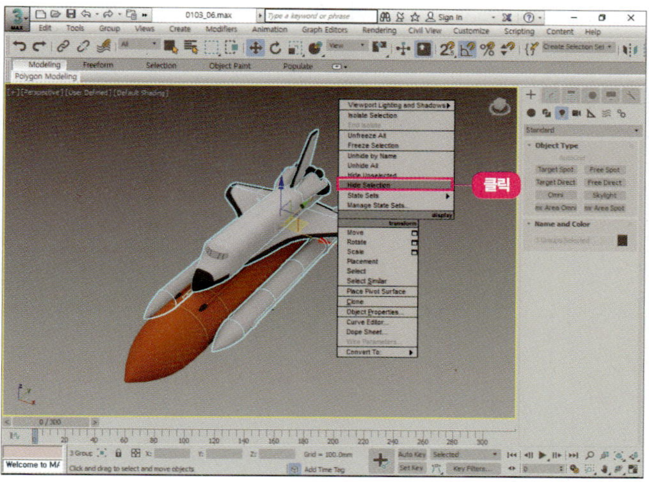

## 03

Viewport에서 우주왕복선과 보조추진장치가 사라졌습니다. 이렇게 불필요한 오브젝트를 화면에서 숨기고 편집 작업을 쉽게 할 수 있습니다.

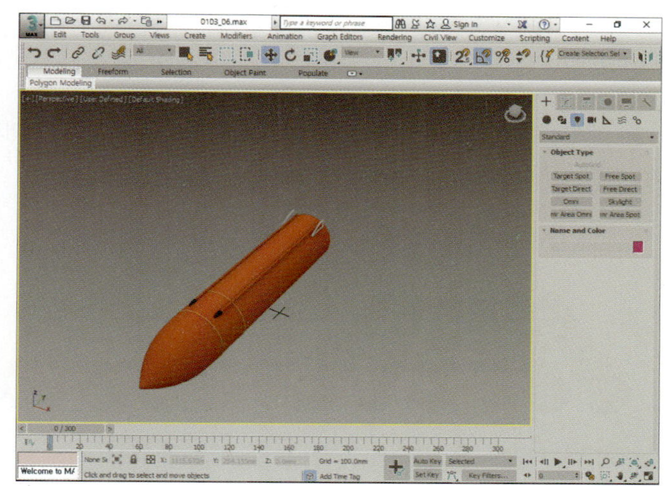

## 04

숨겨진 오브젝트를 다시 나타내려면 Viewport의 빈 곳에 마우스 오른쪽 버튼을 클릭하여 쿼드 메뉴를 활성화한 후 [Display-Unhide All]을 선택합니다.

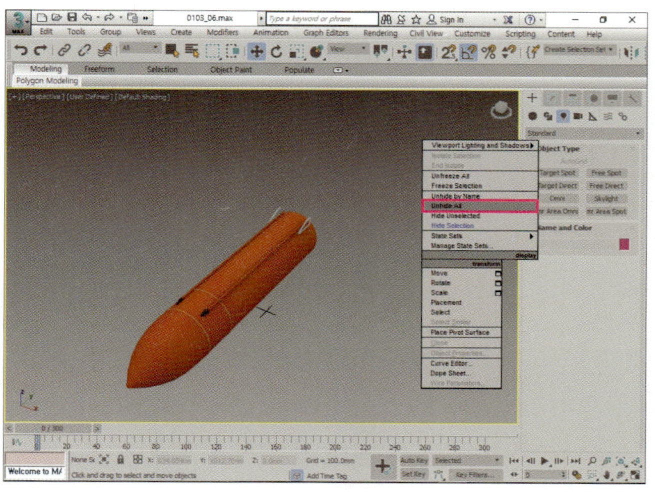

## 05

숨겨졌던 오브젝트가 다시 나타납니다.

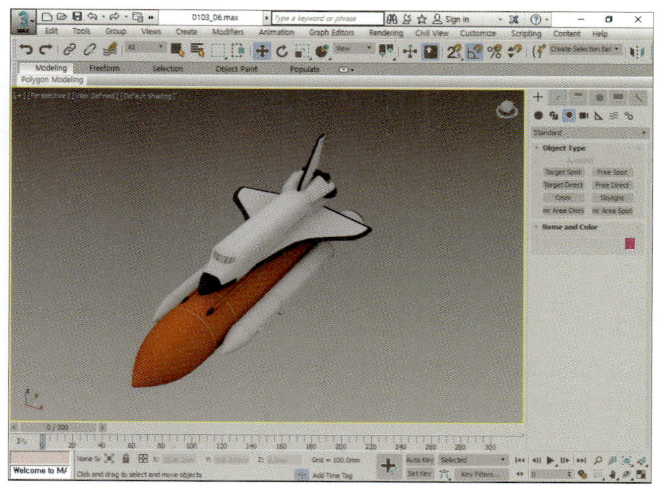

tip

Unhide All은 숨겨진 모든 Object를 나타나게 하고, Unhide by Name은 숨겨진 Object의 목록에서 선택한 Object만 다시 나타나게 합니다. 선택한 오브젝트만 뷰포트에 나타내기 위해 Alt + Q 단축키를 눌러 선택한 오브젝트를 Isolate Selection toggle 뷰로 전환하여 쉽게 나타낼 수 있습니다.

# 07

# 선택 영역을 반전하는 Select Invert

이번에는 선택 영역을 관리하는 부분에 대하여 알아보겠습니다. Select Invert는 현재 선택한 패턴은 해제되고, 해제되었던 패턴은 선택됩니다. [Menu bar-Edit-Select Invert] 메뉴를 선택하면 명령이 적용됩니다. Select All은 화면상의 모든 Object를 선택하며, Select None은 모든 Object를 선택 해제합니다. Select None은 Viewport의 빈 공간을 클릭하는 것과 같습니다.

메뉴 바에서 Select Invert를 선택하면 현재 선택한 Object를 제외한 나머지 Object가 모두 선택되며, 현재 선택된 Object는 선택 해제됩니다. Select Invert의 단축키는 Ctrl + I 입니다.

Sub-Object에서 Select Invert를 선택하면 현재 선택된 Sub-Object는 선택 해제되며 현재 선택되지 않은 모든 Sub-Object가 선택됩니다.

〈Polygon 선택 비교 이미지〉

## ■ Select 기능 익히기

이번에는 Object를 선택하는 기능에 대하여 익혀보겠습니다. Menu bar에서 선택을 하는 것보다 단축키를 이용하는 것이 작업을 하는 데 있어 효율적이므로 단축키를 이용하여 기능을 익혀보겠습니다.

**예제 파일**
C:/315-5466/Part01/0103_07.max

## 01

'C:/315-5466/Part01/0103_07.max' 파일을 불러옵니다. 멋진 스마일 군단이 보입니다. 앞의 스마일을 하나 선택합니다.

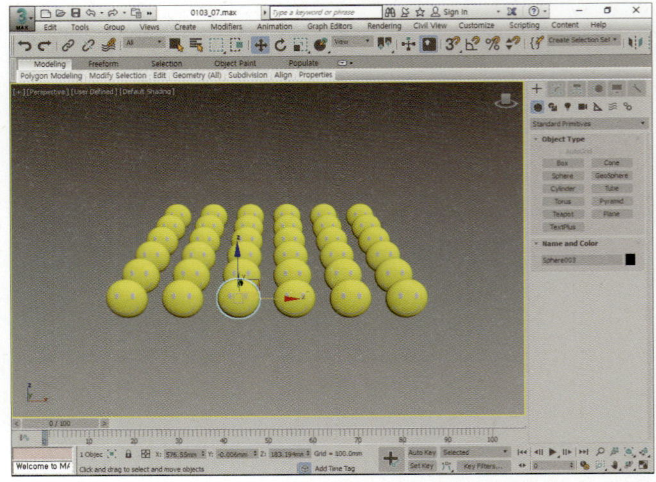

**02**

`Ctrl` + `I`를 누르면 선택한 Object는 취소되고, 나머지 Object가 모두 선택됩니다.

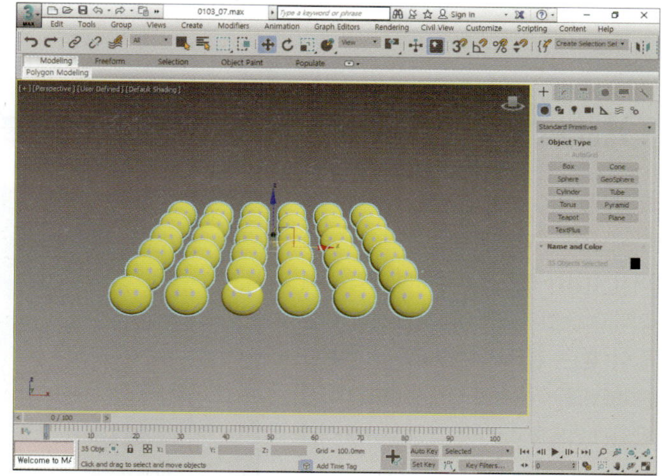

**03**

`Ctrl` + `D`를 누르면 모든 Object가 선택 취소됩니다. 이 기능은 마우스로 Viewport의 빈 공간을 클릭한 것과 같습니다.

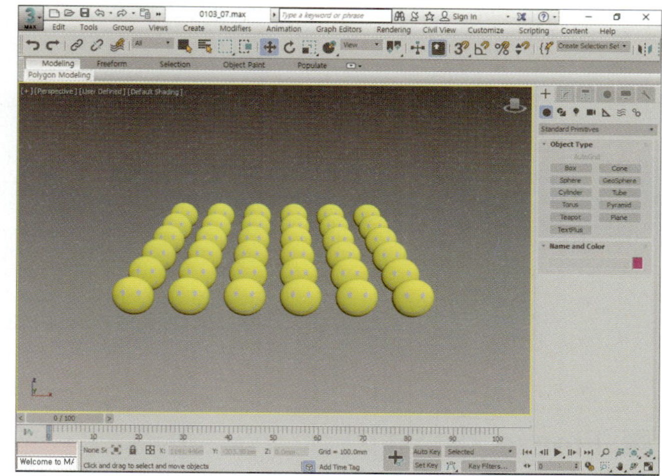

**04**

`Ctrl` + `A`를 누르면 모든 Object가 선택됩니다.

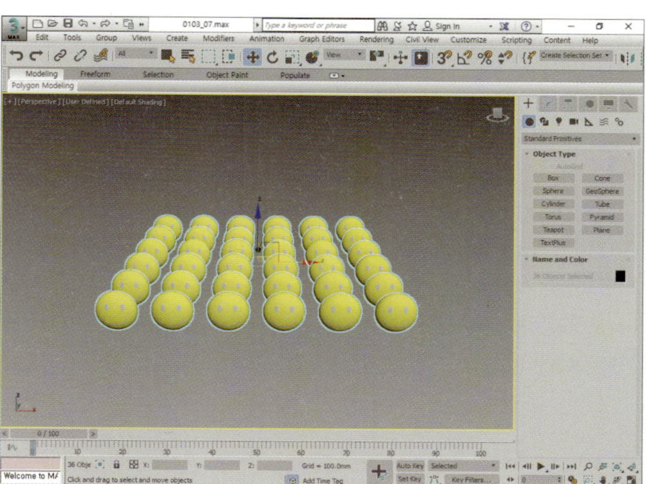

**선택에 관련된 단축키**

전체 선택 : `Ctrl` + `A`

선택 해제 : `Ctrl` + `D`

선택 영역반전 : `Ctrl` + `I`

## 08

# Object를 선택하지 않게 하는 Freeze

모델링을 하다 보면 Viewport에 수많은 Object가 존재하게 됩니다. 또한 CAD에서 작업한 도면을 이용하여 작업 시에 여러 Object가 겹쳐지게 되면 선택 및 편집이 힘든 경우가 있습니다. 이럴 때 Freeze를 이용하여 Object를 잠시 선택되지 않도록 하면 좀 더 수월하게 작업할 수 있으므로 도면 작업 시에는 반드시 익혀두는 것이 좋습니다.

Freeze로 잠근 Object
기본적으로 Object를 Freeze시키면 회색으로 변경되고 선택이 되지 않습니다.

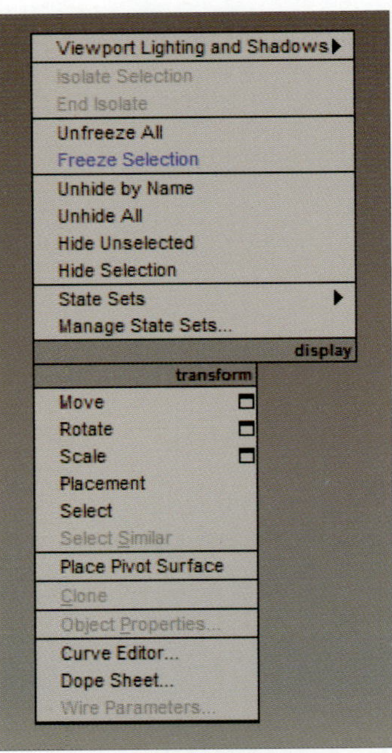

Freeze는 쿼드 메뉴에서 간단하게 사용할 수 있습니다

## ■ Freeze 기능 익히기

이번에는 예제를 통해 Freeze 기능을 익혀보겠습니다. ISO 작업에 많이 사용되는 CAD 도면을 직접 불러와 Freeze시켜보겠습니다.

 예제 파일
C:/315-5466/Part01/0103_08.dwg

## 01

[Application 메뉴()-Import]를 선택한 후 'C:/315-5466/Part01/0103_08.dwg' 파일을 선택합니다. Max 파일이 아니라 다른 프로그램 형식의 파일이기 때문에 Open이 아닌 Import를 선택합니다.
Import 시 나타나는 대화상자는 기본 값 그대로 사용하므로 모두 [OK] 버튼을 선택합니다.

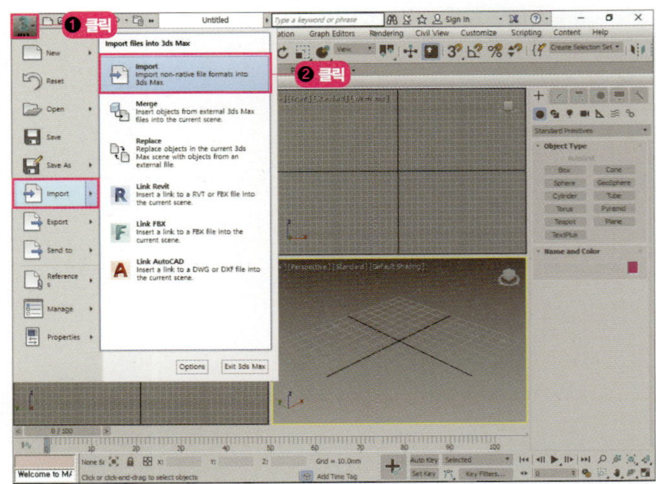

## 02

CAD에서 작업한 도면 파일이 Import 되었습니다.

도면파일의 Line을 따라 새로운 Line을 그려야 하는데 같은 Line의 속성이므로 Line의 선택이나 편집이 애매합니다. 이 때 도면을 Freeze시키면 Import한 Line은 선택이 되지 않게 하면서 새로운 Line 작업을 수월하게 할 수 있습니다.

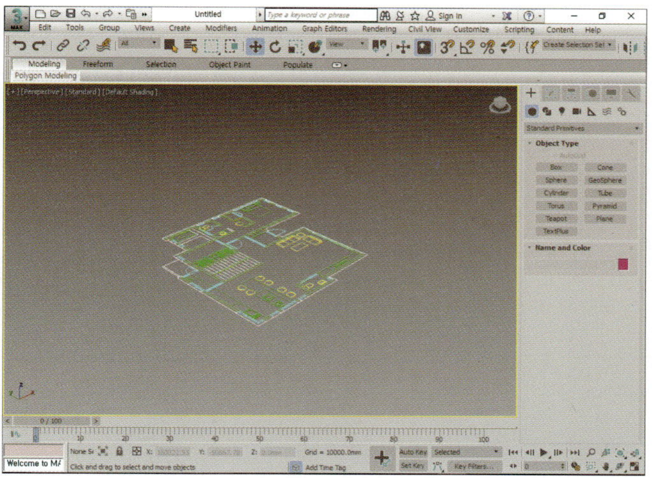

## 03

Top View로 변경한 후 Viewport상의 모든 Line을 선택합니다. 선택한 Line 위에서 마우스 오른쪽 버튼을 눌러 쿼드 메뉴를 활성화합니다. display의 [Freeze Selection]을 클릭합니다.

**tip** Ctrl + A 로 Viewport의 모든 Object를 한 번에 선택할 수 있습니다.

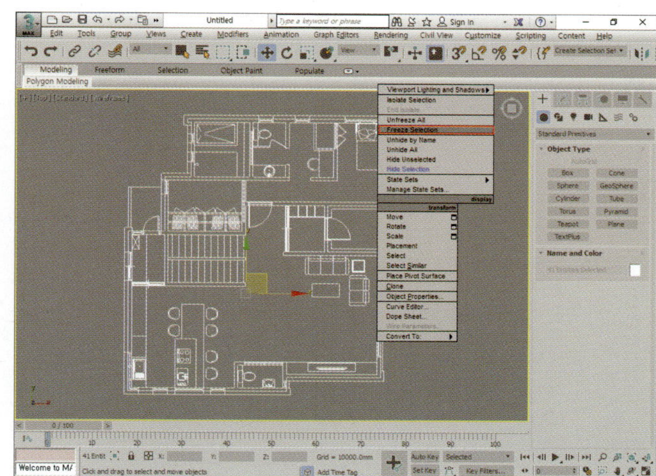

## 04

도면이 모두 회색으로 바뀌면서 Freeze되었습니다. Freeze시킨 Line은 이제 선택되지 않으므로 Line으로 원하는 형태의 선을 그릴 수 있습니다.

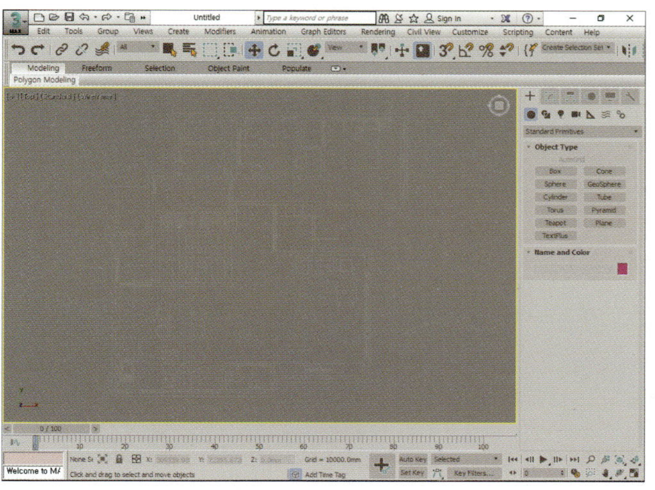

**Freeze Object에 Snap 사용하기**

Object를 Freeze시키면 Snap도 적용되지 않습니다. 정확한 작업을 위해 Snap을 사용하려면 Snap Options에서 [Snap to frozen objects]를 체크를 하면 됩니다. Freeze 상태에서도 Snap을 사용할 수 있습니다.

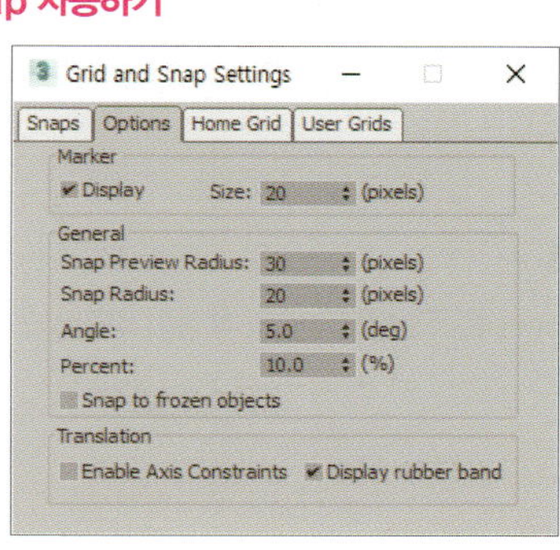

도면 작업 시 Grid Line을 숨기면 도면의 Line을 잘 확인할 수 있습니다.(단축키 G)

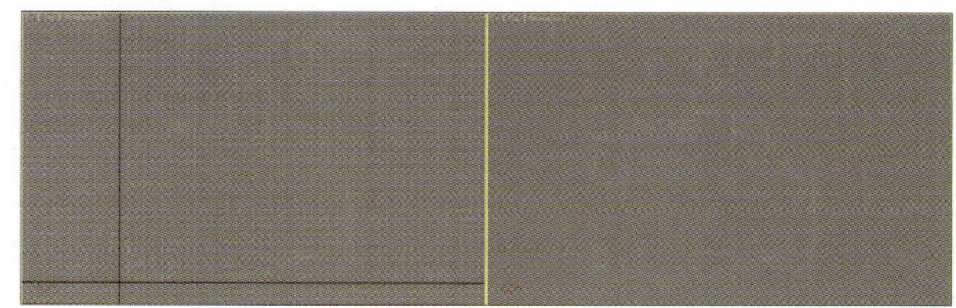

## ■ Freeze가 적용된 Object 색상 바꾸기

Freeze를 적용한 Line은 바탕의 회색과 비슷하여 구분하기가 쉽지 않습니다.
옵션을 수정하면 사용자가 Freeze시킨 Object의 색상을 원하는 대로 수정할 수 있습니다.

## 01

옵션을 수정하여 Freeze Line의 색상을 바꿔보겠습니다.
[Menu Bar-Customize-Customize User Interface]를 선택합니다.

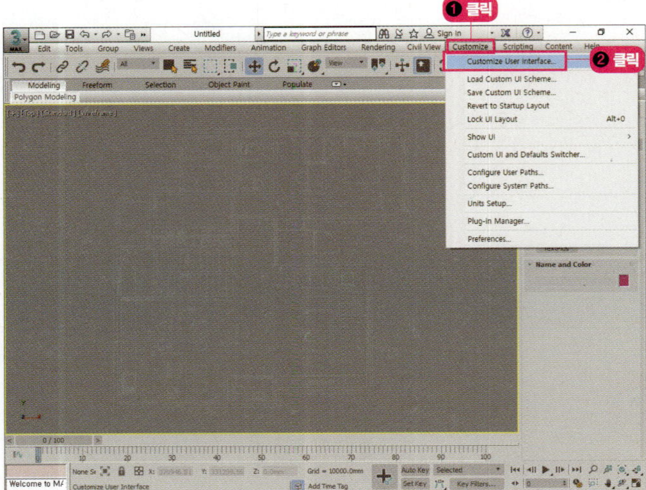

## 02

[Color] 탭으로 이동한 후 Geometry에 보면 Freeze가 있는 것을 알 수 있습니다. Freeze를 선택한 후 오른쪽의 Color를 클릭하여 원하는 색으로 변경합니다.

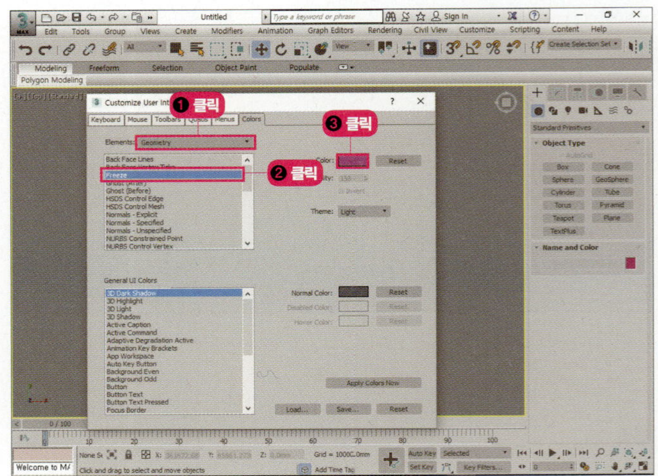

## 03

Freeze를 적용한 Line의 색상이 바뀌었습니다.

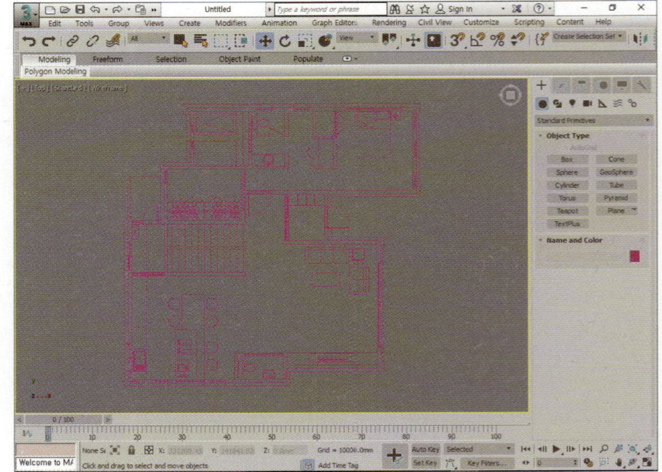

# Max에서 Object를 복사하는 방법

3ds Max에서 Object를 복사하는 방법은 여러 가지가 있습니다. 서로 비슷하지만 상황에 따라 사용하는 기능이 다르므로 모두 익혀두는 것이 좋습니다.

### ■ Shift 를 이용하여 복사

Object를 이동, 회전, 크기 변경할 때 복사할 수 있습니다. Viewport에서 Gizmo를 선택하고 Object를 변환(이동, 회전, 크기 변경)할 때 Shift 를 누른 상태에서 변환하면 Object가 복사됩니다.

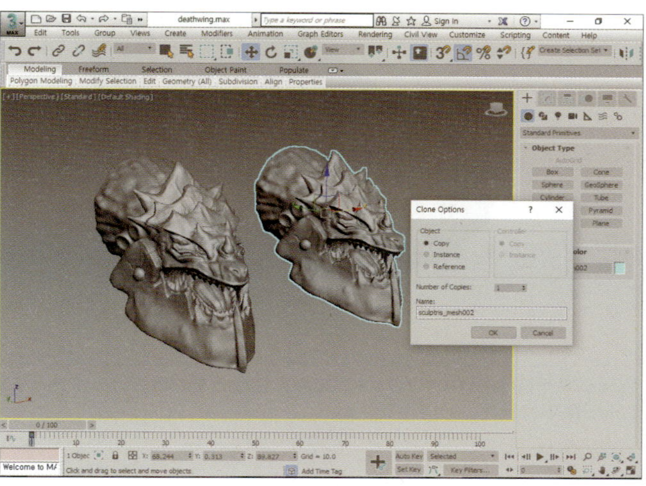

### ■ Ctrl + V 로 복사

Object를 선택한 후 바로 Ctrl + V 를 누르면 Object가 제자리에서 복사됩니다. 세 가지 옵션(Copy, Instance, Reference) 중에서 선택하여 복사할 수 있습니다. Menu Bar의 [Edit-Clone] 메뉴와 같은 기능입니다.

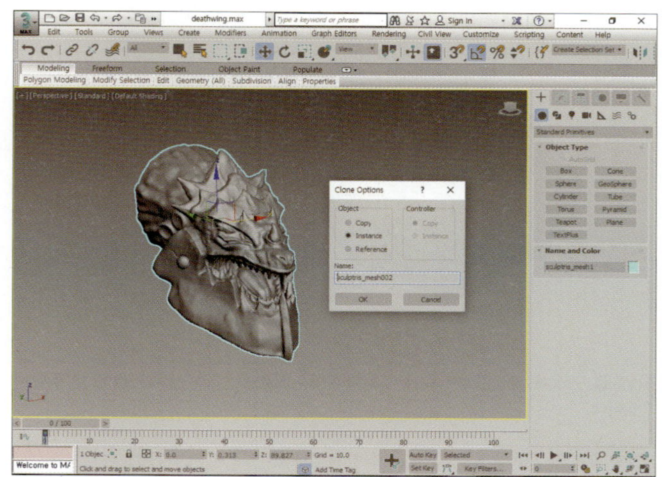

### ■ Mirror로 복사

Main Toolbar의 Mirror는 Object를 대칭으로 복사할 수 있습니다. Copy 옵션은 같으며 Offset을 이용하여 대칭되는 Object의 거리를 조절할 수 있습니다.

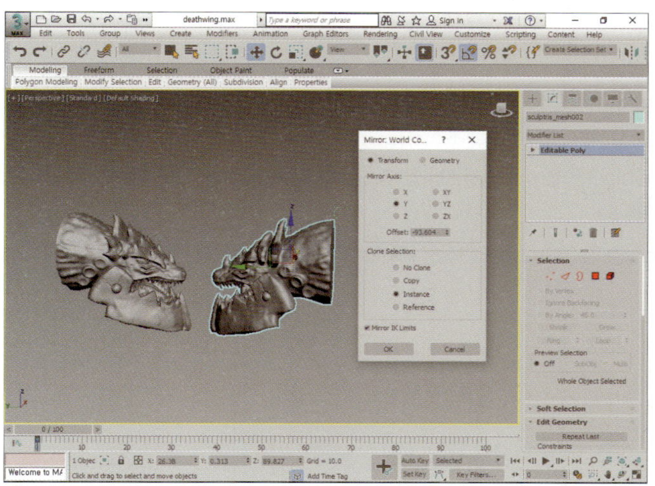

### ■ Array로 복사

Array는 다중배열 복사로 여러 개의 Object를 일정한 간격으로 손쉽게 복사할 수 있습니다.

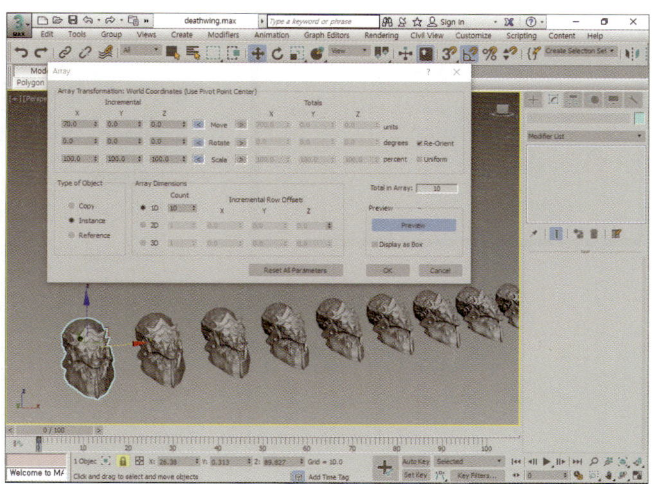

# 10

# Object를 묶어주는 Group

복잡한 Modeling을 하다 보면 수많은 Object들을 만들게 됩니다. 하지만 Object가 많아질수록 선택하거나 이동, 회전시킬 때 하나하나 선택하는 것이 힘들어집니다. 이럴 때 Group을 활용하여 하나로 묶어주면 선택이나 편집이 용이합니다. Group으로 묶인 Object는 어느 하나만 선택하더라도 Group 전체가 선택됩니다. 이를 활용해서 Group으로 묶인 Object를 해제하여 개별적으로 선택, 수정할 수도 있고, Group들을 선택하여 새로운 Group으로 만들 수 있습니다.

자동차를 구성하는 수많은 Object를 하나의 Group으로 구성하여 선택과 관리를 쉽게 할 수 있습니다.

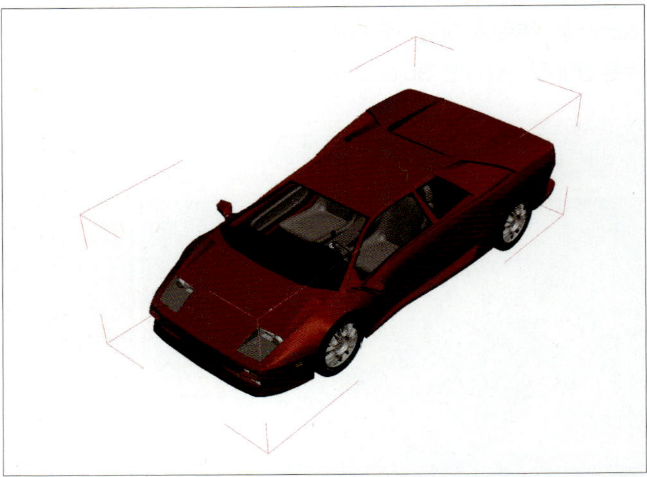

Group으로 묶인 Object를 수정하기 위해 Open을 선택하면 분홍색 테두리가 생기면서 구성 Object를 각각 선택하여 수정할 수 있습니다.

## ■ Group 메뉴 알아보기

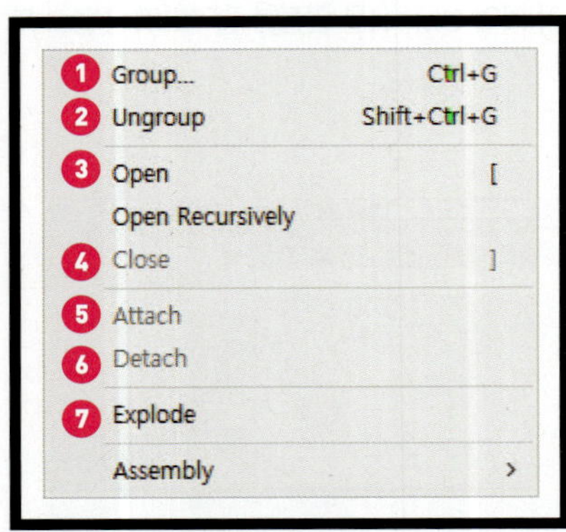


① **Group** : 선택한 Object를 새로운 Group으로 만듭니다.

② **Ungroup** : 선택한 Group을 해제합니다.

③ **Open** : Group을 해제하지 않고 Group 내에 있는 Object를 선택해서 수정할 때 사용합니다. Group을 선택한 후 Open을 클릭하면 분홍색 테두리가 생기면서 Group 안에 있는 Object를 따로 선택할 수 있습니다.

④ **Close** : Open으로 열려 있는 Group을 닫습니다.

⑤ **Attach** : 선택한 Object를 Group에 포함시킵니다.

⑥ **Detach** : Group 안의 Object를 Group에서 분리합니다. Open으로 Group 안의 Object를 선택한 후에 Detach를 클릭해야 합니다.

⑦ **Explode** : 여러 계층으로 묶여있는 Group을 완전히 해제합니다. Ungroup보다 강력한 기능입니다.

# ■ Group 기능 익히기

이번에는 예제 파일을 불러온 후 Group을 이용하여 여러 개의 Object를 하나로 묶어 관리할 수 있는 Group 기능에 대하여 알아보겠습니다.

예제 파일
C:/315-5466/Part01/0103_10.max

## 01

'C:/315-5466/Part01/0103_10.max' 파일을 불러옵니다. 파일을 불러오면 볼펜이 나타납니다. Viewport의 모든 Object를 선택한 후 [Menu Bar-Group-Group]을 선택합니다.

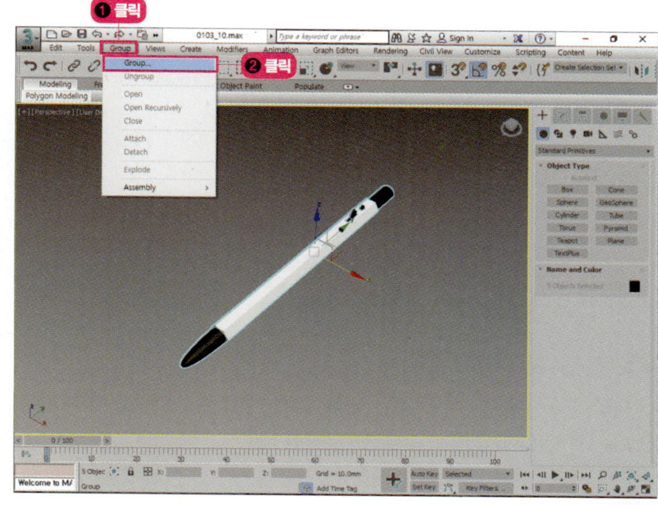

## 02

Group 이름을 지정할 수 있는 창이 나타나면, 이름을 지정한 후 [OK] 버튼을 클릭합니다.

## 03

Object 전체가 하나의 Group으로 묶이면서 한 번에 선택할 수 있습니다. Group을 지정한 후 편집 명령어를 적용하여 한 번에 수정할 수 있습니다.

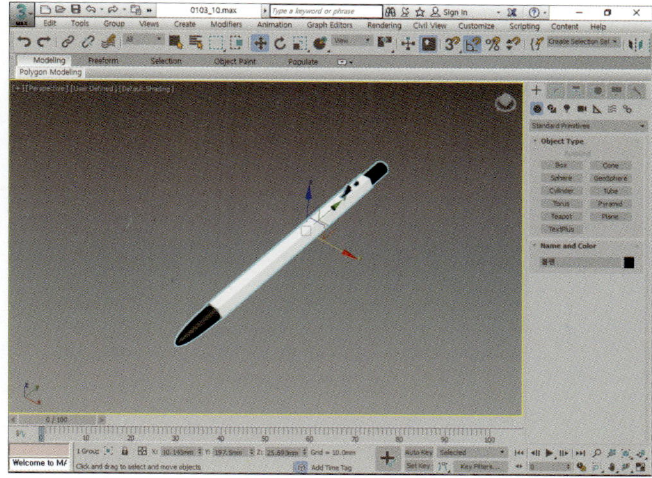

## 04

이번에는 Group을 유지한 상태에서 Group 안의 Object를 따로 선택하는 방법을 알아보겠습니다. [Menu Bar-Group-Open]을 선택합니다.

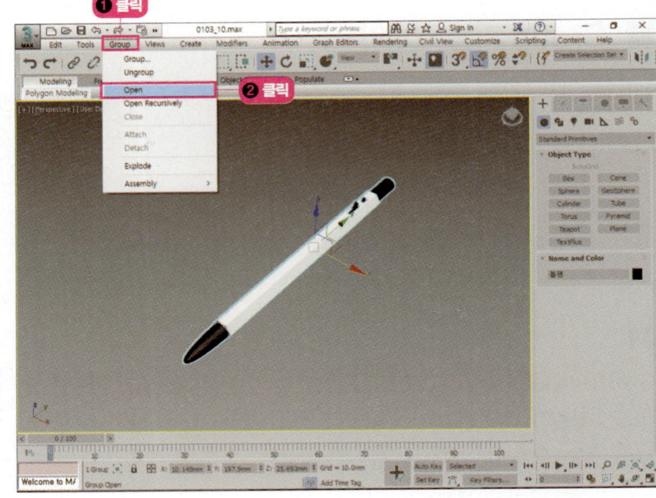

## 05

Group이 일시적으로 해제되면서 분홍색 테두리가 생겼습니다. Group을 Open시키면 Object의 외곽 부분에 분홍색 테두리가 생깁니다.

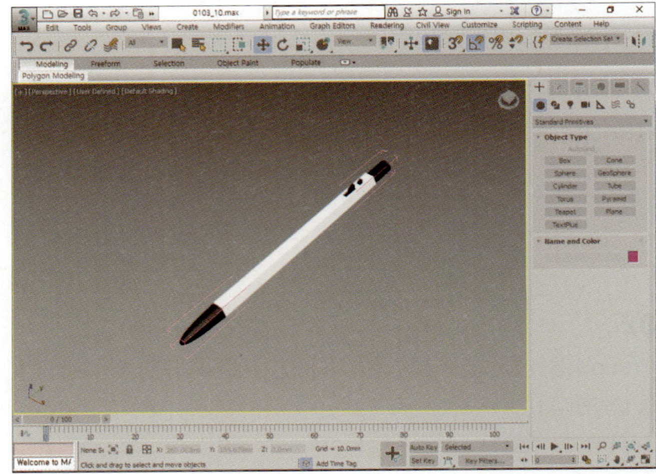

## 06

[Menu Bar-Group-Close]를 선택하면 원래의 Group 상태가 됩니다.

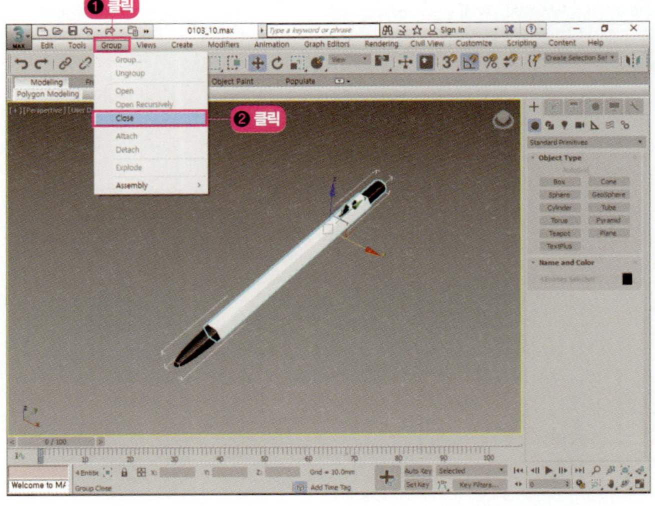

# Object의 중심 위치 바꾸기

이번에는 Object의 중심축의 위치를 바꾸는 방법에 대하여 알아보겠습니다. Object를 이동, 정렬하거나 수정할 때 Object의 중심축이 어디에 위치하고 있는지는 매우 중요합니다. 왜냐하면 Object의 편집, 회전, 배율 조정은 중심축을 기준으로 변형되고, 캐릭터나 애니메이션 작업 시 관절 위치로 사용되기 때문입니다.

Hierarchy의 Adjust Pivot에서 Object의 Pivot 위치와 방향을 조정할 수 있습니다. Affect Pivot Only를 클릭한 상태에서 이동시키면 Object가 이동되는 것이 아니라 Object의 축만 이동됩니다.

**중심축을 이동한 이미지**

## ■ Adjust Pivot 메뉴 알아보기

먼저 중심점의 위치를 편집할 수 있는 Adjust Pivot 메뉴에 대하여 알아보겠습니다. Adjust Pivot Only가 활성화되어 있으면 Object가 변형되지 않으므로 중심축을 변형한 후 선택을 해제해 주어야 합니다.

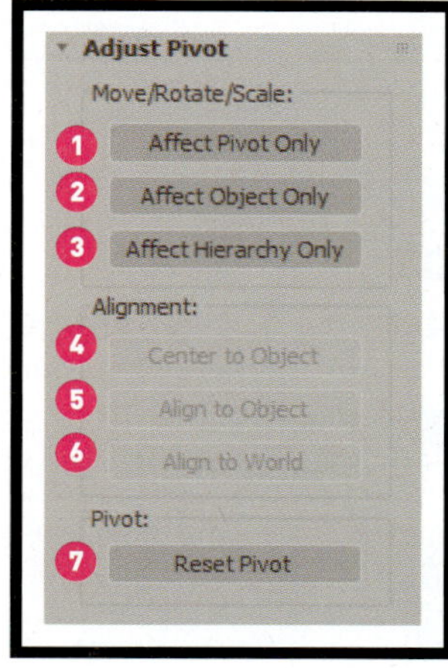


① **Affect Pivot Only** : 선택한 Object의 Pivot에만 영향을 미칩니다.
② **Affect Object Only** : 선택한 Object에만 영향을 미칩니다. Pivot점에는 영향을 미치지 않습니다.
③ **Affect Hierarchy Only** : Hierarchy에만 영향을 미치며 회전 및 스케일에만 적용됩니다.
④ **Center to Object** : Pivot을 Object의 중심으로 이동합니다.
⑤ **Align to Object** : Pivot을 Object의 변환 매트릭스 축과 정렬되도록 회전시킵니다.
⑥ **Align to World** : Pivot을 표준 좌표축과 정렬되도록 회전합니다.
⑦ **Reset Pivot** : Pivot을 Object가 처음 만들어졌을 때의 위치로 다시 설정합니다.

# ■ Pivot 변경 기능 익히기

Modeling 작업 시 창이나 문의 경우 중심점을 이동시켜야 문이 열고 닫히게 만들 수 있습니다. 캐릭터 작업도 마찬가지로 회전되는 관절의 위치에 중심점을 이동시켜야 자연스러운 형태의 캐릭터를 만들 수 있습니다.

예제 파일
C:/315-5466/Part01/0103_11.max

## 01

'C:/315-5466/Part01/0103_11.max' 파일을 불러오면 화면에 유리창이 보입니다. 선택해 보면 중심점이 가운데 있어 창문이 정상적으로 열리지 않습니다. 중심점을 이동시켜 정상적으로 창이 열리도록 수정해보겠습니다.

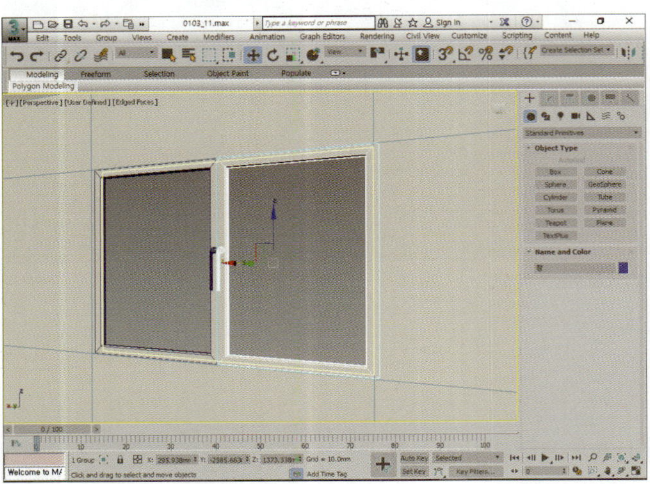

## 02

Top View에서 [Hierarchy-Pivot-Affect Pivot Only]를 클릭하면 중심축의 모양이 바뀝니다.

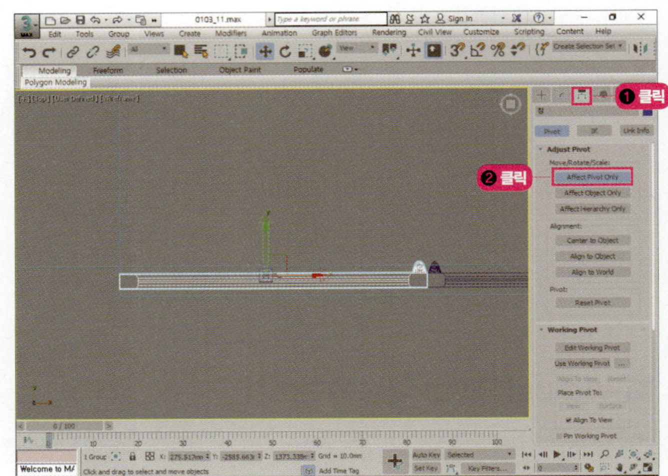

## 03

축을 회전의 중심이 될 위치인 창의 끝으로 이동합니다.

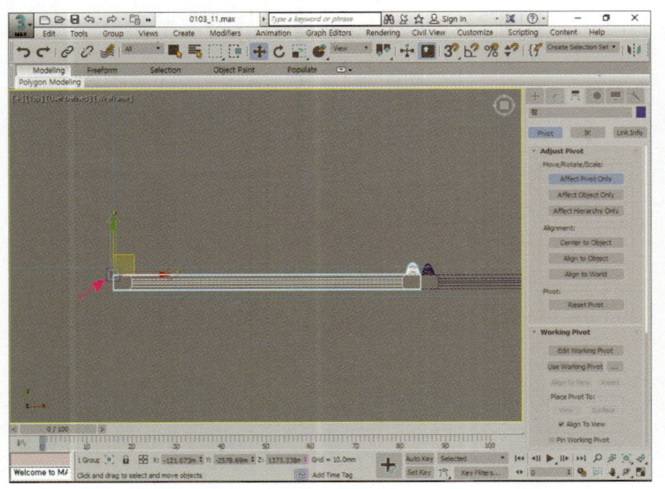

## 04

옆의 창문의 중심축도 창의 끝으로 이동합니다.

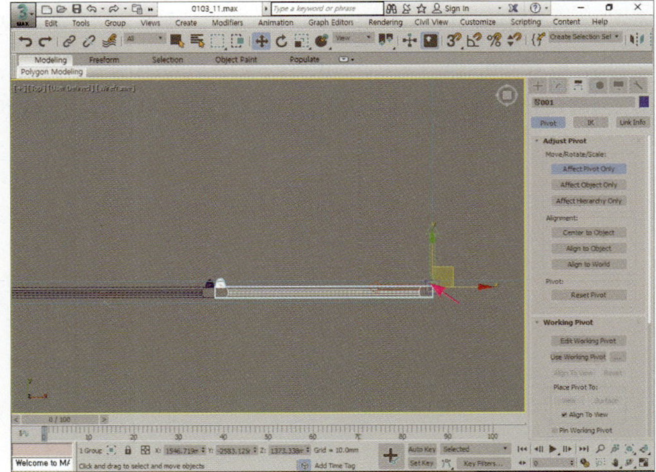

**05**

Affect Pivot Only를 한 번 더 클릭하면 축이 원래의 형태로 됩니다.
Select and Rotate(ⓒ)를 선택한 후 창을 회전시키면 수정한 중심축을
기준으로 창문이 회전합니다.

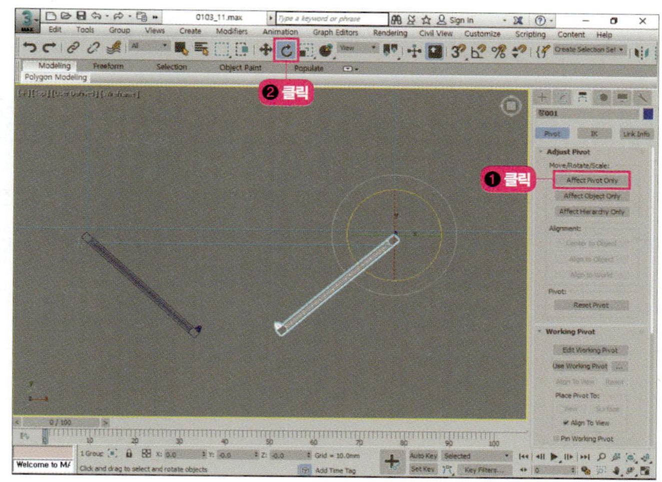

**06**

양쪽 끝을 기준으로 창문이 정상적으로 열립니다.

 피벗이 보이지 않을 경우 [Menu Bar-Customize-preference-
Gizmos-Transform Gizmos]를 On시키면 됩니다.

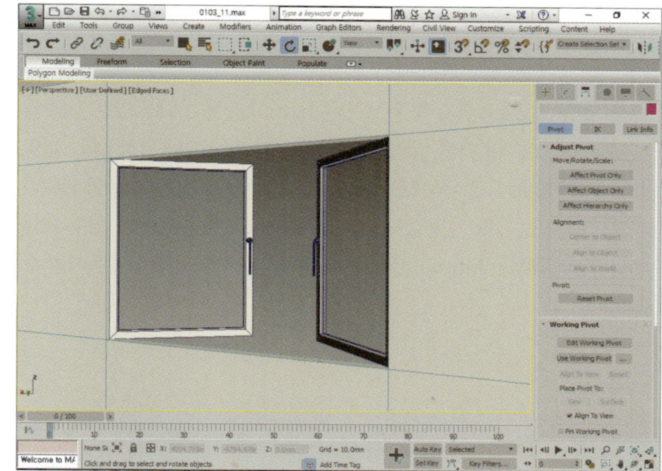

Pivot의 크기는 키보드의 ⊞와 ⊟를 이용하여 바꿀 수 있습니다.
⊟를 누르면 Pivot의 크기가 작아지며, ⊞를 누르면 Pivot의 크기가 커집니다.

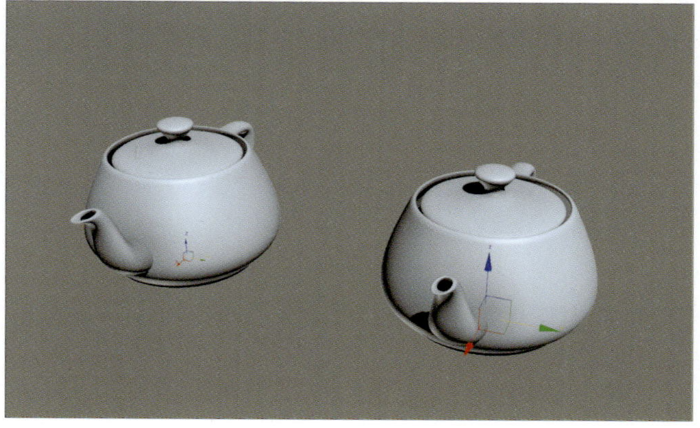

# 12

## Mapping 소스까지 한 번에 저장하는 Archive

Modeling이 완성된 후 Mapping을 하다 보면 다양한 경로에 Mapping 소스와 3ds Max 데이터가 존재하게 됩니다. 다른 컴퓨터에서 3ds Max 작업을 할 경우 같은 경로에 Mapping 소스가 없다면 정상적으로 Mapping 이미지가 보이지 않습니다. Archive를 사용하면 자동으로 Mapping 소스와 데이터 등과 같이 현재 작업에 사용된 파일을 압축하여 저장합니다.

### 01

그림을 보면 벽돌과 나무, 책 등 수많은 Map이 적용이 되어 있는 것을 알 수 있습니다. 하지만 다른 컴퓨터에서 작업하기 위해 그냥 3ds Max 파일만 가져가면 Map이 정상적으로 나타나지 않습니다. 적용된 Map을 일일이 찾아서 복사하는 것도 힘들겠지요. 이때 Archive를 사용하면 현재 3ds Max 파일에 적용된 Map과 3ds Max 파일을 한 번에 압축하여 복사할 수 있습니다.

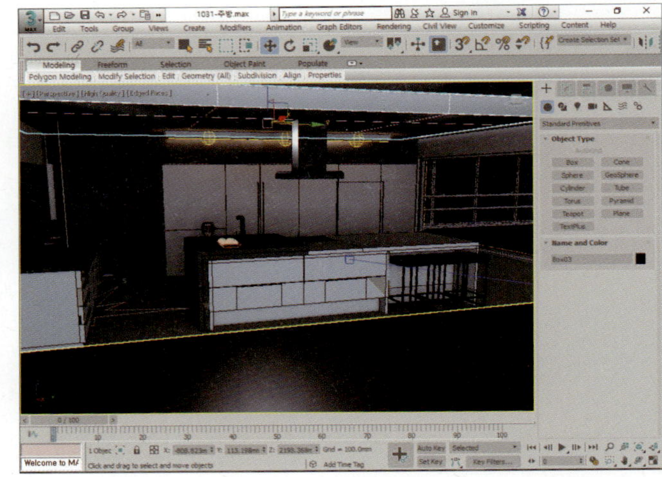

### 02

Application 메뉴의 [Save As-Archive]를 선택합니다.

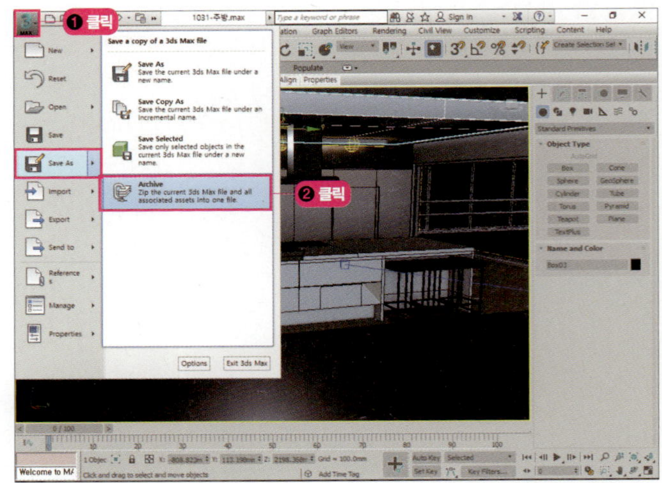

## 03

경로를 지정할 수 있는 창이 나타납니다. 경로를 지정한 후 파일 이름을 입력하고 [Save]를 클릭합니다.

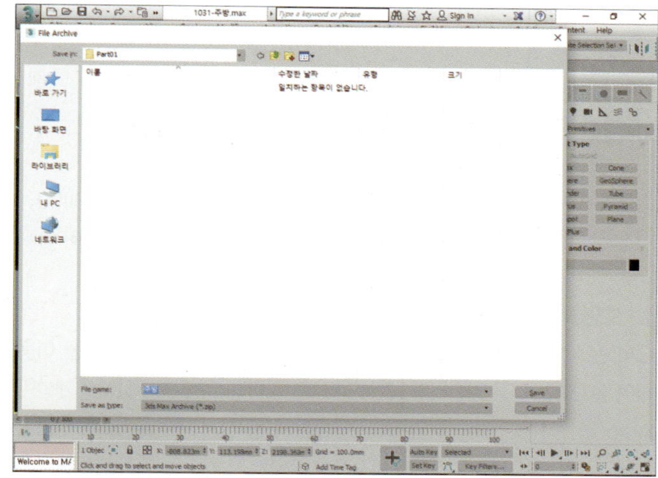

## 04

도스 화면이 나타나면서 현재 작업에 사용된 파일이 압축되는 것을 볼 수 있습니다. 작업이 완료되면 도스 창이 자동으로 닫힙니다.

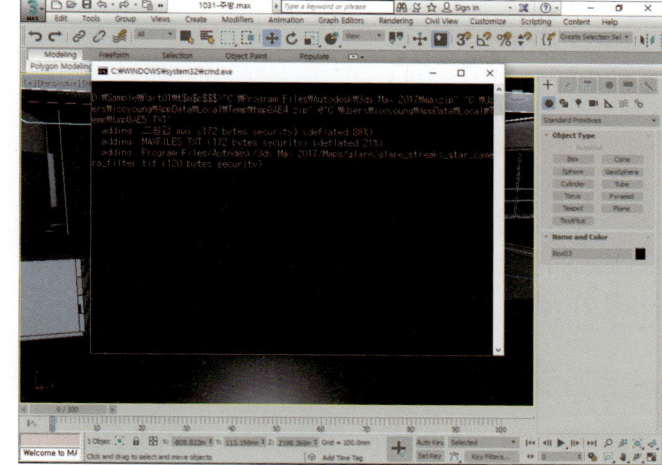

## 05

방금 지정한 폴더를 보면 설정했던 이름대로 zip 파일이 생긴 것을 알 수 있습니다. 압축 파일 안에 적용된 Map과 3ds Max 파일이 압축되어 있습니다. 다시 사용하려면 압축 파일을 풀고 사용하면 됩니다.

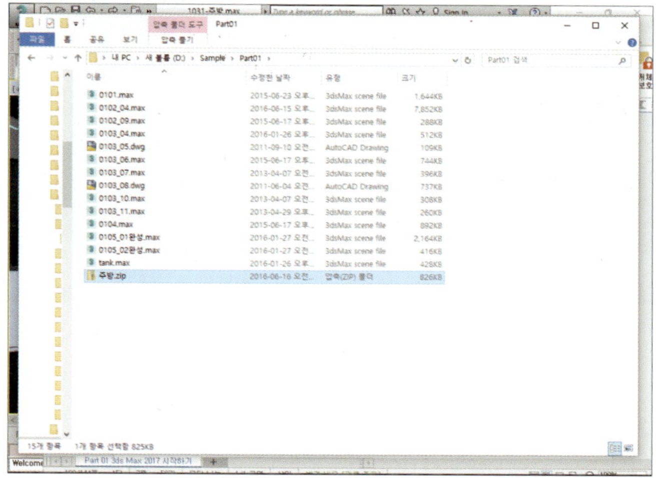

# 13

# 3ds Max의 작업 과정 알아보기

3ds Max의 작업 과정은 일반적으로 Modeling, Mapping, Lighting, Rendering의 순서로 진행됩니다. 원활한 Modeling 작업을 하기 위해서는 사전에 도면 파일의 최적화가 필요하며, Rendering된 결과물을 Photoshop이나 After Effect에서 리터치하는 작업이 필요합니다.

## 1 | 도면을 그리고 편집하는 CAD

CAD는 'Computer Aided Design'의 약자로 말 그대로 컴퓨터를 이용하여 설계하는 것을 말합니다. 3ds Max와 같이 Autodesk 사에서 개발한 AutoCAD나 Bentley 사의 MicroStation 등 설계 프로그램으로 다양한 기능과  용이성으로 건축, 자동차, 기계, 전기, 자동차 등 디자인과 관련된 산업 전반에서 사용되고 있습니다. 특히 3ds Max에서 CAD와 연동하여 건축 작업을 손쉽게 할 수 있기 때문에 3ds Max를 사용한다면 필수적으로 사용해야 하는 프로그램입니다.

3ds Max에서 작업하기 위해서는 건축 도면에서 불필요한 부분을 먼저 제거해야 합니다. 건축 도면에는 치수, 마감 재질, 보조선, 소품 등 다양한 정보가 들어 있지만 3ds Max에서 모두 만들어지는 부분이 아니므로 3ds Max 작업 전 도면을 최적화시켜야 합니다.

Modeling에 필요한 정보만을 남겨두고 3ds Max에서 사용할 도면을 따로 저장한 후에 필요한 치수 부분은 원본 건축 도면을 사용합니다.

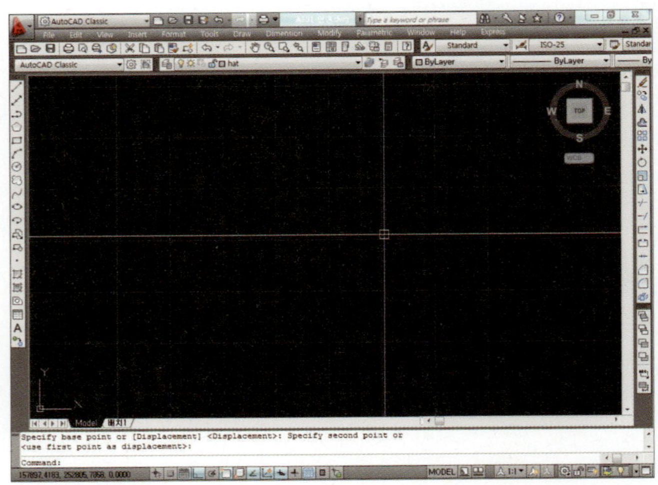

AutoCAD 실행 화면

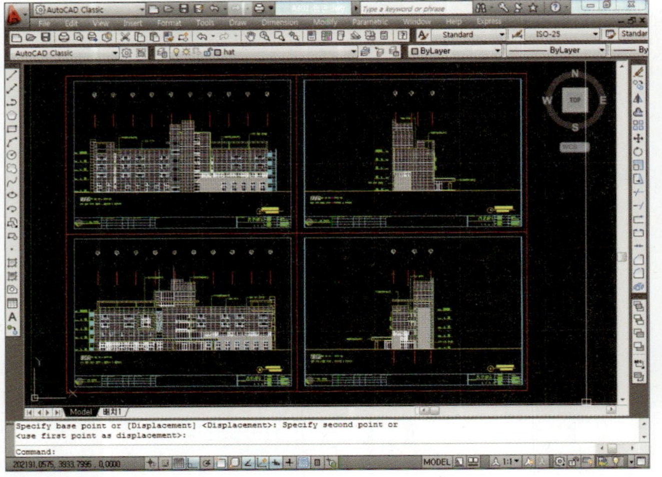

건축 기본 도면

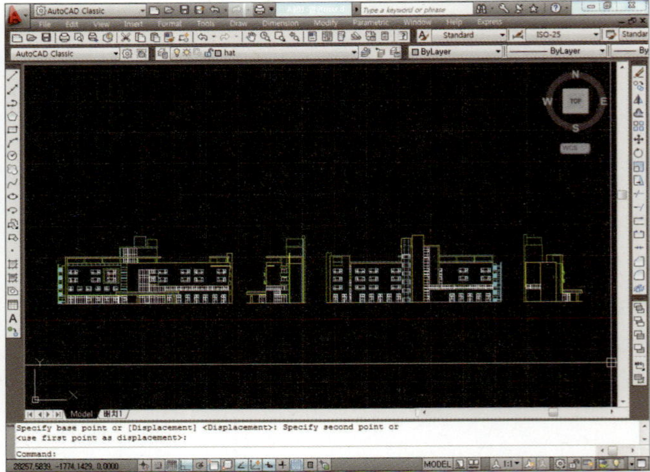

AutoCAD에서 정리한 도면 파일

## 2 | Modeling

일반적으로 건축 모델링 시 CAD에서 정리한 도면을 기반으로 3ds Max에서 작업을 시작합니다. Layer 기능을 사용한다면 작업 시간을 단축시킬 수 있습니다. 가끔 프로젝트를 진행하다 보면 CAD 도면 없이 작업하는 경우가 생기기도 합니다. 약간 이해하기 어려운 경우지만 3ds Max에서 이미지를 먼저 작업하고 납품한 후 공사 시작 전에 도면을 작업하는 경우도 있습니다.

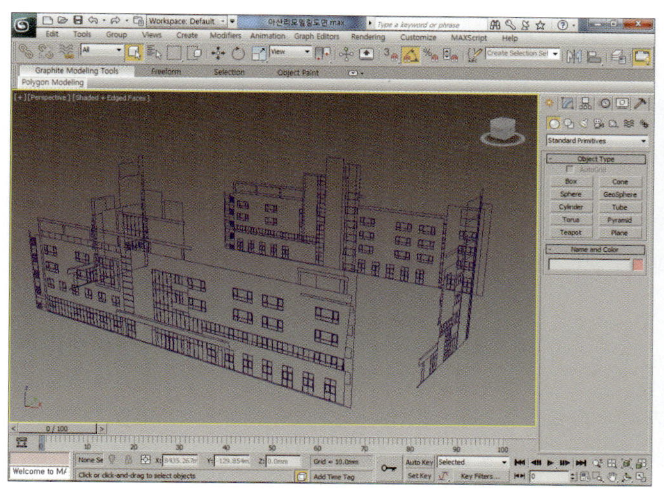 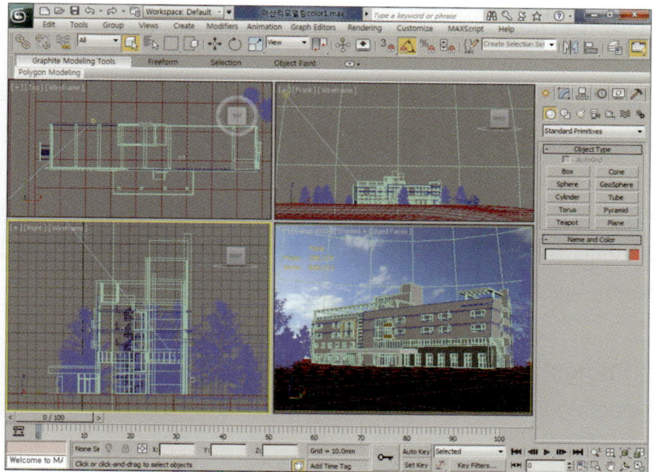

건축 모델링은 실제 건물을 짓는 것과 같은 방법으로 바닥, 벽, 지붕 등 건물의 형태를 만들고 인테리어 소품까지 배치하는 것을 말합니다. 여기서는 CAD에서 정리한 도면을 바탕으로 시작합니다.


## 3 | Mapping

Mapping은 시공 전 어떤 마감재를 사용하는지를 미리 시각적으로 보여주는 역할을 합니다. 미리 재질을 확인함으로써 계획한 대로 건축물이 만들어지는지, 또는 수정할 부분이 없는지 사전에 파악하여 실제 시공 전에 결정하는 부분입니다. 클라이언트의 요구 사항에 맞지 않으면 몇 번을 작업하는 경우도 있고 클라이언트가 직접 재질을 제공하기도 합니다.

아래 건축 작업의 경우 3개의 제안서 형태로 만들어졌습니다.

## 4 | Lighting

Lighting은 조명을 설치하는 과정으로, 앞의 Mapping과 함께 진행되는 부분입니다. Interior의 경우에는 다양한 조명을 사용하지만 Exterior에서는 태양광 하나만으로 표현할 때도 있습니다. 조명에 관한 자세한 내용은 Part 06에서 알아보겠습니다.


## 5 | Camera

Camera는 View를 설정하는 부분으로 작업자가 미리 여러 컷을 만들어 클라이언트가 선택을 할 수 있도록 하지만 클라이언트가 직접 요구하는 경우도 있습니다. 시간이 많이 걸리는 과정은 아니지만 사전에 View가 설정된다면 Scene에서 보이지 않는 불필요한 부분은 작업할 필요가 없어지므로 빨리 결정되어야 작업 시간을 줄일 수 있습니다. 카메라에 관한 자세한 내용은 Part 05에서 알아보겠습니다.

## 6 | Rendering

Rendering은 완성된 Scene을 이미지나 동영상으로 만드는 과정입니다.

이때 Rendering을 하기 위한 프로그램을 'Renderer'라고 하며 프로젝트나 목적에 따라 다양한 렌더러 중 필요한 렌더러를 선택하여 사용합니다.

건축 이미지의 경우 작은 사이즈보다는 A1~A3 등 대부분 큰 이미지가 사용되기 때문에 많은 시간이 소요됩니다. 앞의 모든 제작 과정보다 더 긴 시간이 소요되기도 합니다.

프로젝트를 진행하는 데 있어 제작 시간이 짧다면 좋은 이미지가 나올 수 없는 이유입니다.

좋은 이미지를 만들기 위해서는 충분한 시간이 필요하므로 클라이언트에게 작업 과정을 설명하고 적절한 스케줄을 짜는 것이 좋습니다.

렌더러에 관한 자세한 내용은 Part 06에서 알아보겠습니다.

## 7 | Photoshop을 이용한 리터칭

Rendering이 완료된 이미지를 Photoshop을 이용하여 3ds Max에서 표현하기 힘든 부분들을 작업하는 과정입니다. Photoshop에서 이미지의 특정 부분을 쉽게 편집하기 위하여 알파 맵을 사용하기도 합니다. 조명 효과, 사람, 나무, 햇살 표현, 이미지의 분위기 등을 리터칭하여 완성도 높은 이미지를 만듭니다.

**Rendering 이미지**

**조명 효과를 적용한 리터칭 이미지**

# 3ds Max 2017의 새로운 기능 알아보기

3ds Max는 새로운 버전을 출시할 때마다 다양하고 새로운 기능이 추가되었습니다. 3ds Max 2017에서는 인터페이스가 새로 구성되어 시각적으로 가장 크게 바뀌었습니다.

또한 AUTODESK에서 개발한 ART Renderer가 새로 추가 되었으며 다른 렌더러로 작업한 씬을 Scene Converter를 이용하여 한 번에 Art Renderer로 재질과 조명을 변경할 수 있습니다. 그 외 다른 추가기능에 대하여 알아보겠습니다.

학습 목표

3ds Max 2017의 새로운 기능에 대하여 알아본다.

① 변경된 UI와 Working Pivot

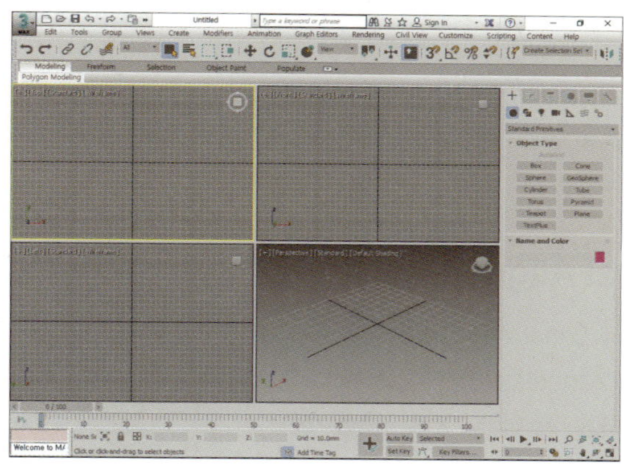

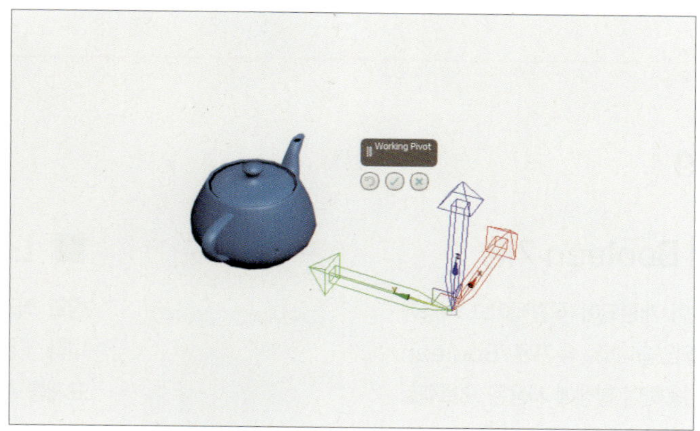


② ART Renderer

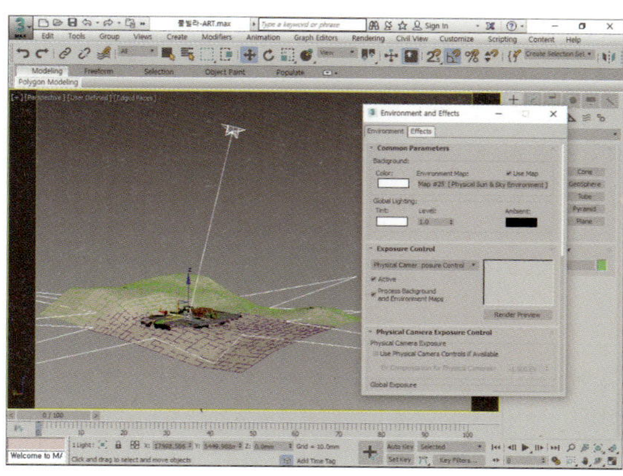

# 01

## User Interface

3ds Max 2017의 가장 큰 변경 점은 간소화된 새 인터페이스로 구성된 점입니다. 변경된 아이콘은 기존 사용자도 쉽게 알아볼 수 있도록 이전 버전과 비슷하게 디자인 되었습니다. 또한 HDPI를 인식하여 Windows 표시 배율을 올바르게 적용하므로 해상도가 높은 DPI의 모니터 및 랩톱에 최적화되어 표시됩니다. 또한 아이콘을 이전 버전이나 원하는 PNG 파일로 변경하여 사용자가 직접 인터페이스를 구성할 수 있습니다.

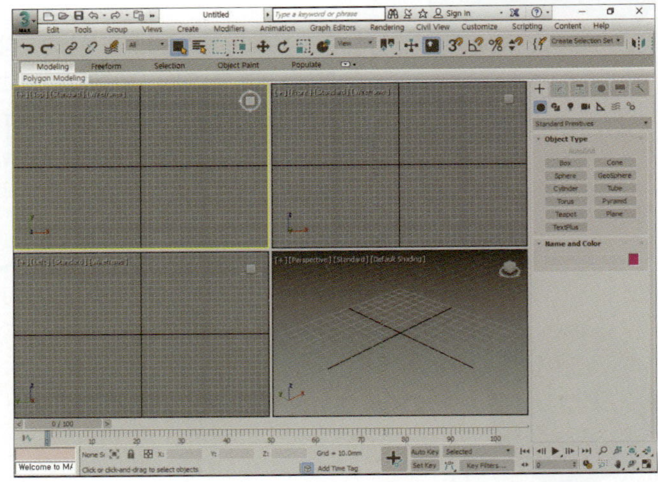



# 02

## Modeling

### ■ 향상된 Boolean 기능

Boolean기능이 개편되어 직관적이고 사용에 편리하게 변경되었습니다. 추가된 'Boolean Explorer'를 이용하여 합성에 사용된 오브젝트를 추적하고 관련된 구성요소를 관리할 수 있습니다.

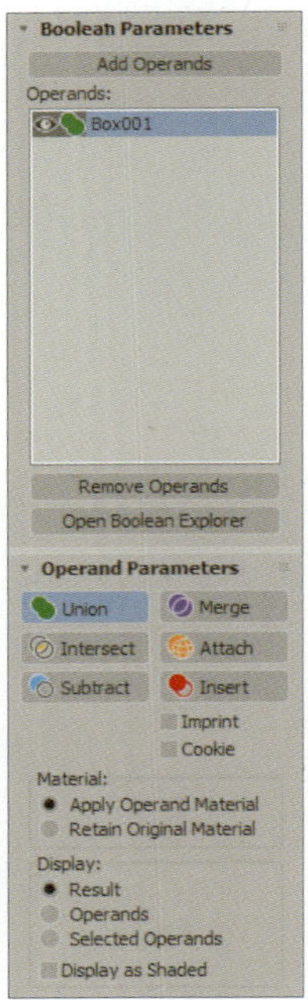

### ■ Local Aligned

참조 좌표계에 Local Aligned이 추가되었습니다. Local Aligned는 선택한 오브젝트의 좌표계를 사용하여 Z축 이외에 X 및 Y축을 계산하는 새 축 정렬 방법입니다.

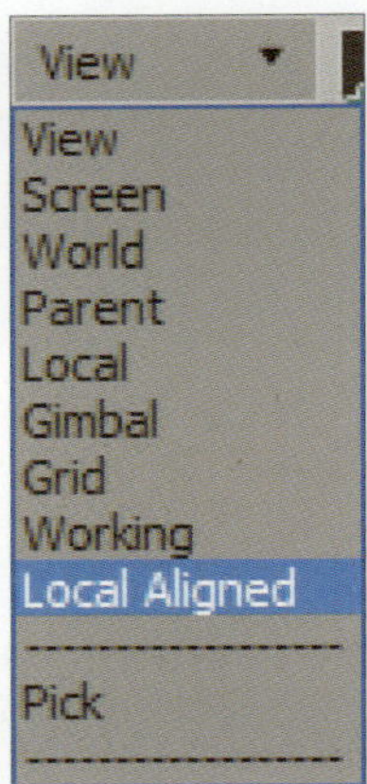

# ■ Toggle between Sub-Object Levels

폴리 오브젝트를 작업하는 동안 하나의 핫 키를 사용하여 Sub-Object(Vertex, Edge, Border, Polygon, Element)간의 전환을 할 수 있습니다.

# ■ Working Pivot

참조 좌표계 드롭다운 메뉴에서 직접 Working Pivot을 선택하여 들어갈 수 있습니다.
또한 Edit Working Pivot 설정 중 뷰포트에서 직접 Pivot 배치 중 수정 사항을 재설정, 적용 또는 취소할 수 있도록 새 캐디가 적용되었습니다.

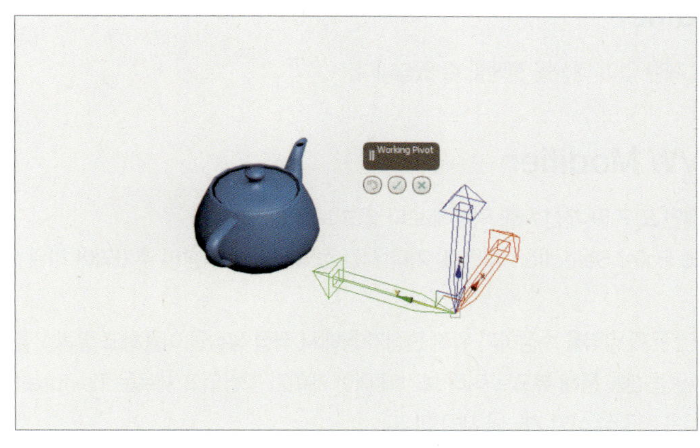
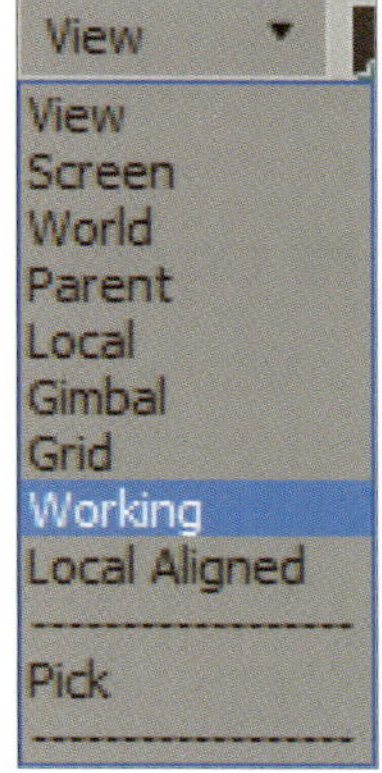

# ■ Point to Point Selection

폴리 오브젝트를 편집하는 동안 선택한 Sub-Object(Vertex, Edge, Polygon)의 선택 부분을 미리보기 할 수 있습니다. 하나의 Sub-Object를 선택하고 Shift 를 누른 상태에서 마우스를 움직이면 수평/수직 방향으로 선택될 부분이 노란색으로 표시됩니다. Ring이나 Loop와 같이 연결되는 부분을 선택할 때 유용합니다.

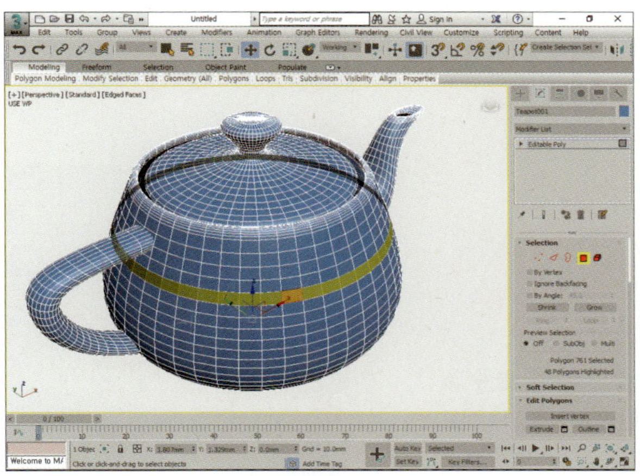

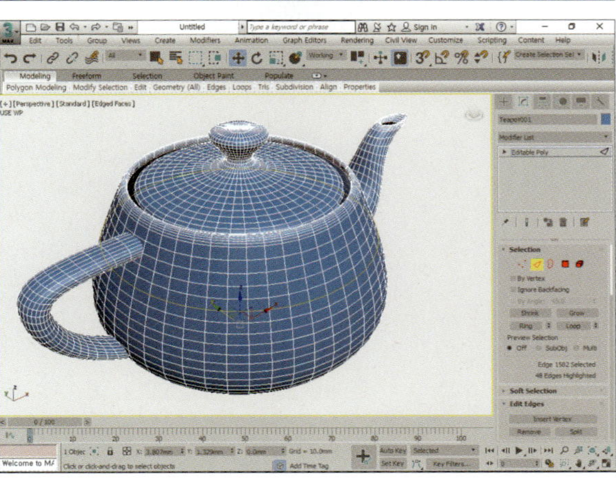

## ■ Bevel Profile Modifier

Improved 메뉴가 추가되었습니다. Parameter 옵션 중 Classic은 이전 버전과 동일한 기능이며, Improved는 2017버전
에 추가된 메뉴로 다양한 단면의 형상을 모델링하지 않고 바로 적용할 수 있는 향상된 기능을 제공합니다.

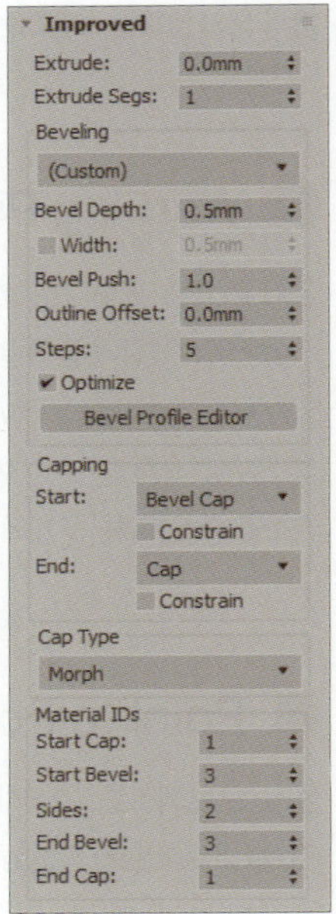

## ■ Morph Modifier

Morph 수정자에서 수에 제한 없이 대상을 선택할 수 있습니다.

## ■ Unwrap UVW Modifier

Unwrap UVW가 직관적인 도구 및 개선 사항 덕분에 보다 쉽고 보다 강력합니다.
대칭 선택 옵션, Point to Point Selection 지원 및 기타 시간 절약형 개선 사항이 추가되어 하위 오브젝트 선택이 더 빨라집
니다.
새 브러시 도구를 사용하면 문제 영역을 수정하기 위해 편집기 창에서 직접 정점을 이동하고 릴랙스 할 수 있습니다.
새 Bitmap UV Checker 옵션을 통해 뷰포트 미리 보기에 대한 제어가 향상되고 새로운 Texture Checker가 추가되어 UV
및 법선 방향에 대한 더 나은 시각적 식별 기능을 제공합니다.



03

# Materials and Maps

## ■ Physical Material

Physical Material은 2017에서 추가된 재질로 ART Renderer와 호환되어 사용합니다.
멘탈레이와 스캔라인렌더러에서도 사용이 가능하지만 ART Renderer에서 사용하면 더 좋은 효과를 볼 수 있
습니다. Physical Material에는 코팅 및 하위 표면 분산에 대한 설정이 포함되어 있어 단일 재질로 복잡하고
사실적인 재질을 만들 수 있습니다.

**Material Editor 〉 General 〉 Physical Material**

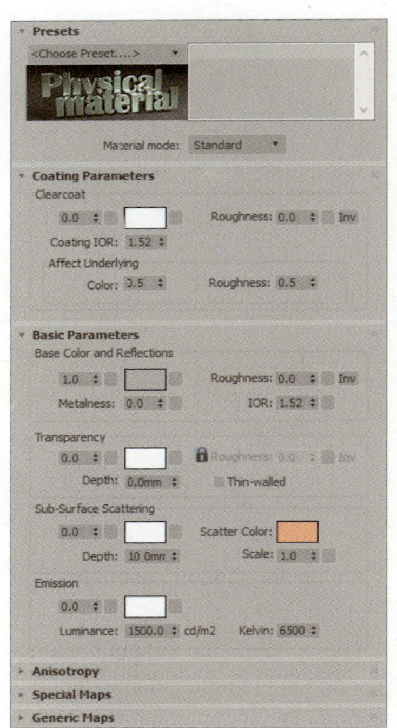

## ■ Color Map

Color Map을 사용하면 단색 견본을 쉽게 만들고 인스턴스할 수 있으므로 색상 선택의 일관성과 정확
성 지원에 도움이 됩니다. 또한 맵을 사용하면 비트맵을 사용하고 게인 및 감마를 조정할 수 있습니다.

**Material Editor > Material/Map Browser > Maps > General > ColorMap**

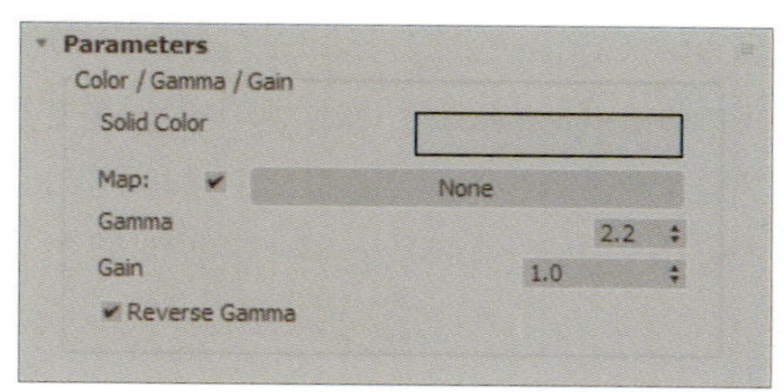

## ■ Multi Tile Map

Multi Tile Map을 사용하면 여러 텍스처 타일을 UV Editor에서 동시에 불러올 수 있습니다.
이는 ZBrush나 Mudbox 같은 스컬핑 프로그램에서 생성된 고해상도 텍스처를 열고 표시하는 데 유용하며 여러 UV 채널을 사용하여 오브젝트에 텍스처를
적용하는 데 대한 효과적인 대안입니다.

**Material Editor > Material/Map Browser > Maps > Standard > MutliTile**



# 04

# Rendering

## ■ ART Renderer

Autodesk에서 개발한 새로운 Raytracer(ART) 렌더러로 건축, 제품 및 산업 디자인 렌더링과 애니
메이션에 이상적이며 속도가 빠른 CPU 전용 물리적 기반 렌더러입니다.

ART Renderer는 사용자의 편의를 위해 쉽게 사용이 가능하도록 옵션을 최소화 하였으며 Revit,
Inventor, Fusion 360 및 Autodesk Raytracer를 사용하는 다른 Autodesk 응용 프로그램에서
전환하는 사용자를 위해 비슷한 워크플로우를 제공합니다.

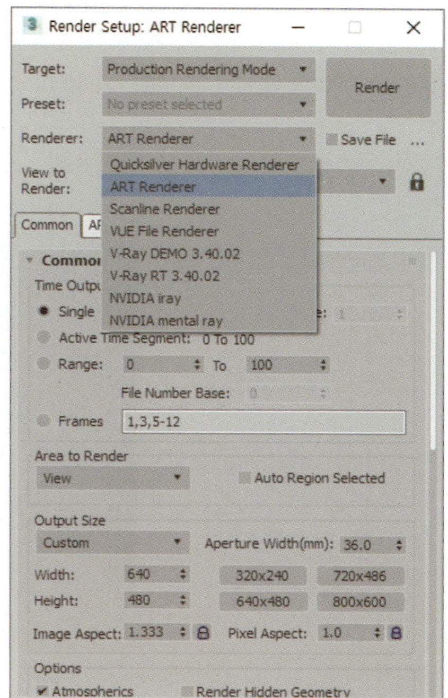

ART Renderer를 사용하면 크고 복잡한 장면을 렌더링하고 Backburner를 통해 여러 대의 컴퓨터
에서 무제한으로 렌더링하는 장점을 얻을 수 있습니다.

Revit의 IES, 포토메트릭 및 일광을 지원하므로 매우 정확한 건축 장면 이미지를 만들 수 있습니다.
ART Renderer는 이미지 기반 조명을 사용하므로 매우 사실적인 이미지를 렌더링하고 디자인을 실제
환경에 통합할 수 있으며 직관적 수정이 가능한 Active Shade를 지원합니다.

## ■ Scene Converter

Scene Converter를 사용하면 다른 렌더러에서 작업한 씬을 한번에 Art Renderer에 맞춰 조명, 재질 렌더링 정보를 변경할 수 있습니다.
변환을 위한 많은 사전 설정이 있으며 사용자가 고유한 설정값을 만들어 저장할 수 있습니다. 아직 Vray는 지원되지 않습니다.

**Menubar 〉 Rendering 〉 Scene Converter**

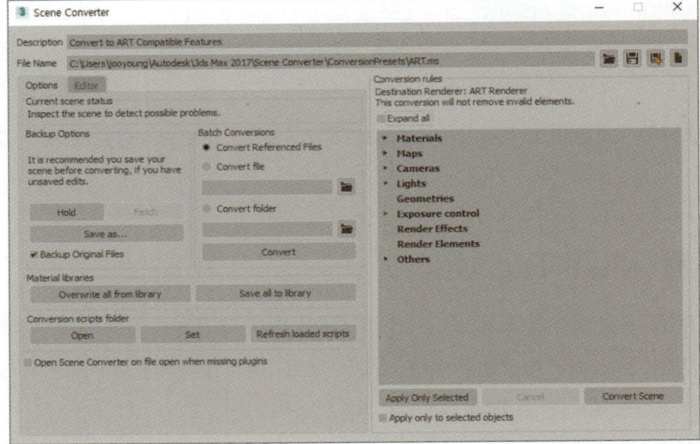



# 05

# Lighting

## ■ Sun Positioner and Physical Sky

Sun Positioner and Physical Sky는 기존의 태양광 및 일광 시스템에 비해 효율적이고 직관적인 작업 방식을 제공합니다.
지구의 특정 위치 위에서 지리적으로 올바른 태양의 각도 및 이동을 따르는 라이트를 사용합니다. 위치, 날짜, 시간 및 나침반 방향을 사용자가 직접 선택할 수 있으며 해당 정보를 바탕으로 애니메이션 션을 할 수 있습니다.
Sun Positioner를 씬에 설치하면 Environment Map에 자동으로 Physical Sun & Sky Environment 맵이 적용됩니다.

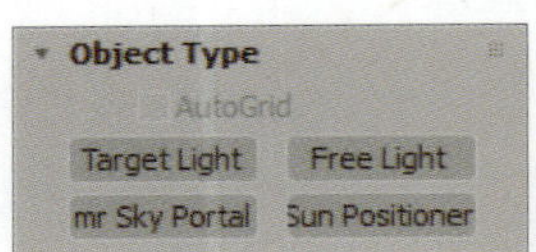

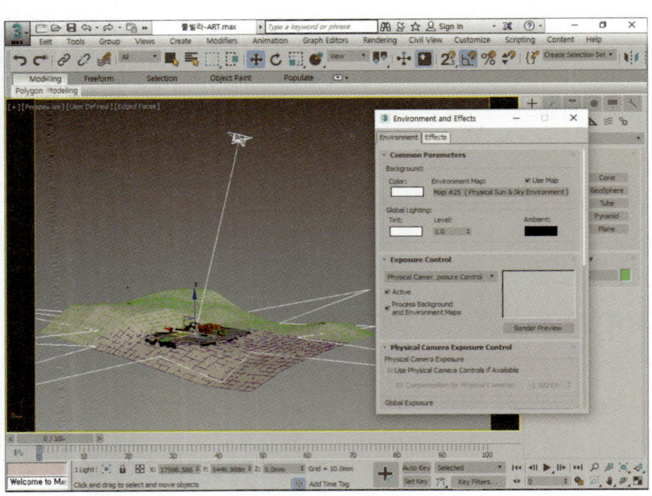

## 01

[Create-Lights-Photometric-Sun Positioner]를 선택합니다.

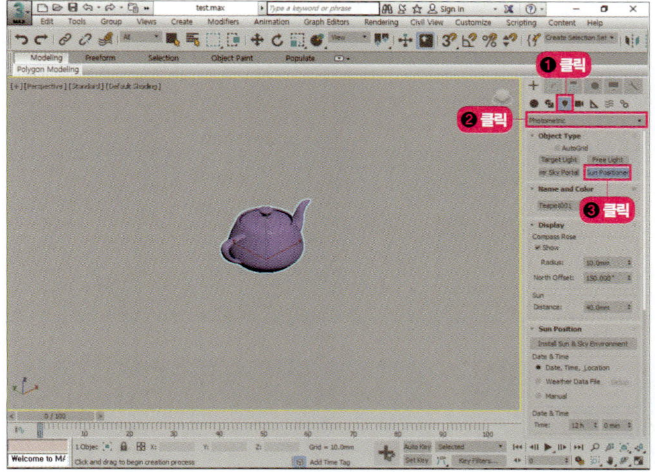

## 02

Perspective View에서 마우스를 클릭하고 드래그하여 반경을 설정합니다.

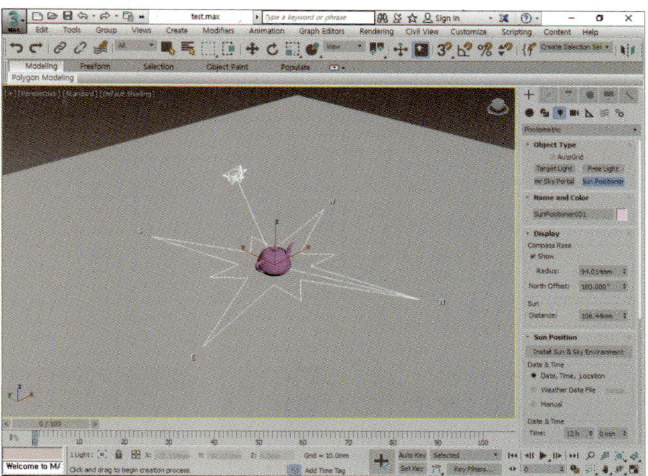

## 03

반경을 설정하고 마우스 버튼을 떼면 조명을 회전시킬 수 있습니다.

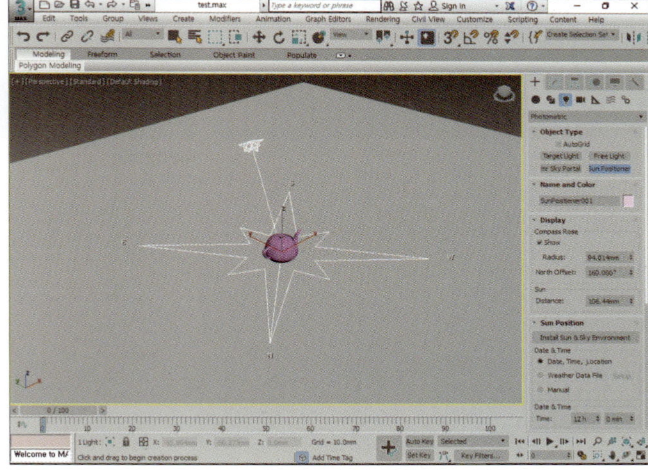

## 04

회전 각도를 선택하고 마우스를 클릭하면 높이를 설정할 수 있습니다.
마우스를 위아래로 드래그하여 높이를 설정한 후 마우스 왼쪽 버튼을 클릭하
면 조명 생성이 완료됩니다.

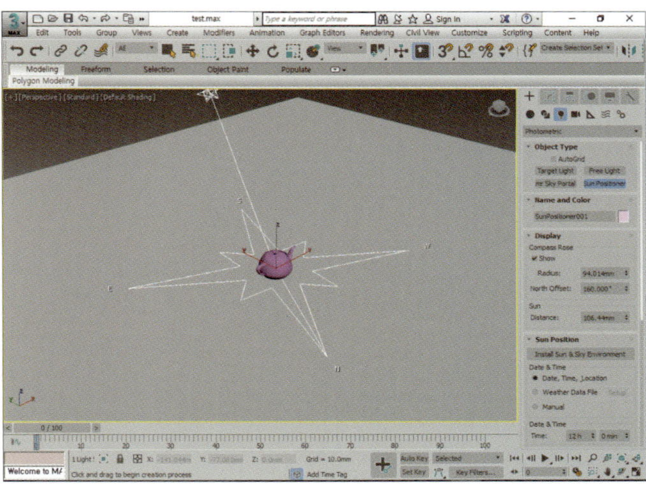

## 05

옵션에서 지역이나 조명의 설정을 변경할 수 있습니다.

기본 시간은 정오이며, 기본 날짜와 표준 시간대는 컴퓨터의 로컬 설정을 기준으로 합니다. 기본 위치는 미국 캘리포니아 샌프란시스코입니다.

일반적으로 위치를 먼저 선택한 다음 날짜와 시간을 조정하는 것이 더 쉽습니다.

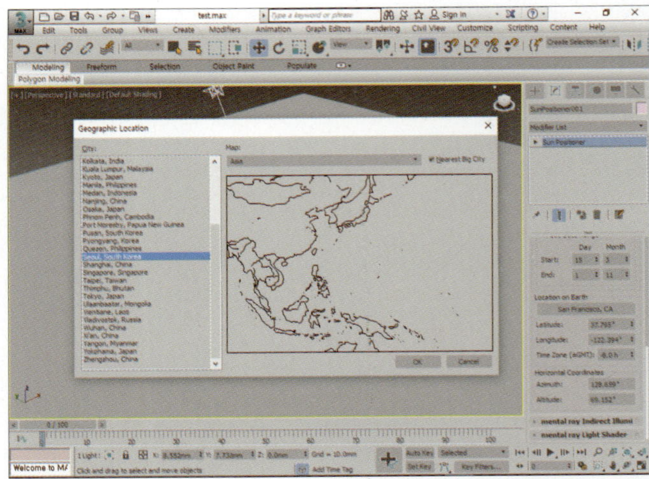

AM 06:00

PM 12:00

PM 18:00

# Ribbon의 기능과 활용 방법

Ribbon은 3D Object의 Polygon Modeling을 강화할 수 있는 편집 명령어를 구성한 도구 세트입니다. 커맨드 패널의 명령어와 비슷한 부분도 있지만, 고유한 명령어와 사용자 정의가 가능한 인터페이스로 Polygon 편집을 쉽고 빠르게 만들어줍니다.

학습 목표

효과적인 모델링과 Object 편집 활용 능력을 높이기 위해 Ribbon의 기능과 활용 방법에 대하여 알아본다.

① Ribbon의 다양한 기능들

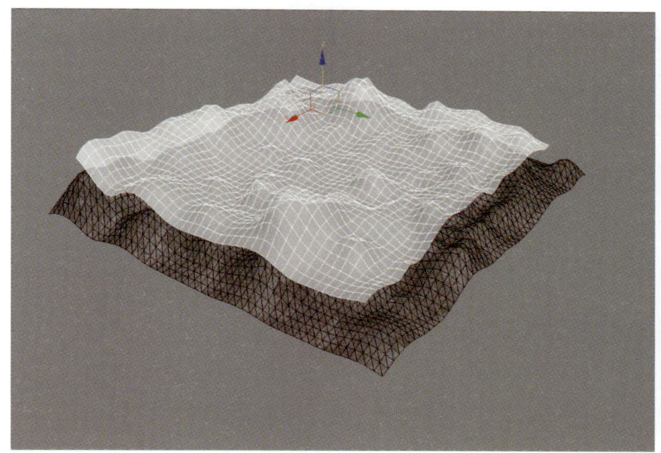

② Ribbon을 이용한 모델링

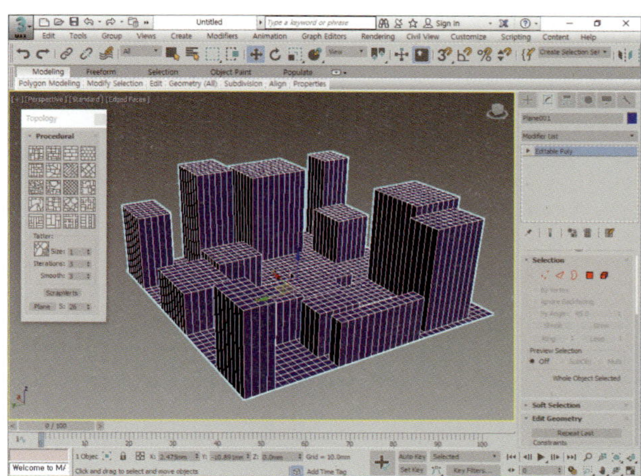

01

# Modeling

Modeling은 Command Panel의 편집 명령어와 같으며, 새로운 명령어가 추가되어 쉽고 편리하게 작업할 수 있습니다. 요소별로 각각 Panel이 나누어져 있으며 선택하는 Sub-Object에 다라 활성화되는 Panel 구성이 달라집니다.

Show Full Ribbon을 클릭하면 전체 리본 메뉴를 확인할 수 있습니다.

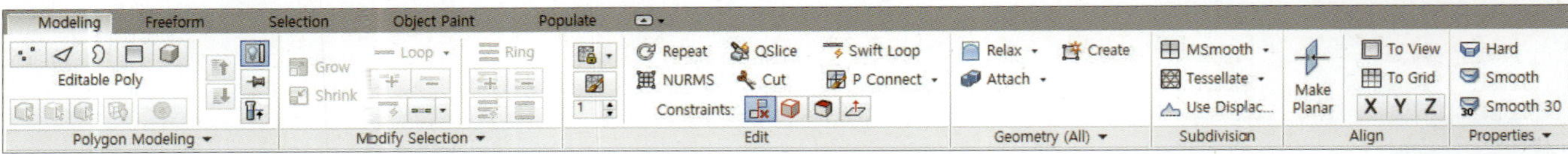

리본 메뉴의 크기에 따라 3가지 중 한가지를 선택하여 사용할 수 있습니다.

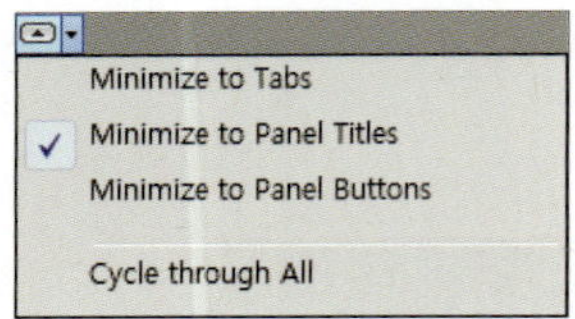

Minimize to Tabs : 리본에 탭 이름만 표시합니다. 패널을 열려면 탭을 클릭합니다.

Minimize to Panel Titles : 탭과 패널 이름만 표시합니다. 앞으로 진행할 예제에서 기본 메뉴로 사용하겠습니다.

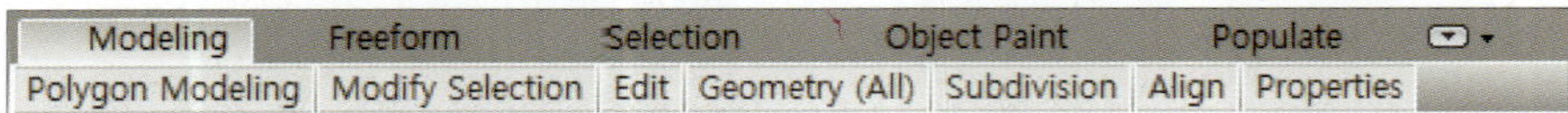

Minimize to Panel Buttons : 패널 메뉴를 아이콘으로 표시합니다.

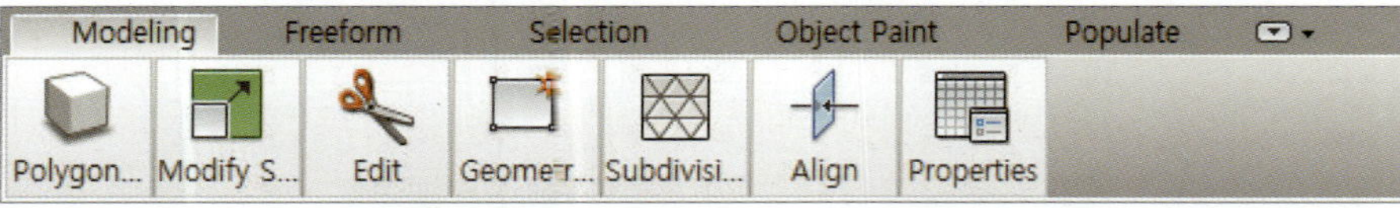

# ■ Polygon Modeling

하위 오브젝트를 선택하거나 편집 가능한 폴리 변환 및 편집 도구가 있습니다.

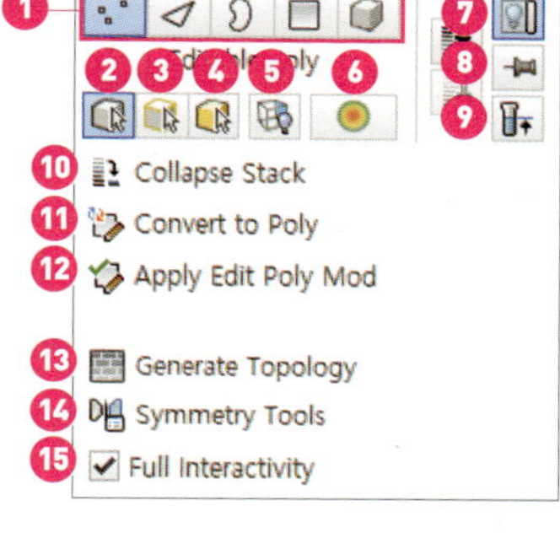


① **Edit Poly** : 선택한 Object의 Sub-Object를 선택합니다. Vertex, Edge, Border, Polygon, Element 중에서 하나를 선택하여 편집할 수 있습니다.

② **Preview Off** : 미리보기가 없는 상태입니다.

③ **Preview SubObjec**t : Ctrl 을 누른 상태로 마우스를 움직이면, 마우스 포인터가 있는 곳의 면이 선택된 것처럼 미리보기 됩니다.(노란색) 미리보기가 활성화된 상태에서 마우스 왼쪽 버튼을 클릭하면 미리보기 되어있는 부분이 선택됩니다.

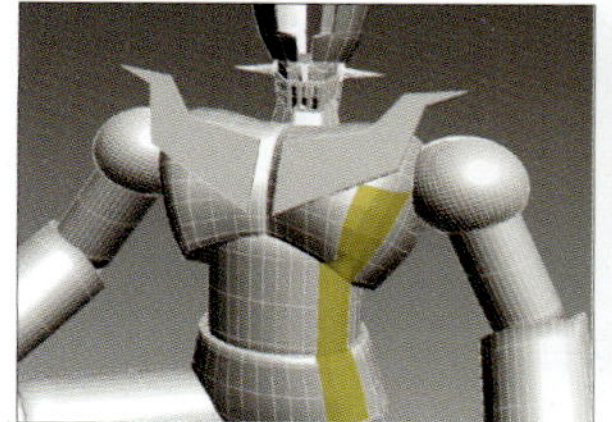
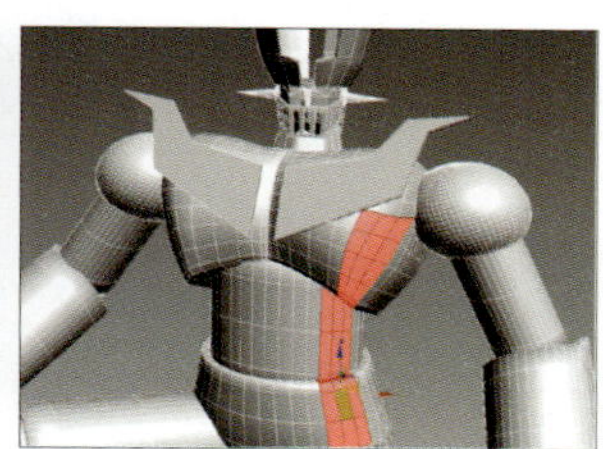

④ **Preview Multi** : 선택했던 면이 그대로 표시되어 어떤 면을 선택했는지 확인할 수 있으며, 다음 작업 시 앞에 선택한 면은 재 선택하지 않아도 됩니다.

앞에 선택했던 영역이 진한 색으로 표현되어 확인할 수 있습니다.(Vertex와 Edge)

⑤ **Ignore Backfacing** : Sub-Object를 선택할 때 뒷면은 무시하고 선택합니다.

Ignore Backfacing이 활성화된 상태로 측면에서 폴리곤을 선택했을 경우

⑥ **Use Soft Selection** : 선택한 Sub-Object를 중심으로 거리에 따라 선택의 강도가 다르게 나타납니다.

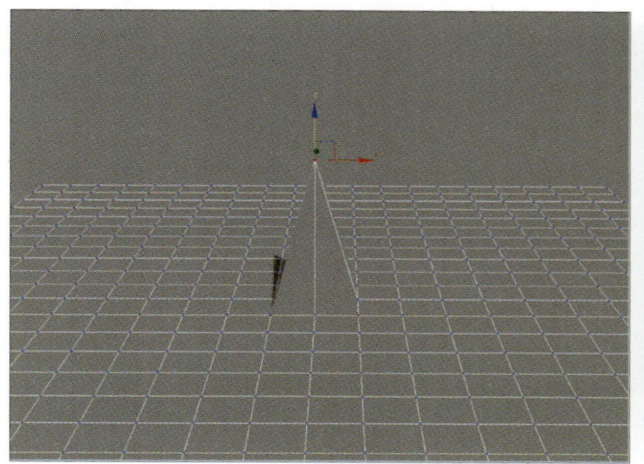
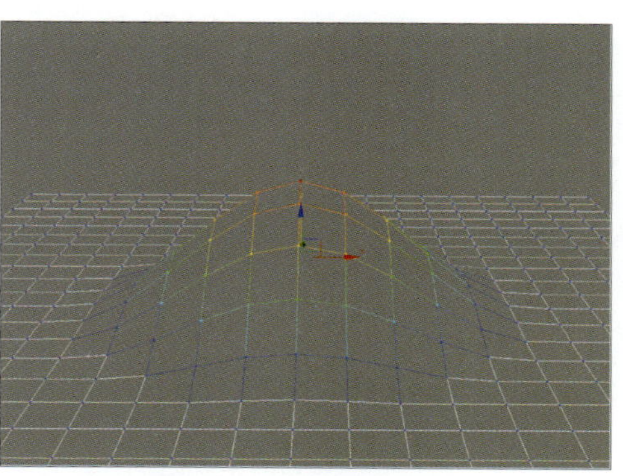

Soft Selection을 해제한 상태에서 Vertex 이동

Soft Selection을 선택한 상태에서 Vertex 이동

⑦ **Toggle Command Panel** : Parameter를 숨기거나 나타낼 수 있습니다.

⑧ **Pin Stack** : 현재 편집 중인 개체에 적용된 Modifier 스택 상태를 고정시킵니다.

⑨ **Show End Result** : Stack List의 상위 명령어에서 적용된 값이 하위 명령어를 선택했을 때도 상위 명령어가 계속 적용된 상태로 보이게 합니다.

⑩ **Collapse Stack** : Stack List를 합칩니다.

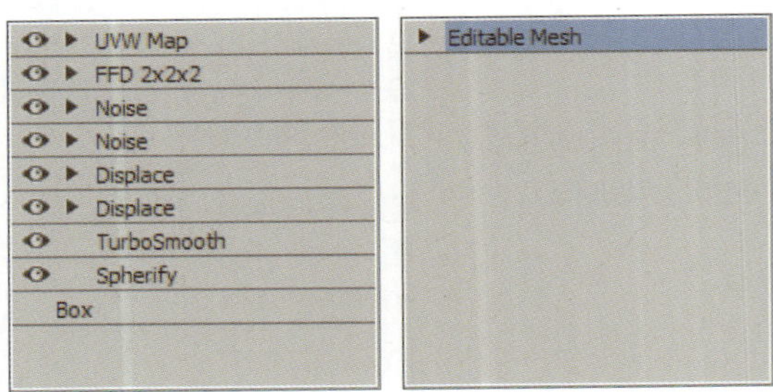

⑪ **Convert to Poly** : Object를 Editable to Poly 형식으로 바꾸고 수정 모드로 전환합니다.

⑫ **Apply Edit Poly Mod** : Object를 Edit Poly로 바꾸고 수정 모드로 전환합니다. Stack List에 Edit Poly Modifier가 추가됩니다.

⑬ **Generate Topology** : Object를 형상을 다양한 형태로 변형할 수 있습니다. 패턴 변경이 쉬워 타일이나 바위 모양을 만들 때 사용합니다.

⑭ **Symmetry Tools** : 좌우 대칭을 동일하게 만들 때 사용합니다.

⑮ **Full Interactivity** : 모든 설정 대화상자 및 캐디뿐만 아니라 QuickSlice와 Cut 도구에 대한 피드백의 수준을 토글합니다.


## ■ Modify Selection

Modify Selection은 선택한 Sub-Object를 확장하거나 축소하는 등의 기능을 모아놓은 곳으로 좀 더 쉽게 작업할 수 있도록 합니다.

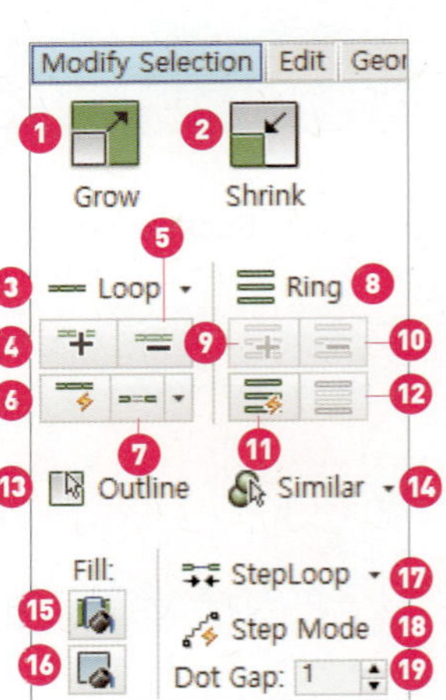

① **Grow** : 선택 영역이 확장됩니다.

② **Shrink** : 선택 영역이 축소됩니다.

**Grow**를 클릭하면 선택 영역이 확대됩니다.

**Shrink**를 클릭하면 선택 영역이 축소됩니다.

③ **Loop** : 선택한 Sub-Object와 일직선상에 놓인 Sub-Object를 선택합니다.

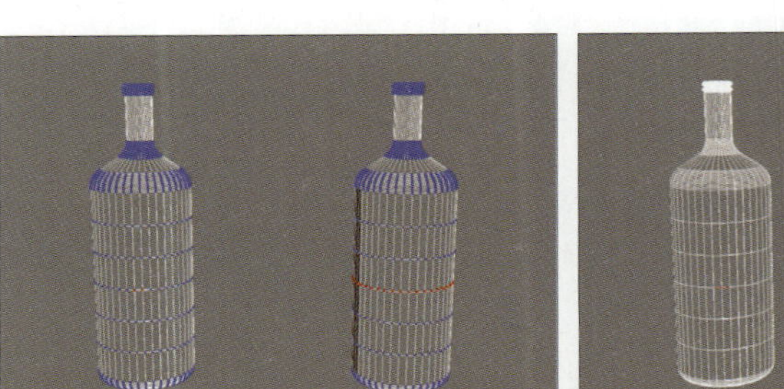
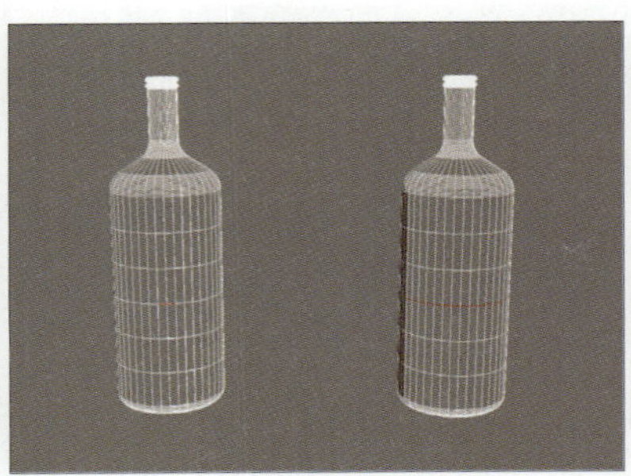
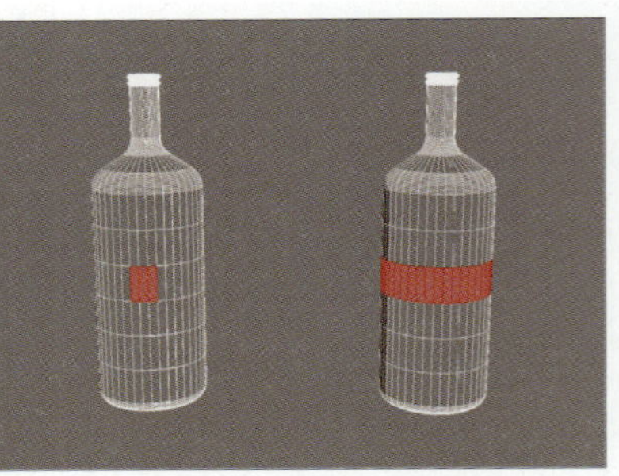

**Vertex, Edge, Polygon Loop 적용 이미지**

④ **Grow Loop** : 선택한 Edge를 한 단계씩 수직으로 늘려 선택할 수 있습니다.

 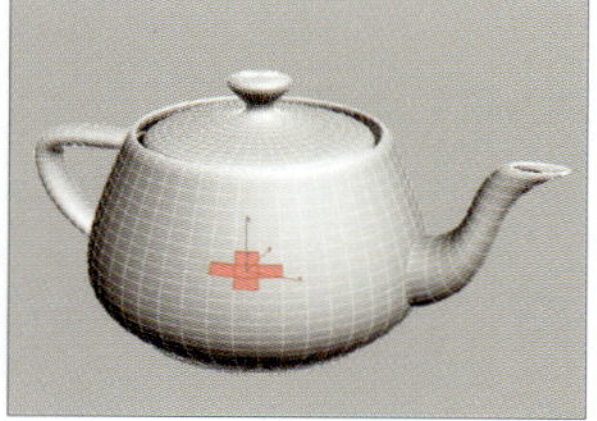

⑤ **Shrink Loop** : 선택한 Edge를 한 단계씩 선택 해제할 수 있습니다.

⑥ **Loop Mode** : 연결된 두개 이상의 Sub-Object를 드래그하여 선택할 경우 연결된 수직방향으로 연결된 모든 Sub-Object가 선택됩니다.

⑦ **Dot Mode** : 한 칸씩 건너 선택됩니다.

⑧ **Ring** : 선택한 Sub-Object와 평행한 Sub-Object를 선택합니다.

 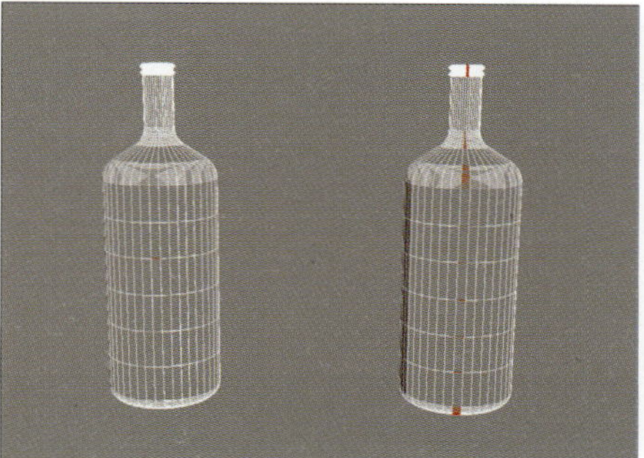 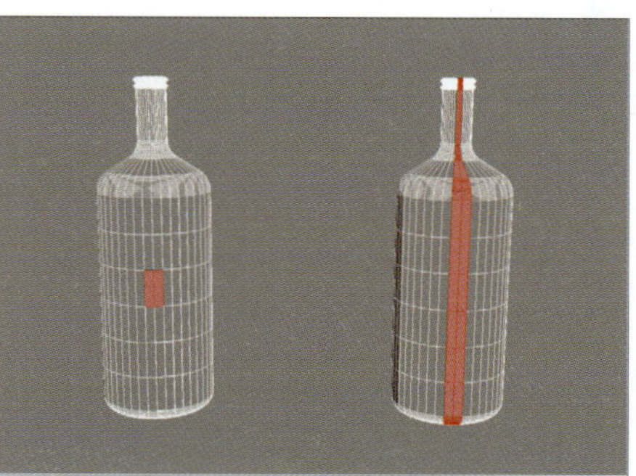

Vertex, Edge, Polygon Ring 적용 이미지

⑨ **Grow Ring** : Edge나 Polygon을 선택한 후 한 단계씩 추가로 선택할 수 있습니다.

⑩ **Shrink Ring** : Grow Ring과 반대로 한 단계씩 줄일 수 있습니다.

⑪ **Ring Mode** : Edge와 평행 방향에 있는 모든 Edge를 선택할 수 있습니다.

⑫ **Dot Ring** : 평행 방향에 있는 Edge를 한 개씩 건너 선택할 수 있습니다.

⑬ **Outline** : Edge에 닿은 모든 Edge를 선택할 수 있습니다.

⑭ **Similar** : Edge를 선택할 때 하의 메뉴에 체크를 하면 추가 선택을 할 수 있습니다.

⑮ **Fill** : 선택한 두 Sub-Object 사이의 모든 Sub-Object를 선택합니다.

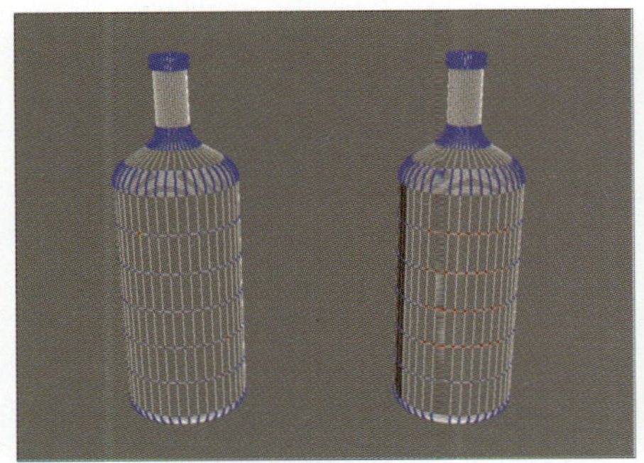

Vertex에서 사용한 Fill 명령어

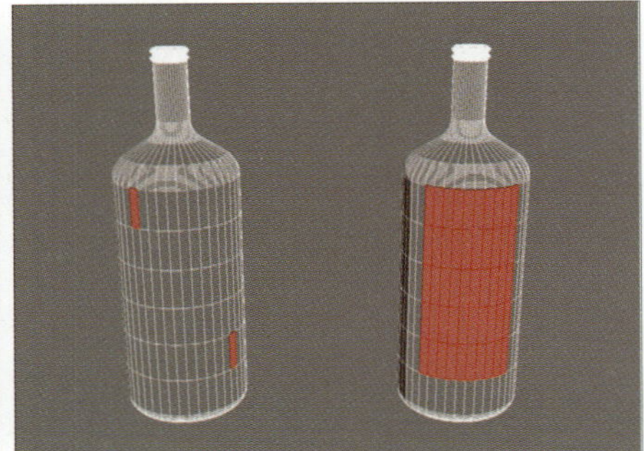

Polygon에서 사용한 Fill 명령어

⑯ **Fill Hole** : Object 전체의 Vertex들을 선택할 수 있습니다.

⑰ **Step Loop** : 2개의 선택된 Vertex나 Polygon 사이의 동일선상의 선택되지 않은 Vertex나 Polygon을 선택합니다.

⑱ **Step Mode** : Edge를 선택한 후 Shift를 누르고 동일선상에 Edge를 선택하면 사이에 Edge들을 모두 선택할 수 있습니다.

⑲ **Dot Gap** : Ring 선택 시 가장자리 간격을 설정할 수 있습니다.

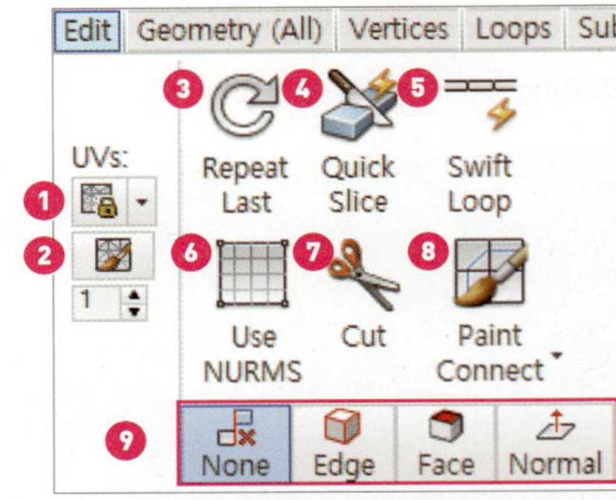

## ■ Edit

Edit 패널에서는 반복 명령어의 사용, Object를 자르거나 Texture 좌표 편집 등을 할 수 있는 다양한 도구가 모여 있습니다.

① **Preserve UVs** : 설정하면 Object에 적용된 UV Mapping에 영향을 미치지 않고 Sub-Object를 편집할 수 있습니다.

Texture Map을 적용한 원래 Object입니다.

Vertex를 선택하고 Scale을 줄이면 적용된 Texture Map이 Vertex를 따라 이동합니다.

Preserve UVs에 체크를 하면 Vertex를 움직여도 적용된 Texture Map이 유지됩니다.

② **Tweak** : 적용된 이미지의 위치를 수정할 수 있습니다.

③ **Repeat Last** : 최근 적용한 명령을 적용합니다.

④ **Quick Slice** : 면을 빠르게 분할합니다.

⑤ **Swift Loop** : Edge를 원하는 곳에 추가할 수 있습니다.

⑥ **Use NURMS** : 면을 분할하여 부드럽게 만듭니다.

NURMS를 적용하기 전의 커피 잔

NURMS를 적용한 후의 커피 잔

⑦ **Cut** : 면을 원하는 대로 자를 수 있습니다.

⑧ **Paint Connect** : 설정하면 Edge와 Vertex 간 연결을 대화식으로 페인팅 할 수 있습니다. 마우스로 드래그하면 Edge와 Edge를 연결할 수 있습니다.

- Shift : Edge의 중심과 Edge의 중심을 연결합니다.
- Ctrl : Vertex와 Vertex를 연결합니다.
- Alt : 클릭하면 Vertex를 제거합니다.
- Ctrl + Shift : 클릭하면 Edge Loop를 제거합니다.
- Ctrl + Alt : 클릭하면 Edge를 제거합니다.
- Shift + Alt : 평행한 2개의 Edge를 만듭니다.

⑨ **Constrains** : Sub-Object 편집 시 받는 제약 조건의 유형을 None/Edge/Face/Normal 중에서 설정합니다.

## ■ Geometry(All)

Geometry 패널에서는 Sub-Object를 선택했을 때 Object의 Polygon을 편집하는 도구를 제공합니다. Polygon을 합치거나 분리할 수 있으며 다각형을 사변형으로 변환하기 위한 사분면화 도구가 있습니다.

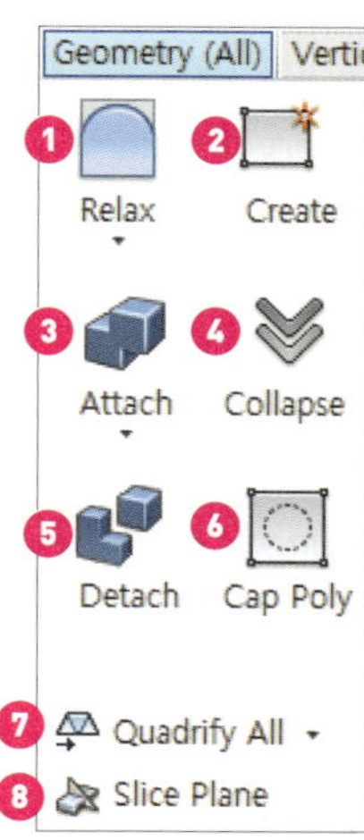

① **Relax** : Object의 Vertex를 중심 방향으로 이동시켜 부드럽게 만들어줍니다.

Relax를 적용할수록 중심을 기준으로 부드럽게 만들어집니다.

② **Create** : 새로운 Polygon을 직접 클릭하여 만듭니다.

③ **Attach** : 선택한 Object를 다른 Object와 합칩니다.

④ **Collapse** : 선택한 Sub-Object(Vertex, Edge, Polygon)를 중심으로 결합하여 축소합니다.

**Vertex를 선택한 후 Collapse를 적용했을 때**                  **Polygon을 선택한 후 Collapse를 적용했을 때**

⑤ **Detach** : 선택한 Sub-Object를 분리하여 독립된 Object로 만듭니다.

⑥ **Cap Poly** : Vertex나 Edge에서 사용할 있으며, 뚫린 면을 닫아줍니다.

⑦ **Quadrify All** : 삼각형 Polygon을 사각형 Polygon으로 바꿉니다.

⑧ **Slice Plane** : Slice Plane Gizmo를 이용하여 Object를 자릅니다.

# ■ Vertices

Vertex는 공간의 점으로 Polygon Object를 구성하고 있는 Vertex를 선택하여 편집할 수 있습니다. Vertex를 선택해야만 열리는 패널입니다.

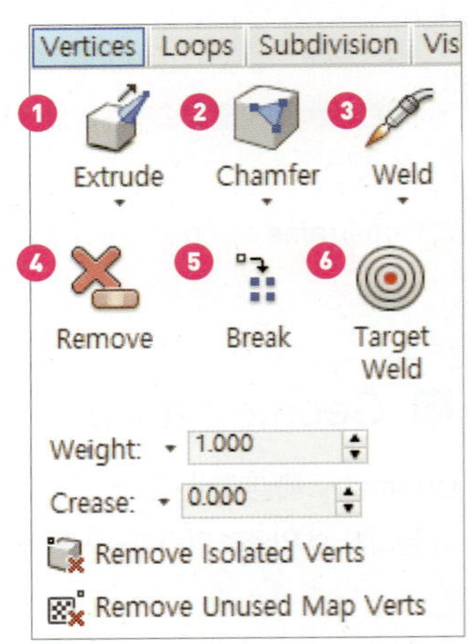

① **Extrude** : 선택된 점을 돌출시킵니다.

② **Chamfer** : 선택된 점에 모따기를 적용합니다.

③ **Weld** : 선택한 2개 이상의 떨어진 점을 하나로 합칩니다.

④ **Remove** : 선택한 점을 삭제합니다.

⑤ **Break** : 점을 추가합니다.

⑥ **Target Weld** : 선택한 점을 원하는 인접한 위치의 점과 합칩니다.

# ■ Edges

Edge는 2개의 Vertex를 연결하는 선입니다. Polygon Object를 구성하고 있는 Edge를 선택하면 열리는 패널로 Edge를 편집할 수 있는 도구를 제공합니다.

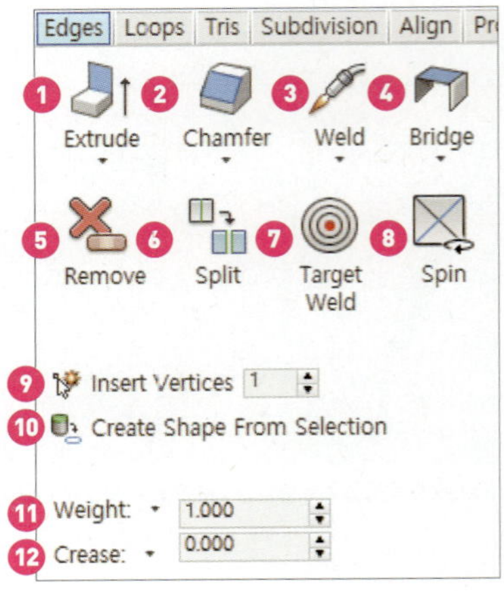

① **Extrude** : 선택된 Edge를 돌출시킵니다.

② **Chamfer** : 선택한 Edge의 모서리를 깎아줍니다.

③ **Weld** : Edge와 Edge를 합칩니다.

④ **Bridge** : 선택된 2개의 Edge 사이를 면을 형성하며 연결시킵니다.

⑤ **Remove** : 선택된 Edge를 삭제합니다. `Ctrl` 를 누른 상태에서 Remove를 하면 Edge와 연결된 Vertex도 같이 삭제합니다.

⑥ **Split** : 선택한 Edge를 중심으로 양쪽에 면이 나누어집니다.

⑦ **Target Weld** : 한 개의 Edge를 선택한 후 인접한 다른 Edge를 선택하여 합쳐줄 수 있습니다.

⑧ **Spin** : Edge의 방향을 바꿉니다.

⑨ **Insert Vertices** : Edge에 설정한 수만큼 Vertex가 만들어집니다.

⑩ **Create Shape From Selection** : 선택한 Edge를 새로운 Spline으로 만듭니다.

**선택한 Edge를 Spline으로 따로 추출할 수 있습니다.**

⑪ **Weight** : Edge가 다른 Edge에 미치는 영향력을 설정합니다.

⑫ **Crease** : 선택된 Edge에 적용될 주름 효과의 양을 설정합니다.


## ■ Borders

Border는 Polygon Object의 뚫려있는 부분의 선을 말합니다. 뚫려있는 부분의 Edge를 한 번에 선택하여 편집 명령어를 적용합니다.

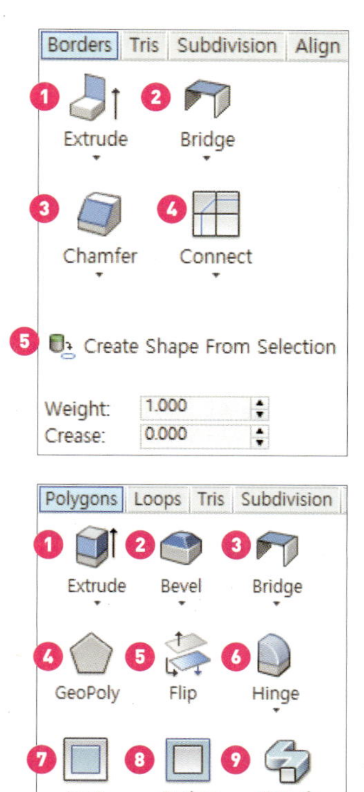

① **Extrude** : 선택한 Border를 돌출시킵니다.

② **Bridge** : 선택한 Border를 연결하여 새로운 면을 만듭니다.

③ **Chamfer** : 선택한 Border의 모양으로 기존의 면을 나눕니다.

④ **Connect** : Border를 2개 이상 선택한 후에 적용하면 마주보는 면에 새로운 Edge를 만듭니다.

⑤ **Create Shape From Selection** : 선택한 Border를 새로운 Spline으로 만듭니다.


## ■ Polygons

Polygon은 Object의 표면이 되는 부분으로, Object의 형태를 편집하는 명령어를 제공합니다.
Modeling 시 가장 많이 사용하는 부분입니다.

① **Extrude** : 선택된 Polygon을 돌출시킵니다.

② **Bevel** : 선택된 Polygon의 돌출 면을 넓히거나 좁히면서 돌출시킵니다.

③ **Bridge** : 2개의 Polygon을 연결합니다.

④ **GeoPoly** : 다각형을 만듭니다.

⑤ **Flip** : Polygon의 앞, 뒷면을 뒤집어줍니다.

⑥ **Hinge** : 다각형에 돌출, 회전을 함께 적용할 수 있습니다.

⑦ **Inset** : 선택한 Polygon의 안쪽으로 평행하게 새로운 Polygon을 형성합니다.

⑧ **Outline** : 선택한 Polygon의 크기를 늘리거나 줄일 수 있습니다.

⑨ **Extrude on Spline** : Spline을 따라 입체적인 모양을 만듭니다.

⑩ **Insert Vertex** : Polygon에 점을 추가합니다.


## ■ Elements

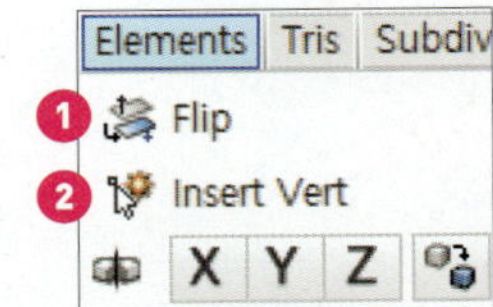

Element는 Object를 구성하고 있는 전체 Polygon을 말하며, 대칭 이동 및 Vertex 삽입 기능만 있습니다.

① **Flip** : 선택한 면의 앞, 뒤를 뒤집어줍니다.

② **Insert Vertex** : 새로운 Vertex를 만들어 면을 나눌 수 있습니다.


## ■ Subdivision

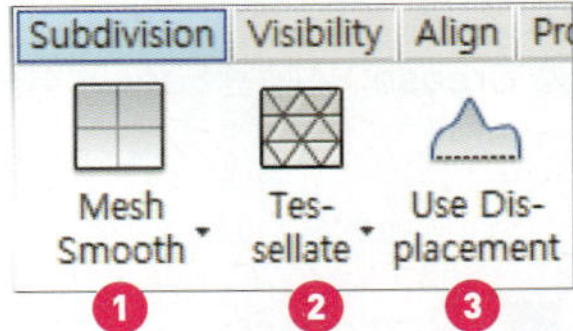

Subdivision 패널은 Object를 부드럽게 하거나 Mesh의 해상도를 늘리는 도구를 제공합니다.
Object 수준과 Sub-Object에 적용할 수 있습니다.

① **Mesh Smooth** : Object를 부드럽게 만듭니다.

② **Tessellate** : 모든 다각형을 세분화합니다.

③ **Use Displacement** : 변위 면을 세분화합니다.


## ■ Visibility

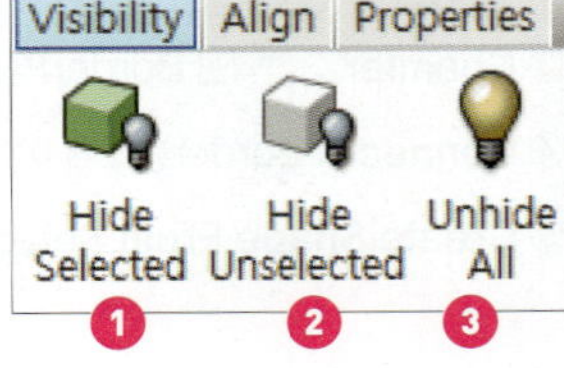

Visibility 패널은 Object를 숨기거나 숨겨진 Object를 다시 보이도록 합니다.

① **Hide Selected** : 선택한 Object를 Viewport에서 보이지 않게 숨깁니다.

② **Hide Unselected** : 선택한 Object를 제외한 모든 오브젝트를 숨깁니다.

③ **Unhide All** : 숨겨진 Object를 모두 다시 보이도록 합니다.


## ■ Align

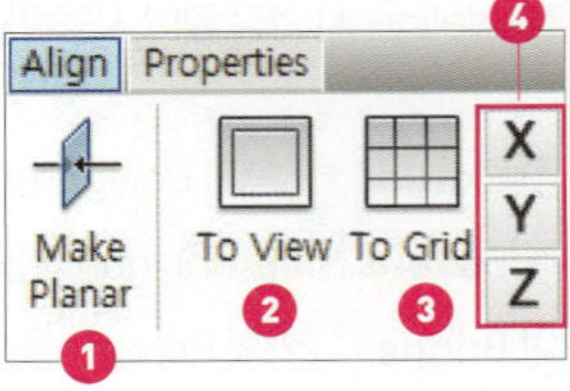

Align 패널은 Object 및 Sub-Object를 정렬할 수 있으며, View 또는 Grid에서 정렬시킬 수 있습니다.

① **Make Planar** : Object가 동일한 평면에 있도록 정렬시킵니다.

② **To View** : Object를 Viewport의 평면에 정렬합니다.

③ **To Grid** : Object를 현재 View의 평면에 정렬합니다.

④ **X/Y/Z** : Object가 동일 평면에 있게 하고 평면을 Object 로컬 좌표 시스템의 해당 평면과 정렬합니다.

## ■ Properties

Properties 패널은 Object의 속성을 설정할 수 있으며 스무딩 및 재질 ID를 지정할 수 있습니다.

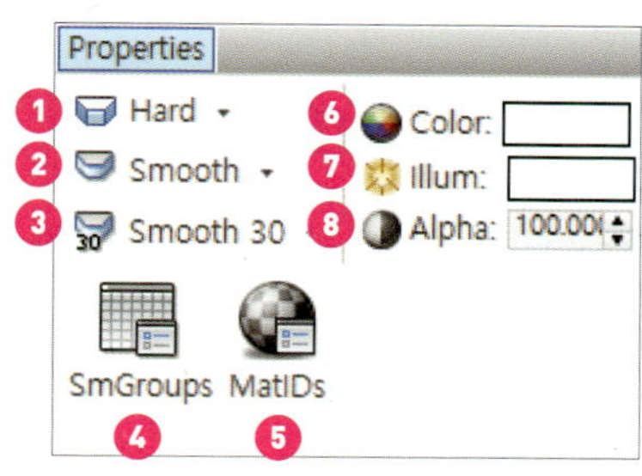

① **Hard** : 전체 Object에 스무딩을 해제합니다.

② **Smooth** : 전제 Object에 스무딩을 적용합니다.

③ **Smooth 30** : 전체 Object에 중간 스무딩을 적용합니다.

④ **SmGroups** : 스무딩 그룹을 작업할 수 있습니다.

⑤ **MatIDs** : 재질 대화상자를 엽니다.

⑥ **Color** : Object에 색상을 설정합니다.

⑦ **Illum** : Object에 조명 색상을 설정합니다.

⑧ **Alpha** : Object에 투명도 값을 설정합니다.


## ■ Use NURMS

Use NURMS 패널은 Polygon을 NURMS 방식으로 Object의 표면을 부드럽게 만들어줍니다.
NURMS 적용 시 옵션을 설정할 수 있습니다.

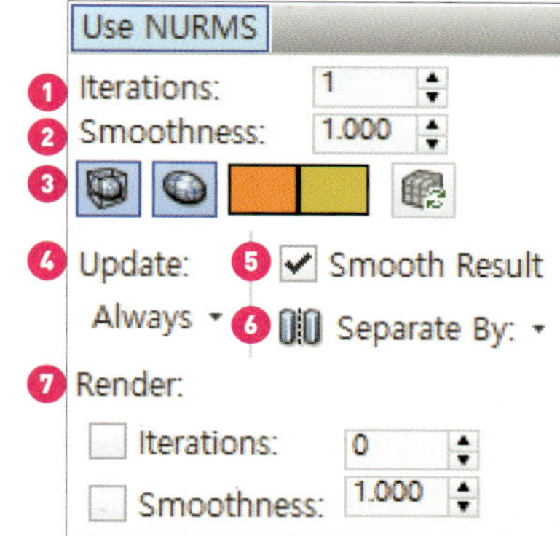

① **Iterations** : 면을 분할할 횟수를 설정합니다.

② **Smoothness** : 모서리 부분의 날카로운 정도를 설정합니다.

③ **Show Cage** : NURMS 적용 시 나타나는 선의 색상을 설정하거나 선을 보이거나 보이지 않게 설정합니다.

④ **Update** : NURMS 적용 시 업데이트 방법을 항상/Rendering 시/수동 중에서 선택할 수 있습니다.

⑤ **Smooth Result** : 모든 Polygon에 같은 Smooth Group을 적용합니다.

⑥ **Separate by** : NURMS가 적용될 부분을 제한할 수 있습니다.

⑦ **Render** : Rendering 시 다른 NURMS 값을 설정할 수 있습니다.


## ■ Soft

Soft 패널은 Soft Selection을 사용하는 경우에 열리고, Soft Selection 작동 방식을 컨트롤할 수 있는 도구를 제공합니다.

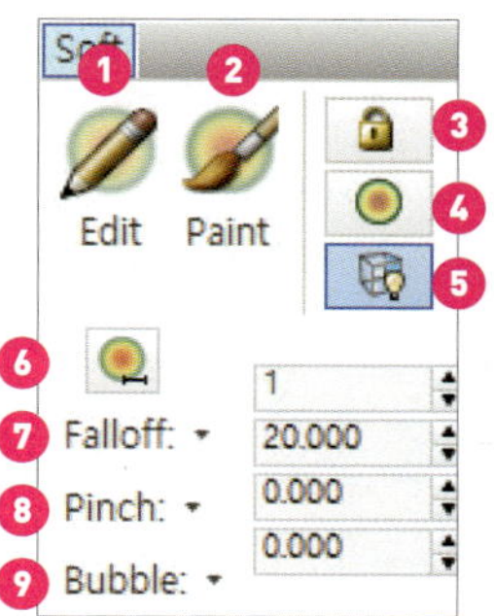

① **Edit** : 키보드와 마우스를 사용하여 Falloff/Pinch/Bubble을 번갈아 가며 선택할 수 있습니다.

② **Paint** : 현재 옵션을 사용하여 페인팅합니다.

③ **Lock** : Soft Selection을 잠급니다.

④ **Shaded** : Soft Selection이 적용되는 범위를 그러데이션으로 표현합니다.

⑤ **Use Backfaces** : 선택하면 선택 범위를 뒷면까지 확장하여 선택할 수 있습니다.

⑥ **Use Edge Distance** : 선택하면 설정한 수치 내에서만 선택되도록 제한합니다.

⑦ **Falloff** : 중심으로부터 Soft Selection이 영향을 받는 거리입니다. 그라데이션 색상으로 표현되며, 바깥쪽으로 갈수록 강도는 약해집니다.

⑧ **Pinch** : Falloff와 달리 날카로운 형태로 영역이 만들어집니다.

⑨ **Bubble** : 수직축을 따라 Falloff와 Pinch의 곡선을 확장하거나 축소합니다.

# Freeform

Freeform은 Object를 자유롭게 만들거나 편집을 위한 기능으로 사용자가 원하는 형태로 자유롭게 Modeling할 수 있습니다. 나무나 지형, 쿠션의 주름 같은 일정하지 않은 형태의 Modeling에 특히 유용합니다.

## ■ PolyDraw

PolyDraw는 위치 설정에 따라 다른 Object의 표면에 스케치하듯이 빠르게 편집할 수 있는 도구를 제공합니다.

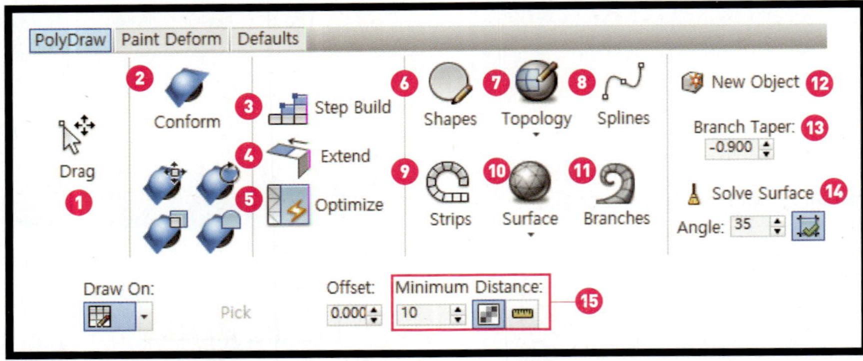

① **Drag** : Grid 또는 Object 표면에서 드래그하여 Sub-Object를 이동시킵니다. 누르는 키보드에 따라 Step Drag의 기능이 달라집니다. 마우스를 클릭하면 가장 가까운 Vertex를 자동으로 선택하여 이동합니다.

- `Shift` : Edge를 드래그하여 이동합니다.
- `Ctrl` : Polygon을 드래그하여 이동합니다.
- `Shift` + `Ctrl` : Edge에 Loop를 적용한 것처럼 드래그하여 이동합니다.
- `Shift` + `Ctrl` + `Alt` : Element를 드래그하여 이동합니다.
- `Alt` : Vertex를 드래그하여 화면 공간에서 이동합니다.
- `Alt` + `Shift` : Edge를 드래그하여 화면 공간에서 이동합니다.
- `Alt` + `Ctrl` : Polygon을 드래그하여 화면 공간에서 이동합니다.

② **Conform** : 브러시를 사용하여 Object 위의 면을 대상 Object와 같은 모양으로 만들 수 있습니다.

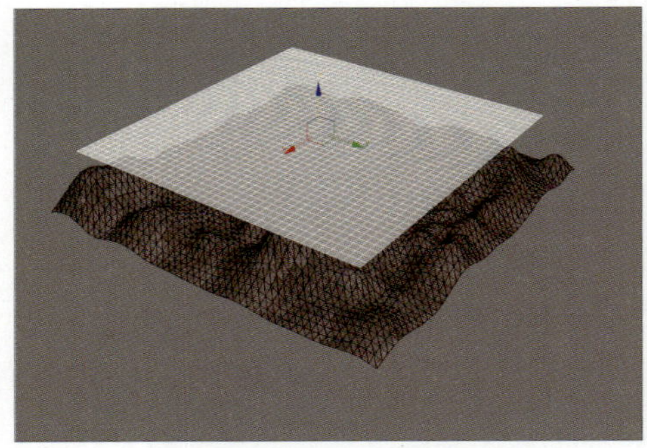

삼각형으로 구성되어 있는 지형 위에 Plane을 만듭니다.

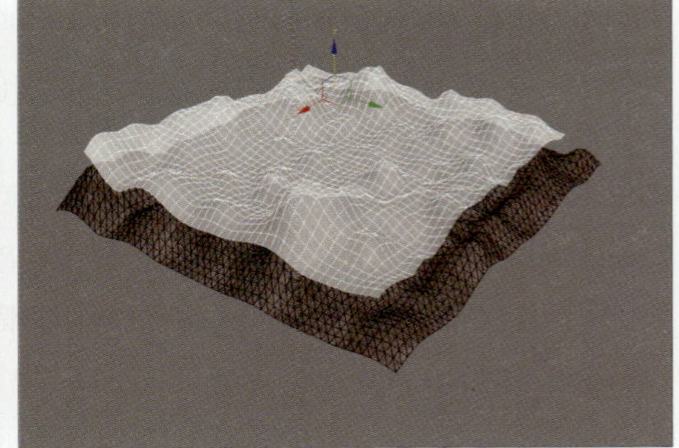

Conform을 이용하여 아래의 지형을 사각형의 Plane으로 새로 만들 수 있습니다.

- **Move Conform Brush** : 대상 표면에 Vertex를 유지하면서 브러시 내의 Vertex가 대상 표면을 따라 이동합니다.
- **Rotate Conform Brush** : 대상 표면에 Vertex를 유지하면서 브러시 내의 Vertex가 브러시 중심을 기준으로 회전합니다.
- **Scale Conform Brush** : 대상 표면에 Vertex를 유지하면서 브러시 내의 Vertex가 브러시 중심을 기준으로 크기를 변경합니다.
- **Relax Conform Brush** : 대상 표면에 Vertex를 유지하면서 브러시 내의 Vertex에 Relax 효과를 적용합니다.

③ **Step Build** : Step Build를 사용하면 Object 표면의 Vertex를 Vertex별로, Polygon을 Polygon별로 만들거나 편집할 수 있습니다. 누르는 키보드에 따라 Step Build의 기능이 달라집니다. 마우스를 클릭하면 Grid나 Object 표면에 Vertex를 만듭니다.

- `Shift` : 독립적인 Vertex 위에서 드래그하면 가장 가까이 있는 4개의 Vertex로부터 Polygon이 만들어집니다.
- `Ctrl` : Polygon을 클릭하면 선택한 Polygon이 제거됩니다.
- `Alt` : Vertex를 클릭하면 선택한 Vertex가 제거됩니다.
- `Ctrl` + `Alt` : Edge를 클릭하면 선택한 Edge가 제거됩니다.
- `Ctrl` + `Shift` : 4개의 Vertex를 새로 만들거나 기존의 Vertex를 클릭하면 Polygon이 만들어집니다.
- `Alt` + `Shift` : Vertex 위에서 마우스 커서를 움직이면 Vertex가 선택됩니다. Vertex가 3개 이상 선택되었을 때 클릭하면 Polygon이 만들어집니다.
- `Ctrl` + `Alt` + `Shift` : Vertex를 선택하여 이동합니다.

④ **Extend** : 열려 있는 Object의 Edge에서 작업할 수 있는 명령어입니다. 누르는 키보드에 따라 Extend의 기능이 달라집니다.

- `Shift` : 테두리 Edge를 드래그하여 Polygon을 만듭니다.
- `Ctrl` + `Shift` : Edge를 드래그하여 해당 Edge가 있는 전체 Loop를 확장합니다.
- `Ctrl` + `Alt` : 두 Edge 사이에서 드래그하여 Polygon을 만듭니다.
- `Ctrl` : 클릭하면 Polygon과 Polygon의 격리된 Vertex를 삭제합니다.
- `Ctrl` + `Shift` + `Alt` : Vertex를 드래그하여 Grid나 Object의 표면에서 이동합니다.
- `Alt` : Border의 Vertex를 드래그하여 화면 공간에 Polygon을 만듭니다.
- `Alt` + `Shift` : Border의 Edge를 드래그하여 화면 공간에 Polygon을 만듭니다.

⑤ **Optimize** : 스케치하듯이 Object를 최적화할 수 있습니다. 클릭하면 Edge를 축소하며 Vertex를 하나로 합칩니다. 누르는 키보드에 따라 Optimize의 기능이 달라집니다.

- `Shift` : Vertex를 다른 Vertex에 드래그하여 하나로 합칩니다. Target Weld와 비슷한 기능입니다.
- `Ctrl` : Vertex 사이를 드래그하여 Edge로 해당 Vertex를 연결합니다.
- `Alt` : 클릭한 Vertex를 제거합니다.
- `Shift` + `Ctrl` : Loop에서 Edge를 클릭하여 Loop를 제거합니다.
- `Shift` + `Alt` : Ring에서 Edge를 클릭하여 Ring을 제거합니다.
- `Ctrl` + `Alt` : 클릭한 Edge를 제거합니다.
- `Shift` + `Ctrl` + `Alt` : Vertex를 드래그하여 이동합니다.

⑥ **Shapes** : Polygon을 Grid나 Object 표면에 마우스로 그리듯이 만듭니다. `Ctrl`을 누르고 Polygon을 클릭하면 선택한 Polygon이 삭제되며, `Ctrl` + `Shift` + `Alt`를 누르고 Polygon을 드래그하면 이동할 수 있습니다.

**마우스를 드래그하여 원하는 형태로 Polygon을 만듭니다.**

⑦ **Topology** : 마우스로 선을 그어 Polygon을 만듭니다. `Shift`를 누르고 드래그하면 가장 가까이에 있는 기존 끝점부터 선을 그리고, `Ctrl`을 누르고 클릭하면 선을 삭제합니다. 마우스 오른쪽 버튼을 클릭하면 명령이 종료됩니다.

교차되는 지점이 없을 때는 Polygon이 만들어지지 않습니다.

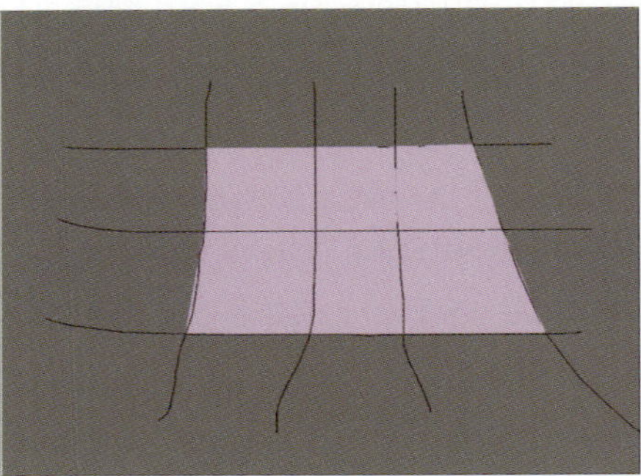

선이 교차되는 부분에 Polygon이 만들어집니다.

마우스 오른쪽 버튼을 클릭하여 명령을 종료하면 Polygon만 남아 있습니다.

⑧ **Splines** : Grid나 표면에 Spline을 그립니다. `Ctrl`을 누르면 선이 삭제되고, `Ctrl` + `Shift` + `Alt`를 누르고 드래그하면 가장 가까이에 있는 Spline을 움직입니다.

⑨ **Strips** : 자유롭게 마우스를 드래그하여 사각형 Polygon을 만들 수 있습니다.

- `Shift`를 누르면 가장 가까운 Edge부터 페인팅을 시작합니다.
- `Alt`를 누르면 Edge와 Edge를 연결하여 Polygon을 만들 수 있습니다.
- `Ctrl`을 누르면 Polygon을 제거합니다.

Polygon 편집 중 바로 Spline을 그립니다.

마우스를 드래그하는 부분에 사각형의 Polygon이 만들어집니다.

⑩ **Surface** : Object 또는 Grid에서 드래그하여 페인팅하듯이 Polygon을 만듭니다. `Shift`를 누르면 가장 가까운 Edge에서 페인팅을 시작합니다.

⑪ **Branches** : Polygon을 돌출시켜 가지 형태로 만듭니다. 마우스를 드래그하면 마우스 가장 가까이 있는 Polygon부터 가지를 그립니다. `Shift`를 누르고 드래그하면 최종 작업된 Polygon에서 돌출되는 가지를 그립니다.

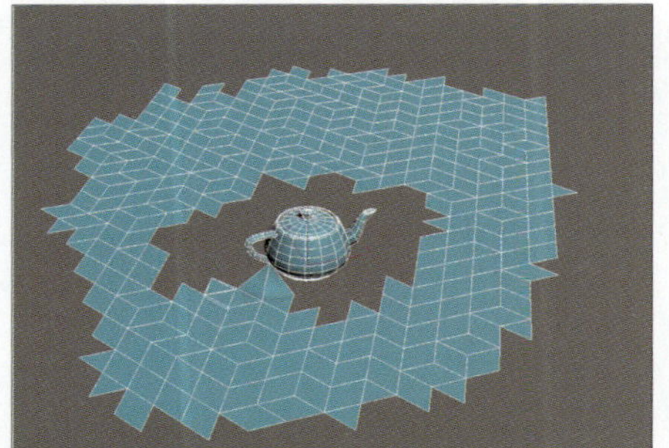

마우스를 드래그하여 페인팅하듯이 Polygon을 만듭니다.

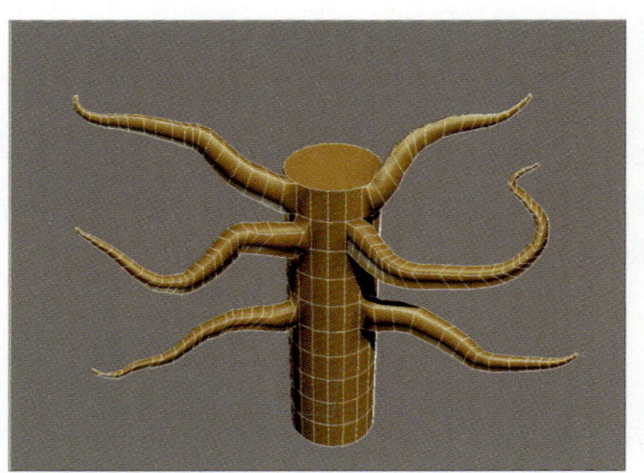

가지 형태로 Polygon이 돌출됩니다.

⑫ **New Object** : 새로운 빈 편집 가능한 폴리 Object를 만들고 PolyDraw를 활성화한 상태로 유지합니다.

⑬ **Branch Taper** : Branches에서의 Taper 양을 설정합니다. 0이면 시작 사각형과 같은 크기를 유지합니다. −1.0으로 설정하면 가지 끝이 좁아지며, +1.0으로 설정하면 넓어집니다.

⑭ **Solve Surface** : 면의 각도를 미리 설정합니다.

⑮ **Minimum Distance** : 마우스를 드래그해야 하는 최단 거리를 설정합니다. 픽셀 단위/표준 단위 중에서 선택할 수 있습니다.


## ■ Paint Deform

Paint Deform 패널은 Object의 표면 위를 드래그하여 형상을 변형하는 기능을 제공합니다.
표면을 밀고 당기거나 Vertex를 이동하여 자연스러운 변형을 만듭니다.

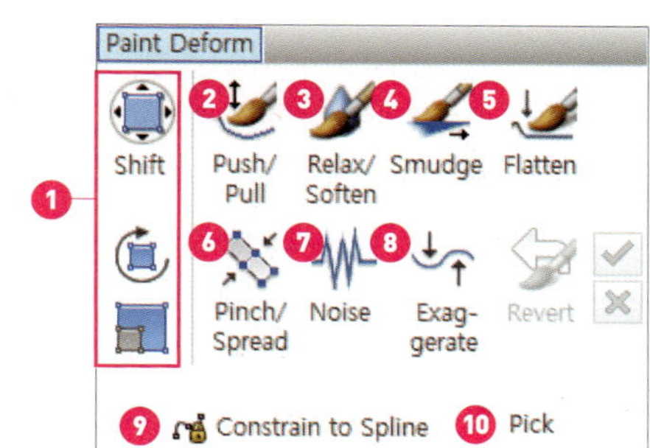

① **Shift** : Object를 이동, 회전, 확대합니다.

② **Push/Pull** : 마우스를 드래그하여 들어가고 나오게 할 수 있습니다.

③ **Relax/Soften** : 마우스를 드래그하여 표면을 둥글게 처리합니다.

④ **Smudge** : Edge를 움직여 얼룩을 만듭니다.

⑤ **Flatten** : 볼록한 부분을 편평하게 만듭니다.

⑥ **Pinch/Spread** : 드래그하여 Vertex를 가까이 있도록 이동하거나 넓힐 수 있습니다.

⑦ **Noise** : 올록볼록한 Noise를 표면에 추가합니다.

⑧ **Exaggerate** : 오목하고 볼록한 부분을 좀 더 과장되게 이동하여 뚜렷하게 설정할 수 있습니다.

⑨ **Constrain to Spline** : Spline을 따라서만 오목하고 볼록한 부분을 돌출되게 설정합니다.

⑩ **Pick** : Spline을 선택합니다.


## ■ Defaults

Defaults 패널은 브러시의 설정 값을 관리하는 도구로 브러시 설정을 저장 또는 불러오거나 초기화할 수 있습니다.

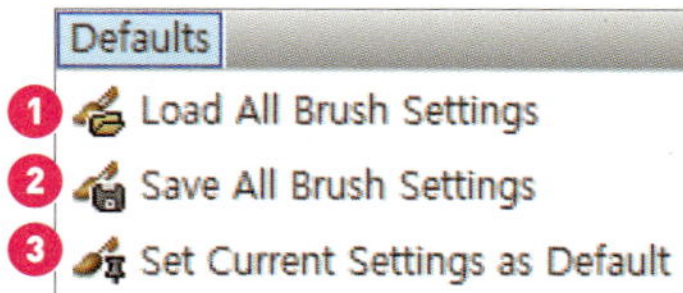

① **Load All Brush Settings** : 브러시 설정이 저장되어 있는 파일을 불러올 대화상자를 엽니다.

② **Save All Brush Settings** : 브러시 설정을 파일에 저장할 대화상자를 엽니다.

③ **Set Current Settings as Default** : 현재의 브러시 설정을 기본 값으로 설정합니다.

# Selection

Selection은 Sub-Object인 Vertex, Edge, Border, Polygon, Element를 선택하는 다양한 특수 도구로 구성되어 있습니다. Command 패널의 Selection보다 다양한 기능을 가지고 있기 때문에 이를 잘 활용한다면 Modeling을 쉽게 할 수 있습니다.

## ■ Select

Select 패널은 Sub-Object 선택을 다양한 방법으로 선택할 수 있는 추가 도구를 제공하여 3ds Max 작업을 좀 더 쉽게 할 수 있습니다.

① **Tops** : 선택 영역의 정점만 선택합니다.
② **Open** : Border 주위의 면을 선택합니다.
③ **Patterns** : 패턴 모양대로 면을 선택합니다.
④ **Non Quads** : 사각형을 제외한 모든 면을 선택합니다.
⑤ **By Vertex** : 선택한 Vertex가 있는 모든 면이 선택됩니다.
⑥ **By Angle** : 각도에 따라 다각형을 선택합니다.
⑦ **By Material ID** : 이름을 부여하여 재질을 설정합니다.
⑧ **By Smoothing Group** : 면을 부드럽게 합니다.

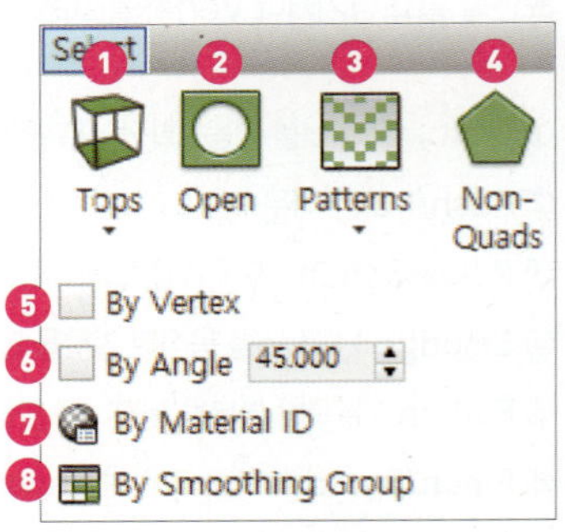

## ■ By Surface

표면의 오목, 볼록한 정도를 기준으로 Sub-Object를 선택합니다.

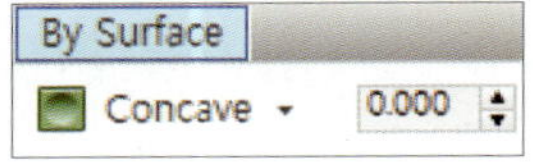

## ■ By Normal

표준 축의 법선 방향을 기준으로 Sub-Object를 선택합니다.

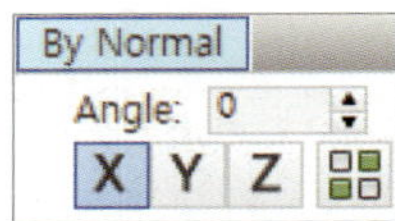

## ■ By Perspective

선택한 Viewport에서 사용자를 향하는 범위를 기준으로 Sub-Object를 선택합니다.

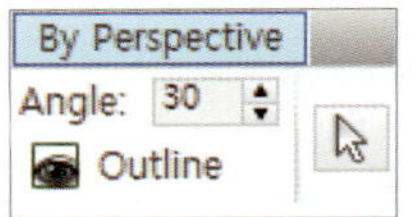

## ■ By Random

숫자나 백분율에 의해 임의로 Sub-Object를 선택하거나 축소합니다.

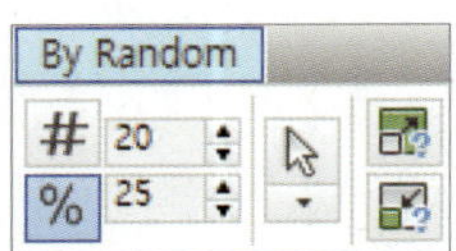

## ■ By Half

지정된 축을 기준으로 Sub-Object의 반을 선택합니다.

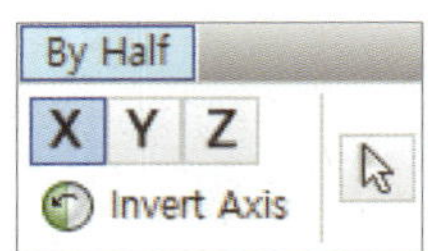

## ■ By Pivot Dist

Pivot에서의 거리를 기준으로 Sub-Object를 선택합니다.

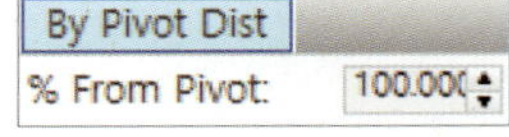

## ■ By View

현재 View를 기준으로 View의 중심부터 선택 영역을 늘립니다.

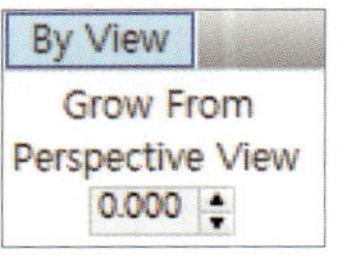

## ■ By Symmetry

선택한 Sub-Object를 로컬 축을 중심으로 대칭으로 선택합니다.

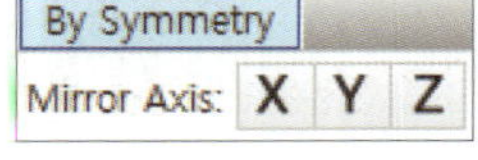

## ■ By Color

Color나 조명 값을 기준으로 Vertex를 선택합니다.

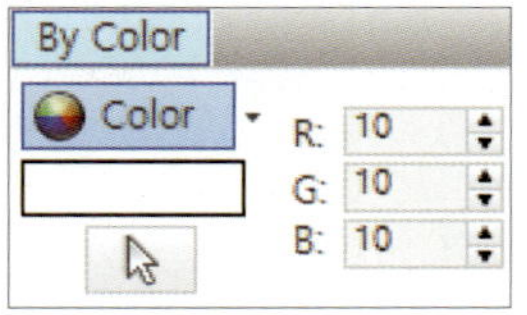

## ■ By Numeric

연결된 Edge의 수를 기준으로 Vertex를 선택하거나 측면 수를 기준으로 Polygon을 선택합니다.

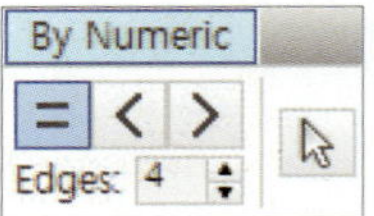

04

# Object Paint

Object Paint는 Viewport의 임의의 지점이나 특정 Object 위에 선택한 Object를 붓으로 그리듯이 페인팅 할 수 있습니다. 풀이나 돌, 나무 등과 같이 임의로 배열되는 Modeling에 유용한 기능입니다.

## ■ Paint Objects

Paint Objects 패널은 특정 Object를 자유형으로 페인팅하거나 선택한 가장자리 루프를 따라 페인팅 할 수 있습니다.

① **Paint** : 페인트 할 Object를 지정한 후 Viewport에서 드래그하여 Object를 페인팅합니다.

② **Fill** : Edge에 Object Paint를 적용하여 Object를 만듭니다.

③ **No Object** : 페인트 할 Object의 이름을 표시합니다.

④ **Edit Object List** : 페인트 할 Object 리스트를 관리하는 대화상자를 엽니다.

⑤ **Pick Object(s)** : 페인트 할 Object를 선택하여 리스트에 추가합니다.

⑥ **Fill #** : Fill을 클릭했을 때 Edge에 페인팅 된 Object의 수입니다.

⑦ **Paint On** : Paint Objects가 적용될 표면을 Grid/Selected Objects/Scene 중에서 선택합니다.

⑧ **Offset** : Object Paint가 배치될 Object가 표면으로부터의 거리입니다. 값이 양수이면 표면 위에, 값이 음수이면 표면 아래에 배치됩니다.

⑨ **Offset Transform Motion** : Animation이 적용된 Object를 사용하여 페인팅 하는 경우, Animation 옵션을 설정합니다.

## ■ Brush Settings

Brush Settings 패널은 브러시의 정렬, 간격 및 배율을 설정하거나 브러시 설정을 저장 또는 불러올 수 있습니다.

① **Align** : 페인팅 된 Object가 정렬될 축을 선택합니다.

② **Flip Axis** : 정렬 축을 반전합니다.

③ **Spacing** : 스트로크의 Object 간 거리입니다. 간격 값이 클수록 페인트 Object 수는 적어집니다.

④ **Scatter** : Object Paint로 페인팅 할 때 U/V/W축에 임의로 Object가 만들어지도록 합니다.

⑤ **Rotate** : Object Paint로 페인팅 할 때 X/Y/Z축의 방향으로 Object가 회전되도록 합니다.

⑥ **Scale** : Object Paint로 페인팅 할 때 임의의 크기로 Object가 만들어지도록 합니다.

⑦ **Object Paint Brush Settings** : Brush 세팅 값을 저장하거나 불러옵니다.

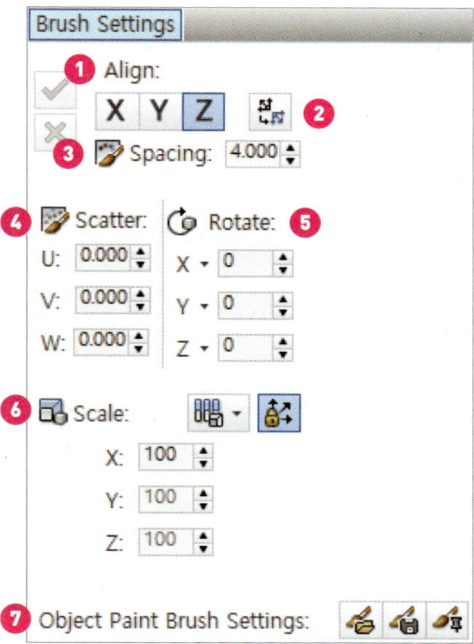

# 05

# Populate

Populate는 애니메이션 된 사람을 쉽고 빠르게 추가할 수 있습니다. 동선을 따라 자연스럽게 걷거나 뛰기도 하며 일정공간에서 서있거나 앉아 있을 수 있습니다.

## ■ Define Flows

사람이 움직이는 동선을 만들고 편집할 수 있습니다.

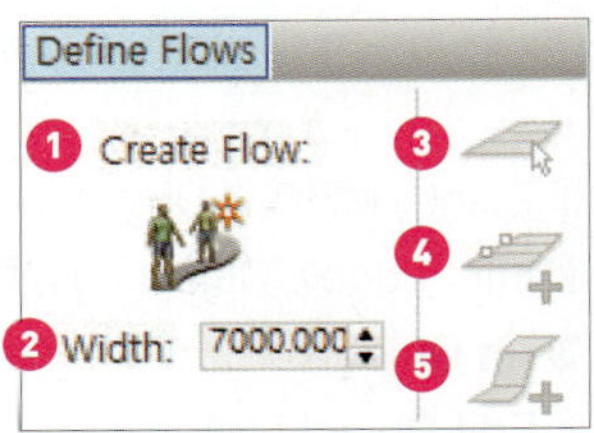

① **Create Flow** : 사람이 걷거나 뛰어갈 수 있는 길을 만듭니다. 마우스 왼쪽 버튼으로 시작점을 클릭하여 시작점을 만들고 마우스를 이동하여 다음 위치를 클릭하여 동선을 만듭니다. 만들기를 완료하려면 마우스 오른쪽 버튼을 클릭합니다. Segment와 Segment의 각도가 너무 작은 경우 동선 내 Segment가 비어 있고 주황색 선이 나타납니다.

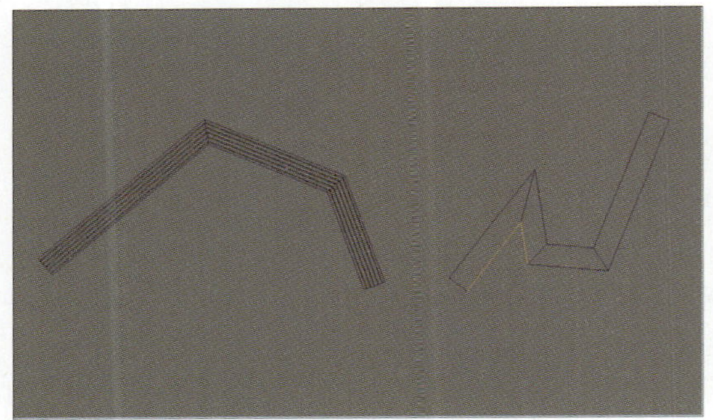

**유효한 동선과 잘못된 동선**

② **Width** : 동선의 폭을 설정합니다.
③ **Edit Flow** : 만들어진 동선의 점이나 선을 선택하여 위치를 변경하거나 삭제할 수 있습니다.
④ **Add to Flow** : 동선의 흐름을 확장하거나 동선 내에서 Segment를 세분화합니다. 동선을 선택한 상태에서만 사용할 수 있습니다.

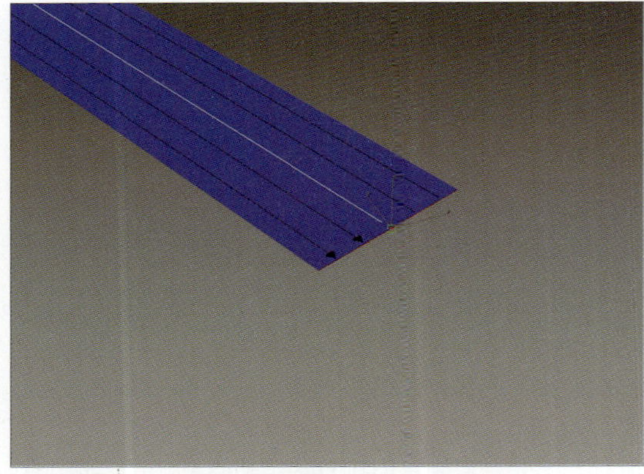

동선의 끝 점 위에 마우스 커서를 올리면 초록색 경사각형이 나타납니다. 이 때 마우스를 클릭하여 동선을 확장할 수 있습니다

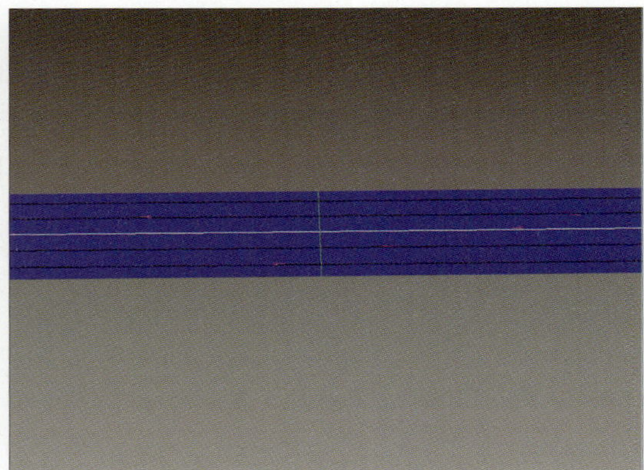

동선의 Segment 위에 마우스 커서를 올리면 초록색 선이 나타납니다. 세분화시킬 위치에서 마우스를 클릭하면 Point가 추가되어 Segment가 세분화됩니다.

⑤ **Create Ramp** : Segment를 추가하여 오르막이나 내리막을 만들 수 있습니다.

# 경사면 만들기

## 01

Top 뷰에서 [Define flow] 탭의 [Create Flow] 버튼을 클릭하고 뷰포트
에 동선을 만듭니다.

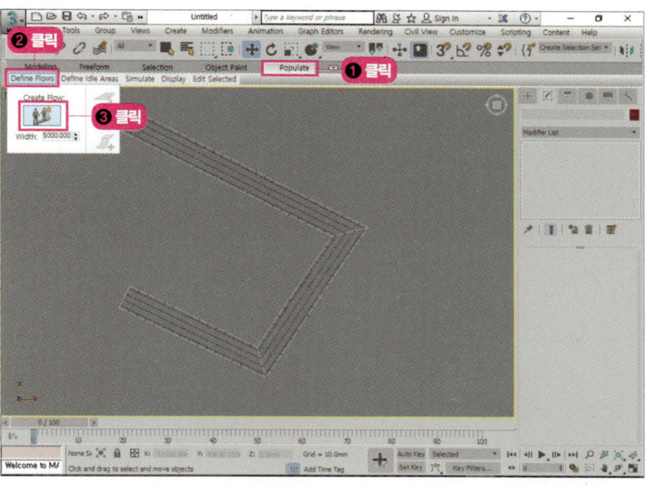

## 02

[Define flow] 탭의 [Edit flow] 버튼을 클릭한 뒤 Segment를 선택합니
다. 동선의 Segment를 선택하면 Create Ramp가 활성화됩니다.

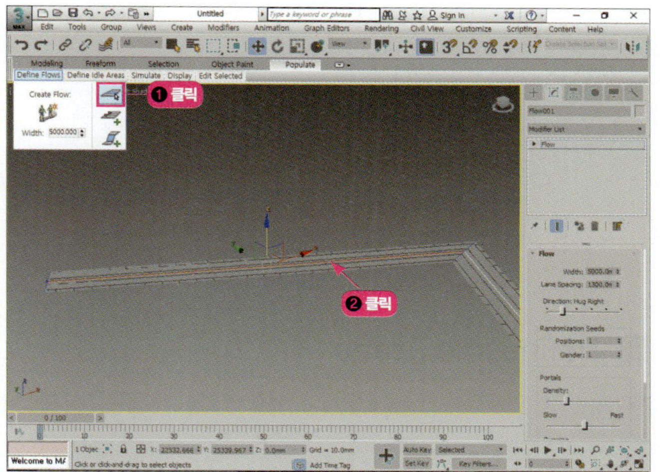

## 03

[Create Ramp]를 클릭하면 선택한 Segment가 3등분됩니다.

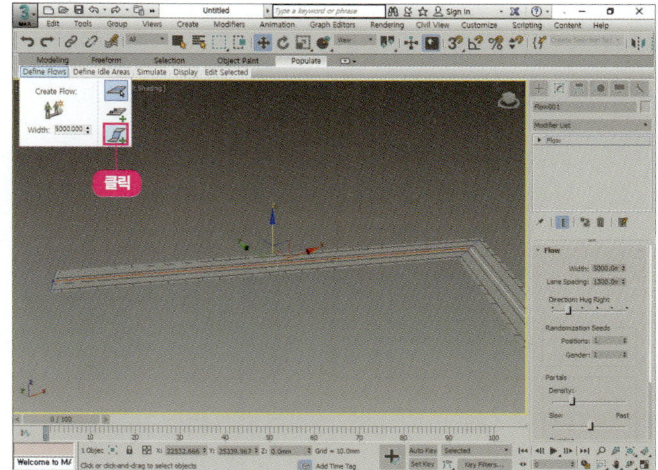

분할된 Segment 중 양쪽 끝의 Segment 하나를 선택한 후 위나 아래로
이동하여 높이를 수정할 수 있습니다. 중간 Segment를 선택하고 이동하면
동선 전체가 이동합니다.

너무 멀리 이동하게 되면 보행도로가 사라지고 잘못된 동선이 되므로 적당하
게 움직이는 것이 좋습니다.

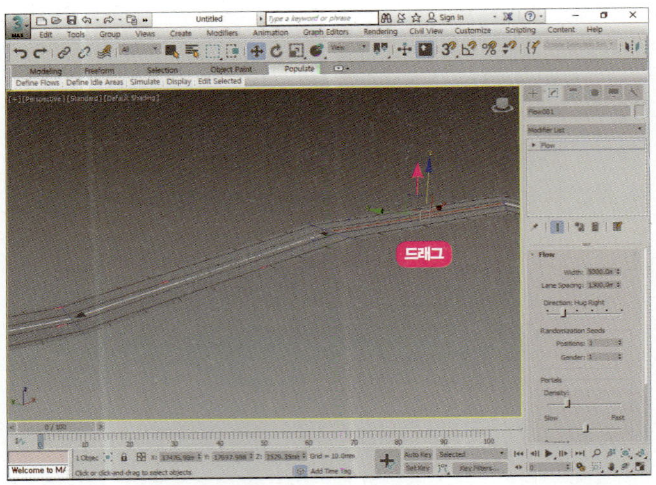


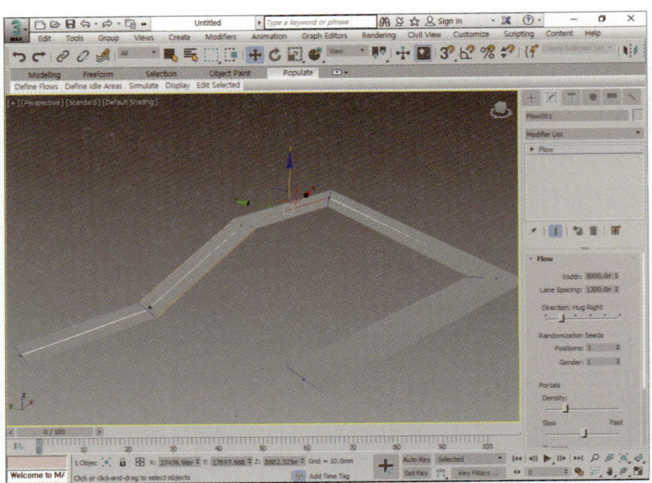

## ■ Define Idle Areas

사람들이 모여 있는 유휴 영역을 만듭니다. 유휴 영역의 사람들은 이야기를 나누거나 몸짓, 전화통화를 하는 등 정적인 움직임을 보입니다.

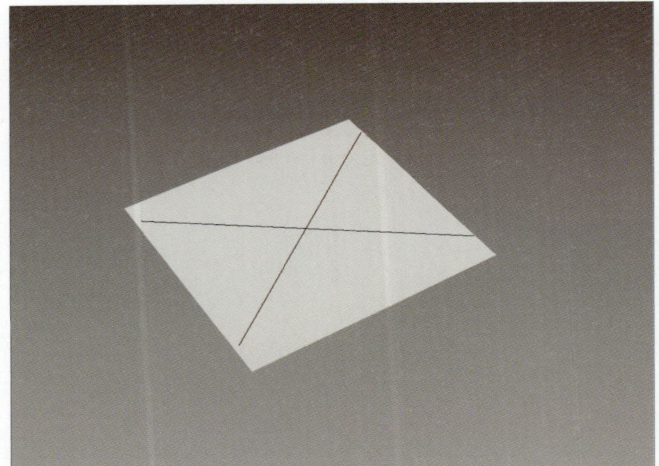

영역이 너무 작아 사람이 들어가지 않거나 치수가 잘못되면 검은색 X표가 나타납니다

인접한 거리에 좌석을 만들면 가까운 사람사이에 흰색선이 연결되는데 이는 사람이 향하는 방향
을 나타냅니다.

① **Create Seat** : 의자에 앉아있는 사람을 만듭니다. Ctrl 를 누른 채 드래그하면 커서쪽으로 좌석의
방향이 지정됩니다.

② **Create Free Idle Area** : 자유 유휴 영역을 생성합니다.

③ **Create Rectangle Idle Area** : 직사각형의 유휴 영역을 생성합니다.

④ **Create Circle Idle Area** : 원형이나 타원형의 유휴 영역을 생성합니다.

⑤ **Add to Idle Area** : 기존의 유휴 영역의 크기를 늘릴 수 있습니다.

⑥ **Subtract from Idle Area** : 기존의 유휴 영역의 크기를 줄일 수 있습니다.

⑦ **Modify Idle Areas** : 만들어진 유휴 영역의 정점을 수정하여 유휴 영역의 모양을 변경합니다.

⑧ **Brush Size** : 유휴 영역 수정 브러시의 크기를 수정합니다.

⑨ **Females** : 앉아 있는 사람의 성별 비율을 설정합니다. 0.00이면 모두 남성으로 생성되며 1.00이면
모두 여성으로 생성됩니다. 기본 값은 0.5로 임의로 성별을 생성합니다.

⑩ **Circle Sides** : 원형 유휴 영역의 면 수를 설정합니다.

⑪ **Create Uniform Shapes** : 체크하면 유휴 영역을 직사각형이나 완전한 원으로 만들 수 있습니다.

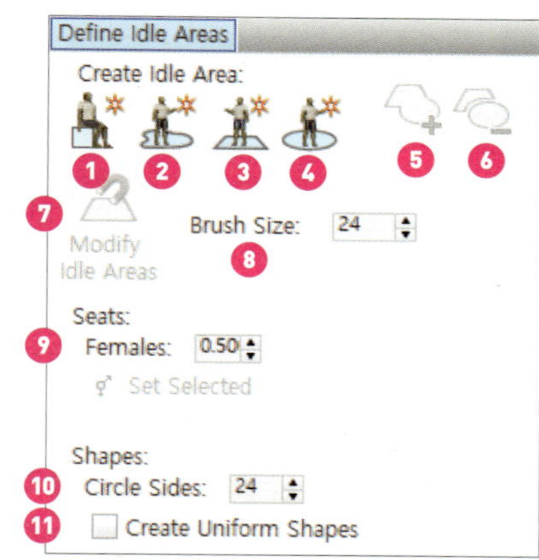

## ■ Simulate

애니메이션을 만들거나 프레임 수를 설정하여 애니메이션의 길이를 조정합니다.

① **Number of Frames** : 프레임 수를 조정하여 애니메이션의 길이를 설정합니다.

② **Simulate** : 클릭하면 캐릭터 애니메이션이 생성됩니다. 시뮬레이션이 끝난 후 재생 버튼을 클릭하여 캐릭터가
움직이는 것을 확인할 수 있습니다.

③ **Delete People** : 선택한 사람을 삭제합니다.

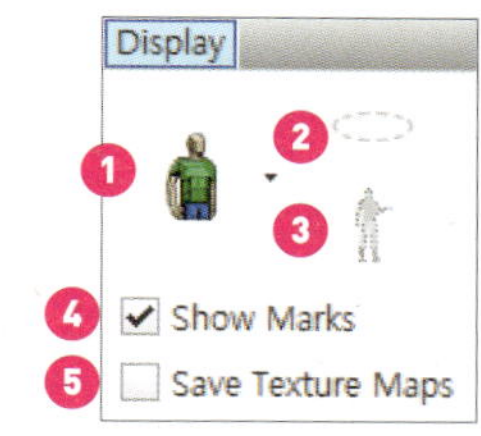

## ■ Display

사람이 표현되는 방법을 설정합니다.

① **Crowd Skin** : 사람을 표시하는 방법을 설정합니다.
- **Stick Figures** : 사람을 막대모양으로 표시합니다. Rendering되지 않습니다.
- **Custom Skin** : 빈 회색 재질로 표시하며 Material Editor에서 재질을 수정할 수 있습니다.
- **Textured Skin** : Texture를 적용하여 표시합니다.

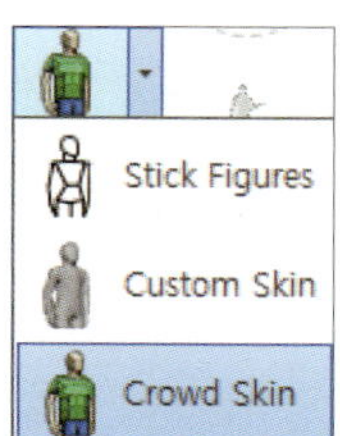


② **Show Environment Objects** : 동선 및 유휴 영역의 표시여부를 선택합니다.

③ **Show People** : 사람의 표시여부를 선택합니다.

④ **Show Marks** : 동선 및 유휴 영역에서 마크의 표시여부를 선택합니다.

⑤ **Save Texture Maps** : 체크하면 Scene을 저장 할 때 사람의 Texture Map을 포함하여 저장합니다.

# ■ Edit Selected

시뮬레이션 후 사람을 조정합니다.

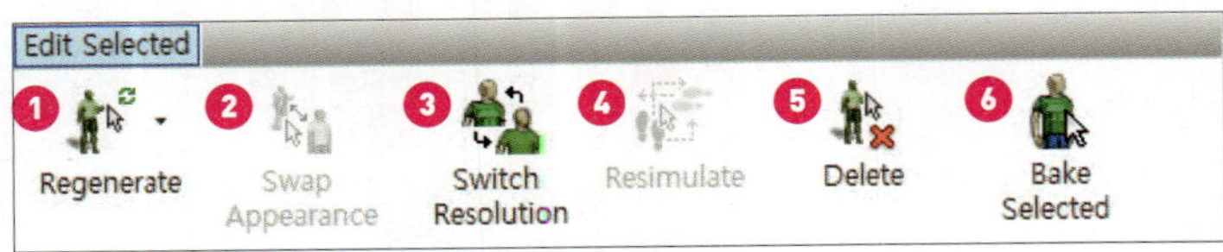

① **Regenerate** : 시뮬레이션 후 선택한 사람을 재생성합니다.

  **Appearance UI** : 군중에서 선택한 사람모양으로 설정할 수 있습니다. Randomization 옵션에 따라 비슷한 유형의 사람으로 일괄 설정이 가능합니다.

② **Swap Appearance** : 동일한 성별을 가진 두 사람을 선택한 다음 클릭하면 Texture가 교환됩니다. 형태 및 애니메이션은 바뀌지 않습니다.

③ **Switch Resolution** : 선택한 사람의 해상도를 고해상도/저해상도로 전환합니다.

④ **Resimulate** : 선택한 사람만 시뮬레이션을 다시 진행합니다.

⑤ **Delete** : 선택한 사람을 삭제합니다.

⑥ **Bake Selected** : 선택한 사람을 Mesh 오브젝트로 변환합니다. 변환 시 Skin Modifier와 Bone이 적용되어 사용자가 사람을 직접 제어할 수 있습니다.

# Topology를 활용한 모델링 방법 알아보기

이번에는 Topology를 사용하여 간단한 모델링을 진행해 보고 Topology가 모델링에 어떻게 적용되는지 알아보겠습니다.

## 01

### 벽돌 만들기

일반적으로 벽돌의 크기는 190x90x75 이지만 줄눈 크기를 포함하여 200x100x60으로 계산하여 만들어 보겠습니다.

**완성 파일**
C:/315-5466/Part01/0105_01완성.max

**완성 파일**
C:/315-5466/Part01/0105_02완성.max

### 01

Front View에서 아래와 같은 옵션으로 [Create-Geometry-Standard Primitives-Plane]를 만듭니다. 생성된 Plane은 200mmx60mm로 나눠집니다.

> Length : 2400㎜, Width : 5000㎜,
> Length Segs : 40, Width Segs : 25

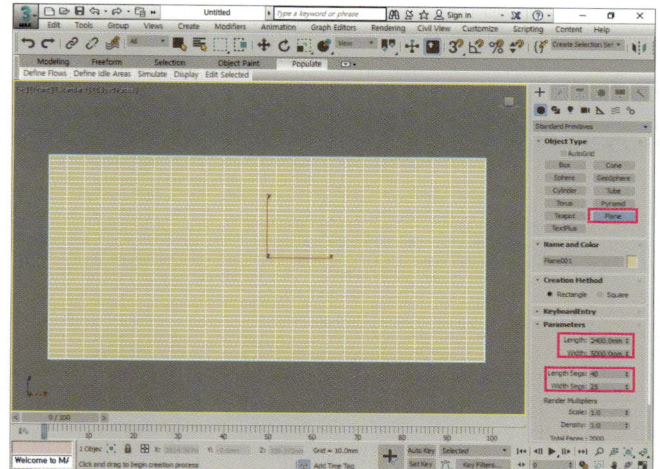

### 02

생성된 Plane의 형태는 일정하게 나눠져 있어 엇갈려 쌓이는 벽돌의 형태와는 조금 다릅니다. 엇갈려 쌓이는 형태로 만들기 위해 Width Segs를 '50'으로 수정합니다.

> Width Segs : 50

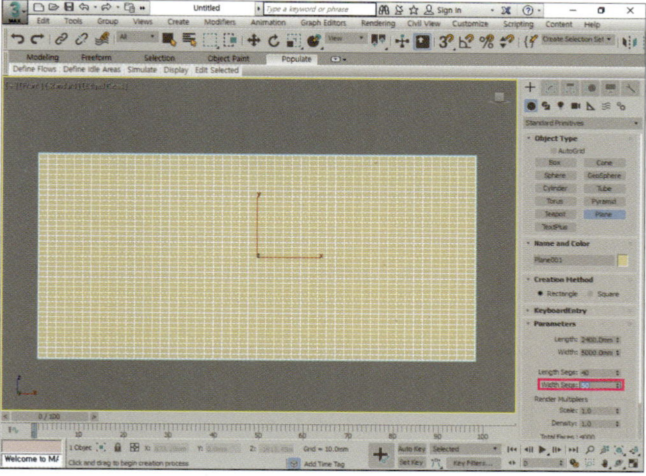

## 03

[Modeling-Polygon Modeling Tools-Convert to Poly]를 클릭하
여 Plane을 Polygon 편집모드로 바꿉니다.

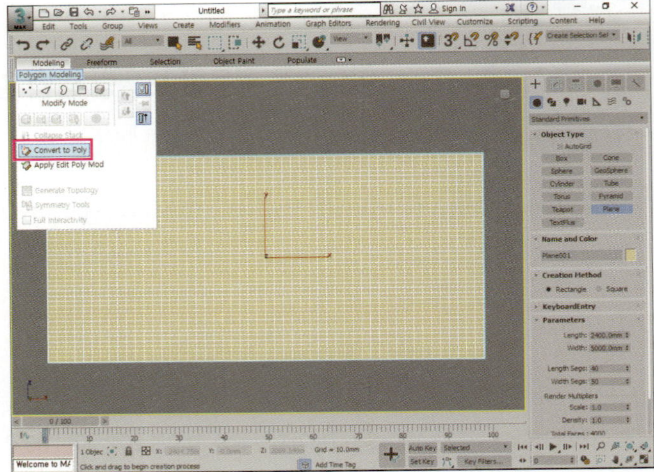

## 04

Editable Poly의 Sub-object 중 Edge를 선택하고 Plane의 세로방향
Edge를 하나 선택합니다.

**tip** **Edge 선택 단축키는 2 입니다.**

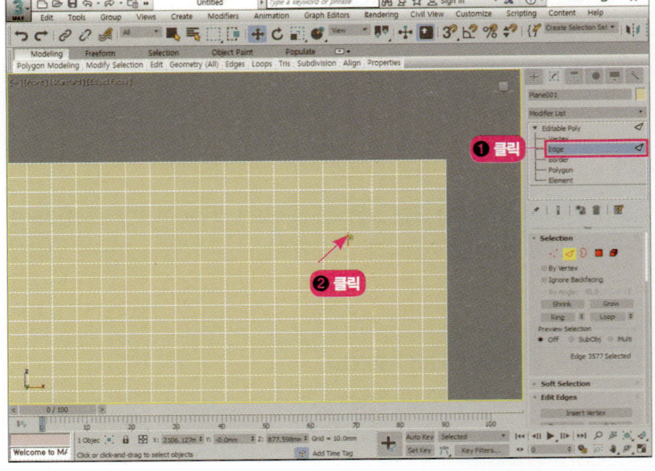

## 05

[Modeling-Polygon Modeling-Generate Topology]를 클릭하여
[Topology] 대화창을 엽니다.

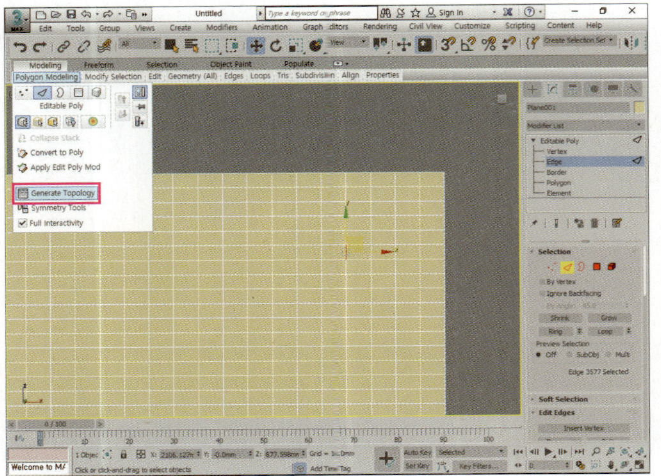

## 06

Topology 기능 중 Brick을 클릭합니다. 그림과 같이 교차되며 쌓이는 벽
돌의 형태로 변경됩니다. 다음은 벽돌을 입체적으로 만들어 보겠습니다.

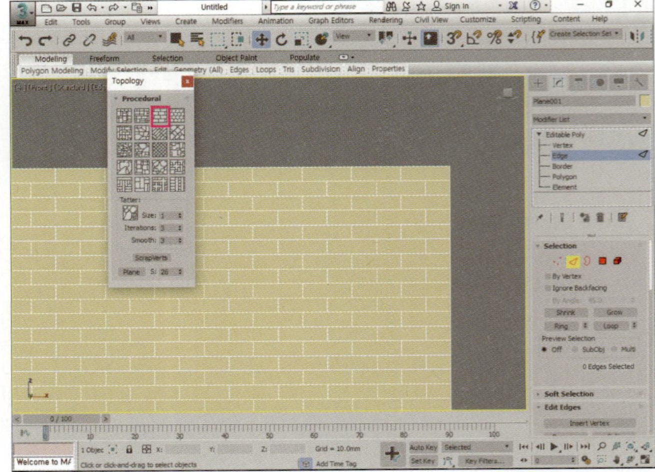

## 07

Editable Poly의 Sub-object 중 Polygon을 선택한 후 Plane의 모든
Polygon을 선택합니다.

 **tip** Polygon 선택 단축키는 4 입니다. 뷰포트에서 마우스를 드래그하여 영역
을 만들어 선택하거나 Ctrl + A 를 눌러 선택한 오브젝트의 모든 Polygon
을 한 번에 모두 선택할 수 있습니다.

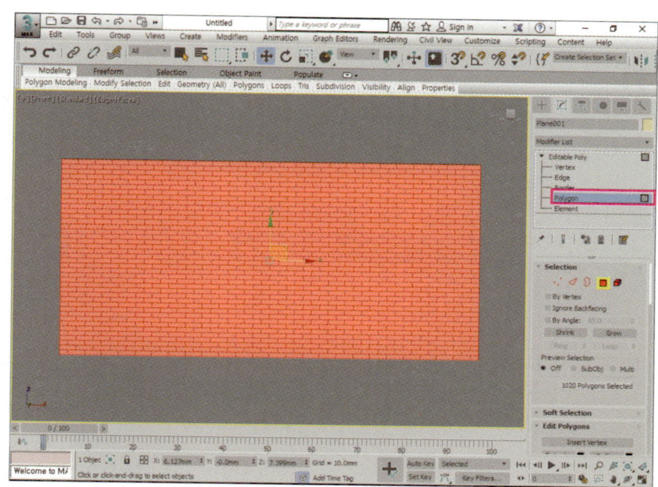

## 08

[Modeling-Polygons-Inset-Inset settings]를 클릭합니다. Inset
캐디 메뉴가 활성화됩니다.

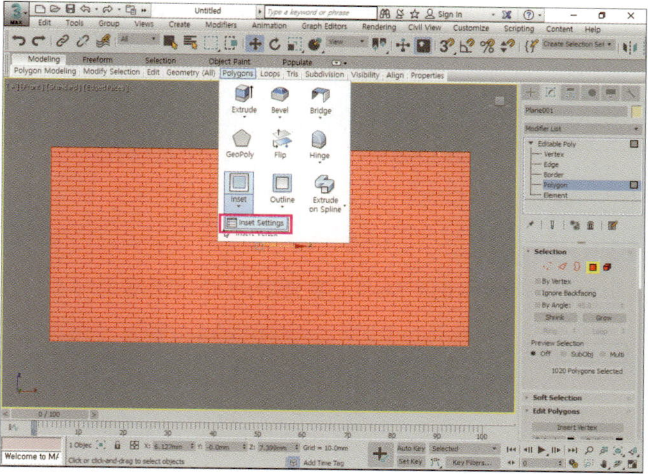

## 09

선택 옵션을 By Polygon으로 선택하고 수치를 1.5㎜로 입력한 후 ✓
(OK)를 클릭합니다. 안쪽으로 새로운 Polygon이 만들어집니다.

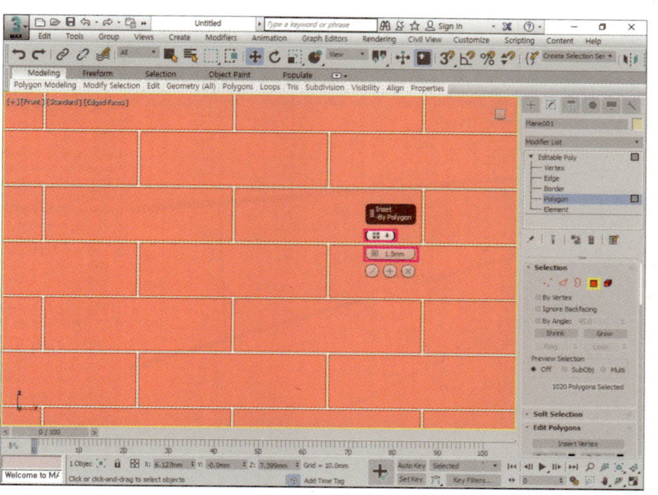

## 10

[Modeling-Polygons-Extrude-Extrude Settings]를 클릭합니다.
Extrude 캐디 메뉴가 활성화됩니다.

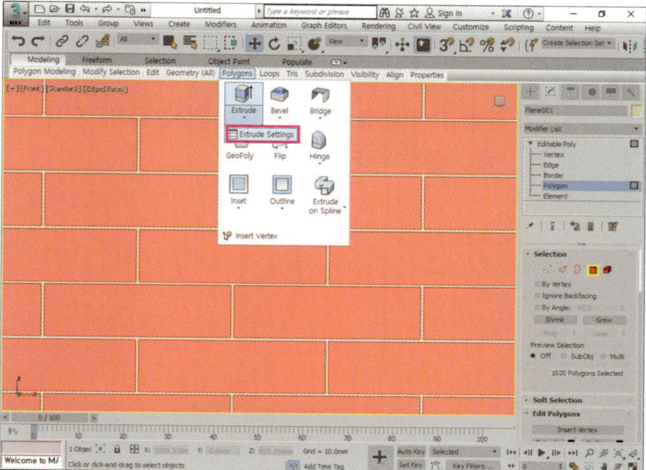

## 11

2mm를 입력한 후 (OK)를 클릭합니다.

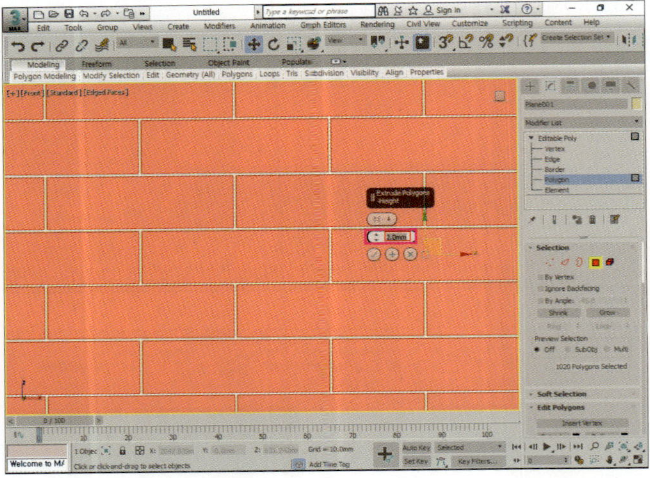

## 12

[Modeling-Modify Selection-Grow]를 클릭하여 선택 영역을 확장합니다.

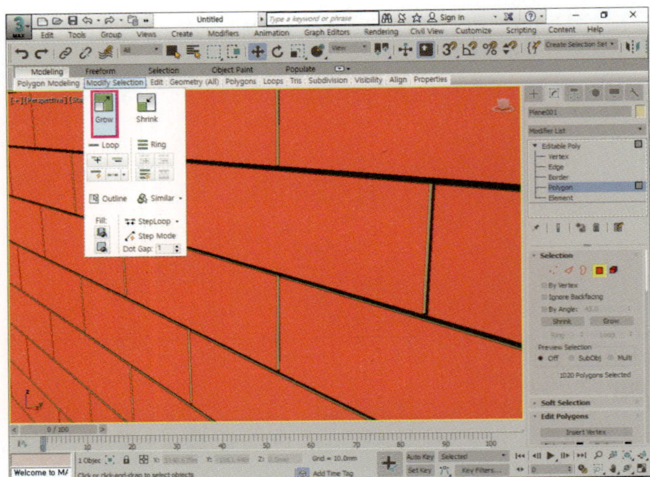

## 13

[Modeling-Properties-MatIDs]를 클릭하여 ID 대화창을 엽니다.

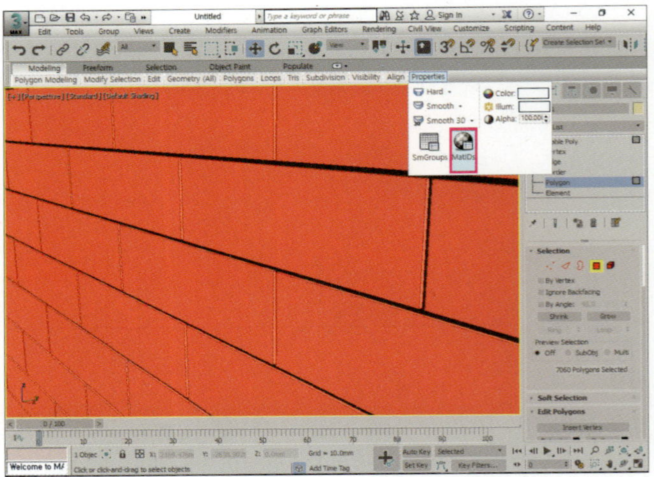

## 14

Set ID에 '1'을 입력하고 Enter 를 누릅니다. 현재 선택한 폴리곤에 1번 ID가 부여됩니다. 벽돌 재질에 해당되는 부분입니다.

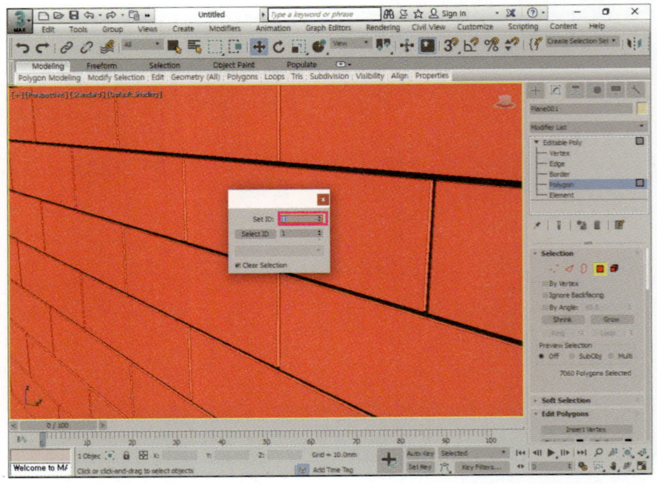

## 15

Ctrl + I 를 눌러 선택 영역을 반전시킵니다. Set ID에 '2'을 입력하고 Enter 를 누릅니다. 현재 선택한 폴리곤에 2번 ID가 부여됩니다. 벽돌의 줄눈에 해당되는 부분입니다.

## 16

Polygon에 ID를 부여하면 Multi/Sub-Object 재질을 이용하여 하나의 오브젝트에 다양한 재질을 적용할 수 있습니다. 재질에 관한 자세한 내용은 Part4에서 알아보도록 하겠습니다.

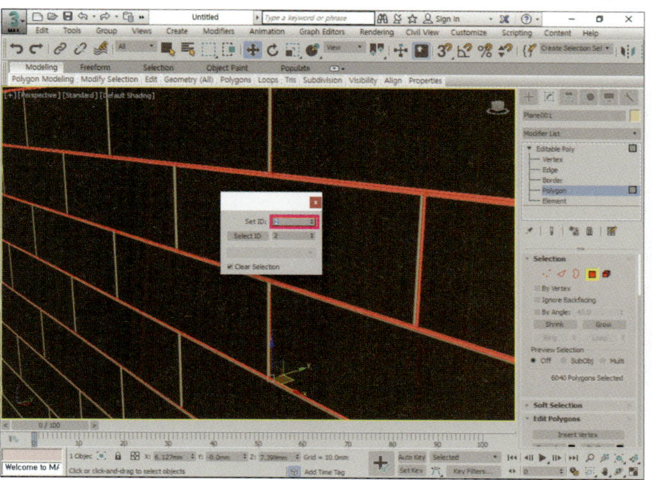

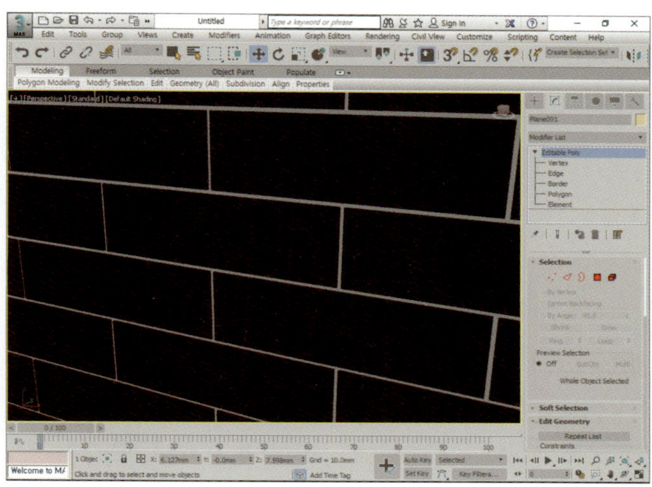

벽돌이나 대리석과 같이 줄눈이 들어가는 재질의 경우 Texture Map을 이용하여 표현하는 것이 가장 빠르지만 이렇게 직접 모델링을 해야 하는 경우도 있으므로 이처럼 실제와 같은 모델링 방법을 익히는 것이 좋습니다.

# 02

## 지형 만들기

## 01

Top View에서 아래와 같은 옵션으로 [Create-Geometry-Standard Primitives-Plane]를 만듭니다.

> Length : 5000mm, Width : 5000mm,
> Length Segs : 40, Width Segs : 40

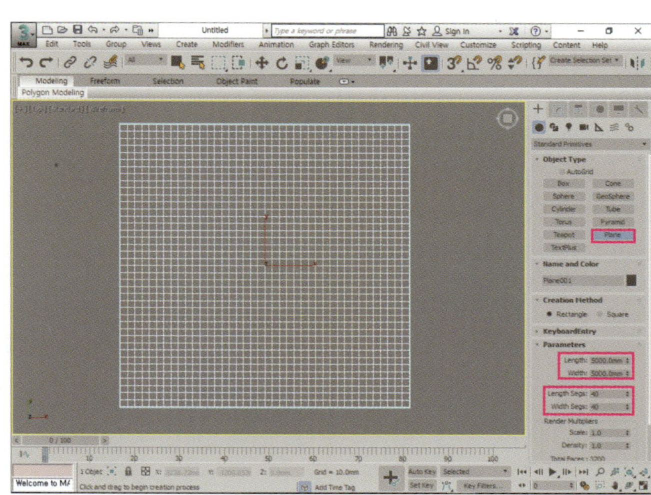

## 02

[Modeling-Polygon Modeling Tools-Convert to Poly]를 클릭하
여 Plane을 Polygon으로 변환한 후 Select Object()를 선택합니다.
Editable Poly의 Sub-object 중 Polygon을 선택한 후 그림과 같이 임
의의 Polygon을 선택합니다.

> **tip** Select Object(🖱)를 이용하면 선택 시 오브젝트의 변형을 방지할 수 있습
> 니다.

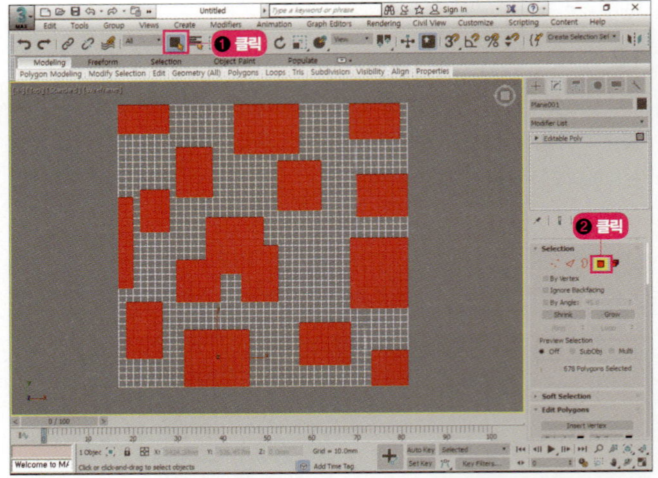

## 03

[Modeling-Polygons-Extrude-Extrude Settings]를 클릭합니다.
Extrude 캐디 메뉴가 활성화됩니다. 1000㎜를 입력한 후 ⊘(OK)를 클릭
합니다.

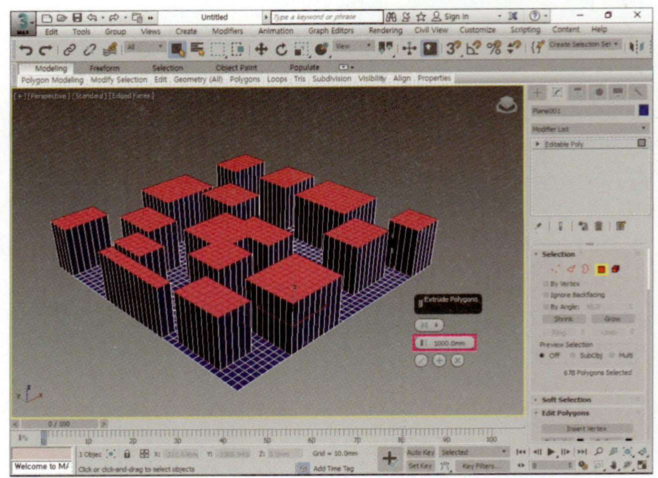

## 04

[Modeling-Polygon Modeling-Generate Topology]를 클릭하여
[Topology] 창을 엽니다. Topology 기능 중 [Skin]을 클릭합니다.
오브젝트가 부드럽게 연결되며 간단하게 지형을 만들 수 있습니다. 선택한
폴리곤의 영역과 높이에 따라 다르게 만들어 집니다.

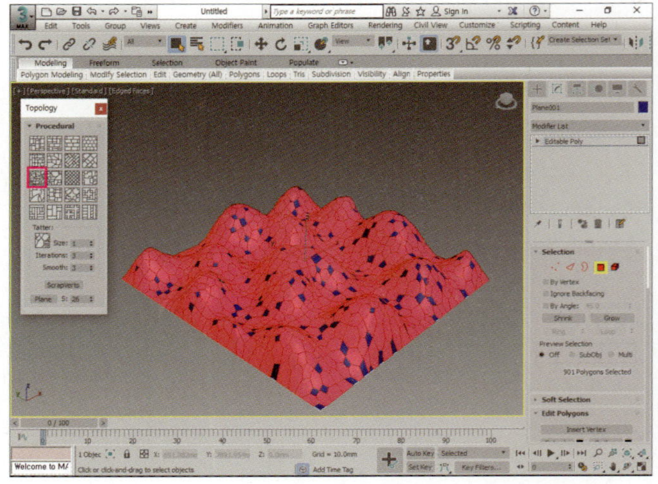

**05**

Editable Poly의 Sub-Object 중 Element를 선택하면 오브젝트의 모
든 폴리곤이 선택됩니다. [Modeling-Properties-Smooth]를 클릭하여
폴리곤의 연결을 부드럽게 되도록 합니다.

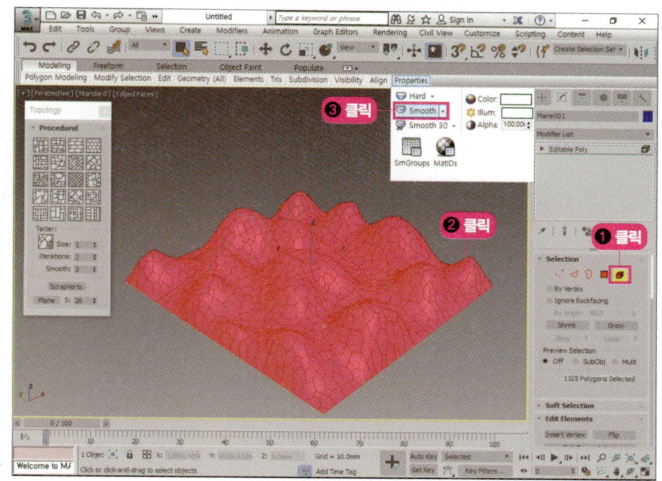

**06**

완성된 형태입니다. Topology를 활용하여 산과 같은 형태를 손쉽게 모델
링 할 수 있습니다.

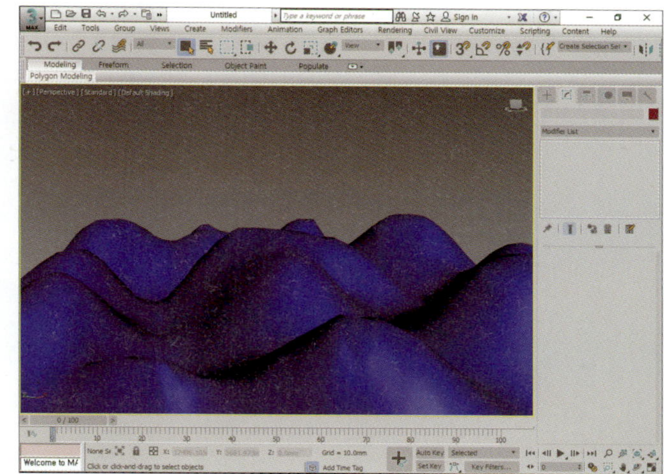

**07**

돌출되는 높이를 다르게 하여 높이를 다양하게 표현할 수 있습니다.

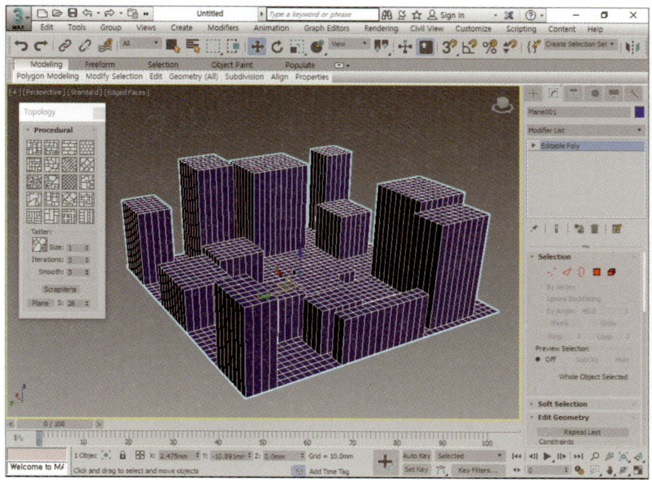

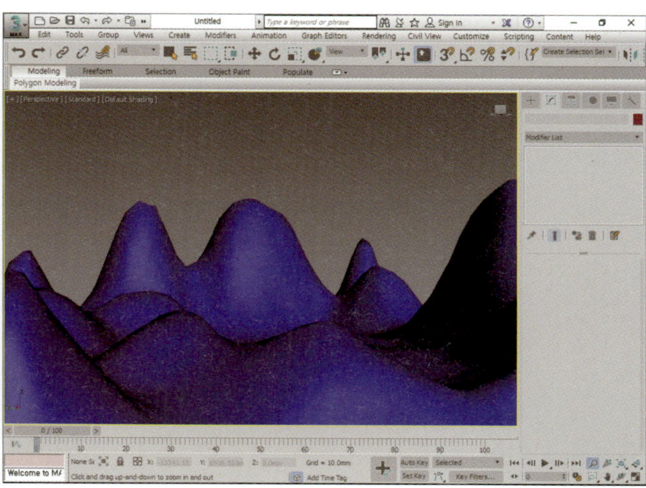

# PART

3ds
MAX
2017

# 02

# 인테리어 소품으로
# 모델링 연습하기

Part1에서는 3ds Max를 사용하는 데 있어 기본적인 지식과 툴의
사용 방법을 설명하였습니다. 이제 앞에서 설명한 툴을 이용하여
본격적인 모델링을 시작해 보겠습니다. 모델링은 3ds
Max를 하는 데 있어 가장 기본적인 작업입니다.
기초가 튼튼해야 좋은 결과물을 얻을 수 있겠지요?
높은 품질의 모델링 소스가 많이 있지만
CG인이라면 자신의 머릿속에 있는
것을 표현해내는 것이 중요하다고
생각합니다.

# 모델링의 기본! 3D Object 만들기

3ds Max에서는 다양한 기본 도형을 제공하고 있습니다. 그 중 Create 패널의 Geometry에서는 3D 도형을 손쉽게 만들 수 있습니다. 3ds Max를 실행하면 가장 먼저 보이는 곳이기도 하지요. 원하는 형태를 만들기 위해서는 먼저 Object를 만든 후 Modifier List에서 편집 명령어를 적용하고 형태를 수정하여 모델링을 완성할 수 있습니다. 먼저 가장 기본이 되는 3D Object에 대하여 알아보겠습니다.

학습
목표

3D 모델링을 하기 위해 기초가 되는 기본 Object에 대하여 알아보고 기본 도형을 이용하여 Modeling하는 방법을 연습한다.

① **Standard Primitives와 Extended Primitives에 대하여 알아보기**

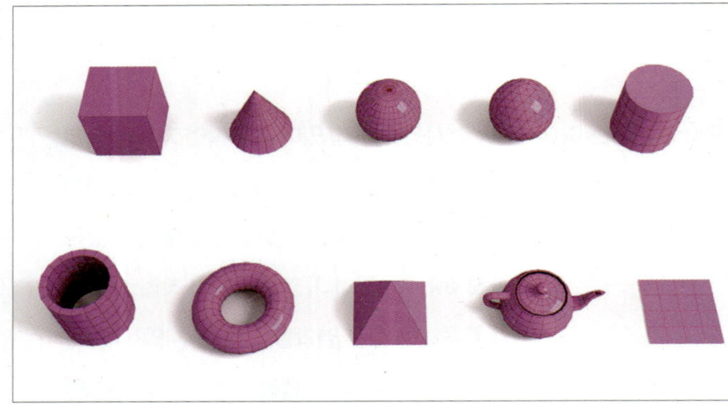

② **건축에 쓰이는 Object와 기본 도형을 이용하여 기차 만들기**

# 3차원 기본 도형 Standard Primitives

Standard Primitives는 가장 기본적인 3D Object로, 대부분의 모델링이 여기서부터 시작한다고 해도 과언이 아닙니다. Box, 구, 도넛, 피라미드, 주전자 등의 친숙한 모양을 응용하여 많은 Object를 만들 수 있습니다.

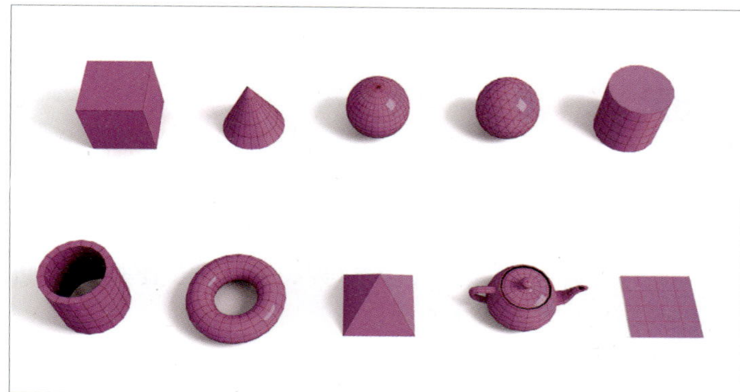

Standard Primitives의 Object



Standard Primitives의 구성 요소

① **Box** : 상자 형태의 Object를 만듭니다.

Box로 만든 Object

ⓐ **Length** : Box의 길이가 됩니다.

ⓑ **Width** : Box의 너비가 됩니다.

ⓒ **Height** : Box의 높이가 됩니다.

ⓓ **Length Segs** : Box의 길이가 분할되는 수입니다.

ⓔ **Width Segs** : Box의 너비가 분할되는 수입니다.

ⓕ **Height Segs** : Box의 높이가 분할되는 수입니다.

# Box를 만드는 방법

## 01

[Create-Geometry-Standard Primitives-Box]를 선택합니다.
Viewport에서 한 지점을 클릭, 드래그하면 Length(길이)와 Width(너비)
가 만들어집니다.

## 02

길이와 폭을 만든 후 마우스 버튼에서 손을 떼고 마우스를 위아래로 움직이
면 Height(높이) 값을 설정할 수 있습니다. 마우스를 위로 움직이면 양수
로, 아래로 움직이면 음수로 높이 값이 설정됩니다.
마우스를 움직여 높이 값을 설정한 후 마우스 왼쪽 버튼을 클릭하면 지정한
높이대로 Box가 만들어집니다.

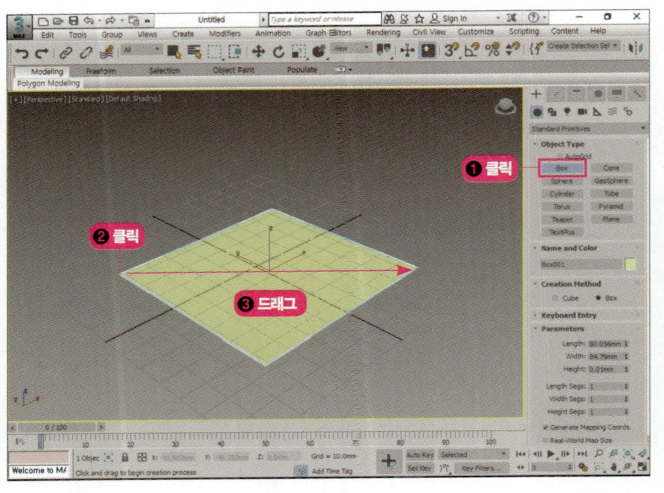


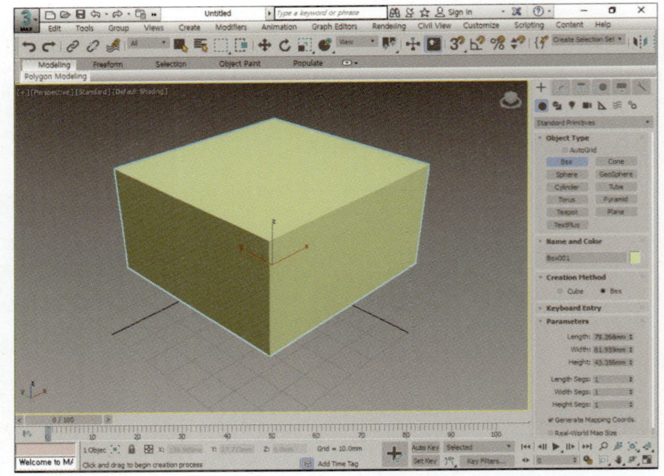

## 03

Box를 만든 후 Modify 패널을 선택하고 Parameters에서 수치를 입력하
여 크기를 수정할 수 있습니다.
그림처럼 Length : 100㎜, Width : 100㎜, Height : 100㎜를 입력하
면 정사각형을 만들 수 있습니다.

tip

Ctrl 을 누르고 Box를 만들면 길이와 너비가 동일하게 만들어집니다. 높이
값에는 영향을 미치지 않습니다.

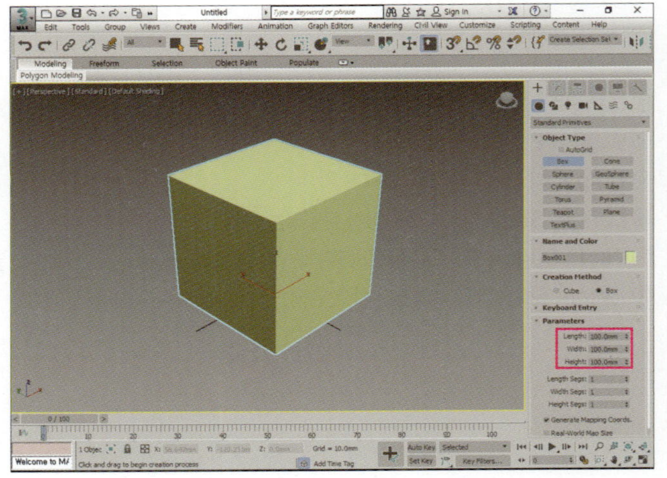

② **Cone** : 원뿔형 Object를 만듭니다.

ⓐ **Radius 1** : Cone의 첫 번째 반지름을 설정합니다.

ⓑ **Radius 2** : Cone의 두 번째 반지름을 설정합니다.

ⓒ **Height** : 중심축을 기준으로 높이 값을 설정합니다. 값이 음수이면 아래로 만들어집니다.

ⓓ **Height Segments** : Cone의 높이가 분할되는 수입니다.

ⓔ **Cap Segments** : Cone의 위쪽 및 아래쪽 면이 분할되는 수입니다.

ⓕ **Sides** : Cone을 구성하는 바깥쪽 면의 수입니다. 면의 수가 많을수록 부드러운 원형의 형태가 됩니다.

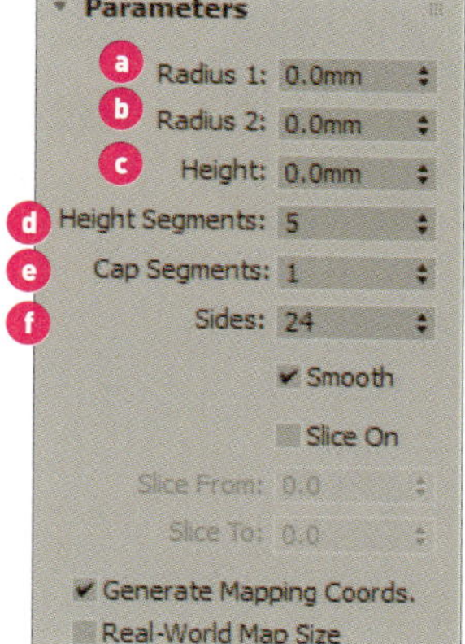

Cone으로 만든 Object

③ **Sphere** : 구, 반구형 Object를 만듭니다.

ⓐ **Radius** : Sphere의 반지름을 설정합니다.

ⓑ **Segments** : Sphere의 분할 수를 설정합니다. 수가 높아질수록 부드러운 원이 됩니다.

ⓒ **Hemisphere** : 값을 늘리면 잘려진 Sphere가 만들어집니다. 값은 0부터 1 사이입니다.

ⓓ **Slice** : 시작과 끝 각도를 사용하여 잘라진 구를 만듭니다.

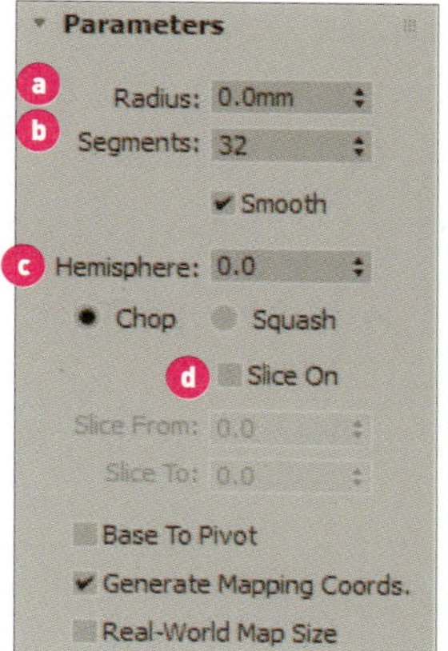

Sphere로 만든 Object

④ **GeoSphere** : 삼각형 면으로 구성된 구, 반구형 Object를 만듭니다.

ⓐ **Radius** : GeoSphere의 반지름을 설정합니다.

ⓑ **Segments** : GeoSphere의 분할 수를 설정합니다.

ⓒ **Geodesic Base Type** : GeoSphere의 면 구성 요소를 선택합니다. Tetra/Octa/Icosa : 4/8/20개의 Polygon에 기반을 둔 GeoSphere를 만듭니다.

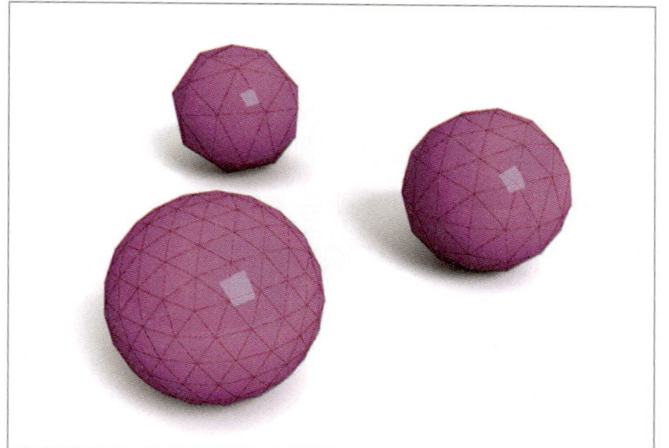
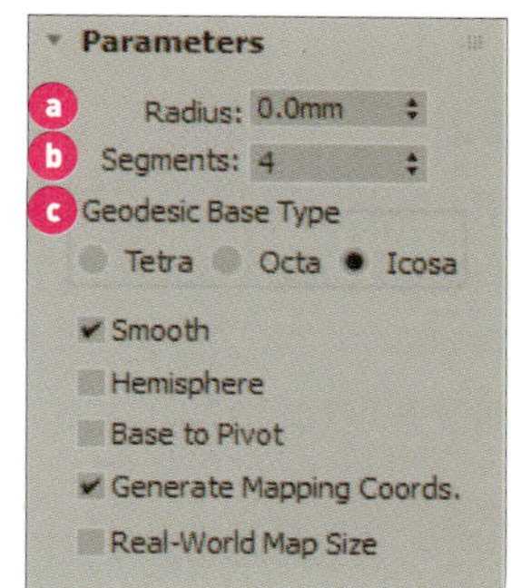

GeoSphere로 만든 Object

⑤ **Cylinder** : 원통 형태의 Object를 만듭니다.

ⓐ **Radius** : Cylinder의 반지름을 설정합니다.

ⓑ **Height** : Cylinder의 반지름을 설정합니다.

ⓒ **Height Segments** : Cylinder의 높이가 분할되는 수입니다.

ⓓ **Cap Segments** : Cylinder의 위쪽 및 아래쪽 면이 분할되는 수입니다.

ⓔ **Sides** : Cylinder를 구성하는 바깥쪽 면의 수입니다.

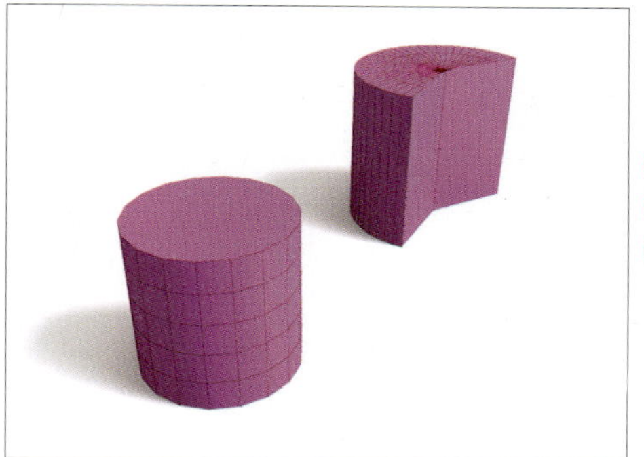
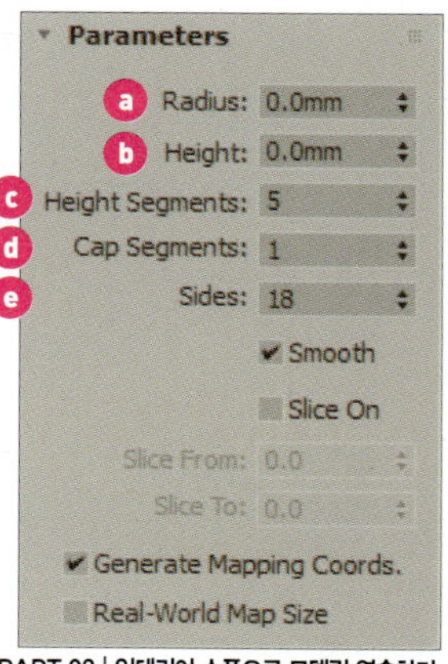

Cylinder로 만든 Object

## 원뿔 만드는 방법

### 01

[Create-Geometry-Standard Primitives-Cone]을 선택합니다.
Viewport에서 한 지점을 클릭, 드래그하면 Radius 1(반지름) 값이 늘어납니다.

**tip** Creation Method의 옵션을 Edge로 체크하면 반지름이 아닌 전체 원의 크기가 만들어집니다.

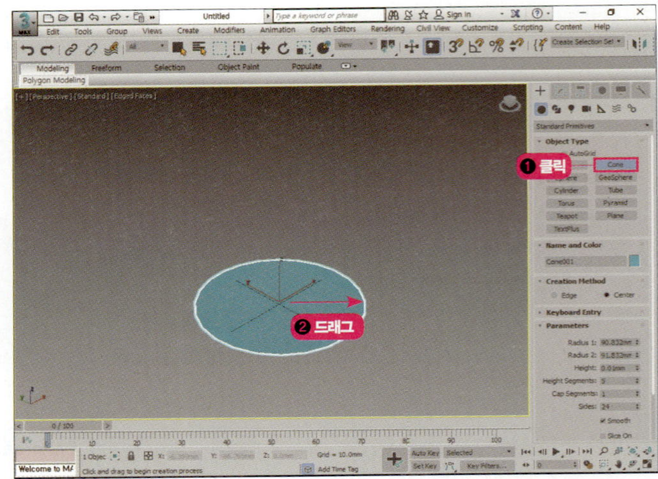


### 02

마우스에서 손을 떼고 위아래로 움직이면 Height(높이) 값을 설정할 수 있습니다. 마우스를 위로 움직이면 양수로, 아래로 움직이면 음수로 높이 값이 설정됩니다. 마우스를 움직여 높이 값을 설정한 후 마우스 왼쪽 버튼을 클릭하면 높이가 설정됩니다.

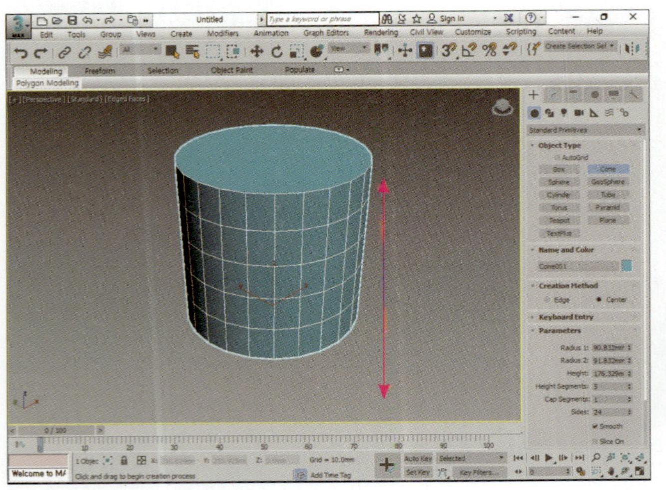

### 03

높이를 지정한 후 마우스를 위/아래로 움직이면 Radius 2 값을 설정할 수 있습니다. Radius 2 값으로 뾰족하거나 사다리꼴 형태의 원뿔을 만들 수 있습니다.

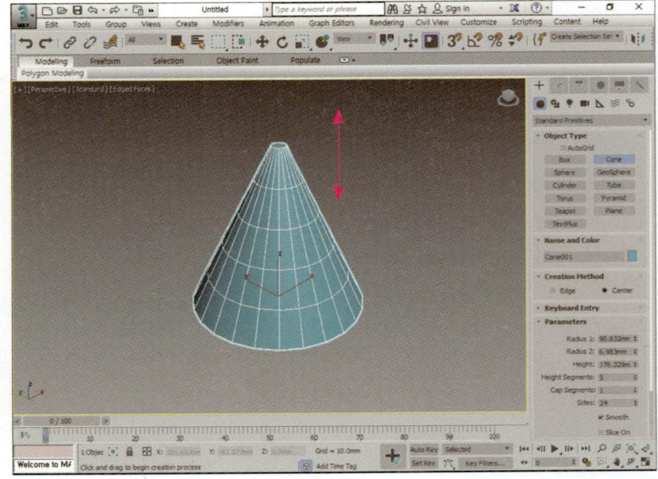

⑥ **Tube** : 튜브 형태의 Object를 만듭니다.

  ⓐ **Radius 1** : Tube의 첫 번째 반지름을 설정합니다.
  ⓑ **Radius 2** : Tube의 두 번째 반지름을 설정합니다.
  ⓒ **Height** : 중심축을 기준으로 높이 값을 설정합니다. 값이 음
    수이면 아래로 만들어집니다.
  ⓓ **Height Segments** : Tube의 높이가 분할되는 수입니다.
  ⓔ **Cap Segments** : Tube의 위쪽 및 아래쪽 면이 분할되는
    수입니다.
  ⓕ **Sides** : Tube을 구성하는 바깥쪽 면의 수입니다.

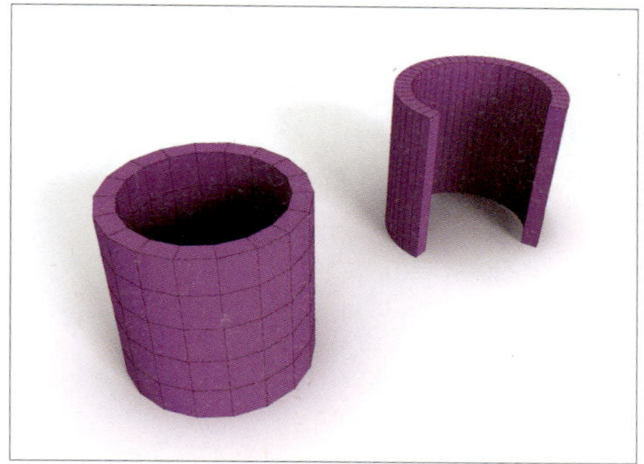

Tube으로 만든 Object

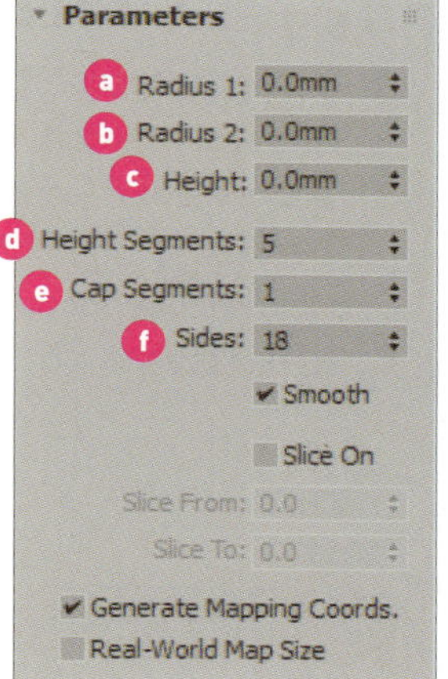

⑦ **Torus** : 도넛 형태의 Object를 만듭니다.

  ⓐ **Radius 1** : Torus의 첫 번째 반지름을 설정합니다.
  ⓑ **Radius 2** : Torus의 두 번째 반지름을 설정합니다.
  ⓒ **Rotation** : 회전 각도를 설정합니다.
  ⓓ **Twist** : 비틀기 각도를 설정합니다.
  ⓔ **Segments** : Torus을 구성하는 바깥쪽 면의 수입니다.
  ⓕ **Sides** : Torus의 원의 면 수를 설정합니다.

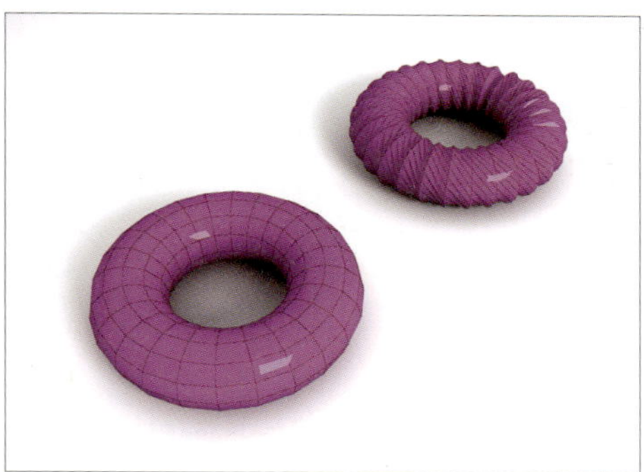

Torus로 만든 Object

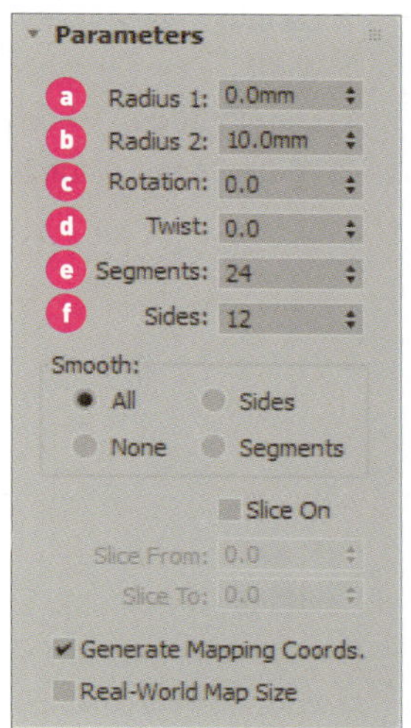

⑧ **Pyramid** : 피라미드 형태의 Object를 만듭니다.

  ⓐ **Width** : Box의 너비가 됩니다.
  ⓑ **Depth** : Box의 깊이가 됩니다.
  ⓒ **Height** : Box의 높이가 됩니다.
  ⓓ **Width Segs** : Box의 너비가 분할되는 수입니다.
  ⓔ **Depth Segs** : Box의 깊이가 분할되는 수입니다.
  ⓕ **Height Segs** : Box의 높이가 분할되는 수입니다.

Pyramid로 만든 Object

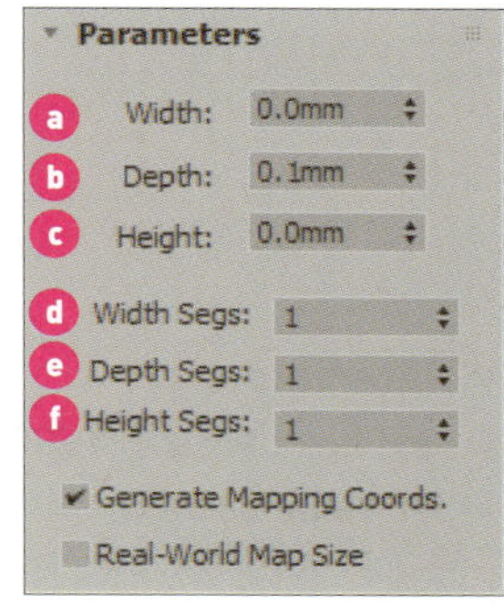

⑨ **Teapot** : 주전자 형태의 Object를 만듭니다.

  ⓐ **Radius** : Teapot의 반지름을 설정합니다.
  ⓑ **Segments** : Teapot을 구성하는 바깥쪽 면의 수입니다.
  ⓒ **Teapot Parts** : Teapot이 만들어진 부분 Group을 선택
   할 수 있습니다.
   **Body/Handle/Spout/Lid** : 몸체/손잡이/주둥이/뚜껑의
   생성 여부를 결정합니다.

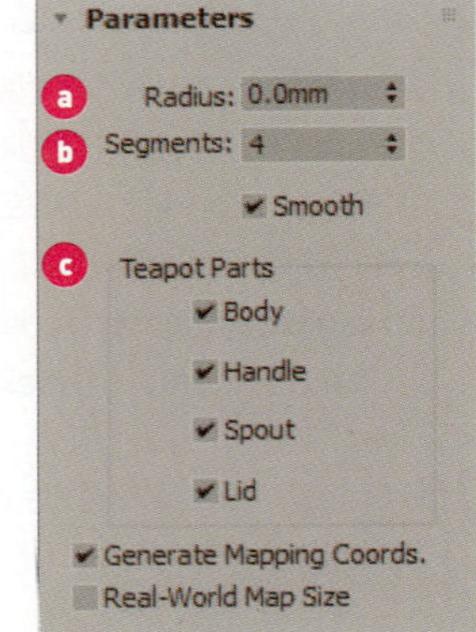

Teapot로 만든 Object

⑩ **Plane** : 평면 형태의 Object를 만듭니다.

  ⓐ **Length** : Plane의 길이가 됩니다.
  ⓑ **Width** : Plane의 너비가 됩니다.
  ⓒ **Length Segs** : Plane의 길이가 분할되는 수입니다.
  ⓓ **Width Segs** : Plane의 너비가 분할되는 수입니다.

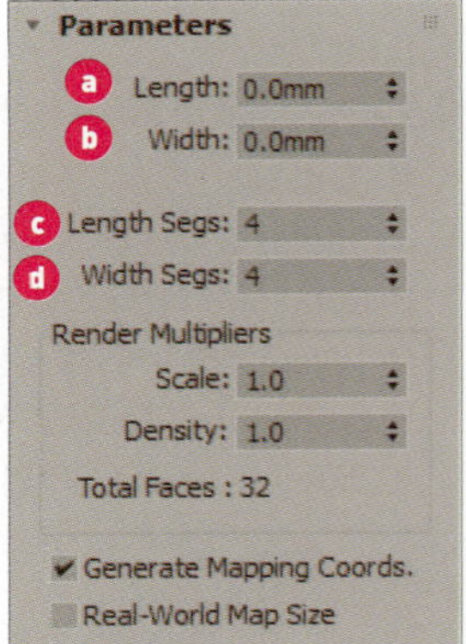

Plane으로 만든 Object

⑪ **TextPlus** : TextPlus는 일체형 텍스트 오브젝트로 텍스트에
  Extrude나 Bevel을 바로 적용하여 3D로 만들 수 있으며 각
  텍스트별로 애니메이션이나 특수 효과를 적용할 수 있습니다.

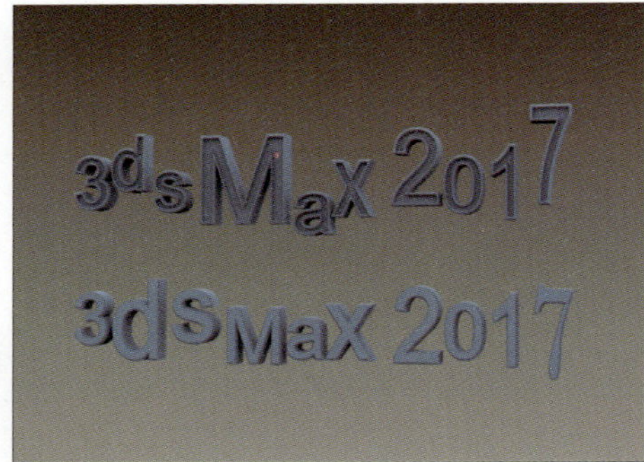

Pyramid로 만든 Object

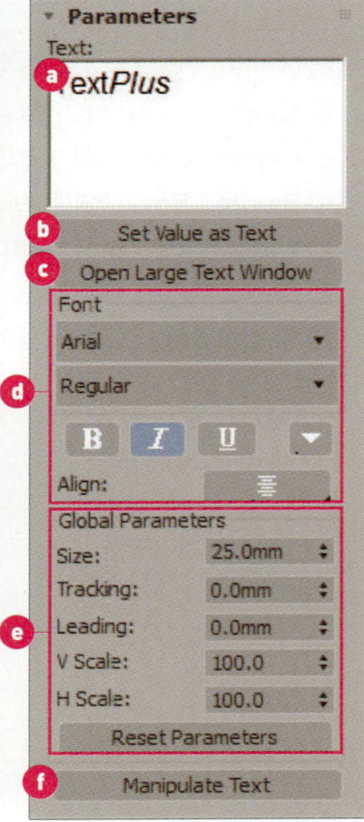

● **Parameters**

ⓐ **Text box** : 텍스트 입력 공간입니다.
ⓑ **Set Value as Text** : 객체의 값을 텍스트로 연결하여 보여
  줍니다. 객체의 값이 수정되면 바로 업데이트 되어 텍스트에 반
  영됩니다.
ⓒ **Open Large Text Window** : 더 많은 양의 텍스트를 편집
  할 수 있는 커다란 창을 엽니다.
ⓓ **Font group** : 텍스트의 폰트 유형을 설정할 수 있습니다.
ⓔ **Global Parameters group** : 텍스트의 크기 및 간격을 설
  정할 수 있습니다.
ⓕ **Manipulate Text button** : 각각 텍스트의 크기, 위치 간격
  등을 수동으로 조정합니다.

Manipulate Text button

## ● Layout

ⓐ **Point** : 뷰포트를 클릭하여 Textplus를 생성합니다.

ⓑ **Region** : Textplus를 생성할 영역을 지정합니다.

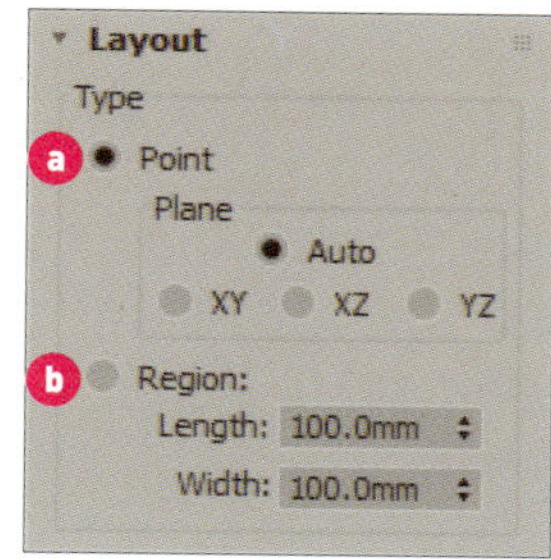

## ● Geometry

2D로 생성된 텍스트에 높이를 주어 3D로 만듭니다.

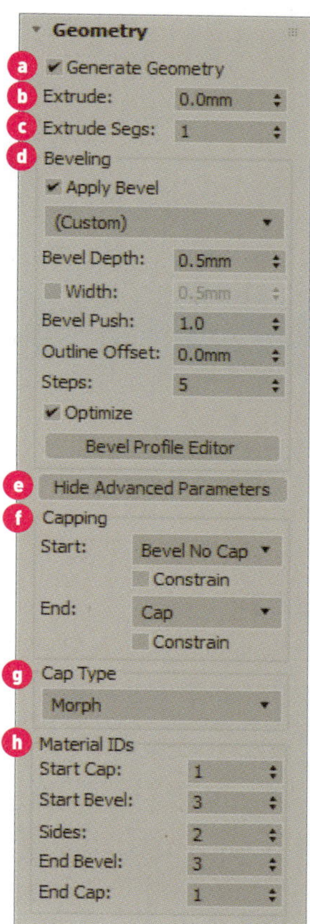

ⓐ **Generate Geometry** : 체크하면 Shape 상태에서 면이 생성됩니다.

ⓑ **Extrude** : 돌출되는 높이를 설정합니다.

ⓒ **Extrude Segs** : 돌출되는 면의 선의 수를 설정합니다.

ⓓ **Beveling group** : 텍스트에 Bevel을 적용합니다. Extrude보다 다양한 효과를 만들 수 있습니다.

ⓔ **Show Advanced Parameters / Hide Advanced Parameters** : 추가 옵션을 숨기거나 보여줍니다.

ⓕ **Capping group** : 돌출되는 텍스트의 시작 지점과 끝 지점에 Cap 적용 여부를 설정합니다.

ⓖ **Cap Type group** : Cap을 적용할 경우 형태를 지정합니다.

ⓗ **Material IDs group** : Cap이 적용되는 부분의 시작과 끝 지점, 돌출면에 ID를 지정하여 재질을 각각 적용할 수 있습니다.

## ● Animation

텍스트에 부분 애니메이션을 적용합니다.

Animation을 적용하면 각 문자는 Mesh로 전환되며 옵션을 수정하기 위해서는 뒤의 Text를 클릭하여 수정할 수 있습니다.

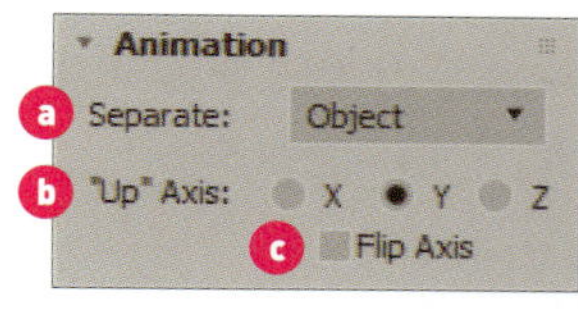

ⓐ **Separate** : 애니메이션의 옵션을 설정하며 옵션은 다음과 같습니다.

　**Object** : 전체 텍스트에 일괄적으로 애니메이션을 적용합니다.

　**Character** : 문자별로 애니메이션을 적용합니다.

　**Word** : 단어별로 애니메이션을 적용합니다.

　**Line** : 줄별로 애니메이션을 적용합니다.

　**Paragraph** : 단락별로 애니메이션을 적용합니다.

ⓑ **"Up" Axis** : 정한 축으로 텍스트의 위쪽 방향을 설정합니다.

ⓒ **Flip Axis** : 수정된 텍스트의 방향을 반전시킵니다.

# TextPlus의 사용 방법 익히기

## 01

정확한 작업을 위해 먼저 치수단위를 맞춰보겠습니다.
[Menu Bar-Customize-Units Setup]을 선택합니다.

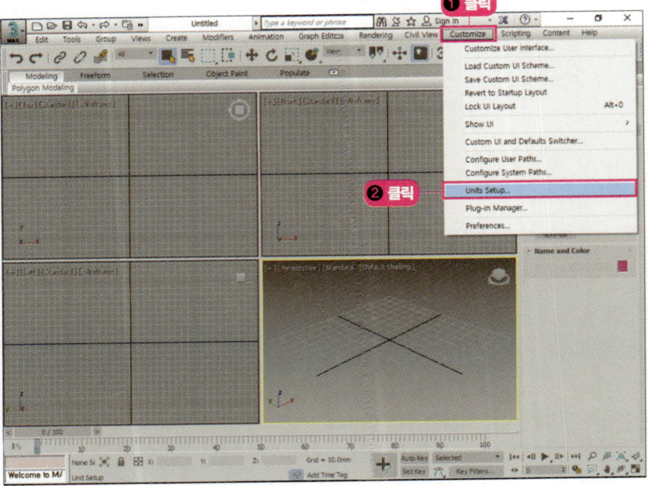

## 02

Metric을 선택한 후 단위를 'Millimeters'로 선택합니다.
그리고 위의 [System Unit Setup]을 클릭합니다.

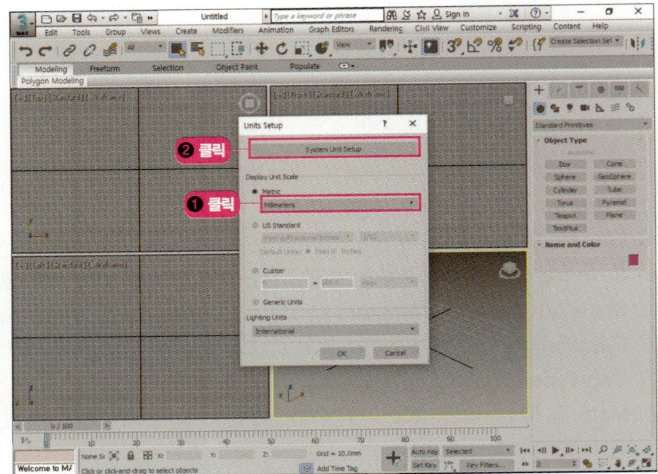

## 03

System Unit Scale의 단위를 Inches에서 Millimeters로 변경합니다.
[OK]를 클릭하면 뷰포트에 생성되는 오브젝트는 ㎜단위로 생성됩니다.

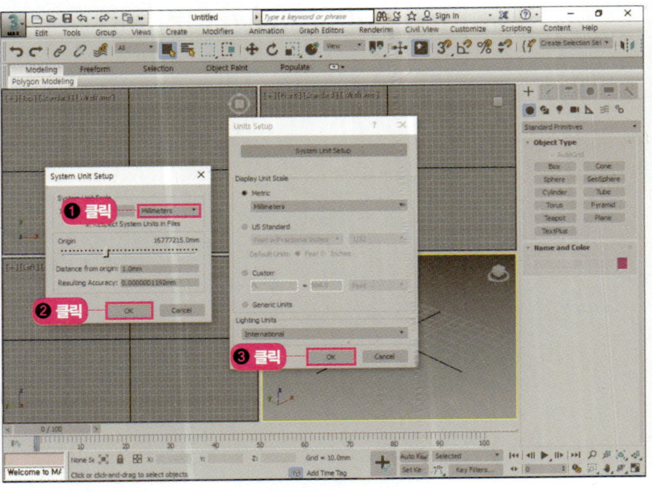

## 04

Top View에서 [Create-Geometry-Teapot]를 선택하고 뷰포트에서
드래그를 하여 Teapot를 생성한 후 아래와 같이 옵션을 설정합니다.

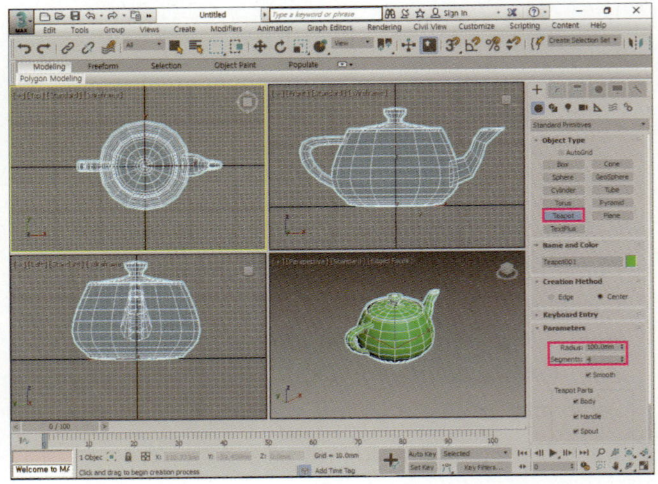

Radius : 100  Segments : 4

## 05

Front View에서 [Create-Geometry-TextPlus]를 선택한 후 아래와 같은 옵션으로 TextPlus를 생성합니다.

Length : 150, Width : 300, Text size : 30

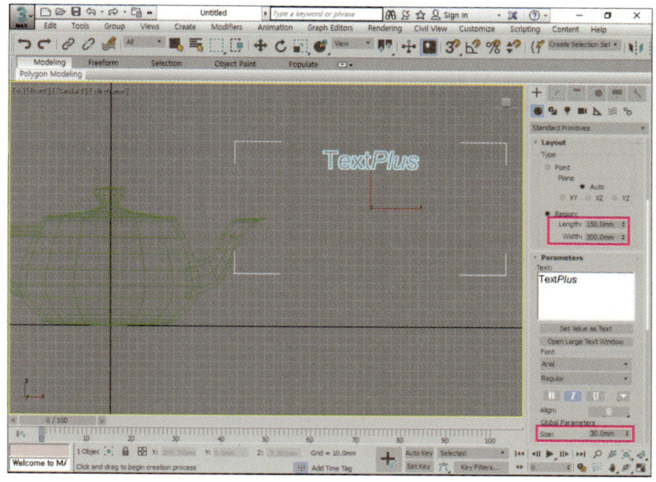

## 06

Parameters 롤아웃 메뉴의 Text를 'Radius : '로 수정합니다. 수정과 동시에 뷰포트의 텍스트상자에 바로 반영됩니다.
그런 다음 [Set Value as Text]를 클릭합니다.

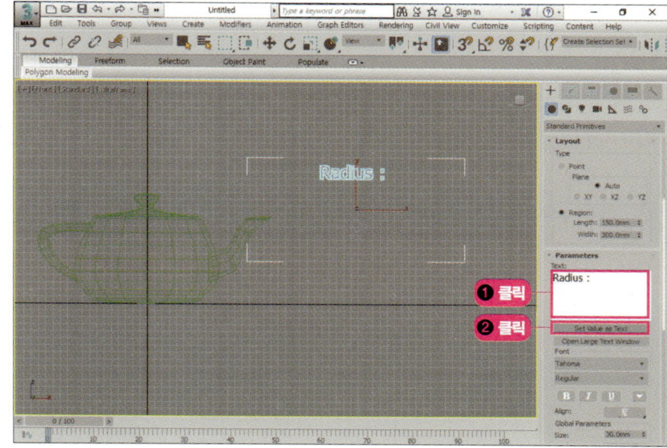

## 07

[Edit Value As Text]창이 활성화 됩니다. Name을 'R-value'로 수정한 후 아래 Value Type을 'Script'로 선택합니다.

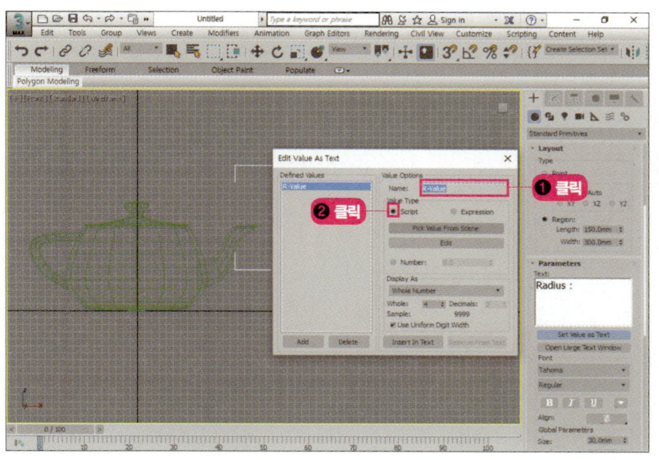

## 08

[Pick Value From Scene] 버튼을 클릭한 후 뷰포트의 Teapot를 선택합니다. 값을 가져올 오브젝트의 정보를 선택합니다.

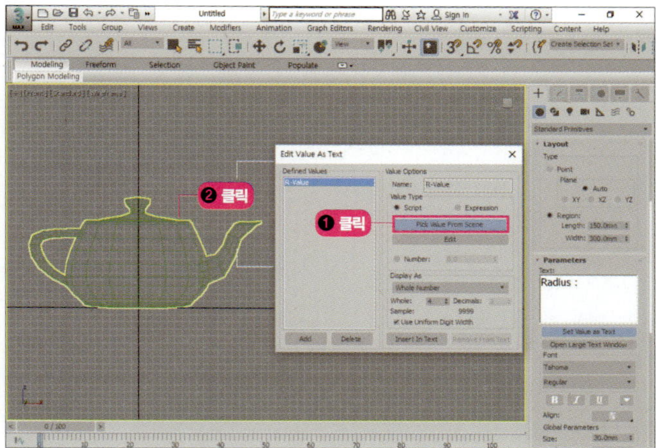

## 09

Teapot를 선택하면 새로운 메뉴가 나타나는데 Teapot의 반지름을 표현할
것이므로 [Object(Teapot) – Radius]를 선택합니다.

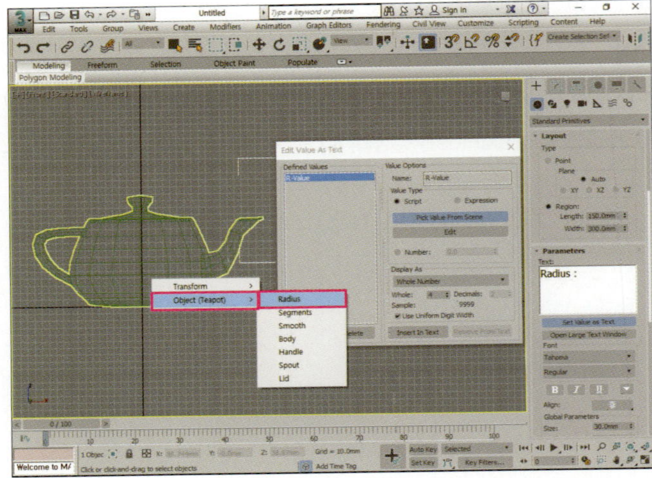

## 10

하단의 [Insert In Text] 버튼을 클릭하면 Parameters의 Text 이름 뒤에
'%[R-value]'가 추가됩니다.

Insert In Text는 말 그대로 Text가 추가되는 것이므로 Parameter의
Text 편집 창에 Text가 들어갈 부분이 선택되어 있어야 합니다. Text 편집
창이 활성화되어 있지 않으면 [Insert In Text] 버튼이 활성화되지 않습니다.

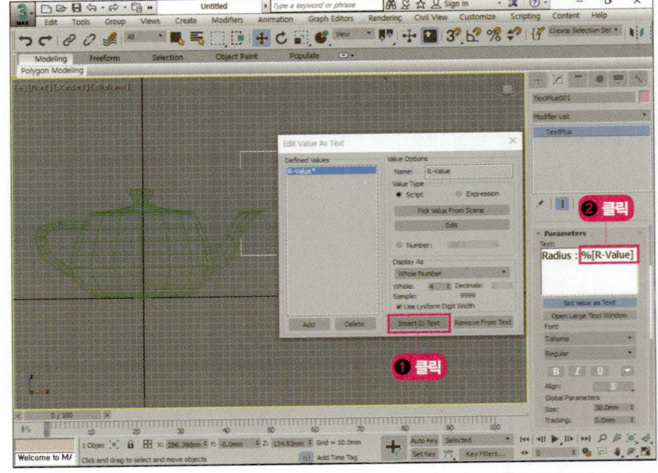

## 11

Parameters의 Text를 Enter 를 눌러 줄 바꿈을 하고 'Segment : '를 추
가합니다.

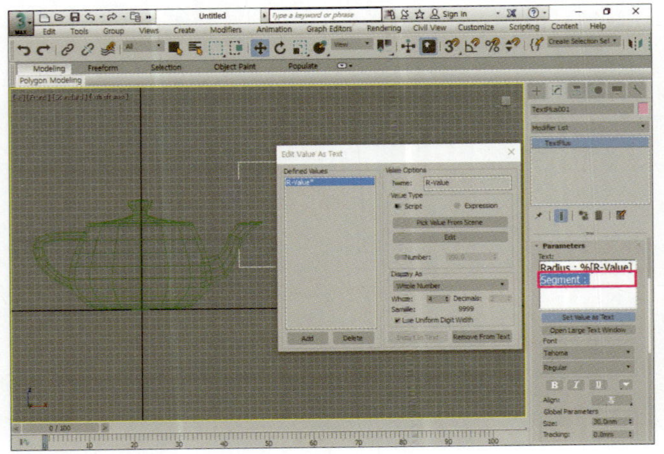

## 12

[Edit Value As Text] 창에서 [Add] 버튼을 클릭하고 'S-value'를 추가
한 후 아래 Value Type에서 'Script'를 선택합니다.

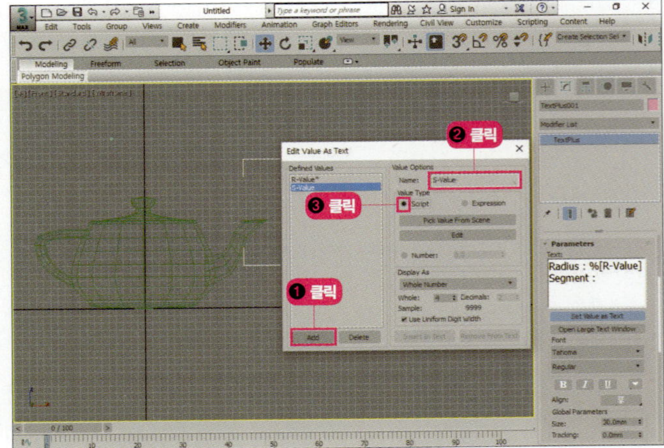

## 13

[Pick Value From Scene] 버튼을 클릭한 후 뷰포트의 Teapot를 선택
합니다.

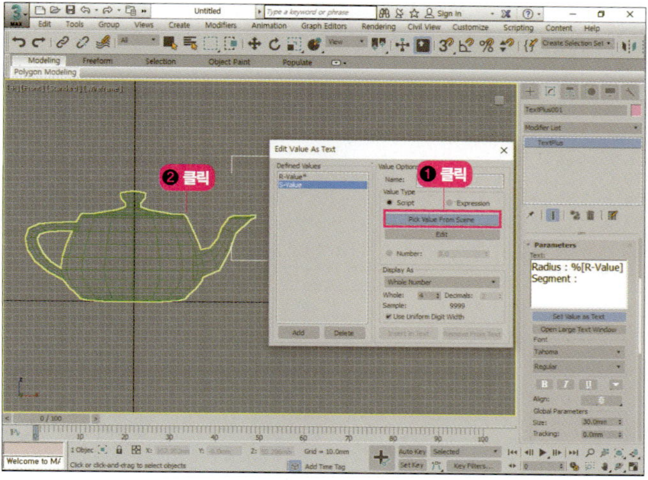

## 14

Teapot를 선택하면 새로운 메뉴가 나타나는데 Teapot의 Segment 수를
표현할 것이므로 [Object(Teapot) – Segments]를 선택합니다.

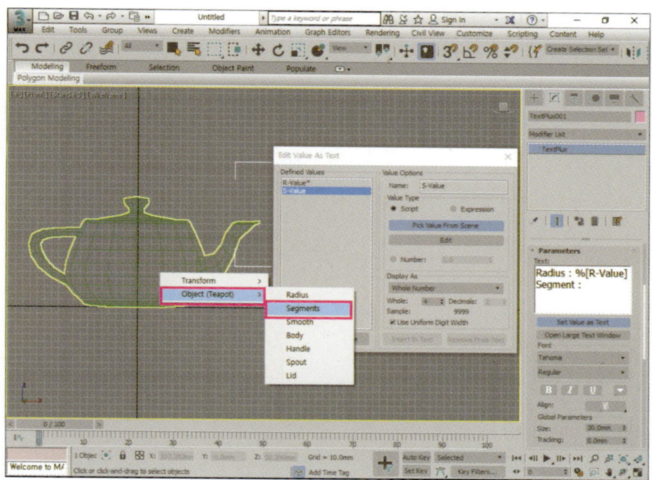

## 15

하단의 [Insert In Text] 버튼을 클릭하면 Parameters의 Text 이름 뒤에
%[S–value]가 추가됩니다.

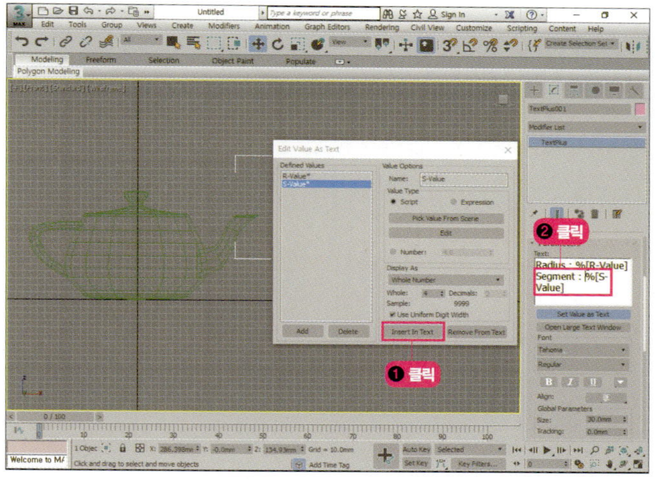

## 16

TextPlus에서 Teapot의 설정한 정보 값이 나타납니다. Teapot를 선택
하고 값을 수정하면 Textplus에 반영됩니다.

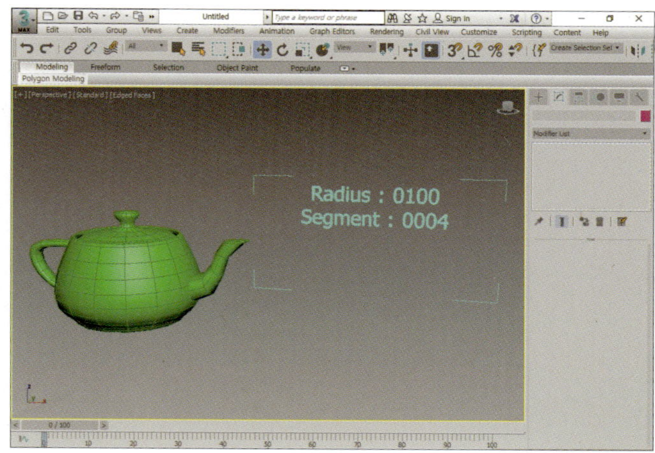

## 17

같은 방법으로 Teapot의 X, Y, Z 위치 값도 표시할 수 있습니다.
완성 파일은 'C:/315-5466/Part02/0201_01완성.max' 파일로 확인할
수 있습니다. 2016버전부터 추가된 기능으로 이전 버전에서는 보이지 않을
수 있습니다.

**tip**

### Edit Value As Text의 기능

ⓐ Add : 텍스트에 링크를 걸 값을 추가합니다.
ⓑ Delete : 값을 삭제합니다.
ⓒ Name : 값의 이름을 입력합니다.
ⓓ Script : 스크립트를 사용하여 값을 연결합니다.
ⓔ Expression : 식을 사용하여 값을 연결합니다.
ⓕ Pick Value From Scene : 오브젝트를 선택하여 가져올 값을 선택합니다.
ⓖ Edit button : Script / Expression 컨트롤러 대화상자를 전환합니다.
ⓗ Number : 입력 번호에 기초하여 값을 설정한다.
ⓘ Display As group : 표시되는 값의 유형(정수, 실수, 백분율 등)을 선택하거나 소수 자릿
수 등 값의 표시방법을 설정합니다.
ⓙ Insert In Text : 기존의 텍스트 끝에 선택한 값을 추가합니다.
ⓚ Remove From Text : 텍스트 요소의 값을 삭제합니다.

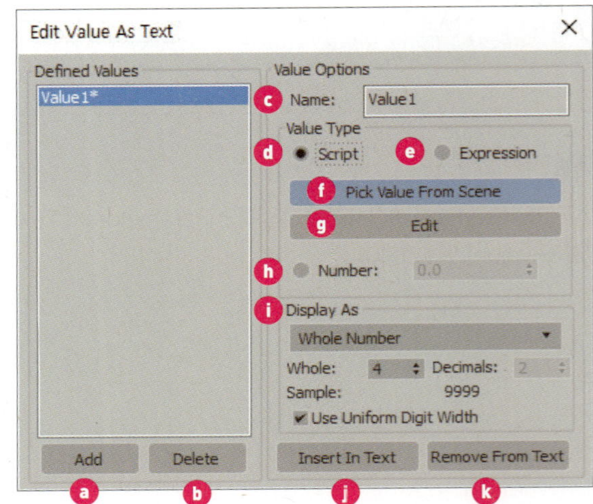

# 02

## 기본 도형의 확장
# Extended Primitives

Extended Primitives는 기본 도형보다 좀 더 향상된 형태의 Object를 만들 수 있습니다. 기본 도형을 만든 후 Polygon으로 변환하여 만들 수 있는 Object를 한 번에 만들 수 있는 형태입니다. 예를 들어 Box에 챔퍼를 적용하려면 폴리로 변환한 후 Edge에 Chamfer를 적용해야 하지만 Extended Primitives에서는 ChamferBox를 이용하여 바로 만들 수 있습니다.

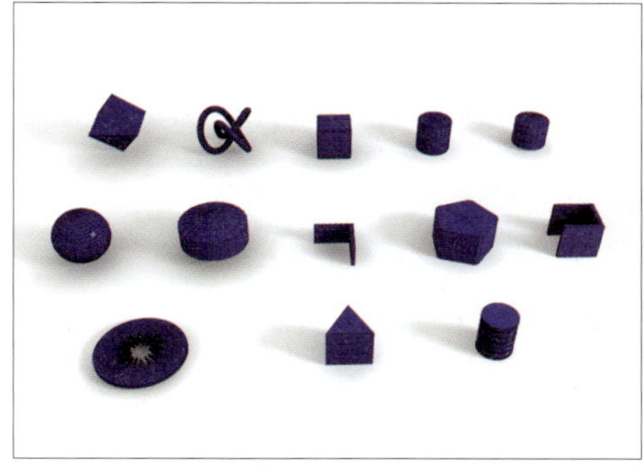

Extended Primitives의 Object

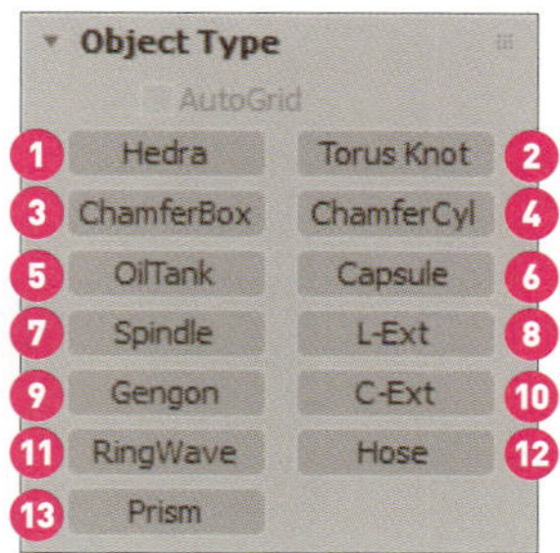


Extended Primitives의 구성 요소

① **Hedra** : 다각형의 Object를 만듭니다.

ⓐ **Family** : 만들 Hedra 유형을 설정합니다.

- Tetra : 4면체를 만듭니다.
- Cube/Octa : 큐브/8면체를 만듭니다.
- Dodec/Icos : 12/20면체를 만듭니다.
- Star1/Star2 : 2개의 다른 별 모양으로 만듭니다.

ⓑ **Family parameters**
　　P-Object의 Vertex를 넓혀 면을 만듭니다.
　　Q-Object의 Edge를 넓혀 면을 만듭니다.

ⓒ **Axis Scaling** : Family parameter 설정 시 사용하여 옵션을 변경합니다.

ⓓ **Vertices** : 만드는 Object 각 측면의 Vertex 수를 바꿔 형상에 변화를 줍니다.

ⓔ **Radius** : 반지름 수치를 입력합니다.

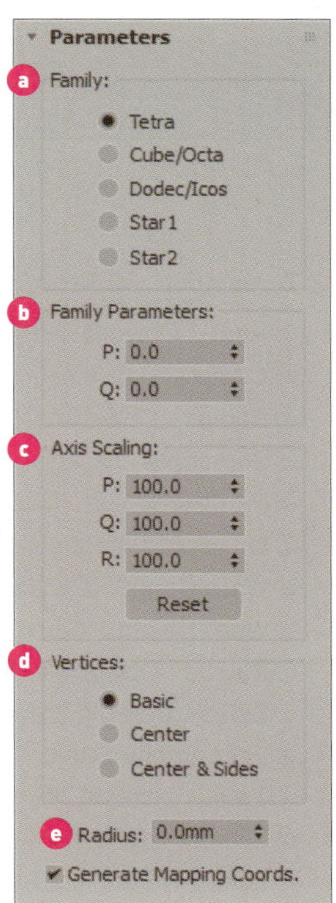

# 다각형을 만드는 방법

## 01

[Create-Geometry-Extended Primitives-Hedra]를 선택합니다.
Viewport에서 한 지점을 클릭, 드래그하면 Radius 값이 늘어납니다.
Hedra를 처음 만들면 아래 그림과 같은 형태로 만들어집니다.

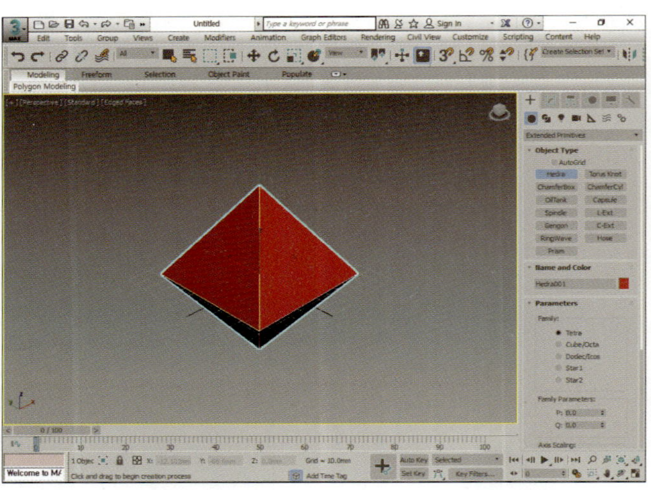

## 02

Parameters 값을 수정하여 아래 그림처럼 특이한 유형의 도형을 만들 수 있습니다.

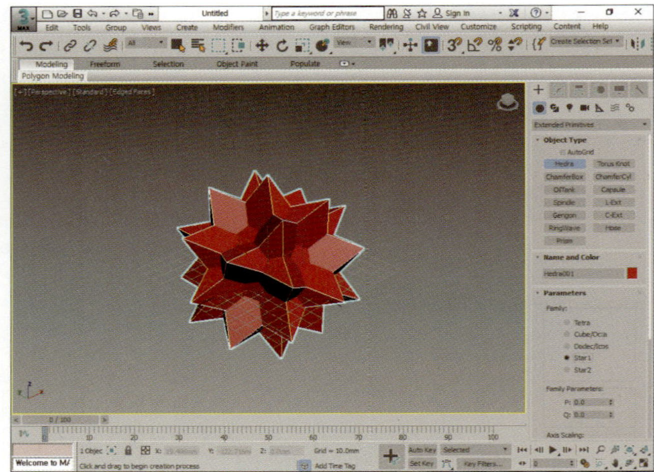

② **Torus Knot** : 3D 곡선 형태의 Line을 만듭니다.

ⓐ **Knot** : Object를 무한궤도로 만듭니다.

ⓑ **Circle** : Torus와 비슷하지만 옵션 설정하여 원형 Object를 만듭니다.

ⓒ **Radius** : Object의 전체의 반지름 수치를 입력합니다.

ⓓ **Segments** : Object 구성하는 전체의 면의 수를 조정합니다.

ⓔ **P** : 수치에 따라 위, 아래로 감기는 수를 설정합니다.

ⓕ **Q** : 수치에 따라 Object 주변을 원형으로 감아줍니다.

ⓖ **Warp Count** : 별 모양의 포인트를 설정합니다.

ⓗ **Warp Height** : Warp Count의 설정한 포인트를 돌출합니다.

ⓘ **Radius** : Object의 두께를 반지름 수치로 설정합니다.

ⓙ **Sides** : Object의 면을 부드럽게 합니다.

ⓚ **Eccentricity** : Object의 횡단 비율을 조정합니다.

ⓛ **Twist** : Object의 면을 비틀어줍니다.

ⓜ **Lumps** : 돌출 부분의 수를 설정합니다.

ⓝ **Lumps Height** : 돌출 부분의 높이를 설정합니다.

ⓞ **Lumps Offset** : 돌출 부분의 시작점 위치를 설정합니다.

ⓟ **Smooths** : Object를 부드럽게 만들 부분을 설정합니다.

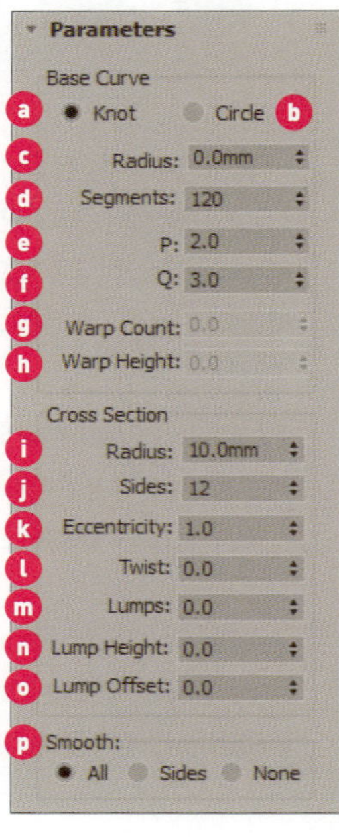

# Torus Knot를 만드는 방법

## 01

[Create-Geometry-Extended Primitives-Torus Knot]를 선택합니다.

Viewport에서 한 지점을 클릭, 드래그하여 전체 크기를 지정합니다.

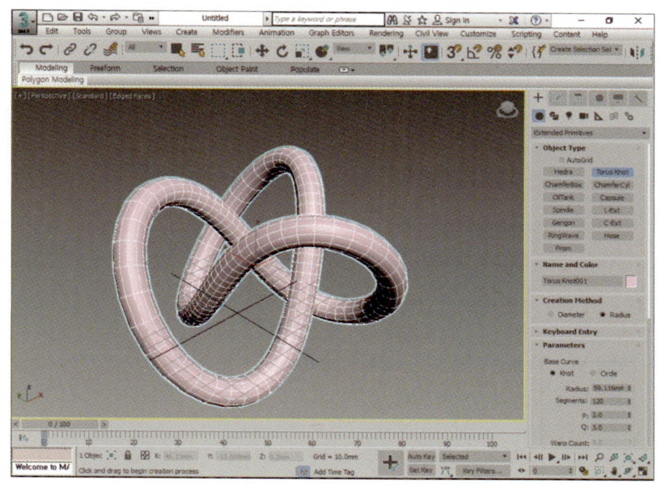

## 02

전체 크기를 지정한 후 마우스에서 손을 떼고 위/아래로 드래그하여 3D 곡선의 두께를 설정할 수 있습니다. 마우스를 위로 드래그하면 두꺼워지고, 아래로 드래그하면 가늘어집니다.

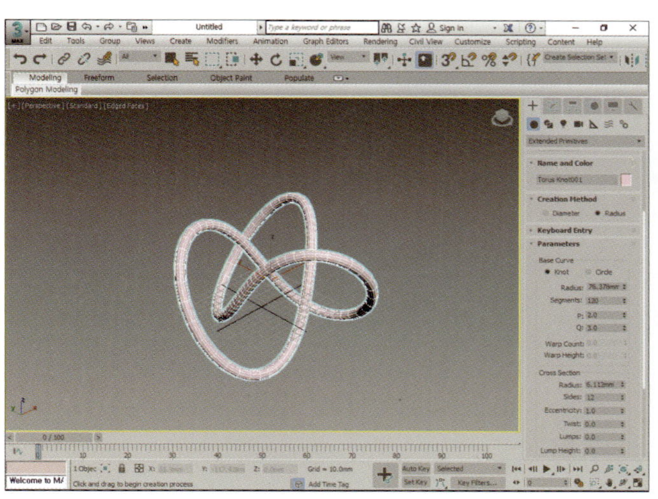

## 03

기본 도형을 완성한 후 Parameters 옵션을 수정하여 아래 그림과 같이 특이한 유형의 도형을 만들 수 있습니다.

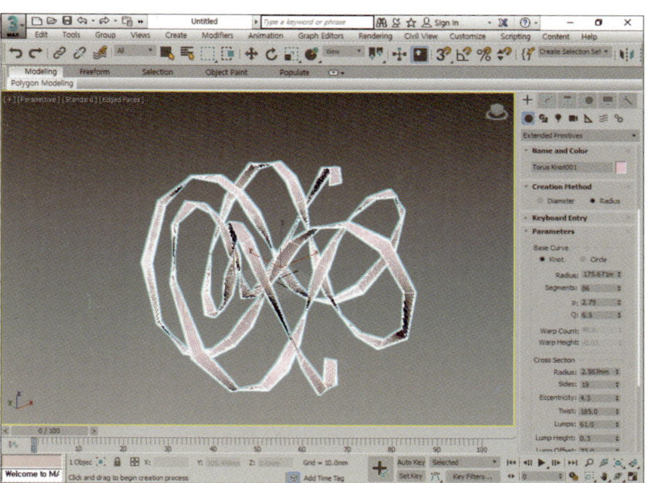

③ **ChamferBox** : 가장자리가 깎여 있거나 둥근 상자를 만듭니다.

@ **Length, Width, Height** : ChamferBox의 크기를 설정합니다.

ⓑ **Fillet** : 모서리의 모따기 수치를 설정합니다.

ⓒ **Length segs, Width segs, Height segs** : ChamferBox의 등 분수를 설정합니다.

ⓓ **Fillet segs** : 모따기 부분의 면을 분할합니다. 수치가 높을수록 부드러 워집니다.

ⓔ **Smooth** : 표면을 부드럽게 합니다.

ⓕ **Generate Mapping Coords** : 재질 적용 기준 좌표를 만듭니다.

ⓖ **Real-World Map Size** : 재질 적용 시 이미지의 실제 사이즈로 적용합니다.

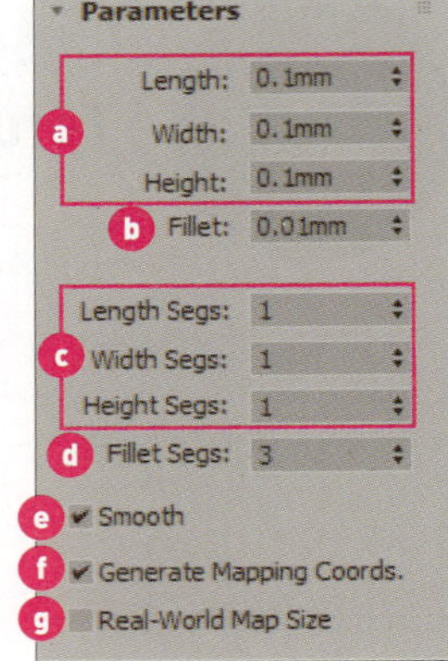

**tip** 도형은 ChamferBox인데 수치 설정 부분은 Fillet으로 되어 있어 이상하게 생각하는 분도 계실 것입니다. Fillet Segs 수가 1이면 Chamfer가 적용된 것이며, Fillet Segs 수가 2 이상이면 Fillet의 형태로 만들어지기 때문입니다.

④ **ChamferCyl** : 가장자리가 깎였거나 둥근 원통을 만듭니다.

@ **Radius, Height, Fillet** : ChamferCyl의 크기를 설정합니다.

ⓑ **Height Segs, Fillet Segs, Sides** : ChamferCyl의 등분수를 설정 합니다.

ⓒ **Cap Segs** : Cap의 등분수를 설정합니다.

ⓓ **Slice From** : Slice의 시작을 설정합니다.

ⓔ **Slice To** : Slice의 끝을 설정합니다.

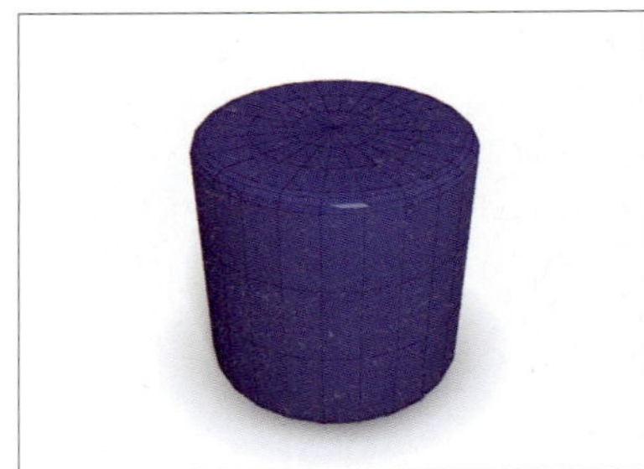
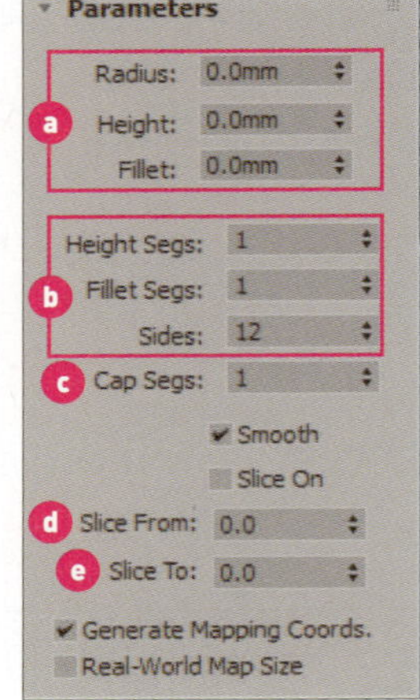

⑤ **OilTank** : 볼록한 덮개가 있는 원통을 만듭니다.

@ **Radius, Height** : OilTank의 크기를 설정합니다.

ⓑ **Cap Height** : Cap의 높이를 조정합니다.

ⓒ **Overall** : Object 전체 높이입니다.

ⓓ **Centers** : Cap을 제외한 Object의 높이입니다.

ⓔ **Blend** : Cap 부분에 모따기 수치를 설정합니다.

ⓕ **Sides** : Cap을 구성하는 면의 개수이며, 수가 높을수록 Cap이 원형에 가깝게 표현됩니다.

ⓖ **Height Segs** : OilTank의 축을 따라 높이 면을 분할합니다.

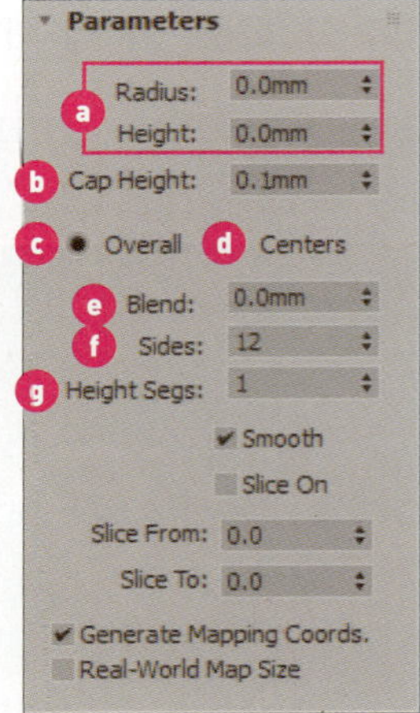

⑥ **Capsule** : 끝부분이 반구인 원통을 만듭니다.

ⓐ **Radius, Height** : Capsule의 크기를 설정합니다.
ⓑ **Sides, Height Segs** : Capsule의 등분수를 설정합니다.

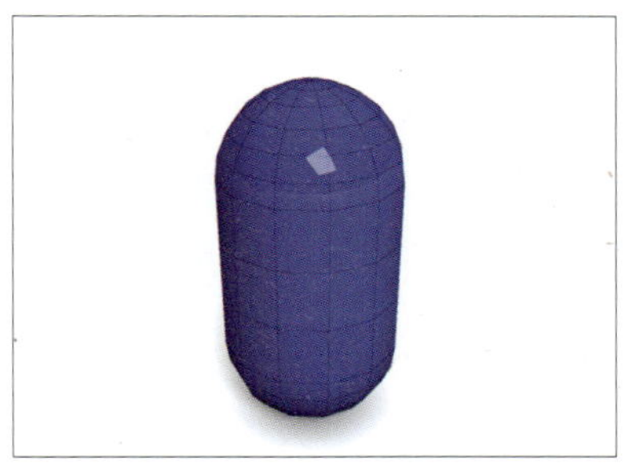
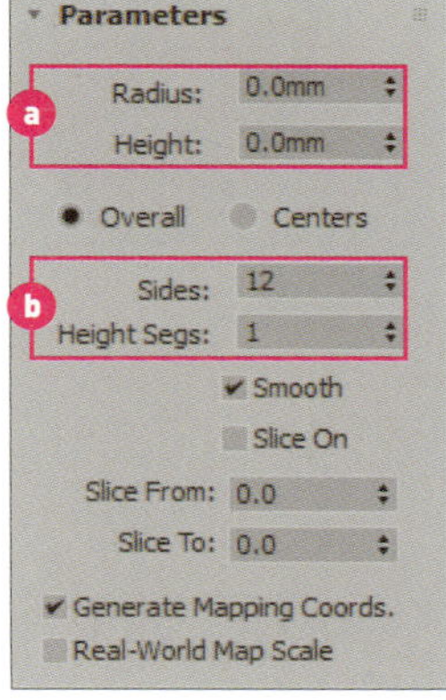

⑦ **Spindle** : 원뿔 모양 캡이 있는 원통을 만듭니다.

OilTank와 옵션이 동일하지만 Cap이 원뿔 모양입니다.

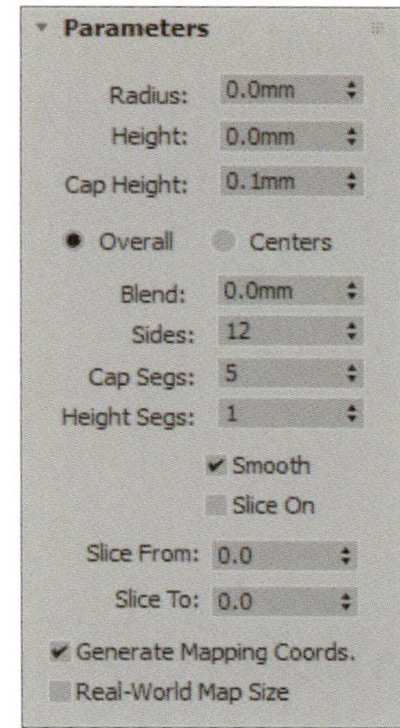

⑧ **L-Ext** : 돌출된 L자 형태의 Object를 만듭니다.

ⓐ **Side Length, Front Length** : L-Ext의 길이를 설정합니다.
ⓑ **Side Width, Front Width** : L-Ext의 넓이를 설정합니다.
ⓒ **Height** : L-Ext의 높이를 설정합니다.
ⓓ **Side Segs, Front Segs, Width Segs, Height Segs** : L-Ext
의 등분을 설정합니다.

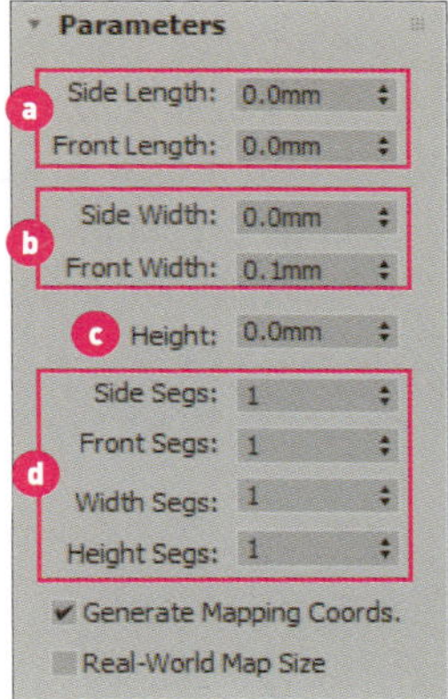

⑨ **Gengon** : 옆쪽 가장자리의 모서리가 선택적으로 깎인 돌출된 일반면의 다
각형을 만듭니다.

ⓐ **Sides** : 다각형 면의 개수를 설정합니다.
ⓑ **Radius** : Gengon의 반지름을 설정합니다.
ⓒ **Fillet** : 모서리 모따기 수치를 설정합니다.
ⓓ **Height** : Gengon의 높이를 설정합니다.

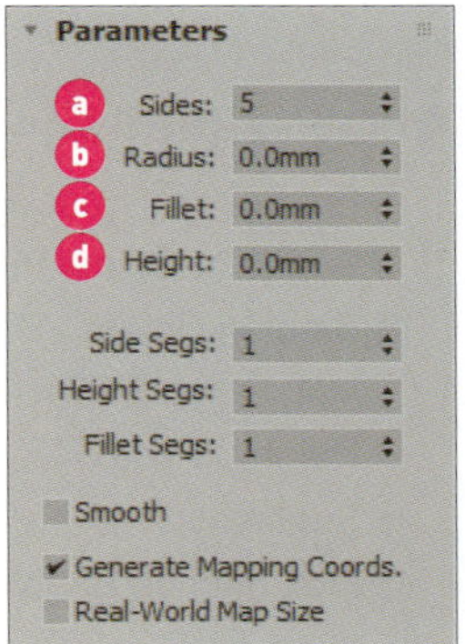

⑩ **C-Ext** : 돌출된 C자 형태의 Object를 만듭니다.

   ⓐ **Back Length, Side Length, Front Length** : C-Ext의 길이를
설정합니다.

   ⓑ **Back Width, Side Width, Front Width** : C-Ext의 넓이를 설정합
니다.

   ⓒ **Height** : C-Ext의 높이를 설정합니다.

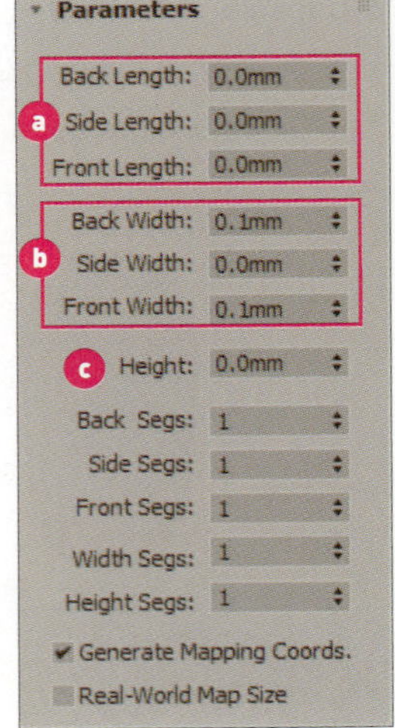

⑪ **RingWave** : 불규칙한 내부 및 외부 가장
자리가 있는 링을 만듭니다.

   ⓐ **RingWave Size** : RingWave의 크기
를 결정합니다.

   ⓑ **RingWave Timing** : RingWave의
애니메이션을 설정합니다.

   ⓒ **Outer Edge Breakup, Inner
Edge Breakup** : RingWave의 안팎
의 크기와 모양을 조절합니다.

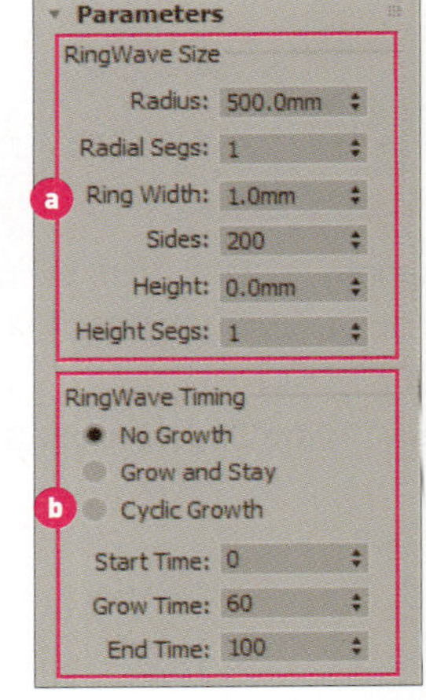
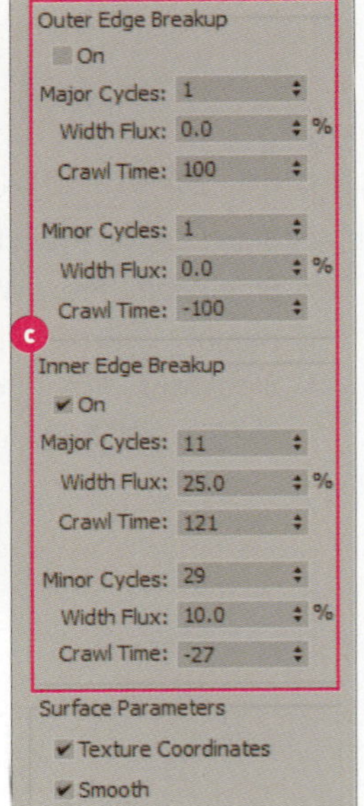

⑫ **Hose** : 울퉁불퉁한 호스 모양의 Object를 만듭니다.

   ⓐ **Free Hose** : Hose를 단순 Object로 사용합니다.

   ⓑ **Bound to Object Pivots** : Hose를 두 Object에 바인딩 합니다.

   ⓒ **Binding Object** : Bound to Object Pivots를 설정한 경우에 사용합
니다. Object를 연결하여 위치 관계를 설정할 수 있습니다.

   ⓓ **Height** : Hose의 직선 높이 또는 길이를 설정합니다.

   ⓔ **Segments** : 길이의 Segment 수를 조절합니다.

   ⓕ **Flex Section Enable** : 체크를 하면 Hose 주름 부분에 아래 네 가지
변수를 적용할 수 있습니다.

   ⓖ **Starts** : 시작점부터 Hose까지 길이의 백분율입니다. 기본 값은 10%입니다.

   ⓗ **Ends** : 끝점부터 Hose까지 길이의 백분율입니다. 기본 값은 90%입니다.

   ⓘ **Cycles** : Hose 주름의 개수로 기본 값은 '5'입니다.

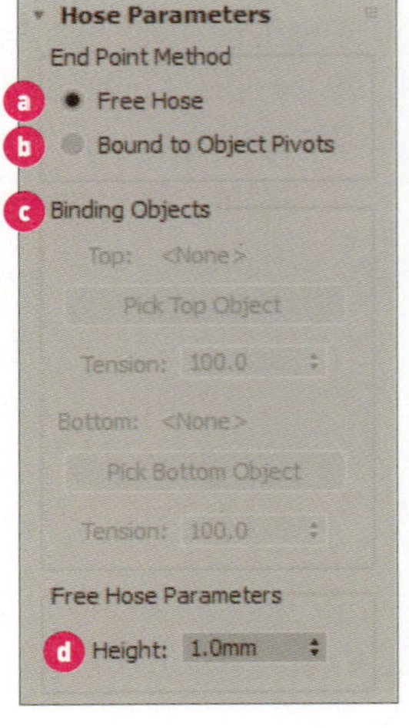

ⓙ Diameter : 바깥 부분의 상대적인 너비로 값이 음수일 경우 전체 지름보다 너비가 좁고, 양수일 경우 넓습니다.

ⓚ Smoothing : Hose가 부드럽게 표현될 부분을 선택합니다.

ⓛ Renderable : 체크를 하면 Hose가 렌더링되고, 해제하면 렌더링되지 않습니다.

ⓜ Round Hose : 원형 Hose를 설정합니다.

ⓝ Rectangular Hose : 사각형 Hose를 설정합니다.

ⓞ D-Section Hose : Rectangular Hose와 비슷하지만, D자 모양 횡단면의 Hose를 설정합니다.

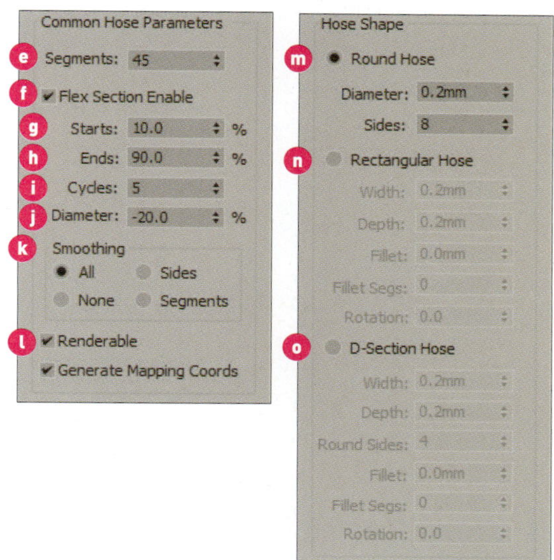

⑬ Prism : 독립적으로 나눠진 3면의 프리즘을 만듭니다.

  ⓐ Side 1 Length, Side 2 Length, Side 3 Length : Prism의 측면 길이를 설정합니다.

  ⓑ Height : Prism의 높이를 설정합니다.

  ⓒ Side 1 Segs, Side 2 Segs, Side 3 Segs, Height Segs : 각 면과 높이의 분할 수를 설정합니다.

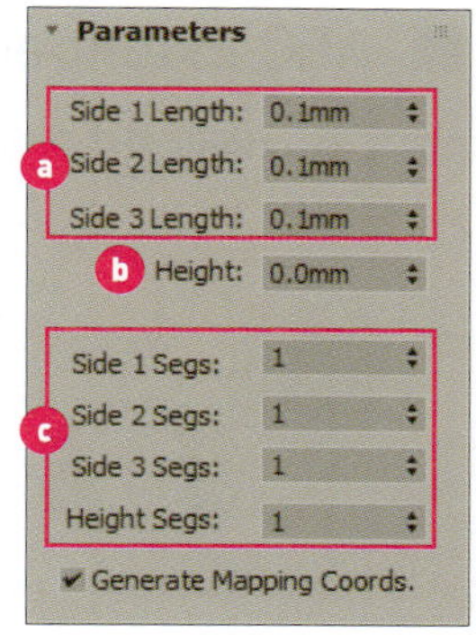

# 03

# 건축에 쓰이는 Object 알아보기

3ds Max에서는 기본적으로 다양한 건축 Object를 제공하고 있습니다. 이러한 Object를 잘 활용한다면 건축물 Modeling을 쉽게 할 수 있습니다. Create 패널의 Geometry 메뉴에서 선택할 수 있습니다.

건축에 사용되는 다양한 오브젝트

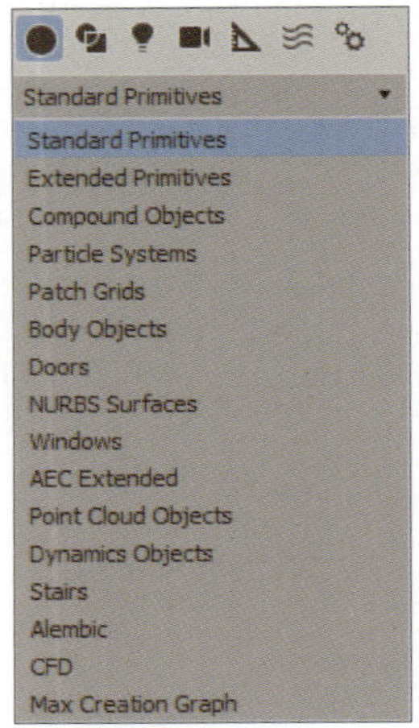
다양한 추가선택 도구

## ■ AEC Extended

AEC Extended는 주로 외부 건축에 사용됩니다. 나무, 울타리, 벽을 간단하게 만들 수 있습니다.

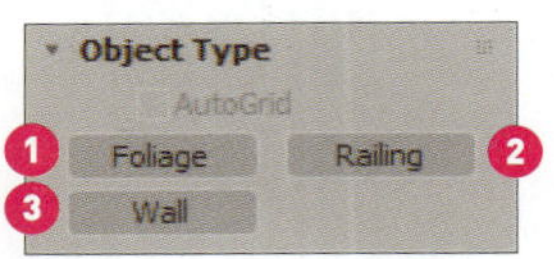
AEC Extended의 구성 요소

① **Foliage** : 다양한 종류의 나무를 만듭니다. 목록에서 Viewport로 드래그하거나 클릭하여 나무를 추가할 수 있습니다. 리스트의 나무를 더블클릭하면 절대 좌표(0,0,0)에 만들어집니다.

   ⓐ **Favorite Plants** : 라이브러리에 있는 식물의 목록을 표시합니다.
   ⓑ **Parameters** : 나무의 높이 및 밀도를 설정합니다.
   ⓒ **Show** : 식물의 잎, 줄기, 과일, 가지, 꽃, 뿌리 표시를 설정합니다.
   ⓓ **Viewport Canopy Mode** : Viewport에서 나무의 바깥쪽을 덮는 캐노피 모드를 설정합니다.
   ⓔ **Level-of-Detail** : Rendering 시 나무의 정밀도 수준을 설정합니다.

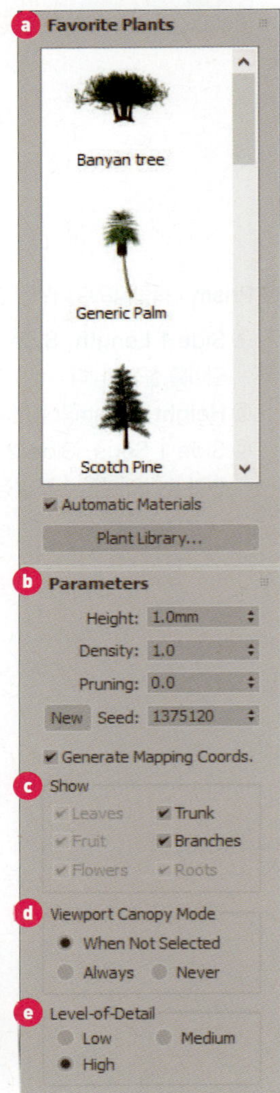

② **Railing** : 레일, 기둥, 울타리를 만들 수 있습니다. 레일의 방향 및 높이를 지정하거나 Line을 이용하여 만들 수 있습니다.

   ⓐ **Pick Railing Path** : 경로를 지정하여 Rail을 만듭니다.
   ⓑ **Top Rail** : 가장 위의 레일 형태를 설정합니다.
   ⓒ **Lower Rail(s)** : 하단의 레일 형태 및 간격을 설정합니다.
   ⓓ **Posts** : 양쪽 끝의 레일 형태 및 간격을 설정합니다.
   ⓔ **Fencing** : 울타리의 유형 및 간격, 채우기를 설정합니다.

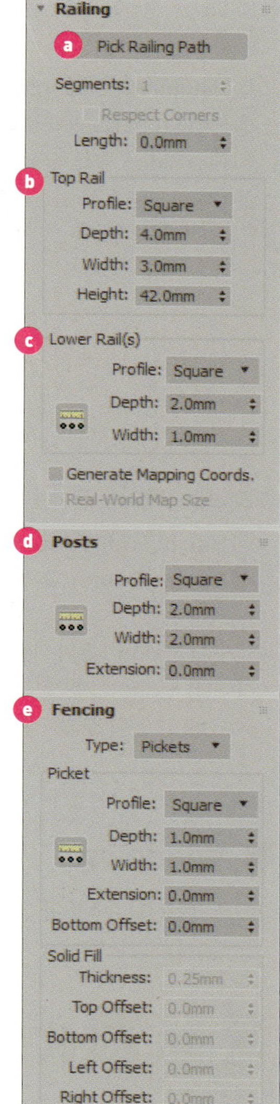

③ **Wall** : Viewport에 마우스를 클릭하거나 키보드 입력을 하여 벽을 만듭니다.

   ⓐ **Width/Height** : 벽의 너비와 높이를 설정합니다.
   ⓑ **Justification** : 벽을 만들 때 기준선의 위치를 설정합니다.

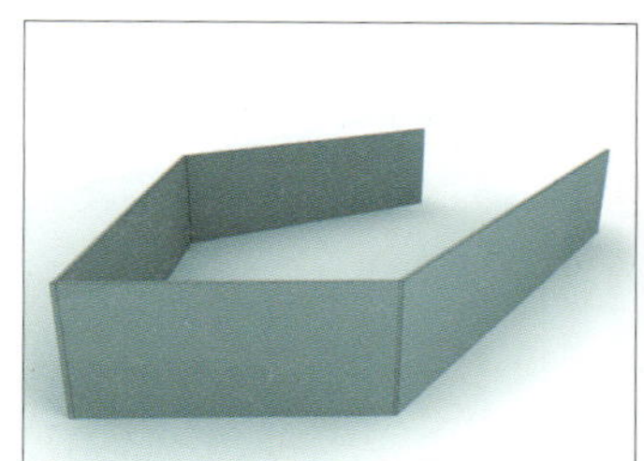
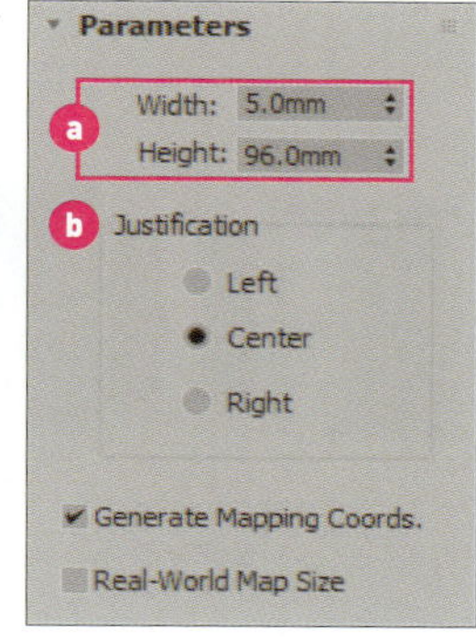

## ■ Door

기본적인 문 모델의 옵션을 수정하여 다양한 형태의 문을 만들고 만든 문을 열거나 닫을 수 있습니다.

**Door의 구성 요소**

① **Pivot** : 한쪽에만 경첩이 있는 여닫이문의 형태입니다.

   ⓐ **Height/Width/Depth** : Door의 크기를 설정합니다.
   ⓑ **Double Doors** : 이중문을 만듭니다.
   ⓒ **Flip Swing** : 문의 움직이는 방향을 변경합니다.
   ⓓ **Flip Hinge** : 문의 힌지를 문의 반대편으로 이동합니다.
   ⓔ **Open** : 문이 열리는 각도를 설정합니다.
   ⓕ **Frame** : Frame을 만들 것인지의 여부와 크기를 설정합니다. Frame은 문 Object의 구성 요소이기는 하지만 벽의 일부인 것과 같습니다. 문을 열거나 닫아도 고정되어 있습니다.
   ⓖ **Leaf Parameters** : 문 자체에 영향을 미치지 않는 Frame과 달리 문 자체에 영향을 주는 옵션입니다. 문에 패널을 추가하여 다양한 형태를 만들 수 있습니다.

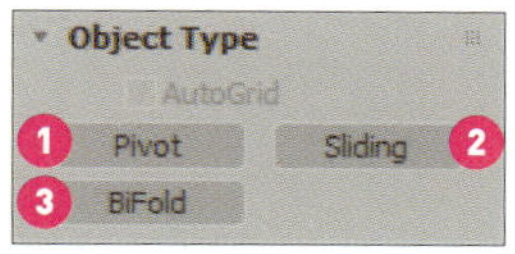
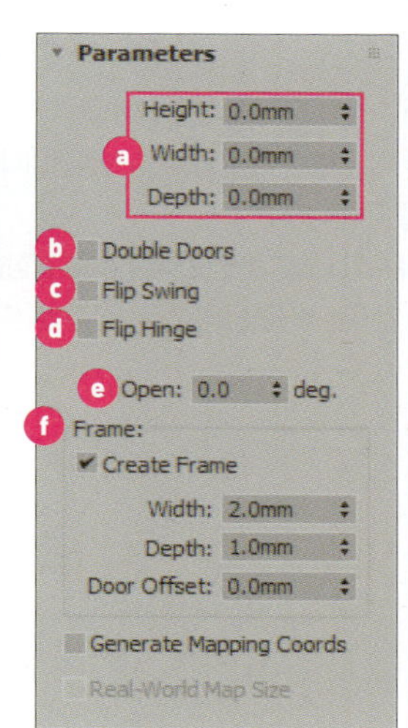
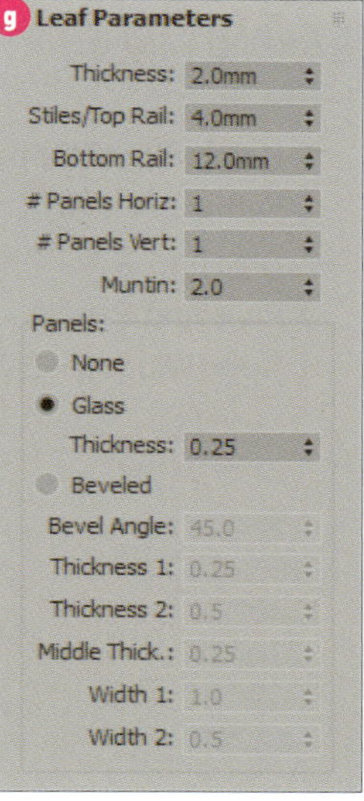

② **Sliding** : 슬라이딩되는 문의 형태로 하나는 고정 상태가 유지되고, 하나의 문은 이동합니다.

　ⓐ **Height/Width/Depth** : Sliding Door의 크기를 설정합니다.
　ⓑ **Flip Front Back** : 앞의 문과 뒤의 문의 위치를 바꿔줍니다.
　ⓒ **Flip Side** : 슬라이딩되는 문의 위치를 바꿔줍니다.
　ⓓ **Open** : 문이 열리는 정도를 백분율로 설정합니다.

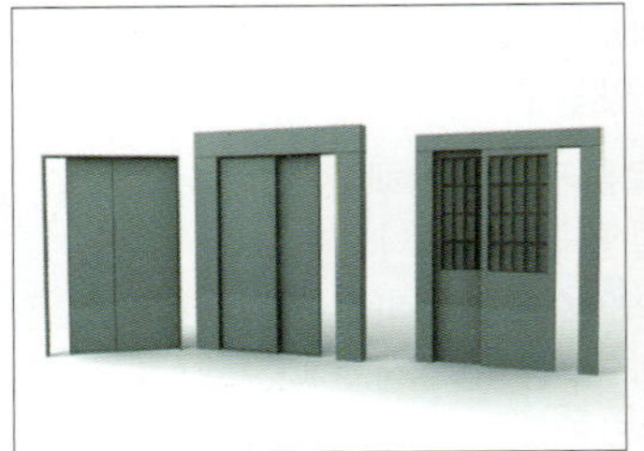

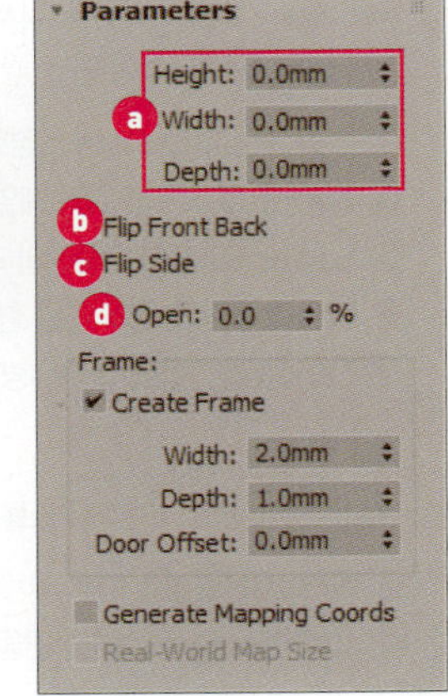

③ **Bifold** : Bifold는 끝 부분과 중간 부분에 경첩이 달려 있는 접이문 형태의 문입니다.

　ⓐ **Height/Width/Depth** : Bifold Door의 크기를 설정합니다.
　ⓑ **Double Doors** : 4개의 구성으로 만들어지며 중간에서 만나는 이중문의 형태입니다.
　ⓒ **Flip Swing** : 문이 기본 값과 반대 방향으로 움직이도록 합니다.
　ⓓ **Flip Hinge** : 기본 값과 반대쪽에 문의 경첩이 달리도록 설정합니다.
　ⓔ **Open** : 문이 열리는 정도를 백분율로 설정합니다.

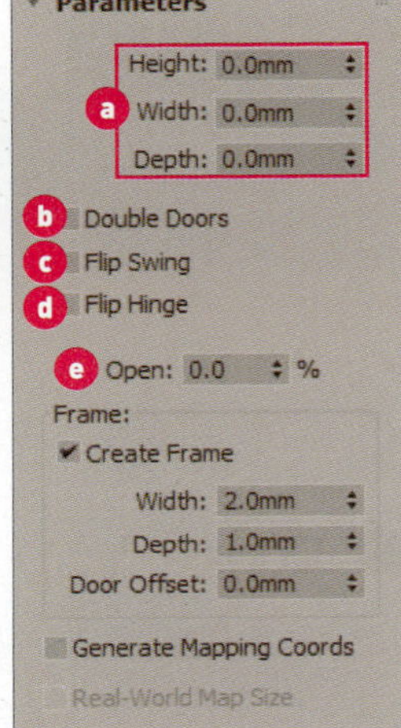

## ■ Windows

창 모델의 옵션을 수정하여 다양한 형태의 창을 만들 수 있습니다.

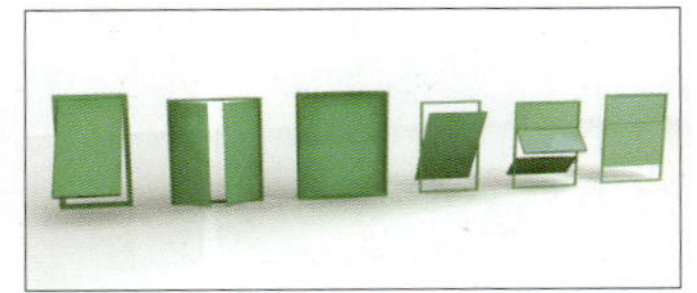

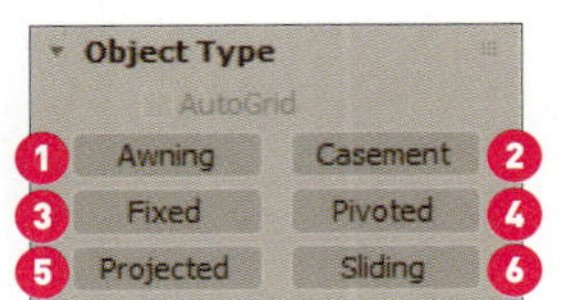

**Windows의 구성 요소**

① **Awning** : 차양 창은 위에 경첩이 달려 있는 형태로 위를 기준으로 열리는 형태의 창입니다.

　ⓐ **Height/Width/Depth** : 창의 전체 크기를 설정합니다.
　ⓑ **Frame** : 창 프레임의 수직/수평/두께의 크기를 설정합니다.
　ⓒ **Glazing** : 유리의 두께를 만듭니다.
　ⓓ **Rails and Panels** : 섀시의 레일 너비 및 패널 수를 설정합니다.
　ⓔ **Open Window** : 창이 열리는 비율을 백분율로 설정합니다.

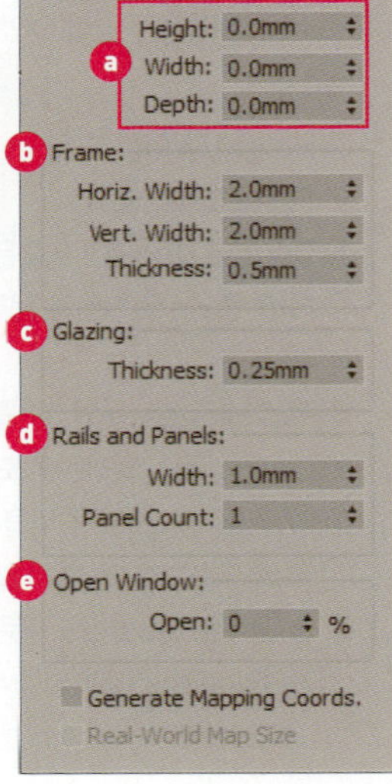

② **Casement** : 여닫이창은 옆에 경첩이 달려 있는 형태로 옆을 기준으로 열리는 형
태의 창입니다.

ⓐ **Height/Width/Depth** : 창의 전체 크기를 설정합니다.
ⓑ **Frame** : 창 프레임의 수직/수평/두께의 크기를 설정합니다.
ⓒ **Glazing** : 유리의 두께를 만듭니다.
ⓓ **Casements** : 각 섀시 내의 유리창 패널 크기와 개수를 지정합니다.
ⓔ **Open Window** : 창이 열리는 비율을 백분율로 설정합니다.

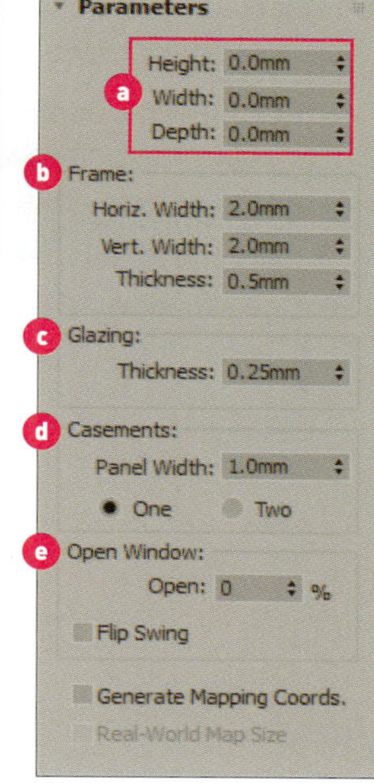

③ **Fixed** : 고정 창의 형태로 열고 닫는 메뉴가 없지만 창을 세분화하는 레일이 있습니다.

ⓐ **Height/Width/Depth** : 창의 전체 크기를 설정합니다.
ⓑ **Frame** : 창 프레임의 수직/수평/두께의 크기를 설정합니다.
ⓒ **Glazing** : 유리의 두께를 만듭니다.
ⓓ **Rails and Panels** : 섀시의 레일 너비 및 패널 수를 설정합니다.

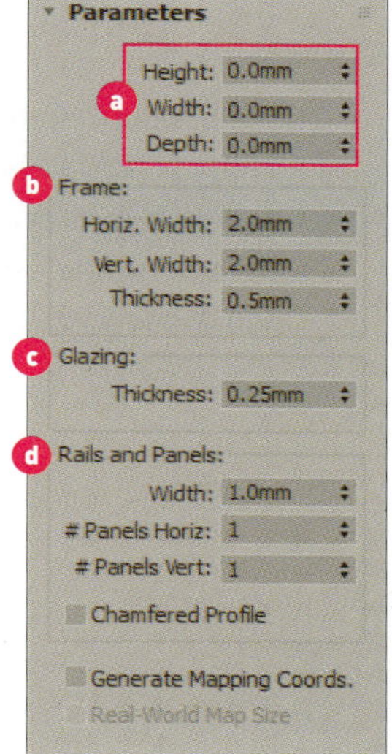

④ **Pivoted** : 창 중간에 힌지가 연결되어 있는 형태로 수직이나 수평 형태로 열 수 있
습니다.

ⓐ **Height/Width/Depth** : 창의 전체 크기를 설정합니다.
ⓑ **Frame** : 창 프레임의 수직/수평/두께의 크기를 설정합니다.
ⓒ **Glazing** : 유리의 두께를 만듭니다.
ⓓ **Rails** : 섀시의 레일 너비 및 패널 수를 설정합니다.
ⓔ **Pivots** : 회전축을 수평에서 수직으로 바꿉니다.
ⓕ **Open Window** : 창이 열리는 비율을 백분율로 설정합니다.

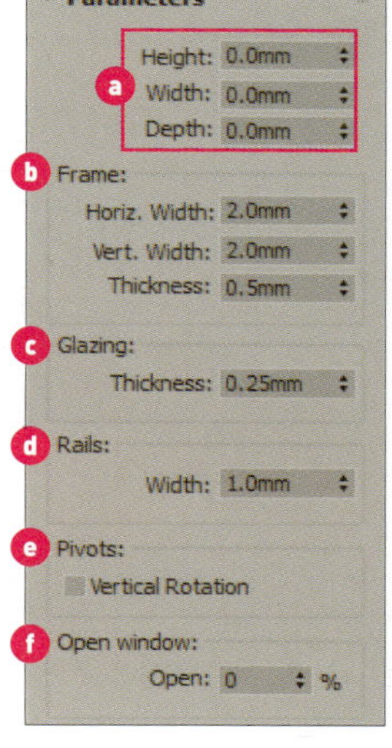

⑤ **Projected** : 투영 창은 3개의 섀시로 구성되어 있으며, 맨 위의 창은 고정이고, 아래의 두 창은 반대 방향으로 열립니다.

    ⓐ **Height/Width/Depth** : 창의 전체 크기를 설정합니다.

    ⓑ **Frame** : 창 프레임의 수직/수평/두께의 크기를 설정합니다.

    ⓒ **Glazing** : 유리의 두께를 만듭니다.

    ⓓ **Rails and Panels** : 섀시의 레일 너비 및 패널 수를 설정합니다.

    ⓔ **Open Window** : 창이 열리는 비율을 백분율로 설정합니다.

⑥ **Sliding** : 슬라이딩 창은 2개로 구성되어 있으며, 수직이나 수평 형태로 열립니다.

    ⓐ **Height/Width/Depth** : 창의 전체 크기를 설정합니다.

    ⓑ **Frame** : 창 프레임의 수직/수평/두께의 크기를 설정합니다.

    ⓒ **Glazing** : 유리의 두께를 만듭니다.

    ⓓ **Rails and Panels** : 섀시의 레일 너비 및 패널 수를 설정합니다.

    ⓔ **Open Window** : 창이 열리는 비율을 백분율로 설정합니다.

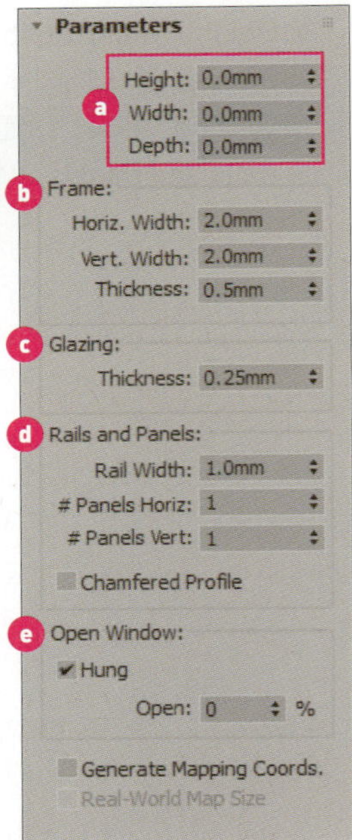

## ■ Stairs

직선형, L자형, U자형, 회전형 형태의 계단을 만듭니다.

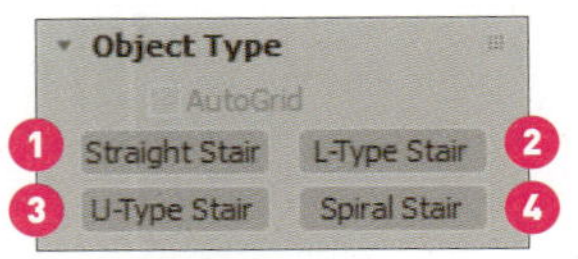

**Stairs의 구성 요소**

① **Straight Stair** : 직선형의 계단을 만듭니다.

  ⓐ **Type** : 계단의 형태를 열림/닫힘/상자 형태 중에서 선택합니다.

  ⓑ **Generate Geometry** : 계단의 측판/캐리지/핸드레일/레일 경로를 설정할 수 있습니다.

  ⓒ **Layout** : 계단의 길이 및 너비를 설정합니다.

  ⓓ **Rise** : 계단의 수직 높이를 전체/1개 수직 높이/계단 수로 설정할 수 있습니다.

  ⓔ **Steps** : 계단 층계의 두께 및 층계의 깊이를 설정합니다.

  ⓕ **Carriage** : Carriage의 깊이/너비/간격을 설정할 수 있습니다.

  ⓖ **Railings** : Generate Geometry에서 Handrail을 사용하는 경우에만 활성화되며, 핸드레일의 높이/세그먼트 수/반지름을 설정할 수 있습니다.

  ⓗ **Stringers** : 계단 옆판의 깊이/너비/간격을 설정할 수 있습니다.

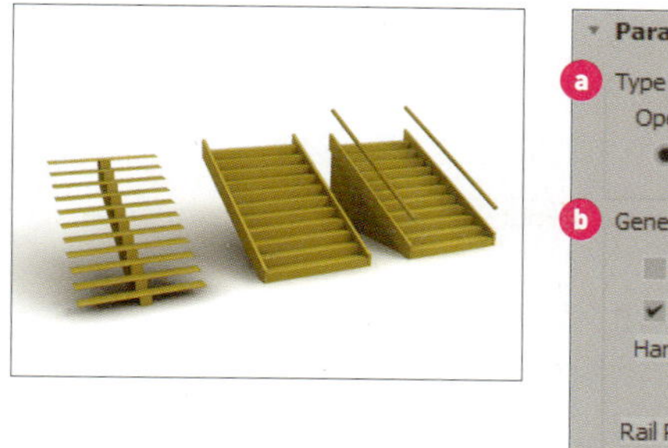

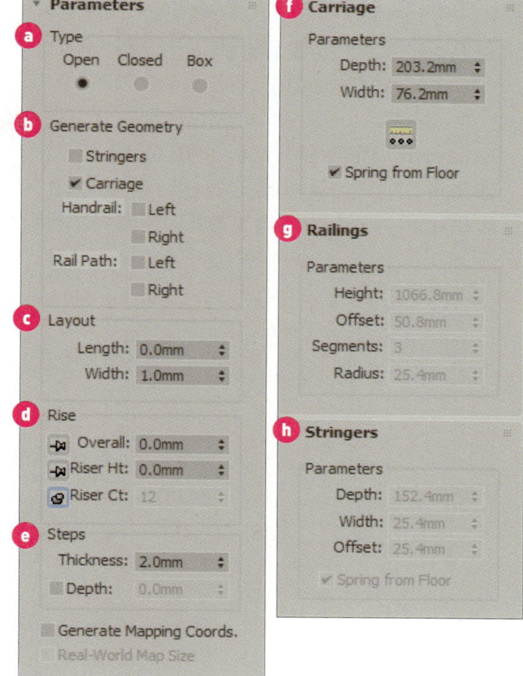

② **L-Type Stair** : 2개의 계단 층이 서로 직각인 L자 모양의 계단을 만듭니다.

  ⓐ **Type** : 계단의 형태를 열림/닫힘/상자 형태 중에서 선택합니다.

  ⓑ **Generate Geometry** : 계단의 측판/캐리지/핸드레일/레일 경로를 설정할 수 있습니다.

  ⓒ **Layout** : 계단의 길이, 너비, 각도를 설정합니다.

  ⓓ **Rise** : 계단의 수직 높이를 전체/1개 수직 높이/계단 수로 설정할 수 있습니다.

  ⓔ **Steps** : 계단 층계의 두께 및 층계의 깊이를 설정합니다.

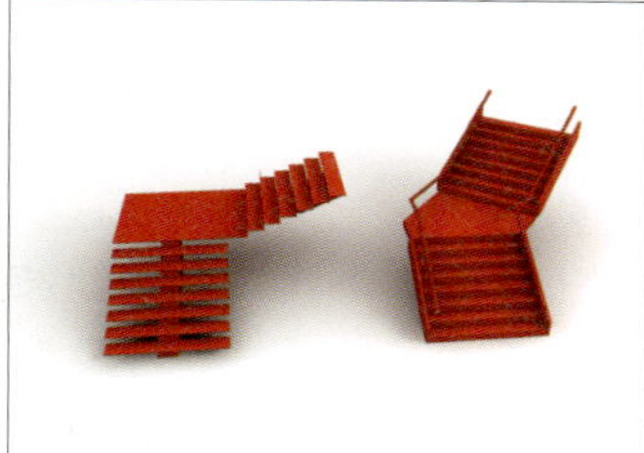

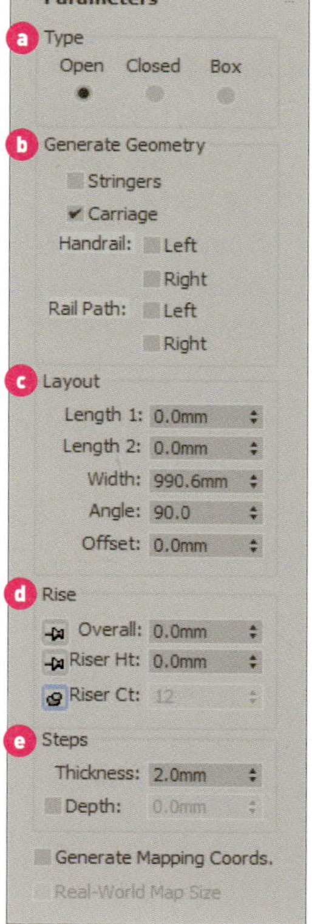

③ **U-Type Stair** : U자 형태의 계단을 만듭니다.

ⓐ **Type** : 계단의 형태를 열림/닫힘/상자 형태 중에서 선택합니다.

ⓑ **Generate Geometry** : 계단의 측판/캐리지/핸드레일/레일 경로를 설정할
수 있습니다.

ⓒ **Layout** : 계단의 길이, 너비, 방향을 설정합니다.

ⓓ **Rise** : 계단의 수직 높이를 전체/1개 수직 높이/계단 수로 설정할 수 있습니다.

ⓔ **Steps** : 계단 층계의 두께 및 층계의 깊이를 설정합니다.

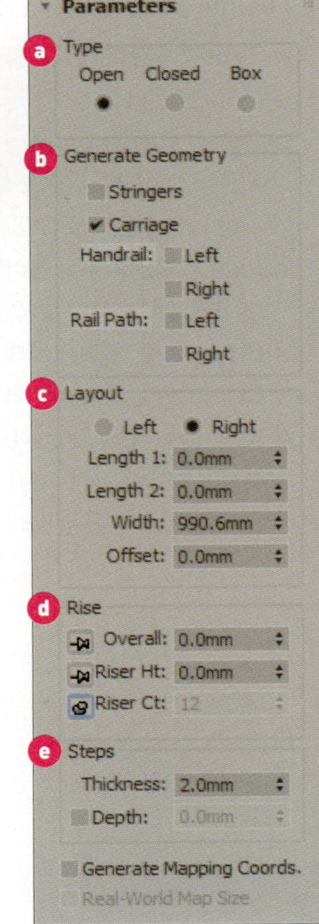

④ **Spiral Stair** : 나선형의 계단을 만듭니다.

ⓐ **Type** : 계단의 형태를 열림/닫힘/상자 형태 중에서 선택합니다.

ⓑ **Generate Geometry** : 계단의 측판/캐리지/핸드레일/레일 경로를 설정할
수 있습니다.

ⓒ **Layout** : 계단의 길이, 너비, 회전 방향을 설정합니다.

ⓓ **Rise** : 계단의 수직 높이를 전체/1개 수직 높이/계단 수로 설정할 수 있습니다.

ⓔ **Steps** : 계단 층계의 두께 및 층계의 깊이를 설정합니다.

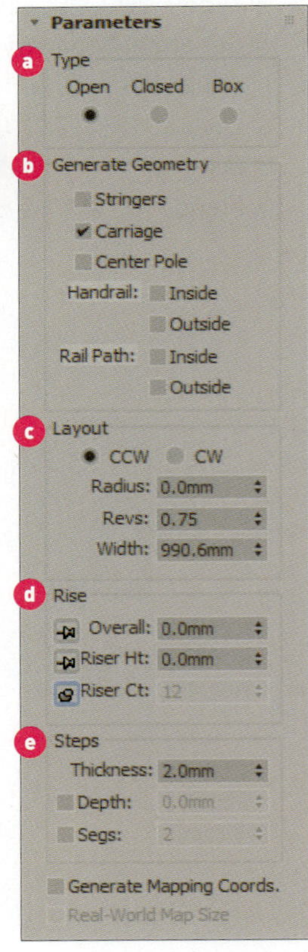

# 기본 도형과 확장 도형으로 기차 만들기

이번에는 방금 소개한 기본 도형과 확장 도형을 이용하여 기차를 만들어보겠습니다. 아직 모델링이 어려운 분은 'C:/315-5466/Part2/0201.max' 파일을 참고하시기 바랍니다.

## 01

Top View에서 [Create-Geometry-Extended Primitives-ChamferBox]를 선택하여 ChamferBox를 만들고 옵션을 아래처럼 설정합니다.

> Length : 300㎜, Width : 80㎜, Height : 20㎜,
> Fillet : 3㎜, Fillet Segs : 5

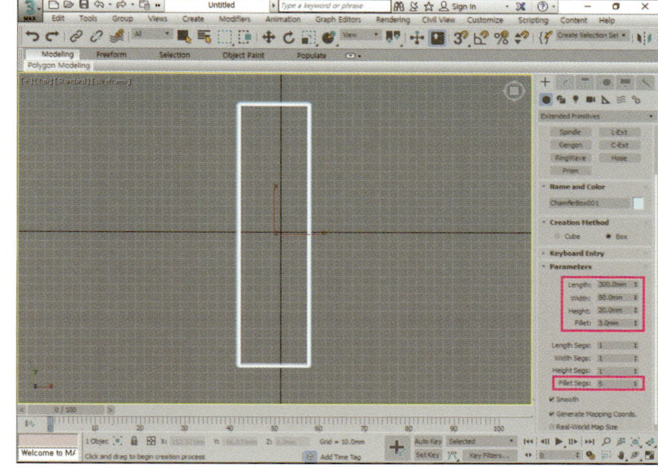

## 02

Front View에서 [Create-Geometry-Extended Primitives-Oiltank]를 선택하여 Oiltank를 만들고 옵션을 아래처럼 설정한 후 ChamferBox 위에 위치시킵니다.

> Radius : 40㎜, Height : 200㎜, Cap Height : 15㎜,
> Sides : 24, Height Segs : 1

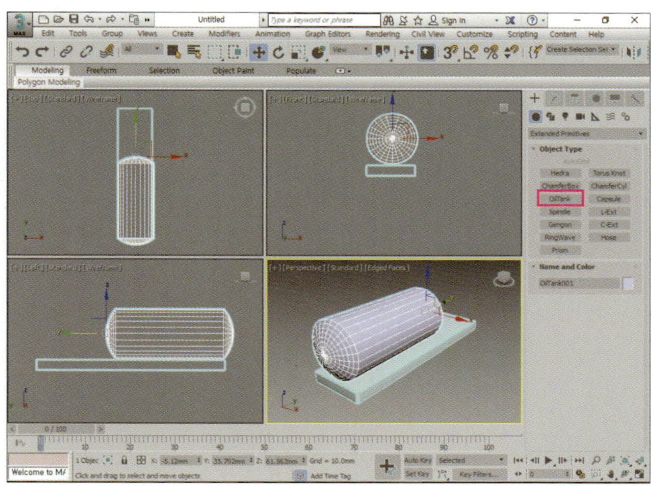

## 03

Perspective View에서 처음에 만든 ChamferBox를 선택한 후 Shift 를
누르고 Z축으로 이동합니다. Shift 를 누르고 Object를 이동시키면 선택한
Object가 이동하면서 복사합니다.
[Clone Options] 대화상자 옵션의 copy에 체크를 합니다.
ChamferBox가 위로 복사되었습니다.

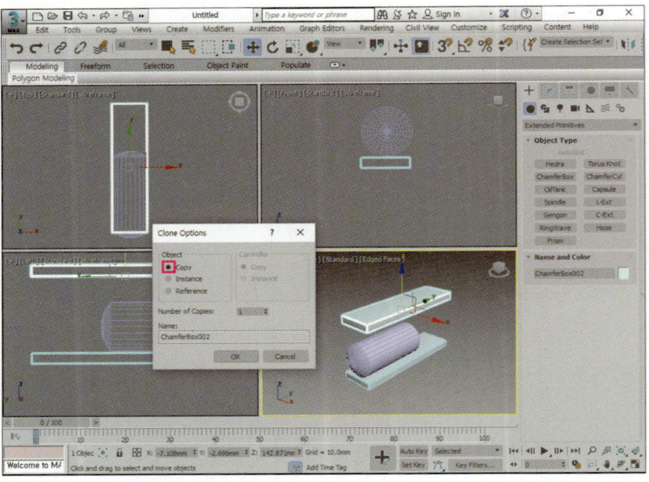

## 04

복사된 ChamferBox를 선택하고 Modify를 선택합니다. 그런 다음,
ChamferBox의 옵션을 아래처럼 수정합니다.

Length : 120㎜, Width : 70㎜, Height : 100㎜,
Fillet : 3㎜, Fillet Segs : 5

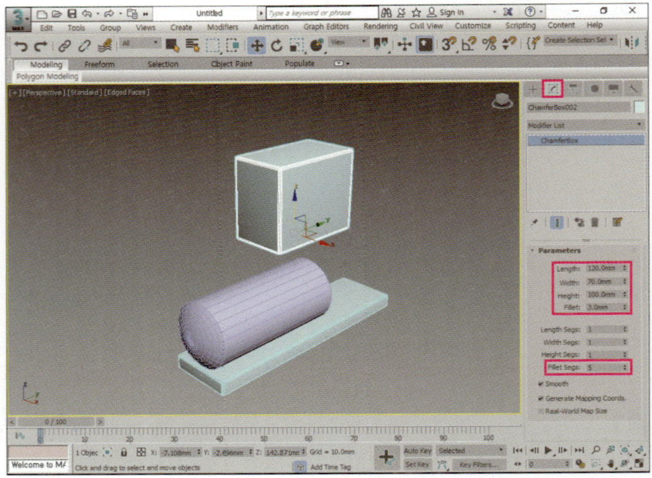

## 05

복사된 ChamferBox를 선택한 상태에서 Align(  )을 클릭한 후 아래의
ChamferBox를 클릭합니다.
[Align Selection] 대화상자에서 옵션을 아래처럼 설정합니다.

Z Position 체크, Current Object : Minimum,
Target Object : Maximum

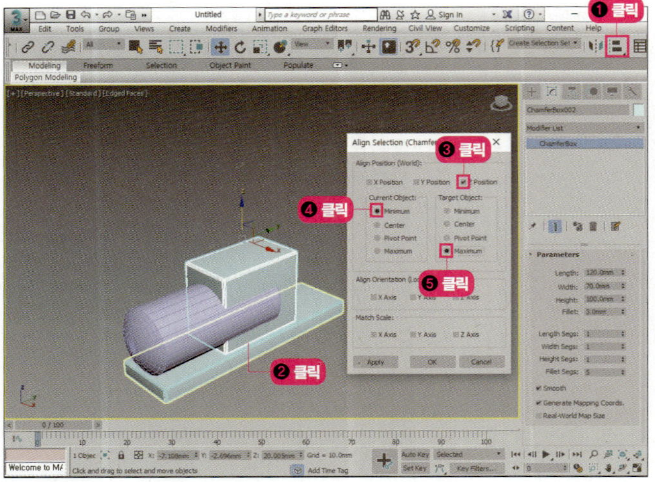

## 06

정렬된 ChamferBox를 아래 그림과 같이 Y축으로 이동합니다.

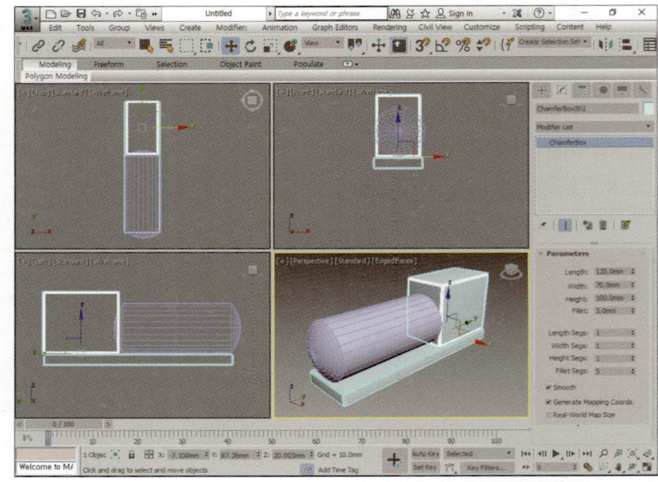

## 07

이동된 ChamferBox를 선택한 후 `Shift`를 누르고 Z축으로 이동시킵니다.
[Clone Options] 대화상자 옵션의 copy에 체크합니다. ChamferBox
가 위로 복사되었습니다.

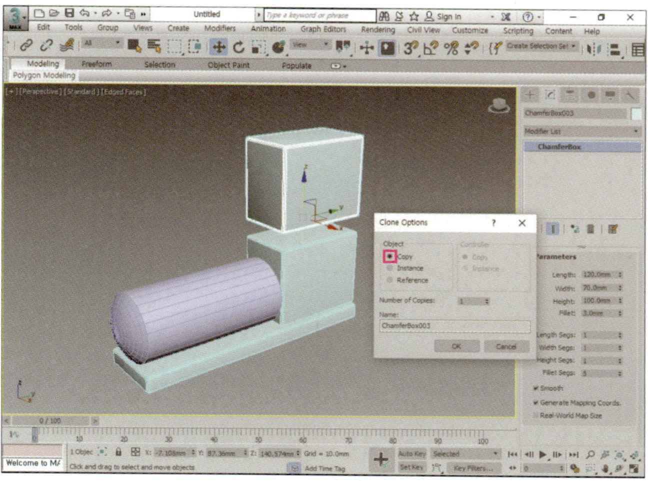

## 08

복사된 ChamferBox를 선택한 상태에서 Align(▤)을 클릭한 후 아래의
ChamferBox를 클릭합니다.
[Align Selection] 대화상자에서 옵션을 아래처럼 설정합니다.

Z Position 체크, Current Object : Minimum,
Target Object : Maximum

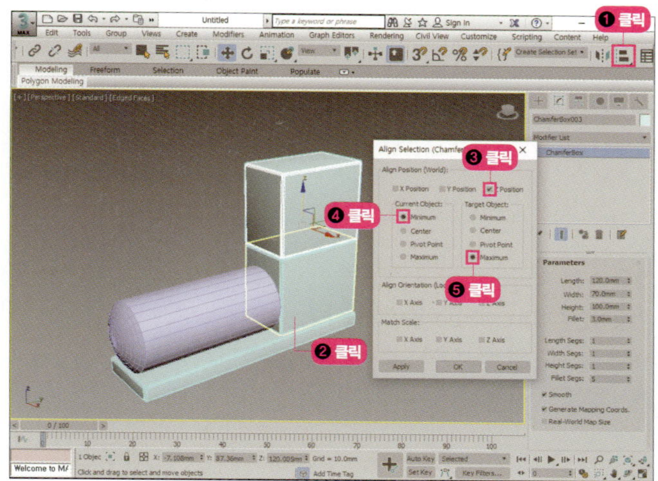

## 09

위에 정렬된 ChamferBox의 옵션을 Modify에서 아래처럼 수정합니다.

Length : 130㎜, Width : 80㎜, Height : 30㎜,
Fillet : 3㎜, Fillet Segs : 5

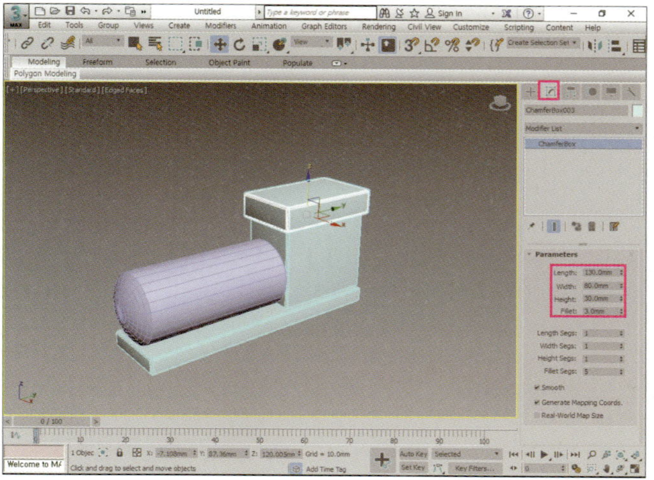

## 10

Left View에서 [Create-Geometry-Standard Primitives-
Cylinder]를 선택하여 Cylinder를 만들고 옵션을 아래처럼 설정한 후
Cylinder를 바퀴가 될 부분으로 이동합니다.

Radius : 30㎜, Height : 10㎜, Sides : 24

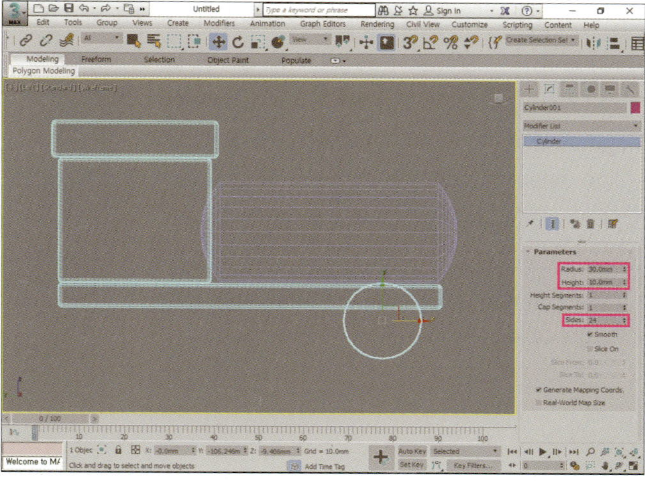

## 11

Cylinder를 선택한 상태에서 Ctrl + V 를 눌러 제자리에서 복사합니다.
[Clone Options] 대화상자 옵션의 copy에 체크합니다.
복사된 Cylinder의 옵션을 Modify에서 아래처럼 수정합니다.
복사가 잘 되었다면 아래 그림처럼 바퀴 부분에 원이 2개가 보입니다.

> Radius : 10㎜, Height : 110㎜, Sides : 24

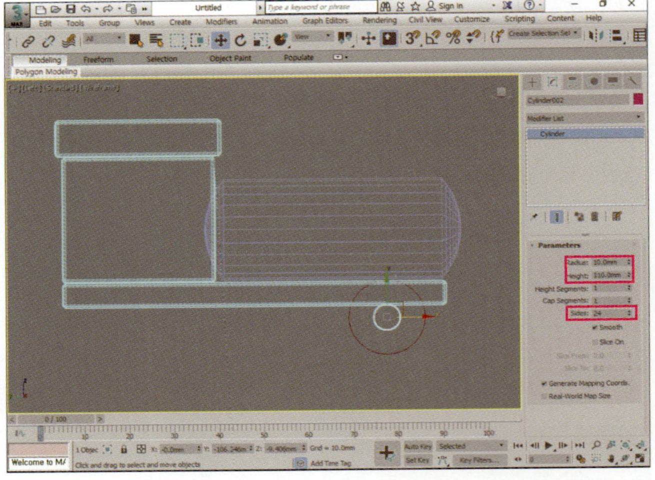

## 12

만들어진 2개의 Cylinder를 선택합니다.
Shift 를 누른 상태에서 X축으로 이동시켜 2개를 더 복사합니다.
복사 옵션은 Instance에 체크합니다.

복사 옵션을 Instance로 설정하면 동시에 수정이 가능합니다.

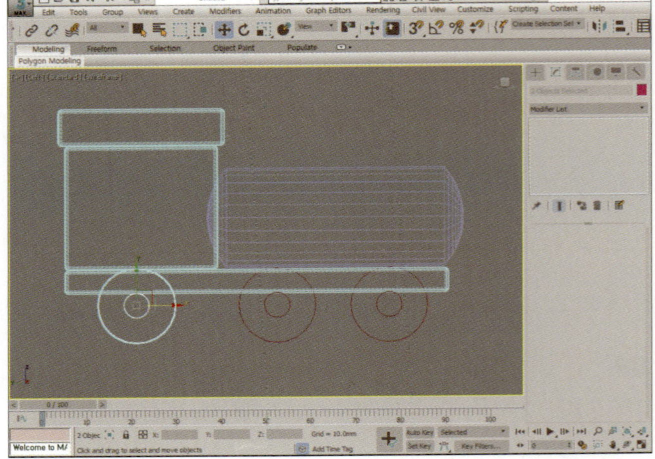


## 13

Front View로 전환합니다. 마우스를 드래그하여 바퀴가 되는 3개의
Cylinder를 모두 선택합니다. Front View에서 하나로 보이지만 뒤로 복
사되어 있기 때문에 실제로 방금 복사한 3개의 Cylinder가 있습니다.
Align(■)을 클릭한 후 옆의 ChamferBox를 클릭합니다.
[Align Selection] 대화상자에서 옵션을 아래처럼 체크하고 [OK] 버튼을
클릭하면 바퀴가 ChamferBox의 끝에 정렬됩니다.

> X Position 체크, Current Object : Maximum,
> Target Object : Minimum

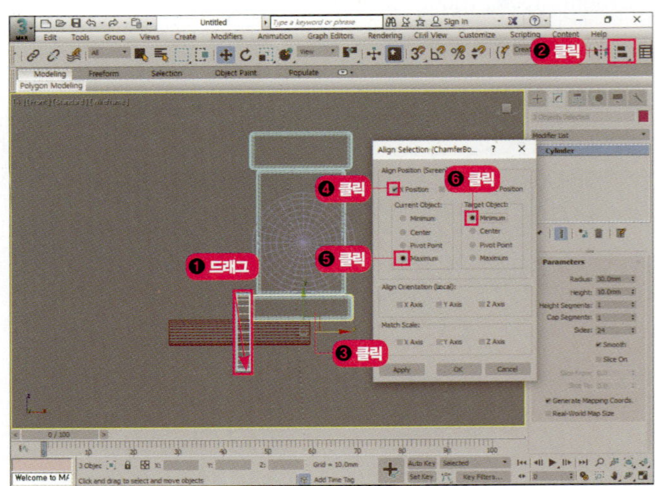

## 14

Main Toolbar의 Mirror(  ) 아이콘을 선택합니다.
[Mirror] 대화상자의 옵션을 아래처럼 수정한 후 [OK] 버튼을 클릭하면 반대쪽에 바퀴가 정확하게 대칭으로 복사됩니다.

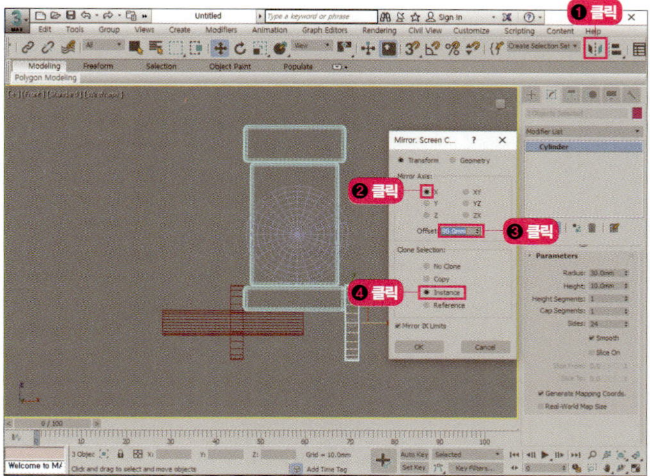

Mirror Axis : X축, Offset : 90㎜
Clone Selection : Instance

## 15

바퀴의 축이 되는 Cylinder와 Oiltank를 선택합니다. Align(  )을 클릭한 후 ChamferBox를 클릭합니다. [Align Selection] 대화상자에서 옵션을 아래처럼 설정하고 [OK] 버튼을 클릭하면 ChamferBox와 Oiltank가 중심으로 이동합니다.

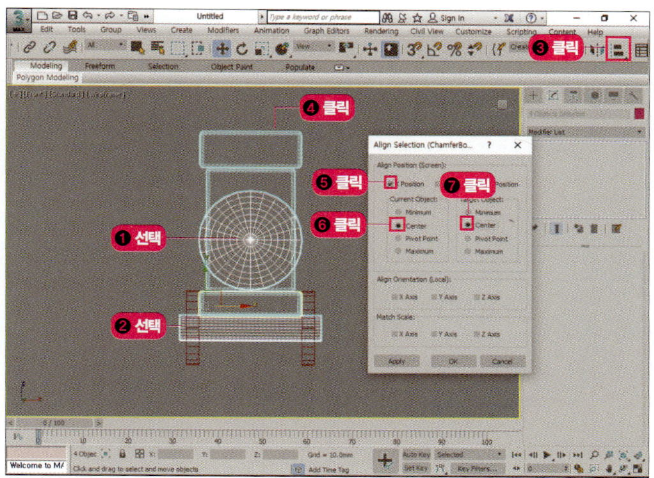

X Position 체크, Current Object : Center,
Target Object : Center

## 16

Top View에서 [Create-Geometry-Standard Primitives-Cylinder]를 선택하여 Cylinder를 만들고 옵션을 아래처럼 설정합니다.

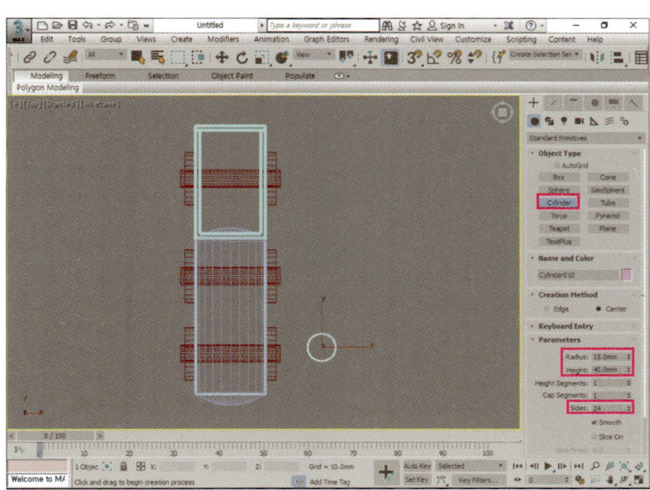

Radius : 15㎜, Height : 40㎜, Sides : 24

## 17

Align(  )을 클릭한 후 Oiltank를 클릭합니다.
[Align Selection] 대화상자에서 옵션을 아래처럼 설정하고 [OK] 버튼을 클릭하면 Cylinder가 Oiltank의 X축으로 정렬됩니다.

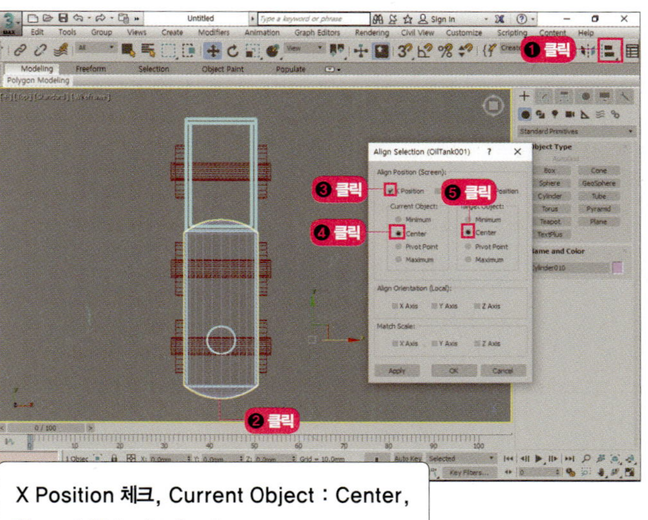

X Position 체크, Current Object : Center,
Target Object : Center

## 18

Left View를 선택한 후 만들어진 실린더를 그림처럼 위로 이동합니다.

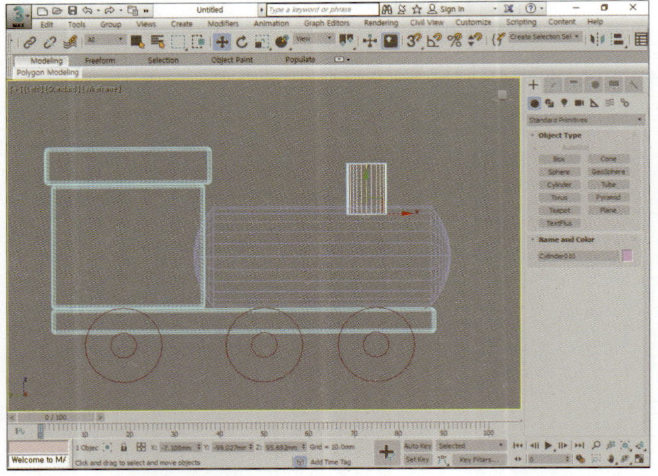

## 19

방금 이동한 Cylinder를 Shift 를 누르고 Y축으로 이동시켜 복사합니다. 복사된 Cylinder는 Modify에서 옵션을 아래처럼 수정합니다.

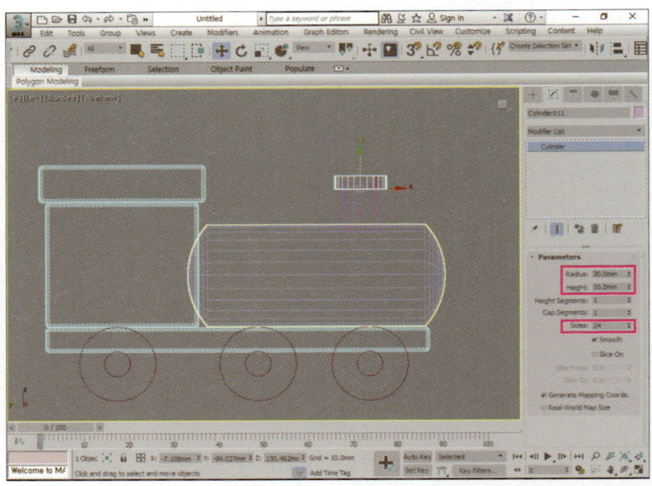

Radius : 20㎜, Height : 10㎜, Sides : 24

## 20

기본 도형을 이용한 기차 모델링이 완성되었습니다. 이렇게 대부분의 모델링은 기본 도형부터 시작되기 때문에 응용을 위해 기본 도형의 형태와 옵션은 반드시 알고 넘어가는 것이 좋습니다. 처음부터 디테일한 모델링을 하기 보다는 조금씩 디테일을 추가해 가며 전체적인 크기와 비율을 맞춰가는 것이 중요합니다. 모델링은 시간을 투자할수록 좋은 결과를 얻을 수 있습니다.

**재질을 적용한 기차 이미지**

# Polygon 편집 기능 알아보기

이번에는 Object의 폴리곤을 편집하는 명령어에 대하여 알아보겠습니다. Polygon 편집은 모델링을 하는 데 매우 중요한 작업이므로 기본 중에 기본이라고 할 수 있습니다. 모델링을 하기 전에 기본적인 작업 내용을 머릿속에 그려보고 어떤 명령어를 써서 모델링을 할지 미리 가상의 모델링을 하는 것도 좋은 방법입니다. 물론 작업을 하다 보면 생각대로 되는 것은 아니지만, 많은 시행착오를 겪을수록 작업 속도도 빨라질 것입니다.

**Polygon 편집명령어로 자유로운 모델링을 하기 위해 기본 편집 명령에 대하여 알아본다.**

### ① 책과 새장 만들기

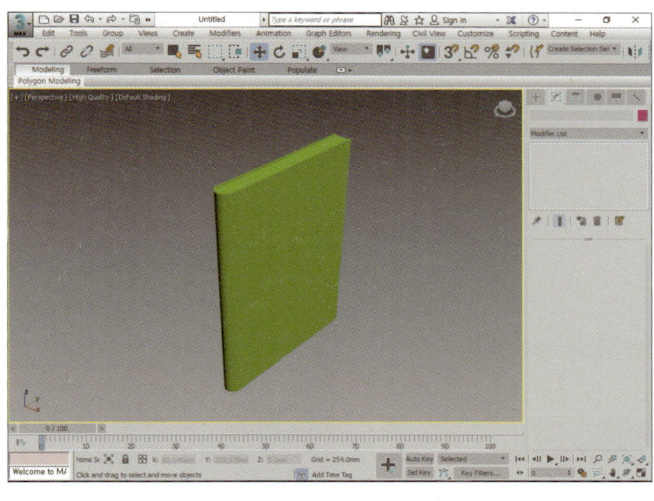

### ② 오브젝트를 부드럽게 만드는 TurboSmooth

01

# Object를 Polygon으로 변환하기

이번에는 Object를 편집하기 위해 Polygon으로 바꾸는 방법에 대하여 알아보겠습니다. 기본 도형을 이용하여 Object를 만들었을 때는 수치를 이용해서 Object의 크기를 바꿀 수 있지만, Polygon으로 바꾸면 수치가 사라지고 Vertex, Edge, Polygon 등 Polygon으로 구성된 Object의 형태로 바뀌게 되어 Vertex, Edge, Polygon으로 Object를 편집해야 합니다.

## ■ Object를 Polygon으로 바꾸기 1

Viewport에서 마우스 오른쪽 버튼을 클릭하면 나타나는 쿼드 메뉴를 이용하여 Object를 Polygon으로 바꾸는 방법을 알아보겠습니다.

만들어진 Object에서 마우스 오른쪽 단추를 누르고 [Convert to-Convert to editable poly]를 선택하면 Object가 Polygon으로 바뀝니다. 이제 Object의 Vertex, Edge, Polygon 등을 선택하여 Object를 수정할 수 있습니다.

**tip** 여러 개의 편집 명령어가 있는 상태에서 Convert to editable poly를 실행하면 기존의 편집 명령어가 하나로 합쳐지면서 Editable Poly로 바뀝니다.

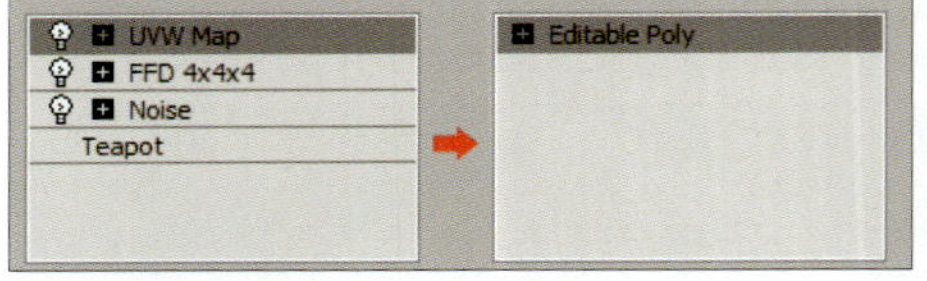

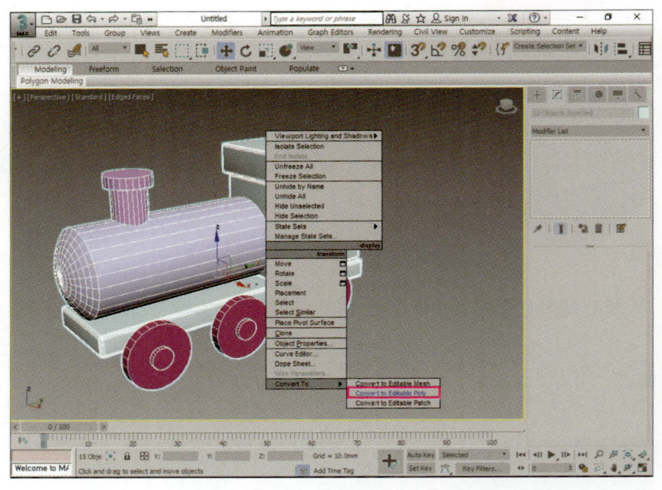

## ■ Object를 Polygon으로 바꾸기 2

이번에는 Modifier List에서 명령어를 적용하여 Object를 Polygon으로 바꾸는 방법을 알아보겠습니다.

Object를 선택한 후 Modifier List를 클릭하고 'Edit Poly'를 선택합니다. Box 위에 Edit poly가 생기면서 Polygon 편집이 가능하게 바뀌었습니다.
Edit poly는 Stack List로 남아 원래 도형의 수치를 변경할 수 있습니다.

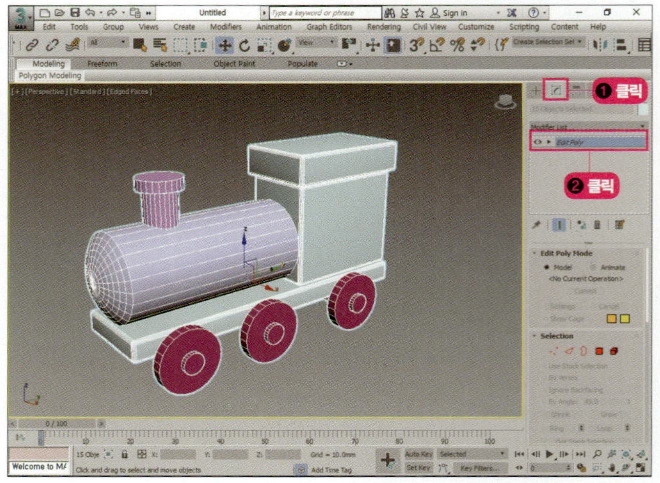

## ■ Object를 Polygon으로 바꾸기 3

이번에는 Graphite Modeling Tools의 아이콘을 이용하여 Object를 Polygon으로 바꾸는 방법을 알아보겠습니다.

Object를 선택한 후 [Modeling-Polygon Modeling]에 마우스 포인터
를 위치시킨 후 'Convert to Poly'나 'Apply Edit Poly Mod' 중에 하나
를 선택하면 Polygon 편집 모드로 바뀌게 됩니다. Object를 선택하지 않
은 상태에서는 메뉴가 활성화되지 않습니다.

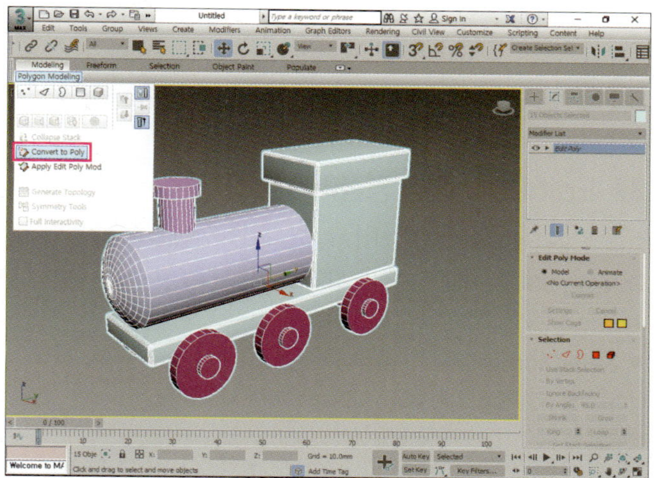

 **tip** 위의 두 가지의 편집은 동일하지만 약간의 차이가 있습니다. Convert to
Poly는 Object에 직접 수정을 하지만 Apply Edit Poly Mod는 Stank
List로 만들어져 수정 내역이 남아 전 단계의 명령어를 수정할 수 있습니다.

## ■ Shape을 Polygon으로 바꾸기

Line으로 그린 Object를 Polygon으로 바꾸면 선의 속성이 사라지고 하나의 면이 만들어집니다.

## 01

[Create-Shapes-Star] 메뉴로 별을 만들었습니다. 외곽 Line만 존재
하는 상태입니다.

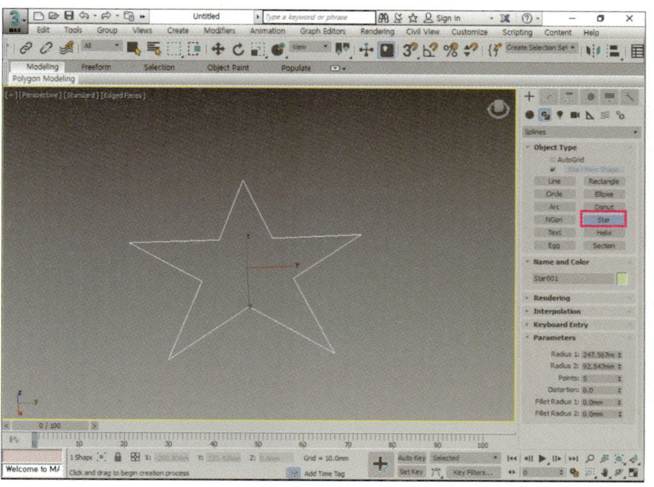

## 02

Shape을 앞의 방법으로 Polygon으로 바꾼 상태입니다. 외곽선이 사라지
고 하나의 면이 만들어졌습니다. 이렇게 2D 도형을 Polygon으로 바꾸면
기존 Line의 속성이 사라지므로 Line을 Polygon으로 변환할 때에는 신중
해야 합니다.

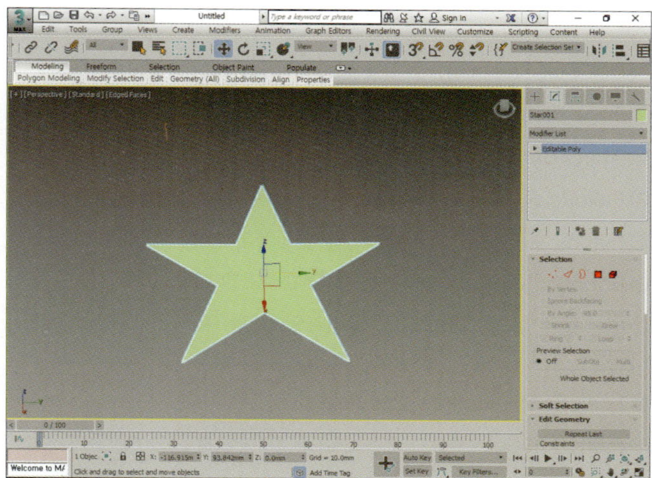

# Polygon의 기본 명령어

이번에는 Polygon으로 변환 후 기본적인 편집 명령어에 대하여 알아보겠습니다. 3D Object를 Modeling을 하는데 있어 중요한 기능이며 가장 많이 사용됩니다. 수많은 명령어가 있으며 Object의 편집을 수월하게 해주므로 반드시 알고 넘어가야 하는 부분입니다.

## ■ Edit Poly 편집 명령어 이해하기

Edit Poly로 변환하면 여러 개의 Parameter가 생깁니다. Sub-Object(Vertex, Edge, Border, Polygon, Element) 중에서 하나를 선택한 후 Parameter에 있는 편집 명령어를 이용하여 Object를 편집할 수 있습니다. Graphite Modeling Tools와 명령어가 동일합니다.

### ● Selection

Object를 구성하고 있는 Sub-Object(Vertex, Edge, Border, Polygon, Element)를 선택할 수 있습니다. 또한 선택할 때 여러 가지 기능을 활용하여 선택할 수 있습니다.

① : Object를 구성하고 있는 Sub-Object(Vertex, Edge, Border, Polygon, Element)를 선택합니다.

② **By Vertex** : Vertex를 선택해야만 Sub-Object가 선택됩니다.

③ **Ignore Backfacing** : 뒷면은 무시하고 사용자가 보이는 면만 선택합니다.

④ **By Angle** : 다각형을 선택할 때 설정한 각도 설정을 기준으로 인접한 다각형도 선택합니다.

⑤ **Shrink** : Sub-Object의 선택 영역을 안쪽으로 축소합니다.

⑥ **Grow** : Sub-Object의 선택 영역을 바깥쪽으로 확대합니다.

⑦ **Ring** : 선택한 Edge와 평행한 모든 Edge를 선택합니다.

⑧ **Loop** : 선택한 Edge와 정렬을 이루는 Edge를 최대한 멀리 선택합니다.

⑨ **Preview Selection** : 선택 사항을 미리 볼 수 있는 옵션을 설정합니다.

### ● Soft Selection

Sub-Object를 선택하고 선택된 영역은 그라데이션으로 표시되어 그라데이션이 적용된 영역까지 부드럽게 움직일 수 있습니다.

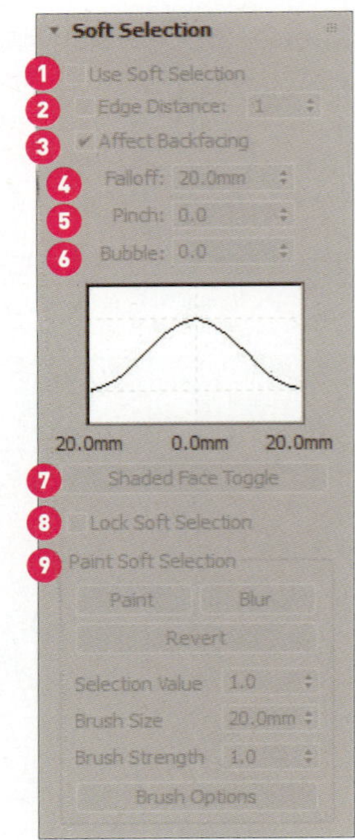

① **Use Soft Selection** : 체크를 하면 Soft Selection을 활성화시킵니다.

② **Edge Distance** : 체크를 하면 선택한 위치와 최대 범위 사이를 입력한 수치로 선택 영역을 제한합니다.

③ **Affect Backfacing** : 뒷면에 Soft Selection의 영향을 받지 않게 합니다.

④ **Falloff** : 중심부터 변형의 영향을 받는 그라데이션의 범위를 설정합니다.

⑤ **Pinch** : 수직 방향으로 곡선의 윗점을 올리거나 내리는 형태입니다.

⑥ **Bubble** : 수직축을 따라 곡선을 확장하고 축소합니다.

⑦ **Shaded Face Toggle** : 선택 범위 안에 있는 Polygon의 Soft Selection 가중치에 해당하는 색상 그라데이션을 표시합니다.

⑧ **Lock Soft Selection** : Soft Selection을 잠급니다.

⑨ **Paint Soft Selection** : 마우스로 드래그하여 Soft Selection을 지정할 수 있습니다.

## ● Edit Geometry

Sub-Object의 선택 유무에 상관없이 편집을 할 수 있는 명령어로 구성되어 있습니다.
대부분 Object 자체에 적용되는 명령어입니다.

① **Repeat last** : 최근에 실행된 명령을 바로 되풀이해서 적용하는 명령입니다.

② **Constraints** : Object의 형태 변형 제약 조건을 선택합니다.
   • **None** : 제약 조건이 없는 기본 값입니다.
   • **Edge** : Object 변형 시 Edge를 따라 움직입니다.
   • **Face** : Object 변형 시 Polygon을 따라 움직입니다.
   • **Normal** : Object 변형 시 법선으로 제한합니다. Sub-Object가 수직으로 이동합니다.

③ **Preserve UVs** : 체크를 하면 Object의 UVMapping에 영향을 미치지 않고 Sub-Object를 편집할 수 있습니다.

④ **Create** : Polygon을 만듭니다.

⑤ **Collapse** : 선택한 Sub-Object를 선택 중심의 정점에 하나로 합칩니다.

⑥ **Attach** : 선택한 Object와 다른 오브젝트를 하나로 합칩니다.

### Attach

이번에는 Object를 하나로 합치는 Attach는 선택한 Object를 중심으로 다른 Object를 하나로 묶어주는 기능입니다. Attach를 선택한 후 합칠 Object를 클릭하여 합칠 수 있습니다.

재질이 적용된 Object를 선택한 후 재질이 적용되어 있지 않은 Object를 합치면 처음 선택한 Object의 재질이 자동으로 지정됩니다.

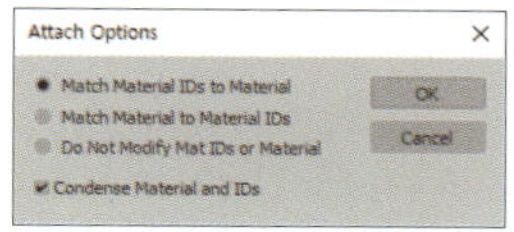

서로 다른 재질을 가진 Object를 합칠 경우 위와 같은 메시지 창이 나타납니다.
• Match Material IDs to Material : 재질에 재질 ID를 일치시킵니다. (기본 값)
• Match Material to Material IDs : 재질 ID에 재질을 일치시킵니다.
• Do Not Modify Mat IDs or Material : 재질 ID나 재질을 수정하지 않습니다.

⑦ **Detach** : 선택한 Sub-Object를 별도의 요소로 분리합니다.

⑧ **Slice plane, Slice, Reset plane** : 임의의 면을 이용하여 면이 관통하는 부분을 잘라줍니다.

⑨ **QuickSlice** : Object의 Polygon을 마우스 클릭만으로 자릅니다.

⑩ **Cut** : Polygon을 자르는 명령어로 Vertex와 Vertex, Vertex와 Edge, Vertex와 Polygon 등을 분할할 수 있습니다.

⑪ **MSmooth** : Polygon을 분할하여 Object를 부드럽게 만들어줍니다. 클릭할 때마다 Polygon이 세분화됩니다.

⑫ **Tessellate** : Object의 형태를 유지하면서 현재의 Polygon을 분할합니다.

⑬ **Make Planar** : 선택한 Sub-Object가 같은 평면에 있도록 합니다.

⑭ **View Align** : 선택한 Sub-Object를 선택한 Viewport에 맞춰 수평으로 정렬합니다.

⑮ **Grid Align** : 선택한 Object 내의 모든 정점을 현재 선택한 View의 평면에 맞춰 정렬합니다.

⑯ **Relax** : Object에 Relax 기능을 적용합니다.

⑰ **Hide Selected** : 선택한 Sub-Object를 숨깁니다.

⑱ **Unhide All** : 숨겨진 Sub-Object를 나타냅니다.

⑲ **Hide Unselected** : 선택되지 않은 Sub-Object를 숨깁니다.


## ● Paint deformation

Polygon이 많은 Object의 표면을 붓을 이용하여 그리듯이 작업할 수 있습니다. Object의 표면을 밀고 당겨 돌출시키거나 들어가게 할 수 있습니다.

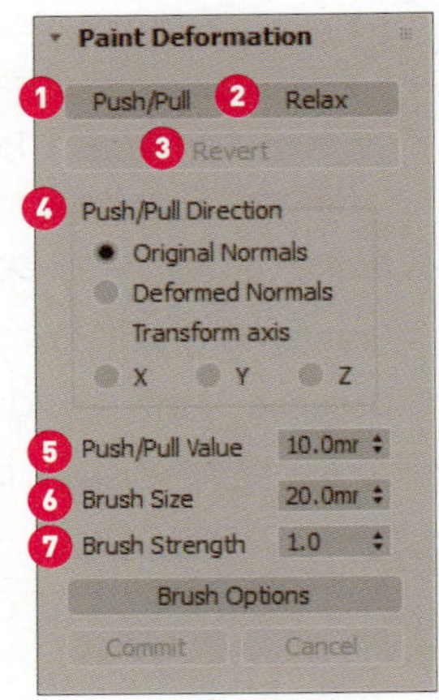

① **Push/Pull** : 마우스로 Object를 당기거나 넣습니다.
  선택하고 드래그하면 튀어나오고 Alt 를 누르고 드래그하면 들어갑니다.

② **Relax** : Object를 평탄화 시킵니다.

③ **Revert** : 적용된 효과를 점차적으로 지웁니다.

④ **Push/Pull direction** : 밀고 당기는 방향을 선택할 수 있습니다.

⑤ **Push/Pull Value** : 밀고 당기는 명령의 강도를 설정합니다.

⑥ **Brush Size** : 원형 브러시의 반지름 크기를 설정합니다.

⑦ **Brush Strength** : 원형 브러시의 강도를 설정합니다.


## ● Edit Vertices

점을 수정하는 모드입니다.

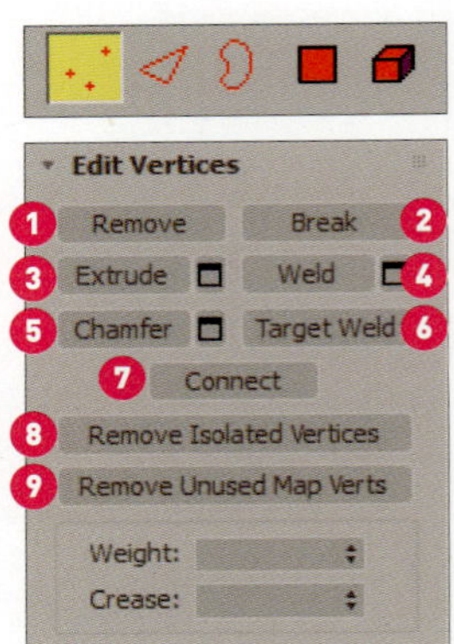

① **Remove** : 선택한 Vertex를 지워주는 명령입니다. Delete 로 삭제하면 Vertex를 지우면서 Vertex와 연결된 Polygon도 지워주지만, Remove는 Vertex만 지워줍니다.

② **Break** : 선택한 Vertex에 새로운 Vertex를 만들어 분리시킵니다.

③ **Extrude** : 선택된 Vertex에 높이를 줍니다.

④ **Weld** : 캐디에서 지정한 범위 안에 Vertex를 합칩니다.

⑤ **Chamfer** : Vertex에 모따기를 합니다.

⑥ **Target Weld** : 선택된 Vertex를 원하는 대상 Vertex에 가져다가 붙입니다.

⑦ **Connect** : Vertex와 Vertex를 Edge로 이어줍니다.

⑧ **Remove Isolated Vertices** : 다각형에 속하지 않는 Vertex를 삭제합니다.

⑨ **Remove Unused Map Verts** : 사용되지 않는 Map Vertex를 자동으로 삭제합니다.


## ● Edit Edges

Edge를 선택하여 편집합니다.

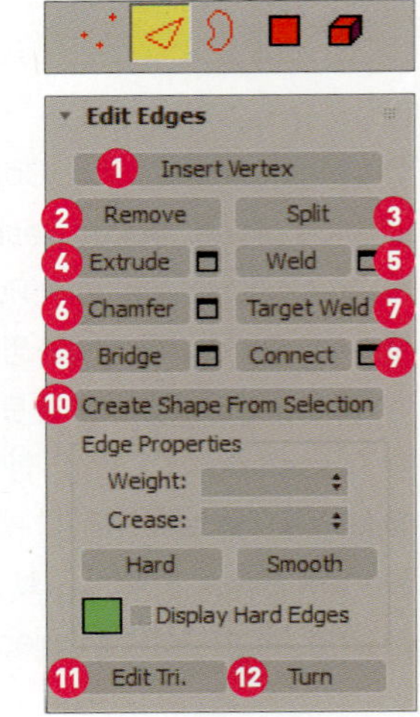

① **Insert Vertex** : Edge에 Vertex을 추가합니다.

② **Remove** : 선택한 Edge를 삭제합니다. 삭제 시 연결된 Vertex도 같이 삭제하려면 Ctrl 을 누른 채로 삭제해야 합니다.

③ **Split** : 선택한 Edge를 따라 분리시킵니다.

④ **Extrude** : 선택한 Edge에 높이를 줍니다.

⑤ **Weld** : 캐디에서 지정한 범위 안에 Edge를 합칩니다.

⑥ **Chamfer** : 선택한 Edge를 모따기합니다.

⑦ **Target Weld** : 선택한 Edge를 다른 Edge와 연결합니다.

⑧ **Bridge** : Edge와 Edge를 연결하여 Polygon을 만들어줍니다.

⑨ **Connect** : 선택된 Edge에 수직이 되는 방향으로 Polygon을 분할합니다.

⑩ **Create Shape From Selection** : 선택한 Edge를 새로운 Shape로 만들어줍니다.

⑪ **Edit Tri** : 내부에 숨겨져 있는 Edge를 보여줍니다.

⑫ **Turn** : 숨겨진 Edge를 클릭하여 방향을 뒤집어줍니다.

## ● Edit Borders

Object의 열려 있는 테두리 부분을 선택하여 편집합니다.

① **Cap** : 뚫려 있는 부분을 막아줍니다.

② **Bridge** : 뚫려 있는 두 부분을 연결해줍니다.

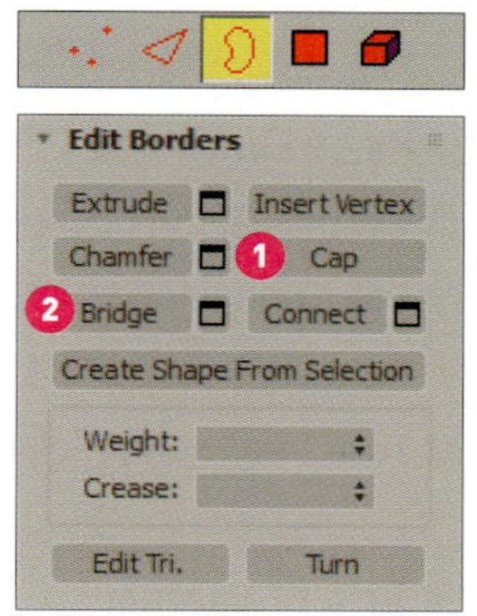

## ● Edit Polygons

Object의 Polygon을 선택하면 나타납니다.

① **Insert Vertex** : 선택한 위치에 Vertex를 삽입합니다.

② **Extrude** : Polygon에 높이를 줍니다.

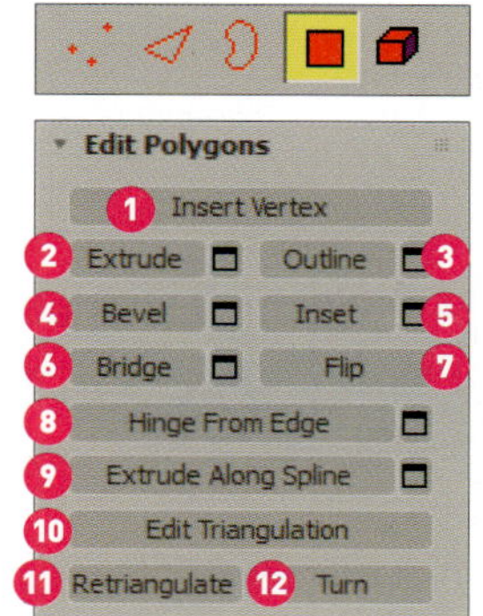

### Extrude의 기능 알아보기

Extrude는 Vertex, Edge, Border, Polygon에 적용할 수 있는 공통명령어로 어느 부분을 선택하느냐에 따라 돌출되는 형태가 달라집니다.

• **Vertex** : 선택한 Vertex에 높이 값이 생기고 연결된 Edge를 따라 폭이 만들어집니다.

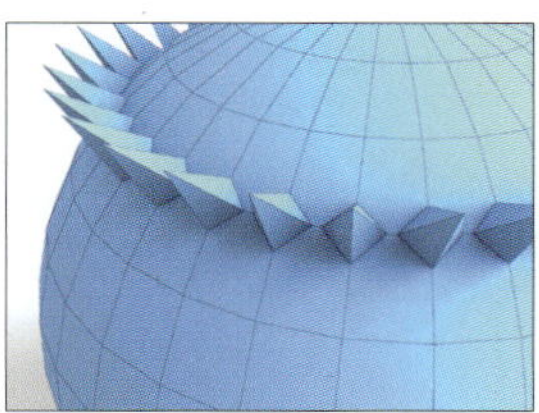

• **Edge** : Edge 자체가 돌출되면서 연결된 Polygon을 따라 폭이 만들어집니다.

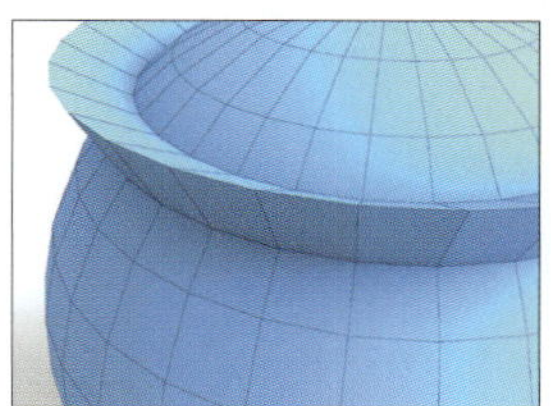

• **Border** : 열린 부분 자체가 돌출됩니다.

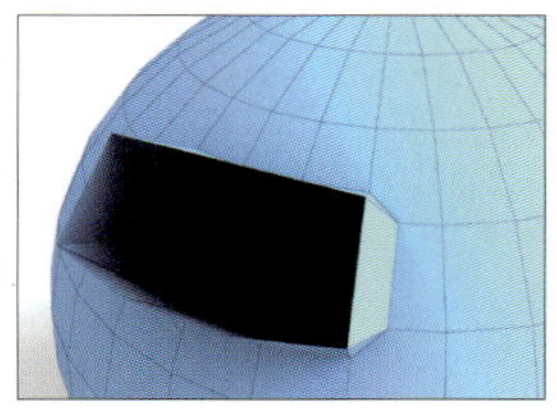

• **Polygon** : 선택한 Polygon이 돌출됩니다.

③ **Outline** : 선택한 Polygon의 넓이를 늘이거나 줄입니다.

④ **Bevel** : Extrude와 비슷하지만 높이를 준 후 넓이를 다시 줄 수 있습니다.

⑤ **Inset** : Polygon 위에 높이 없이 평면으로 Polygon을 만듭니다.

⑥ **Bridge** : Polygon과 Polygon을 연결합니다.

⑦ **Flip** : 선택한 Polygon을 뒤집어줍니다.

⑧ **Hinge From Edge** : 선택된 edge를 기준으로 Polygon을 회전시키면서 돌출시킵니다.

⑨ **Extrude Along Spline** : Spline의 방향을 따라 선택한 Polygon을 돌출시킵니다.

⑩ **Edit Triangulation** : Polygon을 구성하는 보이지 않는 삼각형의 형태를 수정합니다.

⑪ **Retriangulate** : 선택한 Polygon에 최적인 삼각 측량을 수행합니다.

⑫ **Turn** : Polygon을 구성하는 대각선을 클릭하여 대각선의 방향을 수정합니다.


## ● Edit Elements

Object를 구성하고 있는 전체 Polygon을 한 번에 선택합니다.

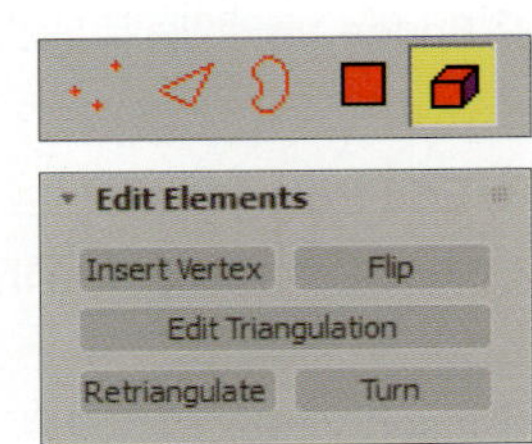

Elements의 편집 명령어는 Polygons와 동일합니다.


## ● Polygon : Materials IDs

Polygon, Element를 선택했을 때 활성화되는 창으로, Object를 구성하고 있는 Polygon에 ID 값을 부여하여 재질을 관리할 수 있습니다.

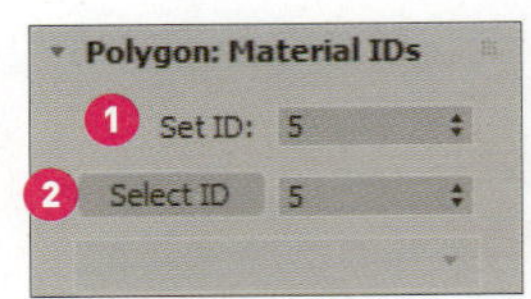

① **Set ID** : 선택된 Polygon에 ID 번호를 부여합니다. 스피너를 사용하거나 숫자를 입력한 후 Enter 를 누르면 됩니다.

② **Select ID** : 아이디가 부여된 Polygon을 선택합니다. 선택할 ID 번호를 입력한 후 [Select ID] 버튼을 클릭합니다.


## ● Polygon : smoothing Groups

Polygon, Element를 선택했을 때 활성화되는 창으로 Object를 구성하고 있는 Polygon의 부드러움을 조절할 수 있습니다.

① **Select By SG** : 설정한 번호의 Polygon을 선택합니다.

② **Clear All** : 선택된 Polygon의 smooth를 없애줍니다.

③ **Auto Smooth** : 선택된 Polygon을 자동으로 부드럽게 만듭니다.

# 책 만들기

이번에는 Polygon 편집 명령어를 이용하여 책을 만들어 보겠습니다.

**완성 파일**
C:/315-5466/Part02/0202_02.max

## 01

Top View에서 아래와 같은 옵션으로 Box를 만듭니다.

Length : 210㎜, Width : 25㎜, Height : 297㎜, Width Segs : 5

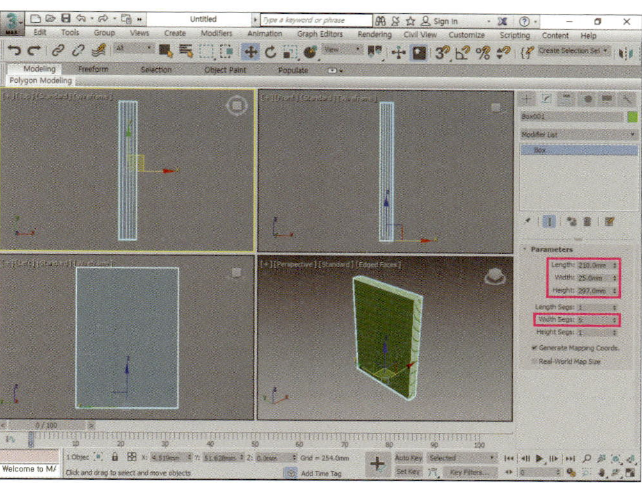

## 02

Box를 선택하고 Modifier List에서 [FFD 3x3x3]을 적용합니다.

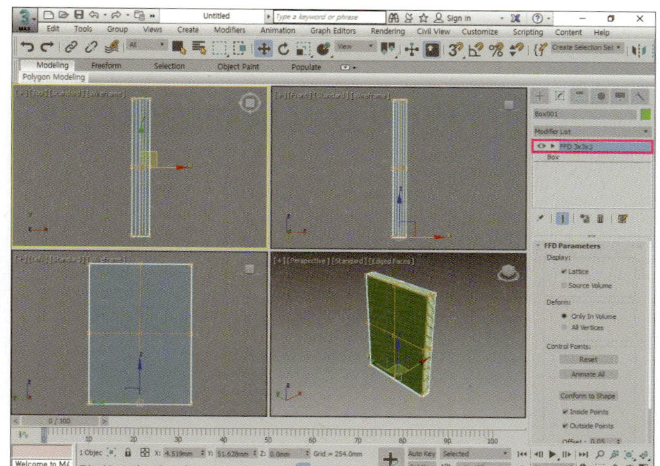

## 03

[FFD 3x3x3]의 하위 명령어 중 Control Points를 선택한 후 Top View
에서 그림과 같이 아래쪽 가운데의 Point 3개를 드래그하여 선택합니다. 선
택된 Point는 노란색으로 표시됩니다.

**tip** 클릭하여 선택하면 가장 위의 point 하나만 선택되지만 드래그하여 선택하면
3개의 point가 선택됩니다.

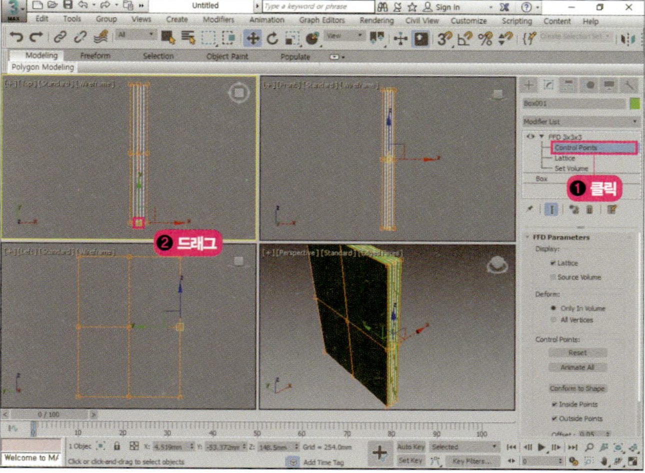

## 04

그림과 같이 선택한 Point를 아래쪽으로 이동시켜 볼록한 형태로 만듭니다.

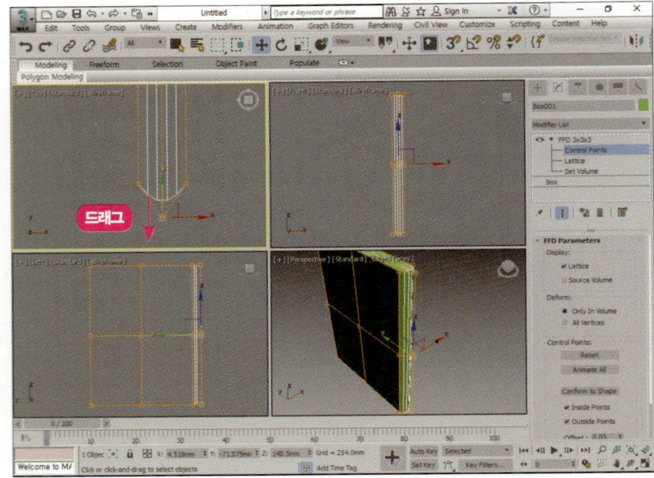


## 05

[Convert ton Poly]를 클릭하여 Poly로 변환합니다.

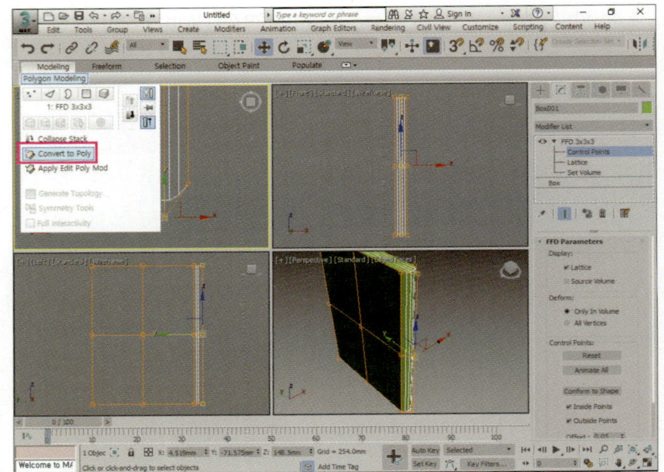

## 06

Polygon을 선택한 후 그림과 같이 바깥 부분을 제외한 나머지 부분을 모두
선택합니다.

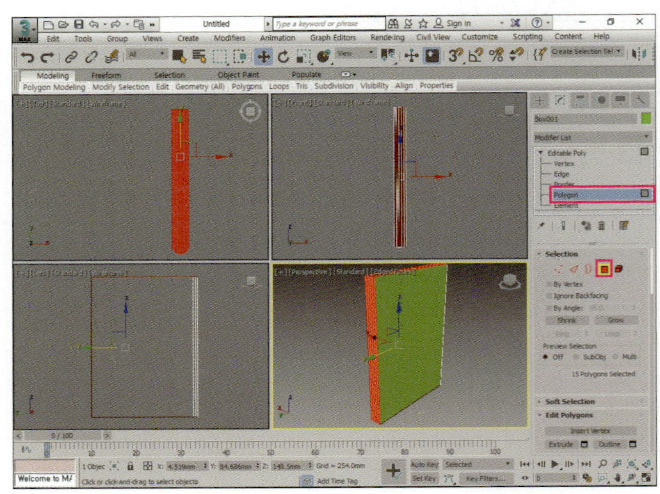

**07**

[Modeling-Polygons-Inset-Inset Settings]를 선택한 후 2mm 입력 후 [OK]를 클릭합니다.

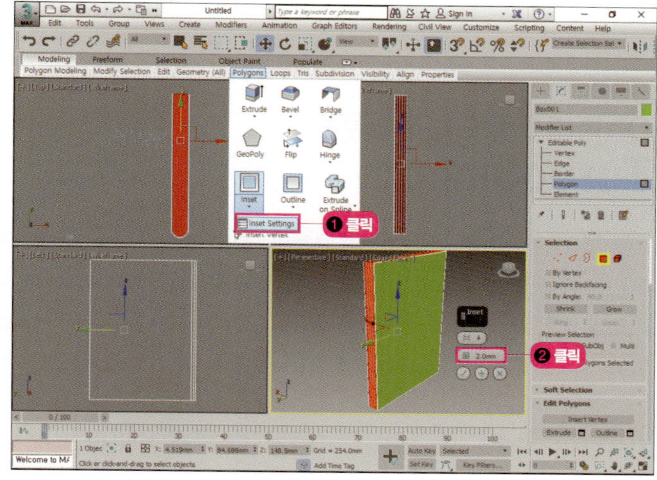

**08**

[Modeling-Polygons-Extrude-Extrude Settings]를 선택한 후 Local Normal로 선택합니다. -2mm 입력 후 [OK]를 클릭합니다.

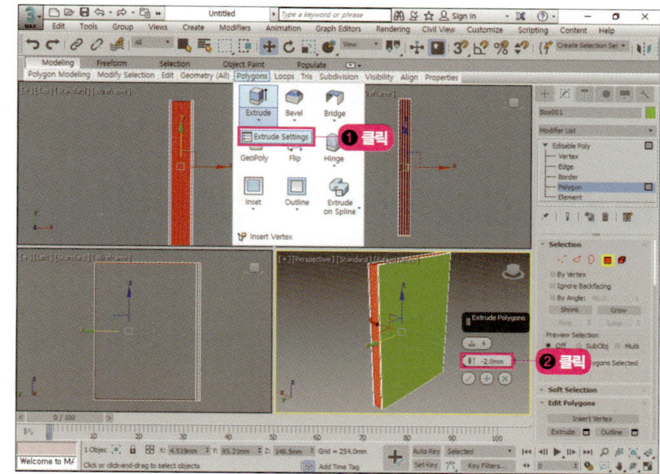

**09**

책 모델링이 완성되었습니다.

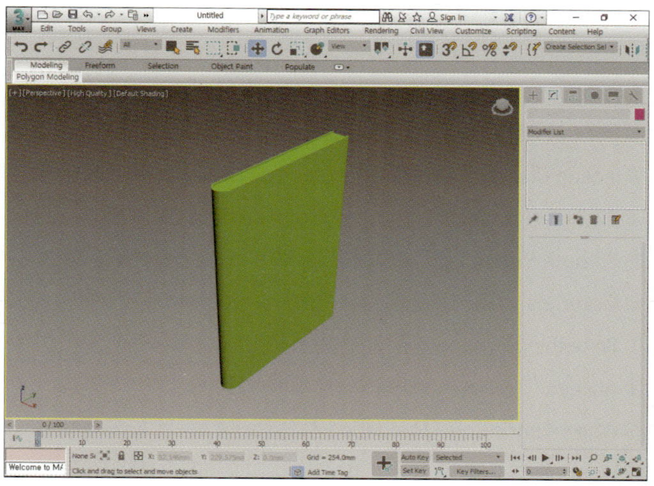

# 03

## Object를 부드럽게 해주는
# TurboSmooth

이번에는 Object의 형상을 부드럽게 표현하는 Turbosmooth에 대하여 알아보겠습니다.
Turbosmooth를 사용하면 모서리와 가장자리를 라운딩하여 부드럽게 다듬어줍니다.
Polygon 작업만으로는 곡선으로 된 물체를 모델링하기 힘든 경우에 Polygon으로 각진
형태로 모델링한 후 Turbosmooth를 적용하여 부드러운 형태를 표현할 수 있습니다.

TurboSmooth를 적용하여 각진 모델을 부드러운 모델로 표현합니다.

TurboSmooth의 원리는 그림처럼 Edge와 Edge 사이의 면에 Edge를 추가하여 면을
나누는 방식입니다. Edge가 나눠질 때 서로 당기면서 중간에 Edge가 안으로 당겨지면서
면을 부드럽게 만듭니다. TurboSmooth 효과는 날카로운 모서리에서 잘 나타나며 아래
그림처럼 라운딩 된 표면이나 Polygon이 많이 나눠진 부분에는 잘 나타나지 않습니다.

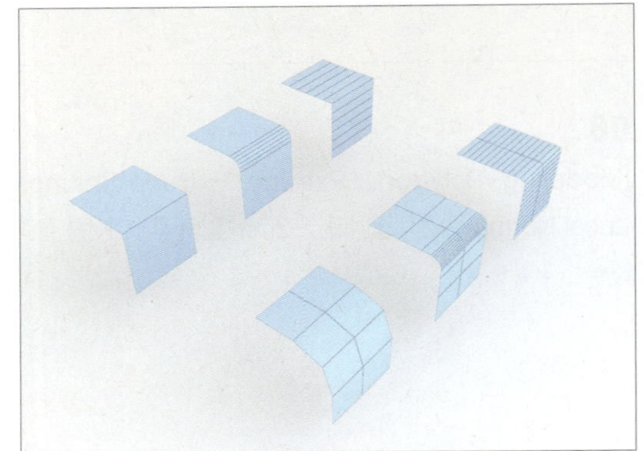

### ■ TurboSmooth 인터페이스 알아보기

TurboSmooth를 옵션 값을 수정할 수 있는 인터페이스에 대하여 알아보겠습니다.

① **Iterations** : Object가 세분화되는 횟수를 설정합니다. 값이 커질수록 Polygon을 나누는
횟수가 커집니다. 범위는 0부터 10 까지입니다.

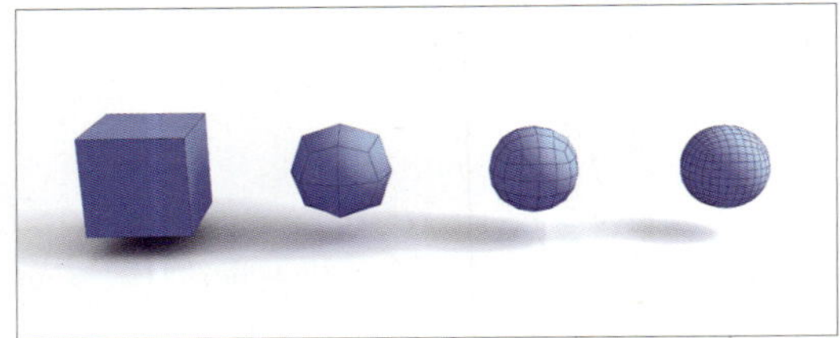

**왼쪽에서 오른쪽으로 갈수록 Polygon이 증가합니다.**

② **Render Iters** : Rendering 시 Object에 적용할 다른 반복 횟수입니다.

③ **Isoline Display** : 체크를 하면 Object 원래의 Isoline만 표시합니다. 옵션에 체크를 하면 Object를 간단하게 볼 수 있습니다.

④ **Explicit Normals** : TurboSmooth에서 출력할 법선을 계산할 수 있습니다.

⑤ **Smooth Result** : 모든 표면에 동일한 스무딩 Group을 적용합니다.

⑥ **Materials** : 재질의 ID를 공유하지 않는 Polygon 사이의 가장자리에 새로운 Polygon을 나누지 않게 합니다.

⑦ **Smoothing Groups** : 공유하지 않는 스무딩 Group에서 Polygon 사이의 가장자리에 새로운 Polygon을 나누지 않게 합니다.

⑧ **Always** : TurboSmooth를 적용할 때마다 자동으로 업데이트합니다.

⑨ **When Rendering** : Rendering 시 Object에 적용된 스무드가 Viewport에 업데이트됩니다.

⑩ **Manually** : 수동으로 업데이트합니다. 업데이트 버튼을 클릭하기 전까지는 설정이 적용되지 않습니다.

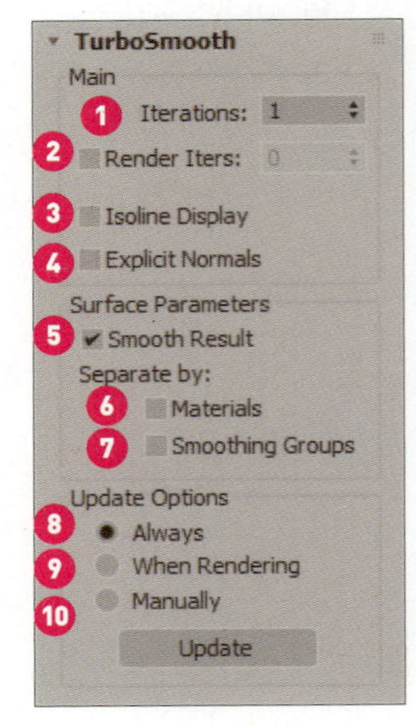

# TurboSmooth 기능 익히기

이번에는 TurboSmooth를 적용하여 Object를 부드럽게 만드는 방법을 익혀보겠습니다.

 **예제 파일**
C:/315-5466/Part02/0202_03.max

## 01

'C:/315-5466/Part02/0202_03.max' 파일을 불러오면 각진 주사위의 형태가 보입니다. [Modifier List-Turbosmooth]를 적용합니다.

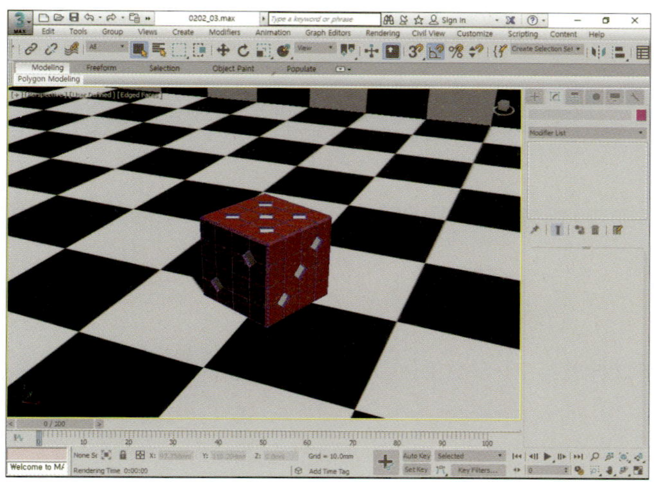

## 02

TurboSmooth를 적용하자 각진 부분이 부드럽게 바뀌는 것을 확인할 수 있습니다. Iterations 값을 3까지 올립니다. 1이 적용된 것보다는 더 부드럽게 보일 것입니다.

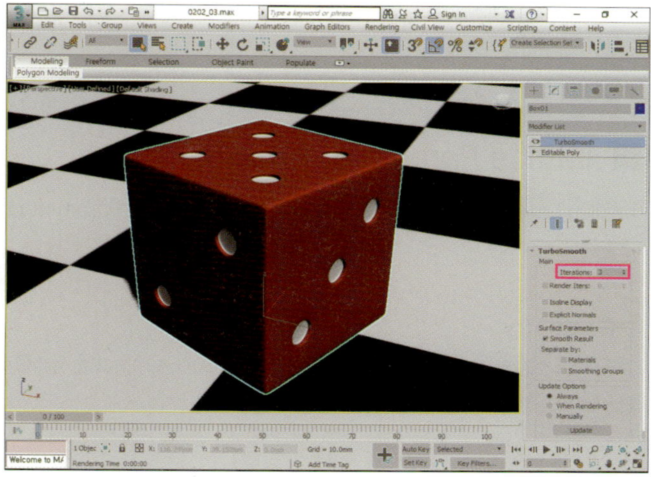

## 03

주사위를 렌더링 한 결과입니다. 이렇게 TurboSmooth는 모서리와 가장자리에 새로운 Polygon의 각도를 삽입하여 Polygon을 세분화하여 가장자리를 부드러운 형태로 표현합니다.

**TurboSmooth 적용 시 주의사항**

복잡한 Object에 반복 횟수를 늘릴 때는 상당한 시간이 소요될 수 있습니다. 갑자기 Iterations 값을 올리면 3ds Max가 멈출 수 있으므로 한 단계씩 수치를 높여 결과를 확인하면서 값을 수정하는 것이 좋습니다.

# 04

# Object의 선과 점을 3D로 만드는 Lattice

Lattice는 Object의 Edge나 Segment는 기둥 형태(Struts)를 만들고, Vertex는 기둥이 연결되는 관절(Joint)로 만듭니다. 건물의 창틀이나 문틀. Rendering된 와이어 프레임을 표현할 때 사용합니다.

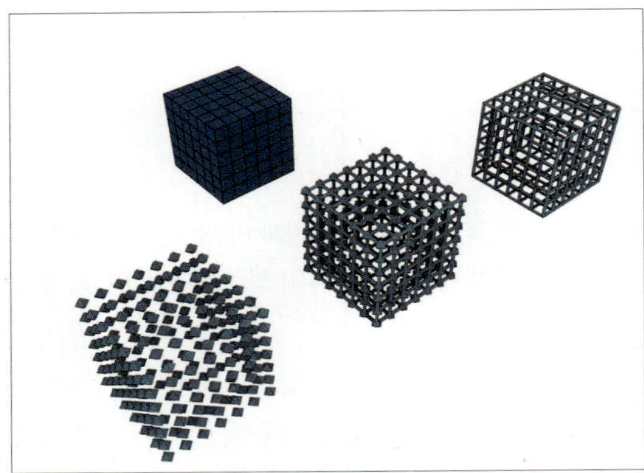

## ■ Lattice Parameter 알아보기

이번에는 Lattice의 Parameter에 대하여 알아보겠습니다. Parameter를 수정하면 다양한 형태의 격자를 만들 수 있습니다.

### ① Geometry
Lattice를 적용했을 때 전체 Object 또는 선택된 Sub-Object를 사용할 것인지의 여부와 두 구성 요소(Struts, Joints) 중에서 어느 것을 표시할 것인지의 여부를 지정합니다.

### ② Struts
Struts 형태를 컨트롤할 수 있는 메뉴로, 반지름/세그먼트 수/측면 수/재질 ID 등을 설정할 수 있습니다.

### ③ Joints
접합 부분의 형상을 컨트롤할 수 있으며 다면체 유형과 반지름/Segment 수/재질 ID 등을 설정할 수 있습니다.

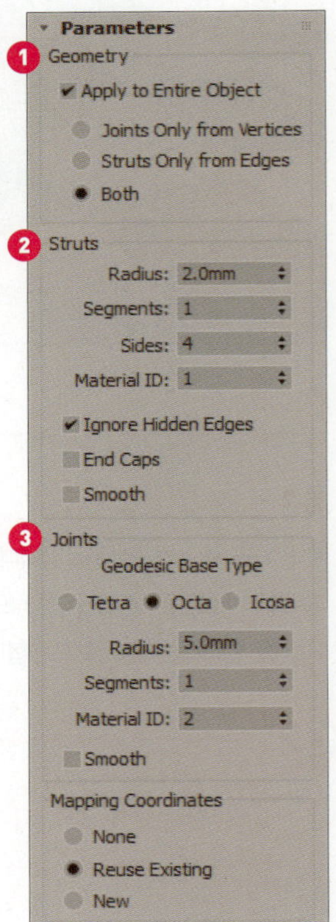

# Lattice 기능 익히기

이번에는 Lattice를 이용하여 새장을 만들어보겠습니다. Object의 형태에 따라 다양한 형태의 모델링 및 렌더링 된 와이어 형태를 표현할 수 있습니다.

**예제 파일**
C:/315-5466/Part02/0202_04.max

## 01

'C:/315-5466/Part02/0202_04.max' 파일을 불러옵니다. 새장 부분을 와이어로 표현하기 위해 화면의 새장을 선택합니다.

## 02

[Modifier List-Lattice]를 적용합니다. 오브젝트를 구성하고 있는 선의 형태를 따라 와이어로 만들어 집니다.

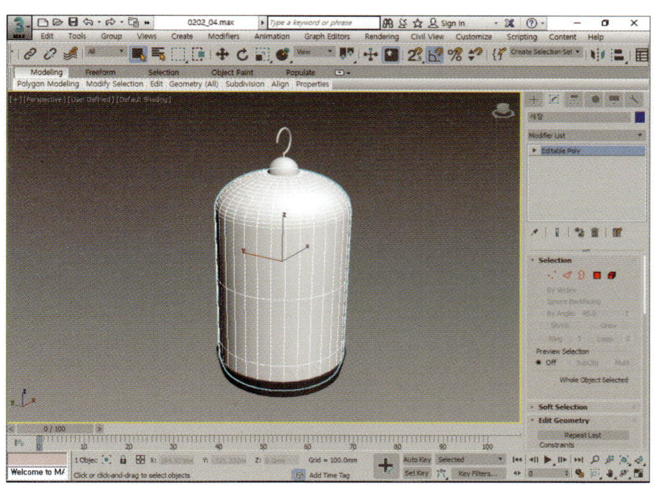

## 03

Geometry 옵션을 'Struts Only from Edges'를 선택하면 와이어만 표현됩니다.
Struts의 Radius 값을 높이면 와이어의 두께를 두껍게 만들 수 있습니다.
Side 값을 높이면 둥근 형태의 와이어가 만들어집니다.

# 05

# Polygon 연결을 부드럽게 바꿔주는 Smooth

Smooth는 인접한 Polygon의 각도를 기준으로 경계를 부드럽게 만드는 명령어입니다. Object의 형태는 변하지 않기 때문에 Polygon이 많을수록 더욱 부드럽게 보이고, 적을수록 효과를 보기가 힘듭니다.

**각진 구체와 Smooth를 적용한 구체**

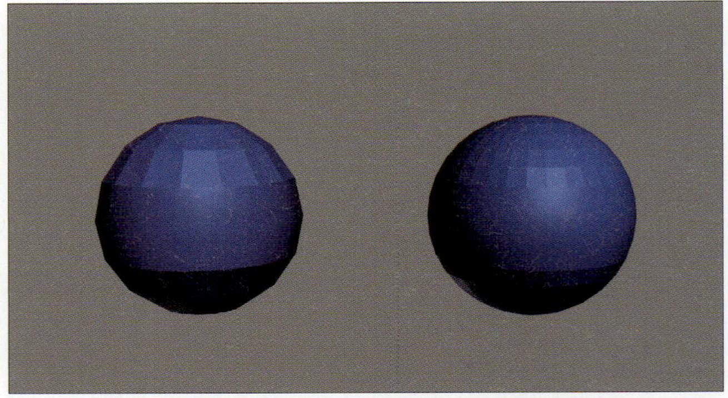

**Smooth를 적용하더라도 Polygon의 수가 적다면 각진 부분이 그대로 보여집니다.**

## ■ Smooth Parameter 알아보기

Object에 Smooth를 적용하기 위해서는 Parameter에서 번호가 매겨진 버튼을 클릭하여 해당 스무딩 그룹을 선택된 면에 적용합니다.

① **Auto Smooth** : 체크를 하면 설정된 Threshold 값을 사용하여 자동으로 부드럽게 만듭니다.

② **Prevent Indirect Smoothing** : Object에 Auto Smooth를 적용한 후 부드럽지 않아야 하는 Object 부분이 부드러워지는 경우, 문제가 해결되는지를 확인합니다.

③ **Threshold** : 임계 값 각도를 지정합니다.

④ **Smoothing Groups** : 선택된 Polygon에 사용되고 선택한 Polygon에 스무딩 그룹을 할당하는 데 사용되는 스무딩 그룹이 32개 버튼 그리드에 표시됩니다.

# Smooth 기능 익히기

이번에는 예제 파일을 불러와 Smooth가 어떻게 적용되는지 알아보겠습니다.

 **예제 파일**
C:/315-5466/Part02/0202_05.max

## 01

'C:/315-5466/Part02/0202_05.max' 파일을 불러옵니다. 창의 끝부분이 모두 부드럽게 연결되어 날 부분이 명확하게 표현되지 않습니다.

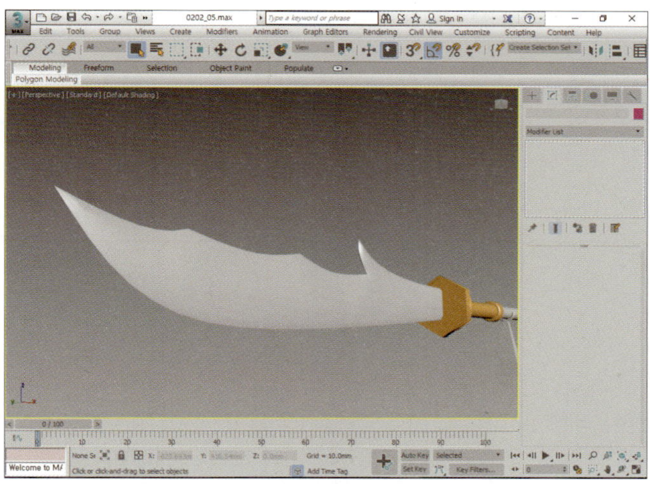

## 02

Polygon을 선택한 후 날 부분을 모두 선택합니다. 하나의 Polygon을 선택한 상태에서 Shift 를 누르고 옆의 Polygon을 선택하면 연결되는 Polygon이 선택됩니다.

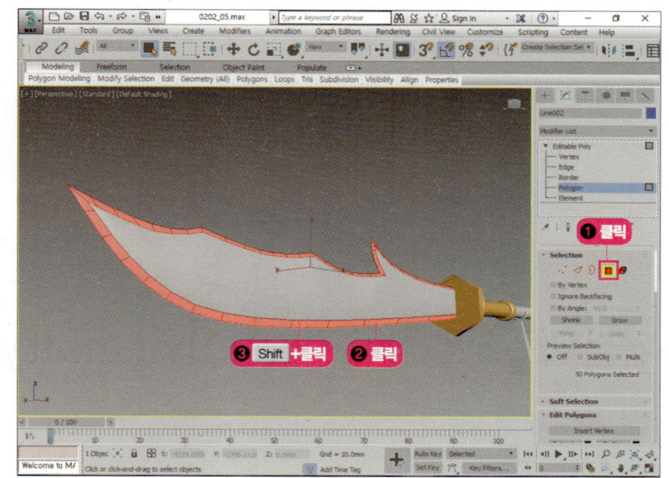


## 03

Polygon이 선택된 상태에서 [Modifier List-Smooth]를 적용하고, 'AutoSmooth'에 체크하면 선택한 Polygon이 부드럽게 수정됩니다.

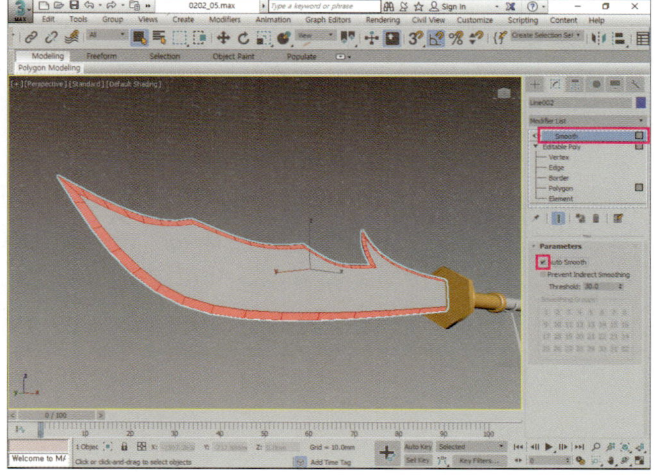

## 04

Polygon 선택을 해제해 보면 처음과 달리 선택한 Polygon만 부드럽게 연결되어 경계부분이 날카로워 지는 것을 확인할 수 있습니다. 이렇게 Smooth는 특정 부분을 부드럽게 하여 경계를 확실하게 만들거나 전체를 부드럽게 연결하는데 사용할 수 있습니다.

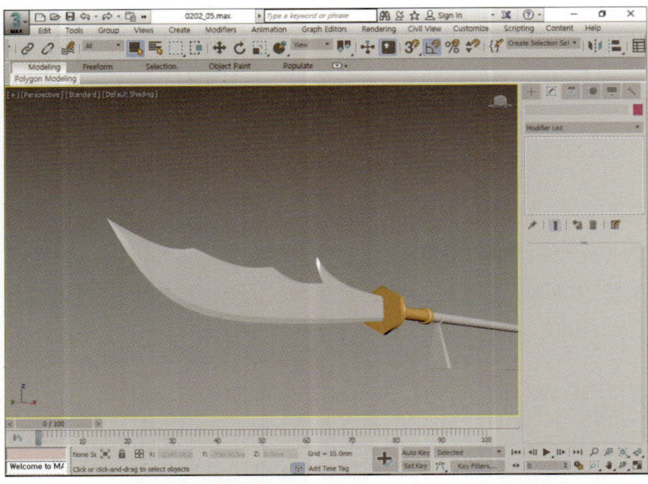

Polygon 편집 모드 안에 있는 Smoothing Groups

Object의 특정 Polygon을 지정하여 Smooth를 적용할 수 있습니다.



# 06

# 대칭으로 모델링이 가능한 Symmetry

Symmetry는 기준 축을 기준으로 대칭으로 모델링 작업이 가능하여 캐릭터나 자동차, 비행기 등의 모델링에 유용합니다.
오브젝트에 [Modifier List-Symmetry]를 적용한 후 Stack에서 Mirror 기즈모를 이동하거나 회전하여 대칭 위치를 설정할 수 있습니다.

Symmetry를 이용한 자동차 모델링

## ■ Symmetry Parameter 알아보기

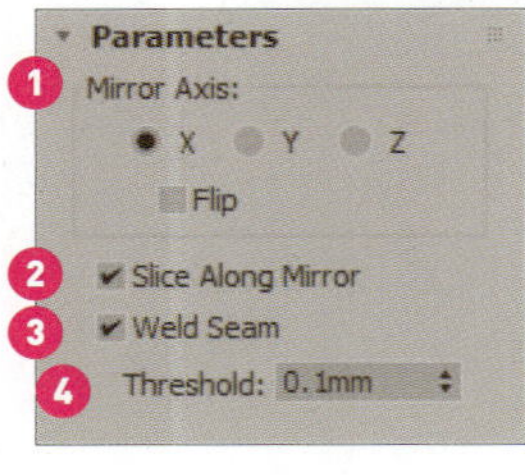

① **Mirror Axis** : 대칭이 적용되는 축을 지정합니다.

② **Slice Along Mirror** : Mirror 축이 오브젝트 내부에 있을 때 Mirror 축을 기준으로 오브젝트를 자릅니다.

③ **Weld Seam** : Mirror 축의 정점이 설정 값 내에 있는 경우 자동으로 정점을 합칩니다.

④ **Threshold** : 정점이 합쳐지는 값을 설정합니다.

# Symmetry 기능 익히기

Symmetry가 자동차 모델링에 어떻게 적용되는지 예제를 통해 알아보겠습니다.

**예제 파일**
C:/315-5466/Part02/0202_06.max

## 01

'C:/315-5466/Part02/0202_06.max' 파일을 불러옵니다. 파일을 불러오면 반만 모델링된 자동차가 보입니다.

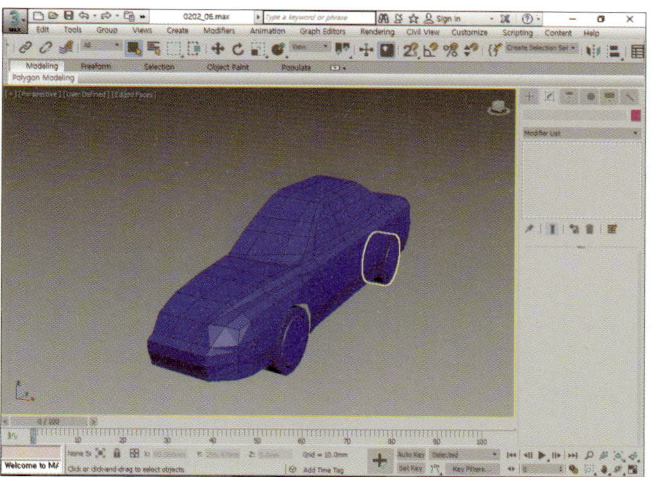

## 02

자동차와 바퀴 모두 선택한 후 [Modifier List-Symmetry]를 적용합니다.

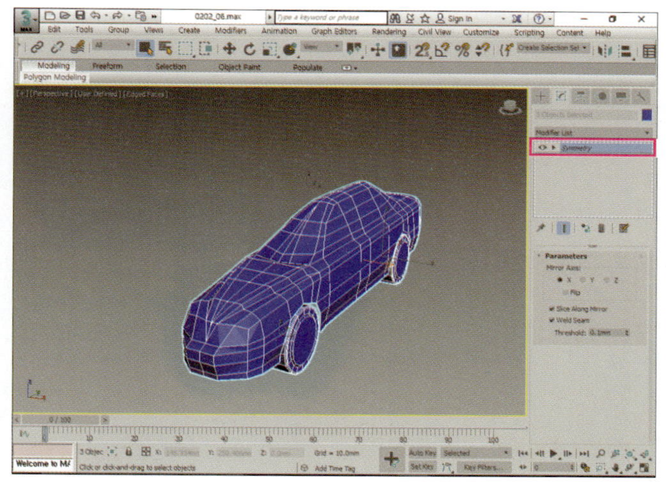

## 03

Stack에서 'Mirror'를 선택합니다.

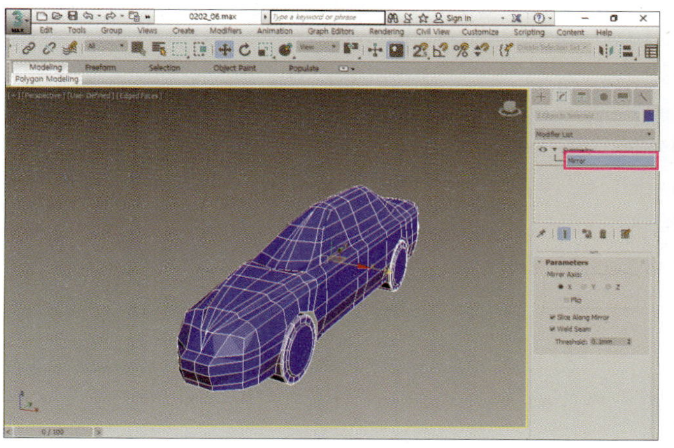

## 04

축을 이동시켜 자동차의 형태를 완성합니다. 거리가 너무 멀어 중간이 끊어지지 않도록 주의합니다.

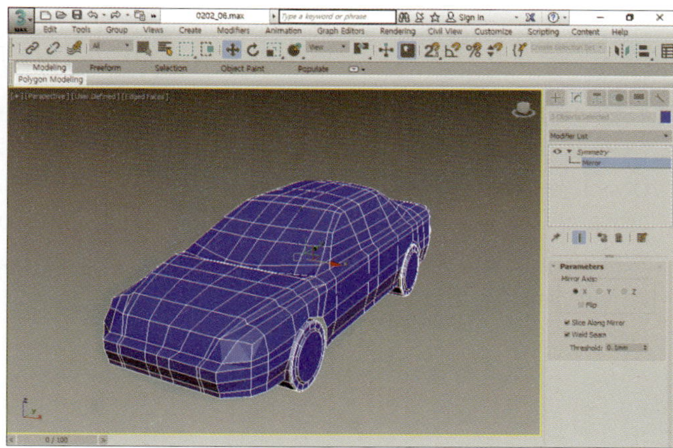

## 07

# 오브젝트를 배열 복사하는 Array

이번에는 Object를 배열하는 Array에 대하여 알아보겠습니다. Array는 선택된 Object를 원하는 거리나 각도만큼 수직, 수평, 원형 배열로 다중 복사할 때 사용됩니다. Shift +복사 방법으로 작업하기 힘든 결과물을 Array로 정확하게 작업할 수 있습니다.

## ■ Array 대화상자 알아보기

[Menu Bar-Tool-Array]를 클릭하면 Array 대화상자가 나타납니다.

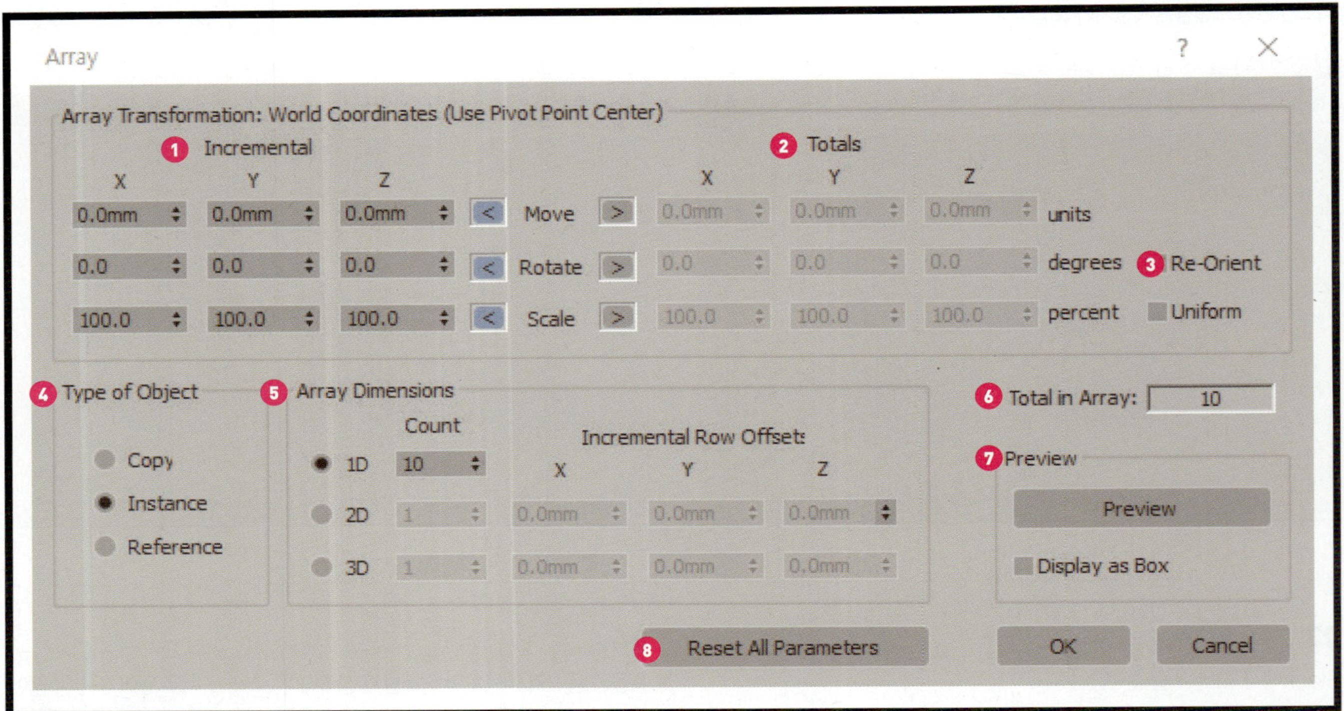

① **Incremental** : 배열 작업 시 X, Y, Z의 각 축으로 이동, 회전, 크기 변형 시 Object의 상대적인 변화 값을 지정합니다.

② **Total** : 배열 작업이 이루어질 전체적인 범위를 입력합니다. 범위를 지정하면 배열 개수에 맞춰 Object 간의 증가치가 자동으로 Incremental에 입력됩니다. 예를 들어, Totals의 Move 부분의 X칸에 100을 입력하고, 복사되는 수를 '5'로 하면 Incremental의 Move 칸에 '20'이 자동으로 입력됩니다.

③ **Re-Orient** : 체크 표시가 되어 있으면 원형 배열시킬 때 복사되는 Object 자체도 지정한 각도만큼 회전하면서 돌게 됩니다.

④ **Type of Object** : 배열 작업 시 복사되는 Object의 성질을 지정합니다. 각각 독립적인 copy, 종속적인 Instance, 주종적인 Reference의 옵션이 있습니다.

⑤ **Array Dimensions** : 배열되는 Object의 수를 지정합니다.

⑥ **Total in Array** : 배열되는 Object의 총 개수를 표시합니다.

⑦ **Preview** : 배열되는 Object의 형태를 미리 볼 수 있습니다.

⑧ **Reset All Parameters** : Array 메뉴의 모든 값을 초기화합니다.

# Array 기능 연습하기

C:/에 있는 예제 파일을 불러와 Array 기능을 익혀보겠습니다. Array는 Object를 복사하는 것보다 훨씬 정밀한 작업이 가능합니다.

**예제 파일**
C:/315-5466/Part02/0202_07.max

## 01

'C:/315-5466/Part02/0202_07.max' 파일을 불러옵니다. 파일을 불러오면 Front View에 병아리가 나타납니다. 병아리를 클릭하여 선택합니다.

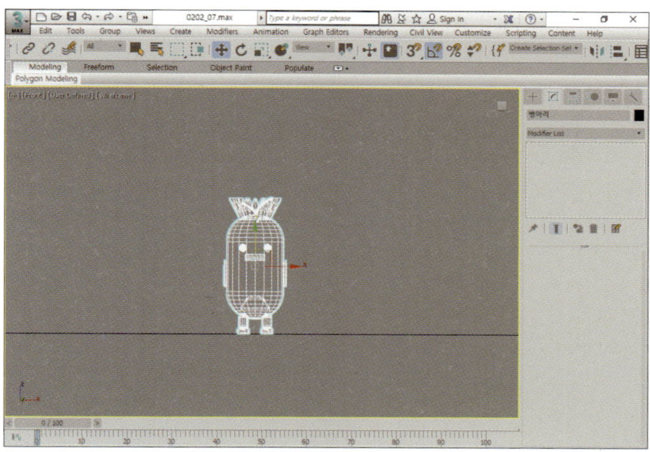

## 02

[Menu Bar-Tools-Array]를 클릭하면, [Array] 대화상자가 나타납니다.

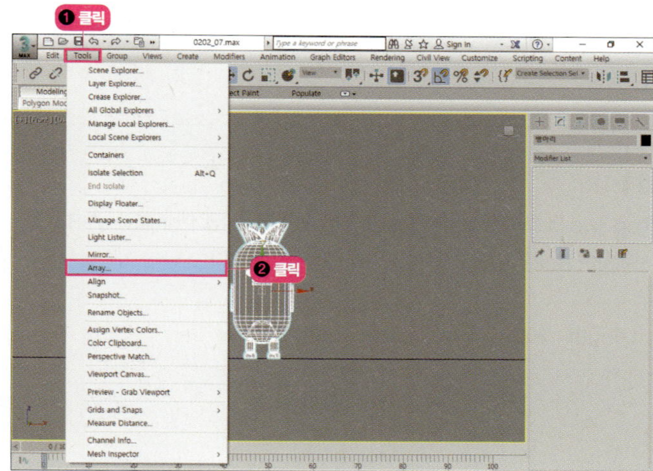


## 03

아래처럼 Array 대화상자의 옵션을 설정한 후 [OK] 버튼을 클릭합니다.

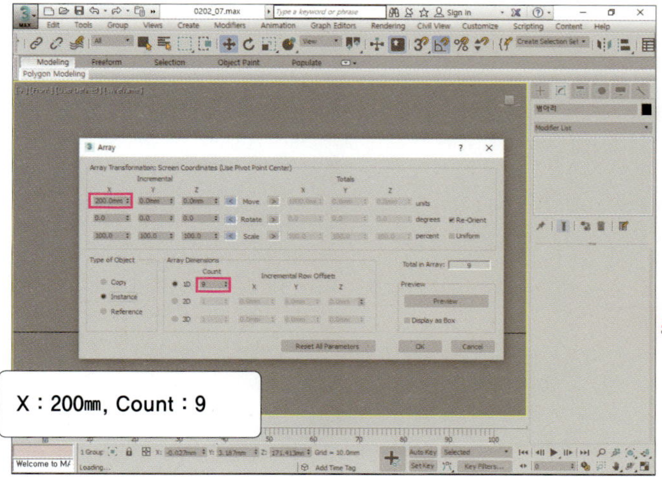


## 04

X축 방향으로 200mm 간격을 띄우면서 5개의 Object가 복사된 것을 확인할 수 있습니다. 이렇게 Array는 정확한 모델링을 할 때 꼭 필요한 기능입니다.

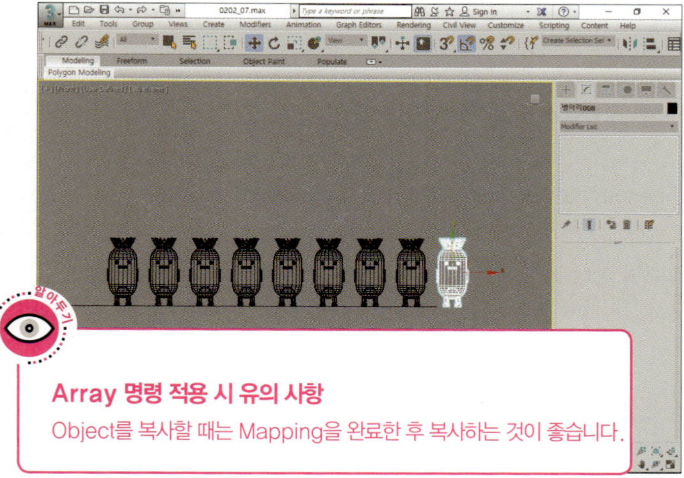

**알아두기**

**Array 명령 적용 시 유의 사항**
Object를 복사할 때는 Mapping을 완료한 후 복사하는 것이 좋습니다.

# 기본 도형과
# Array를 활용한 옷장 모델링

이번에는 앞에 설명한 내용들을 응용하여 옷장을 만들어보겠습니다.
모델링 작업 시 Array를 사용하여 정확한 간격으로 Object를 복사하고 여러 개의 Object를 한 번에 Chamfer로 적용시켜보겠습니다.

## 01

### 옷장 모델링하기

이번에는 앞에서 설명한 Array를 이용하여 옷장을 만들어보겠습니다. 기본 도형을 이용한 쉬운 Modeling이므로 차근차근 따라해 보시기 바랍니다.

## 01

Top View에서 [Create-Geometry-Standard Primitives-Box]를
선택하여 Box를 만들고 옵션을 아래처럼 설정합니다.

> Length : 300㎜, Width : 500㎜, Height : 20㎜

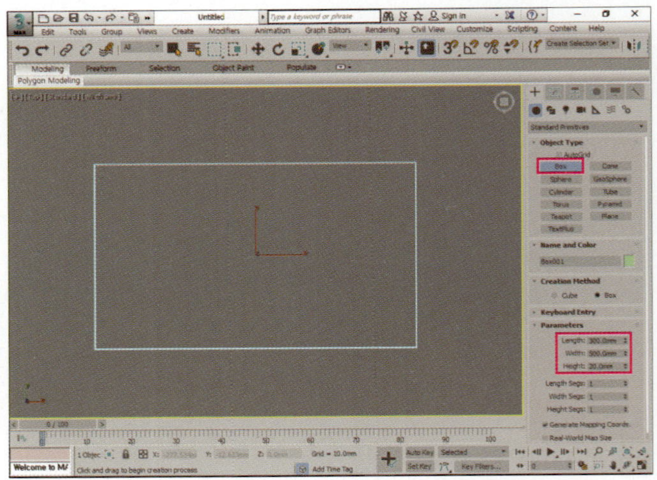

## 02

Top View에서 [Create-Geometry-Standard Primitives-Box]를
선택하여 Box를 만들고 옵션을 아래처럼 설정합니다.

> Length : 280㎜ Width : 480㎜ Height : 600㎜

임의의 위치에서 만들었기 때문에 두 Box의 중심점이 일치하지 않습니다.
두 Box의 위치를 정렬시키기 위해 Align을 사용하겠습니다.

Box를 만들 때의 위치는 그림과 다를 수 있습니다.

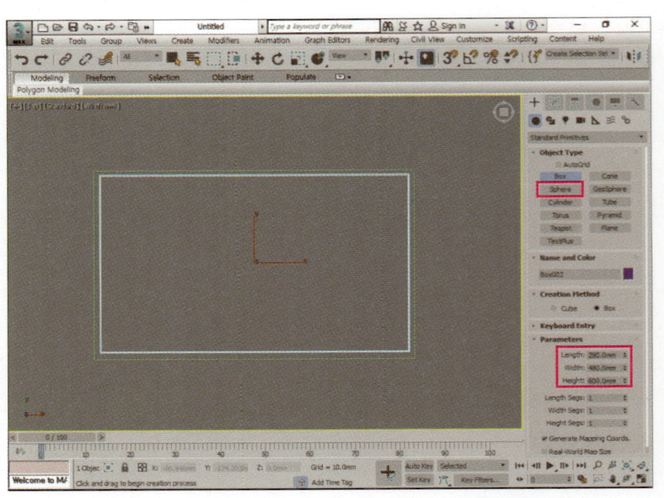

## 03

Box 1개를 선택합니다. Align()을 클릭한 후 다른 Box를 선택하면 [Align Selection] 대화상자가 나타납니다. Top View에서 정렬시킬 위치는 X, Y축의 중심점이므로 옵션을 아래처럼 체크한 후 [OK] 버튼을 클릭합니다.

**tip** Align의 단축키는 Alt + A 입니다. 자주 사용하는 기능이므로 Align 명령은 단축키를 사용해 보세요.

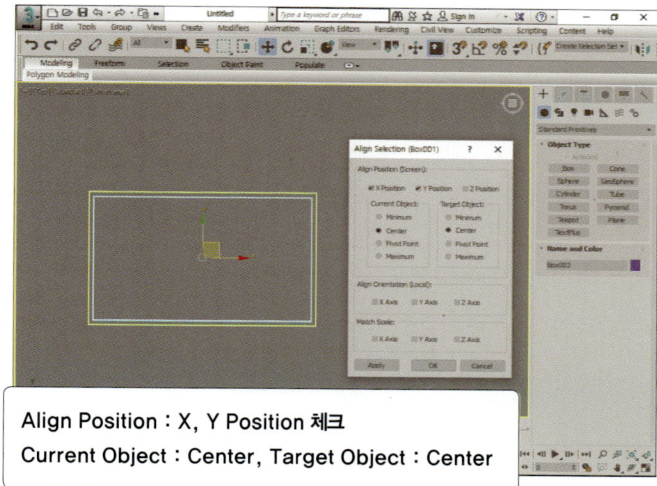

**Align Position : X, Y Position 체크**
**Current Object : Center, Target Object : Center**

## 04

2개의 Box가 X, Y축으로 중심점이 같은 위치에 정렬되었습니다.

**tip** Object를 정렬시키는 일은 정확한 모델링을 위해 매우 중요합니다. Align을 사용하기도 하지만 Snap을 이용하여 정렬할 수도 있습니다.

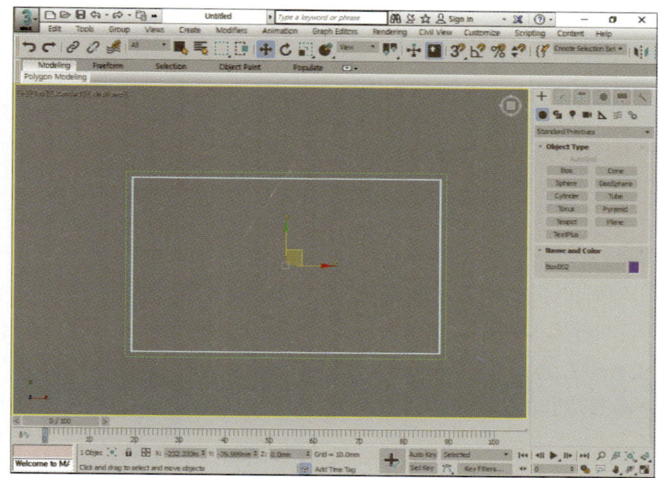

## 05

Front View를 보면 2개의 Box가 바닥에 붙어 있습니다. Top View에서 만들어 바닥부터 높이가 만들어져 있기 때문입니다.

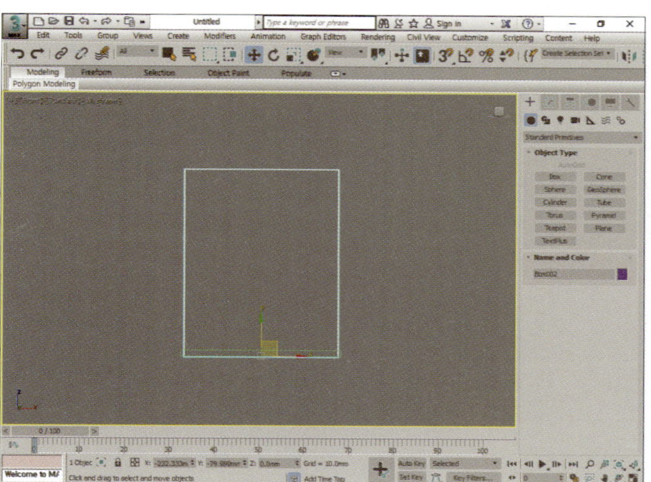

## 06

두 번째 만든 높이 480㎜의 Box를 선택합니다. Align()을 클릭한 후 아래 Box를 선택하면 [Align Selection] 대화상자가 나타납니다. Front View에서 정렬시킬 위치는 Y축을 기준으로 정렬되어야 합니다.
옵션을 아래처럼 체크한 후 [OK] 버튼을 클릭합니다.

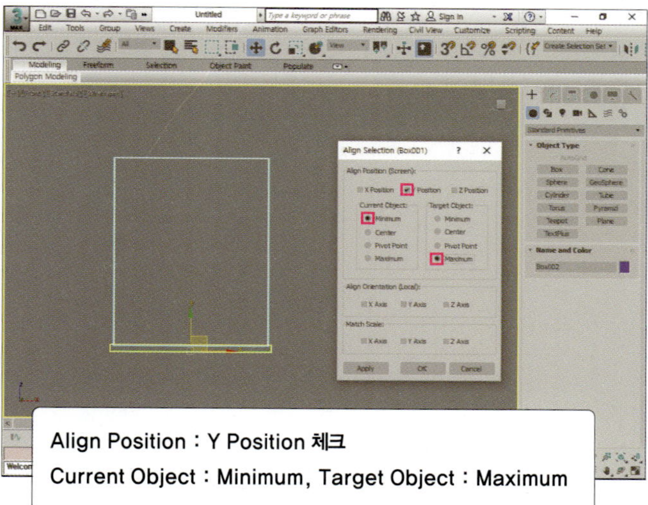

**Align Position : Y Position 체크**
**Current Object : Minimum, Target Object : Maximum**

## 07

2개의 Box가 면과 면이 붙어 정렬되었습니다.

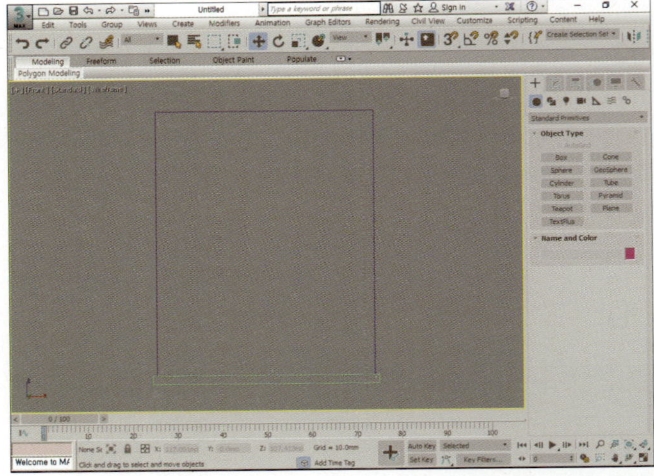

## 08

아래쪽의 높이 20㎜ Box를 선택합니다. Shift 를 누를 상태에서 Y축 위로
이동하면 복사가 됩니다.
[Clone Options] 창에서 그림과 같이 옵션을 copy로 선택한 후 [OK] 버
튼을 클릭합니다.

Object를 이동할 때 Shift 를 누른 상태에서 이동하면 Object가 복사됩니
다. 회전이나 배율 변경에도 적용됩니다.

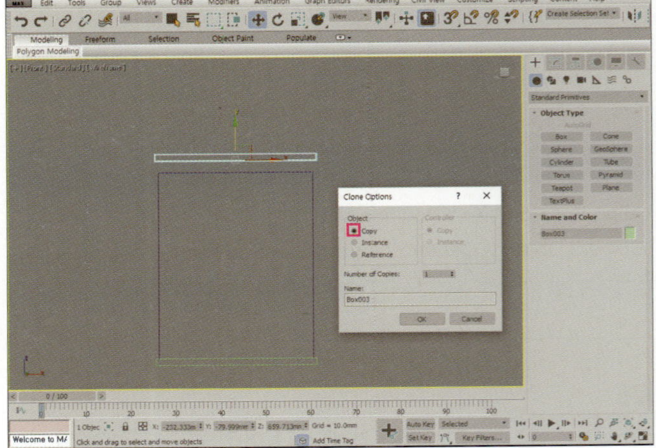

## 09

Y축 방향으로 복사가 되었습니다. 복사된 Box를 아래에 정확하게 붙을 수
있도록 정렬시켜보겠습니다.

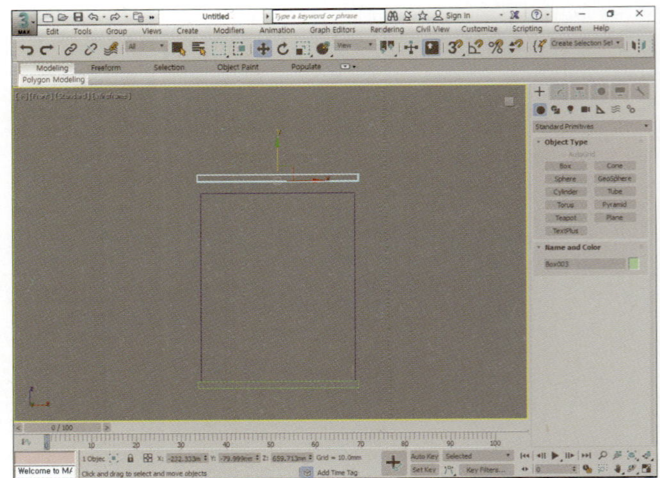

## 10

Align()을 클릭한 후 아래 Box를 선택하면 [Align Selection] 대화상자가 나타납니다. 정렬시킬 위치는 Y축을 기준으로 정렬되어야 하므로 옵션을 아래처럼 체크한 후 [OK] 버튼을 클릭합니다.

> Align Position : Y Position 체크
> Current Object : Minimum, Target Object : Maximum

**tip** Align의 기본 단축키는 Alt + A 입니다. 자주 쓰는 기능이므로 단축키를 이용하면 작업 속도를 향상시킬 수 있습니다.

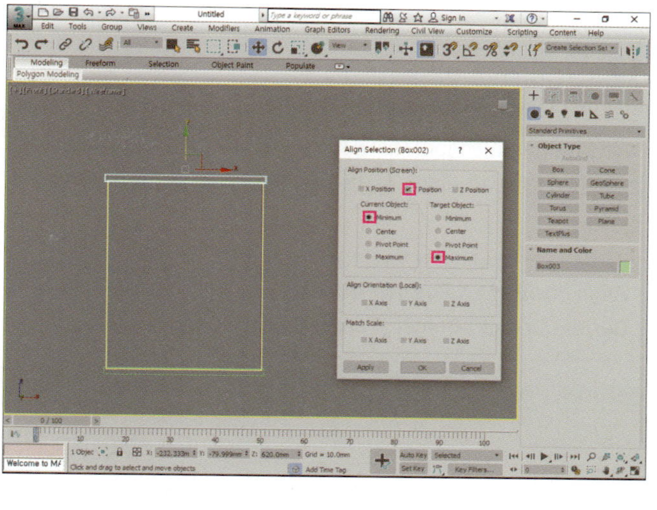

## 11

서랍장의 본체가 완성되었습니다. 이제 서랍 부분을 만들어보겠습니다.

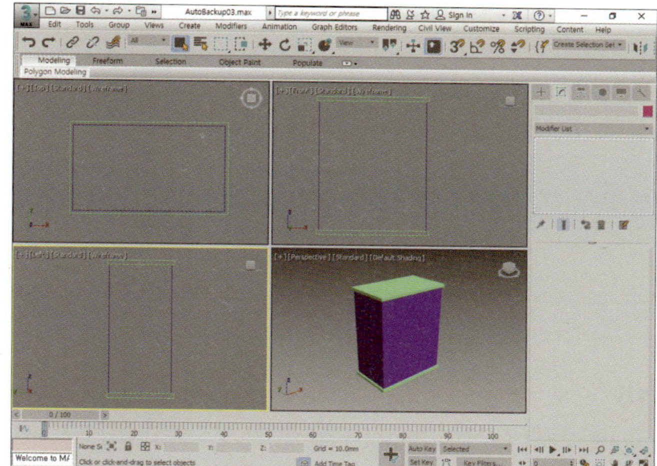

## 12

Front View에서 [Create-Geometry-Standard Primitives-Box]를 선택하여 Box를 만들고 옵션을 아래처럼 설정합니다.

> Length : 140㎜ Width : 470㎜ Height : 10㎜

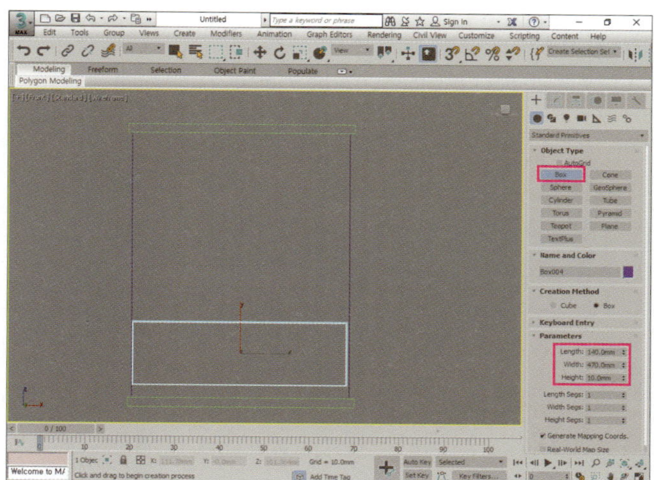

## 13

방금 만든 Box를 선택한 상태에서 Align(▥)을 클릭한 후 다른 Box를 선택하면 [Align Selection] 대화상자가 나타납니다. 정렬시킬 위치는 X축을 기준으로 정렬되어야 하므로 옵션을 아래처럼 설정한 후 [OK] 버튼을 클릭합니다.

> **Align Position : X Position 체크**
> **Current Object : Center, Target Object : Center**

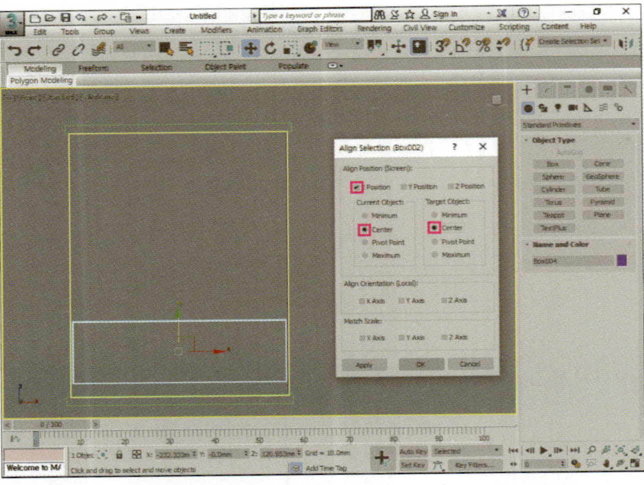

## 14

Left View에서 보면 Box가 안에 들어 있습니다.

Modeling 시 Box가 만들어지는 위치에 따라 약간 위치가 다를 수 있습니다.

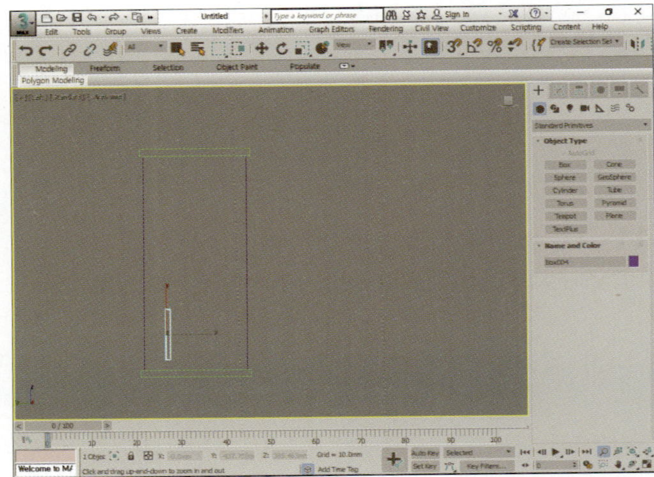

## 15

Box를 선택한 상태에서 Align(▥)을 클릭한 후 다른 Box를 선택하면 [Align Selection] 대화상자가 나타납니다. 정렬시킬 위치는 X축을 기준으로 정렬되어야 하므로 옵션을 아래처럼 체크한 후 [OK] 버튼을 클릭합니다.

> **Align Position : X Position 체크**
> **Current Object : Minimum, Target Object : Maximum**

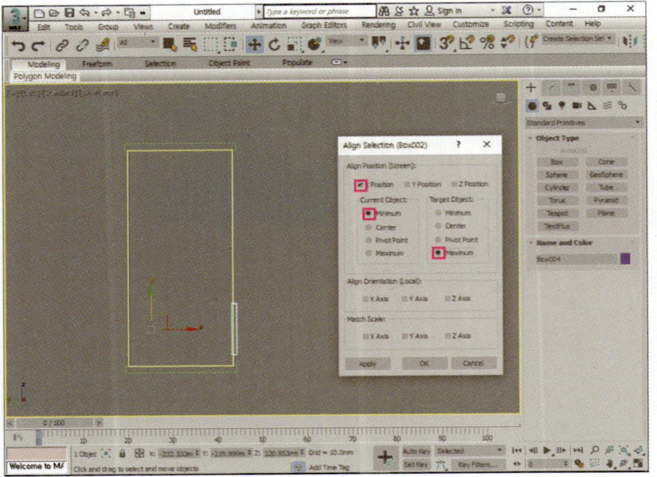

## 16

서랍이 될 Box의 높이를 지정해보겠습니다. 아래 좌표 위치의 Z축 위치 값에 '100'을 입력합니다.

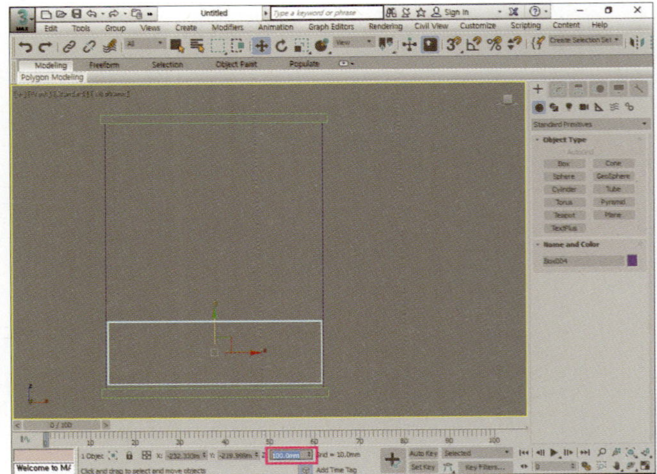

## 17

Front View에서 [Create-Geometry-Standard Primitives-
Sphere]를 선택하여 Sphere를 만들고 옵션을 아래처럼 설정합니다.

Radius : 15㎜ Segments : 32

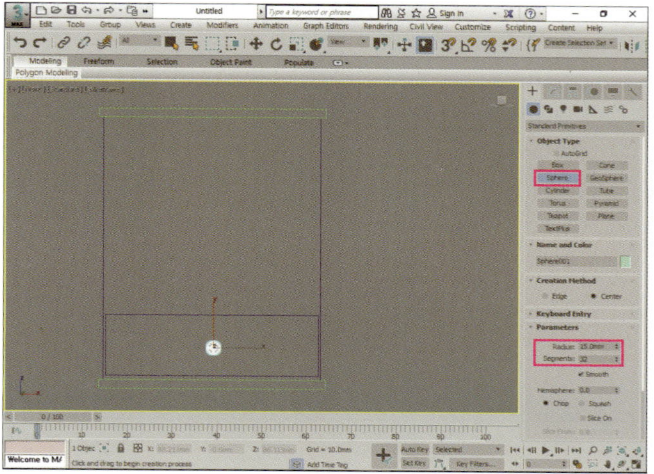

## 18

방금 만든 Sphere를 선택한 상태에서 Align(▤)을 클릭한 후 Box를 선택
하면 [Align Selection] 대화상자가 나타납니다. 정렬시킬 위치는 X, Y축
의 중심점이므로 옵션을 아래처럼 체크한 후 [OK] 버튼을 클릭합니다.

Align Position : X, Y Position 체크
Current Object : Center, Target Object : Center

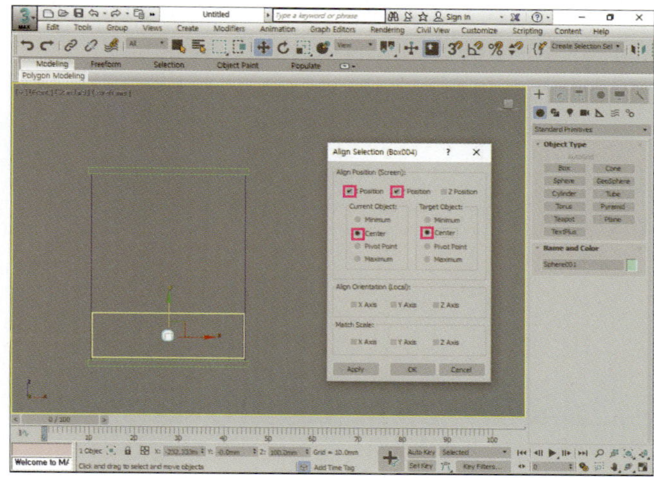

## 19

Left View에서 보면 Sphere가 Box 안에 들어 있는 것을 알 수 있습니다.

**tip** 모델링 시 Sphere가 만들어지는 위치에 따라 약간 위치가 다를 수 있습니다.

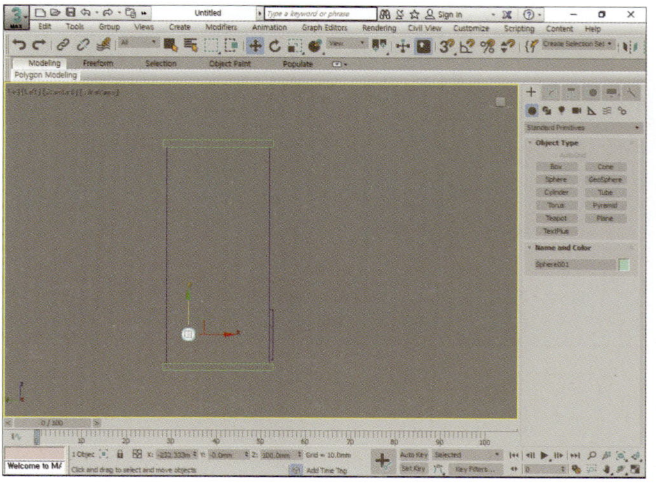

## 20

X축으로만 이동시켜 그림과 같은 위치에 맞춥니다. 서랍의 손잡이가 될 부
분입니다.

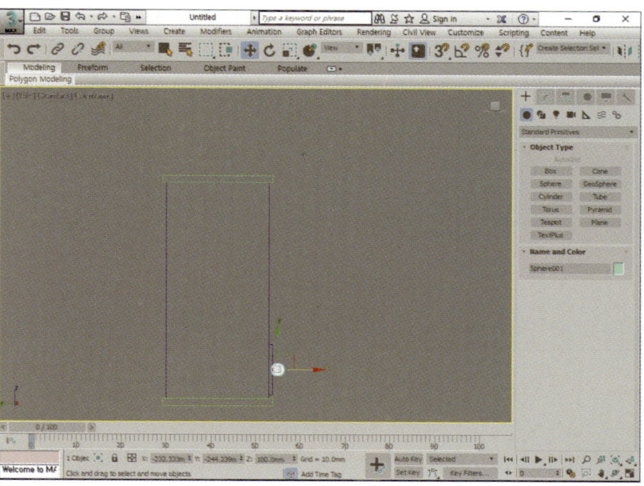

## 21

서랍이 될 Sphere와 Box를 선택합니다. [Menu Bar-Tools-Array]를
실행합니다.

**tip** 하나의 Object가 선택되어 있는 상태에서 추가로 다른 Object를 선택하려
면 Ctrl 을 누른 상태에서 추가할 Object를 클릭합니다.

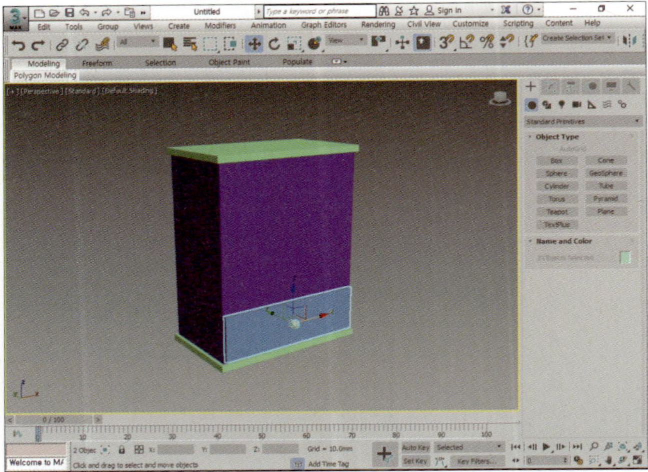

## 22

아래의 옵션처럼 값을 수정합니다. Z축 방향으로 145mm를 띄워서 4개를 복
사하는 옵션입니다. 수정이 완료되면 [OK] 버튼을 클릭합니다.

Z : 145mm, Count : 4

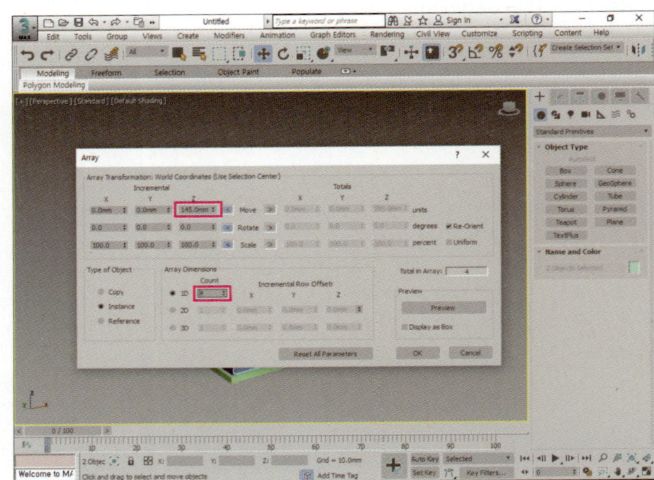

## 23

Z축 방향 145mm의 간격으로 4개가 복사되었습니다.

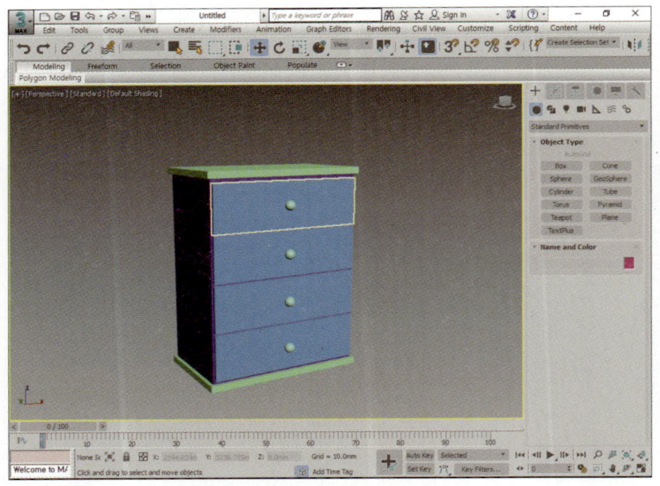

## 24

서랍장 모델링이 완료되었습니다. 마지막으로 Box 부분에 Chamfer를 넣
겠습니다. Sphere를 제외한 모든 Box를 선택합니다.

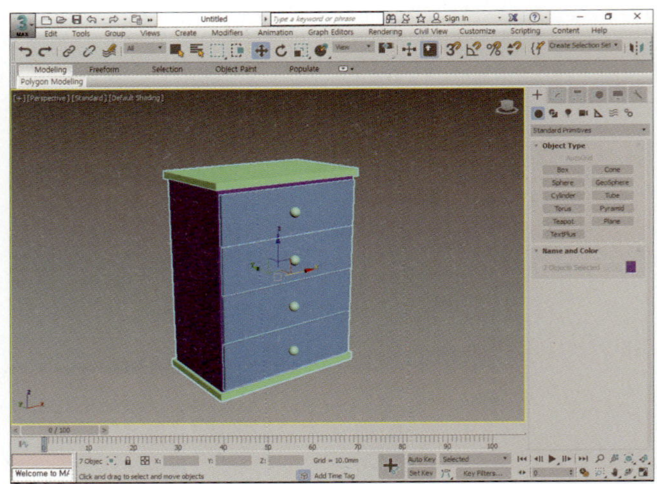

## 25

[Modifier List-Edit poly]를 적용합니다.
Selection에서 Edge를 선택합니다. 옷장의 모든 Edge를 선택합니다.

**tip** Edit Poly는 히스토리가 남아 원래의 Box를 다시 수정할 수 있습니다.

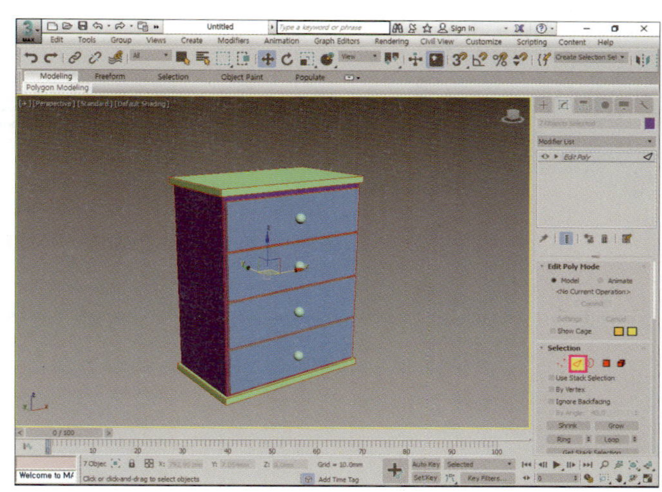

## 26

[Edit Edges] 탭에 Chamfer Settings를 클릭합니다.
Chamfer 캐디 메뉴가 활성화됩니다. Amount에 '1'을 입력한 후 [OK] 버튼을 클릭하면 선택한 Edge에 1mm Chamfer가 적용됩니다.

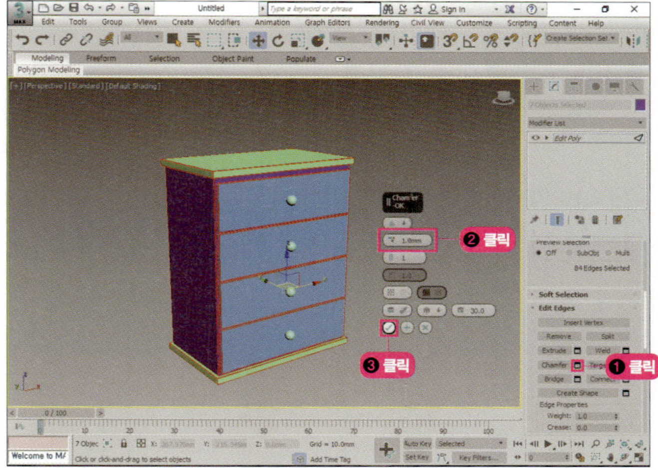


## 27

옷장 모델링이 완성되었습니다. Box를 Polygon으로 바꿔 간단하게 만들 수 있는 형태지만 Align을 이용한 정렬과 Array를 이용한 배열로 정확한 위치와 간격을 가지는 모델링을 연습해 보았습니다. 특히 Align은 모델링 시 중요한 기능이므로 사용법을 숙지하는 것이 좋습니다.

〈재질을 적용해서 렌더링 해 보세요〉

# Object를 변형하는 명령어

이번에는 Object를 변형하는 기본적인 편집 명령어에 대하여 알아보겠습니다. 간단한 변형은 Object를 폴리로 변형하지 않고 Modify 명령어를 사용하여 편집할 수 있습니다.

학습
——
목표

편집 명령어를 적용하여 다양한 변형 방법을 익히기 위해 편집 명령어의 세부적인 옵션에 대하여 알아본다.

## ① Taper와 Bend를 적용하여 Object 변형하기

## ② Twist와 FFD를 적용하여 Object 변형하기

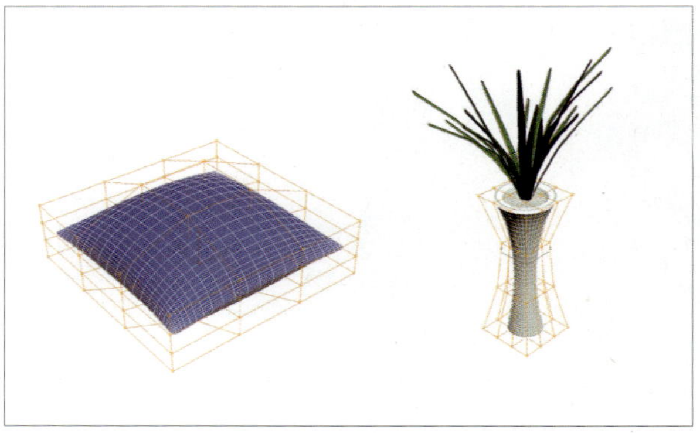

# Object에 경사면을 만드는 Taper

이번에는 양쪽 끝의 배율을 조정하여 경사면을 만드는 Taper에 대하여 알아보겠습니다. Taper는 Object 형상의 양쪽 끝의 크기를 조정하여 한쪽 끝은 커지고 다른 쪽 끝은 작아지는 경사면을 만들어줍니다. Taper를 적용하면 Object 외곽에 주황색 테두리가 생기면서 변형되는 형태를 확인할 수 있습니다.

Taper 적용 예

## ■ Taper 스택 인터페이스 알아보기

Taper를 적용한 후 형상을 변형시킬 수 있는 옵션을 알아보겠습니다.

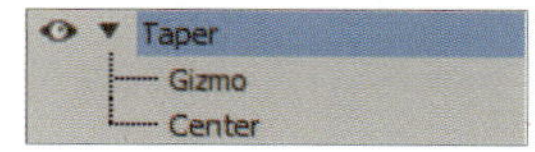

Taper 명령어 앞에 있는 +를 클릭하면 'Gizmo'와 'Center'라는 2개의 sub-object가 나타납니다. 이 옵션을 이용하면 변형의 범위와 크기를 자유자재로 조절할 수 있습니다.

### ● Gizmo

Gizmo를 선택하면 변형된 주황색 테두리가 노란색으로 바뀝니다. 이때는 Object를 변경하는 것이 아니라 Object의 중심축과 Taper 효과가 적용된 형태가 변경됩니다. Gizmo를 변경(이동, 회전, 크기 변환)하여 Object의 형태를 바꾸거나 애니메이션 효과를 줄 수 있습니다.
대부분 오브젝트를 변형하는 편집 명령어의 공통사항입니다.

### ● Center

Center를 선택하면 Object의 중심축만 노란색으로 바뀝니다. 이 Object의 중심축을 변환하면 Taper에 적용된 Gizmo의 모양이 바뀝니다. 대부분 오브젝트를 변형하는 편집 명령어의 공통사항입니다.

## ■ Taper Parameter 알아보기

Taper의 세부 옵션을 설정할 수 있는 Parameter의 값을 알아보겠습니다.

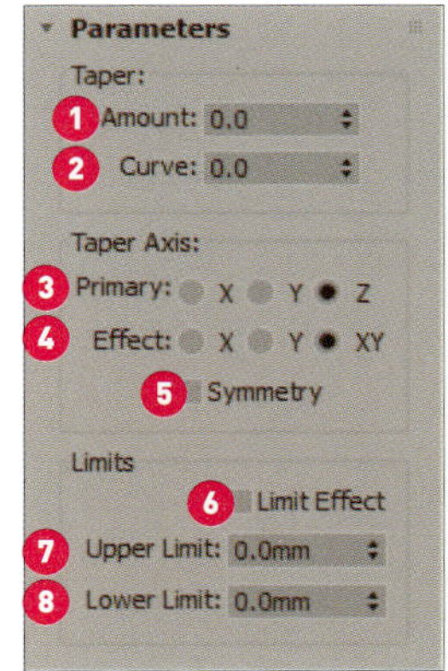

① **Amount** : Taper가 적용되는 양쪽 끝의 배율을 설정합니다. 숫자가 높아질수록 변경 폭이 커집니다.

② **Curve** : Taper를 곡선으로 변경합니다.

③ **Primary** : Taper가 적용되는 중심축의 방향입니다.

④ **Effect** : Taper가 적용되는 방향을 설정합니다.

⑤ **Symmetry** : 중심축을 기준으로 대칭 형태의 Taper를 만듭니다.

⑥ **Limit Effect** : 체크를 하면 Taper가 적용되는 제한 값을 적용합니다.

⑦ **Upper Limit** : 중심점을 기준으로 위쪽만 수치를 적용한 만큼 변경됩니다.

⑧ **Lower Limit** : 중심점을 기준으로 아래쪽만 수치를 적용한 만큼 변경됩니다.

# Taper 기능 익히기

이번에는 Taper를 이용하여 Object의 형태를 바꾸는 방법을 알아보겠습니다.

**예제 파일**
C:/315-5466/Part02/0203_01.max

## 01

'C:/315-5466/Part02/0203_01.max' 파일을 불러오면 화분이 나타납니다. 화분을 선택한 후 [Modifier List-Taper]를 적용하면 주황색 테두리가 만들어집니다.

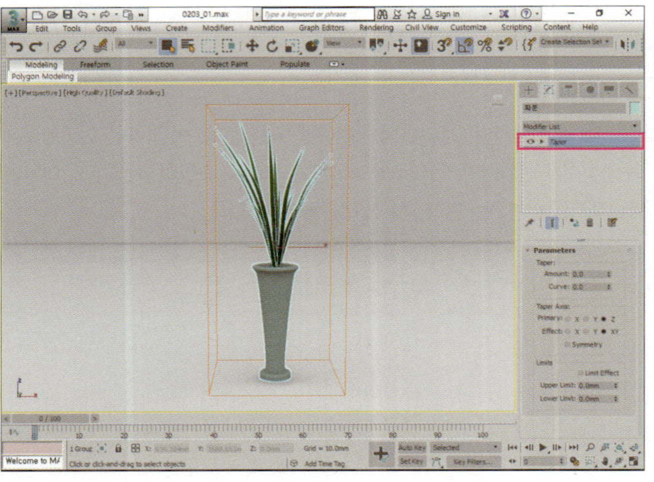

## 02

Parameters의 Amount 값을 조절하면 Object가 변형됩니다. '1'을 입력하면 아래 그림과 같이 위로 넓어지는 형태로 변형됩니다.

**tip** '–' 수치를 입력하면 아래쪽이 넓어집니다.

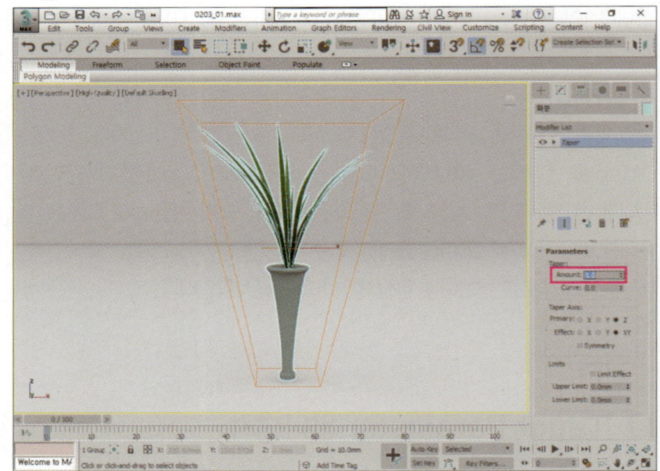

## 03

Taper Axis의 'Symmetry'에 체크를 하면 중심점을 기준으로 위아래가 같은 형태로 변형됩니다.

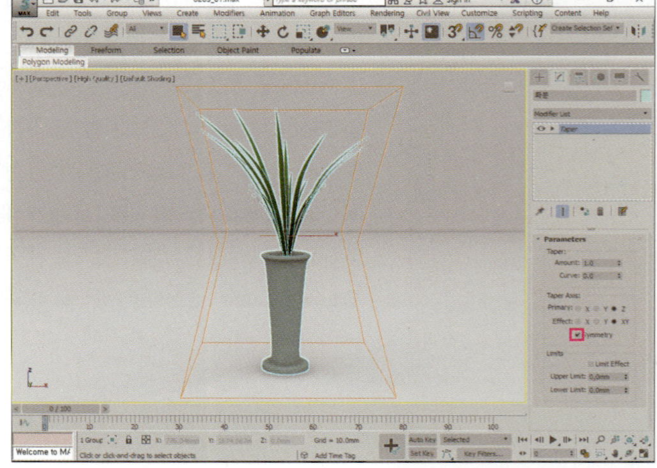

**04**

Parameters의 Curve 값을 조절하면 곡선 형태로 변형됩니다.

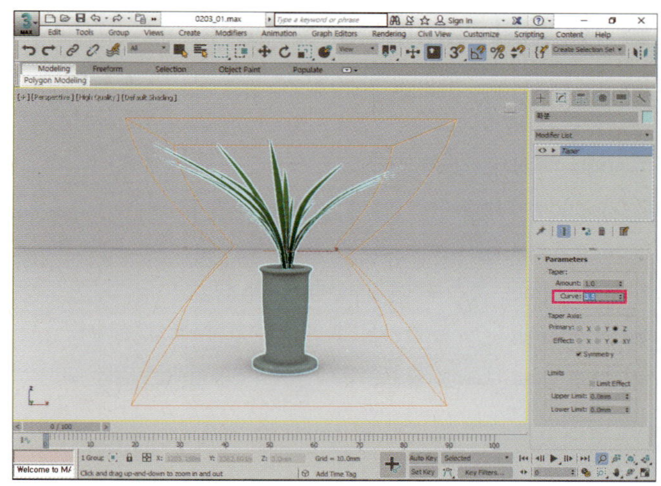

3 d s M A X 2 0 1 7

02

# Object를 휘어주는 Bend

이번에는 Object에 변형을 가해 휘어주는 Bend 명령어에 대하여 알아보겠습니다. Bend를 적용하면 Object 외곽에 주황색 테두리가 생기면서 변형되는 형태를 확인할 수 있습니다. 휘어지는 축의 선의 수가 적으면 딱딱하게 휘어지고, 선의 수가 많을수록 부드럽게 휘어집니다. 부드러운 결과물을 위해서는 선의 수를 적절하게 주는 것이 중요합니다.

**Bend 적용 예**

## ■ Bend의 스택 인터페이스 알아보기

다른 Object와 마찬가지로 Gizmo를 변환하고 Bend의 효과를 변경할 수 있는 스택에 대하여 알아보겠습니다.

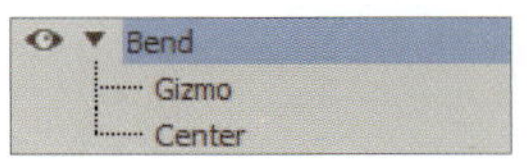

Bend 명령어 앞에 +를 클릭하면 'Gizmo'와 'Center'라는 2개의 Sub-Object가 나타납니다. 2개의 옵션을 이용해서 변형의 범위와 크기를 자유자재로 조절할 수 있습니다.

- **Gizmo** : Object의 변형이 일어나는 축을 활성화시킵니다. 이 축을 이동 또는 회전시킴으로써 Object의 변형이나 크기를 조절할 수 있습니다.
- **Center** : Object의 변형이 일어나는 중심점을 보여줍니다. 기본적으로 Object의 축이 기본 값으로 설정되어 있습니다.

## ■ Bend의 Parameter 알아보기

Bend의 세부 옵션을 설정하여 구부릴 각도와 방향 등을 설정할 수 있습니다.

① **Angle** : 휘어지는 각도를 지정합니다.

② **Direction** : 지정된 축을 기준으로 회전하는 각도를 조절합니다.

③ **Bend Axis** : 휘어지는 방향의 기준 축을 설정합니다.

④ **Limits Effect** : 특정 구간을 구부릴 때 체크합니다.

⑤ **Upper Limit** : Center를 기준으로 위쪽의 변형 범위를 지정합니다.

⑥ **Lower Limit** : Center를 기준으로 아래쪽의 변형 범위를 지정합니다.

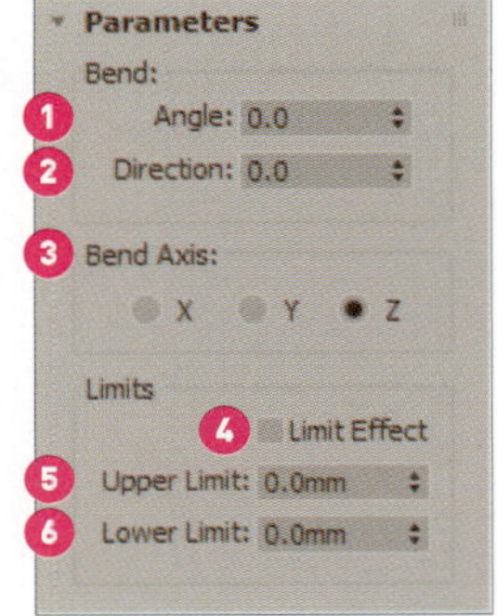

## Bend 기능 익히기

이번에는 예제 파일을 불러와 Bend의 기능을 익혀보겠습니다. Bend를 이용하여 Object를 자연스럽게 휘어줄 수 있습니다.

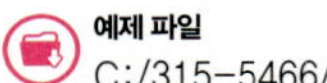

**예제 파일**
C:/315-5466/Part02/0203_02.max

### 01

'C:/315-5466/Part02/0203_02.max' 파일을 불러옵니다. 파일을 불러오면 뻣뻣한 돌고래가 보입니다. Bend를 사용하여 역동적인 모습으로 만들어보겠습니다. 돌고래를 선택한 후 [Modifier List-Bend]를 적용하면 돌고래 주위에 주황색 테두리가 만들어집니다.

### 02

Parameters의 Angel 값에 '30'을 입력하면 주황색 테두리가 휘어지며 Object도 같이 휘어집니다. 그런데 머리가 커지고 꼬리가 작아지는 모양으로 바뀌었네요. 휘어지는 축의 방향을 수정하여 형태를 바꿔보겠습니다.

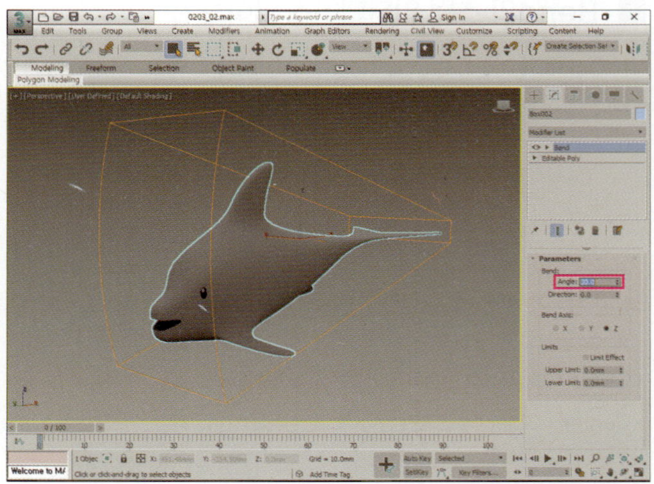

## 03

Bend Axis의 'X'에 체크합니다. 휘어지는 축이 바뀌면서 자연스럽게 헤엄
치는 모양으로 바뀝니다.

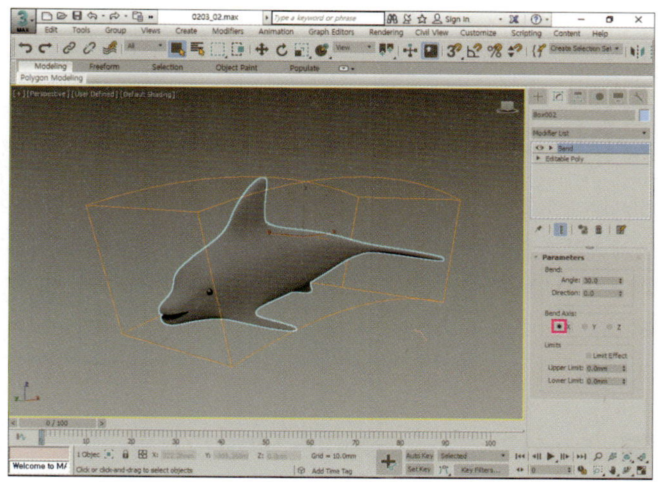

## 04

Parameters의 Angel 값을 더 크게 수정하면 좀 더 역동적인 형태를 만들
수 있습니다.

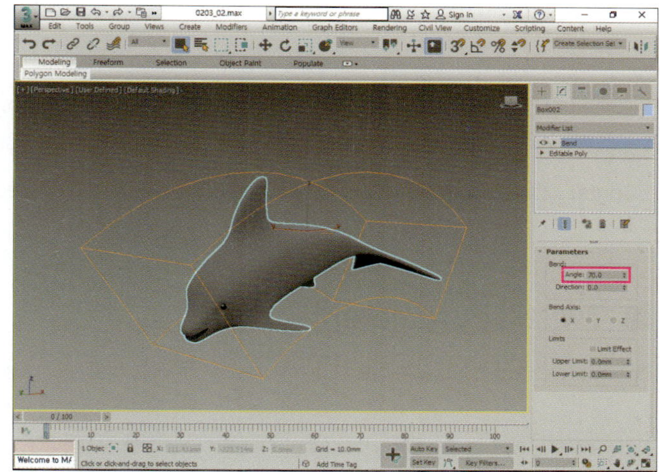

## 05

Parameters의 Direction의 수치를 변경하면 휘어지는 각도를 바꿀 수 있
습니다.
오른쪽 그림처럼 Direction에 '90'을 입력하면 옆으로 90°로 휘어집니다.

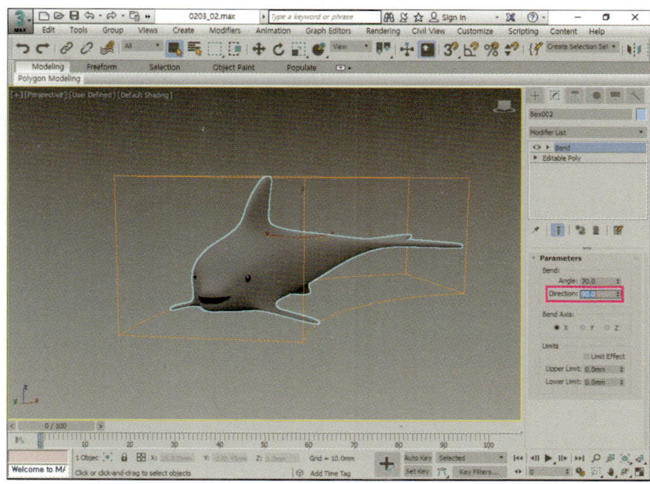

# 03

# Object를 비틀어주는 Twist

이번에는 Object를 꽈배기처럼 비틀어주는 Twist 명령어에 대하여 알아보겠습니다. X, Y, Z 세 개의 축 중 하나에서 비틀기 각도를 제어하고, 중심점을 기준으로 비틀기 효과가 일어납니다. Twist를 적용하면 Object 외곽에 주황색 테두리가 생기면서 변형되는 형태를 확인할 수 있습니다.

**Twist 적용 예**

## ■ Twist의 스택 인터페이스 알아보기

Twist의 효과가 적용되는 중심을 변환하고 Gizmo의 모양을 변경할 수 있습니다.

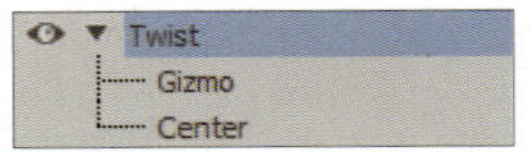

Twist 명령어 앞에 있는 +를 클릭하면 'Gizmo'와 'Center'라는 2개의 Sub-Object가 나타납니다.
2개의 옵션을 이용해서 변형의 범위와 크기를 자유자재로 조절할 수 있습니다.

- **Gizmo** : Object의 변형이 일어나는 축을 활성화시킵니다. 이 축을 이동 또는 회전하면 Object를 변형하거나 크기를 조절할 수 있습니다.
- **Center** : Object의 변형이 일어나는 중심점을 보여줍니다. 기본적으로 Object의 축이 기본 값으로 설정되어 있습니다.

## ■ Twist의 Parameter 알아보기

Twist의 세부 옵션을 설정하여 비틀기 수치와 Twist가 적용될 제한 값을 적용할 수 있습니다.

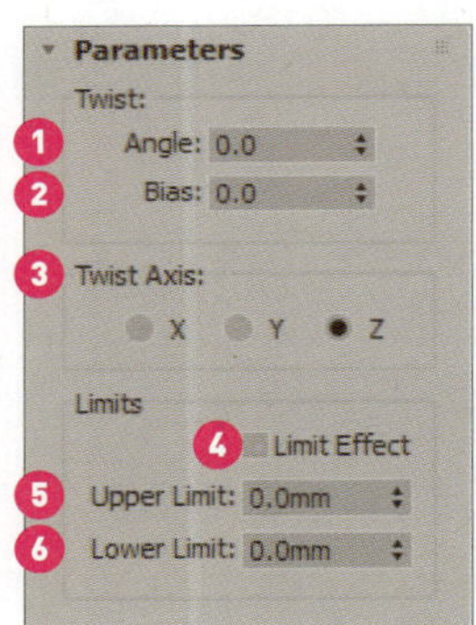

① **Angle** : 휘어지는 각도를 지정합니다.

② **Bias** : Object의 한쪽 끝에서 뭉치도록 비틀어줍니다.

③ **Twist Axis** : 비틀기가 적용되는 방향의 기준 축을 설정합니다.

④ **Limits Effect** : 특정 구간을 비틀 때 체크합니다.

⑤ **Upper Limit** : Center를 기준으로 위쪽의 변형 범위를 지정합니다.

⑥ **Lower Limit** : Center를 기준으로 아래쪽의 변형 범위를 지정합니다.

# Twist 기능 익히기

이번에는 예제 파일을 이용하여 Twist의 기능에 대하여 알아보겠습니다.

**예제 파일**
C:/315-5466/Part02/0203_03.max

## 01

'C:/315-5466/Part02/0203_03.max' 파일을 불러옵니다. 파일을 불러오면 시원한 빙과가 나타납니다. 하지만 일자로 되어 있으니 뭔가 좀 밋밋하네요. 아이스크림 부분을 선택한 후 [Modifier List-Twist]를 적용하면 주황색 테두리가 만들어집니다.

## 02

아래 그림과 같이 Parameters의 Angel 값에 '300'을 입력하면 Object가 꽈배기처럼 비틀리는 형태로 바뀝니다. 이제야 조금 맛있어 보이네요.

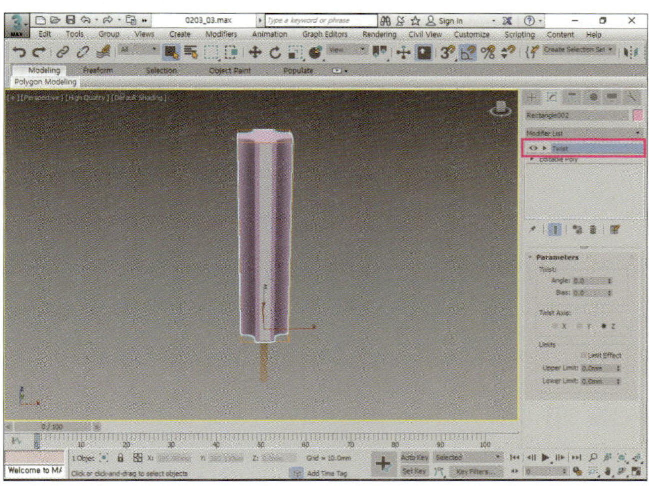

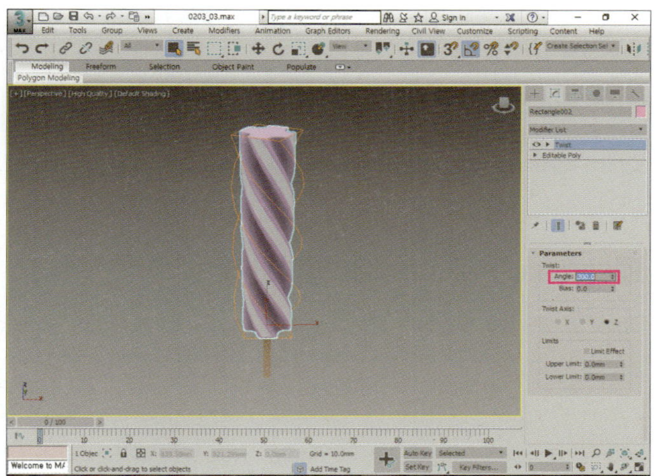

## 03

Bias 값을 조절하면 한쪽 끝에서 비틀어집니다.

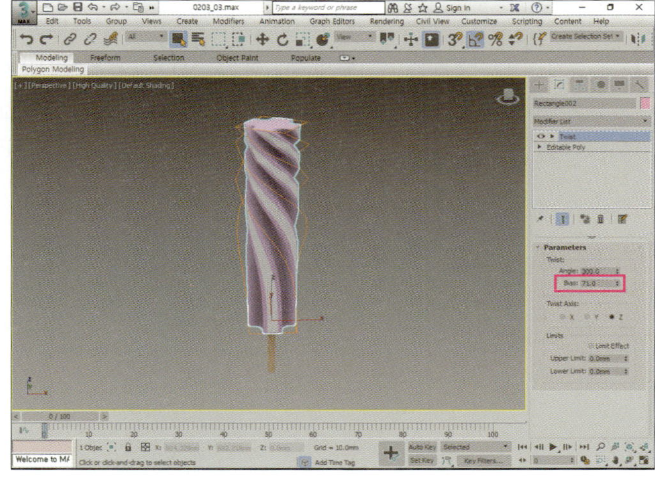

# 04

# 무작위로 변화를 주는 Noise

Noise는 X, Y, Z 세 축의 방향을 따라 Object의 정점 위치를 조정하는 명령어입니다. Noise는 모든 Object에 적용할 수 있으며 면이 많이 있어야 명확하게 나타납니다. Noise는 물결이나 간단한 지형을 만들 때 사용합니다.

**Noise가 적용되지 않은 평면과 적용된 이미지 차이**

## ■ Noise Parameter 알아보기

Object를 불규칙하게 만들 수 있는 Noise의 Parameter에 대하여 알아보겠습니다.

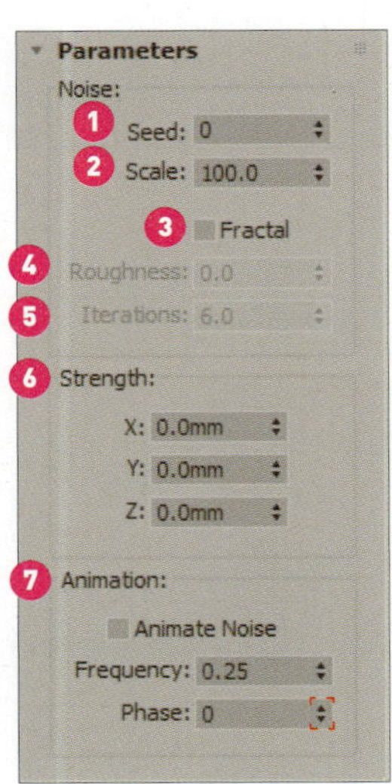

① **Seed** : 사용자가 설정하는 번호에서 임의의 시작점을 만듭니다.

② **Scale** : Noise의 형태 또는 크기를 설정합니다.

③ **Fractal** : 프랙털 효과를 활성화시킵니다.

④ **Roughness** : 프랙털 변형의 범위를 설정합니다. 설정 값이 낮을수록 부드러워집니다.

⑤ **Iterations** : 프랙털 기능에서 사용하는 반복 횟수를 설정합니다.

⑥ **Strength** : X, Y, Z 세 축 각각의 Noise 효과의 강도를 설정합니다.

⑦ **Animation** : Noise에 애니메이션 효과를 적용합니다. Strength의 영향을 받습니다. Noise의 애니메이션 속도와 웨이브의 시작점/끝점을 이동할 수 있습니다.

# Noise 기능 익히기



이번에는 Noise를 이용하여 파도가 치는 바다의 형태를 만들어보겠습니다.

 **예제 파일**
C:/315-5466/Part02/0203_04.max

## 01

'C:/315-5466/Part02/0203_04.max' 파일을 불러옵니다. 잔잔한 바다가 보입니다. 바다를 선택한 후 [Modifier List-Noise]를 적용합니다.

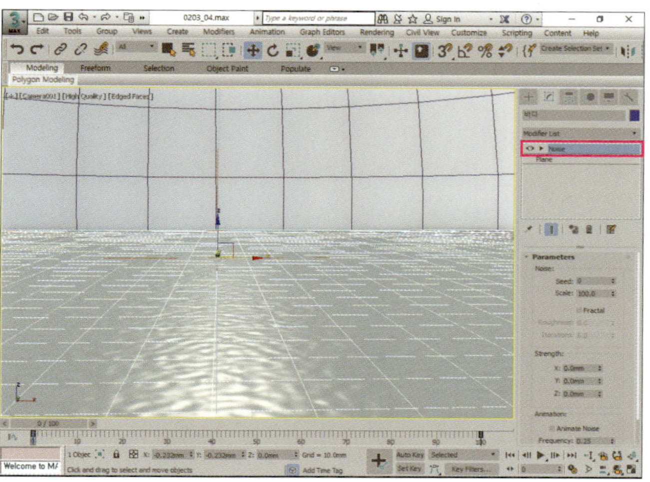

## 02

Noise Parameter의 Strength에서 Z값에 30을 입력하면 표면에 변화가 생깁니다. 하지만 조금 밋밋한 느낌이 드네요.

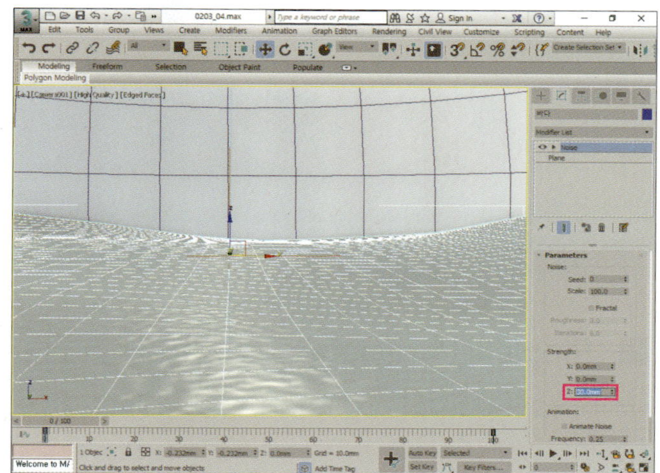

## 03

Fractal에 체크하면 거칠어 보이지만 좀 더 역동적인 면을 만들 수 있습니다.

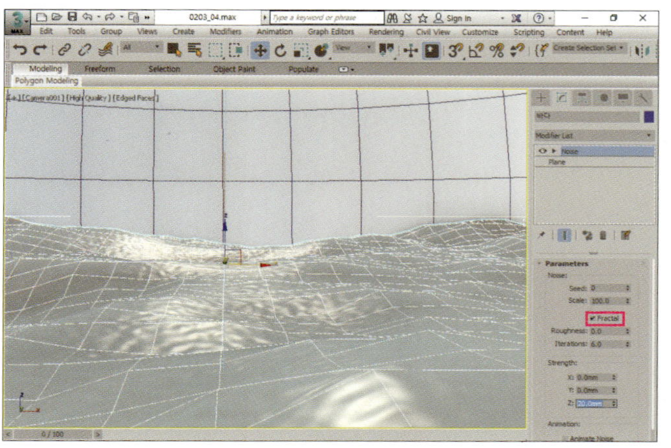

## 04

Seed를 바꾸면 다양한 형태의 파도를 만들 수 있습니다. Seed를 움직여 원하는 형태의 파도를 만듭니다.

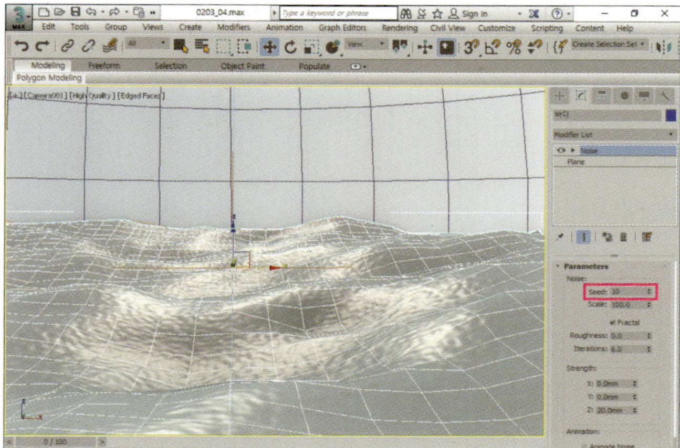

# 05

# 물결무늬를 만들어주는 Ripple

Ripple은 Object의 중심부터 퍼지는 원형의 물결 효과를 만들어줍니다.

**Ripple이 적용된 Object**

## ■ Ripple의 Parameter 알아보기

이번에는 물결무늬를 만드는 Ripple의 옵션에 대하여 알아보겠습니다.

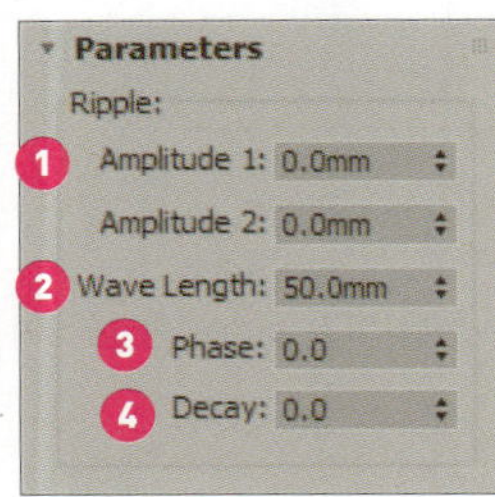

① **Amplitude 1(진폭1)** : Object의 한 방향으로 물결무늬를 만들어줍니다.

　**Amplitude 2(진폭2)** : Amplitude 1(진폭1)과 직각인 방향으로 물결무늬를 만들어줍니다.

② **Wave Length** : 진폭이 만들어지는 거리를 설정합니다.

③ **Phase** : Object에서 물결무늬의 패턴을 이동합니다.

④ **Decay** : 물결무늬의 중심부터 만들어지는 웨이브 효과를 제한합니다.
　수치를 올릴수록 중심부터 웨이브의 크기가 줄어듭니다.

# Ripple 기능 익히기

**예제 파일**
C:/315-5466/Part02/0203_05.max

## 01

'C:/315-5466/Part02/0203_05.max' 파일을 불러오면 커피잔이 보입니다. [Modifier List-Ripple]을 적용합니다.

## 02

Amplitude 1과 Amplitude 2의 값을 각각 0.5㎜로 설정합니다. 약간 변화가 있긴 하지만 크게 물결무늬가 나타나지 않습니다.

## 03

Wave Length의 값을 '3'으로 설정하고 Phase의 값을 '6'으로 설정합니다. 진폭의 거리가 짧아지고 패턴이 이동하면서 물결무늬가 완성됩니다.

# 06

# 오브젝트를 잘라주는 Slice

Slice는 기즈모의 위치를 기준으로 평면으로 오브젝트를 자르거나 절단면을 기준으로 오브젝트를 사라지게 할 수 있습니다. 이동이나 회전 등 기즈모의 위치를 변경하는 애니메이션을 만들어 오브젝트가 사라지거나 나타나는 애니메이션을 만들 수 있습니다.

오브젝트에 [Modifier List-Slice]를 적용한 후 Stack에서 Slice Plane을 선택하고 위치를 이동하거나 회전하여 대칭위치를 설정할 수 있습니다.

## ■ Slice의 Parameter 알아보기

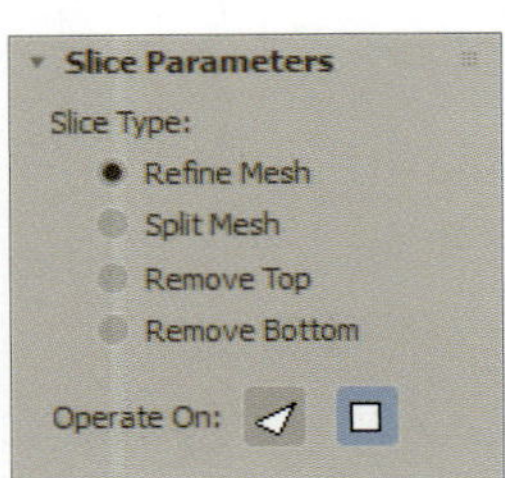

● **Slice Type**
- **Refine Mesh** : Slice된 부분에 Edge가 추가됩니다.
- **Split Mesh** : Slice된 부분이 분리가 되어 별도의 오브젝트로 구성됩니다.
- **Remove Top** : Slice Plane 위의 모든 면과 정점을 삭제합니다.
- **Remove Bottom** : Slice Plane 아래의 모든 면과 정점을 삭제합니다.

● **Operate On**
- **Faces** : Slice된 부분의 면을 삼각형으로 처리합니다.
- **Polygons** : Slice된 부분의 면을 사각형으로 처리합니다.

기능
따라하기

## Slice 기능 익히기

예제 파일
C:/315-5466/Part02/0203_06.max

## 01

'C:/315-5466/Part02/0203_06.max' 파일을 불러오면 타지마할 건물이 보입니다.

건물을 선택한 후 [Modifier List-Slice]을 적용합니다.

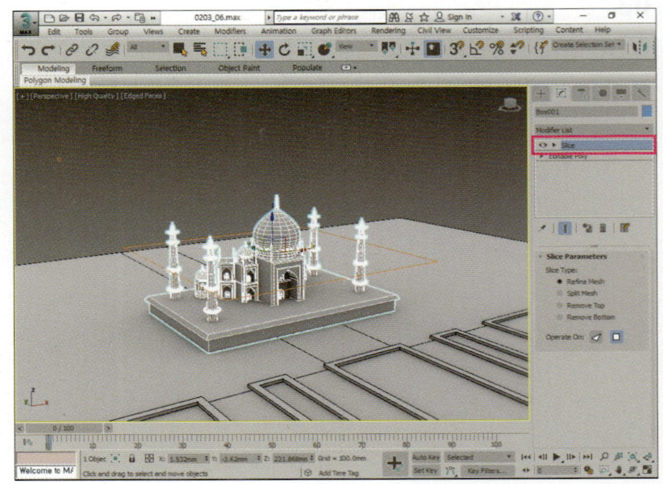

## 02

Remove Bottom을 선택하면 Slice Plane을 기준으로 오브젝트의 아래
쪽이 사라집니다.

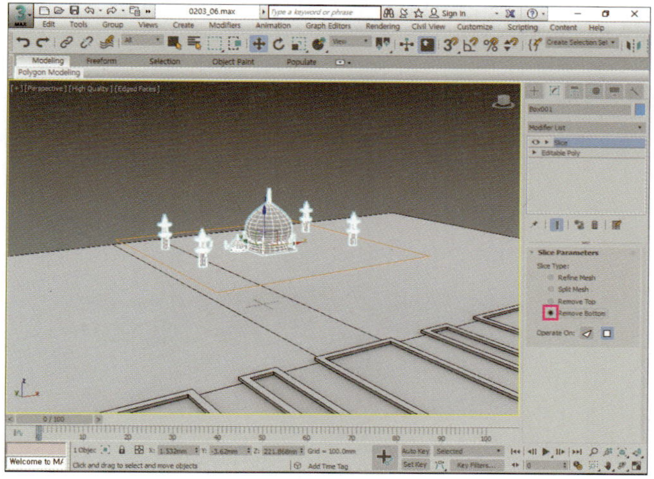

## 03

Remove Top을 선택하면 Slice Plane을 기준으로 오브젝트의 위쪽이 사
라집니다.

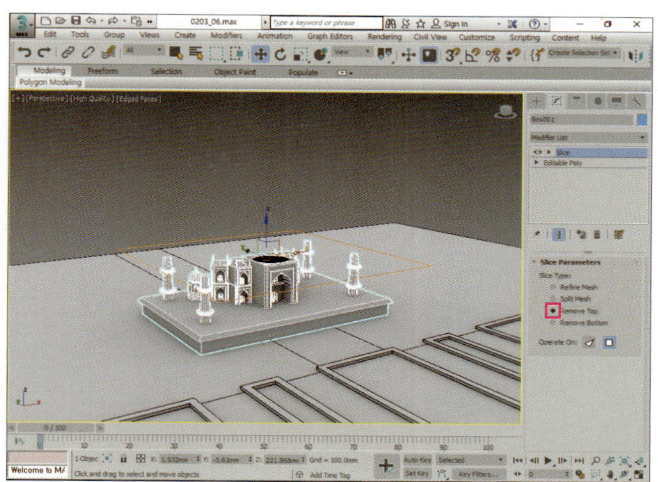

## 04

Remove Top을 선택한 상태에서 Slice Plane을 선택합니다.
Slice Plane이 노란색으로 변하면 Slice Plane의 위치를 수정할 수 있습
니다.

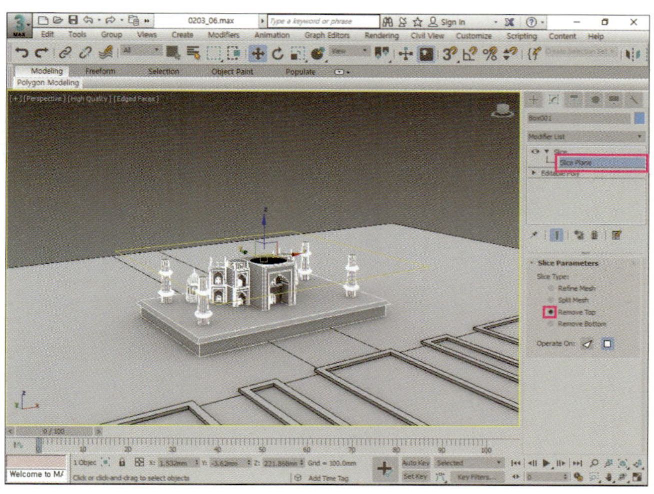

## 05

Slice Plane을 그림과 같이 아래로 이동합니다.

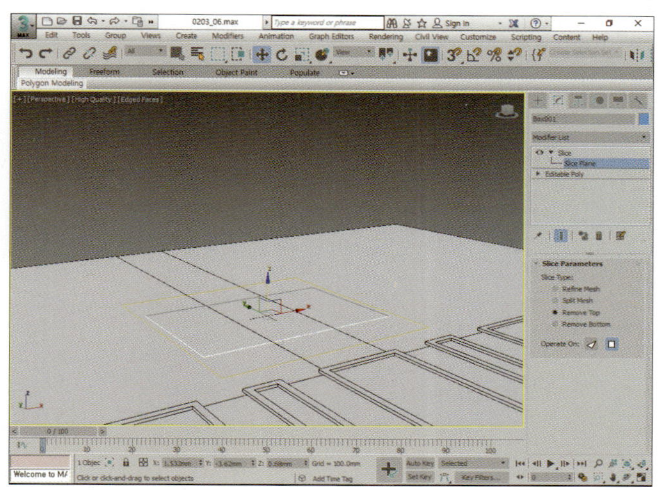

## 06

애니메이션 바 하단의 Autokey( Auto Key )를 클릭합니다.
애니메이션 바가 빨간색으로 변하며 애니메이션을 만들 수 있습니다.

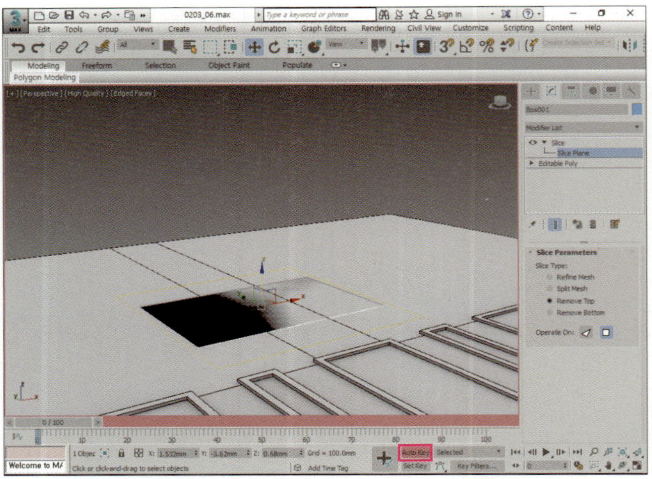

## 07

SetKey( + )를 클릭합니다. 현재 선택한 오브젝트의 위치 값을 기억합니
다. 현재는 기본 1프레임에 있습니다.

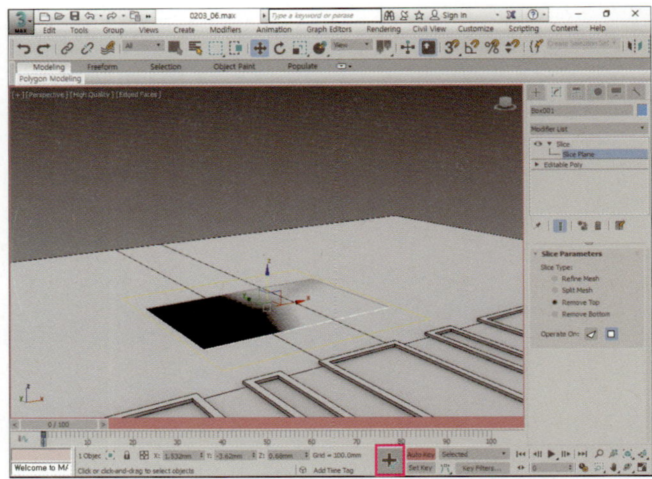

## 08

Animation bar를 마우스로 클릭하고 드래그하여 100프레임으로 이동합
니다.

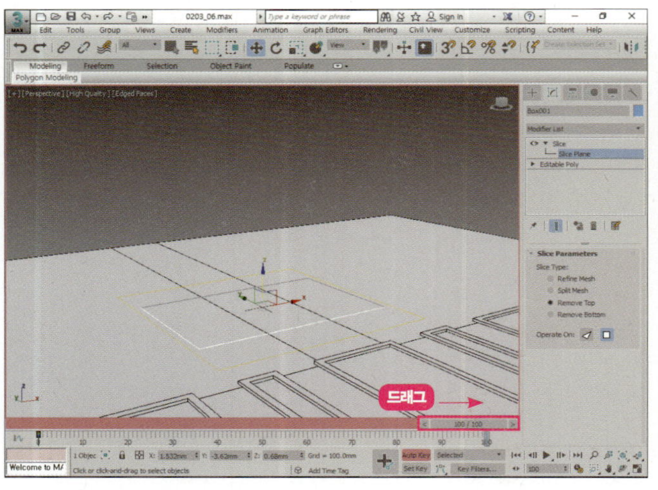


## 09

Slice Plane을 그림과 같이 건물이 모두 나오도록 위로 이동합니다.

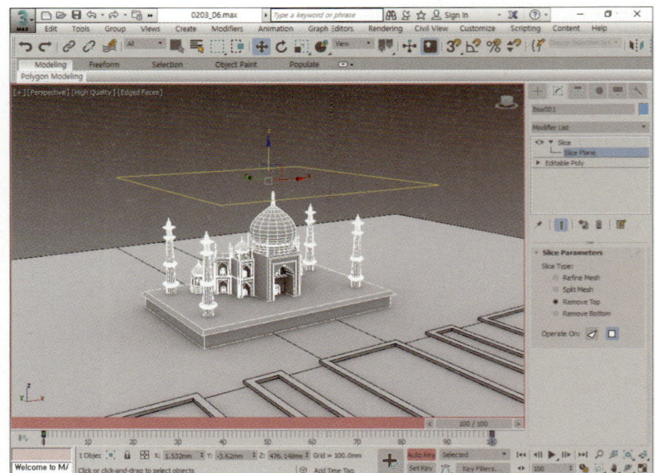

## 10

SetKey(➕)를 클릭합니다. 오브젝트가 이동된 위치 값을 기억합니다.

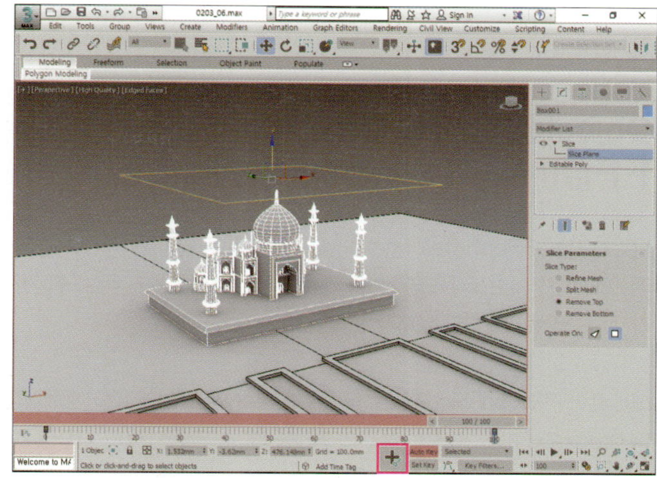

## 11

Autokey(Auto Key)를 눌러 애니메이션 편집 모드를 해제합니다.
Play Animation(▶)을 눌러 애니메이션을 실행하면 그림과 같이 아래부터 위로 점점 나타나는 건물 형태의 애니메이션이 만들어 집니다.

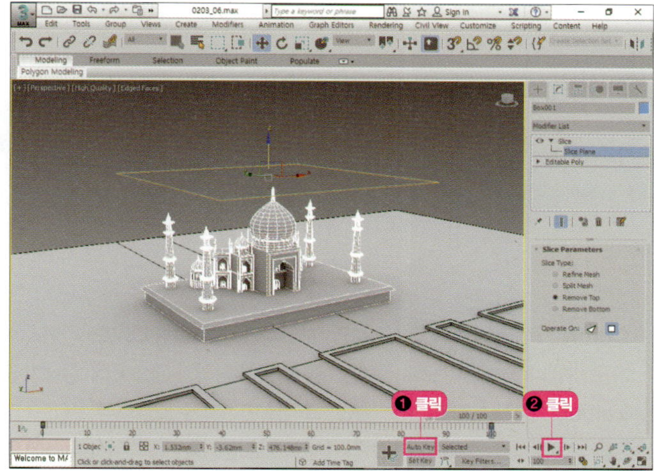


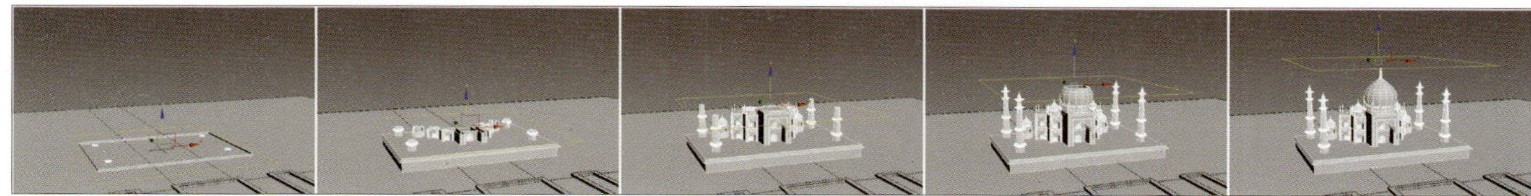

# Object를 마음대로 변형시키는
# FFD(Free-Form Deformation)

FFD는 Free-Form Deformation(자유형 변형)의 약어입니다. Modifier List
에 FFD로 시작하는 5개의 명령어가 있습니다. 각각 다른 격자 해상도를 가지는 세
가지 FFD(2x2, 3x3 및 4x4)가 있습니다.

예를 들어 FFD 3x3 Modifier는 각 치수에 대해 세 개의 격자점이 만들어집니다.
FFD(box)와 FFD(cyl)은 Object의 형태에 따라서 적용시키며, 격자점을 임의로
수정할 수 있습니다. Object를 자연스럽게 변형시킬 수 있기 때문에 자주 사용되는
명령어입니다. Object의 세그먼트 수가 많을수록 자연스러운 형태로 변형됩니다.

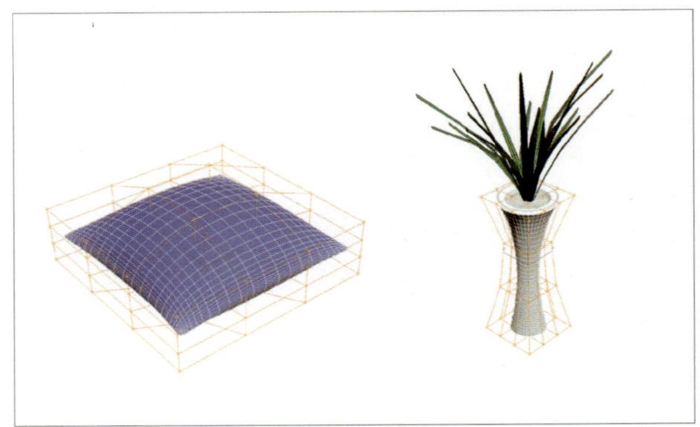

**FFD Modifier를 적용하여 쿠션의 볼륨과 화병을 변형한 이미지**

## ■ FFD의 스택 인터페이스 알아보기

격자의 제어점을 선택하고 조작하거나 격자 상자를 배치, 회전, 배율 조정을 할 수 있습니다.

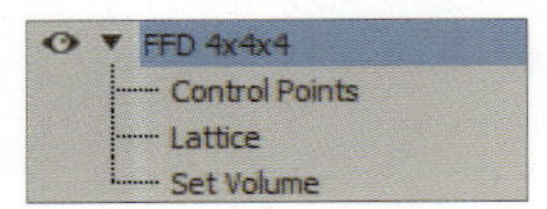

- **Control Points** : 설정한 격자의 여러 제어점을 선택하고 조작하여 Object의 형태를 변경할 수 있습니다. 제어점을 선택하면 주황색의 제어점이 노란색
  으로 바뀝니다. 노란색으로 선택된 제어점을 변형하면 Object의 형태가 움직인 만큼 변형됩니다.
- **Lattice** : 격자 상자를 이동, 회전, 크기를 변경할 수 있습니다.
- **Set Volume** : 선택하면 제어점이 녹색으로 활성화됩니다. Object에 영향을 미치지 않고 격자점의 위치를 설정합니다.

## ■ FFD의 Parameter 알아보기

격자에 포함될 제어점의 수를 설정하거나 격자 및 제어점의 표시 상태를 설정할 수 있습니다.

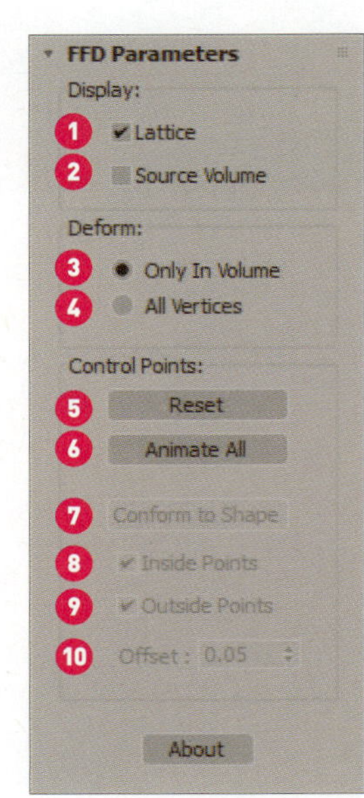

① **Lattice** : 제어점을 연결하는 선을 표시합니다.

② **Source Volume** : 격자의 제어점을 수정되지 않은 상태로 표시합니다.

③ **Only In Volume** : 볼륨 내부에 있는 정점을 변형합니다.

④ **All Vertices** : 모든 정점을 Source Volume에 상관없이 변형시킵니다.

⑤ **Reset** : 제어점을 초기화합니다.

⑥ **Animate All** : Control Point를 제어점에 지정하여 애니메이션을 할 수 있습니다.

⑦ **Conform to Shape** : FFD 격자점의 형태를 Object의 형태에 맞게 변형합니다.

⑧ **Inside Points** : Object 안쪽의 제어점만 Conform to Shape의 영향을 받습니다.

⑨ **Outside Points** : Object 바깥쪽의 제어점만 Conform to Shape의 영향을 받습니다.

⑩ **Offset** : Conform to Shape의 영향을 받는 제어점이 Object 표면에서 지정된 거리만큼 오프셋 됩니다.

# FFD 기능 익히기

이번에는 예제 파일을 불러와 FFD의 기능을 익혀보겠습니다.

**예제 파일**
C:/315-5466/Part02/0203_07.max

## 01

'C:/315-5466/Part02/0203_07.max' 파일을 불러오면 화분이 나타납니다. 일자 형태로 되어 있는 화분을 FFD를 사용하여 곡선 형태로 바꿔보겠습니다. 화분을 선택한 후 [Modifier List-FFD4x4x4]를 적용하면 주황색 변형 테두리가 만들어집니다.

## 02

FFD4x4x4의 Control Points를 선택한 후 두 번째 줄의 Point를 모두 선택합니다. Select and Uniform Scale(▦)을 선택한 후 삼각형 부분을 잡고 마우스를 드래그하여 크기를 줄입니다.

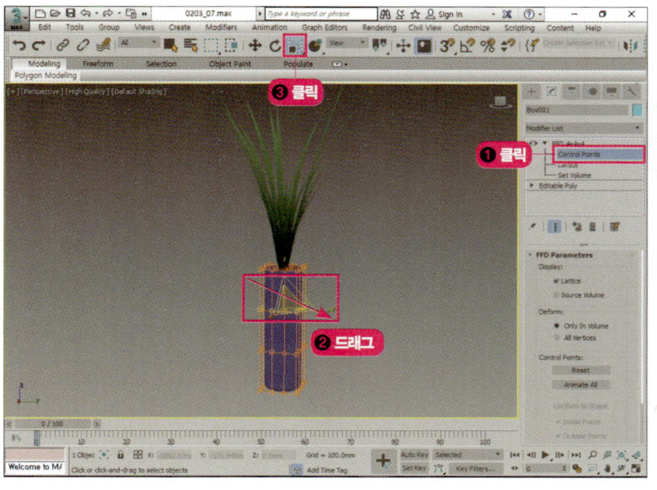


## 03

Point의 크기를 줄이면 그림처럼 곡선 형태로 변형됩니다. 세 번째 줄의 Point 크기도 같은 방법으로 줄입니다.

## 04

중간의 Point 크기를 모두 변경하여 화분의 형태가 곡선으로 변경합니다.

# 나무의자 만들기

이번에는 앞에 나온 Bend, Taper, FFD Modifier를 이용하여 의자를 만들어보겠습니다. 변형 명령어를 이용하여 기본 도형을 다양한 형태로 바꿀 수 있습니다. 그리고 이번에는 Mental Ray Renderer를 이용하여 재질과 조명을 넣은 후 렌더링을 해보겠습니다.

**완성 파일**
C:/315-5466/Part02/0203.max

## 01

### 의자 다리 모델링하기

먼저 의자의 기본적인 다리를 만들어보겠습니다.

## 01

Perspective View에서 그림처럼 3개의 Box를 만들고 옵션을 아래처럼 설정합니다. Box를 만들 때 클릭한 지점에 따라 위치가 다를 수 있습니다.

- 1번 Box : Length : 400mm, Width : 400mm, Height : 30mm
- 2번 Box : Length : 50mm, Width : 50mm, Height : -400mm
- 3번 Box : Length : 50mm, Width : 50mm, Height : -600mm

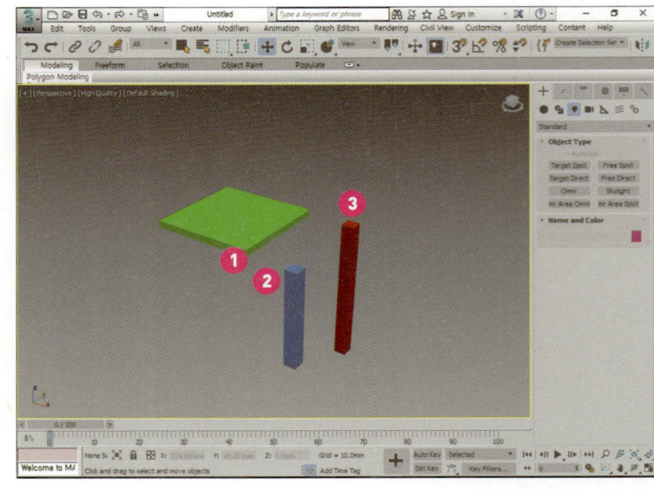

## 02

3D Snap(3️) 아이콘을 클릭하여 Snap 기능을 활성화합니다.
아이콘 위에서 마우스 오른쪽 버튼을 클릭하면 [Grid and Snap Setting]
창이 활성화됩니다.
Snap 옵션 중 'Vertex'에만 체크를 하고 창을 닫습니다.

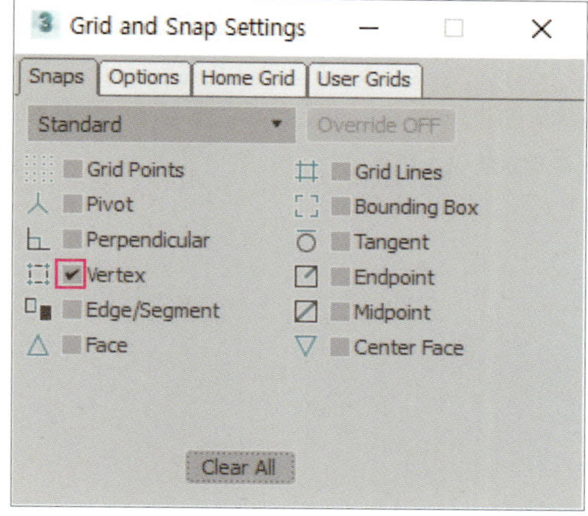

## 03

2번 Box를 1번 Box와 붙여보겠습니다. Box를 이동시키므로 Select
and Move(✛)를 선택합니다. 2번 Box를 선택한 후 그림처럼 끝점 위치
에 마우스를 올리면 끝점 부분에 노란색 +표시가 활성화됩니다.

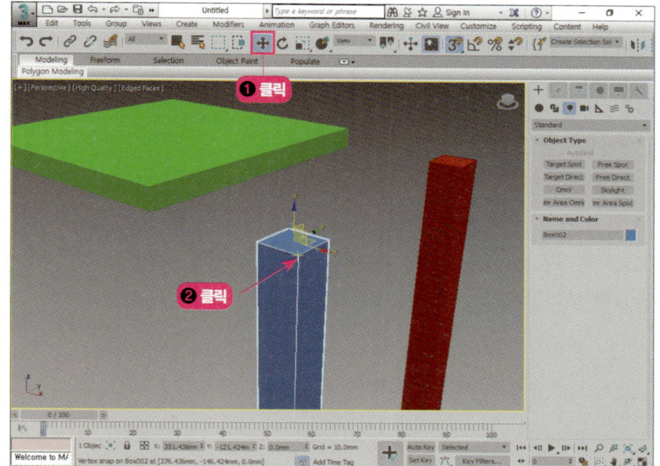

## 04

이동할 점을 클릭한 상태에서 그림처럼 1번 Box의 아래쪽 모서리로 이동합
니다. 두 Box의 끝점이 붙으면서 정확하게 정렬됩니다.

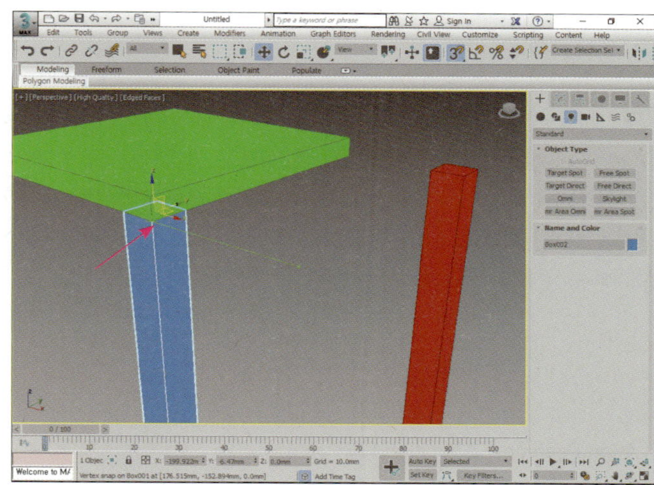

## 05

3번 Box를 1번 Box와 붙여보겠습니다. 방금 전에 한 방법과 마찬가지로
이동할 점을 선택한 후 Box를 이동합니다.

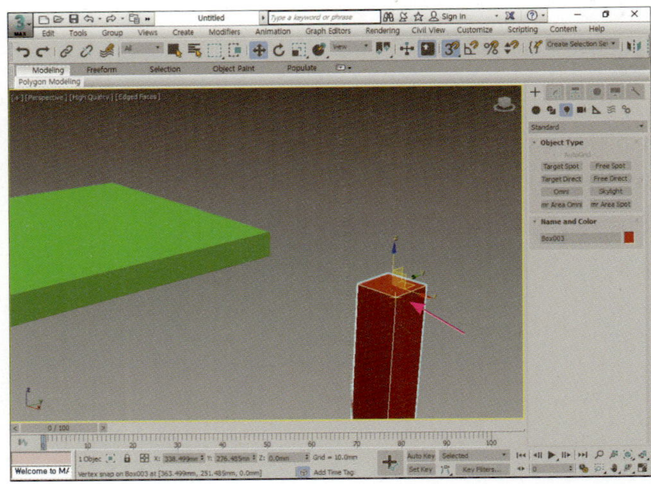

## 06

2개의 Box를 잘 이동했다면 그림처럼 정렬이 되어있을 것입니다.
바닥에 닿을 면의 높이가 맞지 않으므로 바닥면을 기준으로 다리를 정렬시켜
보겠습니다.
정렬시킬 3번 Box를 선택한 후 Align() 아이콘을 클릭하고 앞의 2번
Box를 선택합니다.

**tip** **Align** 단축키는 Alt + A 입니다.

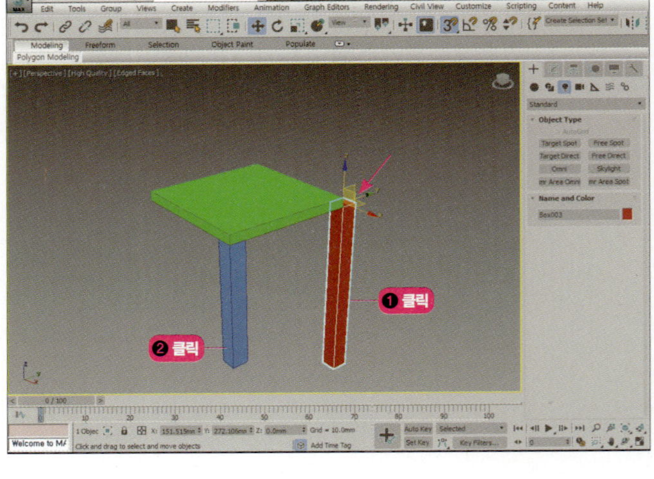

## 07

[Align Selection] 창이 활성화됩니다. 현재 보이는 화면에서 Z축 방향으
로 정렬되어야 하므로 Z Position에 체크합니다. 두 Box의 바닥면이 같은
위치에 있어야 하므로 Current Object와 Target Object의 위치를
Minimum으로 선택하면 두 Box의 바닥면이 같은 위치에 정렬됩니다.

> **Align Position : Z Position 체크**
> **Current Object : Minimum, Target Object : Minimum**

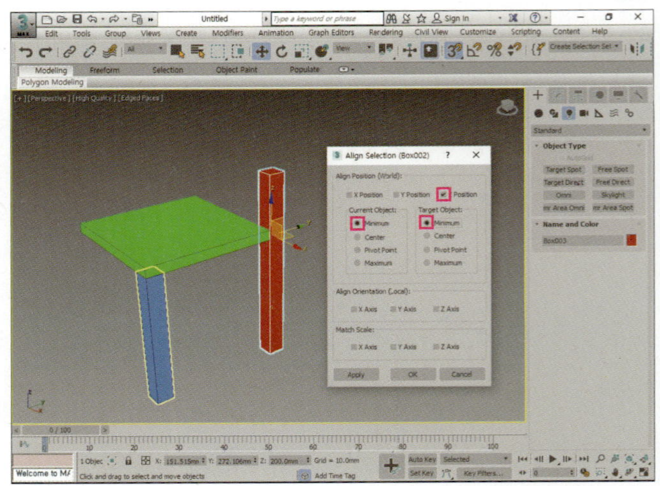

이번에는 Box의 Parameter를 수정하고 편집 명령어를 적용하여 다른 형태로 의자 다리를 완성해보겠습니다.

## 01

앞의 Box를 선택한 후 [Modifier List-Taper]를 적용합니다.
Parameters의 Amount 값을 0.3을 입력합니다. Box에 경사면이 적용
되면서 Object가 변형됩니다.

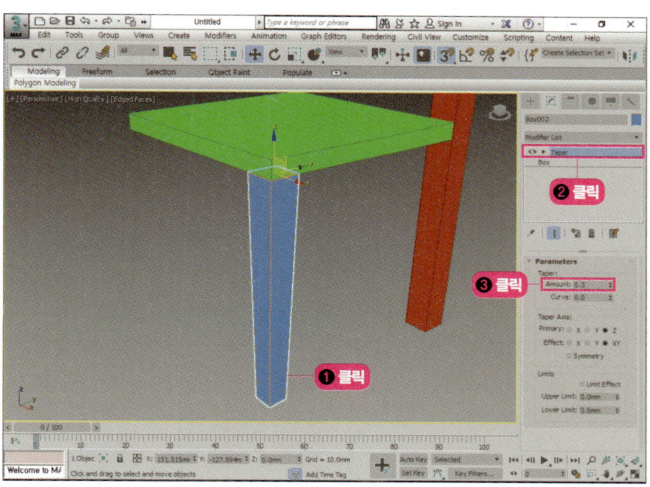

## 02

뒤의 Box를 선택합니다. Object에 자연스러운 변형을 가하기 위하여 Box
의 Parameter를 수정하겠습니다. Modify에서 Box의 Parameter 값을
아래처럼 수정합니다.

Length Segs : 8, Width Segs : 8, Height Segs : 15

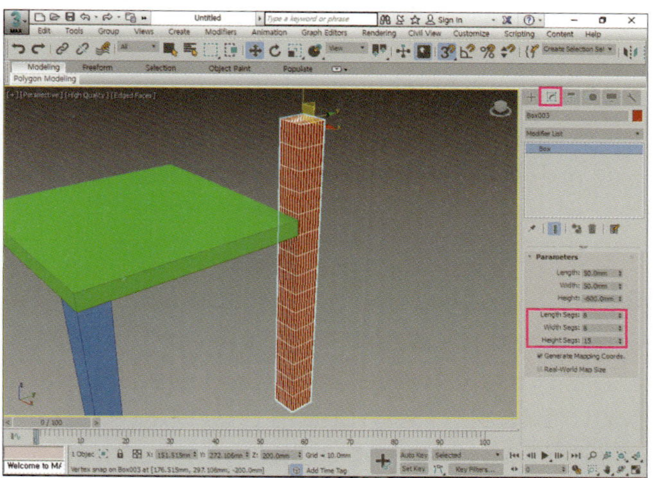

## 03

세그먼트 값을 수정한 후 [Modifier List-FFD 4x4x4]를 선택합니다.
Object 주위에 주황색의 수정 포인트가 4개씩 생겼습니다. +를 클릭하여
Control Point를 선택한 후 그림처럼 끝 부분의 4개 포인트를 선택합니다.

**알아두기**

**절대좌표와 상대좌표**

정확한 이동을 위해 좌표 값을 이용하여 이동시키는 방법에 대하여 알아
보겠습니다. 현재 Object의 위치는 절대 좌표로 화면 하단에
X: 151.515mn ▼ Y: 272.106mn ▼ Z: 200.0mm ▼ X, Y, Z위치 값이 표
시되어 있습니다. 만든 위치에 따라 수치는 다를 수 있습니다. 이제 수정
하기 편하도록 상대 좌표로 바꿔보겠습니다. 앞의 아이콘을 클릭하
면 아이콘 모양이 상대 좌표 아이콘으로 바뀌면서 수치가 0으로 초기화됩
니다. X: 0.0mm ▼ Y: 0.0mm ▼ Z: 0.0mm

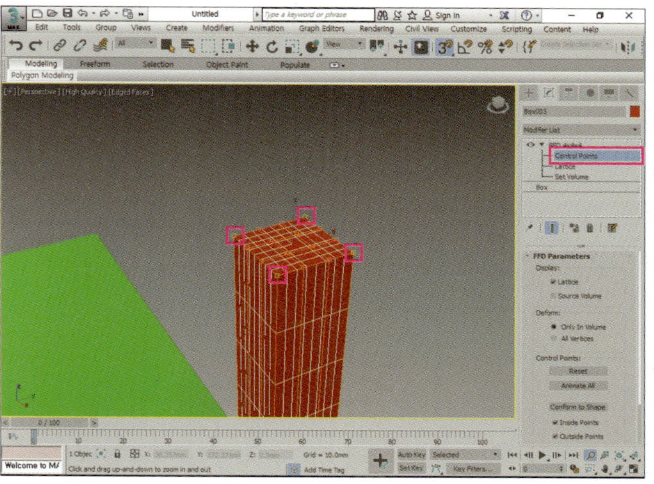

## 04

정확한 이동을 위해 상대 좌표 값을 이용하여 수정 포인트를 이동시켜보겠습니다. Select and Move(✥)를 선택한 후 상대 좌표로 바꿉니다. Z축에 '-10mm'를 입력하면 Z축 방향으로 선택한 수정 포인트가 아래로 이동되어 Object가 변형됩니다.

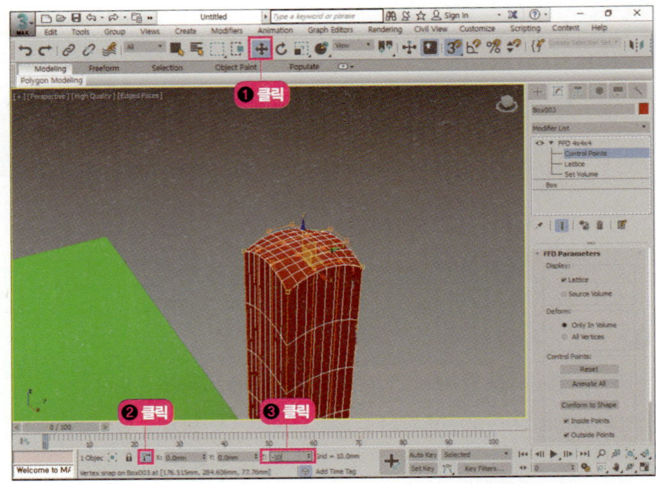

# 03

## Taper와 Bend 적용하기

이번에는 의자 다리에 Taper와 Bend를 적용하여 의자 다리를 완성해보겠습니다.
그리고 Gizmo를 이동시켜 원하는 부분부터 변형이 시작되도록 하는 방법을 알아보겠습니다.

### 01

FFD를 적용한 의자 다리를 선택한 후, [Modifier List-Taper]를 적용합니다. 현재 Object의 중심점은 가장 위에 있습니다. 중심점부터 변형이 시작되기 때문에 중심점을 이동하여 Object를 변형시켜보겠습니다.
Select and Move(✥)를 선택합니다. Taper의 Gizmo를 클릭한 후 상대 좌표 Z 값에 '-200'을 입력하면 그림처럼 중심축이 위에서 아래로 이동합니다. 이동된 지점부터 변형이 시작됩니다.

**tip** 절대 좌표 값이 입력되지 않도록 주의해야 합니다.

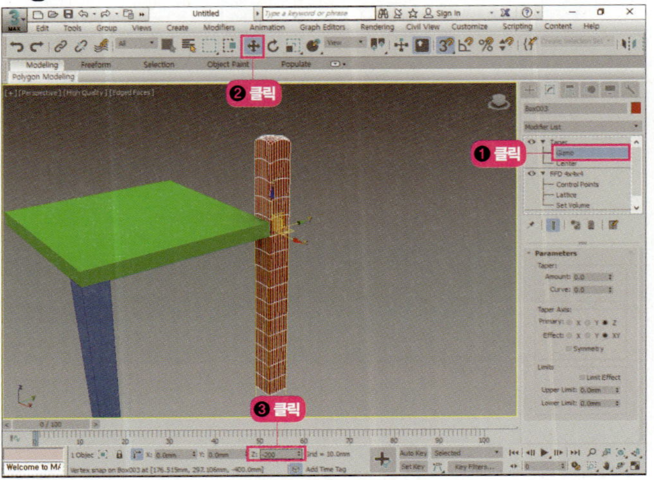

### 02

Taper Parameter의 Amount에 '0.3'을 입력하고 Limit Effect를 체크한 후 Lower Limit에 '-600'을 입력하면 그림처럼 Object의 중간부터 Taper가 적용됩니다.

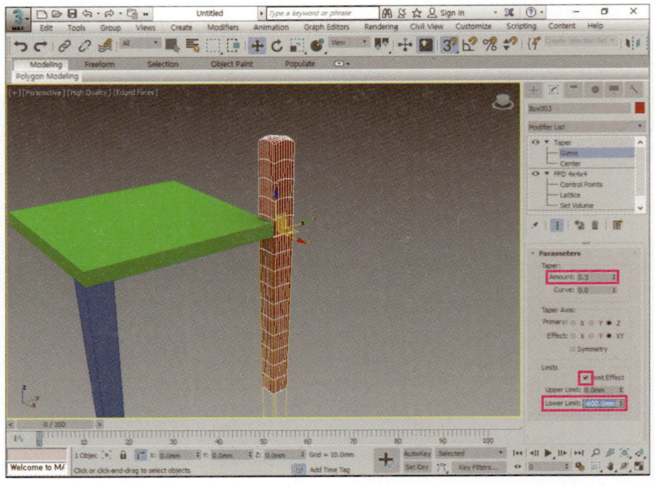

## 03

[Modifier List-Bend]를 적용합니다. Parameter의 Angle에 '25'를 입력하고 휘어지는 방향을 뒤로 하기 위해 Direction에 '-90'을 입력합니다. Box를 만든 위치에 따라 Direction의 각도가 달라질 수 있기 때문에 휘어지는 방향을 뒤로 향하도록 각도를 조절합니다.

Bend 명령어 역시 Object의 중심점을 기준으로 휘어지기 때문에 가장 위쪽을 기준으로 변형이 적용되고 있습니다. 변형이 시작될 지점을 수정해보겠습니다.

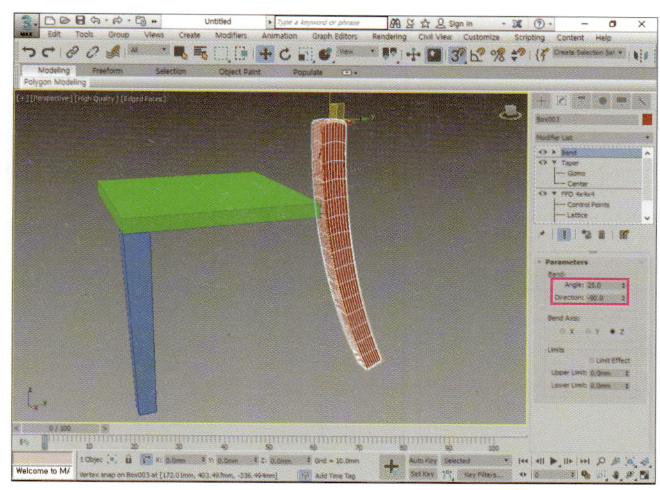

## 04

Bend의 Gizmo를 선택한 후 아래에 상대 좌표 입력란 Z에 '-200'을 입력합니다. 중심축의 위치가 아래로 내려왔지만 Object의 형태가 휘어진 그대로입니다. 이럴 때에는 Limit Effect를 사용해야 합니다.

 **tip**   Limit Effect는 변형 형태가 적용될 범위를 제한하여 편집 명령어를 적용합니다.

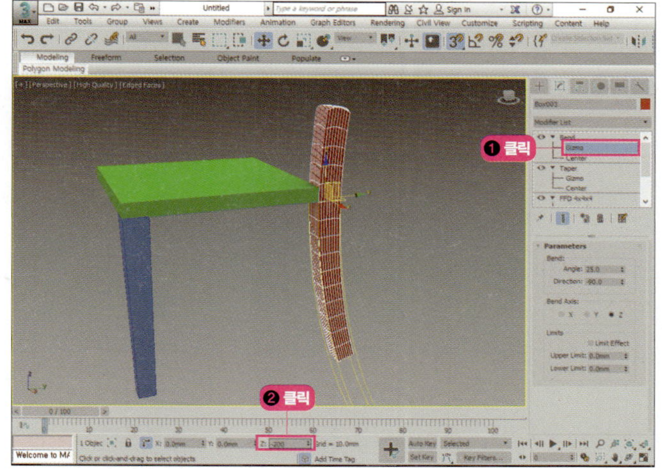

## 05

Limit Effect에 체크한 후 Lower Limit에 '-600'을 입력하면 아래쪽으로만 Bend 명령어가 적용됩니다.

 **tip**   뒤의 Box에 지금까지 적용된 명령어입니다. Box를 만들어 순차적으로 명령어를 적용하였습니다. 아래 스택 리스트에서 잘못된 부분이 없는지 확인해보기 바랍니다.

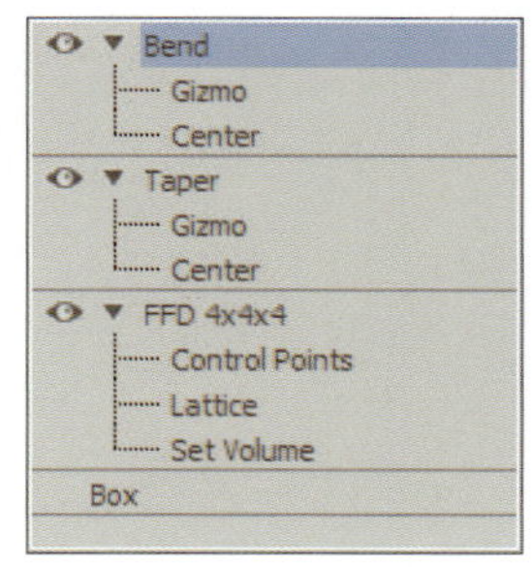

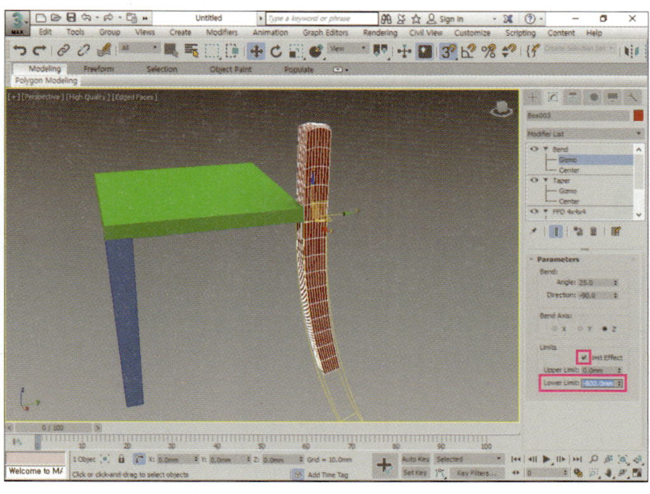

## 04

이번에는 FFD Modifier를 이용하여 특이한 모양의 기둥을 만들어보겠습니다.

### 01

Top View에서 아래와 같은 옵션으로 Cylinder를 만듭니다.

> Radius : 25㎜, Height : 150㎜, Height Segments : 7, Cap
> Segments : 1, Sides : 18

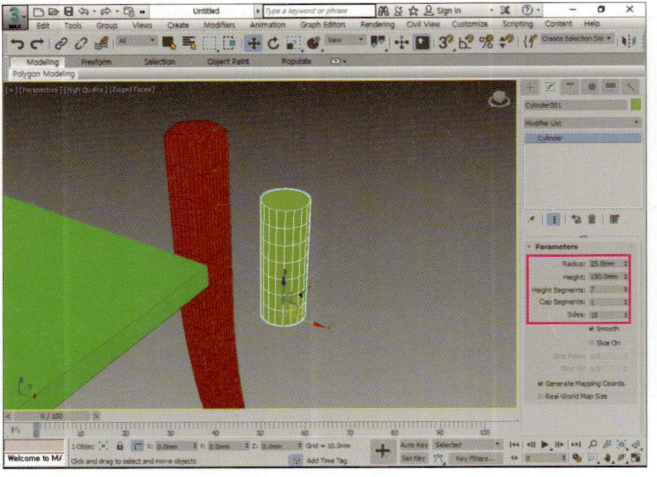

### 02

Cylinder를 선택한 상태에서 Align(◨)을 선택하고 아래 다리를 클릭하면
[Align Selection] 창이 활성화됩니다. 아래의 옵션처럼 체크를 하고
[OK] 버튼을 클릭하면 두 Object의 위치가 정확하게 정렬됩니다.

> Align Position : X, Y, Z Position 체크
> Current Object : Pivot Point, Target Object : Pivot Point

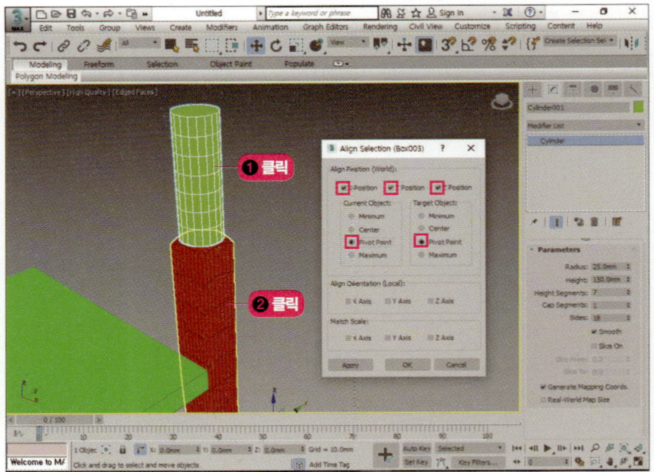

**tip** Box는 (−) 수치를 입력하였기 때문에 중심축이 위에 있고, Cylinder는
(+) 수치이기 때문에 중심축이 아래에 있습니다. 정렬 시 Pivot Point에 체
크를 하면 Object의 중심축을 기준으로 정렬되기 때문에 바로 정렬됩니다.

### 03

Front View로 변경합니다. 실린더를 Editable Poly로 컨버팅 한 후
Vertex를 선택합니다.
그림처럼 세 번째와 여섯 번째 줄에 있는 Vertex를 선택한 후 Select and
Uniform Scale(▦)을 선택합니다.

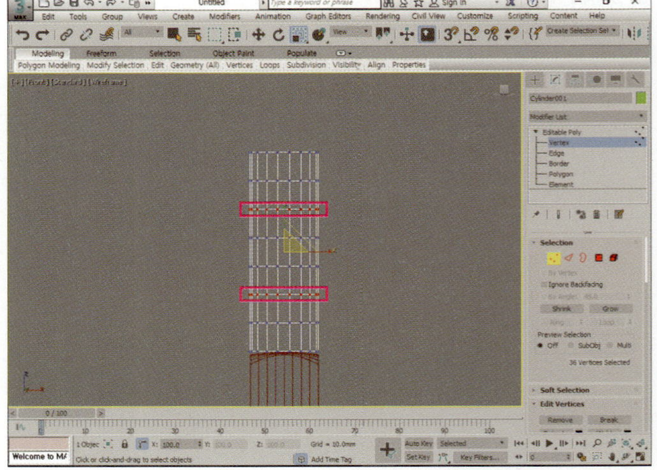

## 04

변형 툴의 중심에 있는 삼각형 부분에서 마우스를 클릭한 상태에서 아래로
내리면 Object의 중심점을 기준으로 Vertex의 위치가 변합니다. 그림과
같은 형태로 만듭니다.

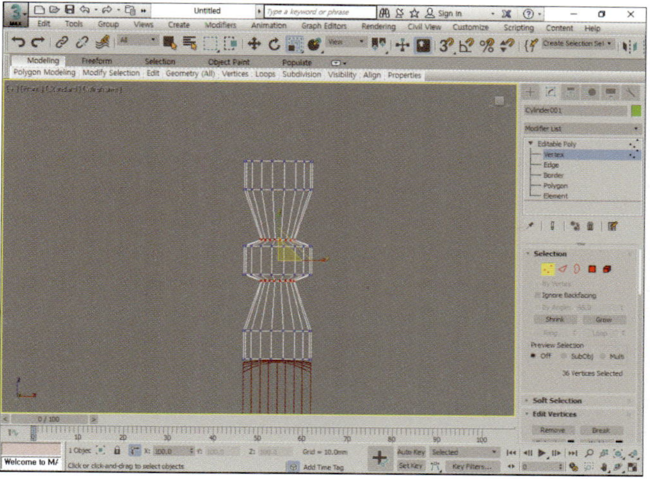

## 05

선택 영역을 만들어 그림처럼 가운데 있는 모든 Vertex를 선택합니다.

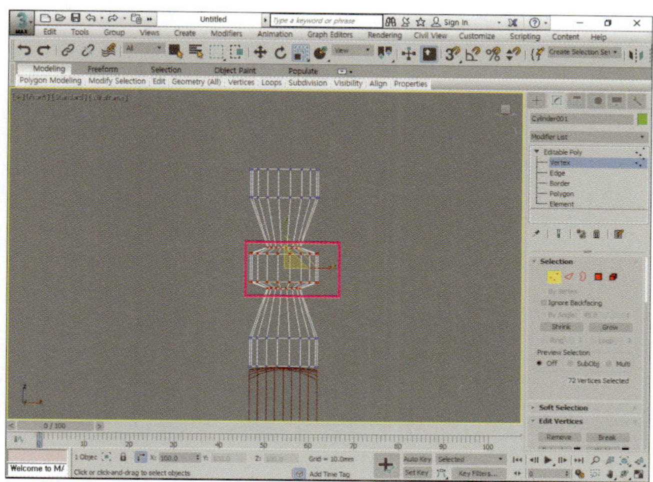

## 06

Select and Uniform Scale(□)을 선택합니다.
Y축 위에 마우스를 올려놓으면 녹색의 Y축 방향에 노란불이 들어옵니다. Y
축 방향으로 위로 당겨 Vertex의 위치를 그림과 같이 위아래로 넓게 이동합
니다.

**tip** Vertex는 위치 값만 가지고 있기 때문에 2개 이상의 Vertex를 선택하고
크기를 변경하면 Vertex 사이의 거리가 변경됩니다.

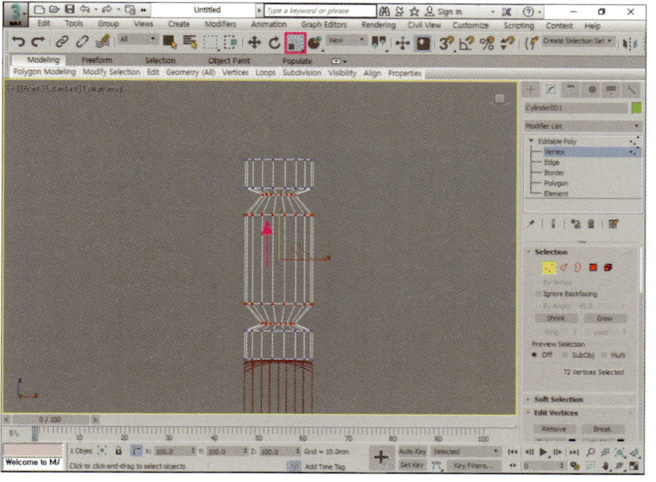

## 07

Edge를 선택합니다. Object의 가장 위의 Edge를 모두 선택합니다.

**tip** 선택 영역을 Window로 바꾼 후 선택 영역을 드래그하면 쉽게 선택할 수 있
습니다.

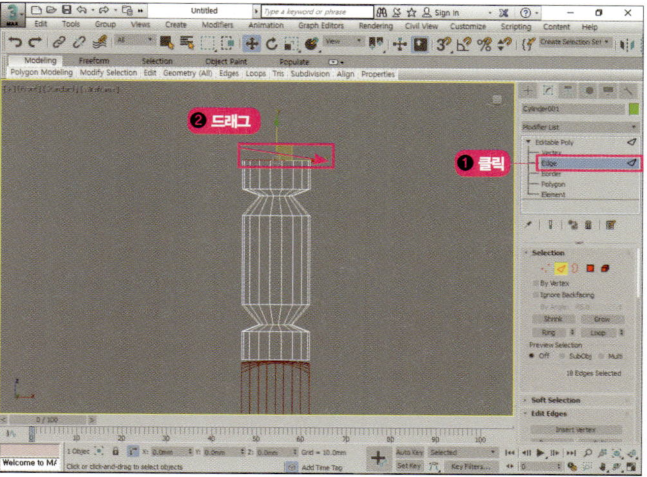

## 08

Selection의 Ring을 클릭하면 선택한 Edge과 평행한 모든 Edge가 선택
됩니다. 가로 방향의 Edge가 모두 선택되었습니다.

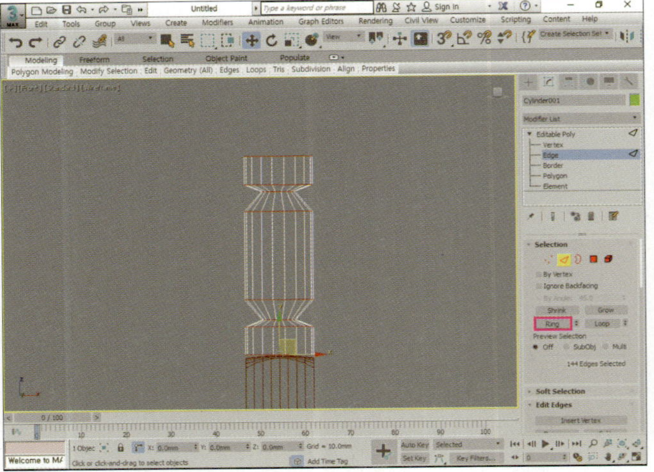

## 09

Edit Edges의 Chamfer Setting 아이콘을 클릭하면 캐디 창이 활성화됩
니다. 기본 값 1mm 가 적용되어 있는 상태에서 ⊘(OK)를 클릭합니다.

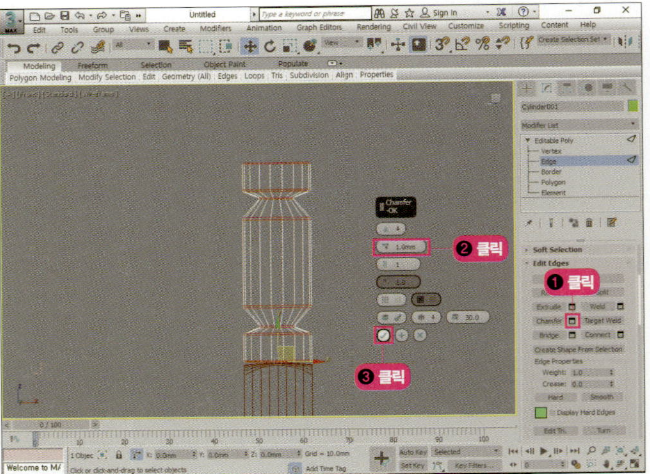

## 10

선택한 Edge에 그림처럼 1mm Chamfer가 적용됩니다.

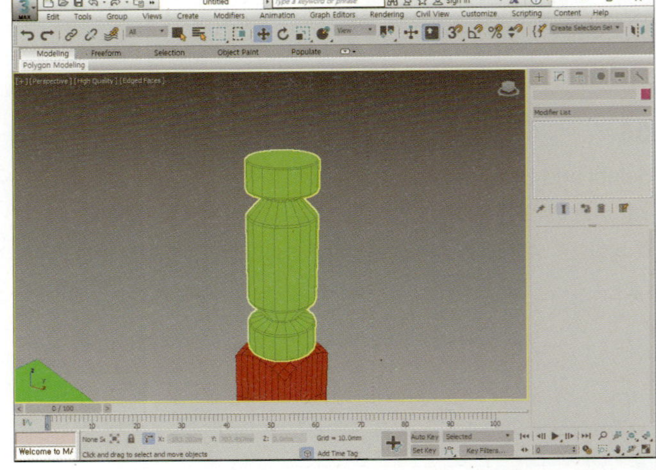

## 11

Edge 선택 해제 후 [Subdivision Surface]탭의 'Use NURMS
Subdivision'에 체크합니다. Iterations 값을 '2'까지 올립니다. Object
가 부드럽게 바뀝니다.

**tip** NURMS를 적용하지 않고 Turbosmooth를 적용해도 결과는 같습니다.

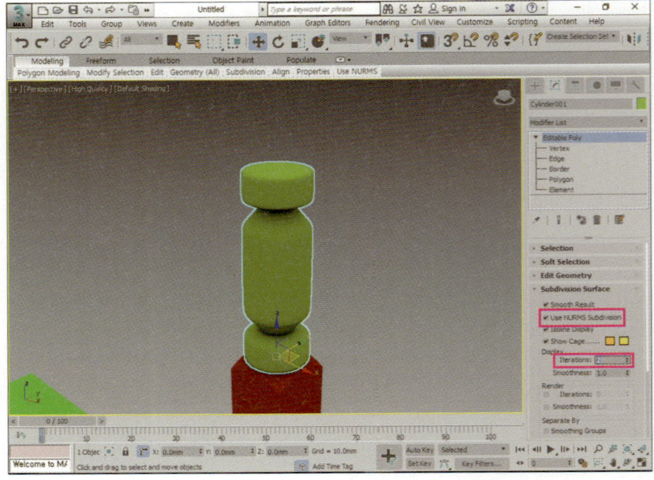

이번에는 의자 기둥의 중간 부분을 모델링해보겠습니다. Object를 만든 후 FFD를 이용하여 자연스럽게 바뀌는 형태로 만들어보겠습니다.

## 01

Top View에서 [Create-Geometry-Standard Primitives-Box]를 선택하여 Box를 만들고 옵션을 아래처럼 설정합니다.

Length : 50mm, Width : 50mm, Height : 100mm,
Length Segs : 8, Width Segs : 8, Height Segs : 15

Box가 선택된 상태에서 Align(  )을 클릭한 후 방금 만든 Cylinder를 클릭합니다. [Align] 대화상자가 나타나면 옵션을 아래처럼 설정한 후 [OK] 버튼을 클릭하면 그림과 같이 Box가 Cylinder 위에 정렬됩니다.

Align Position : X, Y, Z Position 체크
Current Object : Center, Target Object : Center
Apply 클릭  Align Position : Z Position 체크
Current Object : Minimum, Target Object : Maximum

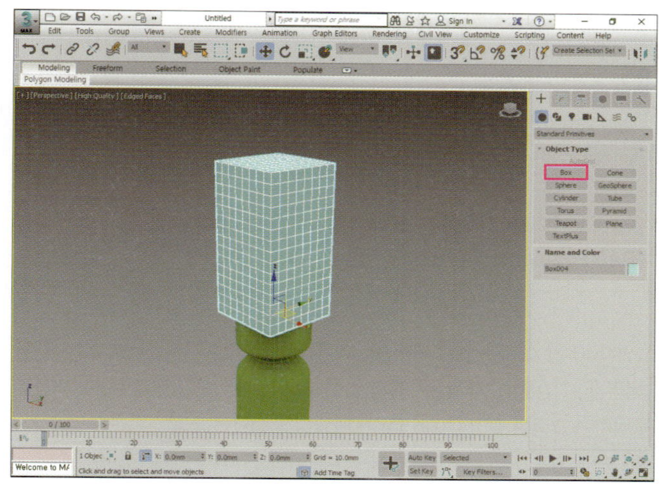

## 02

[Modifier List-FFD 4x4x4]를 적용합니다. Control Points를 선택한 후 그림처럼 모서리에 있는 Point를 선택합니다. 화면에 보이지 않는 뒷부분의 Point까지 총 8개의 점을 선택합니다.

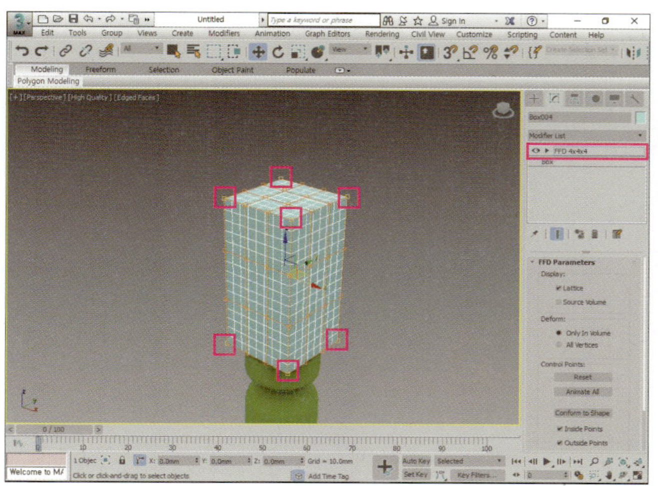

## 03

Select and Uniform Scale(  )을 선택한 후 Perspective View에 보이는 것처럼 Z축 방향으로 스케일을 줄입니다. 그림처럼 Box의 모서리가 완만한 형태로 바뀝니다.

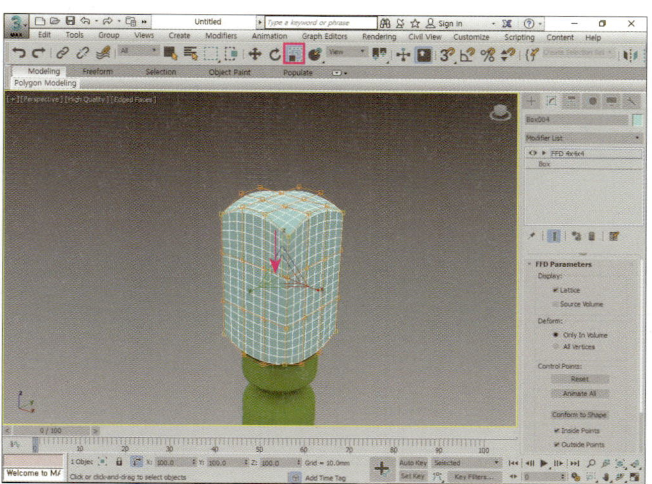

# 06

이번에는 의자 기둥의 제일 윗부분을 모델링해보겠습니다. 이제 거의 모델링이 끝나가므로 조금만 더 따라해 보세요.

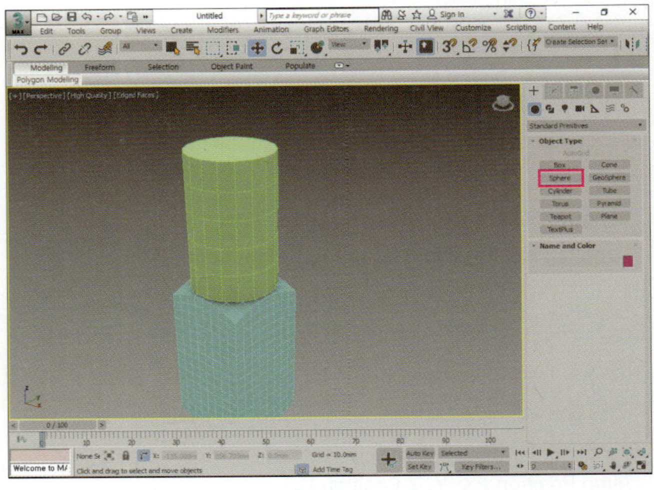

## 01

Top View에서 [Create-Geometry-Standard Primitives-Cylinder]를 선택하고 옵션을 아래처럼 설정합니다.

> Radius : 25mm, Height : 80mm, Height Segments : 5,
> Cap Segments : 1, Sides : 18

Cylinder가 선택된 상태에서 Align(▤)을 클릭하고 방금 만든 Box를 클릭합니다. [Align] 대화상자에서 옵션을 아래처럼 설정한 후 [OK] 버튼을 클릭하면 그림과 같이 Cylinder가 Box위에 정렬됩니다.

> Align Position : X, Y, Z Position 체크
> Current Object : Center, Target Object : Center
> Apply 클릭  Align Position : Z Position 체크
> Current Object : Minimum, Target Object : Maximum

## 02

Front View에서 Editable Poly로 변환한 후 Vertex를 선택합니다. Select and Uniform Scale(▦)을 선택한 후 가장 위의 Vertex를 모두 선택합니다.

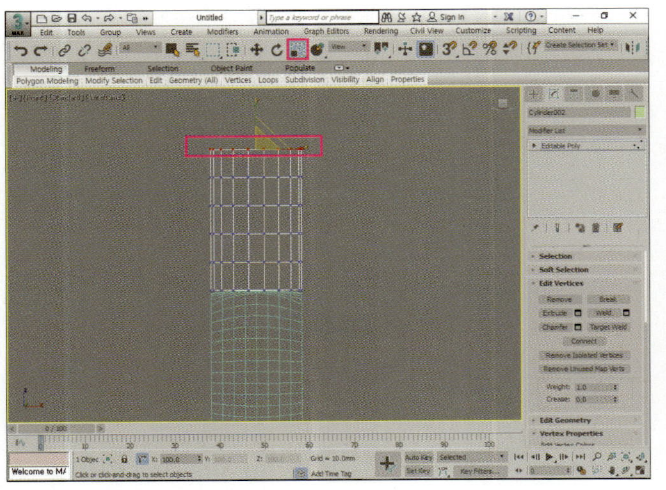

## 03

Gizmo의 가운데 삼각형 부분을 선택한 후 스케일을 절반 크기로 줄입니다.

 **tip** Gizmo를 잘못 선택하고 스케일을 줄이면 형태가 왜곡될 수 있습니다. 방향에 주의하세요.

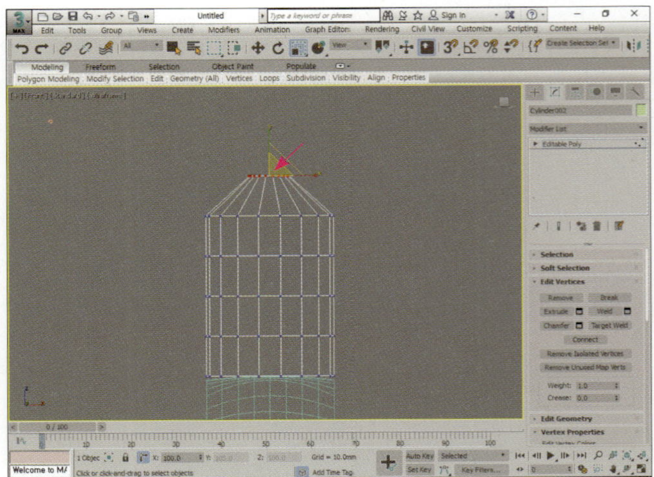

## 04

네 번째 줄의 Vertex를 모두 선택한 후 전 단계와 같은 방법으로 스케일을
줄입니다. 오목한 형태로 바뀌었습니다.

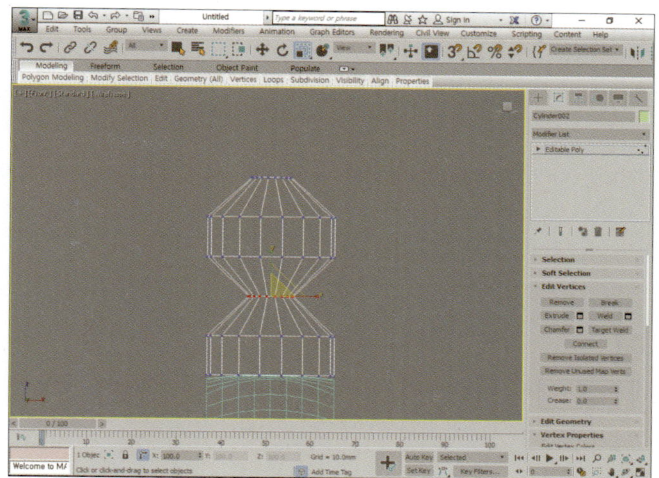

## 05

Edge를 선택한 후 그림처럼 다섯 번 째와 여섯 번째의 Edge를 모두 선택
합니다.
Edit Edges의 Chamfer Setting 아이콘을 클릭하면 캐디 창이 활성화됩
니다. 기본 값 1㎜가 적용되어 있는 상태에서 [OK]를 클릭합니다.

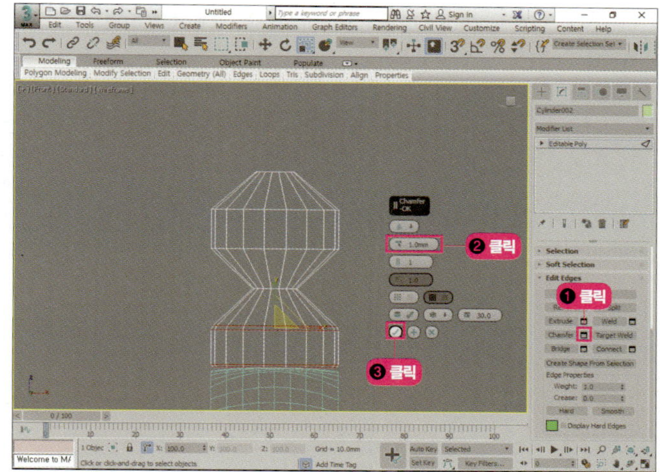


## 06

Edge 선택을 해제하고 [Subdivision Surface] 탭의 Use NURMS
Subdivision에 체크합니다. Iterations 값을 '2'까지 올리면 Object가 부
드럽게 바뀝니다.

tip  NURMS를 적용하지 않고 Turbosmooth를 적용해도 결과는 같습니다.

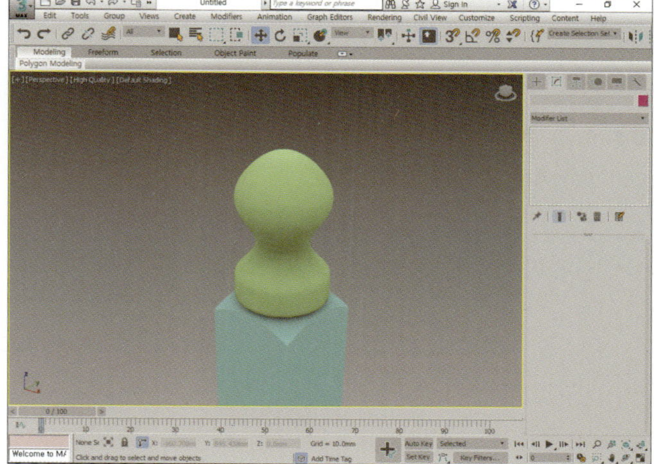

이번에는 다리 연결부를 만들어 한쪽 다리를 모두 완성한 후 대칭으로 복사하여 의자 다리를 완성해보겠습니다.

## 01

Top View에서 [Create-Geometry-Standard Primitives-Box]를 선택하여 Box를 만들고 옵션을 아래처럼 설정합니다.

Length : 400㎜, Width : 20㎜, Height 40㎜,  Length Segs : 1,
Width Segs : 1, Height Segs : 1

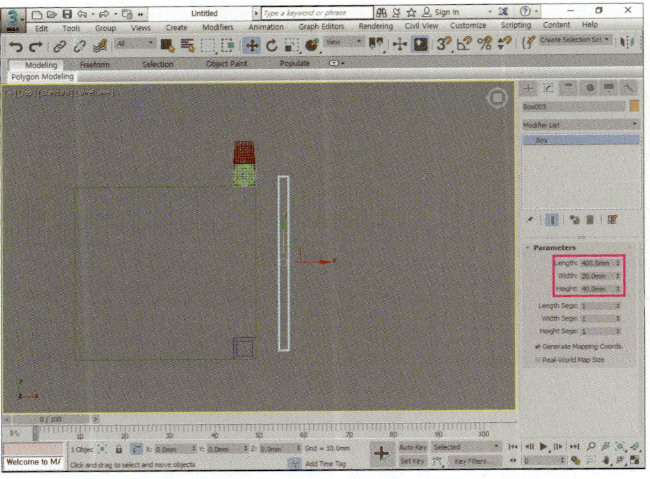

## 02

Box가 선택된 상태에서 Align(▦)을 클릭한 후 앞의 다리를 선택하면 [Align Selection] 창이 나타납니다. Top View에서 X축 기준으로 맞춰야 하므로 X Position에 체크한 후 Center에 모두 체크를 하고 [OK] 버튼을 클릭합니다.

Align Position : X Position 체크
Current Object : Center, Target Object : Center

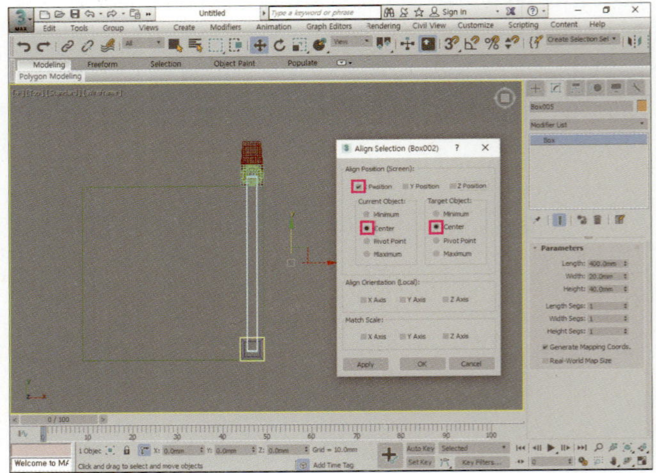

## 03

Left View에서 그림처럼 연결될 위치로 이동합니다.

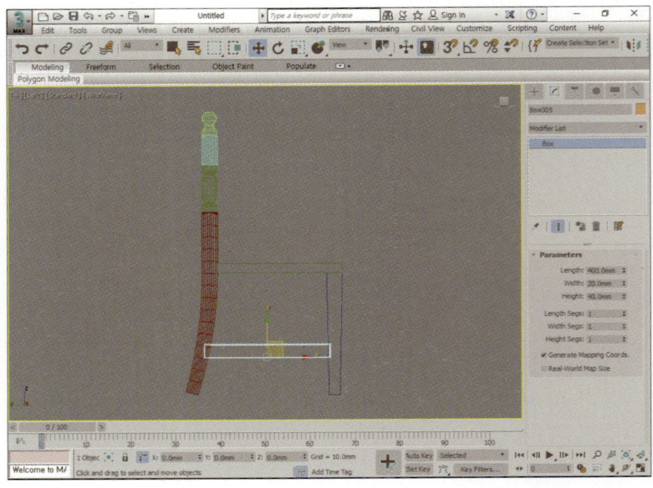

## 04

Top View에서 완성된 다리 부분을 모두 선택합니다.

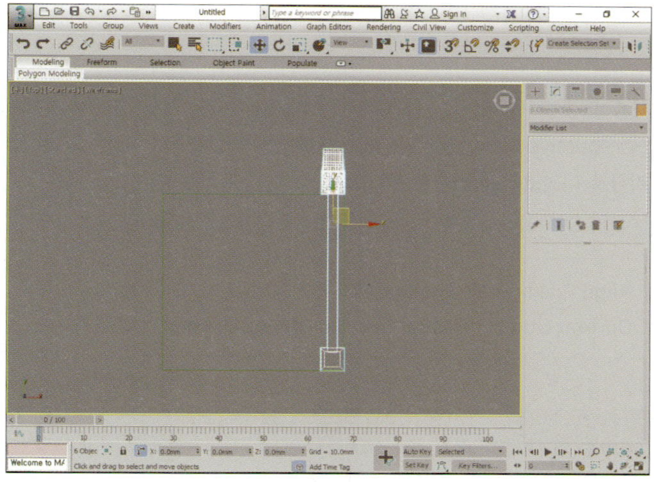

## 05

Main Tool Bar에서 좌표 선택을 Pick으로 선택한 후 가운데 Box를 선택합니다.

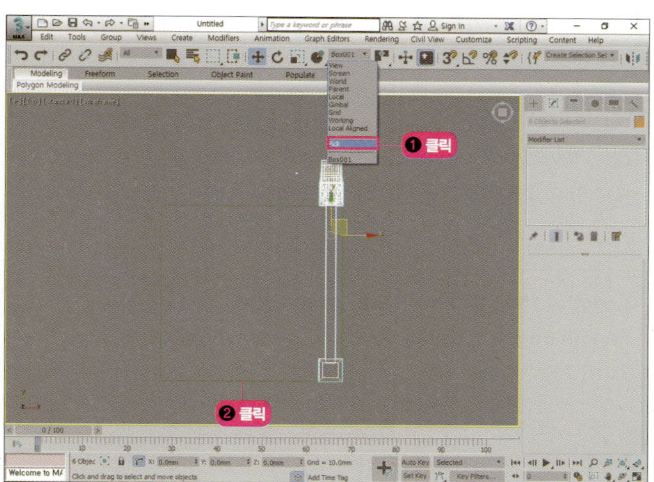

## 06

좌표 선택이 방금 선택한 Box01로 바뀌었습니다. Box01의 중심점을 사용하기 위하여 중심 사용을 변환 중심 사용으로 선택합니다. 의자 다리를 선택하고 있지만 중심 위치는 Box01로 바뀌었습니다.

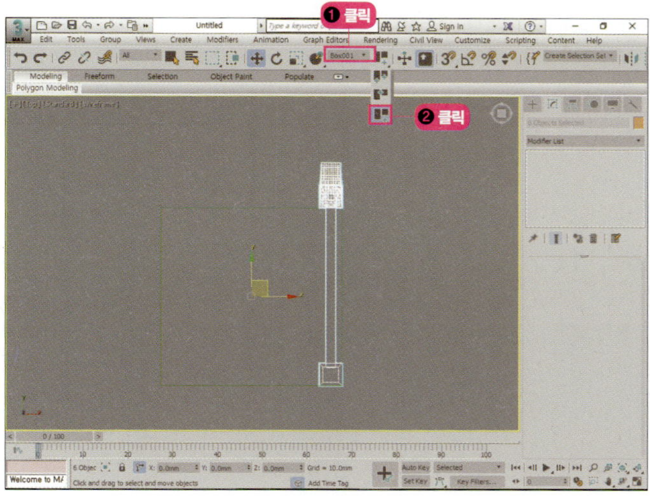

## 07

Box01을 중심으로 대칭으로 복사해보겠습니다. Mirror(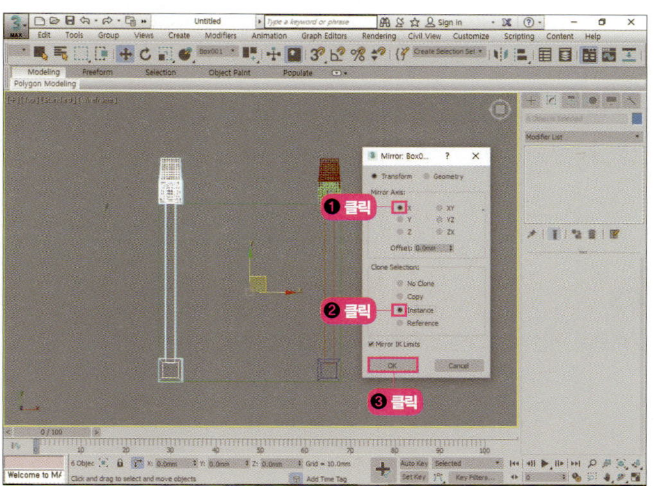)를 선택한 후 반대쪽에 복사되는 X축을 선택합니다. Instance를 선택한 후 [OK] 버튼을 클릭하면 Object가 대칭으로 복사됩니다.

이번에는 Box를 이용하여 의자 등받이를 만들어보겠습니다.

## 01

Top View에서 [Create-Geometry-Standard Primitives-Box]를
선택하여 Box를 만들고 옵션을 아래처럼 설정합니다.

> Length : 15㎜, Width : 320㎜, Height 70㎜,
> Length Segs : 1, Width Segs : 9, Height Segs : 1

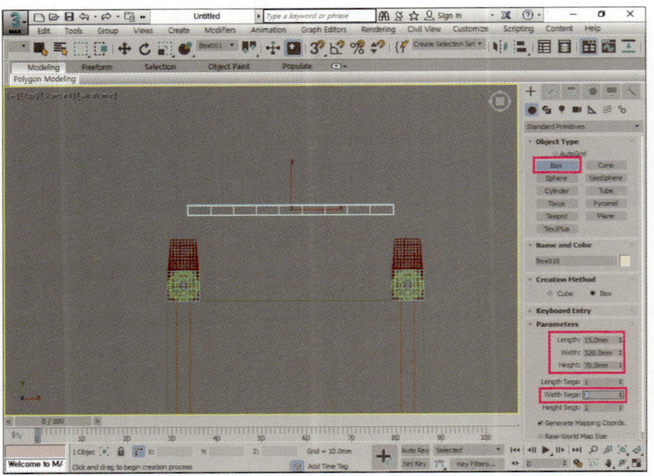

## 02

Perspective View로 전환한 후 Box를 선택한 상태에서 Align(▤)을 클
릭한 후 다리의 Cylinder를 선택합니다.
[Align Selection]에서 옵션을 아래처럼 수정하여 이동합니다.

> Align Position : Y Position 체크
> Current Object : Center, Target Object : Center

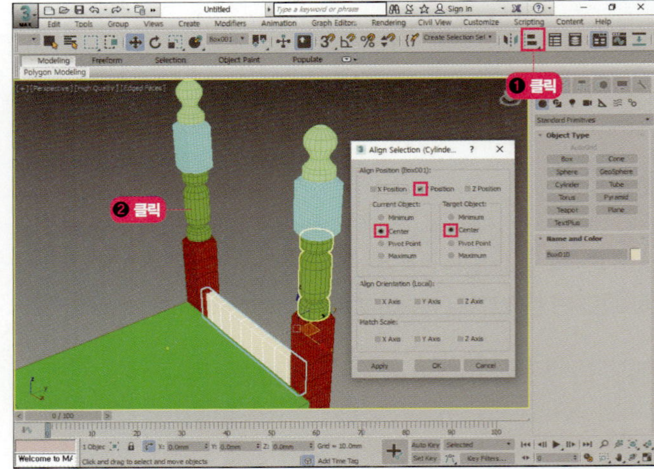


## 03

Z축으로 이동시켜 그림과 같은 위치로 조정합니다.

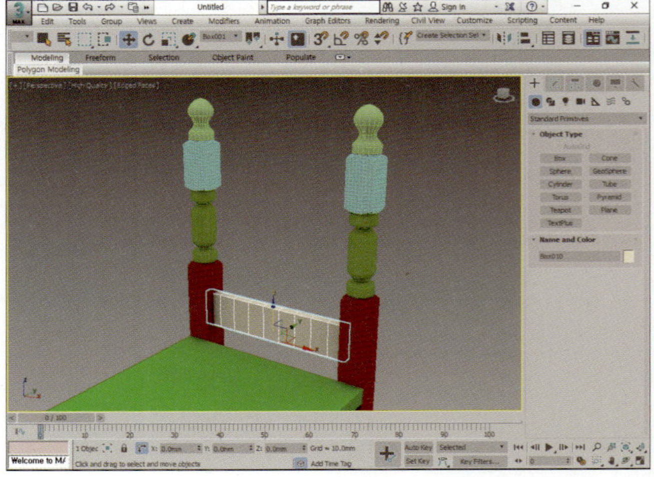

## 04

[Modifier List-Bend]를 적용한 후 옵션을 아래처럼 수정합니다.

Angle : 40
Direction : 90
Bend Axis : X 체크

 **tip** 그림처럼 휘어지지 않는다면 Box를 만든 방향에 따라 Direction이나 Bend Axis를 조정해야 하는 경우도 있습니다.

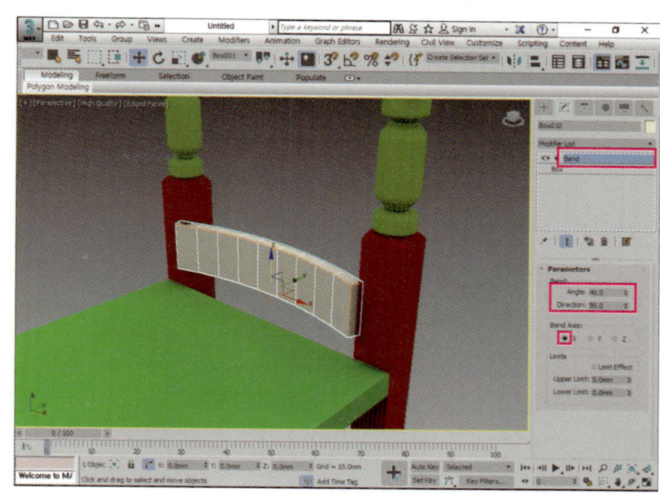

## 05

Bend를 적용하였더니 Object가 휘어지면서 휘어진 부분이 밖으로 살짝 나왔습니다. 그림처럼 조금 Y축으로 이동시켜 안쪽으로 들어가게 수정합니다.

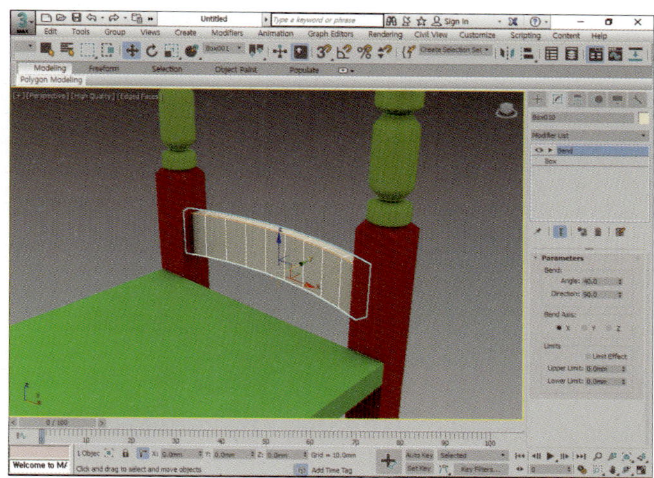

## 06

Object가 선택된 상태에서 Shift 를 누르고 Z축 방향으로 이동하여 복사합니다. Copy 옵션에 체크한 후 [OK] 버튼을 클릭합니다.

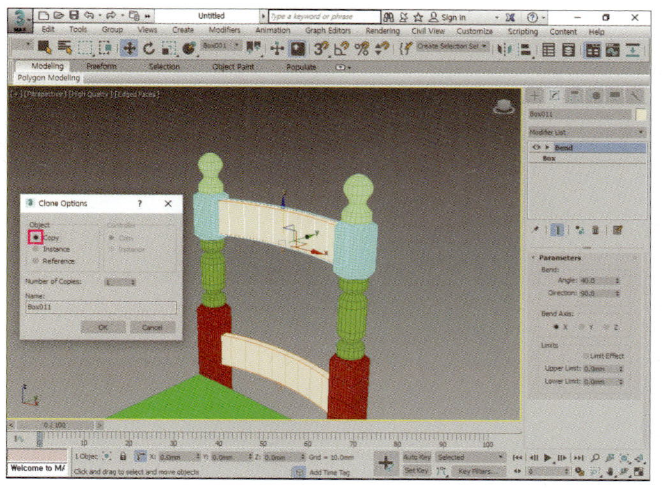

## 07

[Modeling-Polygon Modeling-Convert to Poly]를 선택하여 Object를 Polygon으로 변환합니다.

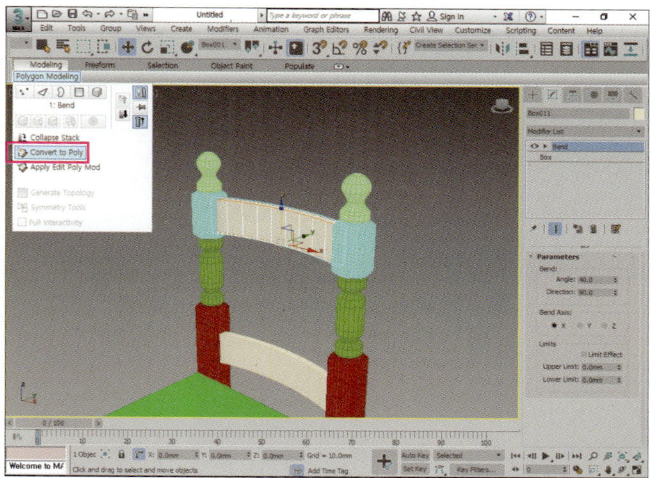

## 08

[Modeling-Geometry(All)-Attach]를 선택한 후 아래에 있는 Box를 선택하여 하나의 Object로 만듭니다.

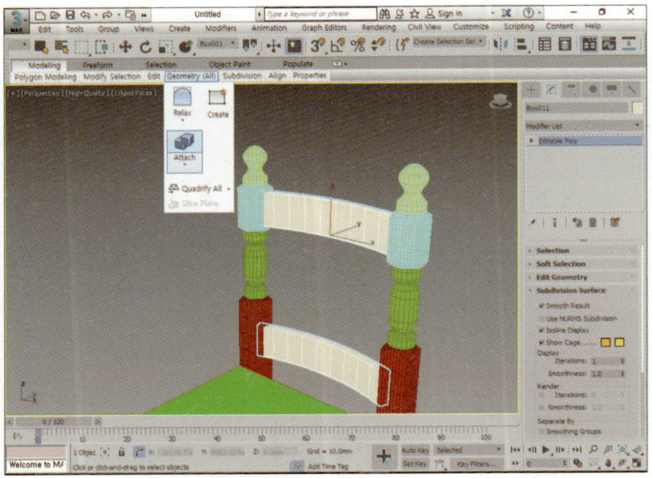

## 09

Polygon을 선택합니다. 그림과 같이 서로 마주보는 6개의 Polygon을 선택합니다.

tip 하나의 Polygon을 선택한 후 다른 Polygon을 추가하려면 Ctrl 을 누른 상태에서 다른 Polygon을 선택합니다.

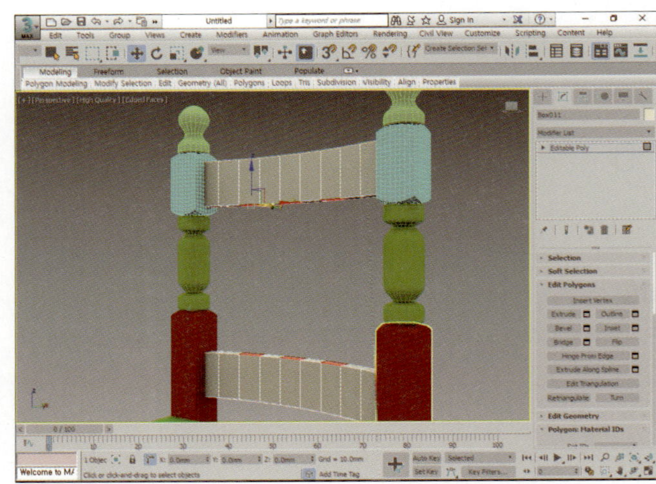

## 10

[Modeling-Polygons-Inset-Inset Settings]를 선택합니다.

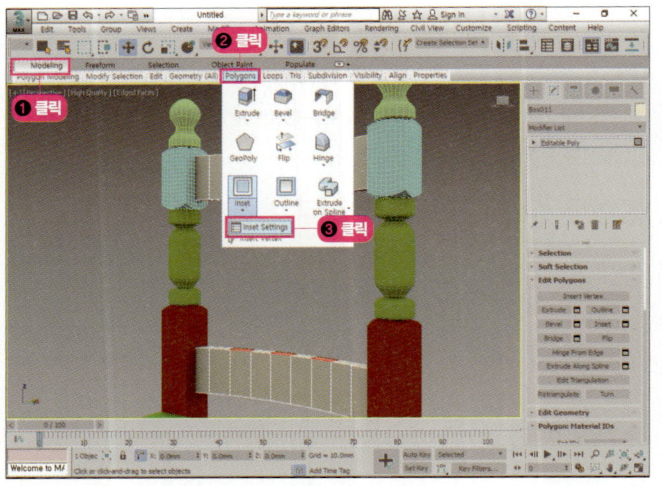

## 11

화면에 Inset 캐디 창이 활성화됩니다. 수치에 '2'를 입력한 후 ⊘(OK)를 클릭합니다. 선택한 Polygon이 안쪽으로 2㎜만큼 복사됩니다.

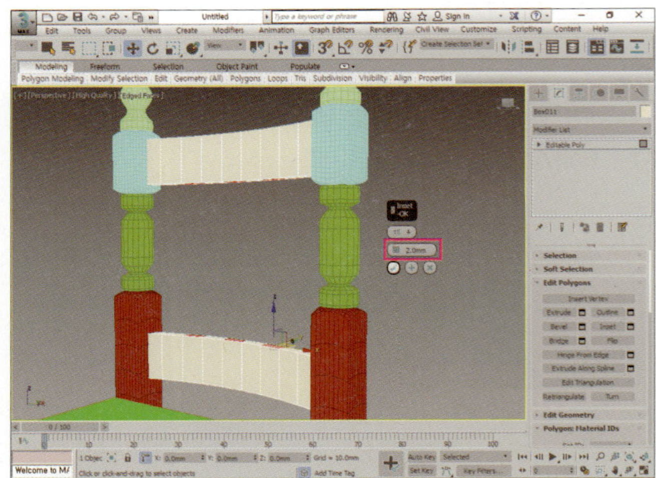

## 12

[Modeling-Polygons-Bridge]를 선택합니다. Bridge는 선택한 면을
연결시키는 명령어입니다.

 **tip** Polygon이 선택된 상태에서 명령어를 적용해야 합니다.

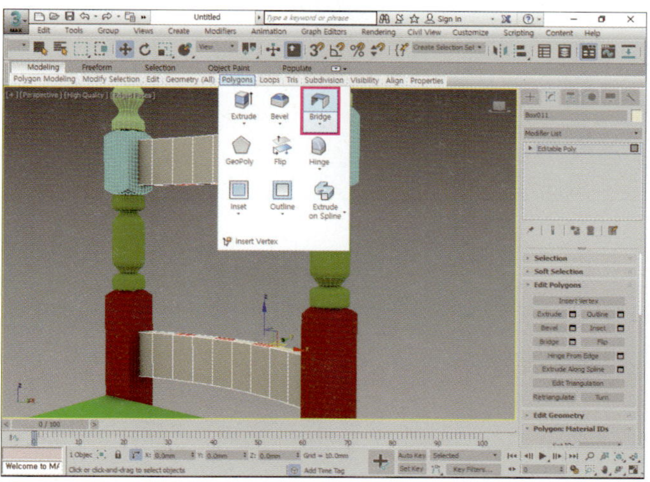

## 13

선택한 Polygon이 연결되면서 등받이 부분이 완성되었습니다.

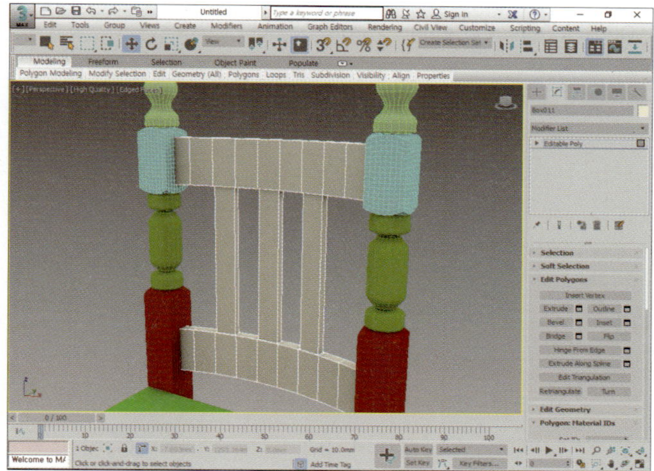

---

09

## 쿠션 만들기

이제 의자 모델링의 마지막인 쿠션이 남았습니다. 확장 도형을 이용하여 간단하게 만들어보겠습니다.

## 01

Top View에서 [Create-Geometry-Extended Primitives-
ChamferBox]를 선택하고 아래와 같은 옵션으로 ChamferBox를  만듭
니다.

Length : 380㎜, Width : 380㎜, Height : 20㎜,  Fillet : 10㎜,
Length Segs : 1, Width Segs : 1, Height Segs : 1,
Fillet Segs : 5

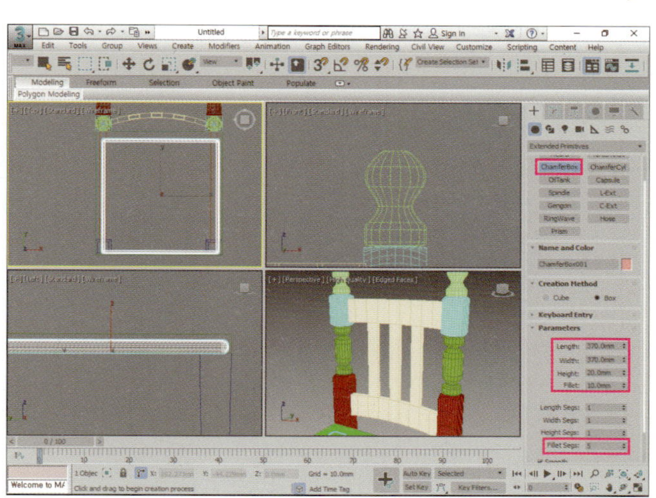

## 02

ChamferBox를 선택한 상태에서 Align(▤)을 선택하고 Box01을 선택
합니다. Align Selection 옵션을 아래처럼 설정합니다. ChamferBox가
Box의 가운데로 정렬됩니다.

> Align Position : X, Y, X Position 체크
> Current Object : Center, Target Object : Center

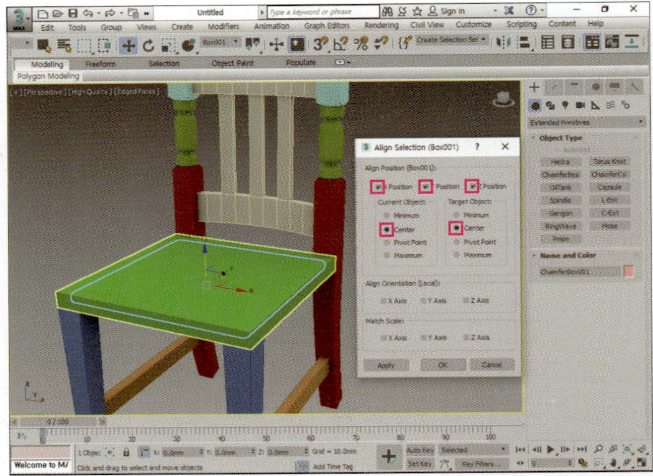

## 03

중심이 맞춰진 상태에서 Z축으로 그림과 같이 약간 위로 이동합니다.

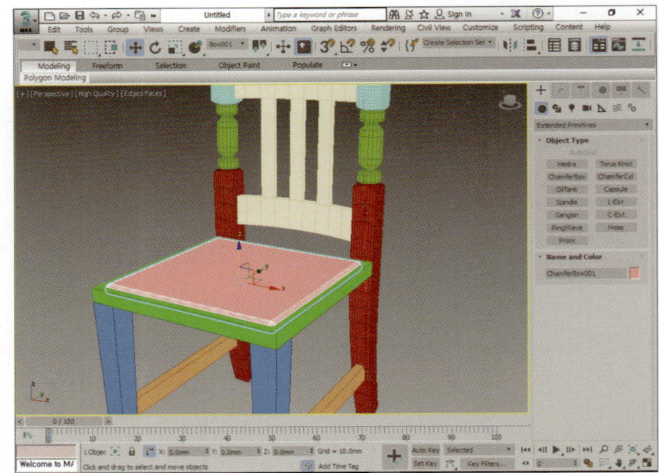

## 04

의자 모델링이 완료되었습니다.

 **tip** 완성된 Object에 Chamfer를 적용하면 더 좋습니다.

# 10

이번에는 Mental Ray 재질을 적용하고 렌더링해보겠습니다.

## 01

F10 을 눌러 [Render Setup] 대화상자를 엽니다.
Renderer : NVIDIA mental ray 로 변경합니다.

 **tip** 아래 [Assign Renderer] 탭의 Production에서 Renderer를 변경할 수도 있습니다.

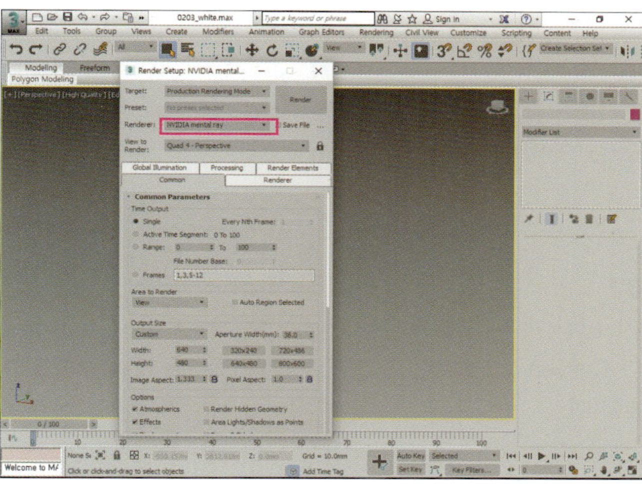

## 02

마지막에 만든 ChamferBox를 제외한 모든 Object를 선택합니다. 현재 선택한 Object에는 나무 재질을 적용하고 ChamferBox에는 천 재질을 적용하겠습니다.

 **tip** ChamferBox를 선택한 상태에서 Ctrl + I 를 누르면 선택 영역이 반전되어 모든 Object가 선택됩니다.

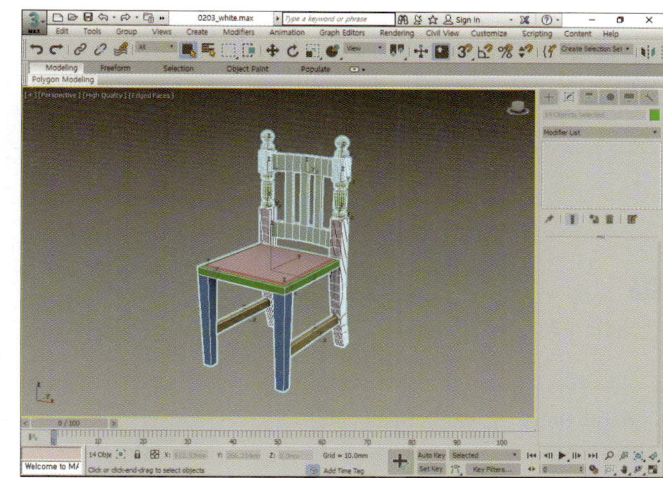

## 03

키보드의 M 을 눌러 Material Editor를 엽니다. 왼쪽의 [Material/Map Browser]에서 [Autodesk Material Library-Wood-Cherry-Stained Dark Low Gloss]를 더블클릭합니다.
View 창의 재질을 더블클릭하여 선택한 후 Assign Material to selection(　)을 클릭하여 재질을 적용합니다.
Show Shaded Material in Viewport(　)를 클릭하여 Viewport에서 재질을 확인합니다.

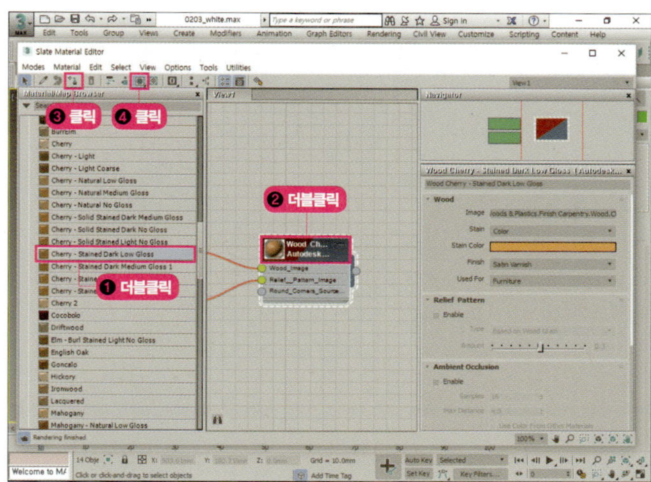

## 04

선택한 Object에 나무 재질이 적용됩니다.
천 재질을 적용할 ChamferBox를 선택한 후 키보드의 M을 눌러
Material Editor를 엽니다.

## 05

왼쪽의 Material/Map Browser에서 [Autodesk Material Library-
Fabric-Linen-Beige]를 더블클릭합니다. View 창의 재질을 더블클릭
하여 선택한 후 Assign Material to selection( )을 클릭하여 재질을 적
용합니다. Show Shaded Material in Viewport( ))를 클릭하여
Viewport에서 재질을 확인합니다.

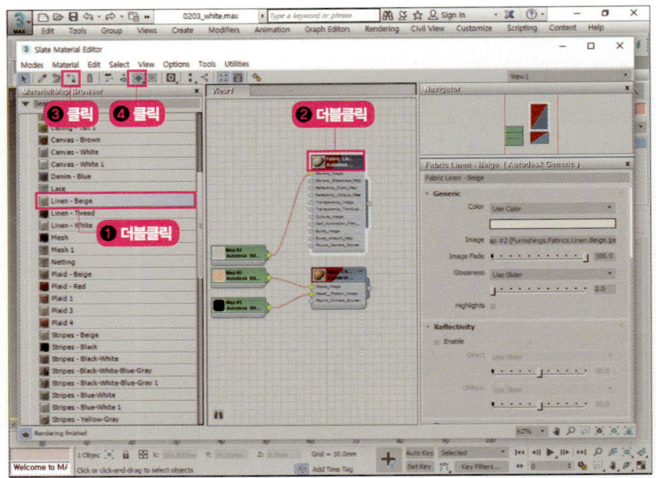

## 06

렌더링의 배경에 사용할 Plane을 만든 후 의자를 Plane 위로 이동합니다.

Length Segs : 1, Width Segs : 1

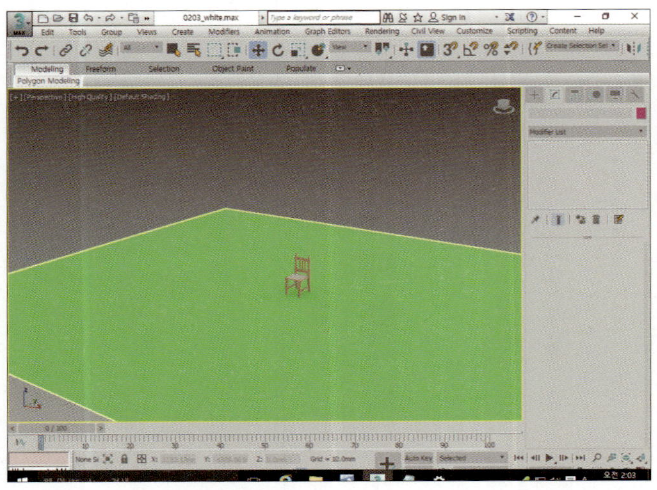

## 07

Plane에서 마우스 오른쪽 버튼을 클릭하여 쿼드 메뉴를 엽니다. [Convert
to-Convert to Editable Poly]를 클릭하여 Plane을 Polygon으로 변
환합니다.

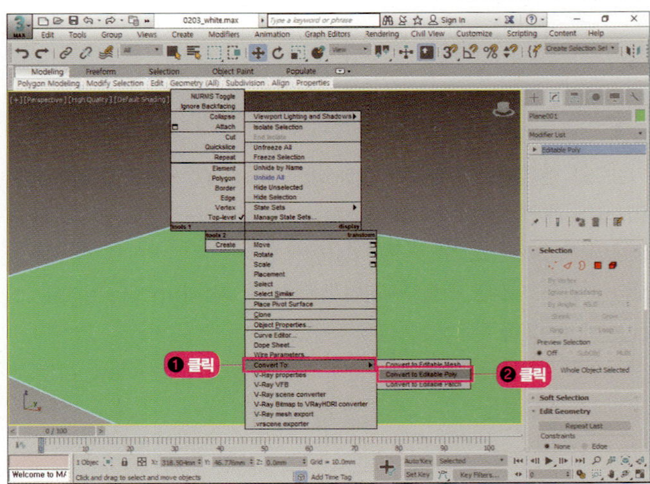

## 08

Edge를 선택하고 의자 뒤쪽에 있는 Edge를 선택합니다.

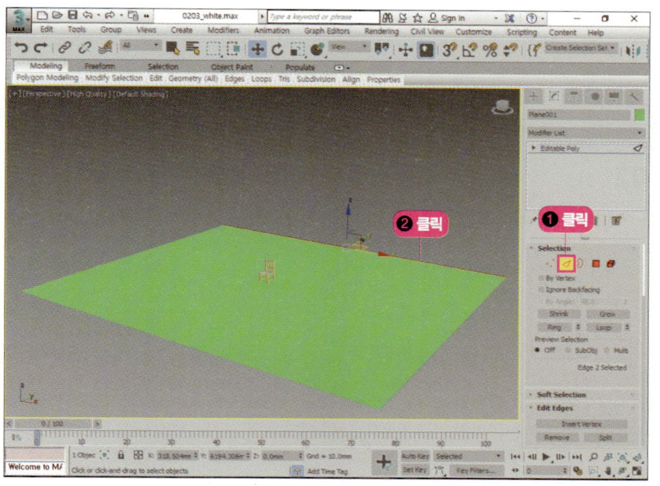

## 09

Select and Move(✛)를 선택하고 Z축 방향으로 Shift 를 누른 상태에서 Edge를 이동시키면 Edge가 복사되며 Polygon이 만들어집니다.

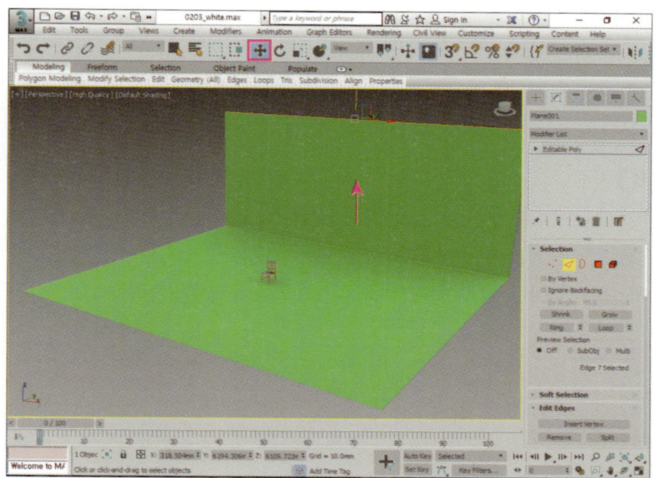

## 10

키보드의 M을 눌러 Material Editor를 엽니다. 왼쪽의 Material/Map Browser에서 [Materials-Mental Ray-Arch&Design]을 더블클릭합니다. View 창의 재질을 더블클릭하여 선택하고 Assign Material to selection(✤)을 클릭하여 재질을 적용합니다.

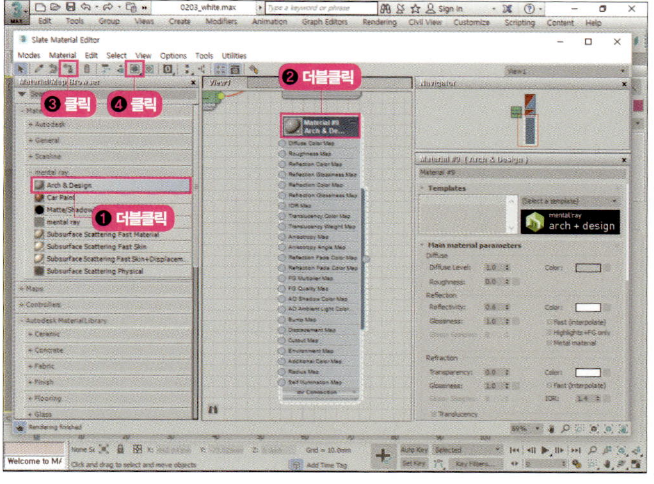

## 11

매핑이 완료되었습니다. 이제 조명을 넣고 렌더링을 하여 최종 결과물을 만들어보겠습니다.

이번에는 조명을 설치하고 옵션을 수정하여 렌더링하는 과정을 알아보겠습니다.

## 01

[Create-Lights-Photometric-Target Light]를 선택합니다. 조명을
설치하면 Environment에서 mr Photographic Exposure Control을
사용할지 물어보는 대화상자가 나타나는데 [Yes] 버튼을 클릭합니다.

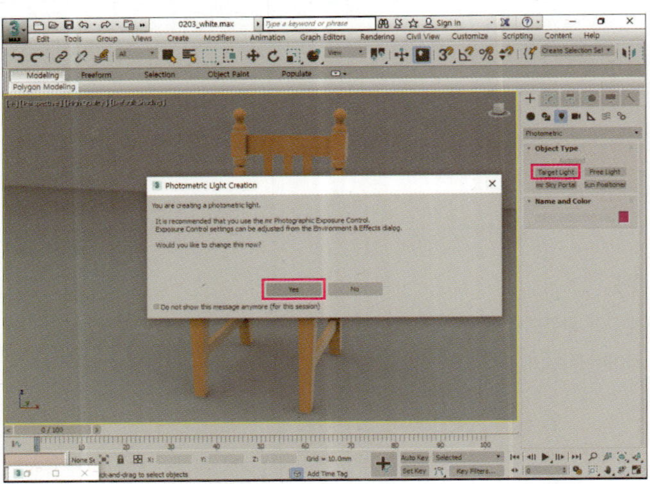

## 02

Front View에서 그림과 같이 Target Light를 2개 설치합니다.

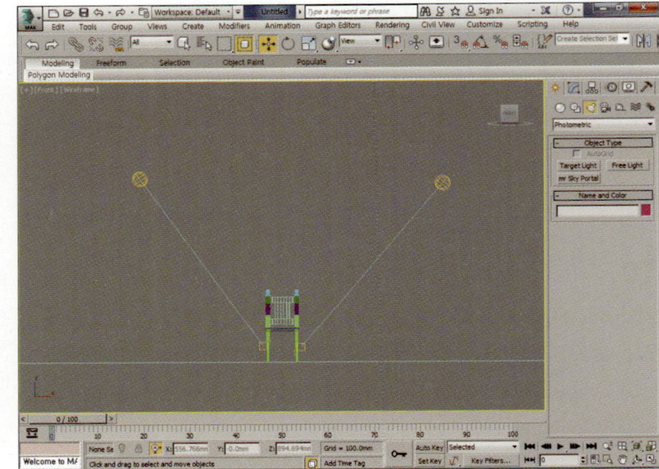

## 03

설치된 Target Light의 General Parameters에서 Shadows에 있는
On에 체크합니다. [Shape/Area Shadow] 메뉴의 라이트 형태를
Rectangle로 선택하고 크기를 모두 1000mm로 설정합니다.

**tip** 라이트 형태를 Point로 하면 그림자의 경계면이 날카롭게 렌더링이 됩니다.

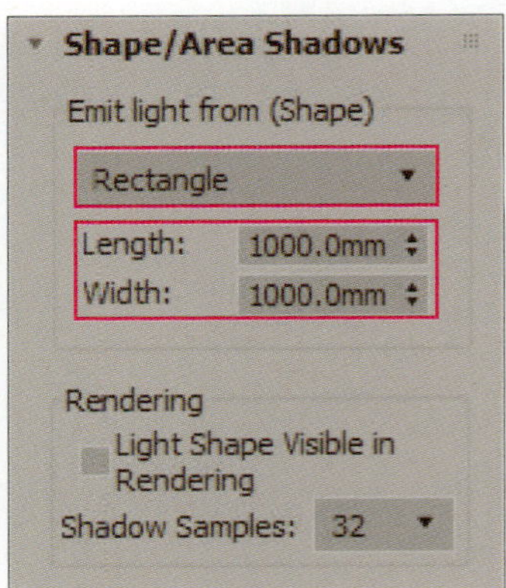

## 04

렌더링을 해보면 조명 값이 너무 강해 하얗게 나옵니다. 노출 값을 수정하여 밝기를 조절해보겠습니다.

## 05

키보드의 8 혹은 [Menu Bar-Rendering-Environment]를 선택합니다. [Environment and Effects] 창이 나타납니다.

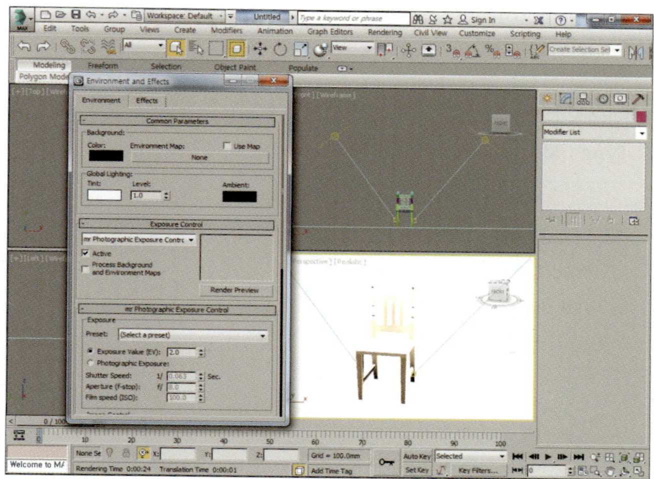

## 06

[Exposure Control] 메뉴의 설정을 'mr Photographic Exposure Control'로 선택합니다. [mr Photographic Exposure Control] 메뉴의 Preset을 'Physically Based Lighting, Indoor Daylight'를 선택합니다. Exposure Value(EV)를 '7'로 수정합니다.

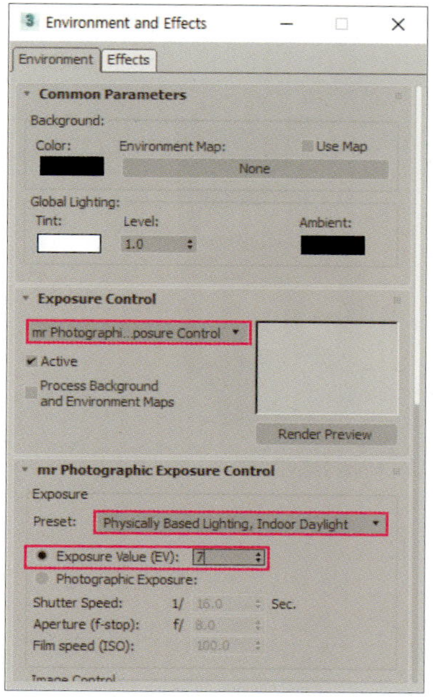

## 07

렌더링을 해보면 처음보다 밝기가 많이 자연스러워집니다. 이제 NVIDA Mental Ray의 옵션을 수정하겠습니다.

## 08

F10 을 눌러 [Render Setup] 대화상자를 열고 옵션을 아래처럼 수정합니다.

[Sampling Quality]
Samples per Pixel
Minimum : 4, Maximum : 16
Filter
Type : Mitchell

[Final Gather]
FG Precision Presets : Low
Diffuse Bounces : 1

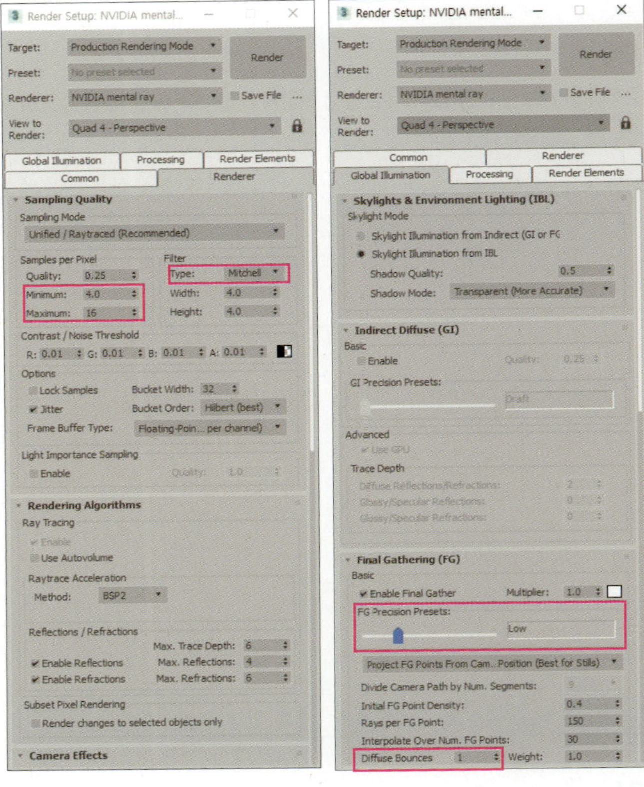

## 09

최종 렌더링 한 이미지입니다. 인테리어 소품에 빠지지 않는 것이 의자인데 간단하게 만들 수도 있고 편집 명령어를 활용하여 더 멋지게 만들 수도 있을 것입니다. 처음 만들어 볼 때는 시간이 많이 걸렸겠지만 다시 만들면 시간이 많이 줄어들고 편집 명령어도 쉽게 활용할 수 있습니다. 모델링은 하면 할수록 시간이 단축되며 기능을 자신의 것으로 만들 수 있습니다.

다른 나무 재질을 적용해보세요.

비슷한 형태의 의자를 만들어보세요.

### 편집 명령어 적용 시 주의할 점

Object에 편집 명령어를 적용할 때에는 Sub-Object가 선택되어 있
는지 확인하는 것이 좋습니다. Sub-Object가 선택되어 있을 경우
Sub-Object에 편집 명령어가 적용됩니다.

오브젝트에 Bend를 적용했을 때

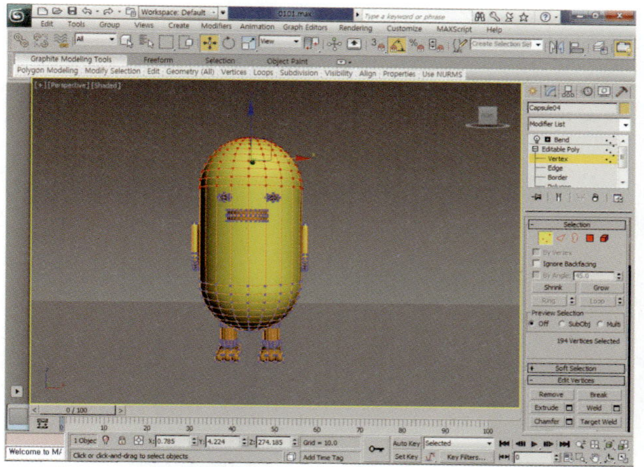

머리위의 Vertex를 선택했을 때

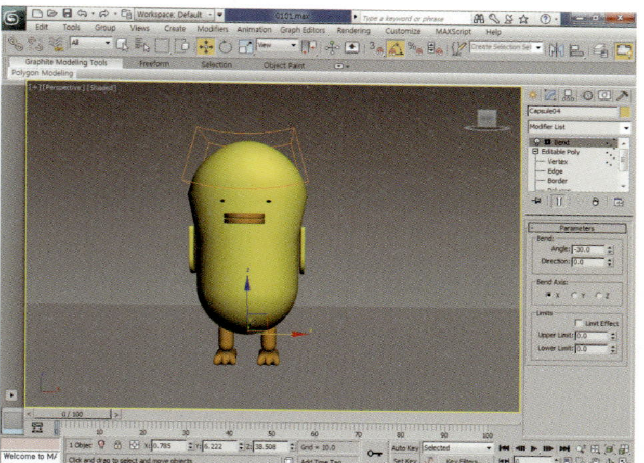

Vertex를 선택한 상태에서 Bend를 적용했을 때

PART
3 d s
M A X
2 0 1 7

# 03

## 건축 모델링의 필수 기법! Line을 이용한 모델링 방법 알아보기

이번에는 2차원 Shapes를 이용한 모델링 과정에 대하여 알아보겠습니다. 3ds Max에서 3차원 Object를 만드는 방법 중에는 Line을 이용하여 사용자가 원하는 형태를 만들 수 있는 방법이 있습니다. 기본 2차원 도형과 Line 작업을 통해 3차원 Object를 만들고 편집에 필요한 명령어를 실습 예제를 통해 익혀보겠습니다.

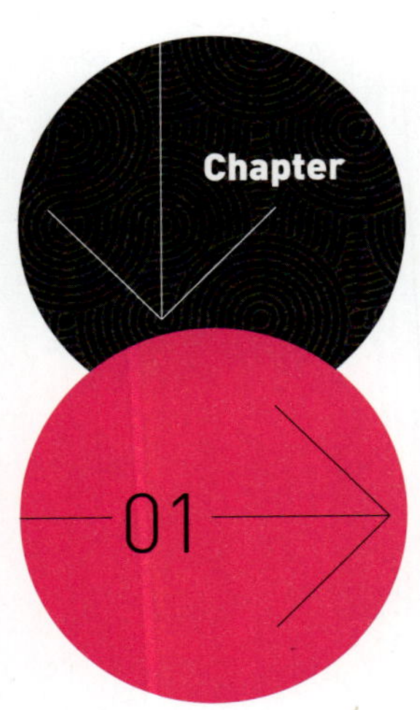



# 원하는 형태의 모양을 마음대로!!
# Line에 대하여 알아보기

3ds Max에서 Shape은 2차원으로 되어 있는 Line을 통틀어 말합니다. Line은 Vertex, Segment, Spline 의 세 가지 Sub-Object(하위 오브젝트)로 구성되어 있습니다. Line 작업은 이 세 가지 Sub-Object를 수정하는 작업이므로 가장 기본적인 선의 구성과 그리는 방법, 편집 방법까지 알아보겠습니다.

좀 더 자유로운 모델링을 하기 위해 2차원 Shapes에 대하여 알아보고, 다양하게 편집하는 방법에 대하여 알아본다.

## ① Shape과 Extended Splines의 종류 알아보기

## ② 2차원 Line을 3차원으로 만들기

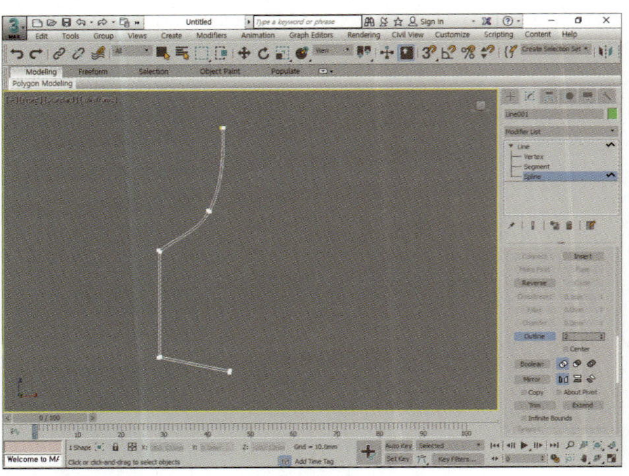

# Line의 구성 요소

Line 작업은 모델링을 진행하는데 기본이 되는 작업입니다. Line을 이용하여 복잡한 형태를 Line으로 그리고, 다양한 명령어를 적용하여 쉽게 3D로 구현할 수 있기 때문입니다.

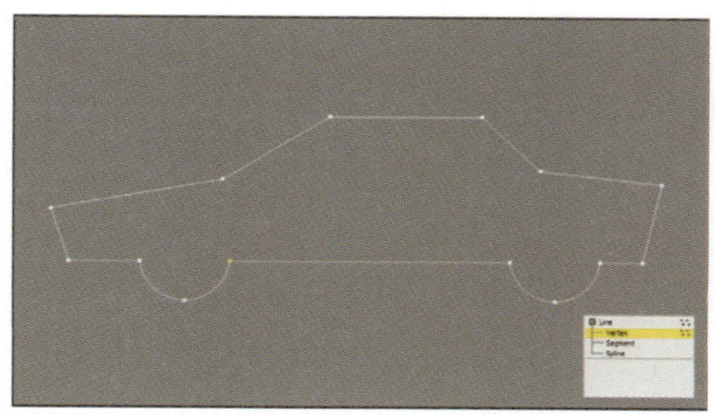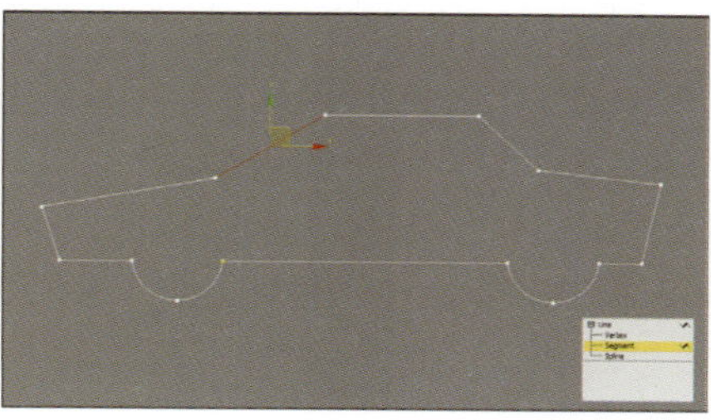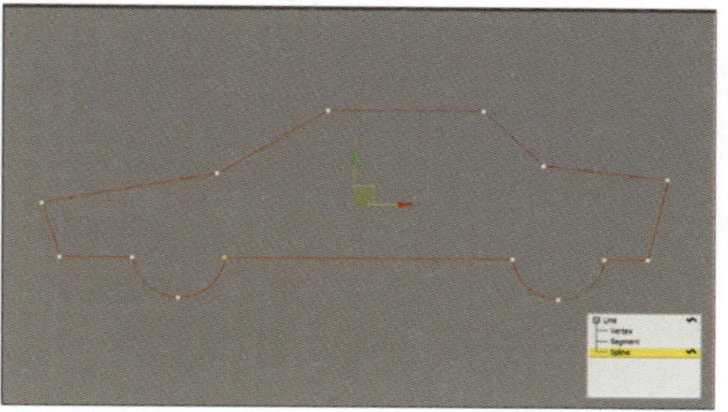

위의 자동차는 하나의 Line으로 만든 Object입니다. Line은 Vertex(점), Segment(선), Spline(선의 조합)의 Sub-Object로 구성되어 있습니다.
위치 값을 가지고 있는 고유한 Vertex 및 Vertex와 Vertex가 연결되어 하나의 Segment, Segment가 연결되어 하나의 Spline으로 구성되는 것입니다.
위의 자동차를 살펴보면 14개의 Vertex, 14개의 Segment, 1개의 Spline을 가지고 있다는 것을 알 수 있습니다.

## ■ Vertex의 속성

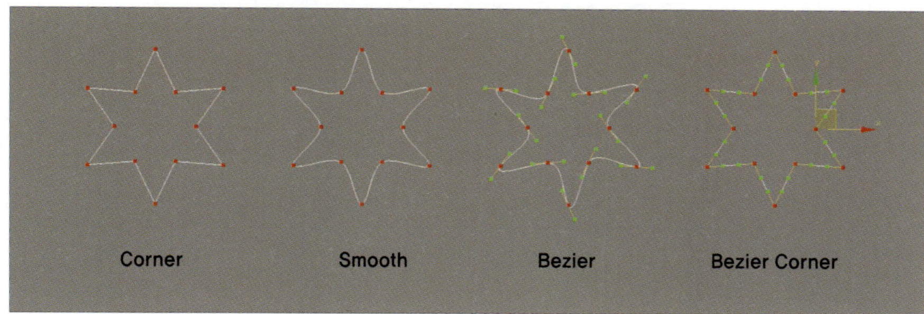


3ds Max에서 Vertex의 속성은 네 가지로 구성되어 있습니다.
- **Corner** : Corner는 Vertex의 모서리를 뾰족하게 만들어줍니다.
- **Smooth** : 연결되는 Vertex 부분을 자연스러운 곡선으로 만들어줍니다.
- **Bezier** : Vertex 양쪽의 Handle 값을 수정하여 곡선의 형태를 수정할 수 있습니다. 한쪽 Handle을 움직이면 반대쪽도 같이 움직입니다.
- **Bezier Corner** : Bezier와 속성은 같지만 Handle을 따로따로 움직여 수정할 수 있습니다.

**Handle이란?**
Handle이란, Vertex의 방향성과 힘의 크기를 말하는 것으로, Vertex에 노란색 선과 녹색 Vertex로 표현됩니다.
녹색 Vertex를 클릭, 드래그하면 Vertex의 방향과 곡선의 크기를 바꿀 수 있습니다.

## ■ Line을 그리는 다양한 방법

마우스를 클릭하면 직선으로 그려지고, 마우스를 클릭한 상태에서 드래그하면 드래그 한 반대 방향으로 곡선으로 만들어집니다. [Creation Method]에서 마우스를 클릭했을 때 Line이 어떻게 만들어질 것인지를 설정할 수 있습니다.

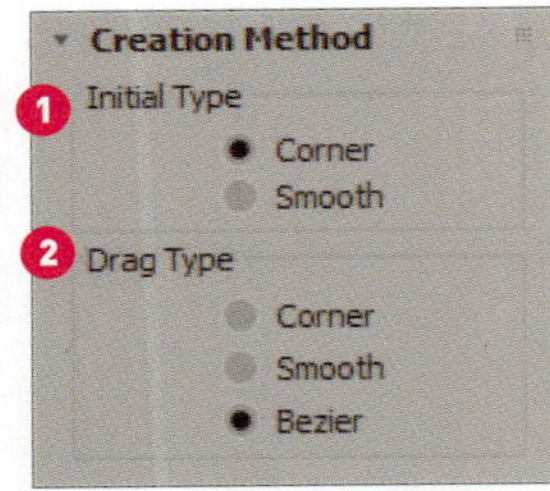

① **Initial Type** : 마우스를 클릭해서 Line을 만들 때 생기는 선의 속성입니다.

- **Corner** : 마우스로 다음 포인트를 클릭하면 직선만이 만들어집니다.
- **Smooth** : 마우스로 클릭하면 곡선만이 만들어집니다.

② **Drag Type** : 마우스로 다음 포인트를 클릭한 채 마우스를 움직였을 때의 선 속성입니다.

- **Corner** : 마우스를 드래그하면 직선만이 만들어집니다.
- **Smooth** : 마우스를 드래그하면 곡선만이 만들어집니다.
- **Bezier** : 마우스를 드래그하면 곡선만이 만들어집니다. 다음에 선이 진행될 방향을 따로 지정할 수 있습니다.

## 01

[Create-Shape-Line]을 선택한 후 Viewport에 마우스를 클릭하여 Line을 만듭니다.

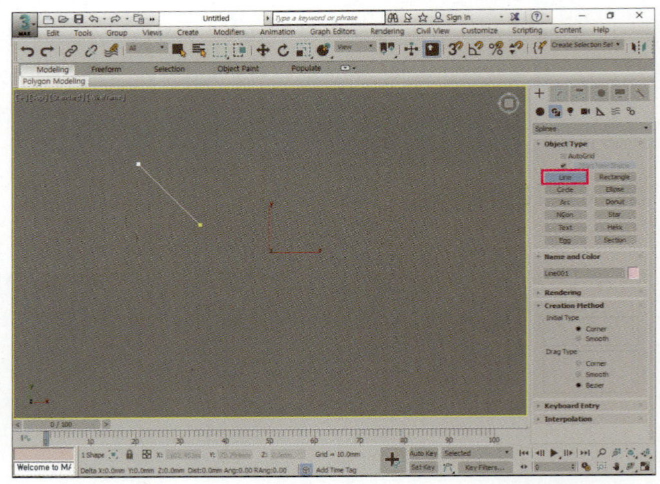

## 02

Line을 그릴 때 Shift 를 누르면 수직/수평 방향으로 쉽게 그릴 수 있습니다.

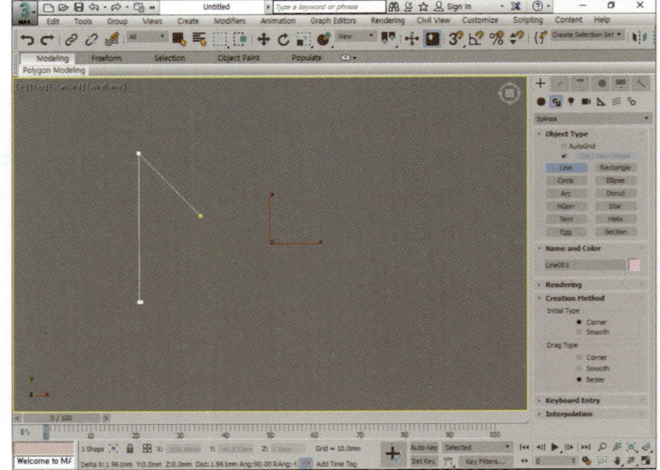

## 03

마우스를 클릭한 채 드래그하면 곡선이 만들어집니다. Drag Type이 Bezier로 되어 있을 때 곡선을 그리다가 Alt 를 누르면, 다음 마우스가 나갈 방향을 따로 지정할 수 있습니다.

마우스를 드래그 했을 때 곡선이 만들어지지 않으면 Drag Type을 확인하여 Corner를 Smooth나 Bezier로 바꾸어야 합니다.

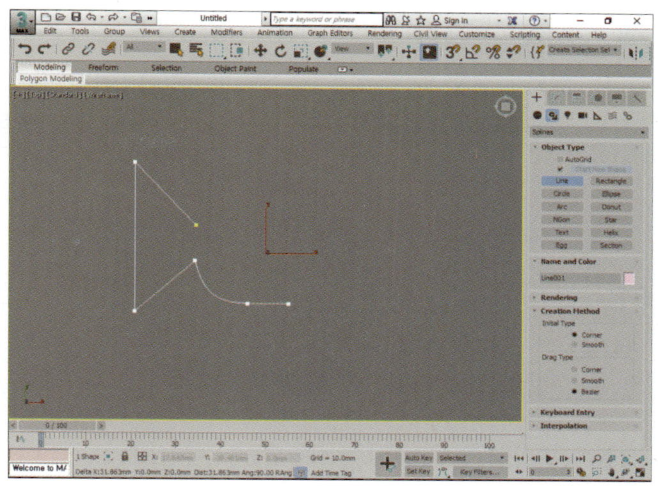

## 04

Line을 그릴 때 Line의 시작점은 노란색으로 표시됩니다. Line을 그리다가 마지막에 시작점이 있는 곳을 클릭하면 하나의 닫힌 도형으로 만들 것인지를 물어보는 대화상자가 나타나는데, '예'를 눌러 닫힌 도형으로 만들어야 3D로 만들 때 정상적인 3D Object가 만들어집니다.

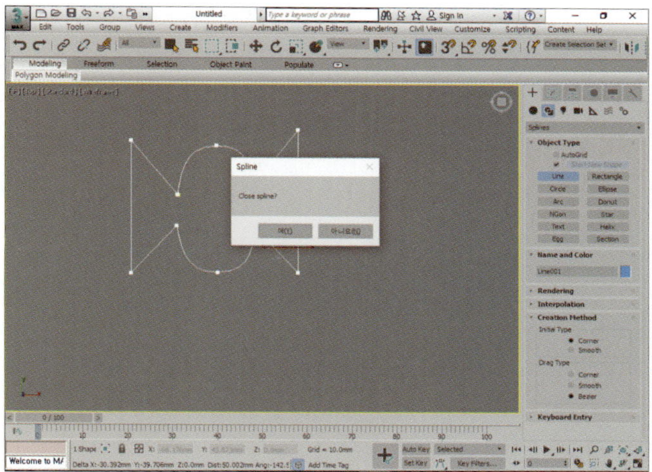

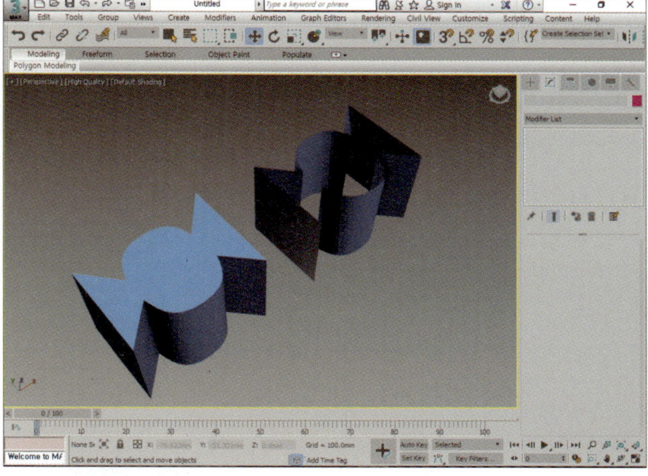

닫힌 line과 닫히지 않은 line

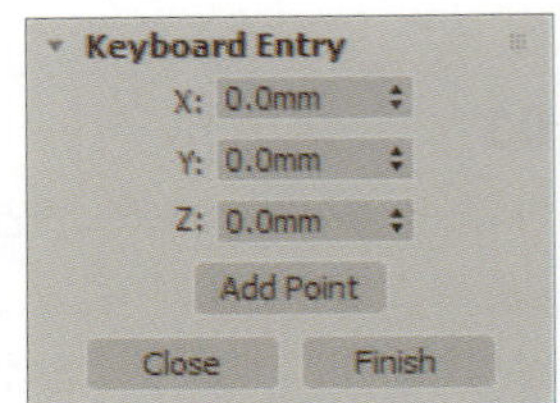

## ■ 수치를 입력하여 그리는 Keyboard Entry

Keyboard Entry는 X, Y, Z의 좌표 값을 입력하여 Line을 그릴 수 있습니다.
정확한 Line의 길이를 그릴 때 사용합니다. Keyboard Entry에 입력되는 좌표 값은 절대 좌표를 기준으로 합니다.

### 01

아래의 예제의 좌표 값은 X, Y, Z 축의 값을 순서대로 쓰겠습니다.
(예 : X : 100mm, Y : 50mm, Z : 200mm → 100, 50, 200)
Perspective View에서 '0, 0, 0'을 입력하고 [Add Point]를 클릭합니
다. 절대 좌표 0, 0, 0인 위치에 Vertex가 만들어집니다.

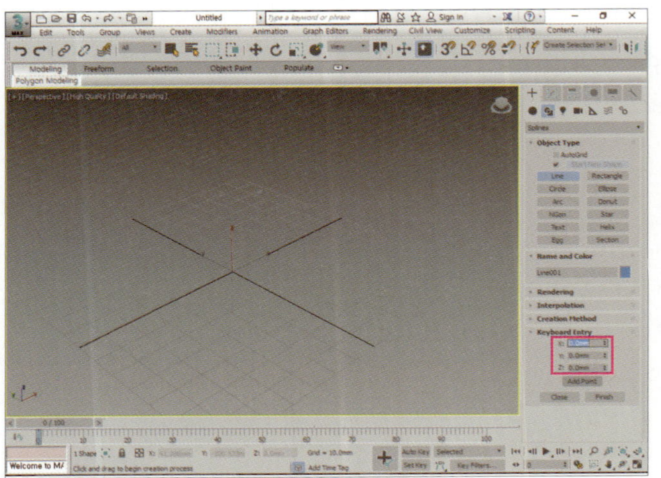

### 02

'100, 0, 0'을 각각 입력하고 [Add Point]를 클릭하면 X축으로 100mm 위
치에 Vertex가 만들어집니다.

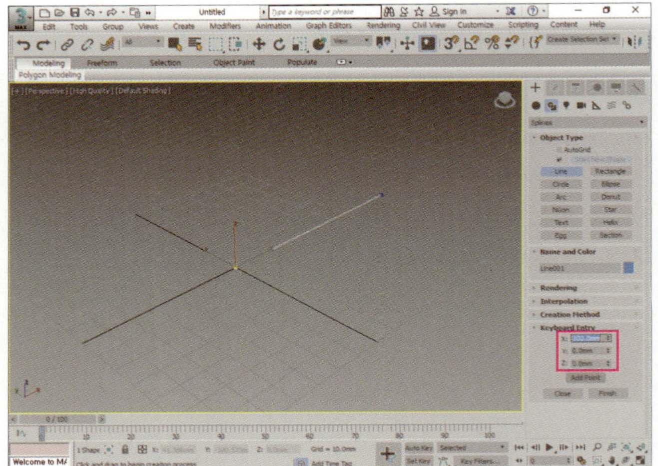

### 03

'100, 100, 0'을 입력하고 [Add Point]를 클릭하면 X축 100mm, Y축 100
mm 위치에 Vertex가 만들어집니다.

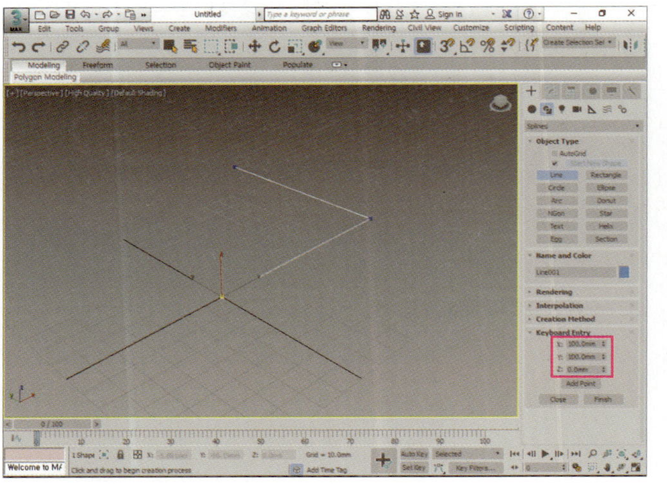

### 04

'100, 100, 100'을 입력하고 [Add Point]를 클릭하면 X축 100mm, Y축
100mm, Z축 100mm 위치에 Vertex가 만들어집니다.

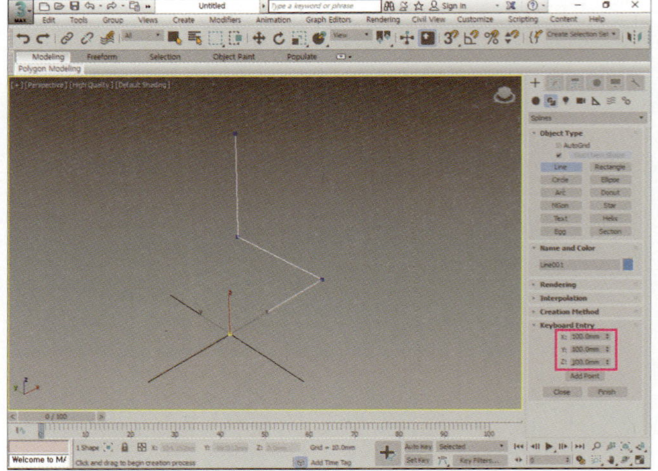

## ■ Edit Spline과 Editable Spline

Edit Spline과 Editable Spline은 똑같아 보이지만 약간의 차이가 있습니다. Edit Spline은 Modifier List에서 적용하는 명령어로, Shape을 Spline으로 바꾸어주고, Stack View에 히스토리가 남아 Shape의 형태를 수정할 수 있습니다. 반면 Editable Spline은 쿼드 메뉴에서 적용하여 Spline으로 바꾸는 명령어로 기존의 Spline 속성을 없애 Stack View에 히스토리가 남지 않고 새로운 Spline으로 변환합니다.

## 01

Edit Spline을 적용했을 때는 생성한 Shape의 옵션 값을 수정할 수 있습니다.

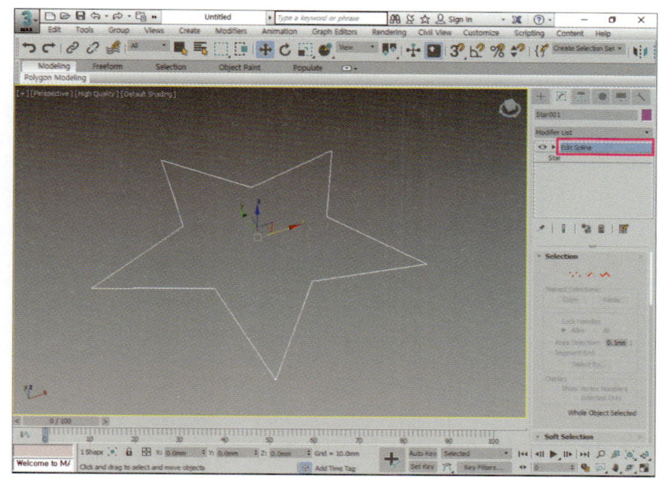

## 02

Editable Spline을 적용했을 때는 Shape의 원래 속성이 사라집니다.

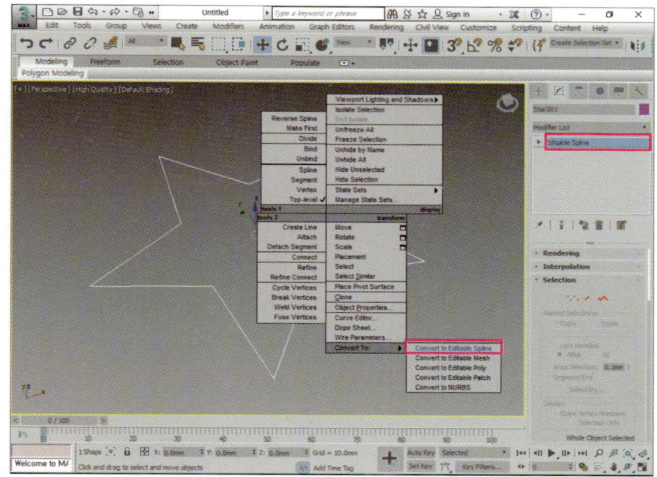

02

# 2차원 선을 그리는 Spline

3ds Max에서 Line을 이용한 모델링은 매우 중요합니다. 3차원 도형인 Geometry에서 작업하기 힘든 모양을 Line을 이용하여 사용자가 원하는 형태로 만들 수 있기 때문입니다.

또한 Line에만 적용할 수 있는 다양한 명령어를 사용하여 특수한 형태의 모델링도 가능합니다.

Spline의 구성 요소

---

① **Line** : 선을 사용하여 자유로운 Spline을 만듭니다.

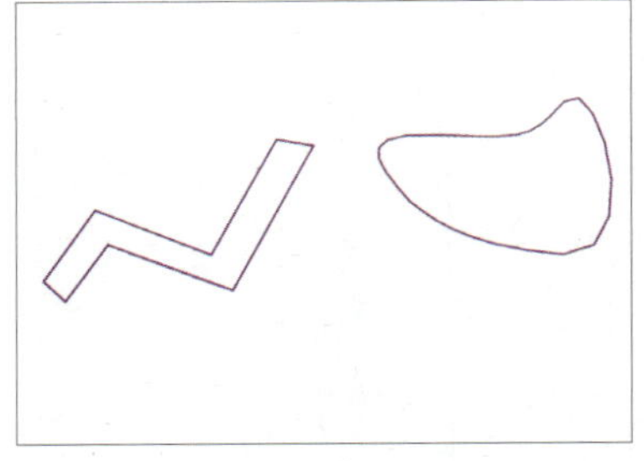

② **Rectangle** : 직사각형 및 정사각형 Spline을 만듭니다.

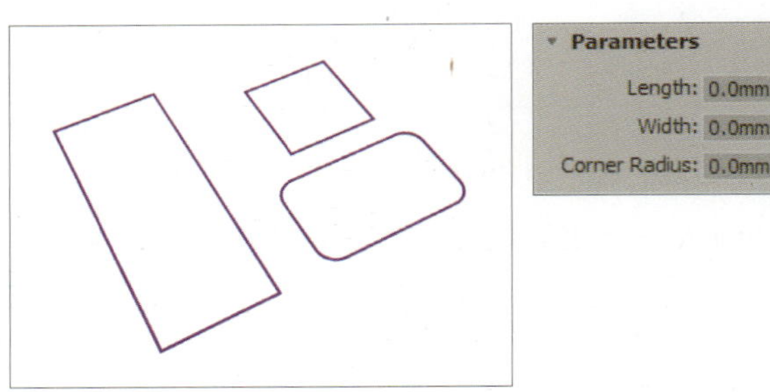


- **Length, Width** : Rectangle의 길이와 너비의 수치를 입력합니다.
- **Corner Radius** : 모서리를 수치만큼 곡선으로 부드럽게 만듭니다.(Fillet 적용)

---

③ **Circle** : 4개의 Vertex로 구성된 원형 Spline을 만듭니다.

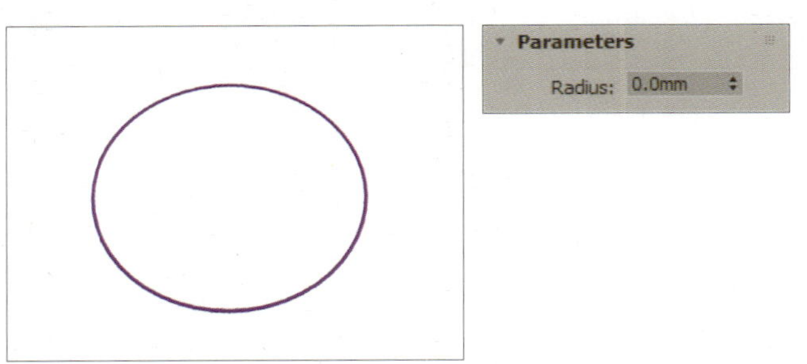


④ **Ellipse** : 타원형의 Spline을 만듭니다.

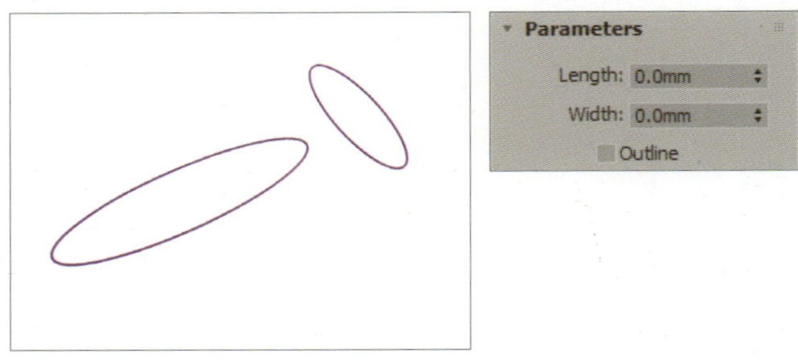


- **Radius** : 반지름을 설정합니다.

- **Length, Width** : Ellipse의 길이와 너비를 지름으로 설정합니다.

⑤ **Arc** : 네 개의 정점이 있는 호를 만듭니다.

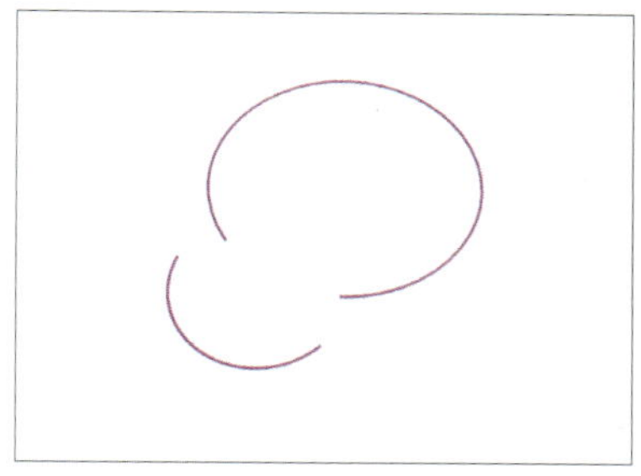

⑥ **Donut** : 도넛 형태의 Spline을 만듭니다.

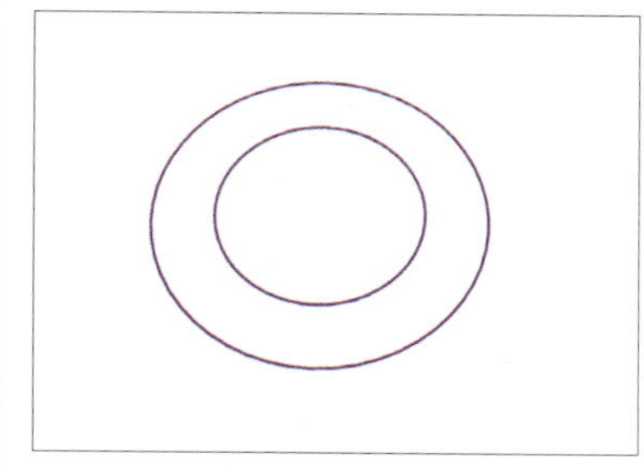

- **Radius** : 반지름을 설정합니다.
- **From** : 각도로 시작점을 설정합니다.
- **To** : 각도로 끝점을 설정합니다.
- **Pie Slice** : 시작점과 끝점이 연결되어 Spline이 닫힙니다.
- **Reverse** : 방향을 전환합니다.

- **Radius 1, Radius 2** : 안팎의 반지름을 설정합니다.

⑦ **NGon** : 임의의 정점 수를 가진 다각형 Spline을 만듭니다.

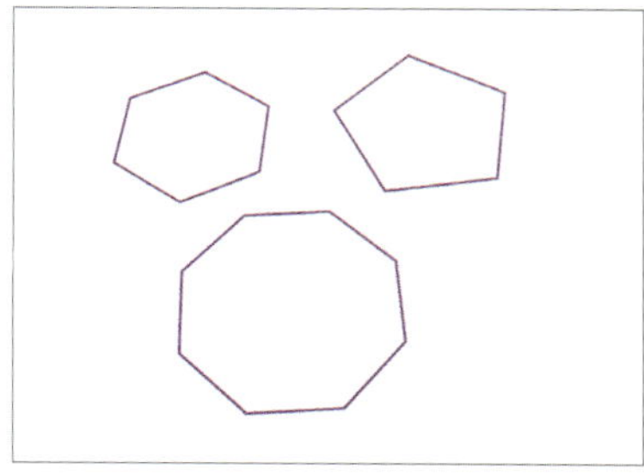
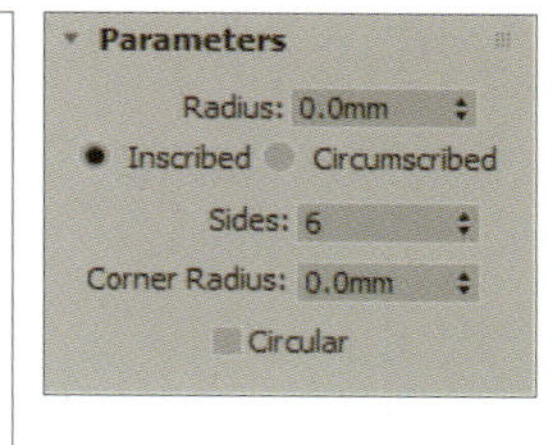

⑧ **Star** : 별 모양의 Spline을 만듭니다.

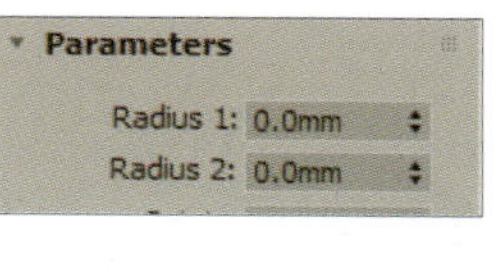

- **Radius** : NGon의 반지름을 설정합니다.
- **Inscribed** : 안쪽 모서리까지의 반지름을 설정합니다.
- **Circumscribed** : 바깥쪽 모서리까지의 반지름을 설정합니다.
- **Sides** : 측면 개수를 설정합니다.
- **Corner Radius** : 모서리를 부드럽게 해줍니다.
- **Circular** : 체크하면 원형으로 설정합니다.

- **Radius 1, Radius 2** : 안쪽과 바깥쪽의 크기를 설정합니다.
- **Points** : 별의 포인트 수를 설정합니다.
- **Distortion** : 중심점을 기준으로 외부 점을 회전합니다.
- **Fillet Radius 1, Fillet Radius 2** : 안쪽과 바깥쪽의 포인트에 적용될 Fillet 크기를 설정합니다.

⑨ **Text** : 글씨를 입력하여 글씨 모양의 Spline을 만듭니다.

ⓐ **서체** : 폰트를 설정합니다.
ⓑ **스타일** : 글씨의 기울기나 정렬 위치 등을 설정합니다.
ⓒ **Size** : Text 크기를 설정합니다.
ⓓ **Kerning** : Text 간격을 설정합니다.
ⓔ **Leading** : 문장의 행간을 조절합니다.
ⓕ **Text** : 글자를 입력합니다.
ⓖ **Update** : 선택하면 버튼 클릭 시만 업데이트하고, 선택하지 않으면 실시간으로 업데이트합니다.

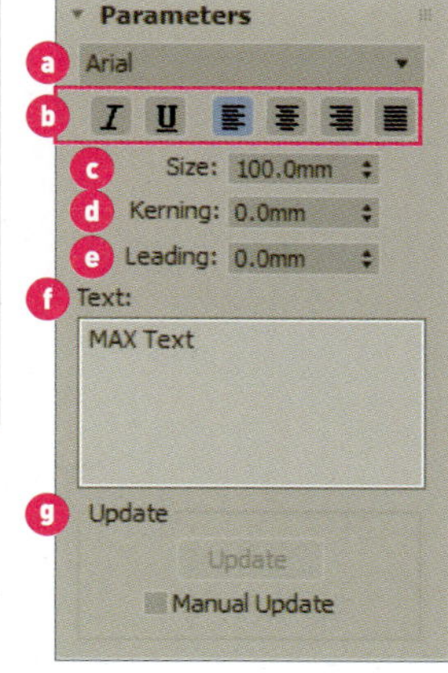

⑩ **Helix** : 나선 형태의 Spline을 만듭니다.

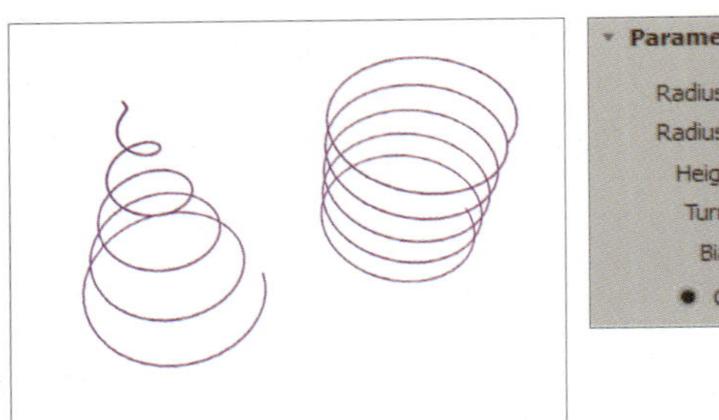

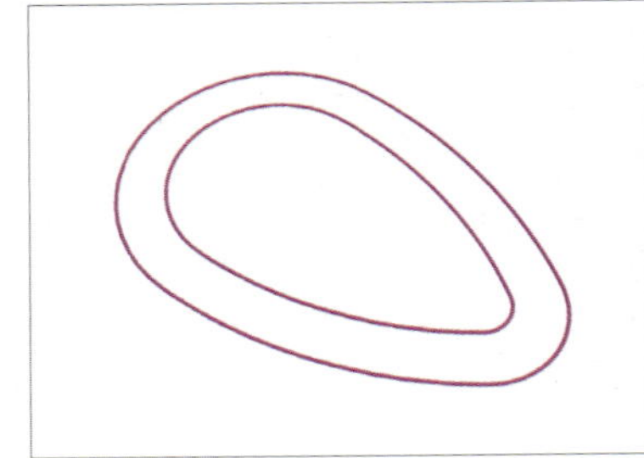

- **Radius 1, Radius 2** : 시작과 끝의 반지름을 설정합니다.
- **Height** : Object의 높이를 설정합니다.
- **Turns** : 회전수를 정합니다.
- **Bias** : 수치에 따라 위, 아래 한쪽으로 치우친 나선을 만들어줍니다.
- **CW** : 설정하면 시계 방향으로 회전합니다.
- **CCW** : 설정하면 반시계 방향으로 회전합니다.

⑪ **Egg** : 달걀 모양의 Spline을 만듭니다.

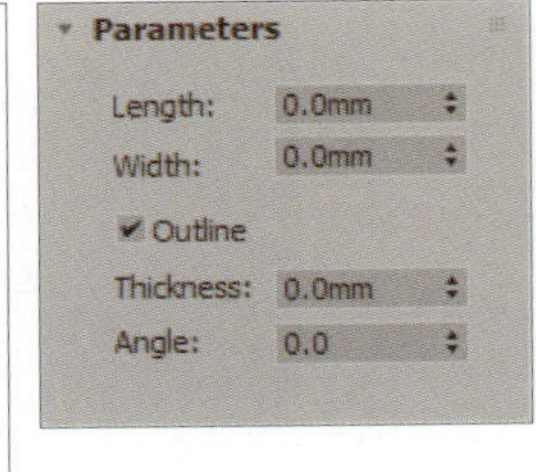

- **Length, Width** : Egg의 길이와 너비의 수치를 입력합니다.
- **Outline** : 체크하면 Egg Line에 두께를 지정합니다.
- **Thickness** : Outline이 적용되는 거리를 설정합니다.
- **Angle** : Egg의 회전 각도를 설정합니다.

⑫ **Selection** : Object의 단면 형태로 Spline을 만듭니다.

기능
따라하기

## Selection 적용 방법

## 01

아래 그림처럼 주전자 위에 [Create-Shapes-Selection]을 만듭니다.
Selection과 주전자가 겹쳐지는 부분에 노란색 선이 나타납니다. 'Create
Shape'을 클릭합니다.

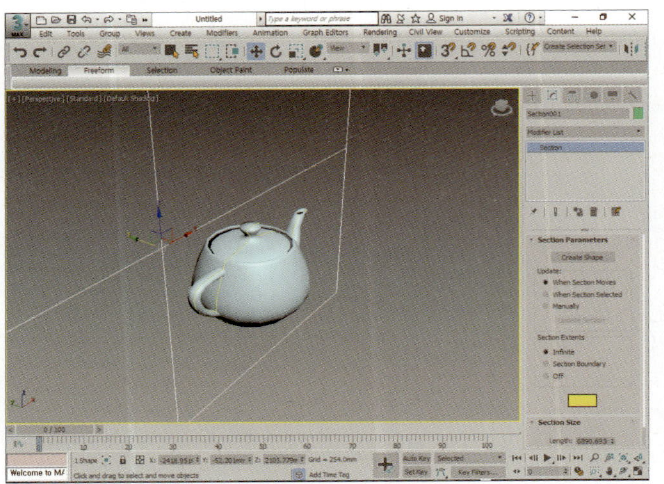

## 02

노란색으로 선이 생기던 부분이 새로운 Shape로 만들어집니다.

# 다양한 형태의 선을 그리는
# Extended Splines

Extended Splines에서는 기본 Line을 향상시킨 모양의 Line을 제공합니다. 주로 건축 내/외부 작업 시 자주 사용합니다.

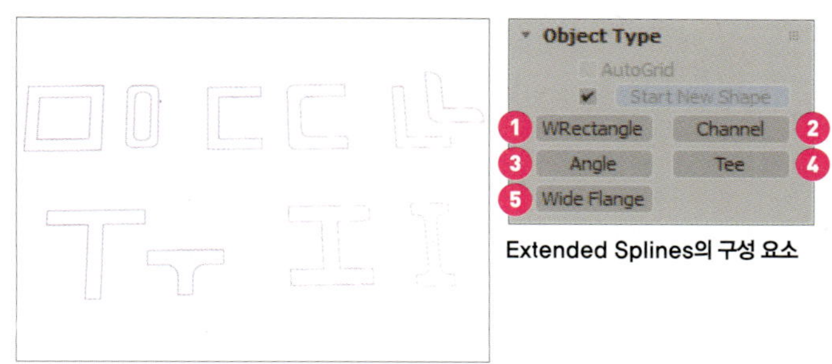

Extended Splines의 구성 요소

① **WRectangle** : 도넛과 비슷하지만 원형이 아니라 사각형으로 만들어집니다.
- **Length, Width** : 가로, 세로 높이를 지정합니다.
- **Thickness** : 두께를 설정합니다.
- **Sync Corner Fillets** : 설정하면 Corner Radius 1만 활성화합니다.
- **Corner Radius 1** : 바깥쪽 모서리를 수치만큼 곡선으로 부드럽게 만듭니다.(Fillet 적용)
- **Corner Radius 2** : 안쪽 모서리를 수치만큼 곡선으로 부드럽게 만듭니다.(Fillet 적용)

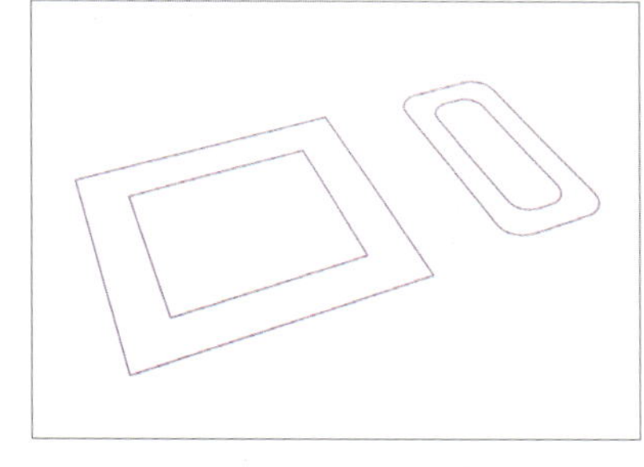
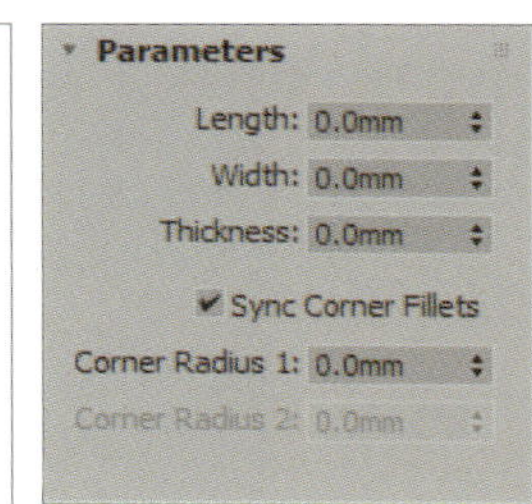


② **Channel** : C자 형태의 닫혀 있는 Spline을 만듭니다.
- **Length, Width, Thickness** : 가로, 세로, 두께를 지정합니다.
- **Corner Radius 1, Corner Radius 1** : 모서리를 수치만큼 곡선으로 부드럽게 만듭니다.(Fillet 적용)

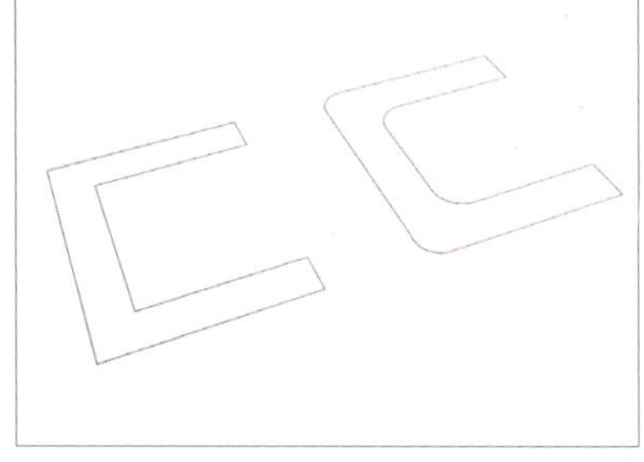
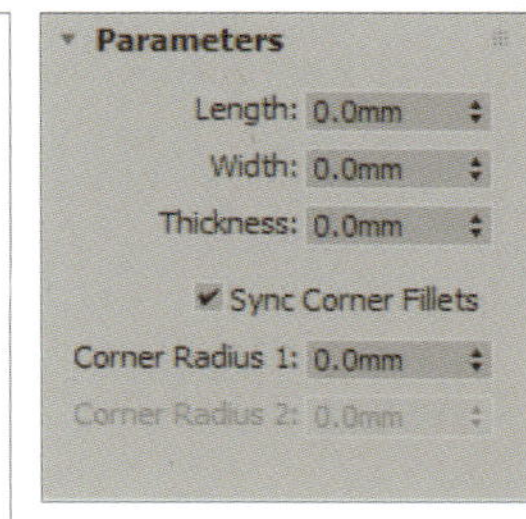


③ **Angle** : L자 형태의 닫혀 있는 Spline을 만듭니다.
- **Length, Width, Thickness** : 가로, 세로, 두께를 지정합니다.
- **Corner Radius 1, Corner Radius 1** : 모서리를 지정한 수치만큼 곡선으로 부드럽게 만듭니다.(Fillet 적용)
- **Edge Radii** : 수평, 수직 가장자리 반지름을 설정합니다.

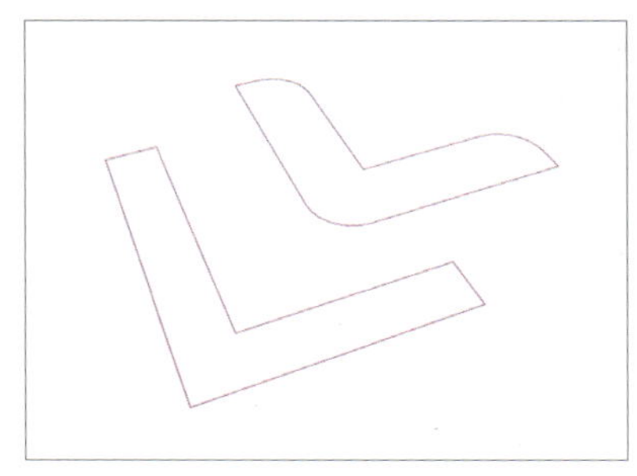
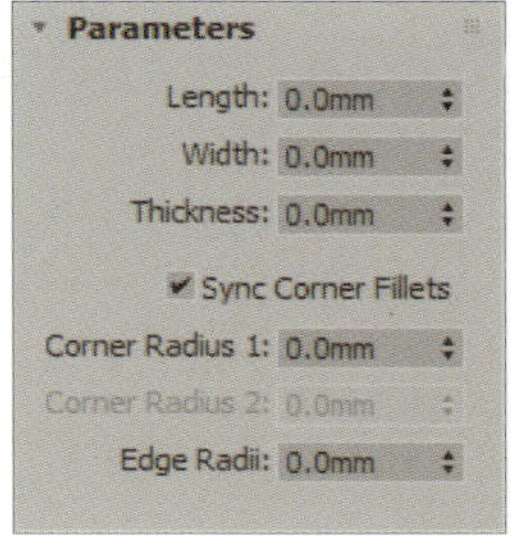

④ **Tee** : T자 형태의 닫혀 있는 Spline을 만듭니다.

- **Length, Width, Thickness** : 가로, 세로, 두께를 지정합니다.
- **Corner Radius** : 안쪽 코너를 부드럽게 해줍니다.(Fillet 적용)

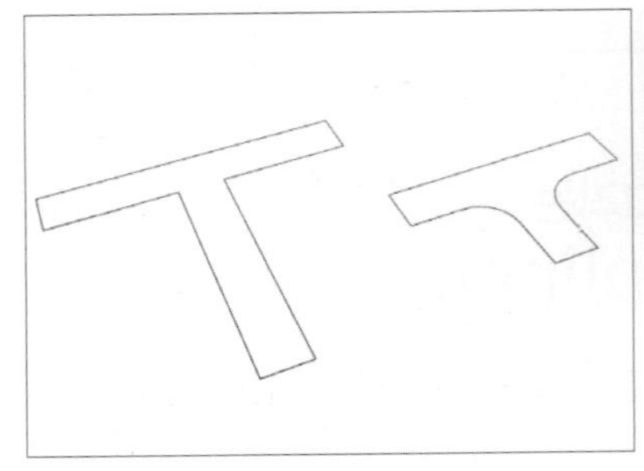
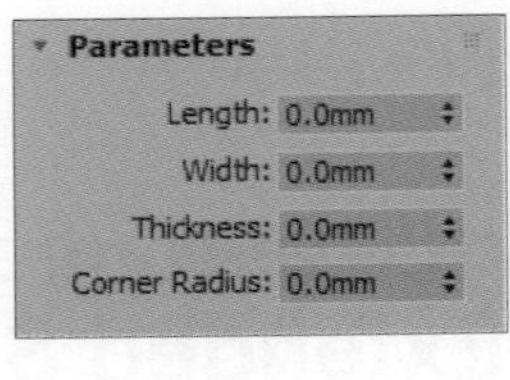


⑤ **Wide Flange** : 대문자 I자 형태의 닫혀 있는 Spline을 만듭니다.

- **Length, Width, Thickness** : 가로, 세로, 두께를 지정합니다.
- **Corner Radius** : 안쪽 코너를 부드럽게 해줍니다.(Fillet 적용)

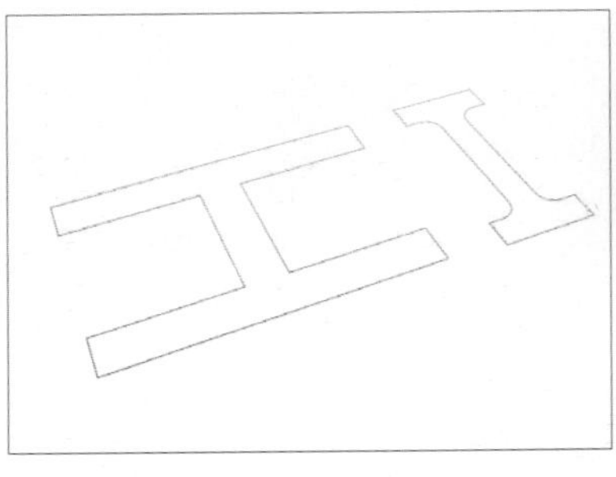
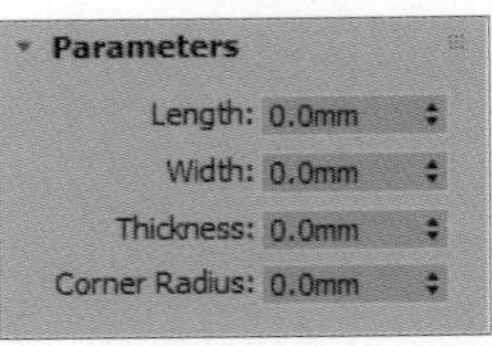

# 04

# Edit Spline 편집 명령어 알아보기

기본 Spline이나 Extended Splines만으로는 원하는 형태를 만들기 어렵습니다. Line을 만든 후 편집은 필수겠지요. 이번에는 Line 편집 명령어에 대하여 알아보겠습니다. 편집 명령어를 활성화시키기 위해서는 Shapes를 Edit Spline이나 Editable Spline으로 변환해주어야 합니다.

사용자가 직접 그린 Line은 Modify 탭에서 편집 명령어가 활성화되어 있으나 Shape은 Edit Spline으로 변환해야 편집 명령어가 활성화 됩니다.

## ■ Interpolation

Interpolation은 곡선을 잇는 Vertex와 Vertex 사이의 Segment에 지정한 수만큼 Vertex를 추가하여 곡선을 만들어줍니다. Steps 값이 높을 수록 곡선이 부드러워집니다.

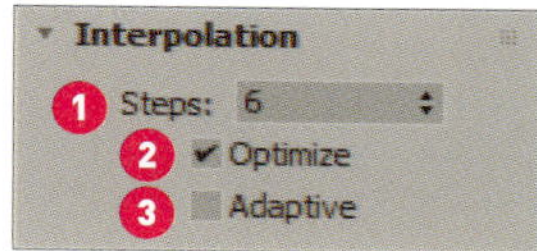

① **Steps** : Vertex과 Vertex 사이의 Segment의 등분 수입니다.

② **Optimize** : 곡선을 최적화하여 자동으로 등분수를 지정합니다.

③ **Adaptive** : 곡선의 스텝을 늘려 최대한 부드럽게 처리합니다.

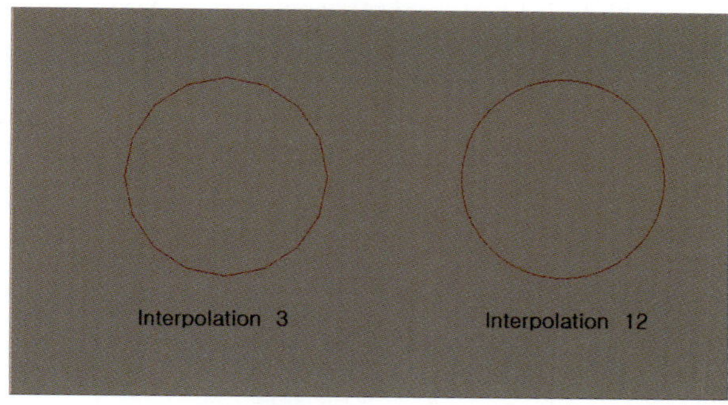


**Interpolation의 차이에 따른 곡률의 차이**

## ■ Selection

Line의 구성 요소인 Vertex, Segment, Spline을 선택할 수 있습니다. Vertex, Segment, Spline 중에서 하나를 선택합니다.

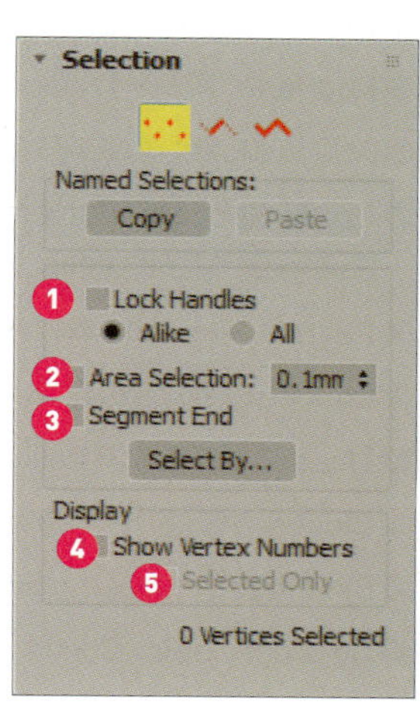

① **Lock Handle** : Bezier와 Bezier Corner에서 여러 개의 Handle을 동시에 제어할 수 있습니다.

• **Alike** : 한쪽 Handle을 움직이면 같은 방향의 모든 Handle을 동시에 제어합니다.

• **All** : 어느 한쪽만 움직이더라도 양쪽 Handle이 동시에 움직이게 합니다.

② **Area Selection** : Vertex를 선택하면 정해진 범위 안에 있는 모든 Vertex를 선택합니다.

③ **Segment End** : 체크하고 Segment를 클릭하면 선택한 Segment에서 가까운 부분의 Vertex를 선택합니다.

④ **Show Vertex number** : Vertex가 만들어진 번호 순서대로 보여줍니다.

⑤ **Select Only** : 선택한 Vertex들의 번호만 보여줍니다.


## ■ Soft Selection

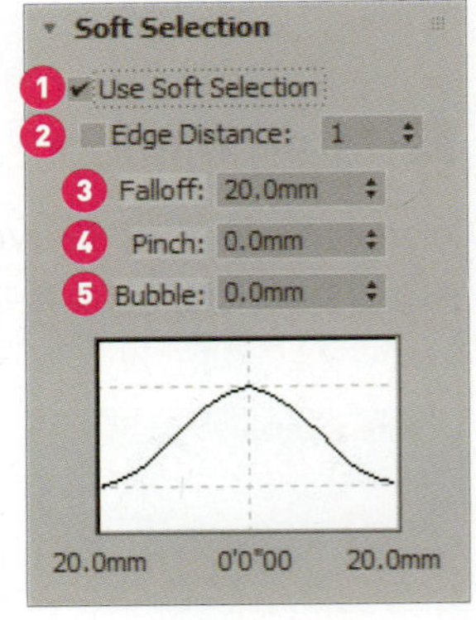

선택한 Vertex를 움직이면 주변의 Vertex들이 부드럽게 움직이도록 만듭니다.

① **Use Soft Selection** : Soft Selection 사용 여부를 선택합니다. 체크를 해야 아래 옵션이 활성화됩니다.

② **Edge Distance** : Fall Off 값을 기준으로 선택한 부분과 영향을 미칠 부분 사이의 거리를 설정합니다.

③ **Falloff** : 선택 부분에서 영향을 미칠 범위를 설정합니다.

④ **Pinch** : 선택한 부분의 가운데 부분에 영향을 어떻게 줄 것인지를 설정합니다.

⑤ **Bubble** : 끝부분에 영향을 어떻게 줄 것인지 설정합니다.


## ■ Geometry

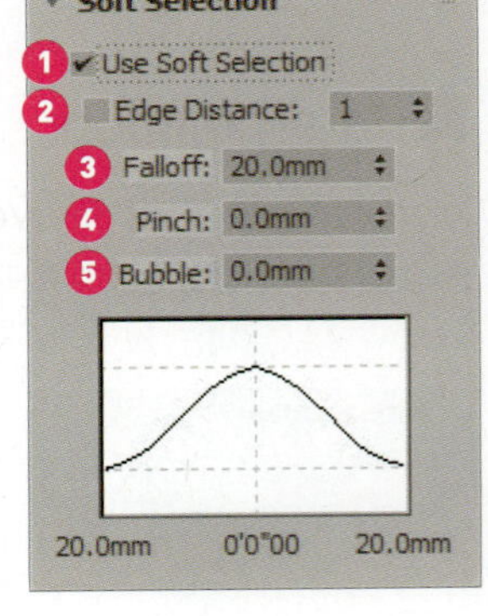

Line의 편집 명령어를 모아놓은 메뉴입니다. 각 구성 요소마다 선택할 수 있는 명령어가 다르기 때문에 편집을 하기 위해서는 먼저 Vertex, Segment, Spline 중에서 하나를 선택해야 합니다.

① **New Vertex Type** : Segment 또는 Spline을 Shift 를 이용하여 복사할 때 새로운 Vertex의 유형을 결정합니다.

② **Create Line** : 현재의 Spline과 같은 속성인 Spline을 만듭니다.

③ **Break** : 선택한 Vertex를 분리시킵니다.

④ **Attach** : Spline과 Spline을 하나의 Spline으로 합칩니다.

⑤ **Reorient** : 체크하면 Attach 시에 선택한 Shape을 자신의 축으로 옮기면서 합칩니다.

⑥ **Attach Multi** : 리스트에 있는 Spline을 Ctrl 을 누르고 다중 선택하여 여러 개의 Spline을 한 번에 합칩니다.

⑦ **Cross Section** : Attach 되어 있는 Spline을 연결시킵니다. 각 Spline의 Vertex 수가 같을 때 Modifier List : Surface를 적용하면 올바른 면이 나타납니다.

⑧ **Refine** : Segment 위에 사용자가 임의로 Vertex를 추가할 수 있습니다.

⑨ **Connect** : 체크를 한 후 Refine하면 추가한 Vertex들을 곡선으로 연결합니다.

⑩ **Linear** : 체크를 한 후 Refine하면 추가한 Vertex들을 직선으로 연결합니다. Connect에 체크를 해야 활성화됩니다.

⑪ **Closed** : 체크를 한 후 Refine하면 추가한 Vertex의 시작점과 끝점을 연결합니다. Connect에 체크를 해야 활성화됩니다.

⑫ **Bind first/Bind last** : 체크를 한 후 Refine하면 시작점/끝점을 움직이지 못하게 합니다. Connect에 체크를 해야 활성화됩니다.

⑬ **Connect Copy** : Connect에 체크하고 세그먼트나 Spline을 Shift 를 누른 상태로 복사하면 Vertex가 있는 부분이 이어진 상태로 복사됩니다.

⑭ **Automatic Welding** : Vertex를 다른 Vertex 근처로 이동시킬 때 Threshold 범위 안에 들어가면 하나의 Vertex로 자동으로 합칩니다.

⑮ **Weld** : 선택한 Vertex들을 설정한 범위 안에서 하나로 합칩니다.

⑯ **Connect** : 열려 있는 부분을 선으로 이어줍니다.

⑰ **Insert** : Refine처럼 Vertex를 추가하지만 끊어지지 않고 Vertex를 만듭니다.

⑱ **Make First** : 선택한 Vertex를 시작점으로 바꿉니다.

⑲ **Fuse** : 선택한 Vertex들을 Vertex들의 중심 위치로 모아줍니다.

⑳ **Reverse** : Spline이 가지고 있는 Vertex의 방향을 반대로 바꿉니다.

㉑ **Cycle** : 클릭할 때마다 선택한 Vertex가 다음 Vertex로 이동됩니다.

㉒ **CrossInsert** : Spline들이 교차하는 부분에 Vertex를 추가합니다.

㉓ **Fillet** : 선택한 Vertex를 부드럽게 만들어줍니다.

㉔ **Chamfer** : Fillet 명령과는 달리 모서리를 직선 형태로 깎아줍니다.

㉕ **Outline** : 선택한 Spline의 안쪽이나 바깥쪽으로 새로운 Line을 만듭니다.

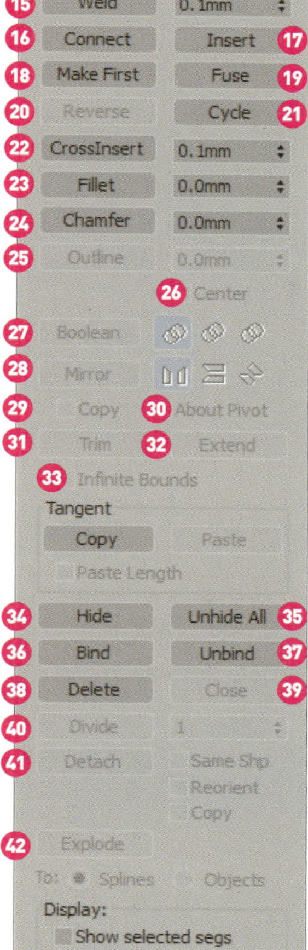

### Line의 형태를 평행 복사하는 Outline

Outline은 Line 편집 중 Shape에서 자주 사용하는 명령어입니다. 선택된 line 전체의 형태에 지정한 거리만큼 두께를 주어 손쉽게 입체감을 줄 수 있습니다. 예를 들어 와인잔을 만들 경우 단면을 먼저 그려줍니다. 와인잔의 단면을 만들었지만 실제의 와인잔은 위의 그림처럼 종이처럼 얇은 것이 아니라 유리의 두께

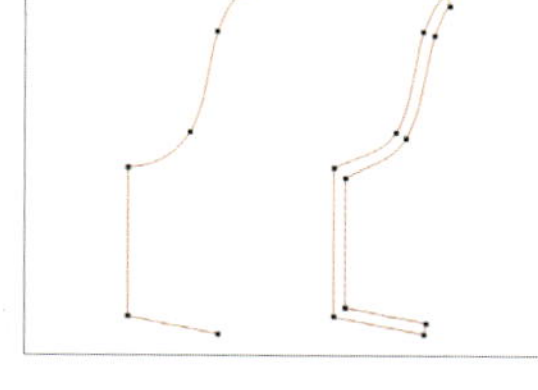 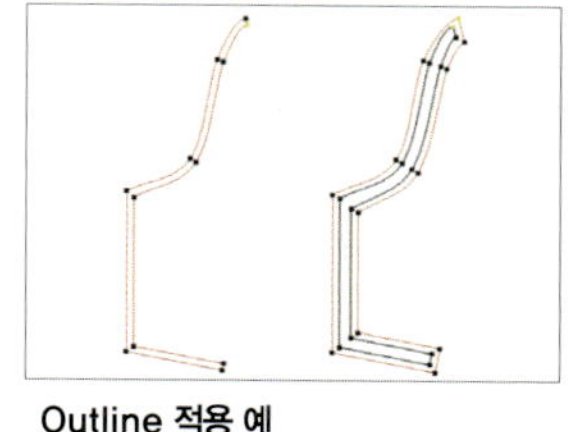

**Outline 적용 예**

가 만들어져야 합니다. 하지만 Line을 그릴 때 바깥쪽에 같은 형태의 Line을 그려주기란 쉬운 일이 아닙니다. 이 경우 Outline을 사용하면 손쉽게 같은 형태로 두께를 줄 수 있습니다.

㉖ **Center** : 체크하면 원본 Line을 중심으로 하는 외곽선이 만들어집니다.

㉗ **Boolean** : 2개의 Spline 사이에서 합집합, 차집합, 교집합 연산을 수행합니다.

㉘ **Mirror** : 선택한 Spline을 좌우/상하/대각선 방향으로 대칭 복사합니다.

㉙ **Copy** : 체크를 한 후 Mirror를 사용하면 복사됩니다.

㉚ **About Pivot** : Spline의 축을 중심으로 Mirror를 적용합니다.

㉛ **Trim** : Line이 교차하는 지점을 기준으로 선택한 부분을 제거합니다.

㉜ **Extend** : 열려 있는 Spline의 끝점을 마주보는 Spline까지 연장합니다.

㉝ **Infinite Bounds** : 끝점의 연장선이 없더라도 가상의 선을 그어 연장합니다.

㉞ **Hide** : 선택한 부분을 숨깁니다.

㉟ **Unhide All** : 숨겼던 부분들을 모두 나타냅니다.

㊱ **Bind** : 선택한 Vertex를 선택한 선분에 연결하여 고정합니다.

㊲ **Unbind** : 선택한 Vertex의 Bind를 해제합니다.

㊳ **Delete** : 선택한 부분을 삭제합니다.

㊴ **Close** : 열려진 Spline을 닫습니다.

**tip** Boolean을 적용하기 위해서는 두 가지 이상의 Spline이 겹쳐져 있어야 합니다.

### 일정한 간격으로 선을 나누는 divide

Refine을 사용하여 Vertex를 추가할 경우 사용자가 임의로 위치를 찍기 때문에 정확한 간격을 유지하며 Vertex를 추가하기가 어렵습니다. 하지만 Divide 명령어를 사용하면 일정한 간격으로 Vertex를 추가할 수 있습니다. 아래의 의자처럼 가운데 서로 대칭으로 만들어지는 Object를 모델링 할 때 특히 유용합니다.

**Divide를 이용한 의자 모델링**

㊵ **Divide** : 선택한 Segment를 설정한 숫자만큼 일정하게 분할합니다.

㊶ **Detach** : Attach의 반대 명령으로 선택한 세그먼트와 Spline을 분리시킵니다.

㊷ **Explode** : 선택한 Spline을 분리합니다.

**tip**

Vertex 사이의 거리는 Segment의 곡률에 따라 달라지기도 합니다. 이 경우 Vertex 유형을 Liner로 바꾸면 일정한 간격으로 선을 나눌 수 있습니다.

**곡률의 변화에 따라 달라지는 Vertex의 간격**

# 유리잔 만들기

이번에는 Line을 이용하여 3차원 오브젝트를 만드는 방법에 대하여 알아보겠습니다.
Line으로 원하는 형태를 그린 후 3차원으로 만들어주는 명령어를 적용하는 것이 일반적입니다.

## 01

[Create-Shape-Line]을 선택한 후 Front View에 그림과 같은 형태로 Line을 만듭니다.

**tip** 기본 Shape 아니라 Vertex를 직접 클릭하여 Line을 그렸기 때문에 Editable Spline으로 바꿀 필요가 없습니다.

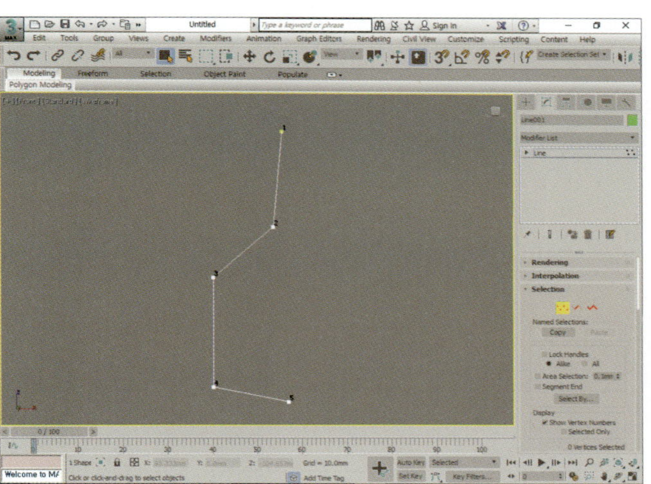

## 02

Modify 탭을 선택한 후 그림처럼 Vertex를 선택합니다.

**tip** Vertex를 선택하는 단축키는 1, Segment는 2, Spline은 3 입니다.

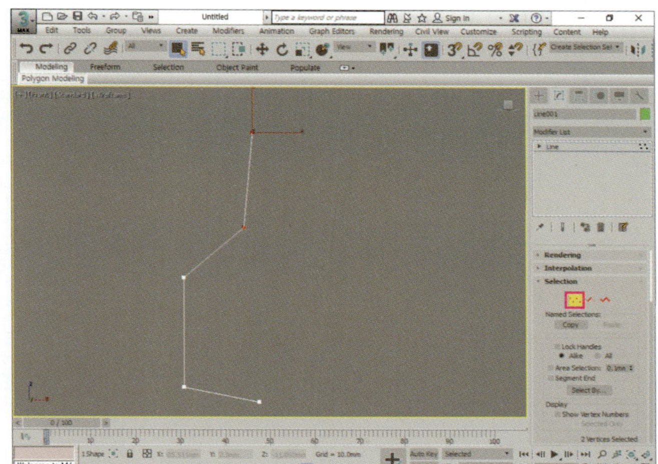

## 03

선택된 Vertex 위에서 마우스 오른쪽 버튼을 눌러 쿼드 메뉴를 활성화합니다. [tools 1]에 보면 'Corner'가 선택되어 있습니다. 아래 있는 'Smooth'를 선택합니다.

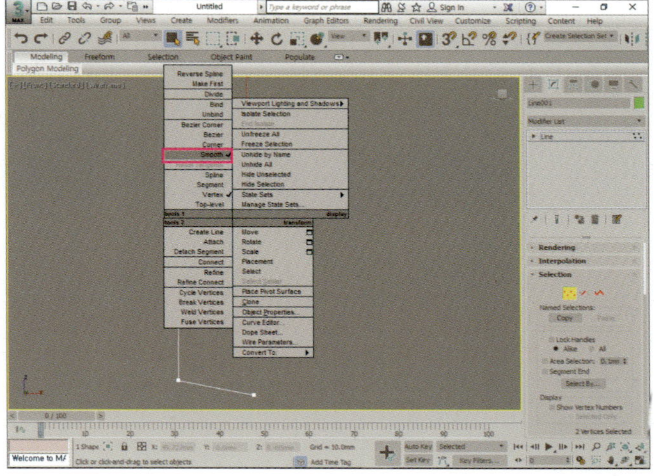

## 04

직선으로 연결된 Vertex들이 곡선으로 자연스럽게 바뀌었습니다. 아래 있
는 Vertex는 컵의 목이 될 부분이기 때문에 직선 상태를 유지해야 하므로
선택하지 않았습니다.

 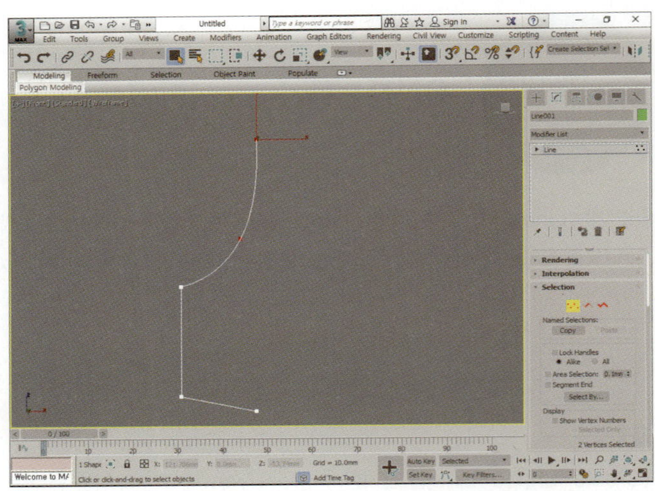

곡선으로 바꾼 후 Vertex를 움직여 원하는 형태로 컵의 단면 형태를 수정할
수 있습니다. 곡선을 직선으로 바꿀 때도 유용하게 사용할 수 있습니다. 곡선
부분의 Corner에 체크하면 Handle 값이 초기화됩니다.

## 05

[Modify]를 선택한 후 Line의 Spline을 선택합니다.

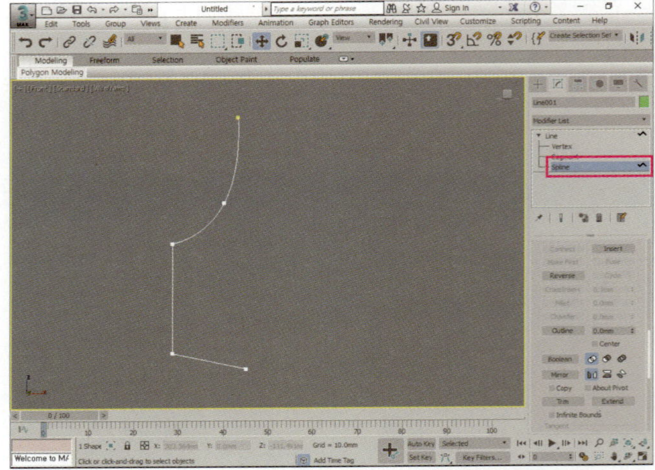

Spline을 선택하는 단축키는 숫자 키 3 입니다.

## 06

Geometry에 Outline을 클릭하고 2를 입력한 후 Enter 를 적용합니다. 2
mm만큼 바깥쪽으로 두께가 만들어집니다. − 수치를 입력하면 안쪽으로 두께
가 만들어집니다.

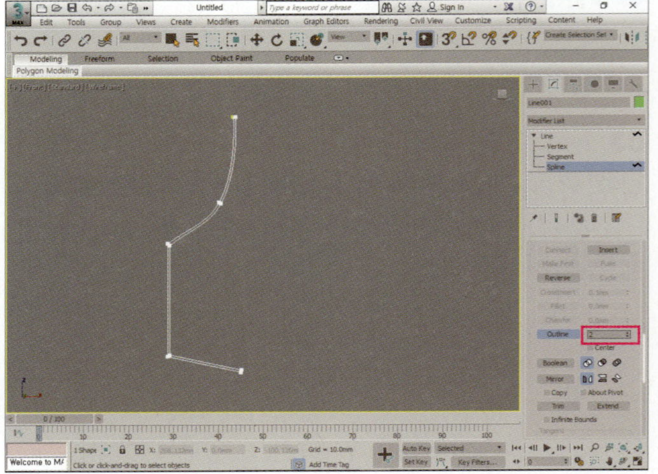

Outline을 선택하고 Viewport에서 마우스를 드래그하여 두께를 지정할 수
도 있지만 정확한 모델링을 위해 수치를 입력하여 작업하는 것이 좋습니다.

## 07

Outline을 적용하여 Line에 두께를 만든 후 확대해보면 끝부분이 직각형태로 되어 있는 것을 알 수 있습니다. 컵의 끝부분이 날카로우면 물을 마실 때 위험하겠지요. Fillet을 이용하여 끝부분을 부드럽게 만들어보겠습니다. Modify 탭을 선택한 후 Line의 Vertex를 선택하고 컵 위쪽의 2개 Vertex를 선택합니다.

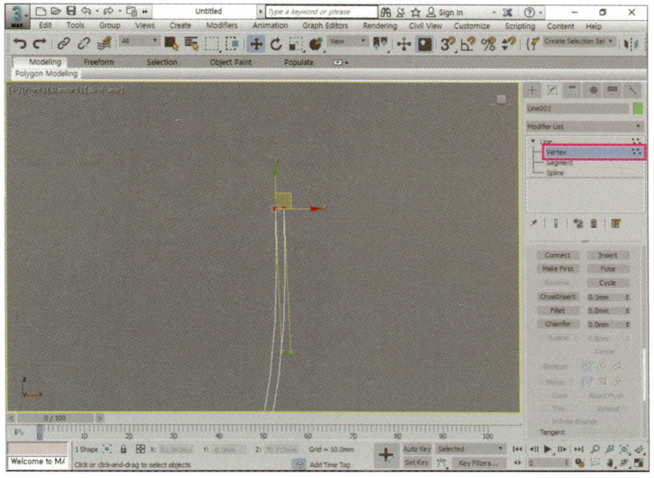

## 08

Geometry에 Fillet을 선택한 후 선택한 Vertex 위에 마우스를 올려놓으면 커서 형태가 바뀝니다. 마우스를 위로 드래그하면 2개의 Vertex에 Fillet이 적용되며 둥글게 만들어집니다.

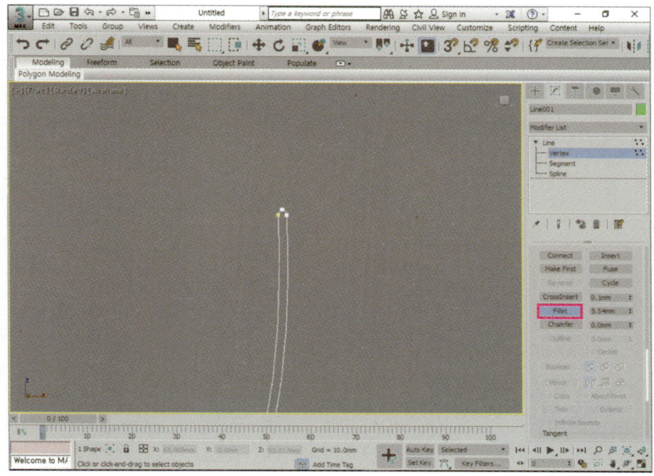

## 09

컵의 아래에 있는 2개의 Vertex를 선택합니다.

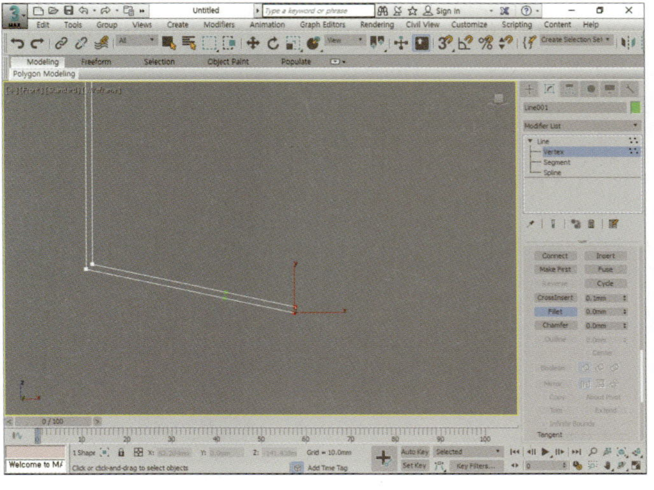

## 10

위와 마찬가지로 Geometry에 Fillet을 선택한 후 마우스를 위로 드래그하여 Fillet을 적용하여 끝부분을 둥글게 만듭니다.

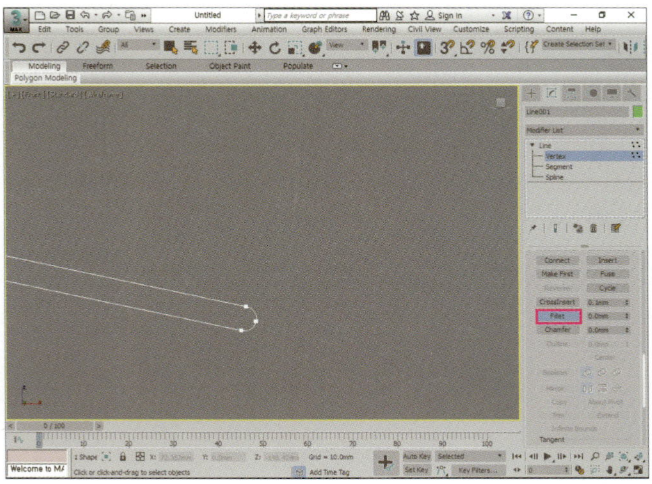

## 11

[Line-Vertex]를 클릭하여 Sub-Object를 선택 해제합니다.
컵의 단면 형태를 입체적으로 만들기 위해 [Modifier List-Lathe]를 선택
합니다. Lathe가 적용되어 3차원 형태로 만들어졌습니다. 그런데 현재 회
전된 형태는 Line의 중심을 기준으로 회전되었기 때문에 원하는 형태가 나
오지 않습니다. 완전한 형태의 컵을 만들기 위해 회전축의 위치를 가장 안쪽
을 기준으로 회전시켜보겠습니다.

**tip** Lathe는 중심축을 기준으로 단면을 회전시켜주는 명령어입니다.

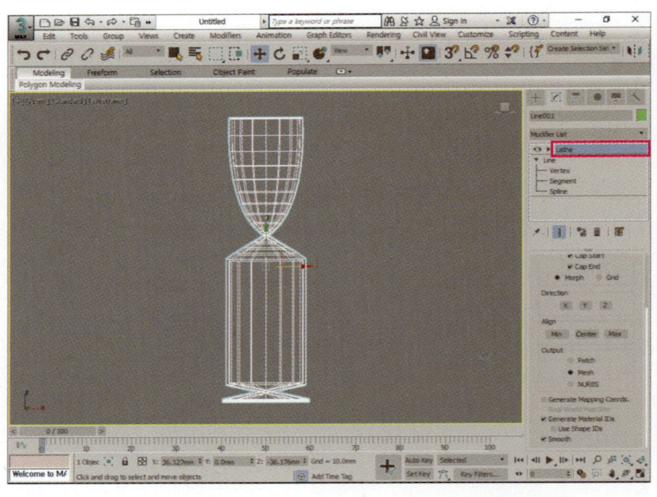

## 12

[Parameters-Align-Min]을 클릭합니다.
가장 안쪽을 기준으로 회전하면서 컵이 만들어졌습니다. 그리고
Segments : 60을 입력하여 컵의 형태를 부드럽게 만듭니다. 이렇게
Line으로 그린 단면에 Lathe를 이용하여 쉽게 3차원 Object를 만들 수 있
습니다.

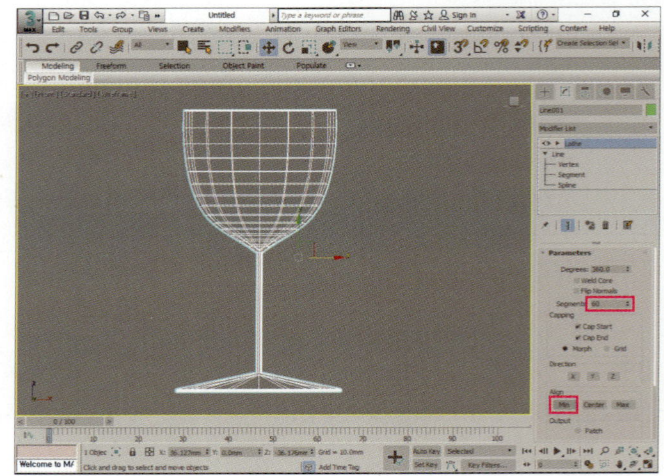

## 13

Perspective View에서 컵의 안쪽을 보면 약간 지저분하게 검은 면이 생
긴 것을 볼 수 있습니다. Lathe를 적용하여 Line을 회전시킬 때 회전되는
중심 부분은 제자리에서 Vertex가 겹쳐 있어 면이 깨진 것처럼 보이기 때문
입니다.

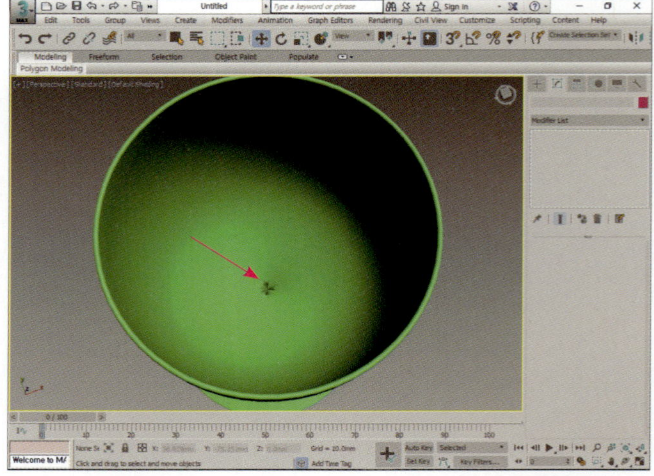

## 14

Parameters에서 'Weld Core'에 체크하면 회전되는 중심 부분의 Vertex
를 하나로 모으면서 깔끔한 면을 얻을 수 있습니다.

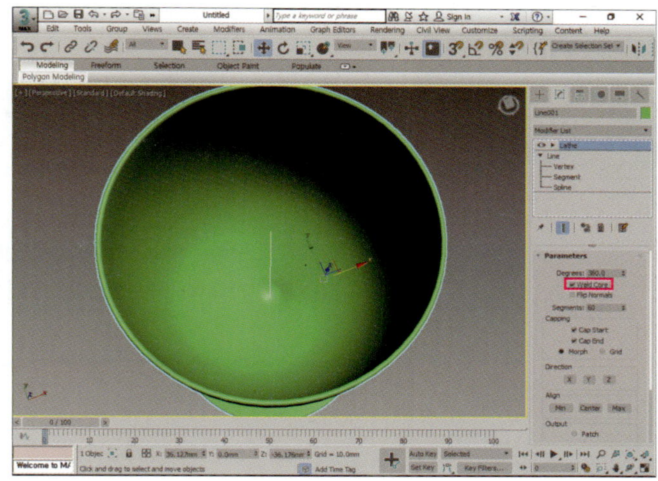

## 15

완성된 컵의 모양입니다. 그림처럼 단순한 모양이 아닌 Line을 편집하여 더
욱 세련된 컵의 모양을 만들 수 있습니다.

## 16

재질을 적용한 후 렌더링 한 이미지입니다. 재질과 조명은 'C:/315−5466/
Part03/0301.max' 파일을 열어 확인할 수 있습니다.

## Chapter 02

# 건축 모델링의 핵심!
# 2D를 3D로 만드는 기본 명령어

Line으로 구성된 Shapes를 3D로 만드는 명령어에는 Extrude, Bevel, Bevel Profile, Lathe, Loft 등이 있습니다. 각각 적용하는 방법이 다르기 때문에 이번에는 각 명령어에 대하여 알아보겠습니다.

**학습 목표** 건축 모델링에서 꼭 필요한 기능들을 쉽게 구현하기 위해 2D 명령어를 3D로 바꾸는 기본 명령어들을 학습한다.

## ① Bevel과 Bevel Profile을 이용한 모델링 방법

## ② 경로를 따라 단면을 돌출시키는 Sweep과 커피잔 모델링하기

# 01

## Line에 높이를 주어
# 3차원으로 만드는 Extrude

이번에는 Line에 높이를 주는 Extrude에 대하여 알아보겠습니다. 2차원 Shape을 3차원 Object로 만드는 방법 중에서 간단하게 3차원으로 만들 수 있는 명령어가 Extrude입니다. Extrude는 완성된 Shape에 높이 값을 주어 3차원 Object로 만드는 명령어로, 간단하면서도 가장 많이 사용하는 명령어 중 하나입니다.

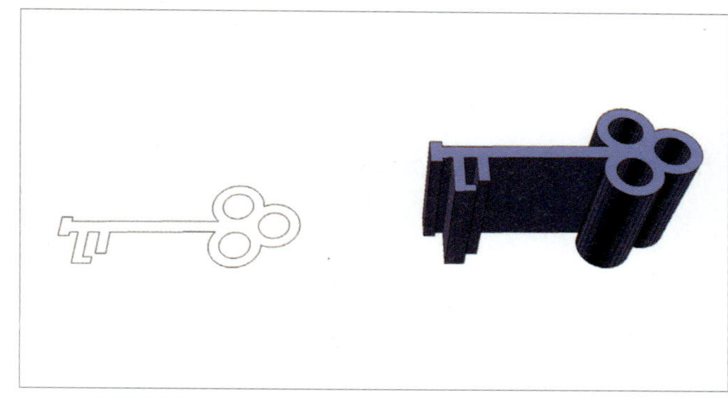

Extrude 적용 이미지

## ■ Extrude Parameter 알아보기

먼저 Extrude의 Parameter를 알아보겠습니다. 다른 편집 명령어와 Parameter는 비슷하므로 쉽게 이해할 수 있습니다.

① **Amount** : 돌출되는 높이 값을 설정합니다.

② **Segments** : 돌출되는 면에 만들어질 선의 수를 설정합니다.

③ **Capping** : 돌출되는 Object의 시작과 끝부분에 면이 만들어지는 여부를 선택합니다.

④ **Output** : Object를 만드는 방식을 결정합니다.

⑤ **Generate Mapping Coords.** : 돌출된 Object에 Mapping 좌표를 적용합니다.

⑥ **Real-World Map Size** : Object에 적용하는 Mapping된 재질의 배율 조정 방법을 설정합니다.

⑦ **Generate Material IDs** : 돌출된 면과 캡에 재질 ID를 설정합니다.
　　**Use Shape IDs** : Spline에 적용된 재질 ID를 사용합니다.

⑧ **Smooth** : 돌출된 Object에 스무딩을 적용합니다.

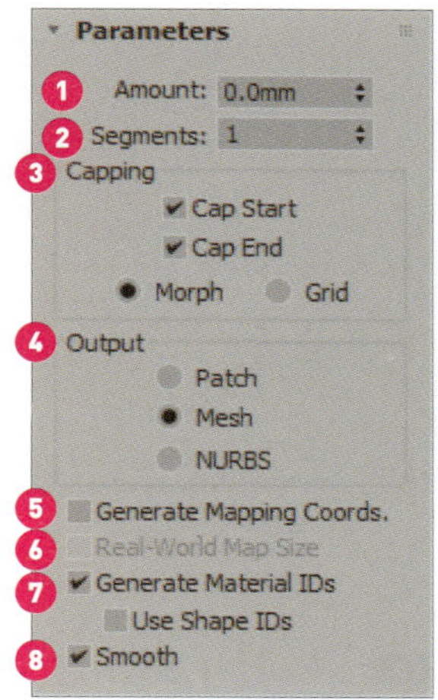

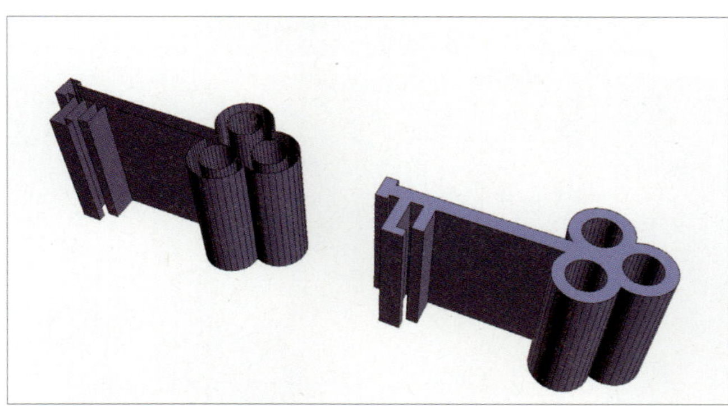

Cap을 적용한 Extrude

# Extrude 기능 익히기

이번에는 Line을 이용한 모델링과 Extrude를 적용하여 3차원 오브젝트로 만드는 방법에 대하여 알아보겠습니다.

**완성 파일**
C:/315-5466/Part03/0302_01.max

## 01

Front View에서 [Create-Shapes-Line]을 선택합니다.
Command Panel 하단의 Keyboard Entry를 클릭하여 Roll-Out
Menu를 엽니다. X : 0, Y : 0, Z : 0 인 상태에서 Add Point를 클릭하
면 Viewport에 Vertex가 생성됩니다.

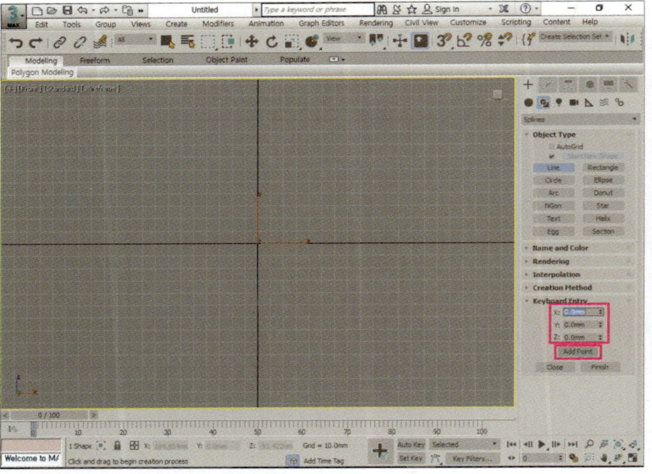

## 02

X : 150을 입력하고 Add Point를 클릭하면 우측에 Vertex가 생성되며
Line이 만들어 집니다.

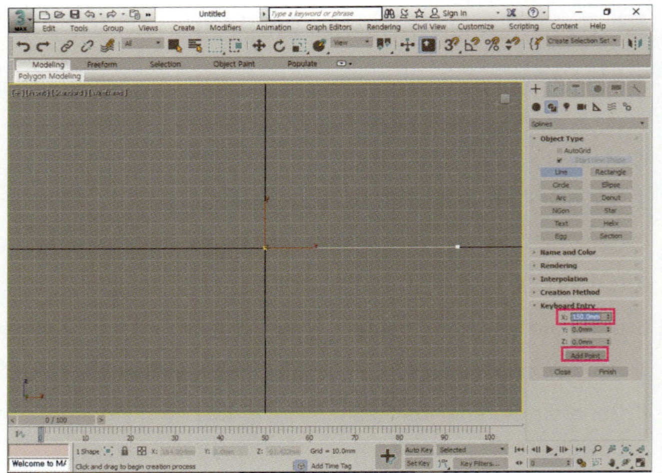

## 03

Modify를 선택합니다. Vertex를 선택한 후 Refine를 클릭합니다.
Refine은 Line의 원하는 위치에 Vertex를 추가할 수 있습니다.

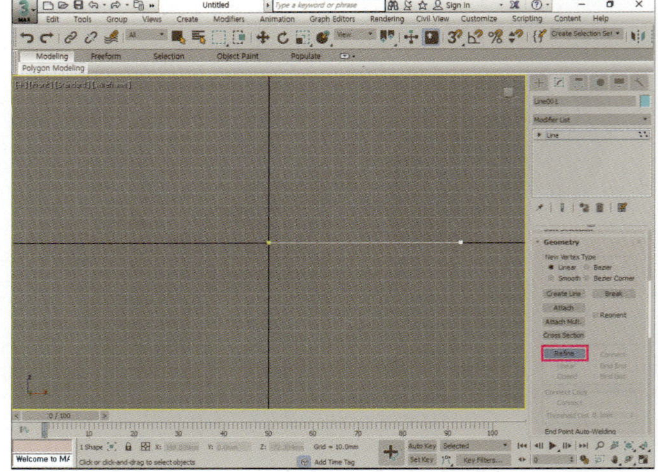

## 04

그림과 같이 중간지점에 Vertex를 1개 추가합니다. Viewport에서 마우스 오른쪽 버튼을 클릭하면 Refine 명령어가 종료됩니다.

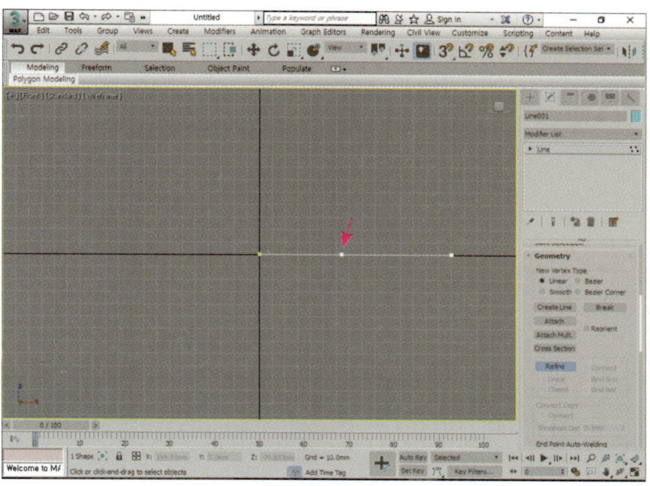

## 05

그림과 같이 Vertex의 위치를 위로 이동합니다.

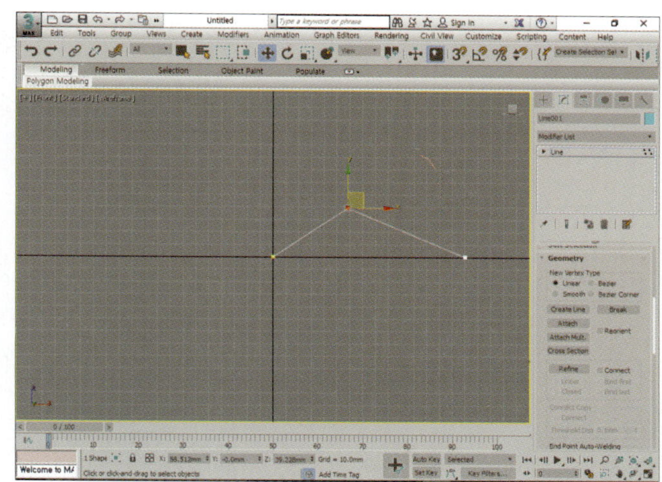

## 06

Vertex가 선택된 상태에서 마우스 오른쪽 버튼을 클릭하면 Quad Menu 가 나타납니다. tools 1에 Smooth를 선택합니다.

tip · Corner는 Vertex의 연결을 직선으로, Smooth는 연결된 Vertex를 곡선으로 바꿔줍니다.

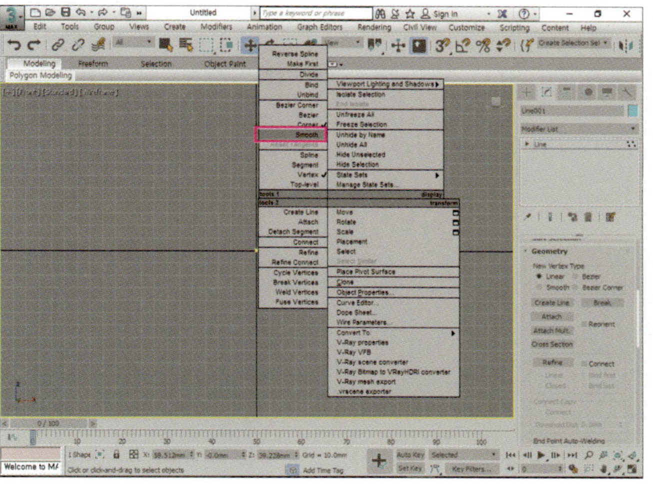

## 07

Smooth를 선택하면 그림과 같이 곡선 형태로 Line이 변형됩니다.

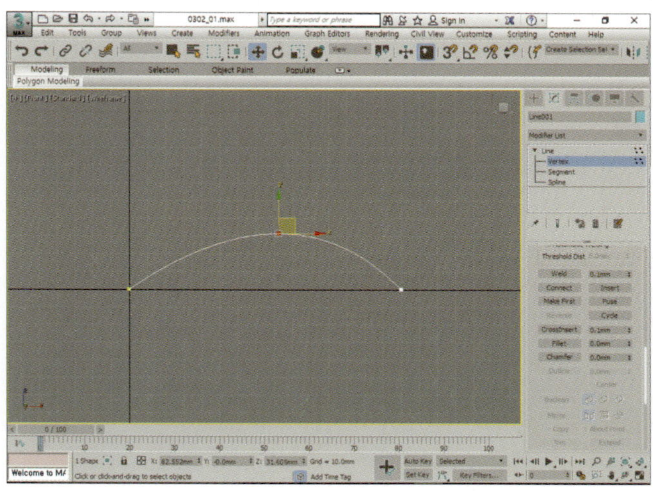

## 08

Spline을 선택한 후 Outline에 6을 입력합니다.

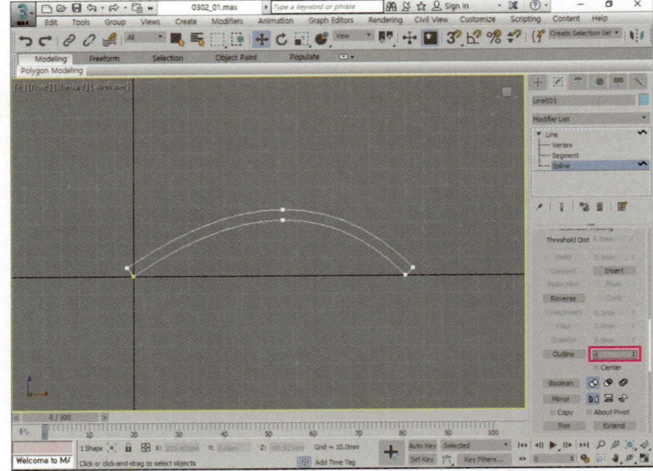

## 09

Front View에서 [Create-Shapes-Rectangle]을 선택한 후 Length
: 5, Width : 210 사각형을 만듭니다.

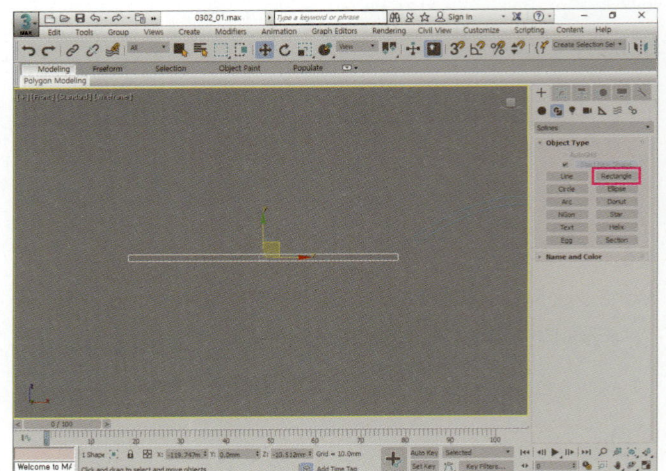

## 10

Snap을 이용하여 그림과 같이 책의 내부가 될 부분으로 이동합니다.

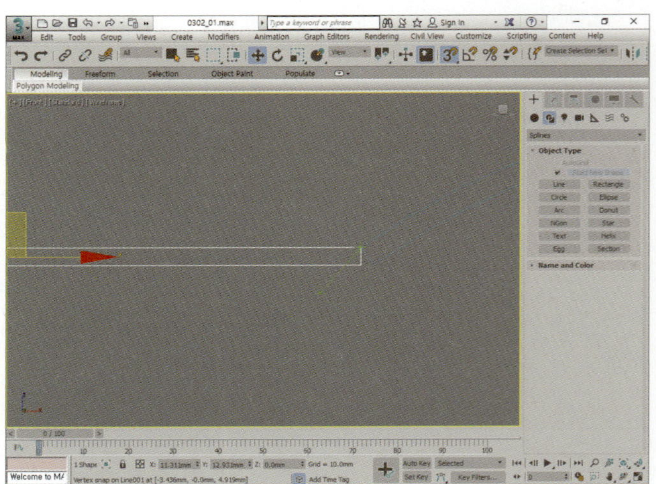

## 11

두개의 Line을 모두 선택하고 [Modifier List – Extrude]를 적용하고
Amount : 270을 입력합니다.

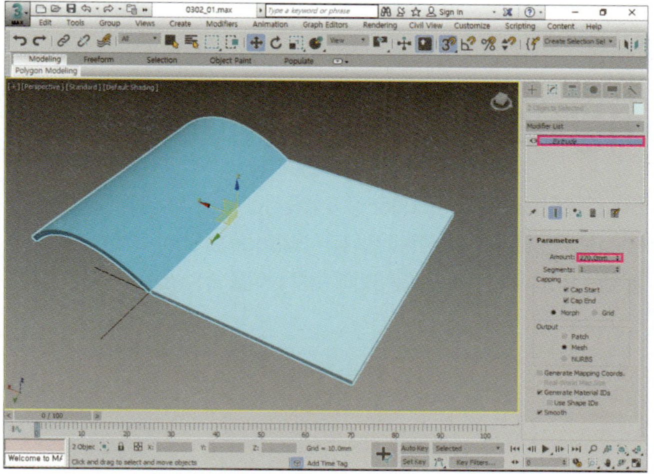

## 12

펼쳐진 형태의 책 모델링이 완성되었습니다. 이렇게 Line을 이용하면 사용
자가 원하는 형태의 표현을 자유롭게 할 수 있습니다.

# 02

# 가장자리를 깎아주는 Bevel

Bevel은 Shape을 Extrude와 같이 돌출시킨 후 가장자리에 Chamfer나 Fillet을 적용할 수 있는 명령어입니다. Extrude는 Shape에 단순히 높이를 주는 명령어지만, Bevel은 3번에 걸쳐 높이를 줄 수 있는 명령어입니다.

**Bevel을 적용한 텍스트 이미지**

## ■ Bevel Parameter 알아보기

먼저 Bevel의 Parameter에 대하여 알아보겠습니다. Parameter에서는 캡의 여부와 높이 등의 옵션을 설정할 수 있습니다.

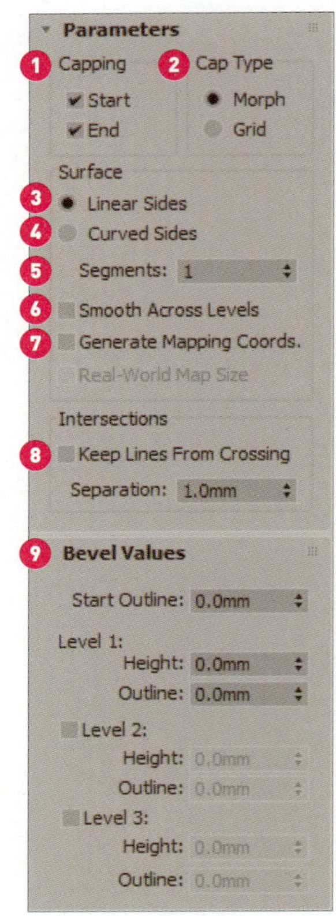

① **Capping** : 시작 면과 끝 면을 막아주는 Cap의 사용 여부를 지정합니다.

② **Cap Type** : 2개의 라디오 버튼이 사용할 캡 유형을 설정합니다.

③ **Linear Sides** : 선택하면 표면이 직선형으로 만들어집니다.

④ **Curved Sides** : 선택하면 표면이 곡선형으로 만들어집니다.

⑤ **Segments** : 적용되는 면의 중간 세그먼트 수를 설정합니다.

⑥ **Smooth Across Levels** : Bevel Object 측면에 스무딩 그룹의 적용 여부를 설정합니다.

⑦ **Generate Mapping Coords.** : Mapping 좌표를 Object에 적용합니다.

⑧ **Keep lines From Crossing** : 날카로운 모서리가 인접한 가장자리를 겹치지 않게 선 교차를 방지합니다.

⑨ **Bevel Values** : Bevel 값을 설정합니다. 최대 3번의 높이 값을 설정할 수 있습니다.

# Bevel 기능 익히기

2D 텍스트에 Bevel을 적용하여 3D로 만들어보겠습니다. 2D를 3D로 만드는 방법 중 하나로, 일반적으로 3D 텍스트와 로고를 만드는 데 사용됩니다.

**예제 파일**
C:/315-5466/Part03/0302_02.max

## 01

'C:/315-5466/Part03/0302_02.max' 파일을 불러옵니다. 미리 만들어 놓은 Text가 있지만 다른 Text로 연습해도 무방합니다.

## 02

[Modifier List-Bevel]을 적용한 후 아래와 같이 옵션을 입력합니다.

> Level 1 : Height : 20㎜, Outline : 0
> Level 2 : Height : 1㎜, Outline : -1㎜

높이가 적용되며 위쪽에는 Chamfer가 적용되어 있습니다. 이처럼 Line에 Bevel을 적용하면 높이와 Chamfer를 한 번에 적용할 수 있습니다.

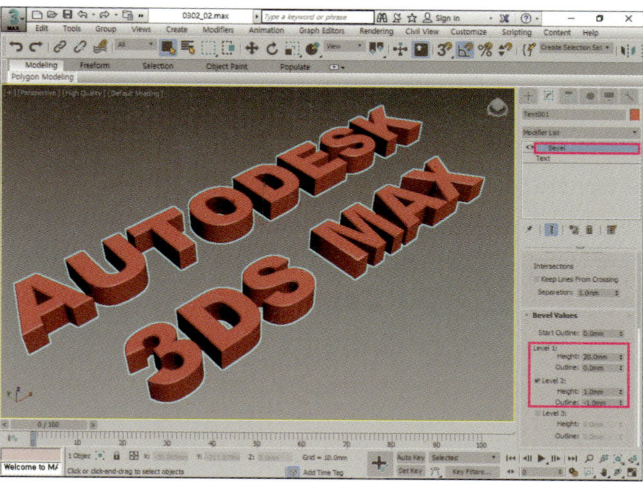

03

# 경로를 따라 단면을 만들어주는 Bevel Profile

이번에는 단면을 사용하여 모델링할 수 있는 Bevel Profile에 대하여 알아보겠습니다. Bevel Profile은 Shape에 단면을 적용하여 3D 형태로 만들어주는 명령어로, 2개의 Shape으로 높이와 모서리의 형태를 자유자재로 있습니다. Loft와 비슷하지만 모양을 통합하는 Object와 달리 Bevel Profile은 단면으로 사용하는 Spline의 형태에 따라 좀 더 다양한 형태로 모델링 할 수 있습니다.

**Bevel Profile을 이용한 Modeling**

## ■ Bevel Profile Parameter 알아보기

먼저 Bevel Profile의 Parameter에 대하여 알아보겠습니다.
Classic은 이전 버전과 동일한 기능이며, Improved는 2017버전에 추가된 메뉴로 다양한 단면의 형상을 모델링하지 않고 바로 적용할 수 있는 향상된 기능을 제공합니다.

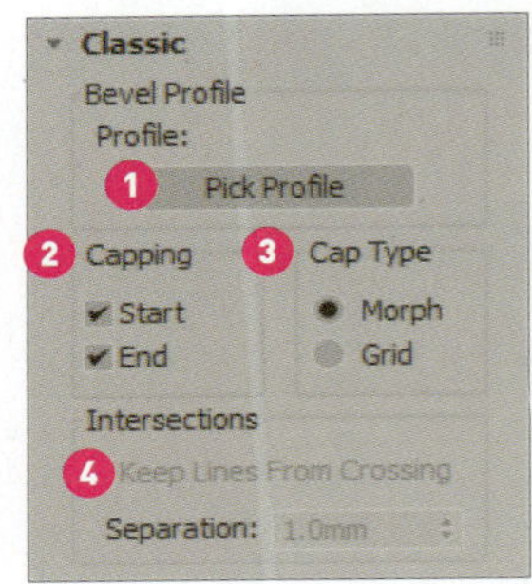

### ● Classic Parameter

① **Pick Profile** : Bevel Profile에 형상이나 경로로 사용할 Line을 선택합니다.

② **Capping** : Object의 시작과 끝부분에 면이 만들어졌는지의 여부를 선택합니다.

③ **Cap Type** : 캡 지정 방식을 설정합니다.

④ **Keep Lines From Crossing** : Bevel 표면이 자신을 교차하지 않도록 합니다.

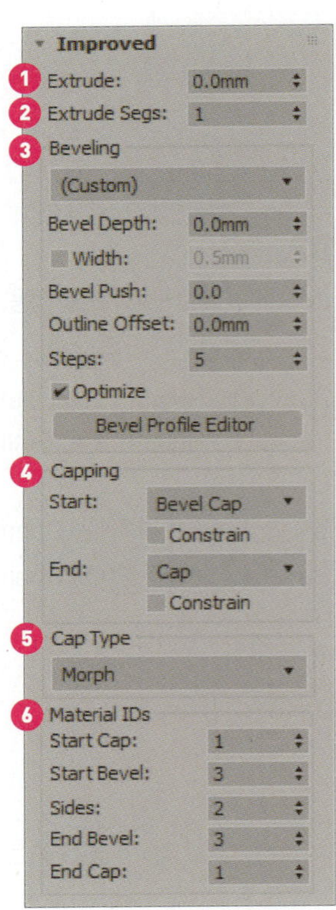

### ● Improved Parameter

① **Extrude** : 돌출되는 높이를 설정합니다.

② **Extrude Segs** : 돌출되는 부분의 Segment 수를 설정합니다.

③ **Beveling** : Bevel과 같은 기능으로 사전 설정 된 형상을 적용하거나 사용자가 임의로 형상을 수정하여 사용할 수 있습니다. Bevel이 적용되는 높이, 폭, 변형 값들을 변경하여 형상을 수정합니다.

④ **Capping** : Object의 시작과 끝부분에 면이 만들어졌는지의 여부를 선택합니다.

⑤ **Cap Type** : 캡 지정 방식을 설정합니다.

⑥ **Material IDs** : 돌출되는 각 부분에 ID를 지정하여 Multi/Sub-Object 재질 적용 시 지정한 ID에 각각의 재질을 설정할 수 있습니다.

**tip** Beveling Presets list

Concave

Convex

Engrave

Half Circle

Ledge

Linear

Ogee

Three Step

Two Step

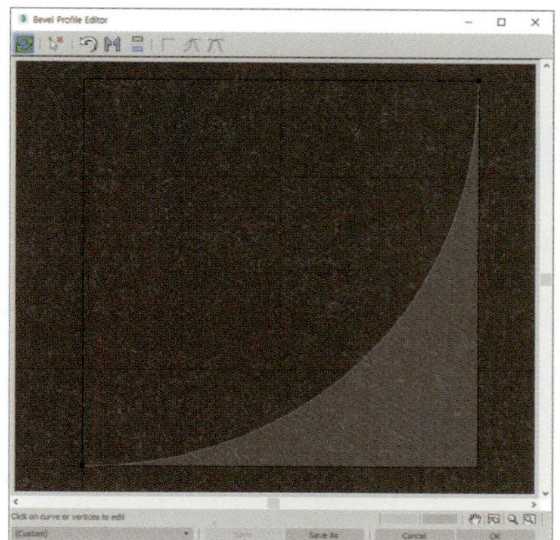

Custom

# Bevel Profile 기능 익히기

이번에는 예제 파일을 불러와 Bevel Profile의 기능을 익혀보겠습니다. 2개의 Line을 이용하여 간단한 테이블의 형태를 만들어보겠습니다.

**예제 파일**
C:/315-5466/Part03/0302_03.max

## 01

'C:/315-5466/Part03/0302_03.max' 파일을 불러옵니다.
원과 단면 형태로 사용할 Line이 있습니다.

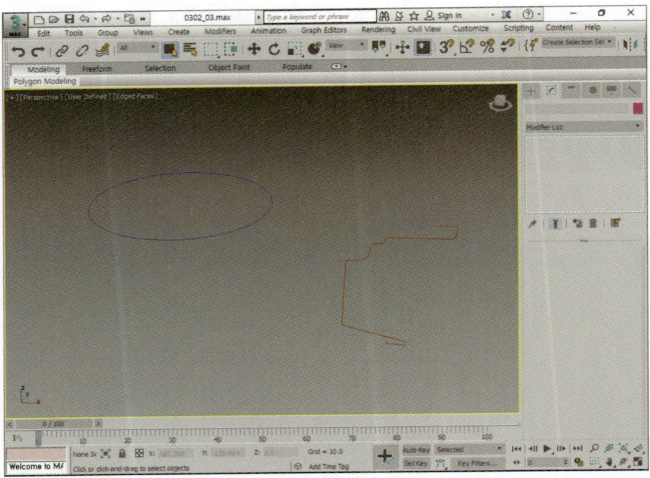

## 02

1번 Shape(Circle)을 선택하고 [Modifier List-Bevel Profile]을 선택
합니다. Shape에 Bevel Profile을 적용하면 Polygon으로 변환한 것처
럼 면이 만들어집니다. Parameter에서 'Classic'을 선택합니다.

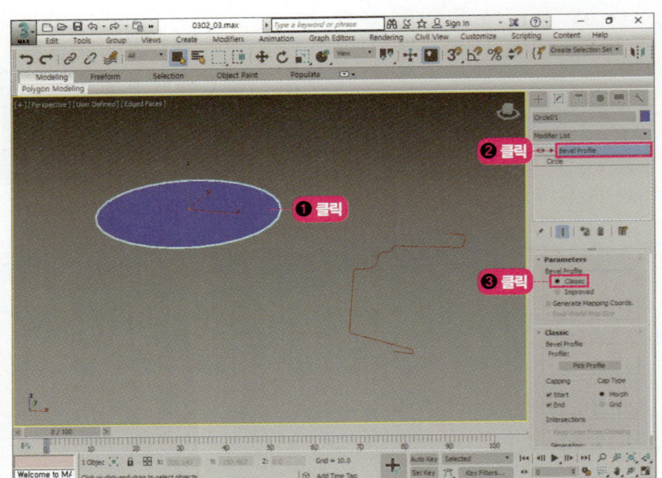

## 03

[Bevel Profile]의 Parameters에 'Pick Profile'을 선택한 후 2번 Line
을 선택합니다. Bevel Profile이 적용된 모습입니다. 적용 후에도 Line을
수정하면 실시간으로 수정사항이 반영됩니다.

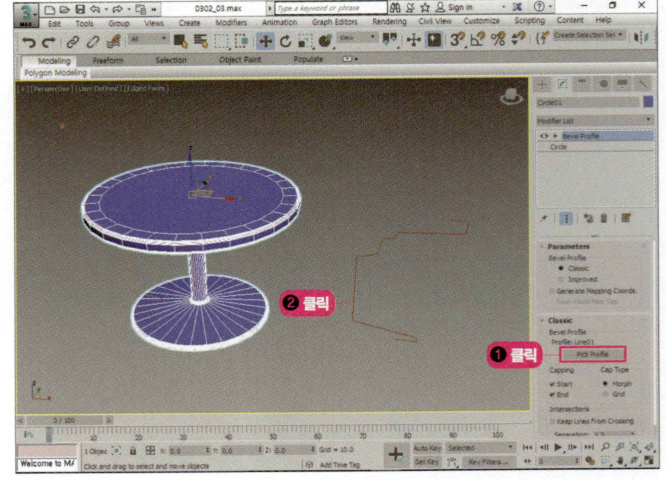

## ■ Bevel Profile의 활용

Bevel Profile은 단면이 될 Line의 형태에 따라 돌출시키는 형태가 달라집니다.

앞의 예제처럼 닫혀 있지 않은 Line으로 돌출시킬 경우에는 Line의 끝점 부분이 닫히면서 3차원 Object가 만들어지지만 열려 있는 Line의 형태가 아닌 닫혀 있는 Line의 형태는 Shape의 형태(경로)를 따라 도형이 만들어집니다.

이러한 Bevel Profile의 기능을 이용해서 액자, 창틀, 몰딩 등 다양한 모델링에 응용할 수 있습니다.

**Bevel Profile을 이용한 몰딩 모델링**

**Bevel Profile을 이용한 액자 모델링**

# Bevel Profile 기능 익히기 2

이번에는 예제 파일에 있는 Line을 이용하여 액자를 만들어보겠습니다. 직접 Line을 그려 다양한 형태의 액자도 만들어보세요.

**예제 파일**
C:/315-5466/Part03/0302_03-1.max

## 01

'C:/315-5466/Part03/0302_03-1.max' 파일을 불러옵니다. 사각형의 Shape과 닫혀 있는 형태의 작은 Line이 있습니다.

## 02

사각형 Shape을 선택하고 [Modifier List-Bevel Profile]을 선택합니다. Parameter에서 'Classic'을 선택하고 Pick Profile을 클릭한 후 하단의 작은 Line을 선택합니다. 사각형의 Shape을 따라 테두리가 만들어집니다.

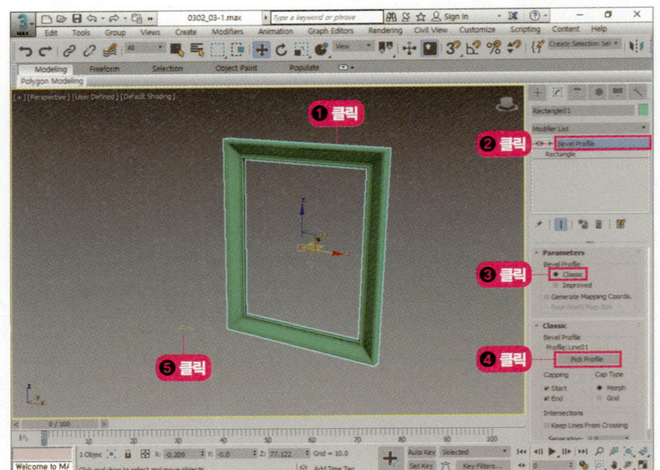

## 03

액자가 정면으로 보이는 Front View에서 [Create-Geometry-Standard Primitives-Plane]을 크기에 맞게 만든 후 가운데 정렬시키면 액자가 완성됩니다.

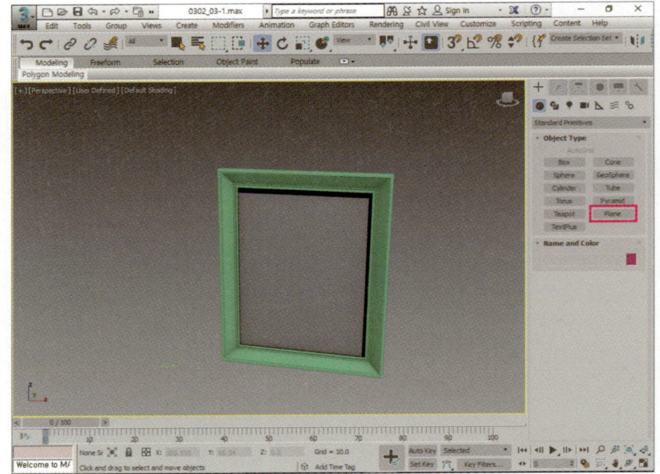

# 04

# Line을 회전시켜 입체로 만드는 Lathe

Lathe는 축을 기준으로 Shape 또는 NURBS 곡선을 회전하여 3D Object로 만들어줍니다. 단면이 대칭을 이루며 360도 회전하는 물체를 만들 때 사용합니다.

병이나 와인잔처럼 단면을 중심으로 360도 회전되는 Object는 단면의 형태만 잘 파악하고 그린다면 손쉽게 모델링을 할 수 있습니다.

**Lathe를 이용한 모델링**

## ■ Lathe의 Parameter 알아보기

Lathe 명령어의 Stack 옵션과 Parameter에 대하여 알아보겠습니다.
Parameter를 수정하여 다양한 형태로 만들 수 있습니다.

### ● Lathe의 Stack 옵션
Lathe 명령어 앞의 삼각형을 클릭하여 활성화할 수 있습니다.
Axis를 선택하여 회전축의 위치를 바꾸거나 애니메이션을 할 수 있습니다.

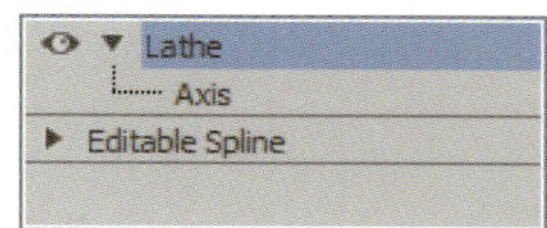

### ● Lathe의 Parameter
① **Degrees** : 회전축을 중심으로 Object가 회전되는 각도를 설정합니다.
기본 값은 360도로 되어 있습니다.

Degrees 값을 조정하여 회전되는 각도를 조절할 수 있습니다.

Degrees : 360  Degrees : 180

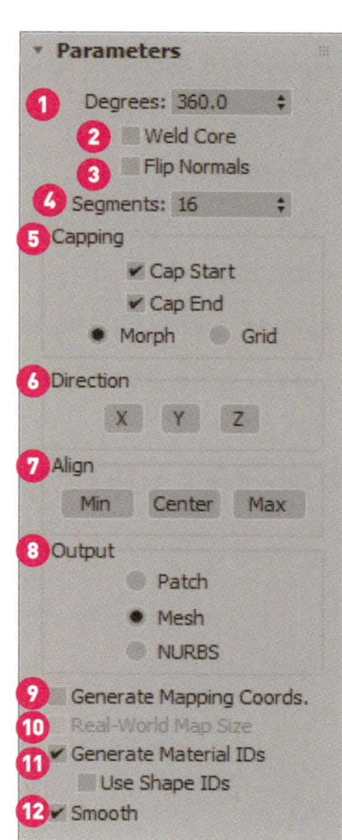

② **Weld Core** : 회전축의 중심에 모여 있는 Vertex를 하나로 모아줍니다.

**Weld Core 적용 전과 적용 후**

③ **Flip Normals** : 면이 뒤집어져 까맣게 보일 때 체크하여 면의 앞뒤를 바꿔줍니다.

④ **Segments** : 회전되는 면이 분할되는 수를 설정합니다.

　Segment 값을 높이면 부드러운 면을 얻을 수 있습니다.

**Segment : 16　Segment : 40**

⑤ **Capping**
- **Cap Start** : 회전이 시작되는 단면의 모양에 캡을 설정합니다.
- **Cap End** : 회전이 끝나는 단면의 모양에 캡을 설정합니다.
- **Morph** : 모프를 만드는데 필요한 캡을 만듭니다.
- **Grid** : 쉽게 변형할 수 있는 Grid 방식으로 캡을 만듭니다.

⑥ **Direction** : 중심축을 기준으로 회전축의 방향을 설정합니다.

⑦ **Align** : 회전축의 정렬 위치를 설정합니다.
- **Min** : Line의 왼쪽을 기준으로 회전합니다.
- **Center** : Line의 중심을 기준으로 회전합니다.
- **Max** : Line의 오른쪽을 기준으로 회전합니다.

**정렬기준에 따라 Object의 형태가 다르게 나타납니다.**

⑧ **Output** : Object가 만들어 지는 방식을 선택합니다.
- **Patch** : Object를 패치 방식으로 만듭니다.
- **Mesh** : Object를 메시 방식으로 만듭니다.
- **NURBS** : Object를 NURMS 방식으로 만듭니다.

⑨ **Generate Mapping Coords.** : Mapping 좌표를 Object에 만듭니다.

⑩ **Real-World Map Size** : Object에 적용되는 재질에 적용할 배율방법을 제어합니다.

⑪ **Generate Material IDs** : Object의 면과 캡에 서로 다른 재질 ID를 적용합니다.

　**Use Shape IDs** : Lathe가 적용되기 전에 지정된 Shape의 ID를 사용합니다.

⑫ **Smooth** : Object에 스무딩을 적용합니다.

# Lathe 기능 익히기

이번에는 예제를 통하여 Line을 회전시켜 3차원으로 만드는 Lathe 명령어를 익혀보겠습니다.

**예제 파일**
C:/315-5466/Part03/0302_04.max

**완성 파일**
C:/315-5466/Part03/0302_04완성.max

## 01

'C:/315-5466/Part03/0302_04.max' 파일을 불러옵니다. 예제의 단면은 레일등의 단면입니다.

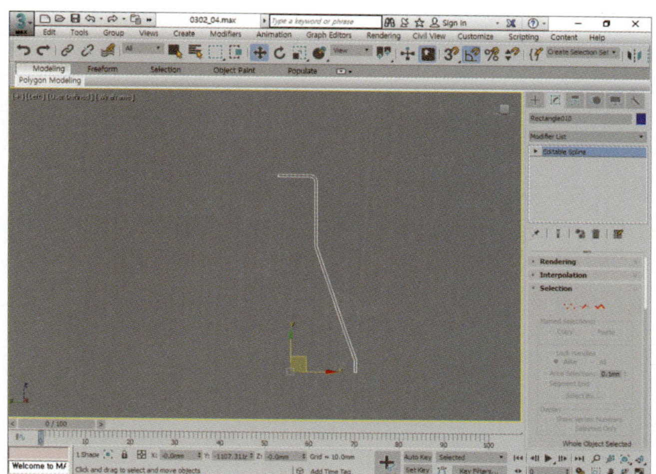

## 02

Viewport의 Line을 선택하고 [Modifier List-Lathe]를 적용하면 그림처럼 Object의 중심을 기준으로 Line이 회전되며 3차원 Object로 만들어집니다. Segments에 '36'을 적용하여 부드러운 형태로 만듭니다.
현재 형태로는 위가 막혀있어 배선 작업이 불가능하므로 회전되는 축을 이동시켜 위에 구멍을 만들어 보겠습니다.

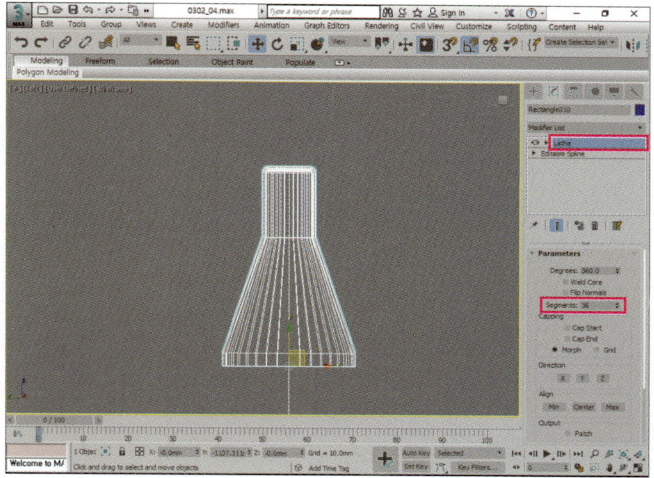

## 03

Lathe 명령어 앞의 삼각형을 클릭하여 Axis를 선택합니다.
Select and Move(✛)를 선택하고 Axis를 이동하여 그림과 같이 위에 구멍이 생기도록 만들어줍니다.

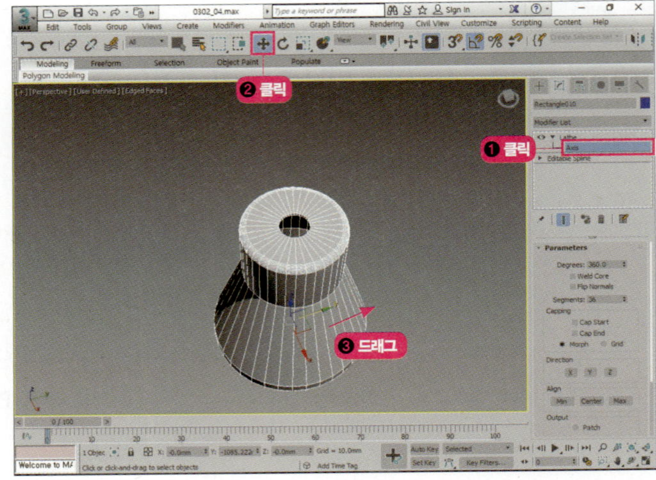

## 04

완성된 레일등입니다. 나머지 모델링 모두 Line을 이용하여 작업한 결과물입니다. 복잡한 형태는 아니므로 완성 파일을 참고하여 모델링 연습을 진행해 보기 바랍니다.

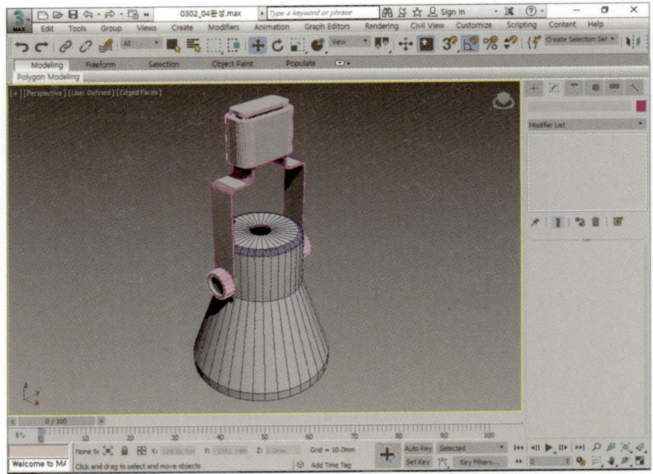

# 경로를 따라 단면을 돌출시키는 Sweep

Sweep는 단면을 Spline이나 NURBS 곡선 경로를 따라 돌출시키는 명령어입니다. Loft와 비슷하지만 Sweep은 각도와 정렬 위치를 사용자가 지정할 수 있고 미리 만들어진 단면의 형태를 이용하여 구조용 강재 등을 손쉽게 만들 수 있습니다.

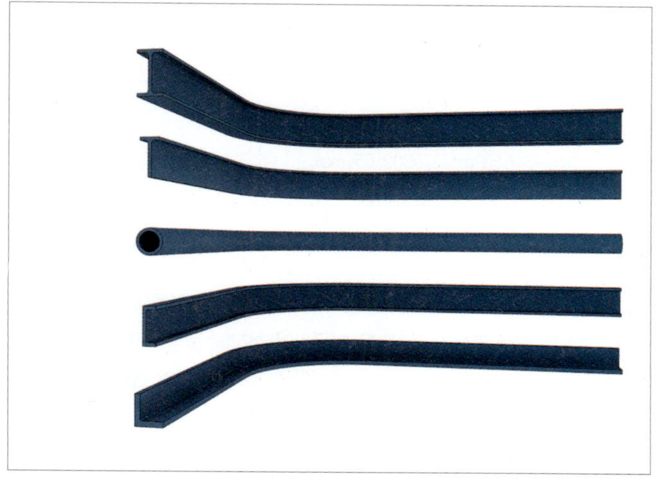

## ▨ Sweep Parameter 알아보기

이번에는 Spline을 다양한 형태로 돌출시키는 Sweep Parameter에 대하여 알아보겠습니다.

① **Use Built-In Section** : 기본으로 제공하는 단면 형태를 사용합니다. 기존 단면 중 하나를 사용하려면 이 옵션을 선택합니다.

② **Use Custom Section** : 사용자가 직접 만든 단면 형태를 사용하거나 다른 Max 파일에 저장된 단면을 선택할 수 있습니다.

③ **Interpolation** : 다른 Spline에 적용되는 것과 마찬가지로 Step을 더 많이 사용할수록 곡선이 부드럽게 표시됩니다.

④ **Parameters** : Sweep에 적용되는 옵션을 설정하여 크기를 수정할 수 있습니다. Parameter는 선택한 형태에 따라 달라집니다.

⑤ **Mirror On XZ Plane** : 체크를 해제하면 Sweep이 적용되는 Spline과 관련해서 섹션이 수직으로 대칭 이동됩니다.(기본 값 : 해제)

⑥ **Mirror On XY Plane** : 체크를 해제하면 Sweep이 적용되는 Spline과 관련해서 섹션이 수평으로 대칭 이동됩니다.(기본 값 : 해제)

⑦ **Smooth Section** : Sweep이 적용되는 섹션의 둘레의 표면을 부드럽게 합니다.

⑧ **Smooth Path** : 기본 Spline의 길이를 따라 부드러운 표면을 만듭니다. 이 스무딩 유형은 곡선 경로에 유용합니다.

⑨ **Pivot Alignment** : 섹션을 경로와 정렬하는데 사용하는 2D 그리드입니다. 9개 버튼 중에서 하나를 선택하면 섹션의 피벗이 Spline 경로를 중심으로 전환합니다.

⑩ **Align Pivot** : 설정하면 Pivot Alignment 그리드의 3D 표현이 Viewport에 나타납니다.

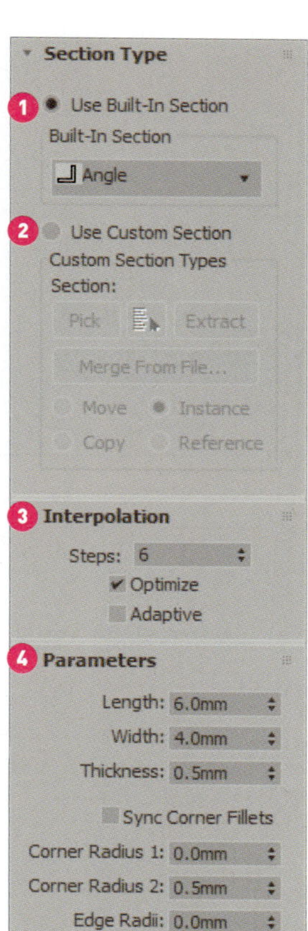

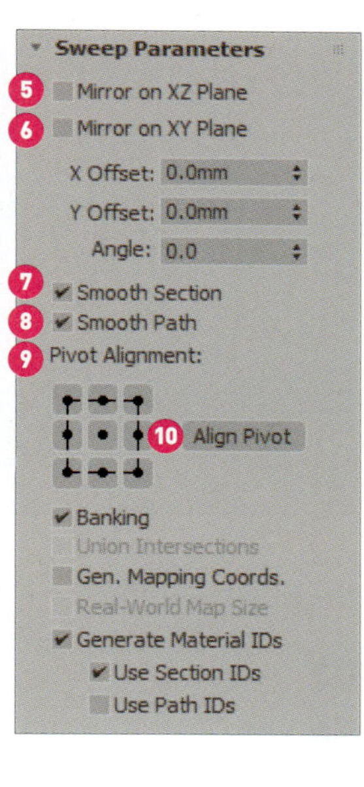

# Sweep 기능 익히기

이번에는 Sweep을 이용하여 천정의 몰딩을 만들어보겠습니다. 천정 이외에도 바닥이나 문틀, 창틀 등 다양한 모델링에 사용할 수 있습니다.

**예제 파일**
C:/315-5466/Part03/0302_05.max

## 01

'C:/315-5466/Part03/0302_05.max' 파일을 불러옵니다. 거실 인테리어 장면이 보입니다. Sweep을 이용하여 천장에 몰딩을 만들어보겠습니다. 벽 Object를 선택하고 Edge를 선택한 후 그림처럼 몰딩이 만들어질 부분의 Edge를 선택합니다.

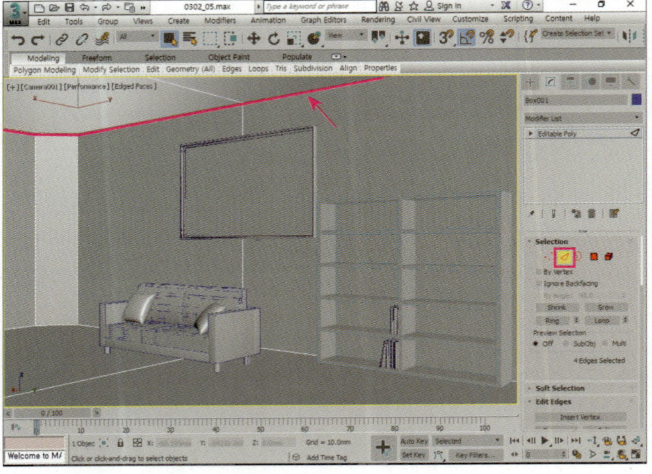

## 02

[Modeling-Edges-Create Shape From Selection]을 선택하면 선택한 Edge를 새로운 Shape으로 만듭니다. Shape Type을 'Linear'로 선택하고 [OK] 버튼을 클릭합니다.

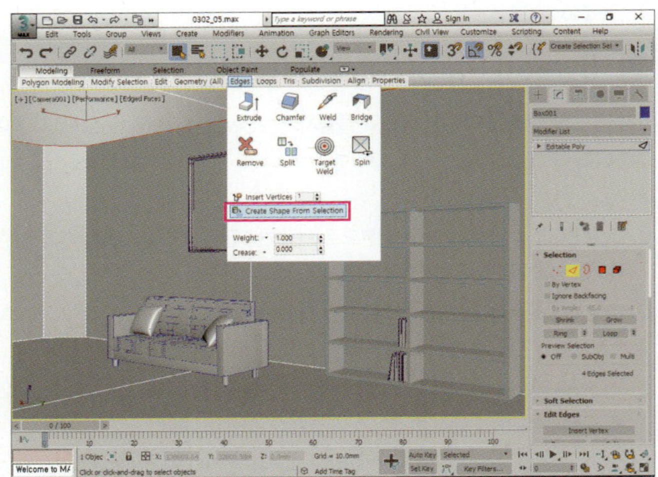

## 03

벽을 선택 해제한 후 Edge가 있던 부분을 클릭하면 새로운 Spline (Shape001)이 생긴 것을 볼 수 있습니다.

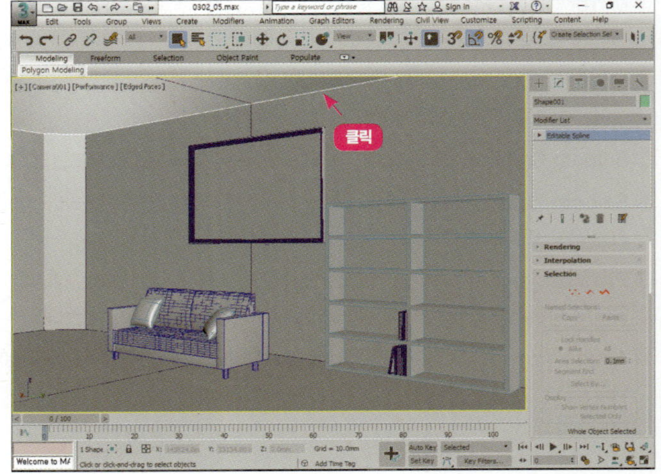

## 04

선택한 Spline에 [Modifier List-Sweep]를 적용합니다. 'Use Custom Selection'을 선택하고 [Pick]을 클릭하여 단면 형태의 Line을 선택합니다. Line을 선택하면 Line의 형태대로 몰딩이 만들어집니다.

**tip** Front View의 거실 위쪽에 몰딩으로 사용할 Line이 그려져 있습니다.

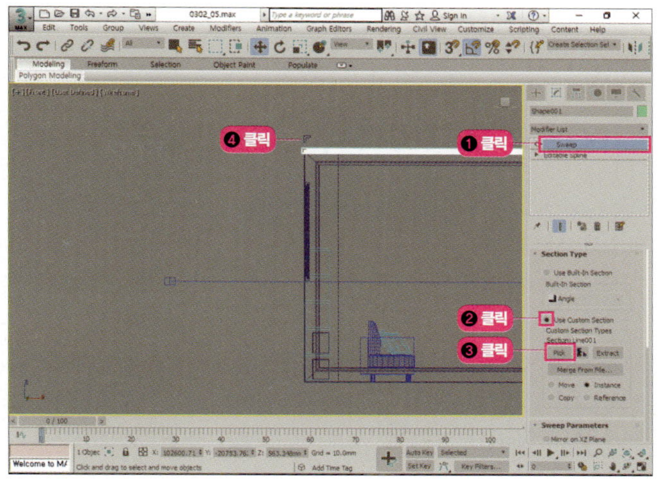

## 05

Camera View에서 몰딩이 거실 안쪽에 위치하도록 Align Pivot의 위치를 조절합니다.

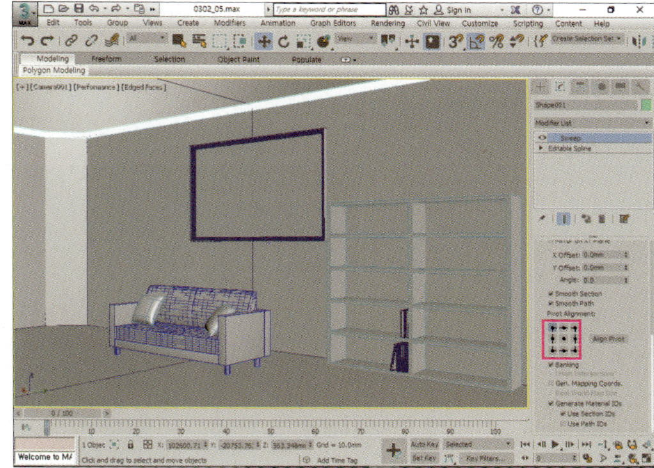

## 06

렌더링해보면 몰딩이 만들어진 것을 확인할 수 있습니다.

# 06

# Crosssection과 Surface

Crosssection은 여러 개의 Shape을 순차적으로 연결하는 명령어입니다. Shape가 Attach된 순서대로 연결되며 단독으로 쓰이지 않고 Surface 명령어와 같이 사용됩니다.

Crosssection만 적용하면 와이어 형태로 구성이 되며 Surface 명령어를 적용해야 표면이 생성됩니다.

• Crosssection을 적용하기 위해 여러 개의 Shape이 하나로 Attach되어 있어야 합니다.

• Surface로 표면이 생성될 때 Shape가 Attach된 순서대로 표면이 생성됩니다.

• Vertex의 시작점을 기준으로 Vertex의 순서를 따라 표면이 생성됩니다.

## ■ Crosssection Parameter 알아보기

Shape이 연결되는 Vertex의 속성을 선택합니다.

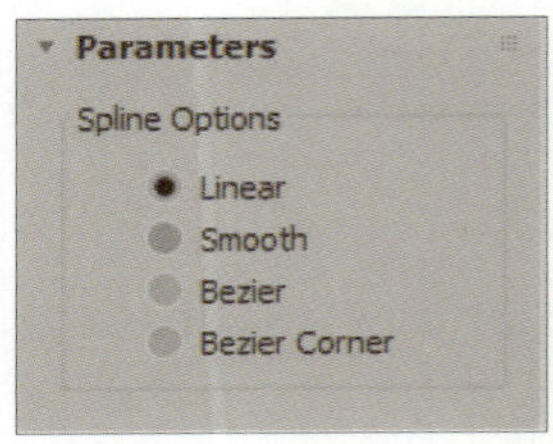

Linear

Smooth/Bezier/Bezier Corner

## ■ Surface Parameter 알아보기

• **Threshold** : Spline내 Vertex의 Weld 범위를 설정합니다.

• **Flip Normals** : 면이 뒤집어져 까맣게 보일 때 체크하여 면의 앞뒤를 바꿔줍니다.

• **Remove Interior Patches** : 일반적으로 볼 수 없는 오브젝트의 내부 면을 제거합니다.

• **Use Only Selected Segs.** : 선택한 Segment만 Surface 적용 시 면을 만드는 데 사용합니다.

• **Steps** : Vertex와 Vertex 사이의 Segment의 등분 수입니다.

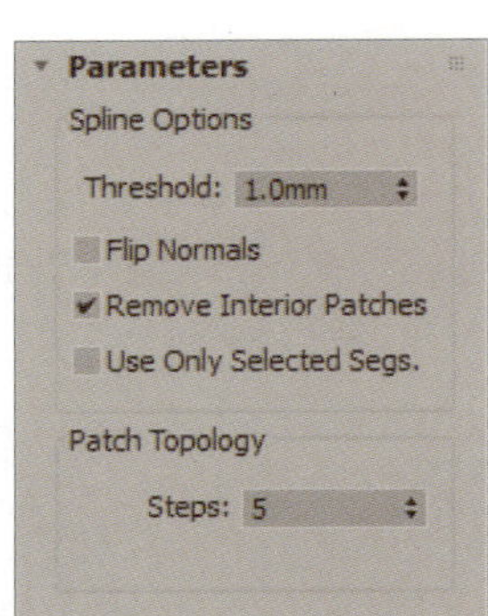

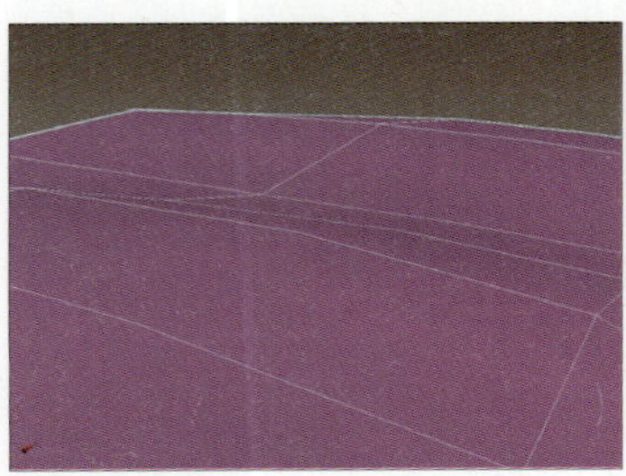

Steps : 2

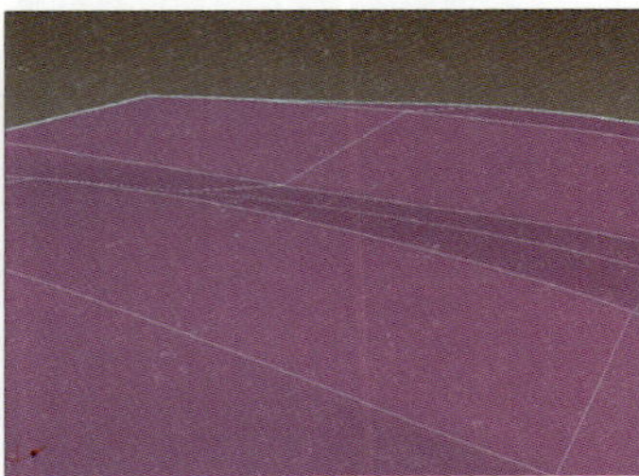

Steps : 12

# Crosssection과 Surface 기능 익히기

이번에는 Crosssection과 Surface를 사용하여 커튼을 만드는 방법에 대해 알아보겠습니다.

## 01

Top View에서 그림과 같이 Line을 만듭니다.

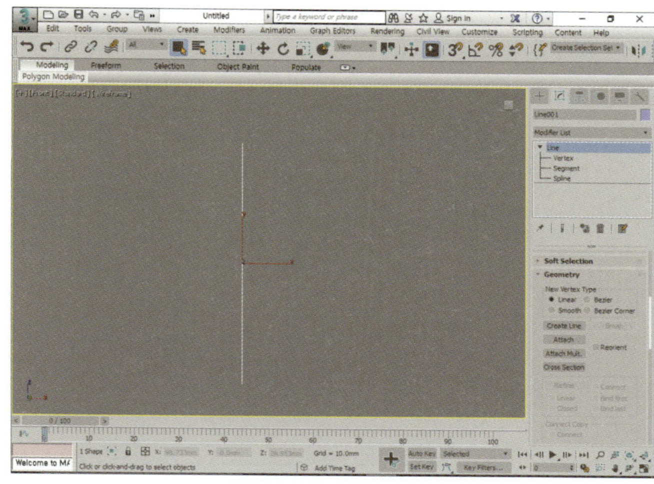

## 02

Vertex를 모두 선택한 후 마우스 오른쪽 버튼을 눌러 쿼드 메뉴를 열고 속성을 Corner로 변경합니다. Bezier를 초기화 시켜 일정한 간격의 점을 추가하기 위한 작업입니다.

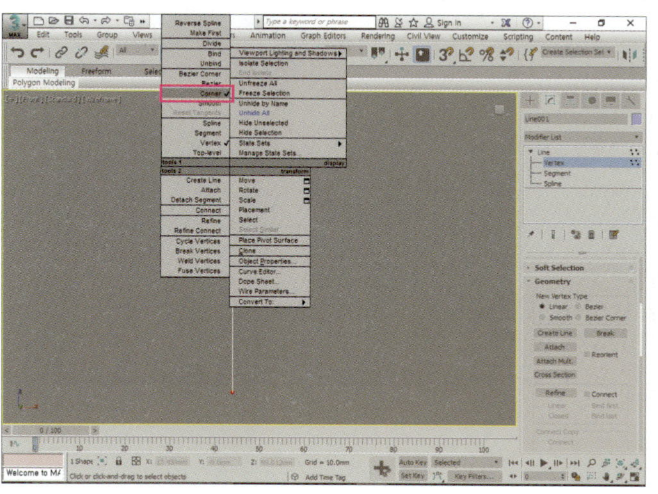

## 03

[Modifier List-Normalize Spl.]을 적용한 후 Parameters를 아래와 같이 수정합니다.

Seg Length : 5㎜, Accuracy : 20

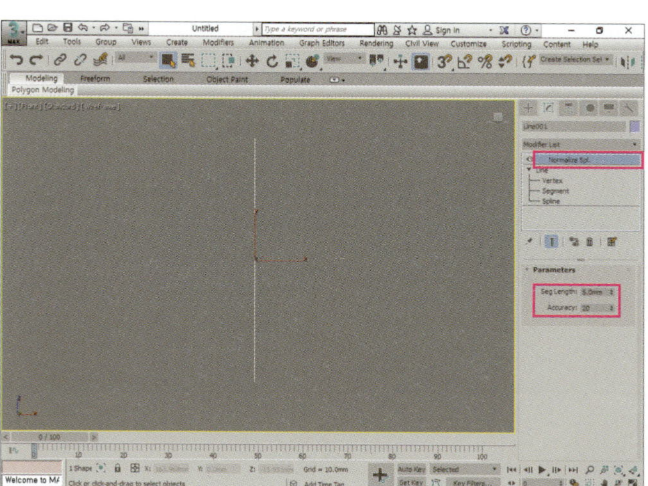

## 04

[Modifier List-Edit Spline]을 적용한 후 Vertex를 선택하면 많은 Vertex가 있습니다.

Ctrl + A 를 눌러 모든 Vertex를 선택합니다. Normalize Spl.의 Seg Length 수치가 낮을수록 Vertex 수가 많아집니다.

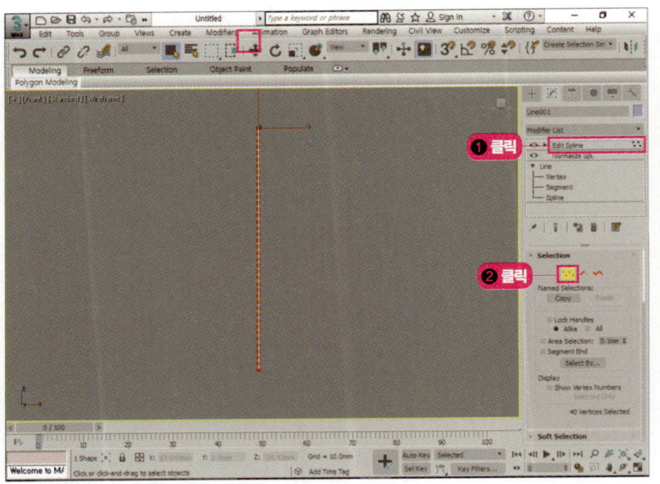

## 05

Vertex를 모두 선택한 상태에서 [Modifier List-Noise]를 적용합니다. Vertex에만 Noise가 적용됩니다. Scale 값을 15로 작게 수정하여 Noise가 작은 범위로 적용되도록 합니다. Strength의 X 값을 수정하여 불규칙한 형태를 만듭니다. Line의 크기에 따라 Noise가 적용되는 크기가 달라질 수 있습니다.

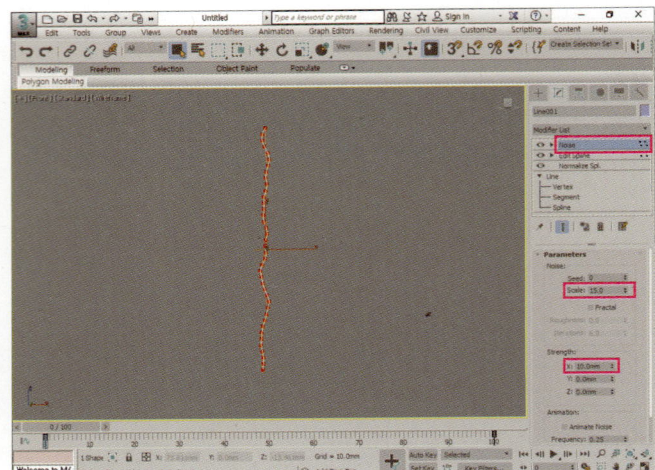

## 06

Perspective View로 전환합니다. Ctrl + V 를 눌러 제자리에서 Line을 복사합니다. 옵션은 Copy로 선택합니다.

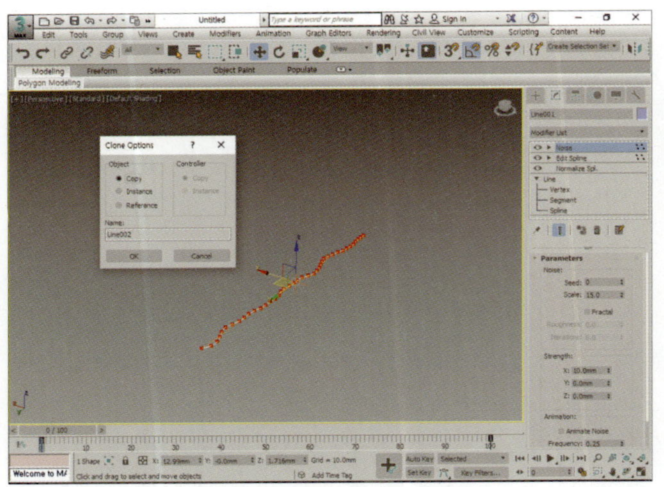

## 07

그림과 같이 복사된 Line을 Z축 위로 이동합니다.

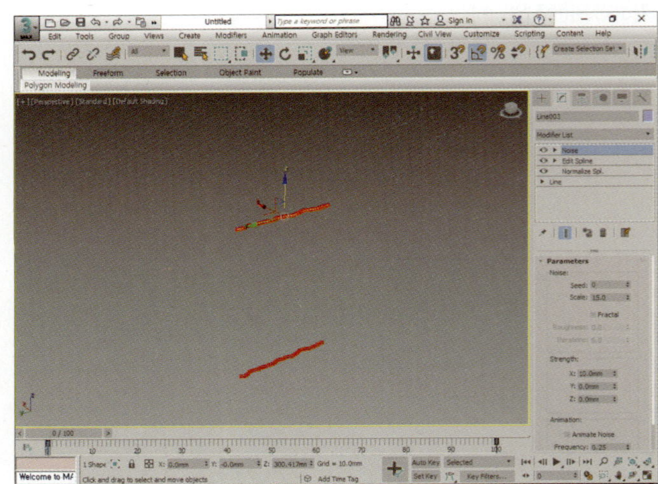

## 08

아래쪽의 Line을 선택합니다. Noise, Edit Spline, Normalize Spl.을 모두 선택한 후 'Remove modifier from the stack'을 클릭하여 적용된 명령어를 모두 지웁니다.

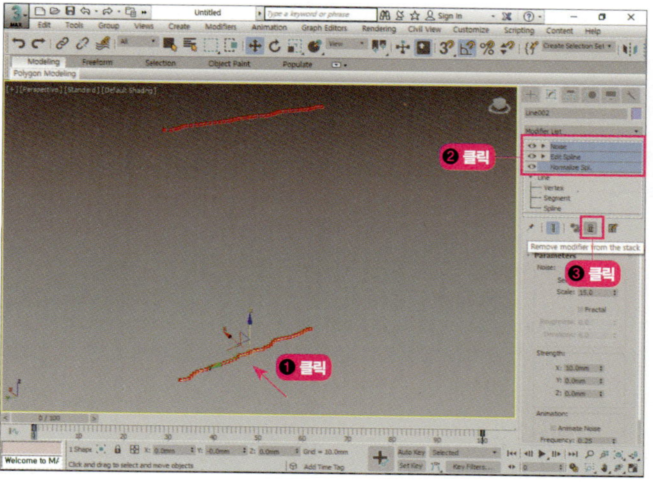

## 09

다시 [Modifier List-Normalize Spl.]을 적용합니다. Parameters의 Seg Length를 '15'로 수정합니다.

> Seg Length : 5mm, Accuracy : 20

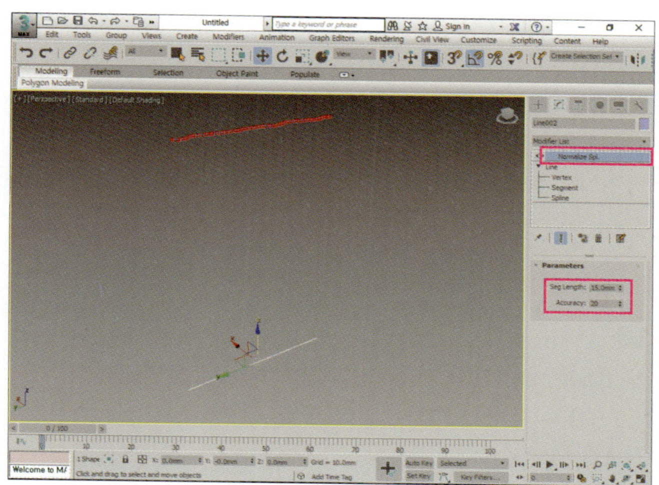

## 10

[Modifier List-Edit Spline]을 적용한 후 Vertex를 선택합니다. Ctrl + A 를 눌러 모든 Vertex를 선택합니다. Vertex가 선택된 상태에서 [Modifier List-Noise]를 적용합니다.

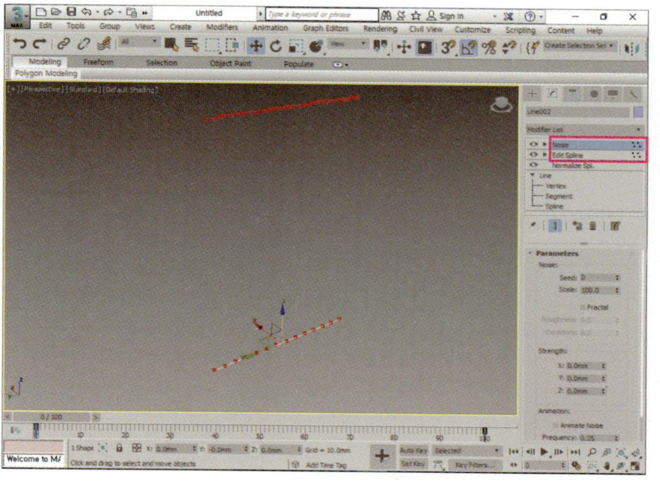

## 11

Noise의 Scale 값을 '50'으로 수정하여 Noise의 범위를 수정합니다. Strength의 X 값을 수정하여 불규칙한 형태를 만듭니다.

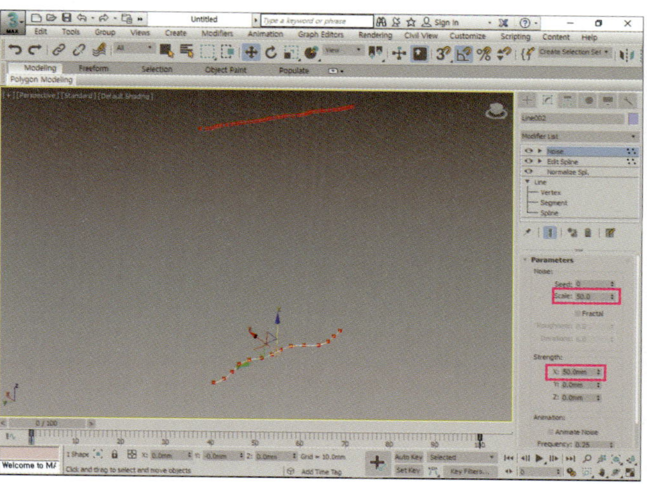

## 12

[Modifier List-Edit Spline]을 적용합니다. Attach를 클릭한 후 위의
Line을 선택하여 하나로 합칩니다.

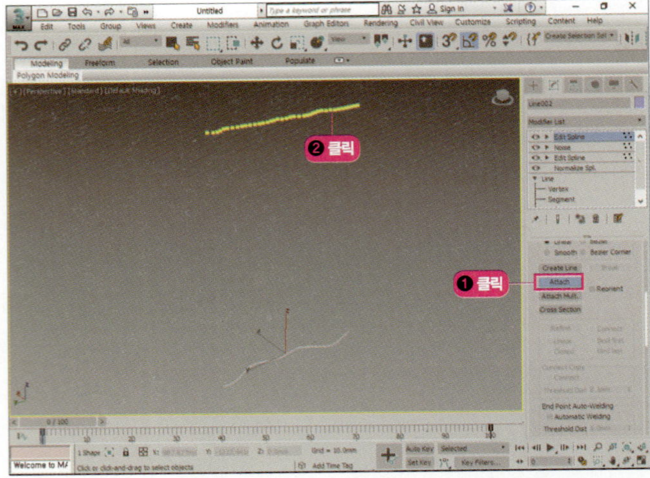


## 13

[Modifier List-CrossSection]을 적용하여 두 Line을 연결합니다.

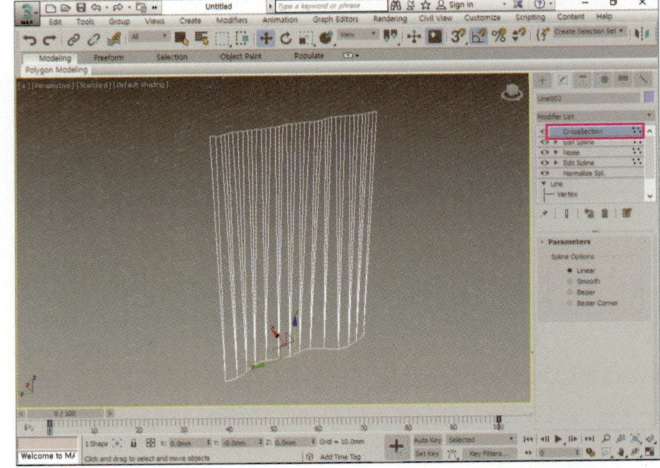

## 14

[Modifier List-Surface]를 적용하여 면의 형태로 만듭니다.

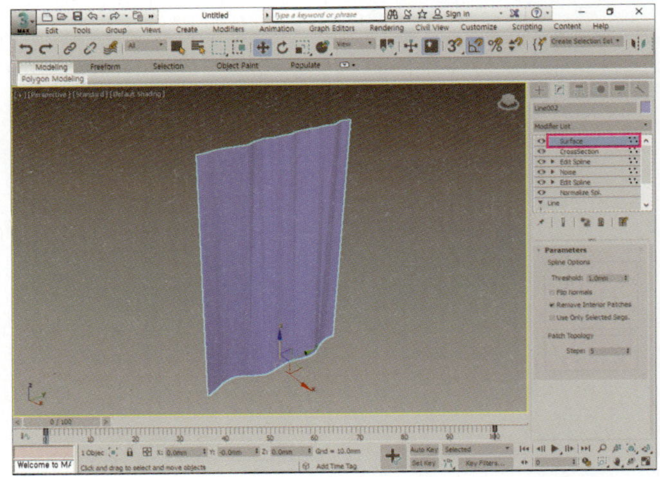

# Line에 두께를 만들어주는
# Renderable Spline

이번에는 Spline에 두께를 만드는 Renderable Spline에 대하여 알아보겠습니다.

Shape 자체는 렌더링 시 표현되지 않습니다. 하지만 Renderable Spline을 이용하여 Line에 원형이나 사각형의 두께를 주어 입체감을 표현할 수 있습니다.

**Renderable Spline을 적용한 이미지**

## ■ Renderable Spline Parameter 알아보기

먼저 Renderable Spline의 Parameter를 알아보겠습니다. 설정을 통하여 원형이나 사각형으로 만들 수 있습니다.

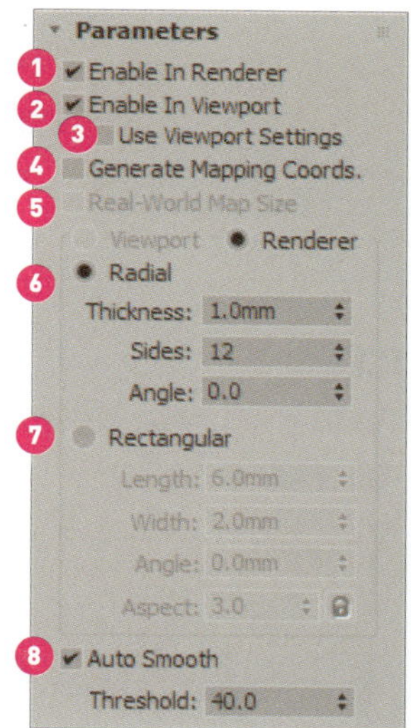

① **Enable In Renderer** : 체크하면 설정한 모양이 렌더링 시 적용됩니다.

② **Enable In Viewport** : 체크하면 설정한 모양이 Viewport에 표시됩니다.

③ **Use Viewport Setting** : Viewport 설정으로 만들어진 모양을 Viewport에 표시합니다.

④ **Generate Mapping Coords.** : 체크하면 Mapping 좌표를 적용합니다.

⑤ **Real-World Map Size** : Object에 적용되는 재질에 사용할 배율을 제어합니다.

⑥ **Radial** : Spline을 원형으로 만듭니다.

⑦ **Rectangular** : Spline을 사각형으로 만듭니다.

⑧ **Auto Smooth** : 자동으로 부드럽게 만듭니다.

# Renderable Spline 기능 익히기

이번에는 실습 예제를 통하여 Renderable Spline의 기능을 익혀보겠습니다.
빠른 실습을 위해 기본적인 모델링입니다. 예제 연습 후 직접 Line을 그리고 명령어를 연습해보기 바랍니다.

**예제 파일**
C:/315-5466/Part03/0302_07.max

## 01

'C:/315-5466/Part03/0302_07.max' 파일을 불러옵니다. Text가 벽
에 붙어 있습니다. Text에 두께를 주어 입체감을 적용해 네온사인 같은 효과
를 줄 수 있습니다.

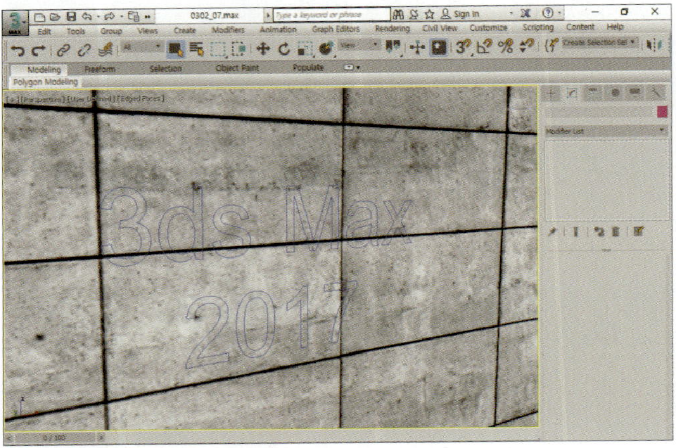

## 02

Text를 선택한 후 [Modifier List-Renderable Spline]을 적용합니다.
'Enable in Renderer'와 'Enable In Viewport'에 체크합니다.

## 03

Text에 원형의 두께가 적용되었습니다. Thickness의 수치를 조절하여 두
께를 변경할 수 있습니다.

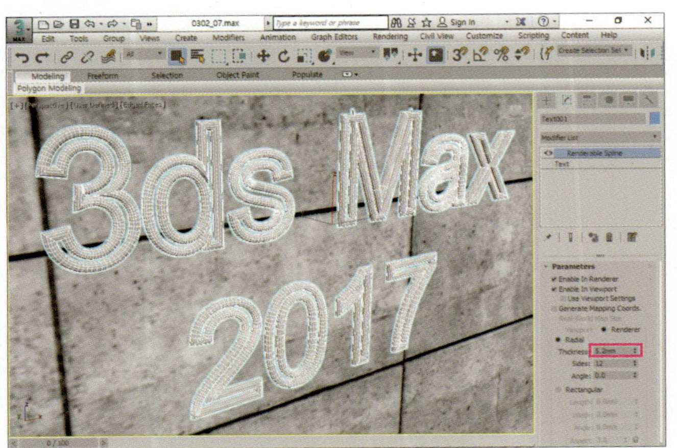

## 04

Rectangular에 체크하여 사각형의 형태로 만들 수 있습니다.

08

# Line과 Polygon에 두께를 주는 Shell

이번에는 Object에 두께를 만들어주는 Shell에 대하여 알아보겠습니다. Shell 명령어는 Object에 두께를 주는 명령어입니다. Extrude로 돌출시키는 것과 비슷하지만 Extrude는 임의로 선택한 Polygon을 돌출시키고, Shell은 Object 전체에 적용됩니다.

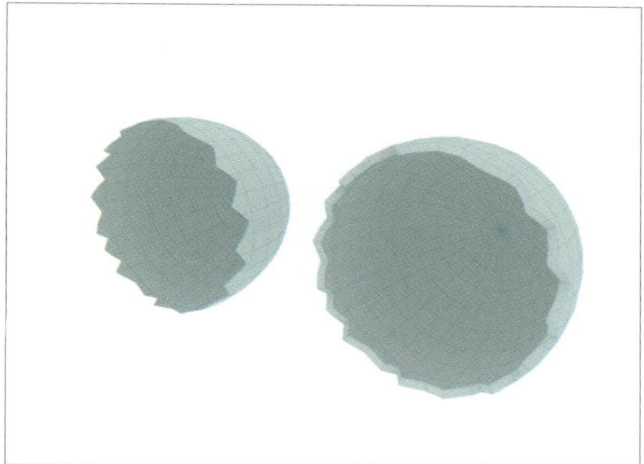

**Shell 적용 이미지**

Shape에 Shell을 적용하면 Extrude를 적용한 것과 같습니다.

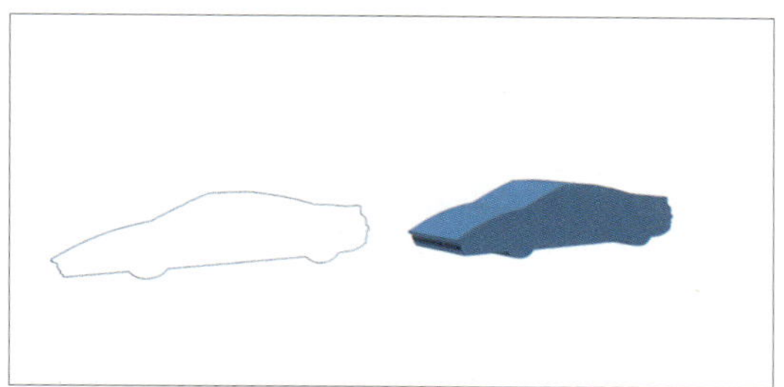

**Shape에 Shell 적용 이미지**

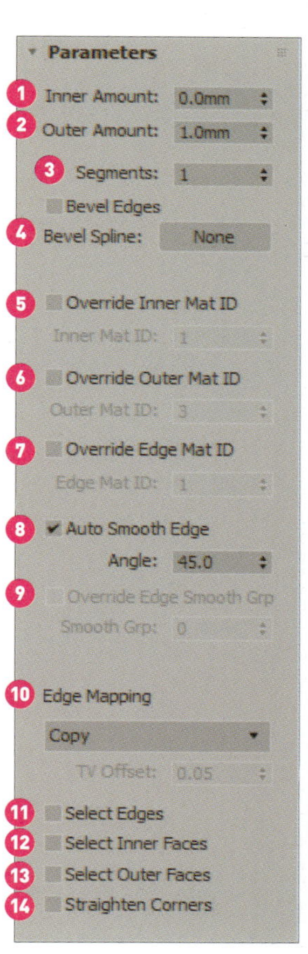


## ■ Shell Parameter 알아보기

이번에는 Shell의 Parameter에 대하여 알아보겠습니다. 돌출되는 길이와 재질을 관리할 수 있습니다.

① **Inner Amount** : Object에서 안쪽에 면이 만들어지는 거리입니다.

② **Outer Amount** : Object에서 바깥쪽으로 면이 만들어지는 거리입니다. 1.0입니다. 두 설정 값의 합계로 가장자리의 기본 크기와 Object Shell의 두께가 결정됩니다. 둘 다 0으로 설정하면 두께가 없이 양면으로 표시되는 Object 세트와 비슷합니다.

③ **Segments** : 적용되는 두께의 세분화 수입니다. 기본 값은 1입니다.

　• **Bevel Edges** : Bevel Spline을 지정할 경우 해당 Spline을 사용하여 Edge의 프로필과 해상도를 설정합니다. 기본적으로 해제되어 있습니다.

④ **Bevel Spline** : [None] 버튼을 클릭한 후 열린 Spline을 선택하여 가장자리 모양과 해상도를 설정합니다. 닫힌 형태의 Line은 작동하지 않습니다.

⑤ **Override Inner Mat ID** : 내부 재질을 따로 넣을 때 ID를 지정하여 내부 Polygon에 재질 ID를 설정합니다.

⑥ **Override Outer Mat ID** : 외부 재질을 따로 넣을 때 ID를 지정하여 외부 Polygon에 재질 ID를 설정합니다.

⑦ **Override Edge Mat ID** : Edge 재질을 따로 넣을 때 ID를 지정하여 Edge Polygon에 재질 ID를 설정합니다.

⑧ **Auto Smooth Edge** : 각도 값을 사용하여 가장자리 면에 자동으로 각도 기반 Smooth을 적용합니다.

   • **Angle** : Auto Smooth Edge으로 Smooth될 가장자리 Polygon 사이의 최대 각도를 지정합니다.

⑨ **Override Edge Smooth Grp** : Smooth 그룹 설정을 사용하여 새로운 가장자리 다각형의 Smooth 그룹을 지정할 수 있습니다.

⑩ **Edge Mapping** : 새로운 가장자리에 적용할 Texture Mapping 유형을 지정합니다. 아래와 같이 드롭다운 목록에서 Mapping 유형을 선택합니다.

   • **Copy** : 각 가장자리 면은 원래 면과 동일한 UVW 좌표를 사용합니다.

   • **None** : 각 가장자리 면에 U 값 0과 V 값 1이 할당됩니다.

   • **Strip** : 가장자리가 연속 스트립으로 Mapping됩니다.

   • **Interpolate** : 가장자리 Mapping이 인접한 내부 및 외부 표면 다각형의 Mapping으로 채워집니다.

⑪ **Select Edges** : 가장자리 면을 선택합니다.

⑫ **Select Inner faces** : 내부 면을 선택합니다.

⑬ **Select Outer faces** : 외부 면을 선택합니다.

⑭ **Straighten Corners** : 모서리의 정점을 조정하여 가장자리를 직선으로 유지합니다.

# Shell 기능 익히기

이번에는 예제를 통해 Shell 명령어의 기능을 알아보겠습니다. 간단한 연습을 통해 Polygon에 두께가 어떻게 만들어지는지 직접 확인해보겠습니다.

**예제 파일**
C:/315-5466/Part03/0303_08.max

## 01

'C:/315-5466/Part03/0303_08.max' 파일을 불러옵니다. 달걀 껍데기가 있습니다. Object에 두께가 없으므로 Shell을 적용하여 두께를 만들어보겠습니다. 2개의 달걀 껍데기를 선택합니다.

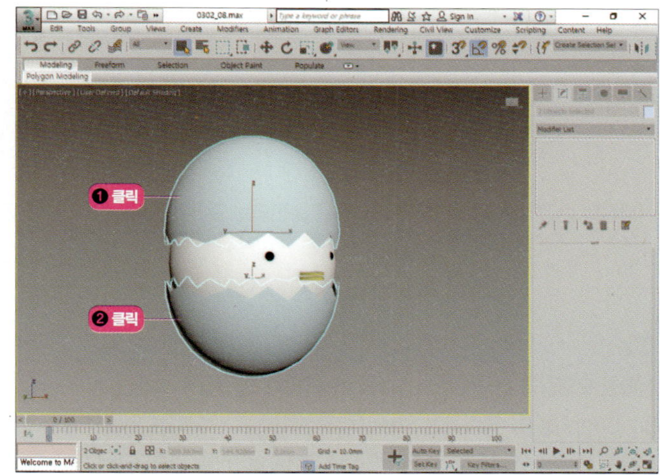


## 02

[Modifier List-Shell]을 적용합니다. 달걀 껍데기에 두께가 생기면서 입체감이 생겼습니다.
이렇게 Shell을 이용하여 건물의 벽에 두께를 주거나 Plane에 두께를 주어 평면으로 모델링한 오브젝트에 입체감을 주어 모델링 시간을 단축시킬 수 있습니다.

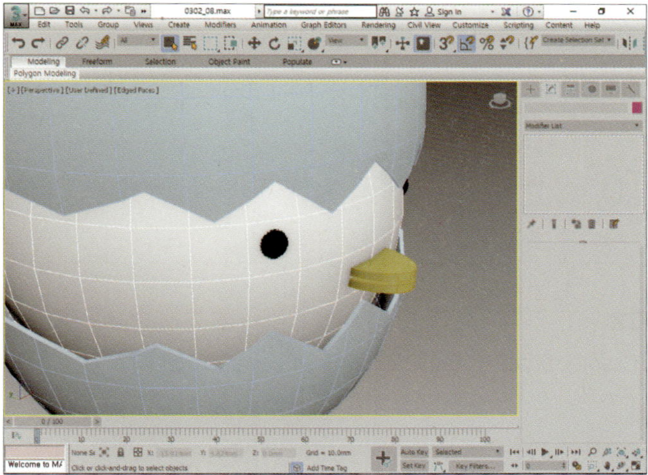

# Lathe를 이용한 커피잔 만들기

이번에는 Line을 이용하여 기본 모델링을 하고 추가로 형태 수정을 위해 Editable Poly로 바꿔 모델링을 편집해 나가는 방법에 대하여 알아보겠습니다.
Lathe 명령어로 Line의 단면을 회전시켜 2D를 3D로 만든 후 Extrude along Spline으로 선택한 Polygon을 쉽게 돌출시키는 방법을 예제를 통해 익혀보겠습니다.

**완성 파일**
C:/315-5466/Part03/0302.max

# 01

## 커피잔 모델링

커피잔의 손잡이를 빼고 본다면 커피잔은 회전되는 3차원 Object입니다. 먼저 Lathe를 이용하여 단면이 회전하는 형태를 완성해보겠습니다.

## 01

정확한 모델링을 위해 Grid Line을 이용하여 모델링을 해보겠습니다.
3D Snap(3²)을 클릭하여 Snap을 활성화합니다. 아이콘 위에서 마우스
오른쪽 버튼을 눌러 [Grid and Snap Setting] 창을 열고 'Grid Points'
에만 체크하고 창을 닫습니다.
Front View를 선택한 후 Alt + W 를 눌러 크게 확대합니다.

**tip** 정밀한 작업을 할 때 Alt + W 를 눌러 Viewport를 크게 하면 작업하기 수월합니다.

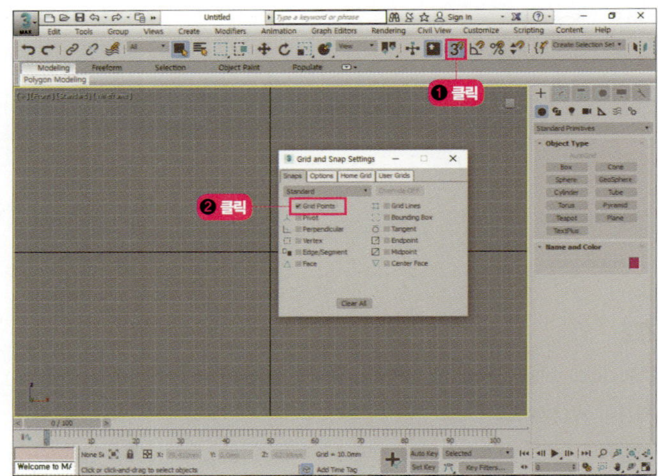

## 02

[Create-Shape-Line]으로 그림과 같이 Line을 그립니다.

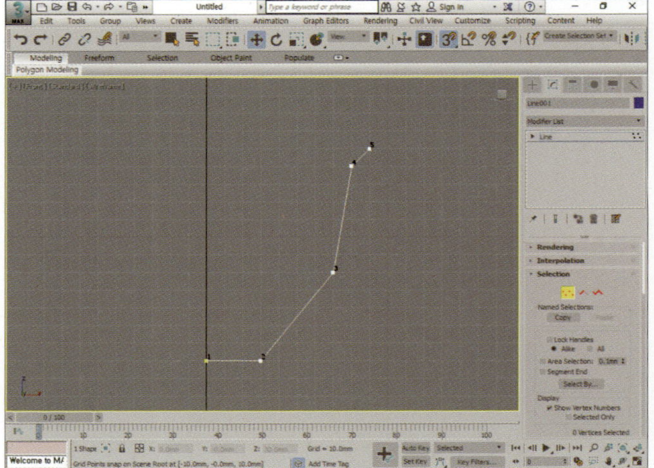

## 03

Vertex를 선택한 후 그림처럼 3개의 Vertex를 선택합니다. 바닥은 수평이
유지되어야 하므로 바닥을 제외한 위의 Vertex를 선택합니다.

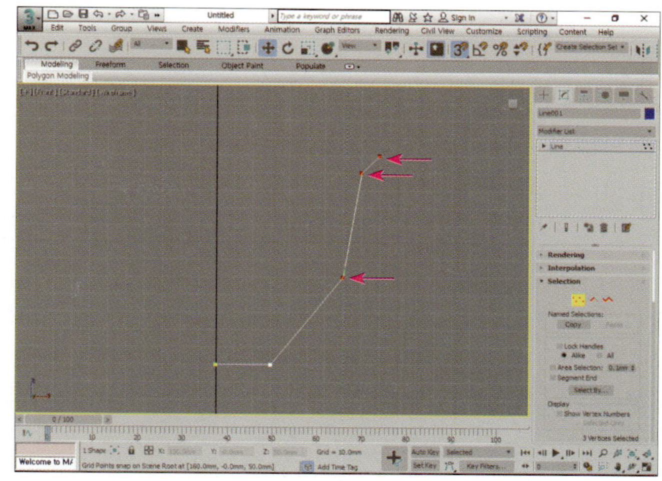

## 04

Vertex를 선택한 상태에서 마우스 오른쪽 버튼을 눌러 쿼드 메뉴를 활성화
시킵니다. Corner를 Smooth로 변경합니다. 선택한 Vertex가 곡선으로
연결됩니다.



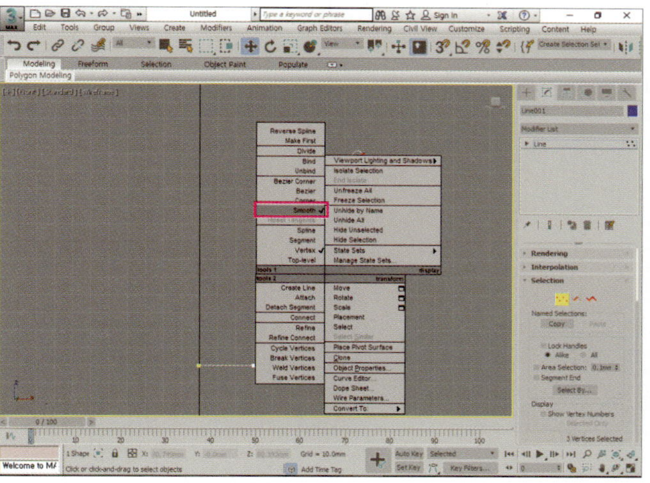

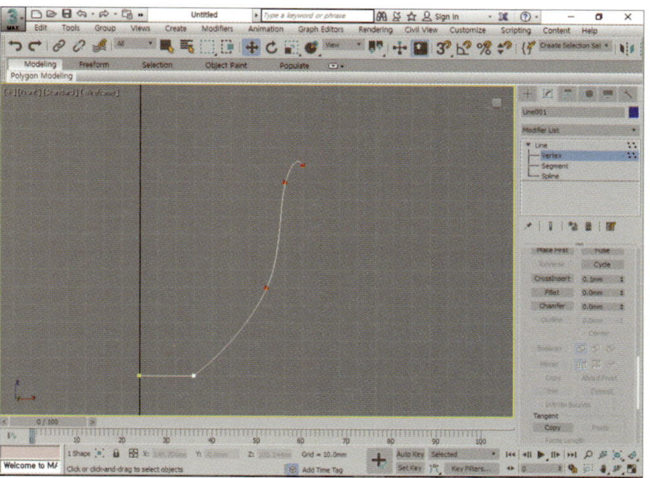

## 05

Spline을 선택합니다. 커피잔의 두께를 주기 위해 Outline을 적용하겠습
니다.

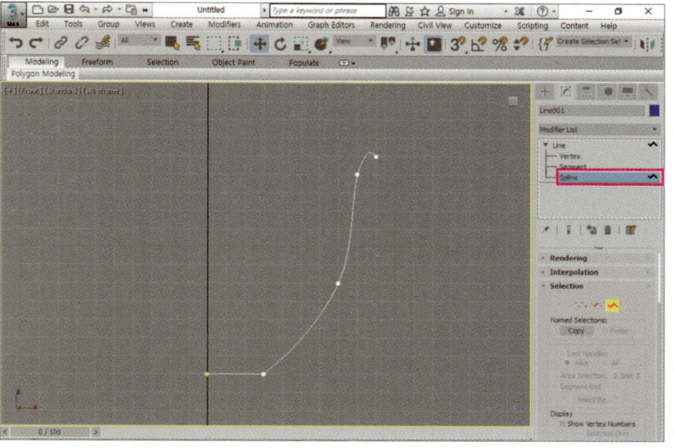

## 06

[Geometry-Outline]에 '2'를 입력한 후 Enter 를 누릅니다. Outline이 2
㎜가 적용되면서 Line에 두께가 만들어집니다.

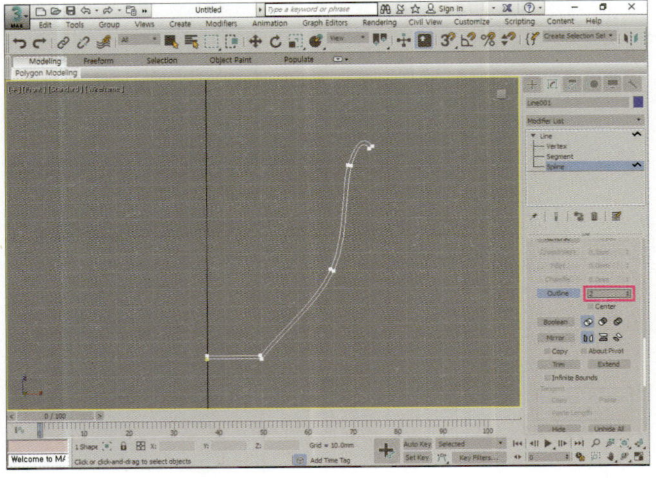

## 07

컵 끝부분의 Vertex 2개를 선택합니다. 사람입이 닿는 부분이기 때문에
Vertex에 Fillet을 적용하여 둥글게 만들어 보겠습니다.

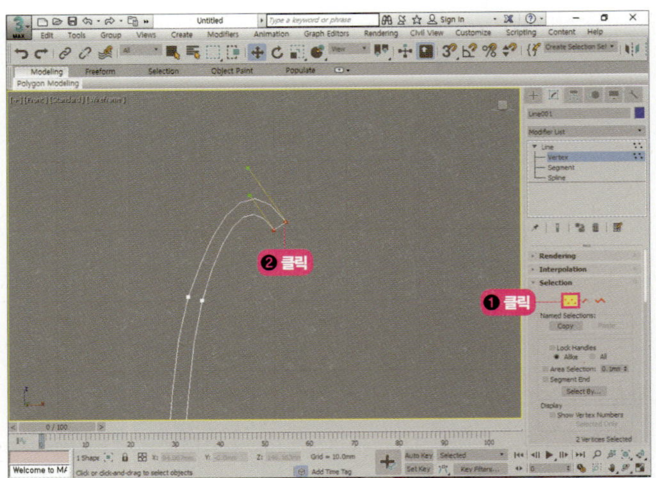


## 08

Fillet을 선택한 후 선택한 2개의 Vertex 위에서 마우스를 위로 드래그합니
다. 두 Vertex에 Fillet이 적용되면서 둥글게 됩니다.

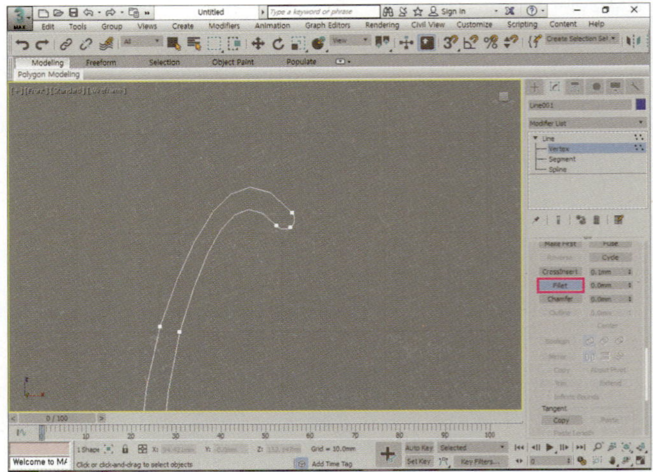

**tip** 이러한 부분은 Fillet이 끝까지 적용되어야 하기 때문에 수치를 입력하는 것
보다는 마우스를 드래그하는 것이 편합니다.

## 09

Fillet이 적용되어 둥근 부분은 멀리서 보면 하나로 보이지만 실제로는 2개
의 Vertex가 있습니다. 이러한 부분은 편집 시 Line이 꼬이거나 면이 잘
안 나타날 수가 있으므로 하나로 합쳐주는 것이 좋습니다.

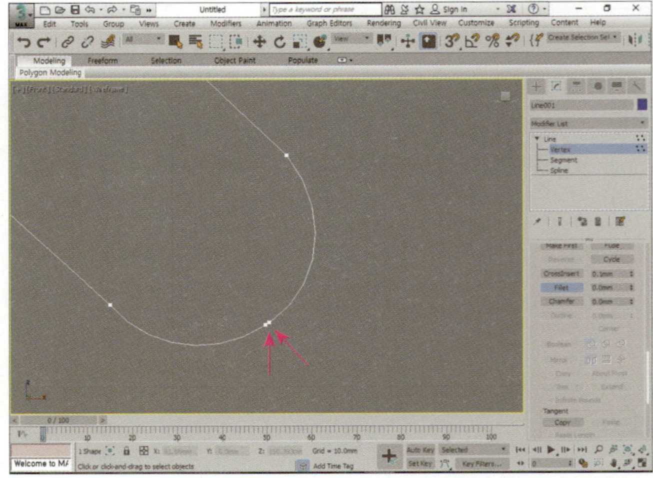

## 10

영역 선택으로 2개의 Vertex를 선택한 후 'Fuse'를 클릭한 후 'Weld'를 클릭합니다.

'Fuse'는 선택한 Vertex들의 중심으로 Vertex를 모아주는 기능이며 'Weld'는 수치 안에 있는 Vertex를 합치는 기능입니다. 'Fuse'로 Vertex를 한곳에 모았기 때문에 'Weld'의 수치에 상관없이 점을 합칩니다.

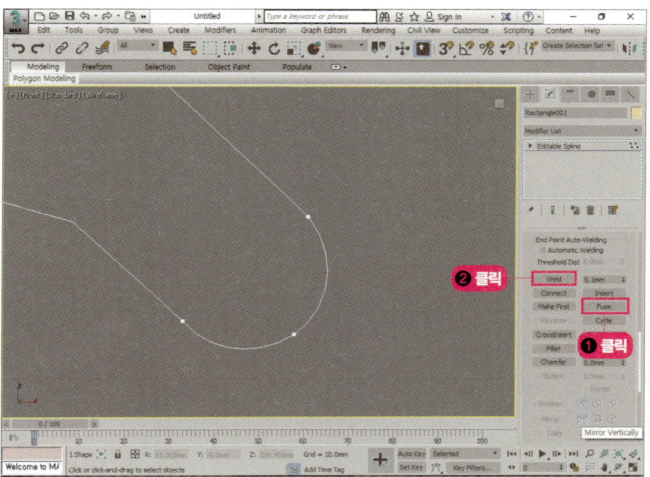

## 11

3D Snap(3°)을 클릭하여 Snap 기능을 끕니다. 'Refine'을 선택한 후 그림과 같은 위치에 마우스를 클릭하여 3개의 Vertex를 추가합니다. 컵의 바닥이 될 부분입니다.

Refine은 Segment 위에 Vertex를 추가하는 명령어입니다.

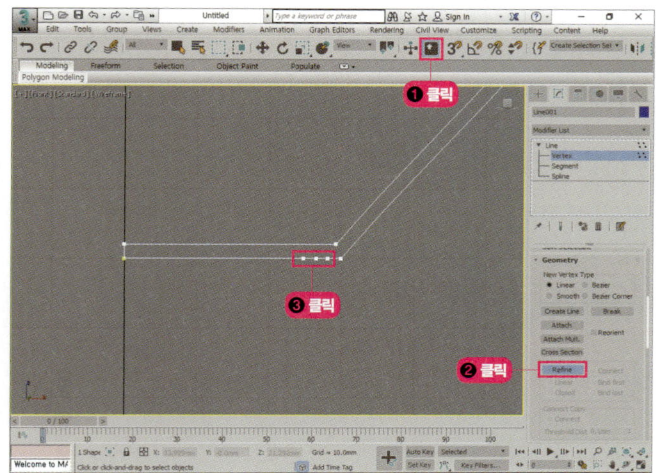

## 12

바닥이 될 2개의 Vertex를 선택한 후 아래로 이동합니다.
컵의 단면 형태가 완성되었습니다.

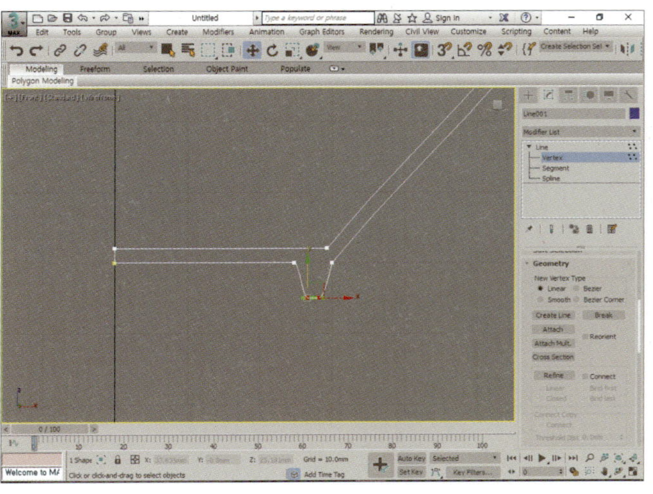

## 13

[Modifier List-Lathe]를 적용합니다. Line의 중심을 기준으로 회전하기 때문에 형태가 올바르게 나타나지 않습니다. 'Weld Core'에 체크 한 후, Segments에는 '12'를 입력하고, Align은 Min을 선택합니다. 잔의 형태가 완성되었습니다.

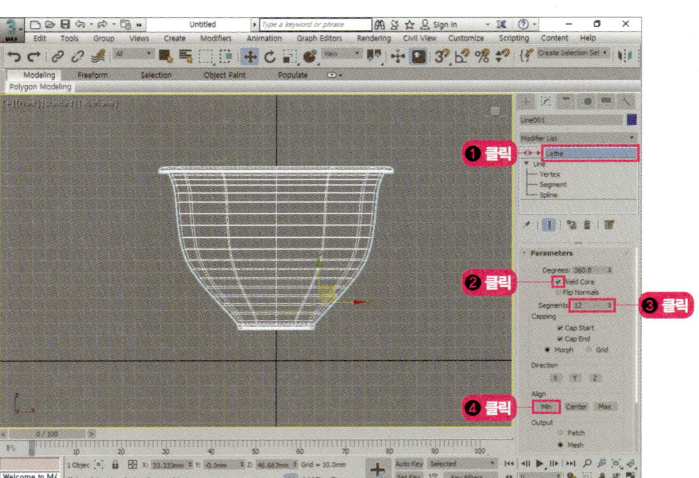

# 커피잔 손잡이 만들기

이번에는 Polygon을 Line의 형태를 따라 돌출시켜 손쉽게 커피잔의 손잡이를 만드는 방법을 알아보겠습니다.

## 01

[Hierarchy-Affect Pivot Only-Center to Object]를 선택하여 중심점을 Object의 가운데로 이동합니다. Gizmo가 가운데로 이동되면 Affect Pivot Only를 한 번 더 클릭하여 해제합니다.

 **tip** Object 회전 시 Object의 중심을 기준으로 회전해야 원하는 형태로 회전이 가능합니다.

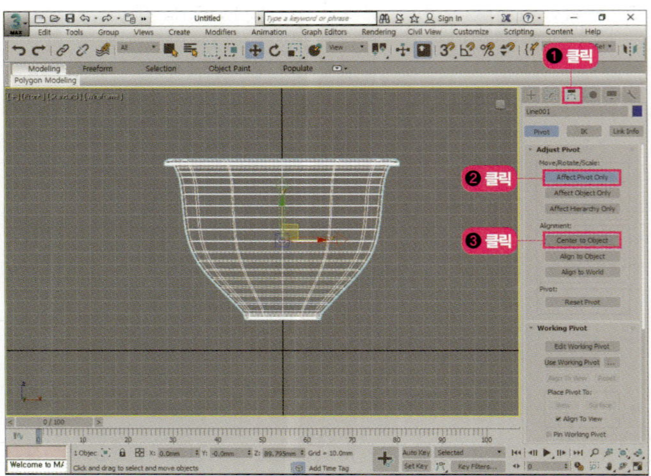

## 02

Top View에서 Select and Rotate()를 선택합니다. 그런 다음, Angle Snap Toggle(⬚)을 클릭하여 Angle Snap을 활성화합니다.

**tip** Angle Snap은 5˚가 기본 값으로 설정되어 있습니다.

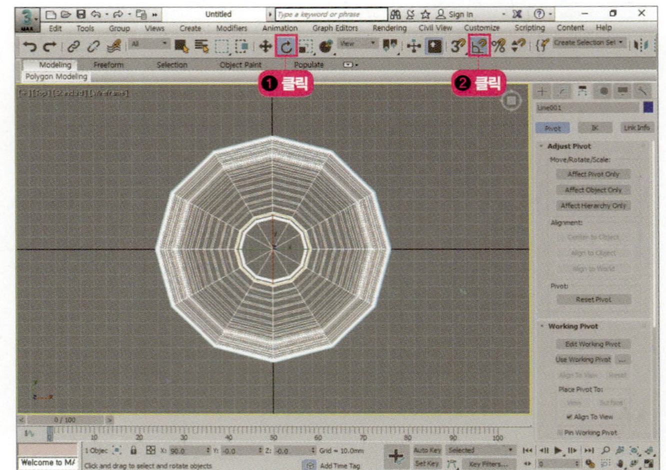

## 03

15˚ 회전시키면 수직/수평 방향으로 편평한 면이 됩니다. 작업할 면이 Front나 Left View에서 봤을 때 편평해야 쉽게 작업할 수 있기 때문입니다.

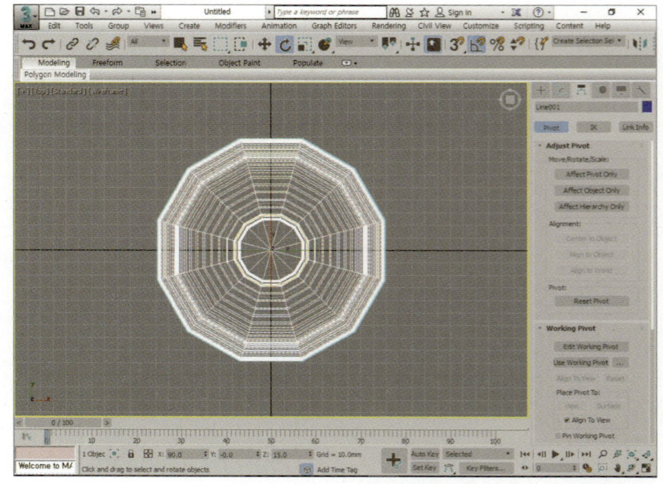

## 04

손잡이를 만들기 위해 먼저 Editable Poly로 변환합니다. 그림처럼 두 Polygon을 연결시켜 손잡이를 만들어보겠습니다.

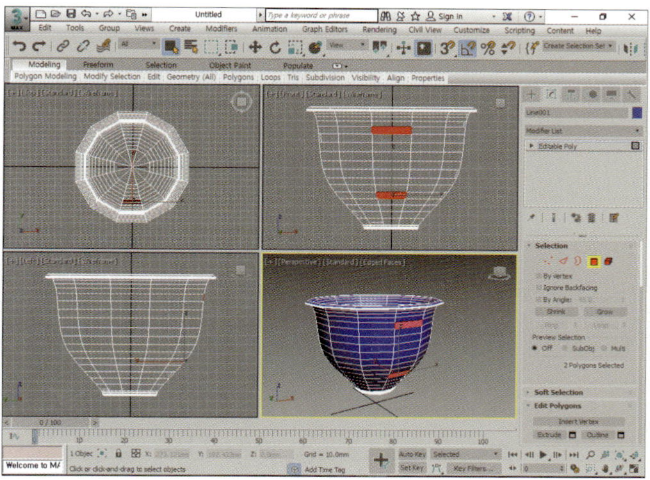

Editable Poly 적용

## 05

Left View에서 그림처럼 Line을 만듭니다. 손잡이의 형태가 될 Line입니다.

손잡이의 Line을 복잡하게 그리지 말고 클릭하여 직선 형태로 간단하게 그립니다.

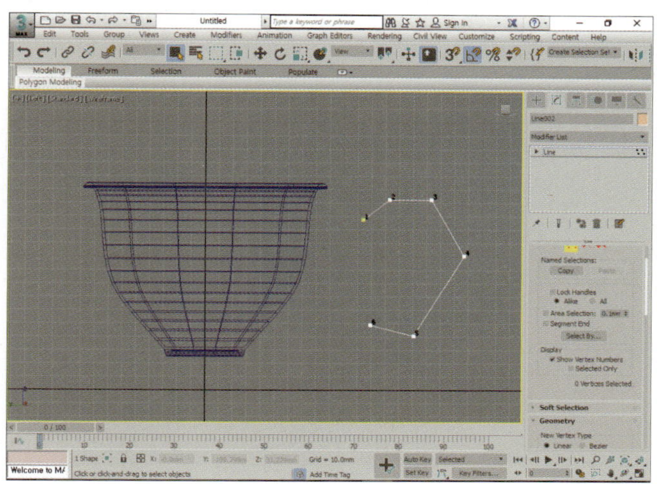

## 06

Perspective View에서 돌출시킬 Polygon을 선택합니다. 작업할 Polygon은 Left View에서 보았을 때 Line과 수직을 이루는 부분입니다.

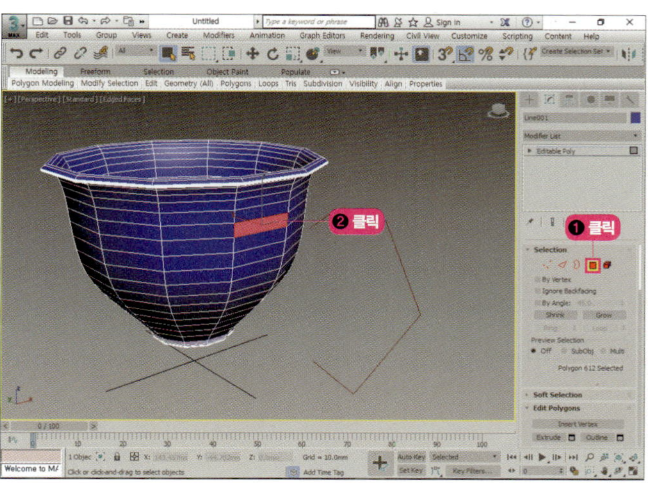


## 07

[Modeling-Polygon-Extrude on Spline]를 선택한 후, 방금 그린 Line을 선택합니다.

Setting 값을 조절하여 선의 수나 크기를 조절할 수 있지만 기본 값 그대로 사용하겠습니다.

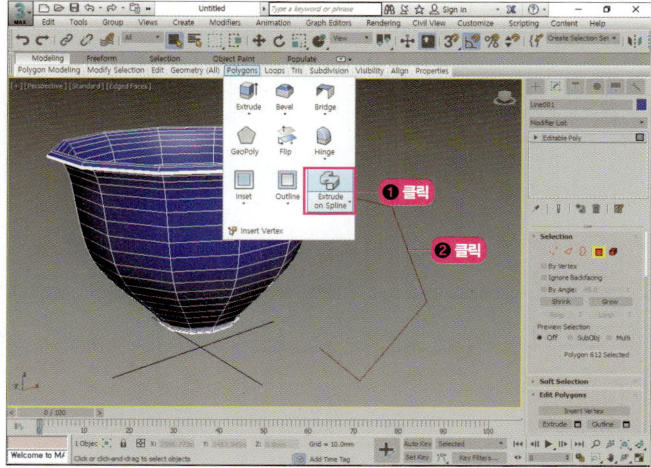

## 08

Polygon이 Line의 형태를 따라 돌출되었습니다. 하지만 돌출이 끝나는 부분은 커피잔과 떨어져 있으므로 돌출된 면과 커피잔을 붙이는 방법을 알아보겠습니다.

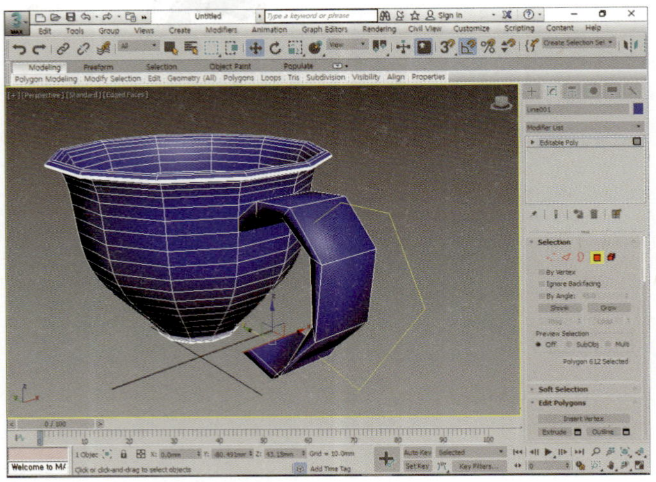

## 09

돌출된 끝 Polygon과 연결시킬 Polygon을 선택합니다.

 **tip** Ctrl 을 누른 상태로 Polygon을 선택하여 선택 영역을 추가합니다.

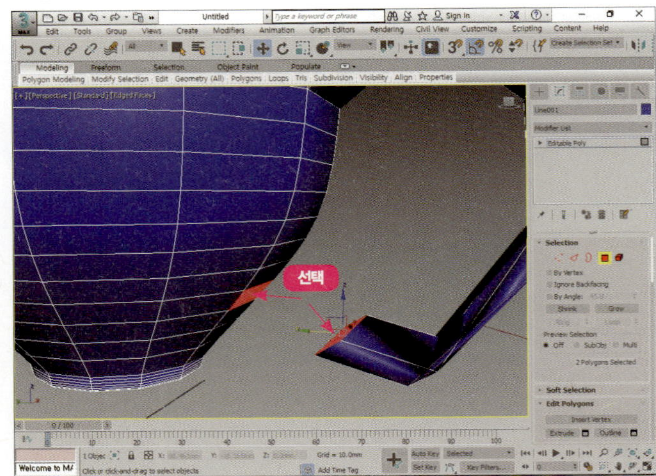


## 10

[Modeling-Polygon-Bridge]를 선택합니다.

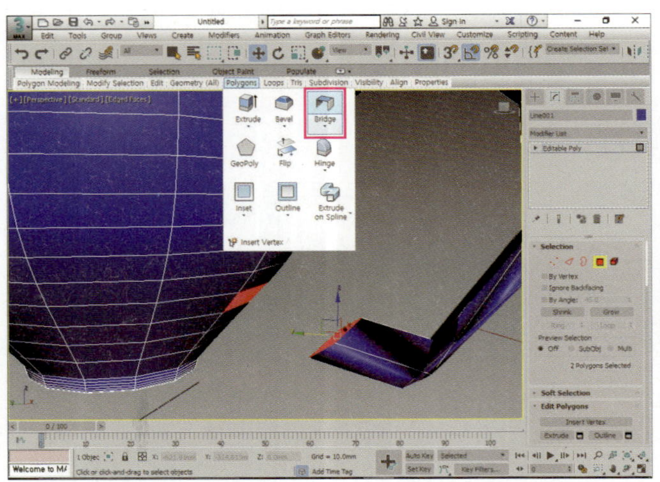

 **tip** Bridge는 떨어져 있는 Edge와 Edge를 연결하여 면을 만들거나 Polygon과 Polygon을 연결하는 명령어입니다.

## 11

선택한 두 Polygon이 연결됩니다.

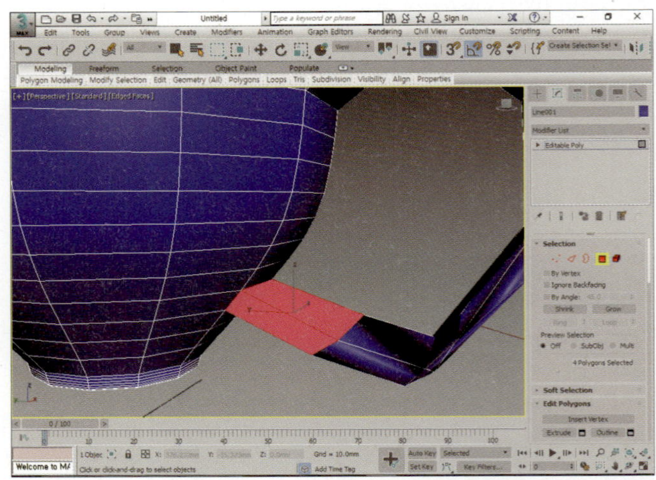

Polygon과 Polygon을 연결했을 때

Edge와 Edge를 연결했을 때

이번에는 Extrude on Spline으로 돌출된 형태를 다듬어 커피잔 모델링을 완성해보겠습니다.

## 01

Left View를 선택합니다. Extrude on Spline을 적용한 Polygon은 약간 불안정한 형태로 보입니다. 그냥 사용해도 무관하지만 Polygon의 형태를 사각형 형태로 수정하는 것이 좋습니다.

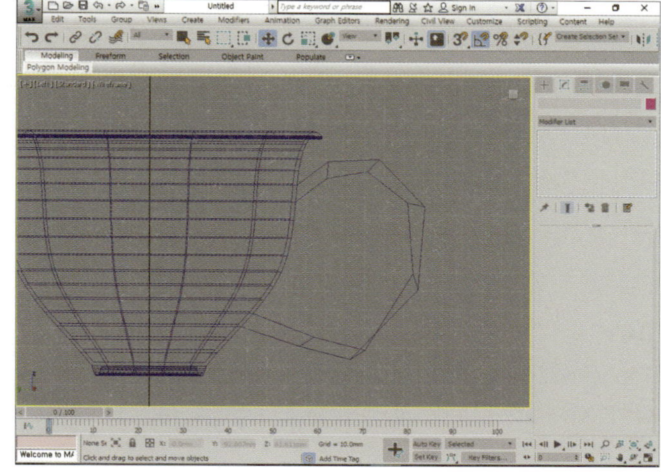

## 02

그림처럼 Vertex를 움직여 형태를 수정합니다. Vertex를 선택할 때에는 클릭하여 선택하지 말고 선택 영역을 지정하여 선택해야 합니다. 클릭하면 뒷부분의 Vertex가 선택되지 않기 때문입니다. 전체적으로 Polygon을 그림과 같이 사각형 형태로 만듭니다.

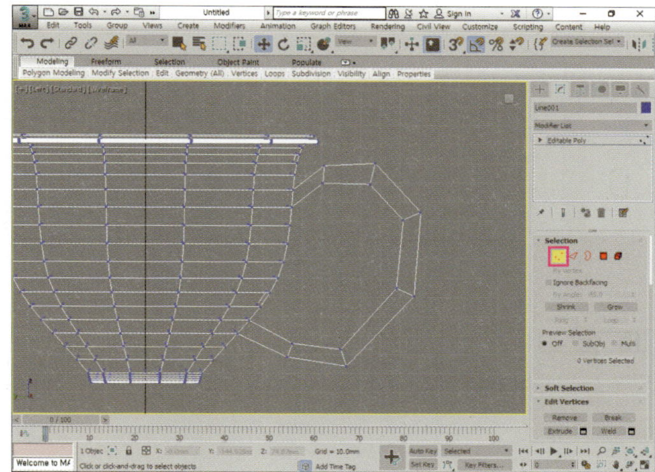

## 03

손잡이 부분의 Vertex를 그림처럼 선택합니다.

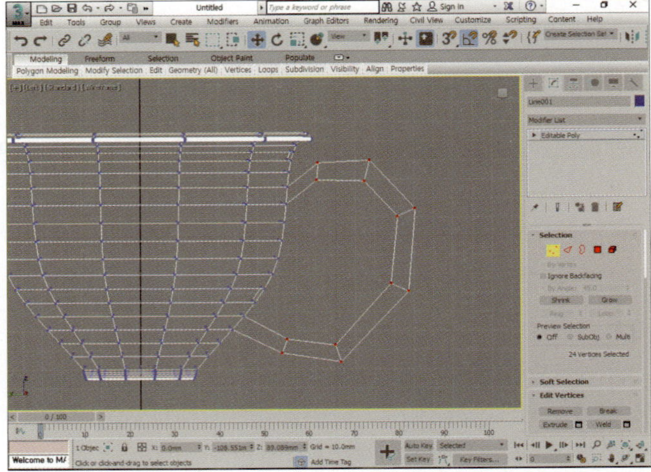

## 04

Top View로 전환한 후 Select and Uniform Scale(▦)을 선택합니다. 그림처럼 X축 방향으로 Vertex의 크기를 줄이면 손잡이의 크기가 줄어듭니다.

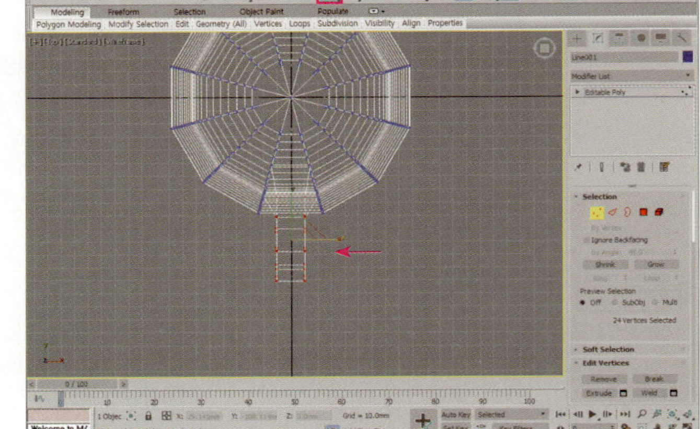

tip
Vertex는 크기가 없고 위치 값만 있기 때문에 2개 이상의 Vertex를 선택하고 크기를 바꾸면 두 Vertex 사이의 간격이 바뀝니다.

## 05

커피잔 모델링이 완성되었습니다.

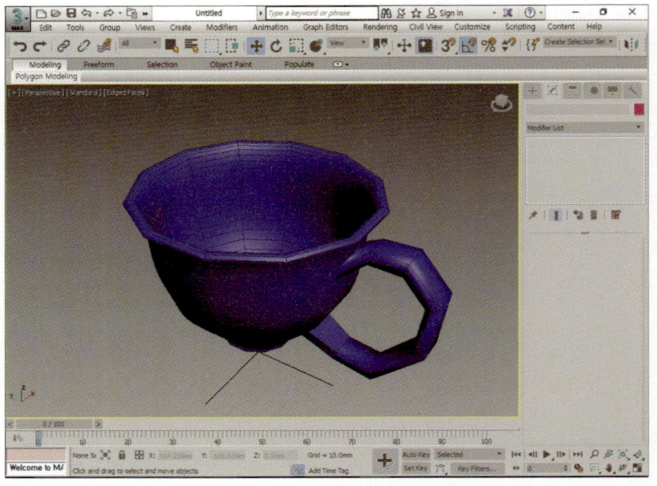

# 04

이번에는 커피잔 받침을 만들어보겠습니다. 만드는 방법은 커피잔과 비슷하여 쉽게 만들 수 있습니다.

## 01

Left View를 선택한 후 아래 그림처럼 커피잔의 크기에 맞춰 Line을 만듭니다. 수평 부분은 Shift 를 누른 상태로 Line을 그립니다.

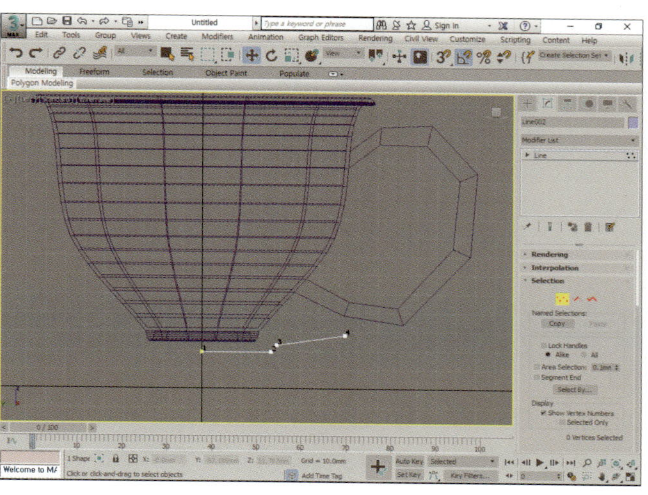

## 02

Modify에서 Spline을 선택한 후 Outline에 '2'를 입력합니다.
2㎜만큼 두께가 만들어집니다.

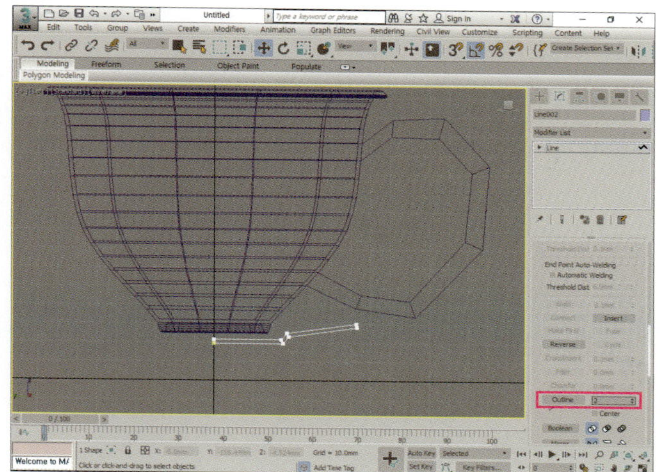

## 03

끝부분의 두 Vertex를 선택합니다.

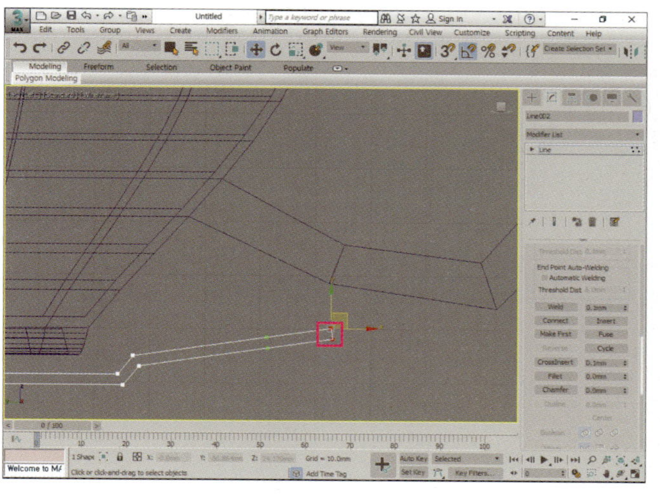

## 04

Fillet을 선택한 후 Vertex 위에서 마우스를 드래그하여 Fillet을 적용합니다. 가운데 모여 있는 두개의 Vertex를 선택한 후 Fuse로 Vertex를 모읍니다. 그런 다음, Weld로 두 Vertex를 하나로 합칩니다.

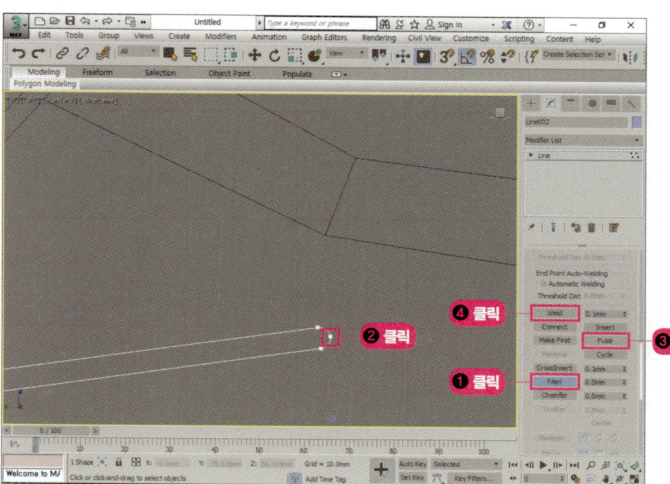

## 05

합친 Vertex를 그림처럼 옆으로 이동시켜 자연스러운 곡선이 만들어지도록 합니다.

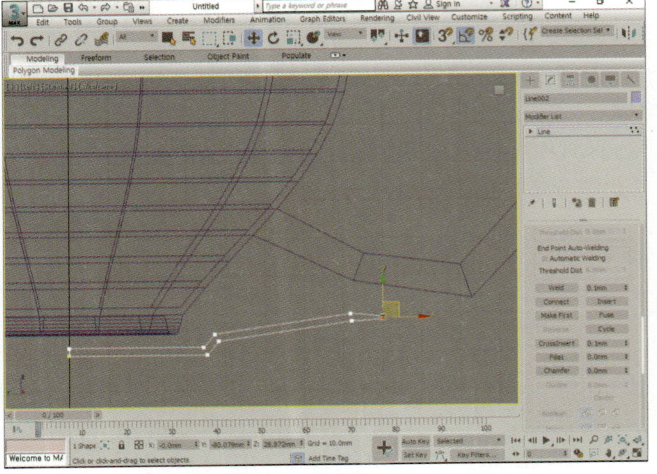

## 06

Refine을 선택한 후 그림처럼 바닥 부분에 3개의 Vertex를 추가합니다.

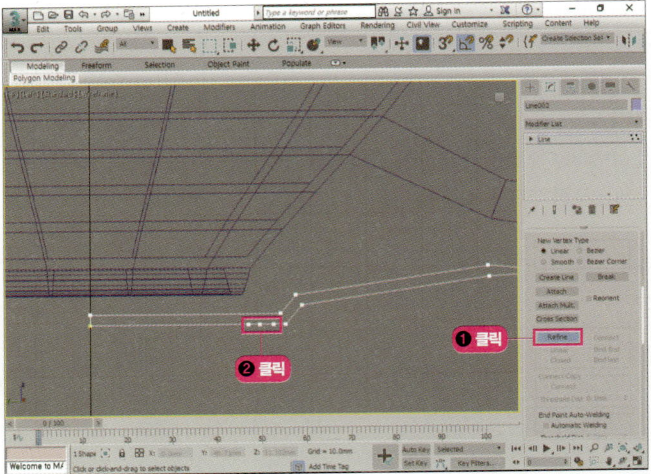

## 07

그림처럼 바닥이 될 2개의 Vertex를 선택한 후 아래로 이동합니다.

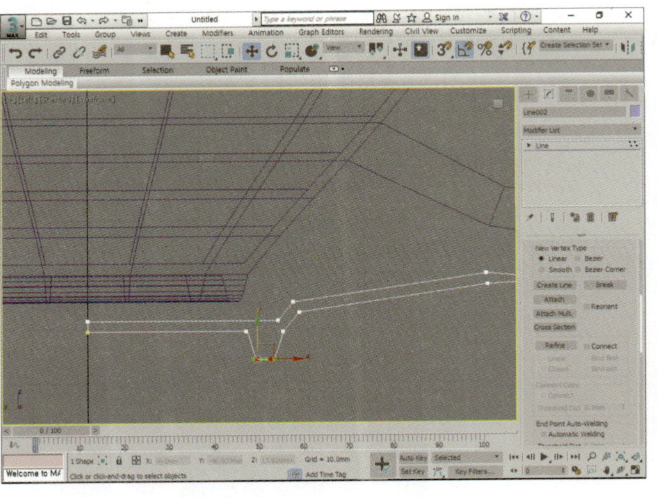

## 08

[Modifier List-Lathe]를 적용합니다. 'Weld Core'에 체크를 한 후 Segments에는 '60'을 입력하고 Align은 'Min'을 선택합니다. 커피잔 받침의 형태가 완성되었습니다.

 **tip** TurboSmooth를 적용하지 않고 Segment 값을 올려 부드러운 형태로 만듭니다.

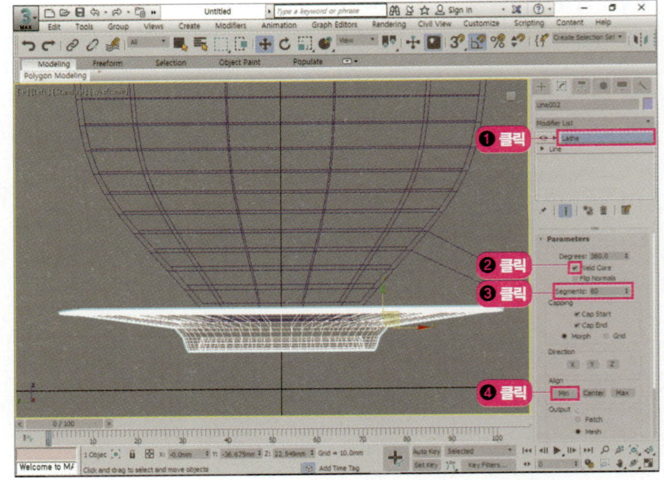

## 09

커피잔에 [Modifier List-TurboSmooth]를 적용한 후 Iterations 값을
'2'로 올립니다.

면이 분할되면서 부드러운 형태로 바뀌었습니다. 받침에는 Lathe의
Segment 수를 높였으므로 적용하지 않습니다. 커피잔 모델링이 완성되었
습니다.

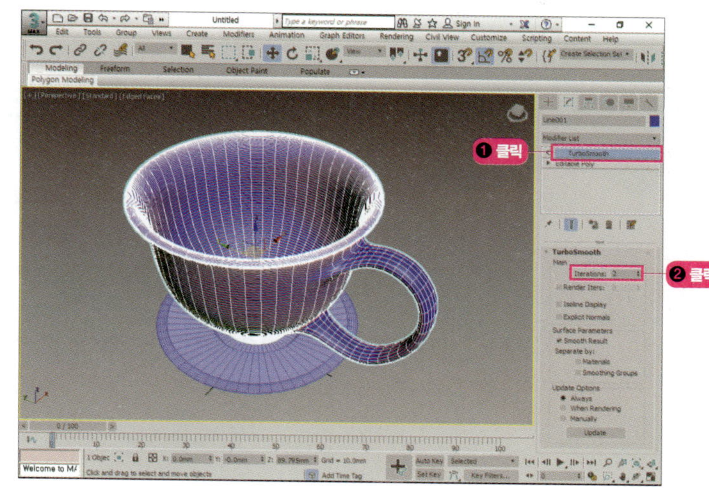

## 10

재질을 적용하고 렌더링 한 이미지입니다. 재질에 대한 자세한 내용은
'Part04'에서 알아보겠습니다. 재질과 조명에 관한 자세한 설정은 완성 파
일을 참고하기 바랍니다.

### ● 응용 예제

비슷한 형태의 잔을 만들어보세요.

# Object를 합성하는 Compound Objects의 활용

이번에는 두 개 이상의 오브젝트를 합성하여 하나의 오브젝트로 만드는 Compound Objects에 대하여 알아보겠습니다. 특히, Loft 명령어는 인테리어 소품을 모델링 하는데 자주 사용되는 중요한 명령어입니다. 2D 도형을 자연스럽게 연결시켜 3D를 만들기 때문에 가구 및 제품 모델링에 유용합니다.

학습
목표

다양하게 Line을 편집할 수 있는 여러 기능들을 익혀 복잡한 모델링도 쉽게 할 수 있도록 Compound Objects의 편집 명령어를 익혀본다.

## ① ProBoolean과 ShapeMerge의 활용

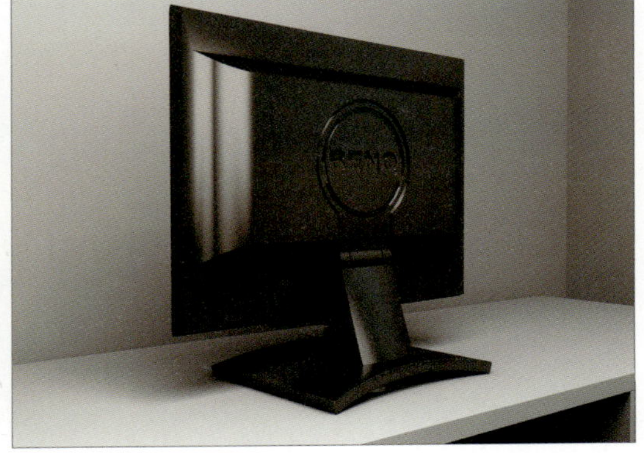

## ② Loft를 이용한 다양한 모델링 방법

# 01

# 자연스러운 변형 형태를 만들어주는 Loft

Loft는 2개 이상의 Line을 사용하여 3D Object를 만드는 명령어입니다. 사용되는 Line 중 하나는 경로(Path)로 사용되며 다른 Line(Shape)은 표면을 만들게 됩니다. 또한 2개 이상의 Line을 적용하여 다양한 형태를 만들 수 있으며 옵션을 수정하여 복잡한 형태도 만들 수 있습니다.

**Loft를 이용한 의자와 테이블 모델링**

Loft는 [Create-Geometry-Compound Objects]에 있습니다.

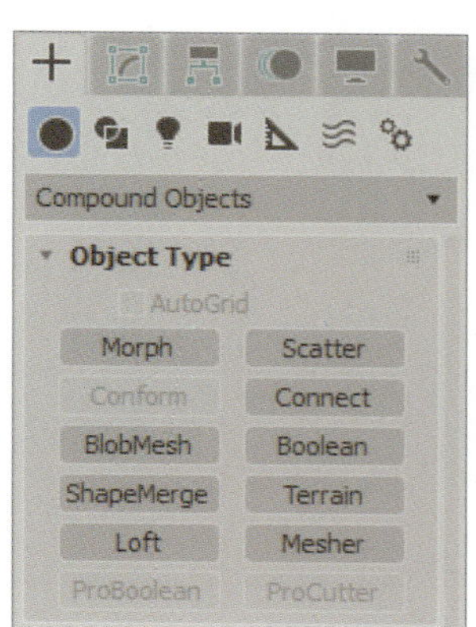


Loft는 경로의 시작점부터 표면을 만듭니다. Path의 시작점은 Modify에서 보면 노란색 Vertex로 표시되어 있습니다. 시작점을 바꾸려면 Vertex를 선택한 후 Geometry 메뉴 중 'Make First'를 클릭하면 선택한 Vertex가 시작점으로 바뀝니다.

**Line의 시작점은 노란색으로 표시됩니다.**

# Loft 명령어 익히기

이번에는 Loft 명령어를 사용하여 기구를 만들어보겠습니다.
Line에 Loft를 적용하는 방법과 Scale을 이용하여 형태를 쉽게 수정하는 방법을 익혀보겠습니다.

**예제 파일**
C:/315-5466/Part03/0303_01.max

## 01

'C:/315-5466/Part03/0303_01.max' 파일을 불러옵니다. Line과
Shape을 이용하여 기구를 완성해보겠습니다.

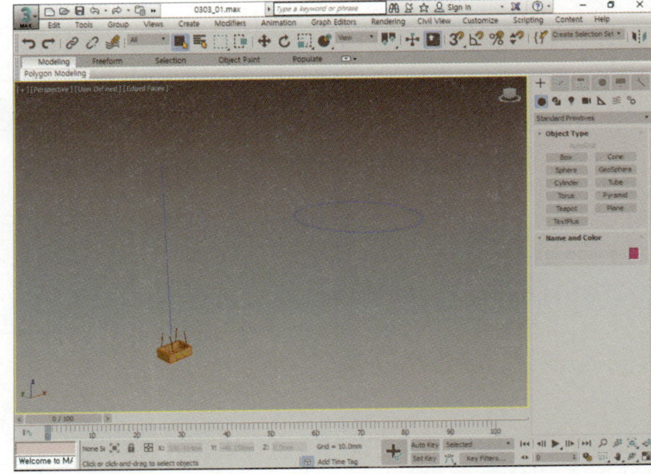

## 02

Line을 선택합니다. [Create-Geometry-Compound Objects-
Loft]를 선택합니다. Get Shape을 선택한 후 Viewport의 Shape을 선
택합니다.

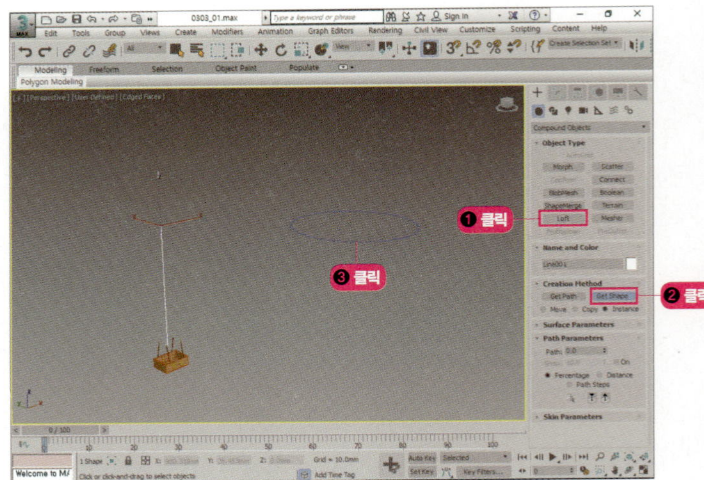

## 03

Line의 길이를 따라 3차원으로 Object가 만들어집니다. Modify를 선택한 후 [Deformations]의 Scale을 선택합니다.

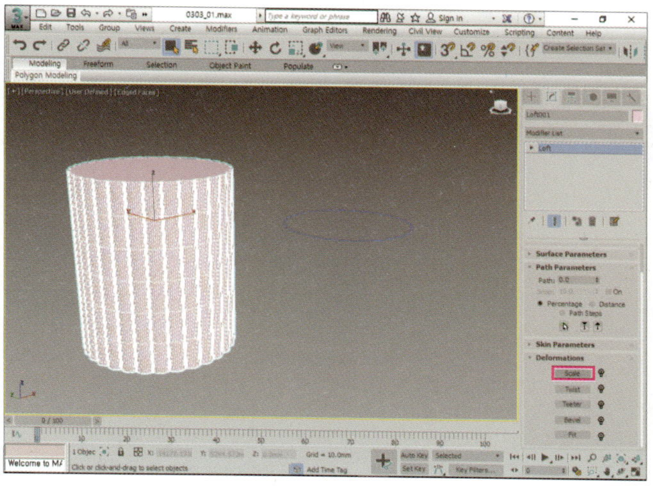

## 04

[Scale Deformation] 대화상자가 활성화됩니다. 'Insert Corner Point'를 선택합니다.

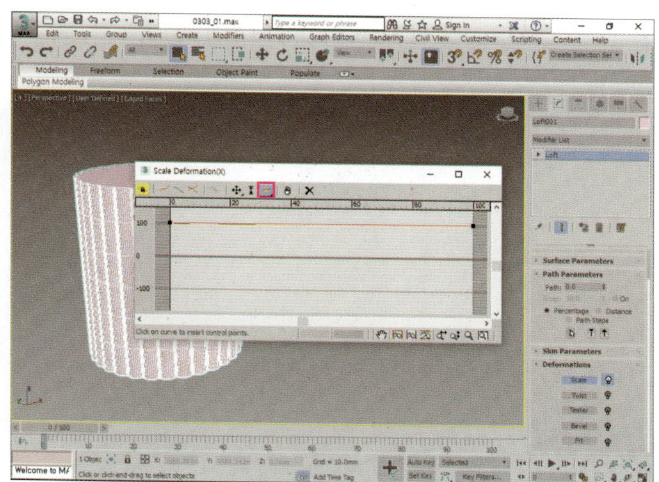

## 05

중간에 포인트를 하나 추가한 후 포인트 위에서 마우스 왼쪽 버튼을 눌러 Corner를 [Bezier-Smooth]를 선택합니다. 직선이 곡선으로 바뀝니다. 곡선으로 변환 후 아래 그림처럼 양 끝의 포인트를 아래로 이동시켜 형태를 변경합니다.

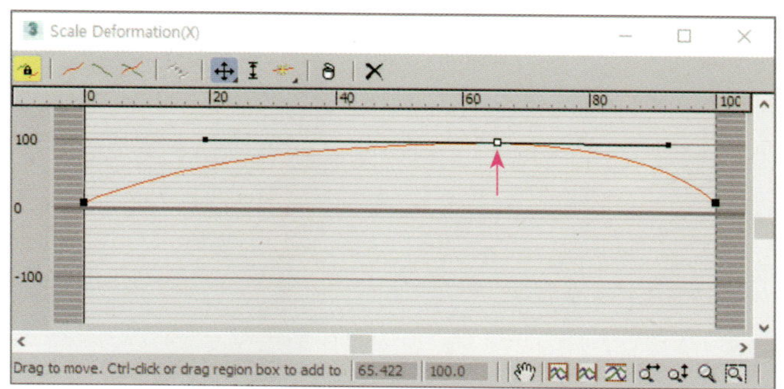

**tip** 편집 방식은 Line 편집 방법과 동일합니다.

## 06

Loft가 적용된 Object의 외형이 수정한 곡선의 형태로 변경되며 기구가 완성되었습니다.

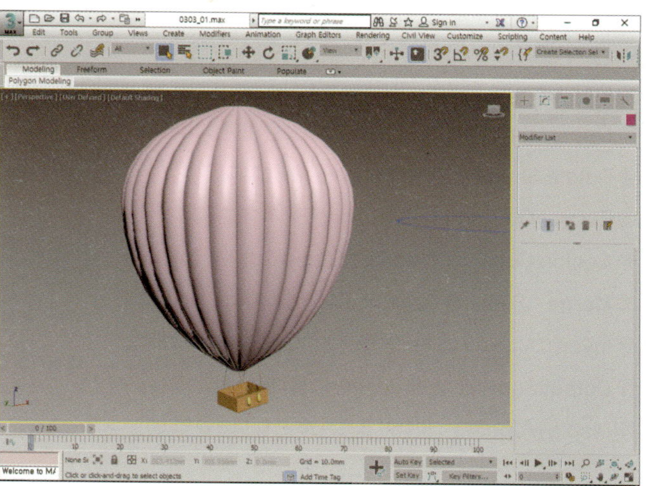

# 02

## Object에 Line을 찍어주는
# ShapeMerge

이번에는 3D Object에 Line을 도장 찍듯이 새기는 ShapeMerge 명령어에 대하여 알아보겠습니다. Object에 Line을 결합하여 글씨를 새겨 넣거나 로고를 넣을 때 유용합니다. 또한 모델링하기 어려운 곡선 부분에 특수한 형태를 만들 때도 사용됩니다.

**ShapeMerge를 이용한 음각 모델링**

## ■ ShapeMerge Parameter 알아보기

먼저 ShapeMerge를 사용하기 위한 Parameter에 알아보겠습니다.

① **Pick Shape** : Object에 적용시킬 Shape을 선택합니다.

② **Pick Option** : Shape이 Object에 적용되는 방법을 지정합니다.

③ **Operands** : Object에 적용된 Shape을 보여줍니다.

④ **Delete Shape** : 선택한 Shape을 제거합니다.

⑤ **Extract Operand** : 선택한 Shape을 추출합니다.

⑥ **Cookie Cutter** : Object에서 Shape의 형태를 잘라냅니다.

⑦ **Merge** : Shape을 Object의 표면과 합칩니다.

⑧ **Invert** : Cookie Cutter와 Merge의 효과를 반전시킵니다.

⑨ **Output Sub-Mesh Selection** : 출력되는 Sub-Mesh의 선택 수준을 지정합니다.

⑩ **Display/Update** : 명령이 적용된 후 표시 여부와 업데이트 시 Vertex를 지정합니다.

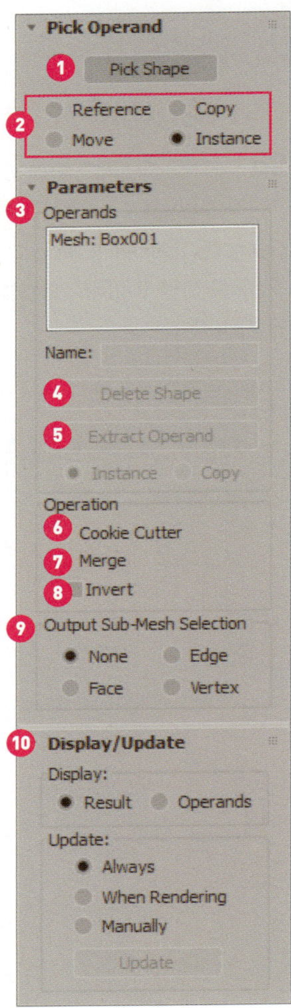

# ShapeMerge 기능 익히기

ShapeMerge를 이용하면 복잡한 형태의 Object에도 원하는 모양으로 Polygon을 만들 수 있습니다. 하지만 너무 남발하면 Polygon이 꼬이는 경우도 있으므로 Vertex를 정리하는데 시간이 더 소요될 수도 있습니다. ShapeMerge는 모델링이 완성된 후 마지막에 사용하는 것이 좋습니다.

**예제 파일**
C:/315-5466/Part03/0303_02.max

## 01

'C:/315-5466/Part03/0303_02.max' 파일을 불러옵니다. 빠른 연습을 위해 TV와 텍스트를 미리 만들어 놓았습니다.

## 02

TV를 선택한 후 [Create-Geometry-Compound Objects-ShapeMerge]를 선택합니다. 그런 다음, 아래에 Pick Shape를 클릭한 후 적용할 Shape을 선택합니다. Viewport의 'LED TV' 텍스트를 선택하면 TV에 글씨가 새겨집니다.

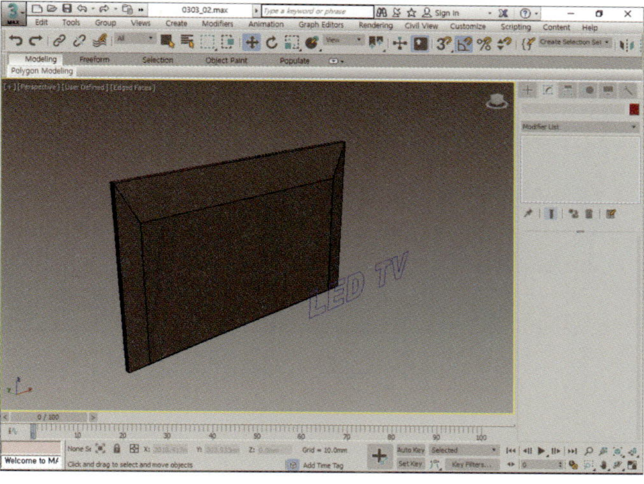

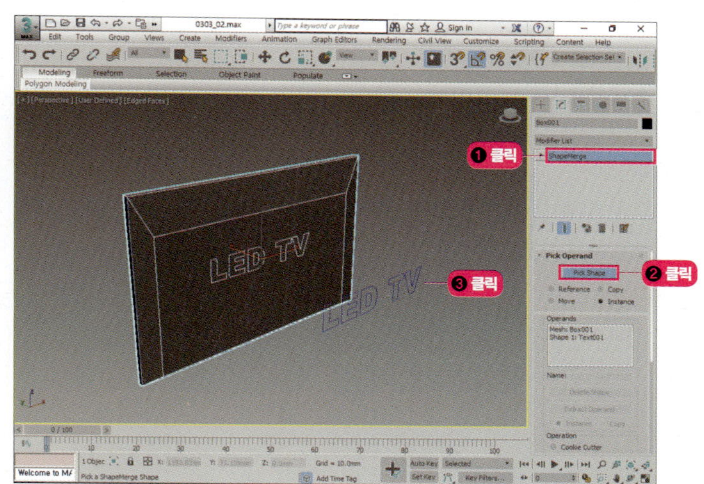


## 03

ShapeMerge 명령어를 적용 후 [Convert to Poly]를 이용하여 Object를 Polygon 편집 모드로 변환합니다.

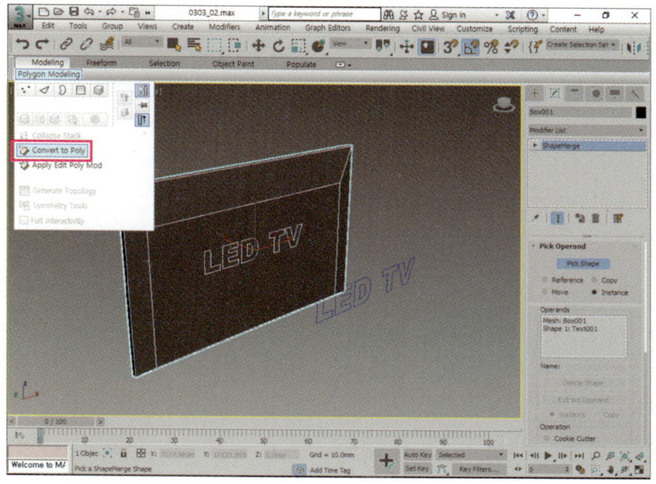

## 04

Modify에서 Polygon을 선택하면 방금 Object에 찍힌 부분이 Polygon
으로 바로 선택됩니다.

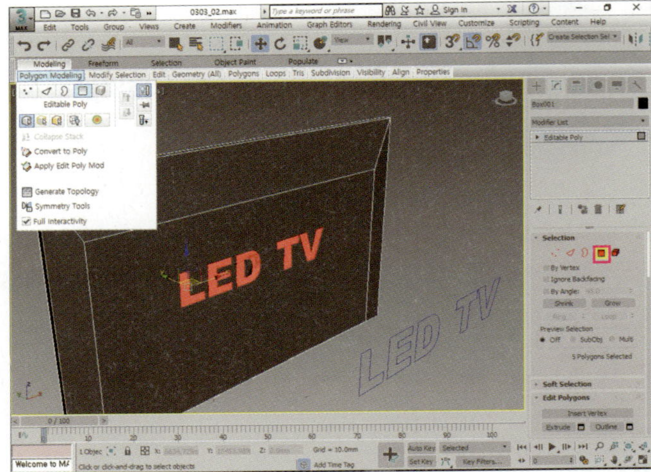

## 05

Extrude를 적용하여 높이 값을 지정하면 그림처럼 선택된 부분이 돌출됩니
다. 이렇게 ShapeMerge를 적용한 후 바로 Polygon으로 변환하고 편집
하면 따로 선택할 필요 없이 작업된 Polygon이 선택되어 쉽게 작업을 할
수 있습니다.

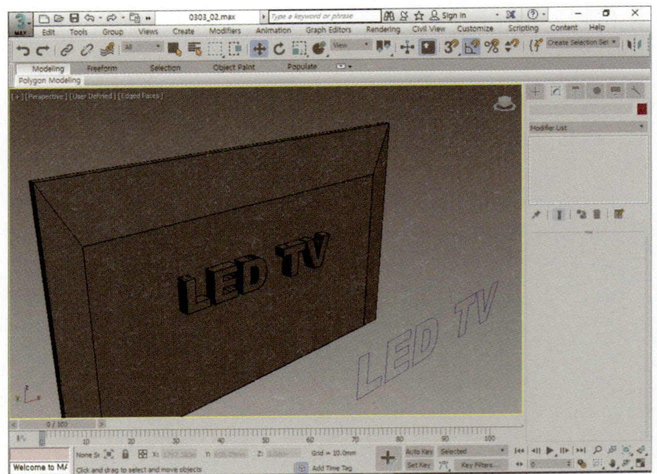

tip 재질 ID를 부여하거나 Detach로 Polygon을 나눌 때도 유용하게 사용할
수 있습니다.

# Object를 간단하게 합치거나 빼주는 ProBoolean

이번에는 2개 이상의 Object를 병합하거나 빼는 ProBoolean에 대하여 알아보겠습니다.
ProBoolean은 연산을 통하여 Object에 다른 오브젝트를 결합하거나 빼기 위한 명령어로 효과
적인 모델링하는 데 있어 필요한 기능입니다.

ProBoolean을 적용한 전통상 모델링

## ■ ProBoolean Parameters 알아보기

먼저 ProBoolean의 Parameter에 대하여 알아보겠습니다.

① **Start Picking** : Start Picking을 선택한 후 병합할 Object를 선택합니다.
　선택하기 전에 Reference, Copy, Move, Instance의 선택 항목을 변경할 수 있습니다.

② **Operation** : Object가 병합되는 방식을 설정합니다.
- **Union** : 2개 이상의 Object를 하나로 결합합니다.
- **Intersection** : Object 간에 교차하는 부분을 제외한 나머지 부분을 제거합니다.
- **Subtraction** : 원본 Object에서 선택한 Object를 제거합니다.
- **Merge** : Object 형태를 유지하며 두 Object를 결합합니다.
- **Attach(No Intersections)** : 두 Object를 결합하지만 겹쳐진 부분이 연결되지 않습니다.
- **Insert** : 교차 부분을 삭제하고 선택한 Object의 형태를 유지하며 결합됩니다.

③ **Result** : ProBoolean의 연산 결과를 표시합니다.

④ **Operands** : 원본 Object를 활성화한 후 편집하여 연산 결과를 수정할 수 있습니다.

⑤ **Apply Operand Material** : 병합하는 Object의 재질이 다른 경우 각각 재질을 유지합니다.

⑥ **Retain Original Material** : 첫 번째 선택한 Object의 재질을 적용합니다.

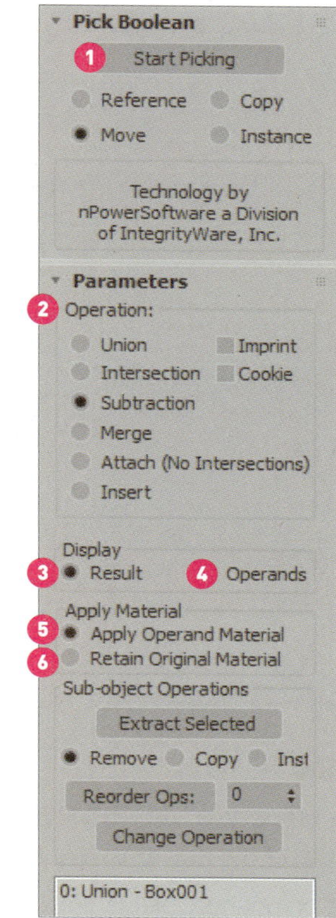

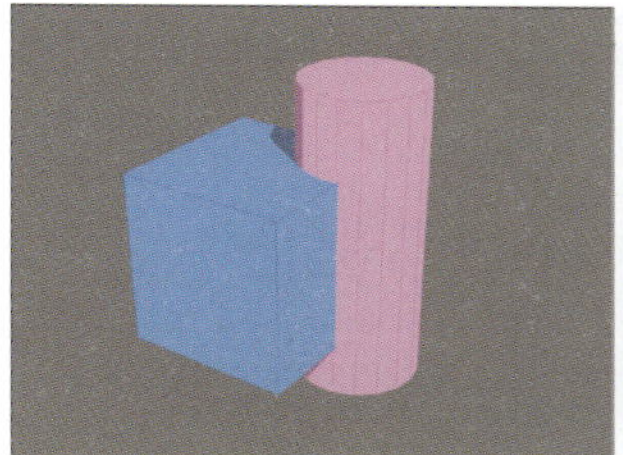
ProBoolean 전 2개의 Object

Union

Intersection

Subtraction

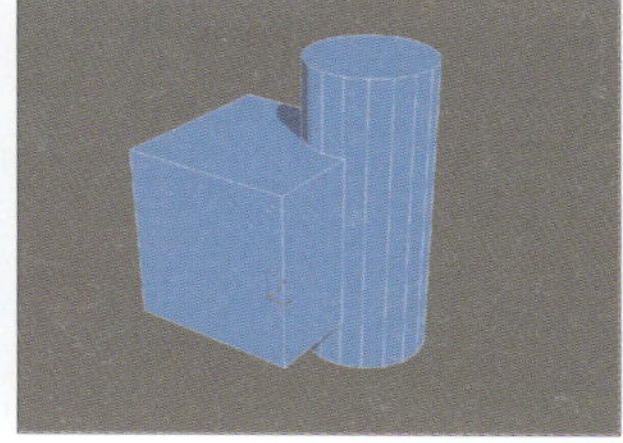
Merge

Attach

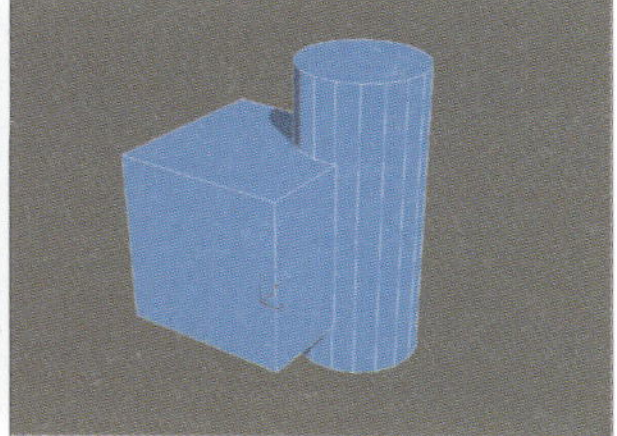
Insert

# ProBoolean 기능 익히기

이번에는 ProBoolean을 이용하여 전통상을 만들어보겠습니다. 빠른 실습을 위하여 필자가 기본 완성해 놓은 상태입니다. 지금까지 나왔던 명령어를 다 익혔다면 예제와 같은 모델링은 할 수 있을 것입니다.

**예제 파일**
C:/315-5466/Part03/0303_03.max

## 01

'C:/315-5466/Part03/0303_03.max' 파일을 불러옵니다. 상을 지나가는 Cylinder가 나타납니다. 상에서 Cylinder 부분을 제거하여 좀 더 멋진 상으로 만들어보겠습니다.

## 02

Top View에서 Angle Snap Toggle(🔲)을 클릭하여 활성화합니다. Select and Rotate(🔲)를 선택한 후 Cylinder를 45° 간격으로 3개를 복사합니다.

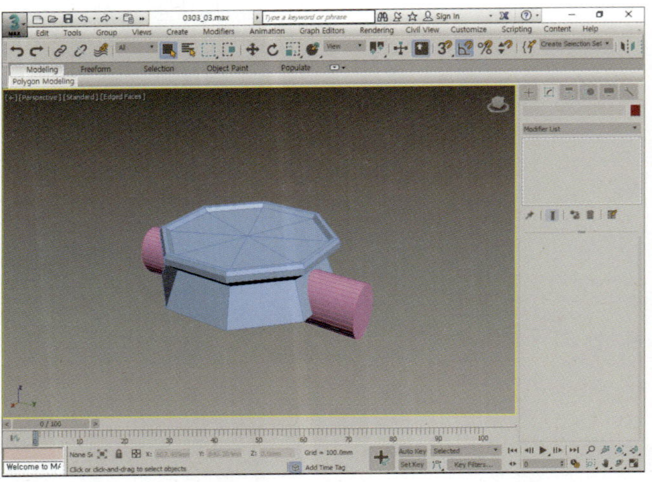

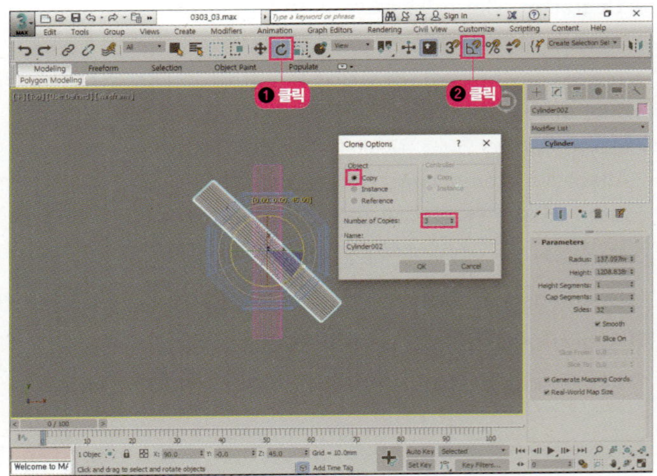

## 04

Perspective View에서 보면 상을 중심으로 Cylinder가 그림과 같은 형태로 복사된 것을 알 수 있습니다. 상을 선택한 후 [Create-Geometry-Compound Objects-ProBoolean]를 선택하고 'Start Picking'을 선택합니다. Viewport의 Cylinder를 모두 클릭합니다.

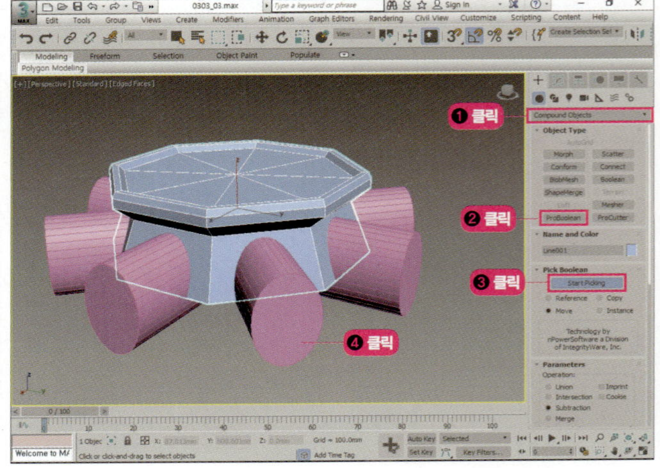

**05**

상에서 선택한 Cylinder가 모두 삭제되면서 전통상의 형태가 완성되었습니
다. 완성 파일은 'C:/315-5466/Part03/0304_04 완성.max'에서 확인
할 수 있습니다.

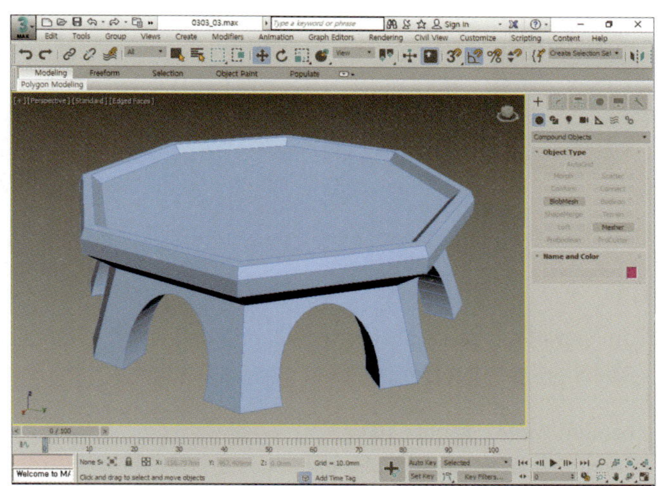



# 04

# Object를 자연스럽게 변형시키는 Morph

Morph는 2개 이상의 오브젝트를 자연스럽게 변형시키는 애니메이션기법입니다.
Morph를 만들기 위해서는 오브젝트가 Mesh, Patch, Poly의 형태이어야 하며 Vertex의 수가 같아야 합니다.

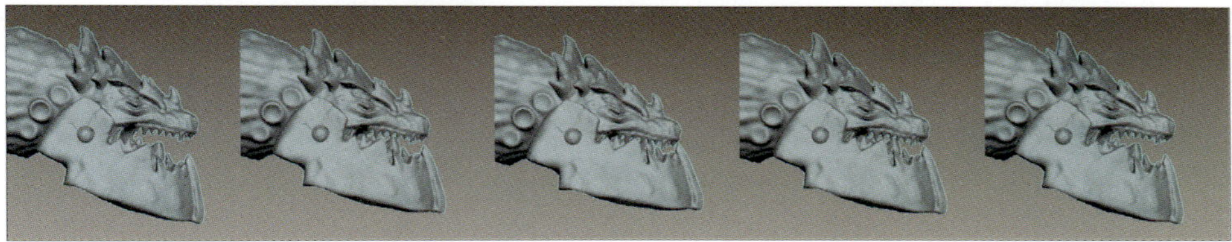

**Morph를 이용한 캐릭터 애니메이션**

## ■ Morph 옵션 알아보기

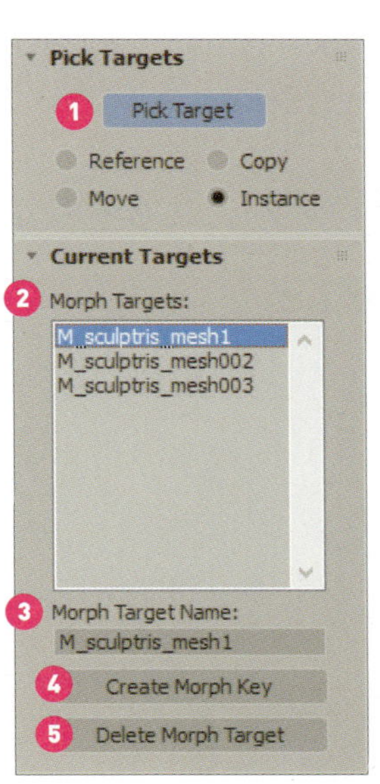


① **Pick Target** : Morph를 적용할 대상을 선택합니다.

② **Morph Targets** : Morph가 적용된 대상을 보여줍니다.

③ **Morph Target Name** : 선택한 Morph 대상의 이름을 변경합니다.

④ **Create Morph Key** : 리스트에서 선택한 Morph 대상을 애니메이션 바에 Morph Key를 추가합니다.

⑤ **Delete Morph Target** : 리스트의 Morph 대상을 삭제합니다.

# Morph 기능 익히기

## 01

Top View에서 [Create-Geometry-Standard Primitives-Box]를
선택하여 Box를 만들고 옵션을 아래처럼 설정합니다.

> Length, Width, Height : 100㎜
>
> Length Segs, Width Segs, Height Segs : 6

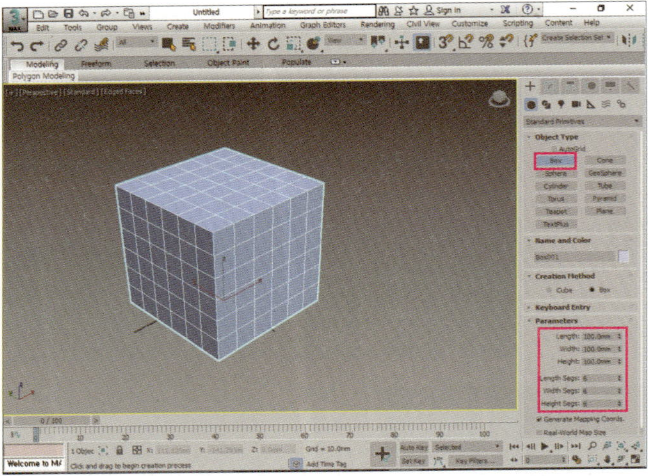

## 02

Shift 를 누르고 옆으로 이동하여 Box를 복사합니다. 옵션은 'Copy'에 체
크합니다.

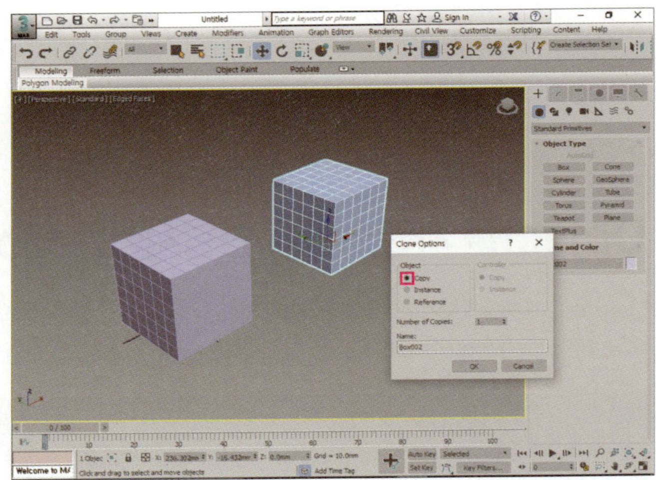

## 03

복사한 Box에 [Modifier List-Spherify]를 적용합니다. Box가 구체로
변형됩니다.

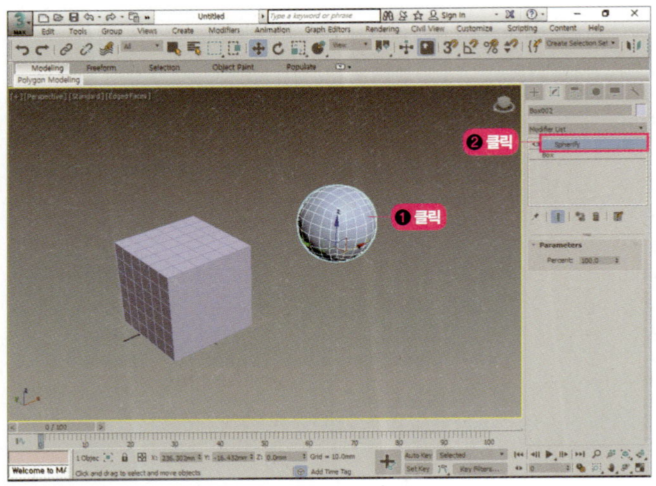


## 04

두 개의 Box를 Convert to Poly를 클릭하여 Polygon 편집모드로 변환
합니다.

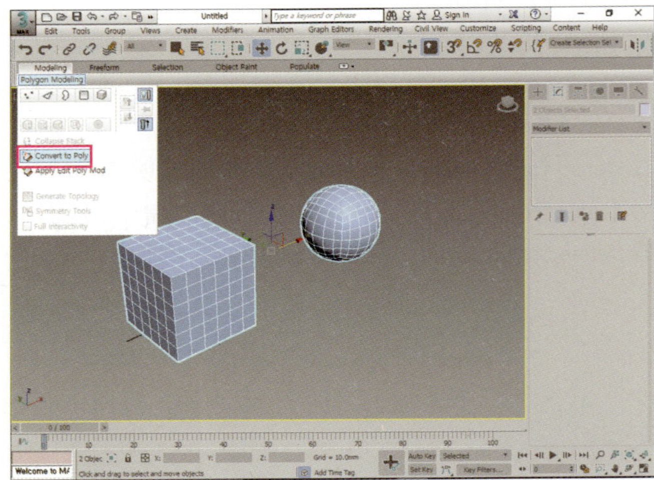

## 05

Box를 선택하고 [Create-Geometry-Compound Objects-
Morph]를 적용합니다.

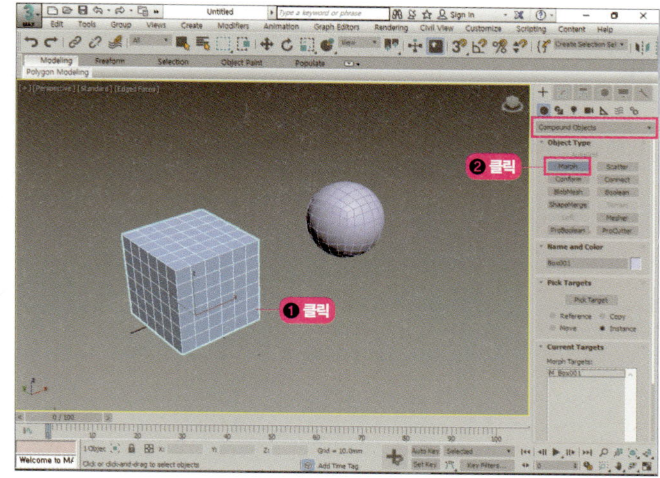

## 06

하단의 애니메이션 슬라이드 바를 100프레임으로 이동합니다.

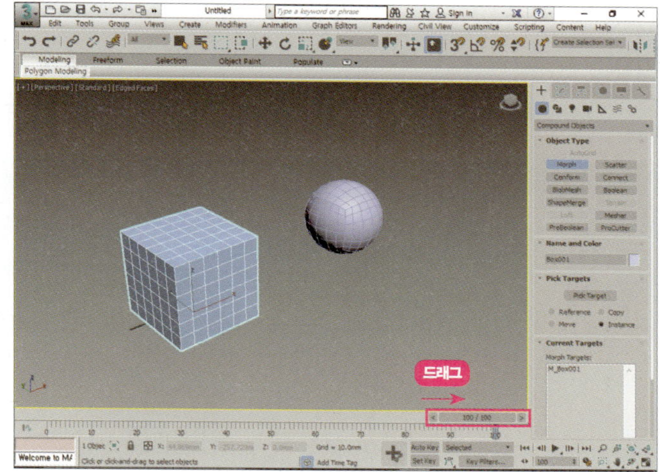

## 07

Pick Target을 클릭한 후 Scene의 구를 선택합니다.

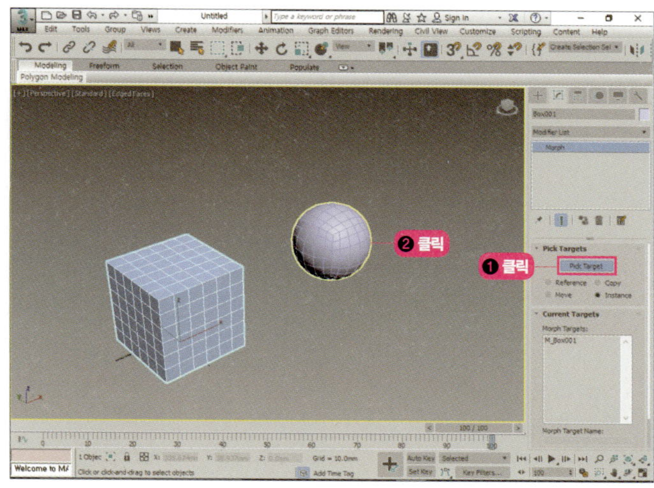

tip 오브젝트의 Vertex수가 다르면 Pick Target을 클릭한 후에 오브젝트가
선택되지 않습니다.

## 08

구를 선택하면 Box가 원으로 변형됩니다. 이는 Box가 애니메이션의 100
프레임에서 원형으로 변형된 것으로 1프레임에서는 Box의 형태입니다.

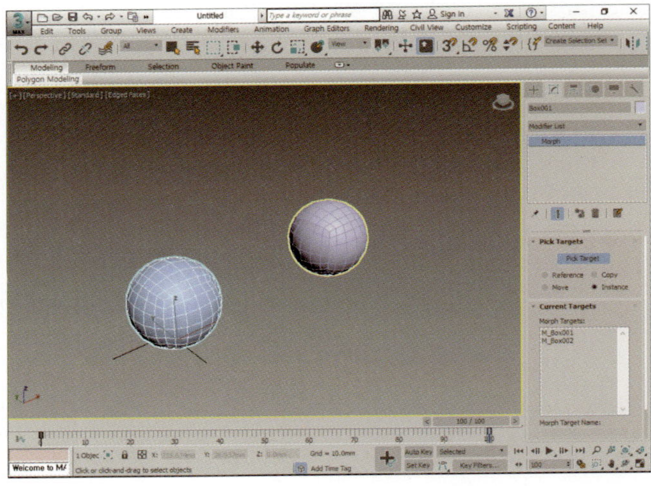

## 09

Play Animation을 클릭하면 Box에서 구로 애니메이션 되는 것을 확인할 수 있습니다.

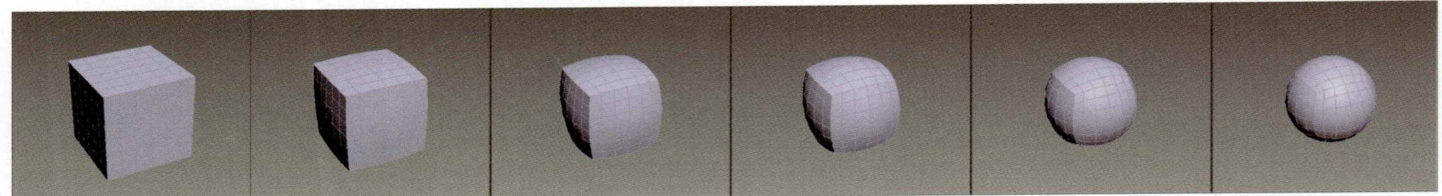

# Loft를 이용하여 콜라병 만들기

이번에는 앞에 나온 Loft를 이용한 콜라병 모델링과 불투명한 유리 재질을 적용해보겠습니다. Loft 명령어는 Shape을 자연스럽게 연결시켜 3D로 만들어지고 다양한 옵션 조절을 통해 스케일이나 테이퍼 적용이 용이합니다.

**예제 파일**
C:/315-5466/Architectural/cola.jpg

**완성 파일**
C:/315-5466/Part03/0303.max

## 01

### Loft에 필요한 Shape 만들기

먼저 Loft를 사용하는 데 필요한 Path와 Shape을 만들어보겠습니다. Path는 경로로 사용되며 Shape은 형태로 사용됩니다.

### 01

Top View에서 3개의 Shape을 만듭니다.

① [Create-Shape-Circle]을 선택한 후 Radius : 10mm 의 Circle을 만듭니다.

② [Create-Shape-Circle]을 선택한 후 Radius : 27mm Circle을 만듭니다.

③ [Create-Shape-Star]를 선택한 후 Radius1 : 27mm, Radius 2 : 31mm, Points : 8, Fillet Radius 1 : 2mm, Fillet Radius 2 : 6mm Star를 만듭니다.

### 02

Perspective View에서 Keyboard Entry를 이용하여 Line을 그려보겠습니다.

[Create-Shape-Line]을 선택한 후 Keyboard Entry를 선택합니다. X, Y, Z 값이 '0'인 상태에서 'Add Point'를 클릭합니다.

**tip**
Keyboard Entry를 이용하여 정확한 위치와 길이의 Line을 그릴 수 있습니다.

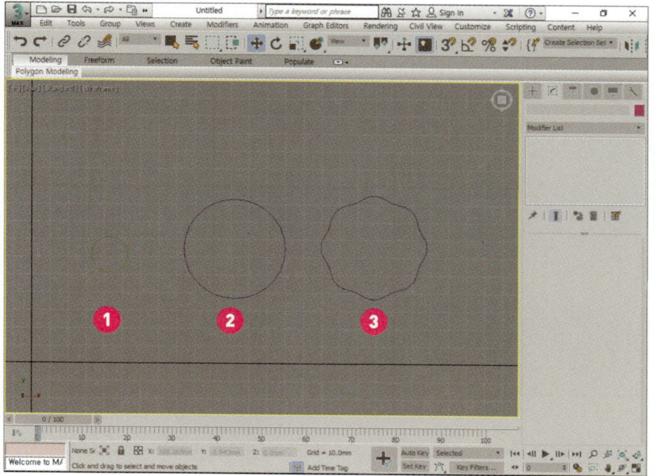

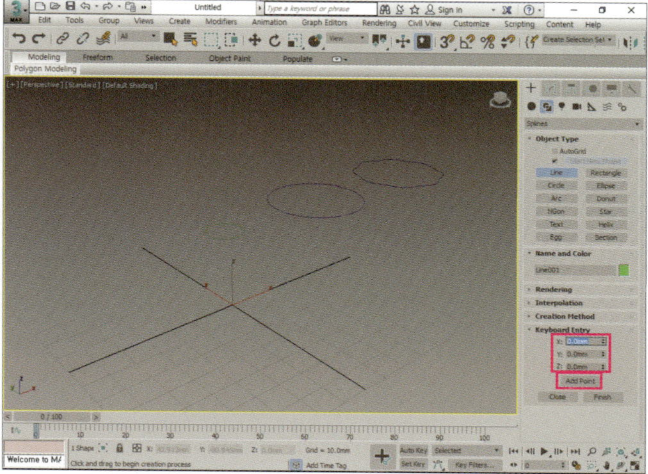

## 03

Z : 250㎜를 입력한 후 'Add Point'를 클릭합니다. 길이가 250㎜인 Line
이 만들어졌습니다.

높이가 되는 축이 Z축이므로 Z축에 수치를 입력합니다. Keyboard Entry
는 절대 좌표를 기준으로 만들어집니다.

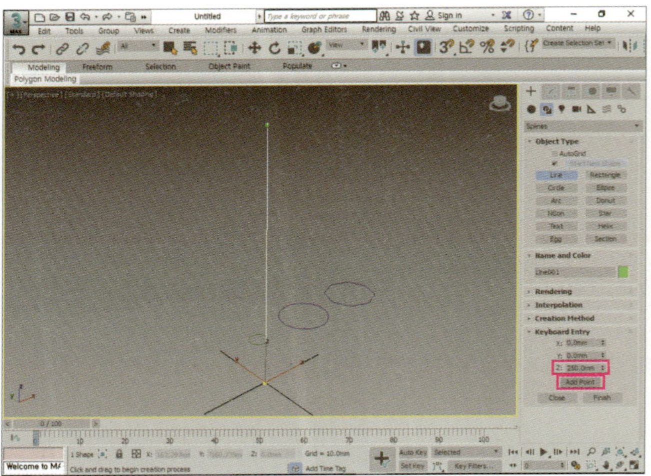

## 04

콜라병을 만들 3개의 Shape과 1개의 Line이 완성되었습니다. 이제 Loft
를 이용하여 3D로 만들어보겠습니다.

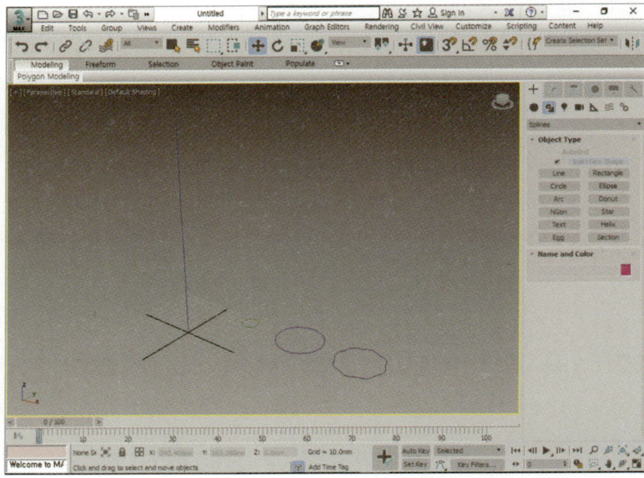

# 02     Path에 Shape 적용하기

이번에는 완성된 Shape에 Loft를 적용하여 2D Object를 3D Object로 만들어 보겠습니다.

## 01

Line을 선택한 후 [Create-Compound Objects-Loft]를 선택합니다.
Get Shape를 클릭한 후 2번 Circle을 선택합니다. Line을 따라 Circle
의 형태가 올라가며 Cylinder가 만들어집니다.

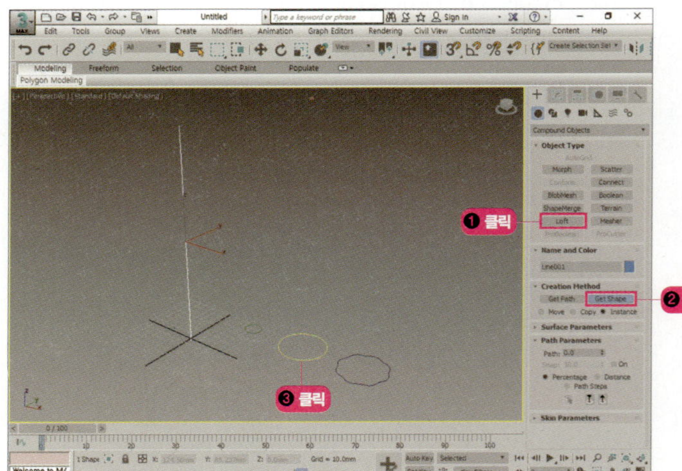

## 02

[Path Parameters]의 Path에 2를 입력합니다. Get Shape을 클릭한
후 2번 Circle을 선택합니다. 선택한 Circle이 Path에 적용됩니다.

tip
Path Parameters는 Shape이 적용될 위치입니다. 위치를 움직이며
Shape을 적용하고 편집할 수 있습니다.

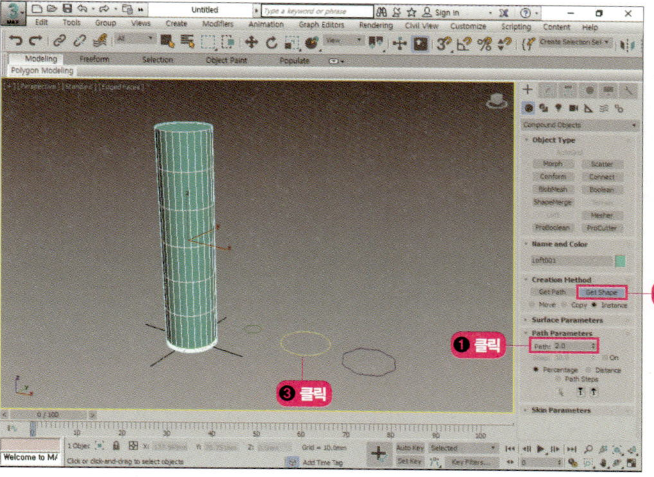


## 03

[Path Parameters]의 Path에 '22'를 입력합니다. Get Shape을 클릭한
후 2번 Circle을 선택합니다. 선택한 Circle이 Path에 적용됩니다.

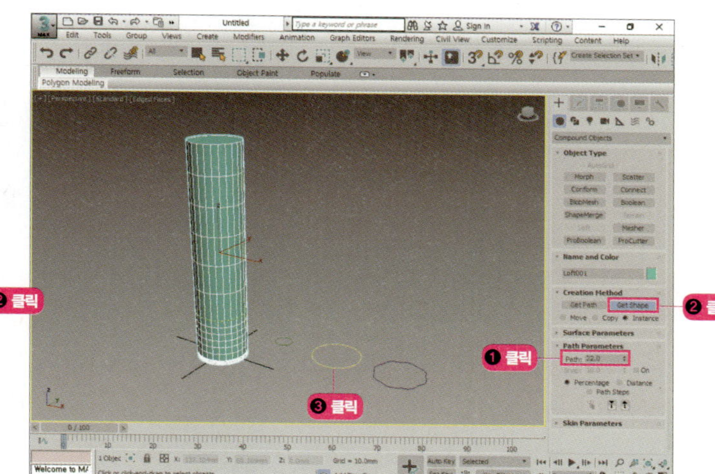


## 04

[Path Parameters]의 Path에 '40'을 입력합니다. Get Shape을 클릭한
후 3번 Star를 선택합니다. 선택한 Star가 Path에 적용됩니다.

tip
Loft에서 다른 형태의 Shape을 적용하면 두 가지 형태의 Shape이 자연
스럽게 연결됩니다.

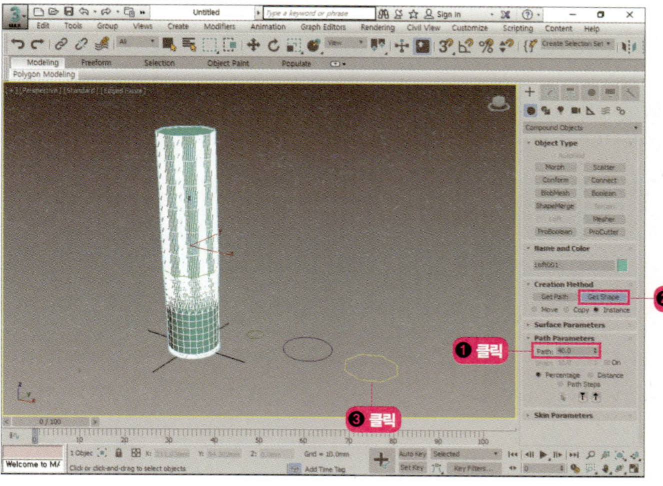


## 05

[Path Parameters]의 Path에 '41'을 입력합니다. Get Shape을 클릭한
후 2번 Circle을 선택합니다. 선택한 Circle이 Path에 적용됩니다.

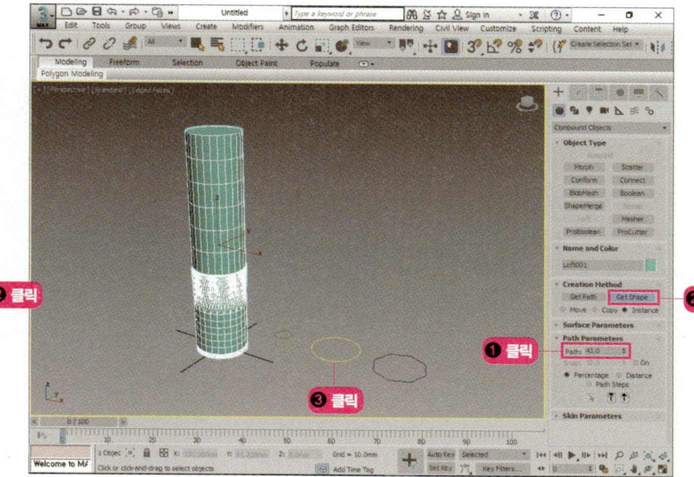

## 06

[Path Parameters]의 Path에 '60'을 입력합니다. Get Shape을 클릭한 후 2번 Circle을 선택합니다. 선택한 Circle이 Path에 적용됩니다.

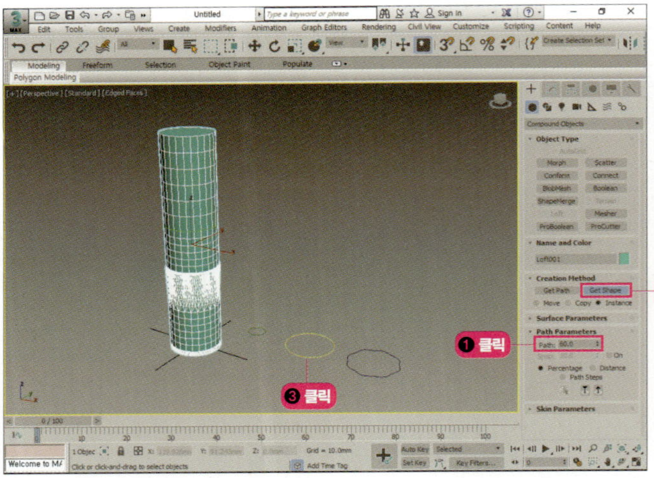

## 07

[Path Parameters]의 Path에 '61'을 입력합니다. Get Shape을 클릭한 후 3번 Star를 선택합니다. 선택한 Star가 Path에 적용됩니다.

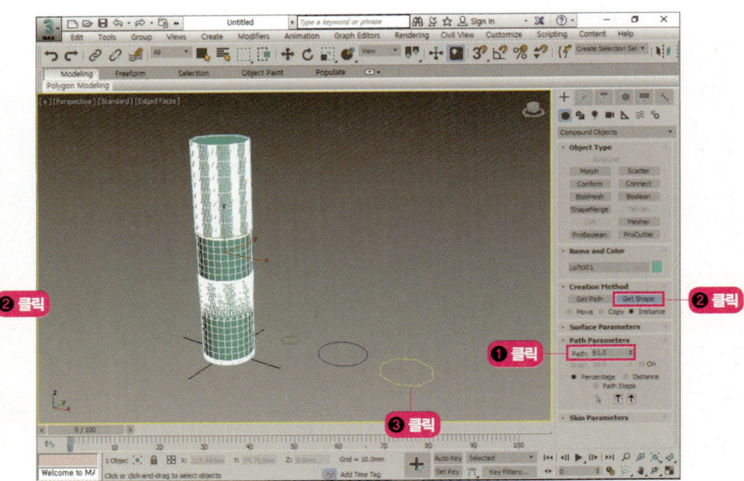

## 08

[Path Parameters]의 Path에 '82'를 입력합니다. Get Shape을 클릭한 후 1번 Circle을 선택합니다.
선택한 Circle이 Path에 적용됩니다.

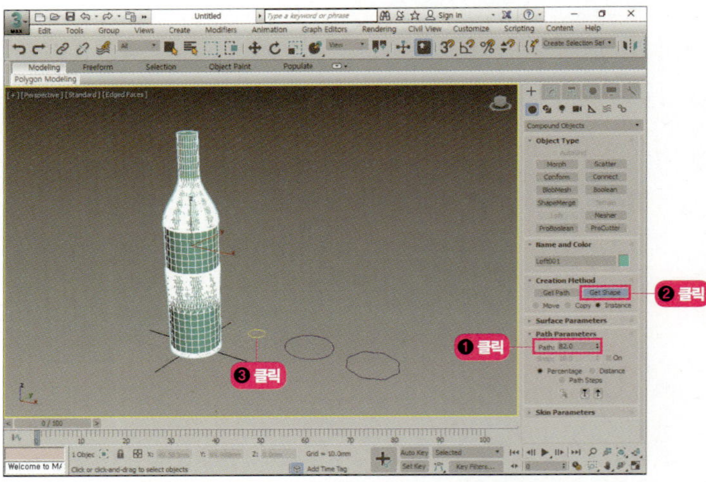

## 09

[Path Parameters]의 Path에 '92'를 입력합니다. Get Shape을 클릭한 후 1번 Circle을 선택합니다. 선택한 Circle이 Path에 적용됩니다.

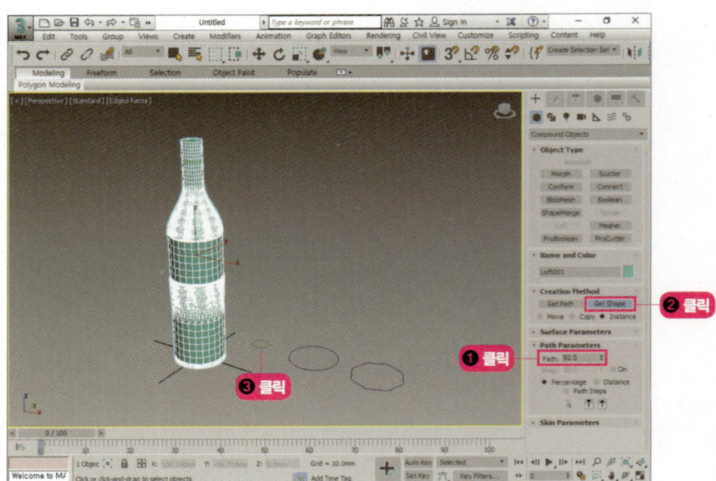

## 10

[Path Parameters]의 Path에 94, 98, 99, 100 위치에 같은 방법으로
1번 Circle을 적용합니다. 콜라병에 필요한 Shape은 다 적용시켰으므로
Shape을 수정하여 스케일을 바꿔보겠습니다.

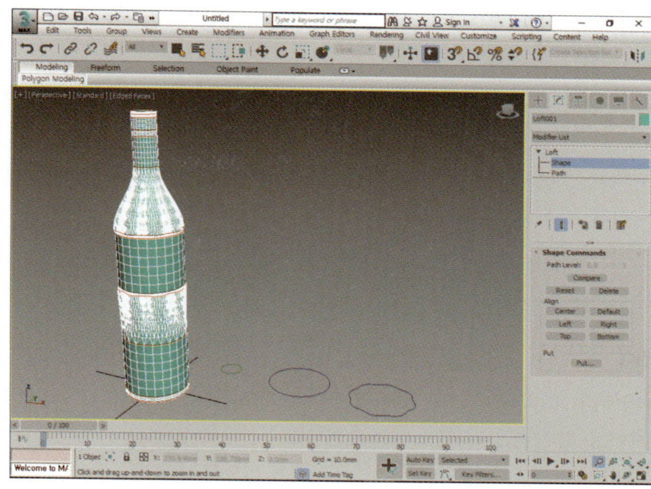

 Shape 적용 중 Shape이 잘못 적용되었다면 Delete 를 눌러 적용된
Shape을 지우고 다시 Get Shape을 선택한 후 Shape을 적용합니다.

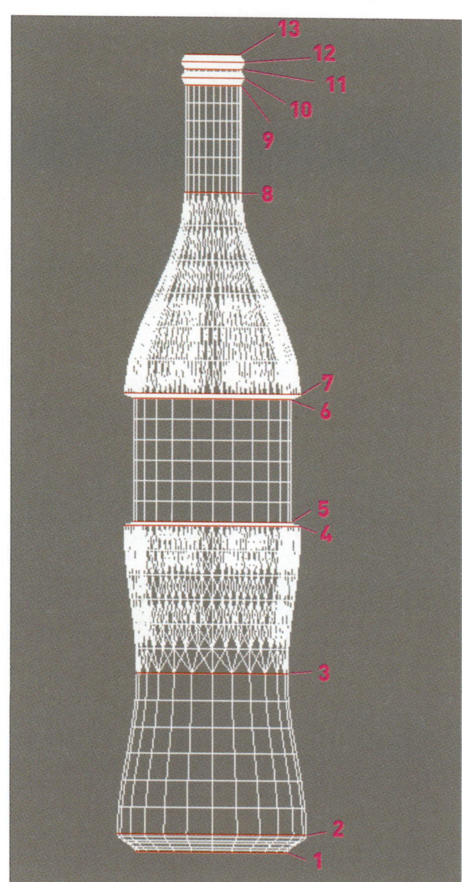

**Shape이 적용된 순서**

# Shape을 디테일하게 수정하기

이번에는 앞에 만든 Loft에 적용된 Shape을 수정하여 콜라병에 볼륨감을 만들어보겠습니다. 일자로 뻣뻣한 콜라병은 뭔가 이상하니까요.

## 01

Select and Uniform Scale()을 선택합니다. [Modify-Loft-Shape]를 선택한 후 2번 Circle을 선택합니다.


Loft의 Shape을 선택하여 적용된 Shape을 각각 편집할 수 있습니다. 편집할 Shape의 번호는 앞의 Shape 적용 순서를 참고바랍니다.

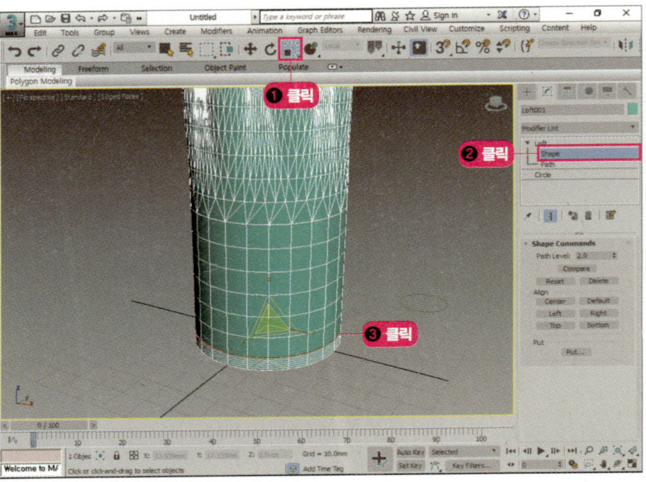

## 02

그림처럼 Gizmo의 삼각형 부분을 선택하고 전체적인 크기를 약간 늘려줍니다.


Gizmo의 삼각형 부분을 선택하고 크기를 변경하면 X, Y, Z축으로 동시에 크기가 변하여 Object의 형태가 왜곡되지 않습니다.

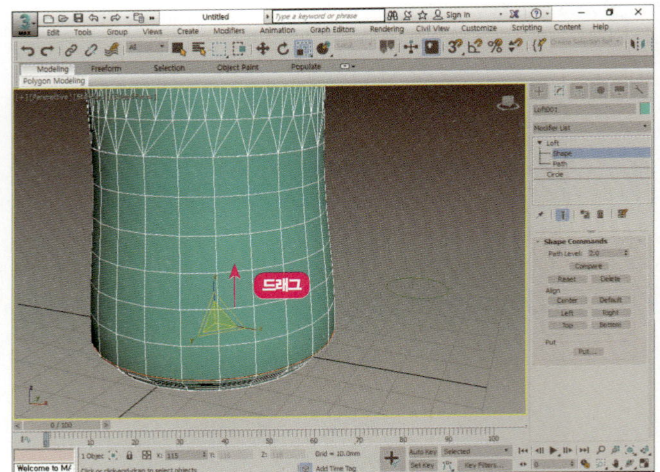

## 03

3번 Shape을 선택한 후 크기를 약간 줄여줍니다.

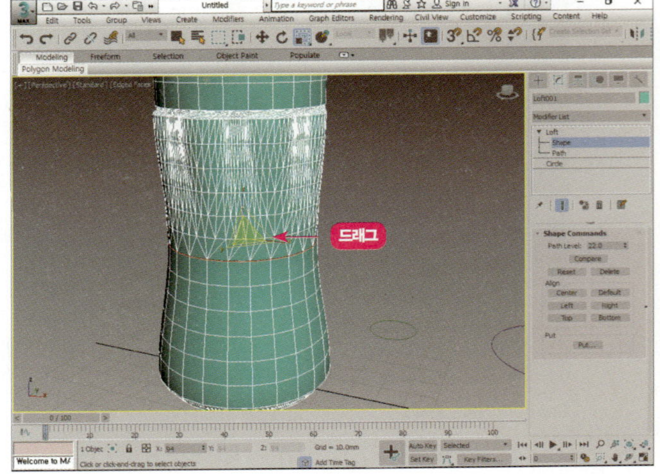

## 04

위의 10, 12번 Shape을 선택합니다.

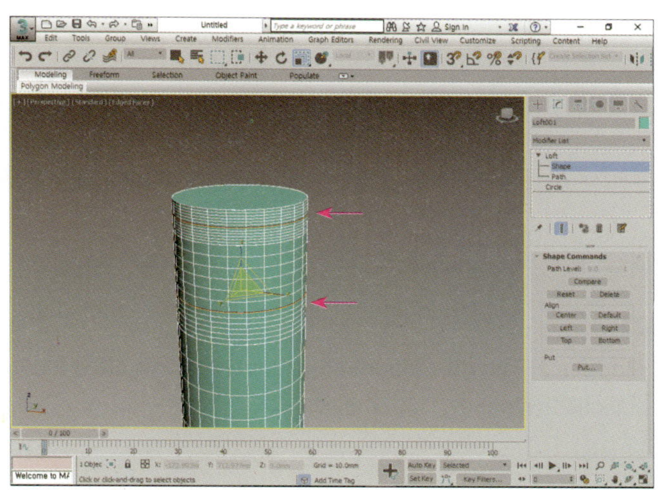

Loft의 Shape을 선택하기 힘들 경우 마우스를 Shape 위에 올려놓으면
마우스 포인터가 + 표시로 바뀌는 것을 볼 수 있습니다. + 표시로 바뀌는 부
분이 Shape이 적용된 부분입니다.

## 05

그림처럼 크기를 약간 늘려줍니다. 병 입구가 되는 부분입니다.

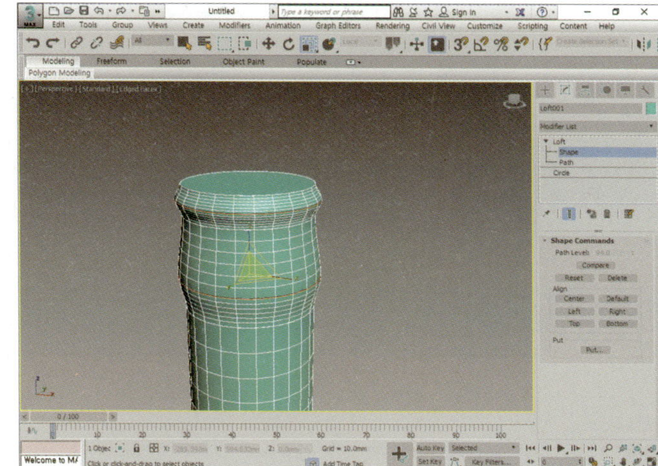

## 06

콜라병의 전체적인 외관이 완성되었습니다.

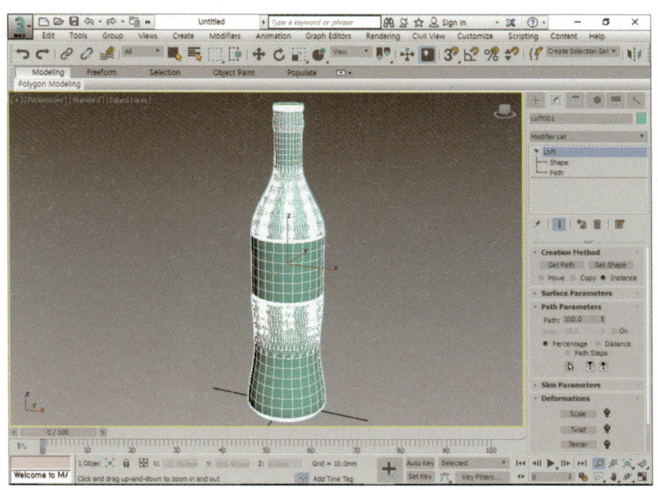

Loft에서 Shape을 선택하여 수정하면 Gizmo가 Local로 자동으로 변경
됩니다. 다른 작업 시 View로 바꿔주는 것이 좋습니다.

# Shell로 콜라병에 두께 주기

이번에는 완성된 콜라병에 Shell로 두께를 만들어보겠습니다. Extrude와 달리 Object 전체에 두께를 줄 수 있습니다.

## 01

[Modeling-Polygon Modeling-Convert to Poly]를 클릭하여 Object를 Polygon 편집 모드로 변환합니다.

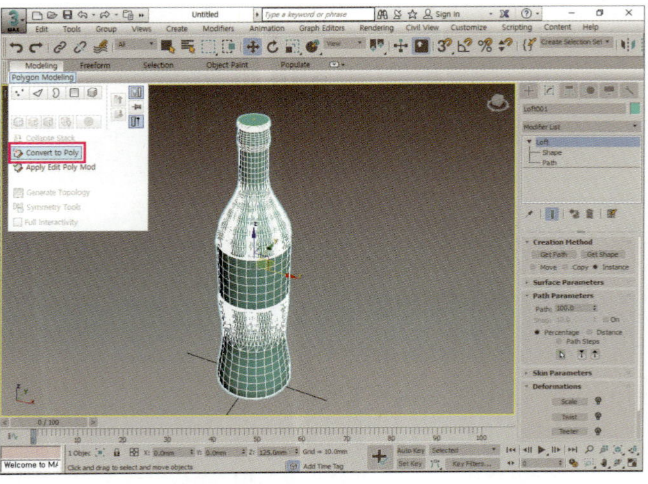

## 02

Sub-Object를 Polygon으로 선택한 후, 가장 위에 있는 Polygon을 선택합니다.

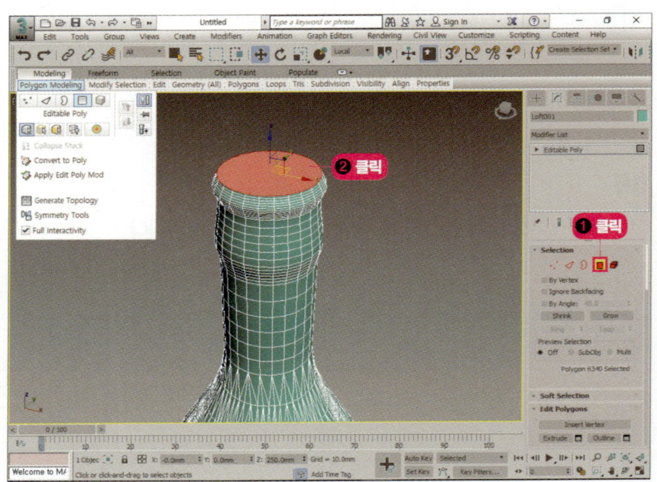

## 03

Delete 을 눌러 선택한 Polygon을 삭제합니다. 닫혀 있던 콜라병이 시원하게 뚫렸습니다. 현재 콜라병은 두께가 없어 종이처럼 얇은 형태이므로 두께를 만들어 보겠습니다.

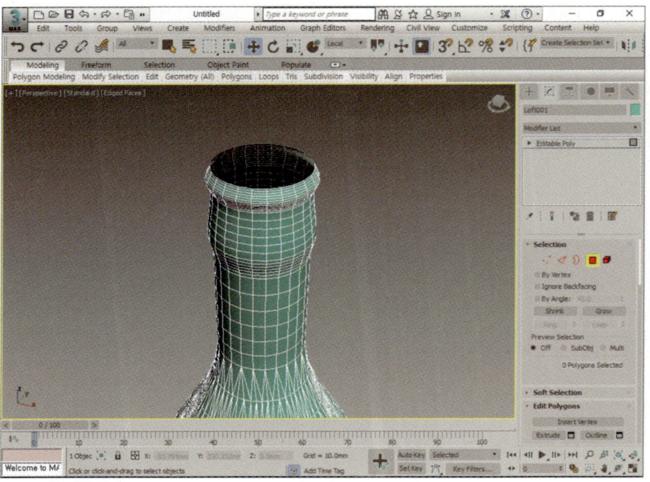

## 04

[Modifier List-Shell]을 적용합니다. Inner Amount : 0.5mm, Outer Amount : 0.5mm를 적용합니다. 안과 밖에 균일한 두께가 적용됩니다.

**tip**
Polygon이 많은 Object에 한쪽으로만 두께를 적용하다 보면 Polygon이 꼬이는 경우가 있습니다. Shell 명령어를 적용할 때는 Polygon이 꼬이지 않도록 주의하세요.

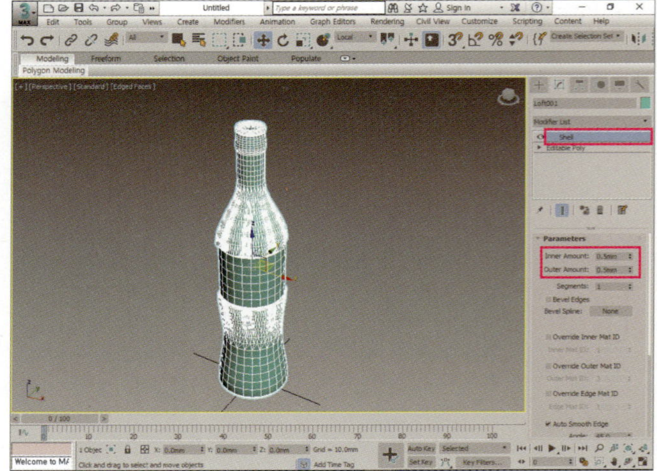

# Material ID 적용하기

이번에는 'Multi/Sub Object' 재질을 적용하기 위해 Polygon에 ID를 지정해보겠습니다.
유리 재질과 로고가 들어갈 2개의 ID를 지정하는 방법을 익혀보겠습니다.

## 01

[Modeling-Polygon Modeling-Convert to Poly]를 클릭하여
Object를 Polygon 편집 모드로 변환합니다. Front View에서 Polygon
을 선택합니다. Selection에 'Ignore Backfacing'을 체크합니다. 콜라
병 중간의 직선 부분에 선택 영역을 드래그하여 Polygon을 선택합니다. 선
택할 때 선택 방법을 Crossing으로 설정하면 쉽게 선택할 수 있습니다.

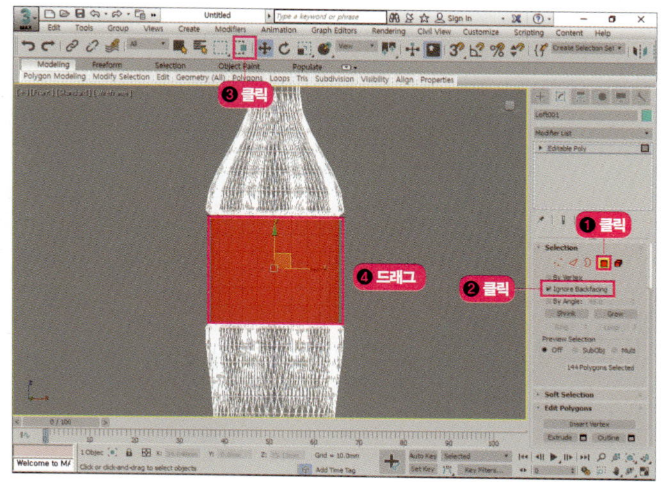

  **tip** Ignore Backfacing은 선택 시 뒷면은 선택되지 않게 하는 기능으로, 선
택한 Viewport에서 보이지 않는 뒷면은 선택하지 않습니다.

## 02

Left View에서 확인해보면 선택 영역의 뒷면은 선택되지 않았습니다. 하지
만 내부의 Polygon은 선택되어 있는 상태입니다. 'Ignore Backfacing'
의 체크를 해제합니다. 그림처럼 Alt 를 누르고 선택 영역을 만들어
Polygon 선택을 해제합니다. 현재 외부면의 반원 부분만 Polygon이 선
택되어 있는 상태입니다.

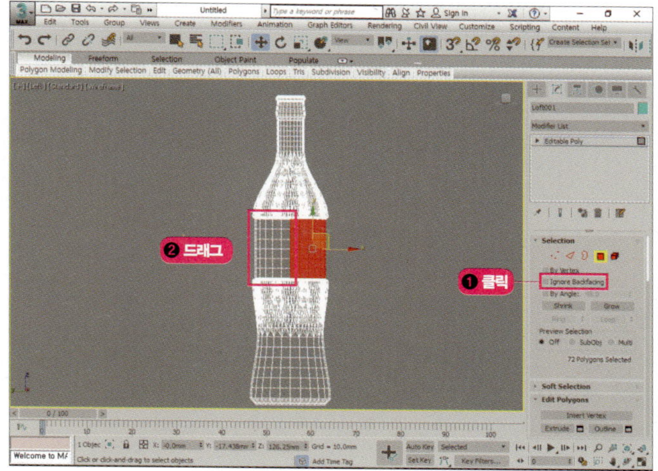

 **tip** 선택 영역 해제 시에는 Alt 를 누른 상태에서 선택 영역을 만들어야 합니다.

## 03

[Modeling-Properties-MatIDs]를 클릭합니다. 화면 상단에 ID 선택
대화상자가 나타납니다. Set ID에 '1'을 입력한 후 Enter 를 누릅니다. 현재
선택된 Polygon이 1번 ID로 지정됩니다.

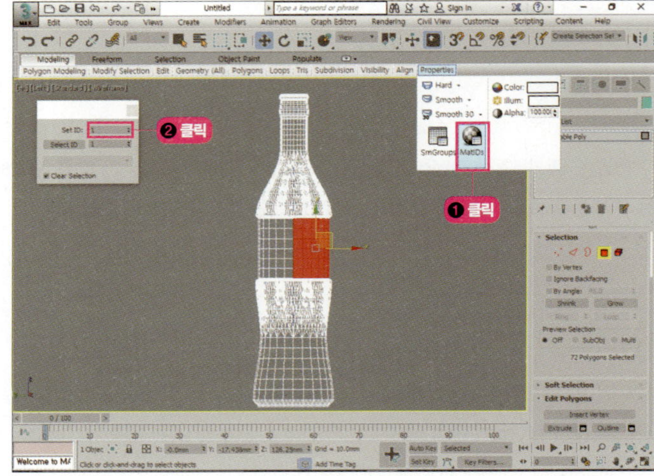

## 04

메뉴바에서 [Edit-Select Invert]를 선택합니다. 단축키는 Ctrl + I 입니
다.

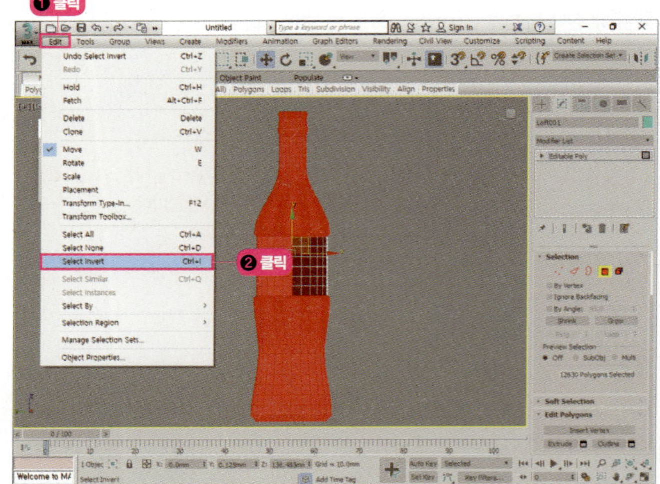

## 05

선택 영역이 반전되었습니다. Set ID에 '2'를 입력한 후 Enter 를 누릅니다.
현재 선택된 Polygon이 2번 ID로 지정되었습니다.

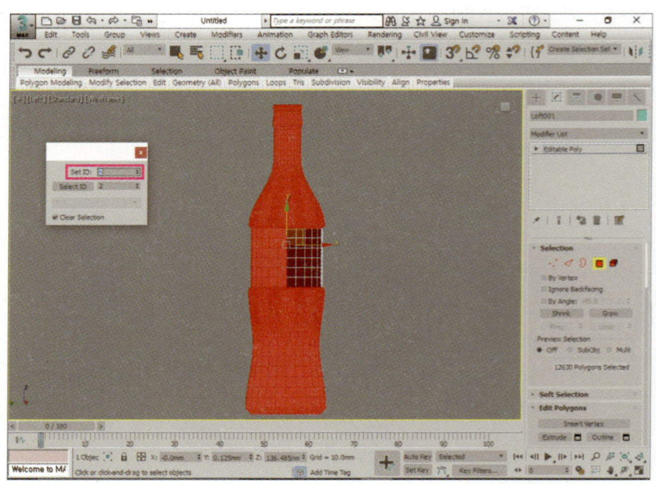

# Multi/Sub Object 재질 적용하기

이번에는 방금 지정한 아이디에 적용할 재질을 Multi/Sub Object를 이용하여 만들어보겠습니다.

## 01

M 을 눌러 [Material Editor]를 엽니다. [Materials-General-Multi/
Sub-Object]를 더블클릭합니다. 만들어진 Multi/Sub-Object 재질을
더블클릭하여 활성화 합니다

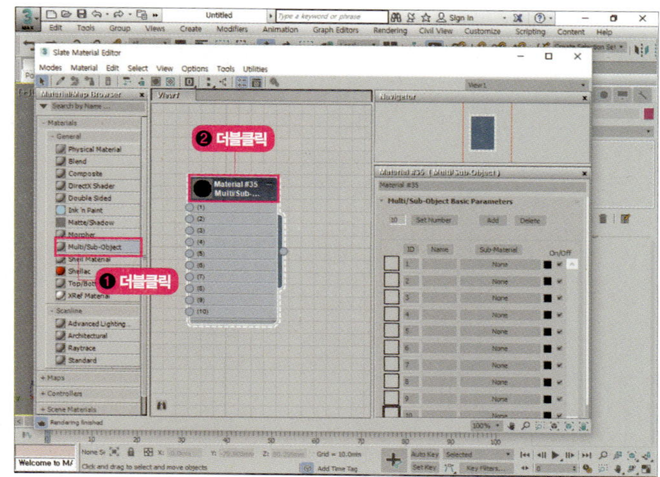

## 02

[Materials-Scanline-Standard]를 탐색창에 드래그한 후 놓으면 재질
슬롯이 생성됩니다. 두 개의 재질 슬롯을 만들고 Multi/Sub-Object의
1번과 2번 슬롯에 그림과 같이 각각 연결합니다.

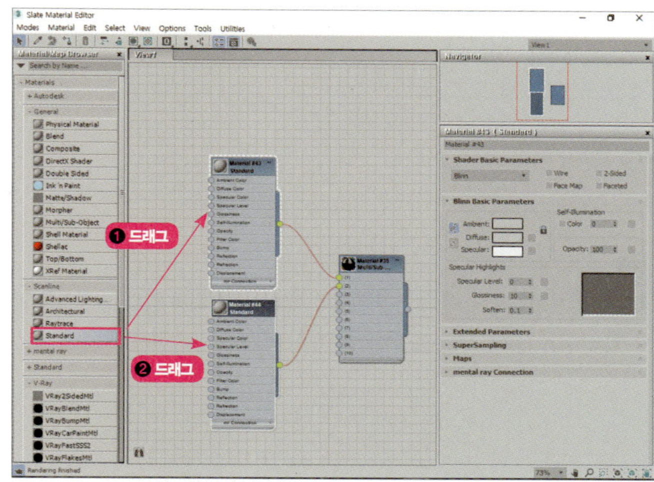

## 03

아래와 같이 재질을 만든 후 Assign Material to selection(아이콘)을 클릭하여 재질을 적용합니다. Show Shaded Material in Viewport(아이콘)를 클릭하여 Viewport에서 재질을 확인합니다. 사실적인 재질을 표현하려면 Part04의 재질 부분을 참고하세요.

### 1번 LOGO 재질

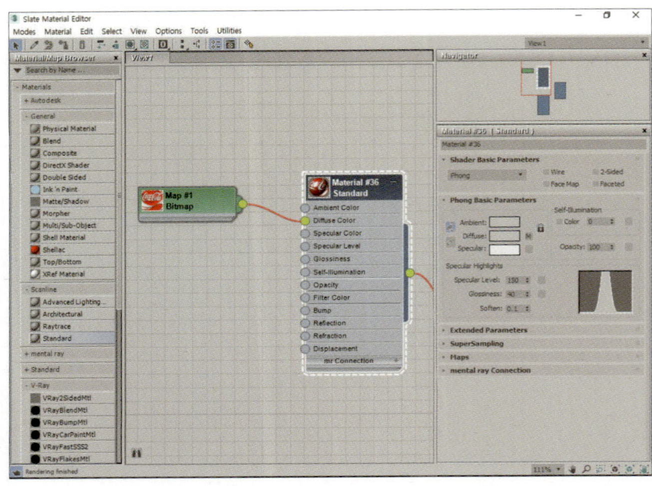

Diffuse : Bitmap-C://Map/Architectural/cola.jpg

Specular Level : 150

Glossiness : 40

### 2번 콜라병 재질

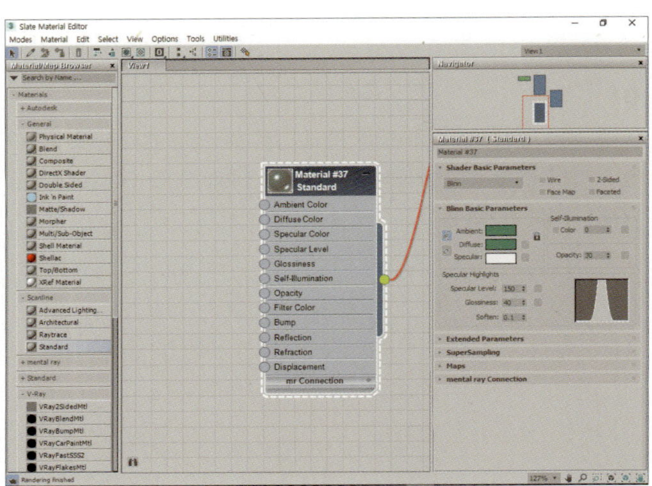

Diffuse Color : Red 0, Green 69, Blue 44

Opacity : 30

Specular Level : 150

Glossiness : 40

## 04

재질이 적용된 Object를 보면 이미지가 제대로 표현되어 있지 않은 것을 알 수 있습니다. 'UVW Map'을 이용하여 Map 좌표를 새로 적용해보겠습니다.

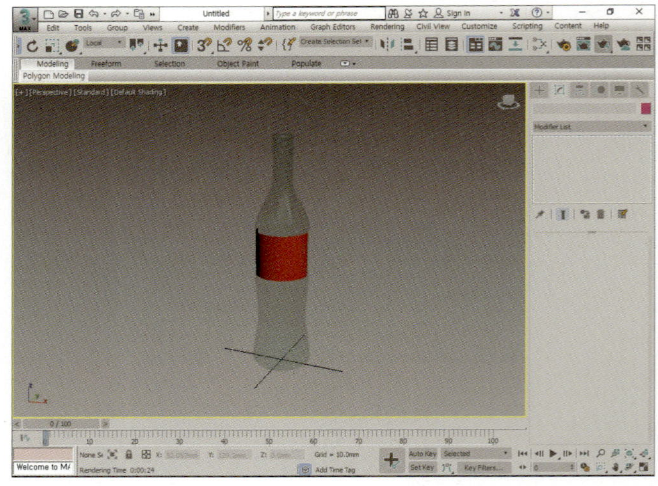

## 05

[Modifier List-UVW Map]을 적용합니다. Mapping type의 Cylindrical에 체크하고 Height를 '50㎜'로 수정합니다. 이미지가 제대로 표현되지만 180°로 적용한 면에 360°로 적용되어 이미지가 조금 늘어져 있습니다.

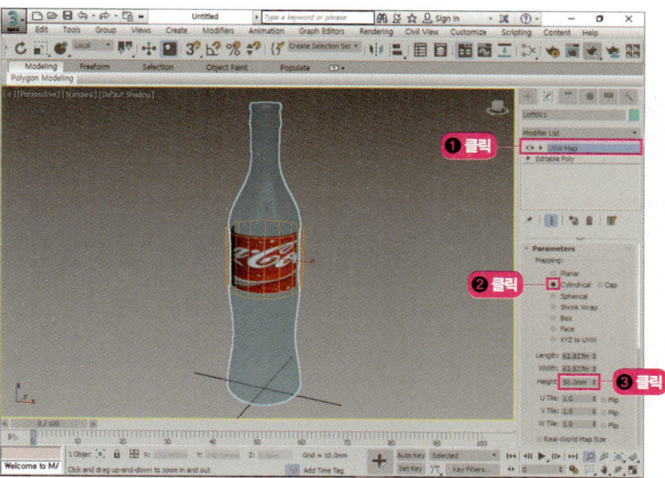

## 06

U Tile에 '2'를 입력하여 Map이 두 번 반복되도록 합니다. [UVW Map-Gizmo]를 선택한 후 회전시켜 정면에서 제대로 보이도록 이미지를 90° 회전시킵니다. Angle Snap Toggle(   )을 켜고 회전시키면 정확하게 회전시킬 수 있습니다.

## 07

콜라병 모델링이 완성되었습니다. 이렇게 Loft를 이용하면 다양한 단면의 형태를 조합하여 복잡한 모델링도 간단히 만들 수 있습니다.

**재질과 조명을 적용한 이미지**

# Bevel Profile을 이용한 엔틱 테이블 만들기

이번에는 앞에 설명한 Bevel Profile을 이용하여 테이블을 만들어보겠습니다. Lathe와 비슷하지만 Lathe로 모델링하기 어려운 Object를 좀 더 손쉽게 만들 수 있습니다. 테이블뿐만 아니라 소품이나 인테리어 작업 시 활용도가 높기 때문에 자주 사용됩니다.

예제 파일
C:/315-5466/Part03/0304.max

## 01

### Line에 Bevel Profile 적용하기

먼저 Bevel Profile에 필요한 Line을 만든 후 Bevel Profile을 적용하여 3D로 만들어보겠습니다.

### 01

Top View에서 Length는 850mm, Width는 1350mm의 Rectangle을 만듭니다.

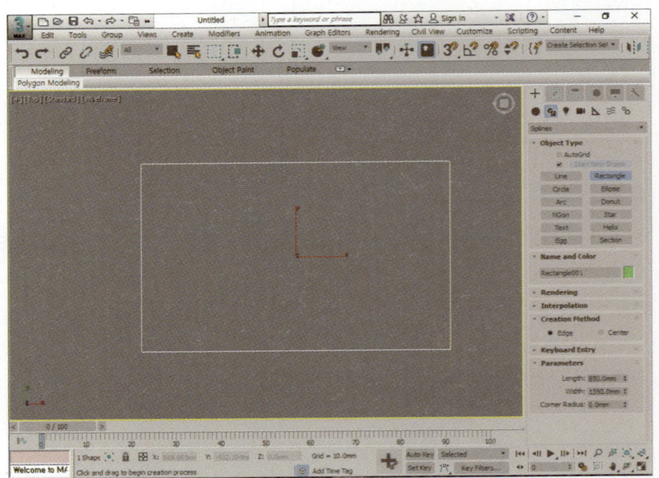

### 02

3D Snap(⌗)을 클릭하여 Snap을 활성화합니다.
Snap 아이콘 위에서 마우스 오른쪽 버튼을 클릭하여 [Grid and Setting] 창을 활성화시킵니다. 'Grid Points'에만 체크한 후 창을 닫습니다.

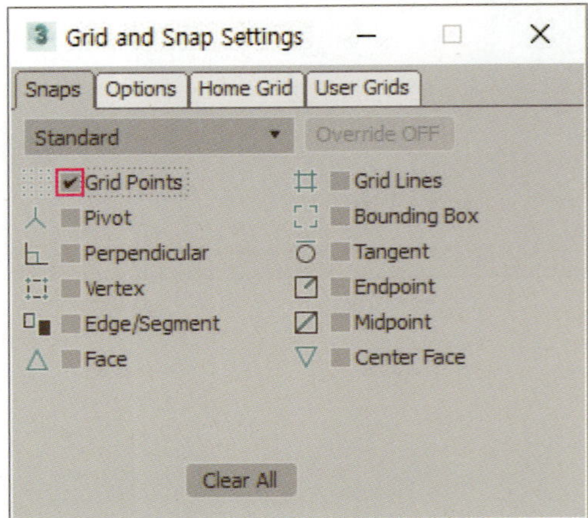

## 03

Grid 값이 기본적으로 10mm로 설정되어 있기 때문에 Grid Point를 이용하
여 Line을 그려보겠습니다. Front View에서 그림처럼 Line을 만듭니다.

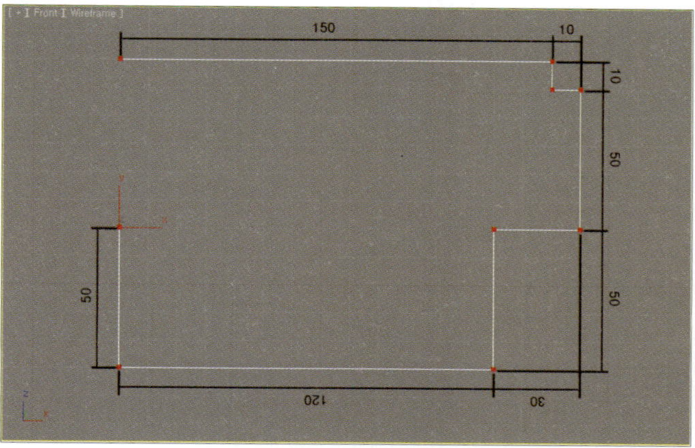

## 04

그림과 같은 위치의 Vertex를 선택합니다. Fillet에 5mm를 입력한 후 Enter
를 누릅니다.

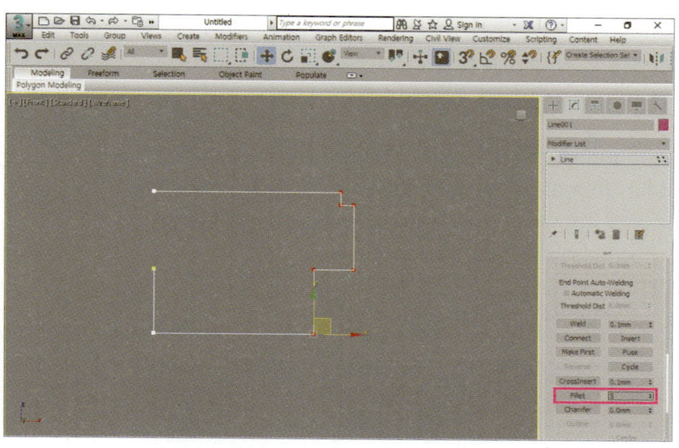

## 05

선택한 Vertex에 Fillet이 적용됩니다. 테이블 모델링에 필요한 Line이 모
두 완성되었습니다.

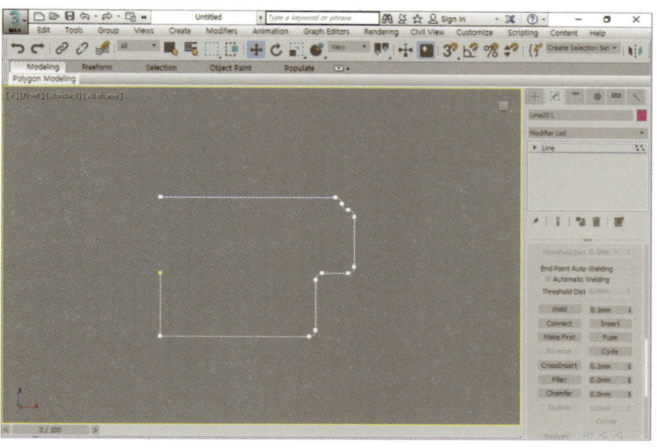

## 06

Rectangle을 선택한 후 [Modifier List-Bevel Profile]을 적용합니다.

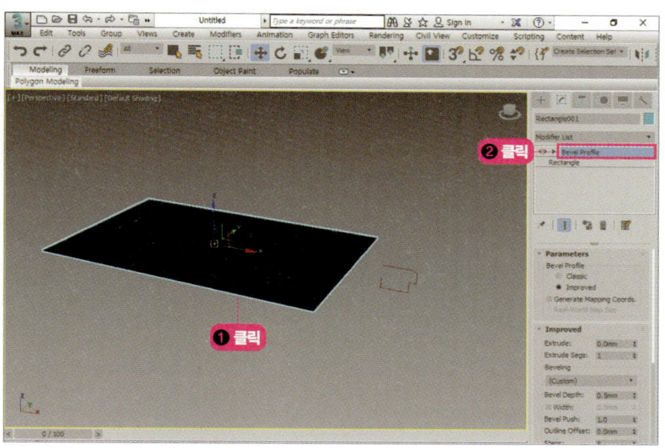


## 07

'Classic'을 선택하고 Pick Profile을 클릭한 후 2번 Line을 선택하면 사
각형 테이블 형태가 만들어집니다.

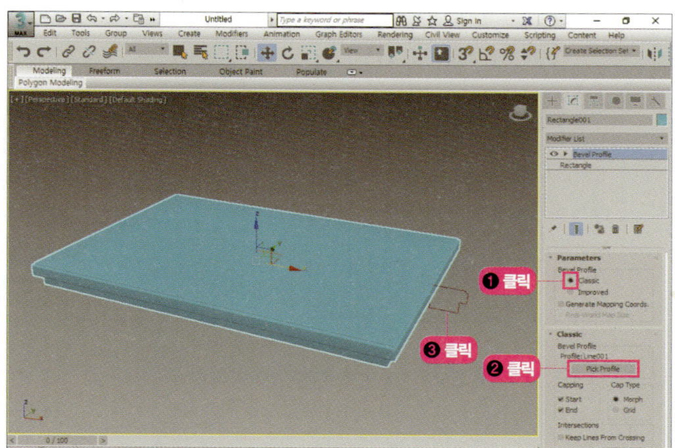

# 02

이번에는 앞에 배웠던 Loft 명령어를 활용하여 테이블 다리를 만들어보겠습니다.

## 01

먼저 Loft를 적용할 Line을 Keyboard Entry를 이용하여 만들어 보겠습니다. [Create-Shape-Line에 Keyboard Entry] 메뉴에서 X : 0, Y : 0, Z : 0 위치에 'Add Point'를 클릭하여 시작점을 만듭니다.

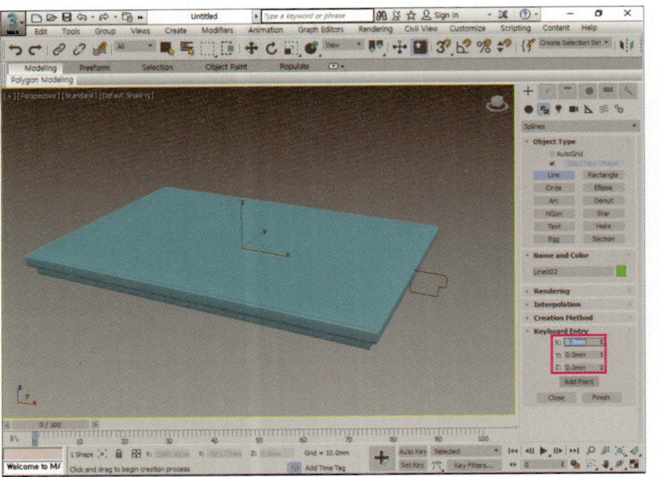

## 02

Z : 550㎜를 입력한 후 'Add Point'를 클릭합니다. 길이가 550㎜인 Line이 만들어 집니다.

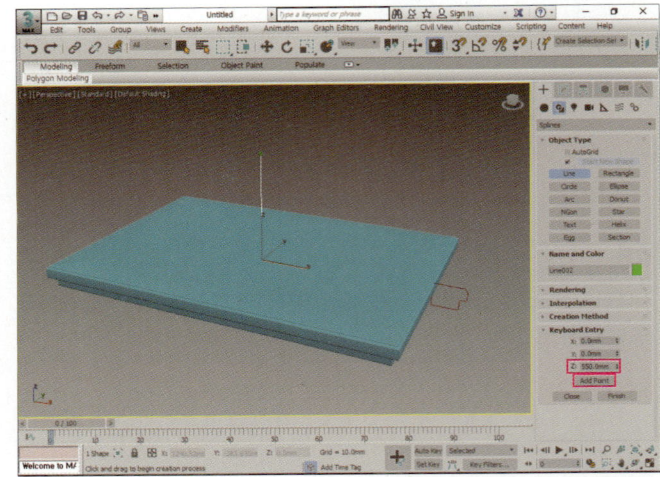

## 03

Top View에서 Radius : 40㎜인 Circle을 만듭니다.

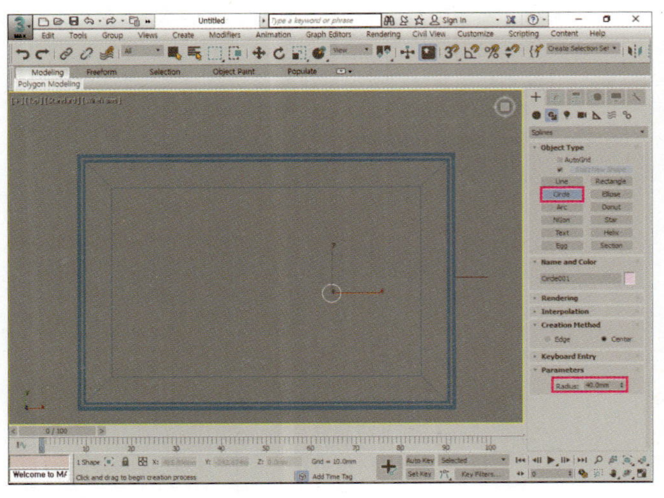

## 04

Line과 Circle을 테이블 밖으로 이동합니다. 길이가 550㎜인 Line을 선택합니다. [Create-Geometry-Compound Objects-Loft]를 선택합니다. Get Shape을 클릭한 후 원을 선택합니다. Line을 따라 원기둥이 만들어졌습니다.

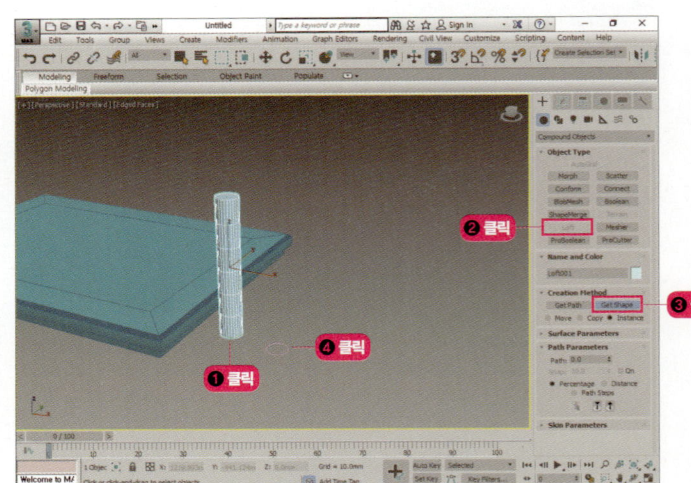

## 05

Modify에서 Loft를 편집해 형태를 변경해보겠습니다. [Deformations] 메뉴에서 Scale을 클릭합니다. [Scale Deformation] 창이 활성화됩니다. Loft가 적용된 원의 Scale을 조정할 수 있습니다.

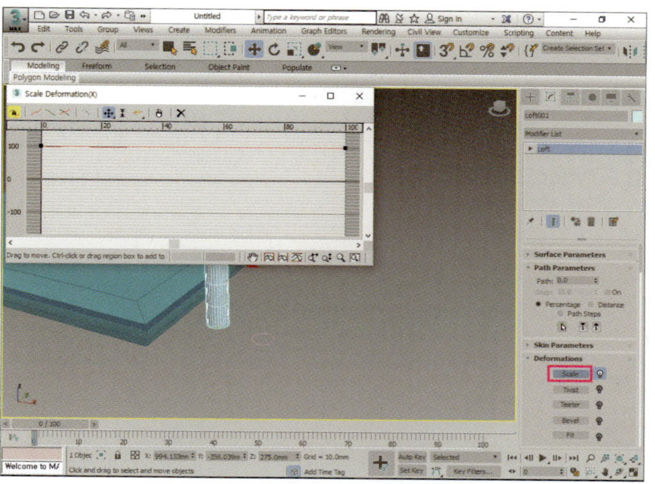

## 06

Line 위에 편집할 Vertex를 추가하고 수정하여 그림과 같은 형태로 바꿉니다. 회전되는 중심축은 '0'이 기준이므로 단면의 형태를 만든다는 느낌으로 편집하면 쉽습니다. 편집 방법은 Line을 편집하는 방법과 동일합니다.

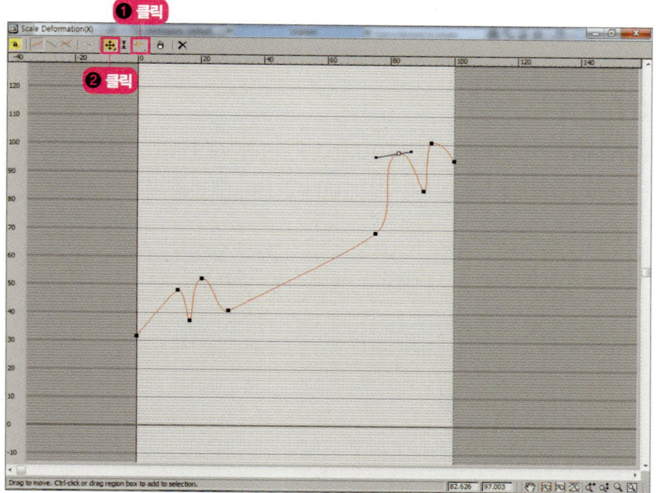


## 07

[Scale Deformation]에서 수정한 형태로 다리 형태가 수정되었습니다.

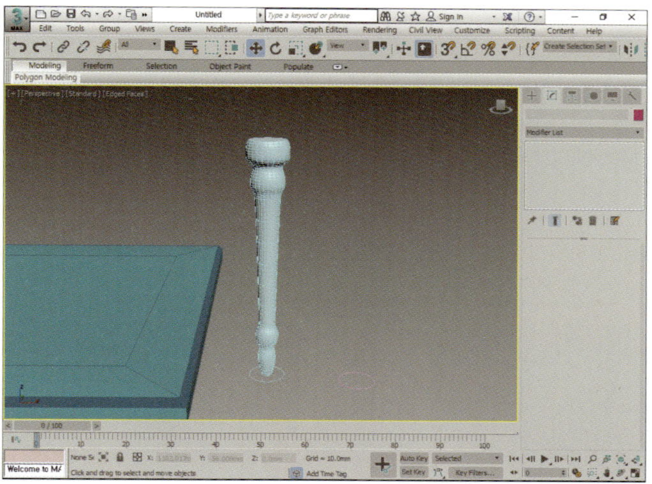

**변형 인터페이스**

Loft가 적용된 축 위에 Vertex를 추가하여 Loft가 적용된 형태를 수정할 수 있습니다. 수정 방법은 Line 편집 방법과 동일합니다.

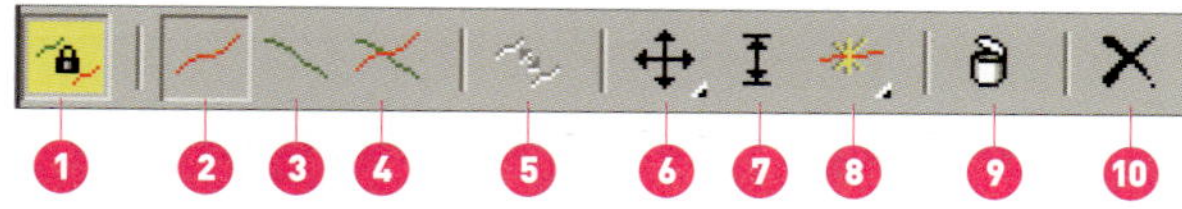

① 대칭 설정 버튼을 이용하여 모양의 두 축에 같은 변형을 적용합니다.

② X축의 변형 커브만 빨간색으로 표시합니다.

③ Y축의 변형 커브만 빨간색으로 표시합니다.

④ X축과 Y축의 변형커브를 각각 고유한 색상으로 표시합니다.

⑤ X축과 Y축 사이의 곡선을 복사합니다.

⑥ 선택한 Vertex를 이동합니다.

⑦ 선택한 Vertex의 배율을 조정합니다.

⑧ 축 위에 Vertex를 추가합니다.

⑨ 선택한 Vertex를 삭제합니다. Delete 를 눌러 바로 삭제할 수도 있습니다.

⑩ 끝 Vertex를 제외한 모든 Vertex를 삭제하고 곡선을 초기화시킵니다.

이번에는 테이블과 다리를 이어주는 연결부를 만들어보겠습니다.

## 01

[Create-Geometry-Standard Primitives-Box]를 선택한 후 Length, Width, Height가 각각 100mm인 Box를 만듭니다.

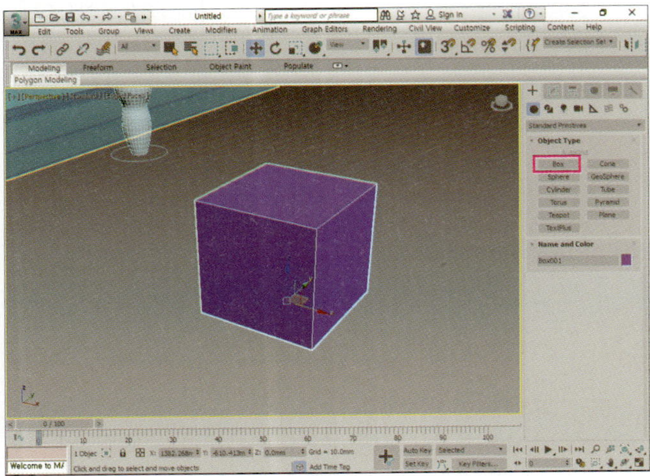

## 02

[Modeling-Polygon Modeling-Convert to Poly]를 클릭하여 Box를 Polygon으로 변환합니다.

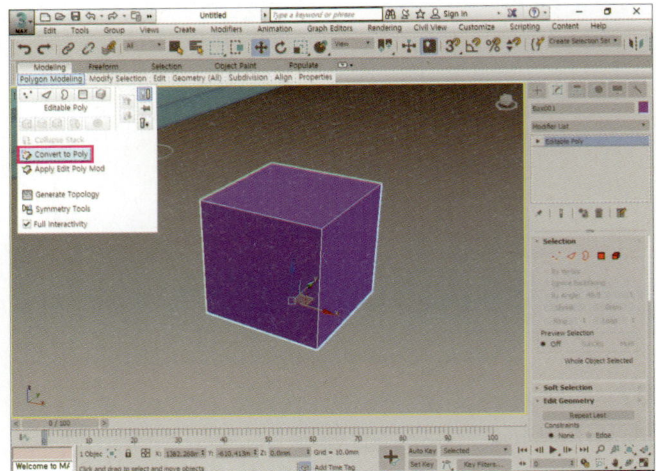

## 03

Sub-Object에서 Polygon으로 선택한 후 옆의 네 Polygon을 선택합니다.

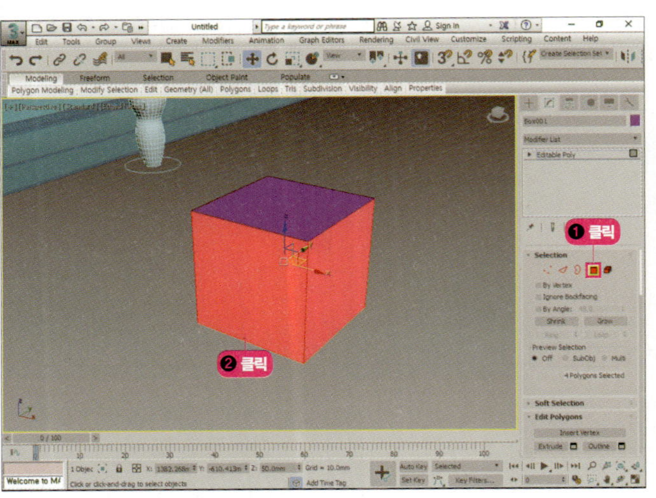


## 04

[Modeling-Polygons-Inset-Inset Setting]을 클릭합니다.

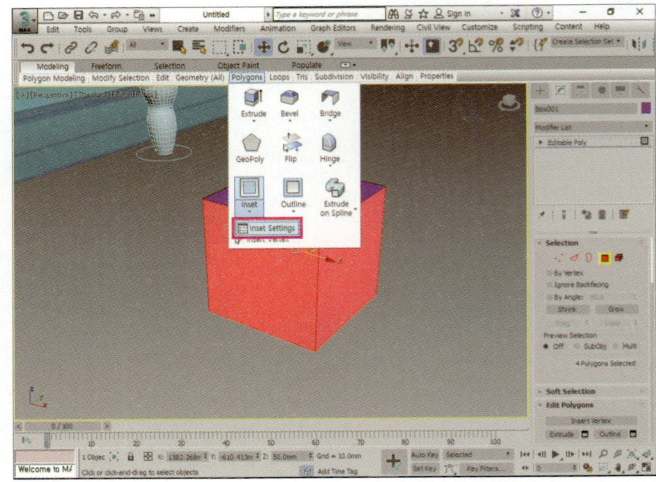

**05**

Inset 캐디 메뉴가 활성화됩니다. 'By Polygon'을 선택하여 각 면에 Inset
이 적용되도록 합니다. Amount에 '10'을 입력한 후 [OK] 버튼을 선택합니
다.

 **tip**　By Polygon은 선택한 Polygon에 각각 명령어가 적용되도록 합니다.

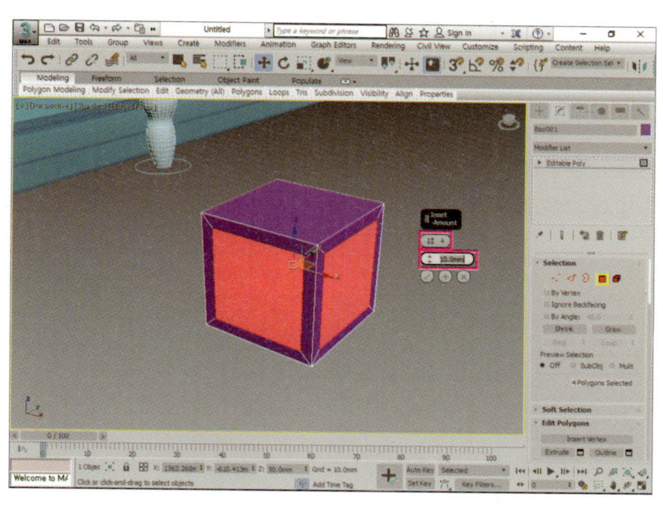

**06**

[Modeling-Polygon-Extrude-Extrude Setting]을 클릭합니다.
Extrude 캐디 메뉴가 활성화됩니다. Amount에 '-3'을 입력한 후 [OK]
버튼을 클릭합니다. 선택한 Polygon이 안쪽으로 조금 들어갑니다.

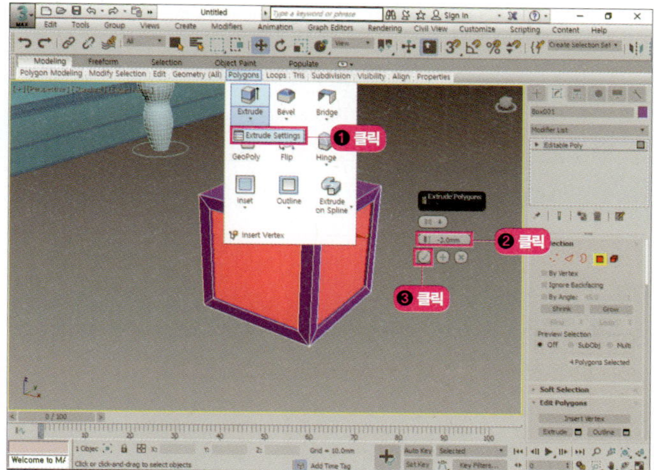

**07**

[Modeling-Polygons-Bevel-Bevel Setting]을 클릭합니다. Bevel
캐디 메뉴가 활성화됩니다. Height에 '-2', Outline에 '-7'을 각각 입력한
후 [OK] 버튼을 클릭합니다. 선택한 Polygon이 대각선 형태로 안으로 조
금 들어갑니다.

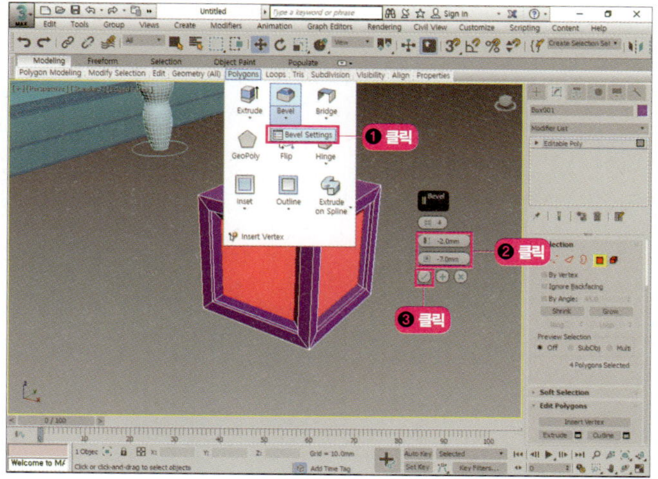

## 08

만들어진 Box를 테이블 다리 위로 Align을 이용하여 정렬해보겠습니다. Box를 선택한 후 Align(▦)을 클릭하고 테이블 다리를 선택합니다. [Align Selection] 대화상자에서 아래 옵션으로 설정한 후 Apply를 클릭합니다. X, Y축으로 중심축이 정렬됩니다.

그림처럼 체크를 한 후 [OK] 버튼을 클릭합니다. Box가 그림처럼 정렬됩니다.

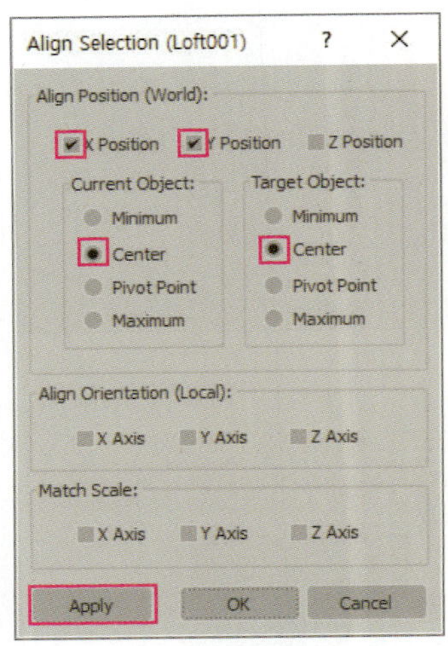
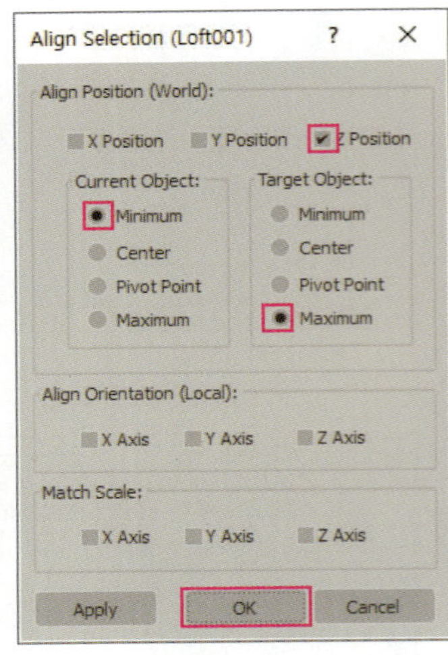
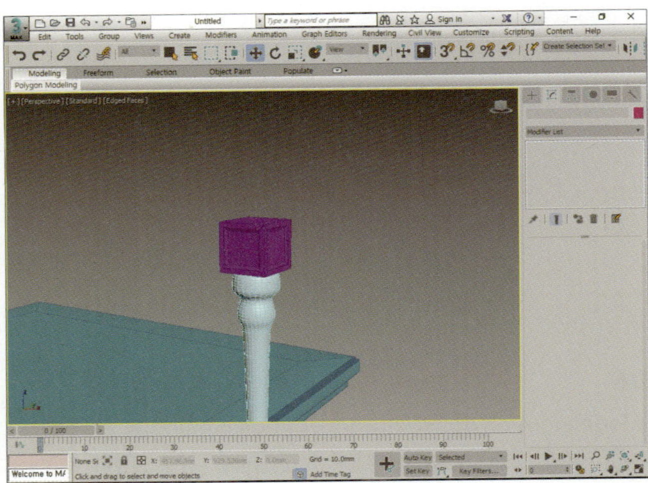

## 09

Box를 선택합니다. [Modeling-Geometry(All)-Attach]를 클릭한 후 아래 다리를 선택합니다. 두 Object가 하나로 합쳐집니다.

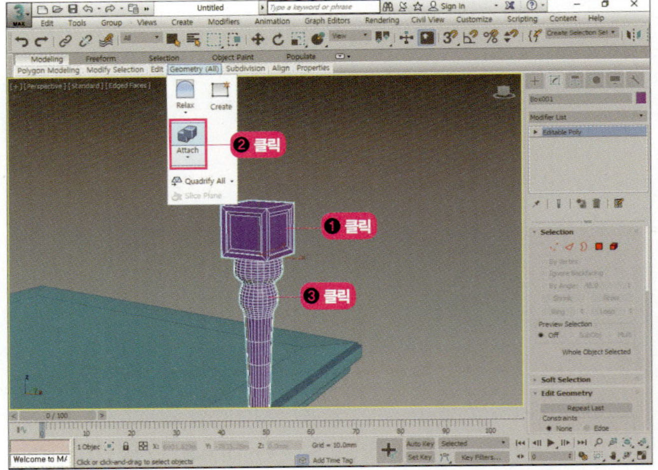

이번에는 만들어진 테이블 다리를 정렬하고 대칭으로 복사해보겠습니다.

## 01

3D Snap( 3 )을 클릭하여 Snap을 활성화합니다.
Vertex에 체크한 후 창을 닫습니다.

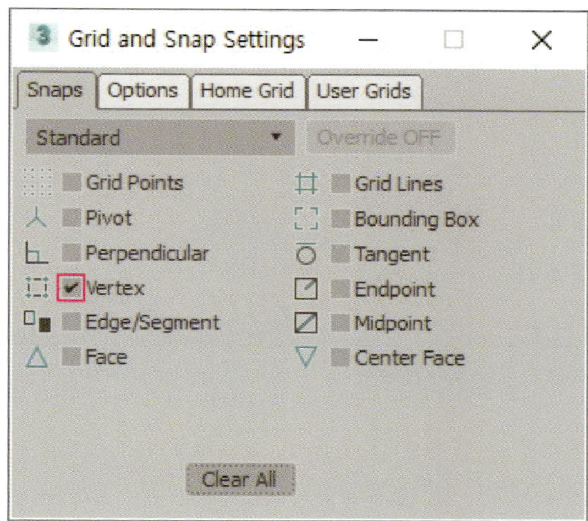

## 02

Perspective View에서 그림처럼 Snap을 활성화시킨 상태에서 테이블 다리의 끝점과 테이블의 안쪽면의 Vertex를 이어 붙입니다.

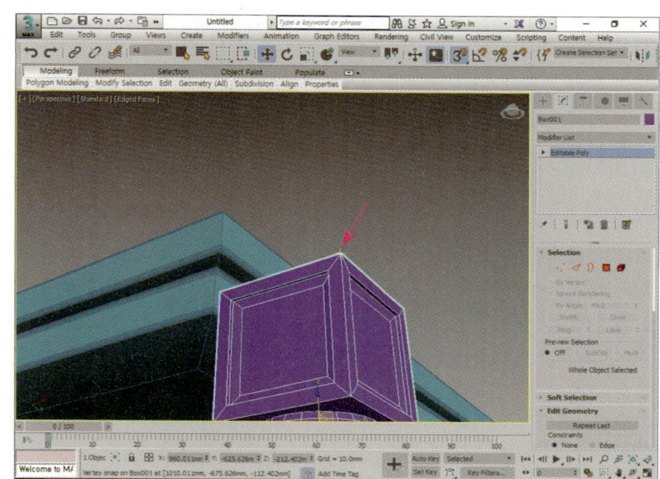

## 03

아래 그림처럼 테이블과 다리가 정렬됩니다. 하지만 다리가 너무 바깥쪽에 있으므로 안으로 약간 이동시켜 보겠습니다.

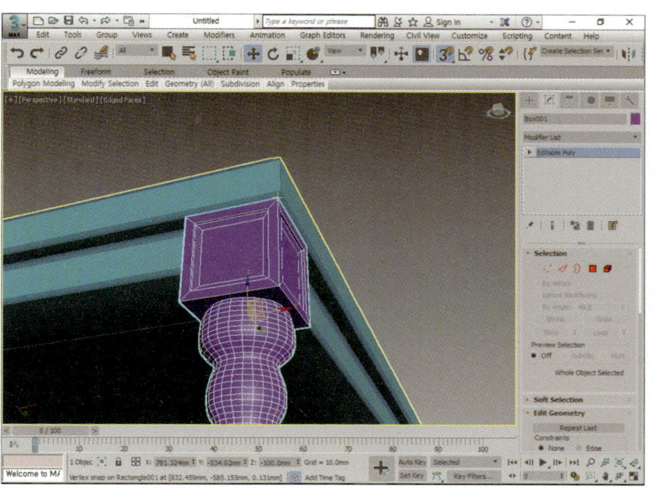

## 04

먼저 Snap 기능을 끕니다. Top View에서 테이블 다리의 면이 나오지 않도록 그림처럼 이동합니다.

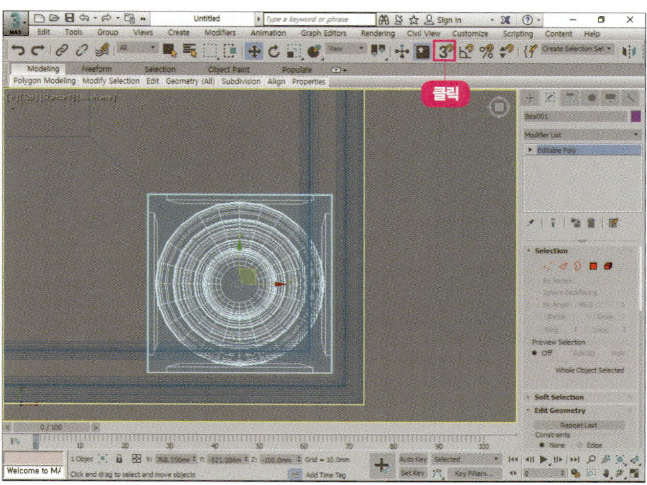

## 05

테이블 다리가 안쪽으로 이동되어 자연스러운 형태가 됩니다.

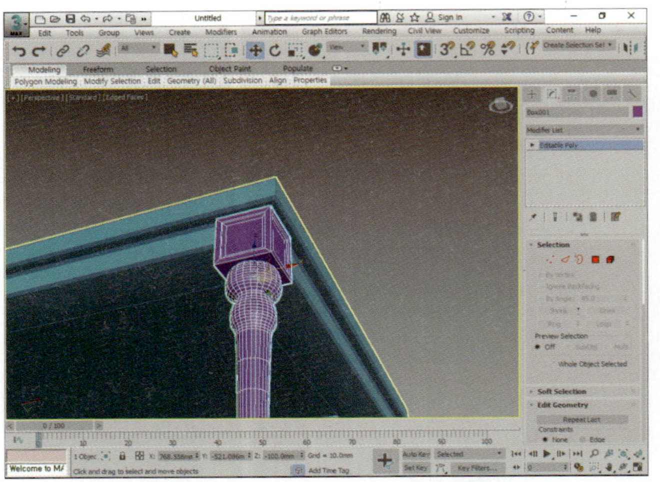

## 06

선택한 다리를 대칭으로 정확하게 복사하기 위해서는 테이블의 중심 좌표가
필요합니다. Top View에서 테이블 중심축을 이용하여 다리를 복사하기 위
하여 좌표를 직접 지정하겠습니다. 참조 좌표계에서 Pick을 선택한 후 테이
블을 선택합니다.

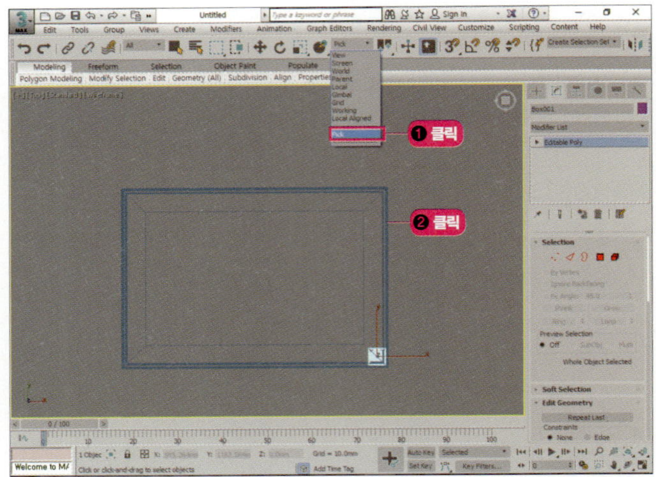


## 07

Rectangle이라는 좌표가 새로 생겼습니다. 옆의 중심 사용 아이콘을 변환
좌표 중심으로 선택합니다. 다리를 선택한 상태에서도 중심 좌표가 테이블로
설정되어 있습니다.

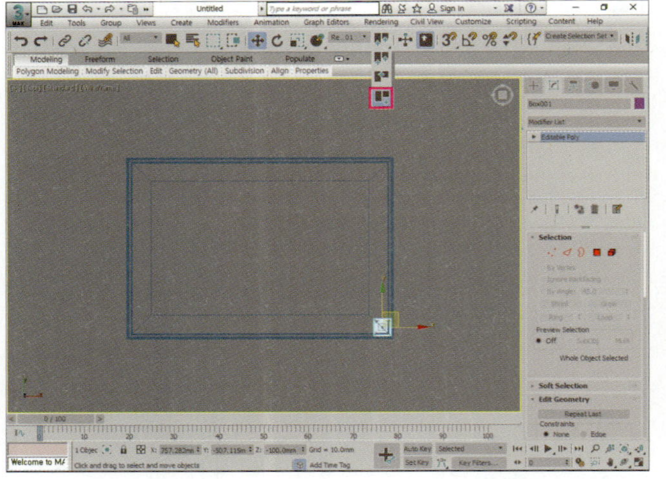

## 08

Mirror(   )를 클릭하여 X축으로 Instance 옵션에 체크를 한 후 [OK] 버튼
을 클릭합니다. 나중에 수정을 쉽게 하기 위하여 Instance에 체크를 하였습
니다.

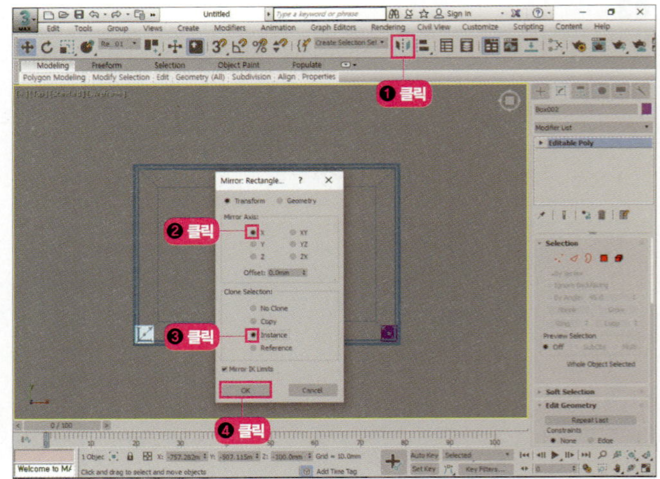

## 09

2개의 다리를 선택한 후 Y축으로 Instance 옵션에 체크하고 [OK] 버튼을
클릭합니다. 대칭이 되는 테이블 다리가 완성되었습니다.

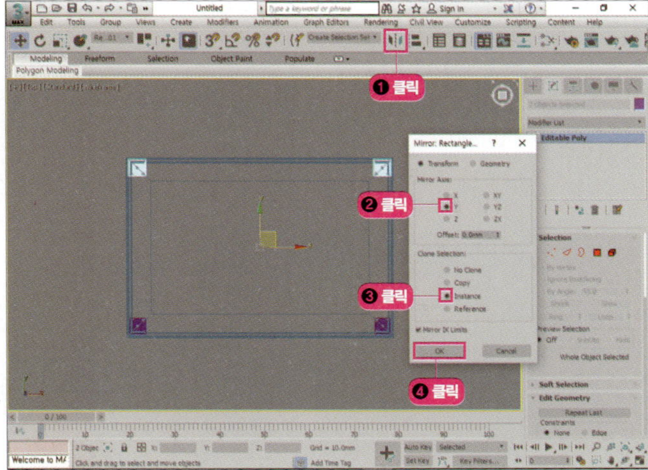

tip 2개 이상의 Object를 선택하면 좌표 중심이 변경될 수 있습니다. 좌표 중심
이 바뀌었다면 변환 좌표 중심으로 선택합니다.

## 10

모델링이 완성되었습니다. 완성된 테이블의 재질은 원하는 색상이나 텍스쳐를 적용해 보시기 바랍니다.

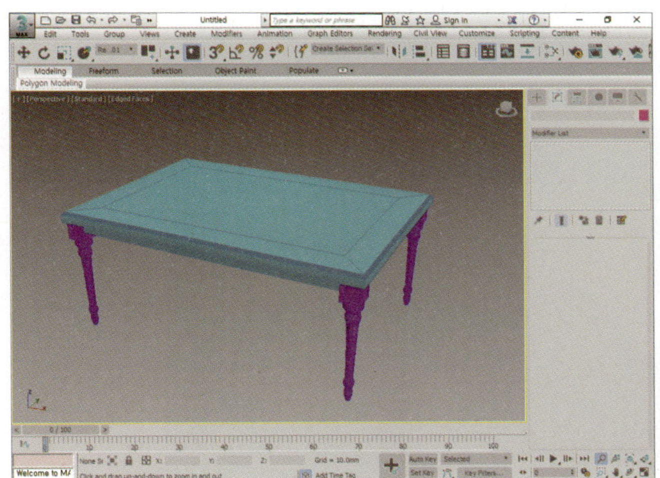

재질을 적용한 이미지

PART

3 d s
M A X
2 0 1 7

# 건축 재료를 제대로 표현하는 고급 Mapping 방법

모델링을 완성한 후에는 Object의 속성에 맞는 재질을 적용해야 합니다. Object에 재질을 적용하는 것은 이미지의 완성도를 높이는 매우 중요한 과정이므로, 기본적인 옵션을 충분히 이해해야 사실적인 느낌의 재질을 표현할 수 있습니다.

# Object에 질감을 불어 넣는 Mapping

일반적으로 모델링 과정이 끝나면 Mapping 작업을 하게 됩니다. Mapping은 Object의 고유한 속성에 맞게 재질을 넣어주는 과정을 말합니다. 돌, 천, 유리 등과 같은 각 Object의 고유한 속성과 크기, 표면 상태 등을 정확하게 표현해주어야 사실적인 재질을 만들 수 있습니다. 모델링을 아무리 디테일하게 했다고 하더라도 적절한 재질을 넣어 주지 않으면 만족할 만한 결과를 얻을 수 없습니다.

학습 목표 : 재질을 적용하기 위한 Material Editor의 기본 기능과 재질의 속성에 대하여 알아본다.

## ① 재질 적용 전과 후의 이미지

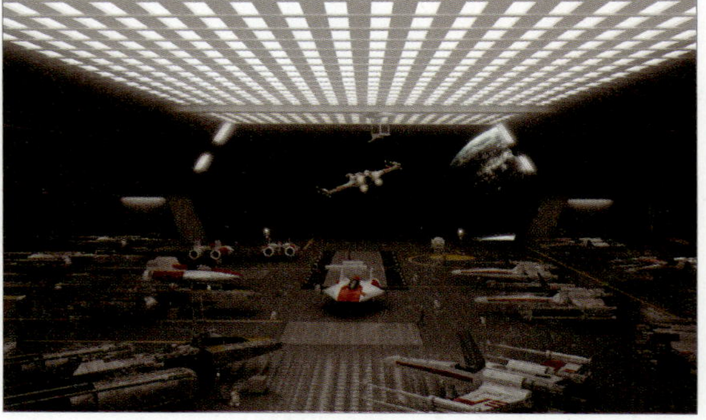

## ② 재질의 다양한 속성들

# Slate Material Editor와 Compact Material Editor

Mapping에 사용되는 Bitmap Image는 Texture Map 또는 Mapping Source라고 부릅니다. Material Editor를 열기 위해서는 Main Toolbar의 Material Editor(▦) 아이콘이나 키보드의 M을 누르면 됩니다.

재질을 적용하지 않은 이미지

재질을 적용한 이미지

▦을 선택하면 Compact Material Editor가 열리고, ▨를 선택하면 Slate Material Editor가 열립니다. Slate Material Editor는 노드 기반 Slate로 재질 구성 요소 간의 관계를 쉽게 시각화하여 보여주기 때문에 좀 더 편하게 편집할 수 있다는 장점이 있습니다.

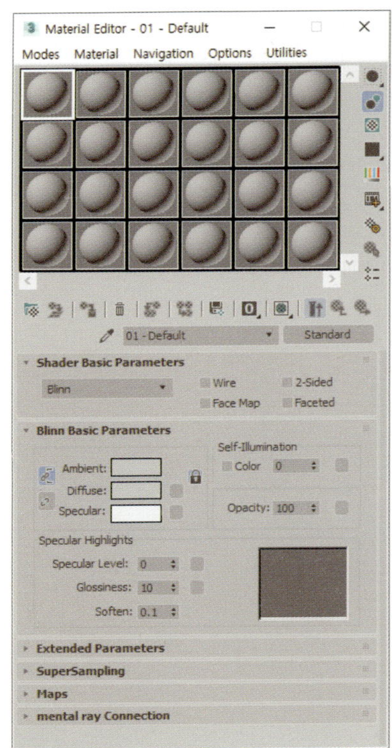
Compact Material Editor

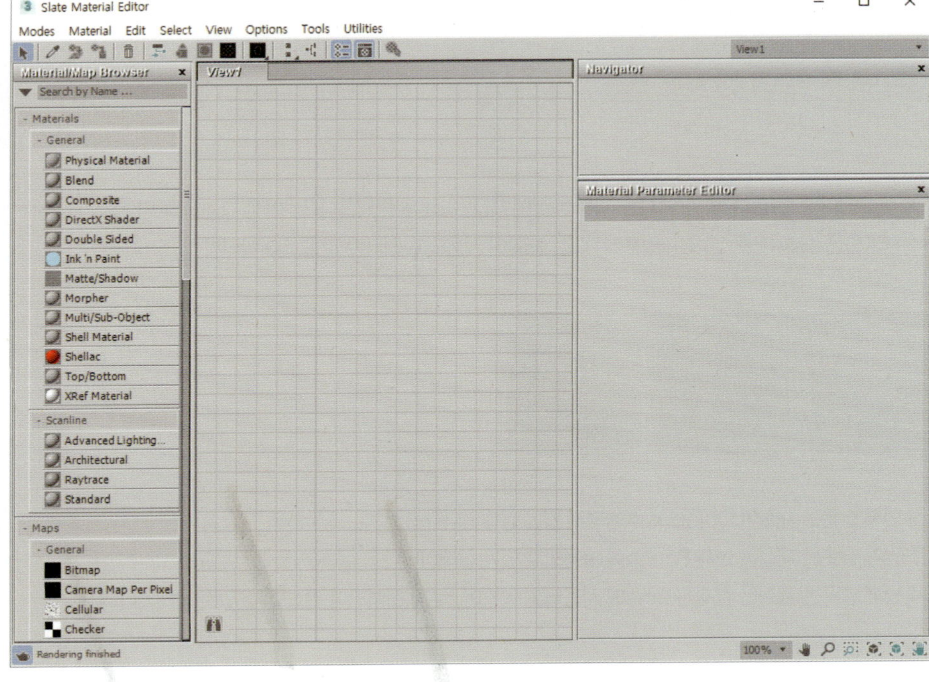
Slate Material Editor

## 02

# Compact Material Editor의 기본 구성

Compact Material Editor는 이전 버전의 3ds Max에서 계속 사용해 오던 재질 편집기로, 작은 대화상자를 사용하며 간단하게 구성되어 있습니다. 일반적으로 Slate Material Editor는 재질 상태를 한눈에 확인할 수 있기 때문에 재질을 디자인하는 경우 좀 더 다양하게 사용되며, Compact Material Editor는 적용된 재질을 편집해야 하는 경우에 더욱 편리합니다.

① **제목 표시줄** : 선택한 재질의 이름을 나타냅니다.

② **Menu Bar** : 재질 편집기의 아이콘과 같은 기능과 옵션을 설정합니다.

③ **샘플 슬롯** : 선택한 재질을 편집하거나 미리 보여주는 곳입니다.

④ **재질 편집기 아이콘** : 재질 편집 기능을 아이콘으로 정리한 곳입니다.

⑤ **재질 이름 설정** : 선택한 재질의 이름을 설정할 수 있습니다.

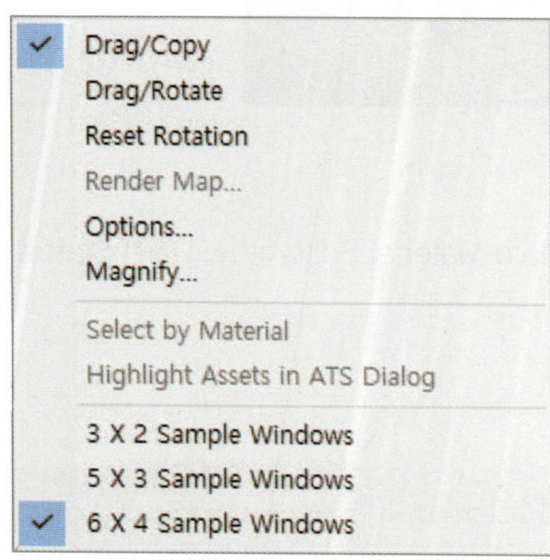

• **샘플 슬롯 옵션** : 재질 샘플 슬롯에서 마우스 오른쪽 버튼을 누르면 나타납니다.
재질의 편집기능 및 샘플 슬롯의 수를 조절할 수 있습니다.

Compact Material Editor의 구성

Compact Material Editor에서는 재질 슬롯에 대한 이해가 중요합니다. 아래 그림을 보면 재질 슬롯의 테두리에 삼각형이 있는 슬롯이 있는데, 이는 재질이 사용되고 있다는 것을 의미합니다.

첫 번째 슬롯은 재질이 Object에 적용되지 않은 상태입니다.
두 번째 슬롯은 재질이 현재 Scene에 사용되고 있는 상태입니다.
세 번째 슬롯은 재질이 현재 Scene에 사용되고 있으며, 현재 선택되어 편집할 수 있는 상태입니다.

03

# Slate Material Editor의 기본 구성

Slate Material Editor는 슬롯 노드 방식의 재질 편집기로 재질과 Map의 관계를 시각적으로 바로 확인할 수 있으며 재질도 편리하게 관리할 수 있습니다.

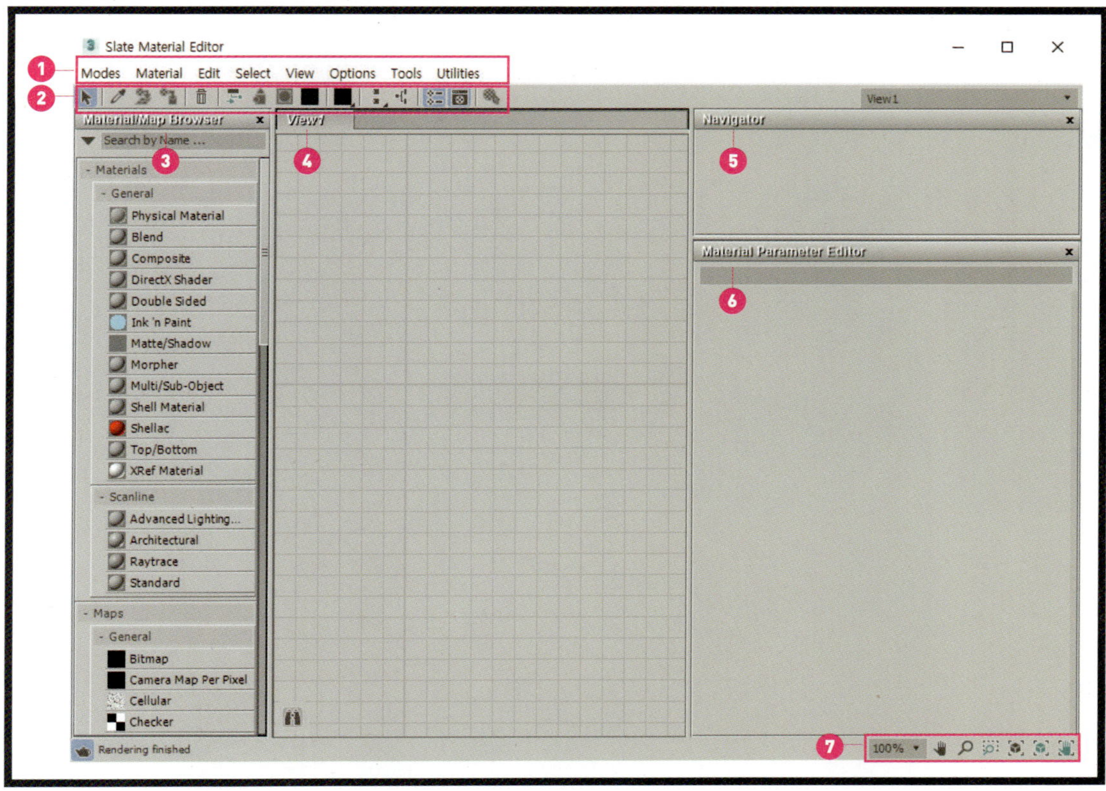

Compact Material Editor의 구성

① **Menu Bar** : 재질 편집기의 아이콘과 같은 기능입니다.

② **도구 모음** : 재질 편집 기능을 아이콘으로 정리한 곳입니다.

③ **Material/Map Browser** : 재질/맵 브라우저로 재질을 편집하려면 재질을 재질/맵 브라우저 패널에서 View로 드래그하면 됩니다.

④ **Active View** : Map 또는 제어기를 재질 컴포넌트에 와이어링하여 재질 트리를 구성할 수 있습니다.

⑤ **Navigator** : Active View를 탐색할 수 있습니다.

⑥ **Parameter Editor** : 재질에 대한 세부적인 설정을 할 수 있습니다.

⑦ **View Navigation** : Active View를 탐색하는 데 필요한 컨트롤 아이콘으로 기본 3ds Max의 Viewport에서의 컨트롤과 비슷합니다.

# ■ Active View(활성 뷰)의 노드

재질이나 맵을 더블클릭하거나 활성 뷰에 드래그하면 와이어링 할 수 있는 "노드"로 활성뷰에 표시됩니다.

노드에는 재질의 미리보기 아이콘과 이름, 재질의 유형을 확인할 수 있습니다. 각 슬롯의 왼쪽에는 입력용 원형소켓이 있으며 오른쪽에는 출력용 원형소켓이

있어 맵과 재질을 와이어링하는데 사용합니다.

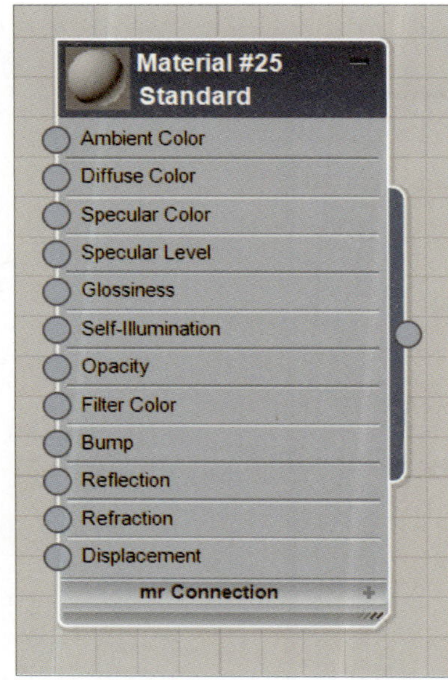

노드로 활성화 된 재질

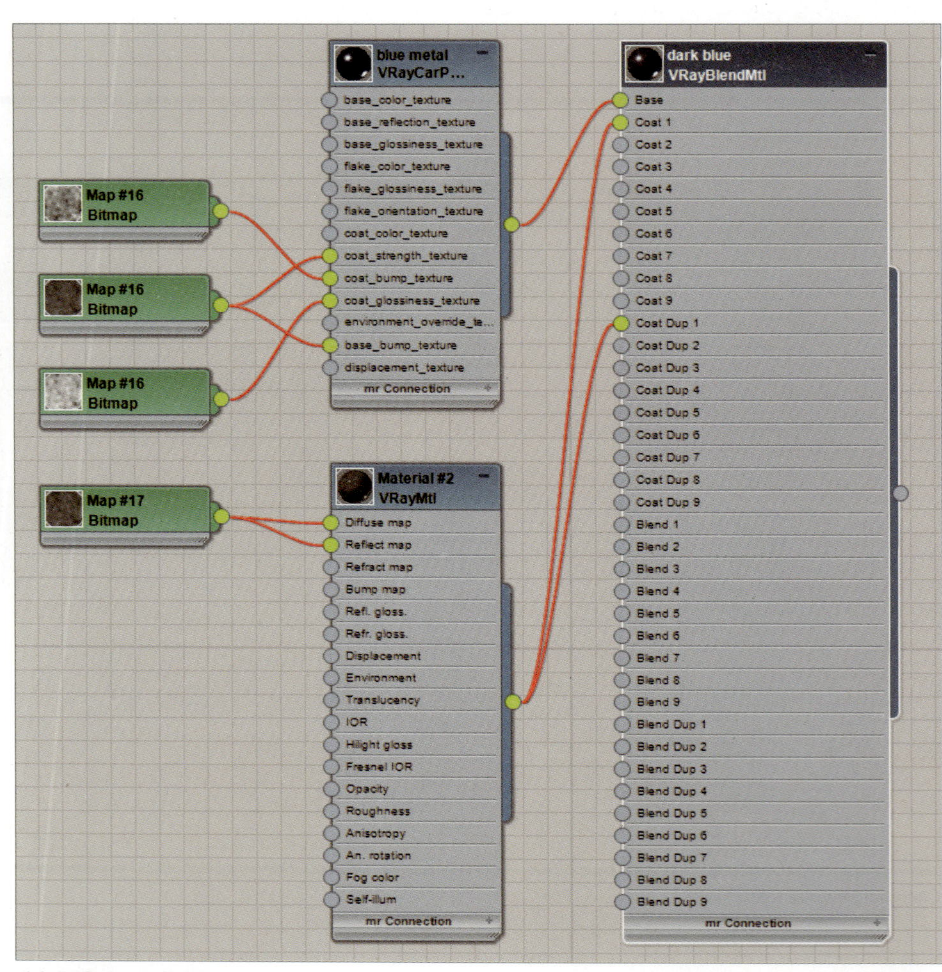

맵과 재질을 와이어링한 재질

 **tip**

**재질 창 선택하기**

재질 편집기의 Menu Bar 중 Modes에서 사용할 Material Editor를 선택할 수 있습니다.

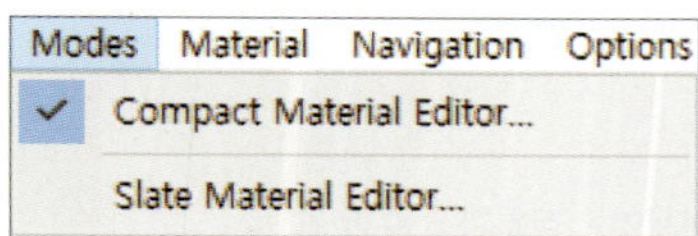

# Material Editor 아이콘의 기능 알아보기

이번에는 Material Editor 아이콘의 기능에 대하여 알아보겠습니다. 아이콘의 수가 많아서 복잡해 보이지만 몇 번 작업을 하다 보면 손에 익어 어렵다는 느낌은 금방 사라질 것입니다.

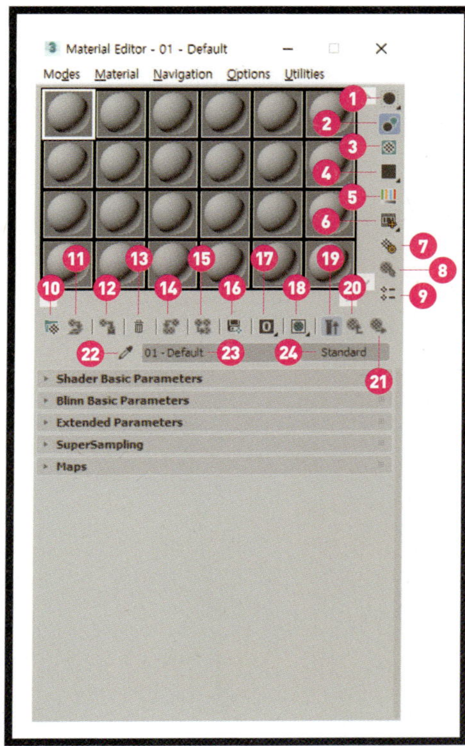

① **Sample Type** : 샘플 슬롯에 보이는 도형의 모양을 선택합니다. 원형, 실린더, 박스 형태 중에서 선택할 수 있습니다.

② **Backlight** : 역광을 선택한 슬롯에만 적용합니다.

③ **Background** : 슬롯에 배경 무늬를 보이게 하거나 보이지 않게 합니다. 투명한 재질을 확인할 때 사용하면 좋습니다.

④ **Sample UV Tiling** : 슬롯에 Map이 적용되는 패턴을 정합니다.

⑤ **Video Color Check** : Animation을 저장할 때 TV에서 보는 방식으로 색을 보여줍니다.

⑥ **Make Preview** : Animation의 재질을 미리보기 할 수 있습니다.

⑦ **Options** : 슬롯에 대한 옵션을 표시합니다.

⑧ **Select By Material** : 현재의 재질이 적용된 Object를 선택할 수 있습니다.

⑨ **Material/Map Navigator** : 선택한 슬롯 재질의 계층 구조를 보여줍니다.

⑩ **Get Material** : 다양한 재질을 불러올 수 있습니다.

⑪ **Put Material to Scene** : 슬롯의 재질을 수정한 후 Scene의 재질을 갱신합니다.

⑫ **Assign Material to Selection** : 재질을 선택한 Object에 적용합니다.

⑬ **Reset Map/Mtl to Default Setting** : 선택한 재질을 초기화할 때 사용합니다.

⑭ **Make Material Copy** : Object에 적용된 재질은 그대로 두고 새로운 재질로 복사합니다.

⑮ **Make Unique** : Multi/Sub-Object 재질에서 각 재질을 독립적으로 설정할 수 있습니다.

⑯ **Put to Library** : 선택한 재질을 라이브러리에 저장합니다.

⑰ **Material ID Channel** : 선택한 재질에 ID를 설정합니다.

⑱ **Show Shaded Material in Viewport** : 적용한 재질을 Viewport에서 미리 볼 수 있습니다.

⑲ **Show End Result** : 모든 재질이 적용된 상태로 보여줍니다.

⑳ **Go to Parents** : 상하 구조로 적용된 재질의 경우, 상위 팔레트로 이동합니다.

㉑ **Go Forward to Sibling** : 상하 구조로 이루어진 재질에서 현재 작업 중인 팔레트와 같은 레벨의 팔레트로 이동합니다.

㉒ **Pick Material from Object** : Viewport의 Object를 클릭하면 클릭한 Object에 적용된 재질을 불러올 수 있습니다.

㉓ **Material Name** : 재질의 이름을 설정합니다.

㉔ **Material Type** : 현재 적용되어 있는 재질 타입을 설정할 수 있습니다.

# Slate Material Editor의 아이콘 기능

Slate Material Editor의 기능은 Compact Material Editor의 아이콘과 대부분 흡사하므로 다른 아이콘 기능에 대해서 알아보겠습니다.

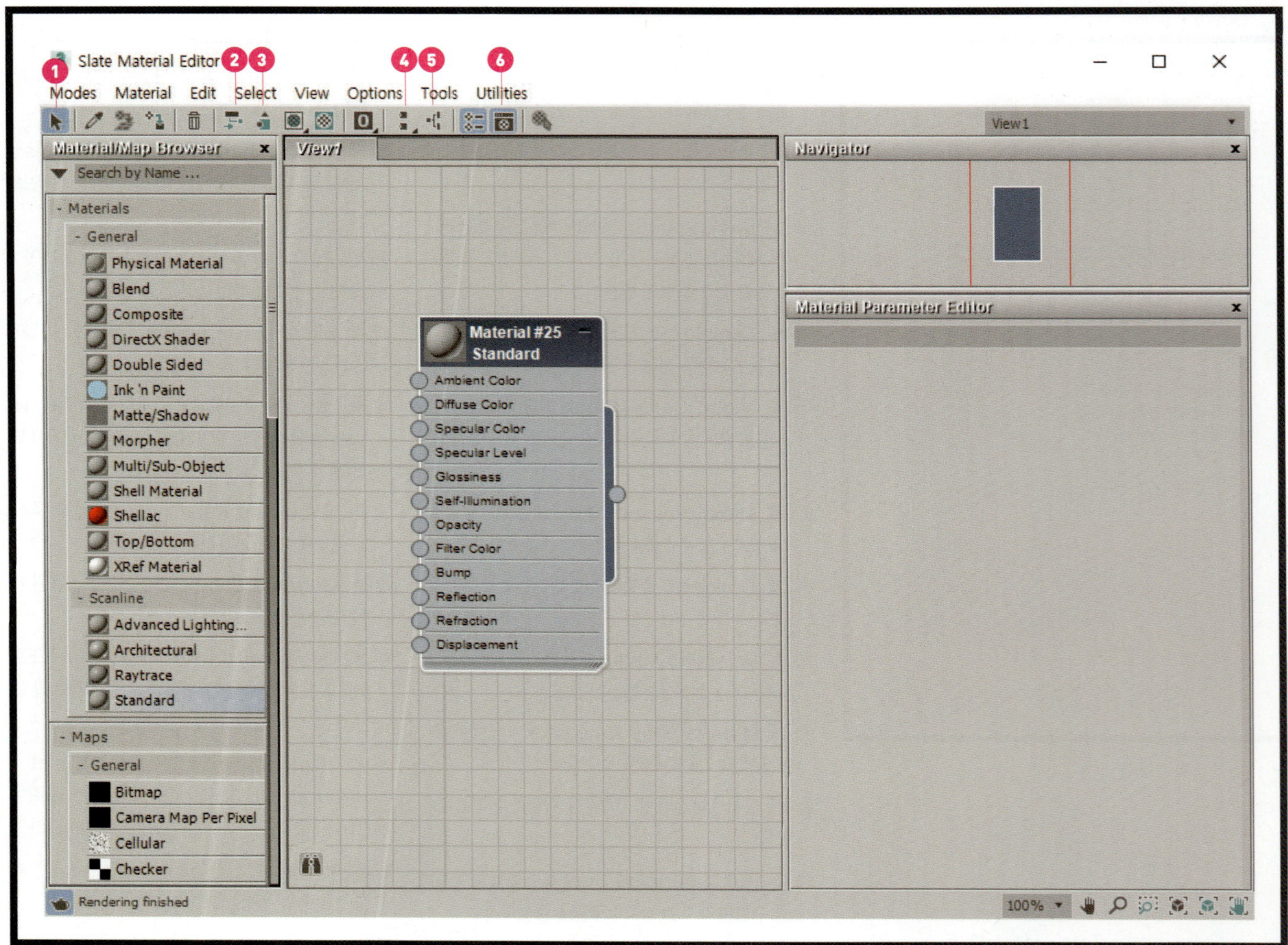

① **Select Tool** : 선택 도구를 활성화합니다.

② **Move Children** : 옵션을 설정하면 부모 노드가 이동하는 경우 부모와 함께 자식 노드도 이동합니다.

③ **Hide Unused Nodeslots** : 사용되지 않는 노드 슬롯을 숨깁니다. 기본적으로 해제되어 있습니다.

④ **Layout** : 레이아웃의 방향을 수직/수평으로 선택할 수 있습니다.

⑤ **Lay Out Children** : 현재 선택한 노드의 자식을 자동으로 Lay out합니다.

⑥ **Parameter Editor** : Parameter Editor 창을 활성화합니다. 기본적으로 설정되어 있습니다.

# Standard Material의 Parameters 알아보기

앞에서 Material Editor의 기본 구성에 대하여 알아보았습니다. 이번에는 재질을 직접 만드는 Material Editor의 Parameters에 대하여 알아보겠습니다.

Material Editor의 Parameters는 재질을 만들고 다양한 효과를 적용하여 사실적인 질감을 만드는 부분입니다. Standard Material은 Roll-Out 형태의 메뉴로 구성되어 있으며, 각각 사실적인 재질을 만드는 데 있어 다양한 기능을 제공합니다.

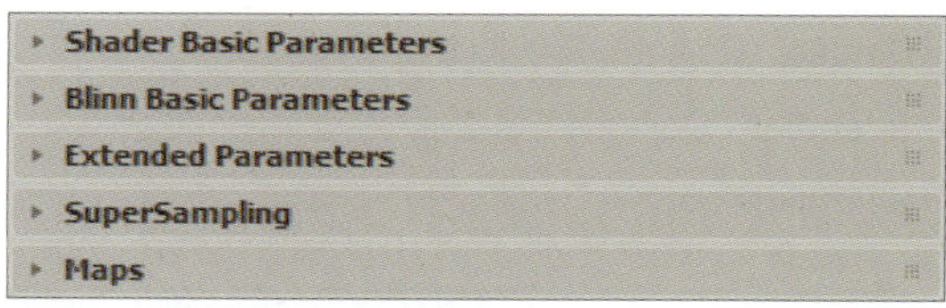

Material Editor의 기본 Parameters

## 1 | Shader Basic Parameters

Shader의 종류를 선택합니다. 3ds Max에서 기본적으로 제공하는 Shader 중에서 선택하여 사용할 수 있으며, 재질에 적용된 Object의 속성을 설정할 수 있습니다.

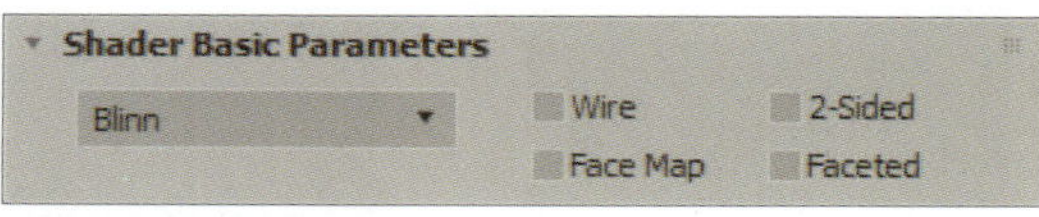

Shader Basic Parameters

• **Wire** : Object 형태를 와이어로 표현합니다. Extend Parameter에서 와이어의 두께를 조절할 수 있습니다.

• **2-Sided** : Object의 양쪽 면에 재질을 표현합니다.

Wire Rendering 이미지

2-Sided 적용 전과 적용 후 이미지

• **Face Map** : Object를 구성하고 있는 Polygon마다 Map을 표현합니다.

• **Faceted** : Polygon이 부드럽게 보이지 않고 각이 있는 형태로 표현합니다.

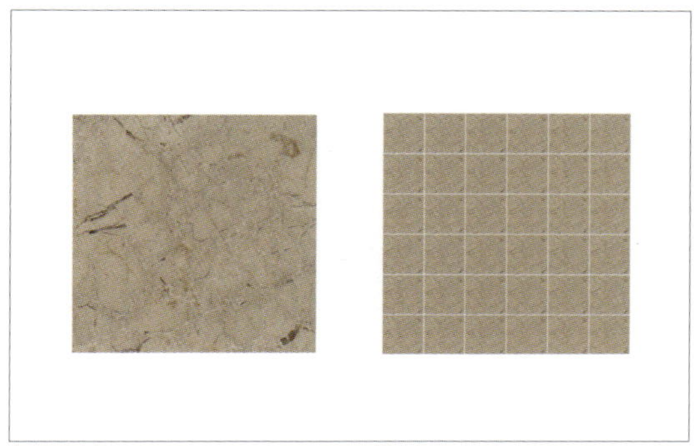

Face Map 적용 전과 적용 후 이미지

Faceted 렌더링 이미지

# 2 | Blim Basic Parameters

재질의 속성, 반사, 투명도 등 가장 중요한 부분을 만드는 부분입니다. 사실적인 재질을 만들려면 반드시 이해하고 넘어가야 합니다. 선택한 Shader의 종류에 따라 Parameters의 옵션이 조금씩 달라집니다.

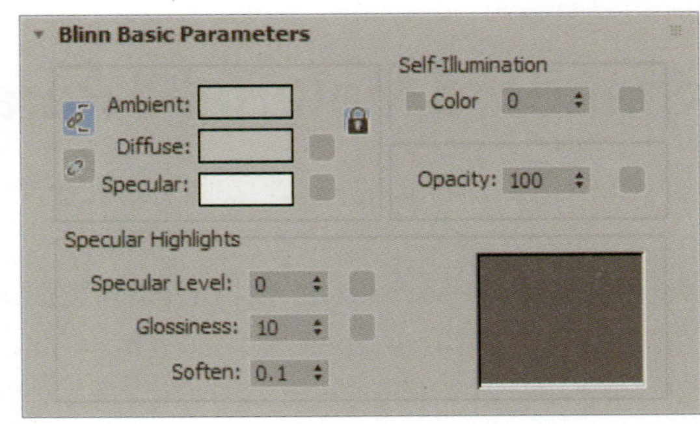

- **Ambient** : 조명에 의해 그림자가 만들어지는 부분의 색상(역광)을 설정합니다.
- **Diffuse** : Object의 색상이나 Map을 설정합니다.
- **Specular** : Object에 빛을 받는 부분의 색상을 설정합니다.
- **Self-Illumination** : Object가 자체적으로 조명 값을 가지도록 합니다.

Self-Illumination 렌더링 이미지

- **Opacity** : Object의 투명도를 설정합니다.

Opacity 100-50-10 적용 이미지

### Specular Highlights 옵션

- **Specular Level** : Object에 빛을 받는 부분의 강도를 설정합니다.
- **Glossiness** : Object에 빛을 받는 부분의 범위를 설정합니다.
- **Soften** : Ambient, Diffuse, Specular의 거친 경계를 부드럽게 만들어줍니다.

# 3 | Extended Parameters

재질의 투명도 및 반사에 관련된 옵션과 와이어의 두께를 설정합니다.

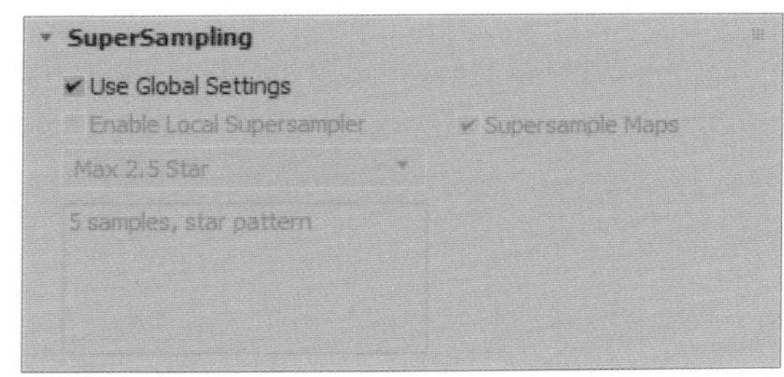

# 4 | SuperSampling

재질에 추가 Antialiasing을 적용하여 이미지의 계단 현상을 없애 해상도가 높아지지만
렌더링 시간이 늘어납니다.

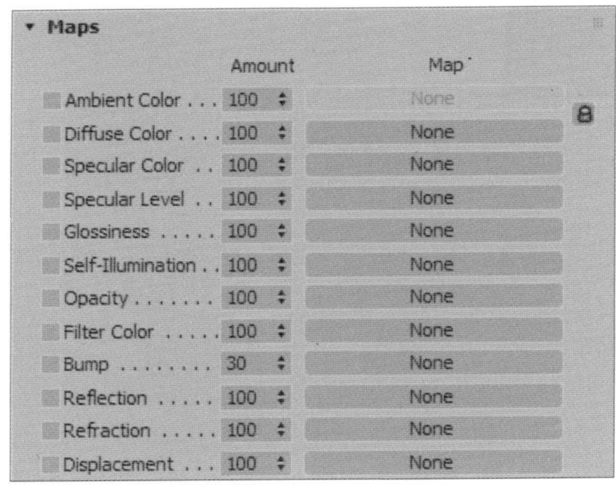

# 5 | Maps

재질에 Bitmap 이미지를 사용하여 다양한 효과를 적용할 수 있습니다.

- **Ambient Color** : 재질의 어두운 부분의 Map을 설정합니다.
- **Diffuse Color** : 재질의 기본 색상이나 Map을 설정합니다.
- **Specular Color** : 재질에 빛을 받는 부분의 Map을 설정합니다.
- **Specular Level** : Map의 명암 값을 적용하여 밝은 부분에는 슬롯 색상을 적용하고 어두운 부분에는 적용하지 않습니다.
- **Glossiness** : Specular Level과 비슷하지만 Map의 음영 값으로 빛을 받는 부분을 조절합니다.
- **Self-Illumination** : 적용한 Map이 자체적으로 조명 값을 가지도록 합니다.
- **Opacity** : Map의 명암 값으로 투명도를 조절합니다. 흰색은 불투명하게, 검은색은 투명하게 표현합니다.
- **Filter Color** : 투명한 재질에 사용합니다.
- **Bump** : Map의 음영 차이로 재질을 울퉁불퉁하게 만들어 입체감을 표현합니다.
- **Reflection** : Object의 반사 효과를 표현합니다.
- **Refraction** : Object에 굴절 효과를 표현합니다.
- **Displacement** : Bump과 비슷하지만 Map의 음영 값에 의하여 Object가 실제로 돌출된다는 점이 다릅니다.

# 6 | Mental Ray Connection

일반적인 재질에 Mental Ray Shader를 추가하여 사용할 수 있습니다. Multi-Sub/
Object 재질과 Mental Ray의 고유 재질을 제외한 모든 재질에 적용할 수 있습니다.

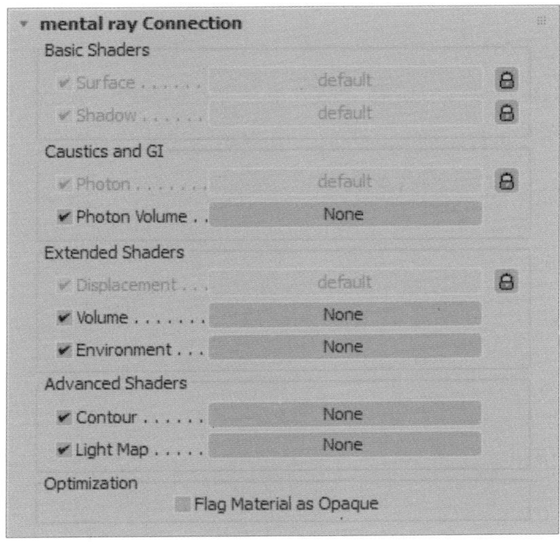

# Object에 재질 적용하기

**예제 파일**
C:/315-5466/Part04/0401.max
C:/315-5466/Part04/404.jpg

## 01

'C:/315-5466/Part04/0401.max' 파일을 불러오면 거실에 커다란 액
자가 보입니다. 하지만 액자 안에 그림이 없으니 왠지 허전합니다. 액자 안
의 Plane에 재질을 입혀 그림을 만들어보겠습니다. 먼저 앞의 Plane을 선
택합니다.

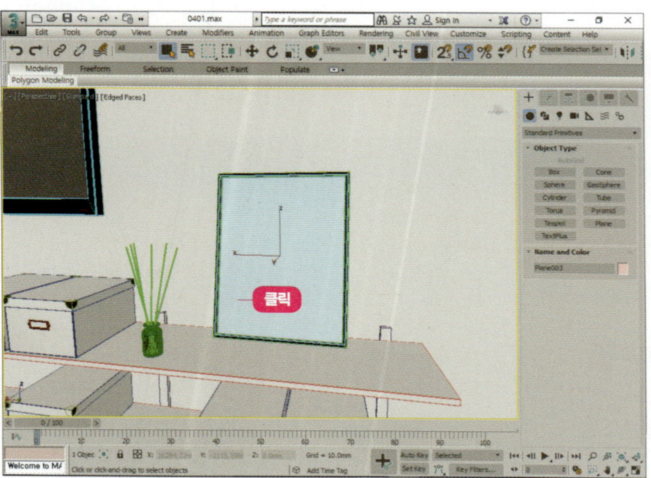


## 02

M을 눌러 Material Editor를 엽니다. Slate Material Editor(⬚)를 선
택합니다. VRay Renderer를 사용하므로 왼쪽의 재질 창에서 VRayMtl
재질을 더블클릭합니다. Navigator에 만들어진 재질의 Diffuse map앞의
원형소켓을 드래그하여 놓으면 사용할 맵을 선택할 수 있습니다.

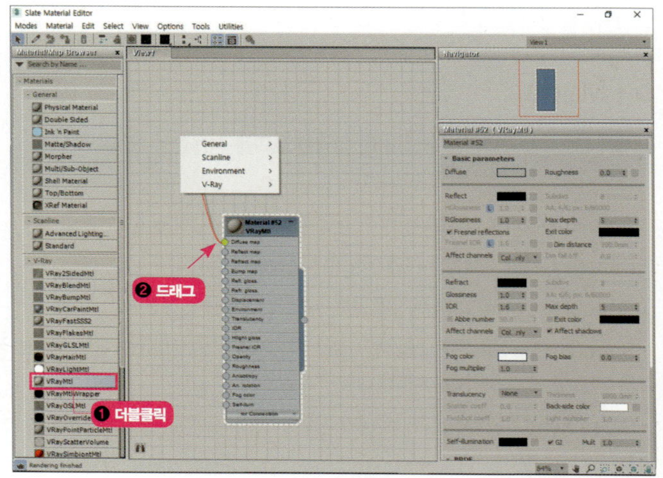


## 03

General〉Bitmap을  선택한 후 'C:/315-5466/Part04/404.jpg'를 선
택합니다.

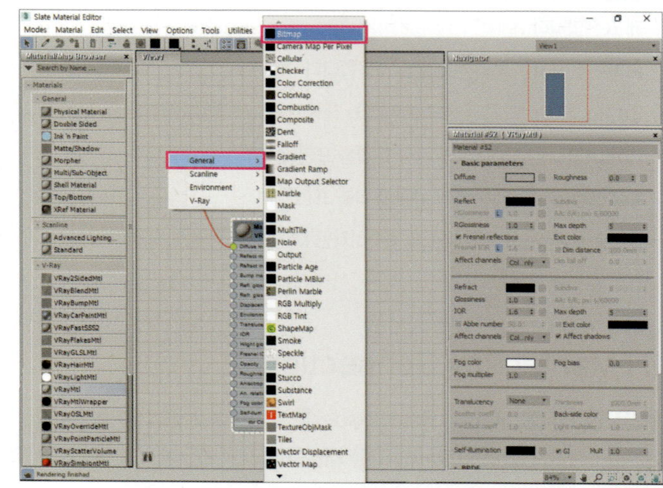

## 04

재질이 만들어지면 도구 상자의 Assign Material to selection( )을 클릭하여 Plane에 재질을 적용합니다.

Show Shaded Material in Viewport( )를 클릭하여 Viewport에서 적용한 Map을 확인할 수 있습니다.

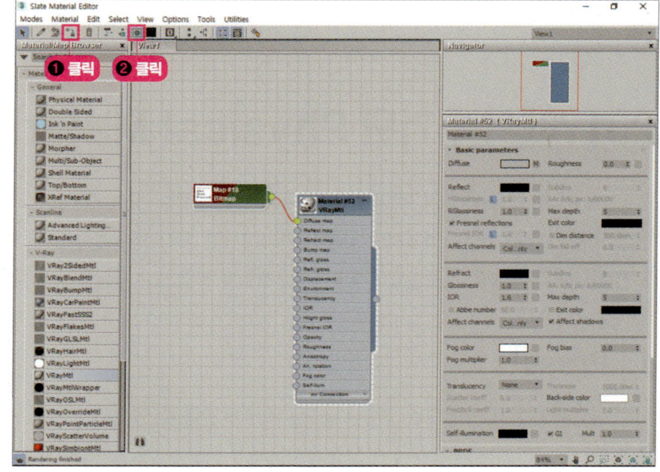


## 05

재질을 적용한 후 Viewport에서 텍스쳐가 적용된 액자를 확인할 수 있습니다.

# 2017에서 추가된 Physical Material

Physical Material은 2017에서 추가된 재질로 ART Renderer와 호환되어 사용합니다.
멘탈레이와 스캔라인렌더러에서도 사용이 가능하지만 ART Renderer에서 사용하면 더 좋은 효과를 볼 수 있습니다. Physical Material에는 코팅 및 하위 표면 분산에 대한 설정이 포함되어 있어 단일 재질로 복잡하고 사실적인 재질을 만들 수 있습니다.

## 1 | Presets

사전 설정된 재질을 선택하여 다양한 재질을 빠르게 만들 수 있습니다.
또한 불러온 재질의 세부옵션을 편집하여 사용자가 원하는 재질을 쉽게 만들 수 있습니다.

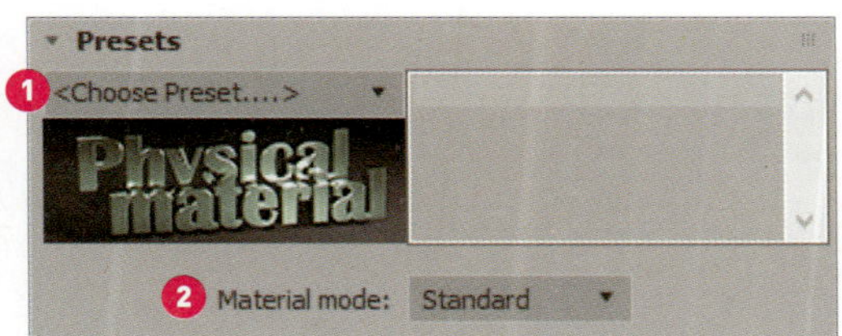

① **Presets list** : 사전 설정 된 다양한 마감재, 비금속 재질, 투명 재질, 금속 및 특수 재질을 선택할 수 있습니다.

② **Material mode** : 두 가지 사용자 인터페이스 모드(Standard, Advanced)를 사용할 수 있습니다. Standard에는 일반적인 재질을 만드는 옵션이 있으며, Advanced에는 추가로 고급 반사옵션을 설정할 수 있습니다.

## 2 | Coating Parameters

재질의 표면에 코팅층을 추가합니다.

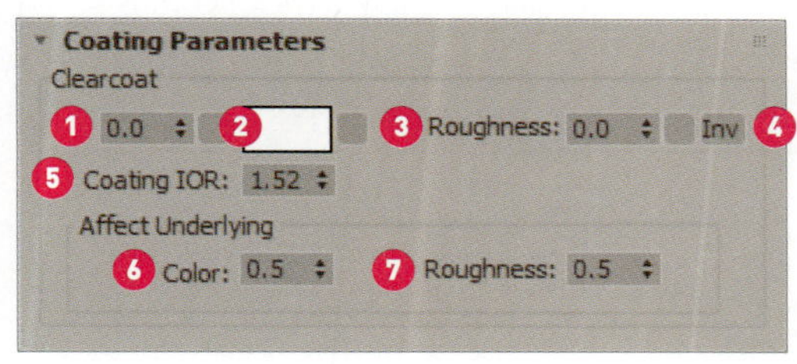

① **Weight** : 코팅 층의 두께입니다.

② **Color** : 코팅의 색상입니다.

③ **Roughness** : 표면의 거칠기를 설정합니다.

④ **Inv** : 거칠기 수준을 반전시켜 광택처럼 표현하도록 합니다.

⑤ **Coating IOR** : 코팅의 굴절률을 설정합니다.

⑥ **Color** : 기본 재질에 영향을 미치는 코팅 효과의 수준입니다.

⑦ **Roughness** : 기본 재질의 거칠기에 영향을 미치는 코팅 효과의 수준입니다.

## 3 | Basic Parameters

재질에 대한 기본적인 설정을 할 수 있습니다.

● **Base Color and Reflections**

① **Weight** : 기본 색상이나 맵의 채도를 설정합니다. 값이 '1'이면 선택한 색이나 맵이 그대로 표현되지만 '0'에 가까울수록 어둡게 표현되며 '0'일 경우 검정색으로 나타납니다.

② **Color** : 재질의 기본 색상을 선택합니다. 옆의 버튼을 클릭하여 맵을 선택할 수 있습니다.

③ **Roughness** : 재질의 거칠기를 표현합니다. 수치가 높을수록 재질이 흐릿해 집니다.

④ **Inv** : 거칠기 수준을 반전시켜 광택처럼 표현하도록 합니다.

⑤ **Metalness** : 값을 조절하여 금속 재질을 만듭니다. 값이 '0'이면 기본 색상을 분산 구성요소로 사용하고 맨 위에 하위 표면 분산 및 투명도와 함께 반사를 추가하여 비금속 재질이 렌더링됩니다. 값이 '1'이면 마주보는 각도에서 기본 색상을 반영하고 가장자리에 반사 색상(일반적으로 흰색)을 반영하여 완전히 반사되는 금속성 재질이 렌더링됩니다.

⑥ **IOR** : 굴절률을 설정합니다.

### ● Transparency

⑦ **Weight** : 재질의 투명도를 설정합니다. 값이 '0'이면 불투명하게 표현되며 '1'에 가까울수록 점점 투명해 집니다. '1'일 경우 투명하게 표현되어 기본 색상이나 맵의 영향을 받지않고 투명도 색상의 영향을 받습니다.

⑧ **Color** : 투명도의 색상을 설정합니다.

⑨ **Lock** : 투명도 거칠기 값을 반사 거칠기 값으로 잠급니다.

⑩ **Roughness** : 투명도의 거칠기 값을 설정합니다. '0'은 매우 부드럽고 '1'은 거칠게 표현됩니다. 옆의 Lock 버튼을 해제하여 사용할 수 있습니다.

⑪ **Inv** : 거칠기 수준을 반전시켜 광택처럼 표현하도록 합니다.

⑫ **Depth** : 0.0이면 투명도가 기존 컴퓨터 그래픽 방식으로 "표면에서" 계산됩니다. 0.0이 아니면 투명도 색상은 흡수로 대신 적용되고 지정된 깊이는 흡수가 지정된 색상과 일치할 때의 깊이입니다.

⑬ **Thin-walled** : 체크하면 굴절이 없는 얇은 막의 형태로 렌더링됩니다. 해제된 상태에서는 안이 채워져 있는 솔리드 형태로 표현됩니다.

### ● Sub-Surface Scattering

⑭ **Weight** : 하위 표면 분산/반 투명도를 설정합니다.

⑮ **Color** : 하위 표면 분산/반투명도의 색상으로, 일반적으로 기본 색상과 동일합니다.

⑯ **Scatter** : 내부에서 조명이 분산되는 색상을 설정합니다.

⑰ **Depth** : 재질에서 조명이 확산되는 깊이를 설정합니다.

⑱ **Scale** : 깊이에 적용되는 배율을 설정합니다.

### ● Emission

⑲ **Weight** : 자체 발광되는 밝기를 설정합니다.

⑳ **Color** : 자체 발광되는 색상을 설정합니다. 켈빈 온도에 의해서도 영향을 받습니다.

㉑ **Luminance** : 단위가 cd/m2("nits"라고도 함)인 표면의 광도입니다.

㉒ **Kelvin** : 광도 방사의 켈빈 온도입니다. 색상에 의해서도 영향을 받습니다.

## 4 | Anisotropy

지정된 방향으로 강조 표시 및 반사를 늘여서 무늬결 효과를 제공합니다.

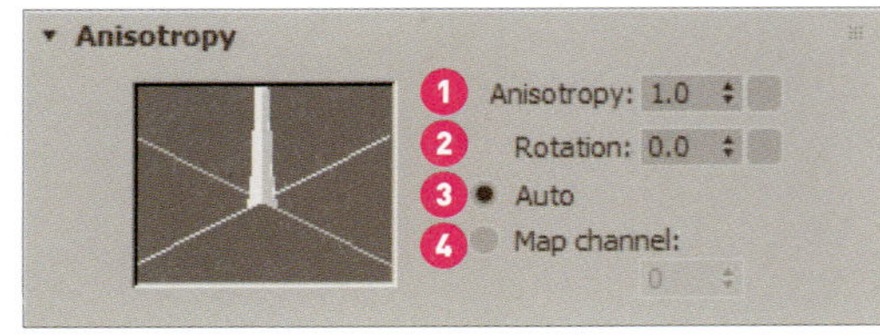

① **Anisotropy** : V 방향 거칠기와 U 방향의 거칠기를 연관하여 설정합니다.

② **Rotation** : Anisotropy의 각도입니다. 범위는 0에서 1(하나의 전체 회전) 사이입니다.

③ **Auto** : Anisotropy의 방향을 자동으로 일치시킵니다.

④ **Map channel** : Texture를 이용하여 Anisotropy의 방향을 일치시킵니다.

# 5 | special Maps

재질에 특별한 맵을 적용합니다.

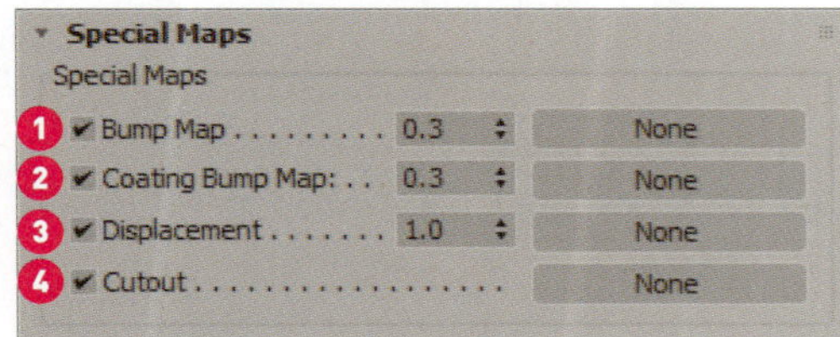

① **Bump Map** : 범프 맵을 적용합니다.

② **Coating Bump Map** : 범프 맵을 코팅 레이어에 적용합니다.

③ **Displacement** : 변위 맵을 적용합니다. 범프 맵보다 돌출되는 효과가 좋습니다.

④ **Cutout** : Cutout 맵을 적용합니다. 이미지의 어두운 부분을 잘라줍니다.

# 6 | Generic Maps

재질에 관련된 전반적인 맵을 관리합니다.

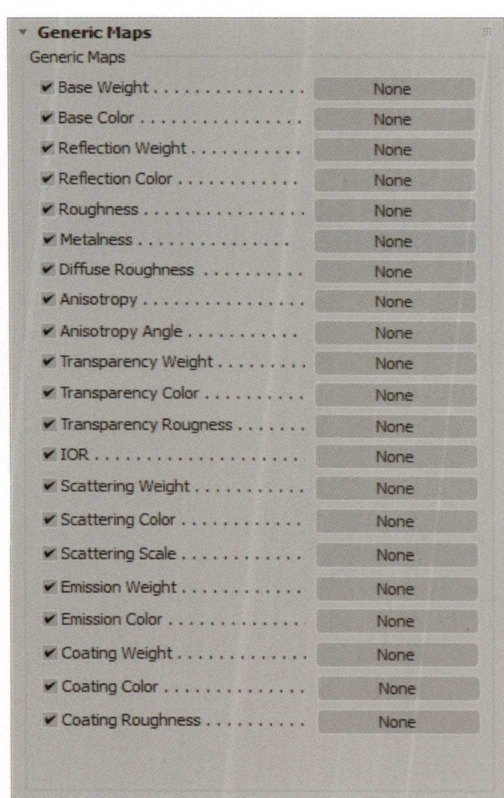

## Chapter 02

# 정확한 반사와 굴절 표현을 위한 VRayMtl의 활용

VRayMtl은 VRay를 설치해야 사용할 수 있는 재질로, 물리적으로 정확한 반사와 굴절을 간단하게 설정하여 현실 세계에서 사용하는 재질을 정확하게 표현할 수 있습니다. 또한 VRayMtl을 사용하여 기본 재질을 사용할 때보다 빠른 렌더링 시간과 정확한 재질을 만들 수 있습니다.

정확한 재질 표현을 쉽게 할 수 있는 VRayMtl의 옵션과 재질의 표현방법을 익혀본다.

① **Wood와 Tile 재질의 연습**

② **금속과 천 재질의 연습**

# 재질을 쉽게 표현할 수 있는 VRayMtl

VRayMtl을 사용하기 위해서는 먼저 Material Editor에서 VRayMtl을 선택해야 사용할 수 있습니다. 많은 기능이 있지만 반사와 굴절을 제어하는 Reflection과 Refraction은 특히 중요한 부분으로 두 기능만 잘 익혀도 사실적인 느낌의 재질을 만들 수 있습니다.

## ■ VRayMtl의 Parameter 알아보기

① **Diffuse** : RGB 값을 이용하여 재질의 색상을 선택하거나 Bitmap 이미지를 적용할 수 있습니다. 재질의 반사나 굴절 수치에 의해 기본 색상이 다르게 나타날 수 있습니다.

흰색을 적용한 이미지

Bitmap을 적용한 이미지

② **Roughness** : 재질의 거친 표면을 표현할 때 사용합니다.

③ **Reflect** : 재질의 반사 값으로, 검은색은 반사도가 없으며 흰색은 100% 반사합니다.

Reflect 0%

Reflect 50%

Reflect 50%

④ **Highlight glossiness** : Object에 반사되는 하이라이트 부분을 뭉개주는 효과를 적용합니다.

Hilight glossiness 1

Hilight glossiness 0.6

Hilight glossiness 0.5

⑤ **Reflection glossiness** : 재질에 반사되는 이미지가 뿌옇게 퍼지는 수치를 조절합니다. 수치가 1일 때는 선명하게 반사되지만 수치가 낮아질수록 반사되는 이미지가 흐리게 반사됩니다.

RGlossiness 1

RGlossiness 0.8

RGlossiness 0.6

⑥ **Fresnel Reflections** : Fresnel 효과를 적용합니다. 프레넬 효과는 물체를 보는 시선의 위치에 따라 반사도가 틀려지는 현상을 말합니다. 이러한 특성을 활성화시켜 사실적인 재질을 만들 수 있습니다.

Fresnel reflections 적용 전 반사도

Fresnel reflections 적용 후 반사도

⑦ **Fresnel IOR** : 프레넬 반사를 계산할 대 IOR을 사용할 수 있습니다. 기본 값은 잠겨있지만 정밀한 표현을 위해 잠금 해제 후 사용할 수 있습니다.

⑧ **Affect Channels** : 재질의 반사에 영향을 받는 부분의 채널을 선택합니다.
- **Color Only** : 반사가 RGB 채널에만 영향을 줍니다.
- **Color+alpha** : 반사 오브젝트에 알파 값을 적용합니다.
- **All channels** : 모든 채널이 재질의 반사에 영향을 받습니다.

⑨ **Subdivs** : 반사광택의 품질을 설정합니다. 수치가 높으면 렌더링 시간이 오래 걸리지만 부드럽게 표현됩니다.

⑩ **Max depth** : 물체에 반사되는 횟수를 설정합니다.

Max depth 5

Max depth 2

⑪ **Exit color** : 반사가 끝나는 부분의 색상을 설정합니다.

Exit color Black

Exit color red

⑫ **Dim distance** : 오브젝트가 반사의 영향을 받을 거리를 설정합니다.

⑬ **Dim fall off** : 반사되는 부분의 거리에 따라 흐릿하게 표현합니다.

⑭ **Refract** : 물체의 투명도를 설정하며 검정색은 불투명하지만 흰색은 100% 투명하게 만듭니다.

Refract 0%

Refract 50%

Refract 100%

⑮ **Glossiness** : 굴절되는 이미지가 뿌옇게 퍼지는 수치를 조절합니다. 수치가 낮을수록 Rendering 시간이 길어집니다.

Glossiness 1

Glossiness 0.8

Glossiness 0.5

⑯ **IOR** : 재질의 굴절률을 설정합니다. 굴절률의 값에 따라 Object에 굴절되는 이미지가 다르게 나타납니다.

IOR 1

IOR 1.6

IOR 3

⑰ **Abbe number** : 굴절의 분산효과를 높이거나 감소시킬 수 있습니다.

⑱ **Affect Channels** : 재질의 투명도에 영향을 받는 부분의 채널을 선택합니다.
  - **Color Only** : 투명도가 RGB 채널에만 영향을 줍니다.
  - **Color+alpha** : 투명도가 알파 값에 영향을 줍니다.
  - **All channels** : 모든 채널이 재질의 투명도에 영향을 받습니다.

⑲ **Subdivs** : 굴절이 생기는 곳의 품질을 설정합니다. 값이 낮으면 노이즈가 생길 수 있습니다.

⑳ **Max depth** : 굴절되는 횟수를 설정합니다.

㉑ **Exit color** : 굴절이 끝나는 부분의 색을 설정합니다.

㉒ **Affect shadows** : Refract와 Fog color의 설정에 따라 그림자를 만듭니다. 투명한 재질에는 반드시 체크 표시를 해야 빛이 투과되어 그림자를 만들 수 있습니다.

Affect shadow 적용 전      Affect shadow 적용 후

㉓ **Fog color** : 투명한 물체에 빛이 투과하면서 빛이 흡수되는 양과 색상을 설정합니다. 색상이 진해질수록 빛이 많이 흡수됩니다.

Fog Color 50%      Fog Color 100%

㉔ **Fog multiplier** : Fog Color에 빛이 흡수되는 양을 조절합니다. 값이 낮을수록 더 투명하게 보입니다.

Fog Multiplier 0.1      Fog Multiplier 1      Fog Multiplier 10

㉕ **Fog bias** : Fog Color가 적용되는 방식을 변경합니다. 수치를 조절하여 얇은 부분을 더 투명하게 표현할 수 있습니다.

㉖ **Translucency** : Refract가 활성화되어 있을 경우 반투명을 연산하기 위한 알고리즘을 선택합니다.
　• **None** : 재질의 투명도를 연산하지 않습니다.
　• **Hard (wax) model** : 대리석과 같은 단단한 재질에 적합합니다.
　• **Soft (water) model** : V-Ray (1.09.x) 이전 버전의 호환을 위해 사용합니다.
　• **Hybrid model** : 가장 현실적은 SSS 모델로 피부, 우유, 과일주스 등 다른 반투명 물질을 표현하는데 적합합니다.

㉗ **Scatter coefficient** : 오브젝트 내부의 분산계수 양을 설정합니다. 0.0은 빛이 모든 방향으로 산란되며 1.0은 광선이 내부 방향으로 산란됩니다.

㉘ **Forward/backward coefficient** : 빛의 산란 방향을 설정합니다. 0.0은 앞으로, 0.5는 앞뒤로, 1.0은 뒤로 산란됩니다.

㉙ **Thickness** : 표면보다 아래에서 추적될 광선을 제한합니다.

㉚ **Back-side color** : Fog color에 따라 서브 표면에서 산란되는 색상을 선택합니다.

㉛ **Light multiplier** : 반투명 효과에 대한 밝기입니다.

㉜ **Self-Illumination** : 지정한 색상으로 표면에 조명 효과를 줍니다. 검정색일 경우 적용되지 않습니다.

㉝ **GI** : 체크하면 Self-Illumination이 GI 효과를 적용합니다.

㉞ **Multiplier** : Self-Illumination의 밝기를 설정합니다.

# 02

# 나무 재료의 설정과 올바른 Mapping 기술

3ds Max에서 나무 재질은 빠질 수 없는 중요한 재질 중 하나입니다. 거실 바닥재부터 책상, 침대, 옷장 등 다양하게 적용되며 나무 재질 하나로 실내 분위기를 180° 다르게 만들 수 있습니다. 이번에는 거실 바닥재와 원목 느낌을 표현하는 방법에 대하여 알아보겠습니다.

# 01

## 거실 바닥 표현하기

거실 바닥재로 가장 많이 쓰이는 재질 중 하나가 나무 재질이기 때문에 먼저 바닥재의 느낌을 만들어보겠습니다. 보통 나무 바닥재 같은 경우는 반사되는 이미지가 은은하게 퍼지는 느낌이 납니다. 제조 회사나 종류에 따라 재질의 느낌이 많이 다르므로 재질에 맞는 설정을 하는 것이 중요합니다.

**재질의 설정에 따라 달라지는 분위기의 침실**

**어두운 톤의 재질은 무게감이 있어 보이고 밝은 톤의 재질은 환한 느낌을 줍니다.**

**예제 파일**
C:/315-5466/Part04/0401.max

## 01

'C:/315-5466/Part04/0401.max' 파일을 엽니다. 재질이 적용되지 않은 거실이 보입니다. 이제부터 하나하나 재질을 만들고 적용해보겠습니다. Viewport에서 바닥 재질을 적용할 거실 바닥을 선택합니다.

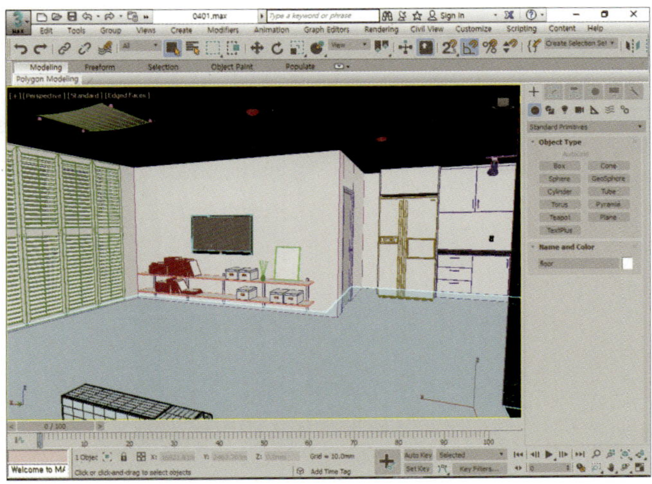

## 02

M을 눌러 [Material Editor]를 엽니다. Materials〉V-Ray〉VRayMtl
을 더블클릭하여 그림과 같이 새로운 VRayMtl을 만듭니다.

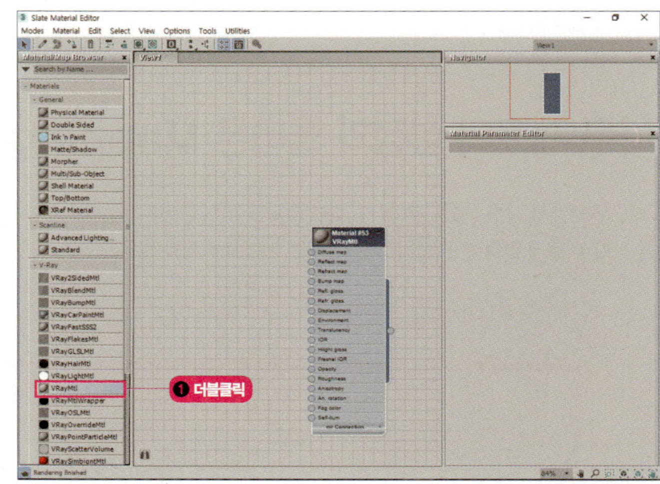

## 03

Material/Map Browser에서 Map〉General〉Bitmap을 더블클릭합니
다. 'C:/Program Files (x86)/Common Files/Autodesk Shared/
Materials/Textures/3/Mats/maple_toast_brown.png'를 선택합니
다. 활성 뷰에서 만들어진 Bitmap의 원형소켓을 드래그하여 VRayMtl의
Diffuse map의 원형소켓과 연결하면 재질에 Map이 적용됩니다.
Assign Material to selection(　)을 클릭하여 재질을 적용합니다.
Show Shaded Material in Viewport(　)를 클릭하여 Viewport에서
재질을 확인합니다.

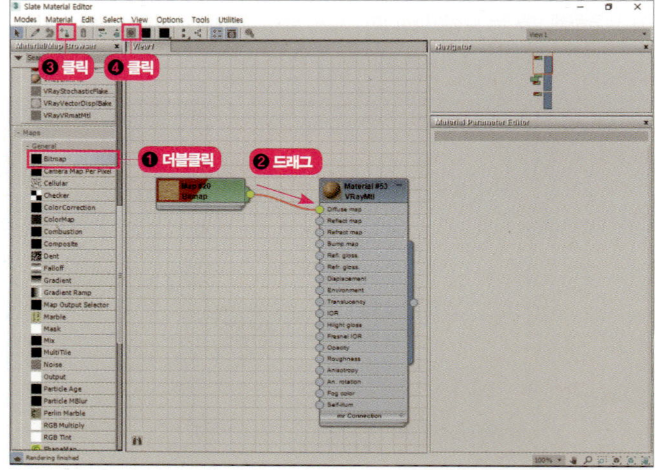

## 04

재질이 적용된 마루를 살펴보면 이미지가 너무 커서 비현실적입니다. 마루를
선택한 상태에서 [Modifier List-UVW Map]을 적용합니다.

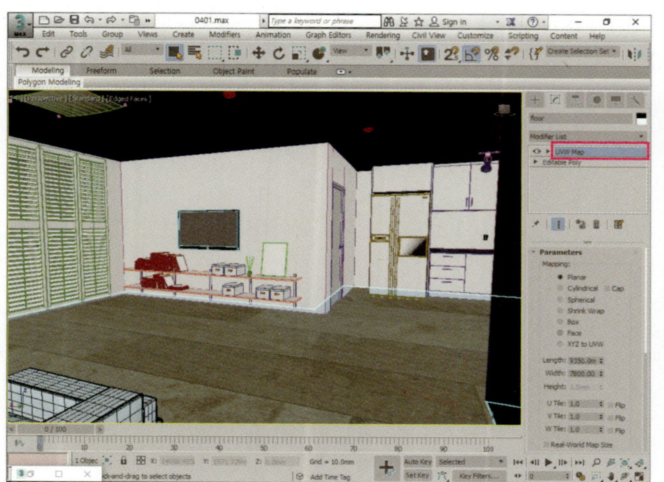

## 05

'Real-World Map Size'를 체크 해제합니다. Length, Width에 각각
'1600'을 입력합니다. Map이 일정한 간격으로 자연스럽게 바뀝니다.

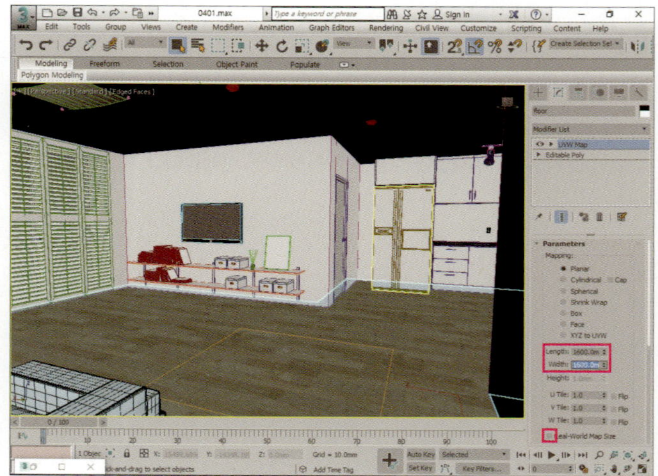

## 06

활성 뷰의 VRayMtl을 더블클릭하면 Parameter Editor가 활성화됩니다.
재질의 Reflect와 RGlossiness 값을 아래와 같이 조절합니다.

Reflect : 20, RGlossiness : 0.9

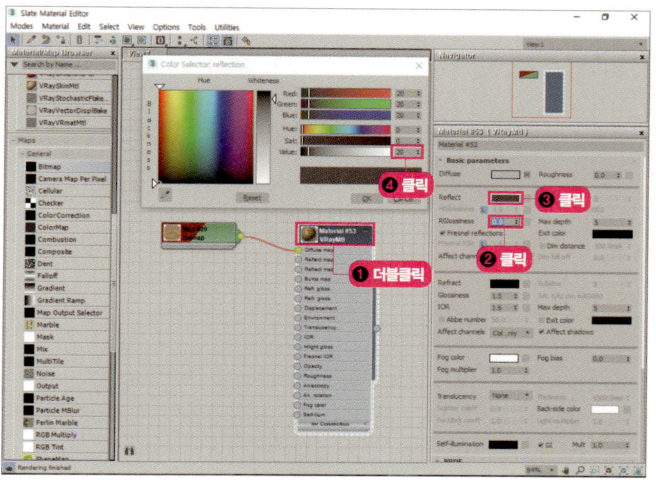

## 07

렌더링을 해보면 그림과 같이 자연스러운 바닥 재질이 만들어집니다.

# 02

## 원목 느낌 표현하기

원목 느낌의 재질은 어디에 사용되느냐에 따라 많이 설정 방법이 많이 달라집
니다. 가공된 나무 종류의 가구는 표면 처리가 되어 있어 바닥재와 비슷하게
반사도가 어느 정도 들어가지만 실제 나무 같은 경우는 Bump를 사용하여
재질을 표현하는 것이 좋습니다.

**나무 재질이 적용된 실내이미지**

## 01

방금 작업하던 0401.max을 이어서 작업해보겠습니다. Viewport에서 나무 재질을 적용할 문을 선택합니다.

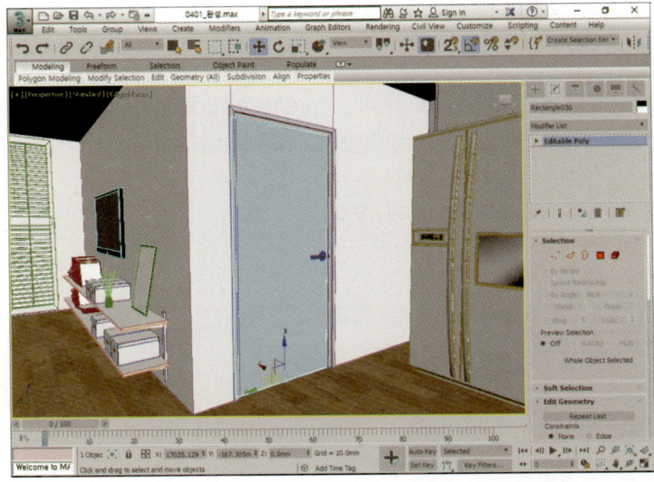

## 02

M을 눌러 [Material Editor]를 엽니다. Materials〉V-Ray〉VRayMtl을 더블클릭하여 그림과 같이 새로운 VRayMtl을 만듭니다.

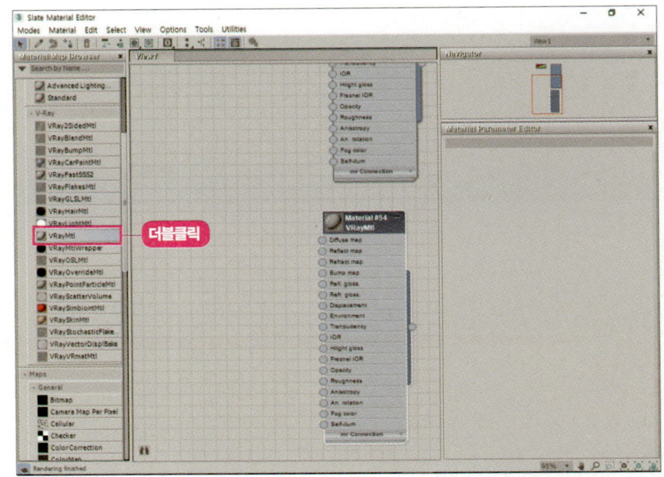

## 03

Material/Map Browser에서 Map〉General〉Bitmap을 더블클릭합니다. 'C:/Program Files (x86)/Common Files/Autodesk Shared/Materials/Textures/3/Mats/Woods - Plastics.Finish Carpentry.Wood.Teak.jpg'를 선택합니다. 활성 뷰에서 만들어진 Bitmap을 드래그하여 VRayMtl의 Diffuse map과 연결시킵니다. Material/Map Browser에서 Map〉General〉Bitmap을 더블클릭합니다. 'C:/Program Files (x86)/Common Files/Autodesk Shared/Materials/Textures/3/Mats/Woods - Plastics.Finish Carpentry.Wood.Teak.bump.jpg'를 선택합니다. 활성 뷰에서 만들어진 Bitmap의 원형소켓을 드래그하여 VRayMtl의 Diffuse map의 원형소켓과 연결하면 재질에 Map이 적용됩니다. Assign Material to selection(       )을 클릭하여 재질을 적용합니다. Show Shaded Material in Viewport(       )를 클릭하여 Viewport에서 재질을 확인합니다.

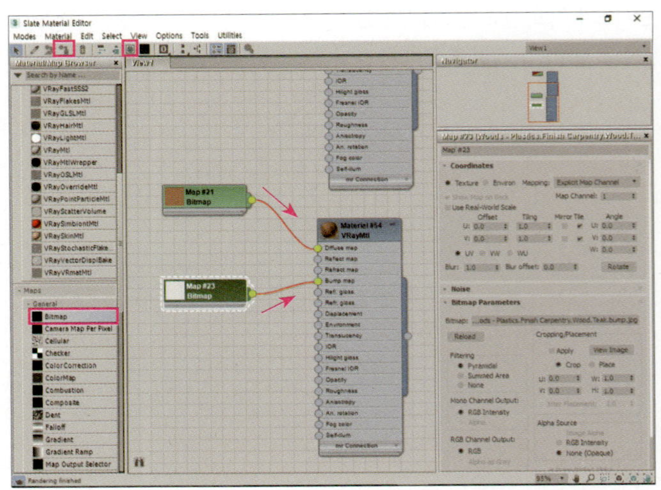

## 04

재질을 적용한 후 [Modifier List-UVW Map]을 적용합니다. [Real-World Map Size]의 체크를 해제합니다.

Mapping Type을 Box로 설정하고 Length, Width, Height에 각각 '600'을 입력합니다.

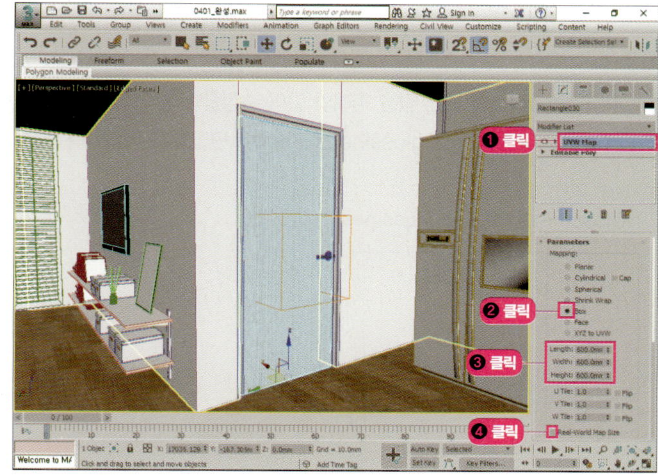

## 05

재질에서 Reflect의 [Material/Map Browser]를 열고 Falloff를 선택합니다.

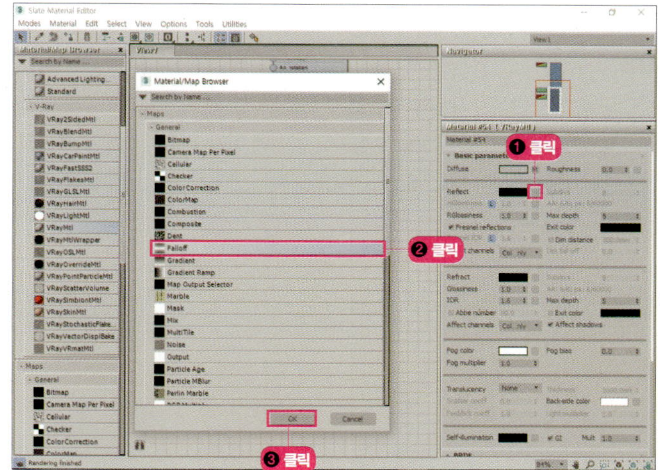

## 06

Falloff를 더블클릭하여 편집합니다. 색상은 기본 색상으로 두고 Falloff Type을 'Fresnel'로 변경합니다.

활성 뷰의 VRayMtl을 더블클릭하여 기본 재질 창으로 이동합니다.

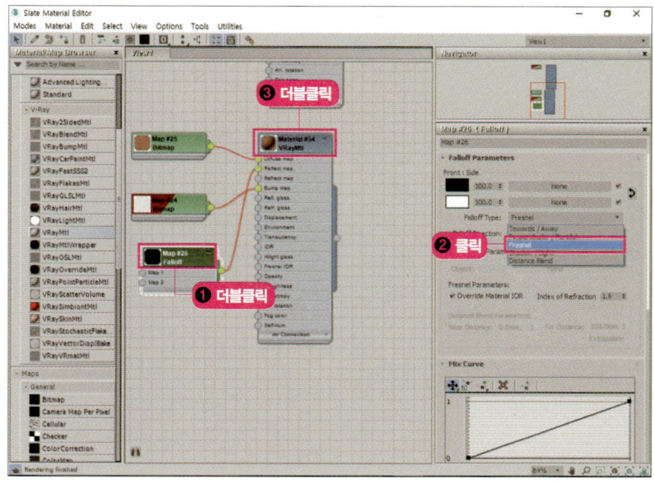

## 07

재질의 Reflection의 옵션 값을 아래와 같이 수정합니다. HGlossiness
옆의 L을 클릭하면 Hilight glossiness의 수치를 편집할 수 있습니다.

HGlossiness : 0.7, RGlossiness : 0.9

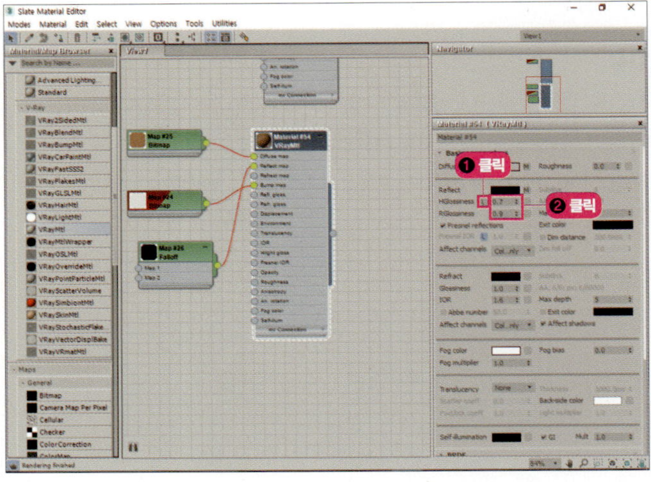

## 08

렌더링을 하면 완성된 재질을 확인할 수 있습니다. 꼭 위의 옵션이 아니더라
도 Map이나 재질의 옵션 값을 수정하고 옵션에 따라 재질이 어떻게 표현되
는지 테스트해 보시기 바랍니다.

## 03

# 금속 재료의 설정과 올바른 Mapping 기술

이번에는 VRay Material과 Map을 이용하여 다양한 금속 재질을 만들어 보겠습니다. 금속, 유리 등의 재질은 조금만 익힌다면 기본 재질보다 옵션 설정이 간편하고 쉽게 표현할 수 있으며 좋은 Quality의 결과물을 얻을 수 있다고 생각합니다. 이 책에서 설명한 필자가 사용하는 재질이 절대적인 것은 아니며 Vray Material의 옵션 값을 조금씩 수정하고 렌더링을 해보면서 현실에서와 같은 재질의 느낌을 만들어보기 바랍니다.

다양한 금속 재질 적용 이미지

## 01

### 크롬 재질 만들기

먼저 광택이 반짝반짝 살아 있는 크롬 재질을 만들어보겠습니다. 개인적으로 광택이 있는 재질을 좋아해서 자주 사용하는 편입니다.
또한 HDRI와 같이 사용한다면 훨씬 좋은 느낌의 결과물을 얻을 수 있습니다.

 **예제 파일**
C:/315-5466/Part04/0402_03.max

## 01

'C:/315-5466/Part04/0402_03.max' 파일을 불러옵니다. 재질 연습을 위해 기본적인 재질과 VRay가 세팅되어 있습니다. 또한 금속 느낌의 재질을 잘 표현하기 위하여 Environment에 HDRI를 적용하였습니다. 마징가 Z에 크롬 재질을 넣어보겠습니다.

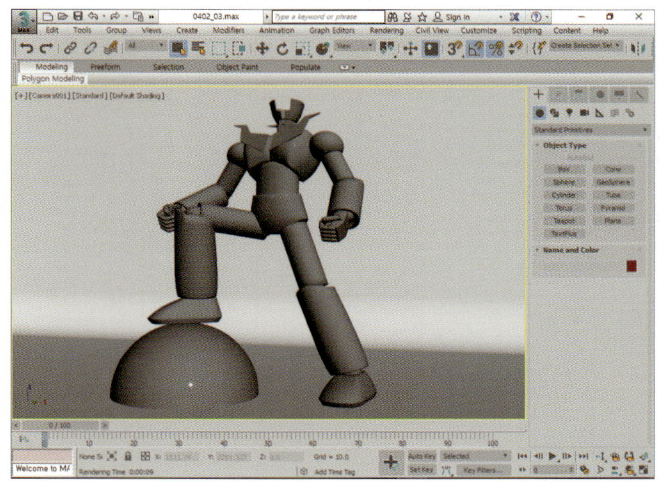

## 02

M 을 눌러 [Material Editor]를 엽니다. 새로운 VRayMtl을 만든 후 그림처럼 재질을 편집하고 적용합니다.

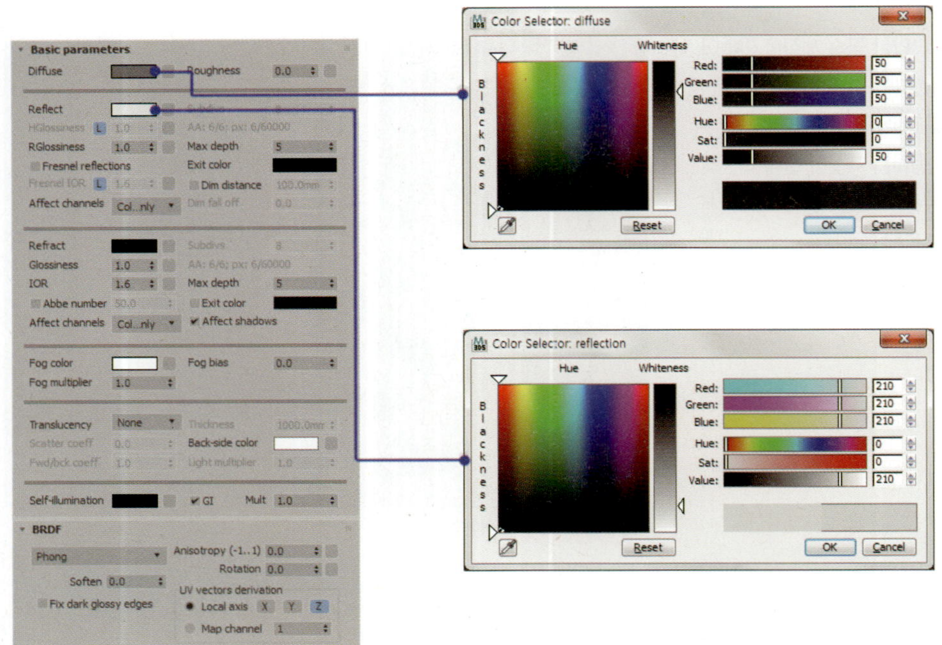

- Diffuse Color : Value 50
- Reflect Color : Value 210
- Fresnel reflections : 체크 해제
- BRDF : Phong

## 03

재질을 적용한 후 렌더링한 이미지입니다. 주변 환경을 선명하게 반사하는 크롬 재질이 잘 표현되었습니다. Reflect Color 값을 약하게 조절하여 하이그로시의 느낌도 만들 수 있습니다.

# 알루미늄 재질 만들기

이번에는 은백색의 알루미늄 재질을 만들어보겠습니다. 알루미늄은 크롬 재질과 달리 반사강도가 강하지 않고 반사 이미지가 퍼져서 나타납니다.
앞의 재질과 마찬가지로 마징가 Z에 재질을 적용해보겠습니다.

**예제 파일**
C:/315-5466/Part04/0402_03.max

## 01

'C:/315-5466/Part04/0402_03.max' 파일을 불러온 후 M을 눌러 [Material Editor]를 엽니다.
새로운 VRayMtl을 만든 후 그림처럼 재질을 편집하고 재질을 적용합니다.

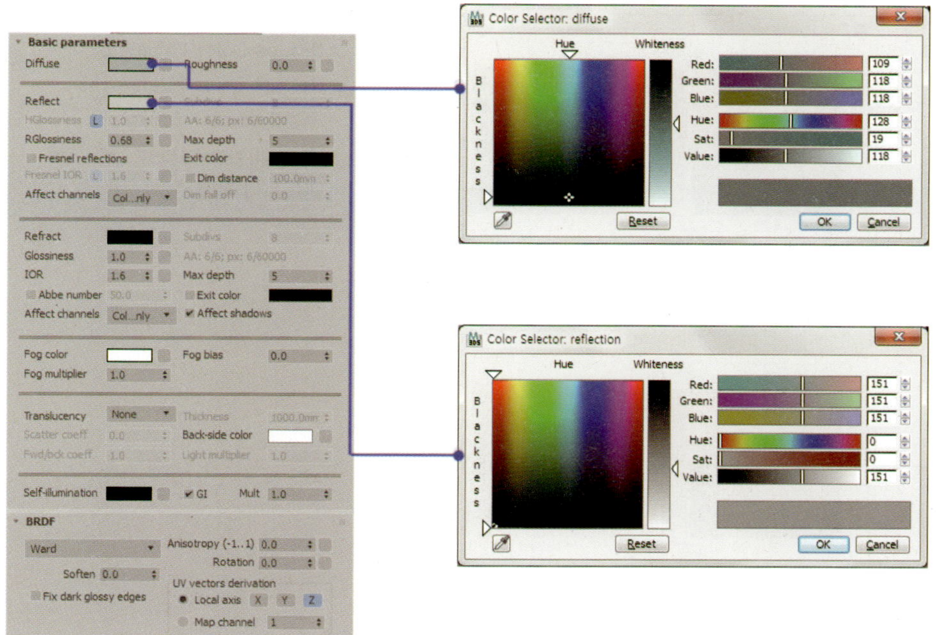


## 02

재질을 적용한 후 렌더링한 이미지입니다. 표면이 약간 거칠어 보이는 알루미늄 재질이 만들어졌습니다.

이번에는 일상생활에 많이 사용되는 스테인리스 재질에 대하여 알아보겠습니다.
스테인리스의 종류는 사용 용도에 따라 다양하지만 일반적으로 사용되는 스테인리스 재질을 만들어보겠습니다.

**예제 파일**
C:/315-5466/Part04/0402_03.max

## 01

'C:/315-5466/Part04/0402_03.max' 파일을 불러온 후 M 을 눌러 [Material Editor]를 엽니다. 새로운 VRayMtl을 만든 후 그림처럼 재질을 편집하고
재질을 적용합니다.

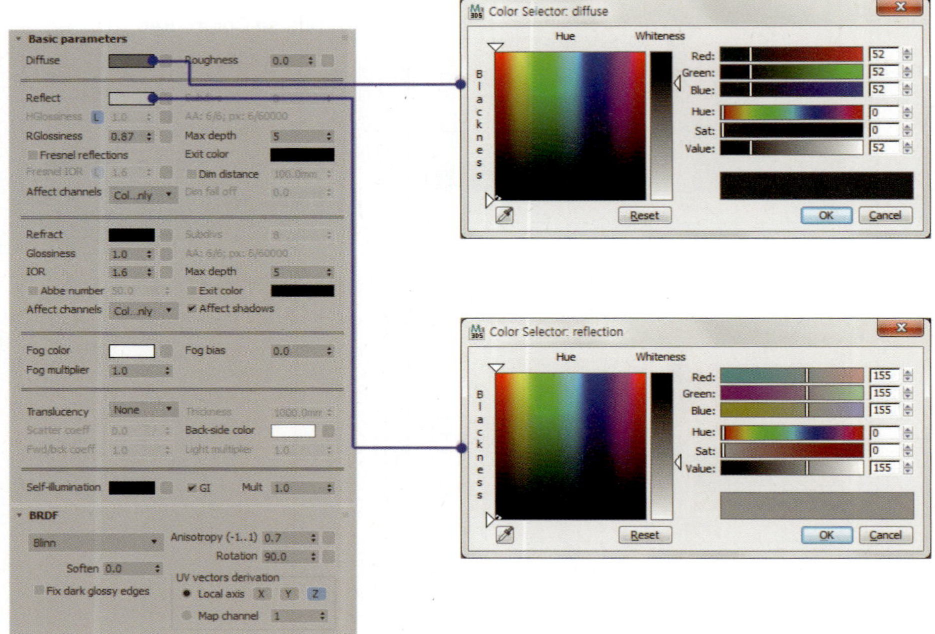


## 02

재질을 적용한 후 렌더링한 이미지입니다. 어두운 회색의 스테인리스 재질
이 완성되었습니다.

# 금 재질 만들기

이번에는 황금빛 광택이 은은하게 나는 귀금속인 금 재질을 만들어보겠습니다.

**예제 파일**
C:/315-5466/Part04/0402_03.max

## 01

'C:/315-5466/Part04/0402_03.max' 파일을 불러온 후 M 을 눌러 [Material Editor]를 엽니다. 새로운 VRayMtl을 만든 후 그림처럼 재질을 편집한 후 재질을 적용합니다.

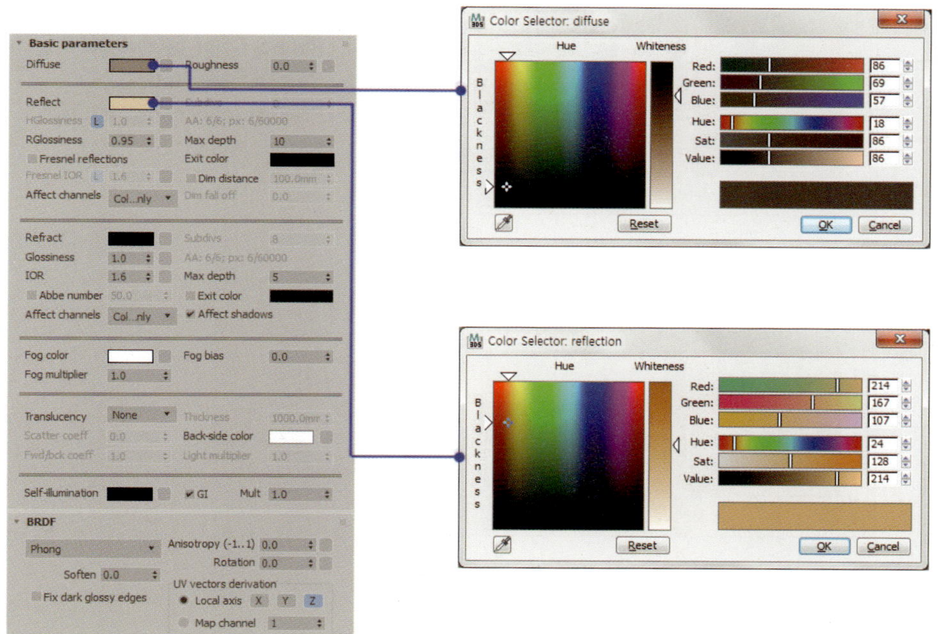

- Diffuse Color : Red 86, Green 69, Blue 57
- Reflect Color : Red 214, Green 167, Blue 107
- RGlossiness : 0.95
- Max depth : 10
- Fresnel reflections : 체크 해제
- BRDF : Phong

## 02

재질을 적용한 후 렌더링한 이미지입니다. Diffuse Color의 강도를 조절하여 금색의 밝기를 조절할 수 있습니다.

# 은 재질 만들기

이번에는 흰 광택을 가지고 있는 은 재질을 만들어보겠습니다.

**예제 파일**
C:/315-5466/Part04/0402_03.max

## 01

'C:/315-5466/Part04/0402_03.max' 파일을 불러온 후 M을 눌러 [Material Editor]를 엽니다.
새로운 VRayMtl을 만든 후 그림처럼 재질을 편집하고 재질을 적용합니다.

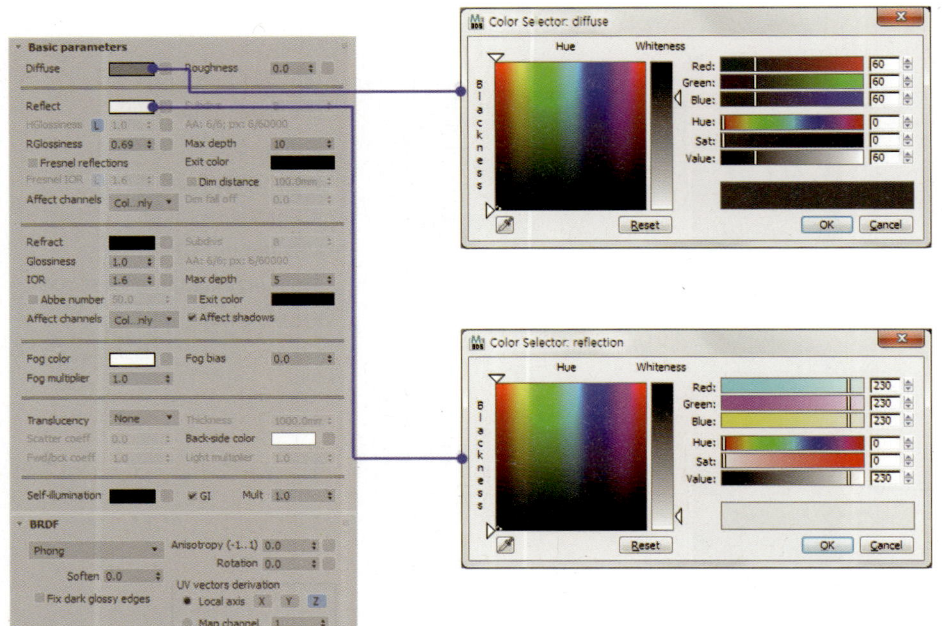


## 02

재질을 적용한 후 렌더링한 이미지입니다. 은은한 반사가 적용되어 있는 은
재질이 만들어졌습니다.

# 동 재질 만들기

이번에는 동 재질을 만들어보겠습니다.

**예제 파일**
C:/315-5466/Part04/0402_03.max

## 01

'C:/315-5466/Part04/0402_03.max' 파일을 불러온 후 M을 눌러 [Material Editor]를 엽니다.
새로운 VRayMtl을 만든 후 그림처럼 재질을 편집한 후 재질을 적용합니다.

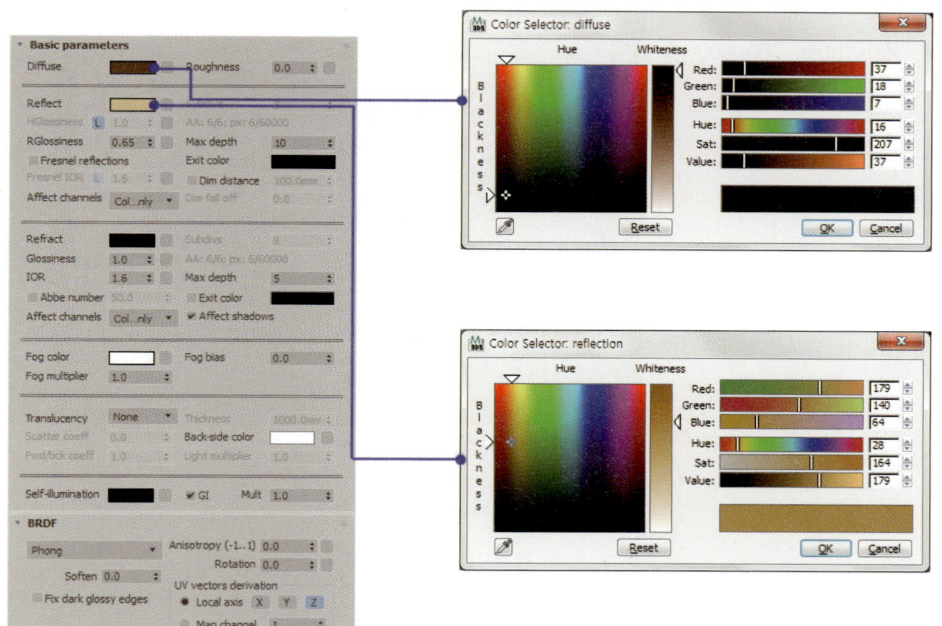


## 02

재질을 적용한 후 렌더링한 이미지입니다.

# 04

# 돌(대리석) 재료의 설정과 올바른 Mapping 기술

이번에는 다양한 돌 재질을 설정하는 방법에 대하여 알아보겠습니다. 재질에 따라 대리석, 벽돌, 콘크리트, 타일 등 다양한 종류가 있으며 각 특성에 맞게 재질을 설정을 하는 것이 중요합니다.

## 01

### 대리석 재질 만들기

대리석은 보통 바닥이나 현관 거실, 욕실 등 건축물의 내외장재로 다양하게 사용됩니다.

종류에 따라 광택의 유무가 있으며, 300x300mm, 450x450mm, 600x600mm, 300x600mm가 많이 사용됩니다.

대리석이 적용된 바닥과 벽

 **예제 파일**
C:/315-5466/Part04/0402_04.max

## 01

예제를 진행하던 'C:/315-5466/Part04/0402_04.max' 파일을 불러옵니다. 화장실의 벽에 대리석 재질을 적용해 보겠습니다. Viewport에서 대리석 재질을 적용할 벽을 선택합니다.

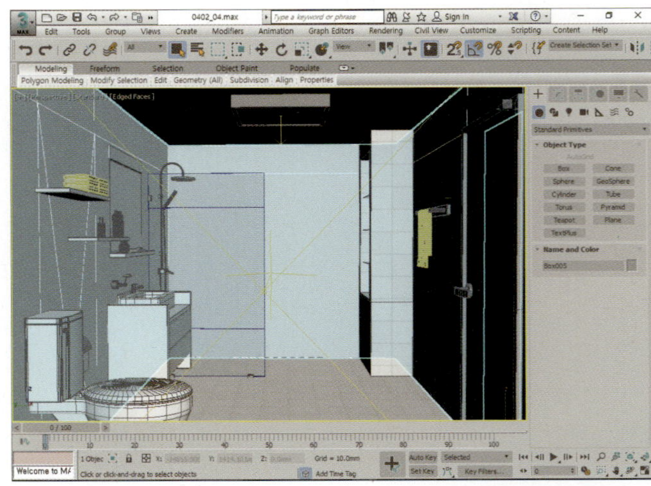

## 02

M을 눌러 [Material Editor]를 엽니다. Materials〉V-Ray〉VRayMtl
을 더블클릭하여 그림과 같이 새로운 VRayMtl을 만듭니다.

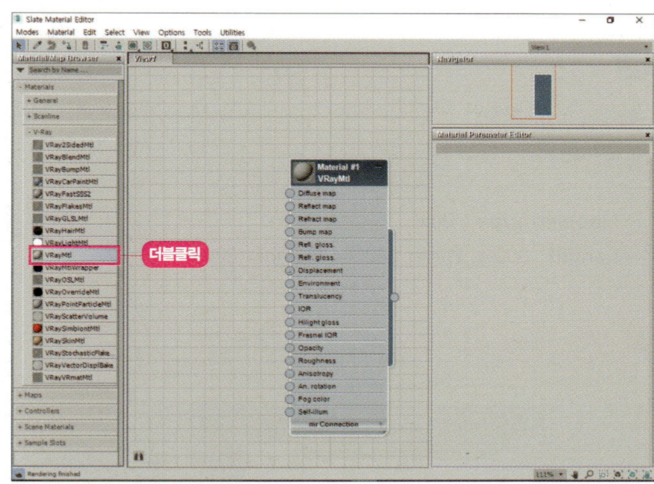

## 03

[Material/Map Browser]에서 Map〉General〉Bitmap을 더블클릭합니
다. C:/Program Files (x86)/Common Files/Autodesk Shared/
Materials/Textures/3/Masonry.Stone.Marble.Square.
Stacked.Polished.White-Brown-Black.jpg를 선택합니다.
활성 뷰에서 만들어진 Bitmap의 원형소켓을 드래그하여 VRayMtl의
Diffuse map의 원형소켓과 연결하면 재질에 Map이 적용됩니다.
Assign Material to selection(   )을 클릭하여 재질을 적용합니다.
Show Shaded Material in Viewport(   )를 클릭하여 Viewport에서
재질을 확인합니다.

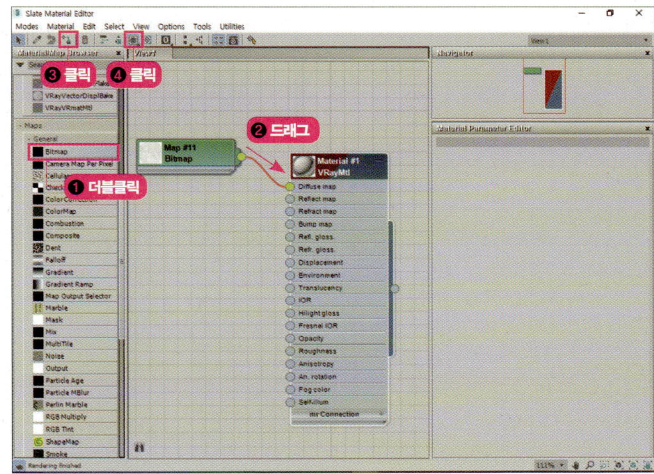

## 04

재질의 Parameter Editor에서 Reflect와 RGlossiness 값을 그림과 같
이 조절합니다.

> • Reflect : 50, RGlossiness : 0.95
> • Fresnel reflections : 체크 해제

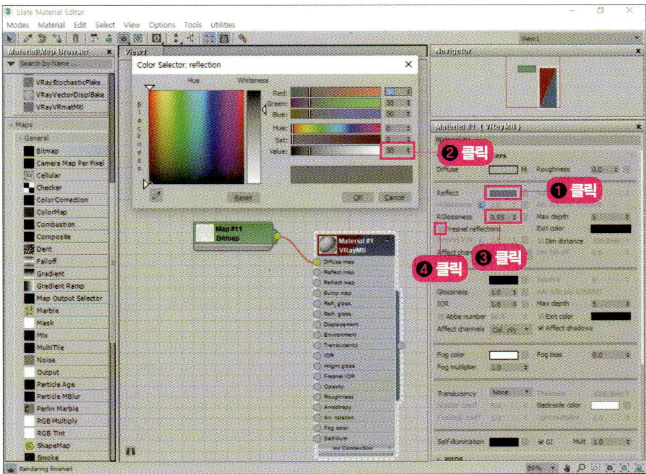

**05**

일정한 크기로 맞추기 위해 [Modifier List-UVW Map]을 적용하고 아래와 같이 옵션을 수정합니다.

> · **Mapping Type : Box**
> · **Length : 800㎜, Width : 800㎜, Height : 800㎜**

**06**

렌더링을 해보면 그림과 같이 반사 값을 가지고 있는 대리석 재질이 만들어진 것을 알 수 있습니다.

---

## 02                                        건축 마감재 만들기

이번에는 거친 느낌의 마감재를 이용하여 건물의 질감을 표현해 보겠습니다. 콘크리트의 특성을 그대로 노출시켜 자연스러운 느낌을 주거나 스투코같이 내부나 외부에 거친 느낌의 미장 마감을 하기도 합니다.

 **예제 파일**
C:/315-5466/Part04/0402.max

**01**

'C:/315-5466/Part04/0402.max' 파일을 불러옵니다. Viewport에서 스투코(Stucco) 재질을 적용할 외부의 벽을 선택합니다.

 **tip** 스투코는 건축물의 벽면에 바르는 미장 재료로 소석회, 석고, 대리석 가루, 점토등을 섞어 만든 마감재입니다.

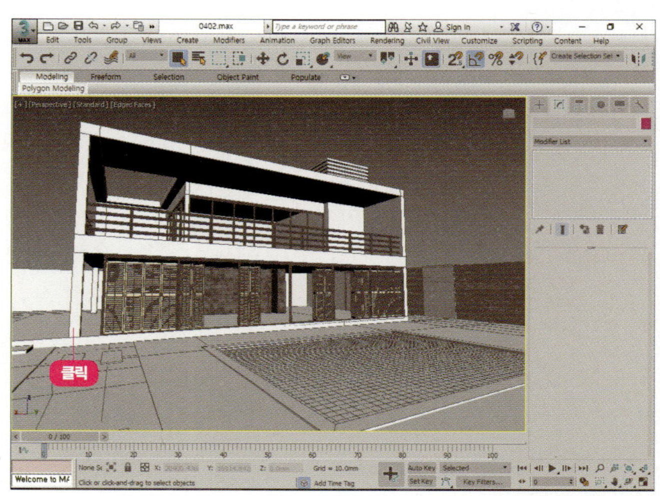

## 02

Ⓜ을 눌러 [Material Editor]를 엽니다. Materials〉V-Ray〉VRayMtl
을 더블클릭하여 그림과 같이 새로운 VRayMtl을 만듭니다.

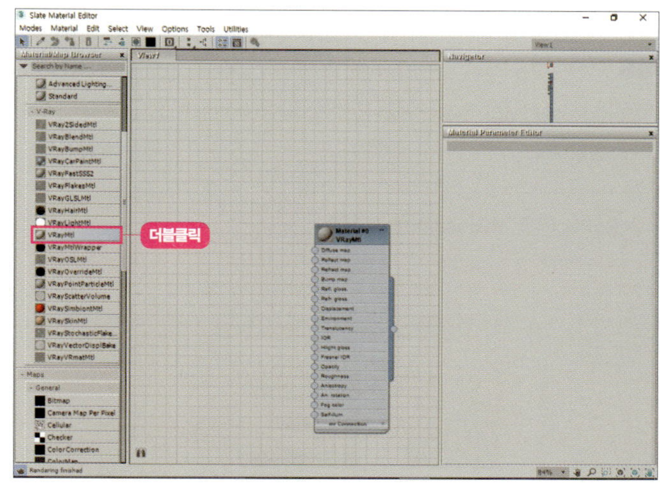

## 03

[Material/Map Browser]에서 Map〉General〉Bitmap을 더블클릭합니
다. C:/Program Files (x86)/Common Files/Autodesk Shared/
Materials/Textures/3/Finishes.Plaster.Stucco.Fine.1.jpg를 선
택합니다. 활성 뷰에서 만들어진 Bitmap의 원형소켓을 드래그하여
VRayMtl의 Diffuse map의 원형소켓과 연결하면 재질에 Map이 적용됩
니다. Material/Map Browser에서 Bitmap을 더블클릭합니다. C:/
Program Files (x86)/Common Files/Autodesk Shared/
Materials/Textures/3/Mats/Finishes.Plaster.Stucco.Fine.1.
bump.jpg를 선택합니다. 활성 뷰에서 만들어진 Bitmap의 원형소켓을 드
래그하여 VRayMtl의 Bump map의 원형소켓과 연결하면 재질에 Bump
Map이 적용됩니다. Assign Material to selection( )을 클릭하여 재
질을 적용합니다. Show Shaded Material in Viewport( )를 클릭하
여 Viewport에서 재질을 확인합니다.

## 04

재질을 적용한 후 [Modifier List-UVW Map]을 적용하고 아래와 같이 옵
션을 수정합니다.

> • Mapping Type : Box
> • Length : 500㎜, Width : 500㎜, Height : 500㎜

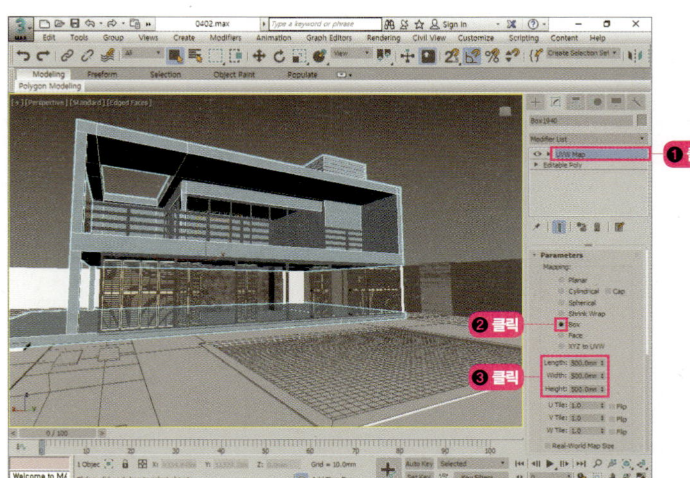

## 05

재질의 Parameter Editor에서 Reflect와 RGlossiness 값을 아래와 같이 조절합니다.

> · Reflect : 5, RGlossiness : 0.75

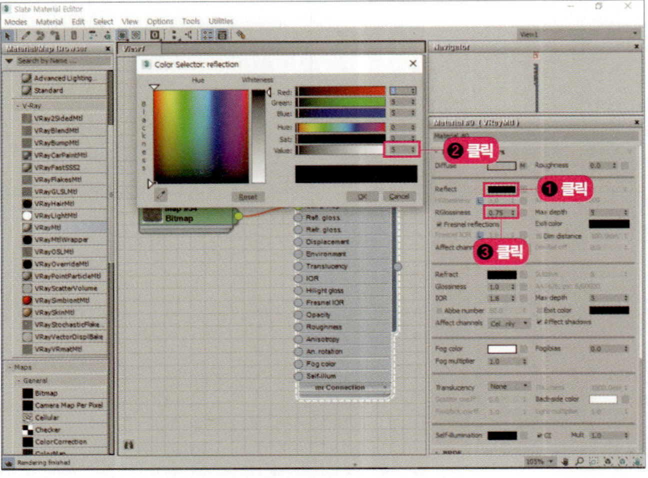

## 06

렌더링을 해보면 벽에 마감 재질이 적용된 것을 알 수 있습니다.

# 03

**벽돌 재질 만들기**

벽돌은 점토를 고온에서 구운 건축 재료로 재료와 생산 방법, 용도에 따라 다양하게 분류됩니다.
건축물의 내벽과 외벽에 많이 사용되며 190x90x57㎜ 사이즈가 일반적입니다.

## 01

방금 작업하던 0402.max를 이어서 작업해보겠습니다. Viewport에서 건물 주변의 벽을 선택합니다.

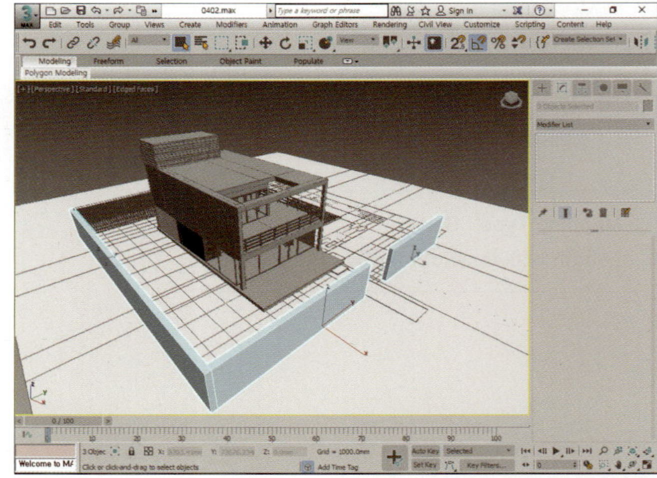

## 02

M을 눌러 [Material Editor]를 엽니다. Materials〉V-Ray〉VRayMtl
을 더블클릭하여 그림과 같이 새로운 VRayMtl을 만듭니다.

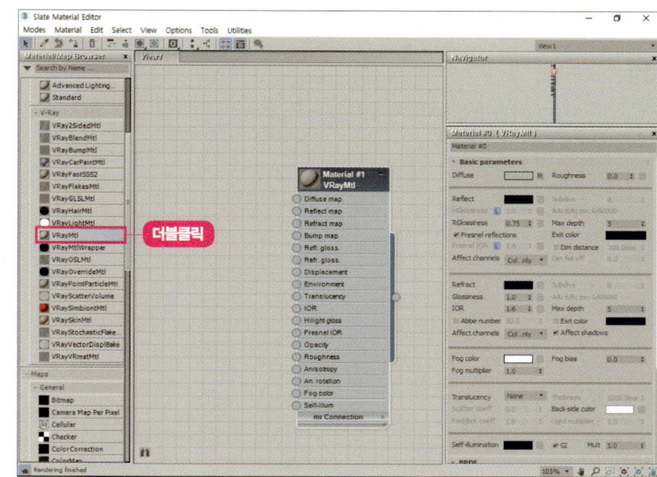

## 03

Material/Map Browser에서 Bitmap을 더블클릭합니다. C:/Program
Files (x86)/Common Files/Autodesk Shared/Materials/
Textures/3/Masonry.Unit Masonry.Brick.Modular.Running.
Grey.jpg를 선택합니다.
활성 뷰에서 만들어진 Bitmap의 원형소켓을 드래그하여 VRayMtl의
Diffuse map의 원형소켓과 연결하면 재질에 Map이 적용됩니다.
Material/Map Browser에서 Bitmap을 더블클릭합니다. C:/Program
Files (x86)/Common Files/Autodesk Shared/Materials/
Textures/3/Mats/Masonry.Unit Masonry.Brick.Modular.
Running.Grey.bump.jpg를 선택합니다.
활성 뷰에서 만들어진 Bitmap의 원형소켓을 드래그하여 VRayMtl의
Bump map의 원형소켓과 연결하면 재질에 Bump Map이 적용됩니다.
Assign Material to selection( )을 클릭하여 재질을 적용합니다.
Show Shaded Material in Viewport( )를 클릭하여 Viewport에서
재질을 확인합니다.

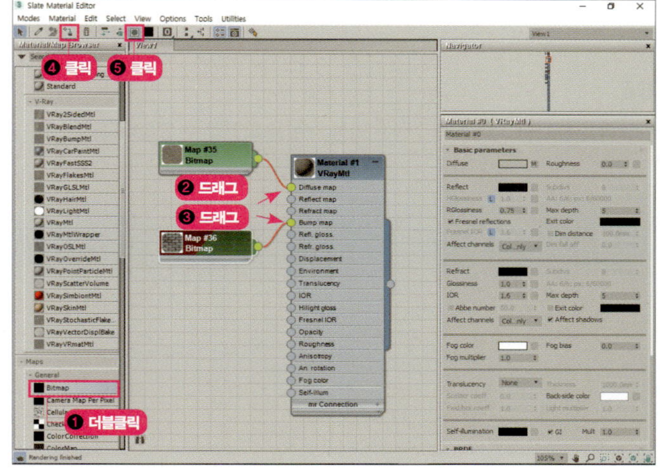

## 04

재질을 적용한 후 [Modifier List-UVW Map]을 적용하고 아래와 같이 옵
션을 수정합니다.

- Mapping Type : Box
- Length : 800㎜, Width : 800㎜, Height : 800㎜

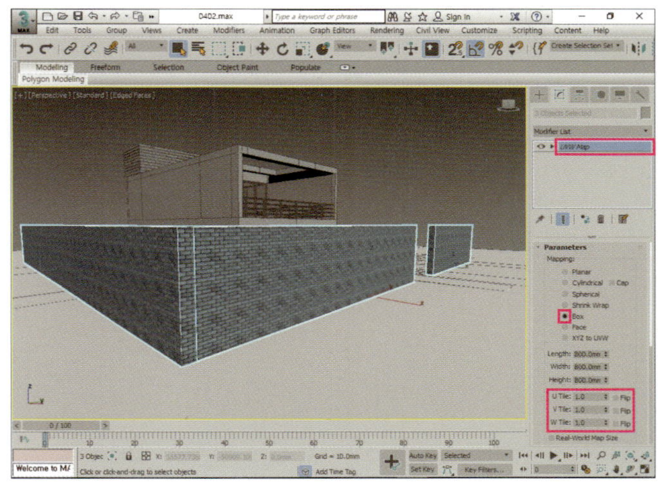

## 05

재질의 Parameter Editor에서 [Maps-Bump]를 선택합니다. Bump에
는 '80'을 입력합니다.

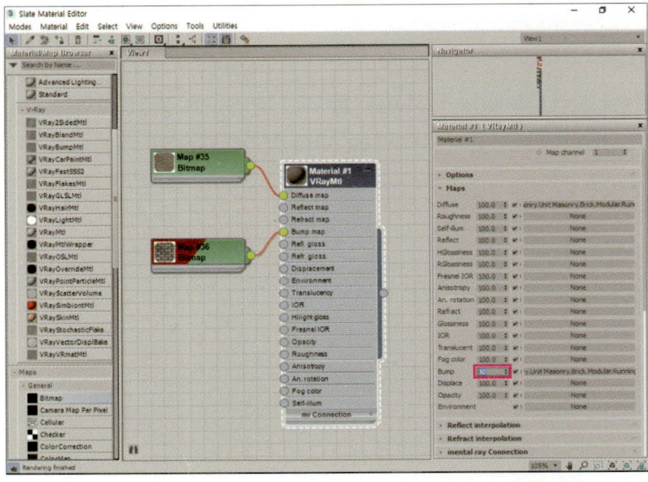

## 06

렌더링을 해보면 사이즈가 수정된 벽돌 재질을 확인할 수 있습니다.

# 05

# 천 재료의 설정과 올바른 Mapping 기술

Interior Scene에서 천 재질은 주로 쿠션이나 소파, 커튼 등에 사용됩니다. 특히 천 재질은 잘 사용한다면 세련된 실내 분위기를 만들 수 있습니다.

# 01

## 천 재질 만들기

**예제 파일**
C:/315-5466/Part04/0401.max

## 01

'C:/315-5466/Part04/0401.max' 파일을 엽니다. Viewport에서 천 재질을 적용할 정리함을 선택합니다.

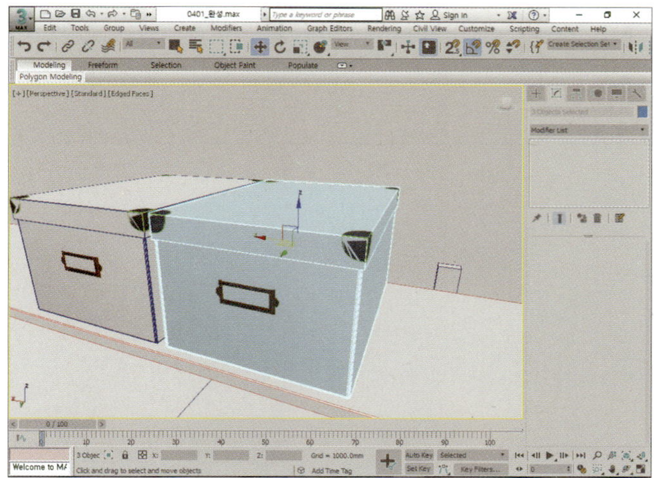

## 02

M을 눌러 [Material Editor]를 엽니다. Materials〉V-Ray〉VRayMtl을 더블클릭하여 그림과 같이 새로운 VRayMtl을 만듭니다.

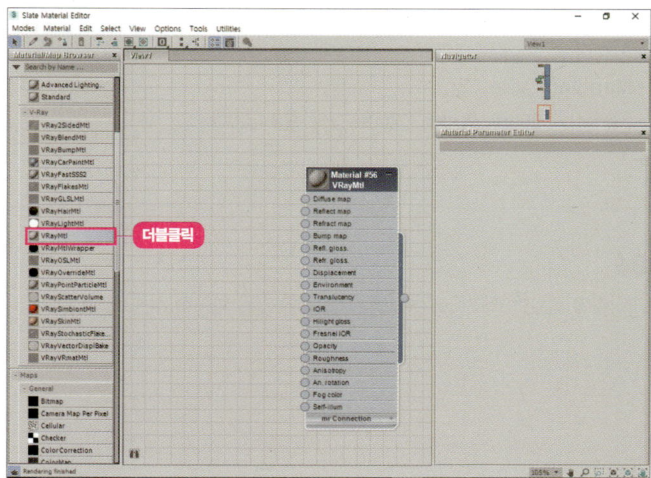

## 03

Material/Map Browser에서 Bitmap을 더블클릭합니다.
C:/Program Files (x86)/Common Files/Autodesk Shared/
Materials/Textures/3/Furnishings.Fabrics.Canvas.White.jpg
를 선택합니다. 활성 뷰에서 만들어진 Bitmap과 VRayMtl의 Diffuse
Color의 원형소켓을 연결합니다.
Material/Map Browser에서 Bitmap을 더블클릭합니다. C:/Program
Files (x86)/Common Files/Autodesk Shared/Materials/
Textures/3/Mats/Furnishings.Fabrics.Canvas.bump.png를 선
택합니다. 활성 뷰에서 만들어진 Bitmap과 VRayMtl의 Bump map의
원형소켓을 연결합니다. Assign Material to selection(📷)을 클릭하여
재질을 적용합니다. Show Shaded Material in Viewport(◉)를 클릭
하여 Viewport에서 재질을 확인합니다.

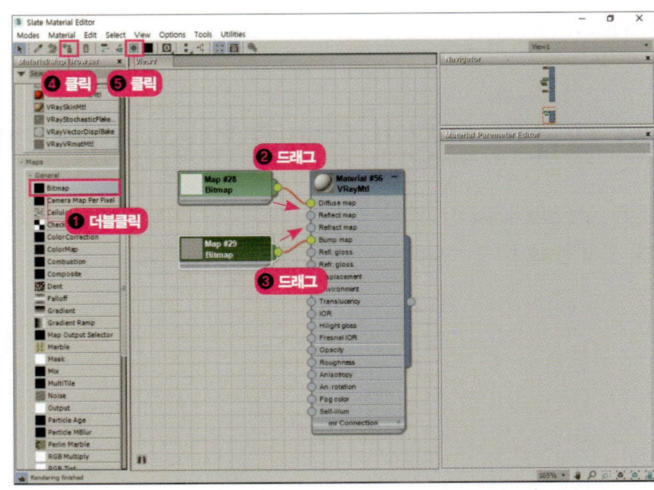

## 04

재질을 적용한 후 [Modifier List-UVW Map]을 적용하고 옵션을 아래와
같이 수정합니다.

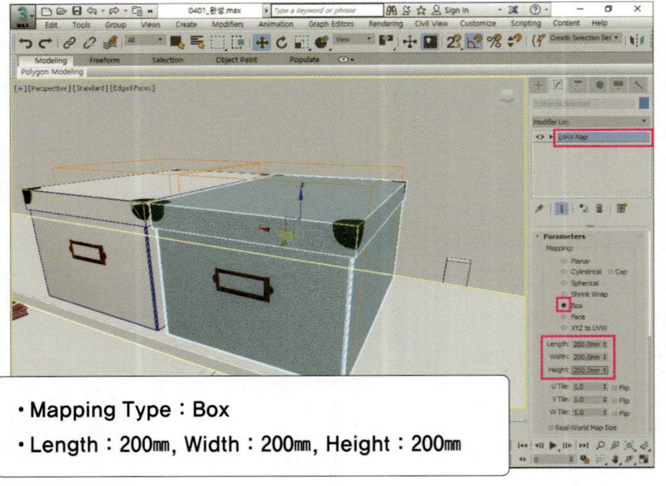

- Mapping Type : Box
- Length : 200㎜, Width : 200㎜, Height : 200㎜

## 05

재질의 Parameter Editor에서 [Maps-Bump]를 선택합니다. Bump에
는 '80'을 입력합니다.

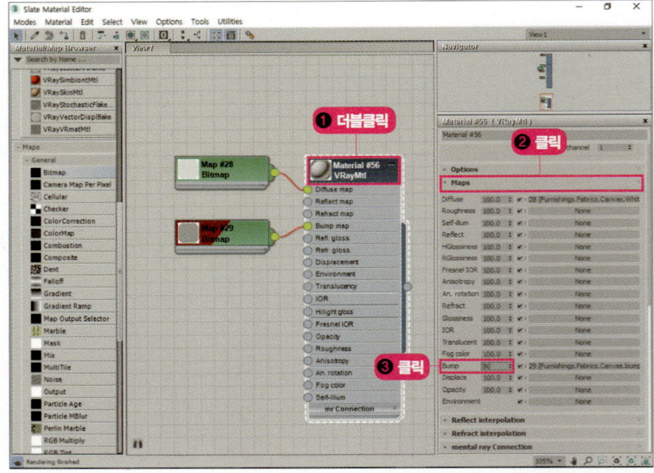

## 06

렌더링을 해보면 정리함에 천 재질이 적용된 것을 확인할 수 있습니다.

# 06

# 유리 재료의 설정과 올바른 Mapping 기술

유리 재질은 주변 환경의 영향을 많이 받으며 색상이나 굴절 등 속성에 의해 표현되는 느낌이 많이 달라지지만 VRayMtl의 기본 속성만 익혀도 충분히 사실적인 재질을 만들 수 있습니다.

# 01

## 투명한 유리 느낌 만들기

**예제 파일**
C:/315-5466/Part04/0402_06.max

## 01

'C:/315-5466/Part04/0402_06.max' 파일을 열면 돌고래 조각상이 나타납니다. 유리 재질을 적용할 돌고래를 선택한 후 M 을 눌러 [Material Editor]를 엽니다.

## 02

그림과 같이 새로운 VRayMtl을 만듭니다. 만들어진 VRayMtl을 더블클릭하여 아래 옵션과 같이 설정합니다. 재질을 완성한 후 Assign Material to selection(⬚)을 클릭하여 재질을 적용합니다.

- Diffuse Color : 흰색  · Reflect Color : 흰색
- Fresnel reflections 체크  · Refract Color : 흰색
- Affect Shadows 체크

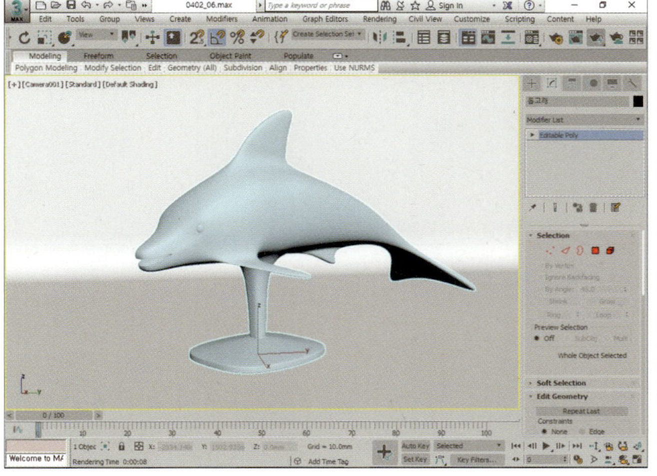

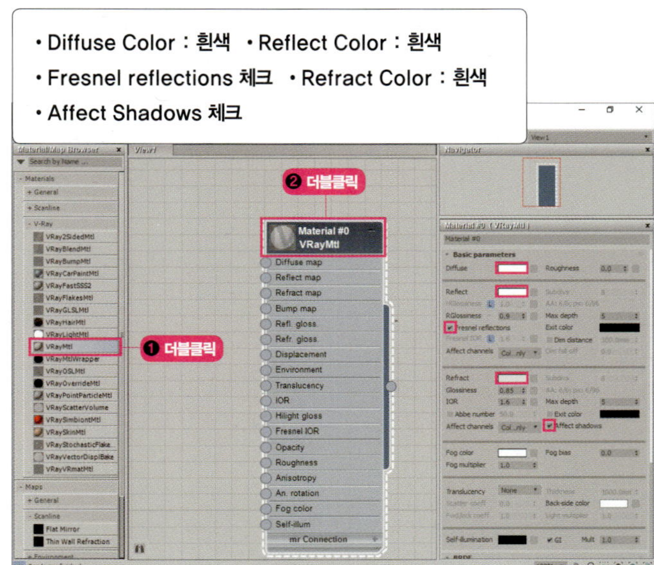

## 03

렌더링을 하면 그림과 같이 투명한 유리 재질이 만들어진 것을 확인할 수 있습니다.

유리 재질 적용 전

유리 재질을 적용 후

## 02

## 불투명한 유리 느낌 만들기

### 01

앞과 같이 'C:/315-5466/Part04/0402_06.max' 파일로 연습해보겠습니다. 유리 재질을 적용할 돌고래를 선택한 후 M을 눌러 [Material Editor]를 엽니다.

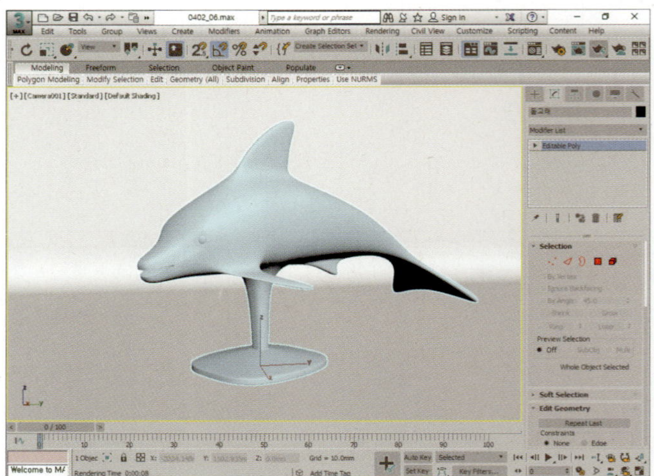

## 02

그림과 같이 새로운 VRayMtl을 만듭니다. 만들어진 VRayMtl을 더블클릭
하여 아래 옵션과 같이 설정합니다. 재질을 완성한 후 Assign Material to
selection(  )을 클릭하여 재질을 적용합니다.

- Diffuse Color : 흰색
- Reflect Color : 흰색
- Fresnel reflections 체크
- RGlossiness : 0.9
- Refract Color
- Red : 200, Green : 200, Blue : 200
- Glossiness : 0.85
- Affect Shadows 체크

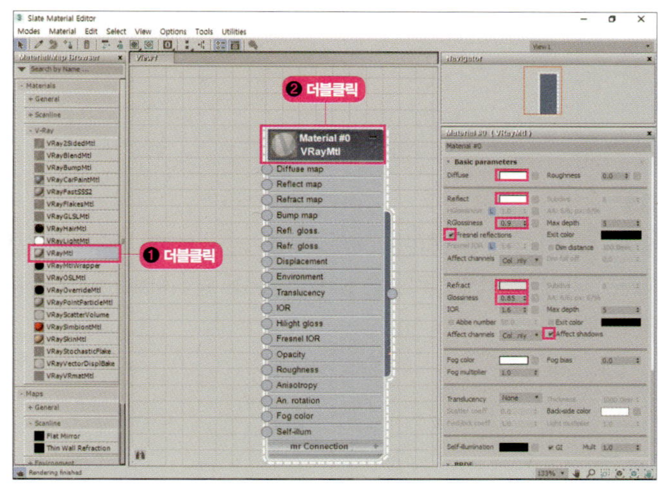

## 03

렌더링을 하면 그림과 같이 불투명한 유리 재질이 만들어진 것을 확인할 수 있습니다. Refract 값을 이용하여 투명도를 설정할 수 있습니다.

Refract Color 200

Refract Color 100

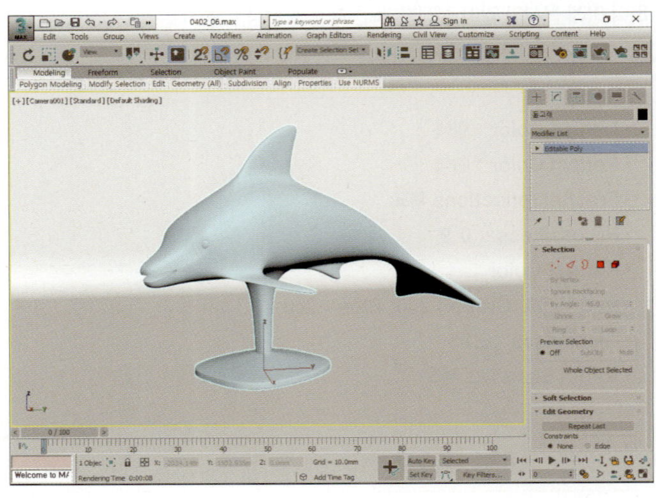

## 01

앞과 같이 'C:/315-5466/Part04/0401_06.max' 파일로 연습해보겠습니다. 유리 재질을 적용할 돌고래를 선택한 후 M을 눌러 [Material Editor]를 엽니다.

## 02

그림과 같이 새로운 VRayMtl을 만듭니다. 만들어진 VRayMtl을 더블클릭하여 아래 옵션과 같이 설정합니다.

재질을 완성한 후 Assign Material to selection(  )을 클릭하여 재질을 적용합니다.

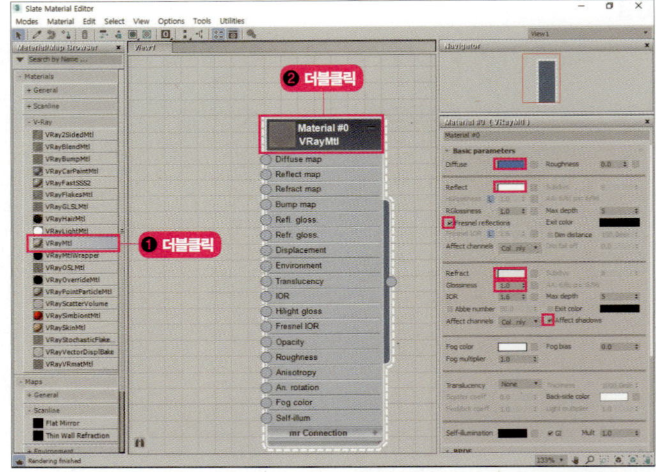

- **Diffuse Color** · Red : 0, Green : 50, Blue : 176
- **Reflect Color** · Red : 255, Green : 255, Blue : 255
- **Fresnel reflections 체크** · RGlossiness : 1
- **Refract Color** · Red : 225, Green : 225, Blue : 225
- **Glossiness : 1** · **Affect Shadows 체크**

## 03

렌더링을 해보면 그림과 같이 색상이 적용되는 유리 재질이 만들어진 것을 확인할 수 있습니다. Refract 값을 이용하여 색상의 투명도를 조절할 수 있습니다.

Refract Color 225

Refract Color 150

유리 재질을 따로 적용하여 투명 부분과 불투명 부분을 동시에 표현할 수 있습니다.

# 실무에서 사용하는 재질의 활용 방법

사실적인 재질을 표현하기 위해서는 다양한 재질과 Map을 최대한 활용하는 것이 좋습니다.
모델링으로 표현하기 힘들거나 시간이 오래 걸리는 작업에 적절한 재질과 Map을 사용하면 시간을 단축할 수 있을 뿐
만 아니라 사실적인 결과물도 만들 수 있습니다.

현실에서 사용하는 질감을 얻기 위해 재질의 여러 하위 기능들을 활용하여 좀 더 사실적인 재질의 느낌을 만들어 본다.

① Bump Map과 Oapcity Map의 활용

② UVW Map과 Unwrap UVW

# 01

# 재질에 높낮이를 적용하는 Bump

이번에는 재질을 더욱 사실적으로 표현할 수 있는 Bump에 대하여 알아보겠습니다. Bump는 재질의 Map 메뉴에서 설정할 수 있으며, 적용한 이미지의 명도 값을 이용하여 재질이 적용된 Object의 표면에 입체감을 표현할 수도 있습니다. Bump가 적용된 재질을 렌더링하면 흰색 영역은 돌출되고 검은색 영역은 들어가는 효과를 만듭니다.

**Bump 적용 전 이미지**

**Bump 적용 후 이미지**

Bump를 이용하여 사실적인 재질 효과를 만들 수 있습니다. Bump 효과는 Viewport에서 확인할 수 없으며 렌더링을 해야 확인할 수 있습니다.

# 01

## Bump 기능 익히기

이번에는 예제를 통하여 Bump 기능을 익혀보겠습니다. 재질에 입체감을 주는 데 반드시 필요한 기능입니다.

 **예제 파일**
C:/315-5466/Part04/0402_04.max

## 01

'C:/315-5466/Part04/0402_04.max' 파일을 불러옵니다. 타일을 적용할 바닥을 선택하고 M을 눌러 [Material Editor]를 엽니다.

## 02

Materials〉V-Ray〉VRayMtl을 더블클릭하여 활성 뷰에 재질을 만듭니다. Diffuse Color의 원형소켓을 활성창으로 드래그하면 사용할 맵을 선택할 수 있습니다. General〉Tiles을 클릭합니다.

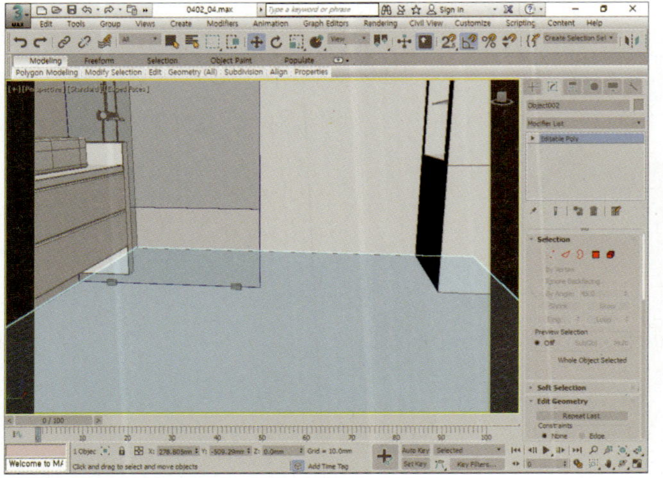

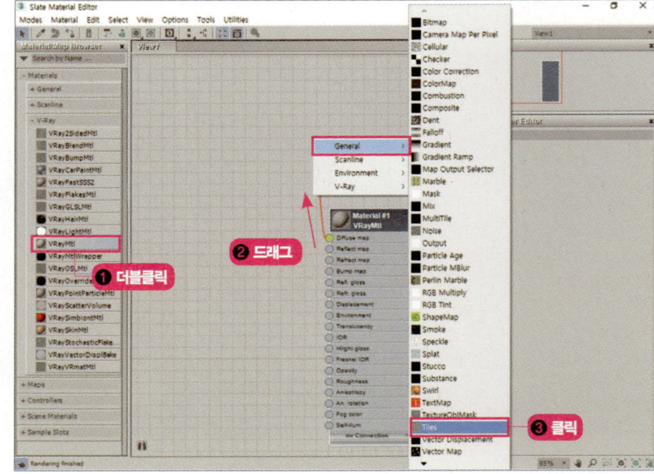

## 03

만들어진 Tile 맵을 더블클릭하고 Parameter Editor에서 아래 옵션과 같이 설정합니다.

- Preset Type : Stack Bond
- Tile Color : 흰색, Horiz. Count : 1, Vert. Count : 1
- Grout Color : 검은색, Horizontal Gap : 1, Vertical Gap : 1

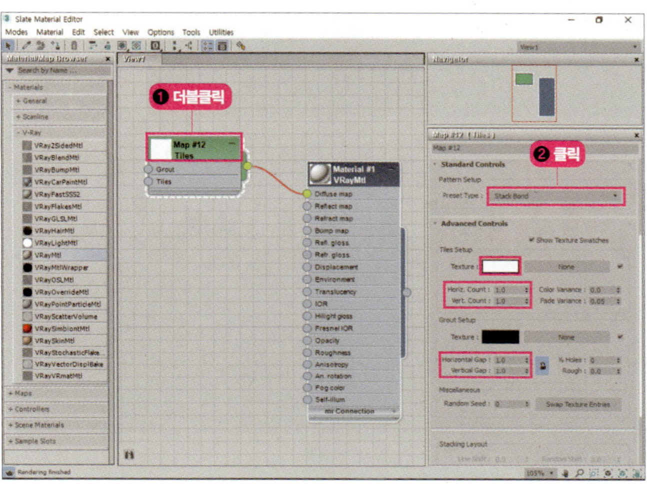

## 04

Tile 맵을 Bump map에 와이어링하여 연결합니다. Assign Material to selection()을 클릭하여 재질을 적용합니다.

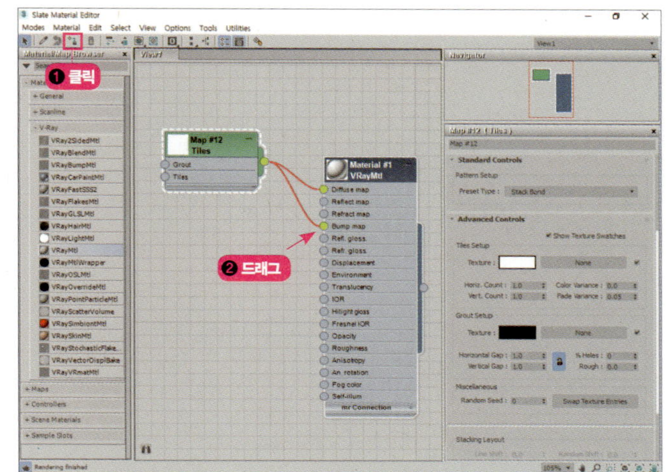

## 05

Viewport에서 확인해 보면 타일 재질이 만들어진 것을 확인할 수 있습니다. [Modifier List-UVW Map]을 적용하고 아래와 같이 옵션을 수정합니다.

- Mapping Type : Planar
- Length : 300㎜, Width : 300㎜

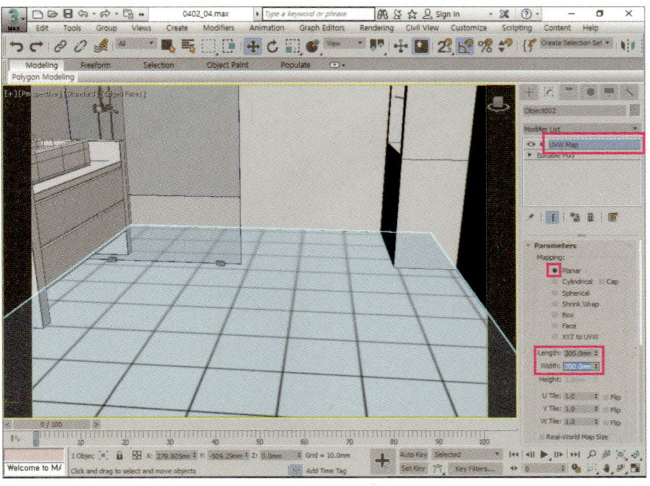

## 06

렌더링을 해 보면 타일이 입체적으로 만들어진 것을 확인할 수 있습니다.

**tip** 나무, 타일, 가죽, 벽돌 등 표면이 평탄하지 않고 높낮이가 있는 재질에 적용하면 효과적으로 재질을 표현할 수 있습니다.

02

# Map의 원하는 부분만 렌더링하는 Opacity Map

이번에는 이미지의 Alpha 값을 이용하여 재질을 적용하는 방법에 대하여 알아보겠습니다.

Opacity Map에 비트맵 파일을 적용하여 Object를 부분적으로 투명하게 만들 수 있습니다.

배경 작업이나 사람, 실내에서 화분 등을 표현할 때 적은 Polygon으로 효과적인 연출을 할 수 있는 매우 중요한 기능입니다.

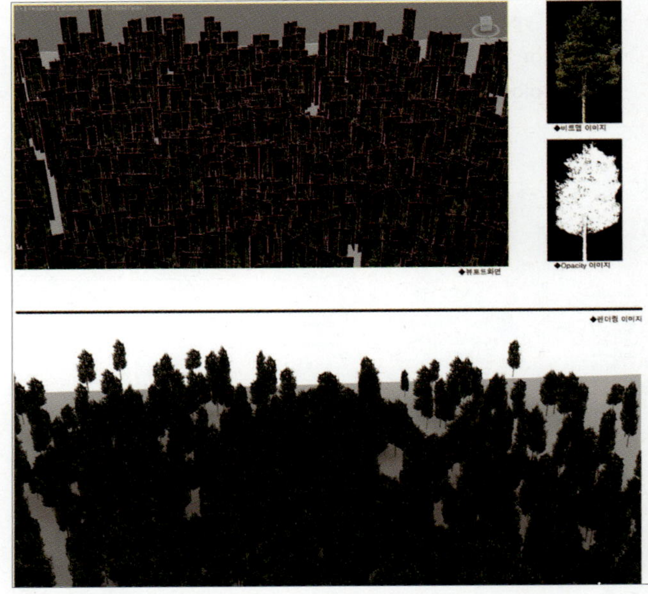

〈Opacity의 활용〉
실제 나무 이미지를 활용하여 만든 숲 이미지

## ■ Opacity Map의 적용 원리

일반 Map/Opacity Map/결과물 순으로 배치한 이미지입니다.
중간의 Opacity Map이 흰색 부분은 보이도록 하고. 검은색 부분은 투명하게 만들어 렌더링을 합니다.

Opacity Map의 적용 원리

# Opacity Map 기능 익히기

**예제 파일**
C:/315-5466/Part04/0403_02.max

**예제 파일**
C:/315-5466/Part04/longhole.jpg

## 01

'C:/315-5466/Part04/0402_02.max' 파일을 불러오면 찬넬선반이 보입니다. 찬넬선반을 고정하기 위해 지지대 부분에는 Hole이 있어야 하나 모델링을 하는 것보다 맵을 이용하여 Hole을 표현해 보겠습니다.

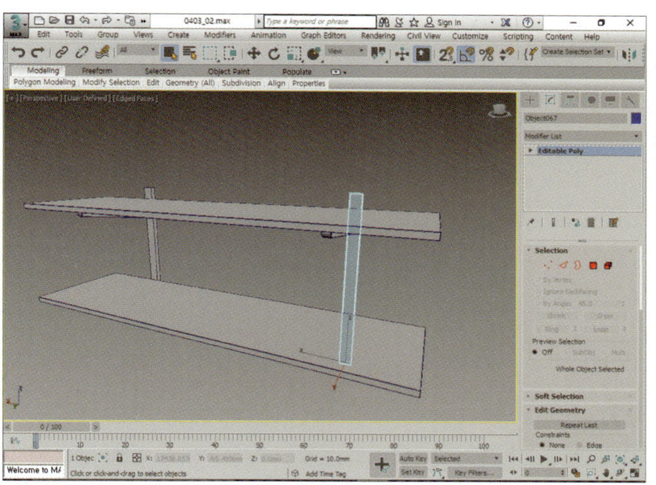

## 02

M을 눌러 [Material Editor]를 엽니다. 그림과 같이 Materials〉Scanline〉Standard를 더블클릭하여 새로운 Standard Material을 만듭니다.

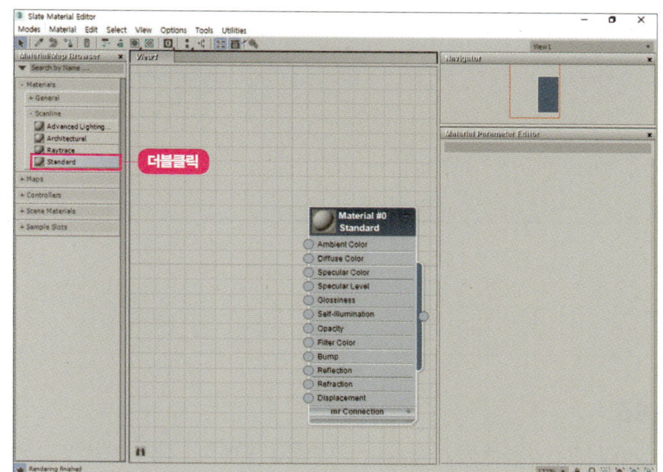

## 03

Opacity의 원형소켓을 활성창으로 드래그하면 사용할 맵을 선택할 수 있습니다.
General〉Bitmap을 선택합니다.
'C:/315-5466/Part04/longhole.jpg' 파일을 선택합니다.

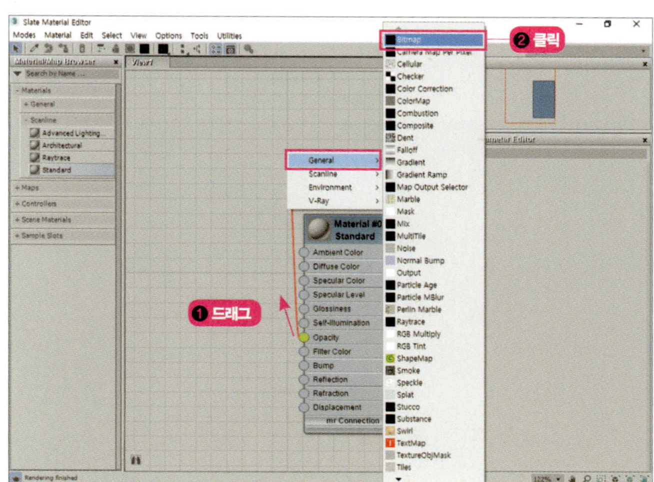

## 04

Assign Material to selection(🖐)을 클릭하여 재질을 적용합니다.

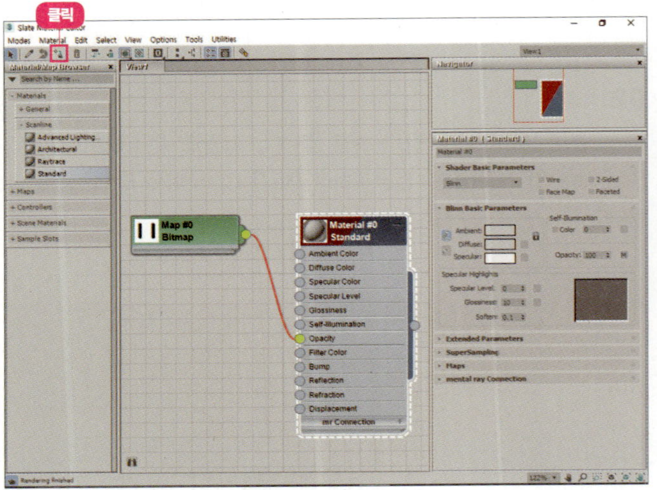

## 05

적용한 맵의 크기를 맞추기 위해 UVW Map을 적용해 보겠습니다.
[Modifer List-UVW Map]을 적용하고 아래와 같이 옵션을 수정합니다.
옵션을 수정해도 맵의 형태가 표현할 부분과 직각으로 되어 있어 맵이 잘 나
타나지 않을 것 같습니다.

> • Mapping Type : Planar  • Length : 50㎜, Width : 30㎜

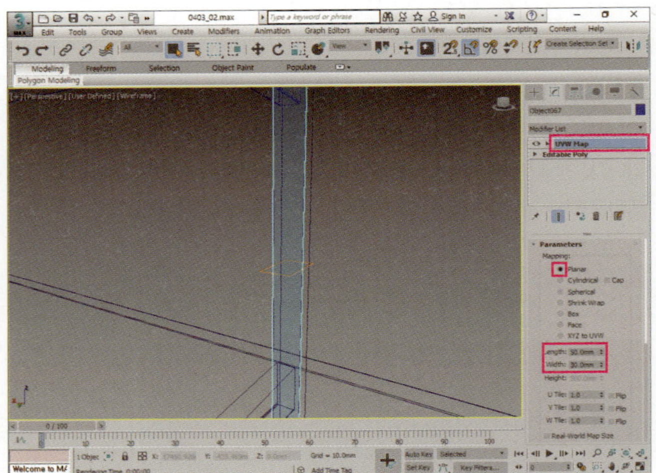

## 06

UVW Map의 옵션 중 Alignment의 방향을 'Y'에 체크하면 오브젝트의 면
과 UVW Map을 적용한 방향이 일치합니다.

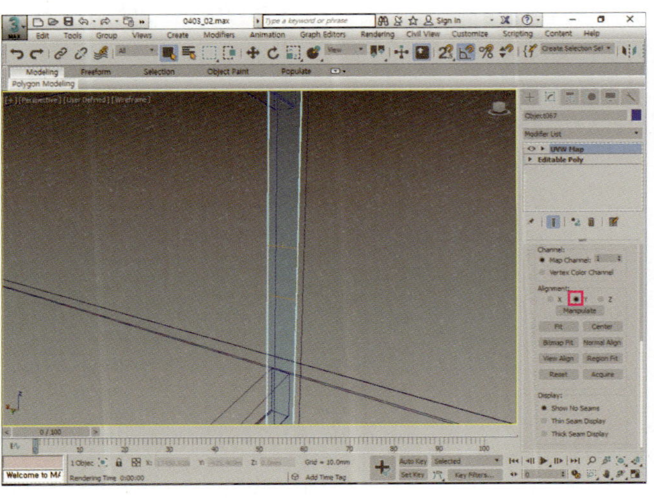

## 07

렌더링을 해보면 Opacity Map의 검은색 부분은 제거된 채 렌더링이 된 것
을 확인할 수 있습니다. Opacity Map은 활용도가 높으므로 다양하게 응용
해보기 바랍니다.

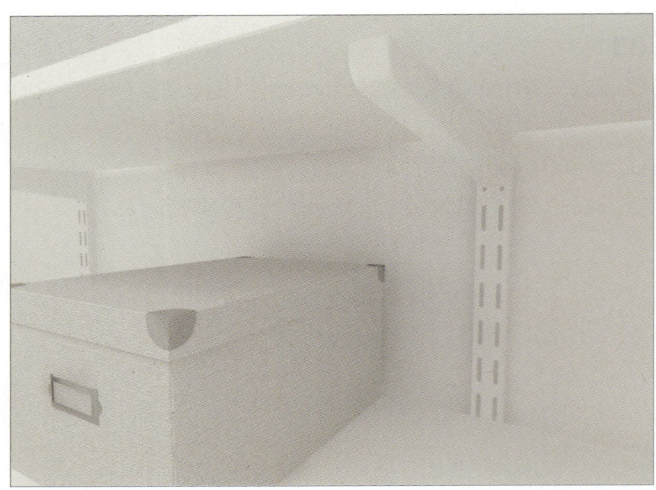

# 03 카툰 느낌을 만드는 Ink 'n Paint

이번에는 재질에 카툰 효과를 줄 수 있는 Ink 'n Paint에 대하여 알아보겠습니다. Ink 'n Paint 재질은 다른 재질에서 만들 수 있는 사실적인 느낌보다는 잉크로 만드는 Cartoon 효과를 만들 수 있습니다. 또한 단순 음영에 잉크처리 된 테두리의 느낌도 줄 수 있습니다.
활용 방법에 따라 다양한 느낌을 줄 수 있으므로 기능만 잘 익힌다면 귀여운 Character의 느낌을 쉽게 만들 수 있습니다.

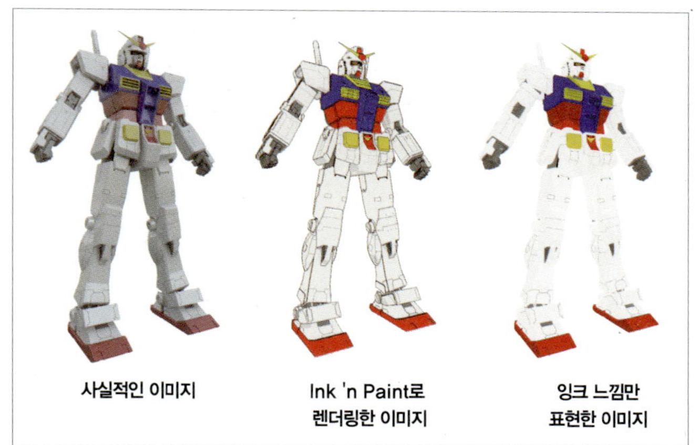

사실적인 이미지     Ink 'n Paint로 렌더링한 이미지     잉크 느낌만 표현한 이미지

## ■ Ink 'n Paint 재질 창 알아보기

먼저 Ink 'n Paint 재질을 사용하는 데 있어 재질 창의 기본적인 기능에 대하여 알아보겠습니다. Cartoon 느낌을 주는 VRaytoon도 있지만 Renderer에 관계없이 사용할 수 있는 기본 재질이므로 기본적인 기능만 익힌다면 쉽게 사용할 수 있는 장점이 있습니다.

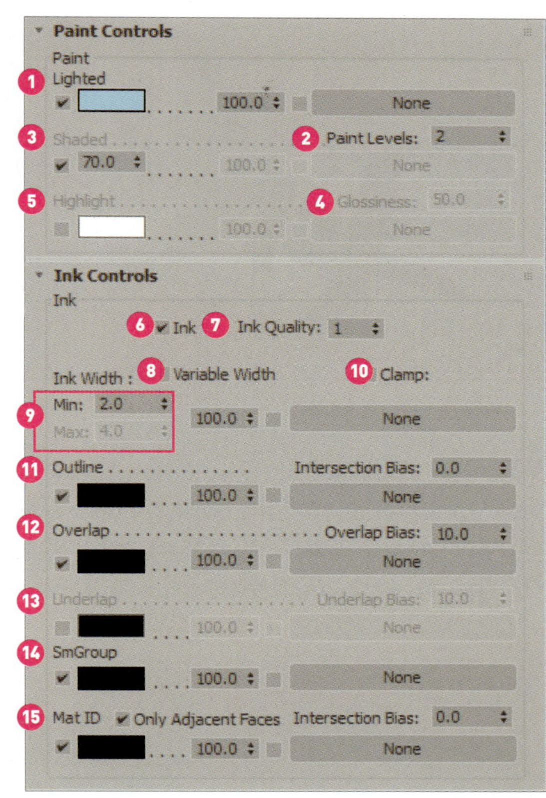

### Paint Controls

① **Lighted** : Object에 적용되는 조명 처리된 색상입니다.(기본 값=파란색) 앞의 체크 표시를 해제하면 색상은 제외되고 라인만 표시됩니다.

② **Paint Levels** : Rendering되는 색상의 음영 값입니다. 값을 높일수록 음영 수가 늘어납니다.

③ **Shaded** : 음영 값을 지정합니다. 값을 낮출수록 음영 부분의 채도가 늘어나 확실한 음영 효과를 줄 수 있습니다.

④ **Glossiness** : 반사되는 광택의 크기를 표시합니다. 값이 커질수록 반사되는 광택의 크기는 작아집니다. Highlight를 체크 표시했을 때 적용됩니다.

⑤ **Highlight** : 반사광을 강조하는 색상입니다.(기본 값=흰색)

### Ink Controls

⑥ **Ink** : 기본적으로 체크 표시가 되어 있으며 잉크 처리되어 Rendering됩니다.

⑦ **Ink Quality** : 브러시의 모양 및 브러시의 샘플 수를 설정합니다.

⑧ **Variable Width** : 잉크의 두께를 최소값과 최대값을 설정합니다.

⑨ **InkWidth** : 잉크의 두께를 설정합니다. Variable Width를 체크 표시를 하지 않으면 Min(최소값)이 적용됩니다.

⑩ **Clamp** : 잉크의 두께가 조명에 상관없이 Min과 Max 값 사이에서 유지되어 나타납니다.

⑪ **Outline** : Object의 윤곽을 Rendering할 때 사용합니다.

⑫ **Overlap** : Object의 일부가 겹쳐지는 부분을 Rendering할 때 사용합니다.

⑬ **Underlap** : Overlap과 비슷하지만 가까운 표면이 아닌 더 멀리 떨어진 표면에 잉크를 적용합니다.

⑭ **SmGroup** : Object의 가장자리에 잉크 처리를 할 때 사용합니다.

⑮ **Mat ID** : 서로 다른 재질 ID 값 사이에 그려지는 잉크 처리를 할 때 사용됩니다.

**tip** 페인트 수준 값이 4 이상이 되어야 잉크 및 페인트로 음영 처리된 Object에 그림자가 나타납니다.

# Ink 'n Paint 기능 익히기

이번에는 예제를 통하여 Ink 'n Paint 기능을 알아보겠습니다. 실사와 같은 재질에서 Ink 'n Paint 재질을 적용하여 카툰 느낌을 만들어보겠습니다.

**예제 파일**
C:/315-5466/Part04/0403_03.max

## 01

'C:/315-5466/Part04/0403_03.max' 파일을 불러옵니다.

## 02

M을 눌러 [Material Editor]를 엽니다. [Materials>General>Ink 'n Paint]를 더블클릭합니다. 활성 뷰에 만들어진 Ink 'n Paint를 더블클릭하여 재질을 편집합니다.

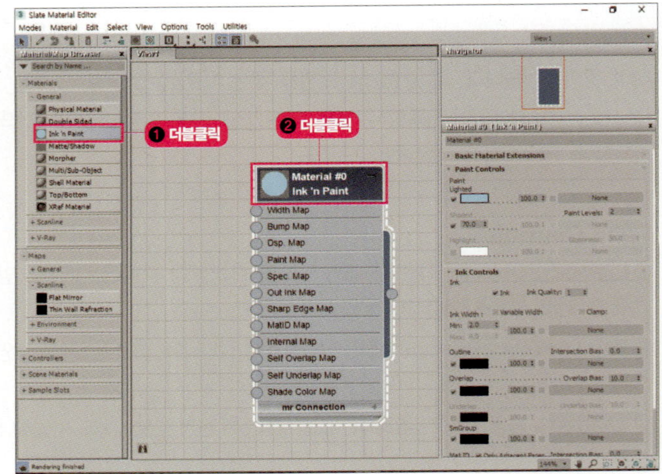


## 03

Ink 'n Paint의 재질을 그림과 같이 수정합니다. Color를 회색으로 바꿉니다. Paint Levels를 '2'에서 '4'로 수정합니다. 음영이 생기는 폭이 커집니다. Shaded의 수치를 '30'으로 수정합니다. 음영의 강도가 커집니다.

## 04

렌더링을 하면 4단계로 명암이 생기는 카툰 느낌이 나는 것을 확인할 수 있습니다.

## Object의 위와 아래 다른 재질을 적용하는
# Top/Bottom

이번에는 두 가지 재질을 혼합하는 Top/Bottom에 대하여 알아보겠습니다. Top/Bottom은 Object의 위쪽과 아래쪽의 재질을 따로 할당하고 혼합하여 다양한 느낌을 만들 수 있습니다. 필자는 주로 과일이나 혼합되는 지형에 주로 사용합니다.

**Top/Bottom을 적용한 돌고래 이미지**

## ■ Top/Bottom Parameter 알아보기

먼저 Top/Bottom Parameter에 대하여 알아보겠습니다. 다른 재질에 비해 많지 않고 겹쳐지는 부분이 많아 쉽게 적용할 수 있습니다.

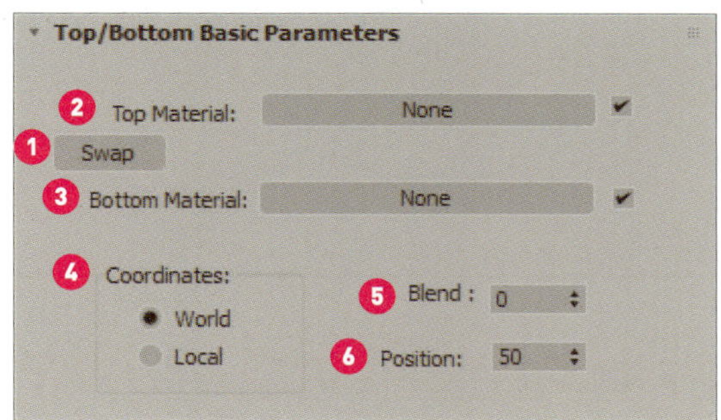


① **Swap** : 위와 아래의 재질의 위치를 교환합니다.

② **Top Material** : 위의 재질을 적용합니다.

③ **Bottom** : 아래쪽 재질을 적용합니다.

④ **Coordinates** : 상단 및 하단의 경계를 표준이나 로컬 방식으로 선택할 수 있습니다.

⑤ **Blend** : 두 재질의 가장자리를 혼합합니다.

⑥ **Position** : 두 재질이 혼합되는 위치를 설정합니다.

# Top/Bottom 기능 익히기

이번에는 예제를 통하여 Top/Bottom의 사용 방법을 알아보겠습니다.
예제를 통하여 재질을 적용하고 혼합하는 과정을 연습해보겠습니다. 여기서는 덜 익은 사과를 만들어보겠습니다.

**예제 파일**
C:/315-5466/Part04/0403_04.max

## 01

'C:/315-5466/Part04/0403_04.max' 파일을 불러옵니다. 유리그릇 안에 잘 익은 빨간 사과가 가득 들어 있습니다. 재질을 수정하여 녹색으로 만들어보겠습니다.

## 02

M을 눌러 [Material Editor]를 엽니다. 이번 연습에서는 이전 버전에서 사용하던 [Compact Material Editor]를 사용해보겠습니다. Material Editor 의 메뉴 바에서 [Modes-Compact Material Editor]를 선택합니다.

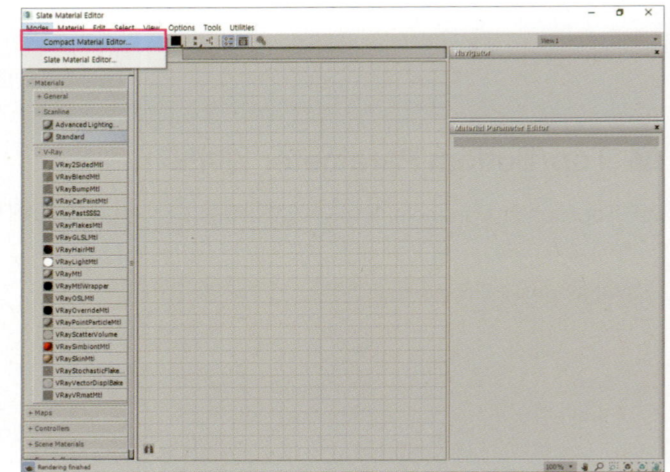

## 03

Material Editor가 Compact Material Editor 모드로 바뀌었습니다.

## 04

Pick Material From Object( )을 선택한 후 Viewport의 사과를 클릭
합니다. 사과의 재질을 빈 슬롯에 추출해 왔습니다. 사과에 적용된 재질을
확인해보니 빨간색의 VRayMtl입니다. VRayMtl를 클릭한 후 Map
Browser에서 Top/Bottom를 선택하고 [OK] 버튼을 클릭합니다.

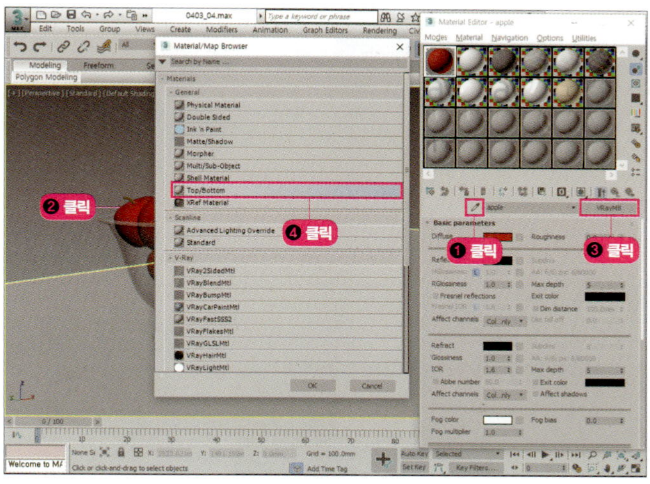

## 05

기존 재질을 적용할 것인지를 물어보는 창이 나타나면 [OK] 버튼을 클릭합
니다.

## 06

재질이 VRayMtl에서 Top/Bottom으로 바뀌었습니다. 기존의 VRayMtl
은 Top Material에 위치하고 있습니다. 위의 VRayMtl을 아래쪽에 드래그
하여 놓습니다. 그림처럼 복사 옵션창이 나타나면 Copy에 체크하고 [OK]
버튼을 클릭합니다.

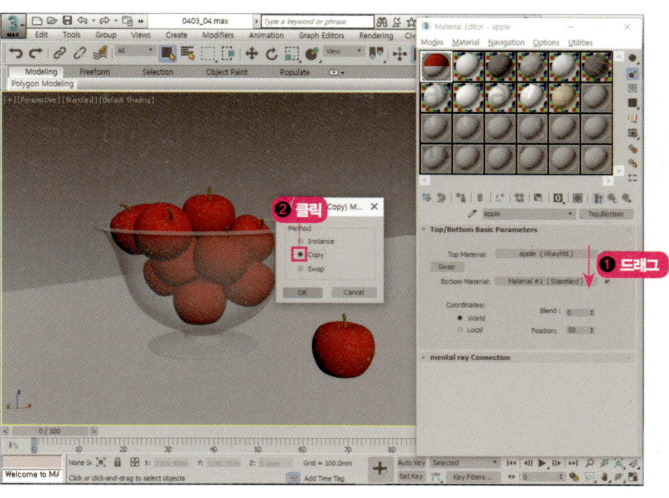

## 07

아래쪽의 재질을 클릭하여 편집 모드로 들어갑니다. 색상을 녹색으로 선택한
후 OK를 선택합니다. 재질 설정이 완료되면 Go to Parents( )를 클릭하
여 상위 재질로 돌아갑니다.

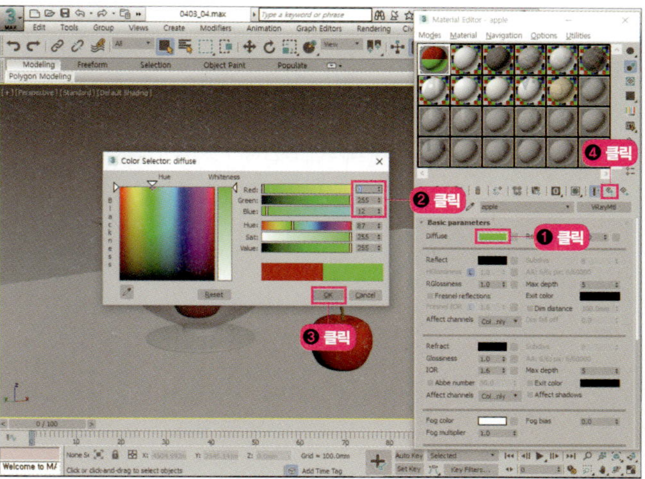

렌더링을 해보면 빨간색과 녹색이 정확하게 반씩 섞여 있는 것을 알 수 있습니다. 옵션을 수정하여 자연스럽게 만들어보겠습니다.

## 09

Top/Bottom의 옵션을 아래와 같이 수정합니다.

- Blend : 100
- Position : 70

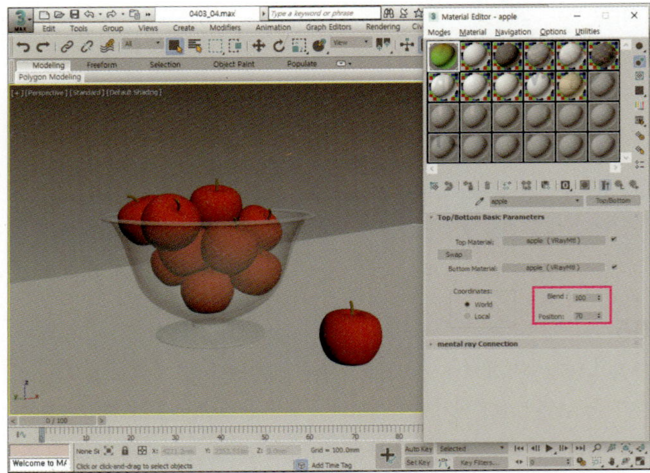

## 10

옵션을 수정한 후 렌더링을 하면 빨간색과 녹색이 자연스럽게 섞기면서 조금 익은 사과로 바뀌었습니다. 역시 사과는 빨간색이 맛있어 보입니다.

# 05

# 두 가지의 재질을 혼합하는 Blend

Blend는 Object의 표면에 두 가지 재질을 혼합하여 표현하는 재질 방식입니다. 그림처럼 두 가지의 재질을 혼합하여 다양한 효과를 줄 수 있으며, 새로운 느낌의 재질을 만들 수도 있습니다.

**Blend를 적용한 금속 이미지**

## ■ Blend Parameter 알아보기

먼저 Blend Parameter에 대하여 알아보겠습니다. 재질을 선택하고 혼합할 옵션을 설정할 수 있습니다.

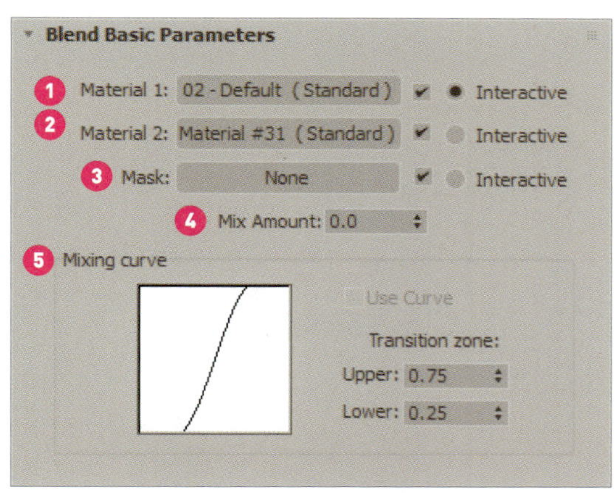

① **Material 1** : 혼합될 첫 번째 재질을 만듭니다. 체크 박스를 사용하여 선택/취소할 수 있습니다.

② **Material 2** : 혼합될 두 번째 재질을 만듭니다. 체크 박스를 사용하여 선택/취소할 수 있습니다.

③ **Mask** : Map을 마스크로 사용합니다. 마스크의 밝은 영역은 재질 1을 더 보여주고, 어두운 부분은 재질 2를 더 많이 보여줍니다.

④ **Mix Amount** : 혼합 비율을 결정합니다. 0은 재질 1만 보이게 하며, 100은 재질 2만을 보이게 합니다. 마스크에 체크 표시되어 있는 경우에는 사용할 수 없습니다. 이 값을 이용하여 Animation을 만들 수 있습니다.

⑤ **Mixing Curve** : 혼합 곡선으로 혼합되는 두 가지 재질의 변화가 얼마나 빠르게 이루어질 것인지에 영향을 미칩니다.

# Blend 기능 익히기

**예제 파일**
C:/315-5466/Part04/0403_05.max

## 01

'C:/315-5466/Part04/0403_05.max' 파일을 불러옵니다.

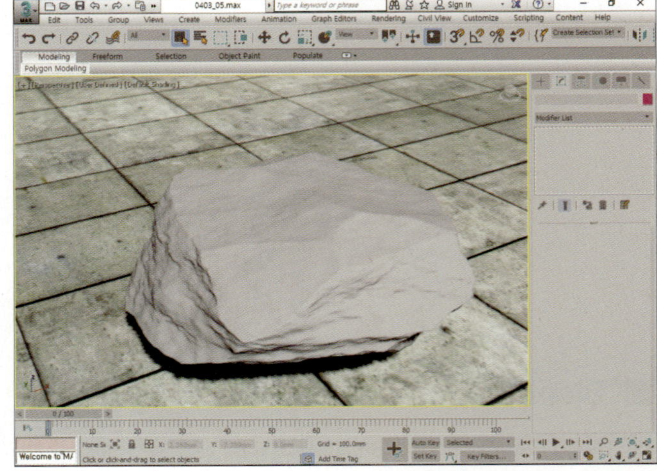

## 02

M을 눌러 [Material Editor]를 엽니다. Material/Map Browser에서 Materials〉General〉Blend를 더블클릭하면 활성 뷰에 Blend 재질이 만들어집니다. 만들어진 Blend 재질을 더블클릭하면 오른쪽의 Parameter Editor에서 사용할 재질을 편집할 수 있습니다.



Blend 재질이 목록에서 보이지 않을 경우 Material/Map Browser의 메뉴 중 'Show Incompatible'에 체크하면 모든 재질 목록까지 보여줍니다.

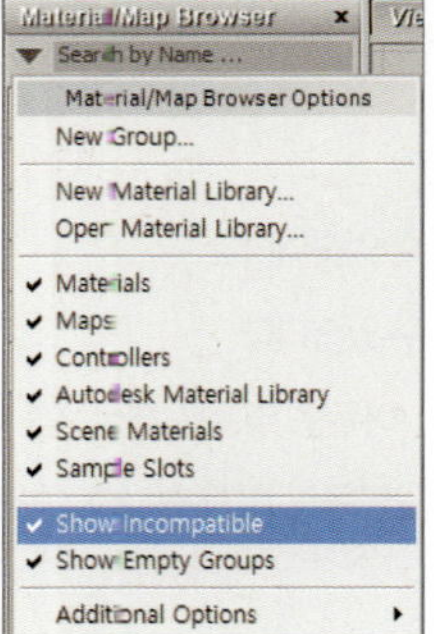

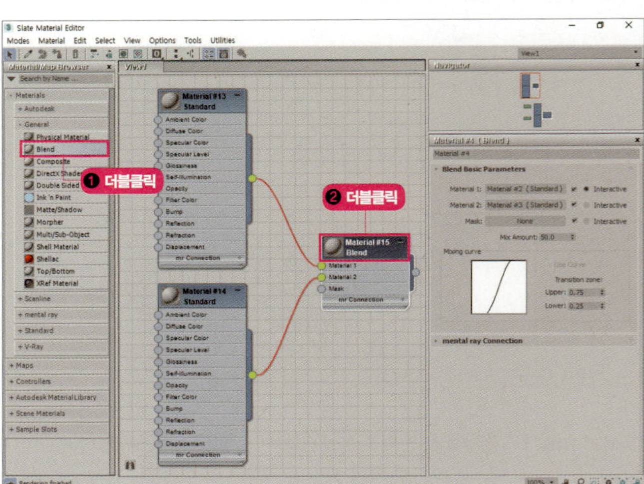

## 03

Material 1의 Diffuse Color의 노드를 와이어링하여 General〉Bitmap
을 클릭한 후 C:/Program Files (x86)/Common Files/Autodesk
Shared/Materials/Textures/3/Masonry.Stone.Soapstone.
DarkGrey.jpg를 선택합니다.

Material 2의 Diffuse Color의 노드를 와이어링하여 General〉Bitmap
을 클릭한 후 C:/Program Files (x86)/Common Files/Autodesk
Shared/Materials/Textures/3/Sitework.Planting.Grass.Thick.
jpg를 선택합니다.

Mix Amount에는 50을 적용하여 재질이 반씩 섞이도록 설정한 후 Object
에 재질을 적용합니다.

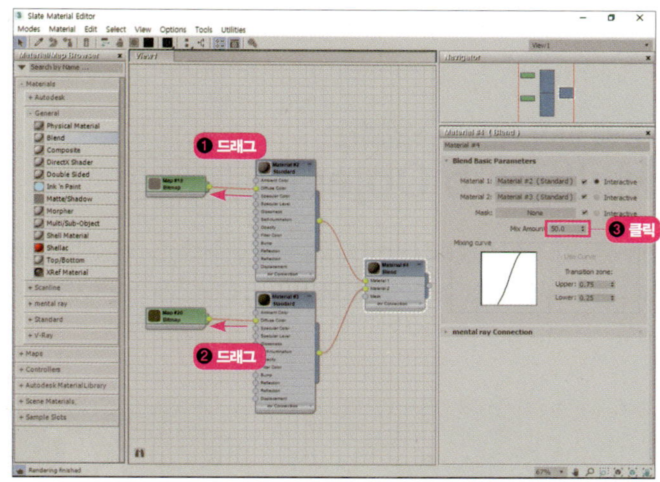


## 04

렌더링을 하면 그림처럼 돌과 잔디가 반씩 섞여 새로운 재질이 만들어진 것을 확인할 수 있습니다.

Mix Amount에 0을 적용하여 Material 1만 렌더링 된 이미지

Mix Amount에 100을 적용하여 Material 2만 렌더링 된 이미지

## 06

ID에 따라 재질을 적용하는
# Multi/Sub Object

이번에는 하나의 Object에 다양한 재질을 넣는 Multi/Sub Object에 대하여 알아보겠습니다. Multi/Sub Object는 하나의 Object에 각 Polygon마다 서로 다른 재질을 적용할 수 있습니다. Multi/Sub Object를 사용하기 위해서는 관리할 Polygon에 Material ID를 지정하여 관리합니다. 필자가 개인적으로 많이 쓰는 재질 중 하나입니다.

**Multi/sub Object 활용 이미지**

## ■ Multi/Sub Object Parameter 알아보기

먼저 Multi/Sub Object의 Parameter에 대하여 알아보겠습니다. Multi/Sub Object를 사용하기 위해서는 Material Editor에서 Material의 [Standard] 버튼을 누르면 선택할 수 있습니다. 재질의 수와 재질을 편집하여 적용할 수 있습니다.

① **Set Number** : 할당할 수 있는 Sub-Material의 수를 설정합니다.

② **Add** : Sub-Material을 하나 추가합니다.

③ **Delete** : 선택된 Sub-Material을 삭제합니다.

④ **ID** : 재질의 ID 번호를 표시합니다.

⑤ **Name** : 재질에 이름을 지정하여 사용할 수 있습니다.

⑥ **Sub-Material** : 해당 ID의 재질을 설정할 수 있습니다.

⑦ **On/Off** : 재질의 사용 여부를 결정합니다.

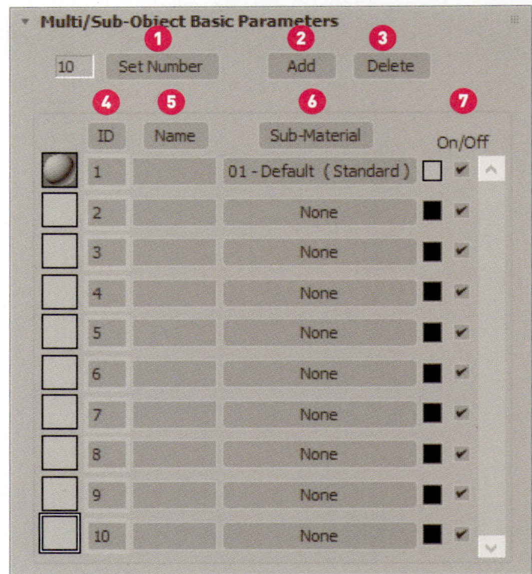

# Multi/Sub Object 기능 익히기

이번에는 실습 예제를 통해 Multi/Sub Object의 기능을 익혀보겠습니다. 예제 파일의 책에 Multi/Sub Object를 이용하여 색상을 넣어보겠습니다.

 **예제 파일**
C:/315-5466/Part04/0403_06.max

## 01

'C:/315-5466/Part04/0403_06.max' 파일을 불러옵니다. Part02에서 모델링했던 책에 ID를 지정하여 ID별로 색상을 넣어보겠습니다. [Selection-Polygon]을 선택하고 그림처럼 흰색이 적용될 폴리곤을 선택합니다. [Modeling-Properties-MatIDs]를 클릭합니다.

## 02

[Modeling-Properties-MatIDs]를 클릭하면 ID를 지정할 수 있는 창이 나타납니다. Set ID에 '1'을 입력한 후 Enter 를 누르면 Select ID가 1로 나타나며, ID가 1로 지정됩니다.

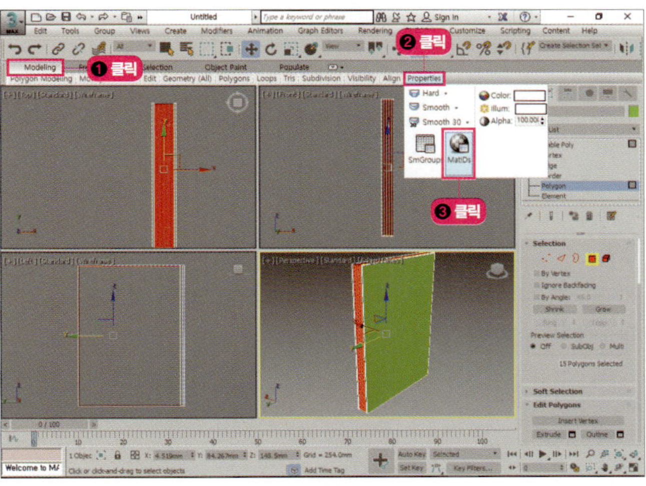
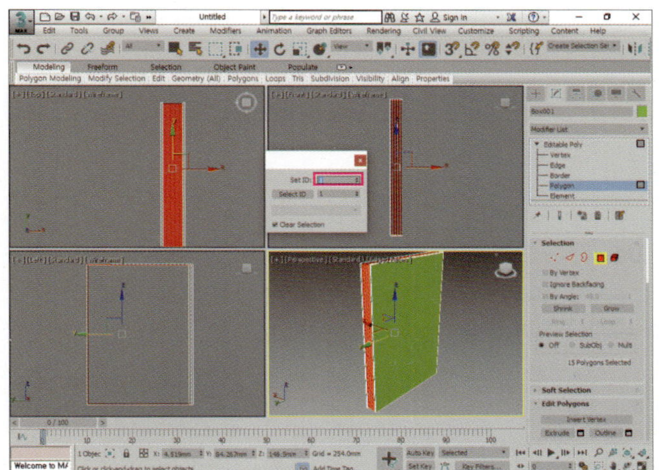

## 03

Ctrl + I 를 눌러 선택 영역을 반전하여 방금 ID를 지정한 폴리곤 외에 모든 폴리곤을 선택합니다. Set ID에 '2'를 입력한 후 Enter 를 누르면 Select ID가 2로 나타나며, ID가 2로 지정됩니다.

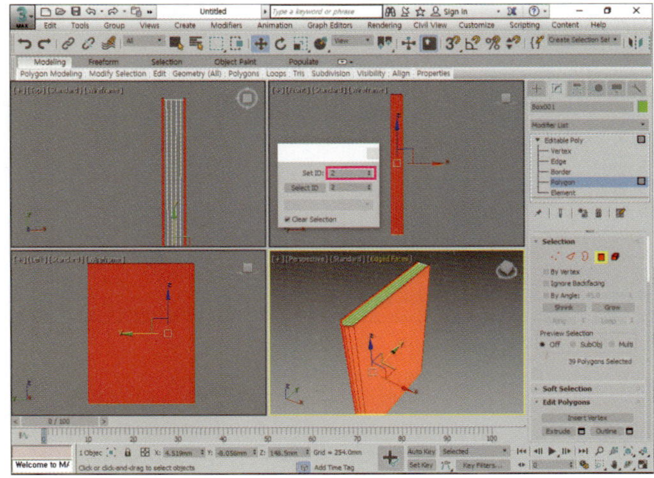

## 04

그림처럼 책의 앞표지가 될 폴리곤을 선택합니다. Set ID에 '3'을 입력한 후 Enter 를 누르면 Select ID에 3이 나타나며, ID가 3으로 지정됩니다.

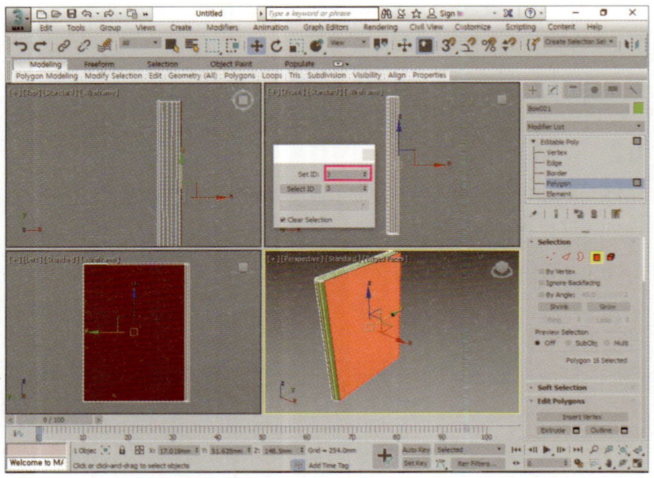

## 05

그림처럼 책의 앞면이 될 폴리곤을 선택합니다. Set ID에 '4'를 입력한 후 Enter 를 누르면 Select ID에 4가 나타나며 ID가 4로 지정됩니다.

**tip**

Set ID 끝의 스피너를 이용하여 간단하게 아이디를 지정할 수 있습니다. Polygon을 선택한 후 스피너를 클릭하여 지정할 번호까지 이동하면 아이디가 자동으로 지정됩니다.

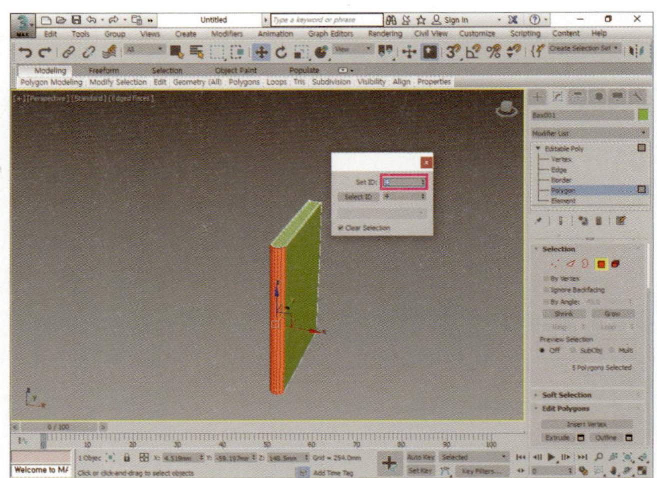

## 06

그림처럼 책의 뒷면이 될 폴리곤을 선택합니다. Set ID에 '5'를 입력한 후 Enter 를 누르면 Select ID에 5가 나타나며 ID가 5로 지정됩니다.

## 07

책의 ID 지정이 완료되었습니다. 이제 Multi/Sub Object를 이용하여 각각의 ID에 색을 넣어보겠습니다.

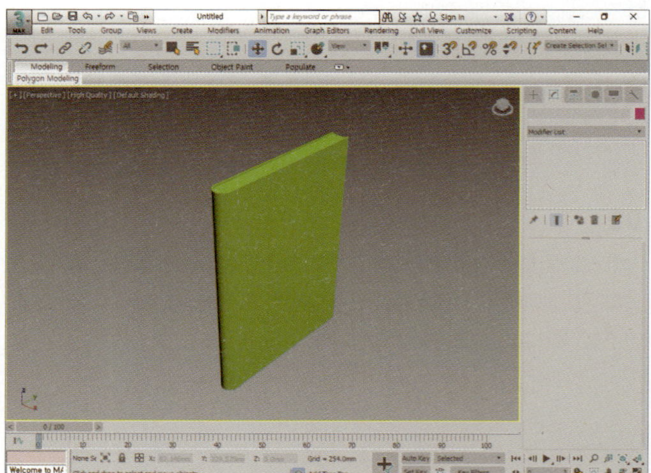

## 08

 M을 눌러 [Material Editor]를 엽니다. Materials〉General〉Multi/sub Object를 드래그하여 활성 창에 놓습니다. 만들어진 Multi/sub Object 재질을 더블클릭하면 오른쪽에서 재질을 편집할 수 있습니다.



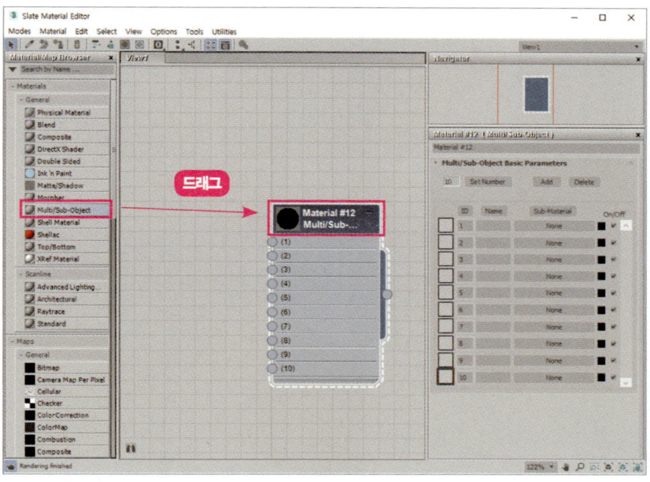

## 09

1번 재질 앞의 원형소켓을 마우스로 클릭하여 드래그하면 적용할 재질을 선택할 수 있습니다. Materials〉Scanline〉Standard 재질을 선택하면 1번 ID에 새로운 Standard 재질이 적용됩니다.

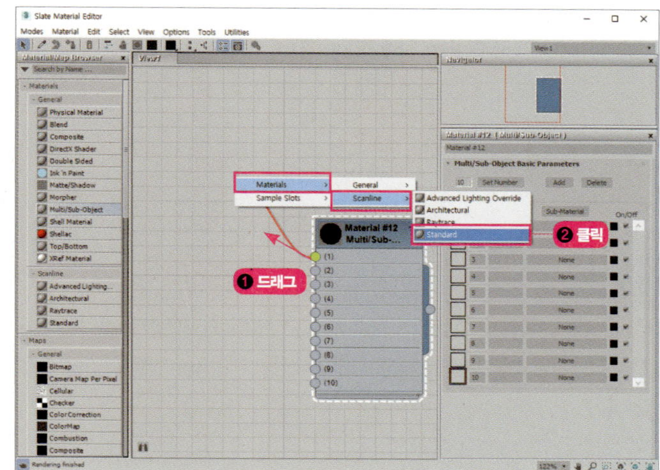

## 10

같은 방법으로 5번까지 Standard 재질을 만듭니다. 재질창 위의 [−] 버튼을 누르면 재질창이 최소화 됩니다.



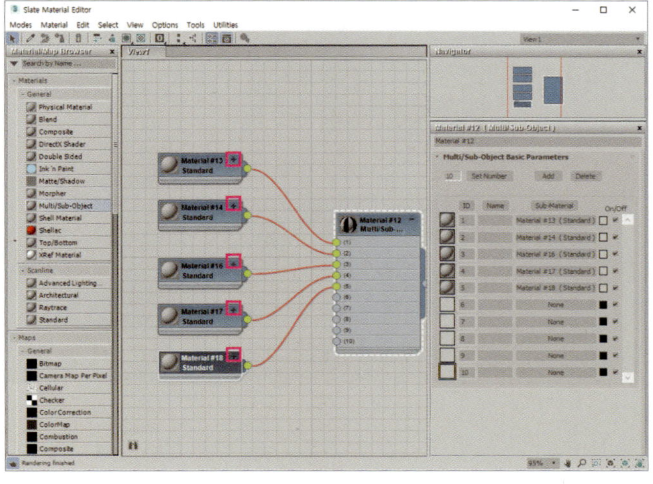

## 11

1번 재질을 더블클릭하면 오른쪽 편집창에서 해당 재질 을 편집할 수 있습니다. Diffuse Color를 흰색으로 변경합니다.

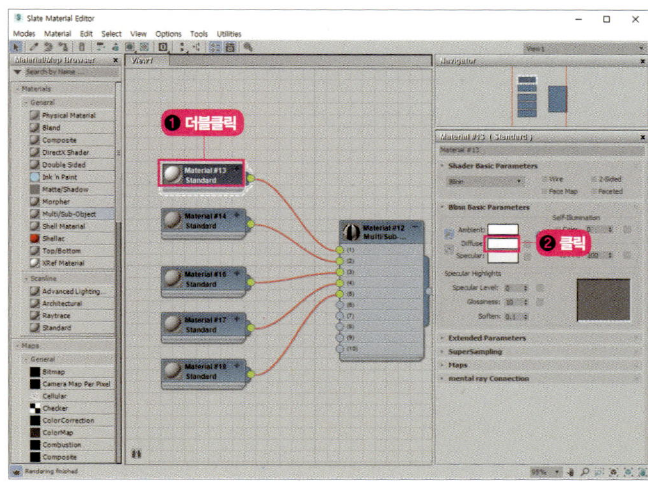

## 12

같은 방법으로 5번까지 색상을 변경합니다.

<적용 색상>
ID 1 Red : 255, Green : 255, Blue : 255
ID 2 Red : 200, Green : 0, Blue : 0
ID 3 Red : 145, Green : 0, Blue : 0
ID 4 Red : 110, Green : 0, Blue : 105
ID 5 Red : 255, Green : 80, Blue : 0

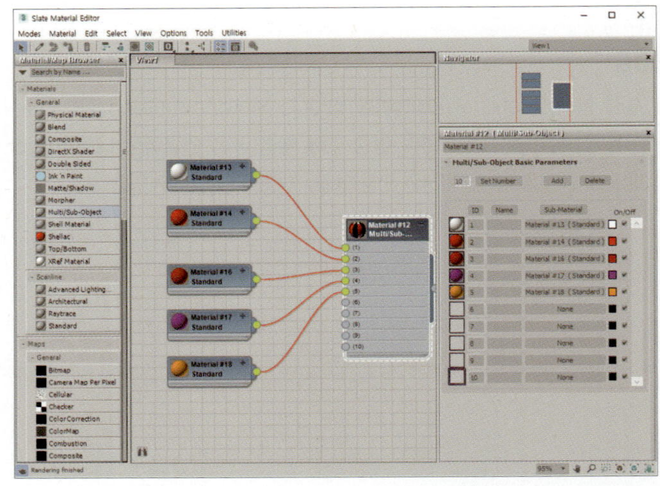

## 13

Object를 선택한 후 Assign Material to selection(아이콘)을 클릭하여 재질을 적용하면 그림과 같이 지정한 ID에 색상이 적용되는 것을 확인할 수 있습니다.

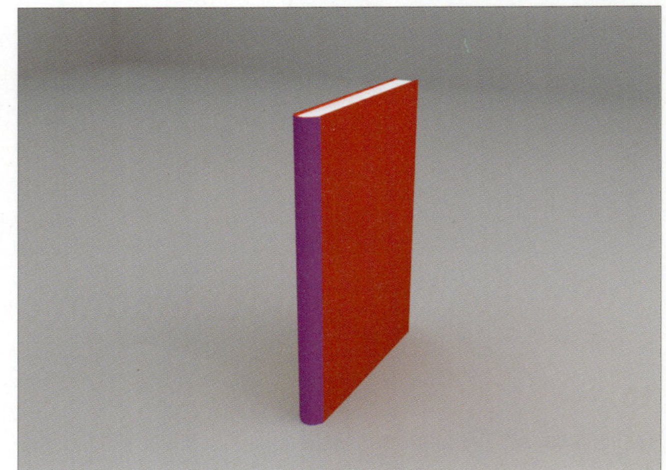

## 14

재질에 색상이 아닌 텍스쳐를 지정하면 색이 아닌 텍스쳐가 적용되어 실제 책과 같이 만들 수 있습니다.

# 07

# Mapping 이미지를 정렬하는 UVW Map

이번에는 Object에 적용된 Mapping 좌표를 지정해주는 UVW Map에 대하여 알아보겠습니다. UVW Map은 Object에 Mapping 좌표를 새롭게 적용하여 적용된 Map의 속성을 제어합니다. Object에 X, Y, Z축의 좌표가 있듯이 Map에도 U, V, W의 좌표가 있습니다.
X, Y, Z와 다르게 구별하기 위하여 U, V, W로 정한 것으로 UVW는 Map에만 적용되는 좌표입니다. Create로 만든 도형에는 기본적으로 Mapping 좌표가 지정되어 있지만 수정을 하다 보면 Mapping 좌표가 사라져 적용한 재질이 정상적으로 표현되지 않을 수 있습니다.

UVW Map을 적용하면 Object에 주황색 선이 만들어지며, 적용된 Mapping 타입의 크기나 위치를 조절할 수 있습니다. 이렇게 적용된 Map을 정렬하여 더욱 사실적인 재질로 만드는 것도 중요한 작업 중 하나입니다.

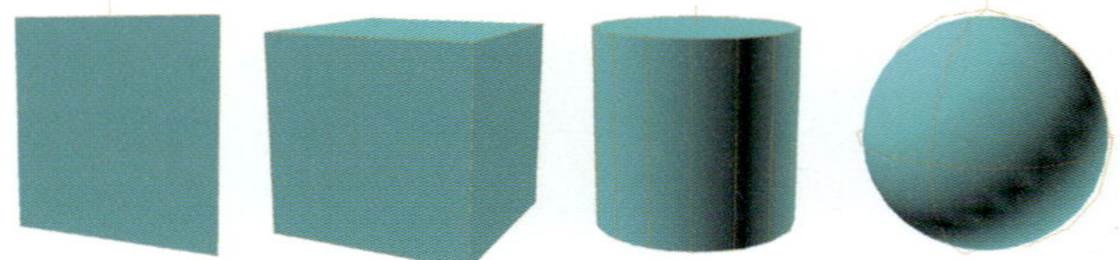

**UVW Map 적용 이미지**

다양한 Object의 형태에 맞춰 UVW Map 명령을 적용할 수 있습니다.

**UVW Map 적용하여 Map 좌표를 새로 적용한 이미지**

## ■ UVW Map Parameter 알아보기

① **Mapping**
- **Planar** : 평면 형태로 이미지가 Mapping됩니다.
- **Cylindrical** : 기둥 형태의 Object에 적용되는 Mapping 형태입니다.
- **Cap** : 기둥의 윗면과 아랫면에도 Mapping을 적용합니다.
- **Spherical** : 구형의 Object에 적용되는 Mapping 형태입니다.
- **Shrink Wrap** : 한 Vertex를 기준으로 구형 형태로 Mapping합니다.
- **Box** : Box 형태의 Object에 적용되는 Mapping 형태입니다.
- **Face** : Object를 구성하는 최소 Polygon 단위로 Mapping됩니다.
- **XYZ to UVW** : XYZ 좌표를 UVW 좌표로 Mapping하여 Texture를 표면에 고정시킵니다.

② **Size** : 주황색 Mapping 틀의 가로/세로/높이의 크기를 조절합니다.

③ **Tile** : 적용된 재질이 반복되는 횟수를 조절합니다.

④ **Real-World Map Size** : 실제 크기의 Mapping 사이즈를 설정합니다.

⑤ **Channel** : Map 채널의 좌표를 지정합니다.

⑥ **Alignment** : Mapping Gizmo의 정렬을 설정합니다.

⑦ **Display** : Viewport에 Mapping 이음새의 표시 여부를 설정합니다.

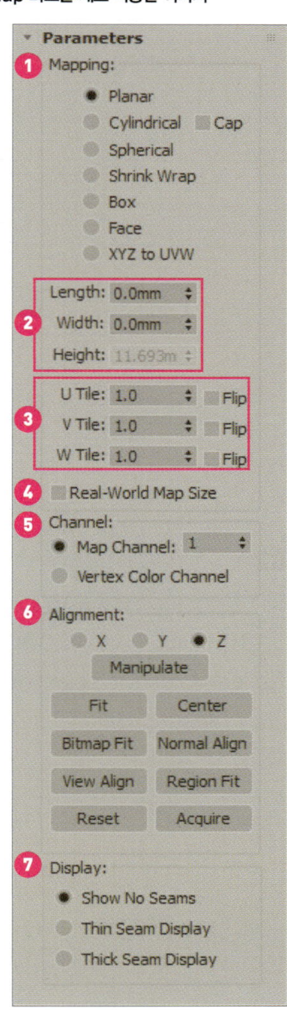

# UVW Map 기능 익히기

이번에는 예제를 통해 UVW Map의 기능을 익혀보겠습니다. UVW Map을 적용하여 문에 적용된 나무 재질을 정상적으로 표현하는 방법을 알아보겠습니다.

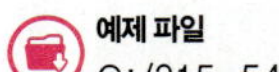

**예제 파일**
C:/315-5466/Part04/0403_07.max

**예제 파일**
C:/315-5466/Part04/LOGO.jpg

## 01

'C:/315-5466/Part04/0403_07.max' 파일을 불러오면 머그컵이 보입니다. 머그컵의 표면에 이미지를 넣어보겠습니다.

## 02

M를 눌러 [Material Editor]를 엽니다. Material/Map Browser에서 Materials〉Scanline〉Standard 재질을 더블클릭하여 새로운 재질을 만듭니다.

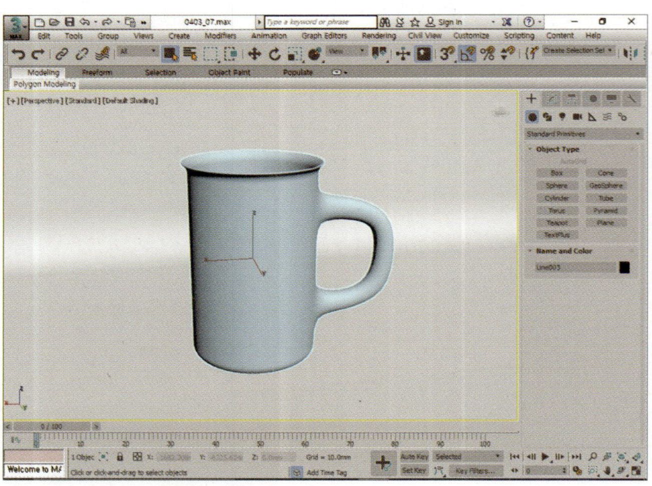

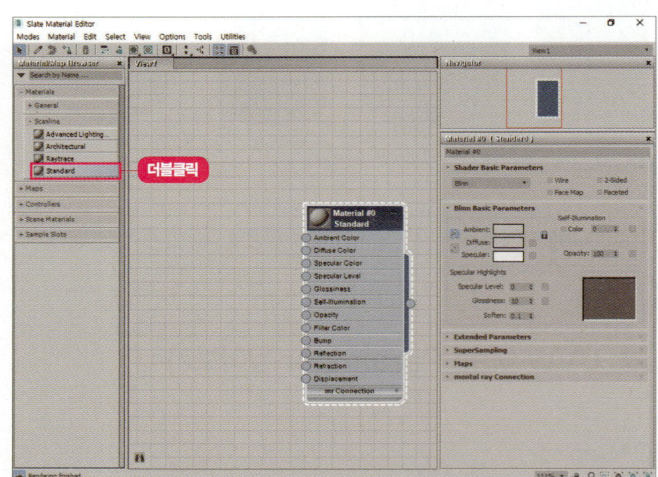

## 03

Diffuse Color의 슬롯을 드래그하여 General〉Bitmap을 선택합니다.
C:/315-5466/Part04/LOGO.jpg 파일을 선택합니다.
Assign Material to selection()을 클릭하여 재질을 적용합니다.
Show Shaded Material in Viewport()를 클릭하여 Viewport에서 재질을 확인합니다.

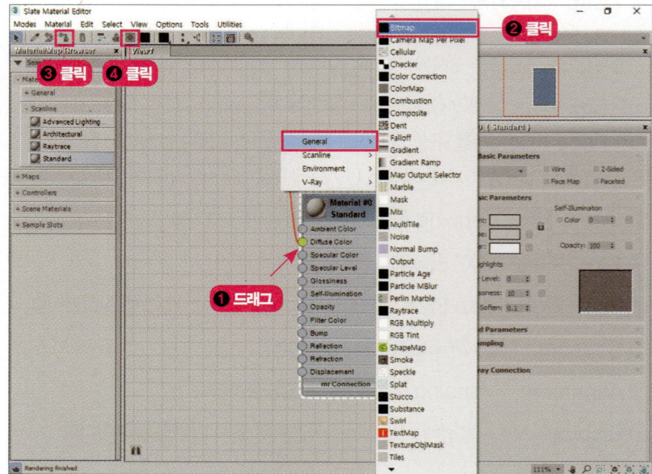

## 04

맵을 적용하였지만 텍스쳐가 표현되지 않습니다. 적용한 텍스쳐를 정상적으로 표현하기 위해 UVW Map을 적용해 보겠습니다. [Modifier List-UVW Map]을 적용합니다.

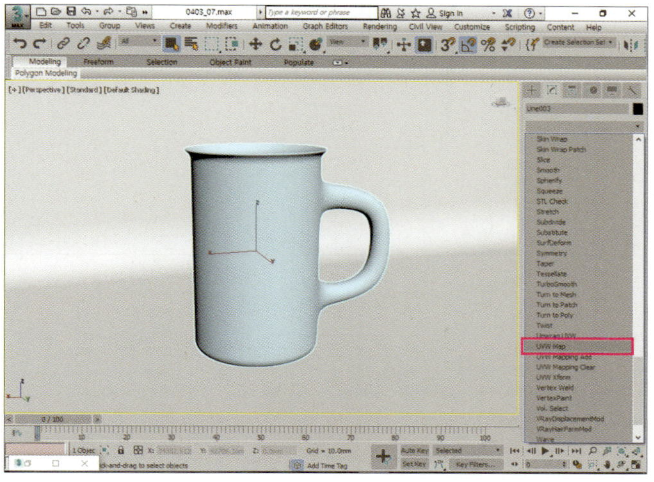

## 05

UVW Map을 적용시키면 처음에는 Mapping 형태가 기본적으로 Planar로 적용되어 있어 텍스쳐가 컵의 형태에 맞지 않게 나옵니다.

## 06

컵은 Cylinder 형태로 구성되어 있으므로 Mapping 타입을 Cylinder에 체크합니다. 매핑 형태가 Cylinder로 바뀌었지만 형태가 약간 왜곡되어 보입니다.

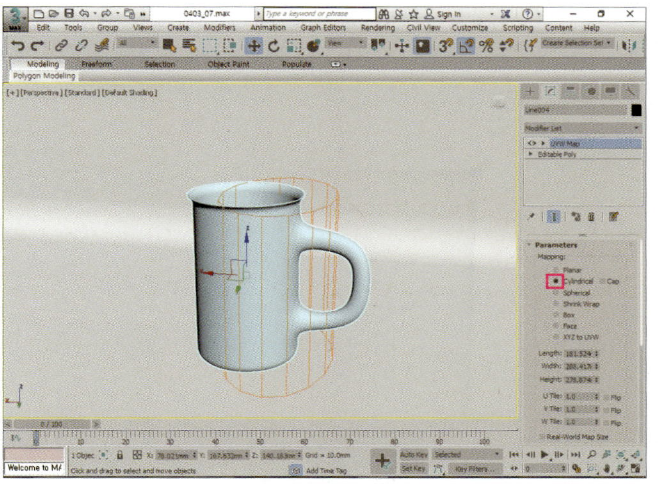

## 07

손잡이를 제외한 컵 부분의 크기를 맞추기 위해 UVW Map의 크기를 아래와 같이 수정합니다.

Length : 180㎜, Width : 180㎜

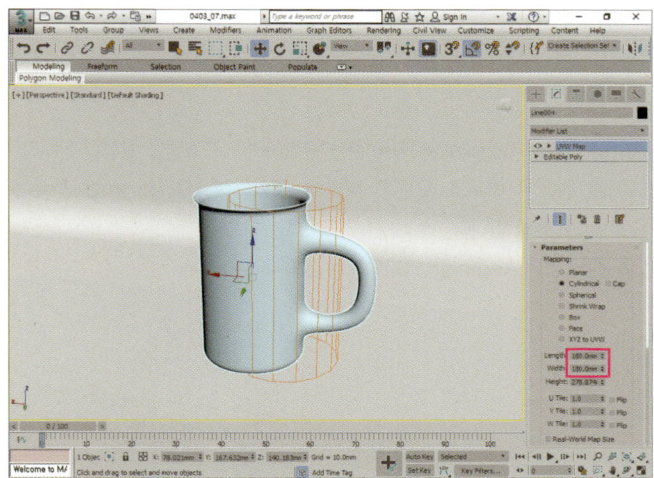

## 08

UVW Map의 하위 메뉴인 Gizmo를 선택하여 맵좌표를 이동할 수 있습니다. Gizmo를 선택한 후 컵의 중심으로 이동합니다.

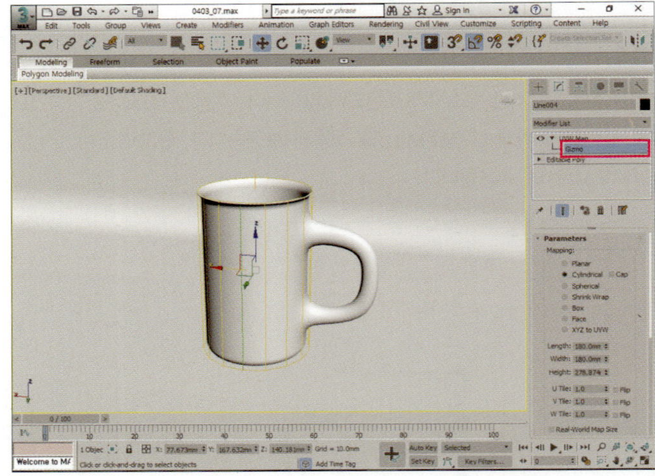

## 09

컵에 로고가 양면에 들어가므로 U Tile 값을 '2'로 수정합니다.

- U Tile : 2

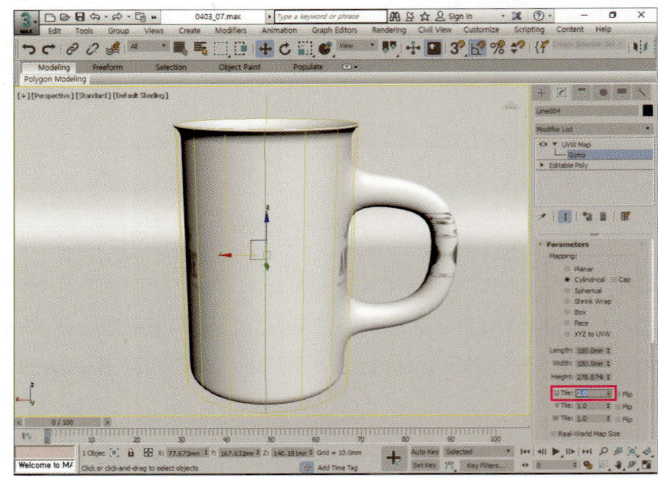

## 10

Angle Snap Toggle( ) 아이콘을 클릭하여 각도스냅을 활성화 합니다. 아이콘 위에서 마우스 오른쪽 버튼을 클릭하여 [Grid and Snap Settings] 창을 엽니다.
Options 탭의 Angle 값을 90으로 수정합니다.

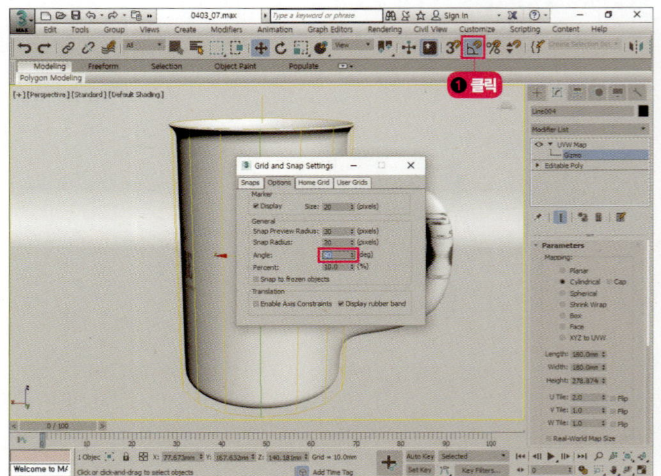

## 11

Gizmo를 회전하면 90도 단위로 회전할 수 있어 컵의 로고를 정상적으로
표현할 수 있습니다.

## 12

UVW Map 적용 후 렌더링을 한 이미지 입니다. 이처럼 UVW Map을 이
용하면 오브젝트에 적용한 맵을 사용자가 원하는 대로 표현할 수 있습니다.

# 08

효율적인 Map 좌표를 만드는
# Unwrap UVW

이번에는 Object의 UVW Map 좌표를 펼쳐 Mapping하는 Unwrap
UVW에 대하여 알아보겠습니다. Unwrap UVW는 Object에 Mapping
을 쉽게 하기 위해 면을 펼치고 그 위에 이미지를 적용하는 방법입니다.
UVW Map으로 적용하기 힘든 부분도 정확하고 쉽게 Map을 적용할 수 있
습니다.

## ■ Unwrap UVW Parameter 알아보기

먼저 Unwrap UVW Parameter에 대하여 알아보겠습니다.

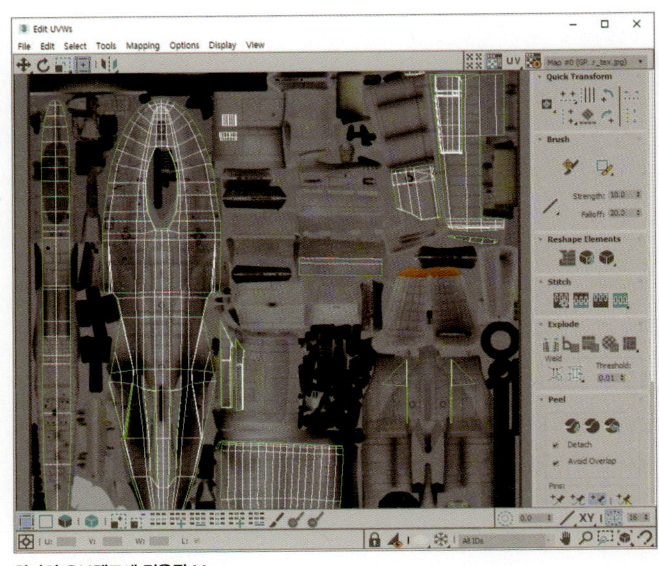

하나의 오브젝트에 적용된 Map

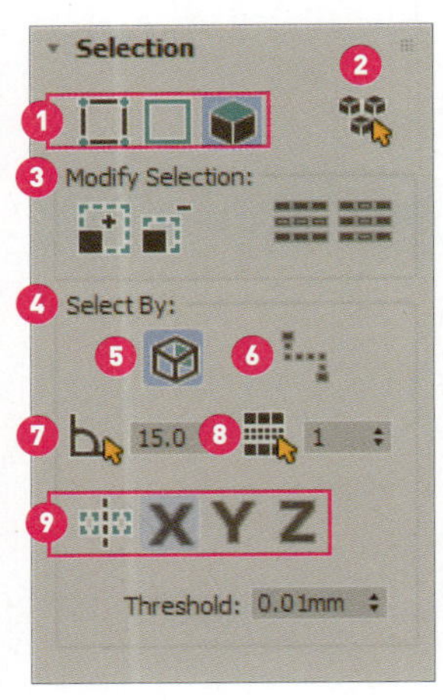

## Selection

① **Selection** : Vertex, Edge, Polygon을 선택할 수 있습니다.

② **Select by Element XY Toggle** : 하위 Object 수준이 활성 상태일 경우, 수정된 Object에서 요소를 클릭하면 해당 요소의 활성 수준에서 모든 하위 Object
가 선택됩니다.

③ **Modify Selection** : Editable Poly에서처럼 Vertex, Edge, Polygon의 선택 영역을 확대하거나 축소하는 등 선택 사항을 수정할 수 있습니다.

④ **Select By** : 선택 기준을 세밀하게 선택할 수 있습니다.

⑤ **Ignore Backfacing** : 체크 표시를 하면, 뒷면은 무시하고 보이는 하위 Object만 선택합니다.

⑥ **Point-to-Point Edge Selection** : 체크 표시를 하면 Object의 Vertex를 클릭하여 Edge를 선택할 수 있습니다.

⑦ **Select by Planar Angle** : 평면 각도별로 선택합니다.

⑧ **Select by Smoothing Group** : [XY-Smoothing Group]으로 Polygon을 선택합니다.

⑨ **Symmetrical Geometry Selection** : 오브젝트를 대칭으로 선택합니다.

## Edit UVs

⑩ **Open UV Editor** : UVW 편집기 대화상자를 엽니다.

⑪ **Tweak In View** : 설정하면 Viewport에서 Object의 정점을 드래그하여 Texture 정점을 한 번에 한 개씩 조정할 수 있습니다

⑫ **Quick Planar Map** : Gizmo의 방향을 기준으로 평면 Mapping을 적용합니다.

⑬ **Display Quick Planar Map** : 설정하면 Quick Planar Map에서만 사용할 수 있는 직사각형 평면 Mapping Gizmo가 Viewport의 면 선택 위에 나란히 표시됩니다.

⑭ **Align Quick Planar Map(X, Y, Z, Normal)** : Quick Planar Map의 정렬 방향을 선택합니다.

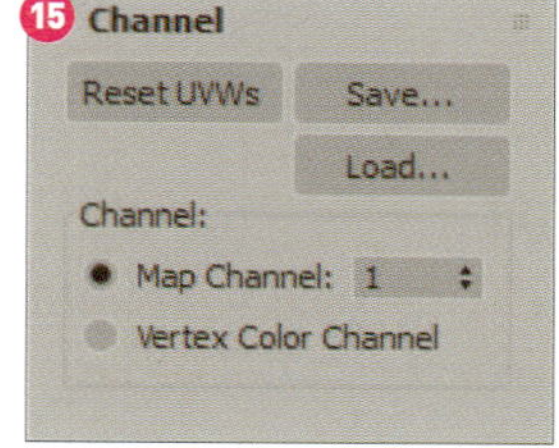

## Channel

⑮ **Channel** : UVW 좌표를 초기화시키거나, 좌표를 UVW(.uvw) 파일에 저장하거나 불러올 수 있습니다.

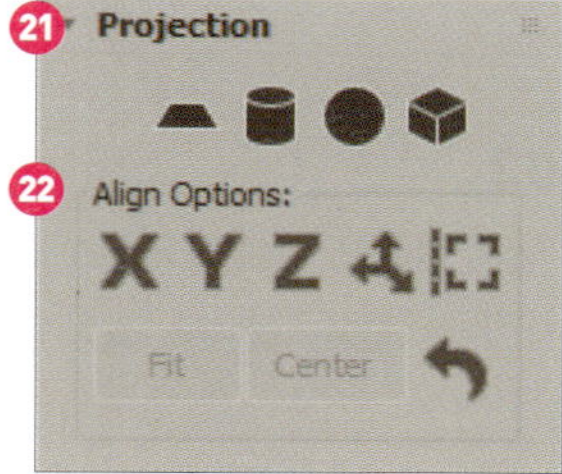

## Peel

⑯ **Quick Peel** : 기존의 Polygon 모양을 유지하면서 평균 위치에 정점을 고르게 분포시켜 Texture 정점에 대해 Peel을 적용합니다.

⑰ **Peel Mode** : Quick Peel을 적용하고 활성 상태를 유지하여 Texture 좌표 레이아웃을 대화식으로 조정할 수 있도록 합니다.

⑱ **Reset Peel** : Peel을 다시 설정합니다.

⑲ **Pelt** : 선택한 면에 Pelt Mapping을 적용합니다.

⑳ **Seams** : Viewport에서 edge나 Vertex를 마우스로 선택하여 pelt/peel 이음새를 만들 수 있습니다.

## Projection

㉑ **Projection** : 네 가지 형태의 Mapping Gizmo(Planar, Cylindrical, Spherical, Box) 중에서 하나를 선택합니다.

㉒ **Align Options** : 정렬 옵션을 설정할 때 사용합니다.

## Wrap

㉓ **Spline Mapping** : 선택한 Polygon에 스플라인 Mapping을 적용합니다.

㉔ **Unfold Strip from Loop** : Loop로부터 스트립을 펼쳐 선형 경로와 함께 형상의 둘러싸기를 신속하게 해제할 수 있습니다.

## Configure

㉕ **Map Seams** : 체크 표시를 하면 Mapping 클러스터 경계가 Viewport에 녹색 선으로 표시됩니다.

㉖ **Peel Seams** : 체크 표시를 하면 Peel 및 Pelt 경계가 Viewport에 파란색 선으로 표시됩니다.

㉗ **Thick/Thin** : Pelt 이음새와 Map 이음새에 적용되는 굵기를 두껍거나 얇게 표시합니다.

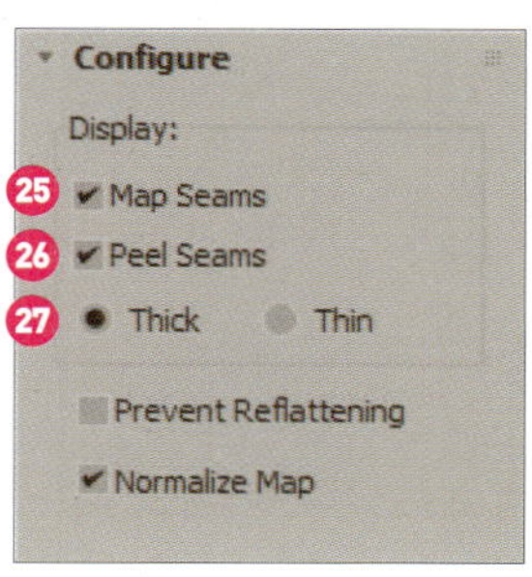

# Unwrap UVW 기능 익히기

Unwrap UVW는 단순히 UVW Map을 적용하는 것이라기보다 복잡한 형태에 적용할 때 쓰이며 Character 제작에 없어서는 안 될 중요한 명령어입니다.
펼쳐진 Map 좌표에 Mapping을 하여 빠르게 Map을 Object에 적용할 수 있도록 도와줍니다.

**예제 파일**
C:/315-5466/Part04/0403_08.max
C:/315-5466/Part04/UnwrapUVW.jpg

## 01

'C:/315-5466/Part04/0403_08.max' 파일을 불러오면 앞에 모델링한
펼쳐진 형태의 책이 보입니다. 책의 각 부분에 Unwrap UVW를 이용하여
맵을 적용해 보겠습니다.

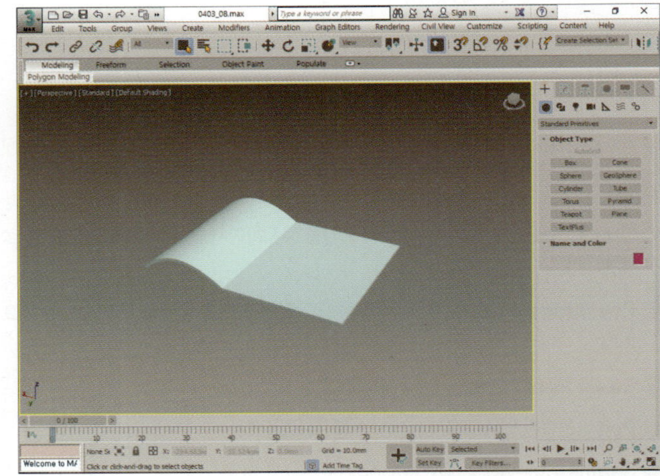

## 02

M을 눌러 [Material Editor]를 엽니다. Material〉Scanline〉Standard
재질을 더블클릭합니다. 활성 뷰에 Standard 재질이 만들어집니다.

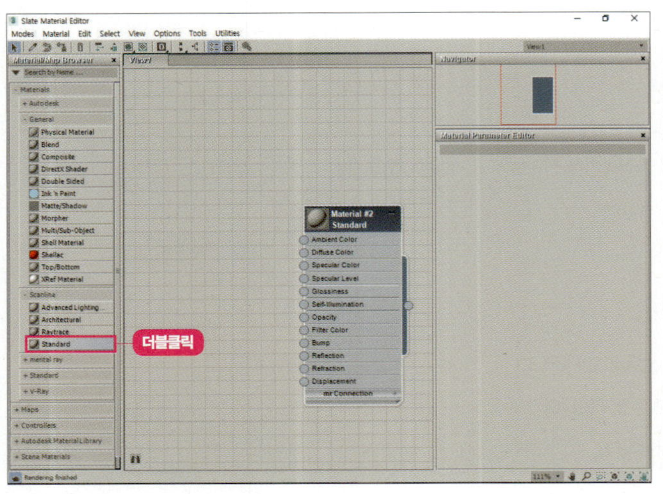

## 03

Diffuse Color의 원형소켓을 활성창으로 드래그하여 General〉Bitmap을
선택합니다.

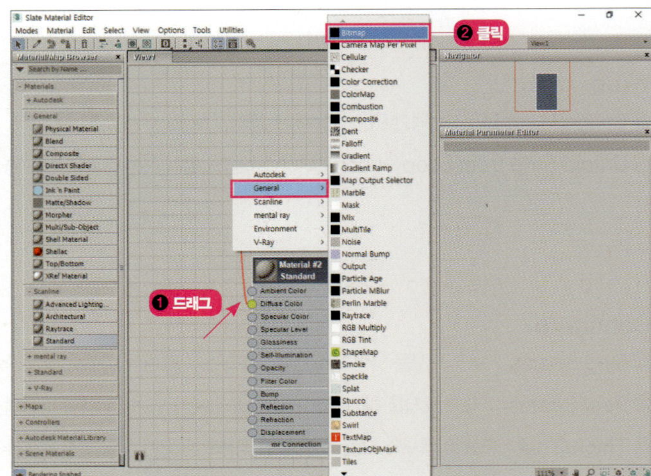

## 04

'C:/315-5466/Part04/UnwrapUVW.jpg' 파일을 선택합니다.
Assign Material to selection(아이콘)을 클릭하여 재질을 적용합니다.
Show Shaded Material in Viewport(아이콘)를 클릭하여 Viewport에서
재질을 확인합니다.

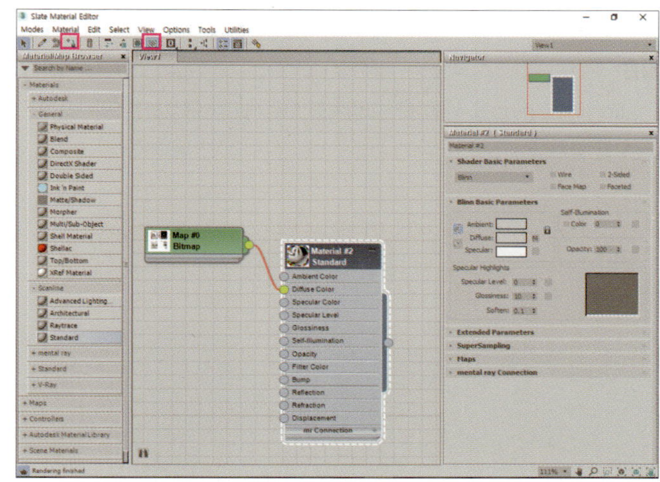

## 05

책을 선택한 후 [Modifier List-Unwrap UVW]를 적용합니다. [Edit
UVs] 메뉴의 Open UV Editor를 클릭합니다.

## 06

Open UV Editor를 클릭하면 그림처럼 Edit UVWs 창이 활성화됩니다.
Ctrl + A를 눌러 모든 폴리곤을 선택합니다.

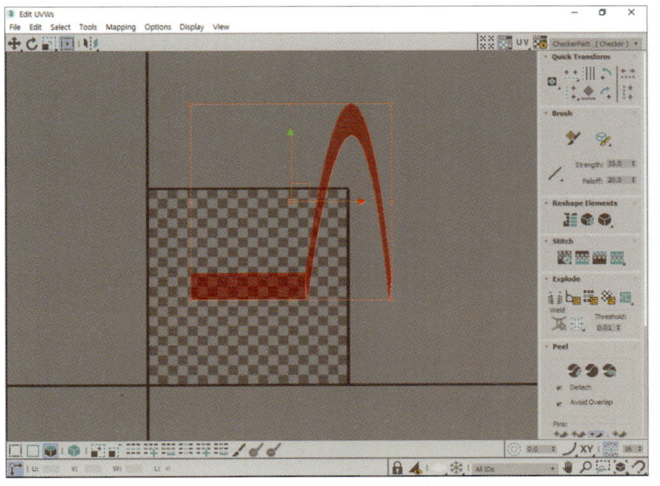

## 07

메뉴바의 [Mapping-Flatten Mapping]을 선택합니다. Object를 구성하
고 있는 면을 고르게 펴주는 기능입니다. 대화상자에서 [OK]를 클릭합니다.

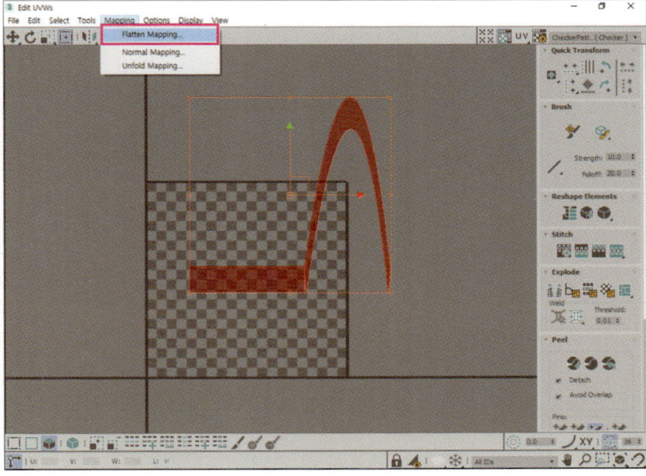

## 08

Flatten Mapping을 적용하면 그림처럼 오브젝트를 구성하고 있는 폴리곤이 모두 펼쳐집니다.

**Vertex가 선택된 상태에서는 Flatten Mapping이 활성화되지 않습니다.**

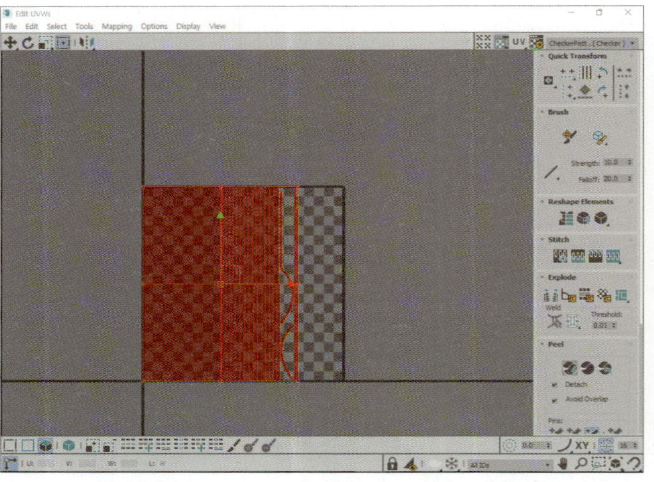

## 09

Peel의 Quick Peel을 선택하면 기존의 Polygon 모양을 유지하면서 고르게 분포시킵니다.

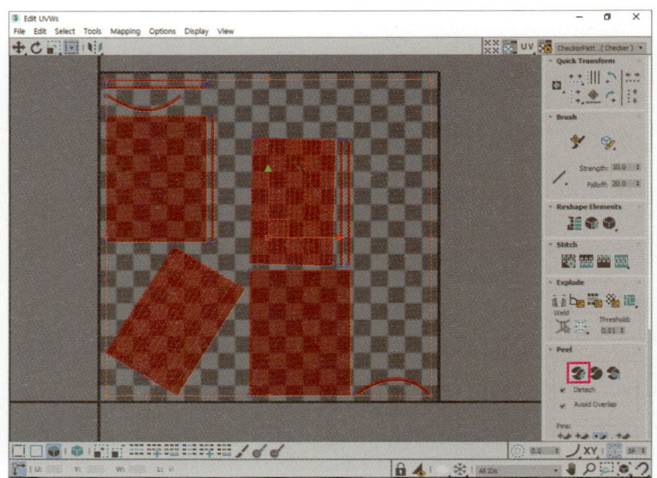

## 10

바탕에 체크무늬가 아니라 적용할 Map을 미리 보기 위하여 바탕에 이미지를 넣어보겠습니다. CheckerPattern(Checker)을 클릭한 후 아래 'Pick Texture'를 선택합니다.

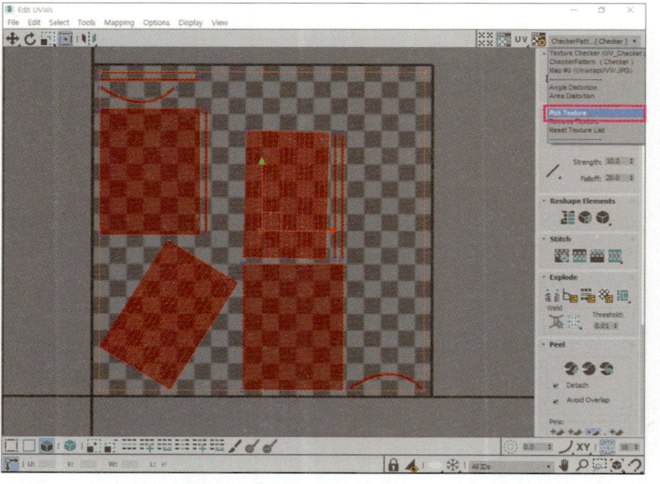

## 11

Bitmap을 더블클릭하면 이미지를 선택할 수 있는 대화상자가 나타납니다. 'C:/315-5466/Part04/UnwrapUVW.jpg' 파일을 선택합니다.

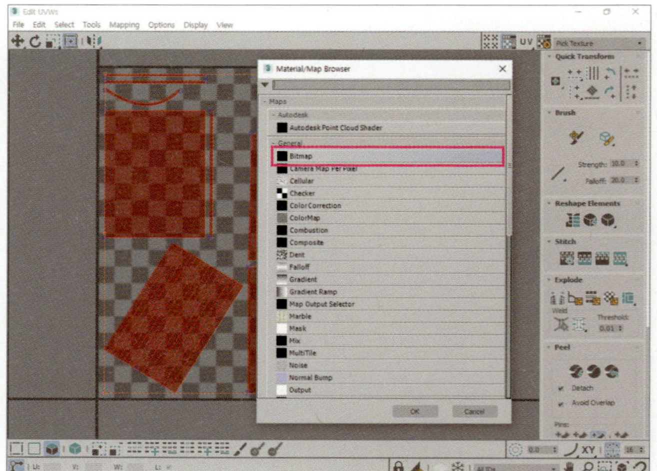

## 12

바탕에 체크무늬가 아니라 선택한 이미지가 보입니다. 이제 폴리곤의 좌표를 수정하여 Map 좌표를 맞춰보겠습니다.

일반적으로는 맵을 펴고 와이어 이미지를 저장하여 와이어에 맞춰 포토샵에서 맵을 만듭니다.

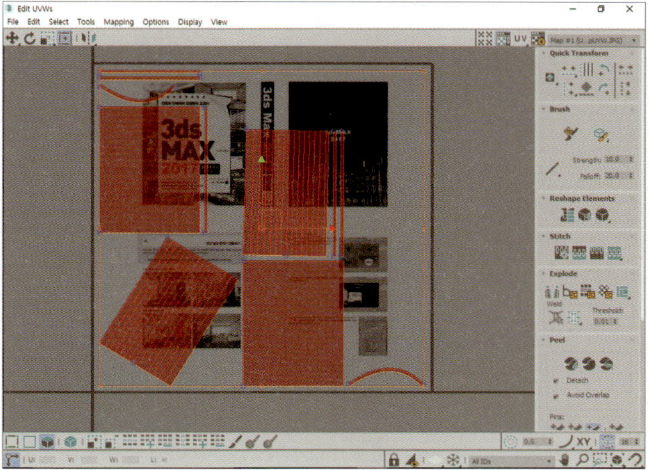

## 13

Viewport에서 보면 처음에 적용한 재질이 현재 Open UV Editor에 위치한 곳과 동일하게 맵이 표현되는 것을 확인할 수 있습니다.

먼저 책 주변의 흰색이 적용될 폴리곤을 선택하겠습니다. 책의 테두리 부분으로 총 6개의 폴리곤을 선택합니다.

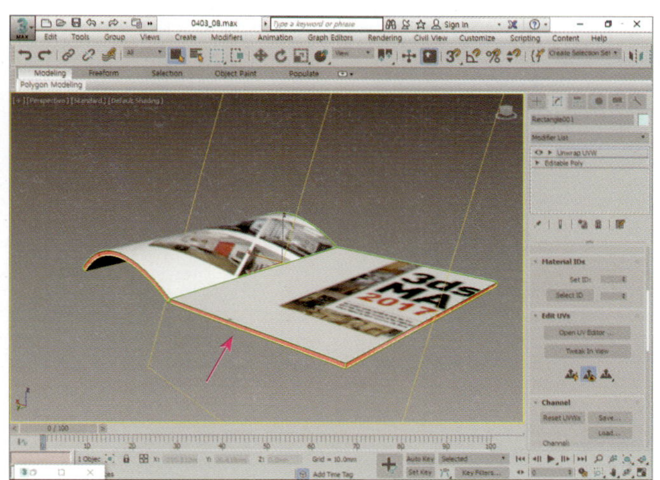

## 14

Open UV Editor를 클릭하면 그림처럼 Edit UVWs창이 활성화됩니다. Viewport에서 선택한 폴리곤이 Edit UVWs창에서 동시에 선택된 것을 확인할 수 있습니다.

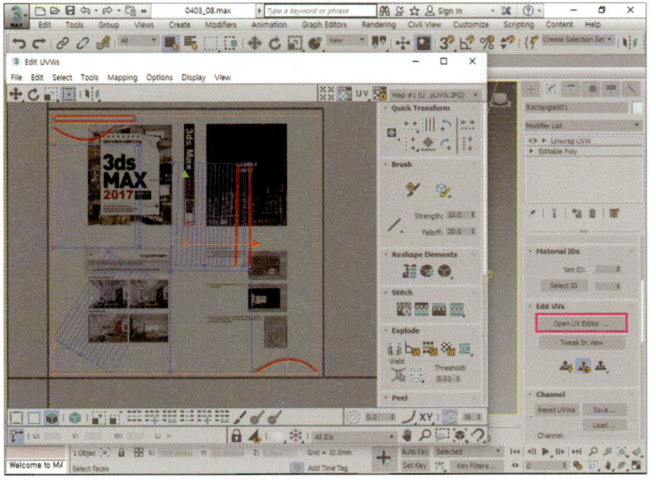

## 15

Unwrap UVW의 Edit UVs 메뉴의 Quick Planar Map을 클릭하면 선택한 책의 테두리 부분의 폴리곤만 다시 평면 매핑을 합니다.

## 16

Edit UVWs 창의 Reshape Elements 메뉴의 'Straighten Selection'
클릭하면 직사각형의 형태로 선택한 면을 펼칩니다.

## 17

선택 부분의 모서리에 마우스를 올리면 크기를 수정할 수 있습니다.
크기를 작게 만들어 맵의 흰색 부분으로 이동합니다.

## 18

오른쪽 하단의 폴리곤을 선택합니다. Viewport에서 확인해 보면 책의 뒷표
지라는 것을 확인할 수 있습니다.

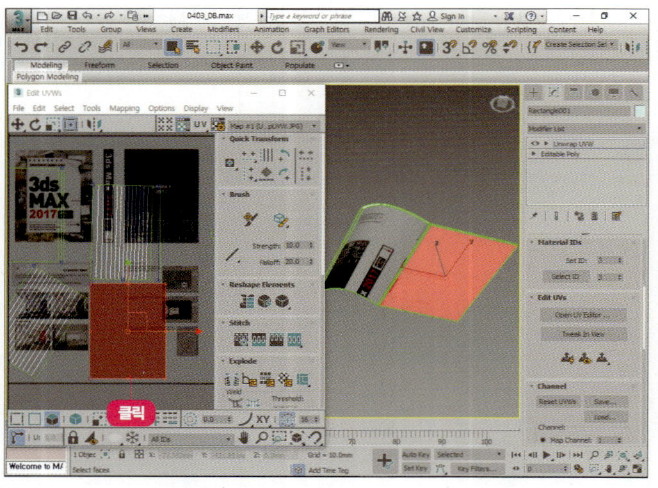

## 19

해당 폴리곤을 책의 뒷표지 부분으로 이동하고 크기를 맞춥니다.

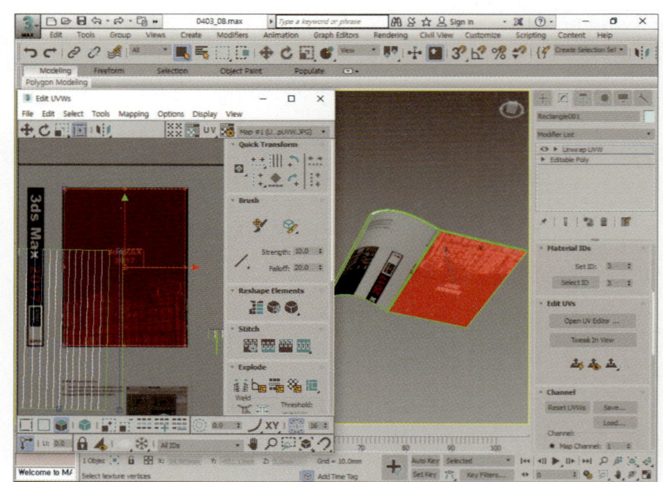

## 20

왼쪽 상단의 폴리곤을 선택합니다. Viewport에서 확인해 보면 책의 오른쪽 페이지라는 것을 확인할 수 있습니다.

## 21

해당 폴리곤을 책의 오른쪽 페이지 부분으로 이동하고 크기를 맞춥니다.

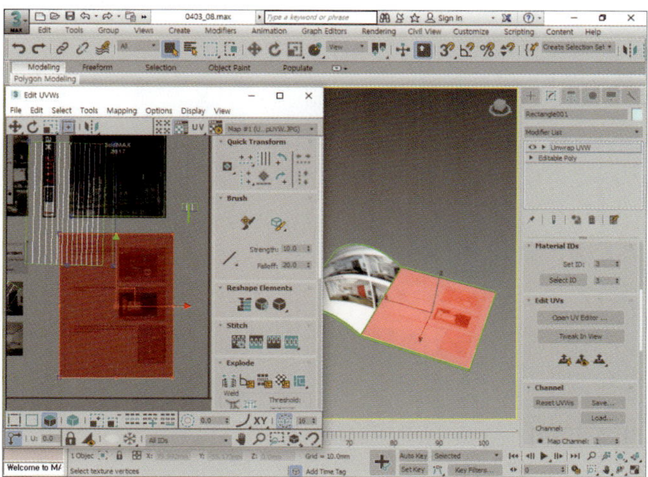

## 22

왼쪽 하단의 기울어져 있는 폴리곤을 선택하면 책의 왼쪽 페이지라는 것을 확인할 수 있습니다.

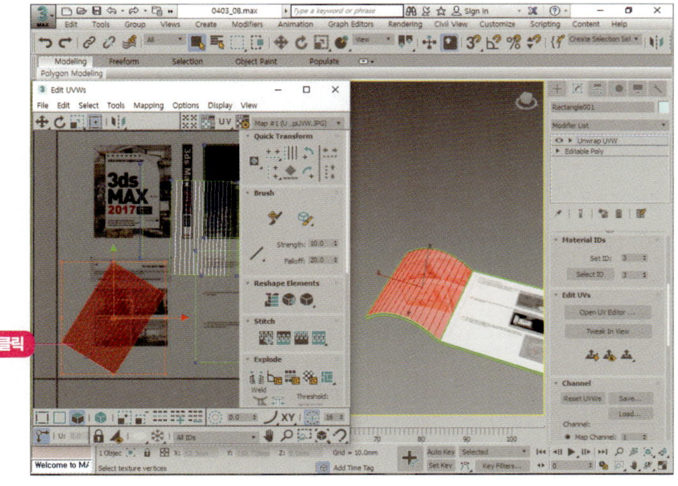

## 23

폴리곤이 기울어져 있어 맞추기 어려우므로 Edit UVs 메뉴의 Quick Planar Map을 클릭하면 다시 평면 매핑을 합니다.

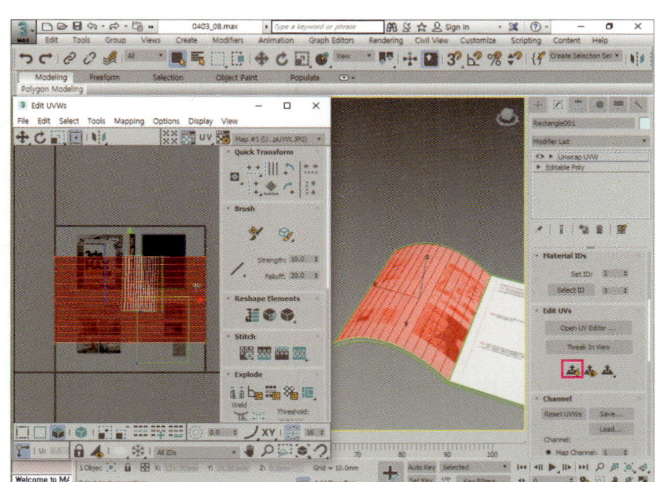

## 24

선택 부분의 중간 부분에 마우스를 올리면 회전을 할 수 있습니다. Angle Snap Toggle(🔁)을 켜고 90도 회전합니다.

## 25

회전된 폴리곤을 책의 왼쪽 페이지 부분으로 이동하고 크기를 맞춥니다.

## 26

중간의 연결된 폴리곤을 선택하면 책의 표지 부분임을 확인할 수 있습니다.

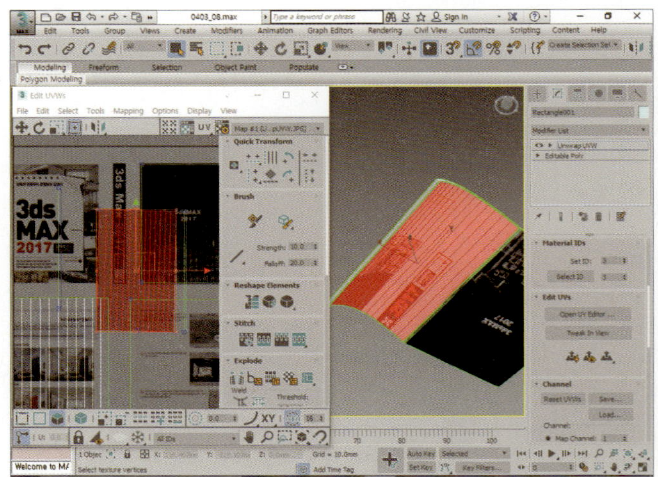

## 27

방금과 같이 Edit UVs 메뉴의 Quick Planar Map을 클릭하면 다시 평면 매핑을 합니다.

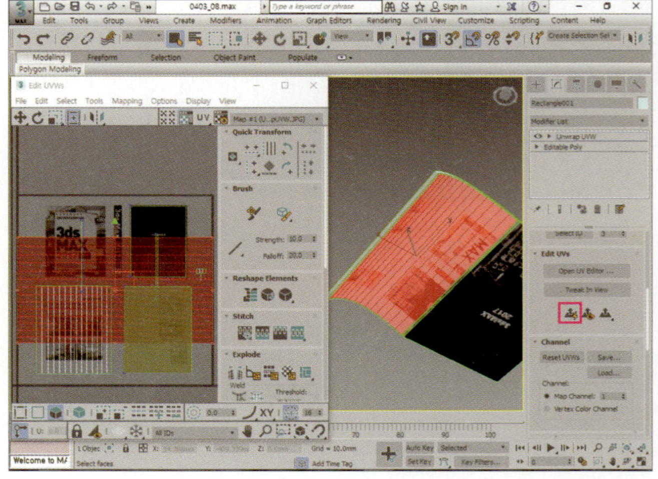

## 28

선택 부분의 중간 부분을 클릭하고 90도 회전합니다.

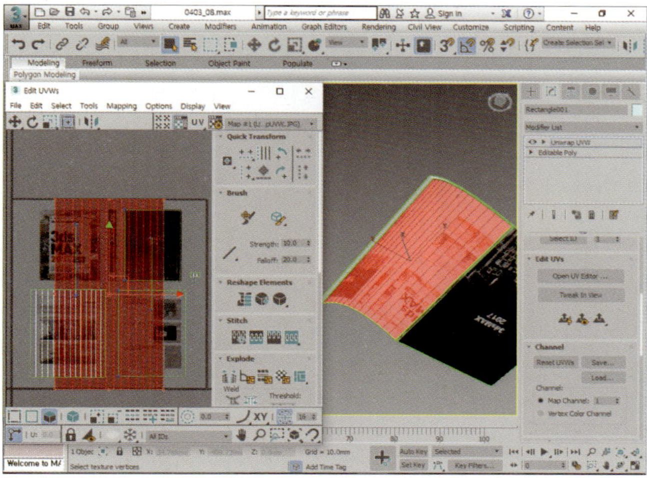

## 29

회전된 폴리곤을 책의 앞표지 부분으로 이동하고 크기를 맞춥니다.

## 30

남은 두개의 폴리곤을 선택합니다. 이제 책등 부분만 남았습니다.

## 31

Edit UVs 메뉴의 Quick Planar Map을 클릭하여 평면으로 펼칩니다.

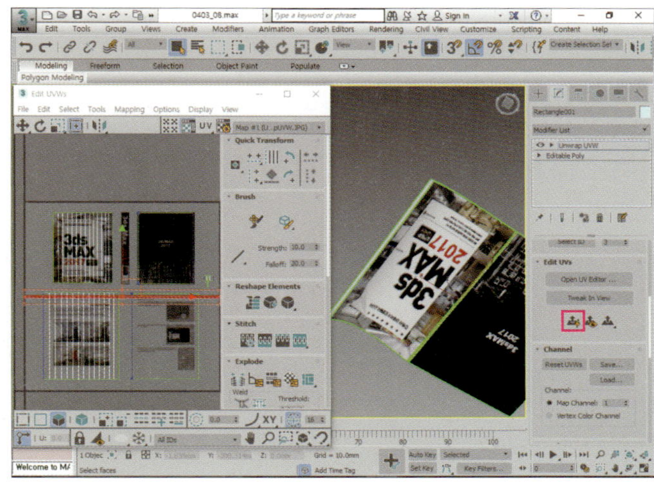

## 32

선택 부분의 중간 부분을 클릭하고 90도 회전합니다.

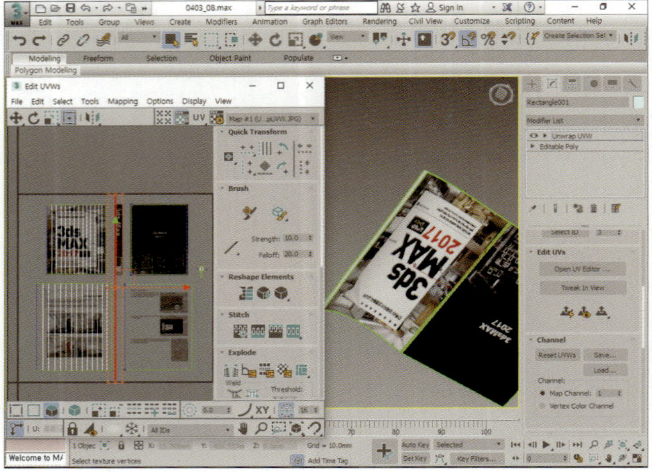

## 33

회전한 폴리곤의 책등 부분으로 이동하고 크기를 맞춥니다.

## 34

폴리곤이 모두 맵의 정확한 위치에 놓였습니다.

## 35

Viewport에서 확인해 보면 재질을 처음 적용했을 때와 달리 정상적으로 표현되는 것을 확인할 수 있습니다.

## 36

표지 부분도 확인합니다. 폴리곤을 회전할 때 잘못 회전하거나 위치를 잘못
맞추면 Edit UVWs 창에서 해당 부분만 다시 선택하여 수정합니다. 이렇게
Unwrap UVW는 UVW Map으로 표현하기 힘든 형태의 재질을 사용자의
목적에 맞게 적용할 수 있습니다.

## 37

앞에 진행했던 책 재질을 넣는 방법 중 Multi/Sub Object를 이용하는 방
법이 있었습니다. ID를 지정하여 ID별로 재질을 따로 넣어 텍스쳐가 ID수만
큼 들어가지만 Unwrap UVW는 하나의 텍스쳐로 오브젝트 전체를 매핑할
수 있습니다. 각각의 방법 모두 장단점이 있으므로 작업 진행 시 효율적인
방법으로 진행하면 됩니다.

**Unwrap UVW를 이용한 비행기 매핑**

# VRayHDRI를 이용하여 사실적인 반사 맵 넣기

이번에는 재질에 사실적인 반사 효과를 적용 할 수 있는 VRayHDRI에 대하여 알아보겠습니다. VRayHDRI는 HDRI(High Dynamic Range Image)를 환경맵으로 사용하여 현실적인 표현이 가능합니다.

일반적인 Bitmap과 달리 조명의 정보 값과 환경 정보 등을 가지고 있어서 합성 배경 및 Object의 반사 Map으로 유용합니다. 따라서 HDRI만으로 별다른 설정 없이 반사 Map이나 조명 효과를 줄 수 있습니다.

HDRI를 적용한 이미지

# 01

## VRayHDRI Parameter 알아보기

HDRI 대화상자에서는 경로 설정과 밝기, 회전각 등을 설정할 수 있습니다. HDR Map을 사용할 때는 Horiz. Vert. Rotation 수치를 변경하여 이미지를 회전시켜 하나의 Map에서도 다양한 느낌을 연출할 수 있습니다. VRayHDRI Parameter는 VRay 버전에 따라 다를 수 있지만 기능은 동일합니다.

① **Bitmap** : Bitmap파일을 불러옵니다. HDR, EXR, PNG, BMP, TGA, SGI, JPG, PIC, TIF, PSD, VRIMG 형식을 지원합니다.

② **Mapping** : Texture가 매핑되는 방법을 선택합니다. Horiz. Rotation, Vert. Rotation에서 Texture를 회전시켜 배경을 변경할 수 있습니다.

③ **Ground Projection** : 가상의 평면에 환경맵의 하단부분을 편평하게 만들 수 있습니다.

④ **Processing** : 이미지의 전체 밝기나 렌더링 시 HDRI의 밝기를 조정합니다.

⑤ **Crop/Place** : Texture를 자르거나 사용자가 사이즈를 직접 지정할 수 있습니다.

⑥ **RGB and Alpha Source** : Texture 색상에 대한 소스를 지정하거나 Texture가 알파 값을 산출하는 방법을 지정합니다.

⑦ **Color Space** : HDR 이미지의 감마 보정 방법을 지정합니다.

⑧ **UDIM/UVTILE preview in material editor** : UDIM이나 UVTILE Texture 중 하나를 사용하는 경우 재질 미리보기에 사용되는 UV타일을 지정합니다.

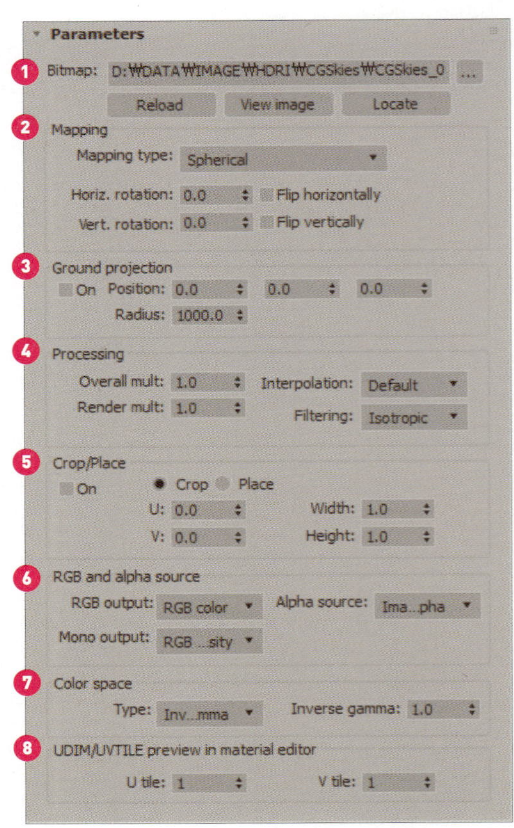

# VRayHDRI 사용 방법 알아보기

HDRI는 간단한 설정만으로 좋은 Quality의 이미지를 얻을 수 있으므로 어렵더라도 사용 방법을 꼭 알아두는 것이 좋습니다. 따로 조명을 설치하지 않고 HDRI 를 이용하여 라이트의 기능도 적용할 수 있기 때문에 사실적인 느낌을 연출할 수 있습니다.

**예제 파일**
C:/315-5466/Part04/0403.max

## 01

먼저 HDRI를 적용하기 위해서는 HDRI 파일이 필요하지만 Max의 기본 HDRI 파일로는 한계가 있습니다. 필자는 HDRI를 사용하기 위해 아래의 사이트를 자주 방문합니다. 검색을 통해 더 좋은 사이트를 알아보는 것도 좋은 방법입니다.

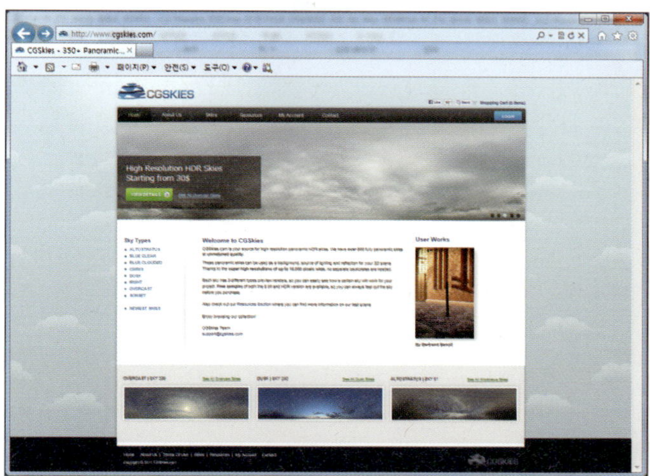
http : //www.cgskies.com

http : //www.openfootage.net

## 02

www.cgskies.com에서 배경으로 사용할 HDRI를 다운로드해보겠습니 다. 'BLUE CLOUDED-SKY339'를 클릭합니다.

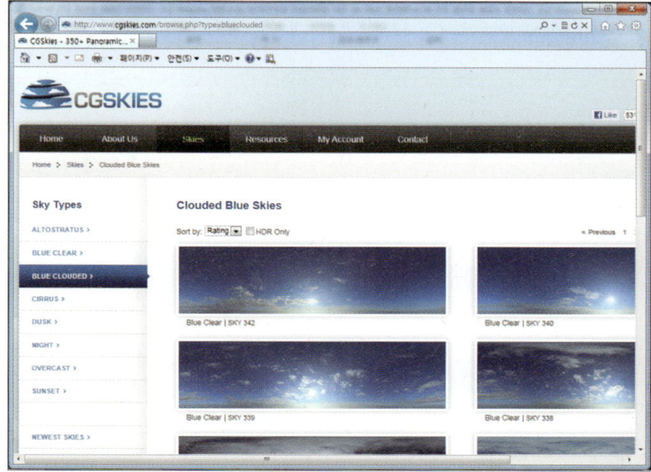

## 03

하단에 Download free Samples가 있습니다. JPG sample과 HDR sample, 두 파일 모두 다운로드합니다. HDR 파일은 탐색기에서 미리보기가 안 되기 때문에 JPG 파일로 확인하면 어떤 HDRI를 사용할 것인지 쉽게 선택할 수 있습니다.

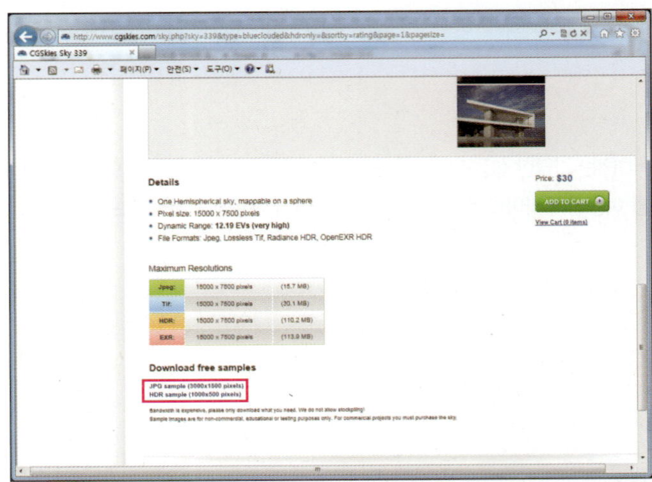

다운로드가 완료되면 HDR 파일과 JPG 파일이 있습니다.

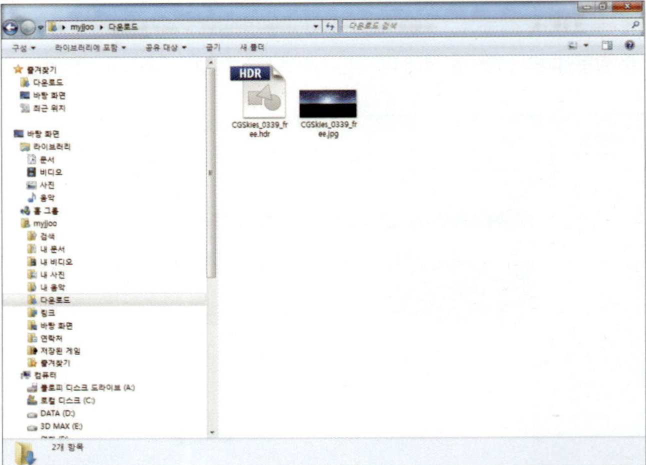

## 04

'C:/315-5466/Part04/0403.max' 파일을 불러옵니다. 크롬 재질이 적용된 자명종 시계가 있습니다. HDRI를 적용하여 이미지가 만들어지는 과정을 알아보겠습니다.

# 05



F10 을 눌러 [Render Setup] 창을 엽니다. Renderer를 VRay로 설정한 후 아래의 옵션으로 설정합니다.

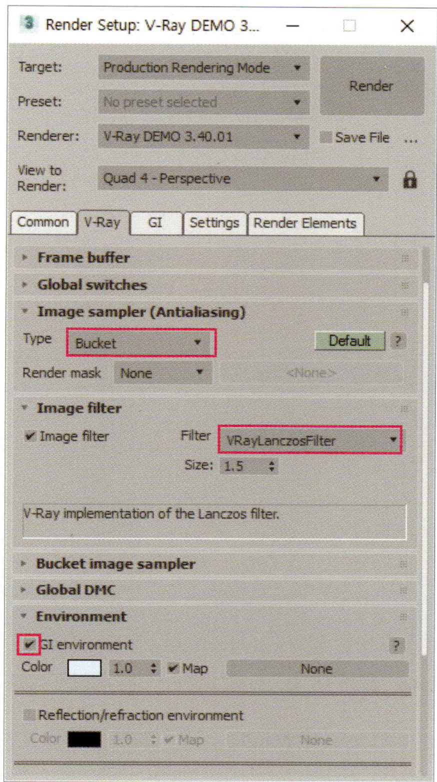

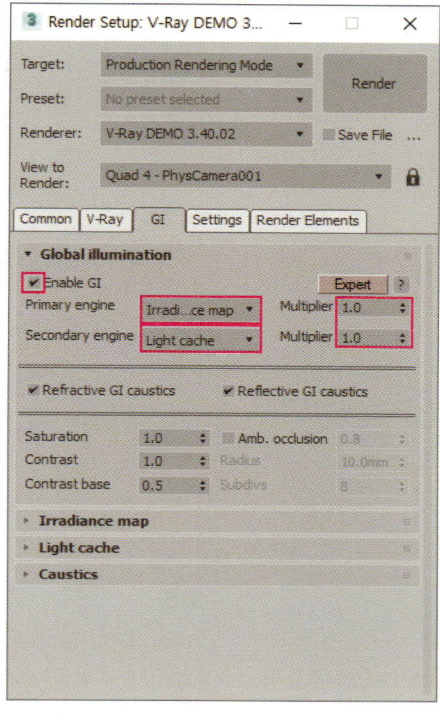

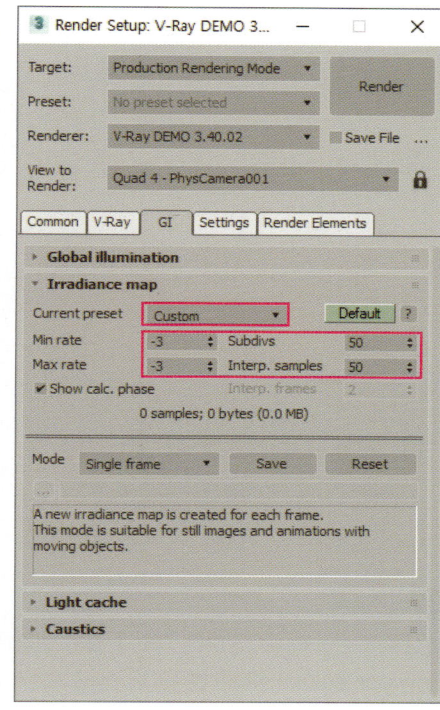

[Image sampler(Antialiasing)]
Type : Bucket
[Image filter]
Filter : VRayLanczosFilter
[Environment]
GI Environment : On 체크

[GI]
Enable GI 체크
Primary engine : Irradiance map
Multiplier : 1.0
Secondary engine : Light cache
Multiplier : 1.0

[Irradiance map]
Current preset : Custom
Min rate : −3
Max rate : −3
subdivs : 50
Interp. samples : 50

## 06

[Menu bar-Rendering-Environment]에서 Background Color를
흰색으로 설정합니다.

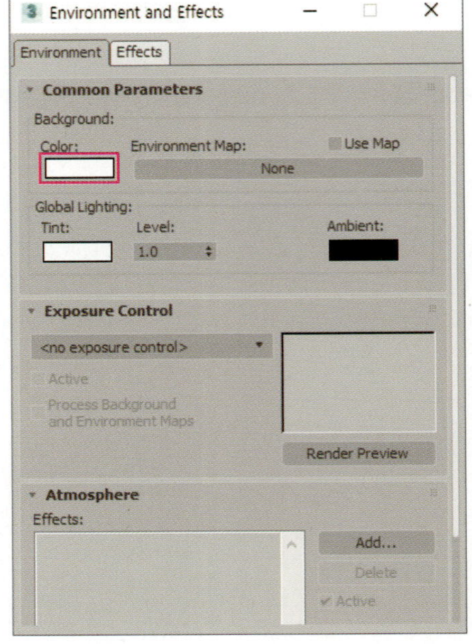

Environment의 단축키는 8 입니다.

## 07

옵션을 설정하고 렌더링하면 그림과 같은 결과물이 나타날 것입니다.
Environment에서 설정한 흰색의 배경색을 시계가 반사하고 있습니다.

## 08

F10을 눌러 [Render Setup] 창을 열고 Environment의 Reflection/
refraction environment에 체크하여 활성화시킵니다. 기본 색상은 검정
색입니다.

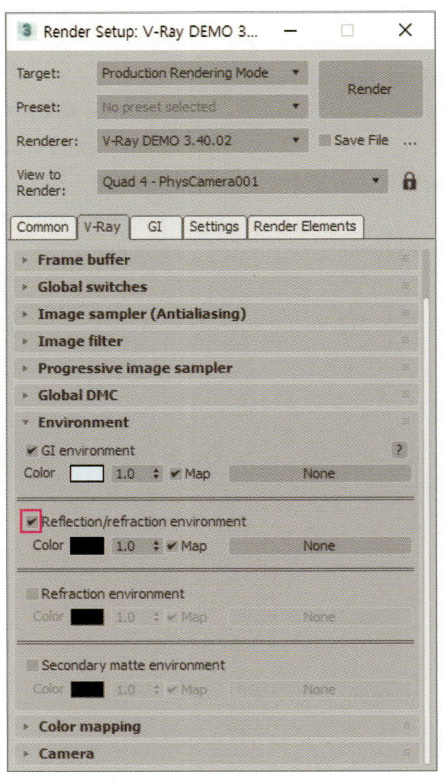

## 09

렌더링 후 이미지를 확인해보면 배경은 똑같지만 시계에 반사되는 색상만 검은색으로 바뀐 것을 확인할 수 있습니다.

## 10

F10을 눌러 [Render Setup] 창을 열고 Reflection의 Map을 클릭하여 [Map Browser] 대화상자를 열고 VRayHDRI를 선택합니다.

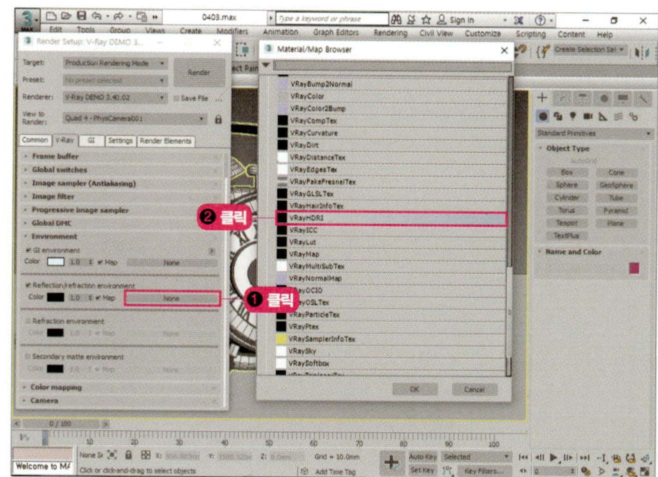

## 11

Reflection 맵에 VRayHDRI가 설정되어 있습니다. HDRI Map 경로를 설정하기 위해서 M을 눌러 [Material Editor]를 엽니다. Reflection Map의 VRayHDRI를 마우스로 클릭한 후 [Material Editor]의 활성 뷰에 드래그하여 놓습니다.

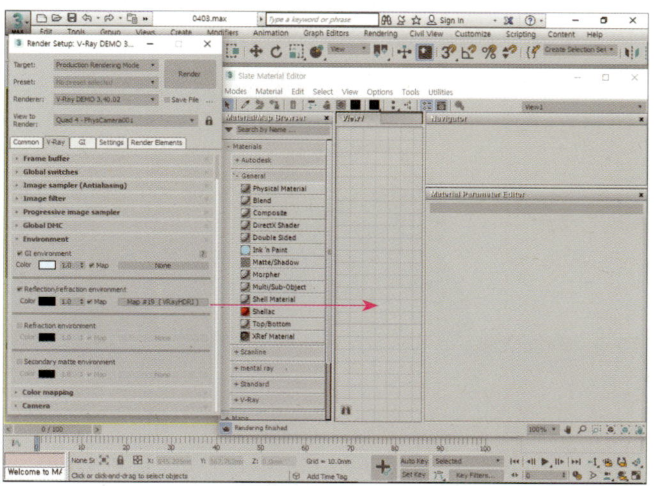

## 12

복사 옵션을 물어보는 대화상자가 나타나면 'Instance'를 선택한 후 [OK] 버튼을 클릭합니다.

tip Instance를 선택해야만 옵션을 변경했을 때 원본과 사본이 같이 변경됩니다.

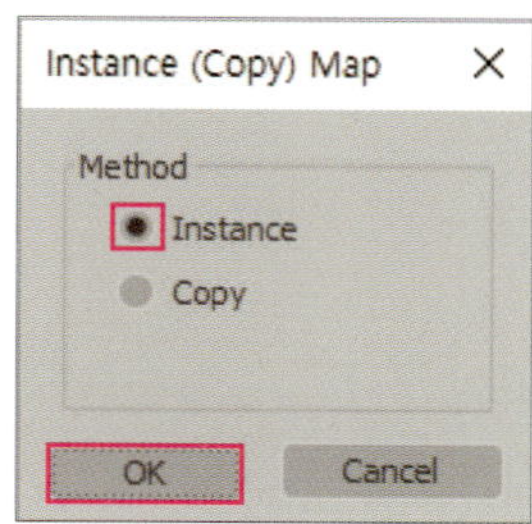

## 13

[Material Editor]에서 HDRI를 더블클릭하여 Parameter Editor를 활성
화시킵니다. HDR map의 Browse를 클릭한 후 다운로드한 'CGSkies_
0339_free.hdr' 파일을 선택합니다. Mapping type은 Spherical로 설
정합니다.

Mapping type : Spherical

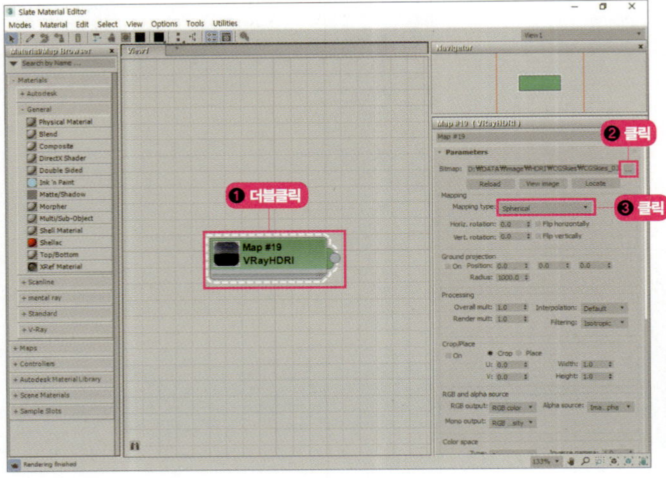

## 14

렌더링하면 검은색으로 반사되던 부분에 선택한 환경 Map이 반사되는 것을
확인할 수 있습니다.

## 15

[Render Setup] 창에서 Reflection에 적용되어 있는 VRayHDRI를 드
래그하여 'GI Environment'에 드래그하여 Instance로 복사합니다.

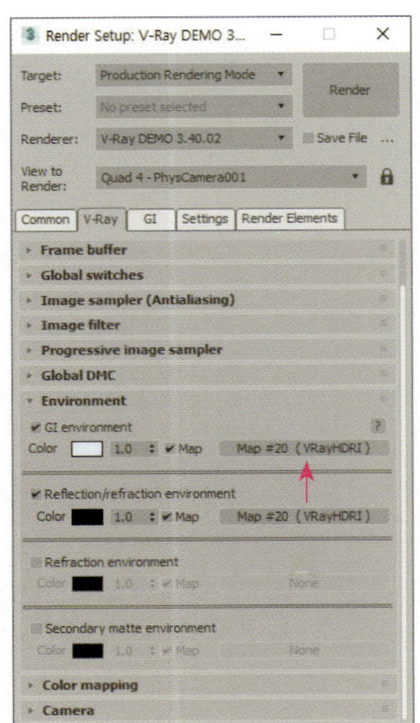

## 16

렌더링하면 조명 효과가 들어간 상태로 렌더링이 되는 것을 확인할 수 있습
니다.

## 17

[Render Setup] 창과 [Environment] 창을 같이 엽니다. Render
Setup에 적용되어 있는 VRayHDRI를 드래그하여 Environment Map
에 'Instance'로 복사합니다.

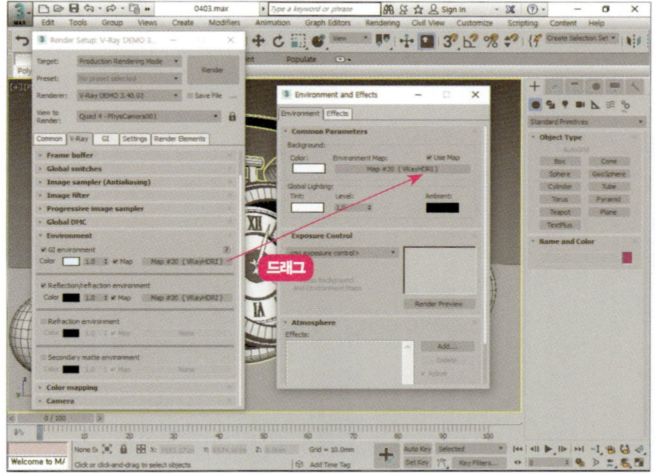

## 18

렌더링하면 배경 이미지가 흰색이 아닌 HDRI 이미지가 적용이 되어 있는 것
을 확인할 수 있습니다. 이렇게 HDRI를 이용하면 제품 모델링이나 간단한
Scene에 실사와 같은 느낌을 줄 수 있습니다.

## 19

HDRI의 밝기를 조절하려면 [Material Editor]에서 'Overall mult' 값과
'Render mult' 값을 수정합니다. 아래와 같이 옵션을 수정합니다.

Overall mult : 2, Render mult : 2

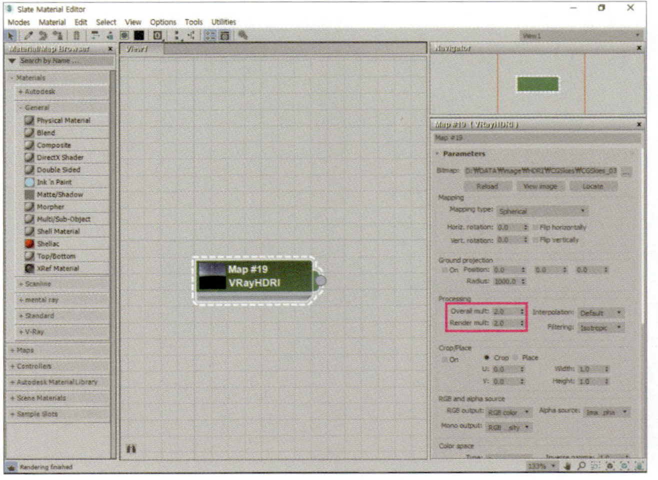

## 20

렌더링하면 그림과 같이 전체 밝기가 환해진 것을 확인할 수 있습니다.

PART

3ds
MAX
2017

# 05

## 클라이언트의
## 시선을 사로잡는
## 구도와
## 카메라의 설정

3ds Max에서 아무리 모델링을 잘해도 구도가 불안정하면 보는 이에게
부자연스러운 느낌을 줄 수 있습니다. 구도에 따라 이미지의
느낌이 많이 달라지기 때문에 기본적인 Scene이라도 투시
개념을 이해하고 투시도법에 입각하여 좋은 구도를
잡는다면 좀 더 좋은 이미지를 만들 수 있습니다.

# 건축 CG에 필요한 구도 이야기

투시도의 종류는 소점의 수에 따라 1점 투시도, 2점 투시도, 3점 투시도로 구분됩니다. Interior와 Exterior의 투시도를 만들 때 구도를 이상하게 잡거나 원하는 바를 잘 표현하지 못한다면 보는 이로 하여금 좋은 느낌을 줄 수 없습니다. 이번에는 각 투시도를 표현하는 방법에 대하여 알아보겠습니다.

학습 목표 안정정인 Scene과 투시도에 따른 정확한 장면을 만들기 위해 투시도의 이론과 구도의 이론에 대하여 알아본다.

## ① Interior에 사용되는 구도

## ② Exterior에 사용되는 구도

# 좋은 구도를 잡기 위한 소점의 이해

투시도란 물체가 가까운 거리에서는 크게 보이고 먼 거리에서는 작게 보이도록 평면에 시각적으로 그리는 것을 말합니다. 투시도를 그리는 방법은 크게 소실점의 개수에 따라 1점, 2점, 3점 투시로 구분됩니다. 소실점(Vanishing Point)은 '소점'이라고도 하며, 관찰자의 눈높이에서 물체의 연장선을 그었을 때 연장선이 만나 점이 되는 지점을 말합니다.

소실점이 1개인 경우

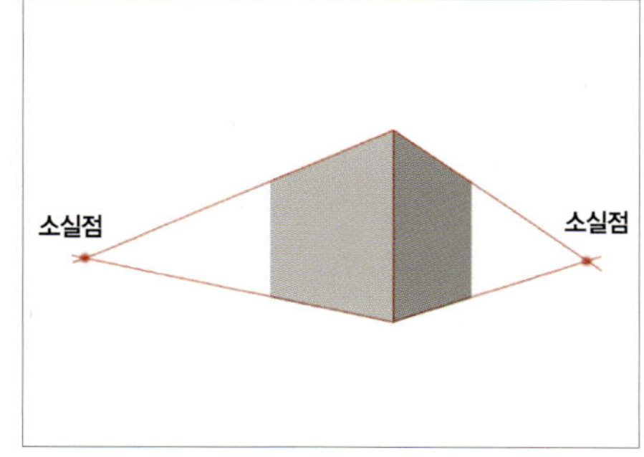

소실점이 2개인 경우

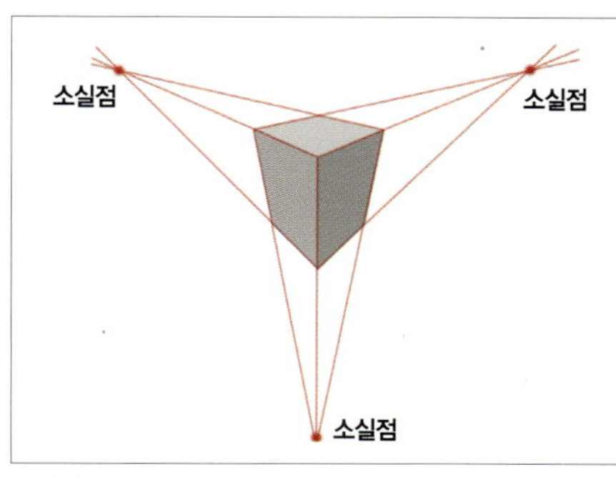

소실점이 3개인 경우

아래 이미지를 보면 눈높이에 따라 이미지의 느낌이 많이 달라지는 것을 알 수 있을 것입니다. 관찰자의 눈높이나 소점의 위치에 따라 투시도의 종류가 달라질 수 있습니다. 안정적인 구도에서 과장되지 않게 투시도를 표현하는 것이 중요합니다.

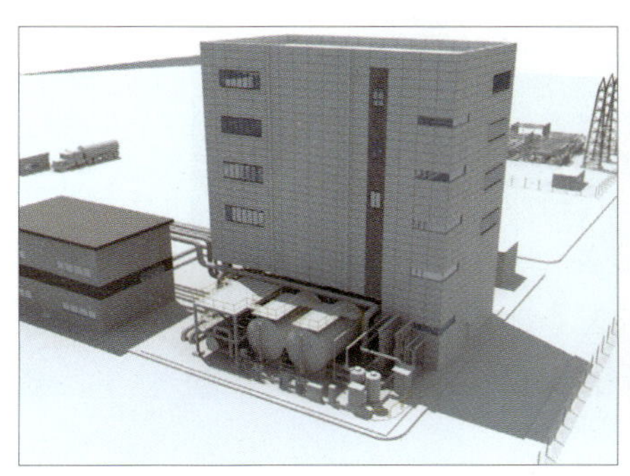

## 02

# 소점의 수에 의한 투시도의 종류

이번에는 각 투시도를 표현하는 방법에 대하여 알아보겠습니다.

### 1점 투시도
소실점을 1점으로 놓고 그리는 방법으로, 소실점을 향하는 선 이외에는 수직, 수평으로 구성되어야 합니다. 실내 투시도에 자주 사용됩니다.

1점 투시도 이미지

### 2점 투시도
소실점을 2점으로 놓고 그리는 방법으로, 소실점을 향하는 선 이외에는 수직선으로만 구성되어야 합니다. 1점 투시도보다는 공간감을 잘 표현할 수 있으며 건물의 외관과 Interior 표현에 사용됩니다.

2점 투시도 이미지

### 3점 투시도
소실점을 3점으로 놓고 그리는 방법으로, 물체를 육면체로 표현할 수 있습니다. 대상을 내려다보거나 올려다보기 때문에 주변 환경과 높이를 잘 표현할 수 있습니다. 주로 조감도에 사용됩니다.

3점 투시도 이미지

# Interior에 사용되는 구도

Interior에 사용되는 구도는 주로 1점 투시도나 2점 투시도로 표현합니다. 모든 3ds Max 작업을 완벽하게 했다고 하더라도 구도를 이상하게 잡거나 원하는 바를 잘 표현하지 못한다면 보는 이에게 좋은 느낌을 줄 수 없습니다.

1점 투시도

2점 투시도

Interior에서 실내를 바라보는 시점은 중요합니다. 시점이 너무 낮거나 높으면 이미지가 불안정해 보일 수밖에 없습니다. 일반적으로 사람의 눈높이에서 바라보는 시점을 주로 사용합니다.

눈높이가 너무 낮을 경우

사람의 눈높이에서 바라보는 경우

눈높이가 너무 높을 경우

## 04

# Exterior에 사용되는 구도

Exterior는 주변 환경이 어느 정도 같이 만들어져야 하기 때문에 건물 이외에도 주변 환경을 잘 표현해주는 2점 투시도나 3점 투시도로 표현합니다. 3점 투시도는 주변 환경 외에도 높이 감을 잘 살려줄 수 있기 때문에 조감도나 ISO에 많이 사용됩니다.

2점 투시로 만든 건물

3점 투시로 만든 건물

Isometric

Exterior의 시점은 같은 대상을 어느 위치에서 바라보느냐에 따라 다른 느낌을 만들 수 있습니다.
사람 눈높이의 시점이 아니라 밑에서 위로 올려다보는 시점을 설정하면 건물을 좀 더 웅장하게 표현할 수 있습니다.
또한 하늘에서 내려다보는 시점을 'Bird Eye View'라고 하는데, 이는 건축 조감도에 많이 사용됩니다.

눈높이에서 본 건물

올려다보는 시점의 건물

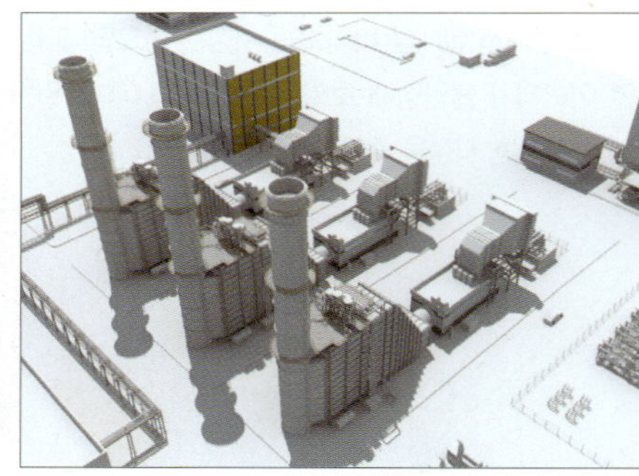

Bird eye view

# 좋은 구도의 카메라 위치 설정하는 방법

카메라의 위치 설정과 화각은 좋은 이미지를 만드는 중요한 과정 중 하나입니다. Viewport에 카메라를 직접 설치하고 카메라를 이동시키는 것보다는 Perspective View에서 좋은 구도를 만든 후 Ctrl + C 를 눌러 보이는 구도 그대로 Camera를 만든 후 Camera의 위치를 조금씩 수정하는 것이 좋습니다.

**예제 파일**
C:/315-5466/Part05/0501.max

## 01

'C:/315-5466/Part05/0501.max' 파일을 불러옵니다. 모델링이 완성된 거실 Scene이 있습니다. Alt + W 를 눌러 Perspective View를 확대합니다.

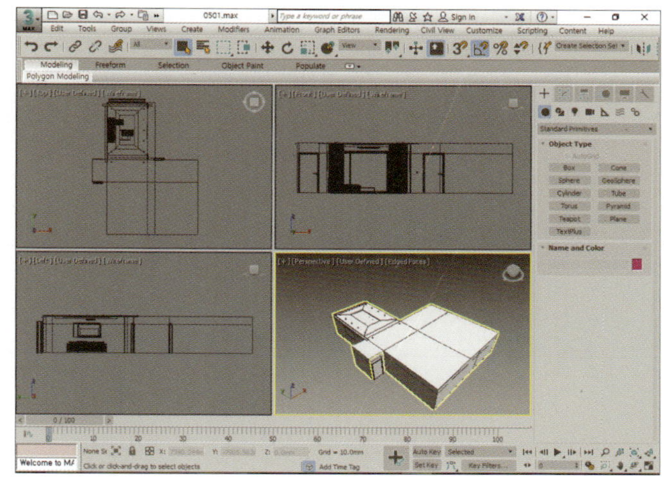

## 02

View를 확대하여 작업하면 화면을 분할하여 작업하는 것보다 디테일한 작업을 할 수 있습니다.

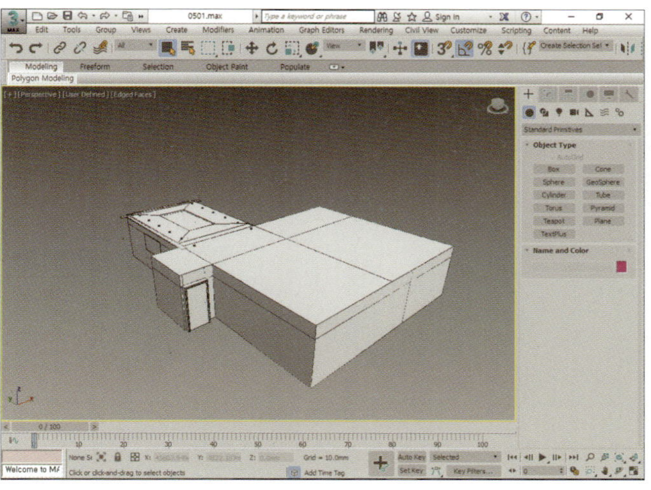

## 03

마우스를 움직여 시점을 실내로 이동합니다. 그림과 같은 위치로 맞춥니다.

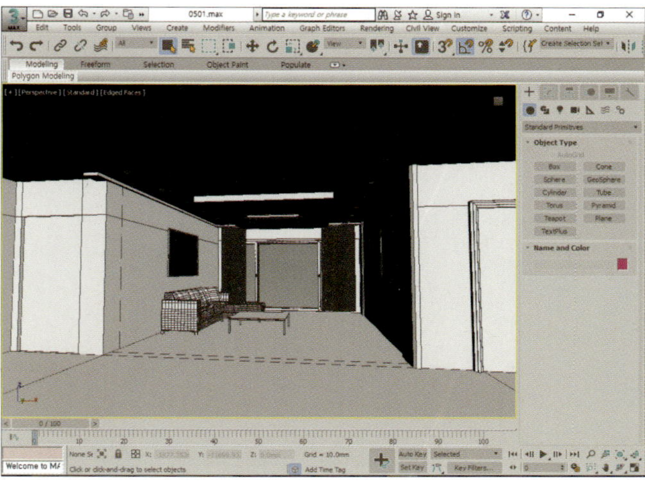

## 04

실제 렌더링 될 View로 이동하여 빈 공간을 최소화합니다. 시점의 위치는 Viewport의 중심에 맞춥니다. 를 이용하면 화면을 세부적으로 줌인/줌 아웃을 할 수 있습니다.

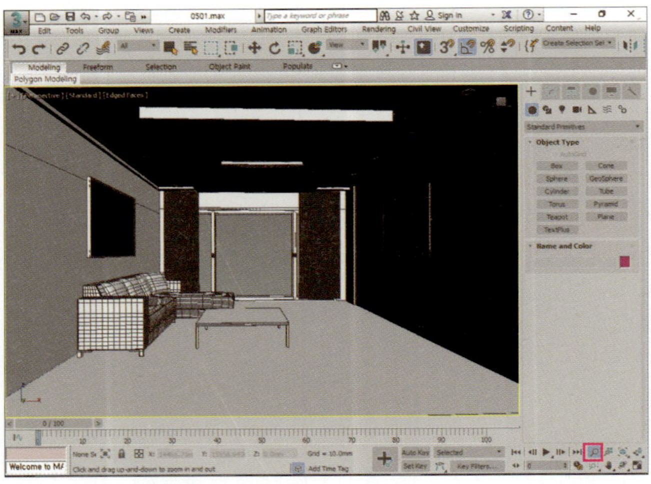

## 05

Perspective View에서 시점을 맞춘 후 [Menu bar-Create-Cameras-Create Physical Camera From View]를 누르면 현재 시점에 Physical Camera가 만들어집니다. 카메라가 생성되면 Viewport Name이 Perspective에서 Camera로 변경됩니다.

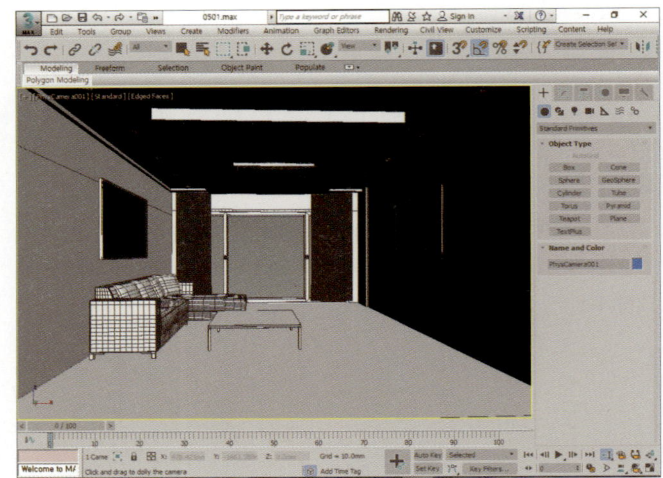

## 06

Alt + W 를 누르면 화면이 분할되어 다른 뷰에서 Camera가 어떻게 만들어 졌는지 확인할 수 있습니다. 또한 카메라의 시점을 이동/회전시켜 변경할 수 있습니다.

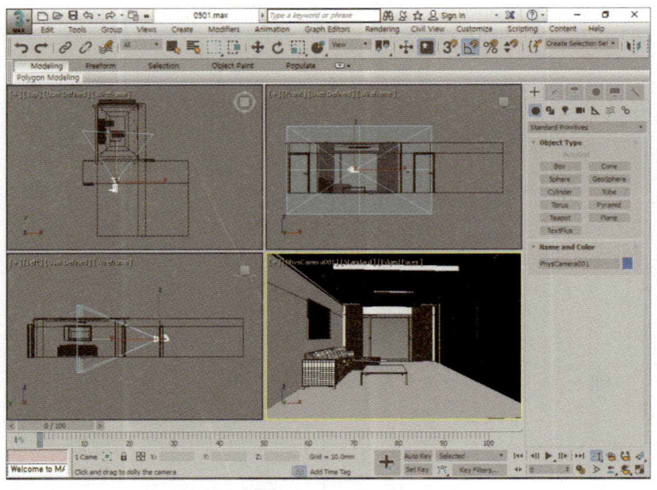

## 07

Left View에서 Camera의 시작점을 선택하고 위로 올리면 Camera View도 같이 변경됩니다. Camera의 시작점이 사람의 눈높이가 됩니다.

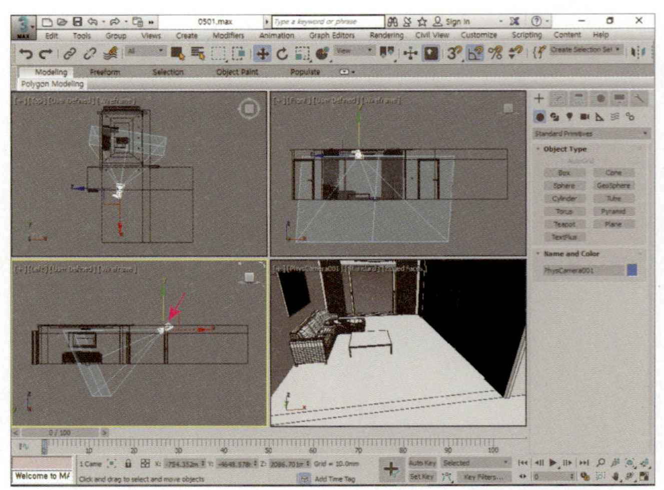

## 08

Front View에서 Camera를 회전시키면 시점도 같이 회전됩니다.

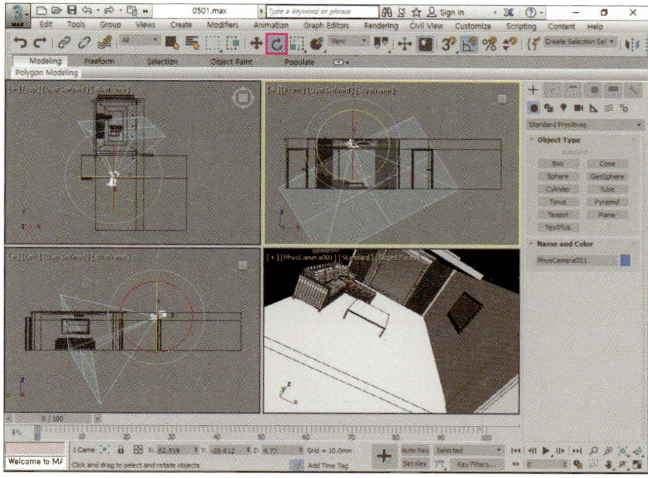

## 09

Camera를 원래 위치로 이동합니다.

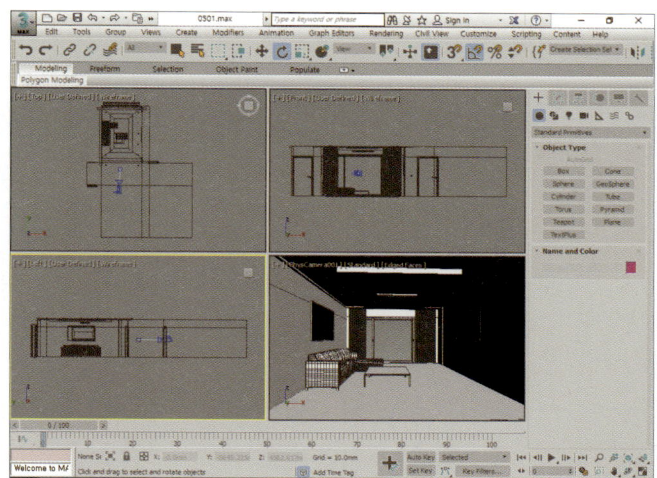

## 10

Camera의 Lens에 있는 Specify FOV 값을 '100'으로 수정합니다. Camera의 시야각이 넓어지면서 같은 위치이지만 시점이 약간 뒤로 이동한 느낌을 줍니다.

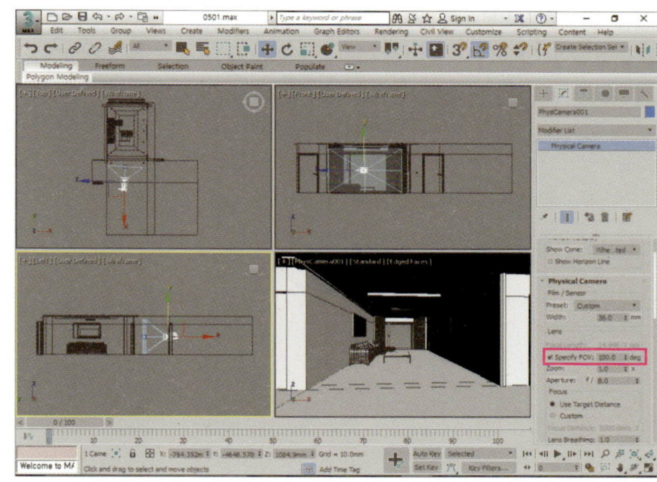

## 11

Camera의 Lens에 있는 Specify FOV 값을 '50'으로 수정합니다. Camera의 시야각이 좁아지며 처음보다 보여주는 영역이 작아집니다.

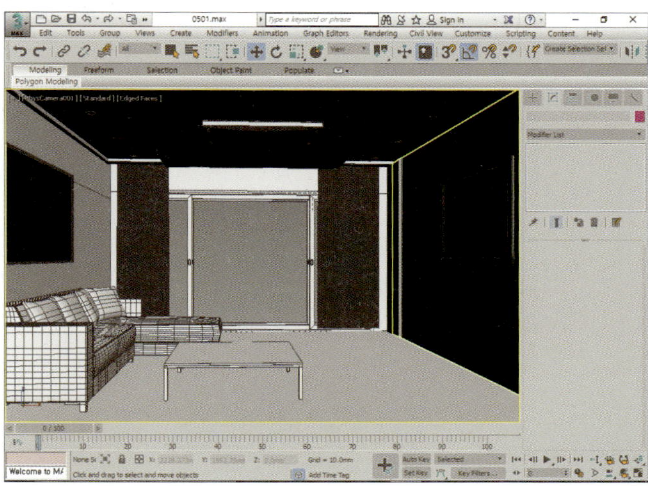

## 12

Camera의 Lens에 있는 Specify FOV 값을 '20'으로 수정합니다.
Camera의 시야각이 너무 좁아져 보이는 부분이 거의 없습니다.

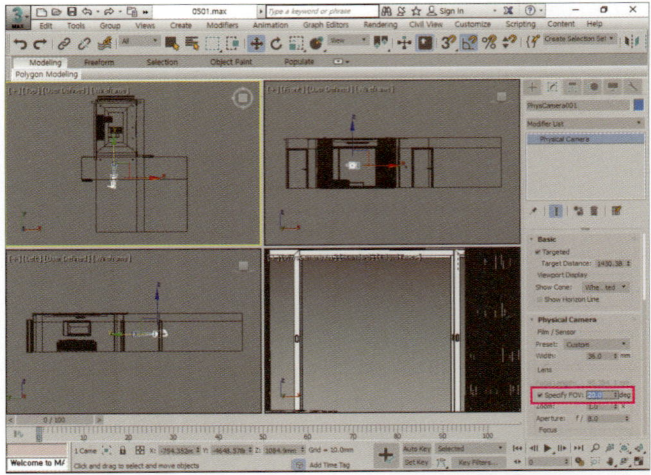

## 13

Camera의 Lens에 있는 Specify FOV  값을 '60'으로 수정합니다. 실내
의 Object를 알맞게 보여주고 있습니다.
Camera의 시점과 내부 형태에 따라 Camera의 Lens 값을 조절하여 가
장 안정된 구도를 만든 후에 작업하는 것이 중요합니다.

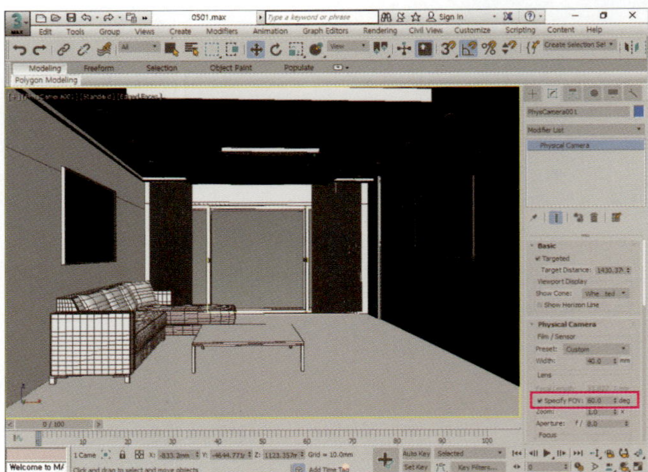

# Camera의 종류와 설정

3ds Max에서 Camera는 사용자의 시점을 고정시키거나 다양한 효과 및 Animation을 만들 때 자주 사용됩니다. Camera 시점에서는 좀 더 다양한 표현을 할 수 있습니다. Depth of Field나 Motion Blur와 같은 효과를 적용할 수 있으며 여러 개의 Camera를 설치하여 Rendering할 장면을 손쉽게 만들 수도 있습니다.

① **Depth of Field를 적용한 이미지**

② **Motion Blur를 적용한 이미지**

# 01

# 3ds Max의 Camera 종류

3ds Max에서 Camera는 사용자의 시점을 고정시키거나 다양한 효과를 적용하거나 Animation을 만들 때 자주 사용됩니다. Camera는 Perspective View에서만 만들어지며 Top, Front, Left와 같은 화면에서는 만들어지지 않습니다. 이번에는 각 Camera의 기능에 대하여 알아보겠습니다.

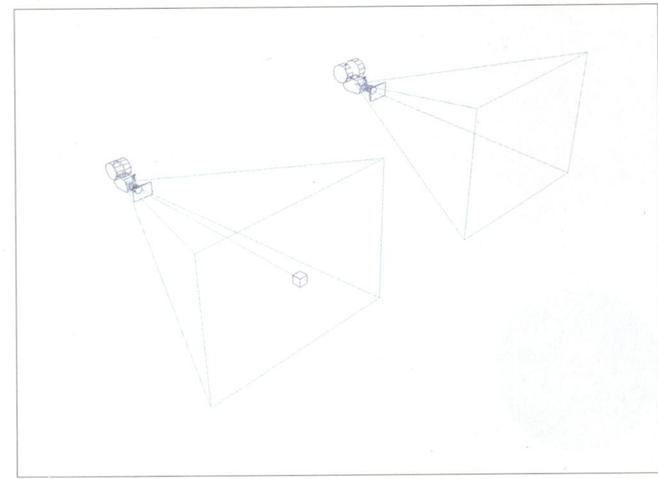

Physical Camera / Target Camera와/ Free Camera의 형태

## ■ Camera Connection

Camera Connection Modifier를 사용하면 수직선이 수직으로 유지되는 2점 투시로 Camera View를 수정할 수 있습니다.

Camera Connection Modifier 적용 전

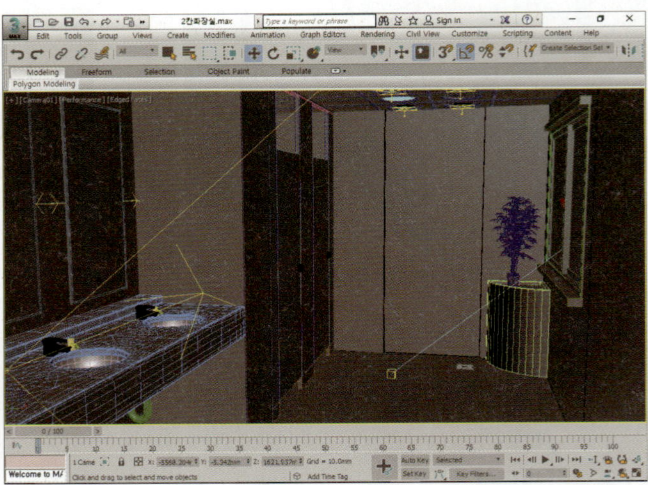

Camera Connection Modifier 적용 후

# ■ Camera Connection 적용 방법

## 01

Camera를 선택한 후 마우스 오른쪽 버튼을 클릭하여 쿼드 메뉴를 엽니다.

## 02

[Tool1-Apply Camera Correction Modifier]를 선택하면 Camera Connection이 적용됩니다.

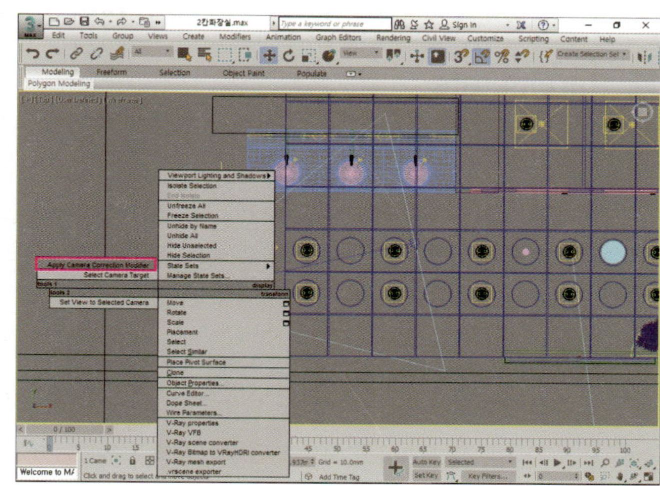

# ■ 카메라의 원리

Physical Camera/Target Camera는 대상점이 있어 대상에 시점을 고정할 수 있습니다. 카메라와 대상점을 각각 움직일 수 있기 때문에 시점을 쉽게 변경할 수 있습니다.

Physical Camera는 옵션에서 대상점을 비활성화시켜 Free Camera처럼 사용할 수도 있습니다.

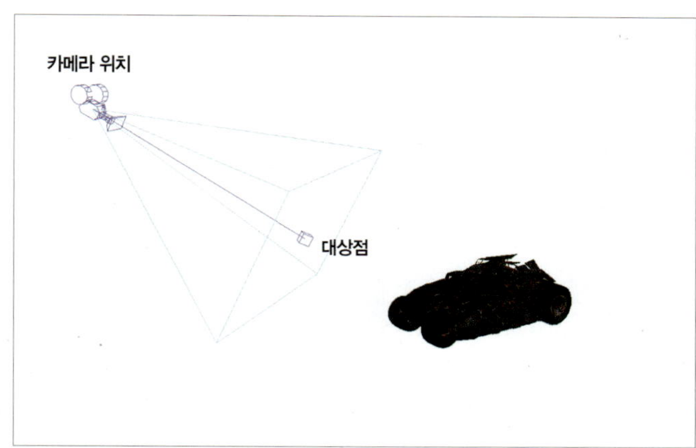


Target Camera 의 원리

Free Camera는 대상점이 존재하지 않고 카메라만 존재하기 때문에 시점을 변경하려면 카메라를 직접 이동/회전시켜야 합니다.

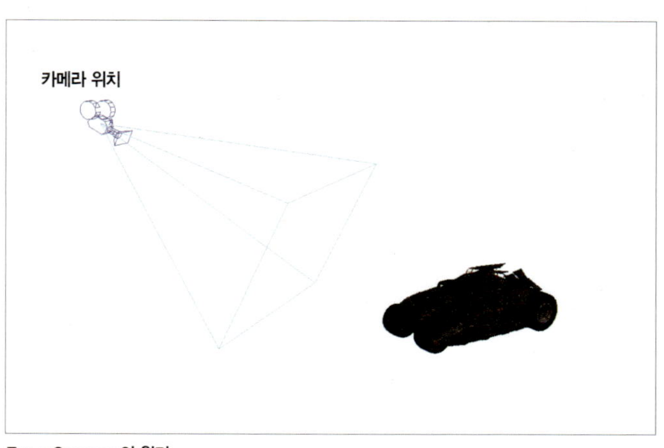


Free Camera의 원리

# 02

# Target/Free Camera의 Parameter 알아보기

## ■ Parameters

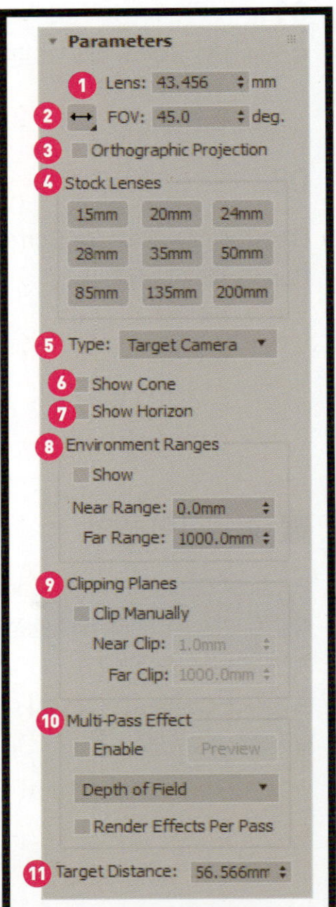

### ① Lens

카메라와 대상의 초점거리를 설정합니다. [Render Setup] 대화상자에서 조리개 폭의 값을 변경하면 렌즈 스피너 필드의 값도 변경됩니다. 이 경우 카메라를 통한 View는 변경되지 않지만 렌즈 값과 FOV 값 간의 관계 및 카메라 원뿔의 가로 세로 비율이 변경됩니다.

### ② FOV(Field of View)

카메라어 표시되는 영역의 넓이를 설정합니다. 앞의 FOV 플라이 아웃 메뉴에서 적용 방법을 선택할 수 있습니다.

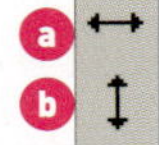

ⓐ 수평으로 FOV를 적용합니다. FOV를 설정하고 측정하는 표준 방법입니다.

ⓑ 수직으로 FOV를 적용합니다.

ⓒ 대각선으로 FOV를 적용합니다.

### ③ Orthographic Projection

체크하면 Camera View가 Orthographic View처럼 변경됩니다.

Orthographic Projection 체크 전

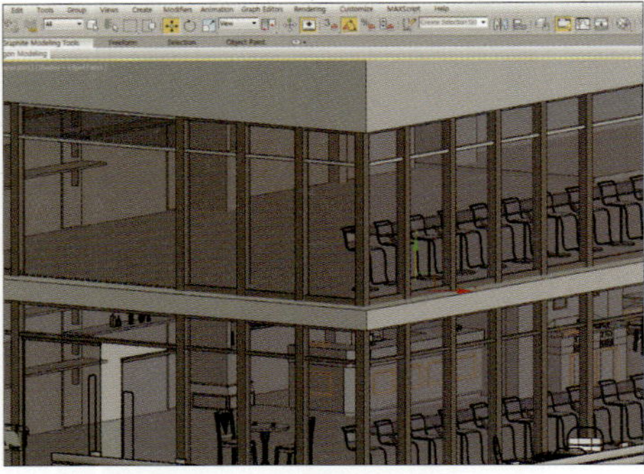

Orthographic Projection 체크 후

### ④ Stock Lense

미리 설정된 카메라의 초점거리를 선택합니다.

15㎜, 20㎜, 24㎜, 28㎜, 35㎜, 50㎜, 85㎜, 135㎜, 200㎜

### ⑤ Type : Camera Type을 Target/Free 중에서 선택할 수 있습니다.

### ⑥ Show Cone

Camera를 선택하면 나타나는 표시선을 Camera를 선택하지 않아도 항상 보여줍니다.

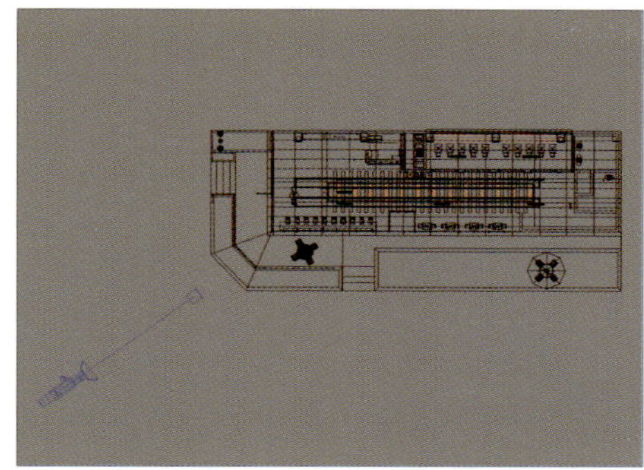

Show Cone 체크 전

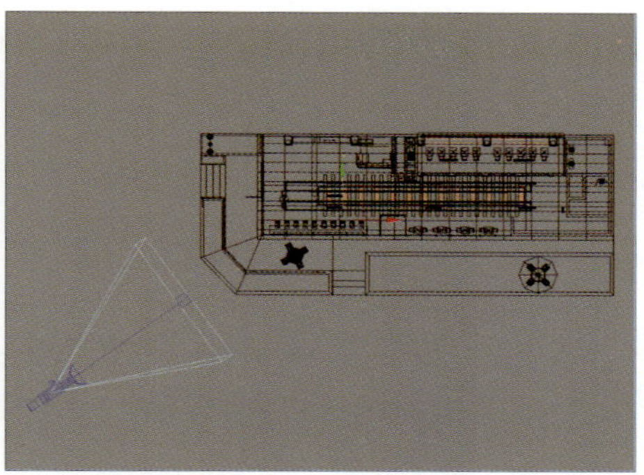

Show Cone 체크 후

### ⑦ Show Horizon

수평선을 보여줍니다. 시점이 수평선 아래에 있다면 나타나지 않습니다.

### ⑧ Environment Ranges

Environment에서 설정한 Atmosphere의 근거리 및 원거리 범위 한도를 설정합니다.

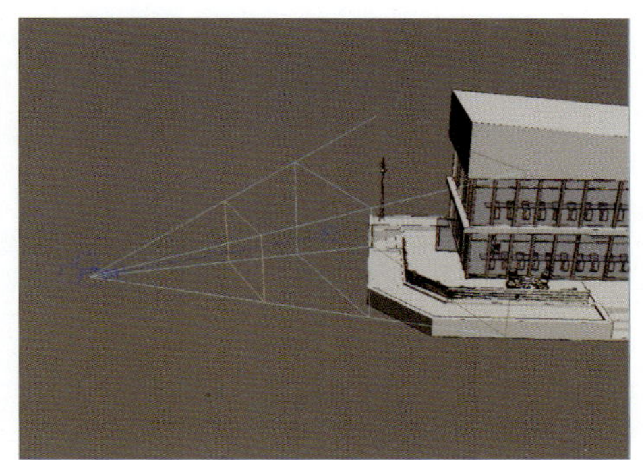

### ⑨ Clipping Planes

체크하면 수동으로 클리핑 평면을 설정할 수 있습니다. 단거리 클리핑 평면보다 가깝거나 원거리 클리핑 평면보다 먼 Object는 카메라에 나타나지 않습니다.

**· Clipping Planes의 원리**

Clipping Planes 설정 전

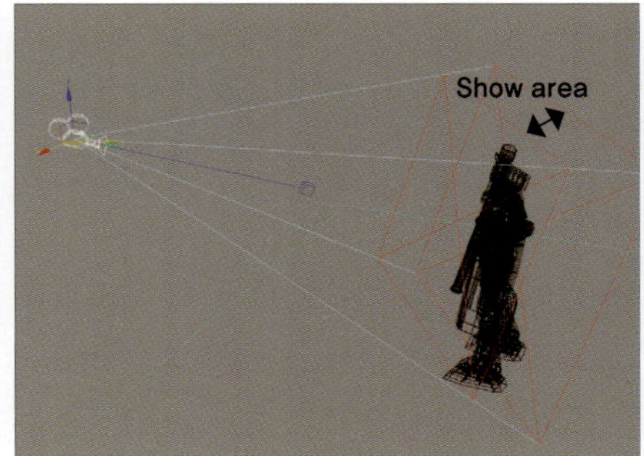


Clipping Planes 설정 시 적용범위

Clipping Planes 설정 후 붉은색으로 설정된 부분만 표시됩니다.

## ⑩ Multi-Pass Effect

Camera에 Depth of Field나 Motion Blur 효과를 적용할 수 있습니다. 효과를 사용하면 렌더링 시간이 길어집니다.

Depth of Field 적용 전                         Depth of Field 적용 후

* Nitrous Viewport 시스템이 활성화된 상태에서 사용이 설정되면 Camera View에서 Depth of Field를 표시합니다.

Motion Blur 설정 전                            Motion Blur 설정 후

⑪ **Target Distance** : Camera 대상점의 거리를 설정합니다.

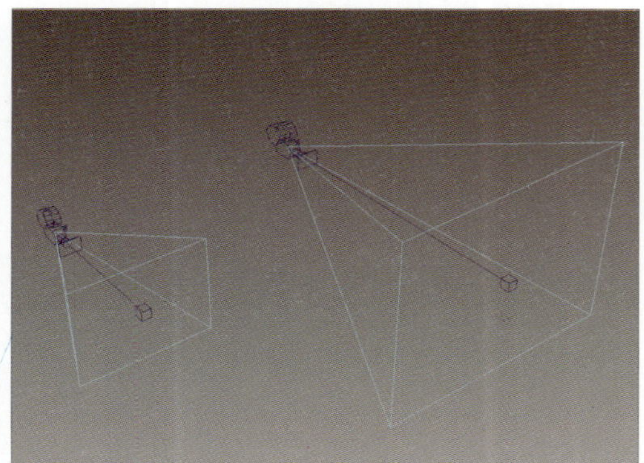

# ■ Depth of Field Parameters

① **Use Target Distance** : 각 패스에 대해 카메라를 간격띄우기 할 중심이 되는 지점으로 카메라의 대상 거리를 사용합니다.

② **Focal Depth** : Use Target Distance를 사용하지 않을 경우 사용자가 초점심도거리를 설정합니다.

③ **Display Passes** : 렌더링 된 프레임 창에 다중 렌더링 패스를 표시합니다.

④ **Use Original Location** : 첫 번째 렌더링 패스가 카메라의 원래 위치에 있습니다.

⑤ **Total Passes** : 효과를 생성하는데 사용되는 패스 수입니다. 수치가 높을수록 렌더링 시간이 길어집니다.

⑥ **Sample Radius** : 블러 효과를 생성하기 위해 씬이 이동하는 반경입니다.

⑦ **Sample Bias** : 샘플 반경에서 안쪽이나 바깥쪽으로 블러 효과에 가중치를 부여합니다.

⑧ **Normalize Weights** : 줄무늬등과 같은 아티팩트를 방지하기 위해 패스가 임의의 가중치와 혼합됩니다.

아티팩트 : 컴퓨터그래픽에서 노이즈와 같이 보고 싶지 않은 부분을 가리키는 용어

⑨ **Dither Strength** : 렌더링 된 패스에 적용되는 디더링의 강도를 조절합니다.

⑩ **Tile Size** : 디더링에 사용되는 타일의 크기를 설정합니다.

⑪ **Disable Filtering** : 필터링 패스를 비활성화합니다.

⑫ **Disable Antialiasing** : Antialiasing을 비활성화합니다.

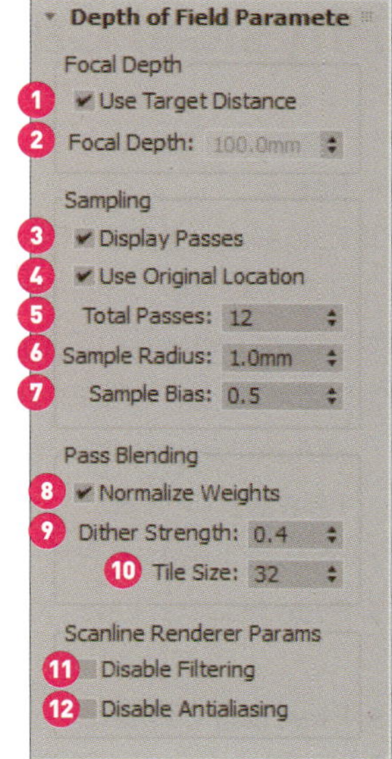

# ■ Motion Blur Parameters

① **Display Passes** : 렌더링 된 프레임 창에 다중 렌더링 패스를 표시합니다. 끄면 프레임 창에 최종 결과만 표시됩니다.

② **Total Passes** : 효과를 생성하는데 사용되는 패스 수입니다.

③ **Duration (frames)** : 모션 블러 효과가 적용되는 애니메이션의 프레임 수입니다.

④ **Bias** : 현재 프레임 이전이나 이후 프레임에서 더 많이 파생되는 것처럼 보이도록 블러링을 변경합니다.

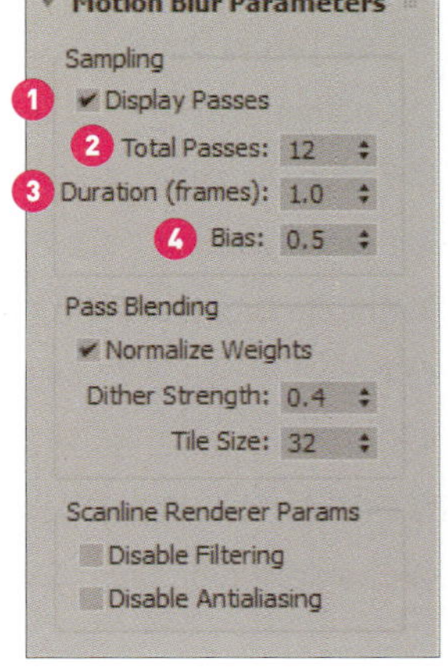

# 03

# Physical Camera의 Parameter 알아보기

## ● Basic

① **Targeted** : 설정하면 Target 포인트가 생겨 Target Camera처럼 사용할 수 있습니다. 해제하면 Target 포인트가 사라져 Free Camera처럼 됩니다.

② **Target Distance** : Target 포인트의 거리를 설정합니다.

③ **Show Cone** : 카메라의 원뿔을 표시합니다.

　• **When Selected** : 카메라를 선택했을 때.

　• **Always** : 항상 표시.

　• **Never** : 표시하지 않음.

④ **Show Horizon Line** : 체크하면 카메라 시점에서 수평선을 표시합니다.

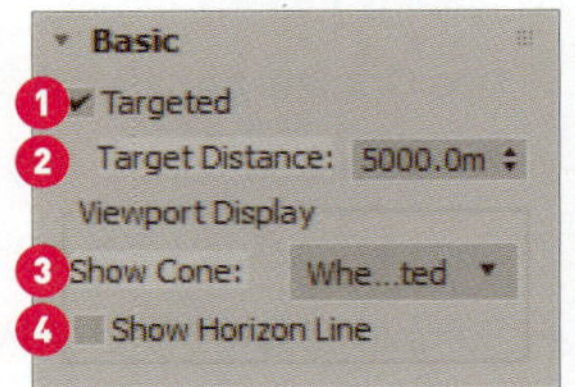

## ● Physical Camera

① **Preset** : 사전 설정 된 필름이나 Charge-Coupled Sensor(전하결합센서) 모델을 선택합니다. 35mm(전체 프레임) 필름 및 다양한 산업 표준 센서 설정을 선택할 수 있습니다.

② **Width** : 프레임 폭을 조절합니다.

③ **Focal Length** : 렌즈의 초점 거리를 설정합니다.

④ **Specify FOV** : 새 FOV(Field-of-View)값을 설정합니다. 너무 많이 변경하면 왜곡현상이 발생할 수 있습니다.

⑤ **Zoom** : 카메라 위치는 변하지 않고 렌즈를 확대/축소합니다.

⑥ **Aperture** : 조리개를 f-number나 "f-stop"으로 설정합니다. f-넘버 값이 작을수록 조리개가 크게 열리고 필드 깊이가 좁아집니다.

⑦ **Use Target Distance** : 대상 거리를 초점 거리로 사용합니다.

　**Custom** : 사용자가 초점 길이를 설정하여 사용합니다.

⑧ **Focus Distance** : 초점 거리를 설정합니다.

⑨ **Lens Breathing** : 초점 거리의 렌즈를 안쪽이나 바깥쪽으로 이동하여 시야를 조정합니다.

⑩ **Enable Depth of Field** : 초점이 맞는 부분을 벗어난 공간에 블러 효과를 주는 DOF(Depth-Of-Field)를 적용합니다.

⑪ **Type** : 셔터속도를 측정하는데 사용할 단위를 선택합니다.

⑫ **Duration** : 선택한 유닛의 유형에 따라 셔터속도를 설정합니다.

⑬ **Offset** : 각 프레임의 시작을 기준으로 셔터가 열리는 시점을 설정합니다.

⑭ **Enable Motion Blur** : 모션 블러 효과를 적용합니다.

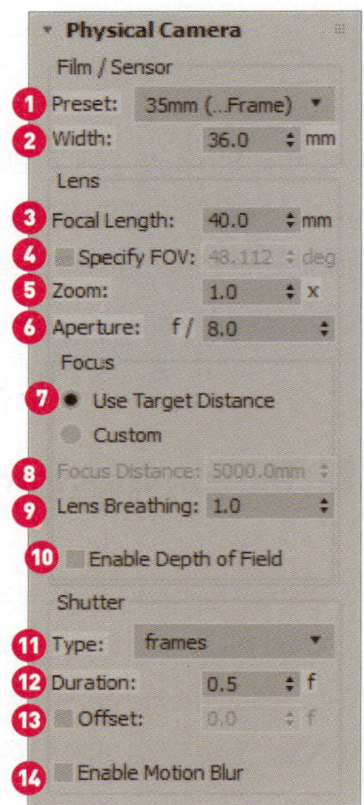

## ● Exposure

① **Manual** : 설정한 ISO값을 통해 노출 게인을 설정합니다. 값이 클수록 이미지가 어두워지고 작을수록 이미지가 밝아집니다.

② **Target** : 세 개의 사진 노출 값의 조합에 대응하는 단일 노출 값 설정을 지정합니다. 값이 클수록 이미지가 어두워지고 작을수록 이미지가 밝아집니다.

③ **Illuminant** : 표준광원의 관점에서 컬러밸런스를 설정합니다.

④ **Temperature** : 켈빈도로 측정되는 색온도의 관점에서 컬러밸런스를 설정합니다.

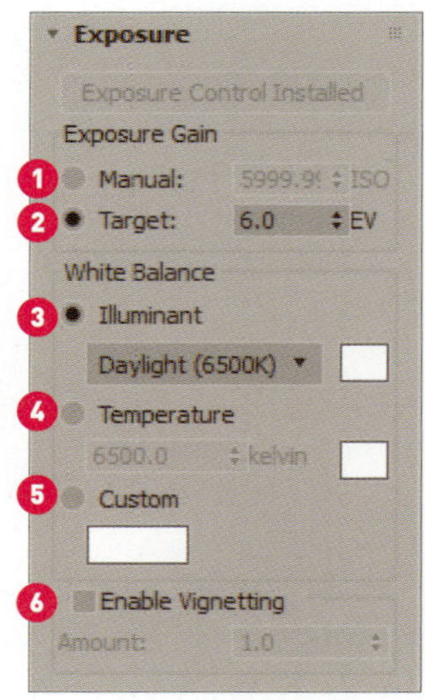

⑤ Custom : 사용자가 설정한 색상으로  컬러밸런스를 설정합니다.

⑥ Enable Vignetting : 이미지의 가장자리가 어두워지는 비네팅 효과를 적용합니다.

## ● Bokeh(Depth of Field)

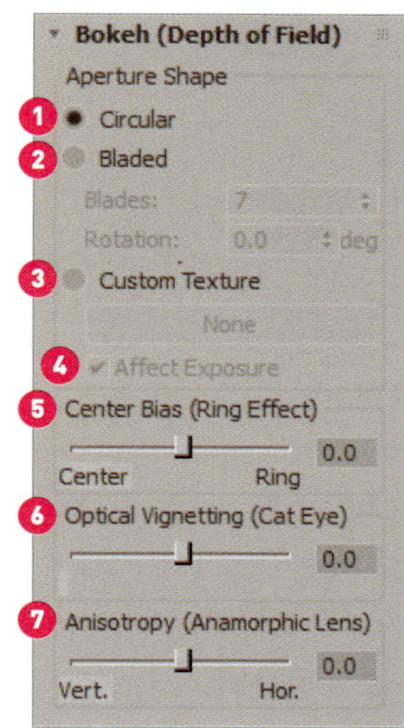

① Circular : Bokeh 효과가 원형 조리개를 기반으로 합니다.

② Bladed : Bokeh 효과가 가장자리가 있는 조리개를 사용합니다.

③ Custom Texture : 맵을 사용하여 각 혼동의 원을 패턴으로 바꿉니다.

④ Affect Exposure : 설정하면 사용자가 정의한 텍스쳐가 씬의 노출에 영향을 줍니다.

⑤ Center Bias (Ring Effect) : 조리개의 투명도를 중심(음수) 또는 가장자리(양수)쪽으로 편향합니다. 음수 값은 블러를 감소시키고 양수 값은 블러를 늘립니다.

⑥ Optical Vignetting (Cat Eye) : 일부 광각렌즈에서 생성할 수 있는 'Cat Eye' 효과를 시뮬레이션하여 비네팅 효과를 적용합니다.

⑦ Anisotropy (Anamorphic Lens) : 조리개를 수직(음수)이나 수평(양수)으로 늘려 아나모픽 렌즈를 시뮬레이션 합니다.

## ● Perspective Control

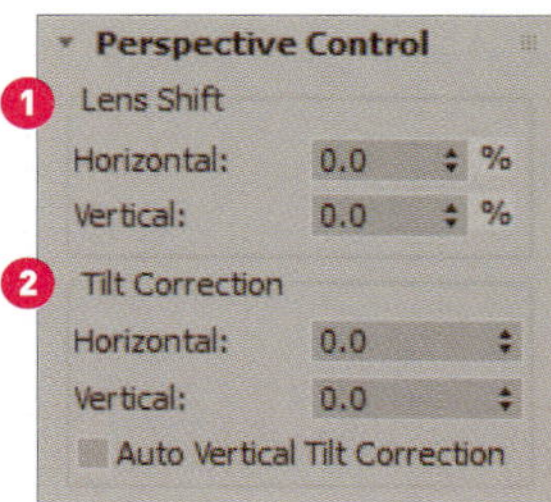

① Lens Shift : 카메라를 회전하거나 기울이지 않고 카메라 뷰를 수직이나 수평으로 이동합니다.

② Tilt Correction : 카메라를 수직이나 수평으로 기울여 투시를 보정할 수 있습니다.

## ● Lens Distortion

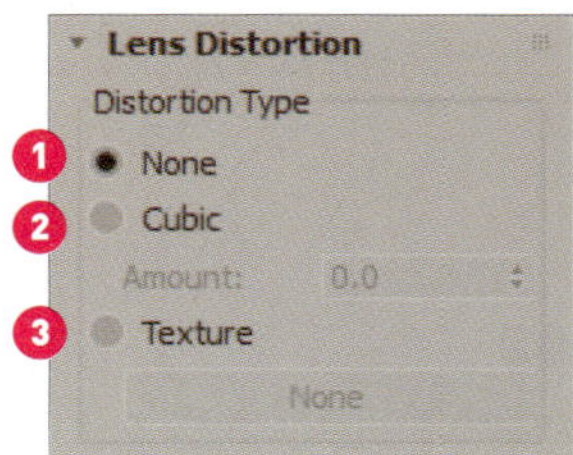

① None  : 렌더링에 왜곡효과를 적용하지 않습니다.

② Cubic : 0일 경우에는 왜곡되지 않으며 양수 값은 핀쿠션 왜곡을 적용하고, 음수 값은 배럴 왜곡을 적용합니다.

③ Texture : 맵을 사용하여 왜곡을 적용합니다.  빨간색은 X축을 따라 이미지를 왜곡하고, 녹색은 Y축을 따라 이미지를 왜곡하며, 파란색은 왜곡을 무시합니다.

## ● Miscellaneous

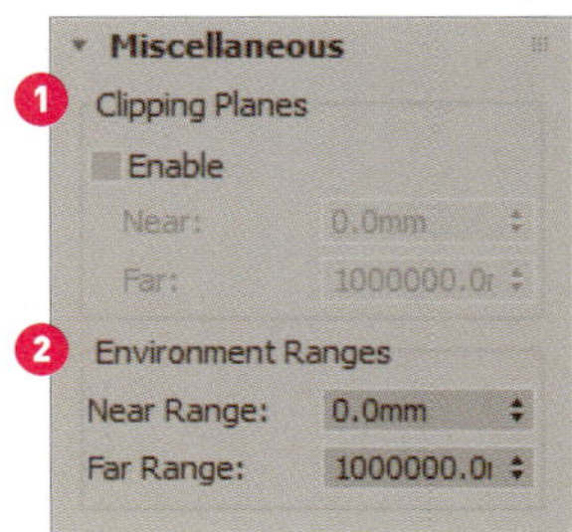

① Clipping Planes : 클리핑기능을 사용할 경우 근거리와 원거리의 수치를 설정합니다.

② Environment Ranges : Environment 패널에서 설정한 대기효과의 근거리와 원거리 범위한도를 설정합니다.

# 역동적인 카메라 애니메이션 만들기

**예제 파일**
C:/315-5466/Part05/0502.max

## 01

'C:/315-5466/Part05/0502.max' 파일을 불러옵니다. 건물이 보이지만
약간 모델링이 깨져 보입니다. 3ds Max에서 작업한 Object가 너무 클 경
우 이러한 현상이 나타나지만 Viewport Clipping로 해결할 수 있습니다.

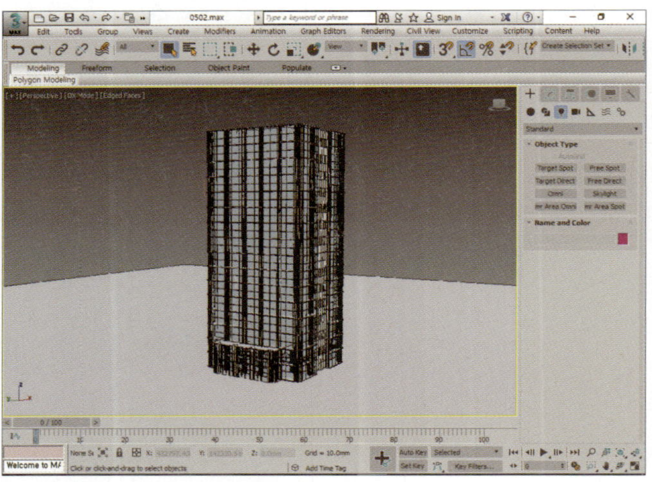

## 02

Viewport Name에서 마우스를 클릭하면 메뉴가 나타납니다. 하단에
Viewport Clipping을 클릭하면 Viewport의 오른쪽에 노란 선과 삼각형
이 나타납니다.

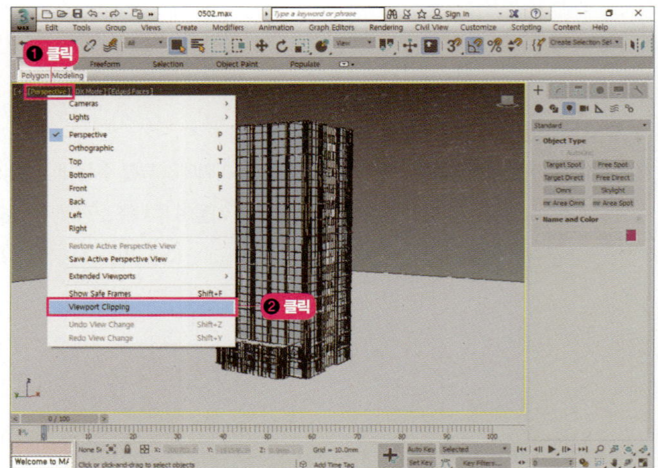


## 03

아래쪽에 있는 삼각형을 위로 약간 올리면 깨진 부분 없이 자연스럽게 보입
니다.

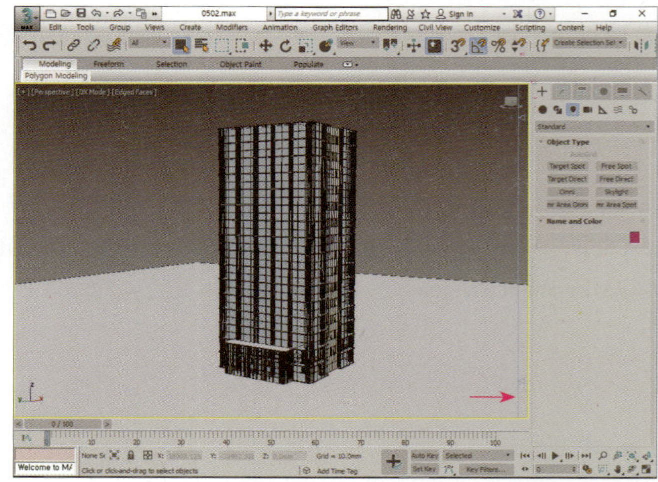

## 04

Top View에서 [Create-Shapes-Circle]을 선택한 후 그림처럼
Circle을 만듭니다. 지금 만든 Circle이 Camera가 이동할 경로입니다.

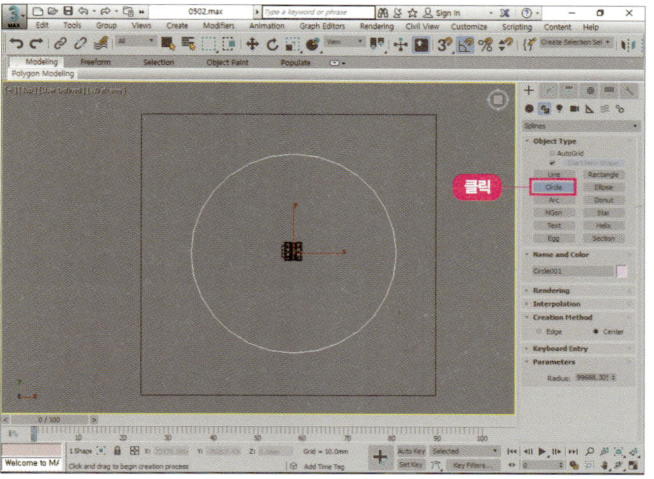

## 05

만들어진 Circle을 Editable Spline으로 변환합니다. Vertex를 선택한
후 그림처럼 불규칙한 형태로 수정합니다.

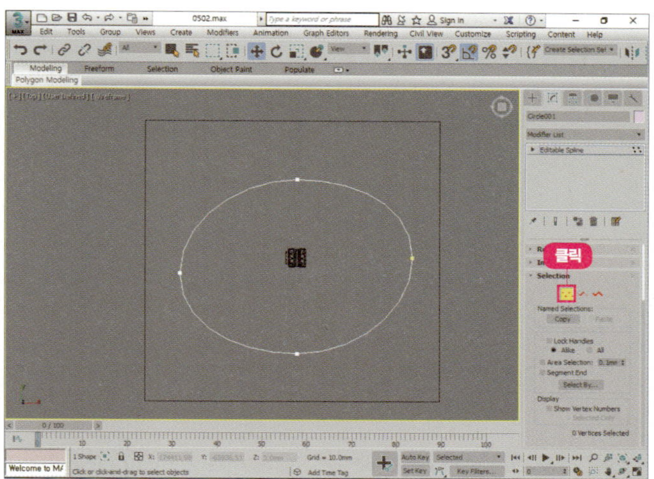

## 06

Perspective View를 선택한 후 그림처럼 Vertex를 Z축으로 이동하여
높이를 다르게 수정합니다.

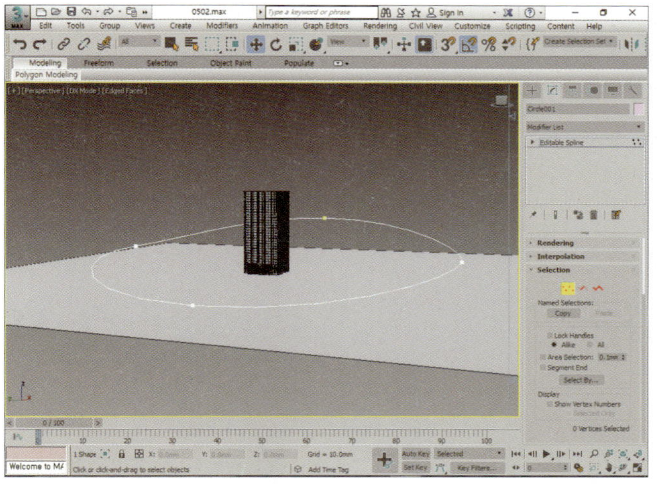

## 07

Top View에서 [Create-Cameras-Standard-Target]을 선택한 후
그림처럼 건물을 바라보는 방향으로 카메라를 만듭니다.

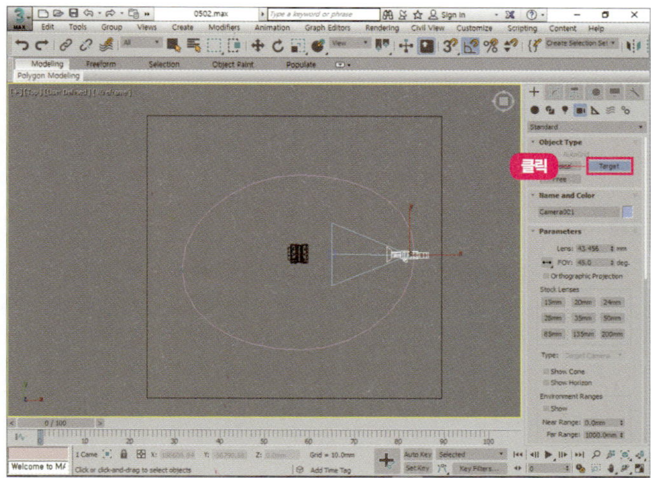

## 08

[Menubar-Animation-Constraints-Path Constraint]를 선택합
니다.

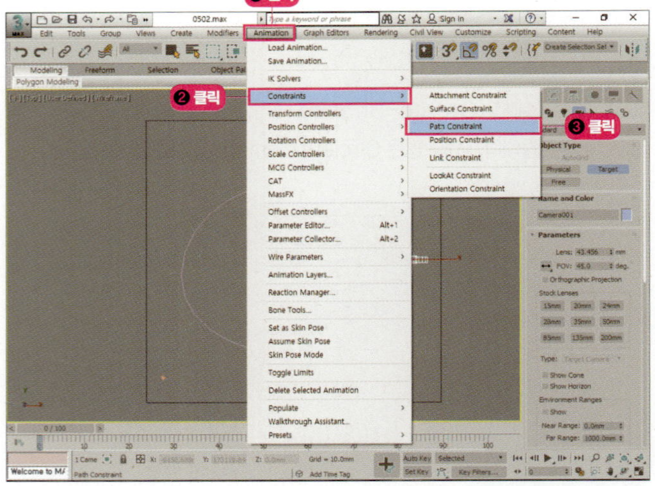

## 09

대상을 방금 그린 Circle을 선택하면 Camera의 시작점이 Line 위치로
이동하며 Viewport 하단의 Animation Bar에 Animation이 만들어집
니다.

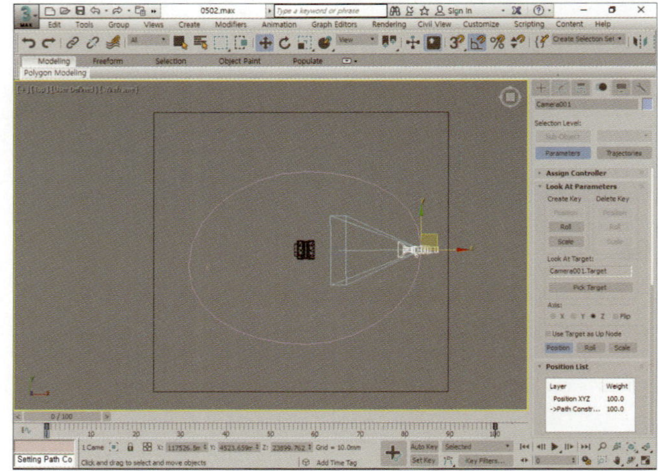

## 10

Perspective View에서 C를 눌러 Camera View로 전환합니다.

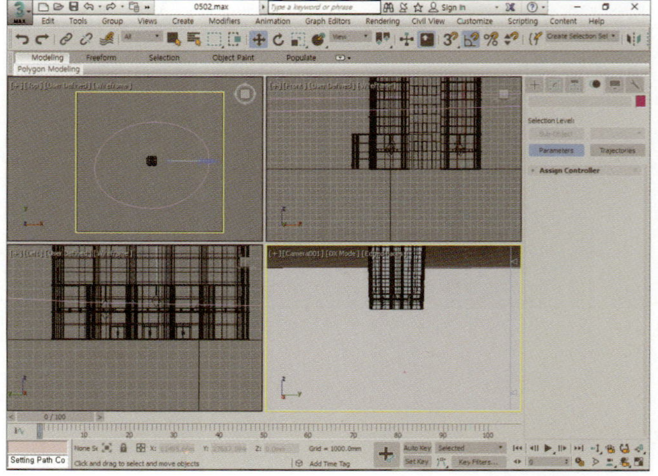

## 11

카메라의 Target Point를 건물로 맞춥니다. Play Animation(▶)을 클릭하면 Line을 따라 카메라가 이동하는 애니메이션이 만들어진 것을 확인할 수 있습니다. 애니메이션의 중심이 건물이 잘 나오도록 카메라의 Target Point를 맞추는 것이 중요합니다. 애니메이션 재생 시에는 Camera View를 선택해야만 역동적인 화면을 볼 수 있습니다.

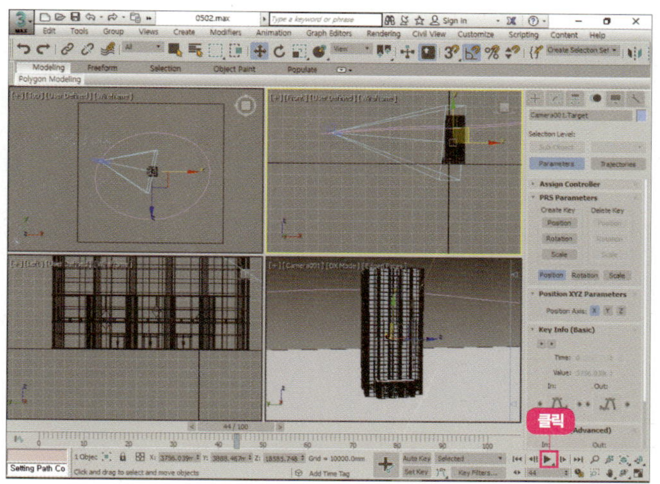

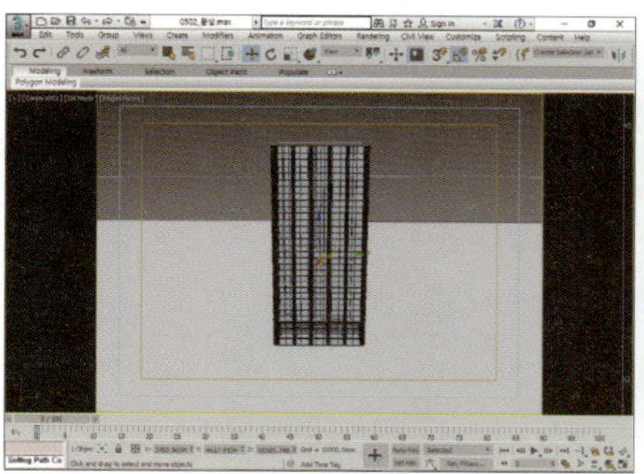

0 Frame

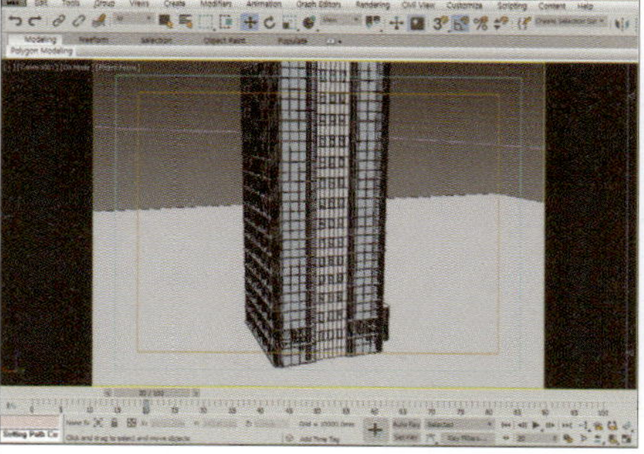

20 Frame

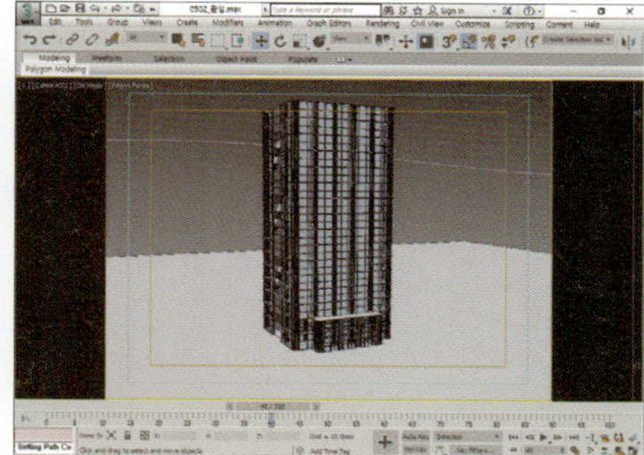

40 Frame

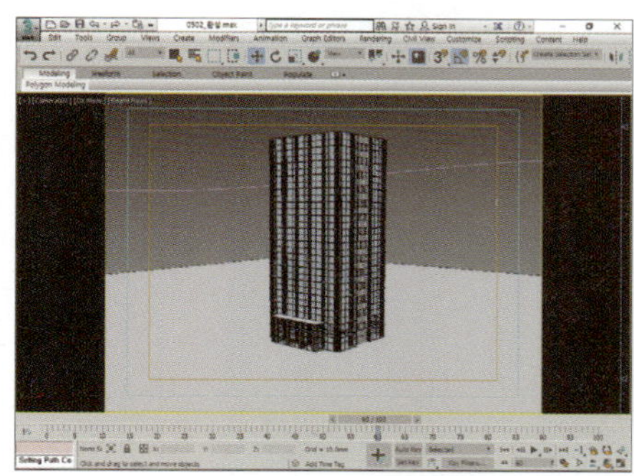

60 Frame

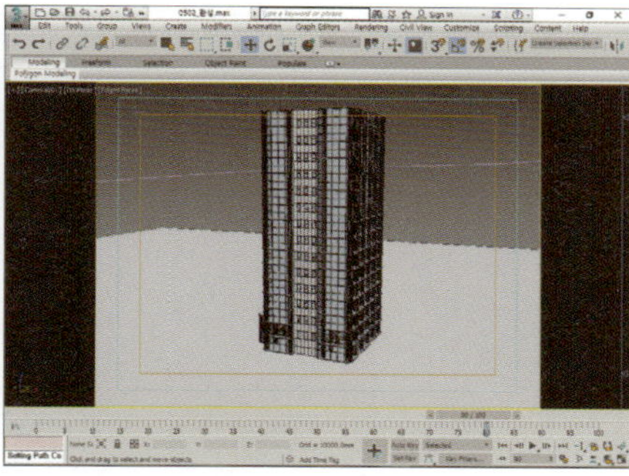

80 Frame

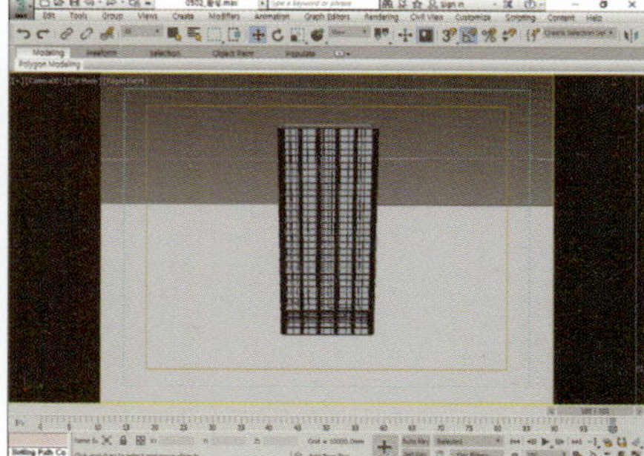

100 Frame

PART
3ds
MAX
2017

# Scene의 분위기를 완성하는 Lighting 실무 기법

Lighting은 모델링과 Mapping이 끝난 후 사실적인 분위기를 만들어주는 과정입니다. 조명은 현실적인 느낌을 표현하는데 아주 중요한 부분이라고 할 수 있으며 조명의 설치 방법이나 세기에 따라 다양한 분위기를 연출할 수 있습니다. 조명을 설치한 후 렌더링에 소요되는 시간 때문에 모델링이나 Mapping보다 더 많은 시간이 걸리기도 합니다. Scene 분위기에 따라 조명의 옵션을 어떻게 활용하는지에 대하여 알아보겠습니다.

# 사실적인 느낌을 만들어주는 Lights

조명의 설치 방법이나 세기에 따라 다양한 분위기를 연출할 수 있습니다. 이번에는 실내와 실외, 낮과 밤 등 다양한 환경에 맞춰 조명을 설치하고 표현하는 방법에 대하여 알아보겠습니다.

**학습목표**  이미지의 사실감을 더하기 위해 여러 가지 조명 기능들을 사용하여보고 적용시켜보면서 조명의 옵션과 종류에 대하여 알아본다.

### ① Standard Light와 Photometric Light

### ② 다양한 조명의 옵션 설정 방법

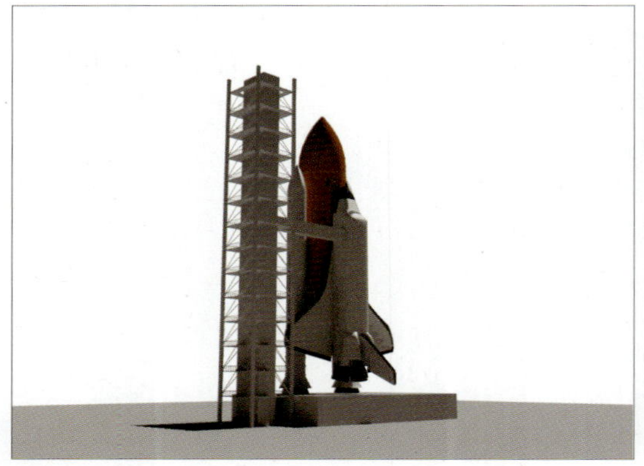

# 01

# 기본 조명인  Standard Light의 종류

Standard Light는 8개로 구성되어 있습니다. 다양한 플러그인으로 쉽게 조명을 설치할 수 있지만 기본적인 Light의 옵션은 파악하고 익혀야 응용도 쉽게 할 수 있을 것입니다.

## ▓ Standard Light의 종류

Standard Light는 3ds Max에서 사용하는 가장 기본적인 조명의 형태로, 일정한 영역의 조명을 만들거나 전구와 같이 사방으로 퍼지는 조명 효과 및 태양광의 느낌을 만들 수 있습니다.

설치할 조명을 선택한 후 그림처럼 Viewport에서 조명의 시작점을 클릭하고 드래그하면 방향을 지정할 수 있습니다. 방향을 지정한 후 마우스에서 손을 떼면 조명이 설치됩니다.

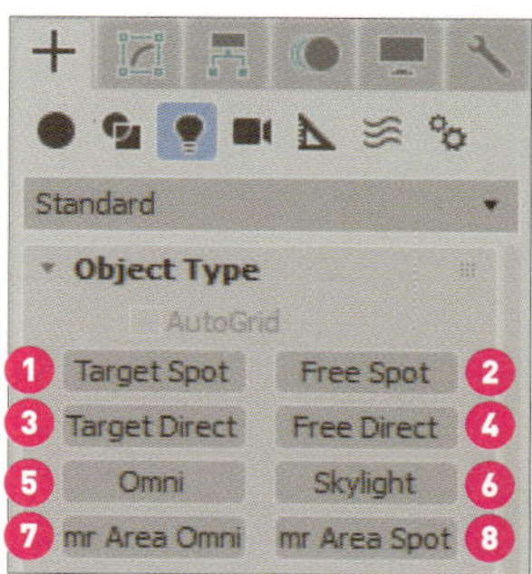

8개의 기본조명

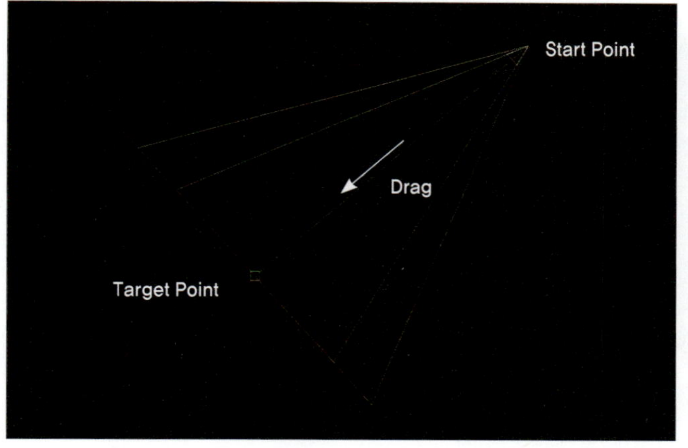


설치된 조명은 그림처럼 원하는 부분을 선택한 후 수정할 수 있습니다.

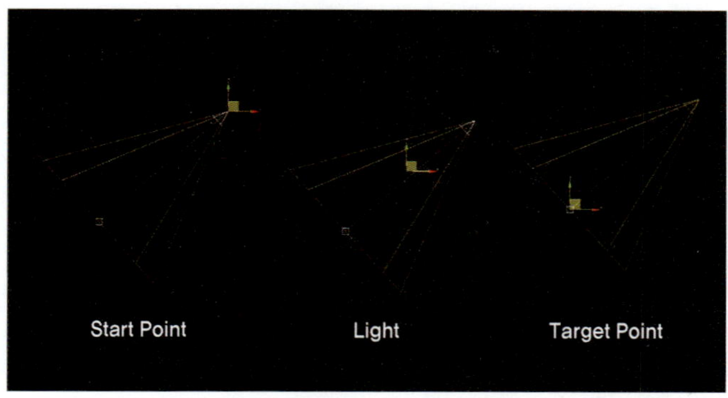


- **Start Point** : 원뿔 형태의 시작점을 선택하면 대상 지점은 고정된 상태로 조명의 시작 위치를 바꿀 수 있습니다.
- **Light** : 조명이 적용되는 중간의 선 부분을 선택하면 시작점과 대상 지점을 동시에 이동할 수 있습니다.
- **Target Point** : 조명의 대상점을 선택하면 조명의 방향을 바꿀 수 있습니다.

① **Target Spot** : 특정 부분을 직접 비추는 Light의 형태입니다. 무대 조명이나 가로등 등에 주로 많이 사용됩니다.

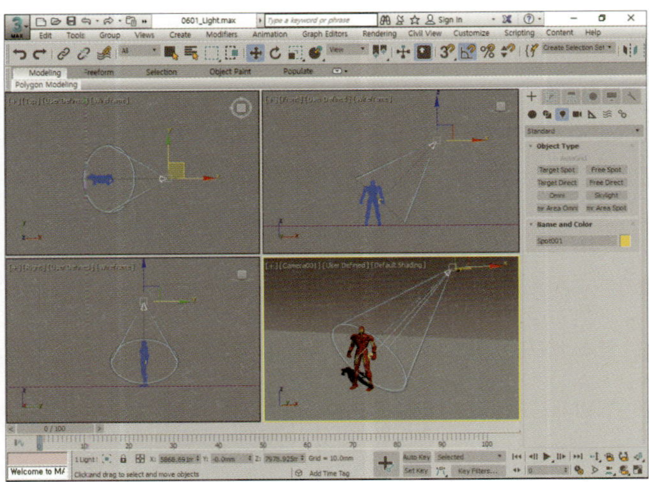

Target Spot으로 렌더링 한 이미지

② **Free Spot** : Target Spot과 같은 조명이지만 Target이 없는 조명 형태입니다. Target이 없으므로 조명의 방향을 설정할 때는 회전시켜 사용합니다.

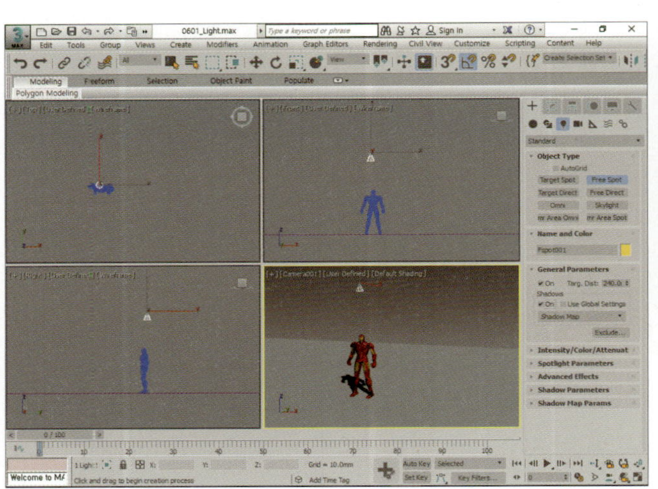

Free Spot으로 렌더링 한 이미지

③ **Target Direct** : Target Spot과 비슷하지만 일정한 크기로 투사되는 조명입니다. 주로 외부의 태양광을 표현할 때 사용됩니다.

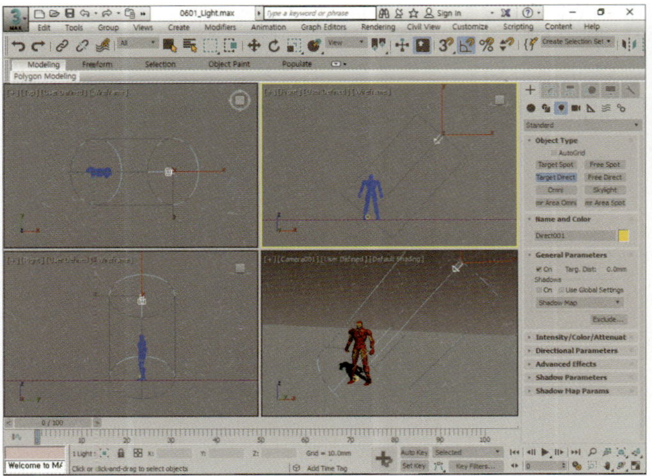

Target Direct로 렌더링 한 이미지

④ **Free Direct** : Target Direct와 같은 조명이지만 Target이 없으므로 조명의 방향을 설정할 때는 회전시켜 사용합니다.

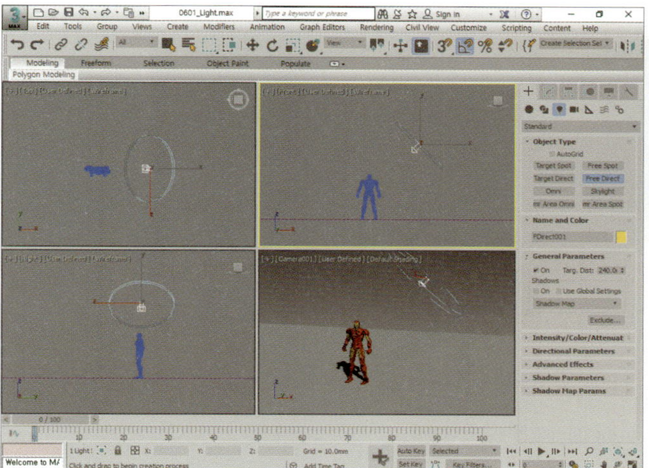

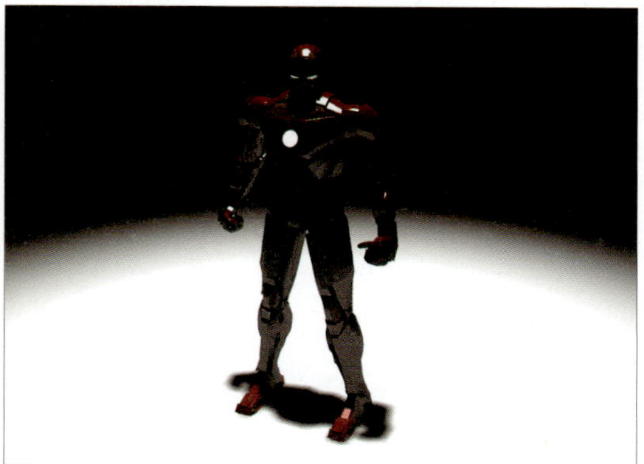

**Free Direct로 렌더링 한 이미지**

⑤ **Omni** : 광원의 중심으로부터 원형으로 퍼져 나가는 빛의 형태입니다. 전체적인 밝기나 스탠드 같은 조명에 사용합니다.

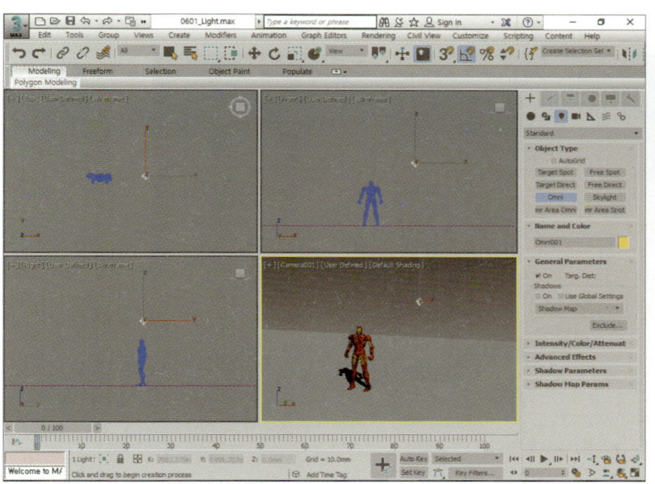

**Omni Light로 렌더링 한 이미지**

⑥ **Skylight** : 돔 형태의 조명으로 하늘에서 비추는 것과 같은 효과로 전체에 골고루 조명을 비출 수 있습니다.

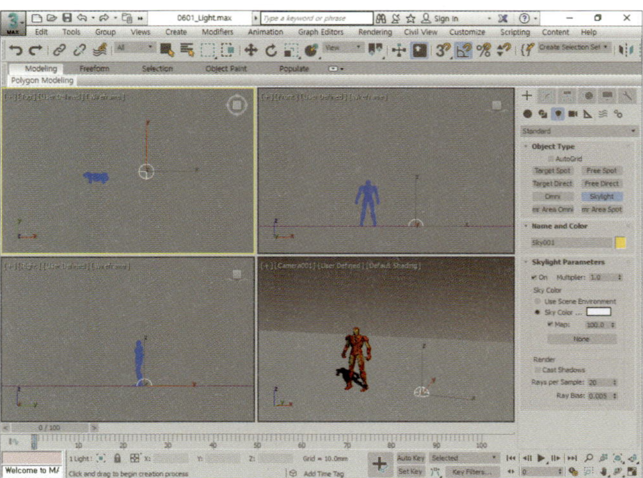

**Skylight로 렌더링 한 이미지**

⑦ **mr Area Omni** : Mental Ray Renderer를 사용할 때 효과적이며, 구나 실린더의 형태가 있습니다. 자주 사용되지는 않지만 옵션을 잘 활용하면 활용도가 높습니다.

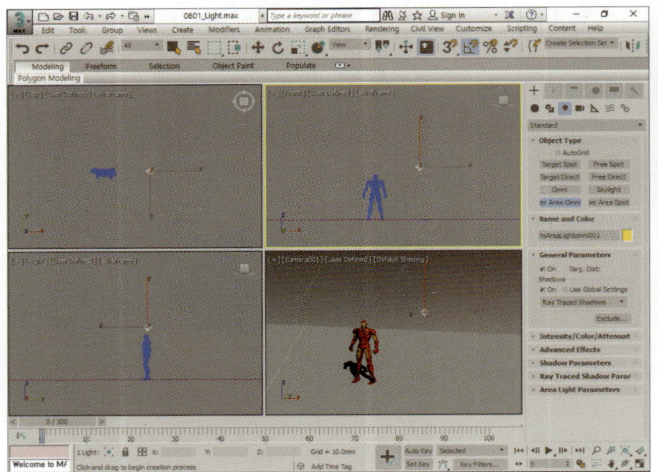

mr Area Omni로 렌더링 한 이미지

⑧ **mr Area Spot** : Mental Ray Renderer를 사용할 때 효과적이며, Spot Light가 원형이나 사각형의 형태로 되어 있습니다.

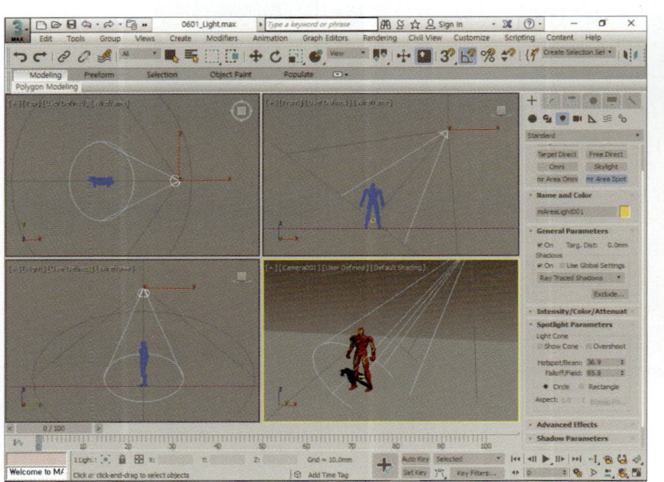

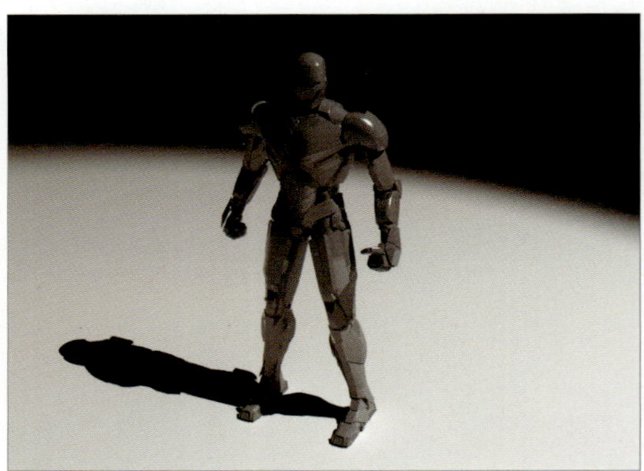

mr Area Spot으로 렌더링 한 이미지

# Target Direct로 태양광 표현하기

이번에는 앞에 설명한 조명 중 하나인 Target Direct를 사용하여 태양광을 표현해보겠습니다.

 **예제 파일**
C:/315-5466/Part06/0601_01.max

## 01

'C:/315-5466/Part06/0601_01.max' 파일을 불러오면 우주왕복선이 나타납니다. Target Direct를 설치하여 햇빛이 비치는 느낌을 만들어보겠습니다.

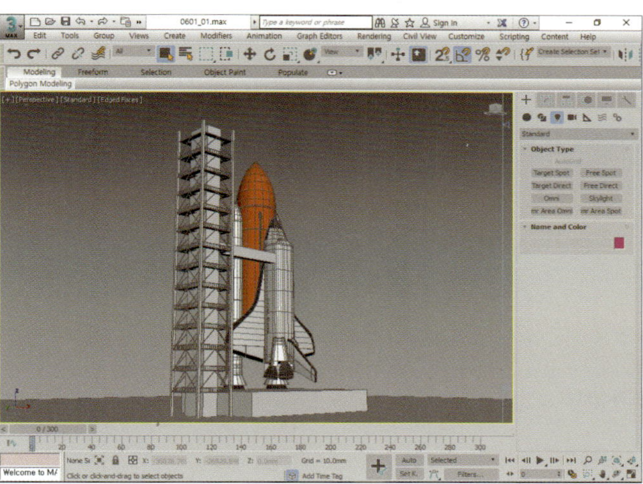

## 02

Front View에서 [Create-Lights-Standard-Target Direct]를 선택한 후 그림처럼 대각선 방향으로 드래그하여 조명을 설치합니다.

 **tip** 조명의 각도나 위치에 따라 만들어지는 그림자의 모양이 다르게 나타날 수 있습니다.

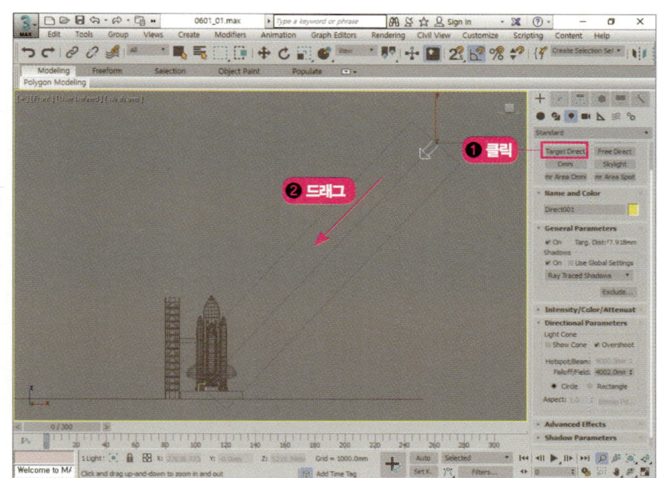

## 03

조명을 선택한 상태에서 Modify를 클릭하면 조명의 옵션을 변경할 수 있습니다.

아래와 같이 옵션을 설정하면 조명에 의해 그림자가 생성되고 씬 전체에 조명이 적용됩니다.

[General Parameters]
Shadows : 체크
Type : Ray Traced Shadows
[Directional Parameters]
Overshoot : 체크

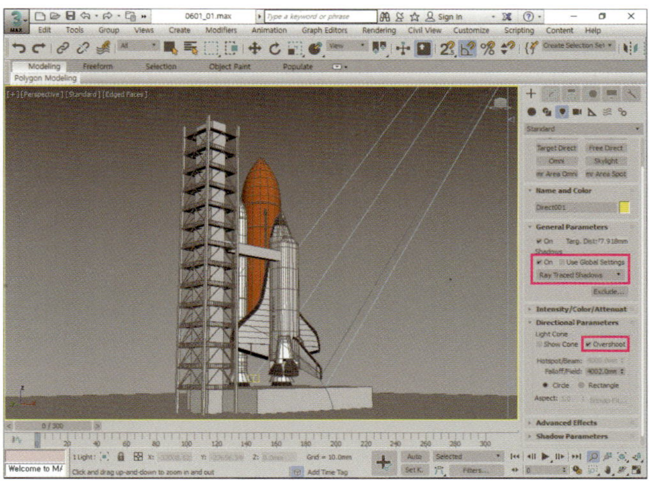

## 04

조명설치 전/후 이미지를 비교해 보면 조명을 설치하기 전보다 설치한 후가
더 사실적인 느낌이 나는 것을 알 수 있습니다. Target Direct 조명을 사용
하여 그림처럼 한낮에 비추는 태양광의 느낌을 만들 수 있습니다.

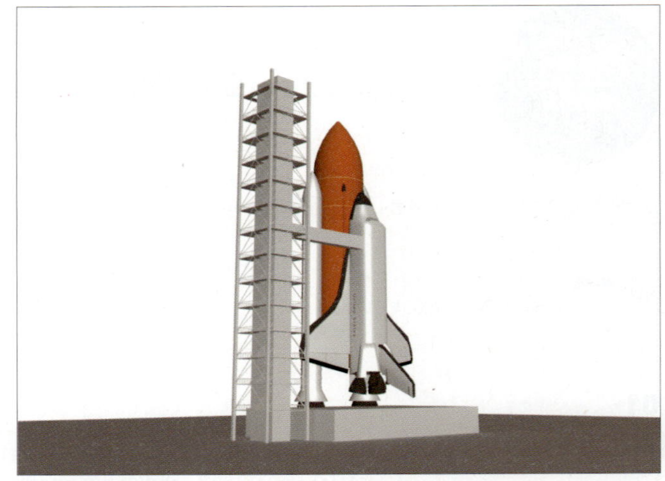

**조명 설치 전**

**조명 설치 후**

## 02

# Light의 공통 옵션

조명을 설치한 후 원하는 느낌을 만들기 위해서는 조명의 세부적인 옵션을 수정해야 합니다. 이번에는 조명의 설정 값에 대하여 알아보겠습니다.

## ■ General Parameters

General Parameters는 조명을 설정하거나 해제하며 조명의 종류를 선택할 수 있습니다.
또한 조명이 적용될 Object를 제외시킬 수 있습니다.

① **On** : Light를 켜거나 끄고 Light의 종류를 설정할 수 있습니다.

② **Targeted** : 조명으로부터 Target까지의 거리를 나타냅니다.

③ **Shadows** : 그림자를 설정하거나 없애며 다양한 그림자 옵션을 선택합니다.

- **Area Shadows** : 가까이 있는 그림자는 선명하고, 멀리 있는 그림자는 흐려집니다.
- **Adv. Ray Traced** : 경계가 뚜렷한 그림자를 만듭니다.
- **Shadows Map** : 그림자 경계가 부드러운 기본 Map입니다.
- **Ray Traced Shadows** : 물체의 경계와 Mapping의 불투명에 따라 그림자가 구현됩니다.
- **Use Global Settings** : 옵션이 켜진 Light와 같은 값으로 설정합니다.

④ **Exclude** : 선택한 Object를 조명에서 제외 또는 포함시켜줍니다.

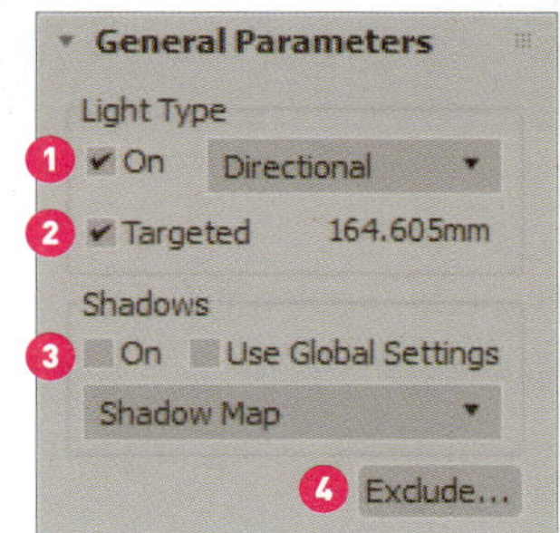

## ■ [Intensity/Color/Attenuation]

조명의 밝기나 색상을 지정할 수 있으며, 조명의 감쇄 값을 설정할 수 있습니다.

① **Multiplier** : 조명의 밝기를 설정합니다.

② **Color Box** : 조명의 색상을 설정합니다.

③ **Decay** : 조명의 거리에 따라 감소하는 빛을 적용해줍니다.

- **None** : 빛의 감쇄가 적용되지 않습니다.
- **Inverse** : 거리에 비례하여 빛의 감쇄가 적용됩니다.
- **Inverse Square** : 거리의 제곱에 비례하여 빛의 감쇄가 적용됩니다. 가장 어둡게 표현됩니다.

④ **Near Attenuation** : 빛이 시작되는 곳을 나타냅니다. Start와 End 사이에 빛이 존재하지만 End부터 빛이 밝게 나타납니다.

⑤ **Far Attenuation** : 빛이 없어지는 곳을 나타냅니다. Start부터 소멸이 시작되고 End에 오면 완전 소멸합니다.

## ■ Spotlight Parameters

Spotlight는 Target Spot이나 Free Spot을 선택할 때 활성화되며, Spotlight의 세부적인 설정을 할 수 있습니다.

① **Show Cone** : Viewport에 Light를 보여줍니다.

② **Overshoot** : 체크하면 Omni Light 같은 효과를 줍니다.

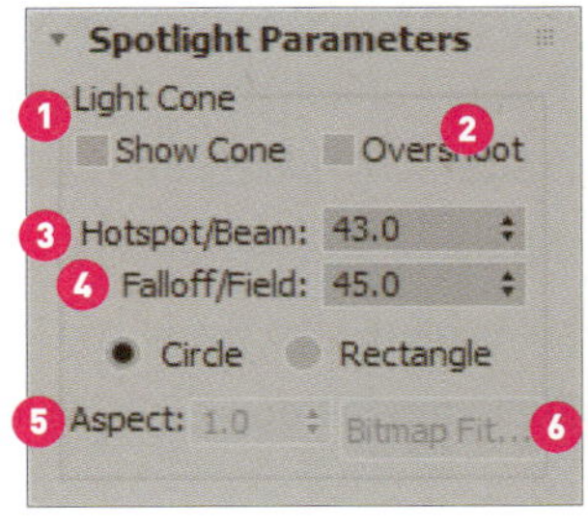

③ **Hotspot/Beam, Falloff/Field** : 밝고 어두운 영역의 크기를 설정합니다.

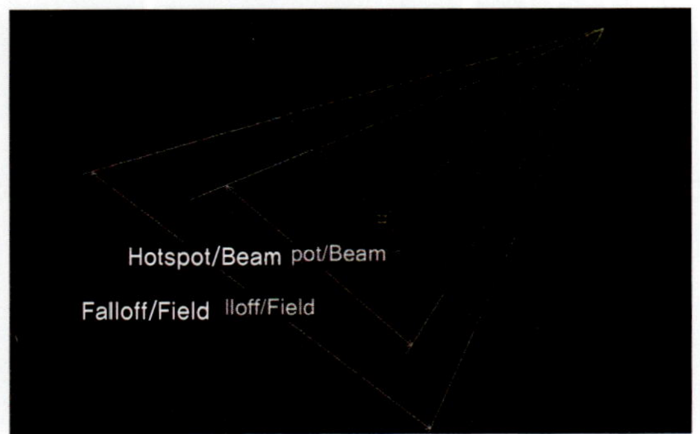


Hotspot/Beam, Falloff/Field의 원리





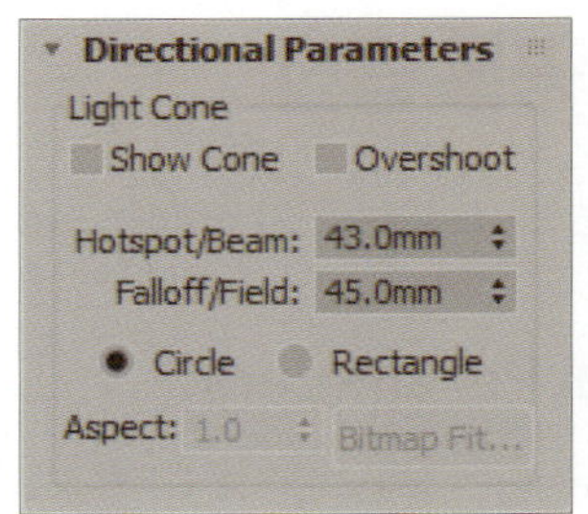

④ **Circle, Rectangle** : 조명의 형태를 원형과 사각형으로 설정합니다.

⑤ **Aspect** : Rectangle로 설정했을 때 활성화되며 비율에 따라 사각형의 모양을 설정합니다.

⑥ **Bitmap Fit** : 사각형 모양을 이미지의 크기에 맞춥니다.

## ■ Advanced Effects

조명에 추가적인 고급 효과를 적용
할 수 있는 옵션을 설정할 수 있습
니다.

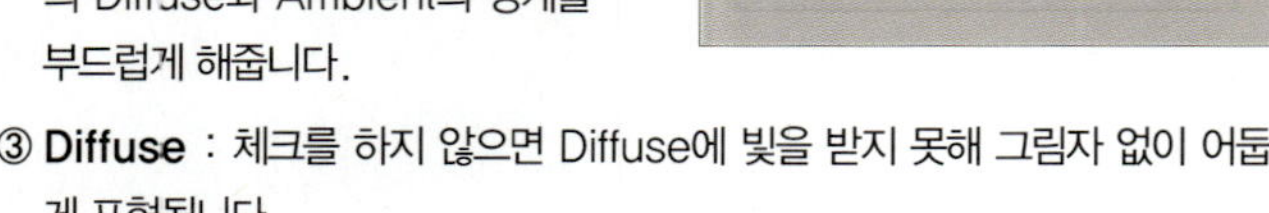

① **Contrast** : Object의 음영 효과
를 조절합니다.

② **Soften Diff. Edge** : Object
의 Diffuse와 Ambient의 경계를
부드럽게 해줍니다.

③ **Diffuse** : 체크를 하지 않으면 Diffuse에 빛을 받지 못해 그림자 없이 어둡
게 표현됩니다.

④ **Specular** : Object의 Highlight Display 여부를 결정합니다.

⑤ **Ambient Only** : 음영이 정확하지 않고 2차원적인 느낌이 나는 이미지를
만듭니다.

⑥ **Projector Map** : Bitmap 이미지가 Light에 투영되어 그림자처럼 나타납
니다.

## ■ Shadow Parameters

그림자의 색상과 그림자의 특성을
설정할 수 있습니다.

① **Color** : 그림자의 색상을 선택합
니다.

② **Dens** : 그림자의 농도를 조절합
니다.

③ **Map** : 그림자를 색상이 아닌 이
미지로 지정합니다.

④ **Light Affects Shadow Color** : Light와 그림자 색상을 혼합하여 표현
합니다.

⑤ **Opacity** : 그림자의 투명 정도를 설정합니다.

⑥ **Color Amount** : Atmosphere의 색상과 Light의 그림자 색의 혼합 정도
를 설정합니다.

## ■ Shadow Map Parameters

그림자 맵에 대한 옵션을 설정할 수 있습니다.

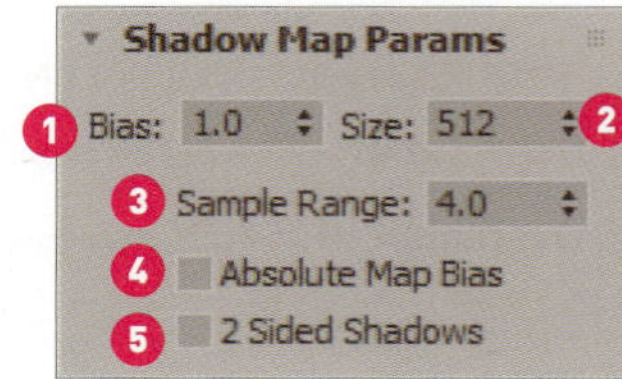

① **Bias** : 값이 커질수록 Object에서 그림자가 멀어집니다.

② **Size** : 그림자의 선명도를 설정합니다.

③ **Sample Range** : 값이 커질수록 그림자의 경계가 부드럽게 표현됩니다.

④ **Absolute Map Bias** : 3ds Max의 절대 값을 바탕으로 그림자를 Object로부터 이동합니다.

⑤ **2 Sided Shadows** : 한 면만 있는 Object에 그림자를 설정합니다.

# 조명 옵션 기능 익히기

이번에는 조명을 설치한 후 조명의 옵션 값을 수정하는 방법에 대하여 알아보겠습니다.

 **예제 파일**
C:/315-5466/Part06/0601_01완성.max

## 01

이번 예제는 방금 연습했던 Target Direct 조명을 이용하여 기능을 익혀보겠습니다. 'C:/315-5466/Part06/0601_01완성.max' 파일을 불러오면 Target Direct가 설치되어 있는 것을 알 수 있습니다. Viewport의 Target Direct를 선택한 후 Modify에서 [General Parameters]의 Shadows 의 On을 체크 해제합니다.

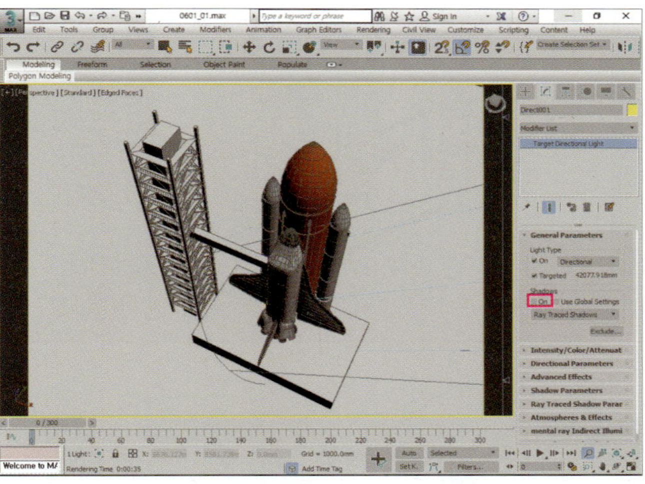

## 02

렌더링을 해보면 그림처럼 환하게 렌더링 되지만 그림자는 만들어지지 않은 것을 알 수 있습니다. General Parameters의 Shadows는 그림자를 만들거나 그림자 적용 여부를 설정할 수 있습니다.

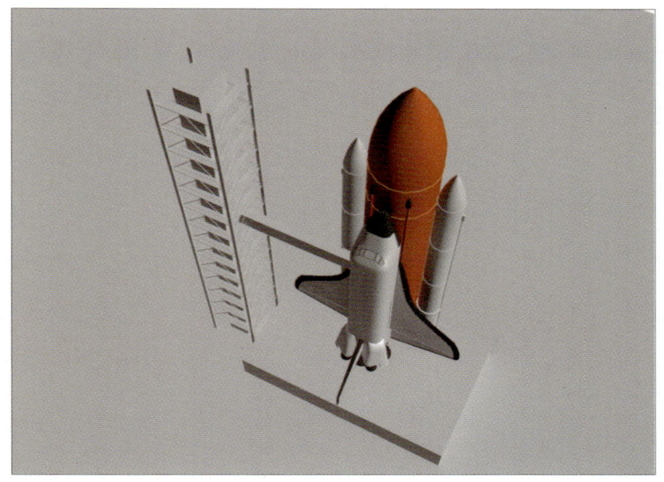

## 03

[General Parameters의 Shadows]에 있는 On에 체크하여 다시 그림자를 만듭니다. [Intensity-Color-Attenuation]의 Multiplier 값을 '2'로 수정하고 렌더링을 합니다.

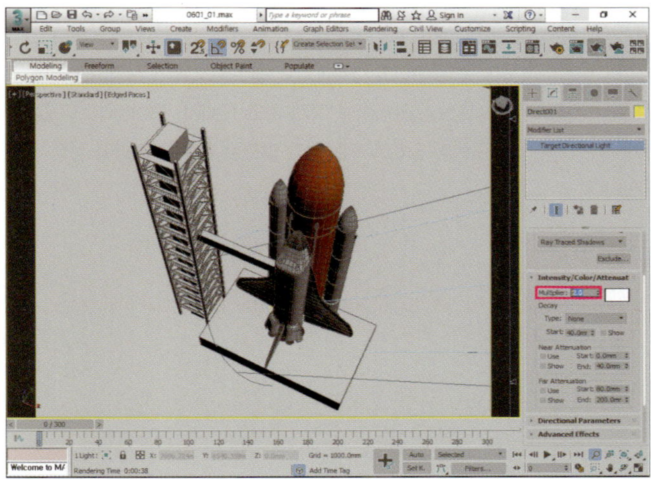

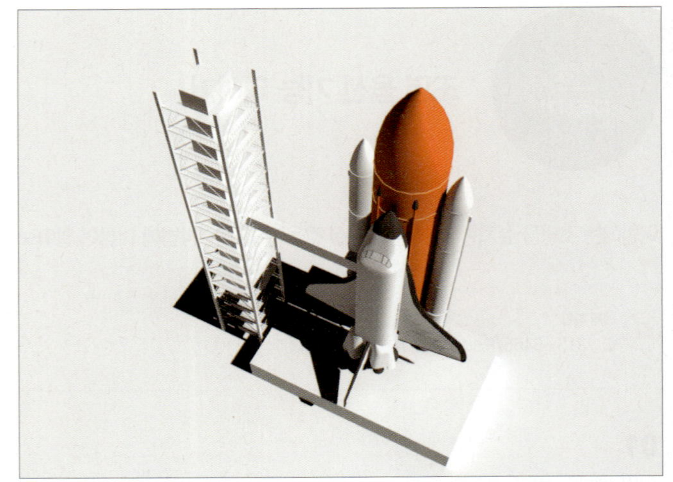

## 04

렌더링을 하면 오른쪽 그림처럼 조명이 더 밝아진 것을 볼 수 있습니다. Multiplier는 조명의 밝기로 자연스러운 느낌이 만들어질 수 있도록 값을 적절히 입력하는 것이 중요합니다.

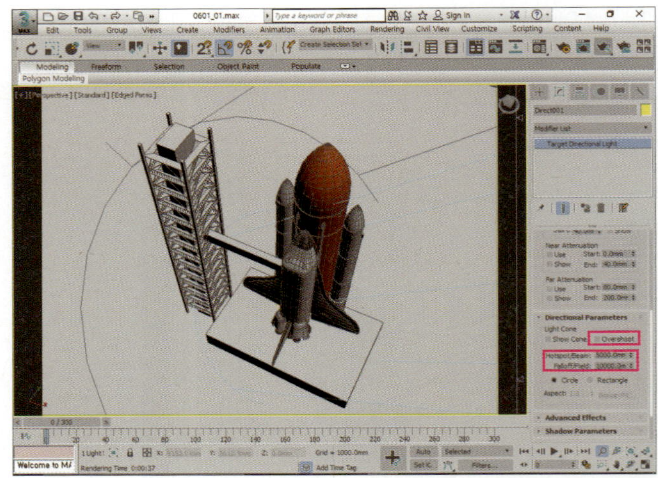

## 05

[Intensity-Color-Attenuation]의 Multiplier 값을 다시 '1'로 수정합니다. Overshoot을 체크 해제하고 [Directional Parameters]의 Hotspot/Beam의 값은 '5000'으로 수정하고 Falloff/Field의 값을 '10000'으로 수정합니다. Viewport에 있는 조명의 영역이 작아진 것을 볼 수 있습니다.

## 06

렌더링을 하면 조명은 적용되어 있지만 조명이 적용되는 부분이 작아진 것을 확인할 수 있습니다. Directional Parameters의 Hotspot/Beam은 조명이 일정하게 비추는 부분이고, Falloff/Field는 조명이 사라지는 부분입니다. 지금처럼 Hotspot/Beam을 작게 하고 Falloff/Field의 크기를 크게 하면 가운데만 조명이 강하게 적용되고 밖으로 갈수록 조명이 점점 사라집니다.

Target Spot을 설치하면 Spotlight Parameters가 나타납니다. 적용되는 효과는 동일합니다.

# 03

# 실사 조명 효과를 주는 Photometric Light

Photometric Light는 환경을 통한 조명의 전파를 실제 조명 값을 기반으로 광원 및 재질을 정확하게 표현합니다. 따라서 사실적인 이미지를 만들 수 있을 뿐만 아니라 장면 내 광원의 분산을 정확하게 측정할 수 있습니다. 또한 실제 Light의 광도를 파일로 만든 IES(Illuminating Engineering Society) 파일을 사용할 수 있기 때문에 실제와 같은 조명 효과를 줄 수도 있습니다.

## ■ Photometric Light의 종류

Photometric Light에서 다양한 분산 및 색상 특징이 있는 조명을 만들거나 조명 생산 업체에서 제공하는 특정 조명 파일을 가져올 수 있습니다.

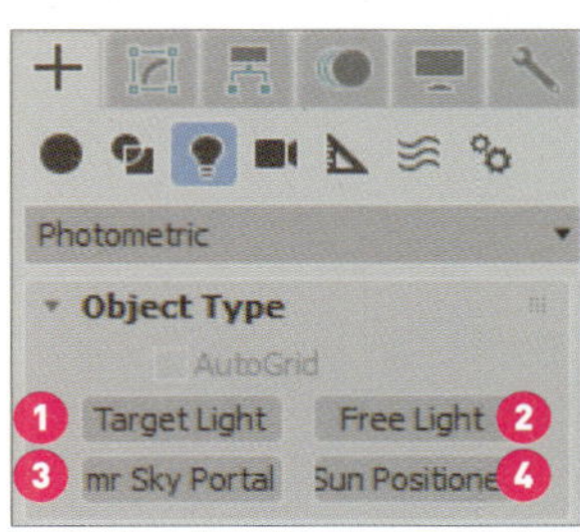

① **Target Light** : 다양한 형태의 Light 형태를 이용하여 조명을 설치할 수 있습니다.

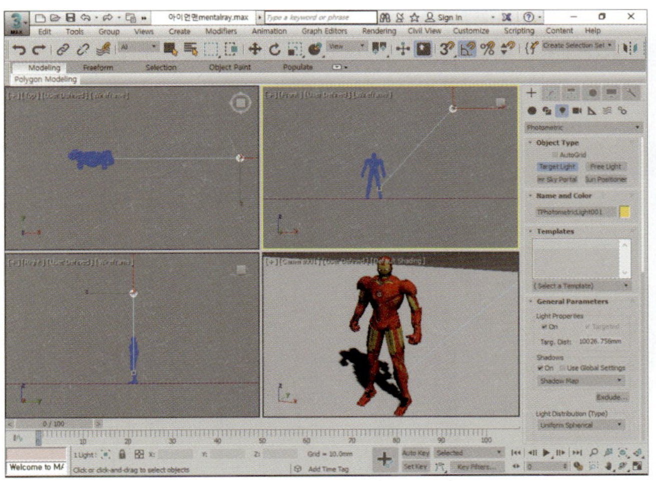

**Target Light로 렌더링 한 이미지**

② **Free Light** : Target Light와 비슷하지만 Target이 없으므로 조명의 방향을 설정할 때는 이동 또는 회전시켜 사용합니다.

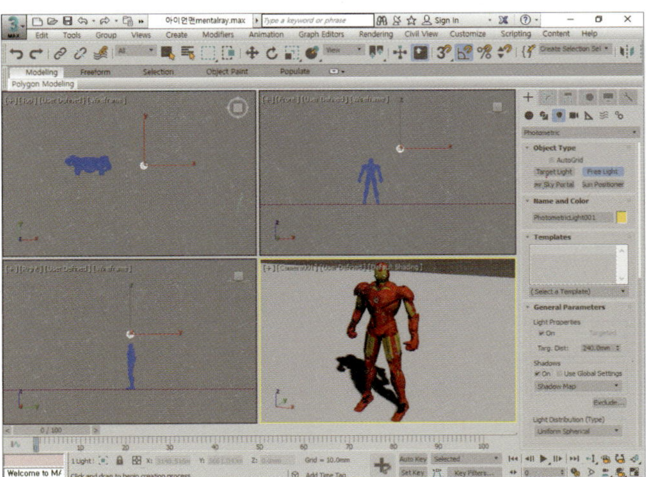

**Free Light로 렌더링 한 이미지**

③ **mr Sky Portal** : 독립적으로 사용할 수 없으며 SkyLight나 IES Sky, mr Skylight를 설치한 후에 사용할 수 있습니다. 렌더링 시간이 길어지지만 자연
　스러운 조명의 느낌을 얻을 수 있습니다.

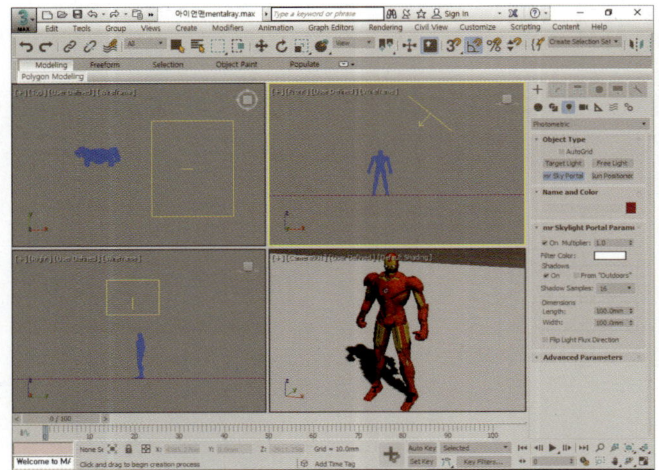

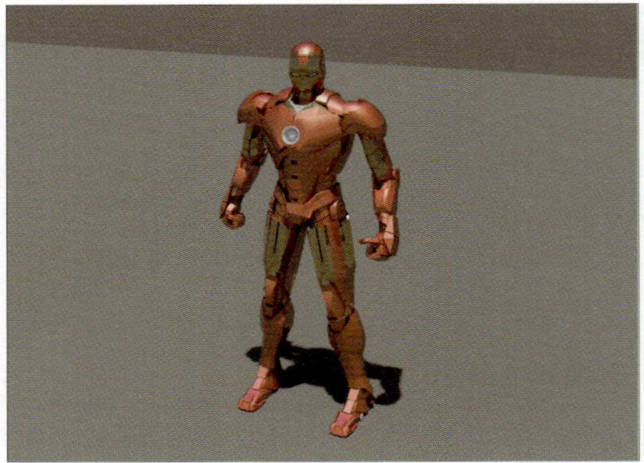

mr Sky Portal로 렌더링 한 이미지

④ **Sun Positioner** : Sun Positioner and Physical Sky는 기존의 태양광 및 일광 시스템에 비해 효율적이고 직관적인 작업방식을 제공합니다.
지구의 특정 위치 위에서 지리적으로 올바른 태양의 각도 및 이동을 따르는 라이트를 사용합니다. 위치, 날짜, 시간 및 나침반 방향을 사용자가 직접 선택할 수
있으며 해당 정보를 바탕으로 애니메이션을 할 수 있습니다.

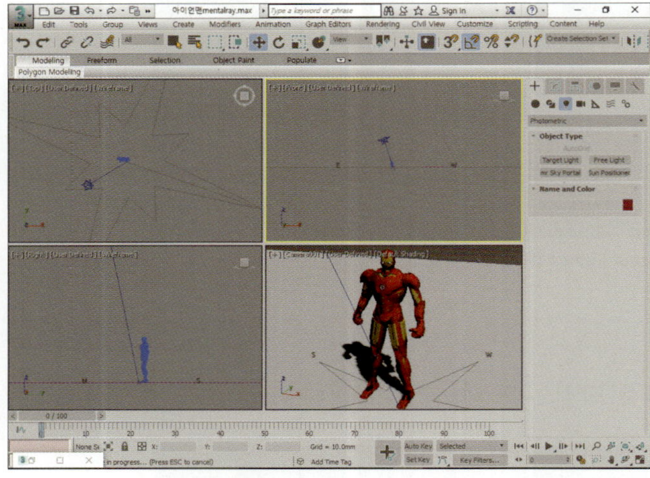

Sun Positioner로 렌더링 한 이미지

# ▨ Photometric Light의 옵션

## ● Templates

미리 설정된 조명의 유형 중에서 선택하여 조명을 만들 수 있습니다.

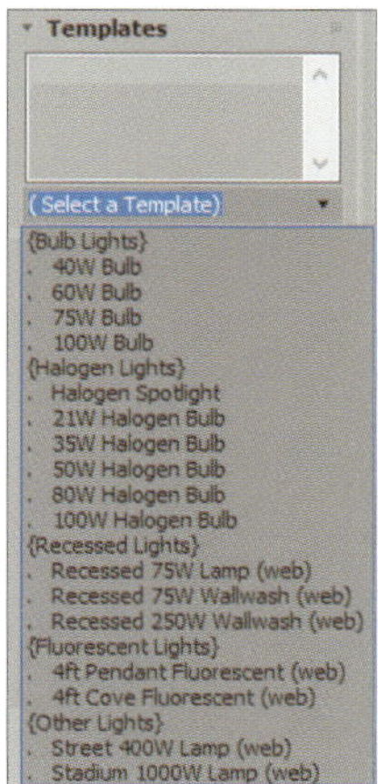

## ● General Parameters

기본 옵션은 Standard Light와 같으며 Light Distribution(Type)이 추가되어 있습니다.
아래와 같은 네 가지 타입의 조명 형태로 구성되어 있습니다.

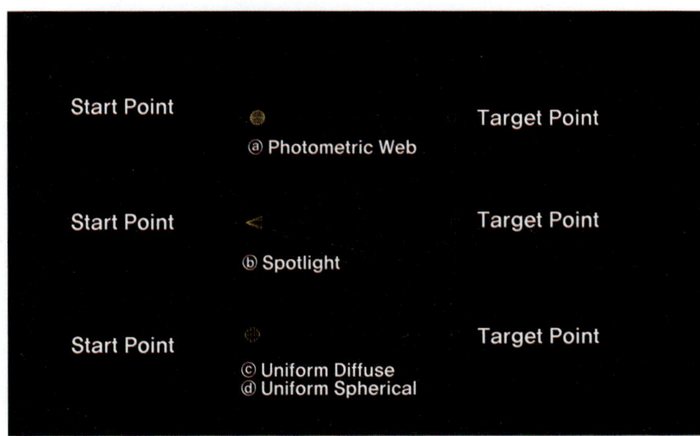


ⓐ **Photometric Web** : 다양한 생산 업체에서 만드는 Photometric 데이터를 불러올 수 있습니다. 적용하면 Viewport에서 Light의 형태가 선택한 Photometric Web의 형태로 변경됩니다.

ⓑ **Spotlight** : 한곳에 집중되는 형태의 조명입니다.

ⓒ **Uniform Diffuse** : 반구 형태로 방사되는 형태의 조명입니다.

ⓓ **Uniform Spherical** : 모든 방향으로 균일하게 방사되는 형태의 조명입니다.

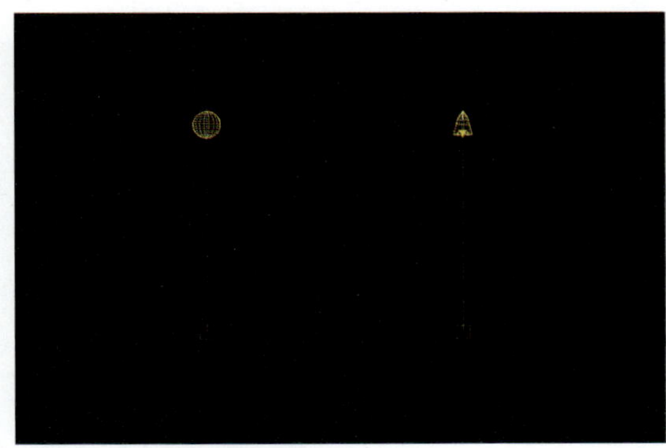

**Photometric Web 적용 전과 적용 후의 이미지**

## ● Distribution(Photometric Web)

① **Choose Photometric File** : Photometric Web에 사용할 파일을 선택
합니다(IES, LTLI, CIBSE 형식).

② **X Rotation/Y Rotation/Z Rotation** : Photometric Web을 선택한
X, Y, Z축을 중심으로 회전합니다.

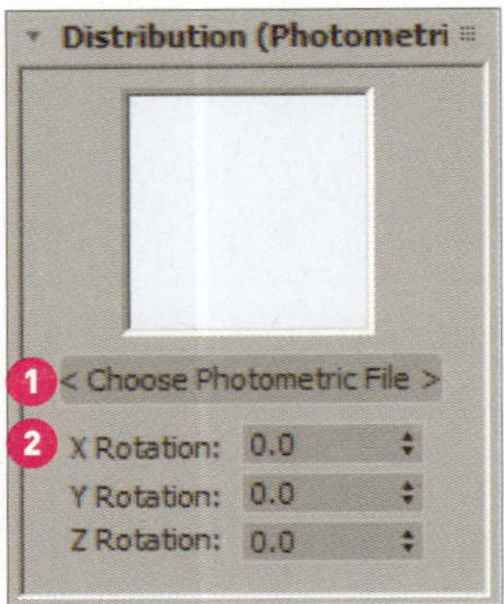

## ● Distribution(Spotlight)

① **Cone visible in viewport when unselected** : 체크하면 조명을 선
택하지 않았을 때에도 원뿔 표시를 보여줍니다.

② **Hotspot/Beam** : 조명의 가장 밝은 부분의 크기를 설정합니다.

③ **Falloff/Field** : 조명이 사라지는 부분의 크기를 설정합니다.

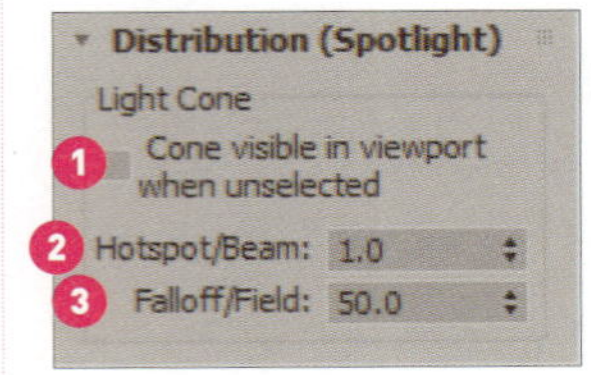

## ● Intensity/Color/Attenuation

① **Color** : Light의 색상을 지정합니다.

② **Intensity** : 조명의 밝기를 설정합니다. 밝기를 설정하는 요소로 lm, cd, lx at 중에서 선택할 수 있습니다.

· **lm(Lumen)** : 광속

· **cd(Candela)** : 광도

· **lx at(Lux)** : 조도

③ **Dimming** : 조명의 광출력 범위를 조절합니다.

④ **Far Attenuation** : 조명의 감쇄 범위를 설정합니다.

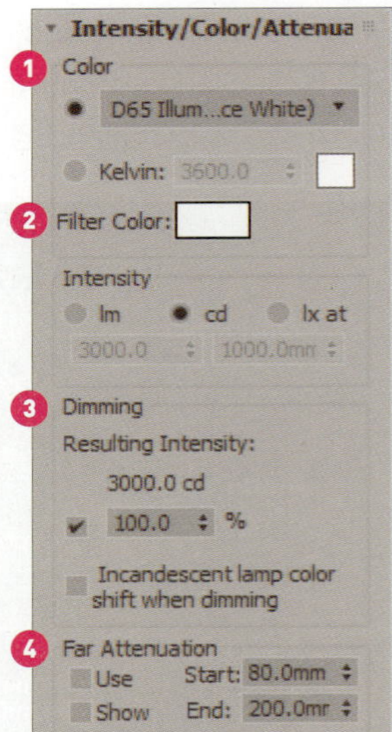

## ● Shape/Area Shadows

그림자의 모양을 선택합니다.

Point, Line, Rectangle, Disc, Sphere, Cylinder의 형태 중에서 선택할 수 있습니다.

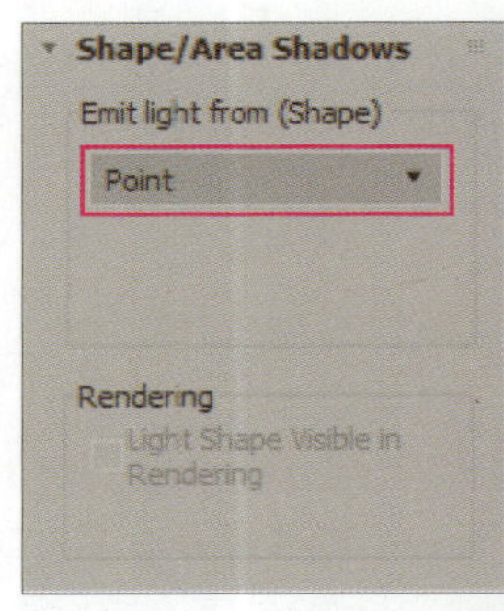

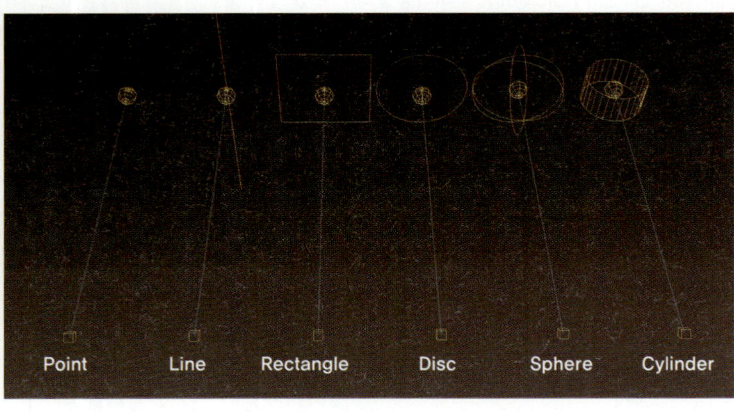

# IES 파일로 실사 조명 적용하기

이번에는 ISE 파일을 이용하여 실내 조명을 연출하는 방법을 알아보겠습니다. IES 조명으로 사실적인 실내 조명을 만들 수 있습니다.

**예제 파일**
C:/315-5466/Part06/0601_03.max, IES01.ies

## 01

'C:/315-5466/Part06/0601_03.max' 파일을 불러옵니다. 현재 보이는 거실에 포인트가 될 IES 조명을 설치해보겠습니다. IES 조명을 설치할 위치는 빨간색 라인으로 된 매입등 부분입니다.

## 02

Top View로 전환한 후 [Create-Lights-Photometric-Free Light]를 선택하고 그림처럼 조명 위치에 클릭하면 Free Light가 설치됩니다.

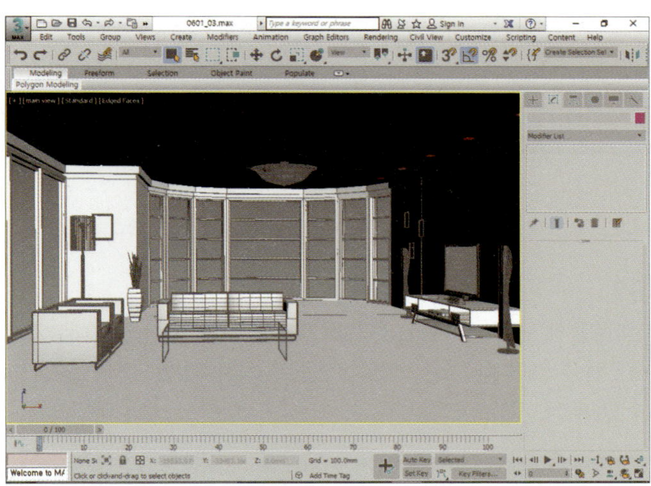

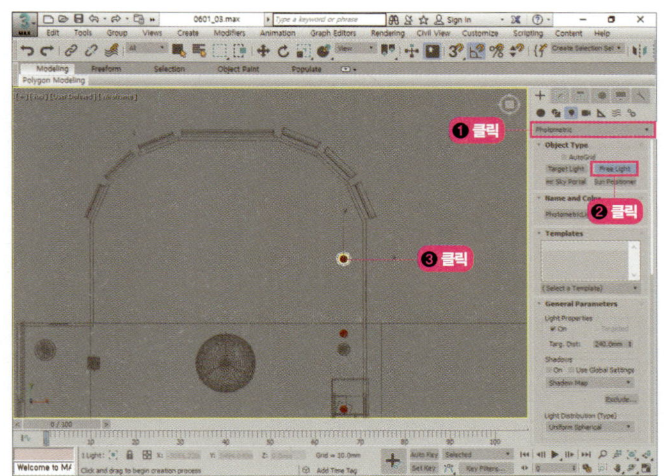


## 03

조명을 설치한 후 [General Parameters]의 옵션을 아래와 같이 설합니다.

> Shadows : 체크
> Shadows Type : Ray Traced Shadows
> Light Distribution(Type) : Photometric Web

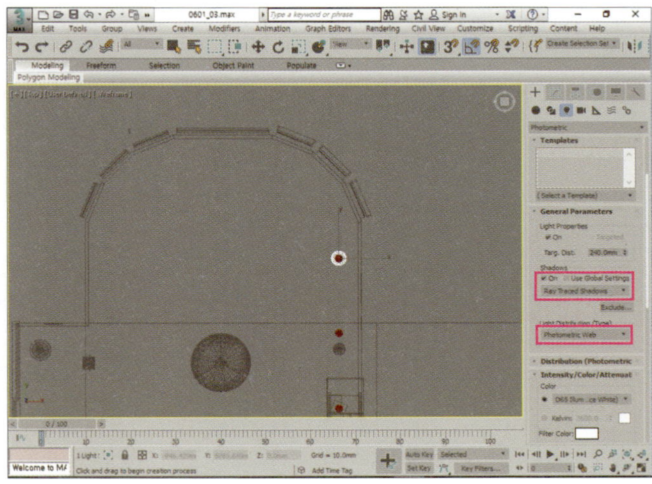

## 04

Photometric Web으로 변경하면 Distribution(Photometric Web) 메뉴가 새로 생깁니다. [Choose Photometric File] 버튼을 클릭하면 IES 파일을 선택할 수 있는 대화상자가 나타납니다.
'C:/315-5466/Part06/IES01.ies' 파일을 선택한 후 Open을 클릭합니다.

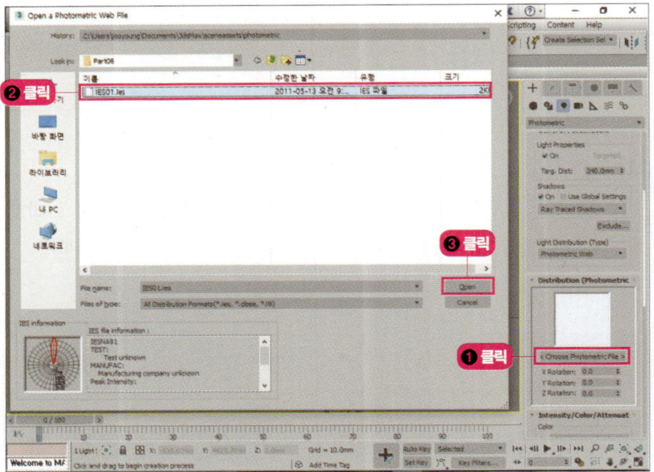

## 05

IES 파일이 적용된 조명을 그림처럼 매입등 아래로 이동한 후 매입등의 위치에 맞춰 5개를 복사합니다. 매입등 사이의 간격은 1300mm입니다.

**tip** 조명을 복사할 때 옵션을 Instance에 체크하면 조명 옵션을 한 번에 수정할 수 있습니다.

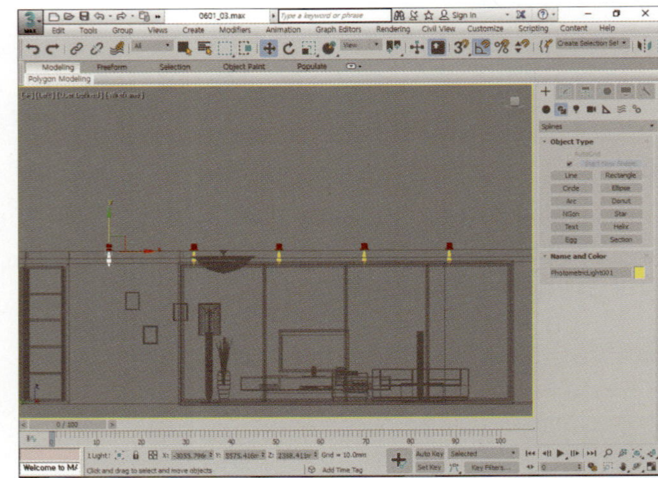

## 06

조명의 밝기를 수정하기 위하여 Intensity 값을 '5000'으로 수정합니다.

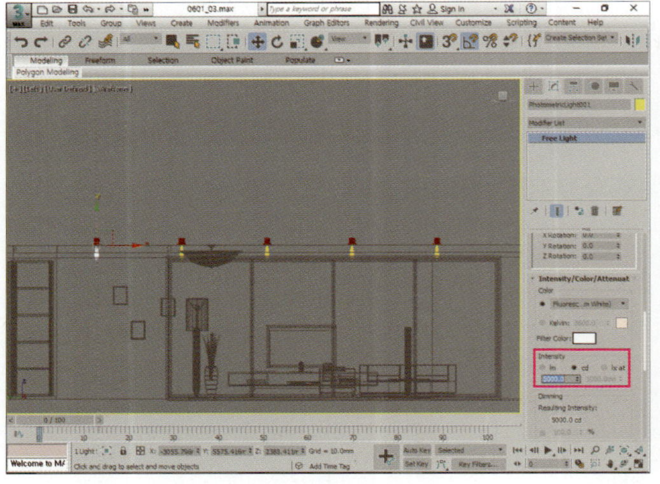

## 07

렌더링을 해 보면 그림처럼 IES 파일을 이용하여 사실적인 느낌의 내부 조명을 만들 수 있습니다. 또한 조명의 옵션을 수정하여 다양한 느낌의 연출을 할 수 있습니다.

# 04

# 현실적인 빛을 표현하는 VRayLight

VRayLight는 VRay를 설치해야만 사용할 수 있는 조명입니다. VRay는 빠른 렌더링과 사실적인 이미지를 쉽게 만들 수 있기 때문에 실무에서 많이 사용되고 있는 외부 Renderer입니다. 이번에는 VRayLight의 종류와 기능들에 대하여 알아보겠습니다.

## ■ VrayLight의 종류

VrayLight는 간단한 설정만으로 간접 광을 계산하여 현실적인 느낌에 가깝게 표현하기 때문에 많이 사용되고 있습니다. 다양한 분위기의 조명과 시간에 따른 태양광을 표현할 수 있습니다.

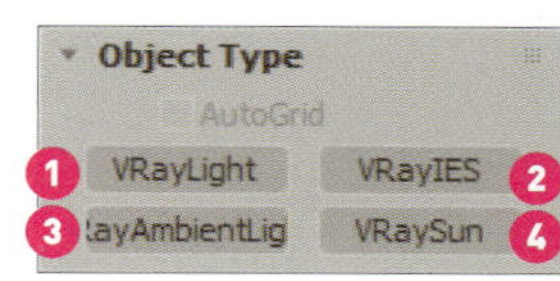

VRayLight의 종류

① **VRayLight** : VRay Renderer에서 가장 기본적으로 사용되는 조명이며, 자연스러운 빛의 감쇄를 표현합니다. Plane/Dome/Sphere/Mesh 의 네 가지 형태 중에서 하나를 선택할 수 있습니다.

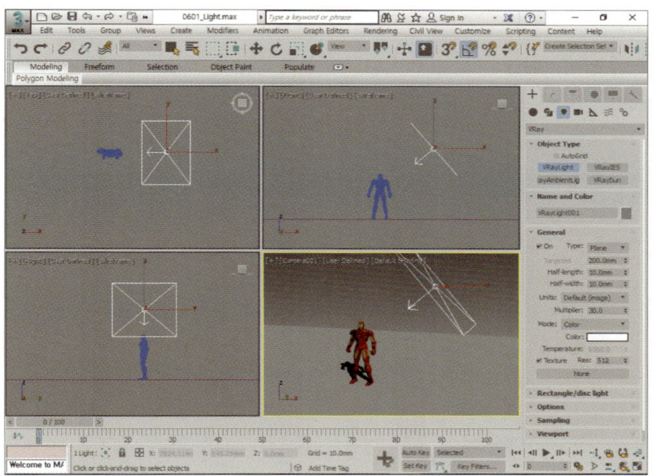

VRayLight로 렌더링 한 이미지

② **VRayIES** : Photometric Light에서 사용하는 IES 조명과 비슷한 기능으로, 물리적으로 정확한 조명을 만듭니다.

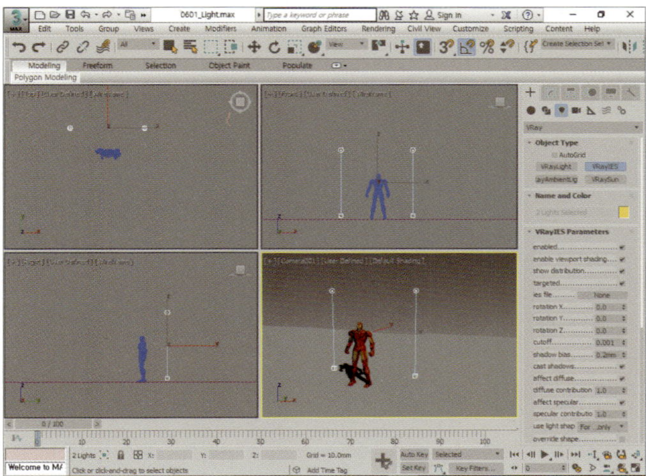

VRayIES로 렌더링 한 이미지

③ **VRayAmbientLight** : Standard Light의 Omni와 비슷한 조명으로 중심으로부터 원형으로 퍼져 나가는 조명의 형태입니다.

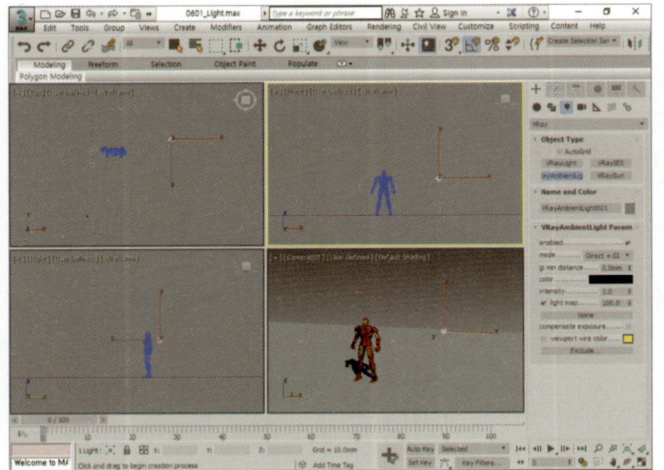

**VRayAmbientLight로 렌더링 한 이미지**

④ **VRaySun** : 조명의 위치에 따라 실제 태양광의 느낌을 표현하는 조명입니다. 일반 Light에 비해 밝기가 너무 강하기 때문에 광량을 조절할 수 있는 PhysicalCamera나 VRayPhysicalCamera를 따로 설치한 후에 렌더링을 하는 것이 좋습니다.

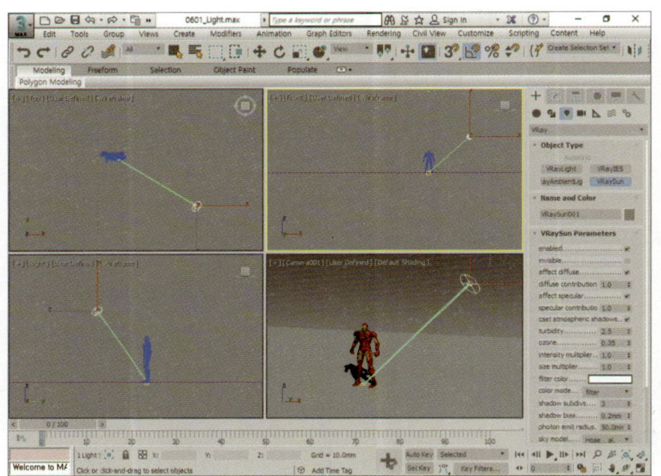

**VRaySun으로 렌더링 한 이미지**

# ▦ VrayLight의 옵션

VRayLight의 옵션에서 조명의 형태, 반사, 밝기, 색상 등을 수정한 후 사용자가 원하는 조명의 형태를 만들 수 있습니다.

### ● General

조명을 On/Off 하거나 조명의 형태를 설정합니다.

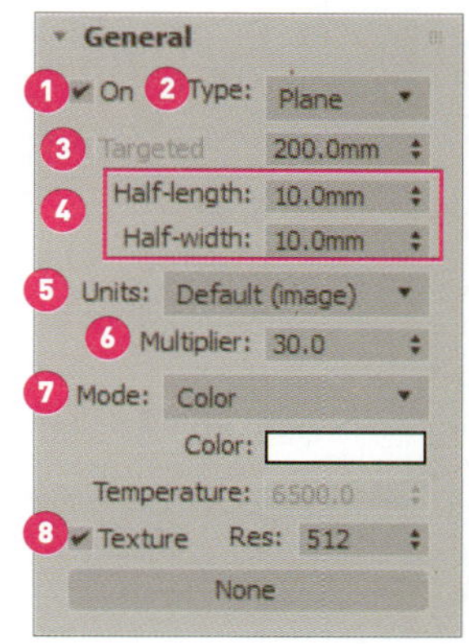

① **On** : 체크하면 조명이 활성화되고 해제하면 조명이 적용되지 않습니다.

② **Type** : 조명의 형태를 선택합니다.

- **Plane** : 조명의 형태를 사각형으로 만듭니다.
- **Dome** : Standard 라이트의 Skylight와 비슷하여 전체 환경에 영향을 미칩니다.
- **Sphere** : 조명을 원의 형태로 만들어 사방으로 빛이 방출되도록 합니다.
- **Mesh** : 선택한 Object를 조명으로 사용합니다. 단순한 형태가 아니라 복잡한 형태도 조명으로 사용할 수 있습니다.

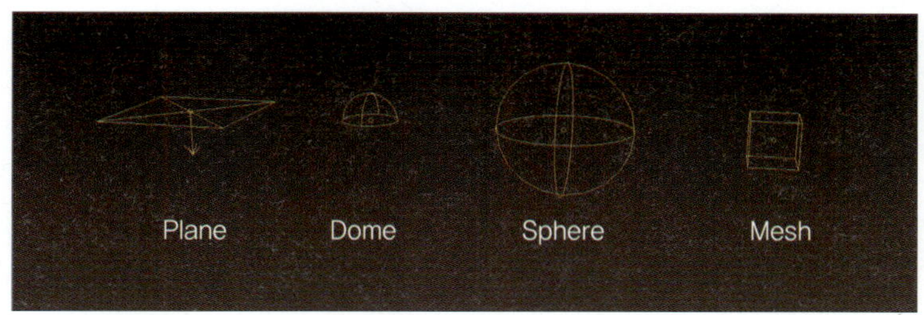


**조명의 형태별 모양**

③ **Targeted** : 조명의 대상점을 사용합니다. 대상점을 사용하여 조명의 방향을 쉽게 바꿀 수 있습니다.

④ **Size** : 조명의 크기를 설정합니다.

⑤ **Units** : 조명의 밝기를 표현할 방법을 선택합니다. 조명의 밝기를 사용목적에 따라 단위별로 선택하여 현실적인 조명을 만들 수 있습니다.

⑥ **Multiplier** : 조명의 밝기를 설정합니다.

⑦ **Mode** : 조명의 색을 선택합니다.

⑧ **Texture** : Plane 형태의 조명을 사용할 때 조명에 Texture를 적용합니다.

**Plane 형태에 Texture를 적용한 이미지**

## ● Option

① **Exclude** : 조명이 적용되지 않을 오브젝트를 선택/해제합니다.

② **Cast shadows** : 체크하면 조명에 의해 그림자가 만들어집니다. 체크 해제하면 그림자가 만들어지지 않습니다.

③ **Double-sided** : 체크하면 Plane 타입의 VRayLight가 양쪽으로 조명을 비춥니다.

④ **Invisible** : 체크하면 렌더링 된 이미지에서 VRayLight의 형태를 숨깁니다.

⑤ **No decay** : 체크하면 거리에 따른 빛의 감쇄 현상이 적용되지 않습니다.

⑥ **Skylight portal** : 체크하면 VRayEnvironment의 Skylight 설정 값으로  VRayLight의 조명이 영향을 받습니다.

⑦ **Store with irradiance map** : GI engine을 Irradiance map으로 설정하면 연산 시 사용된 데이터를 렌더링 시 다시 불러옵니다.

⑧ **Affect diffuse** : 체크하면 VRayLight로 만들어지는 반사광을 적용합니다. 체크 해제하면 반사광이 적용되지 않아 재질의 고유 색상이 나타나지 않습니다.

⑨ **Affect specular** : 재질에 적용된 반사광을 제어합니다.

⑩ **Affect reflections** : 체크하면 반사 재질이 적용된 Object에 VRayLight의 형태가 반사됩니다. 체크 해제하면 조명은 만들어지지만 반사 이미지는 만들어지지 않습니다.

● **Sampling**

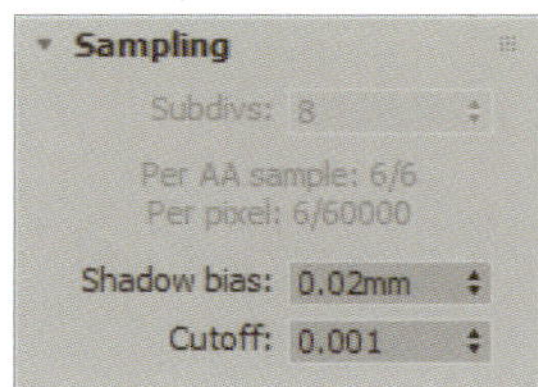

Subdivs 값을 높여 그림자의 Noise를 감소시킬 수 있지만 렌더링 시간이 길어집니다.

Shadow bias로 그림자를 이동하여 그림자의 거리를 조절하며, Cutoff에서는 빛의 강도에 대한 임계값을 지정합니다.

Subdivs 8          Subdivs 50

# 최종 결과물을 확인하기 위한 렌더링의 모든 것

모델링과 Mapping이 완성되었다고 하더라도 이미지를 완성하기 위해서는 렌더링 과정을 거쳐야 합니다. 이때 렌더링을 하기 위한 프로그램을 'Renderer'라고 합니다. 외부 플러그인 방식에는 V-Ray, Maxwell, Brazil 등이 있으며, 3ds Max는 기본적으로 Scanline Renderer와 Mental Ray, iray Renderer를 포함하고 있습니다. 외부 플러그인 방식은 3ds Max를 설치한 후 따로 구입하여 설치해야 합니다.

학습 목표 · 기본 Renderer부터 외부 Renderer의 옵션과 렌더링 설정에 대해 알아본다.

① 다양한 Renderer의 설정방법

② 옵션설정으로 원하는 부분만 렌더링 하기

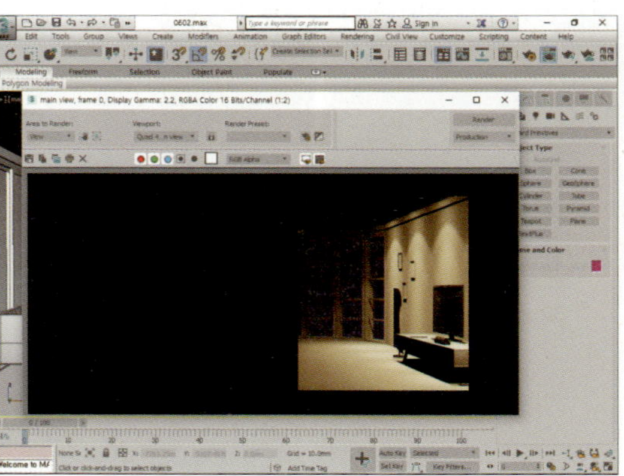

# 01

## 기본 방식인
# Scanline Renderer

Scanline Renderer는 이름이 의미하는 바와 같이 위에서 아래로 스캔하듯이 수평선으로 렌더링하는 방식입니다. 렌더링 속도가 빠르기는 하지만 빛의 분산을 계산하지 못해 그림자가 생기는 부분이 어둡게 표현되는 단점이 있습니다. 빠른 렌더링 속도 때문에 Animation에 자주 사용됩니다.

**예제 파일**
C:/315-5466/Part06/0602_01.max

수평선으로 스캔하듯이 렌더링하는 Scanline Renderer

## 01

'C:/315-5466/Part06/0602_01.max' 파일을 불러옵니다. 빠른 연습을 위해 미리 조명까지 설정한 파일입니다. Main Toolbar의 Render Setup( )을 클릭합니다. [Render Setup] 대화상자가 나타납니다. 단축키는 F10 입니다.

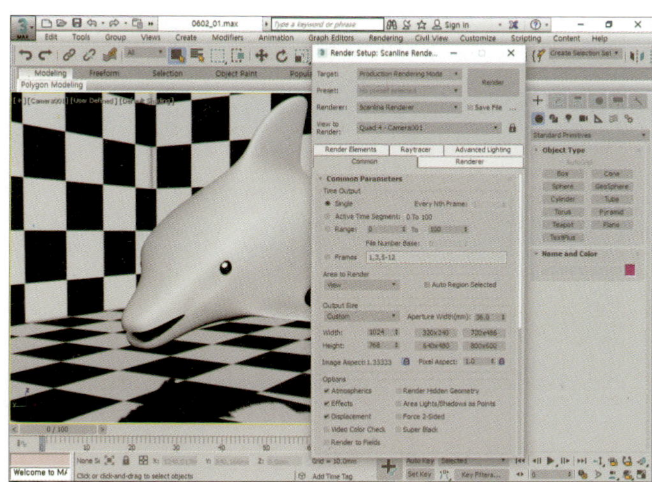

## 02

[Common] 패널의 Assign Renderer를 선택합니다.
[Production]의 Choose Renderer( )를 클릭하면 Renderer를 선택할 수 있는 대화상자가 나타납니다. Scanline Renderer를 선택한 후 [OK] 버튼을 클릭합니다.
Scanline Renderer가 선택되어 있으면 [Production : Scanline Renderer]로 표시됩니다.

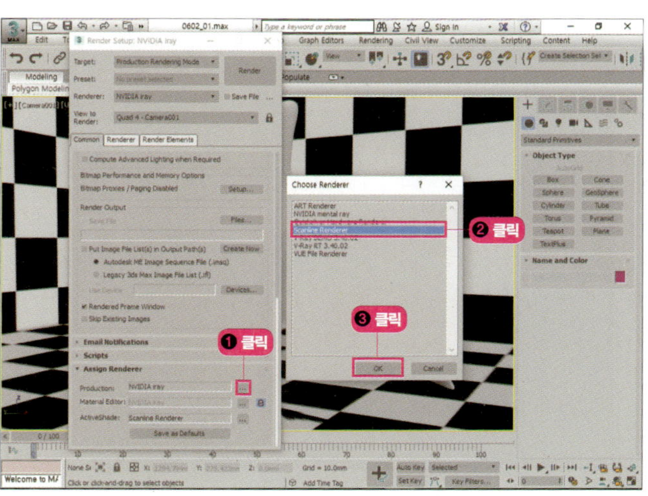

**tip** 설치된 Renderer에 따라 메뉴가 다르게 나타날 수 있습니다.

Scanline Renderer로 설정한 후 렌더링 한 이미지입니다. 전체적으로 조명이 적용되는 부분을 제외하고 어둡게 렌더링이 되었습니다.

## Renderer를 바꾸는 방법 1

❶ Main Toolbar의 Render Setup(🔘)을 클릭합니다.(단축키 `F10`)

❷ [Common] 패널의 Assign Renderer를 클릭하면 내용이 나타납니다. Production에 현재 사용되고 있는 Renderer가 표시되어 있습니다.

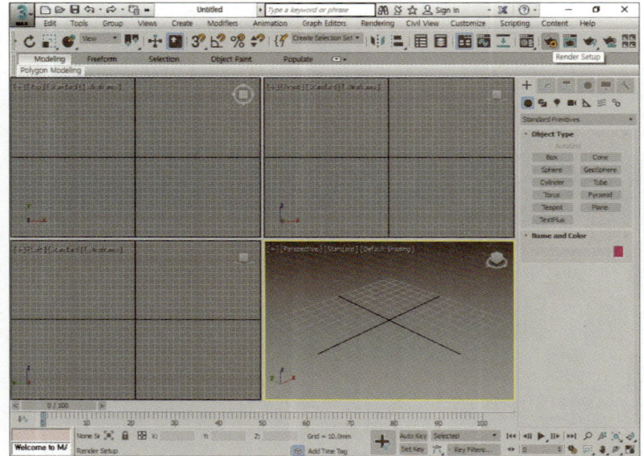

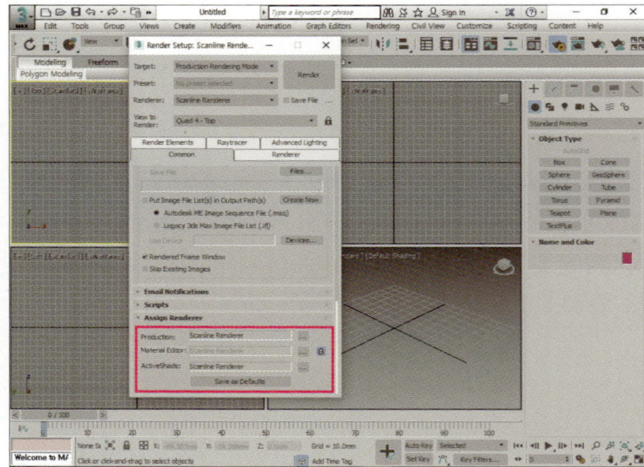

❸ Choose Renderer(⬚)를 클릭하면 Renderer를 선택할 수 있는 대화 상자가 나타납니다. [Choose Renderer] 대화상자에는 설치된 Renderer List만 표시됩니다.

❹ 사용할 Renderer를 선택한 후 [OK] 버튼을 클릭하거나 더블클릭하면 선택한 Renderer로 변경됩니다. Renderer가 변경되면 해당 Renderer의 메뉴로 탭 메뉴가 변경됩니다.

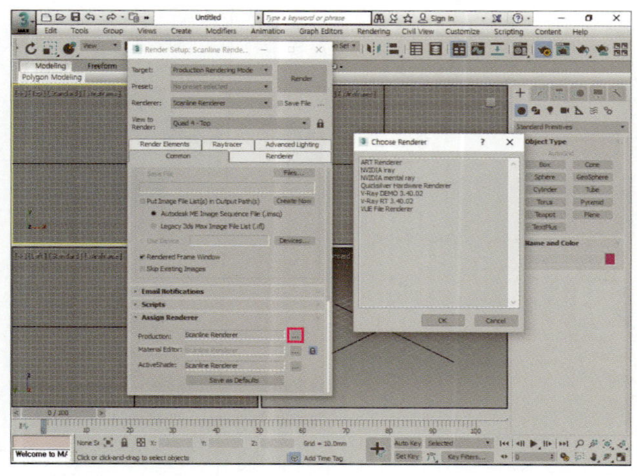

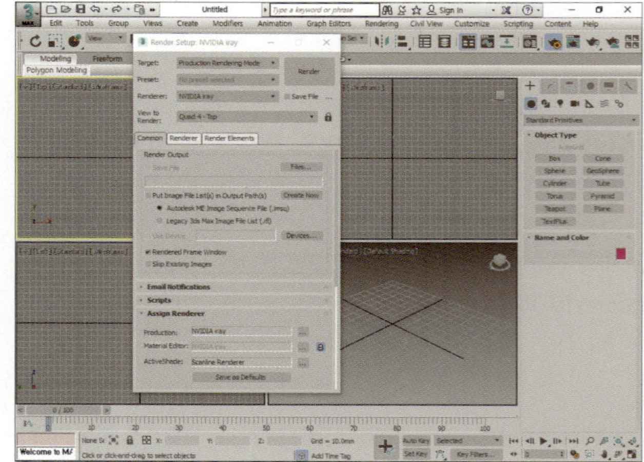

## Renderer를 바꾸는 방법 2

❶ Main Toolbar의 Render Setup( )을 클릭합니다(단축키 F10)

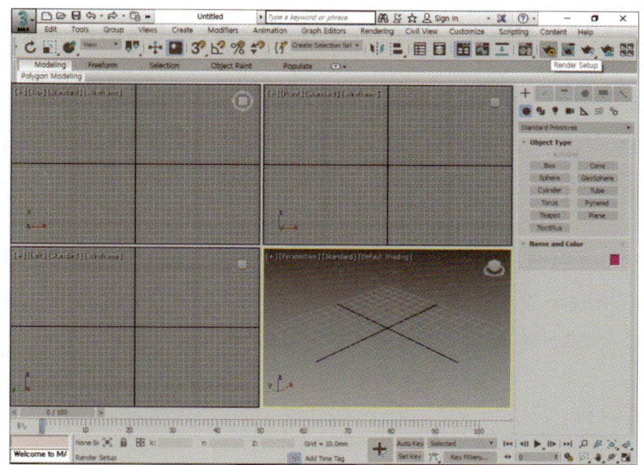

❷ Render Setup 대화창 상단의 Renderer 드롭다운 리스트에서 적용할
Renderer를 선택합니다.

• **Target** : 다양한 렌더링 옵션을 선택할 수 있습니다.

• **Preset** : 사전 설정된 렌더링 옵션을 불러와 사용합니다. 사용자가 직접
옵션 설정 후 저장하여 불러올 수 있습니다.

• **Renderer** : Renderer를 선택합니다.

• **View to Render** : 렌더링 할 뷰를 선택합니다.

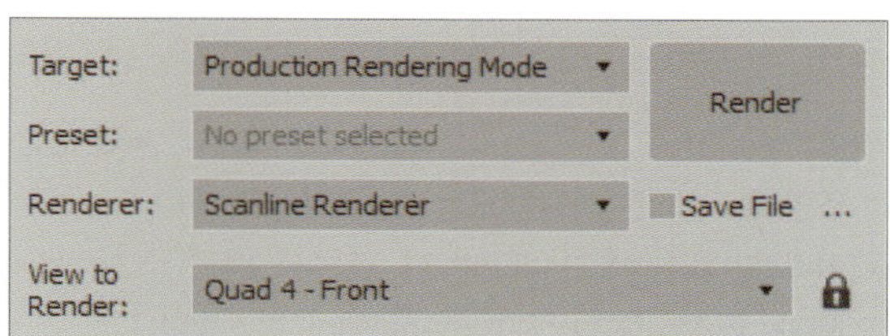

## 02

# 실사와 같은 느낌을 주는 Mental-Ray

Mental Ray는 20년에 가까운 역사를 가지고 있는 Renderer로, 영화와 게임에 많이 사용되고 있습니다. 3ds MAX 2016에서는 NVIDIA와 합병되어 NVIDA Mental Ray로 변경되었습니다.

Mental Ray로 Renderer를 설정하면 [Render Setup] 대화상자에서 Mental Ray Renderer를 제어하는 메뉴로 변경됩니다. Mental Ray Renderer를 사용하면 Mental Ray Renderer에서만 사용할 수 있는 재질을 적용할 수 있습니다.

**예제 파일**
C:/315-5466/Part06/0602_01.max

버킷이라는 직사각형 블록을 렌더링하는 Mental Ray Renderer

## 01

'C:/315-5466/Part06/0602_01.max' 파일을 불러옵니다. 빠른 연습을 위해 미리 조명까지 설정된 파일입니다. Main Toolbar의 Render Setup(     )을 클릭하면 대화상자가 나타납니다. (단축키 F10)
Renderer 드롭다운 리스트 중 'NVIDIA mental ray'를 선택합니다.

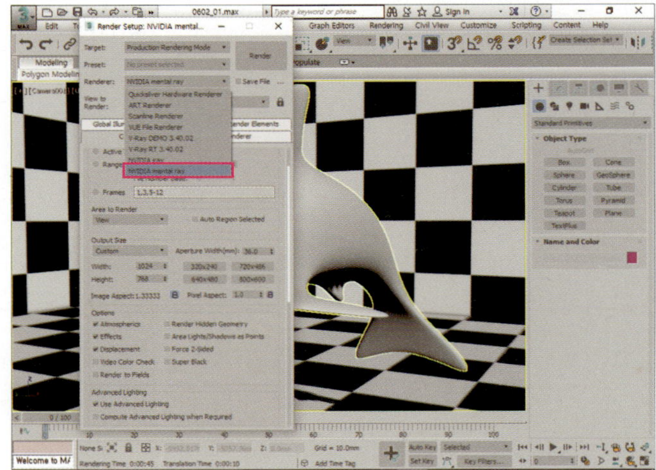

## 02

[Renderer] 패널을 선택하고 아래와 같이 옵션을 수정합니다.

[Sampling Quality]
Samples per Pixel – Minimum : 4, Maximum : 16
Filter Type : Lanczos

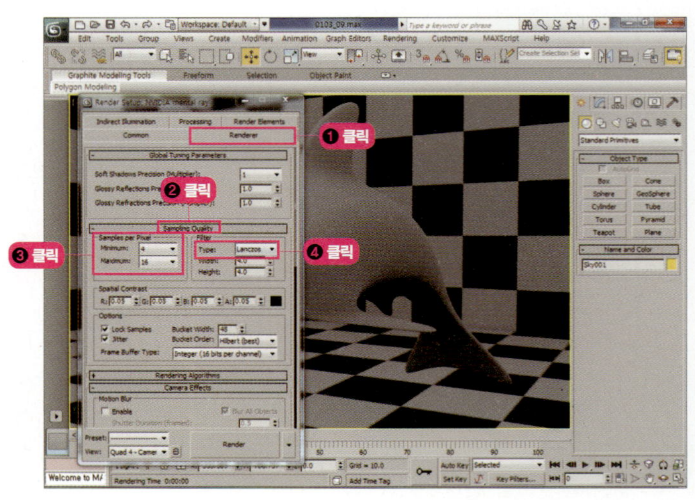

**tip**

Filter Type을 기본 값인 Box로 설정하면 필터 영역 내의 모든 샘플을 동일 가중치로 합산하여 렌더링을 합니다. 가장 빠른 샘플링 방법이기 때문에 테스트 렌더링을 할 때 주로 사용합니다.

## 03

[Indirect Illumination] 패널을 선택하고 아래와 같이 설정합니다.

> [Final Gather]
> FG Precision Presets : Medium, Diffuse Bounces : 3

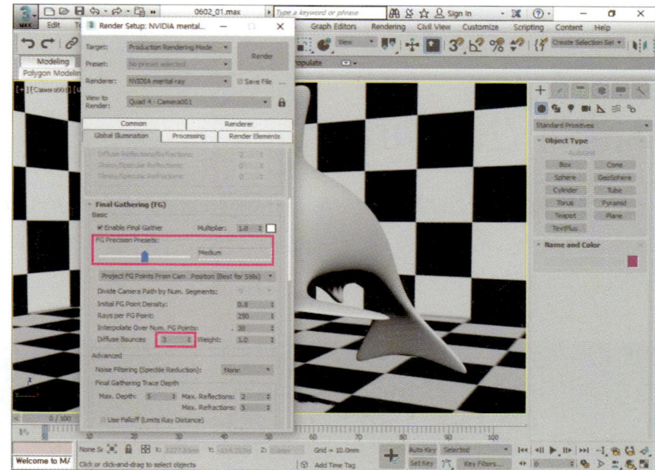

## 04

Mental Ray 설정 후 렌더링 한 이미지입니다. Scanline Renderer와 비교해보면 전체적으로 빛이 고르게 들어가 환해진 것을 확인할 수 있습니다.

03

# 사용이 간편한 iray

iray 역시 NVIDA와 합병되어 NVIDA iray로 변경되었으며 기타 Renderer와 비교할 때 설정이 거의 필요하지 않습니다. iray Renderer의 주요 접근 방식은 시간 기반입니다. 따라서 렌더링 할 시간, 계산할 반복수를 지정하거나 무제한의 시간 동안 렌더링을 시작하고 결과의 모양이 만족스러울 경우 중지하면 됩니다.

기본 시간 1분 동안 iray Renderer에서 렌더링 한 이미지

더 긴 시간 렌더링 한 후의 동일한 장면

확장 렌더링 시간 후의 동일한 장면

## ■ iray

Frame당 렌더링 방법을 지정할 수 있습니다.

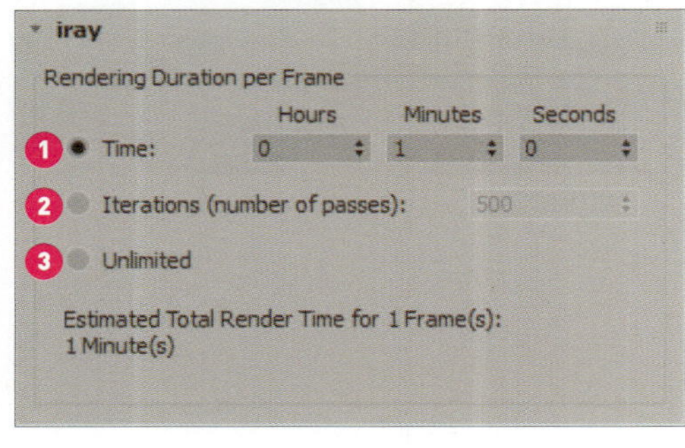

① **Time** : 렌더링 기간을 시간, 분 및 초 단위로 설정합니다.(기본 값은 1분)

② **Iterations(number of passes)** : 반복(패스 수) 실행할 횟수를 설정합니다.(기본 값은 500)

③ **Unlimited** : 렌더링이 시간제한 없이 실행되도록 합니다. 결과가 만족스러울 경우 렌더링 진행 률 대화상자에서 취소를 클릭합니다.

## ■ Advanced Parameters

① **Architectural Sampler** : 인테리어 씬에 사용할 때 켭니다. 건축 샘플링에서 내부 조명의 정확성이 향상되고 렌더링의 입자성이 줄어듭니다.

② **Caustic Sampler** : Caustic 효과를 적용할 대 켭니다.

③ **Physically Correct(Unlimited)** : 광원 바운스가 무제한이며 Renderer가 계속 실행되면 계속 계산합니다.(기본 값)

④ **Maximum Number of Light Bounces** : 광원 바운스 수가 설정한 값으로 제한합니다.(기본 값 4) 광원 바운스 수를 제한하면 렌더링 속도를 향상시킬 수 있습니다.

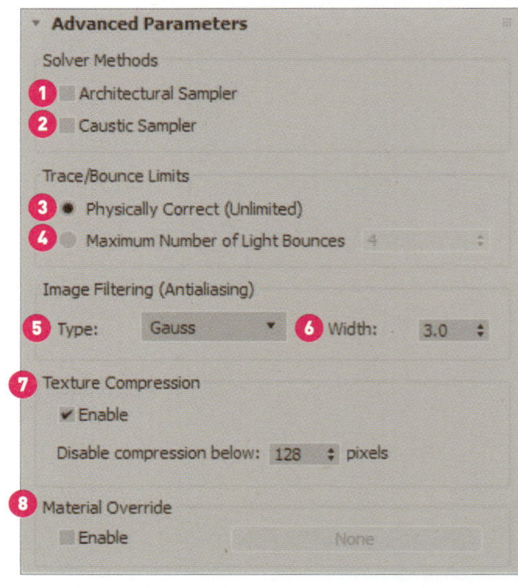

⑤ **Type** : Image Filtering(Antialiasing)에 적용할 Box, Gauss, Triangle 중 픽셀의 유형을 설정합니다.

⑥ **Width** : 샘플 영역의 너비 및 높이를 지정합니다. 너비 값을 높이면 이미지가 부드러워지지만 렌더링 시간이 늘어납니다.(기본 값 3)

⑦ **Texture Compression** : 텍스처 압축을 사용합니다. 텍스처 압축으로 최대 2/3까지 텍스처 메모리 요구 사항을 줄일 수 있습니다.

⑧ **Material Override** : 모든 재질을 설정한 단일 재질로 대체하여 장면을 렌더링 할 수 있습니다.

**예제 파일**
C:/315-5466/Part06/0602_01.max

## 01

'C:/315-5466/Part06/0602_01.max' 파일을 불러옵니다. 빠른 연습을 위해 미리 조명까지 설정된 파일입니다. Main Toolbar의 Render Setup(　)을 클릭하면 대화상자가 나타납니다. Renderer 드롭다운 리스트 중 'NVIDIA iray'를 선택합니다.

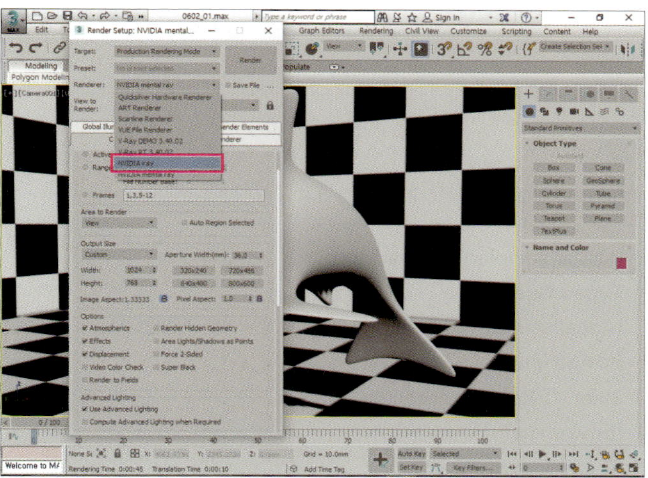

## 02

Main Toolbar의 Render Setup(　)을 클릭한 후 [Renderer] 패널을 선택합니다.

[Render] 버튼을 클릭하여 기본 값인 1분으로 렌더링을 합니다.

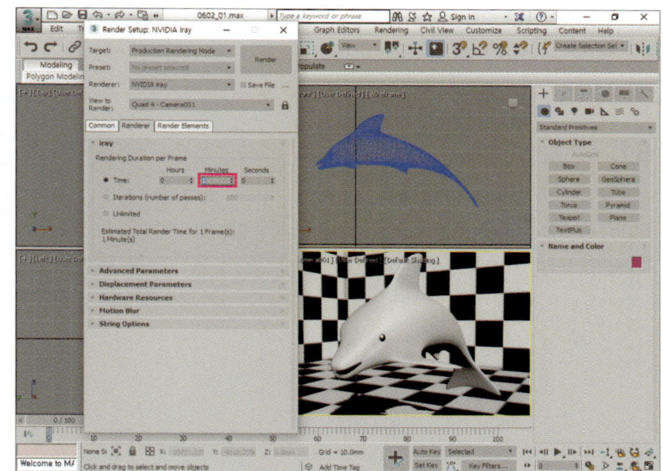

## 03

아무런 조명을 설치하지 않은 상태에서도 조명이 태양광이 들어간 것처럼 렌더링됩니다. iray는 기본 조명을 Direct Light와 유사하게 적용할 수 있습니다. Viewport에 조명을 설치하면 기본 조명 값은 무시되고 설치된 조명에 의해 렌더링됩니다.

# 04

# 자연스러운 조명 효과를 주는 V-Ray

V-Ray는 외부 플러그인 방식의 Renderer로, GI(Global Illumination) 방식의 대표적인 Renderer입니다. GI는 빛이 물체에 부딪혔을 때 반사되는 빛의 효과를 표현해주는 기능입니다. 빛의 반사 효과를 계산하는 만큼 사실적이고 현실적인 이미지를 출력할 수 있기 때문에 실무에서 많이 사용합니다.

VRay는 'http://www.chaosgroup.com/kr/2/downloads.html'에서 데모를 다운로드 할 수 있습니다.

V-Ray Rendering 방식

 **예제 파일**
C:/315-5466/Part06/0602_01.max

## 01

'C:/315-5466/Part06/0602_01.max' 파일을 불러옵니다.
Main Toolbar의 Render Setup(🞕)을 클릭합니다.
Renderer 드롭다운 리스트 중 'V-Ray DEMO 3.40.02'를 선택합니다.

 **tip**
설치된 V-Ray의 버전에 따라 이름이 다르게 나타날 수 있습니다.

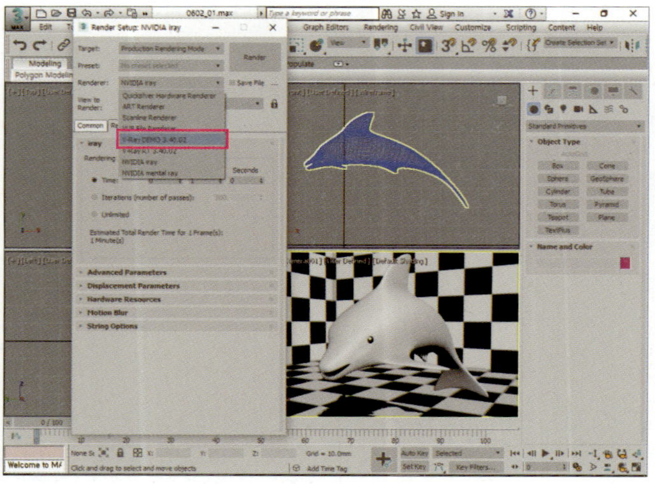

## 02

[V-Ray] 패널을 선택한 후 아래 옵션과 같이 수정합니다.

> [Image sampler(Antialiasing)]
> Type : Bucket
> (Antialiasing을 적용하여 선명한 이미지를 얻기 위한 세팅입니다.)
> [Image filter]
> Filter : VRayLanczosFilter
> [Environment]
> GI environment에 체크
> (Skylight를 적용하여 전체 Scene에 빛이 들어가는 느낌을 표현합니다.)

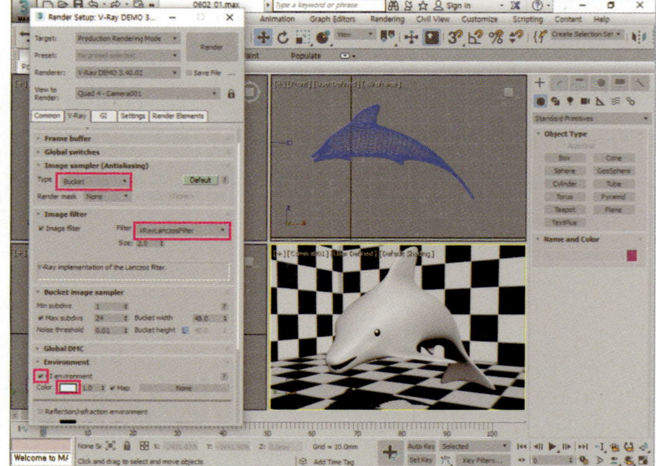

## 03

[GI] 패널을 선택한 후 아래와 같이 옵션을 수정합니다.

[Global illumination]
Expert로 설정 변경
Enable GI에 체크
Primary engine : Irradiance map, Multiplier : 1.0
Secondary engine : Light cache, Multiplier : 0.5

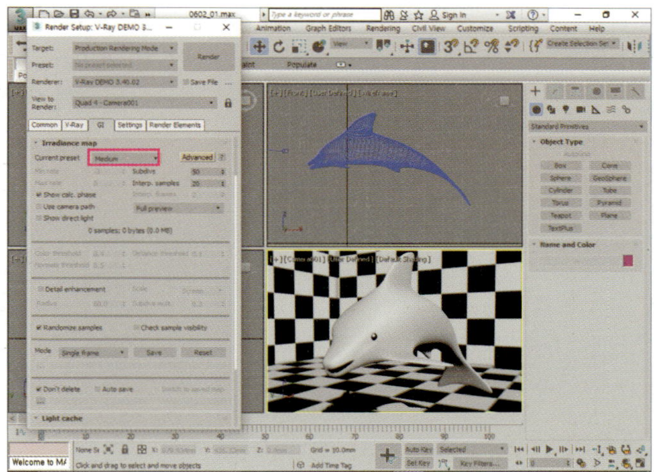

## 04

[GI] 패널의 선택한 후 [Irradiance map]의 옵션을 아래와 같이 옵션을 수정합니다.

[Irradiance map]
Current Preset : Medium
(Test Rendering에는 빠른 결과물 확인을 위해 Medium으로 설정하지만,
최종 렌더링에는 Medium 이상으로 설정합니다.)

## 05

V-Ray 설정 후 렌더링 한 이미지입니다. GI가 적용되어 Mental Ray와
비슷하게 전체적으로 자연스러운 그림자가 만들어졌습니다.

# ■ Renderer의 공통 옵션 Common Parameters

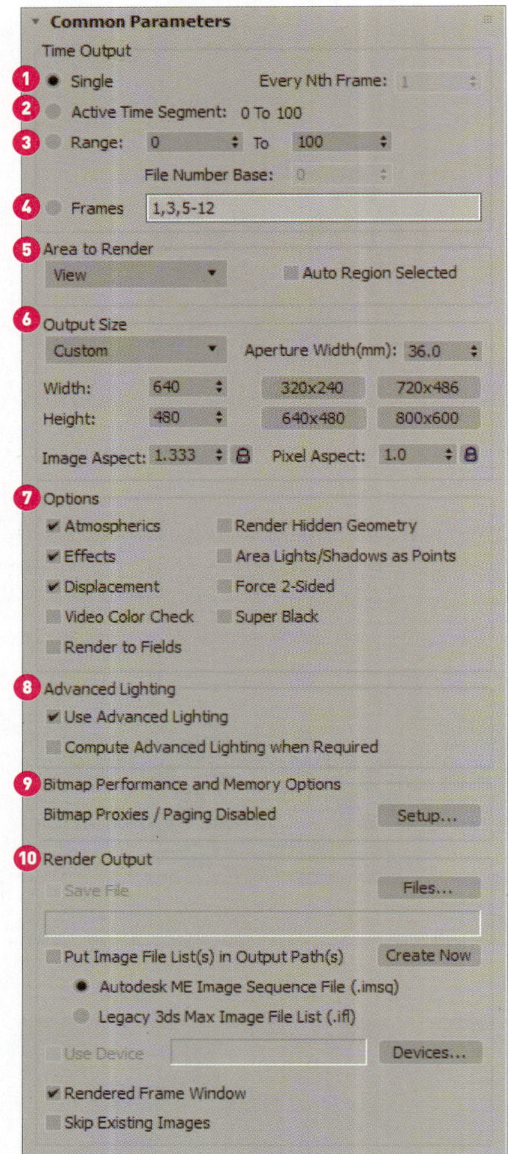

① **Single** : 현재 선택한 Frame만 렌더링을 합니다.

② **Active Time Segment** : Track Bar의 모든 Frame을 렌더링을 합니다.

③ **Range** : 지정한 범위의 Frame만 렌더링을 합니다.

④ **Frames** : 쉼표로 구분된 Frame만 렌더링을 합니다.
  (예 : 1Frame, 3Frame, 5~12Frame)

⑤ **Area to Render** : 렌더링 할 영역을 설정합니다.

⑥ **Output Size** : 렌더링 할 이미지의 크기를 설정합니다.
  이미지의 폭과 높이를 직접 지정하거나 사전 정의된 크기를 선택하여 렌더링할 수 있습니다.

⑦ **Options** : 렌더링 시 다양한 효과를 적용하거나 해제합니다.

⑧ **Advanced Lighting** : Light Tracer나 Radiosity을 사용할 수 있습니다.

⑨ **Bitmap Performance and Memory Options** : 렌더링에 전체 해상도 Map을 사용할 것 인지, 비트맵 프록시를 사용할 것인지를 표시합니다. Setup 버튼을 클릭하여 설정을 변경할 수 있습니다.

⑩ **Render Output** : 렌더링 한 이미지나 동영상을 저장합니다. Files 버튼을 클릭하여 저장할 파일을 지정해야 사용할 수 있습니다.

# 렌더링을 하는 다양한 방법

3ds Max에서 렌더링을 하는 방법은 Menu Bar에서 실행하거나 단축키를 이용하는 등 여러 가지 방법이 있습니다.

## 01

[Menu Bar-Rendering-Render]를 클릭하면 현재 선택된 View가 렌더링됩니다.

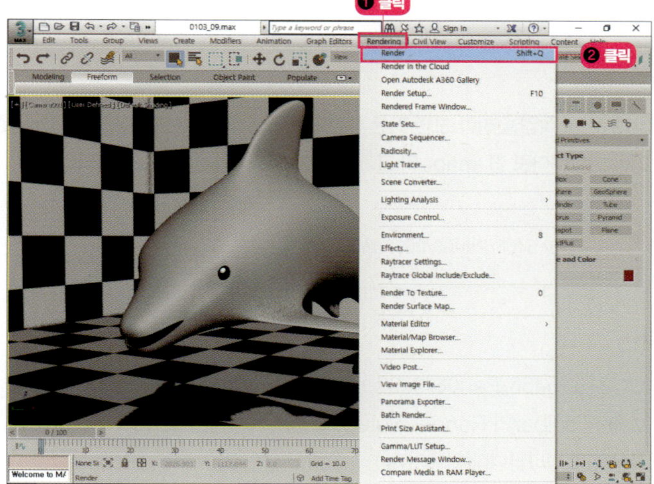

## 02

Main Toolbar의 Render Production(  )을 클릭하면 선택된 View가 렌더링됩니다.

## 03

Main Toolbar의 Render Setup(  )을 클릭하면 [Render Setup] 대화상자가 활성화됩니다. Render 옵션을 설정한 후 [Render] 버튼을 클릭하면 선택한 View가 렌더링됩니다.

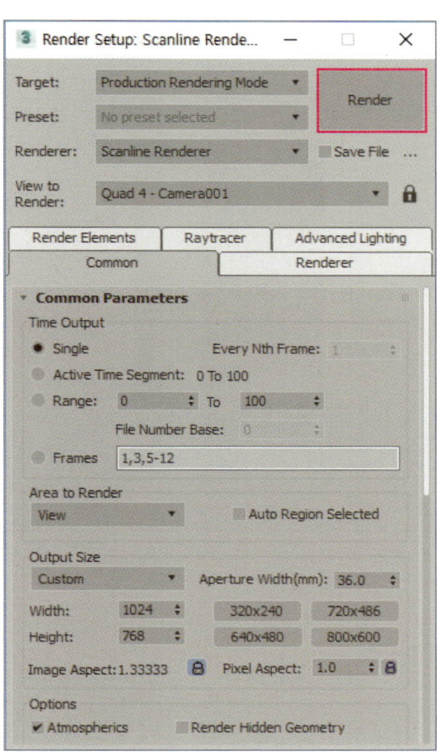

# 다양한 렌더링 설정 방법 익히기

이번에는 예제를 통하여 Rendering Image의 크기를 어떻게 적용하는지에 대하여 알아보겠습니다.
제품 디자인뿐만 아니라 Interior, Exterior에서도 원하는 느낌의 Image를 만들기 위하여 자주 사용합니다.

## 01

## 렌더링 할 Image Size 설정하기

3ds Max 작업을 하다 보면 기본 해상도와 다른 크기로 렌더링을 해야 하는 경우가 많습니다.
이번에는 렌더링 할 Image의 크기를 설정하는 방법을 알아보겠습니다.

**예제 파일**
C:/315-5466/Part06/0602.max

### 01

'C:/315-5466/Part06/0602.max' 파일을 불러옵니다.
Main Toolbar의 Render Setup(🐦)을 클릭하면 [Render Setup] 대화상자가 나타납니다(단축키 F10). [Common-Common Parameters] 메뉴의 Output Size에서 렌더링 이미지의 크기를 설정할 수 있습니다. Width : 1200, Height : 600을 입력한 후 Render를 클릭합니다.

### 02

1200x600의 Wide Image로 렌더링이 됩니다. 기본 비율로 렌더링을 하는 것보다 내부의 비율에 맞게 Size를 조절한 이미지가 빈 공간 없이 꽉 찬 느낌을 줍니다.

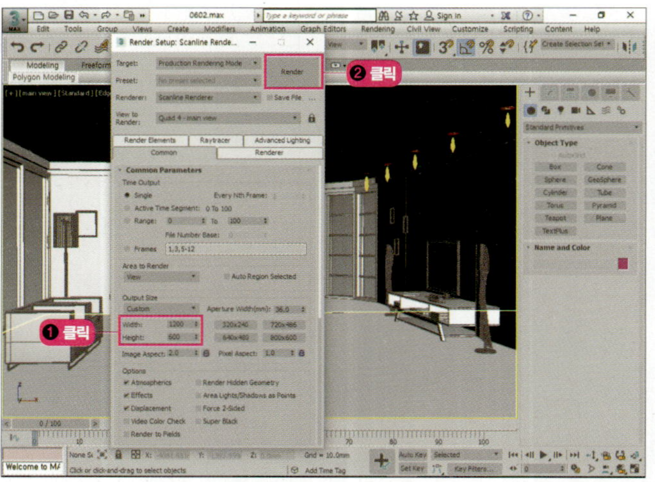

기본 비율로 렌더링 한 이미지

와이드크기로 렌더링 한 이미지

## 02

렌더링 할 이미지의 크기가 정해지면 이미지 비율을 고정하여 손쉽게 렌더링 이미지의 크기를 변경할 수 있습니다.

### 01

Main Toolbar의 Render Setup( )을 클릭하면 [Render Setup] 대화상자가 활성화됩니다.
[Common-Common Parameters]의 Output Size에 Image Aspect 입력란에 이미지 비율을 지정할 수 있는 공간이 있습니다. 아래 이미지의 현재 렌더링 이미지 크기는 1,200x600입니다. 옆의 아이콘 을 클릭하면 이미지 비율이 2.0으로 고정됩니다.

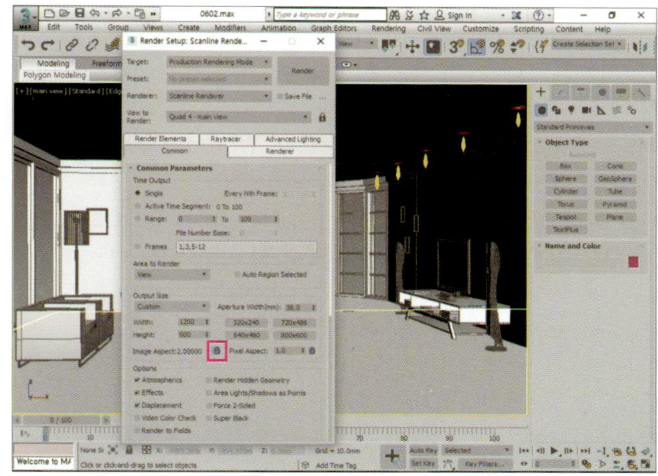

### 02

Width 값을 1600으로 수정한 후 Enter 를 누릅니다.
아래 Height 값이 자동으로 800으로 수정되었습니다.
이렇게 Image Aspect를 이용하면 손쉽게 렌더링 이미지의 크기를 변경할 수 있습니다.

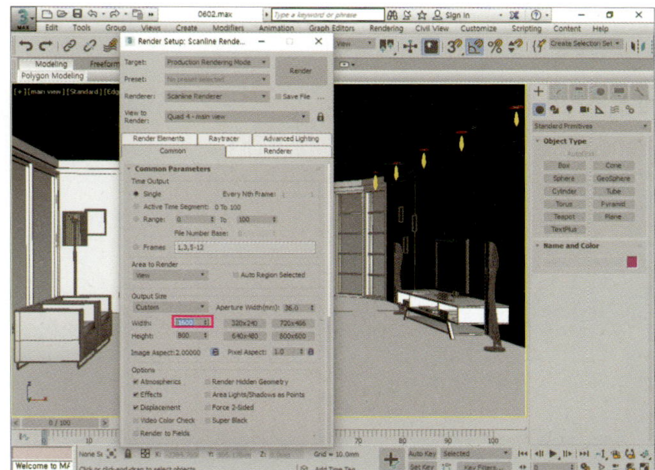

# Rendered Frame Window에서 원하는 부분만 렌더링하기

재질을 적용한 후 렌더링을 하면 렌더링 시간이 오래 걸리는 경우가 많습니다.
이번에는 효율적인 작업을 위하여 원하는 부분만 렌더링을 하는 방법에 대해 알아보겠습니다.

## 01

Main Toolbar의 Rendered Frame Window()를 클릭하면
Render 창이 나타납니다.
Edit Region()을 클릭하면 Render 창에 빨간색 사각형이 나타납니다.
사각형을 움직이거나 크기를 조절하여 렌더링 할 부분에 맞춥니다.

tip 빨간색 사각형이 나타나지 않는다면 Render를 클릭하세요.

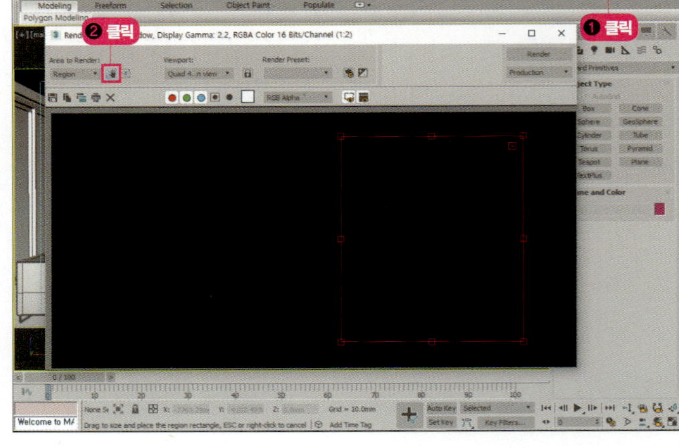

## 02

Render를 클릭하면 선택한 부분만 렌더링이 됩니다.

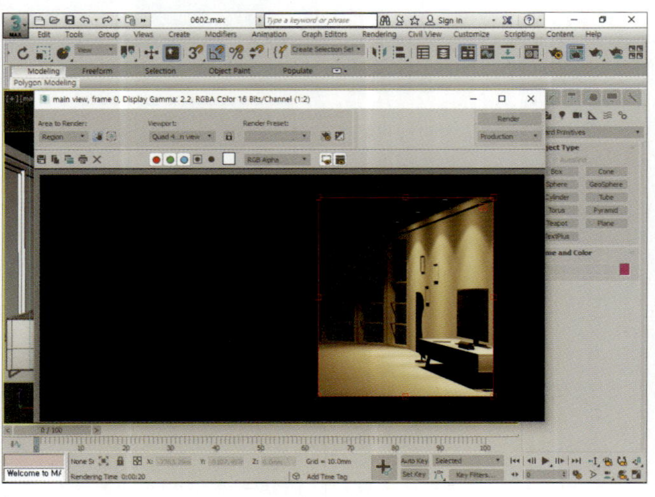

## 03

다시 원래대로 렌더링하려면 Area to Render에 Region을 View로 선택
하면 됩니다.
View로 선택하면 빨간색 테두리가 사라집니다.

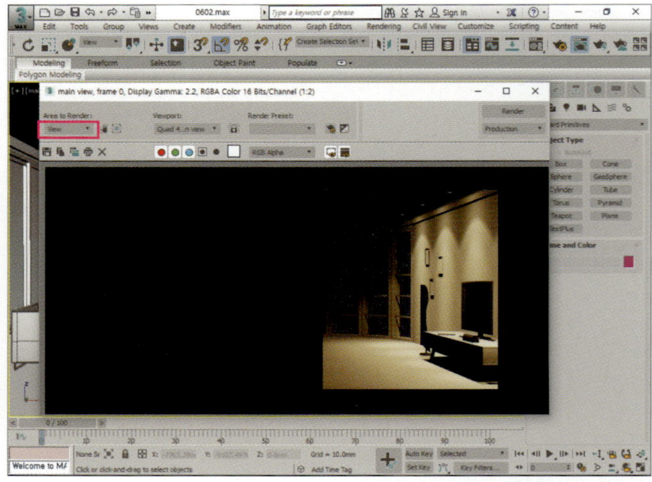

### 출력을 위한 기본 해상도

3ds Max에서 렌더링의 결과물을 출력하기 위해서는 해상도를 크게 해야 합니다.

모니터에서 보는 사이즈를 그대로 출력하면 해상도가 낮기 때문에 이미지가 번지고 모자이크 현상이 발생합니다.

A4 사이즈의 경우 297x210mm의 크기로 출력하기 위해서는 1,754x1,240의 사이즈로 렌더링을 해야 합니다.

### 출력 사이즈

| | |
|---|---|
| A4(297x210)mm | 1754x1240 |
| A3(420x297)mm | 2480x1754 |
| A2(594x420)mm | 3508x2480 |
| A1(841x594)mm | 4967x3508 |
| A0(1189x841)mm | 7022x4967 |

# Interior Rendering 기본 익히기

3ds Max에서 많이 볼 수 있는 이미지 중 하나가 인테리어 이미지입니다. 그 중 거실은 소파, 홈시어터, 테이블 등 여러 가지 소품을 이용하여 다양한 연출을 할 수 있는 공간이기 때문에 조금만 변화를 주어도 전혀 다른 느낌의 이미지를 만들 수 있습니다. 이번에는 예제를 통해 주간과 야간의 거실 느낌을 만들어보고 기본 조명의 여러 가지 사용 방법에 대하여 알아보겠습니다.

학습 목표

실무에 사용되는 실제 이미지 출력을 위해 필요한 기능에 대하여 알아본다.

① Gamma와 VRay 기본 세팅하기

② 거실 인테리어의 주간과 야간 조명 세팅 방법

# Viewport에 배경 넣기

이번에는 Viewport에 이미지를 넣어 작업하는 방법을 알아보겠습니다.
3ds Max에서 작업을 하다 보면 Viewport에 Background를 사용하여 작업을 해야
하는 경우가 있습니다. 이미지나 동영상을 Viewport의 배경으로 등록하고 작업할 수 있
습니다

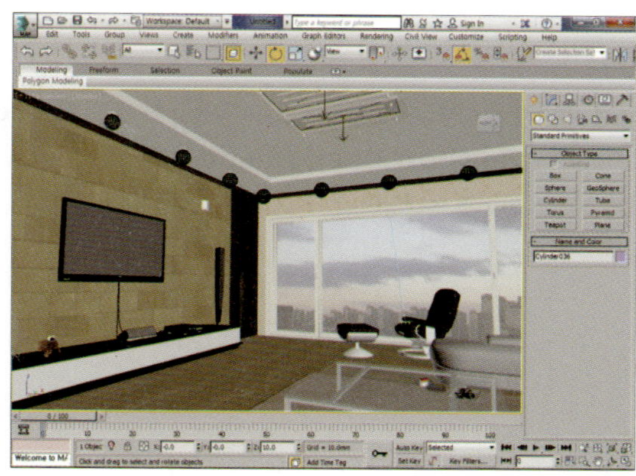

**Viewport에 이미지를 사용한 작업 창**

## ■ Viewport Background 대화상자 알아보기

Viewport Background의 옵션을 설정하기 위해서는 Menu Bar의 [Views-Viewport Background-Viewport Background]를 선택하거나 단축
키 Alt + B 를 사용하여 대화상자를 활성화시킬 수 있습니다.

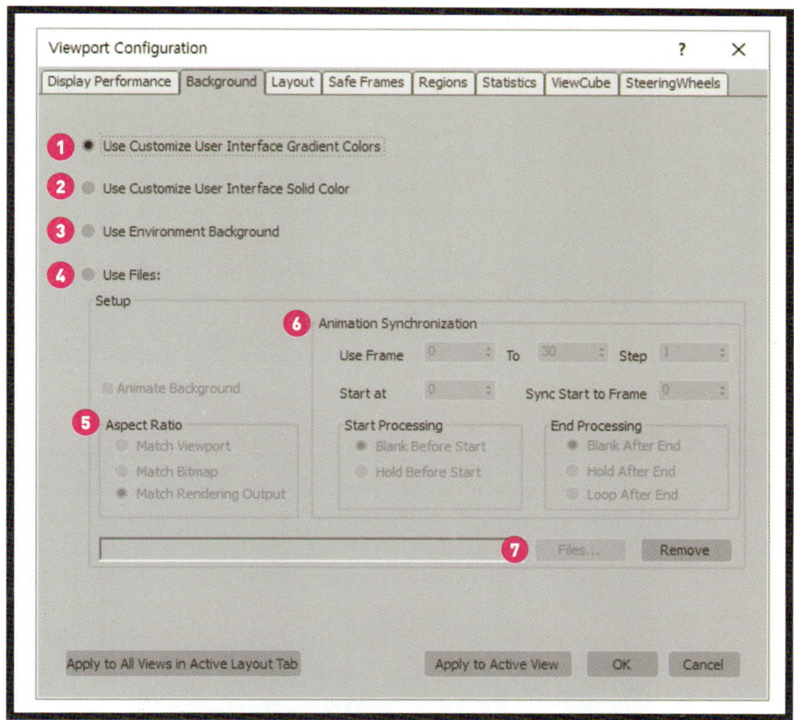

① **Use Customize User Interface Gradient Colors**
 : 배경을 Gradient Color로 사용합니다.

② **Use Customize User Interface Solid Color** : 배경
을 단색으로 사용합니다.

③ **Use Environment Background** : Environment에
지정된 Background 값을 사용합니다.

④ **Use Files** : 사용자가 지정한 파일을 Viewport에만 사용합
니다. 이미지의 비율 조정 및 Animation 여부를 설정합니다.

⑤ **Aspect Ratio** : Viewport 배경의 비율을 Viewport, 비
트맵, Rendering 출력 장치 중 하나로 설정합니다.

⑥ **Animation Synchronization** : 이미지 시퀀스(AVI,
MOV 파일 등)가 Viewport와 동기화되는 방법을 제어합
니다.

⑦ **File...** : Viewport에 배경으로 사용할 파일을 불러옵니다.

## ■ Viewport Background 사용하기

이번에는 Viewport에 Bitmap 이미지를 적용하는 방법을 알아보겠습니다.

## 01

배경 이미지를 사용할 Perspective View를 선택 후 [Menu Bar-
Views-Viewport Background-Configure Viewport
Background]를 선택하면 대화상자가 활성화됩니다.

단축키는 Alt + B 입니다.

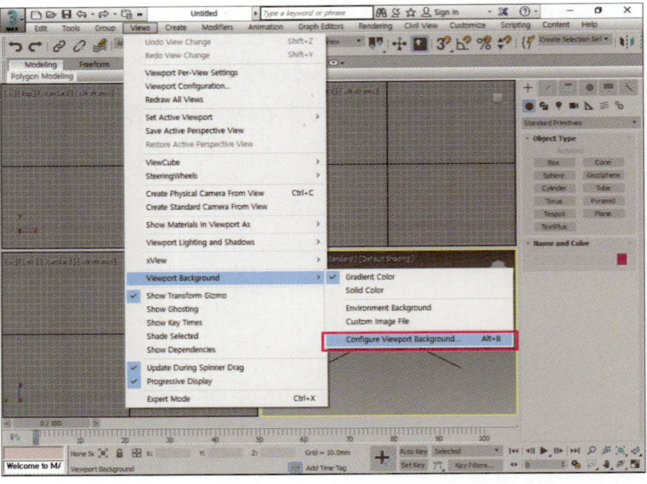

## 02

Use Files를 선택 한 후 [Files…]를 클릭하여 배경으로 사용할 이미지를
선택합니다.
'C:/315-5466/Part06/Background.jpg' 파일을 선택한 후 [OK] 버
튼을 클릭합니다.

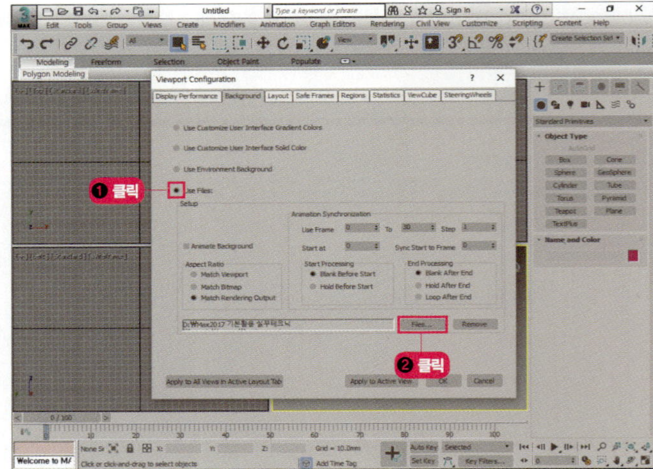

## 03

Viewport에 선택한 비트맵 이미지가 반영된 것을 확인할 수 있습니다.

# 배경 색상과 이미지를 설정하는 Environment

이번에는 렌더링 시 배경 색상과 이미지를 설정하는 Environment에 대하여 알아보겠습니다. 3ds Max에서 기본적인 렌더링 배경 색상은 검은색입니다. Environment에서는 배경 색상을 원하는 대로 선택할 수 있고 이미지로 지정할 수도 있습니다. Viewport에서는 확인이 불가능하며, 렌더링 시에만 확인 가능합니다.

## ■ Background Color 설정하기

이번에는 렌더링 시 배경 화면의 색상 변경 방법에 대하여 알아보겠습니다.

## 01

[Menu Bar-Rendering-Environment]를 선택합니다.

Environment의 단축키는 키보드의 8 입니다.

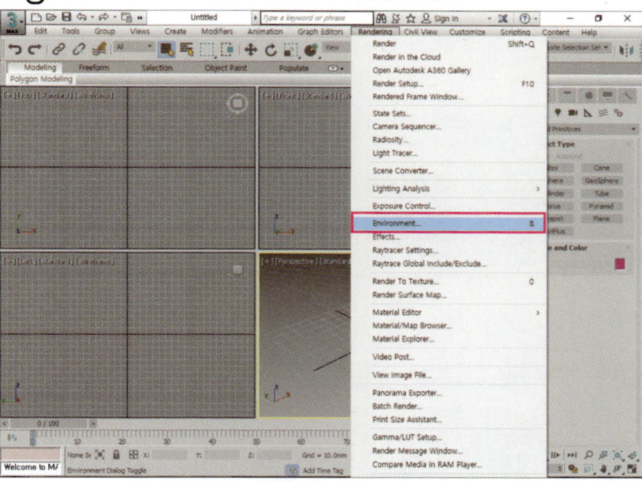

## 02

렌더링 배경 색상을 지정하기 위해 [Background]의 Color Box를 클릭합니다.

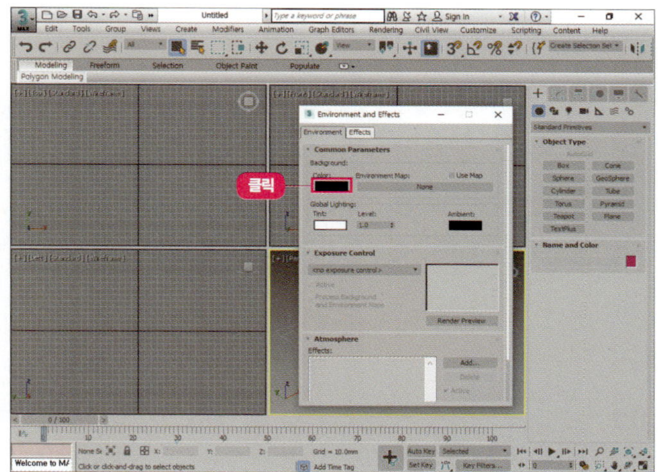


## 03

[Color Selector] 대화상자에서 원하는 색을 선택한 후 창을 닫습니다.

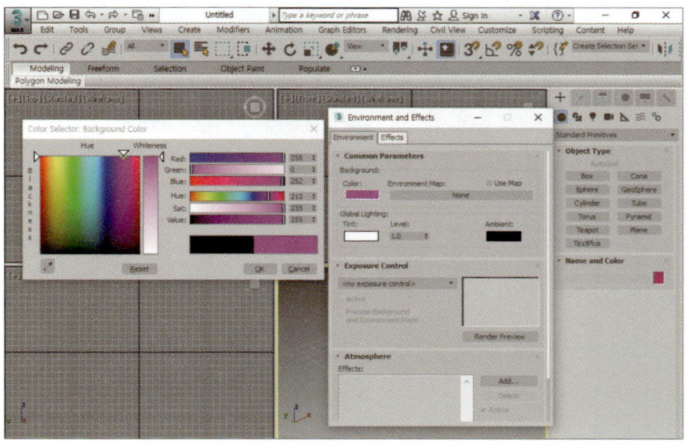

## 04

렌더링을 하면 배경 이미지의 색상이 바뀐 것을 확인할 수 있습니다.

# ■ Background Image 설정하기

이번에는 연습을 통하여 배경 이미지를 설정하는 방법을 알아보겠습니다.

## 01

[Menu Bar-Rendering-Environment] 메뉴를 선택합니다.
Environment Map의 'None'을 클릭하면 [Map Browser] 대화상자가
나타납니다. Bitmap을 더블클릭합니다.

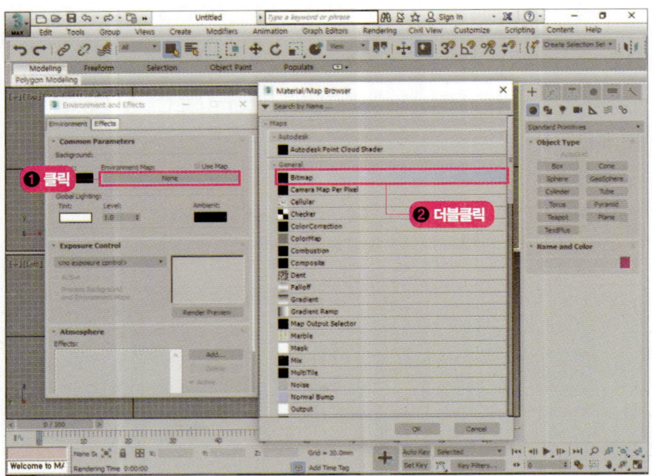

## 02

'C:/315-5466/Part06/Background.jpg' 파일을 선택합니다.

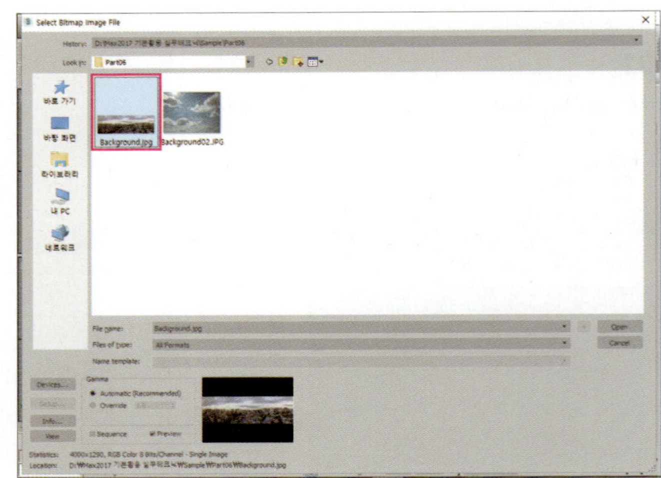

## 03

Perspective View에는 나타나지 않지만 렌더링을 하면 선택한 이미지가
출력된 것을 확인할 수 있습니다.

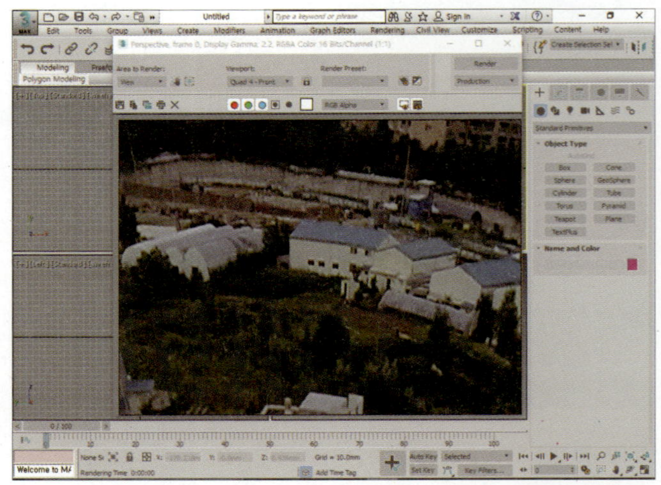

tip

Output Size의 크기와 이미지의 크기가 일치하지 않으면 이미지가 왜곡되
어 나타날 수 있습니다. Output Size의 크기를 이미지의 크기에 맞추면 이
미지가 정상적으로 렌더링이 됩니다.

## 04

F10 을 눌러 [Render Setup] 창을 엽니다.

Background.jpg 파일의 크기가 4,000x1,2900|므로 Output Size 사
이즈를 4000x1290으로 조절합니다.

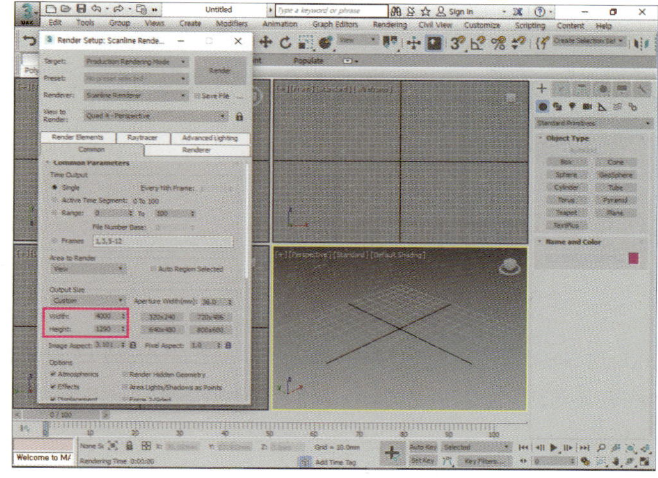

## 05

렌더링 이미지의 크기가 4000x1290으로 바뀌면서 이미지가 왜곡되지 않
고 렌더링됩니다.

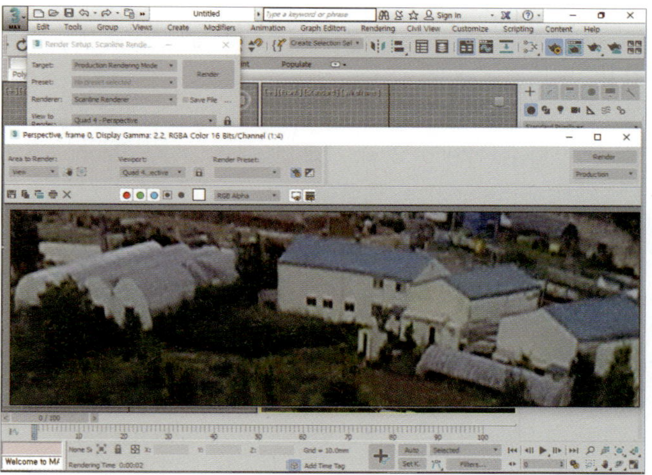

## 주간 실내 분위기 연출하기

# 01

## Gamma와 VRay 기본 세팅하기

3ds Max에서 작업한 내용을 렌더링 할 때는 기본 환경이 어떻게 세팅이 되어 있느냐에 따라 전혀 다른 느낌의 결과물이 출력됩니다. 먼저 조명과 재질을 넣기 전에 기본적인 환경 설정하는 방법에 대하여 알아보겠습니다.

**예제 파일**
C:/315-5466/Part6/0603.max

## 01

'C:/315-5466/Part6/0603.max' 파일을 불러옵니다. 빠른 실습을 위해 미리 만들어진 Interior Scene으로 연습해보겠습니다. [Menu Bar-Customize-Preferences]를 클릭합니다.

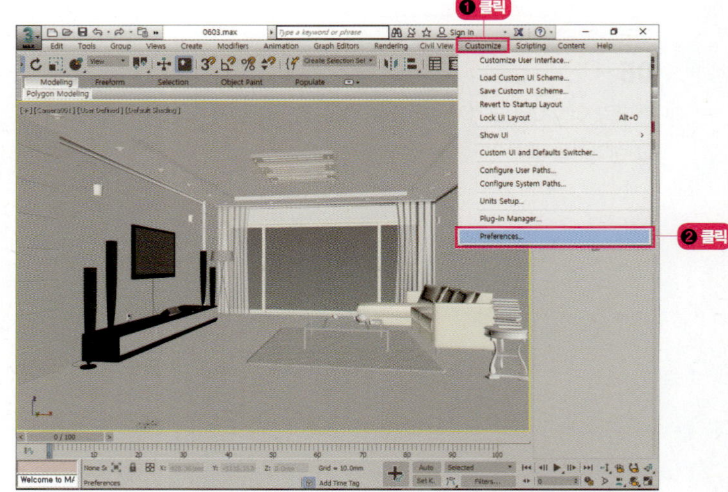

## 02

[Gamma and LUT] 메뉴를 선택하고 'Enable Gamma/LUT Correction'에 체크를 하고 [OK] 버튼을 클릭합니다.

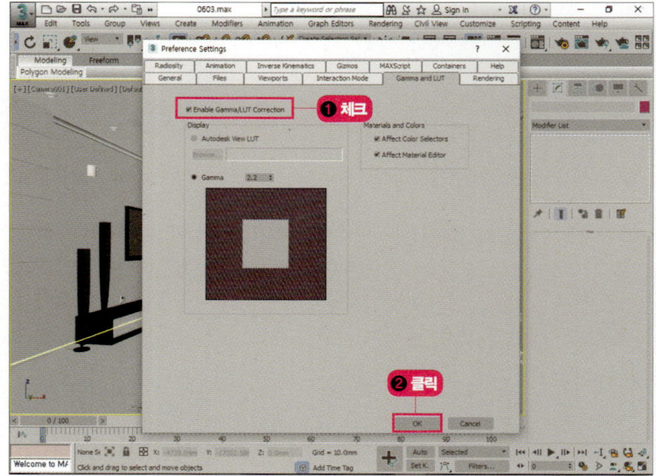

## Gamma and LUT 옵션 살펴보기

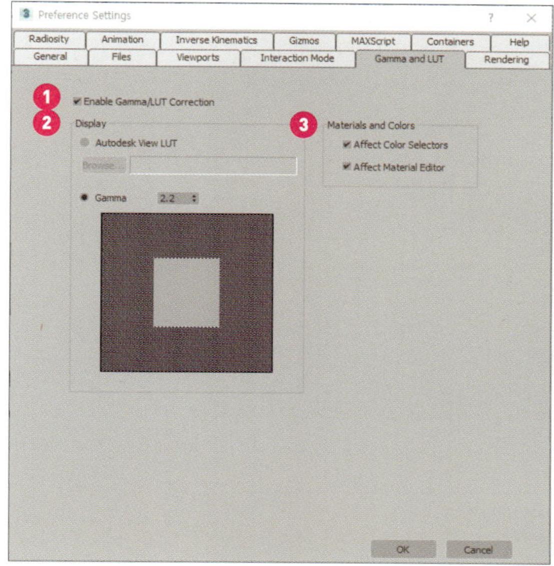

① **Enable Gamma/LUT Correction** : 체크하면 Gamma and LUT를 활성화합니다.

② **Display** : 모니터에서 보여지는 Gamma의 수치를 설정합니다.

③ **Materials and Colors** : Color Selector와 Material Editor에서 보여지는 색상과 재질을 Gamma 보정하여 보여줍니다.

감마 1.0으로 렌더링 한 이미지

감마 2.2로 렌더링 한 이미지

## 03

F10을 눌러 [Render Setup] 창을 열고 [V-Ray] 탭의 옵션을 아래와 같이 설정합니다.

[Image sampler(Antialiasing)]
Type : Bucket
[Image filter]
Filter : VRayLanczosFilter
[Environment]
GI Environment : On 체크

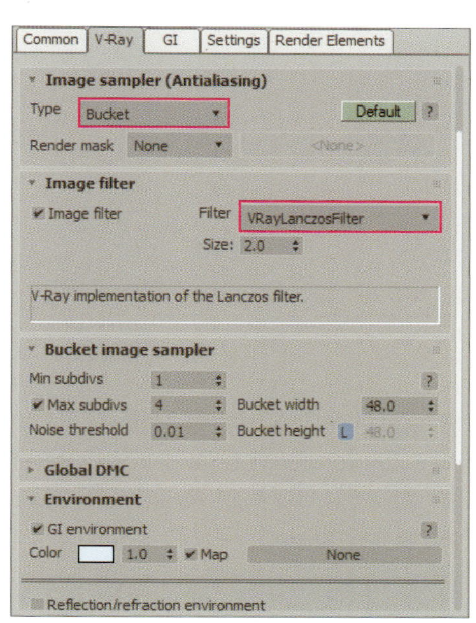

## 04

[GI] 탭의  옵션을 아래와 같이 설정합니다.

> Current preset : Custom
>
> Min rate :−3
>
> Max rate :−3
>
> HSph. subdivs :50
>
> Interp. samples :50

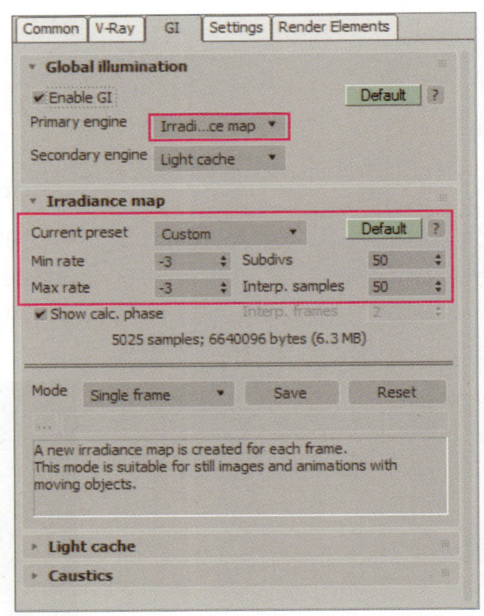

 **tip** 지금은 테스트 렌더링이므로 옵션 값을 높여 렌더링 시간을 길게 할 필요가 없습니다. 전체적인 이미지의 느낌을 볼 수 있게 옵션 값을 낮춰 빠르게 렌더링 하여 이미지의 분위기를 수정한 후 나중에 옵션 값을 높여 최종 렌더링을 하는 것이 좋습니다.

## 05

[Menu Bar-Rendering-Environment] 메뉴를 클릭합니다.
(단축키 8 )
Background Color를 흰색으로 선택합니다. 렌더링 되는 배경 색상을 흰색으로 표현합니다.

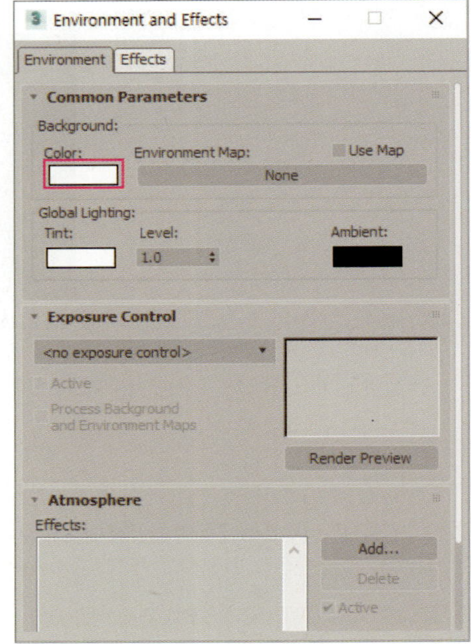

## 06

기본적인 세팅을 한 후 렌더링 한 이미지입니다. 아무런 조명을 설치하지 않았지만 [Environment]의 GI Environment에 흰색을 넣어 전체적으로 흰색의 조명이 들어간 것처럼 보이며 창문 밖의 흰색은 Background Color를 흰색으로 선택하여 흰색으로 표현되었습니다.

# VRaySun 설치하기

이번에는 VRaySun을 사용하여 실내에 태양광이 들어오는 느낌을 만들어보겠습니다.

## 01

Left View에서 그림과 같이 VRaySun을 대각선 방향으로 드래그하여  설치합니다. 창 밖에서 태양광이 들어오는 방향입니다.

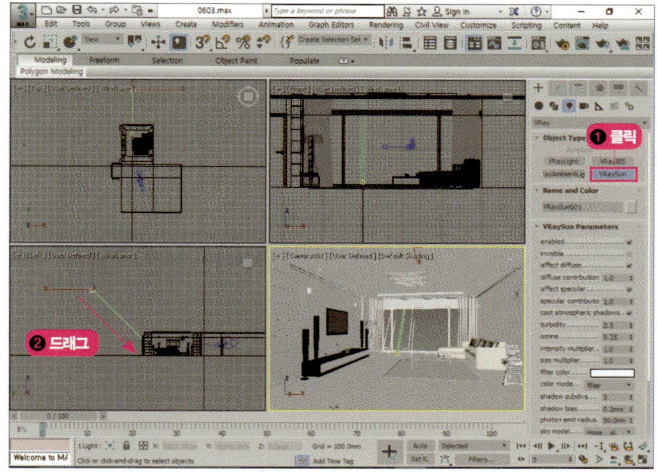

## 02

VRaySun을 설치하면 VRaySky를 Environment Map에 사용할 것인지를 물어봅니다.
실제와 같은 효과를 주려면 '예'를 눌러 VRaySky를 같이 사용해야 합니다.

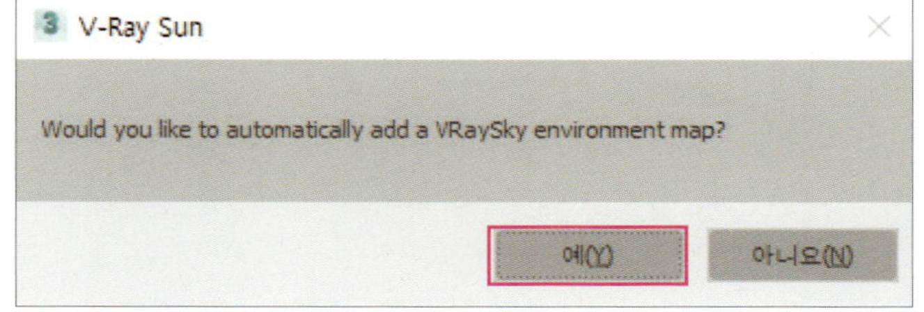


## 03

VRaySun을 설치한 후 바로 렌더링 한 이미지입니다. VRaySun만 설치하면 그림처럼 이미지가 하얗게 타는 것처럼 나타납니다. VRaySun은 밝기가 너무 강하기 때문에 Physical Camera를 따로 설치하여 광량을 조절해야 합니다.

# Physical Camera 설치하기

VRaySun의 밝기는 일반 Light보다 매우 밝기 때문에 VRaySun만 설치하면 너무 환하게 이미지가 렌더링이 됩니다.
제대로 된 이미지를 얻기 위해서는 광량을 조절할 수 있는 Physical Camera를 함께 설치해야 합니다.

## 01

현재는 일반 카메라를 사용하기 때문에 광량을 조절할 수 있는 세부옵션이 없으므로 Physical Camera를 새로 만들어 보겠습니다. 기존의 카메라 뷰에서 P 를 눌러 Perspective View로 바꿉니다.

## 02

[Menu bar-Create-Cameras-Create Physical Camera From View]를 선택합니다.

tip

Physical Camera는 2016부터 추가된 기능입니다. 이전 버전에서는 VRay Physical Camera를 사용하세요.

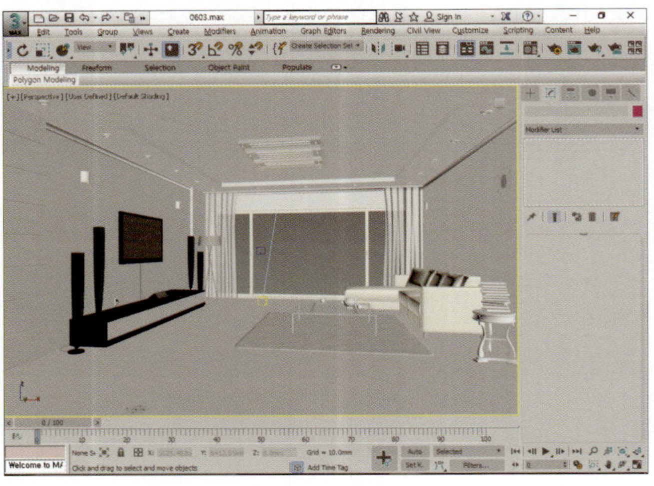

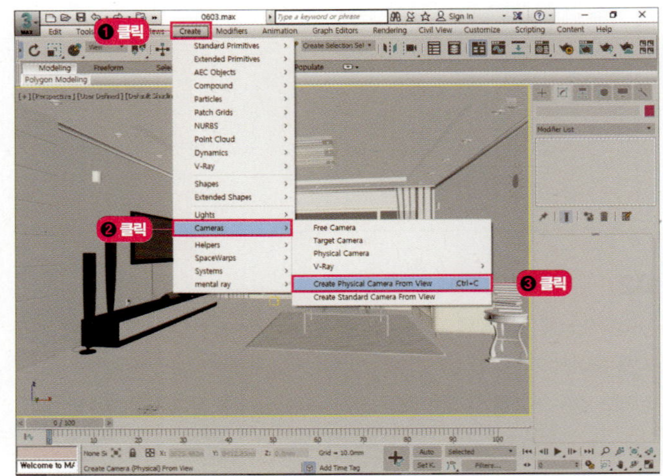

## 03

Perspective View에서 보는 시점으로 Physical Camera가 생성이 됩니다.

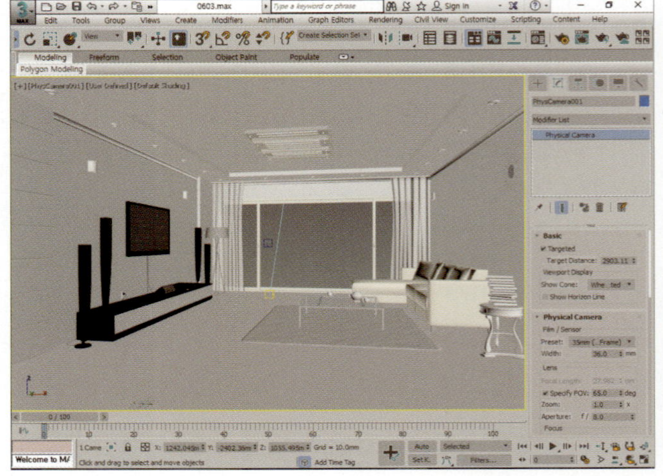

## 04

Shift + F 를 누르면 실제 렌더링이 되는 사이즈로 View가 보여지는 것을
확인할 수 있습니다. 현재 렌더링 사이즈가 800x400으로 되어 있기 때문
에 와이드 화면처럼 보입니다.

 **tip** 렌더링 할 Viewport는 Show Safe Frames를 적용하면 출력 사이즈에
맞게 화면이 맞춰지므로 Viewport에서 잘리는 부분 없이 렌더링이 가능합
니다.

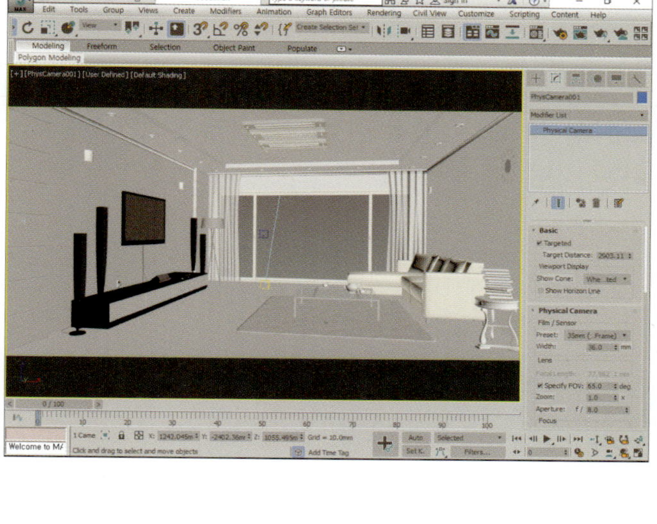

## 05

Physical Camera의 Lens 옵션 중 Specify FOV 값을 70으로 수정합
니다. Lens의 Specify FOV 값을 이용하여 카메라를 움직이지 않고 시점
만 왜곡시켜 보이는 화면을 줌인/줌아웃 할 수 있습니다. 수치가 작아질수록
줌인이 되고, 수치가 높을수록 줌아웃이 됩니다.

Specify FOV : 70

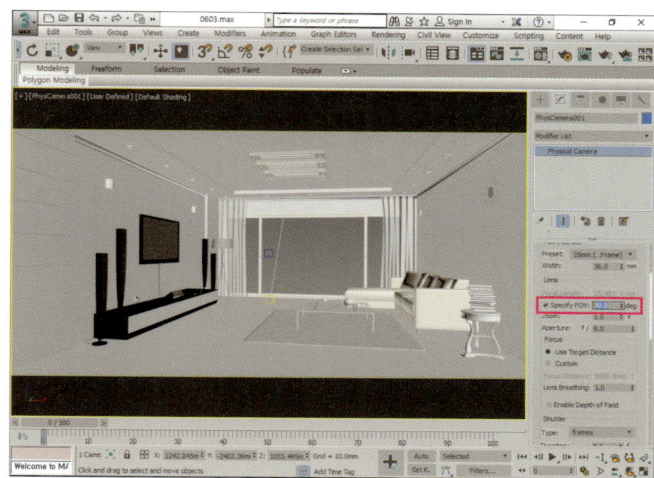

## 06

Physical Camera의 Exposure Gain의 Target 값을 13으로 수정합니
다. 수치가 낮을수록 밝아지고 높을수록 어두워집니다.

Exposure Gain의 Target : 13

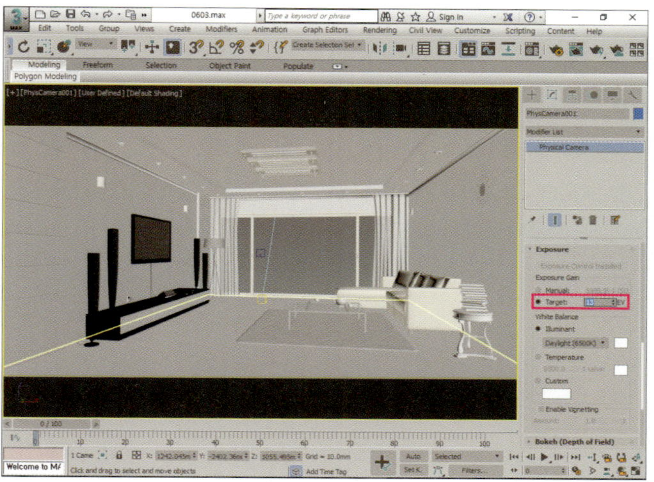

## 07

Physical Camera에서 렌더링 한 이미지입니다. VRaySun만 설치하
고 렌더링 했을 때와는 달리 밝기가 어느 정도 어두워진 것을 확인할 수 있
습니다.

## 08

VRaySun과 Physical Camera을 옵션을 그림과 같이 설정합니다.
VRaySun의 탁도와 밝기를 낮추고 Physical Camera에서 색온도를 수
정하여 밝기 및 색감을 변경합니다.

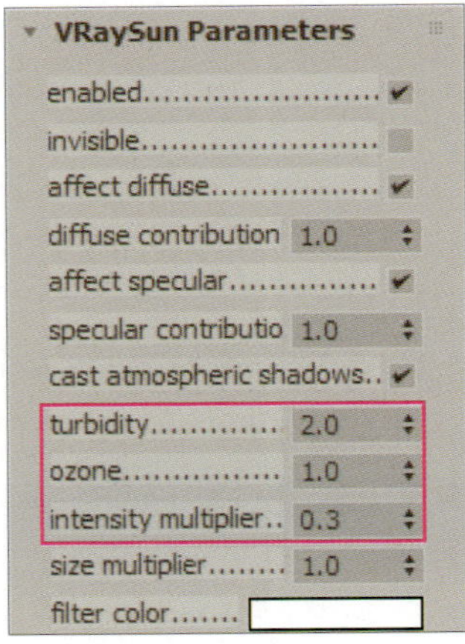

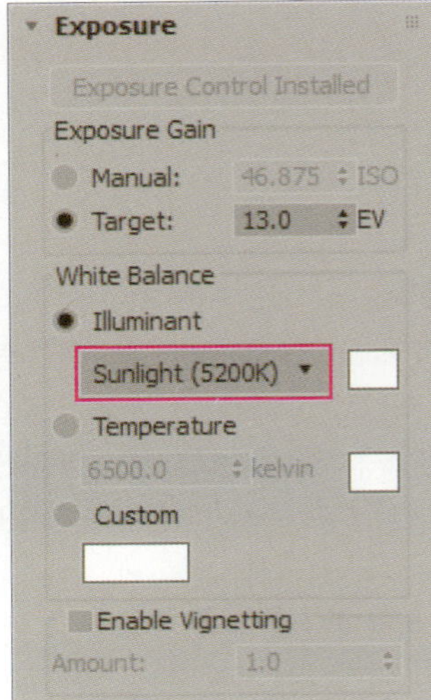

[VRaySun]
turbidity : 2.0
ozone : 1.0
intensity multiplier : 0.3

[PhysicalCamera]
White Balance
Illuminant : Sunlight(5200K)

## 09

옵션을 수정한 후 렌더링 한 화면입니다. 밝기와 색감이 많이 바뀐 것을 확
인할 수 있습니다. 반드시 위의 옵션이 아니더라도 다양하게 옵션 값을 수정
하여 테스트를 해보기 바랍니다.

# VRayLight 설치하기

이번에는 어두운 실내에 VRayLight를 설치하여 실내를 환하게 만들어보겠습니다.
VRayLight의 색상과 밝기 옵션을 수정하여 실내 분위기를 다양하게 표현할 수 있습니다.

## 01

그림처럼 창밖과 실내에 안쪽을 비추는 VRayLight를 2개 설치합니다.
창밖에 있는 조명은 실내 방향으로, 실내에 있는 조명은 창밖을 향하도록 합
니다.

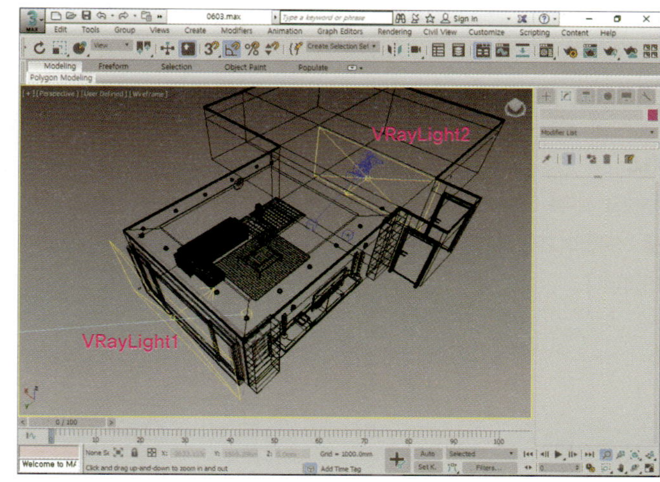


## 02

아래 그림처럼 VRayLight의 옵션을 수정합니다.

[VRayLight 1]
Multiplier : 20
Color : 하늘색
Half-length : 2400㎜
Half-width : 1100㎜
Invisible : 체크

[VRayLight 2]
Multiplier : 15
Color : 흰색
Half-length : 2400㎜
Half-width : 1100㎜
Invisible : 체크

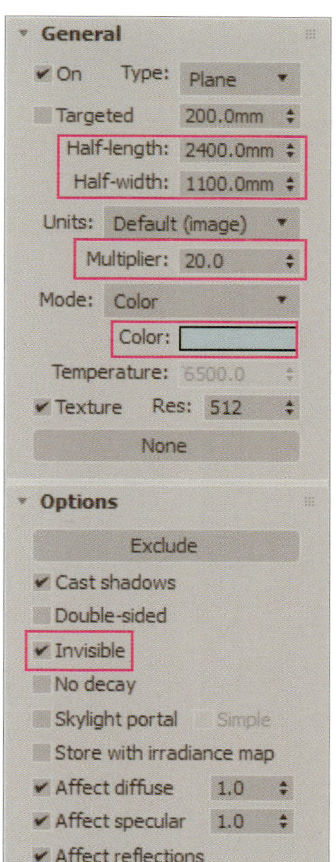

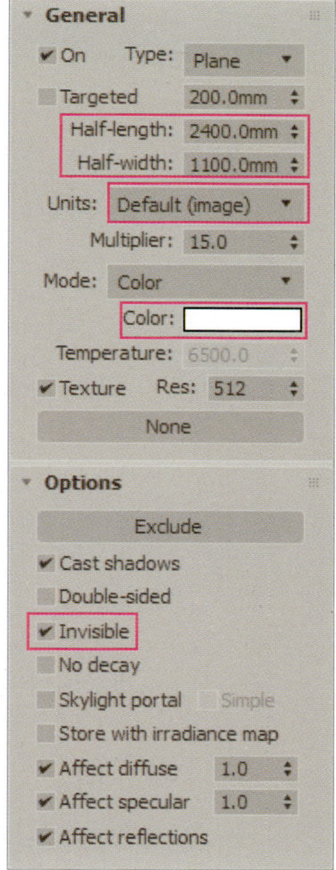

## 03

VRayLight를 설치한 후 렌더링 해보면 실내가 많이 밝아진 것을 확인할 수 있습니다. VRaySun만으로 부족한 조명을 VRayLight를 이용하여 세부적인 밝기를 조절하여 환한 느낌을 만들어보았습니다. 조명은 많은 연습이 필요하기 때문에 많이 테스트를 해 봐야 감각을 빨리 익힐 수 있습니다.

## 04

재질을 적용한 이미지입니다. 예제와 같이 하는 것보다 다양한 느낌의 재질을 적용하여 조명과 재질에 따라 실내 분위기가 어떻게 바뀌는지 연습해보기 바랍니다.

# 야간 실내 분위기 연출하기

이번에는 야간 Scene을 표현해보겠습니다. 야간 신은 외부에서 유입되는 조명이 거의 없고,
실내 조명에 의해서만 밝기가 표현되기 때문에 실내에 조명을 효과적으로 만드는 것이 중요합니다.

**예제 파일**
C:/315-5466/Part6/0603_야간.max

## 01

'C:/315-5466/Part6/0603_야간.max' 파일을 불러옵니다. [Menu
Bar-Rendering-Environment] 메뉴를 클릭합니다(단축키 8 ).
Background Color를 검은색으로 선택합니다. 렌더링이 되는 배경 색상
을 어둡게 표현하기 위하여 색상을 검은색으로 바꾸었습니다.

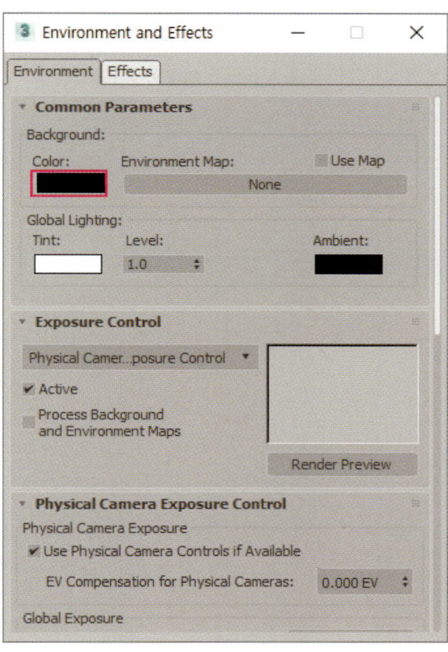

## 02

F10을 눌러 [Render Setup] 창을 활성화시킨 후 [V-Ray] 탭을 클릭합니
다. [Environment]의 GI Environment에 있는 On을 체크 해제합니다.

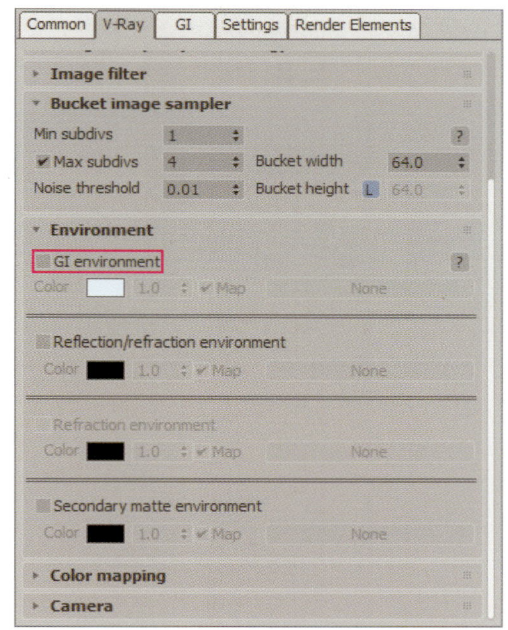

## 03

설정을 수정한 후 렌더링 한 이미지입니다. 조명도 없고, 외부에서 들어오는
빛도 없고, 배경도 검은색으로 설정해서 어둡게 렌더링이 됩니다. 위에 조명
은 필자가 전구에만 VRayLightMtl을 적용하여 벽등 에는 희미하게 조명이
들어간 것처럼 보입니다. 이제 실내에 조명으로 사용할 VRayLight를 설치
해보겠습니다.

# 실내 VRay 조명 설치하기

실내 조명으로 사용할 VRayLight는 Light의 형태를 Plane보다 Sphere로 설정하여 사방으로 빛이 나가는 느낌으로 표현해보겠습니다.

## 01

먼저 벽등에 VRayLight를 설치해보겠습니다. 실내에 총 3개의 벽등이 있으므로 그림과 같은 위치에 3개의 VRayLight를 설치합니다. VRayLight를 하나를 먼저 만든 후 3개가 같은 형태이므로 복사 옵션을 Instance로 선택하여 같이 수정이 되도록 하는 것이 편합니다.

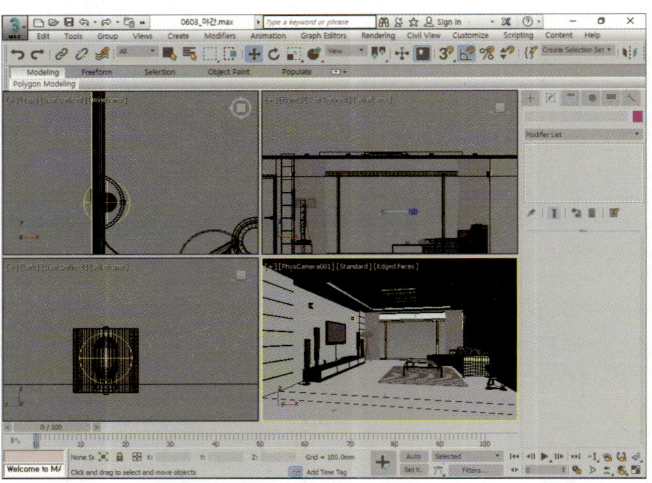

## 02

벽에 설치된 VRayLight의 옵션을 아래와 같이 수정합니다. 색상을 아이보리색으로 하여 아늑한 느낌이 들도록 합니다.

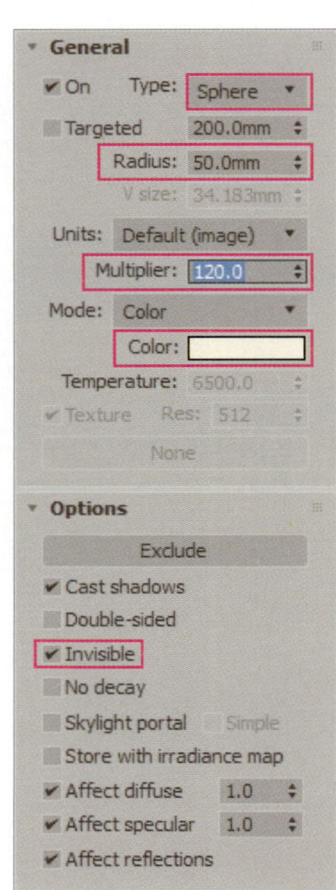

- Type : Sphere
- Radius : 50mm
- Multiplier : 120
- Color : 아이보리
- Invisible : 체크

## 03

벽의 조명을 설치한 후 렌더링 한 이미지입니다. 3개의 VRayLight로 실내 밝기가 처음보다 조금 밝아졌습니다.

## 04

이번에는 거실 스탠드 조명을 설치해보겠습니다. 그림과 같은 위치에 VRayLight를 만듭니다.

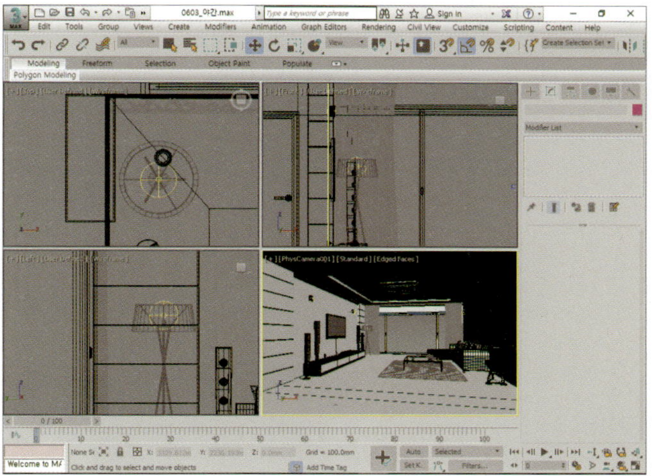

## 05

설치된 VRayLight의 옵션을 아래와 같이 수정합니다.

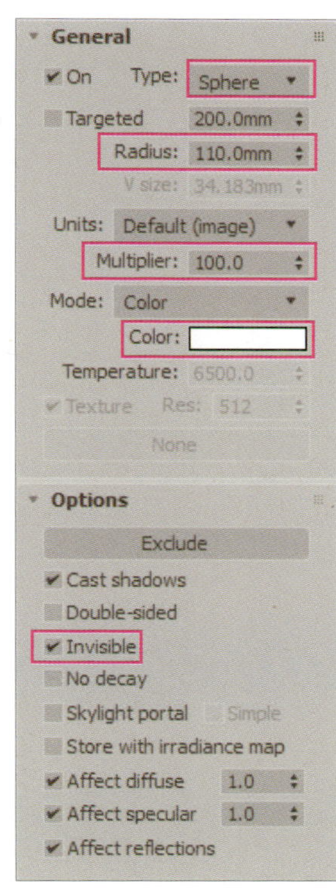

- Type : Sphere
- Radius : 110㎜
- Multiplier : 100
- Color : 흰색
- Invisible : 체크

## 06

거실 스탠드 조명을 설치한 후 렌더링 한 이미지입니다. 거실의 분위기가 조금씩 환해지고 있네요.

**tip** 양쪽 끝의 조명은 같은 옵션이므로 instance로 복사하면 관리하기가 편합니다.

## 07

이번에는 야간 조명의 메인이 되는 천장 조명을 설치해보겠습니다. 그림처럼 천장 등의 위치에 3개의 VRayLight를 만듭니다.

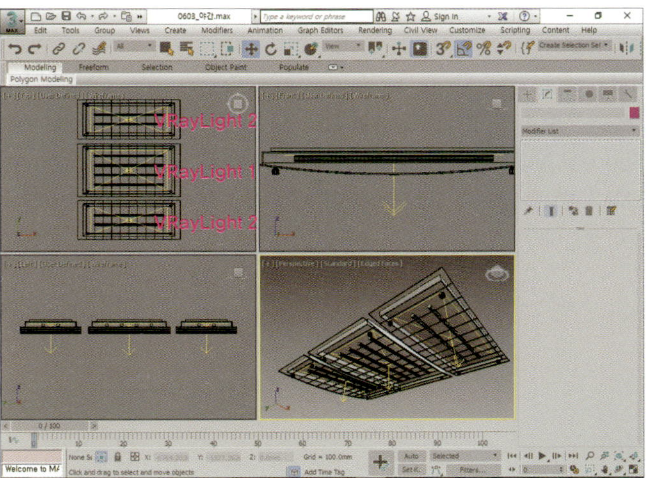

## 08

만들어진 VRayLight의 옵션을 아래와 같이 수정합니다.

[VRayLight 1]
- Multiplier : 60
- Color : 흰색
- Half-length : 410㎜
- Half-width : 220㎜
- Invisible : 체크

[VRayLight 2]
- Multiplier : 80
- Color : 흰색
- Half-length : 410㎜
- Half-width : 150㎜
- Invisible : 체크

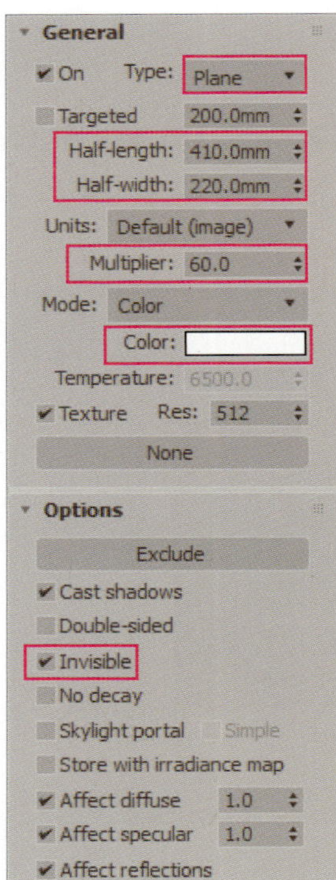
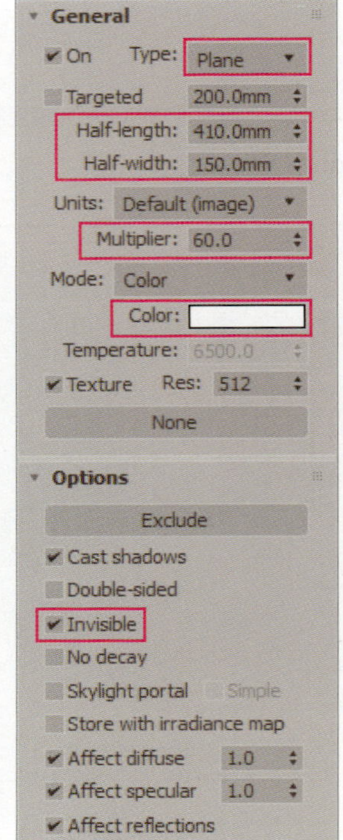

## 09

천장등에 조명을 설치한 후 렌더링 한 이미지입니다. 처음보다 밝은 실내가 표현되었습니다.

## 10

재질을 적용한 후 렌더링 한 이미지입니다. 방금 연습해본 것처럼 야간 Scene은 실내 조명에 의해 분위기가 만들어지기 때문에 VRayLight의 색 상이나 밝기를 많이 수정해보고 테스트하여 자신만의 분위기를 만들어 가는 것이 좋습니다.

# Exterior 렌더링 기본 익히기

필자는 Exterior의 태양광을 표현할 때 Direct Light와 VRaySun을 주로 사용합니다. VRaySun은 처음 사용하는 분들은 적응하기 어렵기 때문에 사용하지 않는 분도 많지만, 기본적인 것만 익혀도 손쉽게 좋은 느낌의 이미지를 만들 수 있습니다. VRaySun의 옵션과 사용 방법에 대하여 알아보겠습니다.

학습
목표

시간에 따라 다른 태양광을 표현하기 위해 VRaySun을 조작해보고,
수동 카메라처럼 세밀한 설정을 할 수 있는 VRayPhysicalCamera의 기능들을 학습한다.

① VRaySun의 옵션에 대하여 알아보기

② Exterior의 주간 씬과 야간 씬 연습하기

# 01

# 현실 같은 태양광을 표현하는 VRaySun

VRaySun은 조명의 위치에 따라 실제 태양광의 느낌을 표현하는 조명입니다. 평면을 기준으로 수직으로 위에 있을 때는 한낮의 느낌을 만들고 평면에 가까이 있을 때는 저녁과 같은 느낌을 만들어 줍니다.

## ■ VRaySun Parameter

VRaySun은 위치와 turbidity, ozone의 수치에 의하여 표현되는 느낌이 달라집니다. 옵션이 많지 않지만 원하는 느낌의 이미지를 만들기 위해 Parameters의 수치 설정을 바꿔가면서 렌더링을 하여 어떤 느낌이 만들어지는지 연습해보시기 바랍니다.

① **enabled** : VRaySun의 적용 여부를 설정합니다. 체크하면 VRaySun을 적용합니다.

② **invisible** : 광원의 적용여부를 설정합니다.

③ **turbidity** : 대기 중 먼지의 양으로 날씨의 탁도를 설정합니다. 수치가 낮을수록 맑게 표현되고, 높을수록 노랗게 표현됩니다.

④ **ozone** : 대기 중 오존의 농도를 설정합니다. 수치가 낮을수록 노랗게 표현되고, 높을수록 파랗게 표현됩니다.

⑤ **intensity multiplier** : VRaySun의 밝기를 설정합니다.

⑥ **size multiplier** : VRaySun의 크기를 설정합니다.

⑦ **shadow subdivs** : 그림자의 입자 수를 설정합니다.

⑧ **shadow bias** : 그림자와 Object 간의 거리를 설정합니다.

⑨ **photon emit radius** : 반구의 간격을 설정합니다.

⑩ **sky model** : 하늘의 분위기를 맑거나 흐리게 설정합니다.

## ■ VRaySun의 위치에 따른 밝기 변화

VRaySun의 위치에 따른 태양광의 느낌의 변화를 알아보겠습니다.

**VRaySun이 거의 수직 방향일 때는 한낮의 느낌을 표현할 수 있습니다.**

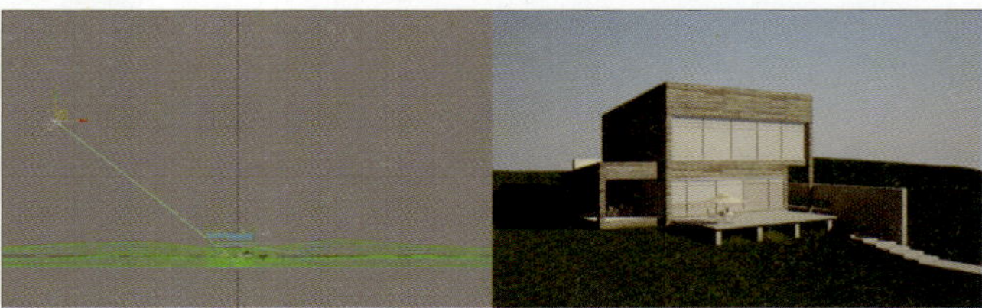

**각도를 45° 정도로 내리면 오후의 느낌을 표현할 수 있습니다.**

VRaySun을 지평선에 가깝게 놓으면 저녁 느낌을 표현할 수 있습니다.

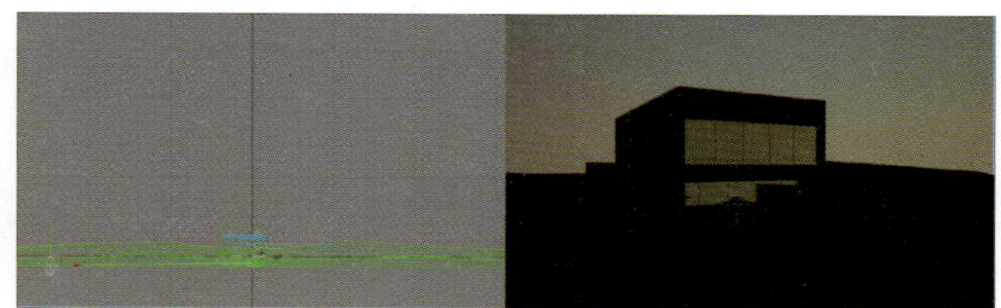

지평선 아래로 내리면 해가 진 어두운 느낌을 표현할 수 있습니다.

## ▨ ozone의 수치에 의한 색상 변화

ozone의 수치가 0일 때는 전체적으로 노란색 분위기를 표현할 수 있습니다.

ozone의 수치가 1일 때는 맑은 하늘색 분위기를 표현할 수 있습니다.

## ▨ turbidity의 수치에 의한 색상 변화

turbidity의 수치가 3일 때는 하늘색 분위기를 표현할 수 있습니다.

turbidity의 수치가 10일 때는 노란색 분위기를 표현할 수 있습니다.
수치가 높아질수록 진한 노란색을 표현할 수 있습니다.

## 02

# 실제 카메라 같은 VRayPhysicalCamera

VRay가 업데이트되면서 기존에 사용되던 VRayPhysicalCamera대신 기본으로 제공되는 Physical Camera로 사용이 가능하게 되어 최신 버전의 VRay에서는 VRayPhysicalCamera가 사라졌습니다.

하지만 VRayPhysicalCamera의 사용을 원하는 분들은 스크립트를 추가하여 사용이 가능하므로 이전 버전 사용자나 사용을 원하는 분들은 아래 스크립트를 스크립트 창에 입력한 후 엔터를 치면 뷰포트에 VRayPhysicalCamera를 추가할 수 있습니다.

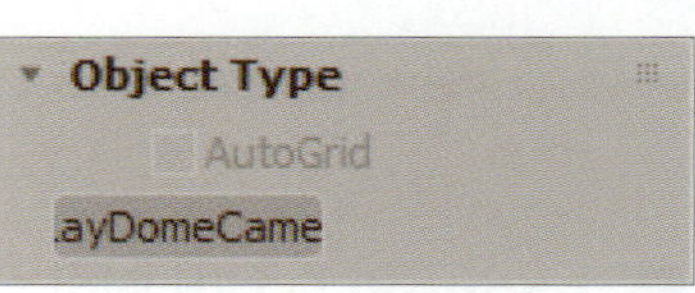


```
vrayCreateVRayPhysicalCamera()
Welcome to MAXScript.
```

**vrayCreateVRayPhysicalCamera()**

VRaySun은 실제 태양광의 느낌을 잘 표현하지만 일반 Light에 비해 밝기가 너무 강하기 때문에 광량을 조절할 수 있는 VRayPhysicalCamera를 설치한 후에 렌더링을 해야 합니다. 이번에는 실제 카메라와 같은 VRayPhysicalCamera에 대하여 알아보겠습니다.

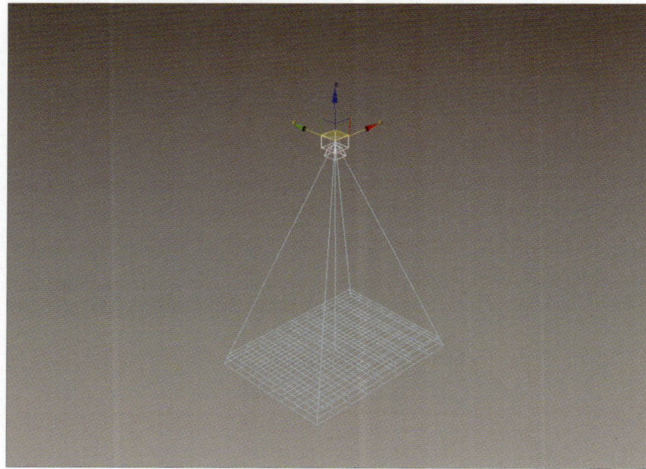

**뷰포트에 생성된 VRayPhysicalCamera**

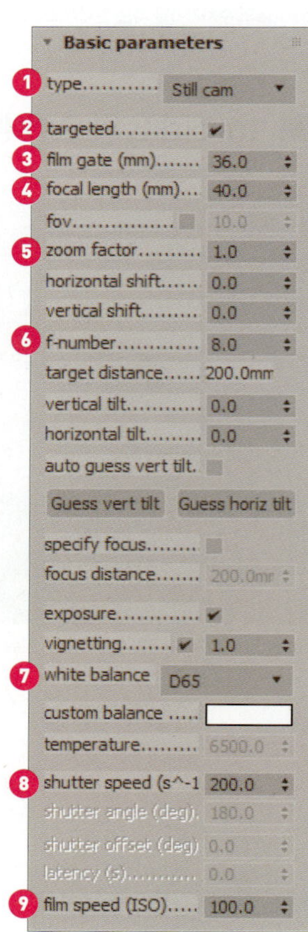


## ■ VRayPhysicalCamera Parameter

① **Type** : 사용할 카메라의 타입을 Still camera/Cinematic camera/Video camera 중에서 선택합니다.

② **Target** : 카메라 Target의 사용 여부를 설정합니다.

③ **Film gate(㎜)** : 카메라의 필름의 수평 크기로 카메라의 기종을 설정합니다.

④ **Focal length(㎜)** : 카메라의 초점 거리를 설정합니다. 초점 거리에 따라 다양한 규격의 렌즈로 구분됩니다. 일반적으로 35㎜ 렌즈를 많이 사용합니다.

⑤ **Zoom factor** : 설정 값이 1.0보다 클 경우 zoom in 되며, 작을 경우 Zoom out 됩니다.

⑥ **F-number** : 카메라에 들어오는 빛의 양을 조절하여 밝기를 설정합니다. f-number의 수치가 작아질수록 이미지가 밝아지고, 높아질수록 어두워집니다.

⑦ **White Balance** : 색을 정확하게 표현하기 위해 카메라의 빛 색상을 조절합니다. 제거하고 싶은 색상의 반대색을 지정합니다. 기본적으로 제공하는 White Balance의 세팅에 따른 이미지의 변화를 살펴보겠습니다.

Neutral

Daylight

D75

D65

D55

D50

Temperature

⑧ **Shutter speed** : 셔터가 열려 있는 시간을 말하며, 오래 열려 있을수록 광량이 많고, 짧게 열려 있을수록 광량이 적어집니다.(예 : 1/100초는 1/200초보다 광량이 2배입니다). shutter speed 수치가 작아질수록 이미지가 밝아지고, 높아질수록 어두워집니다.

⑨ **Film speed(ISO)** : 필름의 감광 속도를 말하며, 감도가 높아질수록 사진의 밝기가 더 밝아집니다. film speed 수치가 작아질수록 이미지가 어두워지고, 높아질수록 밝아집니다.

# 주간 외부 투시도 연출하기

이번에는 외부 투시도를 위한 조명 세팅 및 카메라 세팅에 대하여 알아보겠습니다.

**예제 파일**
C:/315-5466/Part06/0604.max

## 01

'C:/315-5466/Part06/0604.max' 파일을 불러오면 풀 빌라가 보입니다. HDRI를 이용한 조명 적용 및 VRaySun의 조명을 설치하고 세팅하는 방법에 대하여 알아보겠습니다.

## 02

F10을 눌러 [Render Setup] 창을 엽니다. Renderer를 VRay로 설정한 후 아래의 옵션으로 설정합니다.

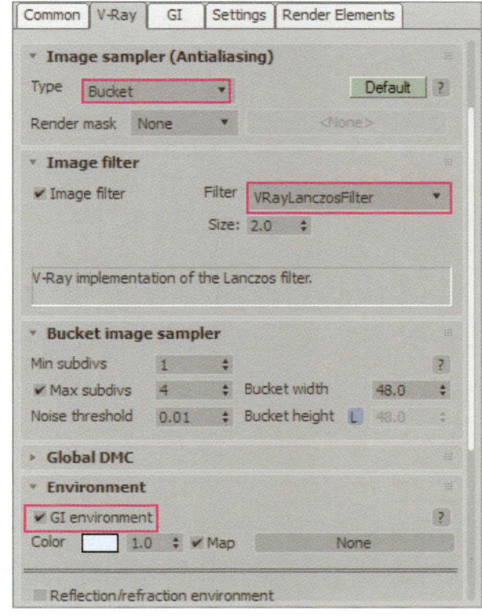

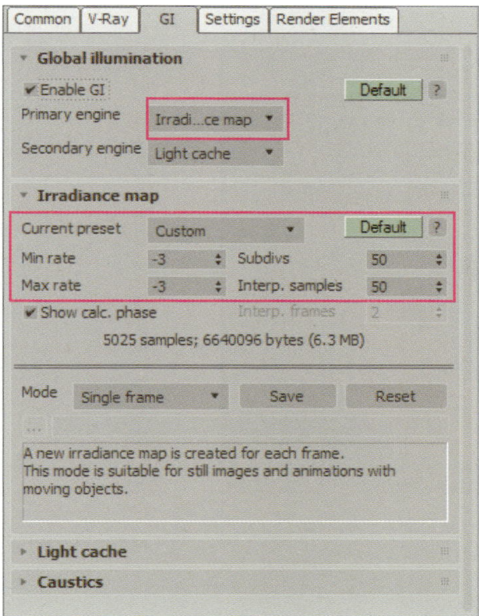

[Image sampler(Antialiasing)]
Type : Bucket
[Image filter]
Filter : VRayLanczosFilter
[Environment]
GI Environment : On 체크

[GI]
Enable GI 체크
Primary engine : Irradiance map  Multiplier : 1.0
Secondary engine : Light cache  Multiplier : 1.0
[Irradiance map]
Current preset : Custom
Min rate : -3
Max rate : -3
subdivs : 50
Interp. samples : 50

## 03

렌더링을 해보면 그림과 같이 GI만 적용되어 밋밋해 보입니다. 이제 배경과
조명을 넣어보겠습니다.

## 04

먼저 배경을 넣어보겠습니다. '8'키를 눌러 [Environment] 창을 엽니다.
Environment Map의 None을 클릭한 후 [Material/Map Brower] 창
에서 VRayHDRI를 선택합니다.

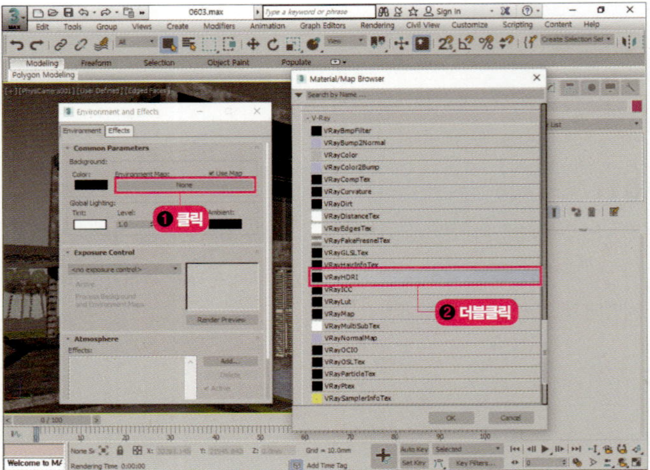

## 05

M을 눌러 [Material Editor]를 엽니다. Environment Map의 VRayHDRI
를 Material Editor의 활성뷰에 드래그 앤 드롭하여 놓습니다. 복사 옵션을
물어보는 대화상자가 나타나면 'Instance'를 선택한 후 [OK] 버튼을 클릭합
니다.

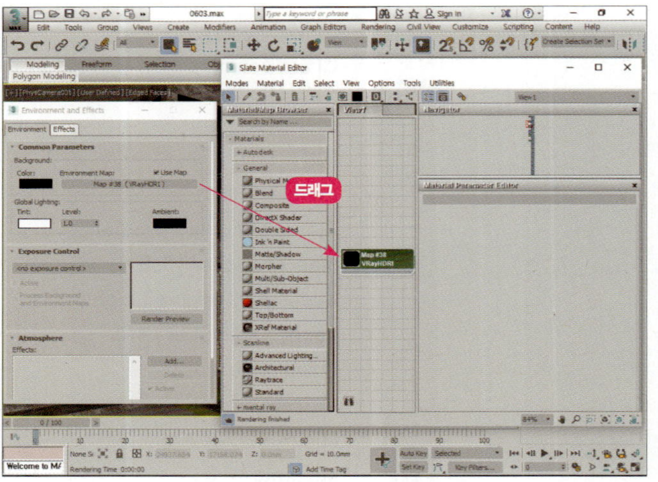

## 06

[Material Editor]에서 HDRI를 더블클릭하여 Parameter Editor를 활성
화시킵니다. HDR map의 Browse를 클릭한 후 Part04 예제 진행 중 다
운로드한 'CGSkies_0339_free.hdr' 파일을 선택합니다. Mapping type
은 'Spherical'로 설정합니다.

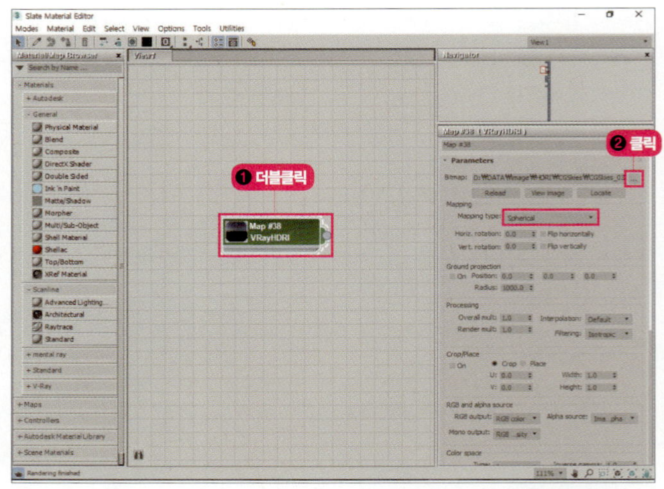

Mapping type : Spherical

## 07

Alt + B 를 눌러 [Viewport Configuration] 창을 엽니다.
'Use Environment Background'를 선택하고 OK를 클릭합니다.

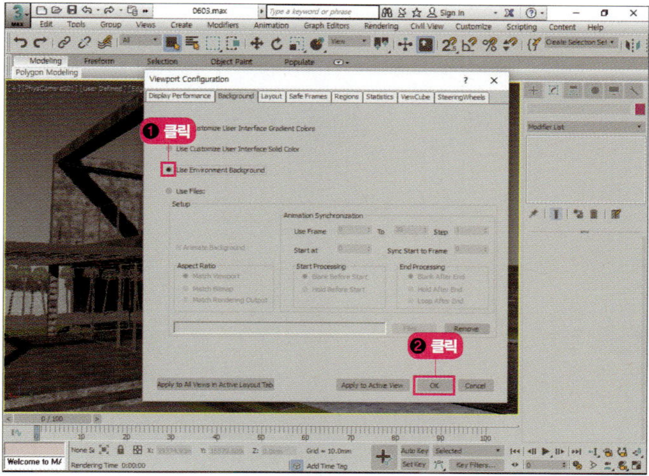

## 08

Viewport의 배경이 Environment Map에서 설정한 VRayHDRI의 이미지로 나타납니다.

## 09

P 를 눌러 Perspective View로 전환한 후 Viewport를 회전시켜 보면 환경맵이 적용되어 있으며 현재 태양의 위치가 건물정면 기준으로 우측 45도쯤에 있는 것을 확인할 수 있습니다. 태양광의 위치에 따라 그림자의 방향이나 길이가 달라지므로 중요한 부분입니다.
따로 조명을 설치할 때도 태양광의 위치에 맞춰 설치하는 것이 좋습니다.

## 10

M 을 눌러 [Material Editor]를 열고 HDRI의 Parameters 중 Horiz. rotation 값을 −60으로 입력합니다.

Horiz. rotation : −60

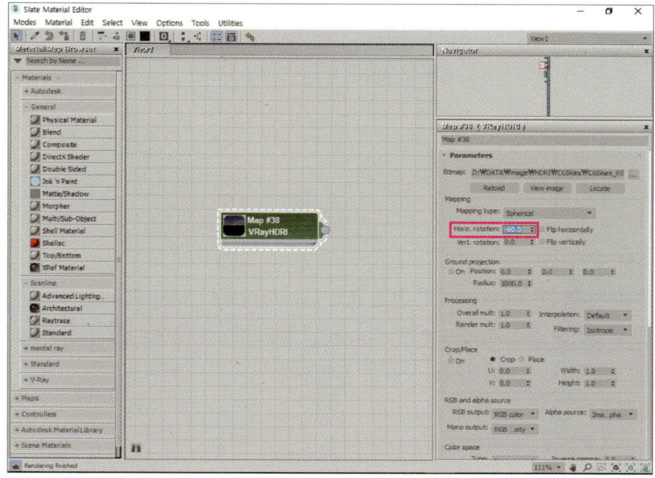

## 11

Viewport에서 확인해 보면 태양광이 건물의 정면 좌측으로 이동하였습니다.

## 12

C를 눌러 카메라 뷰로 돌아옵니다. 렌더링을 해 보면 배경 하늘이 추가되어 있습니다.

## 13

Top View에서 [Create-Lights-VRay-VRayLight]를 선택하고 Viewport에 조명을 설치합니다. Type을 Dome으로 설정하고 Viewport를 클릭하면 한 번에 DomeLight가 설치됩니다.

VRay Light Type : Dome

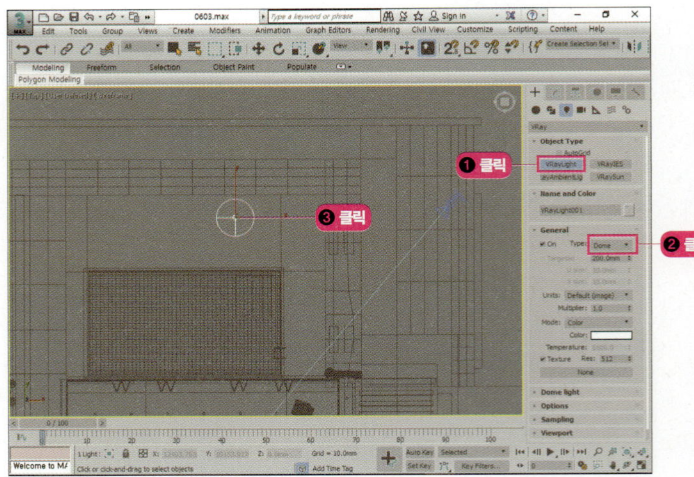


## 14

8을 눌러 [Environment] 창을 열고 Environment Map의 VRayHDRI 맵을 클릭한 후 VRayLight의 General 탭의 Texture에 드래그 하여 놓습니다. 복사 옵션은 'Instance'를 선택합니다.

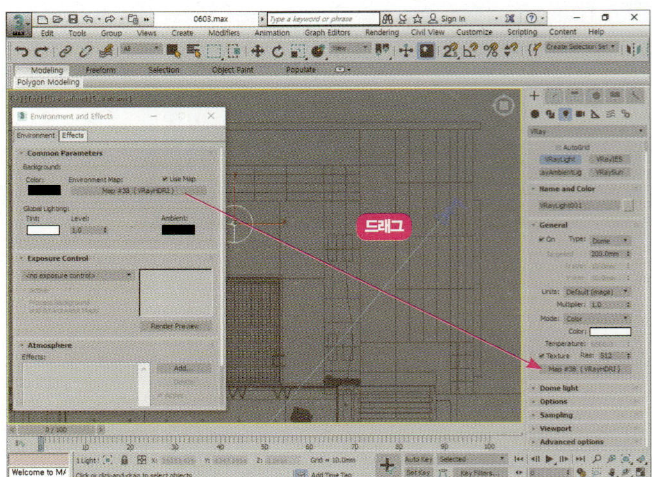

## 15

렌더링을 해 보면 HDRI 조명 값까지 적용되지만 결과물이 약간 어두우므로 밝기를 수정해 보겠습니다.

## 16

[Material Editor]에서 VRayHDRI의 'Overall mult' 값과 'Render mult' 값을 아래와 같이 수정합니다.

Overall mult : 3, Render mult : 3

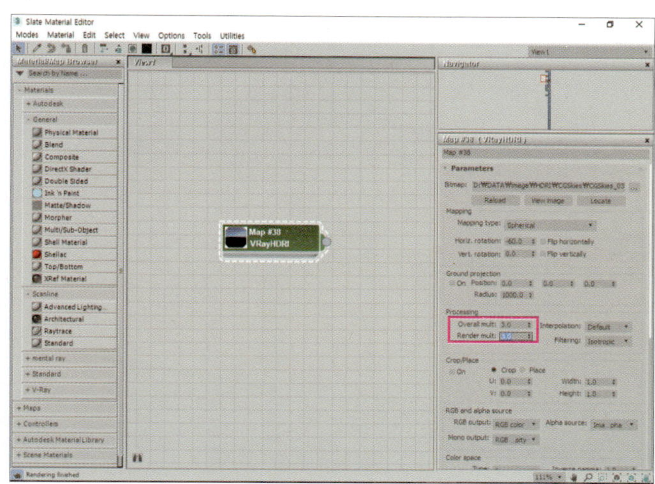

## 17

렌더링을 해 보면 전보다 더 환해진 것을 확인할 수 있습니다.

## 18

이번에는 VRayLight의 밝기를 수정해 보겠습니다. VRayLight의 Multiplier 값을 2로 수정합니다.

렌더링을 해 보면 전체적인 이미지가 더 환해졌습니다. 하지만 그림자까지 같이 환해져 명암의 표현이 약간 부족해졌습니다.

[Material Editor]에서 VRay HDRI의 Color space 항목에서 Inverse gamma 값을 0.7로 수정합니다. HDR 맵의 감마 강도를 조정하여 수치가 낮을수록 포토샵에서 Contrast를 적용한 것처럼 밝은 부분은 밝게, 어두운 부분은 어둡게 명암대비를 크게 합니다.

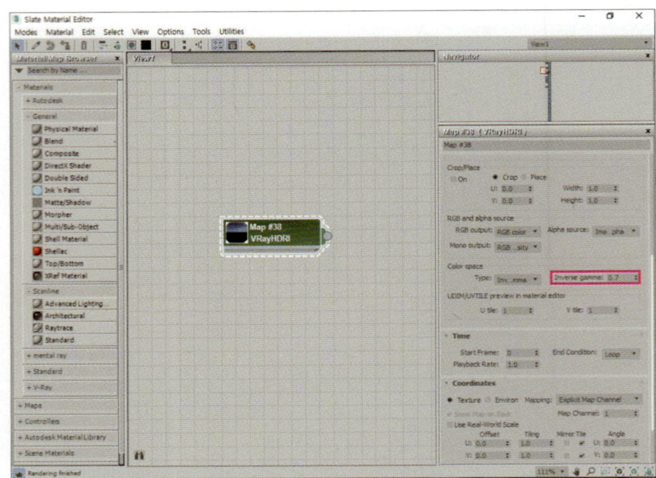



## 21

렌더링을 해 보면 이미지의 명암대비가 뚜렷해 진 것을 확인할 수 있습니다. 값을 너무 낮추면 타는 현상이 발생할 수 있으므로 값을 적절히 수정해 가며 밝기를 맞춥니다.

이번에는 [Material Editor]에서 Color space 항목의 Inverse gamma 값을 2.2로 수정하고 렌더링을 해 보겠습니다.

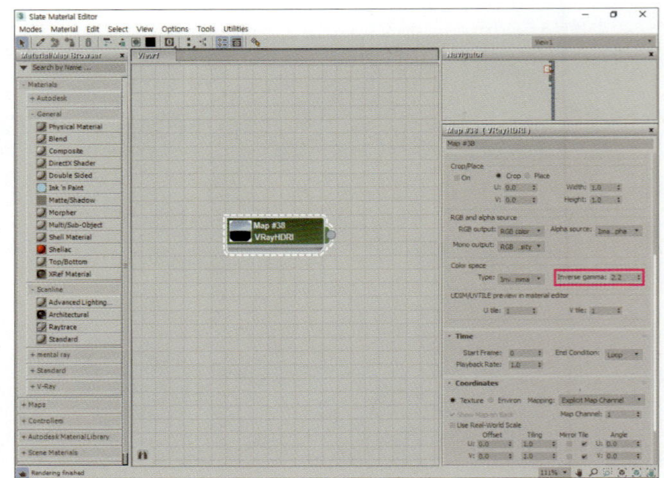

## 23

이전과 달리 명암의 경계가 거의 발생하지 않습니다. Inverse gamma의 값을 낮추지 않고 그림자를 표현하기 위해 조명을 설치해 보겠습니다.

## 24

Top View에서 [Create-Lights-VRay-VRaySun]을 선택하고 그림과 같이 건물 정면의 오른쪽 대각선 방향에서 건물을 비추는 방향으로 조명을 설치합니다. 조명의 방향은 초반에 HDR 맵의 태양 위치에 맞춘 것입니다. VRaySun을 설치하면 VRaySky 맵을 Environment map에 적용할 지 물어보는데 현재 HDRI 맵을 사용하고 있으므로 '아니오'를 선택합니다.

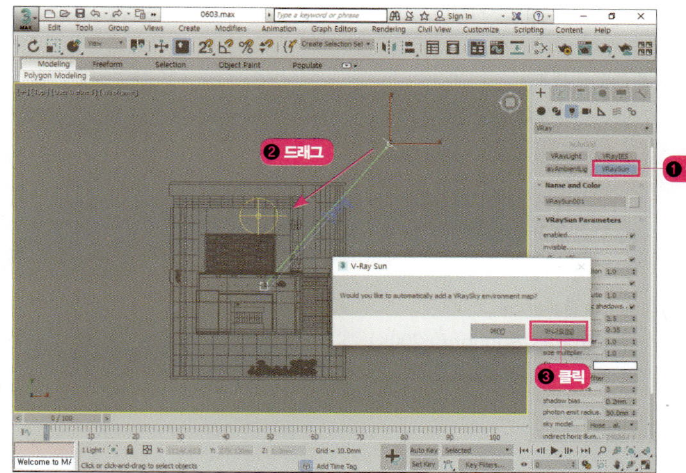


## 25

Front View에서 태양광의 높이만큼 조명을 위로 이동합니다. 태양의 위치는 Perspective View에서 뷰를 회전하여 확인할 수 있습니다.

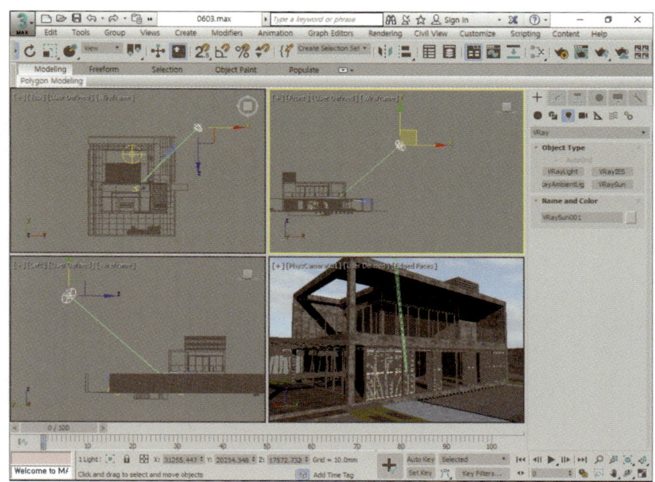

## 26

렌더링을 해 보면 조명이 너무 강해 타는 것처럼 렌더링이 됩니다.

## 27

Top View에서 씬에 설치된 Physical Camera를 선택하고 Modify에서 옵션을 아래와 같이 수정합니다.

Exposure Gane
Target : 12
White Balance
Illuminant : Sunlight(5200K)

## 28

렌더링을 해 보면 VRaySun의 강한 조명 값이 줄어든 것을 확인할 수 있습니다.

## 29

배경과 씬의 밝기를 맞추기 위해 [Material Editor]에서 VRayHDRI의
'Overall mult' 값과 'Render mult' 값을 아래와 같이 수정합니다.

Overall mult : 50, Render mult : 50

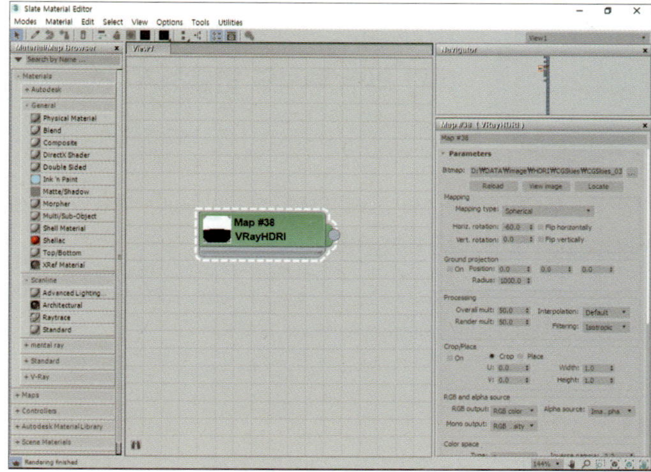

## 30

전체적인 이미지의 밝기가 보정되었습니다.

## 31

HDRI맵을 사용하지 않고도 VRaySun과 Physical Camera만을 이용하
여 비슷한 씬을 구성할 수 있습니다.

# 야간 외부 투시도 연출하기

야간 외부 투시도의 경우 조명 효과의 영향을 많이 받습니다. 따라서 자연스러운 야간 표현을 위해서는 조명이 있는 위치에 Light를 설치하고 씬에 맞는 조명 세팅을 통하여 실제와 같은 느낌을 만들 수 있습니다.

 **예제 파일**
C:/315-5466/Part06/0604.max

## 01

'C:/315-5466/Part06/0604.max' 파일을 불러옵니다. 수영장이 딸린 넓은 주택이 보입니다. 이번에는 여기에 조명을 설치하여 야간 외부 투시도 를 만들어보겠습니다.

## 02

F10을 눌러 [Render Setup] 창을 엽니다. Renderer를 VRay로 설정한 후 아래의 옵션으로 설정합니다.

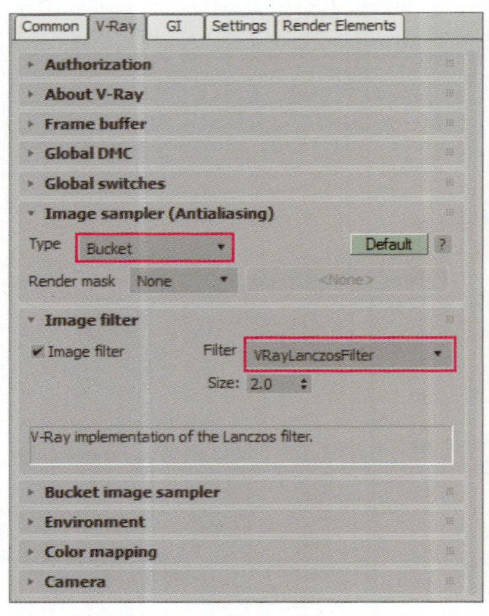

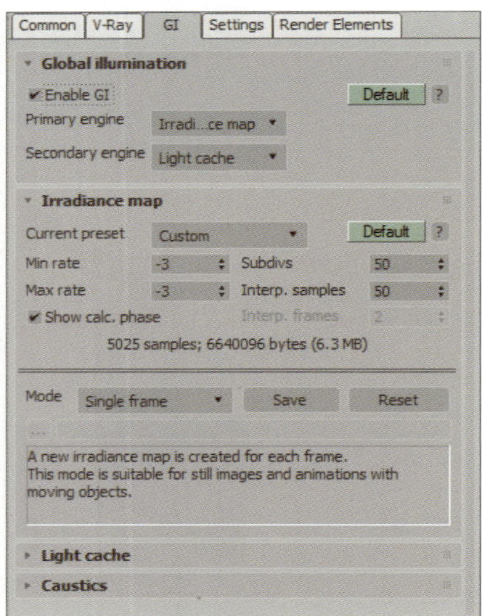

[GI]
Enable GI 체크
Primary engine : Irradiance map  Multiplier : 1.0
Secondary engine : Light cache   Multiplier : 1.0
[Irradiance map]
Current preset : Custom
Min rate : -3  Max rate : -3  subdivs : 50
Interp. samples : 50

[Image sampler(Antialiasing)]
Type : Bucket
[Image filter]
Filter : VRayLanczosFilter

## 03

주간 씬과 마찬가지로 Environment Map에 HDRI를 적용하고 [Material Editor]를 엽니다. Environment Map의 VRayHDRI를 Material Editor의 활성뷰에 드래그 앤 드롭하여 놓습니다. 복사 옵션을 물어보는 대화상자가 나타나면 'Instance'를 선택한 후 [OK] 버튼을 클릭합니다. VRayHDRI의 'Overall mult' 값과 'Render mult' 값을 아래와 같이 수정합니다.

> Overall mult : 0.4, Render mult : 0.4

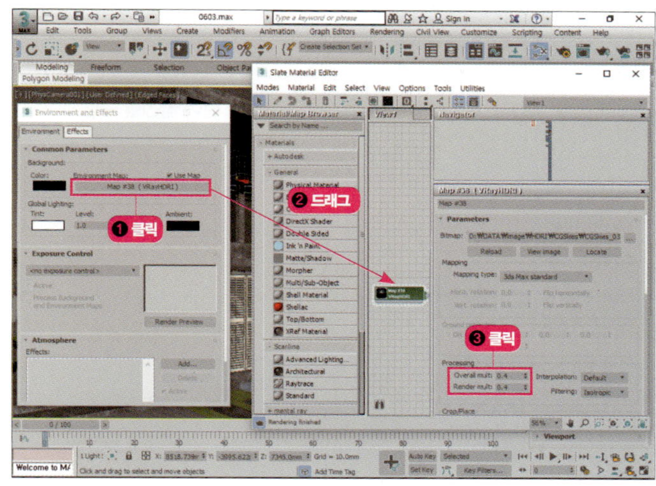

## 04

렌더링을 해 보면 조명이 어둡게 들어간 것을 확인할 수 있습니다.

## 05

Top View에서 VRayLight를 두개 설치합니다. 두 조명의 위치는 1층의 천장 부분이며 옵션은 아래와 같이 설정합니다. 조명의 옵션 값은 동일하며 그림과 같이 'ㄱ'자 형태로 배치합니다.

> Type : Plane
> Multiplier : 10
> Color : 흰색
> Half-length : 900㎜
> Half-width : 4000㎜
> Z-Position : 3125㎜

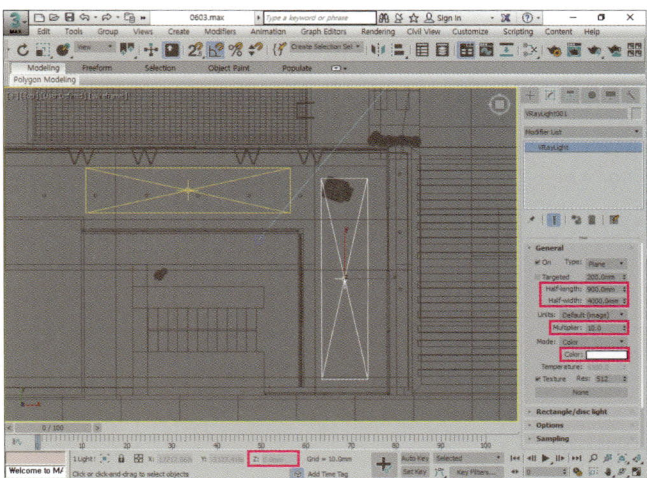

## 06

2층의 침실 위치에 VRayLight를 설치하고 아래와 같이 옵션을 수정합니다.

Type : Plane
Multiplier : 10
Color : 흰색
Half-length : 2800㎜
Half-width : 2000㎜
Z-Position : 7345㎜

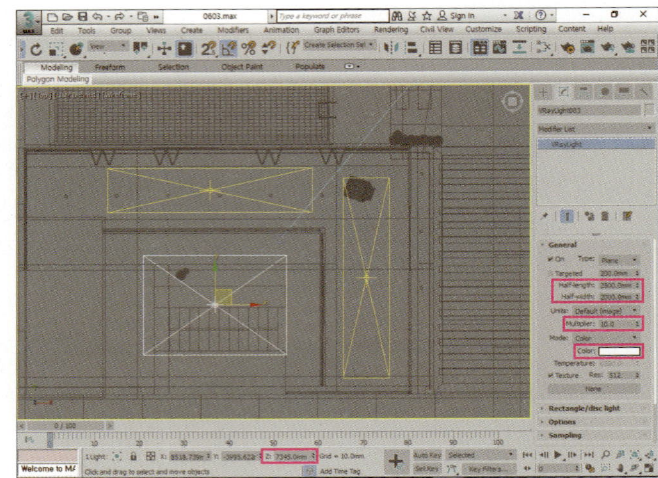

## 07

설치된 3개의 조명의 옵션 모두 Invisible에 체크하여 렌더링 시 조명이 나타나는 일이 없도록 확인합니다.

Invisible : 체크

## 08

렌더링을 해 보면 기본적으로 어두운 조명에 설치한 밝은 조명으로 야간씬을 표현하였습니다. 야간이라고 해서 완전히 어두운것이 아니라 외부에서도 약간의 조명이 있으므로 조명이 있는 위치에 그대로 조명을 설치하는 것이 좋습니다.

## Environment and Effects 창의 Exposure control 활용 방법

[Menu bar-Rendering-Environment](단축키 8 )을 선택하면 [Environment and Effects] 창이 나타납니다. [Exposure Control] 탭 메뉴에서 VRay Exposure Control을 선택하면 셔터스피드, f-number, ISO 값 등을 조절하여 노출 값을 보정할 수 있어 카메라를 설치하지 않고 바로 Physical Camera를 설치한 것과 같은 결과물을 얻을 수 있습니다. 또한 Mode에서 'From VRay camera'를 선택하여 씬에 설치한 카메라의 설정 값을 그대로 가져와 카메라 뷰가 아니더라도 원하는 위치에서 렌더링을 진행할 수 있습니다.

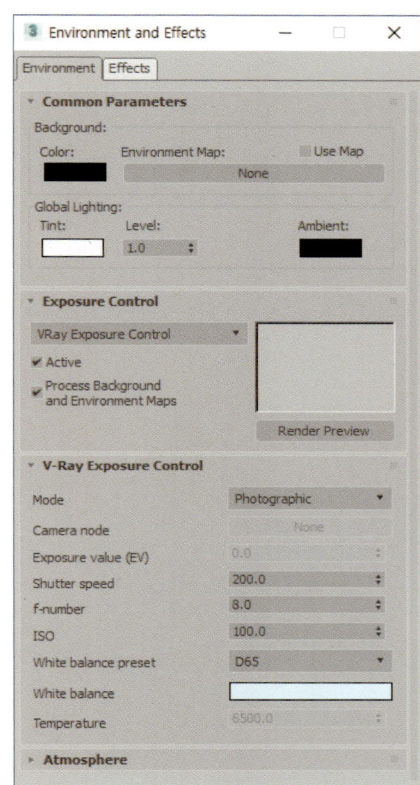

Perspective View에서 VRaySun을 설치하고 Exposure Control 적용/미적용

PART

# 다양한 기능을
# 활용한
# 모델링 익히기

이번에는 기존 명령어와 새로운 명령어를 응용하여 고급 모델링에 도전해보겠습니다. 또한 완성된 모델링에 상황에 맞는 재질을 적용할 수 있도록 다양한 재질 적용 방법에 대해서도 알아보겠습니다. Object에 재질을 적용하는 것은 이미지의 완성도를 높이는 일이므로 기본적인 것 이외에도 많은 연습을 통해 응용할 수 있는 능력을 키우는 것이 중요합니다.

# 거실 인테리어의 기본! 홈시어터 만들기

필자는 모델링을 진행하기 전에 먼저 만들고자 하는 제품 또는 인테리어의 이미지를 보면서 어떻게 만들 것인지, 어떤 도형을 사용할 것인지, 어떤 명령어를 사용하여 만들 것인지를 대략적으로 머리에서 그려봅니다. 미리 구상을 한 후에 작업을 하면 무턱대고 시작하는 것보다는 시간이 많이 단축됩니다.

디테일한 모델링을 위해서는 자료 수집 또한 중요합니다. 한 장의 이미지보다는 위, 아래, 옆 등 다양한 각도에서 제품 전체를 분석해야 정교한 모델링을 할 수 있습니다.

**학습 목표**  Polygon 편집 명령어를 익혀 작업 시간을 단축시키고 정확한 모델링을 완성할 수 있도록 Polygon의 효율적인 편집 기능들을 익히도록 한다.

① Polygon 편집 명령어를 활용한 홈시어터 모델링

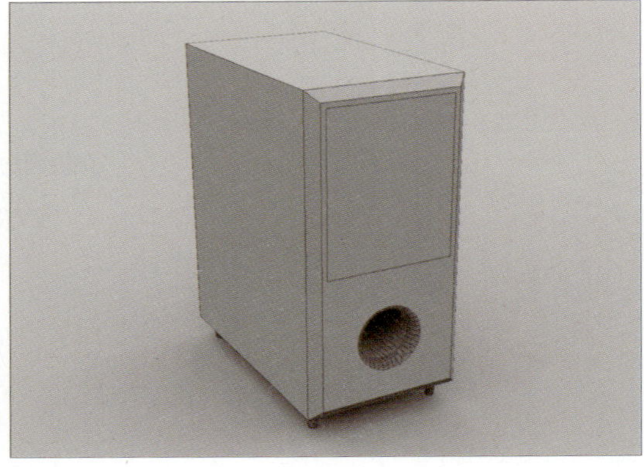

② FFD를 이용한 자연스러운 변형과 완성 이미지

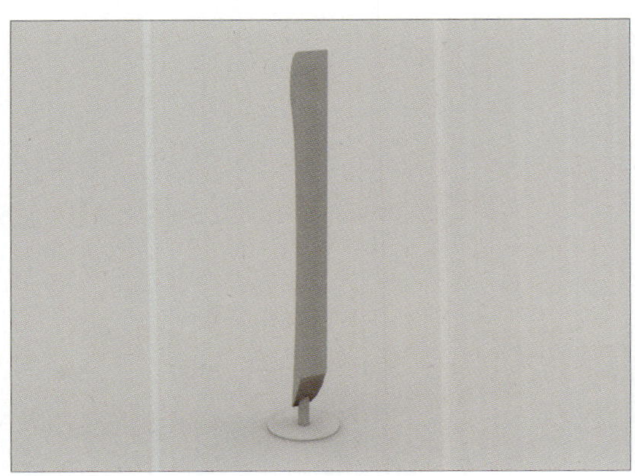

# 01

# 벽걸이 TV 만들기

먼저 가장 기본적인 벽걸이 TV를 만들어보겠습니다. TV나 모니터는 대부분 Box 형태이기 때문에 Polygon 편집에 따라 다양한 형태로 만들 수 있습니다. 기본 모델링 방법을 응용하여 더욱 멋진 TV도 만들어보세요.

## 01

Front View에서 [Create-Geometry-Standard Primitives-Box]를 만들고 옵션을 아래와 같이 설정합니다.

> Length : 690㎜, Width : 1120㎜, Height : 20㎜

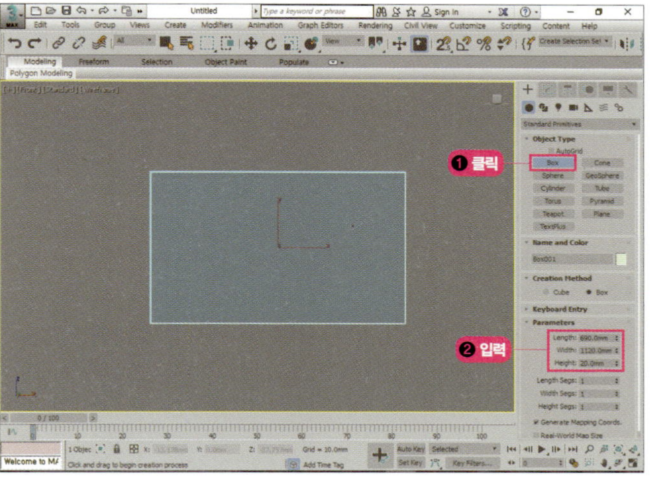

## 02

[Modeling-Polygon Modeling-Convert to Poly]를 클릭하여 Box를 Polygon 편집모드로 변환합니다.

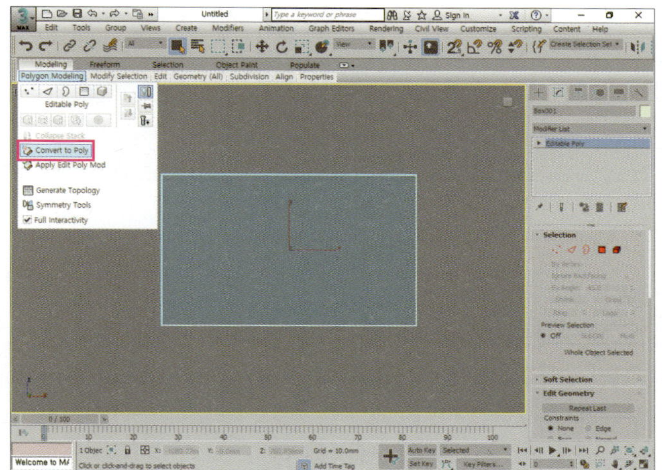

## 03

TV의 테두리 부분을 먼저 만들어보겠습니다. Perspective View에서 앞의 Polygon을 선택합니다. [Modeling-Polygons-Inset-Inset Settings]를 클릭합니다. Viewport에 Inset 캐디 메뉴가 나타납니다. '30'을 입력한 후 [OK] 버튼(◯)을 클릭하면 안쪽으로 Polygon이 만들어집니다.

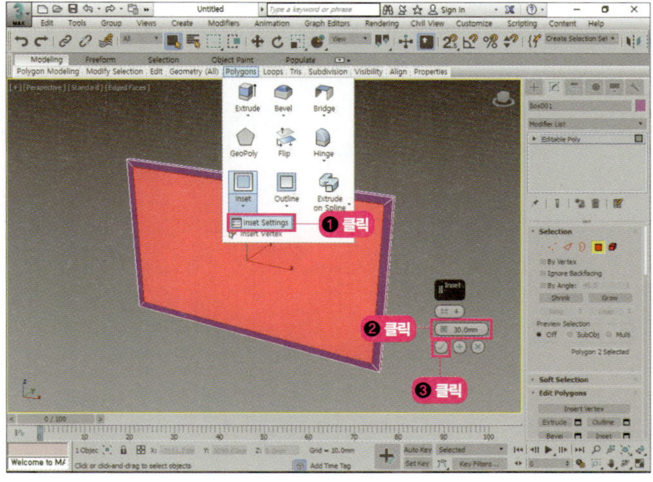

## 04

TV 테두리의 높이를 만들어보겠습니다.
[Modeling-Polygons-Extrude-Extrude Settings]를 클릭합니다.
Extrude 캐디 메뉴가 나타납니다. 안쪽으로 높이를 만들기 위해 −5mm를
입력한 후 [OK] 버튼(◯)을 클릭합니다. 선택한 Polygon이 안쪽으로 약
간 들어가면서 테두리 형태가 됩니다.

## 05

화면을 보여주는 패널을 만들어보겠습니다. 폴리곤이 선택된 상태에서
[Modeling-Geometry(All)-Detach]를 클릭합니다. [Detach] 대화상
자가 나타나면 이름을 입력한 후 [OK]를 클릭합니다. 선택한 Polygon이
따로 분리됩니다.

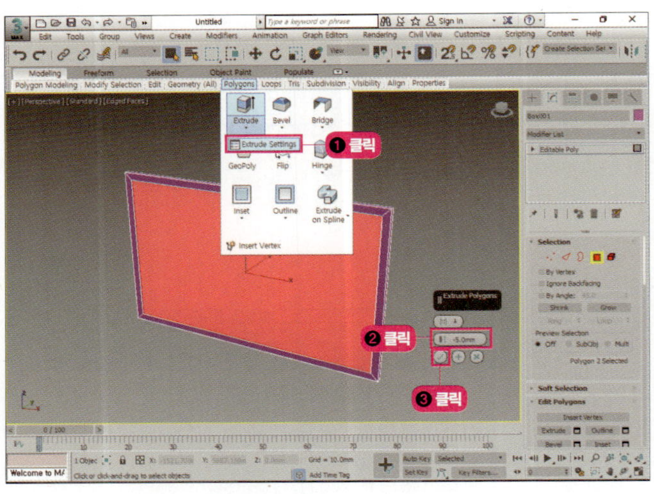

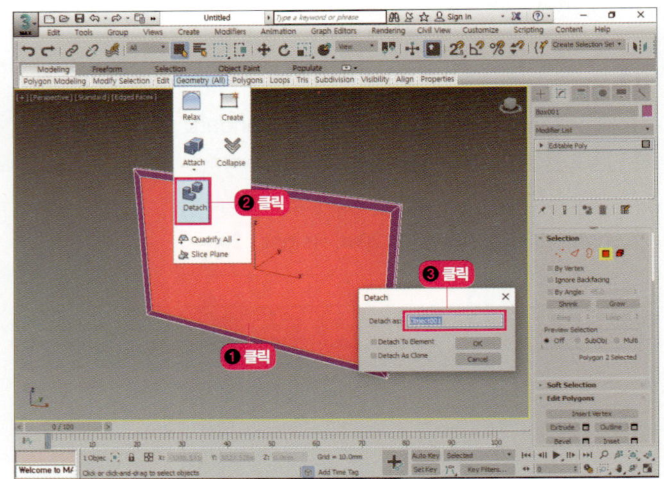

## 06

TV 뒷면을 만들어보겠습니다. 실제로 보이는 부분이 아니기 때문에 간단히
형태만 만들겠습니다. [Modeling-Polygons-Bevel-Bevel
Settings]를 클릭합니다. Bevel 캐디 메뉴가 나타납니다. 옵션에 다음과
같이 입력한 후 [OK] 버튼(◯)을 클릭합니다.

Height : 10mm, Outline : −80mm

## 07

돌출된 면을 Z축으로 내립니다. 너무 아래로 내려가지 않게 주의하세요.

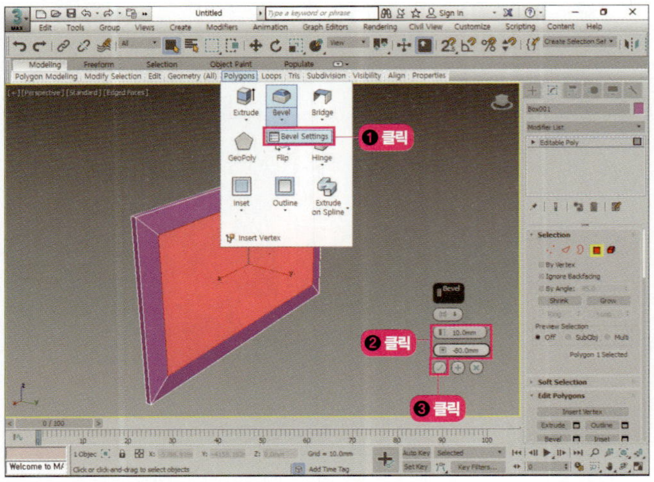

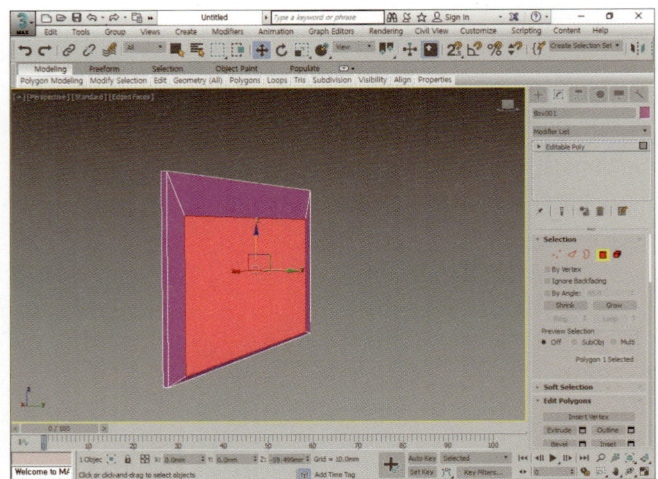

## 08

TV 모서리가 날카로우므로 Chamfer를 적용해보겠습니다. TV의 Edge
를 모두 선택합니다. [Modeling-Edges-Chamfer-Chamfer
Settings]를 클릭합니다.

Chamfer 캐디 메뉴가 활성화되면 '2㎜'를 입력한 후 [OK] 버튼()을 클
릭합니다.

tip
Edge 선택 단축키는 2 입니다.

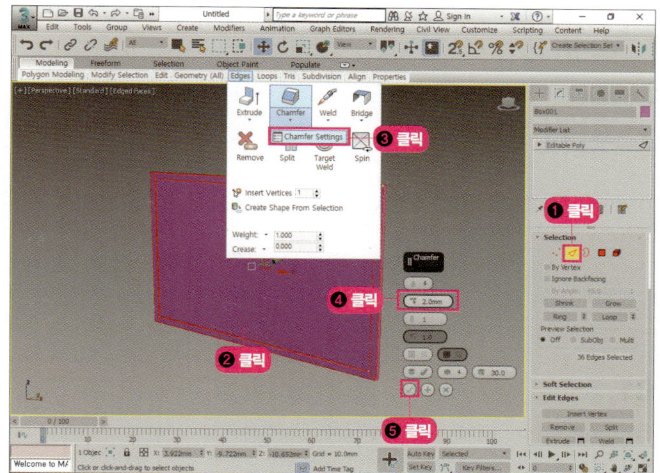

tip
TV 형태에 따라 받침을 따로 만들어도 좋습니다. 회사명 같은 글씨는 Text
에 Extrude를 적용한 후 적당한 위치에 배치하세요.

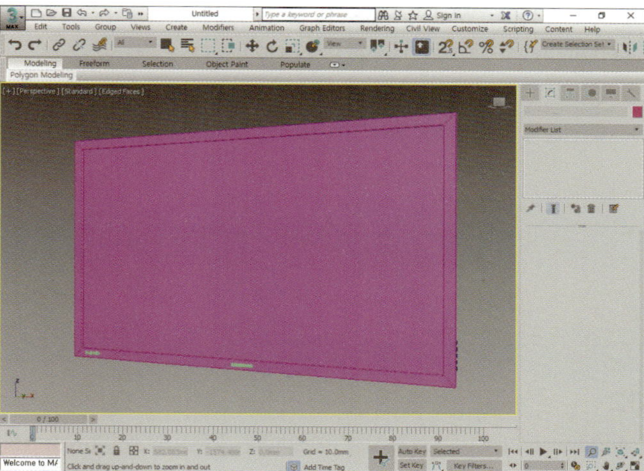

02

# 스피커 만들기

이번에는 홈시어터에 빠질 수 없는 스피커를 만들어보겠습니다. 스피커 역시 형태가 다양하므로 다른 형태의 스피커도 만들어 연습해보기 바랍니다.

## 01

Top View에서 아래와 같은 옵션으로 [Create-Geometry-Standard Primitives-Box]를 만듭니다.

> **Length : 150㎜, Width : 100㎜, Height : 1150㎜,**
> **Length Segs : 5, Width Segs : 5, Height Segs : 10**

Box를 만든 후 Alt + Q 를 눌러 만든 Box만 보이도록 합니다.

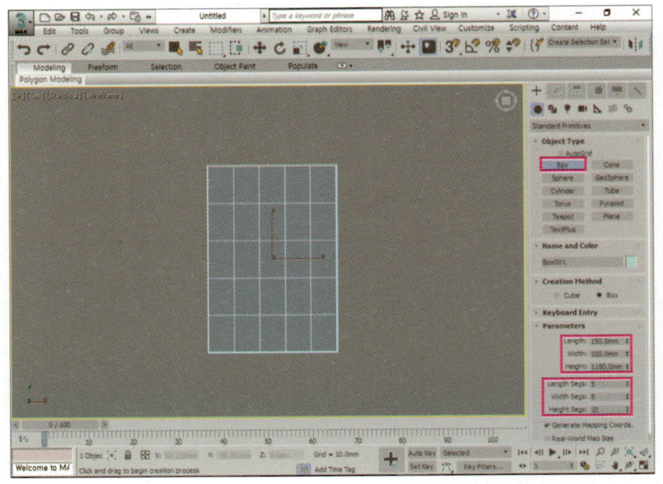

## 02

[Modifier List-FFD 3x3x3]을 적용합니다. FFD 3x3x3의 Control Points를 선택한 후 위의 Point만 선택합니다. Select and Uniform Scale(▦)을 선택한 후 그림처럼 X축으로 크기를 줄여 Point를 가운데로 모아줍니다.

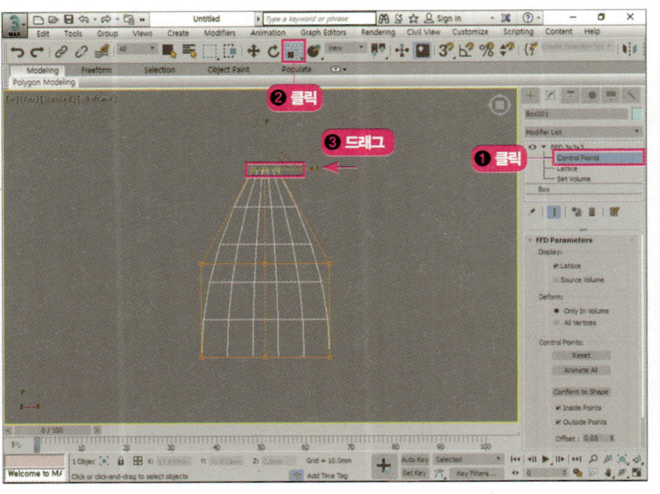


## 03

Left View로 전환한 후 하단의 중앙에 있는 Control Points를 추가로 선택하고 그림처럼 아래로 이동합니다.

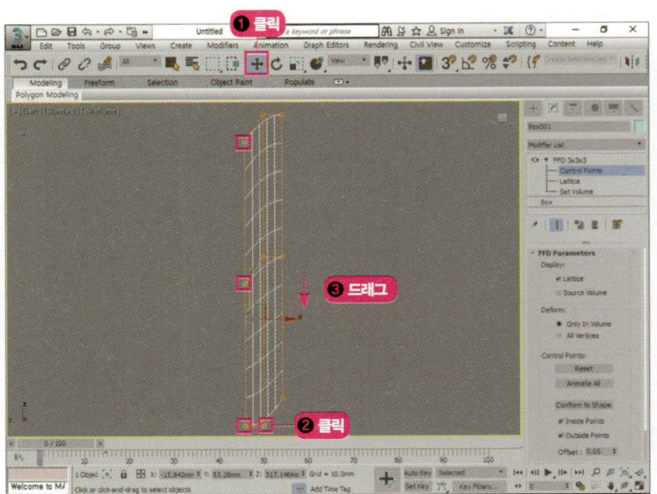

**04**

가운데의 뒤쪽 2개 Point를 선택한 후 앞으로 이동시켜 곡선형의 형태로 바꿉니다.

**05**

스피커 망을 만들어보겠습니다. Front View로 화면을 전환합니다. F3을 눌러 Wireframe 모드에서 Shaded 모드로 바꿉니다.
3D Snap(3°)을 클릭하여 스냅을 활성화합니다.(옵션은 Vertex에만 체크합니다) [Create-Shapes-Rectangle]을 선택합니다. Snap을 이용하여 스피커 전면의 사각형 크기만큼 Rectangle을 만듭니다. Rectangle이 정상적으로 만들어졌다면 Length는 1150mm, Width는 100mm의 크기가 됩니다.

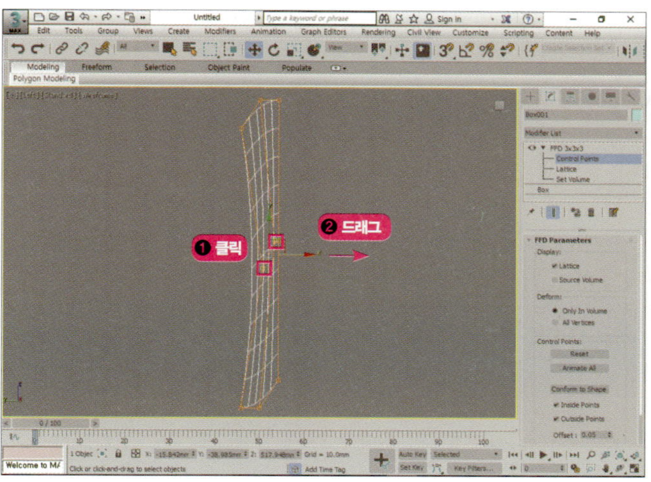


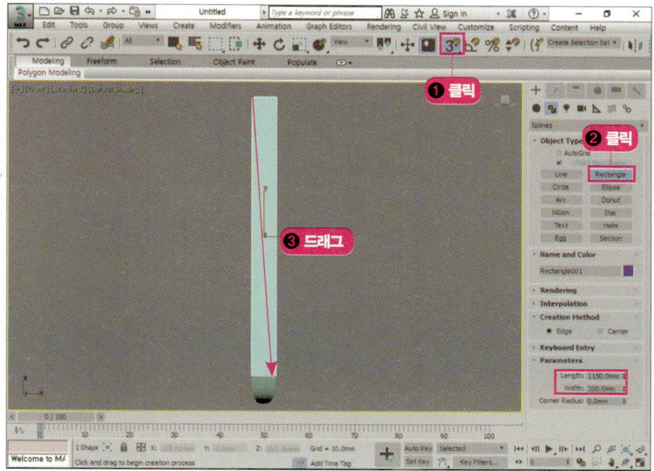


**06**

Perspective View에서 보면 그림처럼 Rectangle이 만들어져 있을 것입니다. [Modeling-Polygon Modeling-Convert to Poly]를 클릭하여 Rectangle을 Polygon 편집모드로 변환합니다.

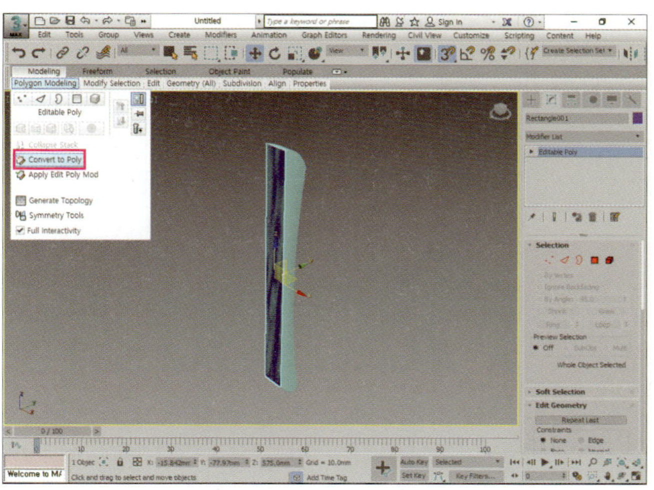

**07**

Polygon을 선택한 후 [Modeling-Polygons-Extrude-Extrude Settings]를 클릭합니다. Extrude 캐디 메뉴가 활성화됩니다. 5mm를 입력한 후 [OK] 버튼(◯)을 클릭합니다.

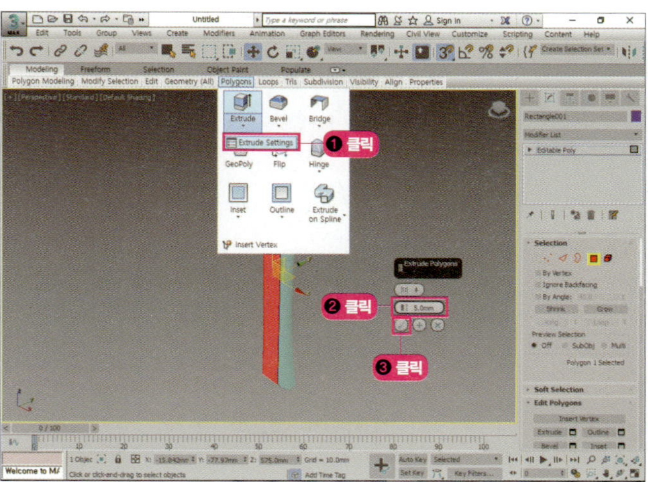

## 08

Polygon을 선택 해제한 후 [Modifier List-Shell]을 적용합니다.
Parameters의 Inner Amount에 '1'을 입력합니다. 안쪽으로 1㎜의 두께
가 만들어집니다.

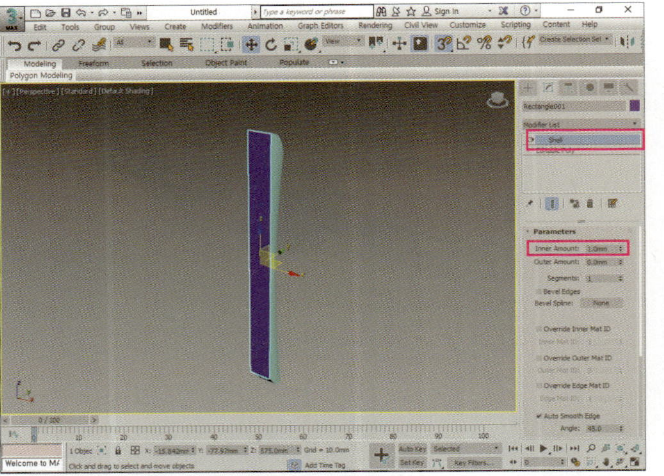

## 09

Top View에서 [Create-Geometry-Standard Primitives-
Cylinder]를 아래와 같은 옵션으로 만듭니다.

> Radius : 130㎜, Height : 10㎜,
> Height Segments : 1, Sides : 40

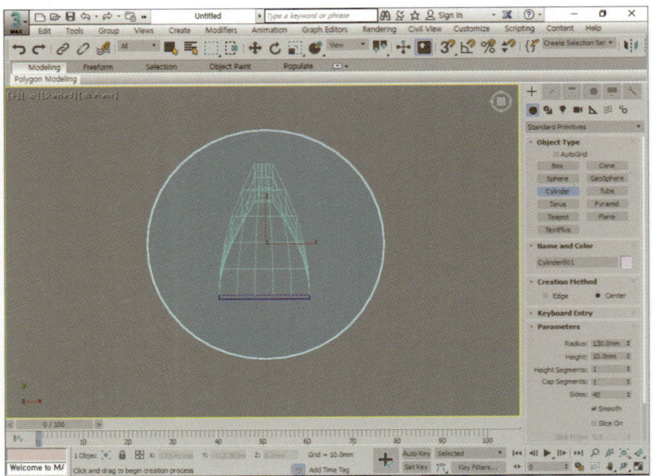

## 10

만들어진 Cylinder를 Align(▤)을 이용하여 Box와 X, Y축의 Center를
맞춰 정렬합니다. 정렬 후 그림처럼 Z축 아래방향으로 이동합니다.

Align의 단축키는 Alt + A 입니다.

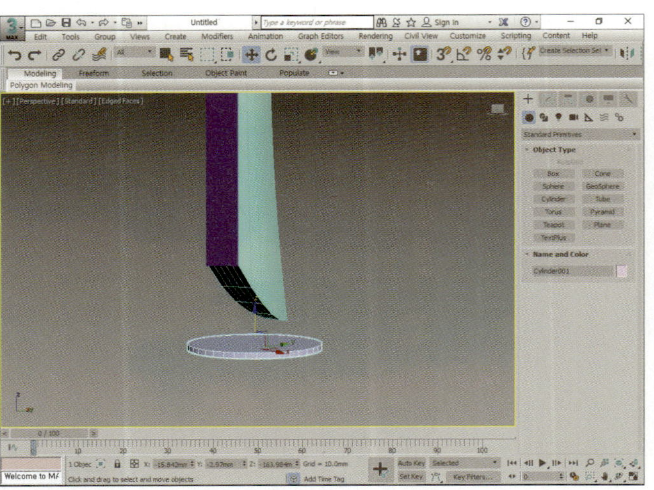

## 11

Cylinder를 Polygon으로 변환한 후 위쪽의 Polygon을 선택합니다.
[Modeling-Polygons-Inset-Inset settings]를 클릭합니다. Inset
캐디 메뉴가 활성화됩니다. 110㎜를 입력한 후 [OK] 버튼(◎)을 클릭합니
다. 안쪽으로 새로운 Polygon이 만들어졌습니다.

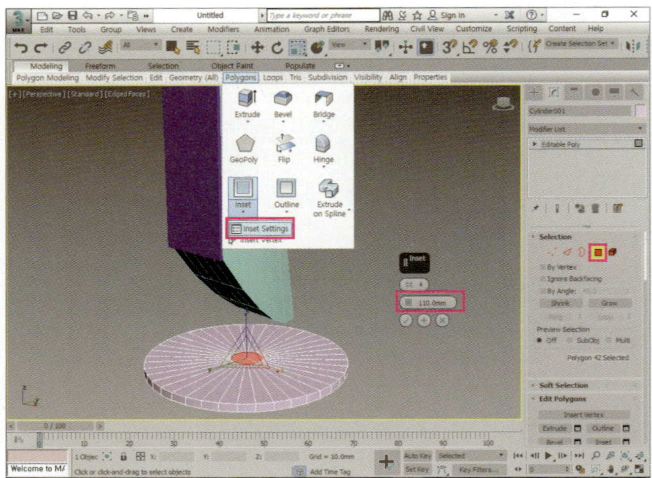

## 12

[Modeling-Polygons-Extrude-Extrude Setting]을 클릭합니다.
Extrude 캐디 메뉴에서 '150'을 입력한 후 [OK] 버튼(◯)을 클릭합니다.
실린더 받침의 연결 부분이 만들어졌습니다.

Extrude의 높이는 꼭 150mm가 아니더라도 스피커 본체에 들어갈 정도의 수치를 입력해도 됩니다.

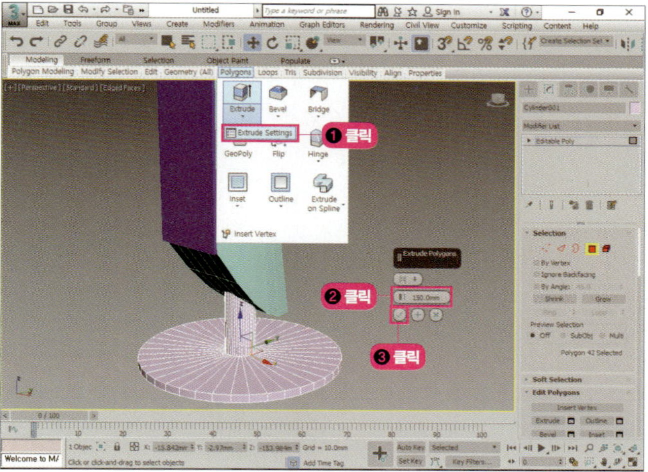

## 13

그림처럼 꺾이는 부분의 Edge를 선택합니다. Edge를 더블클릭하거나
Loop 기능을 이용하면 쉽게 선택할 수 있습니다.

선택영역을 추가하려면 Ctrl 를 누르세요.

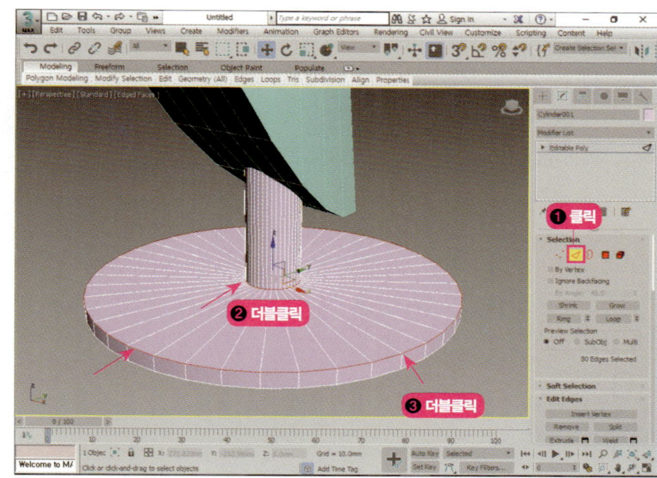

## 14

[Modeling-Edges-Chamfer-Chamfer Settings]를 클릭합니다.
Chamfer 캐디 메뉴에서 Amount와 Segments에 각각 '5'를 입력한 후
[OK] 버튼(◯)을 클릭합니다. 날카로운 부분이 둥글게 바뀝니다.

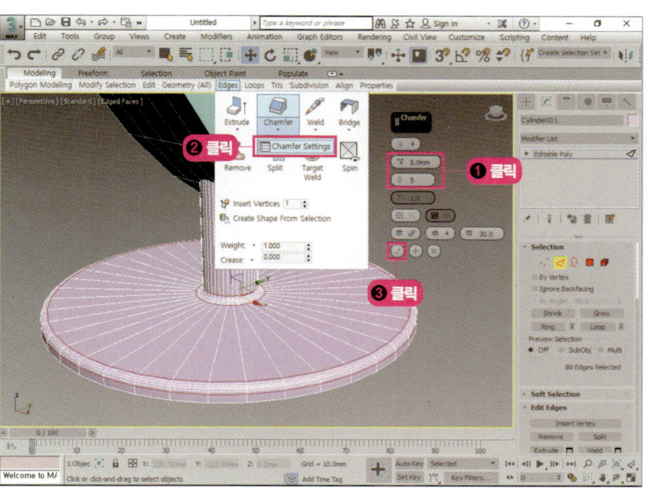

## 15

스피커 모델링이 완성되었습니다. 이제 센터 스피커와 우퍼 스피커를 만들어
보겠습니다.

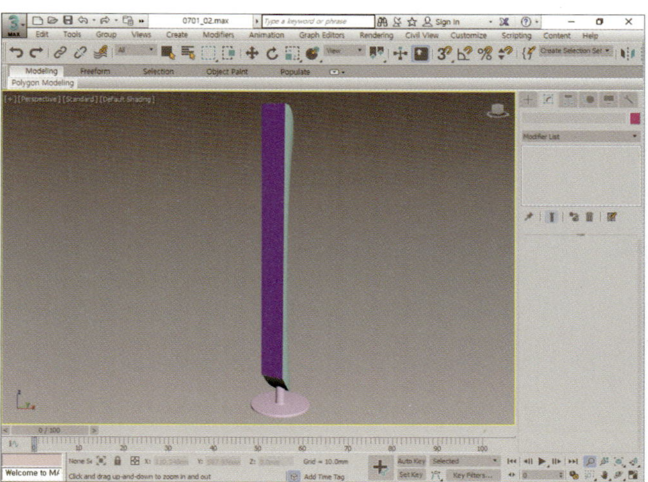

03

# 센터 스피커 만들기

이번에는 센터 스피커를 만들어보겠습니다. 앞부분이 곡선으로 되어 있는 형태이기 때문에 라인을 이용하여 만들어보겠습니다.

## 01

Left View로 전환합니다. 마우스 휠을 드래그하여 Grid 단위가 10mm인지 확인합니다. 정확한 모델링을 하기 위해 3D Snap(3²)을 활성화합니다. 옵션은 Grid Points에만 체크합니다. [Create-Shapes-Line]을 선택하고 그림처럼 Grid Point에 맞춰 순서대로 Line을 그립니다.

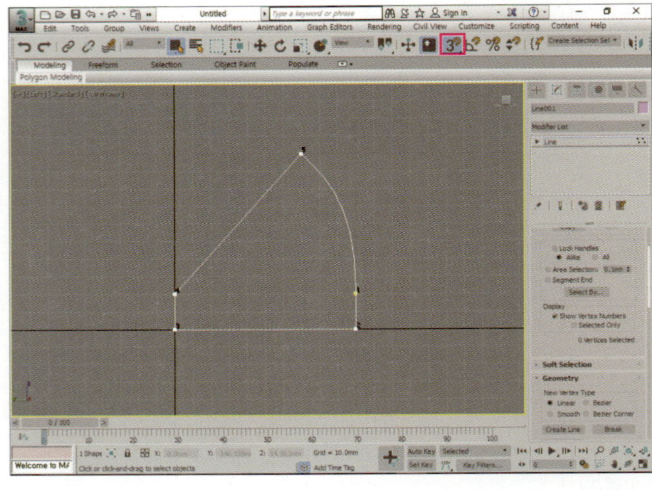

직선을 먼저 만든 후 곡선은 나중에 만드는 것이 좋습니다.

## 02

Alt + Q 를 눌러 만든 Line만 보이도록 합니다. 만들어진 라인을 선택한 후 [Modifier List-Extrude]를 적용합니다. Parameters의 Amount에 '350'을 입력합니다. 라인에 높이가 적용되어 3D로 만들어졌습니다. Snap 기능은 끕니다.

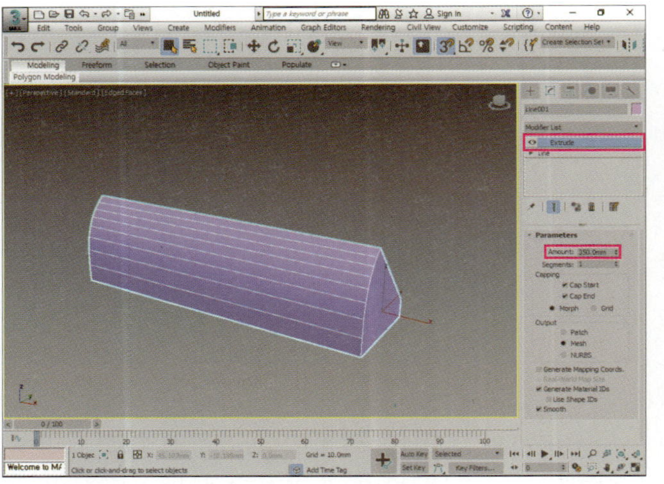

## 03

[Modeling-Polygon Modeling-Convert to Poly]를 클릭하여 Object를 Polygon 편집모드로 변환합니다. 그림처럼 앞의 Polygon을 선택합니다.

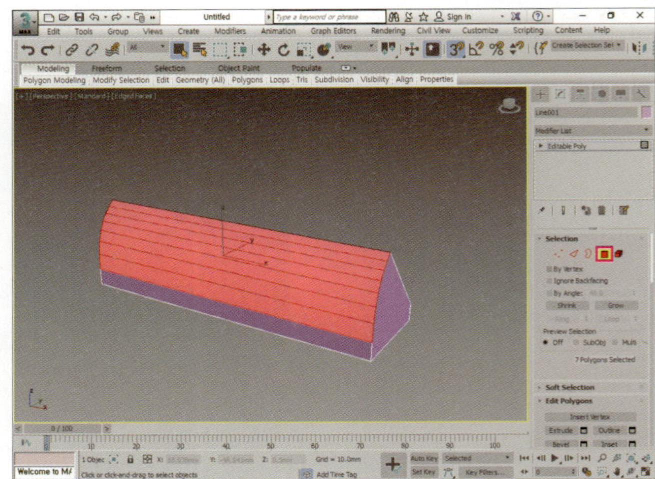

## 04

[Modeling-Polygons-Inset-Inset Settings]를 클릭합니다. Inset 캐디 메뉴에 '5'를 입력한 후 [OK] 버튼(◯)을 클릭합니다. 안쪽으로 Polygon이 복사됩니다.

## 05

[Modeling-Polygons-Extrude-Extrude Settings]를 클릭합니다. Extrude캐디 메뉴에 '-5'를 입력한 후 [OK] 버튼(◯)을 클릭합니다.

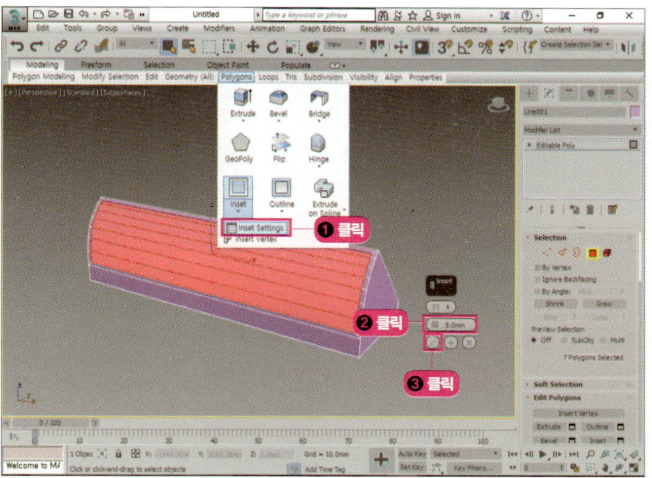

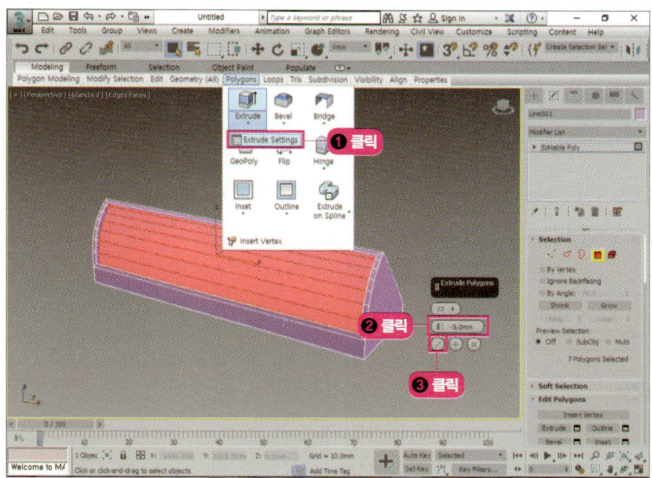

## 06

Polygon이 선택되어 있는 상태로 Left View로 전환합니다. 선택되어 있는 Polygon을 Shift 를 누른 상태로 이동하여 그림과 같은 위치로 복사합니다. 대화상자가 나타나면 'Clone To Object'를 선택하고 [OK]를 클릭하여 새로운 Polygon을 만듭니다.

tip

Clone To Object는 복사하는 Polygon을 별도의 객체로 새로 만들며 Clone To Element는 현재 오브젝트에 포함된 Polygon으로 복사됩니다.

## 07

복사된 새로운 Polygon을 선택합니다. [Modifier List-Shell]을 적용한 후 Outer Amount에 '1'을 입력합니다.

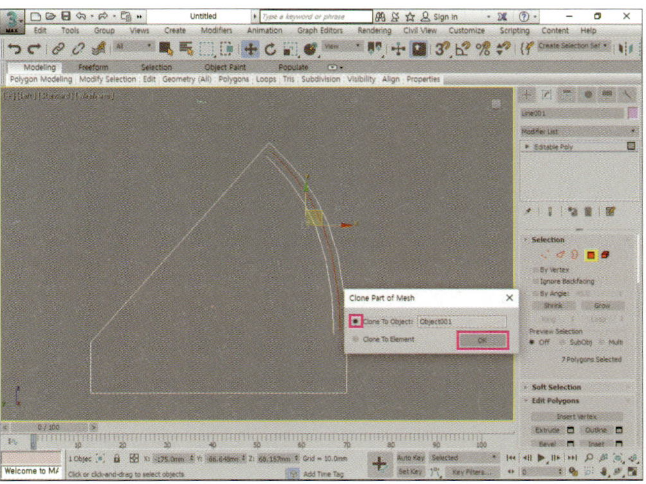

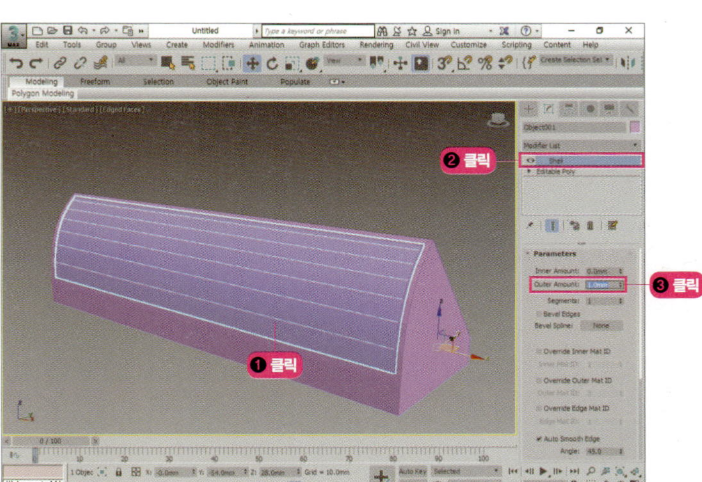

## 08

Front View를 선택합니다. [Create-Extended Primitives-ChamferBox]를 선택하여 ChamferBox를 만들고 옵션을 아래와 같이 설정합니다.

> Length : 15㎜, Width : 352㎜ Height : 5㎜,
> Fillet : 0.5㎜, Fillet Segs. : 3

만들어진 ChamferBox를 Align(■)을 이용하여 그림처럼 X축 Center로 정렬합니다.

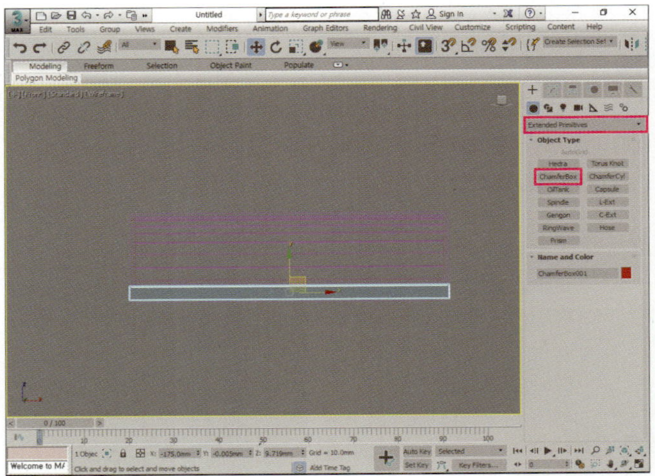

## 09

ChamferBox가 앞으로 약간 튀어 나오도록 그림처럼 이동합니다. 센터 스피커가 완성되었습니다.

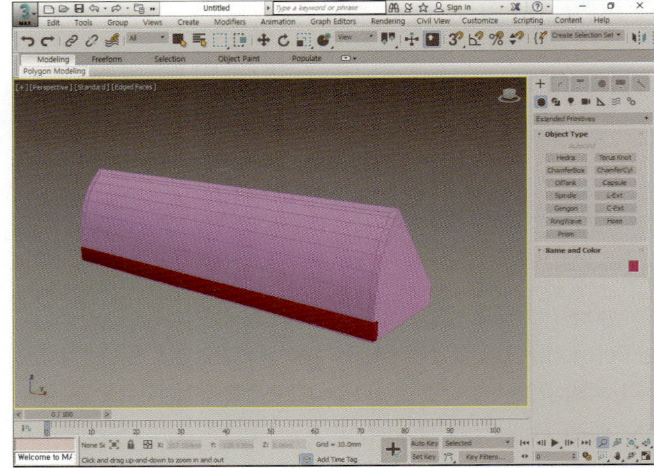

# 04

# 우퍼 만들기

## 01

Top View에서 아래와 같은 옵션으로 Box를 만듭니다.

> Length : 250mm, Width : 150mm, Height : 300mm,
> Length Segs : 1, Width Segs : 1, Height Segs : 2

Box를 만든 후 Alt + Q 를 눌러 만든 Box만 보이도록 합니다.

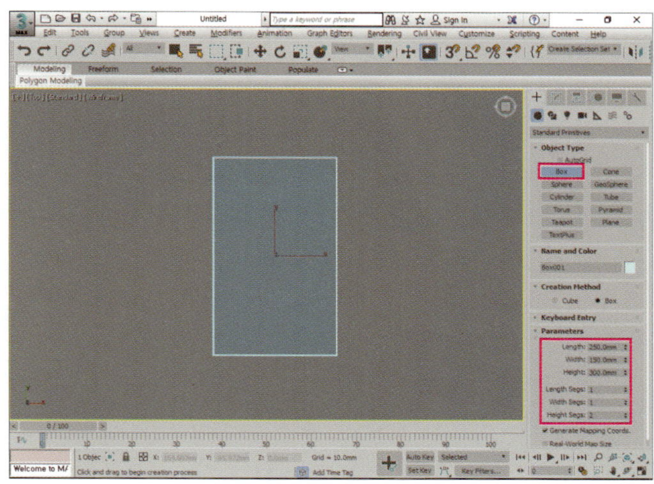

## 02

[Modeling-Polygon Modeling-Convert to Poly]를 클릭하여 Box를 Polygon 편집모드로 변환합니다. 앞쪽의 2개의 Polygon을 선택합니다.

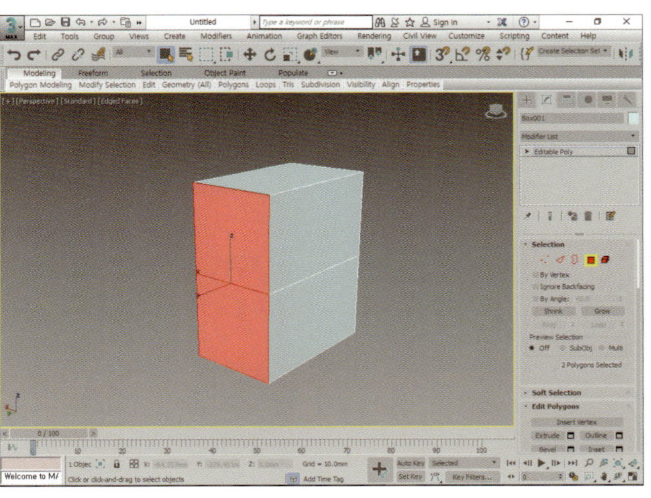

## 03

[Modeling-Polygons-Bevel-Bevel Settings]를 클릭합니다. Height에는 10mm, Outline에는 -10mm를 적용한 후 [OK] 버튼(◎)을 클릭합니다.

> Height :10mm, Outline : -10mm

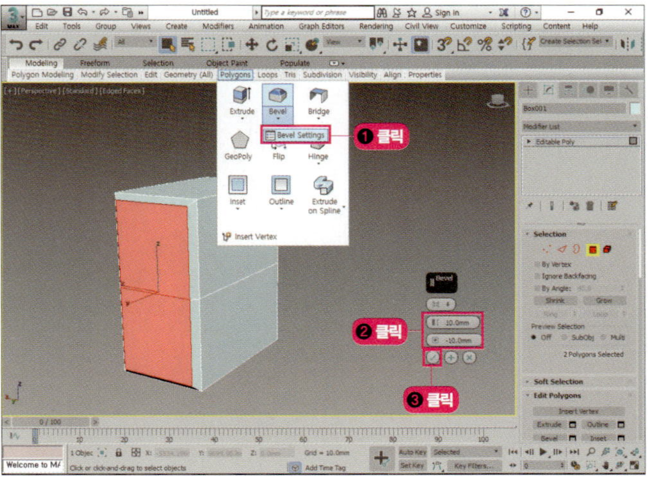

## 04

Front View를 선택합니다. 그림처럼 중간 부분의 Vertex를 모두 선택합니다. Select and Move(✛)를 선택하고 F12 를 누릅니다. [Move Transform Type-In] 창에서 Y에 '-20'을 입력한 후 Enter 를 누릅니다. Vertex가 아래로 이동합니다.

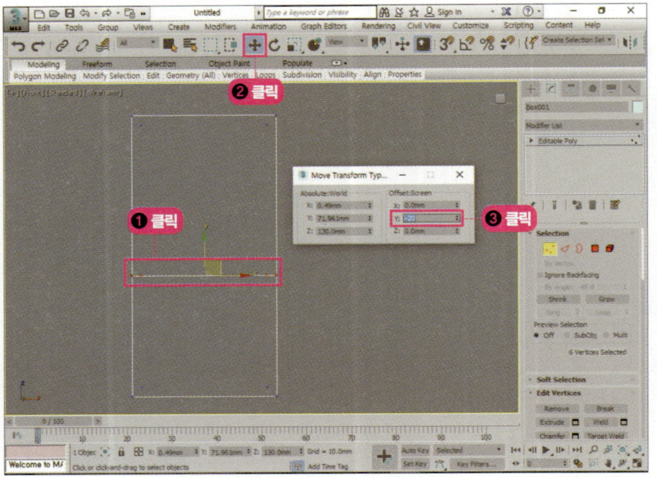

## 05

Perspective View에서 그림처럼 위쪽의 넓은 Polygon을 선택합니다. [Modeling-Polygons-Inset-Inset Settings]를 클릭합니다. Amount에 '5'를 입력한 후 [OK] 버튼(✓)을 클릭합니다.

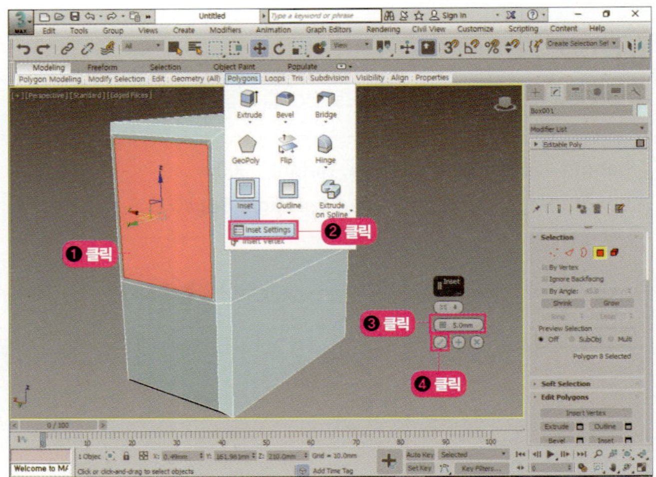

## 06

[Modeling-Polygons-Extrude-Extrude Settings]를 클릭합니다. Amount에 '-10'을 적용한 후 [OK] 버튼(✓)을 클릭합니다.

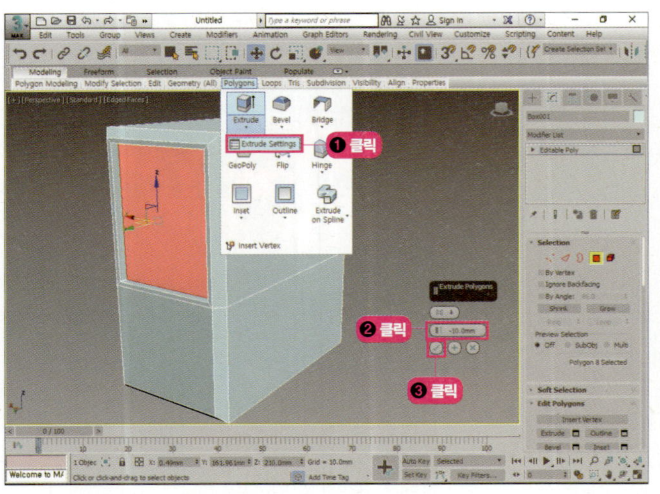

## 07

Front View에서 아래와 같은 옵션으로 Cylinder를 만듭니다.

> Radius : 40mm, Radius : 40mm, Height Segments : 1,
> Cap Segments : 1, Sides : 36

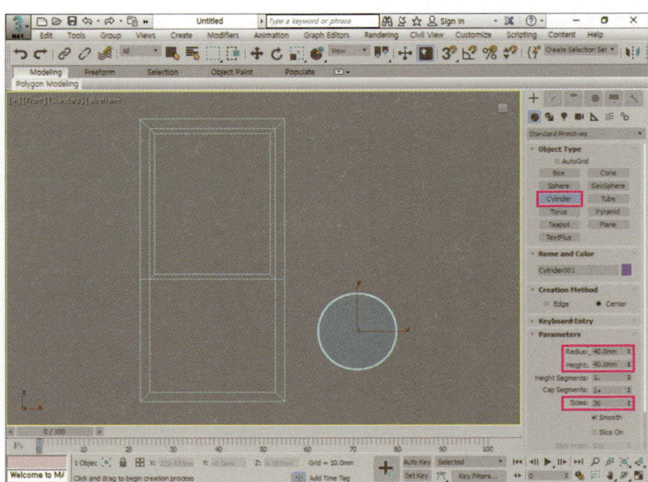

## 08

만들어진 Cylinder를 Polygon 편집모드로 변환합니다. 그림처럼 Box의 정면을 바라보는 Polygon을 선택한 후 [Modeling-Polygons-Inset-Inset Settings]를 클릭합니다. Amount에 '15'를 입력한 후 [OK] 버튼(◎)을 클릭합니다.

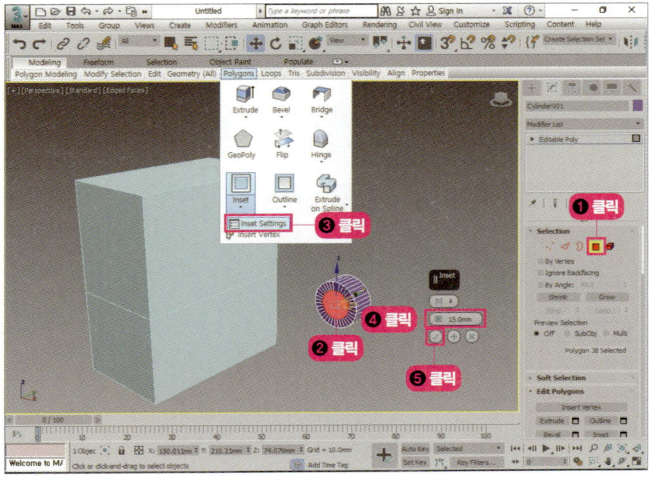

## 09

Inset이 적용된 Polygon에 [Modeling-Polygons-Extrude-Extrude Settings]를 클릭합니다. Amount에 '150'을 적용한 후 [OK] 버튼(◎)을 클릭합니다.

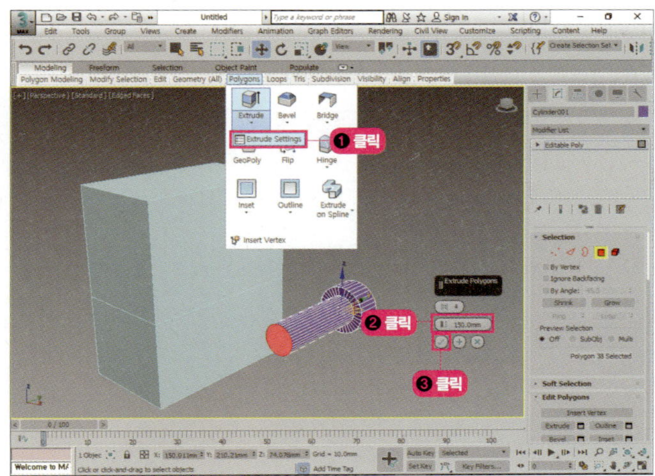

## 10

아래 그림처럼 Inset이 적용된 부분의 연결된 Edge를 선택합니다. Edge를 더블클릭하면 자동으로 Loop 기능이 적용되어 쉽게 선택됩니다.

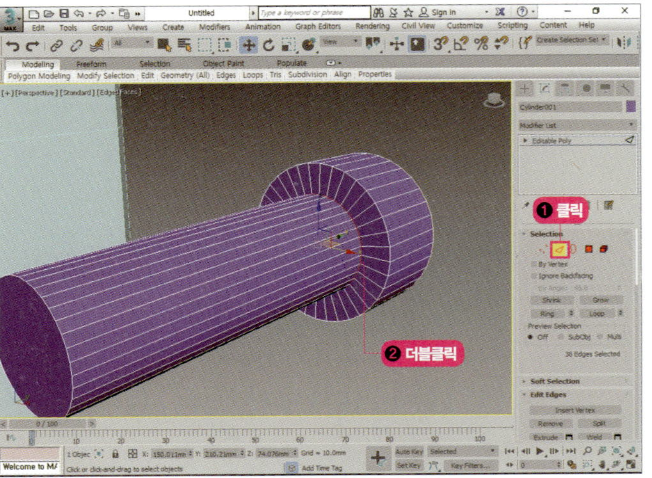

## 11

[Modeling-Edges-Chamfer-Chamfer Settings]를 클릭합니다. 그런 다음, Chamfer 캐디 메뉴에서 Amount에 '14', Segments에 '15'를 입력한 후 [OK] 버튼(◎)을 클릭합니다.

Amount에 : 14, Segments : 15

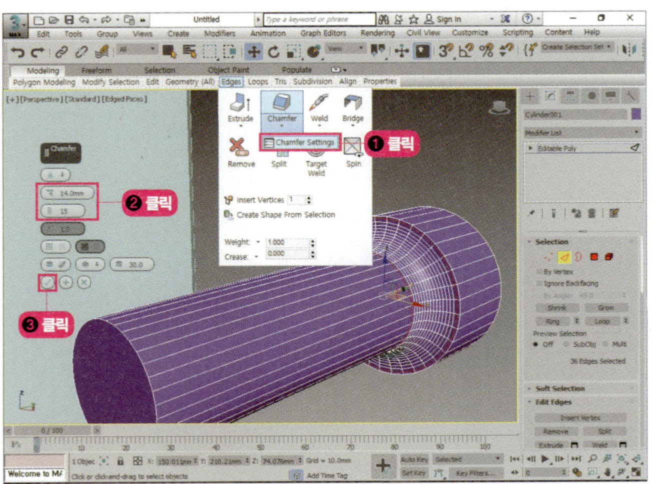

## 12

Cylinder를 선택한 후 Align( )을 클릭하고 Box를 선택합니다.

> **Align Position : X, Y, Z Position 체크**
> **Current Object : Center, Target Object : Center**

Cylinder가 박스의 안쪽에 정렬되면 Select and Move( )를 이용하여
Left View에서 그림과 같은 위치로 이동합니다.

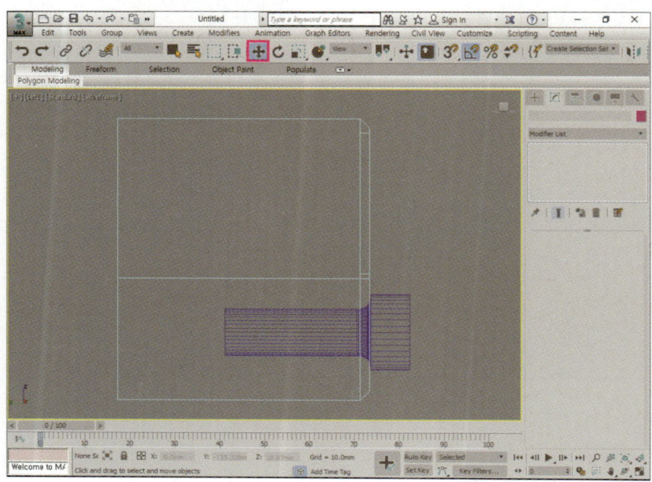

## 13

Box를 선택합니다. [Create-Geometry-Compound Objects-
ProBoolean]을 선택합니다. 'Start Picking'을 클릭한 후 Cylinder를
선택하면 그림처럼 Hole이 만들어집니다.

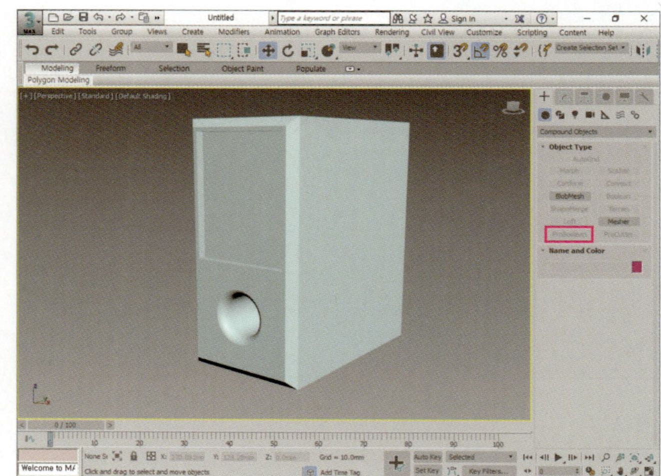

## 14

Front View를 선택합니다. 3D Snap( )을 클릭하여 활성화 한 후 옵션
은 'Vertex'만 체크합니다. [Create-Geometry-Standard Primitives-
Plane]을 Snap 기능을 이용하여 그림처럼 만듭니다.

> **Length : 150㎜, Width : 120㎜, Length Segs : 1, Width Segs : 1**

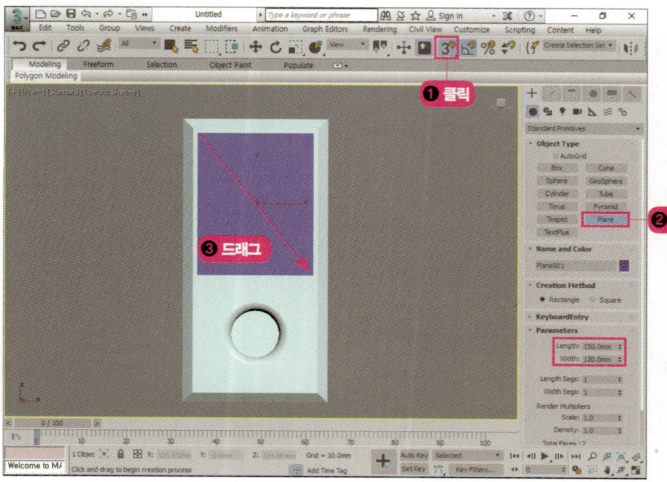


## 15

Top View에서 아래와 같은 옵션으로 Cylinder를 만듭니다.
만들어진 Cylinder를 아래 그림과 같이 다리 위치로 이동합니다.

> **Radius : 6㎜, Radius : -20㎜, Height Segments : 1,**
> **Cap Segments : 1, Sides : 18**

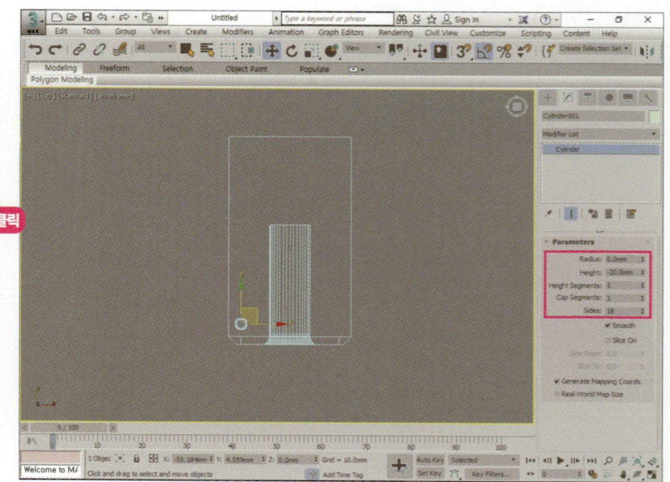

## 16

Perspective View를 선택합니다. 만들어진 Cylinder를 선택한 후 Align(■)을 클릭하고 Box를 선택합니다. 아래와 같은 옵션으로 설정하면 그림처럼 Cylinder가 Box의 바닥에 정렬됩니다.

Align Position : Z Position 체크

Current Object : Maximum, Target Object : Minimum

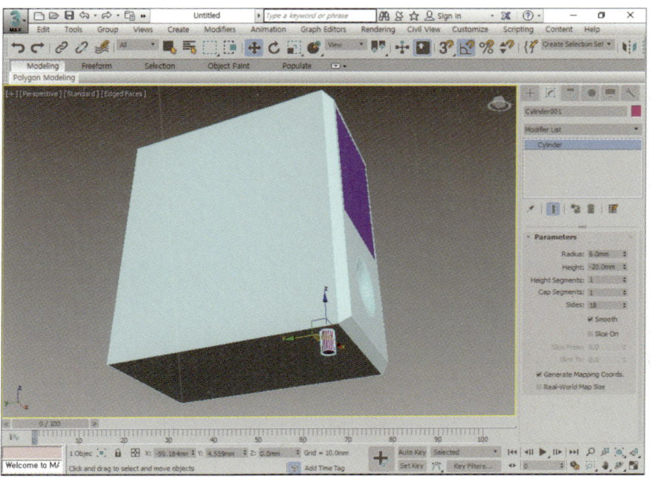

## 17

Cylinder를 선택한 후 [Modifier List-Taper]를 적용합니다. [Parameters]의 Amount에 '0.3'을 입력하면 경사면이 만들어집니다.

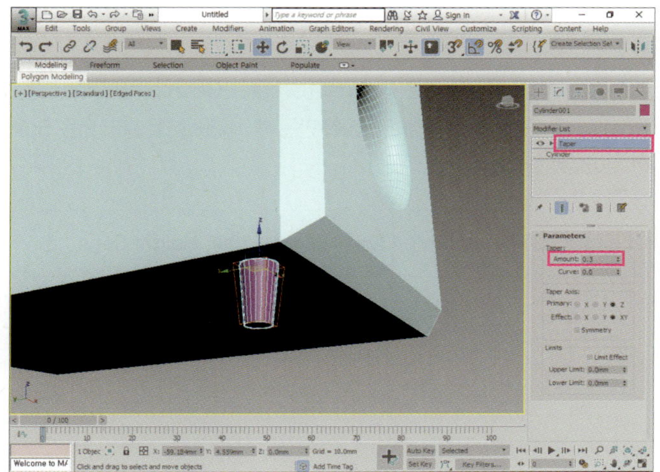

## 18

Top View를 선택합니다. 그림처럼 Cylinder를 복사하여 배치합니다.

**tip** 복사 옵션을 Instance를 선택하면 같은 형상의 오브젝트를 동시에 수정할 수 있습니다.

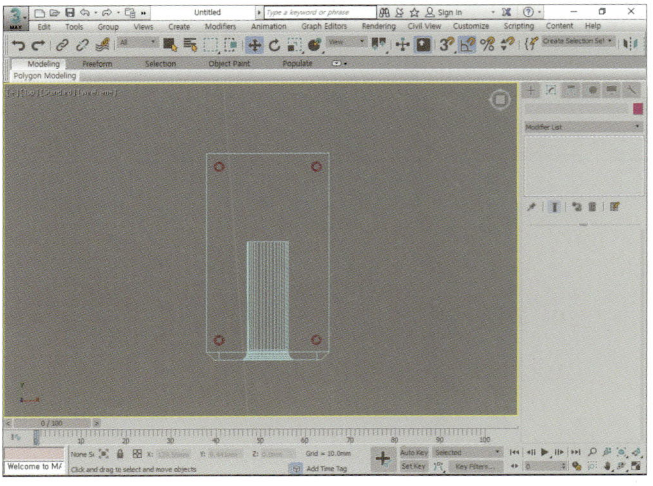

## 19

우퍼가 완성되었습니다. TV와 같이 Text를 이용하여 회사 로고를 넣어주면 더욱 좋습니다.

# DVD Player 만들기

이번에는 홈시어터의 DVD Player를 만들어보겠습니다.

## 01

Top View에서 아래와 같은 옵션으로 [Create-Geometry-Standard Primitives-Box]를 선택하여 Box를 만든 후 Alt + Q 를 눌러 만든 Box만 보이도록 합니다.

> Length : 300㎜, Width : 430㎜, Height : 70㎜, Height Segs : 3

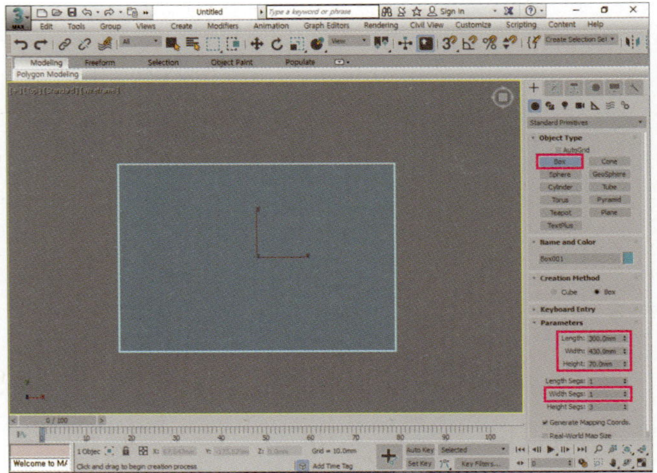

## 02

[Modeling-Polygon Modeling-Convert to Poly]를 클릭하여 Object를 Polygon 편집모드로 변환합니다. Left View로 전환합니다. Vertex를 이동하여 그림처럼 형태를 편집합니다.

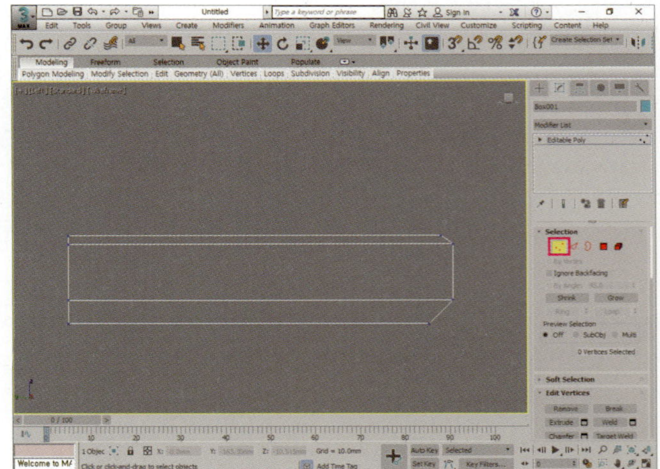

## 03

Front View로 전환합니다.

Application 메뉴(⬛)의 [Import-Merge]를 선택한 후 'C:/315-5466/
Part07/홈시어터text.max' 파일을 불러옵니다. 빠른 모델링을 위해 필자
가 Text를 미리 만들어 놓은 파일입니다. 불러온 메뉴를 그림처럼 본체 중
앙 부분에 정렬합니다.

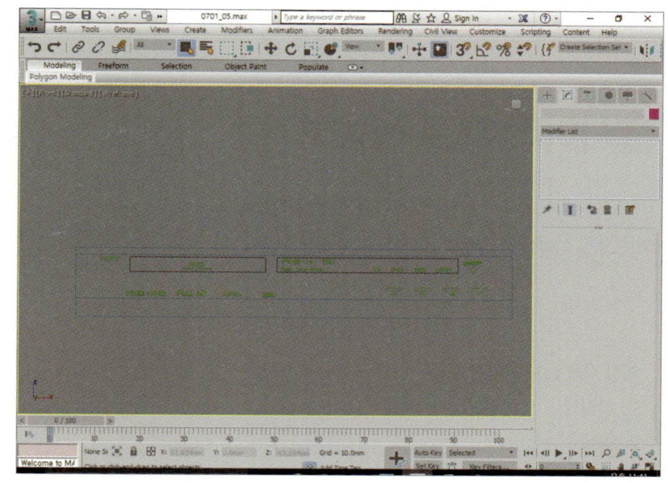

## 04

불러온 'menu'에는 [Modifier List-Extrude]를 0.5mm를 적용하고, 'text'
에는 [Modifier List-Extrude]를 1mm를 적용합니다.

그런 다음 Left View에서 그림처럼 텍스트가 약간 앞으로 나오도록 위치를
이동합니다.

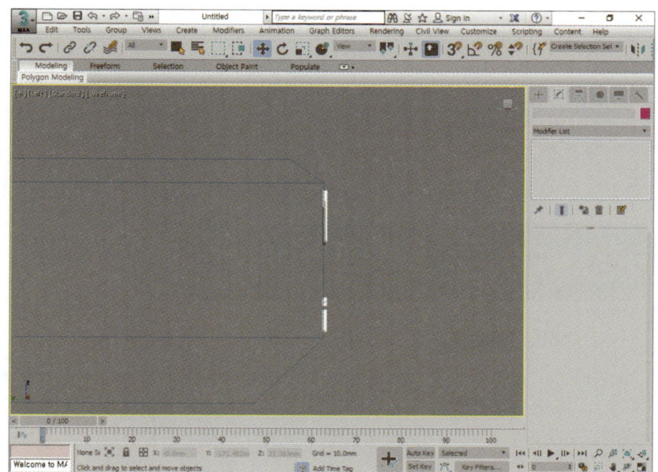

## 05

홈시어터 모델링이 완성되었습니다. 화면의 빈 곳을 마우스 오른쪽 버튼으
로 누르면 나타나는 쿼드 메뉴에서 [Unhide All]을 선택합니다. 숨겨진
Object가 모두 보입니다. 스피커나 TV에 Text를 추가하여 좀 더 디테일하
게 모델링을 하면 더욱 좋습니다.

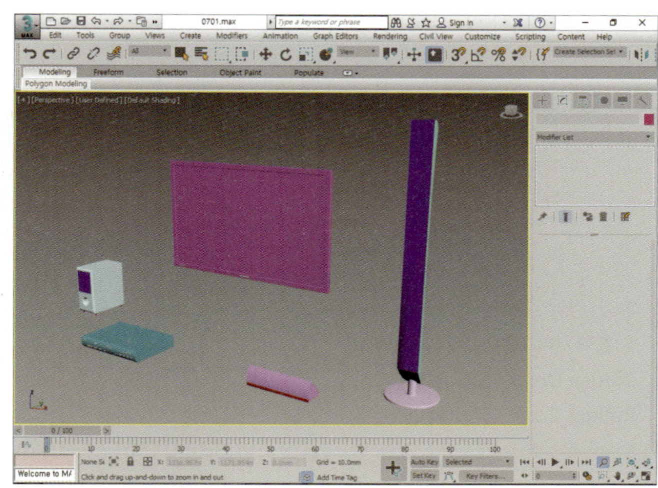

## 06

# 홈시어터 재질 적용하기

이번에는 완성된 홈시어터에 재질을 적용해보겠습니다.

비슷하게 적용되는 재질이 많으므로 아래의 이미지를 참고하여 재질을 적용하기 바랍니다.

재질 적용 참고 이미지
1. 파란색
2. 녹색
3. 보라색
4. 노란색
5. 흰색
6. 빨간색

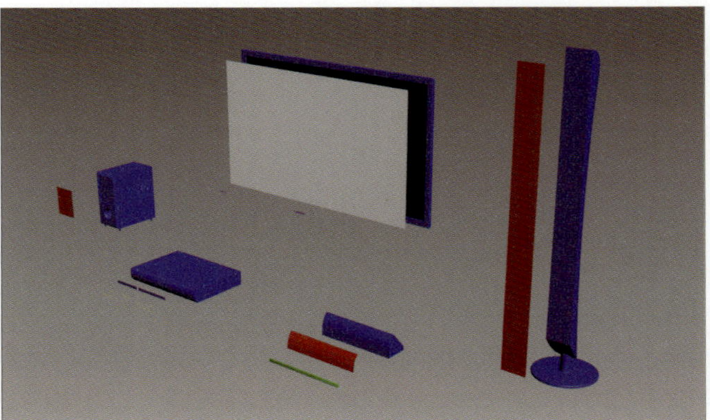

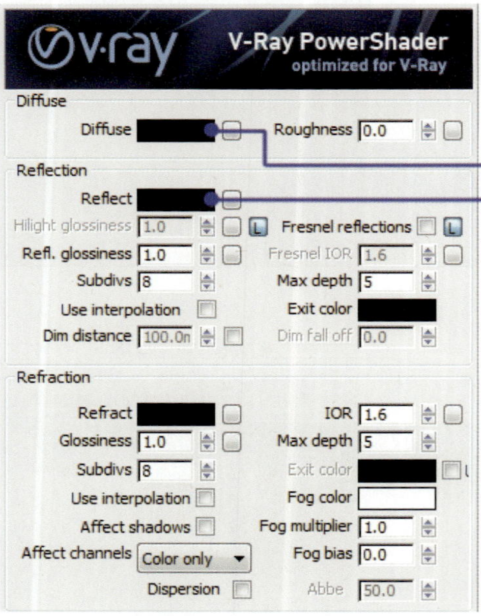

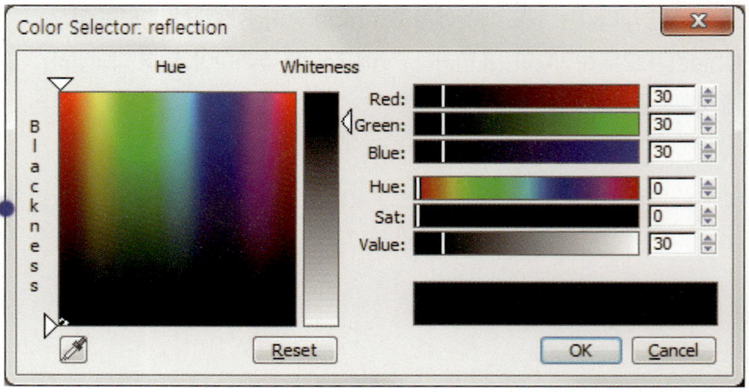

1. 블랙 하이그로시 재질 [VRayMtl]

Diffuse Color : Value 0

Reflect Color : Value 30

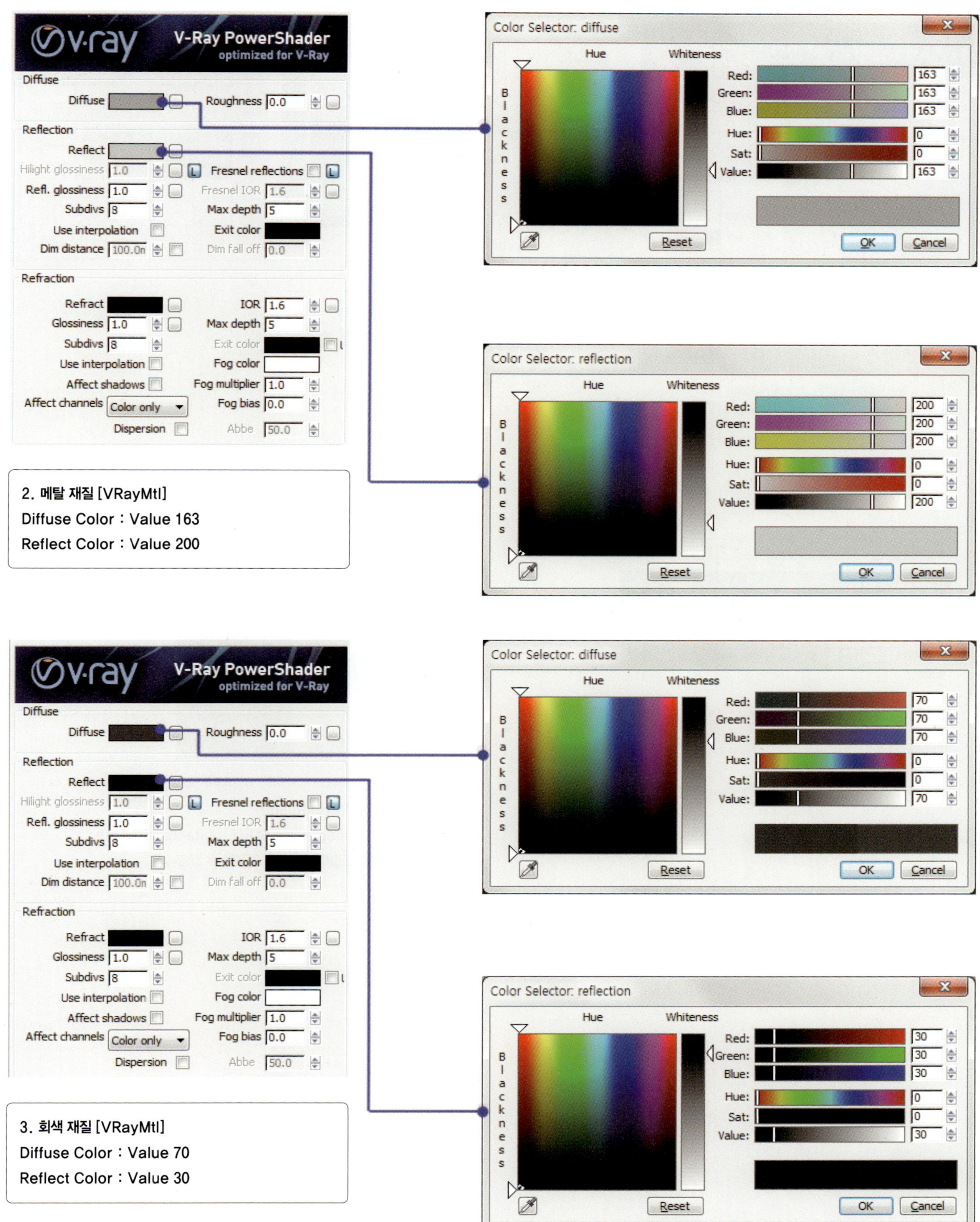

2. 메탈 재질 [VRayMtl]
Diffuse Color : Value 163
Reflect Color : Value 200

3. 회색 재질 [VRayMtl]
Diffuse Color : Value 70
Reflect Color : Value 30

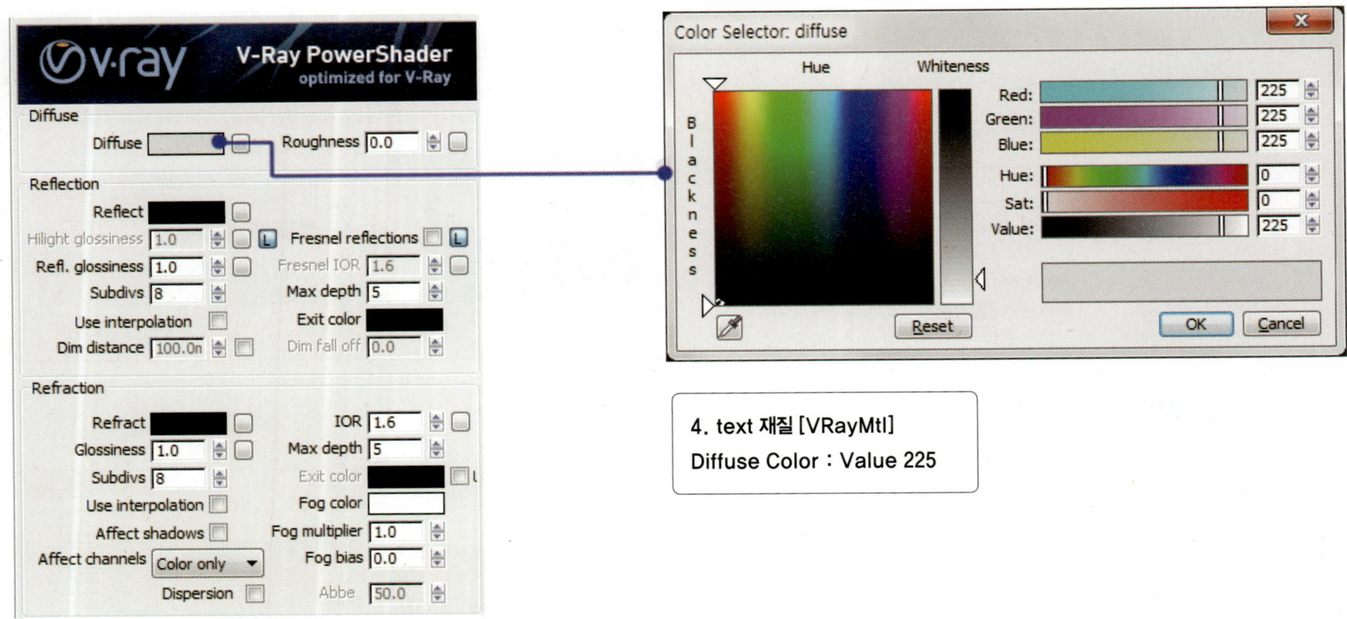

4. text 재질 [VRayMtl]
Diffuse Color : Value 225

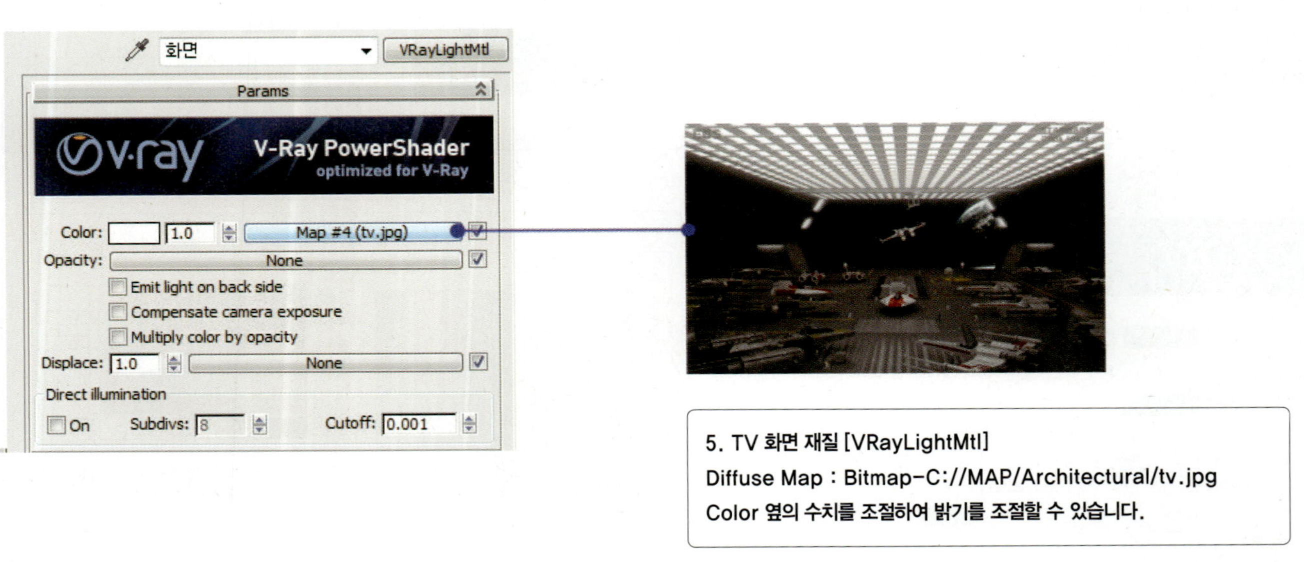

5. TV 화면 재질 [VRayLightMtl]
Diffuse Map : Bitmap-C://MAP/Architectural/tv.jpg
Color 옆의 수치를 조절하여 밝기를 조절할 수 있습니다.

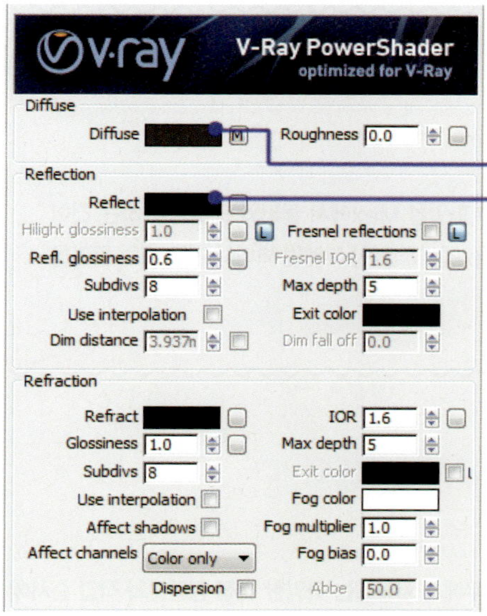

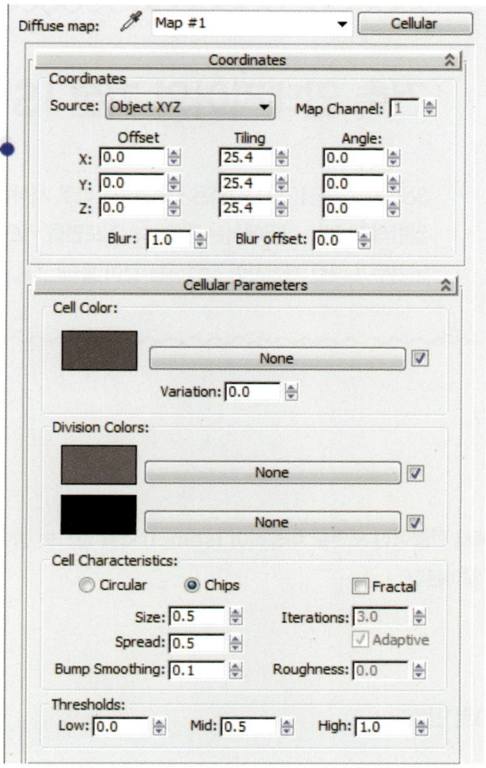

6. 스피커망 재질 [VRayMtl]

Diffuse Map : Cellular Map  size 0.5

Reflect Color : Value 30

Relf. glossiness : 0.6

재질을 적용한 후 렌더링 한 이미지입니다.
간단한 인테리어 씬을 만든 후 렌더링해보면 더욱 좋은 이미지를 얻을 수 있
습니다.

# 건축 인테리어의 기본 ISO 만들기

3ds Max에서 ISO 작업은 Max에서 바로 시작하는 것보다는 CAD 파일을 Max에서 불러와 모델링을 하는 것이 일반적입니다. 실무에서는 주로 CAD 도면을 기초로 작업을 한 후 Max에서 작업할 부분인 벽이나 가구 배치 등만을 남겨두고 따로 저장하여 작업하는 것이 좋습니다.

**학습 목표**

CAD에서 만들어진 도면을 이용하여 Isometric을 만드는 방법을 익히기 위해 실무에서 사용되는 다양한 편집 명령어와 작업 순서에 대하여 알아본다.

## ① CAD 도면을 바탕으로 3D로 만들기

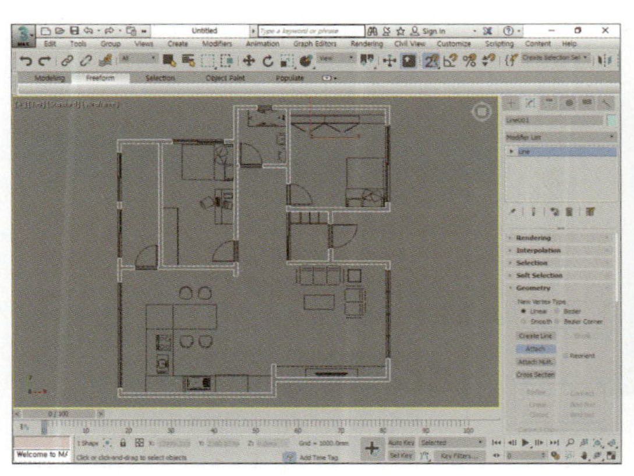
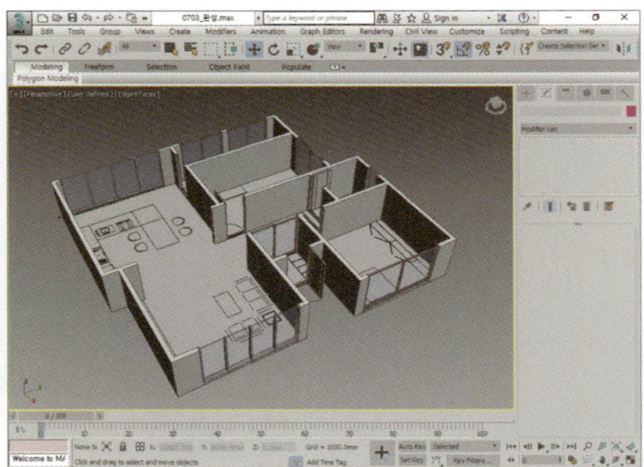

## ② 재질을 적용하고 완성된 이미지 만들기

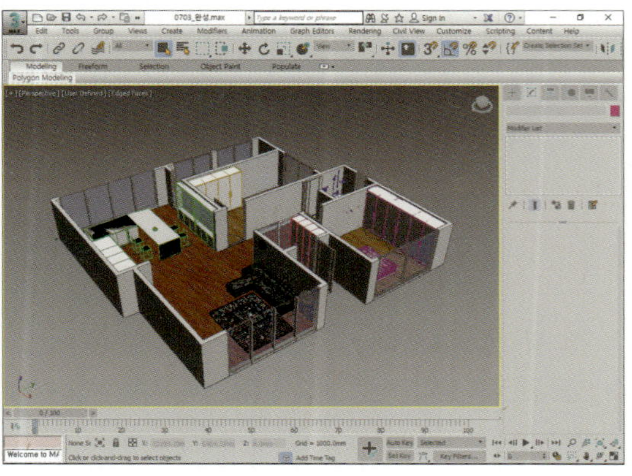

# 01

# 캐드 도면 파일 불러오기

3ds Max에서 직접 도면을 그리는 것보다 CAD에서 모델링의 기초가 될 평면을 정리한 후 Max에서 작업하는 것이 일반적인 방법입니다.

**예제 파일**
C:/315-5466/Part07/0702.dwg

## 01

Application 메뉴()의 [Import]를 선택하면 [Select File to Import] 대화상자가 나타납니다. 'C:/315-5466/Part07/0702.dwg' 파일을 불러옵니다.

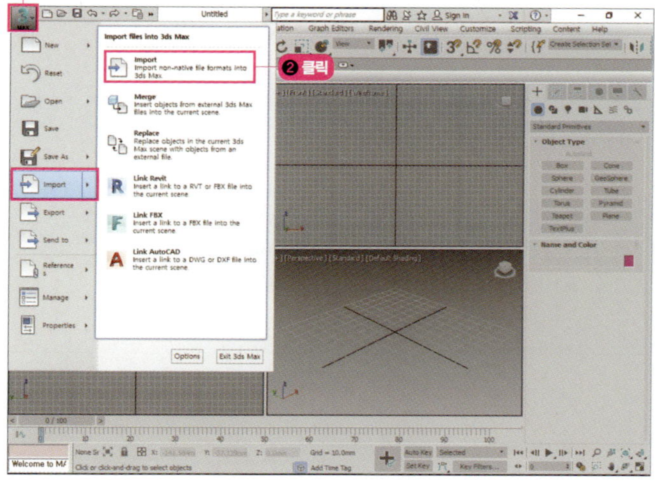

## 02

dwg 파일을 불러오면 그림처럼 AutoCAD에서 작업한 도면을 불러올 수 있습니다. 3ds Max 작업에 불필요한 부분은 모두 삭제한 도면입니다.

**tip**

실제 건축 도면에서는 위와 같이 간단하지 않고 치수선, 가상선, 소품 등이 기입되어 있기 때문에 전부 불러온다면 3ds Max에서 작업하기 까다롭습니다. 3ds Max에서 필요한 부분만을 남겨두고 CAD에서 모두 삭제한 후 3ds Max에서 불러와 작업하는 것이 좋습니다.

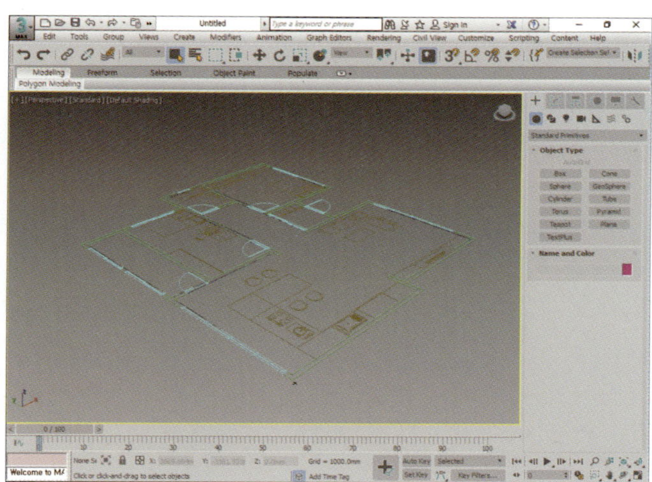

## 03

이제 3ds Max에서 라인 작업을 쉽게 하기 위하여 환경 설정을 해보겠습니다. Top View를 선택한 후 불러온 Line을 모두 선택하고 마우스 오른쪽 버튼을 클릭합니다. 쿼드 메뉴의 'Freeze Selection'을 선택합니다.

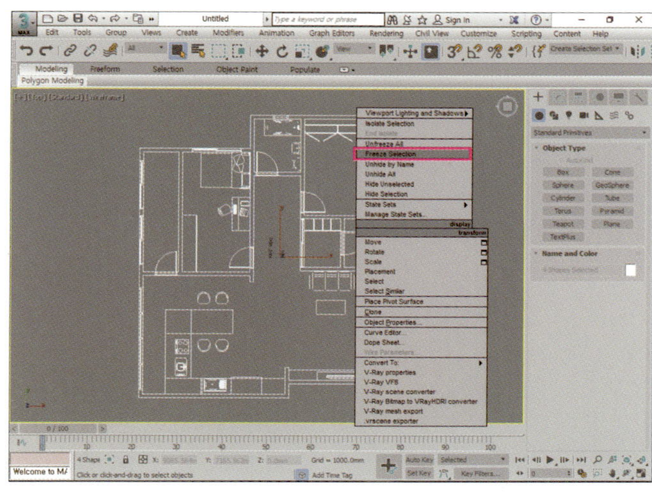

## 04

선택한 Line이 모두 회색으로 바뀌면서 Freeze 되었습니다. Main
Toolbar의 3D Snap(3,) 아이콘 위에서 마우스 오른쪽 버튼을 클릭하여
[Grid and Snap Setting] 창을 열고 'Vertex'에만 체크합니다.

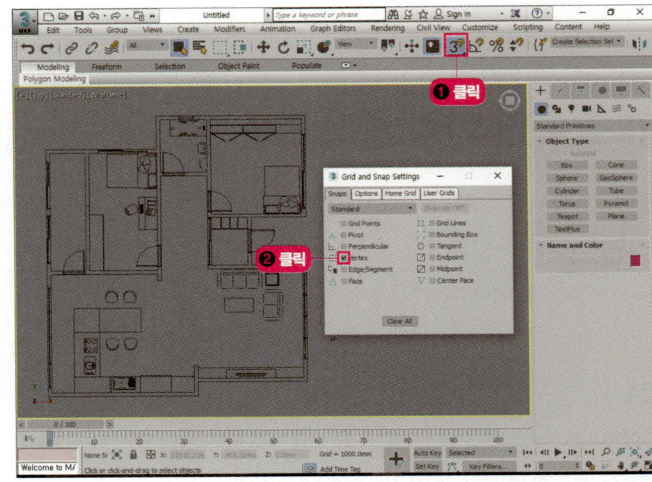

## 05

옆의 [Options] 탭을 선택한 후 'Snap to frozen objects'에 체크를 하고
창을 닫습니다.
'Snap to frozen objects'는 Freeze시킨 Object에도 Snap이 적용되
도록 합니다.

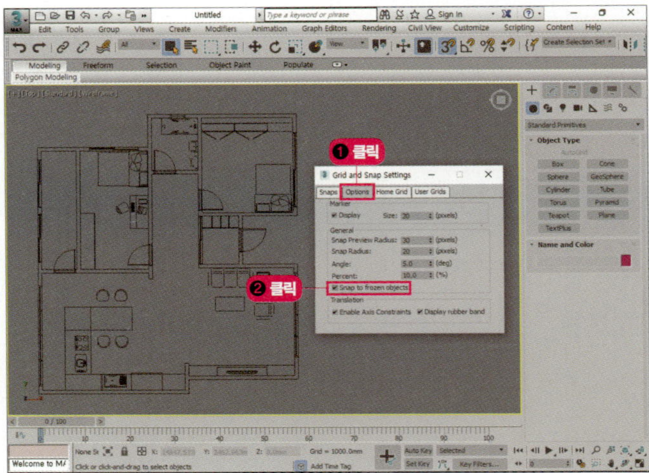

02

# Snap을 이용하여 Line 만들기

도면을 바탕으로 바닥을 만들 때는 Snap 기능을 이용하여 만들면 빠르고 정확하게 만들 수 있습니다.
Line을 이용하여 바닥을 완성한 후 높이를 주어 벽을 만들어보겠습니다.

---

## 01

2.5D Snap()을 클릭하여 Snap 기능을 활성화합니다.
[Create-Shapes-Line]를 선택한 후 그림처럼 도면에서 벽체가 될 부분
을 Line으로 그립니다.

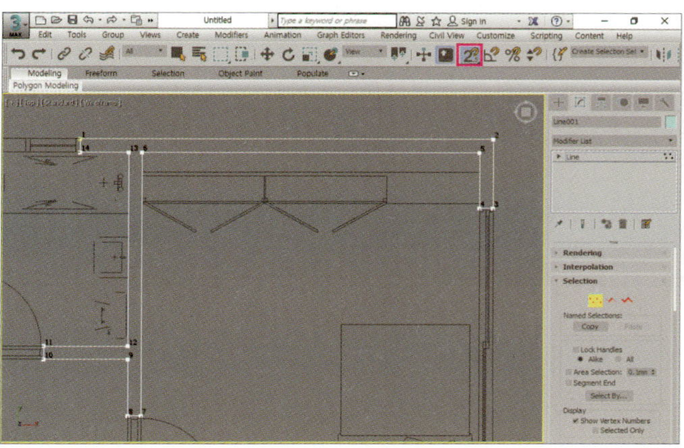

## 02

도면에서 벽체가 될 부분을 그림처럼 모두 그립니다.

**tip** Snap 옵션의 Vertex에 체크되어 있어야 정점을 따라 그릴 수 있습니다.

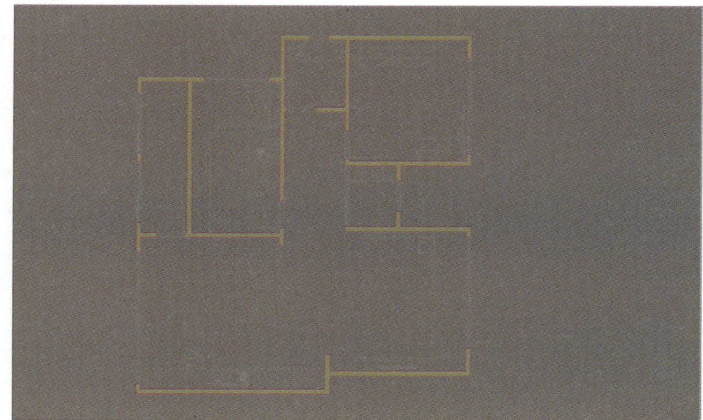

---

## 03

도면에서 바닥이 될 부분을 그림처럼 모두 그립니다.

**tip**  이때 바닥면이 선택되지 않도록 주의해야 합니다. Attach를 이용하여 하나
로 합치는 이유는 명령어를 적용하고 관리하기 쉽게 하기 위함입니다.

## 04

벽체 Line을 모두 완성하면 완성된 벽체 Line 중 하나를 선택하고 Modify 패
널 하단의 Attach를 클릭합니다. Attach에 노란불이 들어오면 다른 벽체 라
인들을 모두 선택하여 하나의 Object로 만듭니다. 안쪽을 클릭하면 바닥 부분
이 실수로 합쳐질 수 있으므로 벽의 바깥쪽을 클릭하면 쉽게 합칠 수 있습니다.

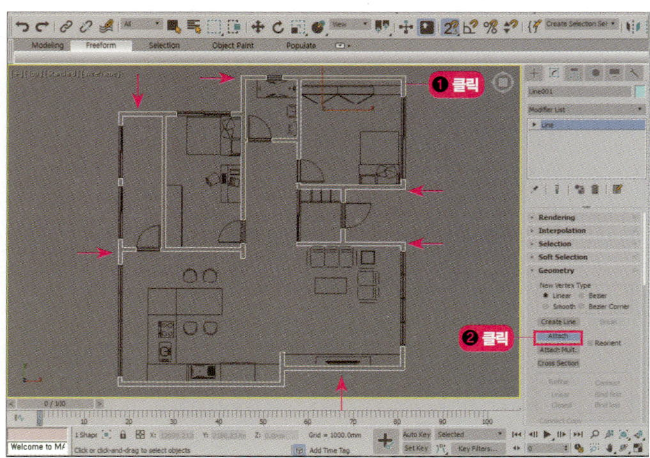

# 03

# Line에 높이를 주어 벽 세우기

3ds Max에서 불러온 CAD 파일은 기본적으로 Spline 속성을 가지고 있습니다.
Modify에서 라인을 편집할 수도 있습니다. 이번에는 Line에 Extrude를 적용하여 벽을 만든 후 Polygon으로 변환하여 편집해보겠습니다.

## 01

합쳐진 벽체 Line을 선택합니다. [Modifier List-Extrude]를 적용한 후
Amount에 '2000'을 입력합니다. 2M 높이의 벽이 만들어 집니다. ISO는
실내가 잘 보이도록 벽의 높이를 약간 낮게 잡습니다.

 **tip** ㎜ 단위가 나오지 않는다면 [Menu Bar-Customize-Units Setup] 메뉴에서 단위 설정이 되어 있는지 확인해보세요.

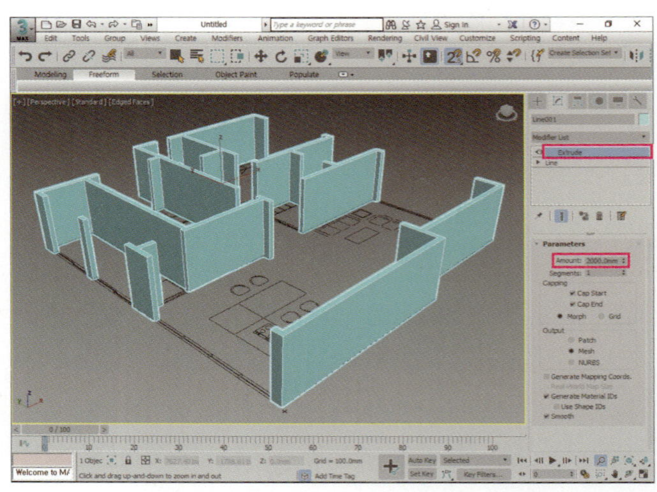

## 02

높이를 적용한 후 [Modeling-Polygon Modeling-Convert to Poly]
를 클릭하여 돌출된 벽을 Polygon 편집모드로 변환합니다. Polygon으로
변환한 후 세워진 벽에 창문틀이 세워질 부분을 만들어보겠습니다.
Selection에서 'Edge'를 선택합니다. 그림처럼 주방 부분의 창 쪽에 세로
로 4개의 Edge를 선택합니다.

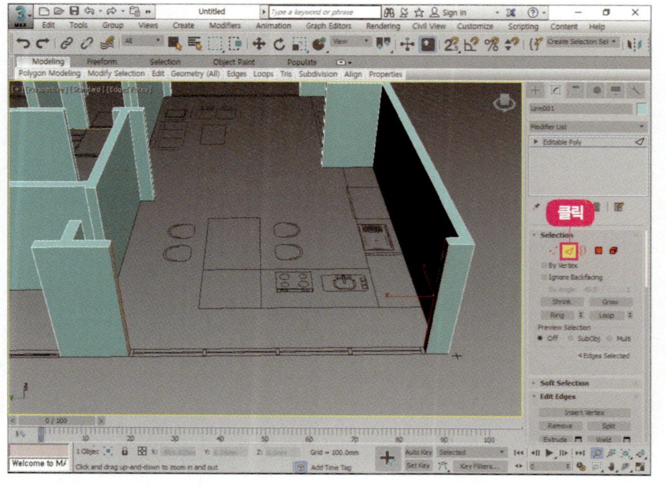

## 03

[Edit Edges] 메뉴에서 'Connect'를 클릭하면 그림처럼 가로로 Edge가
추가됩니다.

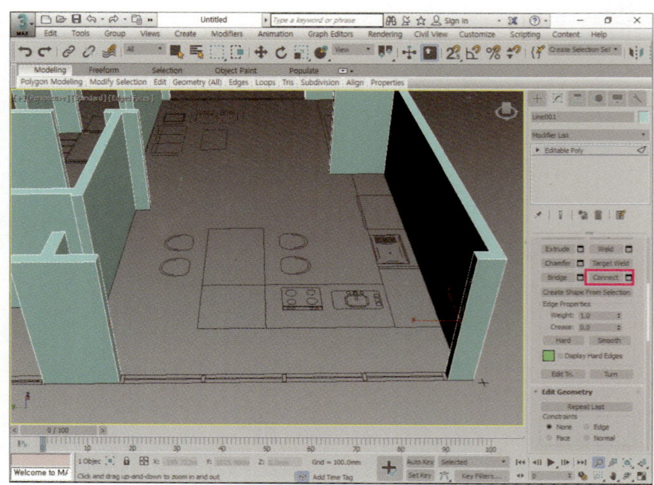

## 04

Selection에서 'Polygon'을 선택합니다. 그림처럼 연결이 될 마주보는 두
Polygon을 선택합니다.

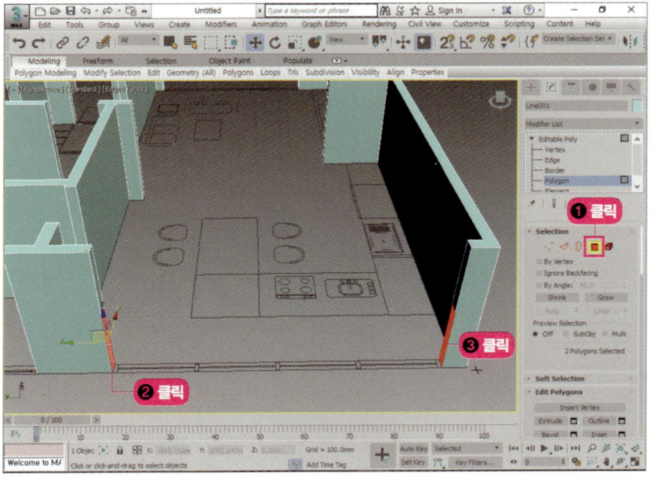

## 05

[Modeling-Polygons-Bridge]를 클릭합니다.

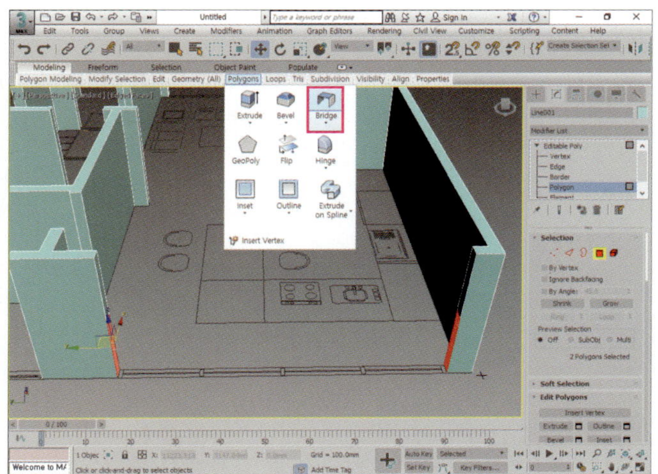

## 06

선택한 두 Polygon이 연결되면서 새로운 벽이 만들어졌습니다. 만들어진
벽 부분의 가장 위쪽 Polygon을 선택합니다.

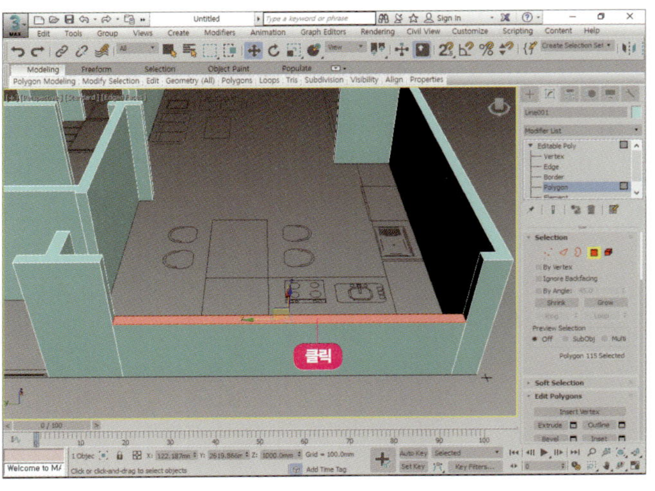

## 07

화면 하단 [Absolute Mode Transform Type-In]의 Z축 값에 '100'을
입력합니다. 선택한 Polygon의 위치가 아래로 이동합니다.

절대 좌표축을 기준으로 입력했기 때문에 높이가 100mm로 설정된 것과 같습
니다.

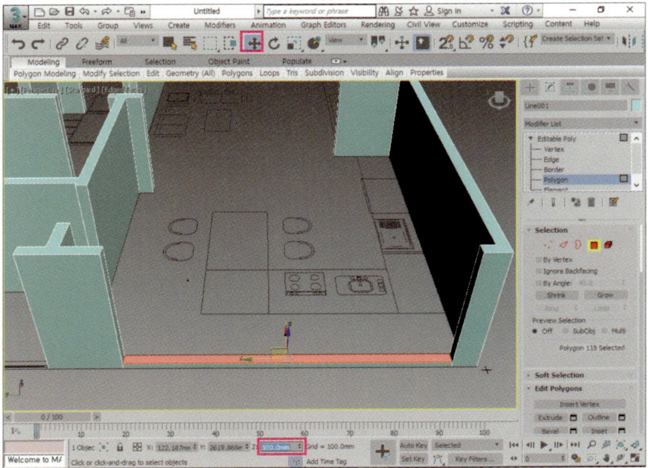

## 08

그림처럼 창문이 만들어질 부분을 방금 만든 것과 같은 방법으로 만듭니다.

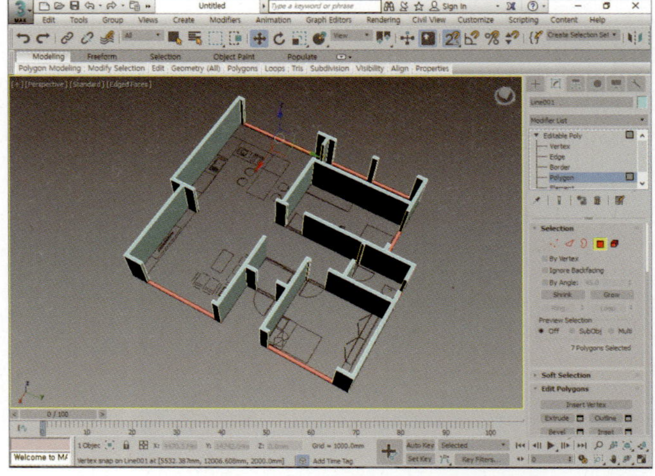

## 09

화장실 부분의 높이는 Z축의 위치를 기준으로 800mm로 설정합니다.

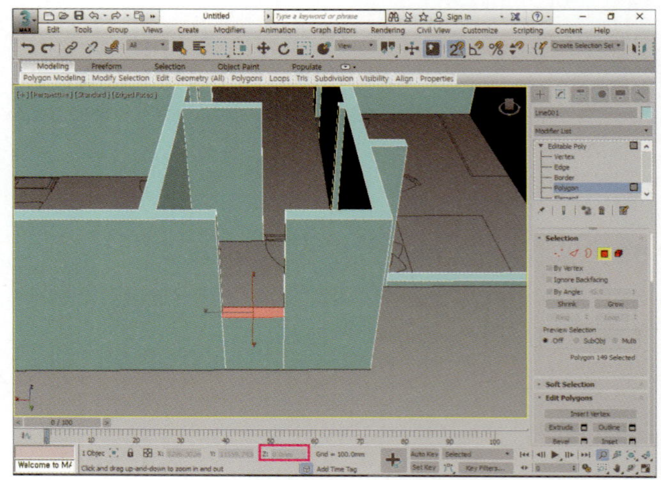

## 10

완성된 벽체를 선택한 후 마우스 오른쪽 버튼을 클릭하고 'Hide Selection'
을 선택하여 화면에서 잠시 숨깁니다. 그림처럼 Viewport의 바닥 라인을
모두 선택합니다.

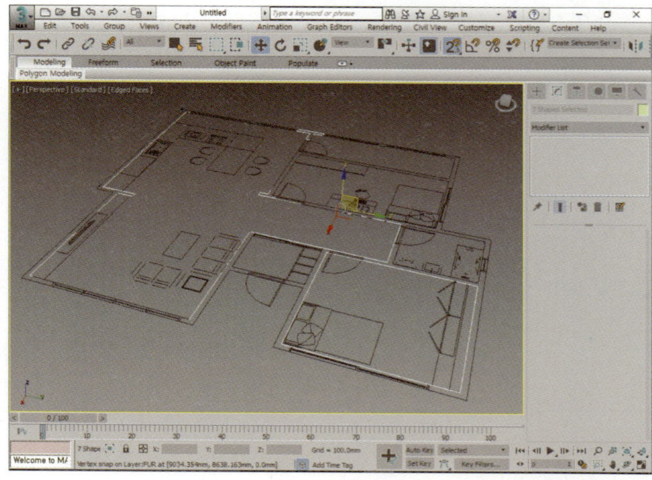

## 11

바닥 라인을 선택한 후 [Modeling-Polygon Modeling-Convert to Poly]를 클릭하여 바닥 라인을 Polygon 편집모드로 변환합니다.

Line을 Polygon으로 변환하면 면으로 변경됩니다.

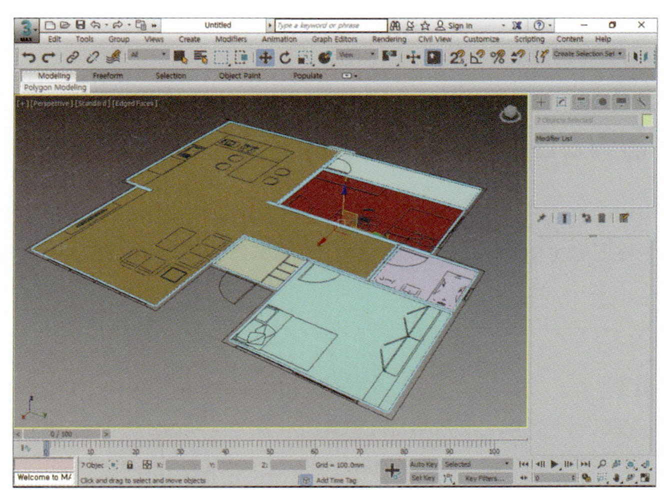

## 12

'Unhide All'을 선택하여 벽을 다시 나타냅니다. 벽체와 바닥이 모두 완성되었습니다. 이렇게 AutoCAD에서 도면을 정리한 후 3ds Max에서 작업하면 벽체와 바닥을 손쉽게 만들 수 있습니다.

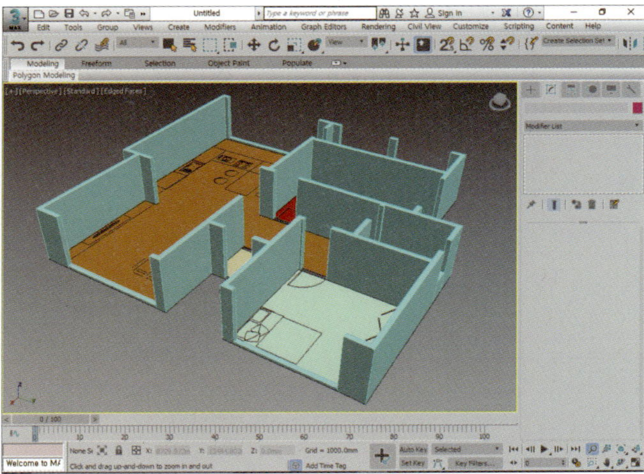

## 04

# Sweep을 이용하여 문틀 만들기

문틀은 Polygon 편집으로 만들 수도 있지만 필자는 주로 Rectangle을 만든 후 Sweep 명령어를 이용하여 만듭니다. CAD 파일에 문틀의 단면이 그려져 있기 때문에 Rectangle로 문틀의 크기를 만든 후 Sweep만 적용하면 간단하게 완성됩니다.

### 01

문틀이 될 Line을 그리기 위하여 먼저 Snap을 2D Snap(2°)으로 설정합니다. 바닥의 도면을 기준으로 그리기 위한 설정입니다.

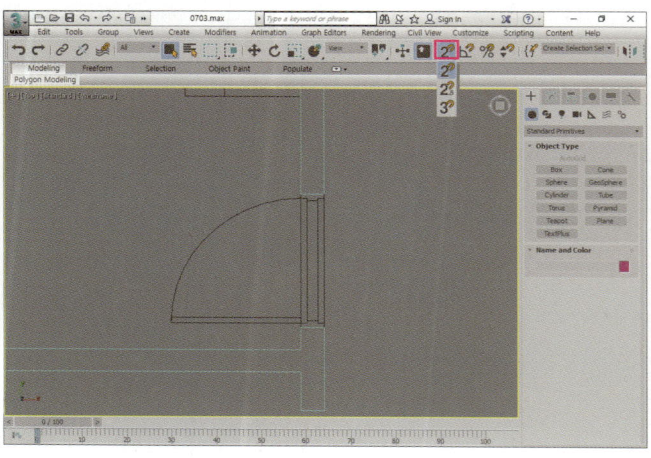

### 02

[Create-Shapes-Line]를 선택한 후 직선을 그리기 위해 그림처럼 Initial Type과 Drag Type의 'Corner'에 체크합니다. Snap 아이콘을 클릭하여 Snap 기능을 활성화합니다. 그림처럼 도면을 따라 문틀이 될 Line을 그립니다.

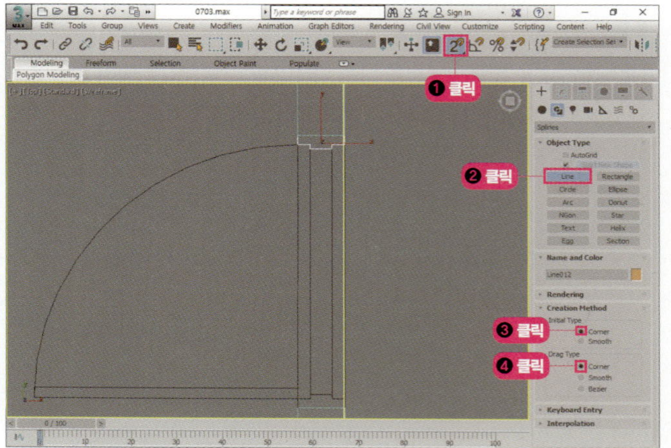

### 03

문틀의 형태가 될 Line을 그리기 위해 Snap을 3D Snap(3°)으로 설정합니다.

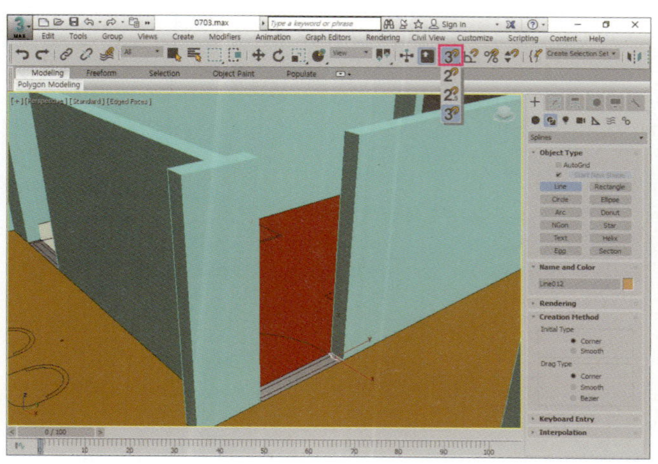

### 04

[Create-Shapes-Line]을 선택한 후 그림처럼 문틀의 형태가 될 Line을 그립니다.

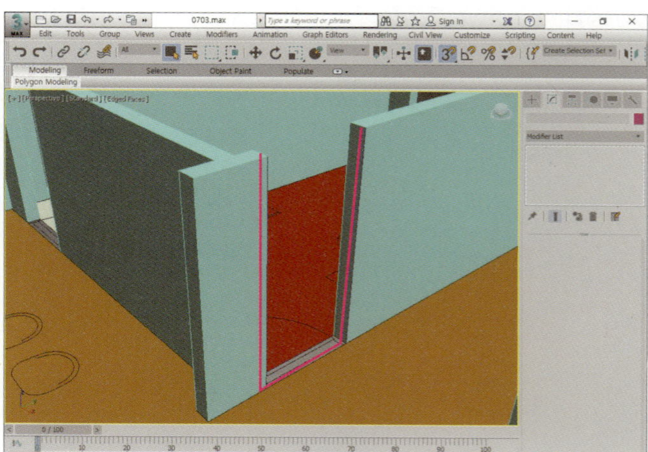

## 05

문틀로 사용할 Line에 [Modifier List-Sweep]을 적용합니다. 처음에 그렸던 Line을 사용하기 위해 'Use Custom Section'을 선택합니다. Pick을 눌러 방금 만든 문틀 Line을 선택합니다.

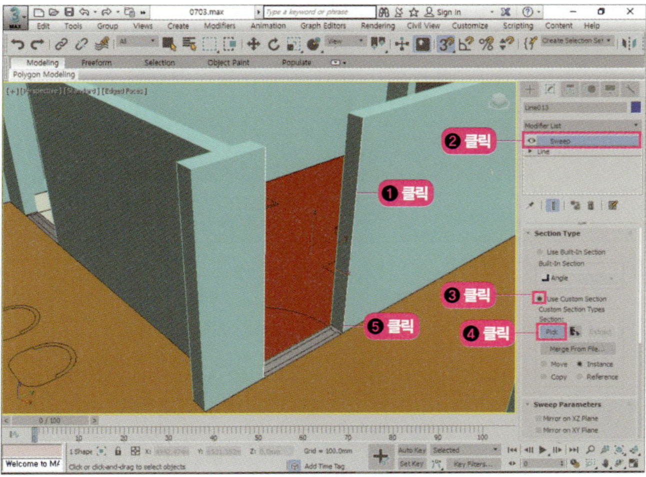

## 06

문틀의 형태가 Line을 따라 만들어졌습니다. 그런데 만들어진 위치 값이 약간 어긋나 있네요. 옵션을 수정하여 위치를 바꿔보겠습니다.

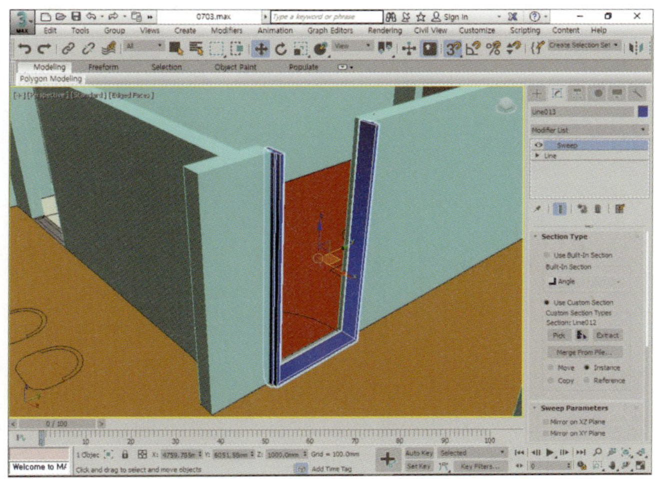

## 07

Sweep Parameters의 Align Pivot 부분에서 중심점의 위치를 그림처럼 선택합니다. Line이 적용된 기준점이 정상적인 위치로 바뀝니다.

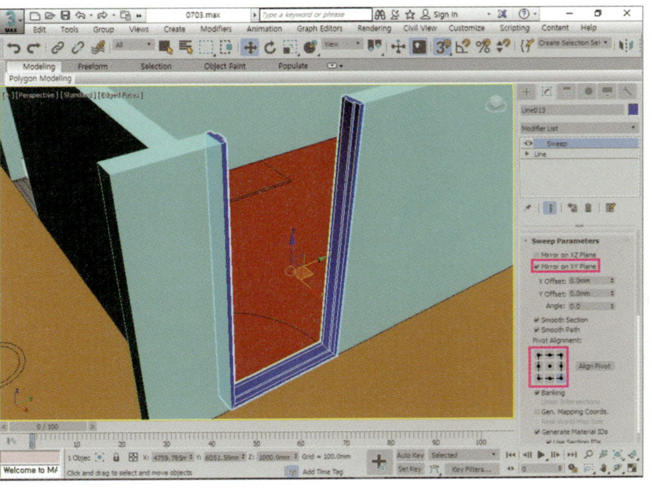

## 08

도면을 기준으로 Rectangle을 그리기 위해 2D Snap()으로 설정합니다. 문을 만들기 위해 [Create-Shapes-Rectangle]을 선택합니다. 그림처럼 문부분에 Rectangle을 만듭니다.

**tip** Snap이 설정되어 있으므로 쉽고 정확하게 그릴 수 있습니다.

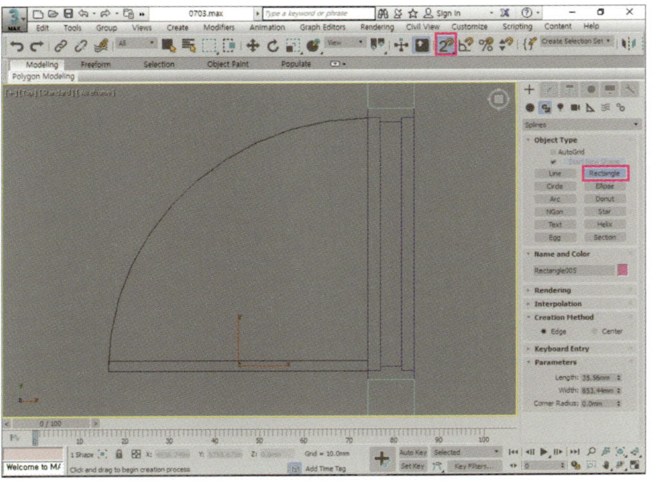

## 09

Perspective View에서 작업을 하기 위해 3D Snap(3ª)으로 설정합니
다. 그림처럼 Rectangle의 끝점을 문틀과 만나는 부분으로 이동합니다.
문이 될 Rectangle이 Z축으로 약간 위로 이동됩니다.

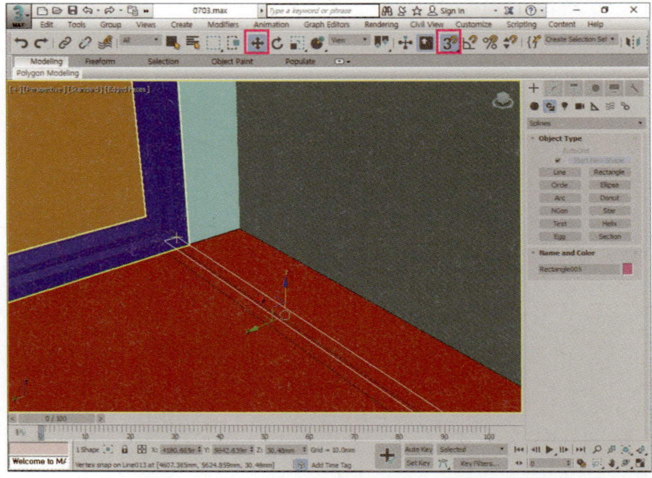

## 10

[Modifier List-Extrude]를 Rectangle에 적용합니다. Amount에
'1950'을 입력하면 문이 3D로 만들어집니다.

tip

문의 형태는 간단한 Poly 편집을 통해 아
래 그림처럼 만들 수 있습니다. 지금까지
배운 명령어를 활용하여 실물이나 사진을
보고 다양하게 모델링연습을 해 보시기 바
랍니다.

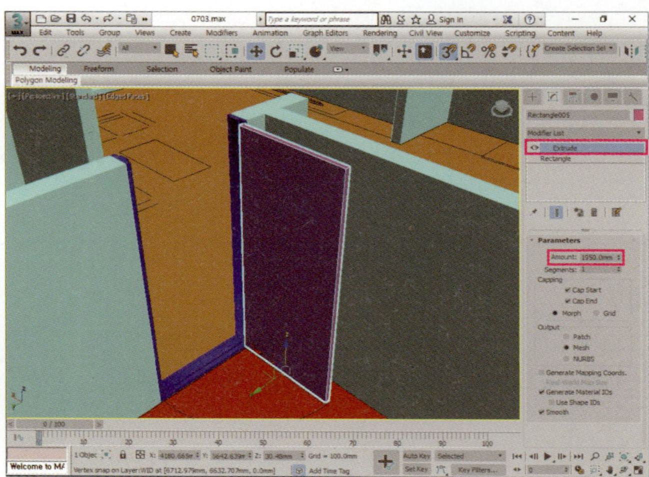

## 12

문을 완성한 후 같은 방법으로 문을 모두 만듭니다.

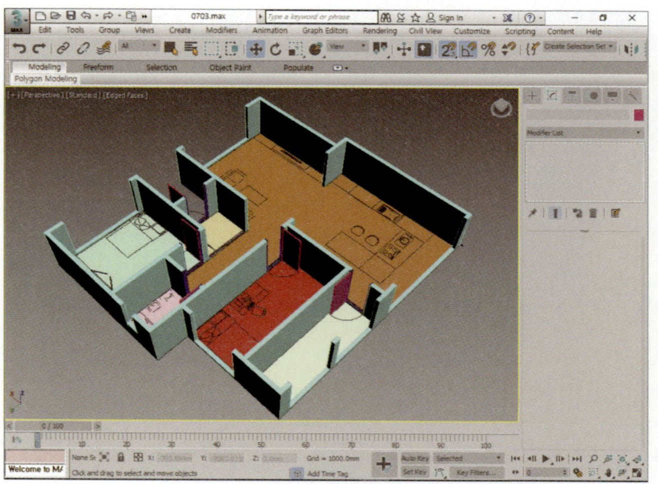

tip

전체적인 문의 크기가 같다면 하나만 완성한 후 Snap 기능을 이용하여 복사
하면 빠르게 작업할 수 있습니다. 대칭 형태의 문은 Mirror를 이용하면 간단
합니다.

# 05

# 거실 창문 만들기

Line으로 창문이나 창틀을 만들 때는 Bevel Profile이나 Sweep을 이용합니다.
Sweep은 중심점의 위치를 쉽게 바꿀 수 있기 때문에 몰딩이나 창틀, 문틀에 자주 사용하는 기능입니다.

## 01

3D Snap(3²)으로 설정합니다. 벽체를 선택한 후 Edge를 선택합니다.
그림처럼 거실의 창틀이 될 Edge를 3개 선택합니다.

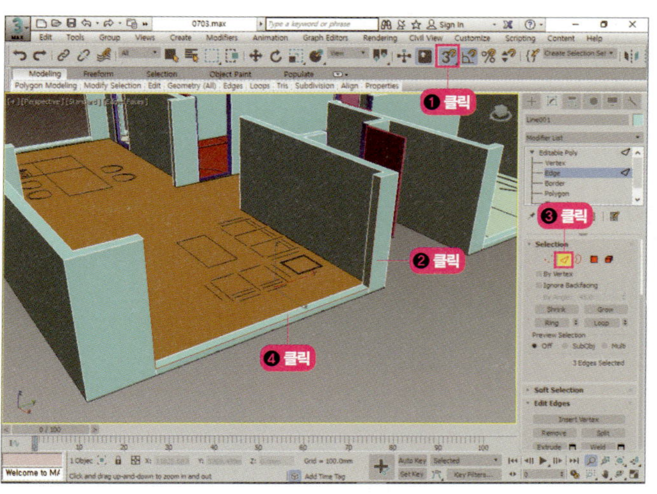

## 02

[Modeling-Edges-Create Shape From Selection]을 클릭합니다.

tip Line으로 Snap을 이용하여 그리는 방법도 있지만 창틀이 될 Edge를 선택
한 후 Create Shape From Selection을 이용하여 라인을 추출하는 방
법도 있습니다.

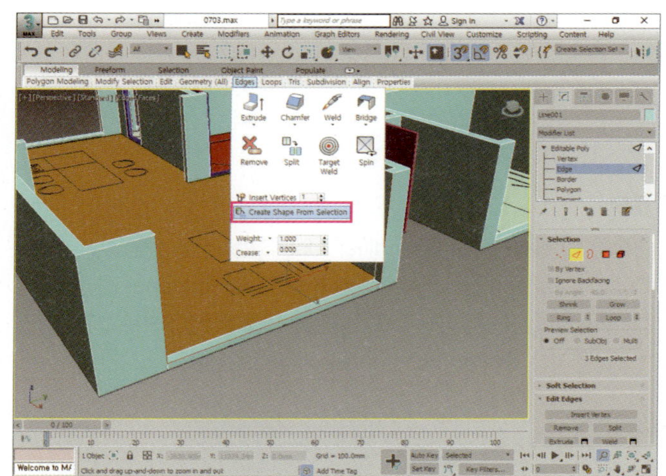

## 03

Create Shape From Selection을 클릭하면 선택한 Edge를 새로운
Shape으로 만듭니다.
그림처럼 'Linear'를 선택한 후 [OK] 버튼을 클릭합니다.

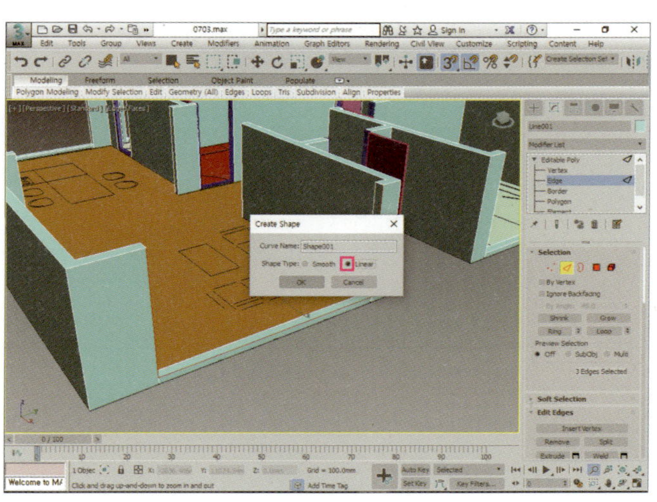

tip Shape Type을 Smooth를 선택하면 곡선으로, Linear를 선택하면 직선
으로 만들어집니다.

## 04

Top View에서 도면을 기준으로 Line을 그리기 위해 2D Snap(2²)으로
설정합니다.

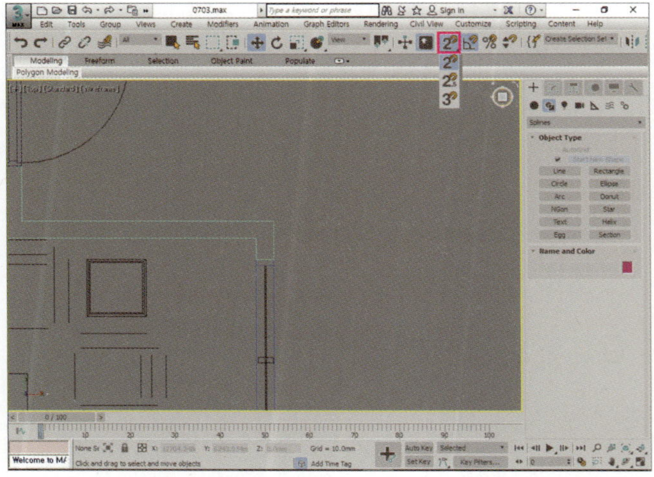

## 05

[Create-Shapes-Rectangle]로 창틀이 될 Line을 도면에 맞춰 그립
니다.

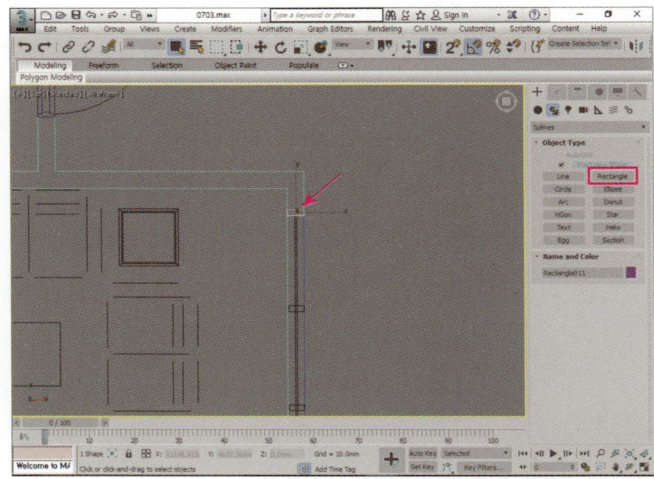

## 06

창틀의 Line을 선택한 후[Modifier List-Sweep]를 적용합니다. Use
Custom Section의 Pick을 선택한 후 방금 그린 Rectangle을 클릭합니
다. Rectangle이 벽 아래에 있기 때문에 잘 보이지 않으므로 그린 위치를
기억하는 것이 좋습니다.

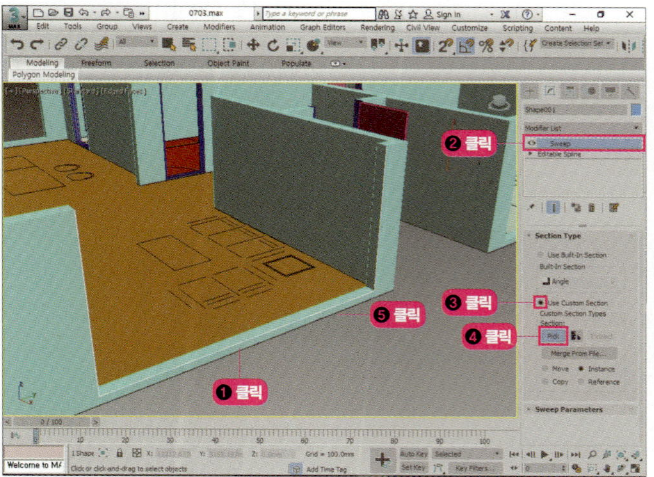

## 07

Line을 따라 사각형으로 창틀이 만들어졌습니다. 하지만 창틀의 위치가 약
간 어긋나 있으므로 위치를 수정해보겠습니다.

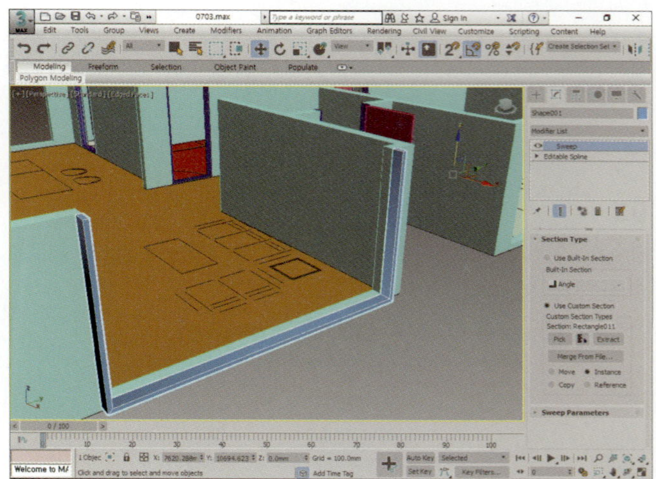

## 08

[Sweep Parameters]의 Align Pivot의 위치를 조절하여 창틀이 안쪽에
위치할 수 있도록 합니다.

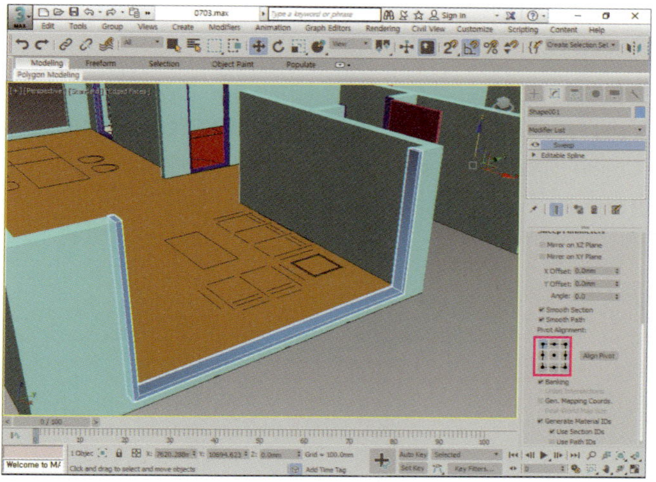

## 09

Top View에서 [Create-Shapes-Rectangle]를 이용하여 창틀 3개와
유리 1개로 사용될 4개의 Rectangle을 만듭니다.

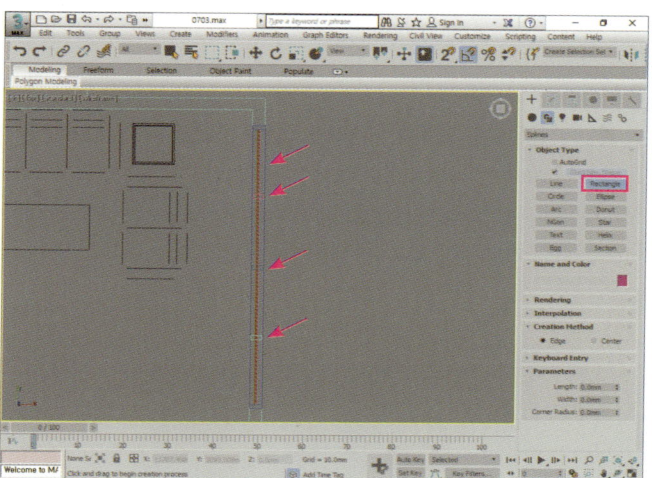

## 10

방금 그린 4개의 Rectangle에 [Modifier List-Extrude]를 적용합니다.
Amount 값에 '2000'을 입력합니다.

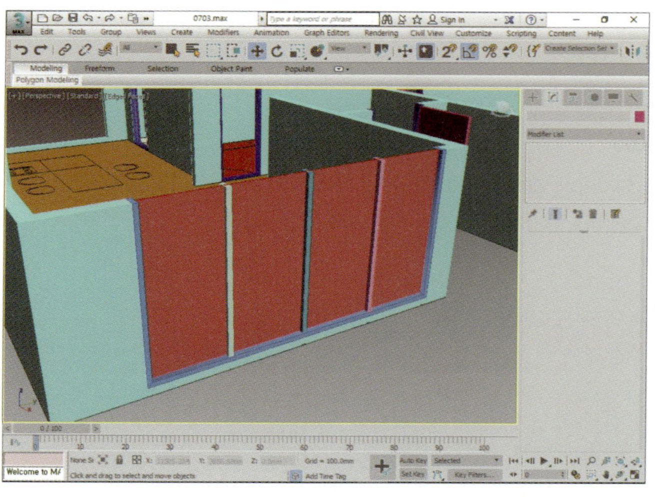

## 11

주방 쪽의 창문도 방금과 같은 방법을 이용하여 모델링합니다.

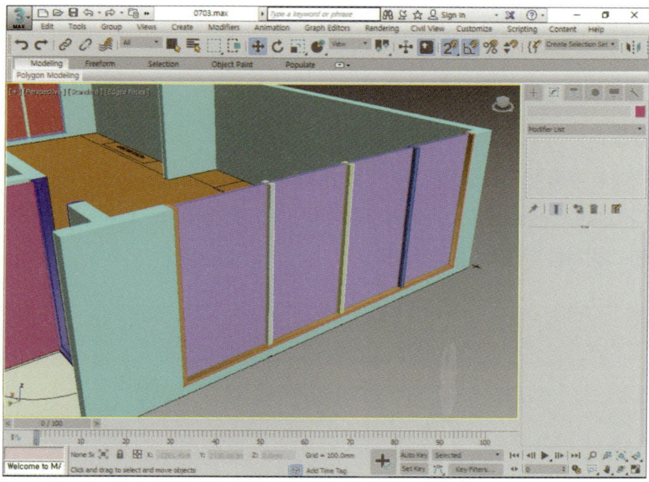

# 06

# Slide Type 창문 만들기

## 01

방 부분의 창가에서 그림처럼 3개의 Edge를 선택합니다. [Modeling-Edges-Create Shape From Selection]을 클릭하면 Create Shape 창이 나타납니다. Shape Type을 Linear로 선택한 후 [OK] 버튼을 클릭하면 선택한 Edge가 Shape으로 만들어집니다.

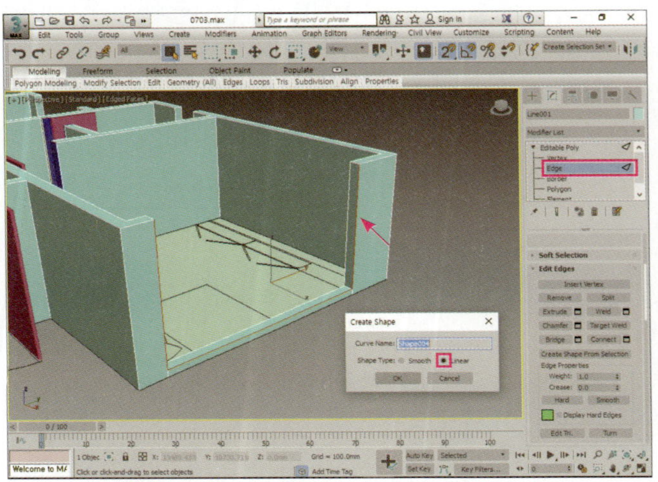

## 02

도면을 기준으로 Line을 그리기 위해 2D Snap( )으로 설정합니다. [Create-Shapes-Line]을 선택한 후 그림처럼 도면에 맞춰 창틀의 형태를 그립니다.

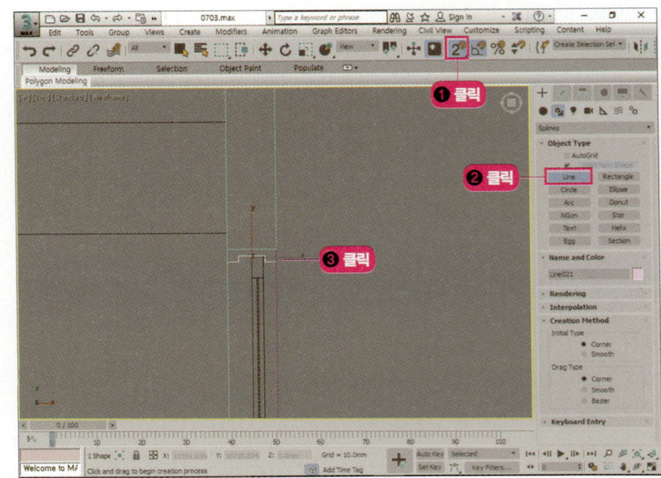

## 03

벽에서 추출한 Shape을 선택한 후 [Modifier List-Sweep]를 적용합니다. Use Custom Section의 Pick을 선택한 후 방금 그린 Line을 선택하면 그림처럼 창틀이 만들어집니다.

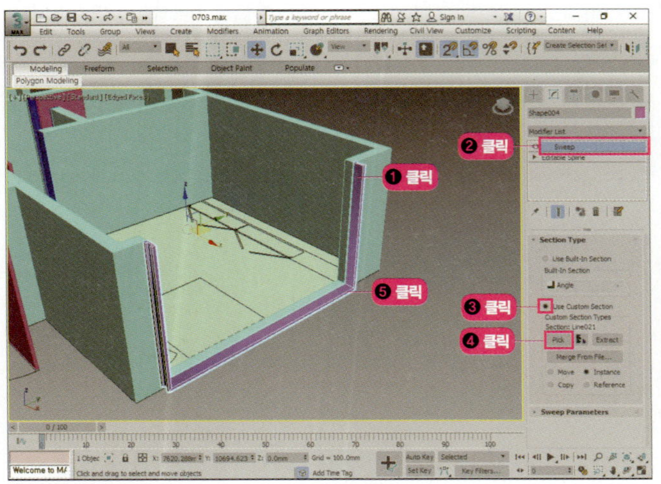

## 04

[Sweep Parameters]의 Align Pivot으로 창틀의 위치를 조정합니다. 그림처럼 안에 배치되도록 정렬 위치를 수정합니다.

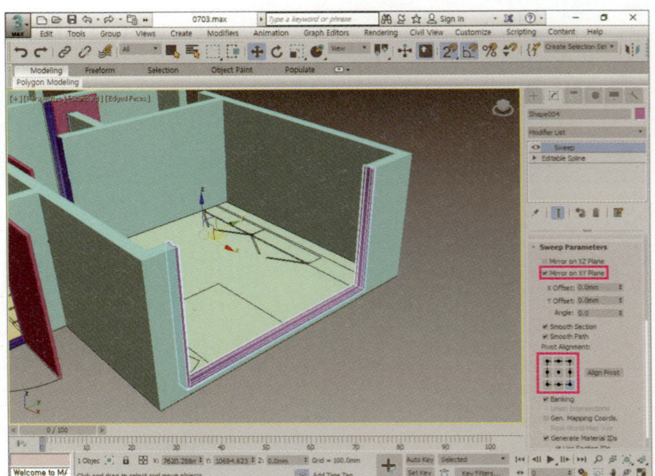

## 05

완성된 창틀을 선택한 후 Alt + Q 를 누르면 선택하여 창틀만 볼 수 있도록
합니다. 3D Snap( 3° )으로 설정합니다. [Create-Shapes-
Rectangle]를 Left View에서 그림처럼 창틀의 안쪽을 기준으로 만듭니다.

**tip** Perspective View에서 안에 Rectangle이 만들어졌는지 확인합니다.

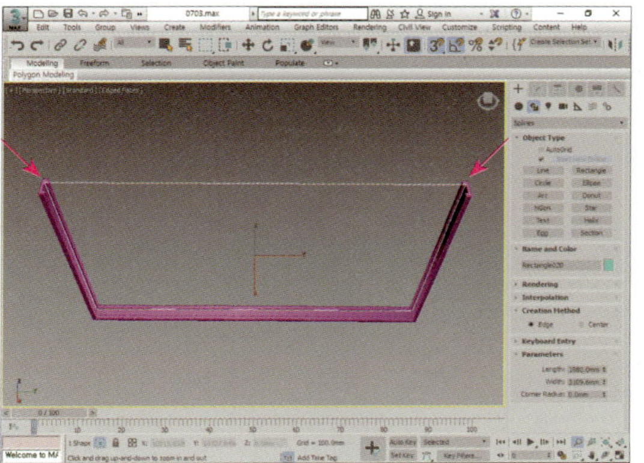

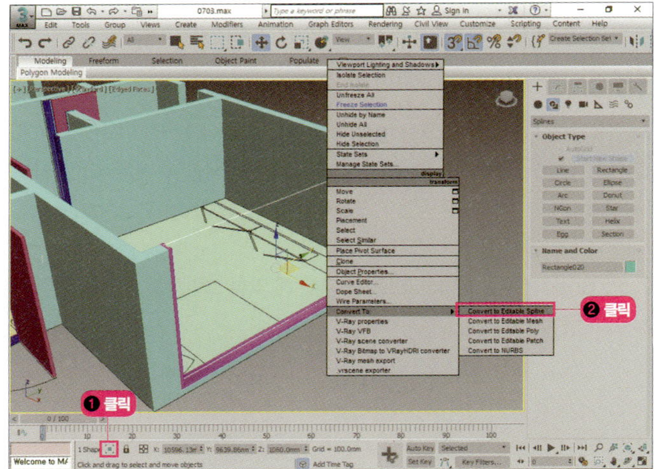

## 06

 아이콘을 클릭하여 Isolation Mode를 해제합니다. 방금 만든
Rectangle을 선택한 후 마우스 오른쪽 버튼을 클릭합니다. Parameters
의 'Convert to Editable Spline'를 선택하여 Spline으로 변환합니다.

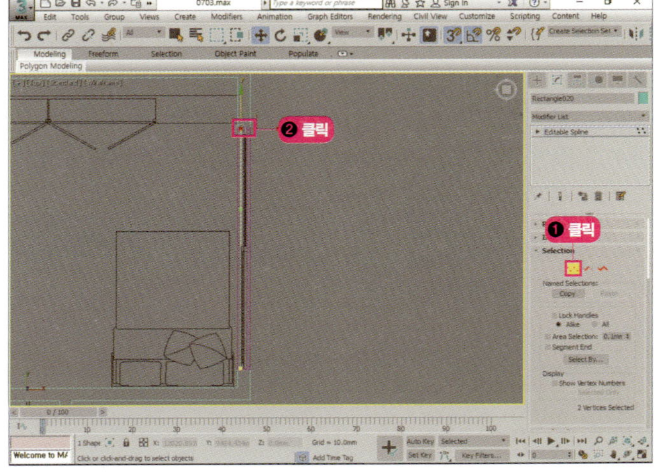

## 07

Top View를 선택합니다. Modify에서 Vertex를 선택한 후 그림처럼 위
쪽의 Vertex를 드래그하여 선택합니다.

## 08

2.5D Snap(2.5)을 선택하고 선택한 Vertex를 그림처럼 Y축으로만 아래
로 이동하여 도면의 창문 크기에 맞춥니다.

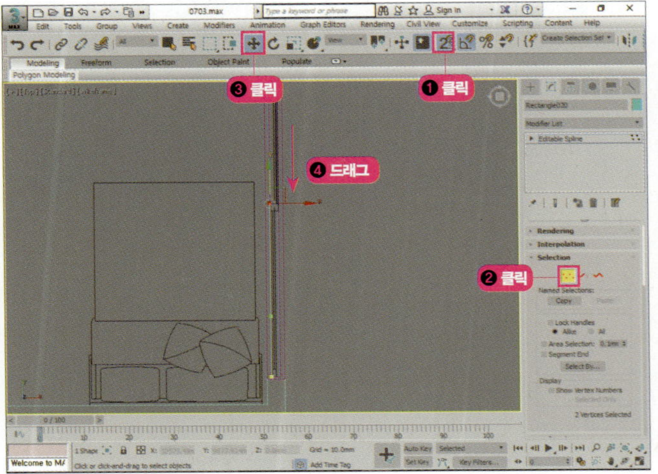

## 09

도면을 기준으로 Line을 그리기 위해 2D Snap(2.)으로 설정합니다.
[Create-Shapes-Rectangle]를 선택한 후 도면의 창틀 크기에 맞춰
Rectangle을 그립니다.

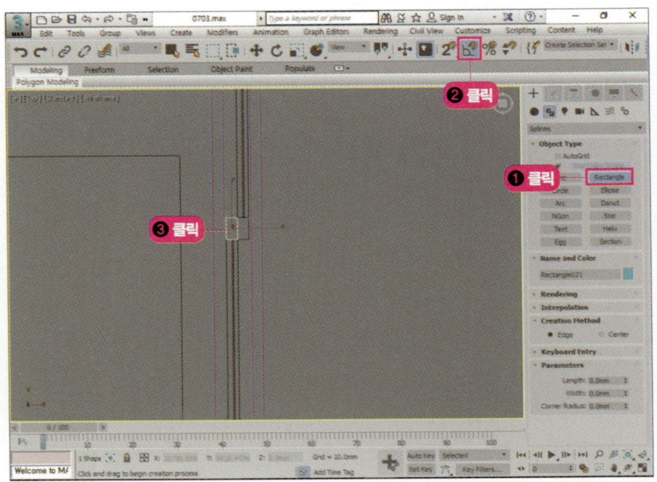

## 10

처음에 그린 창틀 크기의 Rectangle에 [Modifier List-Sweep]를 적용
합니다. Use Custom Section의 Pick을 선택한 후 방금 그린 작은
Rectangle을 선택하면 창틀이 만들어집니다. Sweep Parameters의
Align Pivot을 수정하여 형태를 맞춥니다.
2.5D Snap(2.5)을 선택하고 모서리 부분에 맞춰 그림처럼 도면과 같은 위
치로 이동합니다.

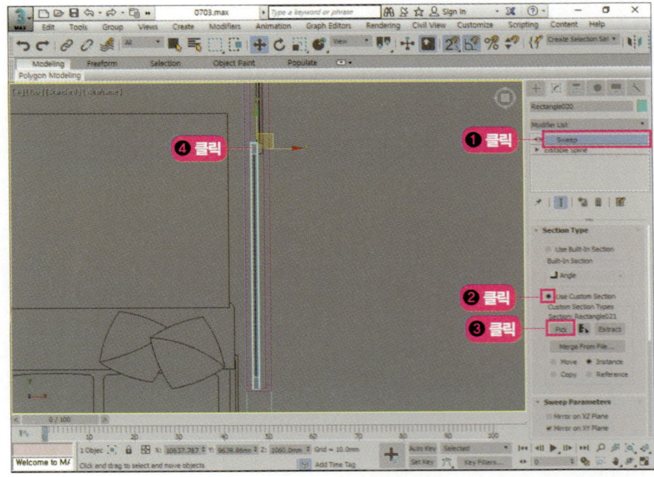

## 11

완성된 창을 선택한 후 Alt + Q를 눌러 방금 만든 창틀만 볼 수 있도록 합
니다. Z를 누르면 창이 Viewport 중앙에 위치합니다. 현재 유리가 없으
므로 Box를 이용하여 유리를 만들어보겠습니다.

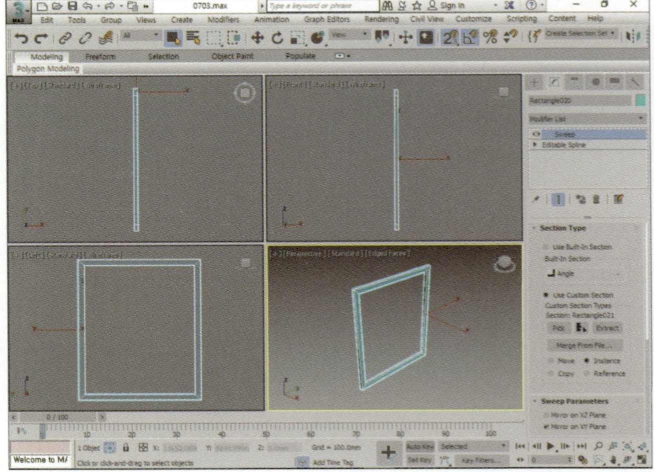

## 12

현재 창이 정면에서 보이는 View가 Left View이므로 Left View에서 아래 옵션과 같이 [Create-Geometry-Standard Primitives-Box]를 선택하여 Box를 만듭니다.

Length : 1800㎜, Width : 1500㎜, Height : 5㎜

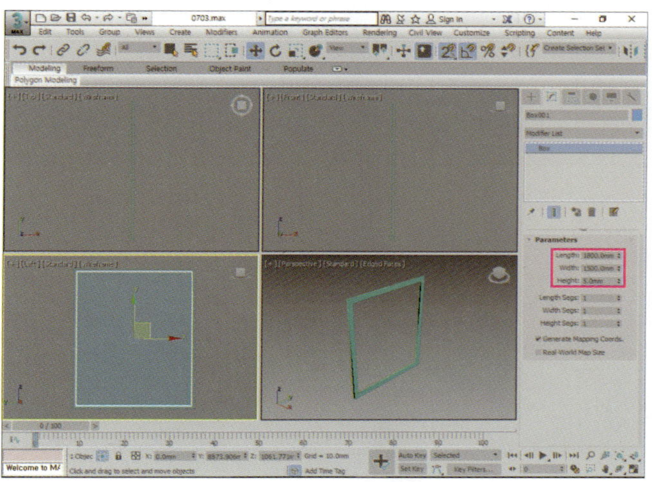

## 13

만들어진 Box를 선택한 후 Alt + A 를 누르고 창틀을 선택하면 [Align Selection] 대화상자가 나타납니다. 그림처럼 X, Y, Z축 모두 Center를 선택한 후 [OK] 버튼을 클릭하면 Box가 창틀의 중앙에 위치합니다.

tip
Align은 자주 사용하는 기능이므로 Tool Bar의 아이콘을 선택하는 것보다 단축키 Alt + A 를 이용하여 작업하면 작업 시간을 단축시킬 수 있습니다.

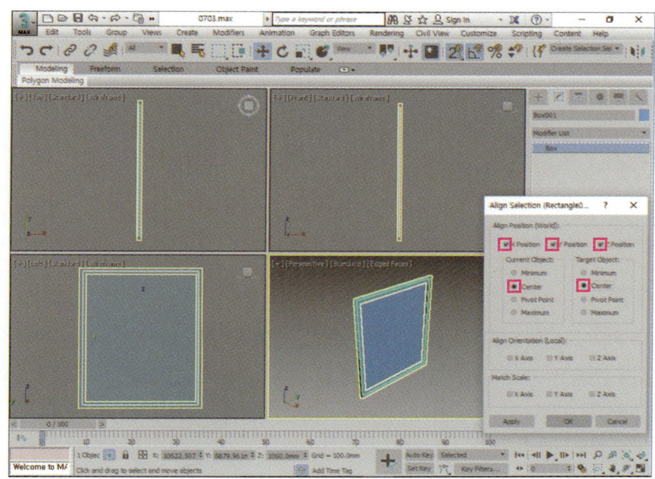

## 14

Alt + Q 를 눌러 [Isolation Mode]를 해제합니다. Parameters의 완성된 하나의 창을 복사하여 도면의 위치에 맞게 복사합니다.

tip
Top View에서 2.5D Snap( 2.5 )을 이용하면 현재 높이가 유지된 채로 복사할 수 있습니다.

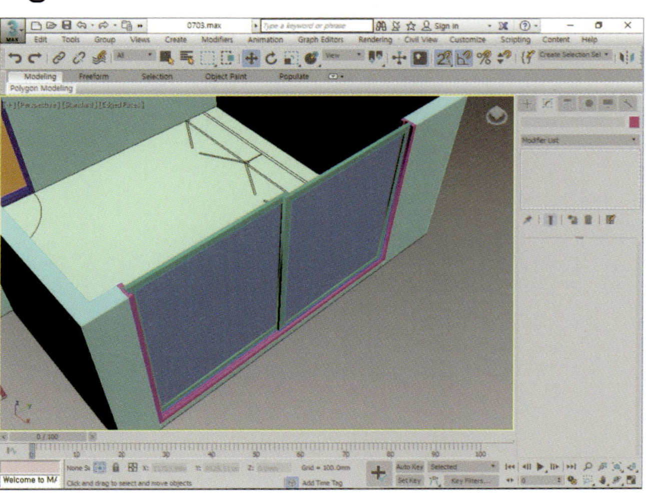

## 15

나머지 슬라이드 형태의 창도 모두 같은 방법으로 만듭니다. 같은 크기의 창을 복사하면 시간을 단축할 수 있습니다.

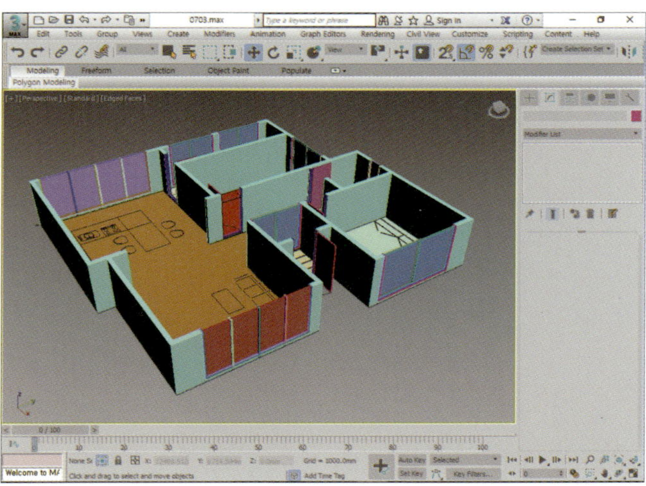

## 16

Renderer를 VRay로 설정합니다. 전체에는 기본 흰색 재질을 적용하고
유리 부분만 투명한 연한 하늘색을 적용합니다.

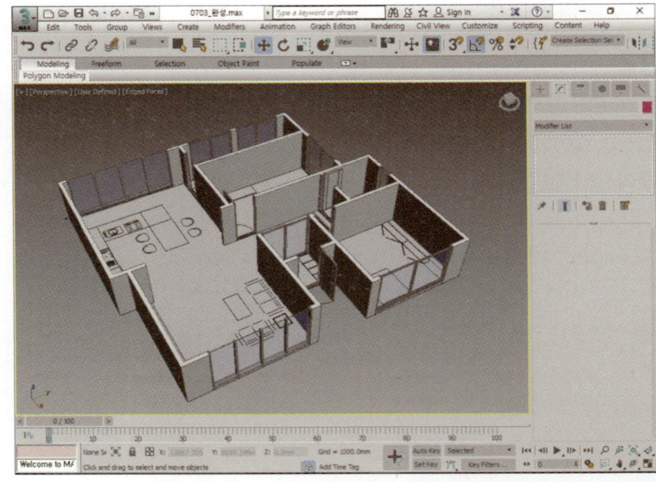

## 17

각 방의 느낌에 맞게 Wood와 Tile 재질을 적용합니다. 바닥 재질에는 반사
값을 조금 주면 배치된 가구가 연하게 반사되어 이쁘게 표현됩니다.

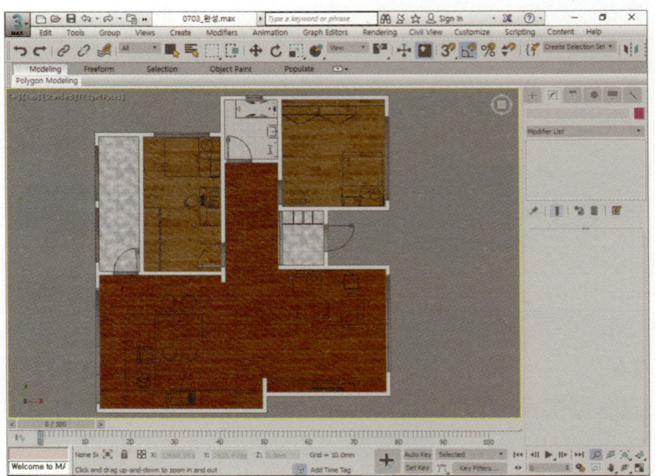

07

# Merge로 인테리어 소품 넣기

이제 ISO의 기본적인 틀은 만들어졌으므로 안에 소품만 넣으면 완성됩니다.
TV, 소파, 가구 등 완성된 소품을 Merge를 이용하여 넣은 후 배치해보겠습니다.

## 01

Application 메뉴()의 [Import-Merge]를 선택합니다.

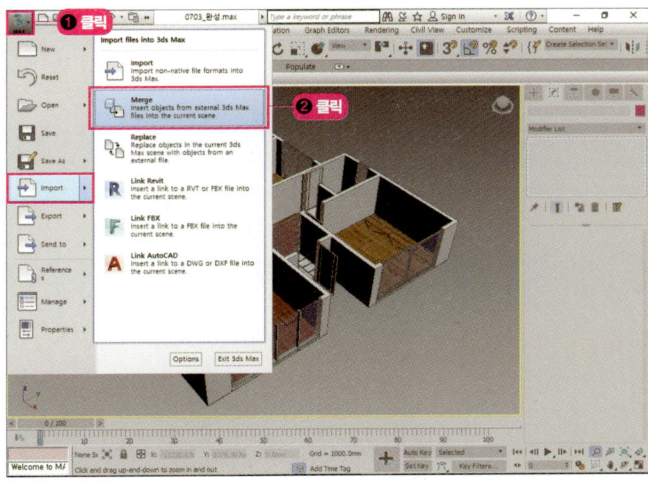

## 02

'C:/315-5466/Part07/0702_소품.max' 파일을 선택합니다. max 파일 안의 Object가 모두 나타납니다. 불러올 Object를 그림처럼 선택한 후 [OK] 버튼을 클릭합니다.

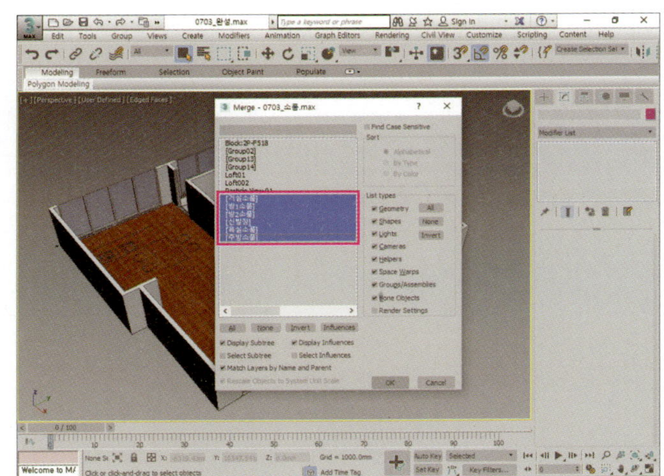

## 03

필자가 미리 만들어 놓은 소품들이 병합되었습니다. 다른 소품 데이터가 있다면 다른 소품을 불러와 배치해보기도 하고 직접 소품을 만들어 배치해 보시기 바랍니다.

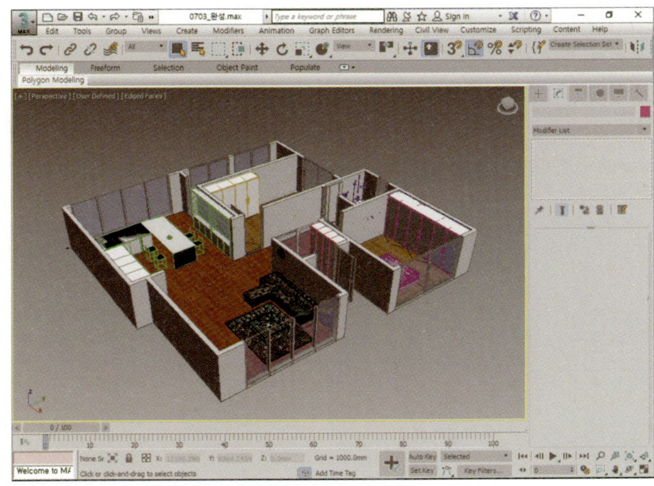

## 04

가구 모델링이나 배치가 끝나면 이제 도면은 필요가 없으므로 삭제하겠습니다. Viewport의 모든 Object를 선택합니다. 마우스 오른쪽 버튼을 클릭하면 나타나는 쿼드 메뉴에서 'Hide Selection'을 클릭합니다. Freeze시킨 도면을 제외한 모든 Object가 숨겨집니다.

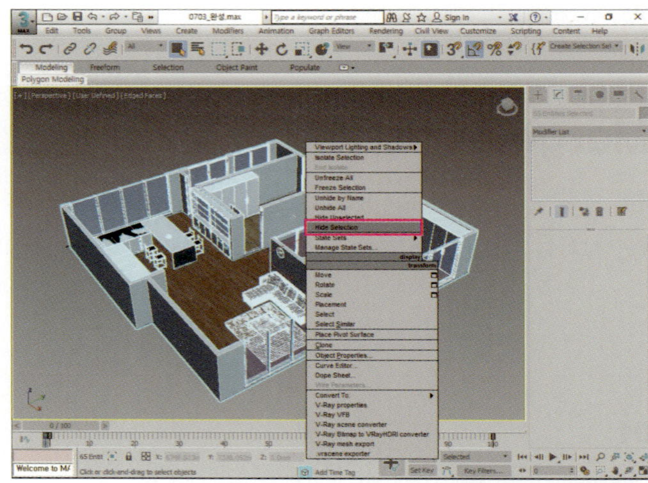

## 05

Viewport의 빈 곳을 클릭한 후 쿼드 메뉴에서 'Unfreeze All'을 클릭합니다.

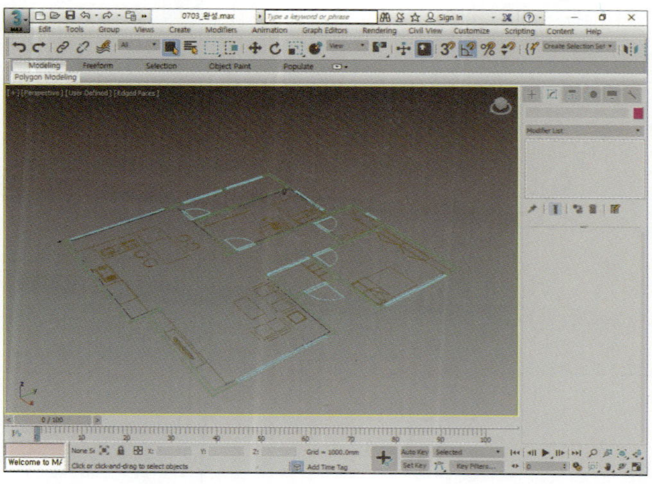

## 06

도면이 Freeze가 해제되면서 원래 색상이 나타납니다. 도면을 모두 선택한 후 Delete 을 눌러 삭제합니다.

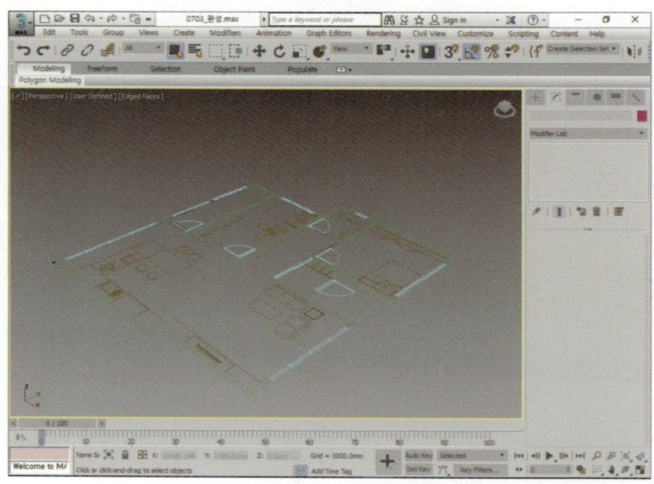

## 07

Viewport의 빈 곳을 클릭한 후 쿼드 메뉴에서 'Unhide All'을 선택합니다.

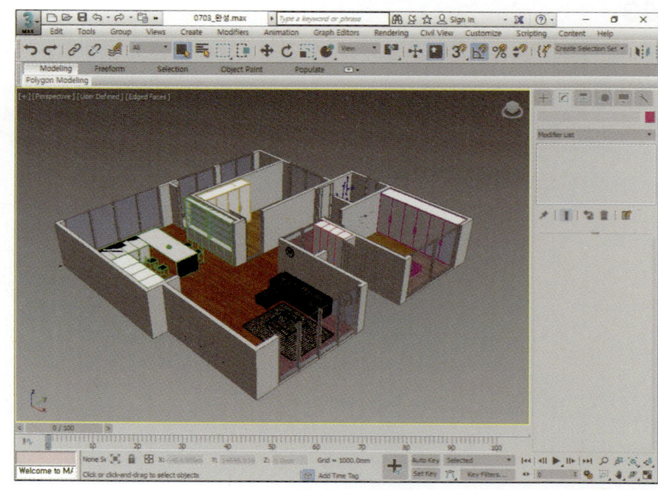

# 08

아까 숨겼던 모든 Object가 나타납니다. ISO는 실내 컷을 모두 보여주기
위해 다양한 각도에서 렌더링을 하는 것이 좋습니다.

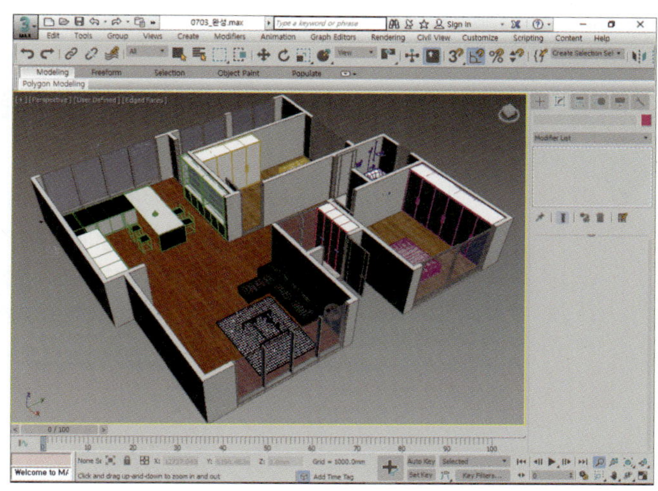

# 도면을 이용하여 건축물 만들기

외부 투시도를 완성하기 위해서는 CAD, 3ds Max, Photoshop 등과 같은 다양한 프로그램의 사용은 필수입니다. 최근에는 컴퓨터의 사양이 좋아져 Full 3D 작업을 주로 하고 있지만 도면의 정리를 하기 위한 CAD와 리터칭을 위한 Photoshop은 기본적으로 사용할 줄 알아야 합니다.

보통 CAD 도면을 바탕으로 작업이 진행되기 때문에 도면의 정리와 배치부터 건축물을 만드는 과정이 생소하게 느껴질 수 있지만 꾸준히 연습하다 보면 오히려 쉽게 작업할 수 있습니다.

**학습 목표**    CAD에서 만들어진 도면을 바탕으로 외부 투시도를 만드는 방법을 익히기 위해 도면의 배치 방법부터 입체화시키는 과정을 알아본다.

## ① CAD에서 정리한 도면을 3ds Max에서 배치하기

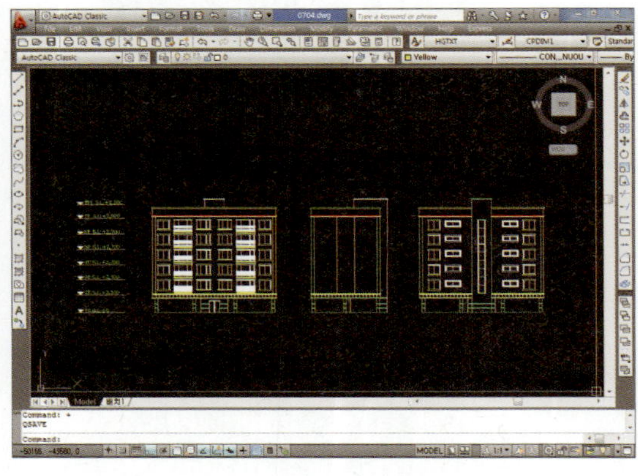

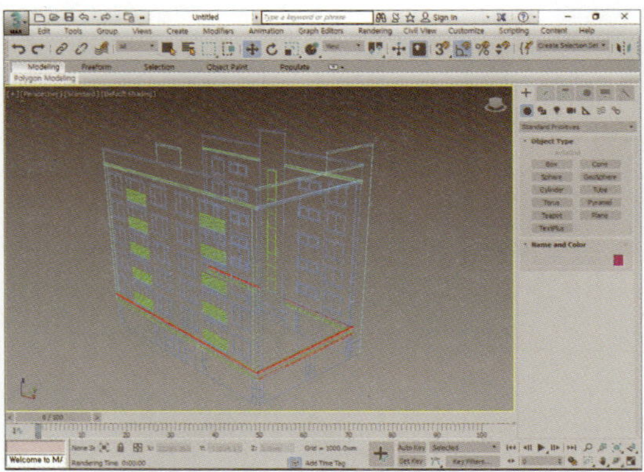

## ② 도면을 이용하여 건물 모델링하기

## 01

# 캐드 도면 파일 배치하기

### 01

3ds Max에서 건축 모델링을 하기 위해서는 먼저 도면 정리가 필요합니다. 아래와 같이 치수와 가상선, 도면 기호 등 다양한 정보가 있기 때문에 AutoCAD에서 불필요한 부분은 제거한 후 건물의 외형만을 남겨두고 작업합니다. 3ds Max만을 잘하기보다는 AutoCAD의 기본 기능을 사용할 수 있다면 좀 더 손쉽게 작업할 수 있습니다.

### 02

AutoCAD에서 그림과 같이 건물의 정면, 좌측, 배면 이렇게 필요한 부분만 남겨두고 모두 정리합니다. 복잡한 건물의 경우 우측, 상부 등 도면이 더 필요하지만 이번에 모델링한 빌라의 경우 간단한 형태이기 때문에 3개의 도면으로 충분히 만들 수 있습니다. 오른쪽의 도면을 Front.dwg, Left.dwg, Rear.dwg로 각각 저장하였습니다.

저장된 도면은 'C:/315-5466/Part 07' 안에 있으므로 정리된 도면을 이용하여 모델링을 시작해보겠습니다.

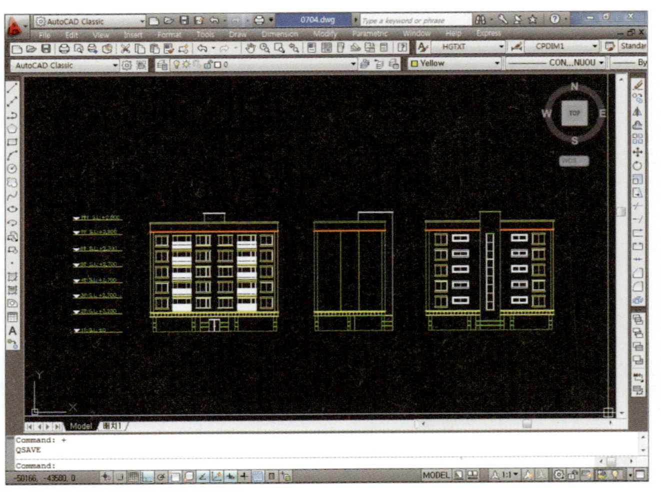

### 03

Application 메뉴(圖)의 [Import] 메뉴를 선택한 후 'C:/315-5466/Part07/Front.dwg' 파일을 불러옵니다. Import된 도면은 그림과 같이 Top View에서 정면이 보이고 Front View에서는 선으로 보입니다. 작업을 손쉽게 하기 위해 Ctrl + A 를 눌러 도면을 모두 선택합니다. [Menu Bar-Group-Group]를 선택한 후 Group 이름에 '정면'을 입력합니다.

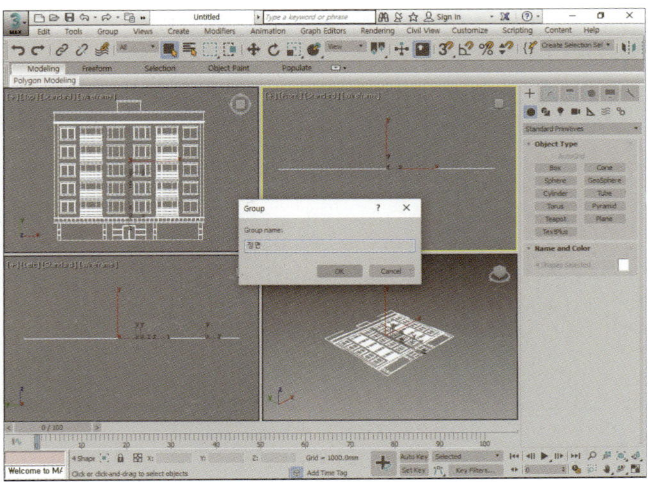

## 04

Select and Move(✛)를 선택하면 Viewport 하단에 Object의 좌표 위치가 표시됩니다. X, Y, Z 좌표의 위치 값에 모두 '0'을 입력하면 도면이 0, 0, 0 위치로 이동합니다.

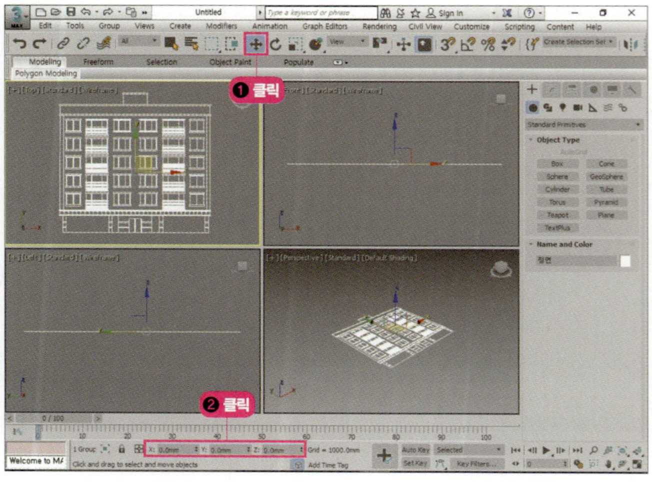

## 05

Front View에서 정상적으로 보일 수 있도록 도면을 회전시켜보겠습니다. Select and Rotate(C)를 선택한 후 Angle Snap Toggle(🔒)을 클릭하여 Snap을 활성화합니다. Left View에서 90° 회전시켜 그림과 같이 Front View에서 건물의 정면이 보이도록 합니다.

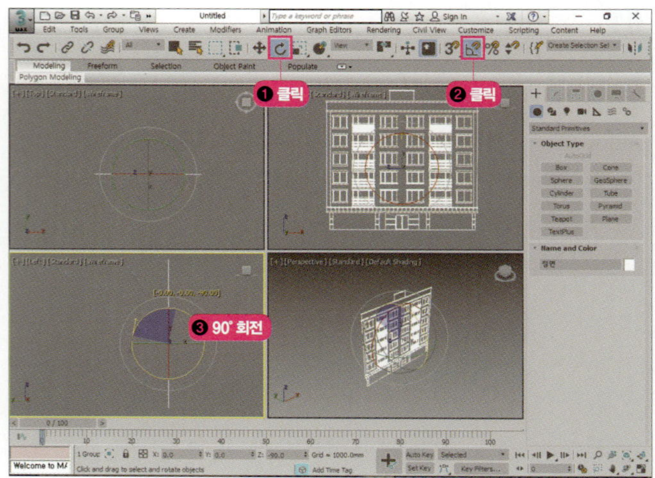

## 06

Application 메뉴(🔳)의 [Import]를 선택한 후 'C:/315-5466/Part07/Left.dwg' 파일을 불러옵니다. Import된 도면은 그림과 같이 Top View에서 정면이 보이고 Front View에서는 선으로 보입니다. 불러온 도면을 모두 선택합니다. [Menu Bar-Group-Group]를 선택한 후 Group 이름에 '좌측'을 입력합니다.

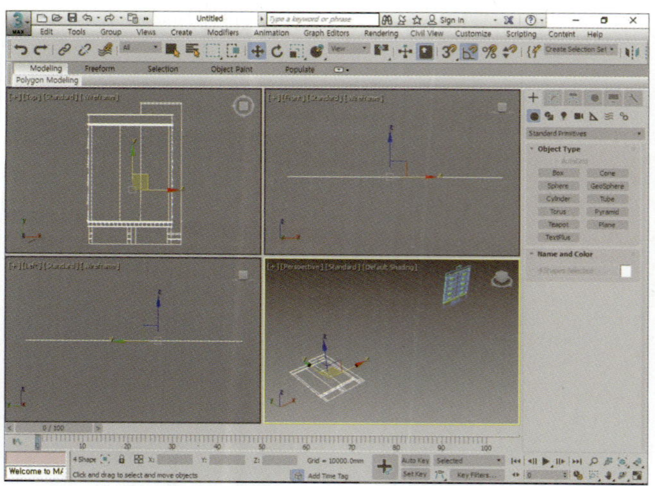

## 07

Select and Move(✛)를 선택하면 Viewport 하단에 Object의 좌표 위치가 표시됩니다. X, Y, Z 좌표의 위치 값에 모두 '0'을 입력하면 도면이 0, 0, 0 위치로 이동합니다.

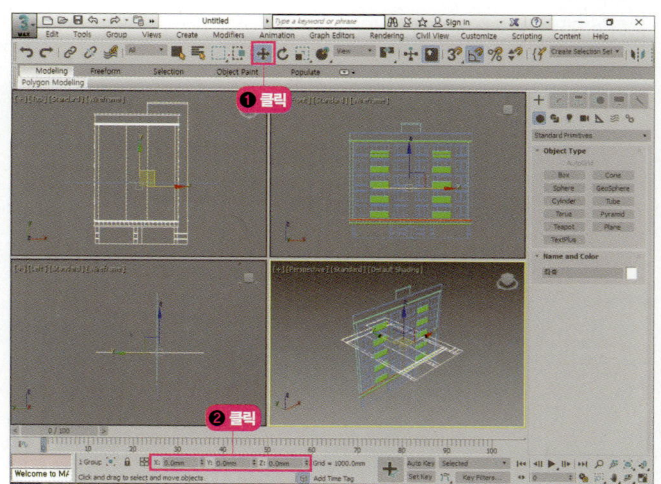

## 08

Left View에서 정상적으로 보일 수 있도록 도면을 회전시켜보겠습니다.
Select and Rotate(ℂ)를 선택합니다. Left View와 Top View에서
90˚ 회전시켜 그림과 같이 Left View에서 건물의 좌측이 보이도록 합니다.

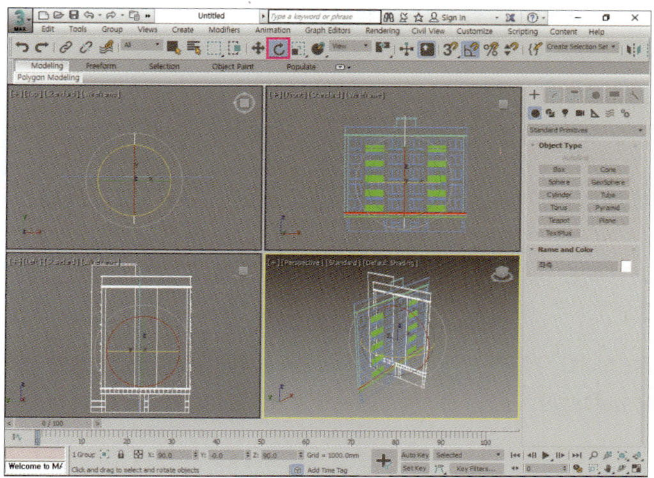

## 09

Application 메뉴(⬛)의 [Import]를 선택한 후 'C:/315-5466/Part07/
Rear.dwg' 파일을 불러옵니다.
불러온 도면을 모두 선택합니다. [Menu Bar-Group-Group]를 선택한
후 Group 이름에 '배면'을 입력합니다.

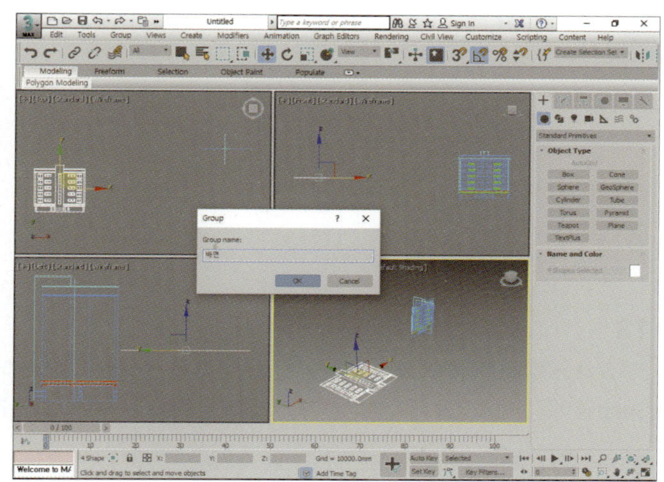

## 10

Select and Move(✛)를 선택하면 Viewport 하단에 Object의 좌표 위
치가 표시됩니다. X, Y, Z 좌표의 위치 값에 모두 '0'을 입력하면 도면이 0,
0, 0 위치로 이동합니다.

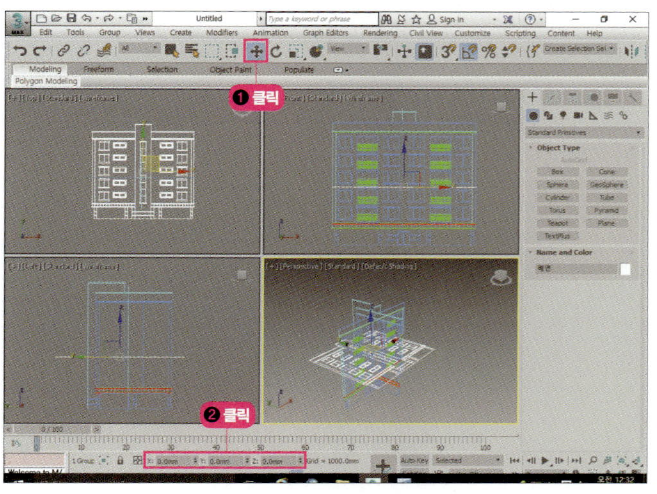

## 11

Front View에서 정상적으로 보일 수 있도록 도면을 회전시켜보겠습니다.
Select and Rotate(ℂ)를 선택합니다. Left View에서 90˚ 회전시켜 아
래와 같이 Front View에서 도면이 보이도록 합니다.

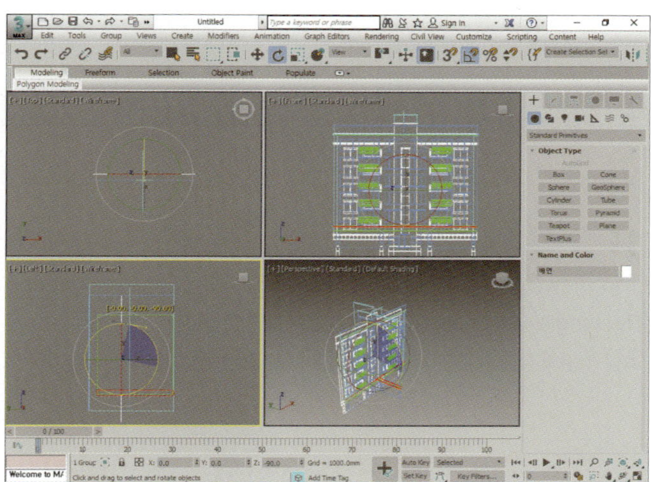

## 12

그림처럼 정면, 좌측, 배면을 임의로 분산시켜 배치합니다.

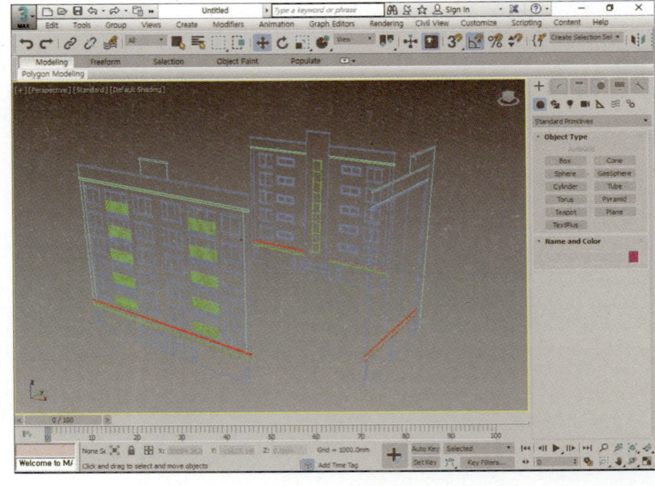

## 13

3D Snap(3.)을 클릭하여 Snap 기능을 활성화한 후 옵션에서는 'Vertex'에만 체크합니다. 건물의 외관이 되는 옥상의 모서리 부분을 기준으로 그림과 같이 Snap을 이용하여 도면을 배치합니다. 아래 그림처럼 돌출되는 부분이 아닌 건물의 외벽 부분의 Vertex를 기준으로 배치합니다.

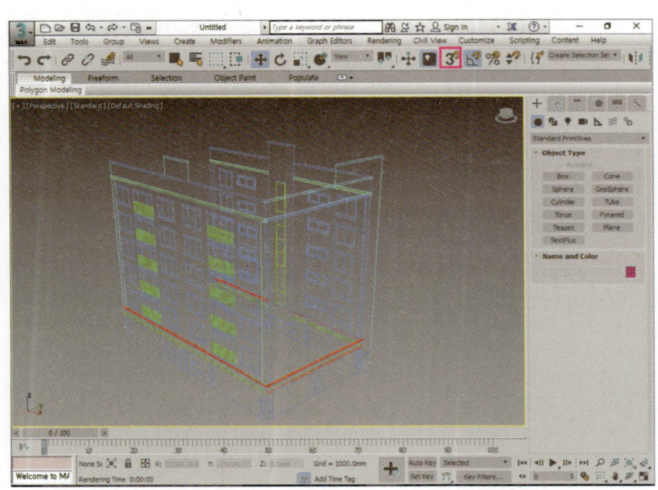

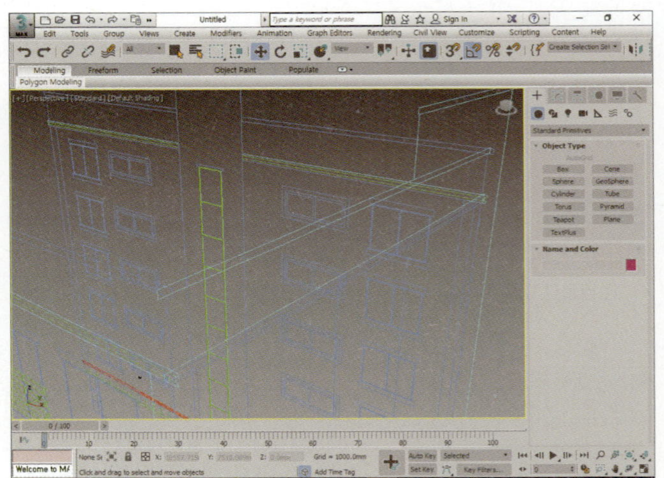

## 14

Top View를 선택합니다. 건물 전체의 면적이 되는 [Create-Shapes-Rectangle]을 Snap을 이용하여 그림과 같이 만듭니다.
옥상 부분의 돌출된 부분이 아닌 외벽 부분에 Snap을 이용하여 만듭니다.

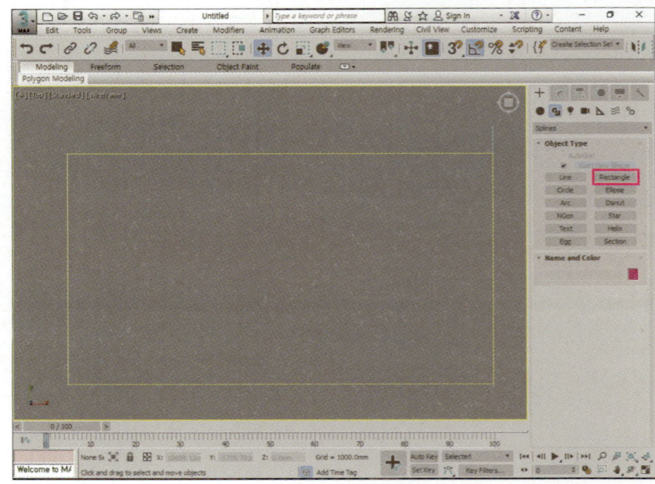

## 15

Perspective View에서 그림과 같이 Rectangle이 만들어졌는지 확인합
니다.

나중에 많이 사용하게 되는 Rectangle로 정확한 위치에 만드는 것이 중요
합니다. 도면의 가장 끝이 아닌 약간 안쪽에 만들어야 합니다.

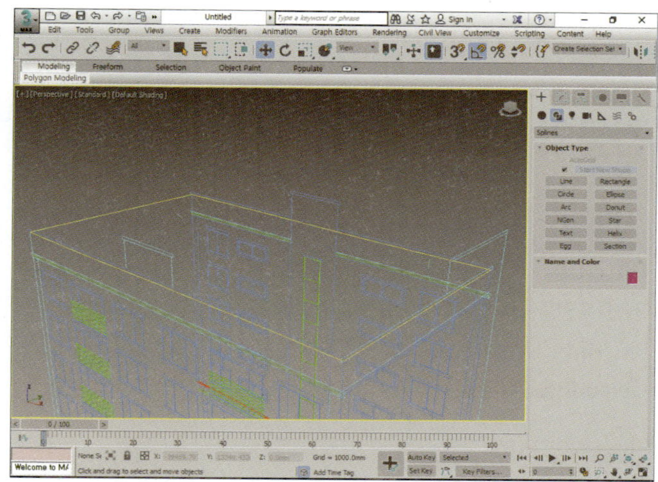

## 02

# 건물의 정면 만들기

## 01

'정면' 도면을 선택한 후 마우스 오른쪽 버튼을 클릭하여 쿼드 메뉴를 엽니다. 'Hide Unselected'를 클릭하여 선택한 Object를 제외한 모든 Object를 숨깁니다.

## 02

Front View를 선택합니다. 도면을 선택한 후 마우스 오른쪽 버튼을 클릭하여 쿼드 메뉴를 엽니다. 'Freeze Selection'을 클릭합니다.

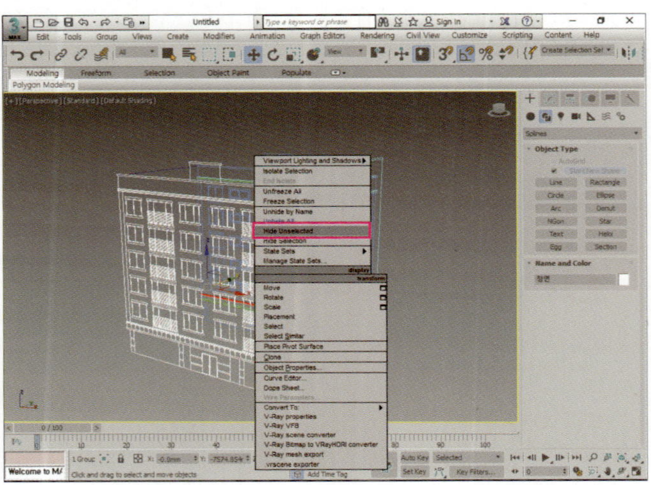

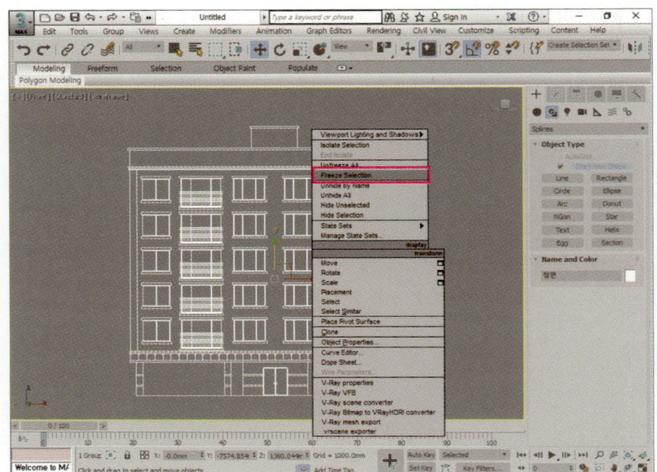

## 03

Freeze를 적용한 Object는 회색으로 색상이 변경됩니다. 회색으로 작업하면 잘 보이지 않는 경우가 있기 때문에 Freeze를 적용한 Object의 색상을 변경해보겠습니다. [Menu Bar-Customize-Customize User Interface]를 선택합니다.

## 04

Customize User Interface의 [Colors] 탭을 선택합니다. 'Elements:Geometry'를 선택한 후 Freeze를 클릭하고 옆의 Color box에서 색상을 변경합니다. 파란색을 선택한 후 [OK] 버튼을 클릭하고 창을 닫습니다.

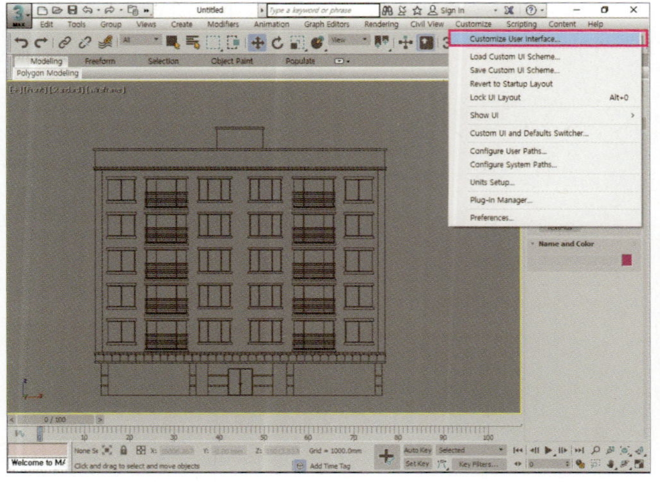

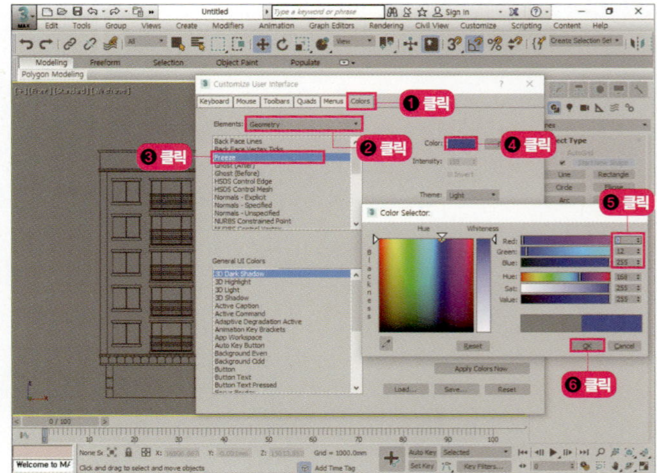

## 05

Viewport에서 Freeze를 적용한 Object의 색상이 파란색으로 변경됩니다.

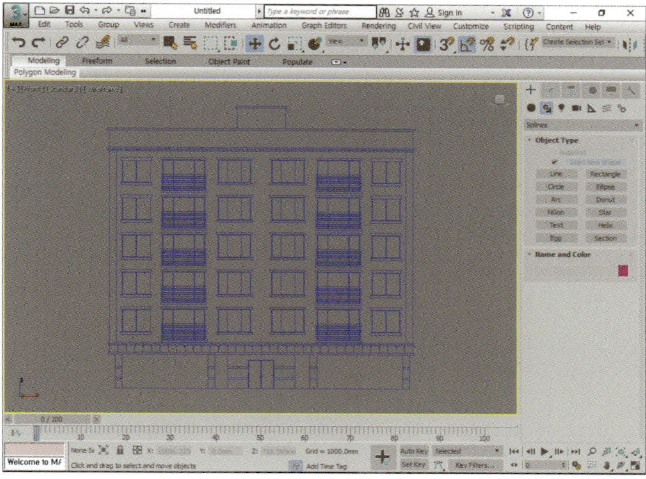

## 06

3D Snap( 3 ) 아이콘 위에서 마우스 오른쪽 버튼을 눌러 [Grid and Snap Settings] 창을 엽니다. Snap 옵션의 'Vertex'에 체크합니다.

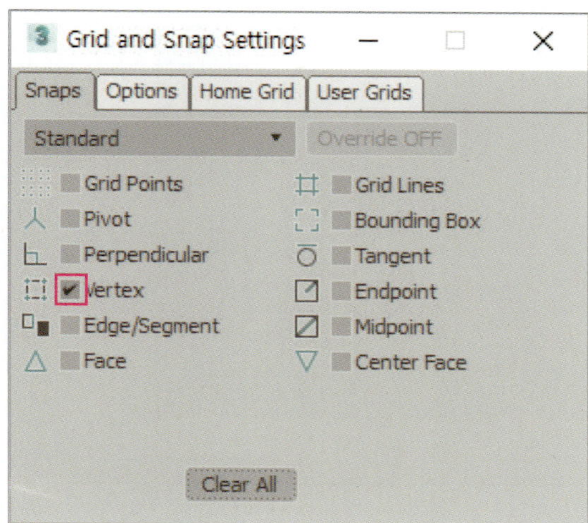

## 07

[Options] 탭을 선택합니다. 'Snap to frozen objects'에 체크를 하면 Freeze를 적용한 Object에도 Snap이 적용됩니다.

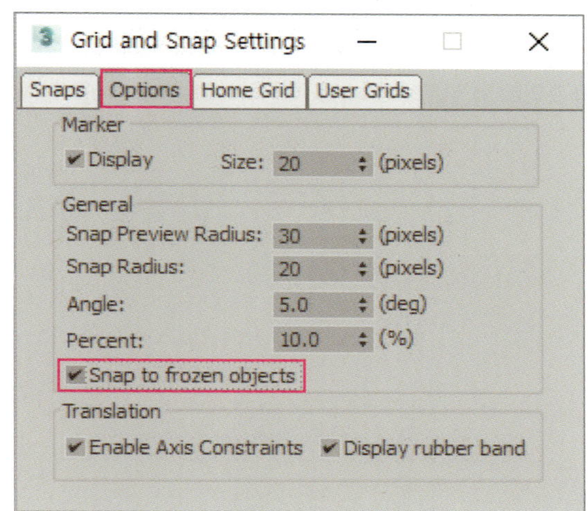

## 08

Front View에서 건물 윗부분의 돌출된 부분에 Snap을 이용하여 Rectangle을 만듭니다.

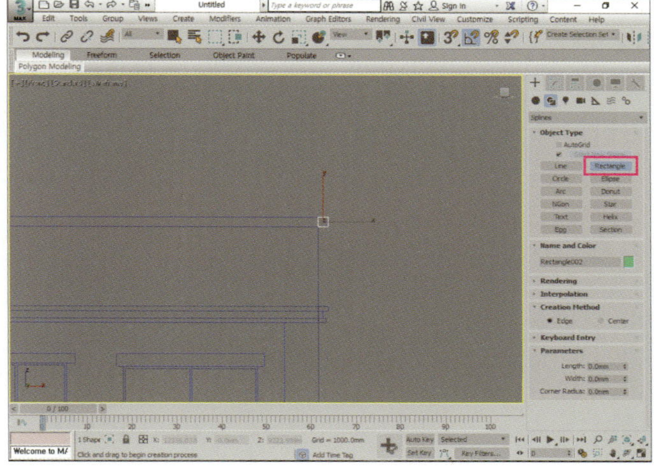

## 09

'ㄷ'자 형태의 돌출된 부분에 Snap을 이용하여 그림처럼 Line을 만듭니다.

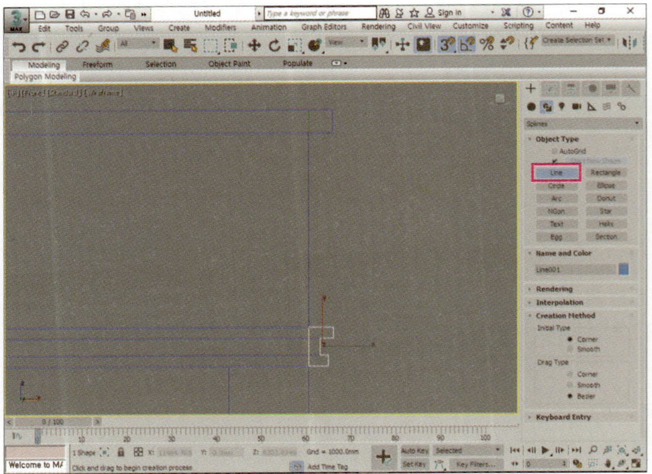

## 10

건물 왼쪽의 포인트 벽 부분에 Snap을 이용하여 Rectangle을 만듭니다.

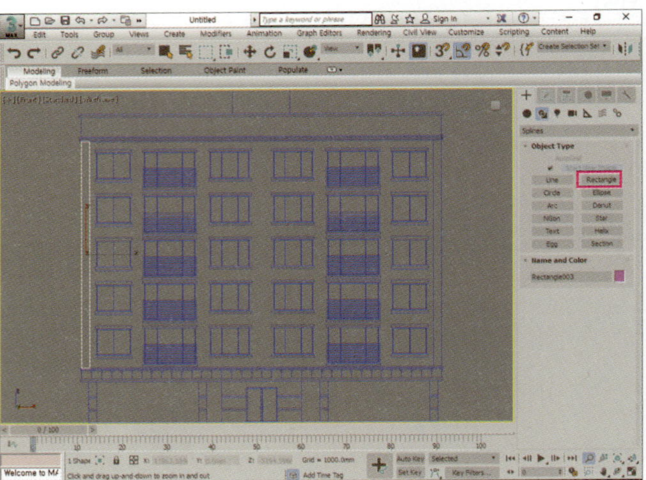

## 11

건물 오른쪽의 포인트 벽 부분에 Snap을 이용하여 Rectangle을 만듭니다.

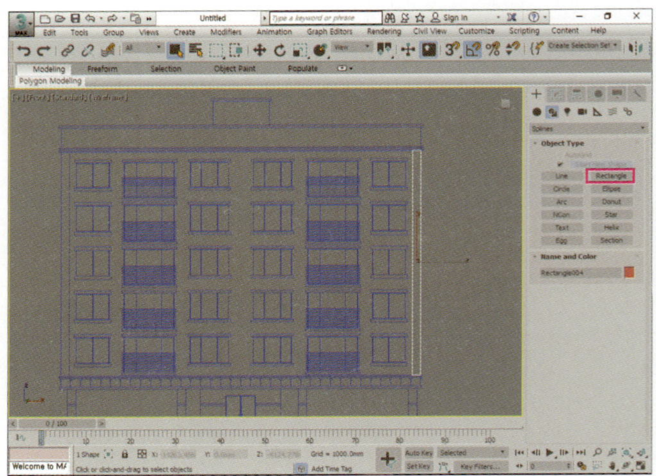

## 12

건물 중앙의 벽 부분에 Snap을 이용하여 Rectangle을 만듭니다.

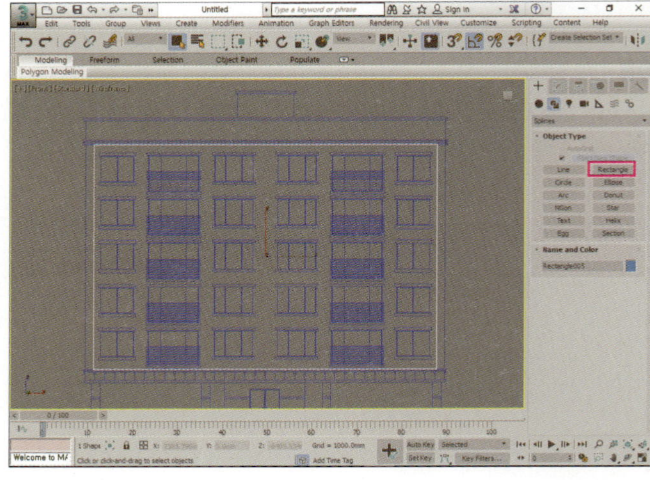

## 13

건물 중앙의 Rectangle을 만든 후 Object Type 메뉴의 'Start New Shape'를 체크 해제 합니다. 'Start New Shape'를 체크 해제하면 새로운 Shape이 만들어지지 않고 선택한 Shape에 포함되어 만들어집니다.

'Start New Shape' 체크 해제

tip Start New Shape가 체크 해제되어 있어야 합니다.

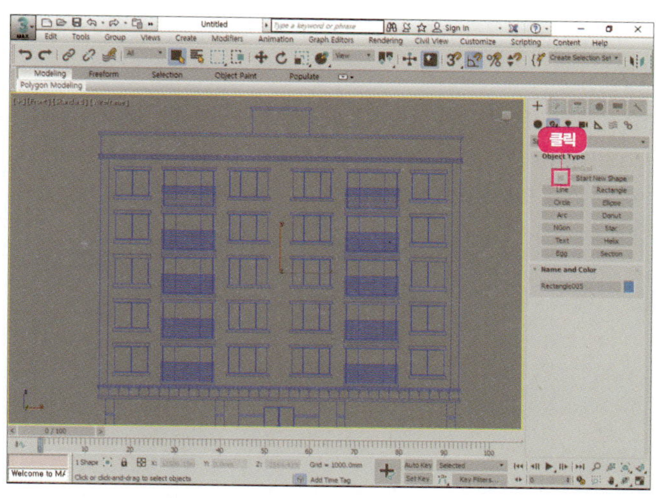

## 14

왼쪽 상단의 창틀의 크기에 맞춰 Snap을 이용하여 Rectangle을 만듭니다. 방금 만든 벽에 Rectangle이 포함되어 만들어집니다.

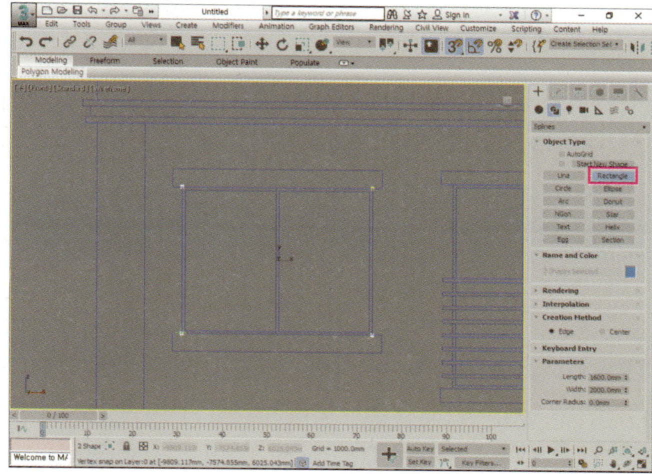

## 15

중간 부분의 창틀 부분도 방금과 같은 방법으로 Snap을 이용하여 Rectangle을 만듭니다.

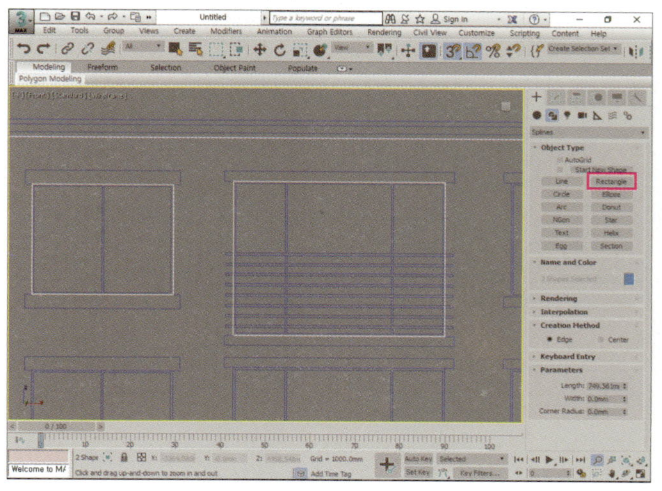

## 16

오른쪽 부분의 창틀 부분도 같은 방법으로 Rectangle을 만듭니다. 1세대의 창틀 부분이 완성되었습니다.

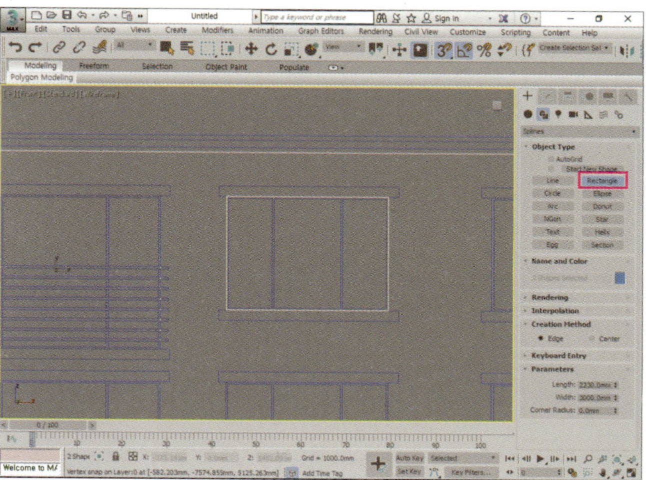

## 17

1층 전체를 같은 방법을 이용하여 창틀 형태로 완성합니다. 1층이 완성되면 Modify를 클릭한 후 Segment를 선택합니다. 방금 만든 창틀 부분의 Segment를 마우스를 드래그하여 선택 영역을 만들어 그림처럼 모두 선택합니다.

## 18

Snap 기능을 이용하여 아래로 복사합니다. Snap을 이용하여 복사할 때 창틀의 끝 부분을 기준으로 아래쪽의 창틀의 끝 부분을 맞춰 복사하면 정확한 위치에 복사됩니다.

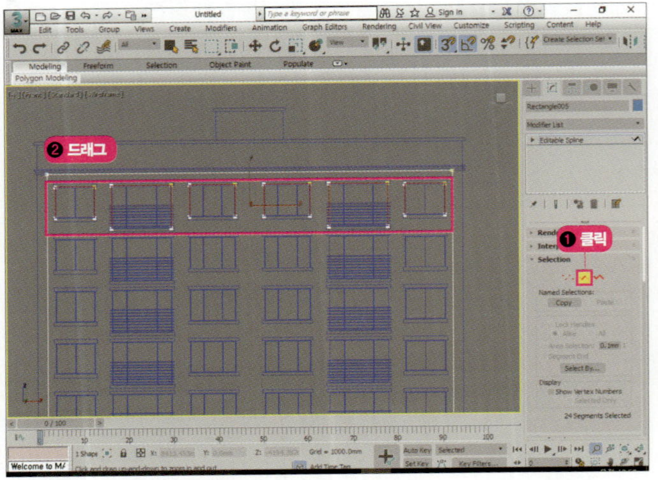


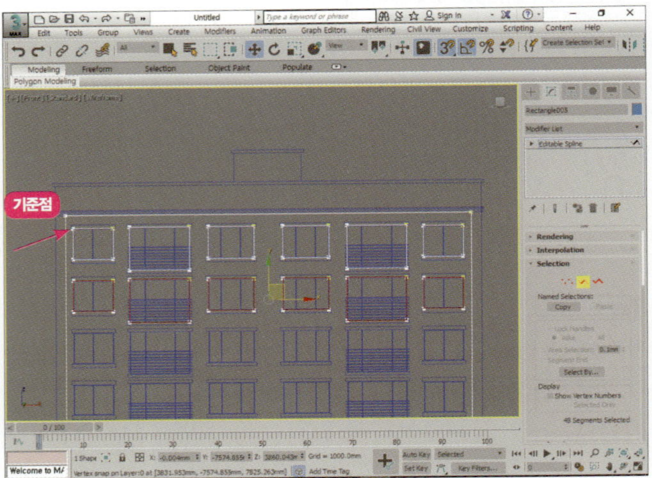


## 19

건물 전체에 아래 그림처럼 Snap 기능을 이용하여 아래로 복사하여 건물 전체의 창틀 부분을 완성합니다.

## 20

Object Type 메뉴의 'Start New Shape'에 체크합니다. 아래의 돌출된 부분을 Snap을 이용하여 그림처럼 Line을 만듭니다.

'Start New Shape' 체크

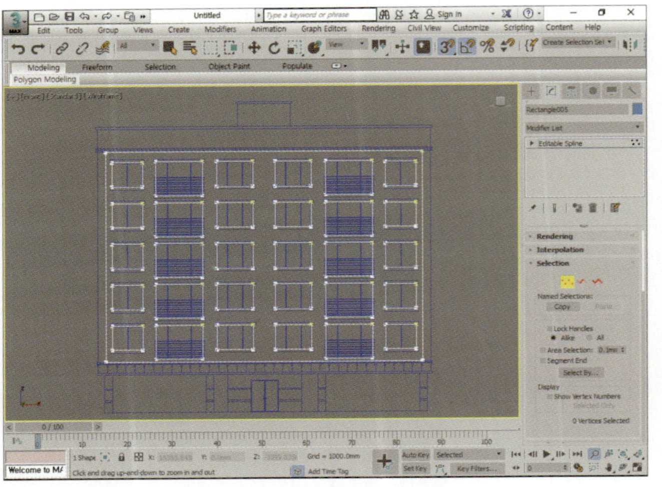

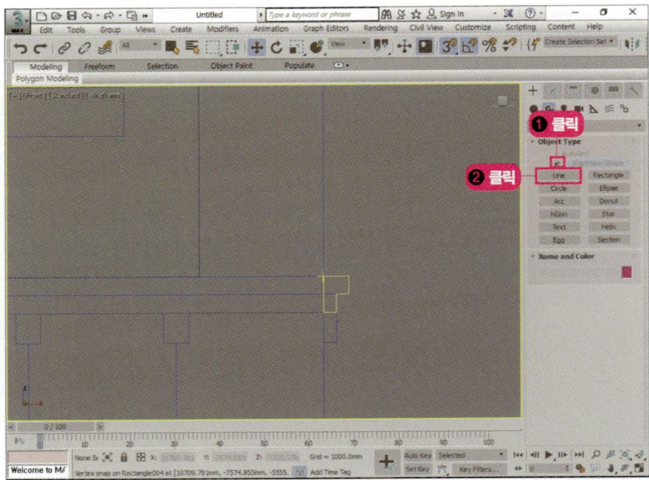

## 21

건물 하단의 벽면에 Snap을 이용하여 Rectangle을 만듭니다.

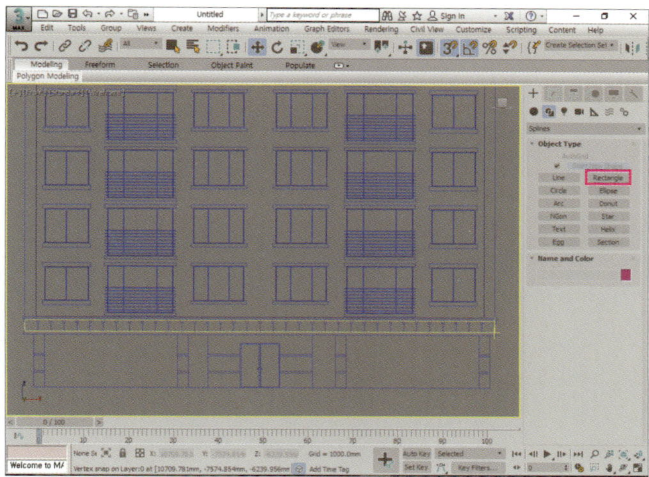

## 22

벽면 아래의 돌출 부분에 Snap을 이용하여 Rectangle을 만듭니다.

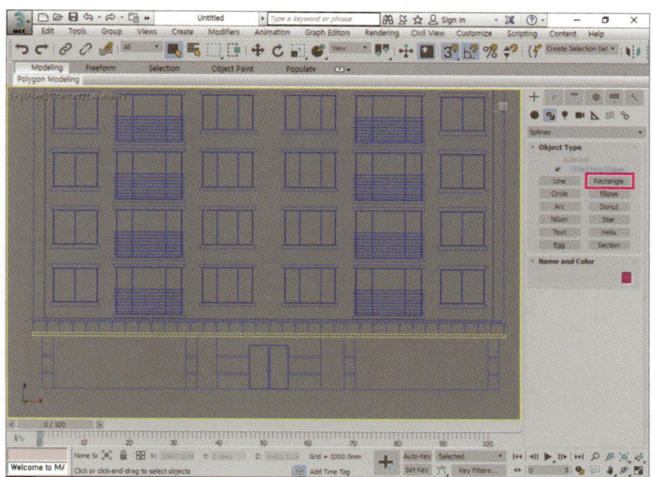

## 23

왼쪽 끝의 기둥 부분에 Snap을 이용하여 Rectangle을 만듭니다.

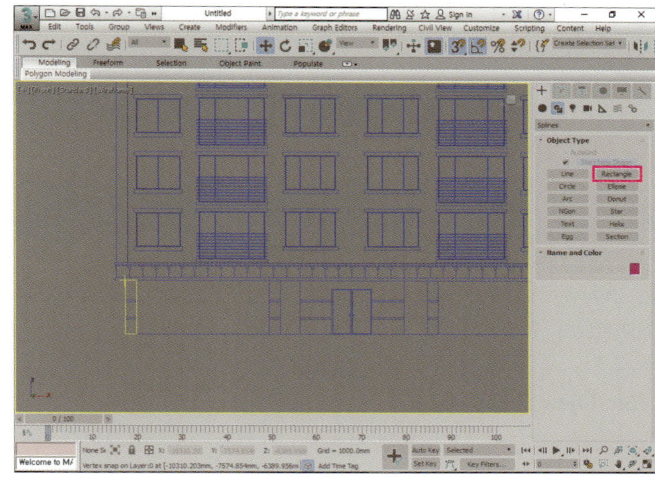

## 24

Object Type 메뉴의 'Start New Shape'를 체크 해제합니다. 그림처럼 Snap을 이용하여 기둥 부분에 Rectangle을 모두 만듭니다.

'Start New Shape' 체크 해제

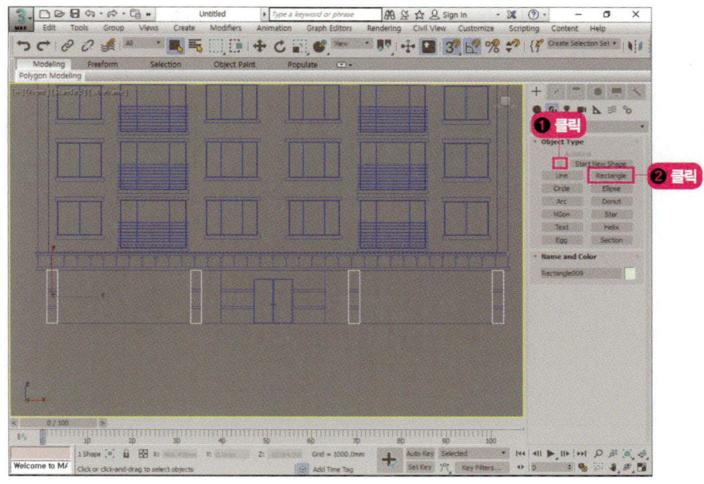

## 25

Object Type 메뉴의 'Start New Shape'에 체크합니다. 건물의 입구 부분에 Snap을 이용하여 그림처럼 Rectangle을 만듭니다.

'Start New Shape' 체크

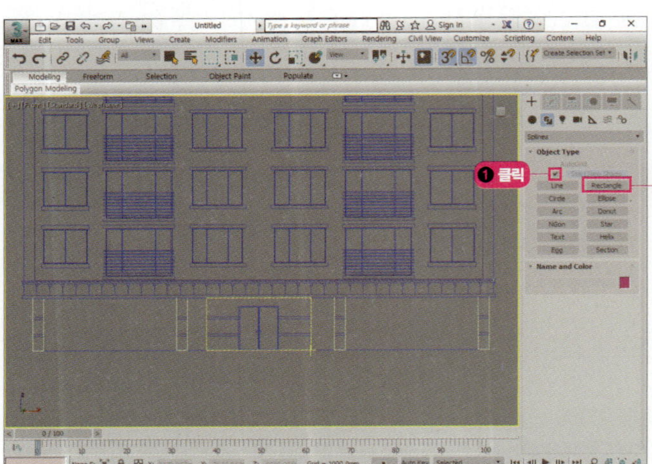

## 26

건물 입구의 문 부분에 Snap을 이용하여 그림처럼 Rectangle을 만듭니다.

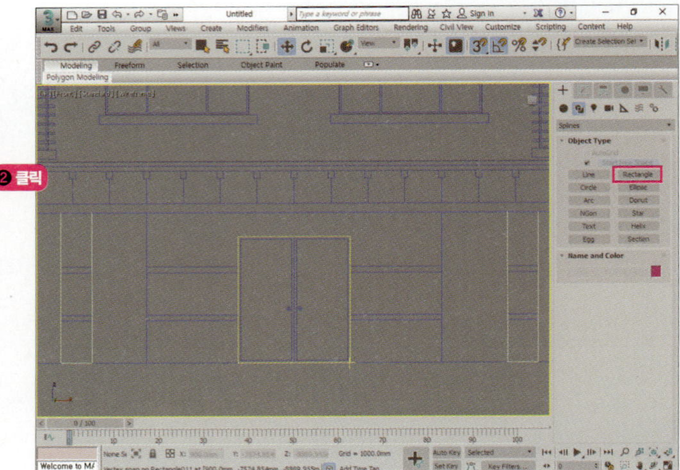

## 27

Object Type 메뉴의 'Start New Shape'를 체크 해제합니다.
문 안의 테두리 부분에 Snap을 이용하여 그림처럼 Rectangle을 추가로 2개 만듭니다.

'Start New Shape' 체크 해제

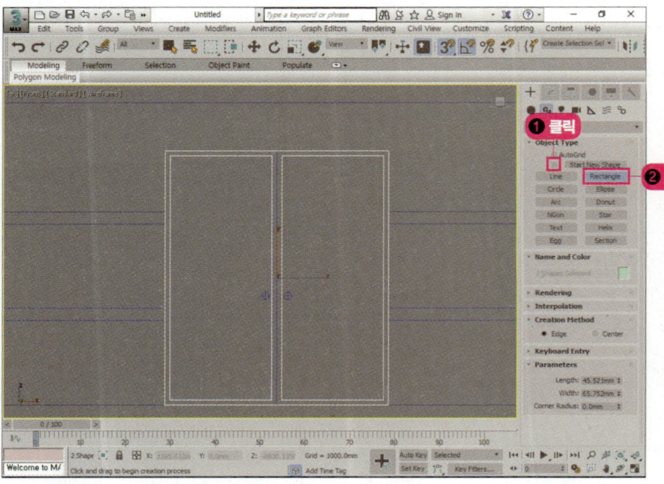

## 28

Object Type 메뉴의 'Start New Shape'를 체크합니다. 문 안의 테두리 부분에 Snap을 이용하여 그림처럼 Rectangle을 만듭니다. 문의 유리가 될 사각형입니다.

'Start New Shape' 체크

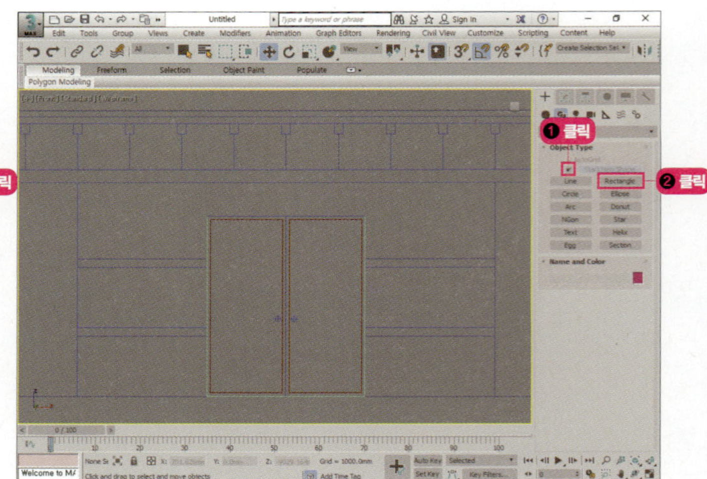

## 29

건물 하단의 왼쪽 끝 포인트 부분에 Snap을 이용하여 Rectangle을 만듭
니다.

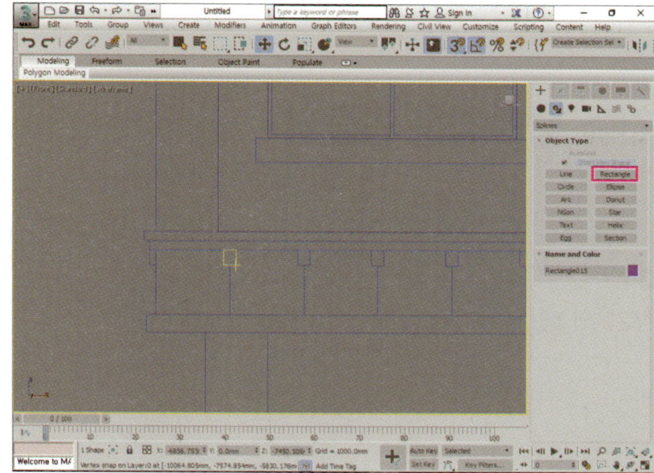

## 30

Rectangle을 만든 후 Select and Move( )를 선택합니다.
[Menu Bar-Tools-Array]를 선택합니다.

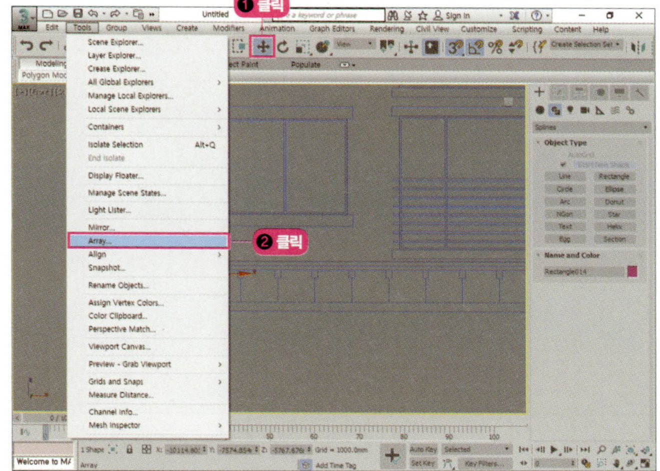

## 31

X에 '595'를 입력하고 Type of Object의 Instance를 선택 한 다음,
Count에 '35'를 입력한 후 [OK] 버튼을 클릭합니다. X축에 595mm 간격으
로 Rectangle이 35개가 만들어집니다. 'Instance'에 체크를 하여 하나만
편집해도 35개가 동시에 편집됩니다.

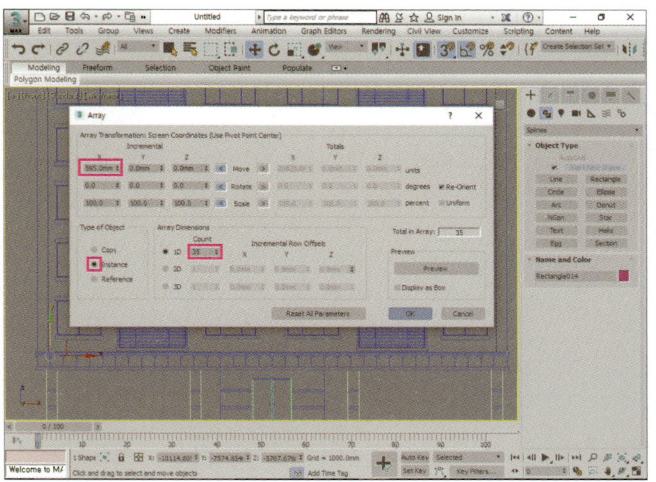

# 03

# 건물 정면 창문 만들기

## 01

창문 위의 돌출 부분에 Snap을 이용하여 Rectangle을 만듭니다.

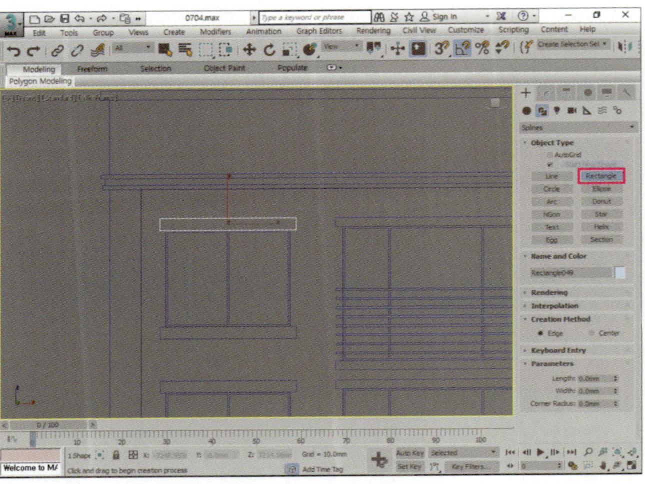

## 02

Object Type 메뉴의 'Start New Shape'를 체크 해제합니다. 그림처럼 창문의 돌출 부분에 Snap을 이용하여 Rectangle을 모두 만듭니다.

'Start New Shape' 체크 해제

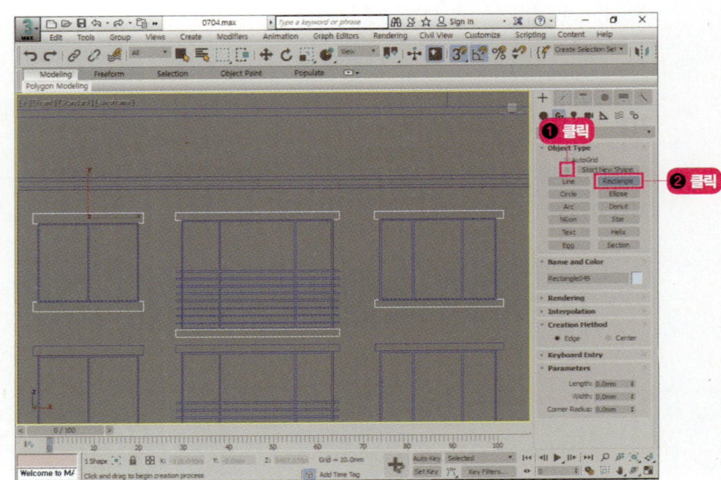

## 03

Object Type 메뉴의 'Start New Shape'를 체크합니다. 창문 부분에 Snap을 이용하여 Rectangle을 만듭니다.

'Start New Shape' 체크

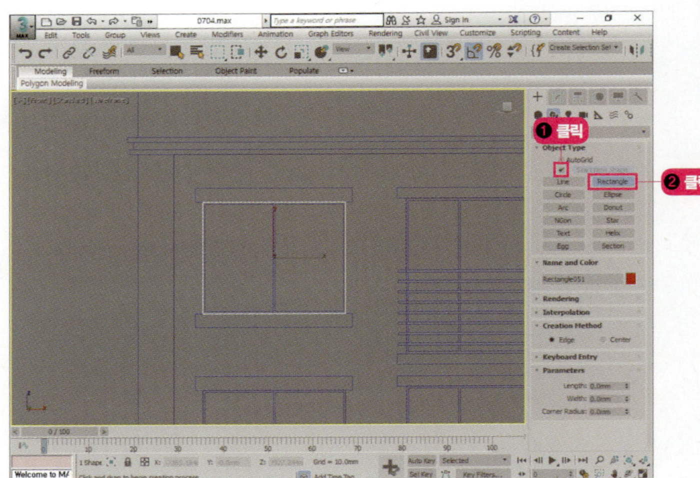

## 04

Object Type 메뉴의 'Start New Shape'를 체크 해제합니다. 창문 테두
리 부분에 Snap을 이용하여 Rectangle을 2개 만듭니다.

'Start New Shape' 체크 해제

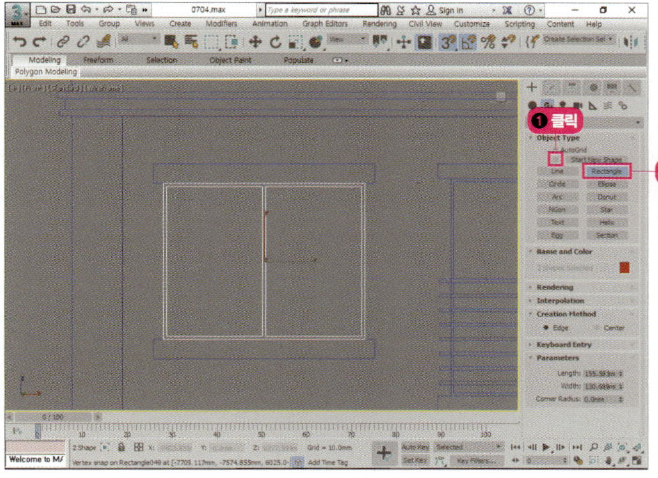

## 05

Object Type 메뉴의 'Start New Shape'에 체크합니다. 창문 부분에
Snap을 이용하여 Rectangle을 만듭니다.

'Start New Shape' 체크

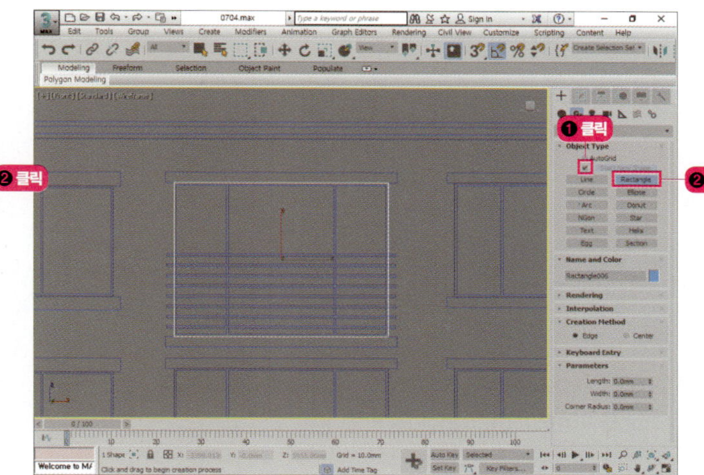

## 06

Object Type 메뉴의 'Start New Shape'를 체크 해제합니다. 창문 테두
리 부분에 Snap을 이용하여 Rectangle을 3개 만듭니다.

'Start New Shape' 체크 해제

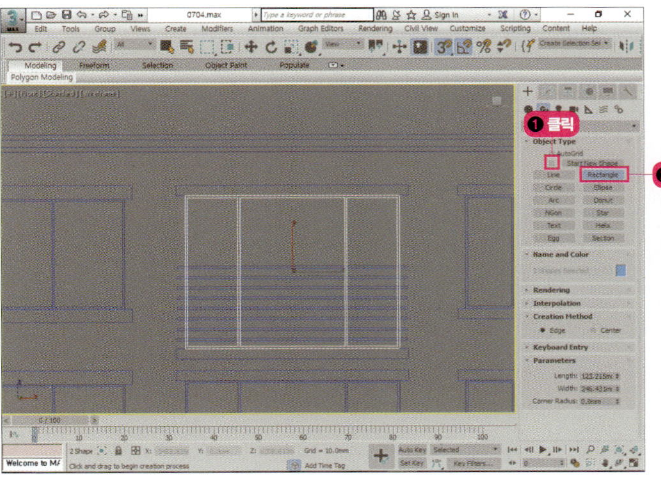

## 07

Object Type 메뉴의 'Start New Shape'에 체크합니다. 창문 부분에
Snap을 이용하여 Rectangle을 만듭니다.

'Start New Shape' 체크

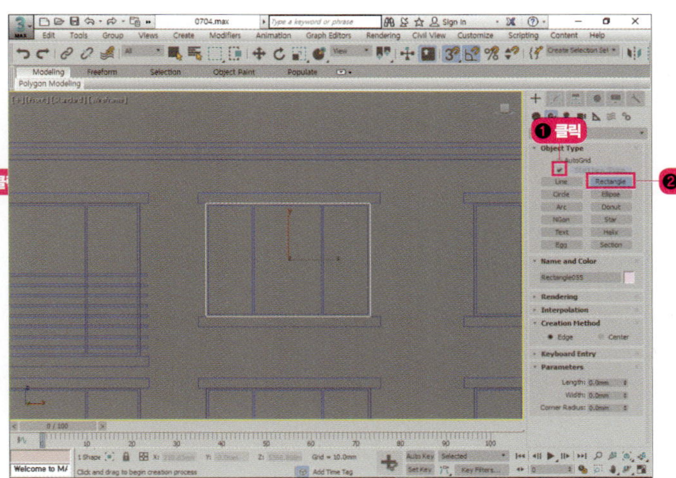

## 08

Object Type 메뉴의 'Start New Shape'를 체크 해제합니다. 창문 테두리 부분에 Snap을 이용하여 Rectangle을 3개 만듭니다.

'Start New Shape' 체크 해제

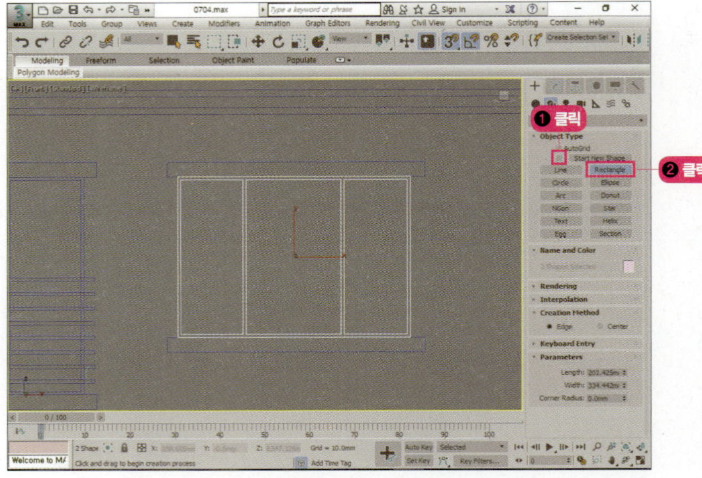

## 09

Object Type 메뉴의 'Start New Shape'를 체크합니다. 난간 부분에 Snap을 이용하여 Rectangle을 만듭니다.

'Start New Shape' 체크

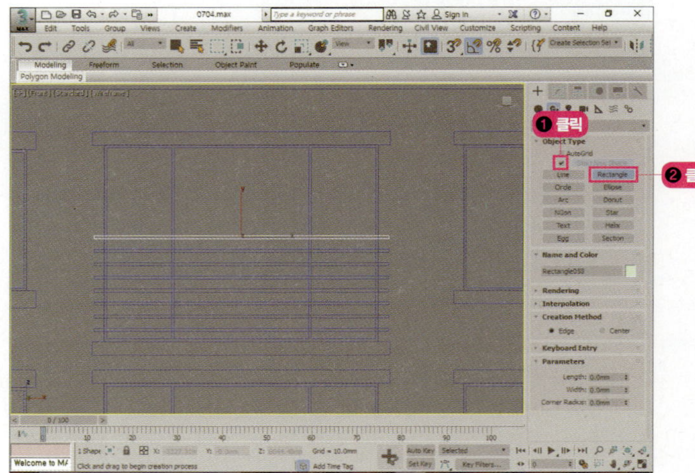

## 10

Object Type 메뉴의 'Start New Shape'를 체크 해제합니다. 난간 부분에 Snap을 이용하여 Rectangle을 만들어 완성합니다.

'Start New Shape' 체크 해제

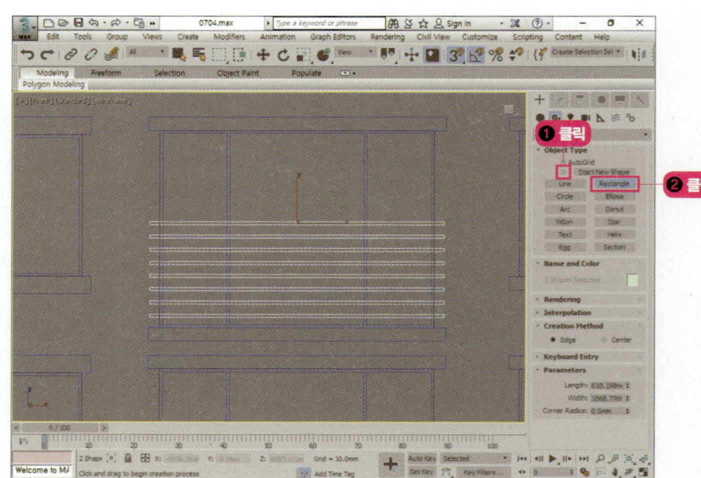

# 정면 3D로 만들기

## 01

그림처럼 건물 양쪽의 포인트 벽 부분을 선택한 후 [Modifier List-Extrude]를 적용합니다. Parameters의 Amount에 '-500'을 입력합니다.

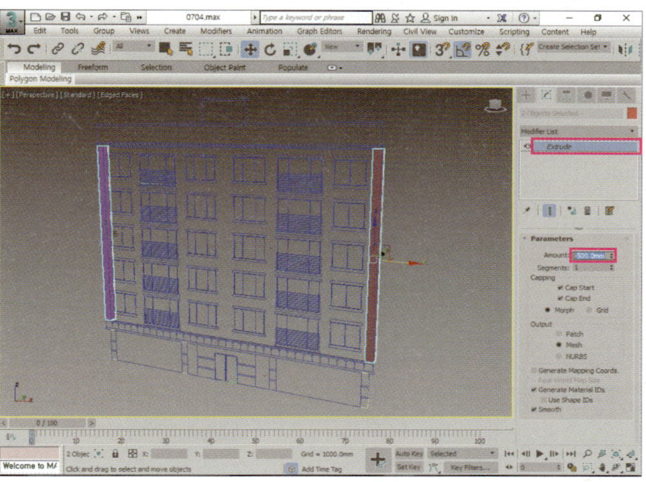

## 02

건물 중앙 벽 부분을 선택한 후 [Modifier List-Extrude]를 적용합니다. Parameters의 Amount에 '-200'을 입력합니다.

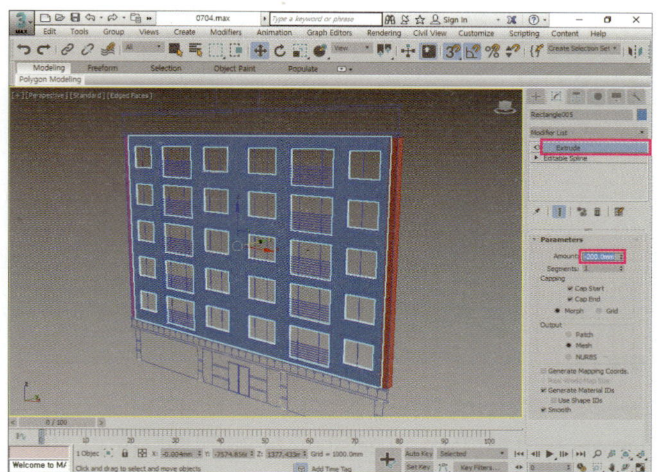

## 03

하단의 기둥 부분을 선택한 후 [Modifier List-Extrude]를 적용합니다. Parameters의 Amount에 '-500'을 입력합니다.

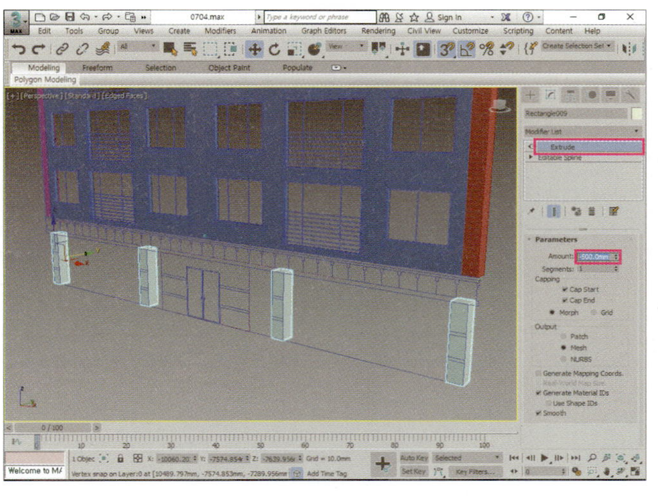

## 04

창문의 돌출 부분을 선택한 후 [Modifier List-Extrude]를 적용합니다. Parameters의 Amount에 '100'을 입력합니다.

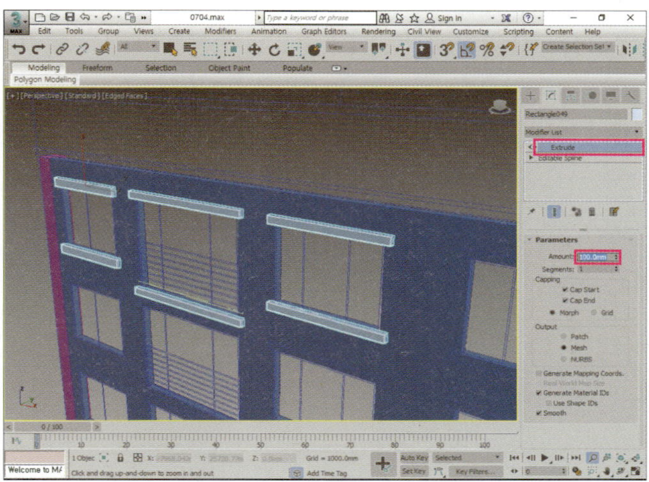

## 05

창틀 부분을 선택한 후 [Modifier List-Extrude]를 적용합니다.
Parameters의 Amount에 '-100'을 입력합니다.

## 06

창틀에 높이를 적용한 후 Select and Move(✛)를 선택하고 F12를 누르면
수치를 입력하여 이동할 수 있는 [Move Transform Type-In] 창이 나타
납니다. Y에 '50'을 입력하면 Y축으로 50㎜만큼 이동합니다.

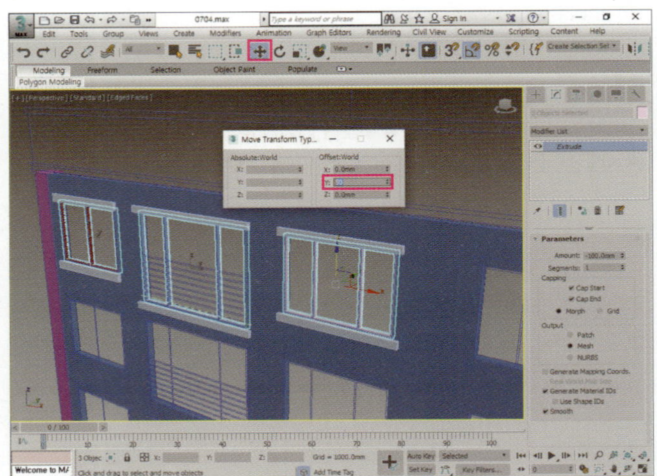

## 07

[Move Transform Type-In] 창이 활성화 된 상태에서 난간 부분의
Line을 선택합니다. [Move Transform Type-In] 창에서 Y에 '-100'을
입력하면 Y축으로 -100㎜만큼 이동합니다.

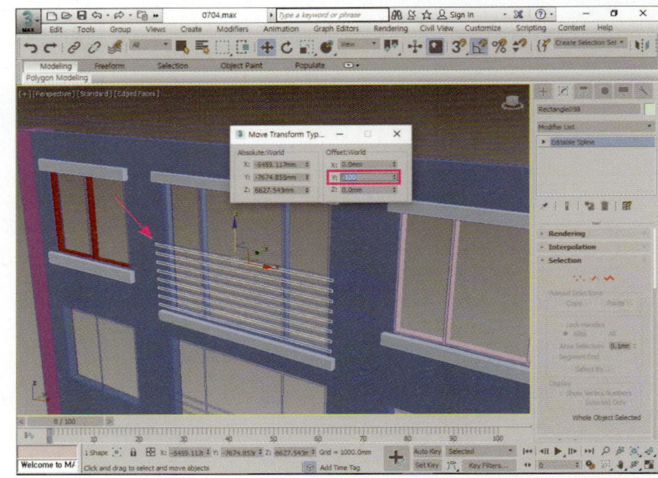

## 08

선택된 난간에 [Modifier List-Extrude]를 적용합니다. Parameters의
Amount에 '-30'을 입력합니다.

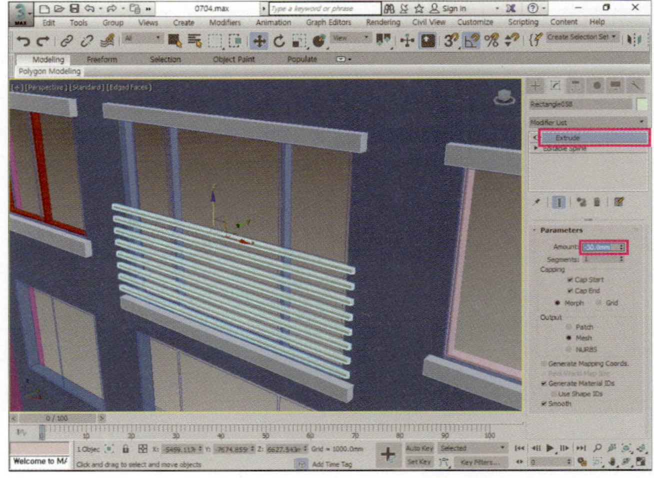

## 09

난간에 Extrude를 적용한 후 [Modifier List-EditPoly]를 적용합니다.
Edge를 선택한 후 그림처럼 가로 방향의 Edge를 모두 선택합니다.

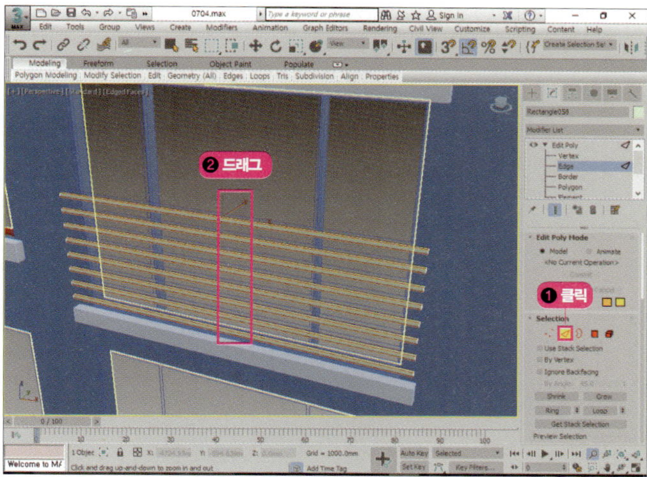

## 10

[Edit Edges] 메뉴의 'Connect Setting'을 클릭하면 Connect 캐디 메뉴가 나타납니다. Segments에 '2', Pinch에 '97'을 입력하면 그림처럼 난간의 끝부분에 Edge가 만들어집니다.

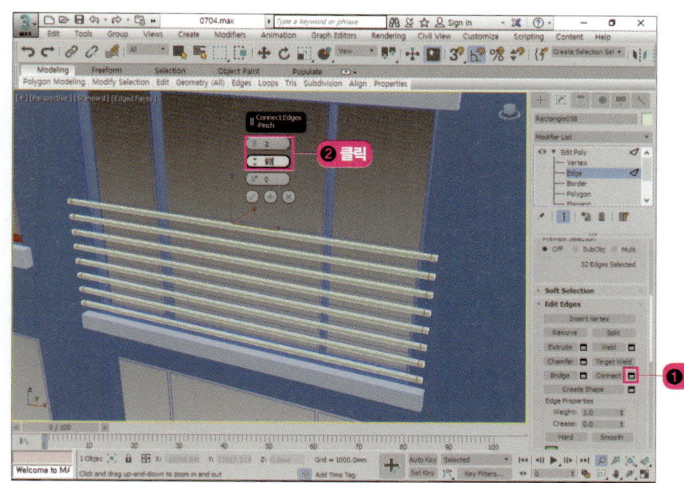

## 11

'Polygon'을 선택한 후 아래 그림처럼 방금 나눈 부분에서 난간의 연결 부분으로 사용할 양 끝의 Polygon을 모두 선택합니다.

벽을 바라보는 방향이라서 선택하기 까다로울 수 있지만 어떻게 해야 쉽게 선택할 수 있는지 각자의 노하우를 최대한 활용해보기 바랍니다. (F3, window/crossing, Modify Selection-Similar 등)

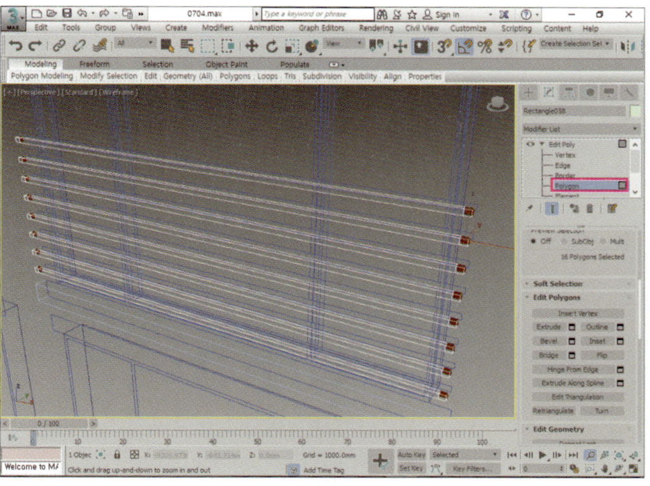

## 12

[Edit Polygons] 메뉴의 'Extrude Setting'을 클릭하면 나타나는 캐디 메뉴에서 Amount에 '70'을 입력하면 70㎜만큼 돌출되며 벽과 연결됩니다.

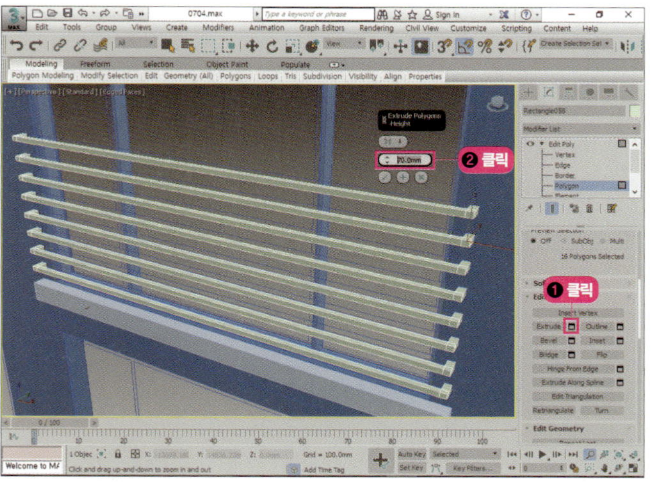

## 13

Front View를 선택합니다. 방금 완성한 창문 부분을 모두 선택합니다.

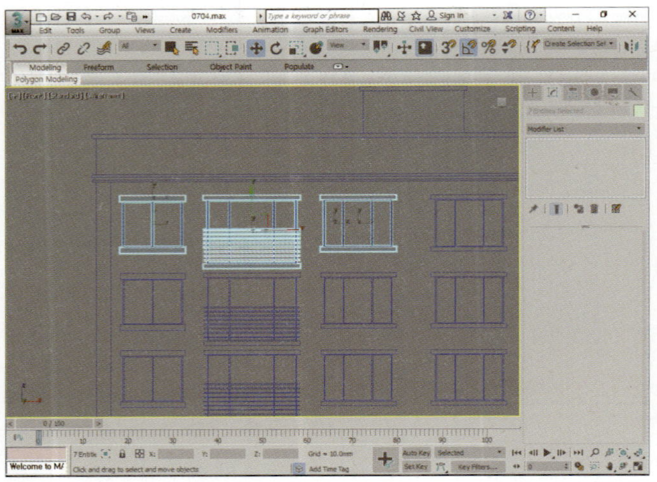

## 14

건물의 중심을 기준으로 Mirror를 이용하여 대칭 복사하기 위하여 중심점을 먼저 바꿔보겠습니다.

좌표 위치를 'Pick'으로 선택한 후 건물 벽이 있는 부분을 클릭하면 Rectangle005가 새로 추가됩니다. Rectangle의 이름은 만든 순서에 따라 달라질 수 있습니다.

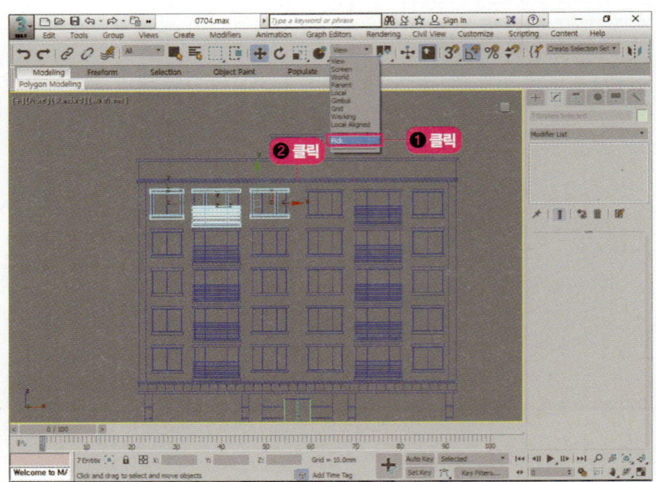


## 15

좌표 위치를 Rectangle로 선택한 후 Use Selection Center()로 Pivot의 위치를 바꿔주면 창이 모두 선택된 상태에서 건물의 중심점을 사용할 수 있습니다.

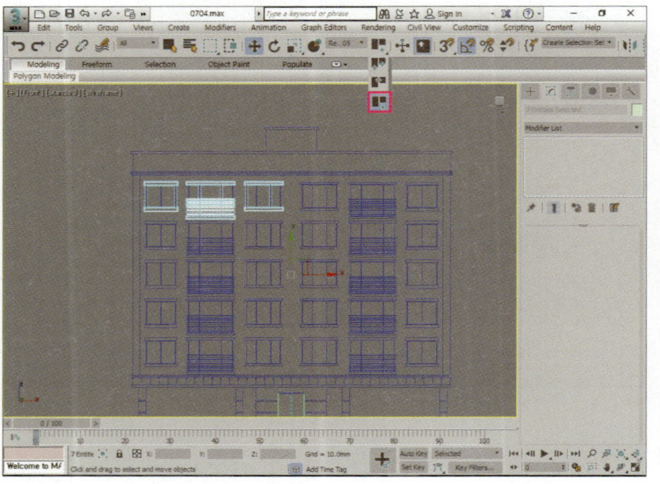

## 16

Main Toolbar의 Mirror()를 클릭합니다. Mirror Axis의 'X', Clone Selection의 'Instance'를 체크한 후 [OK] 버튼을 클릭하면 대칭으로 복사됩니다.

**tip** Mirror한 후 Pivot의 위치를 기본 상태인 View와 Use Pivot Point Center()로 변경합니다.

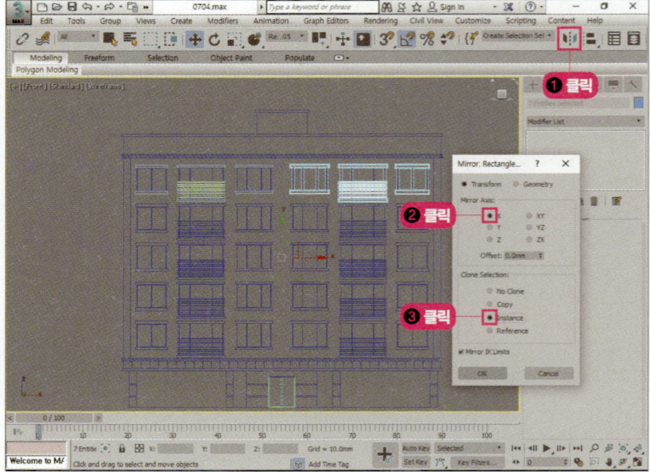

## 17

한 층 전체의 창을 모두 선택합니다.

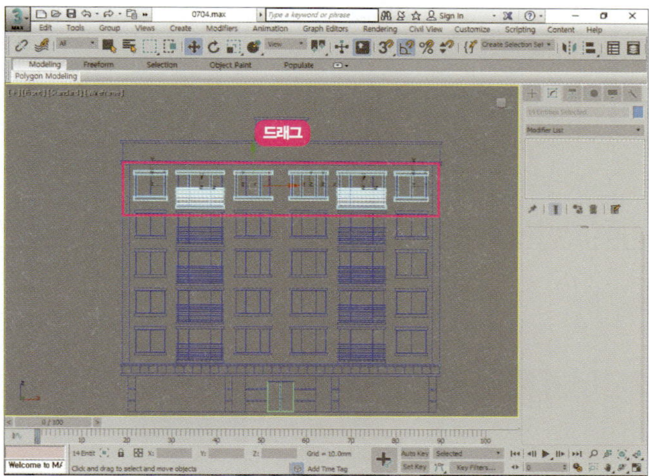


## 18

[Menu Bar-Tools-Array]를 선택합니다. [Array] 대화상자에서 Y에 '-2700', Type of Object에 'Instance', Count에 '5'를 각각 입력한 후 [OK] 버튼을 클릭합니다.

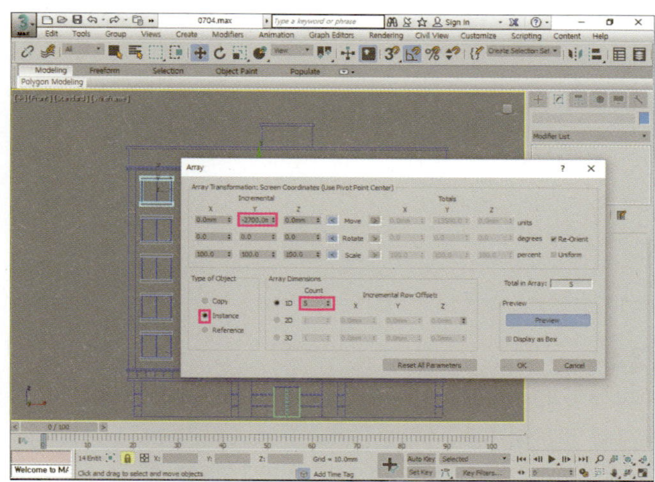

## 19

건물 전체의 창이 모두 완성되었습니다.

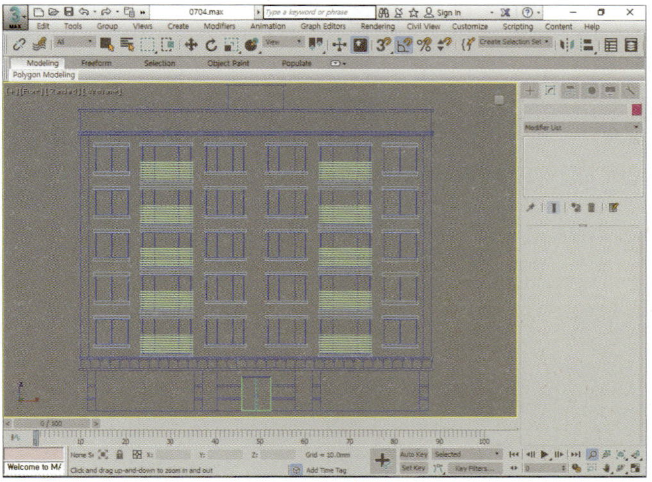

## 20

이제 유리창을 만들어보겠습니다. 건물 벽 크기의 Rectangle을 Snap을 이용하여 만듭니다.

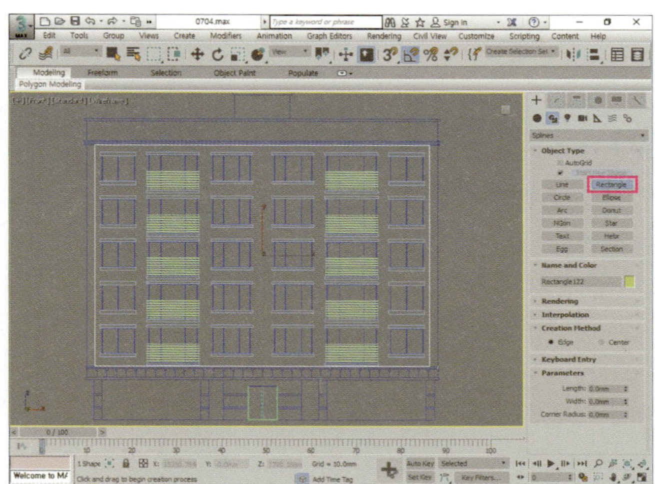

## 21

만들어진 Rectangle을 선택한 후 [Modifier List-Extrude]를 적용합니
다. Parameters의 Amount에 '5'를 입력합니다.

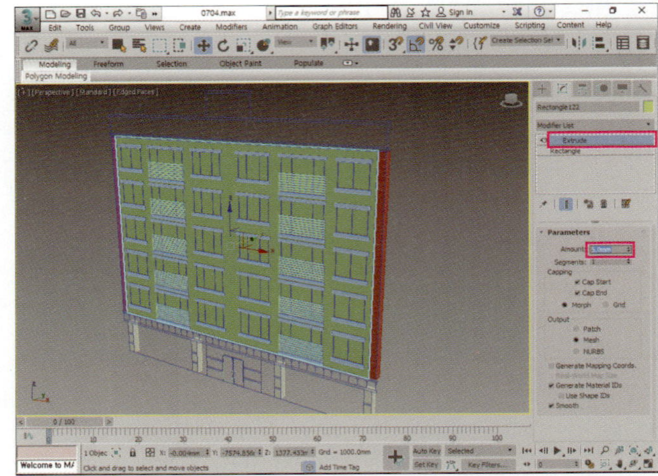

## 22

유리에 높이를 적용한 후 Select and Move(✛)를 선택하고 F12를 누르면
수치를 입력하여 이동할 수 있는 [Move Transform Type-In] 창이 나타
납니다. Y에 '60'을 입력하면 Y축으로 60mm만큼 이동합니다.

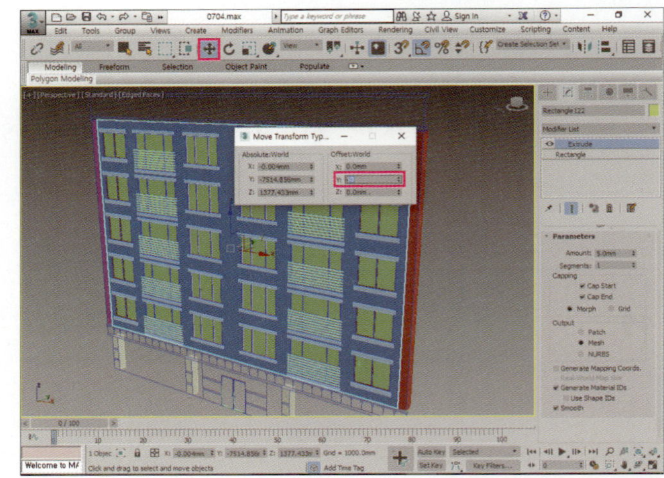

## 23

유리가 창틀 안으로 이동됩니다.

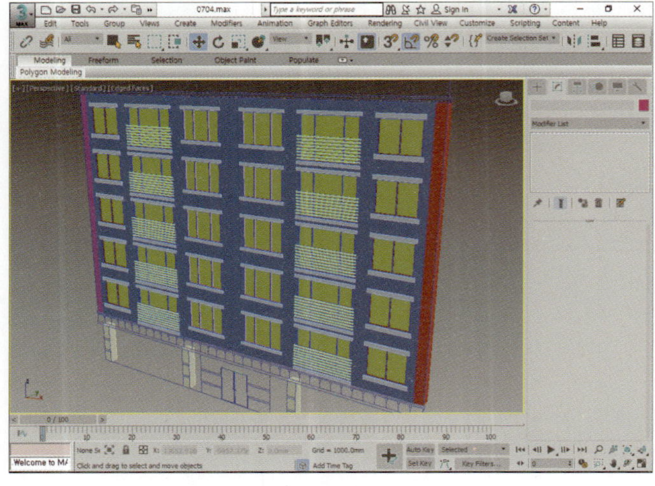

## 24

건물 하단의 포인트로 사용될 Rectangle을 선택합니다.

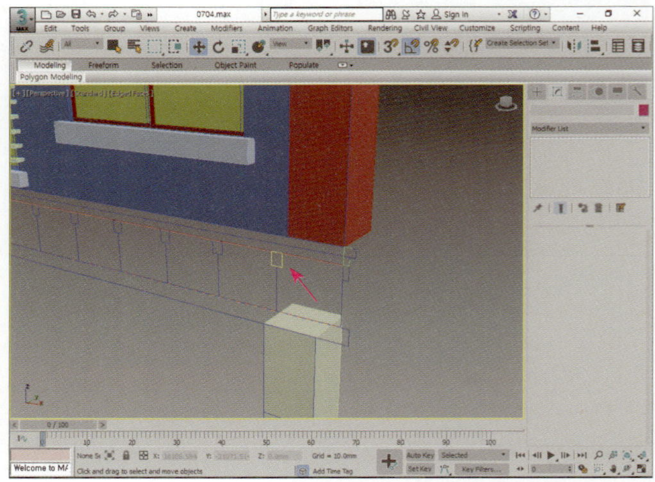

## 25

[Modifier List-Extrude]를 적용합니다. Amount에 '50'을 입력하면 50
mm만큼 돌출됩니다. Instance로 복사하였기 때문에 하나만 편집 명령어를
입력해도 모두 같이 적용됩니다.

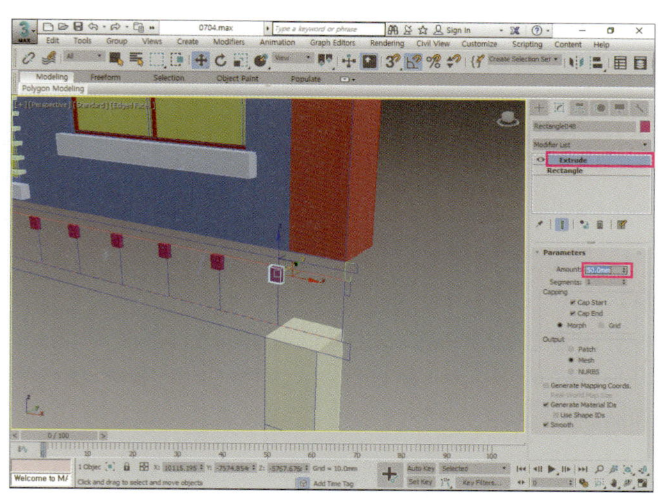

## 26

이제 정면에서 만들어질 부분은 모두 완성되었습니다. 아직 만들어지지 않
은 부분은 전체 Line 작업이 끝난 후에 만듭니다.

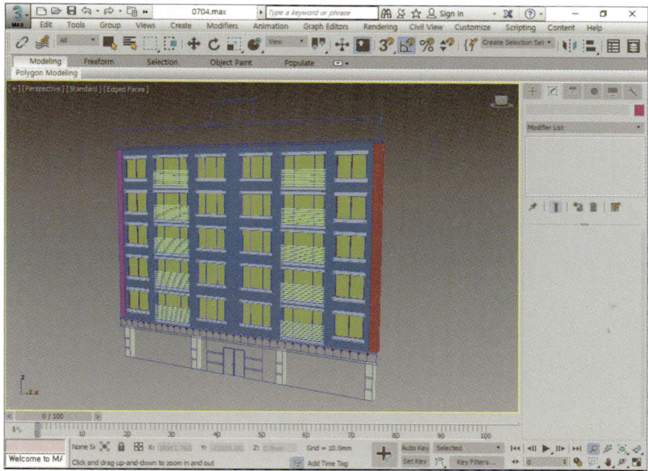

## 27

Viewport의 빈 곳에서 마우스 오른쪽 버튼을 클릭한 후 'Unfreeze All'과
'Unhide All'을 클릭합니다.

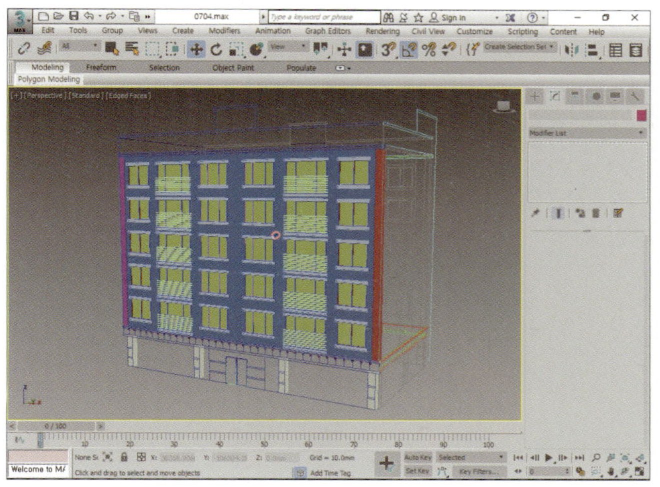

## 28

숨겼던 도면이 모두 나타나고 Freeze도 해제됩니다. 이제 건물의 배면을
만들어보겠습니다.

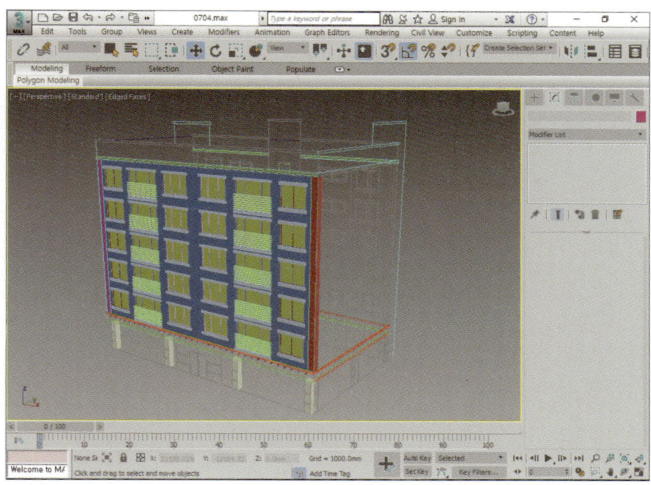

# 건물의 배면 만들기

## 01

배면 도면을 선택한 후 마우스 오른쪽 버튼을 클릭하면 나타나는 쿼드메뉴에서 'Hide Unselected'를 클릭하여, 선택한 Object를 제외한 모든 Object를 숨깁니다.

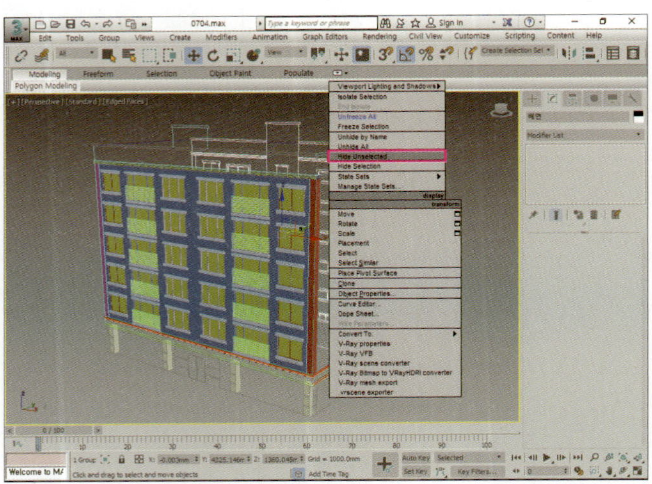

## 02

Viewport 왼쪽 상단의 Viewport 상태를 Front에서 Back으로 변경합니다.

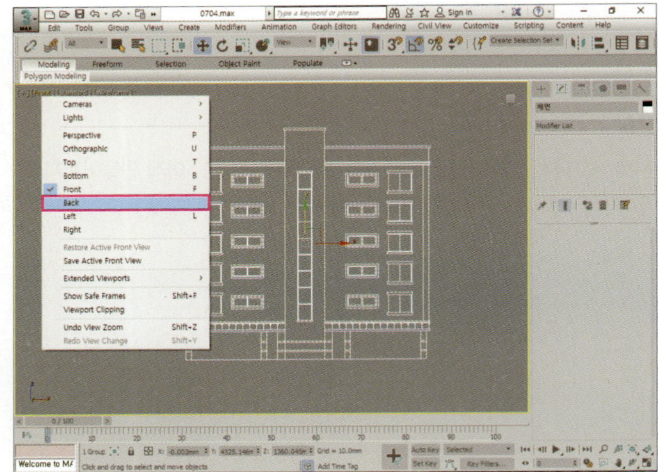

## 03

도면을 선택한 후 마우스 오른쪽 버튼을 클릭하면 나타나는 쿼드 메뉴에서 'Freeze Selection'을 선택하면 아래와 같이 도면의 상태가 바뀝니다.

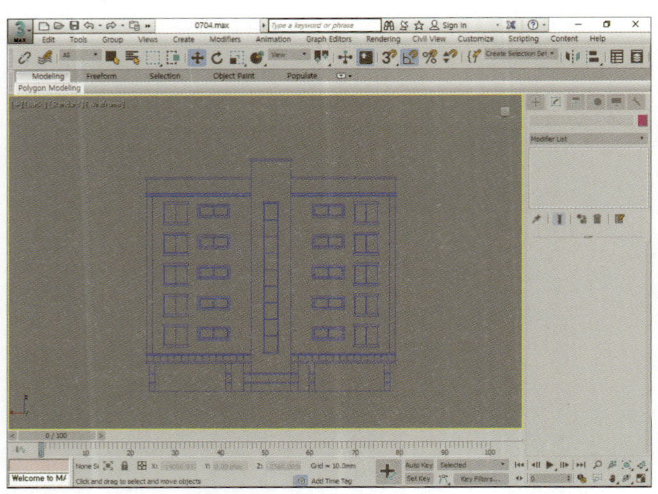

## 04

건물의 꼭대기에 Snap을 이용하여 Rectangle을 만듭니다.

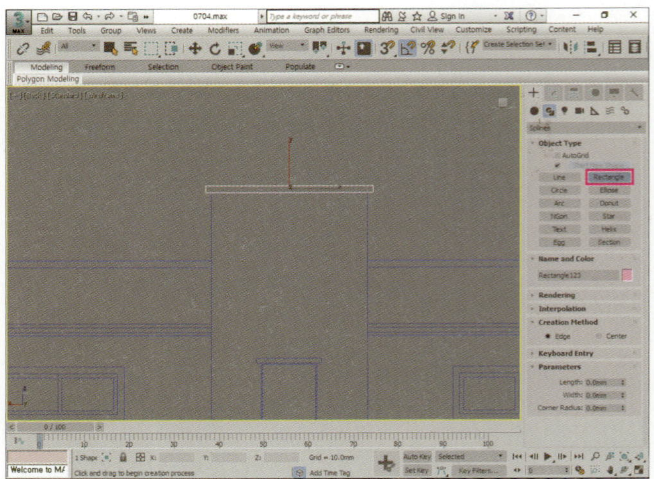

## 05

건물 뒷부분 전체에 Snap을 이용하여 Rectangle을 만듭니다.

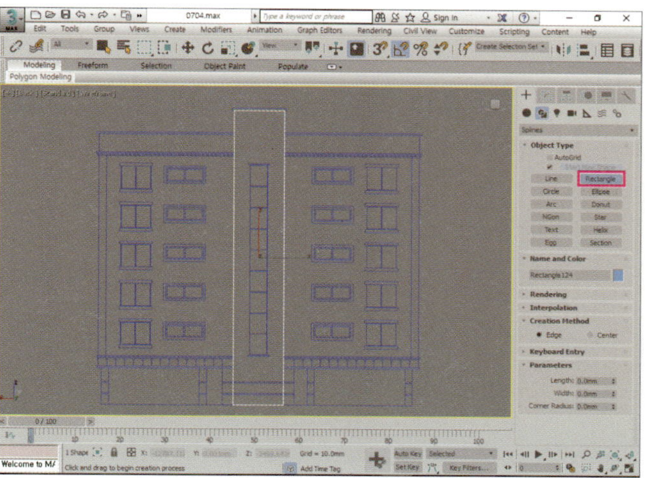

## 06

Object Type 메뉴의 'Start New Shape'를 체크 해제합니다. 창틀이 들어갈 부분에 Snap을 이용하여 Rectangle을 만듭니다.

'Start New Shape' 체크 해제

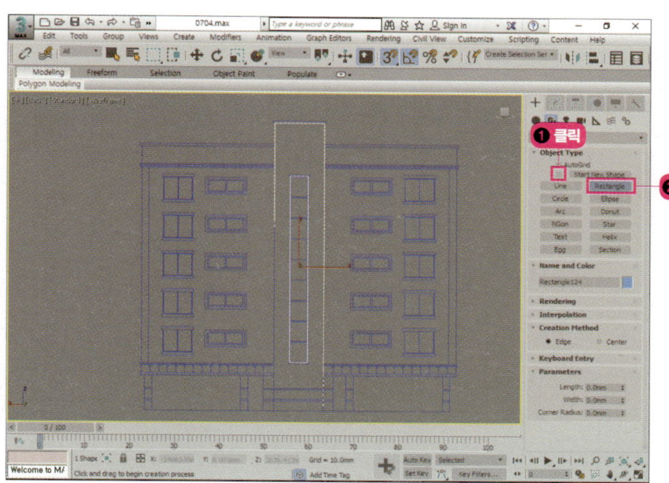


## 07

Object Type 메뉴의 'Start New Shape'에 체크합니다. 창틀 위의 돌출 부분에 Snap을 이용하여 Rectangle을 만듭니다.

'Start New Shape' 체크

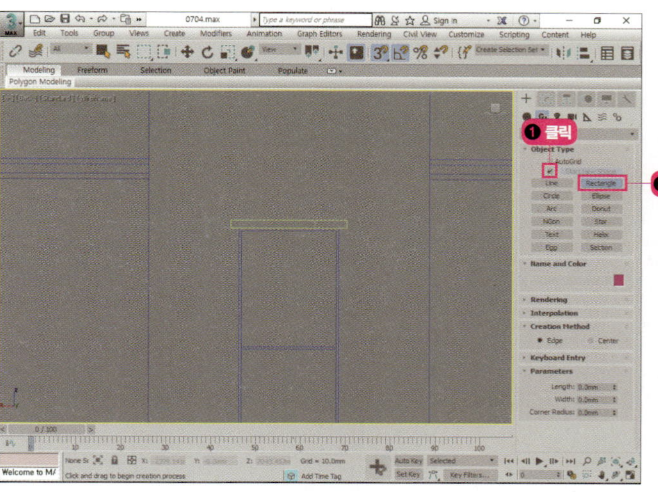


## 08

창틀 아래의 돌출 부분에도 Snap을 이용하여 Rectangle을 만듭니다.

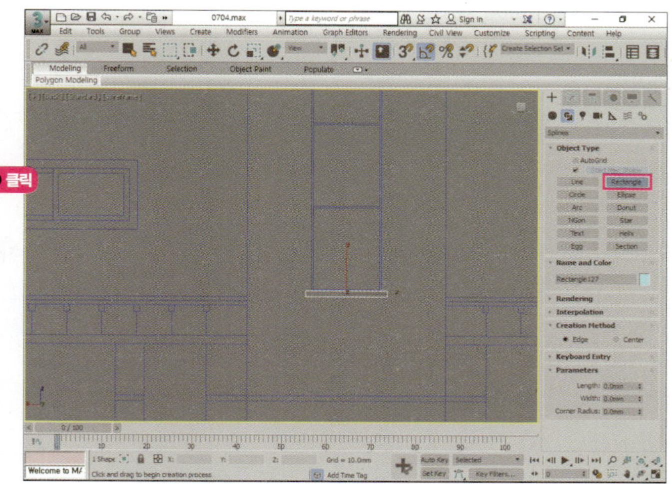

## 09

창틀 부분에 Snap을 이용하여 Rectangle을 만듭니다.

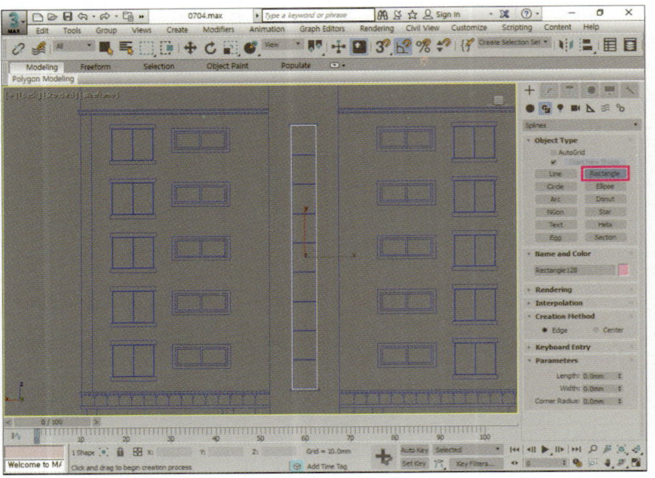

## 10

Object Type 메뉴의 'Start New Shape'를 체크 해제합니다. 창틀 내부의 프레임 부분에 Snap을 이용하여 그림과 같이 Rectangle을 모두 만듭니다.

'Start New Shape' 체크 해제

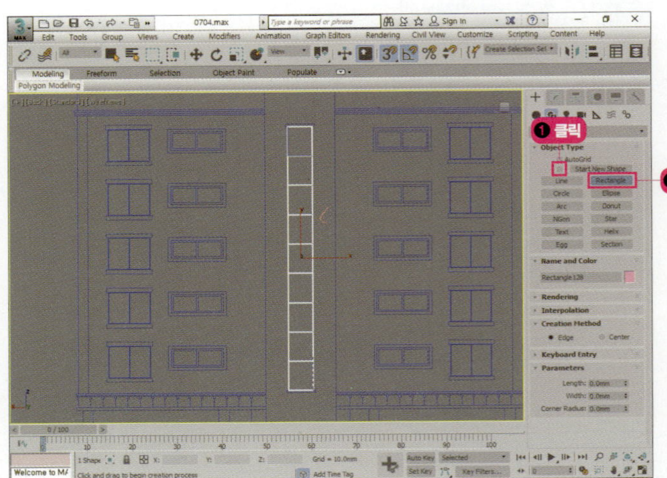

## 11

Object Type 메뉴의 'Start New Shape'를 체크합니다. 유리로 사용할 Rectangle을 Snap을 이용하여 만듭니다.

'Start New Shape' 체크

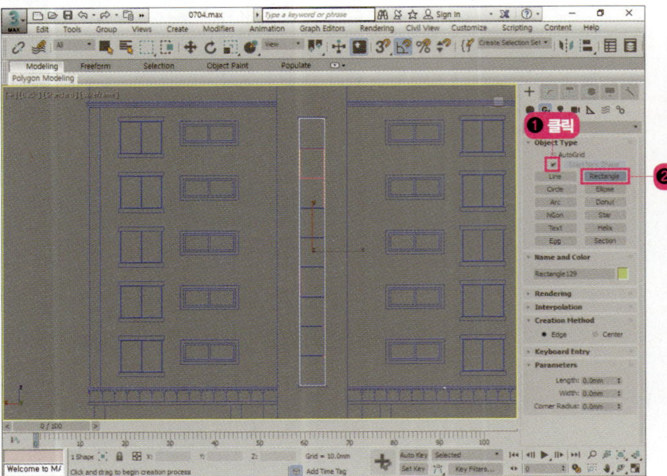

## 12

건물 뒷면의 벽으로 사용할 부분을 Snap을 이용하여 Rectangle을 만듭니다.

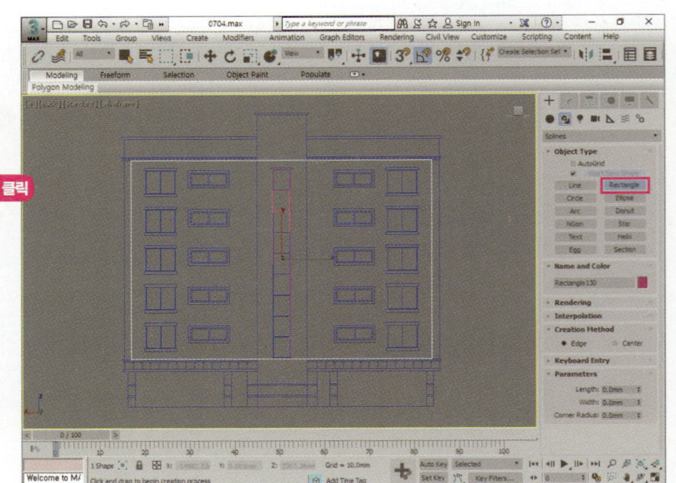

## 13

Object Type 메뉴의 'Start New Shape'를 체크 해제합니다. 정면 작업
과 마찬가지로 창틀이 들어갈 부분에 그림과 같이 Rectangle을 만듭니다.

'Start New Shape' 체크 해제

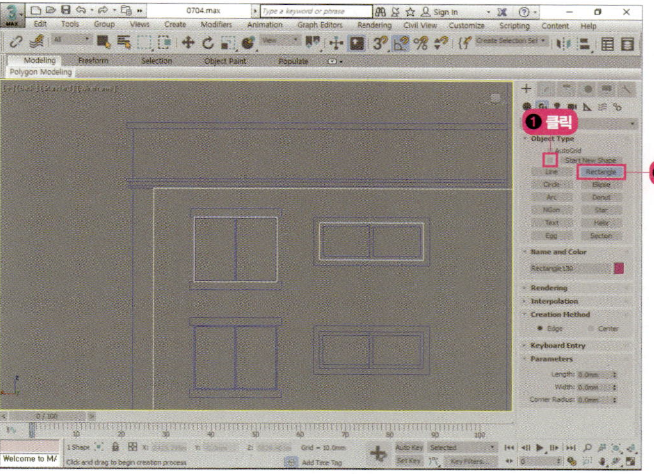

## 14

건물 뒷면의 창틀 부분을 모두 같은 방법으로 Rectangle을 만듭니다.

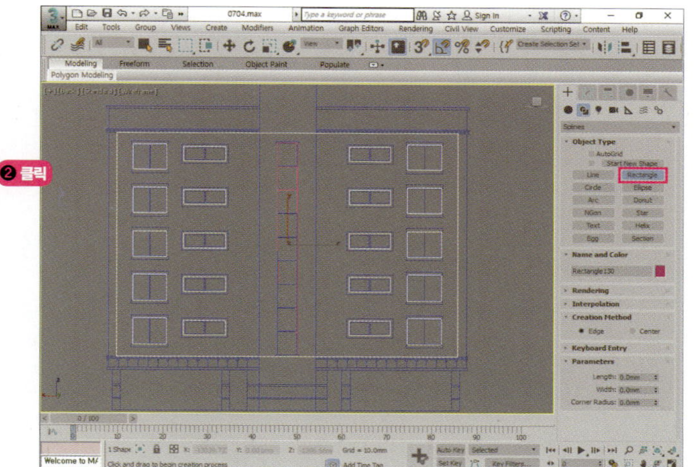

## 15

Object Type 메뉴의 'Start New Shape'에 체크한 후 창문의 돌출 부분
에 Snap을 이용하여 Rectangle을 만듭니다.

'Start New Shape' 체크

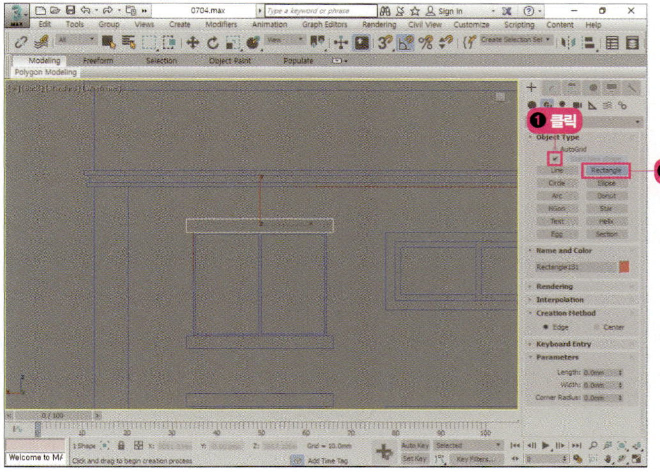

## 16

Object Type 메뉴의 'Start New Shape'를 체크 해제합니다. 아래쪽 돌
출 부분에 Snap을 이용하여 Rectangle을 만듭니다.

'Start New Shape' 체크 해제

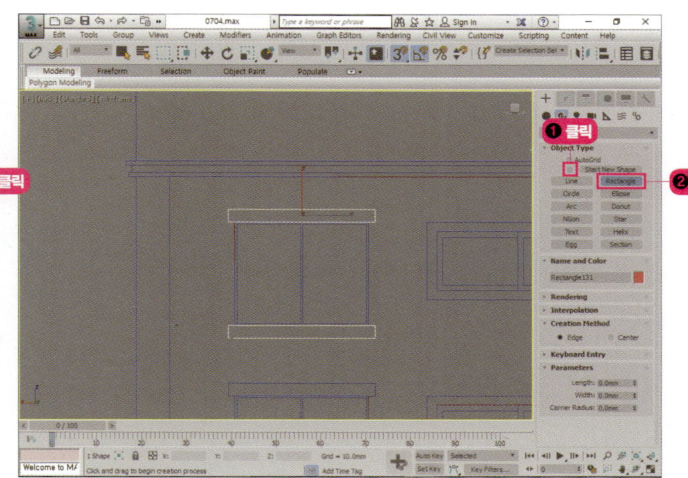

## 17

Object Type 메뉴의 'Start New Shape'에 체크합니다. 창틀의 크기에 맞춰 Snap을 이용하여 Rectangle을 만듭니다.

'Start New Shape' 체크

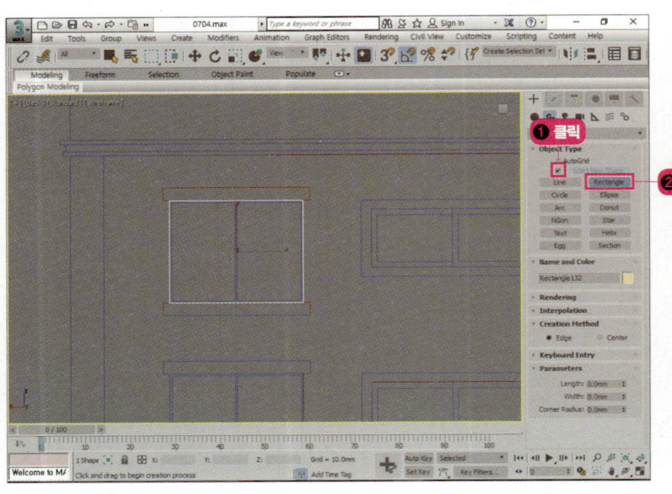

## 18

Object Type 메뉴의 'Start New Shape'를 체크 해제합니다. 프레임의 크기에 맞게 Snap을 이용하여 Rectangle을 2개 만듭니다.

'Start New Shape' 체크 해제

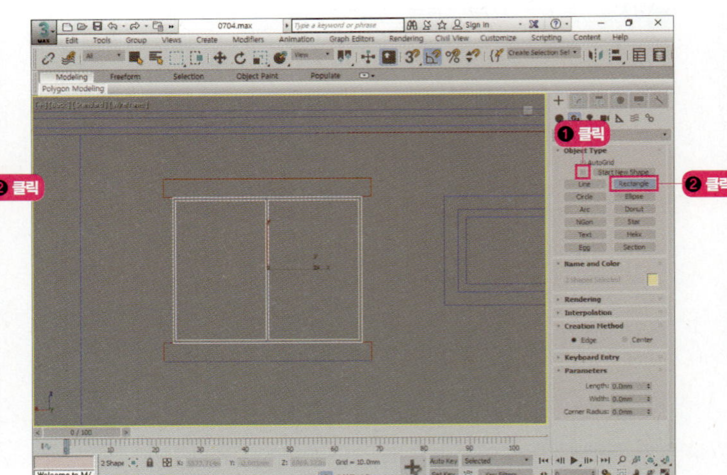

## 19

Object Type 메뉴의 'Start New Shape'를 체크합니다. 옆 창문의 창틀의 크기에 맞춰 Snap을 이용하여 Rectangle을 만듭니다.

'Start New Shape' 체크

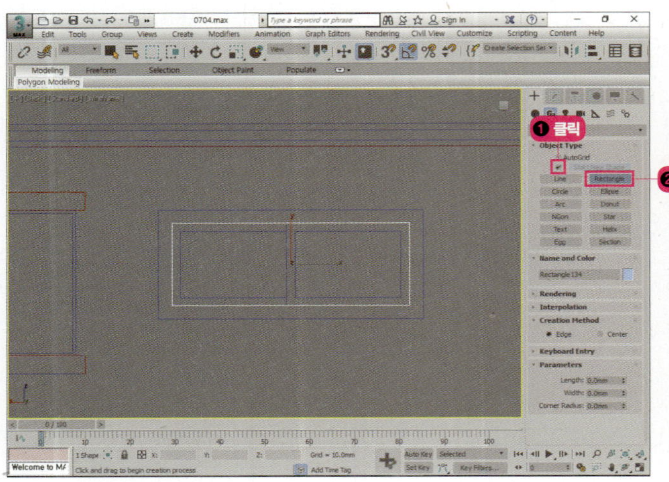

## 20

Object Type 메뉴의 'Start New Shape'를 체크 해제합니다. 프레임의 크기에 맞게 Snap을 이용하여 Rectangle을 2개 만듭니다.

'Start New Shape' 체크 해제

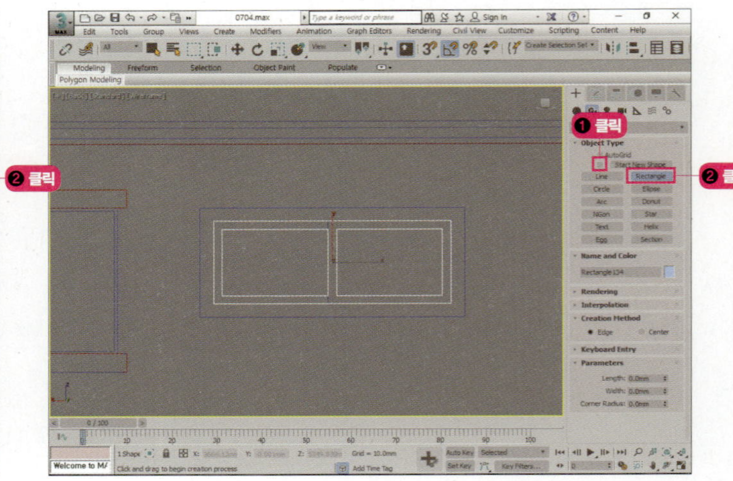

## 21

Object Type 메뉴의 'Start New Shape'에 체크합니다. 돌출 부분의 크기에 맞춰 Snap을 이용하여 Rectangle을 만듭니다.

'Start New Shape' 체크

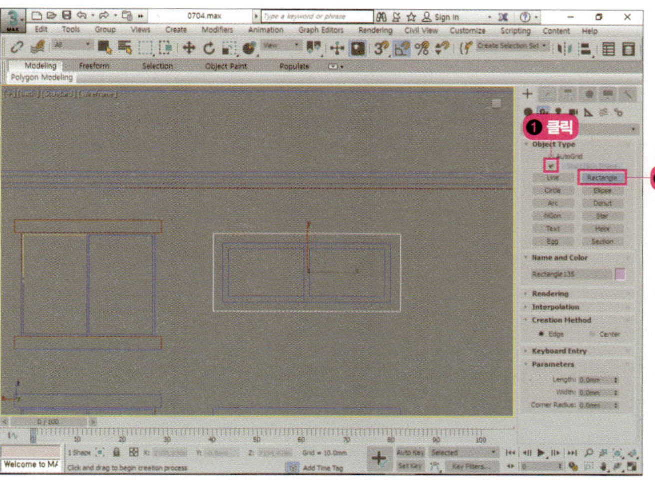

## 22

Object Type 메뉴의 'Start New Shape'를 체크 해제합니다. 안쪽의 크기에 맞게 Snap을 이용하여 Rectangle을 만듭니다.

'Start New Shape' 체크 해제

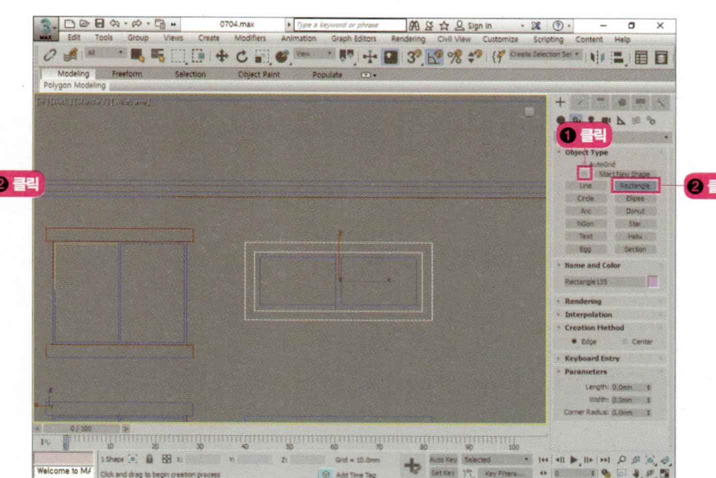

## 23

건물의 중심을 기준으로 Mirror를 이용하여 대칭 복사하기 위하여 중심점을 먼저 바꿔보겠습니다. 좌표 위치 선택에서 'Pick'을 선택한 후 건물 벽이 있는 부분을 클릭하면 Rectangle104가 새로 추가됩니다. Rectangle의 이름은 만든 순서에 따라 달라질 수 있습니다.

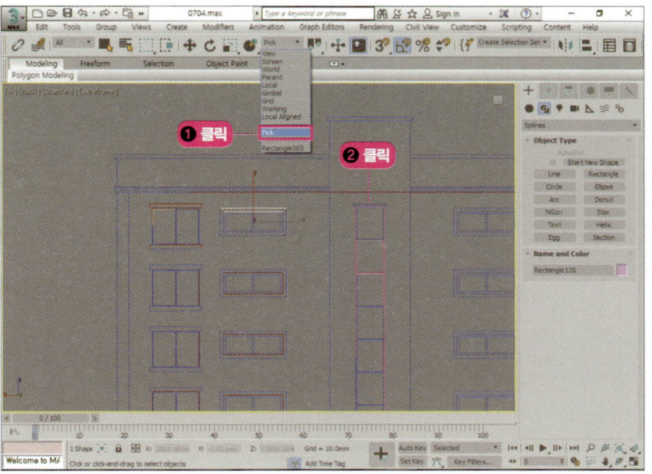

## 24

좌표 위치를 Rectangle로 선택하고 Use Selection Center(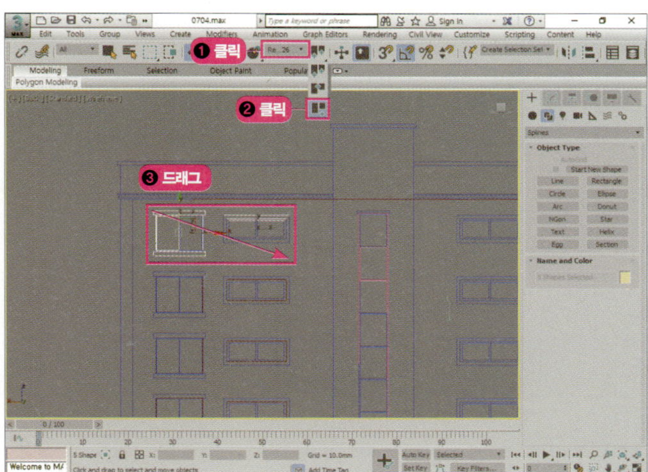)로 Pivot의 위치를 바꿔주면 창이 모두 선택된 상태에서 건물의 중심점을 사용할 수 있습니다.
완성한 창문 부분을 모두 선택합니다.

## 25

Main Toolbar의 Mirror()를 클릭합니다. Mirror Axis에는 X,
Clone Selection에는 Instance를 클릭하고 [OK] 버튼을 클릭하면 대칭
으로 복사됩니다.



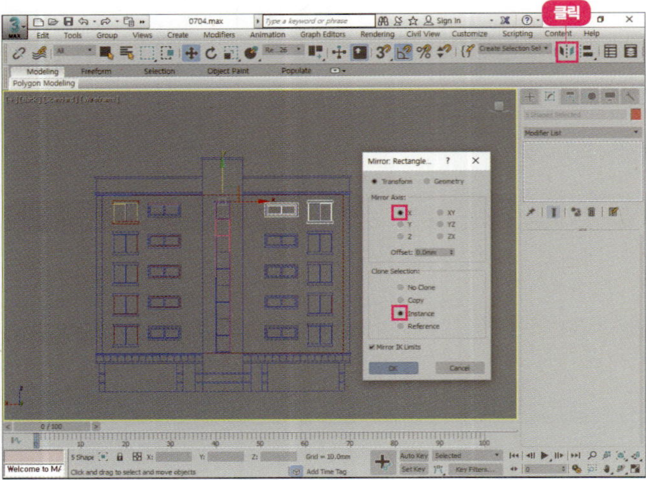

## 26

완성된 한 층 전체의 창을 모두 선택합니다.

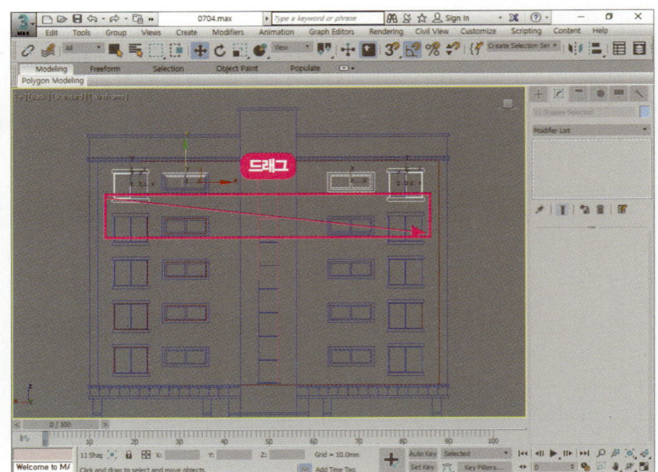

## 27

[Menu Bar-Tools-Array]를 선택합니다. Y에 '–2700', Type of
Object에 'Instance', Count에 '5'를 입력한 후 [OK] 버튼을 클릭합니다.

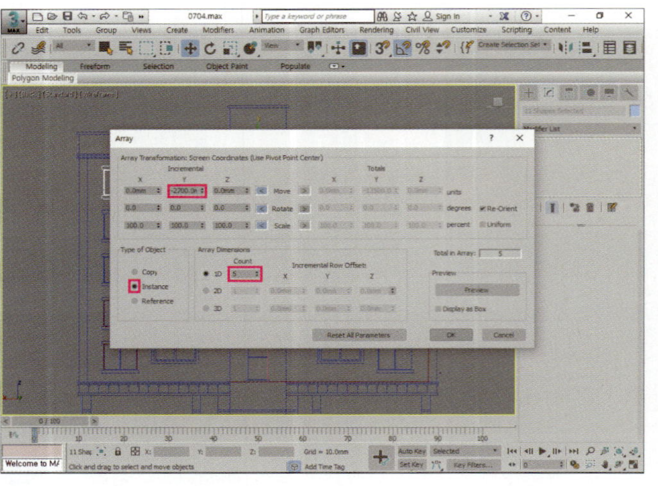

## 28

건물 뒷면의 창이 모두 완성됩니다.

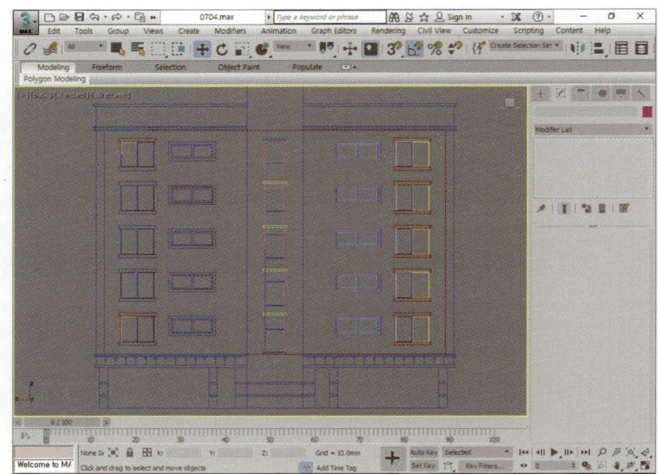

# 06

# 배면 3D로 만들기

## 01

건물 중앙 벽 부분을 선택한 후 [Modifier List-Extrude]를 적용합니다.
Parameters의 Amount에 '-200'을 입력합니다.

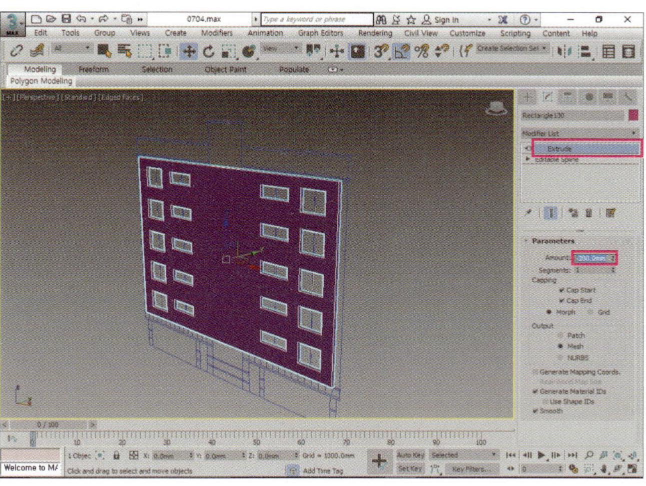

## 02

건물 가장 위의 Rectangle을 선택한 후 [Modifier List-Extrude]를 적
용합니다. Parameters의 Amount에 '-5900'을 입력합니다. 높이를 적
용한 후 Select and Move(✛)를 선택합니다.

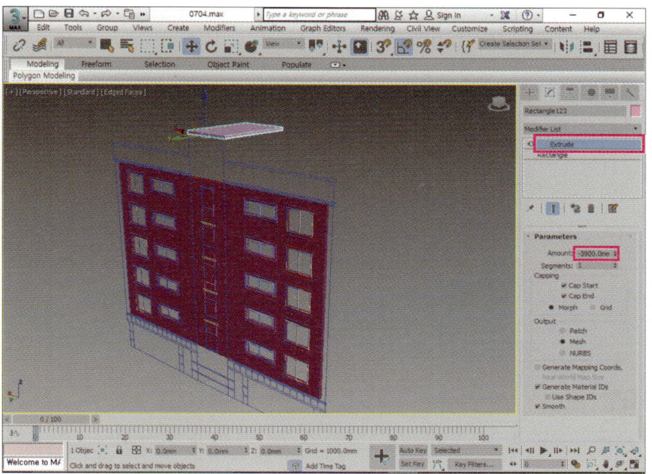

## 03

F12를 누르면 수치를 입력하여 이동할 수 있는 [Move Transform Type-
In] 창이 나타납니다. Parameters의 Y에 '50'을 입력하면 Y축으로 50mm
만큼 이동합니다.

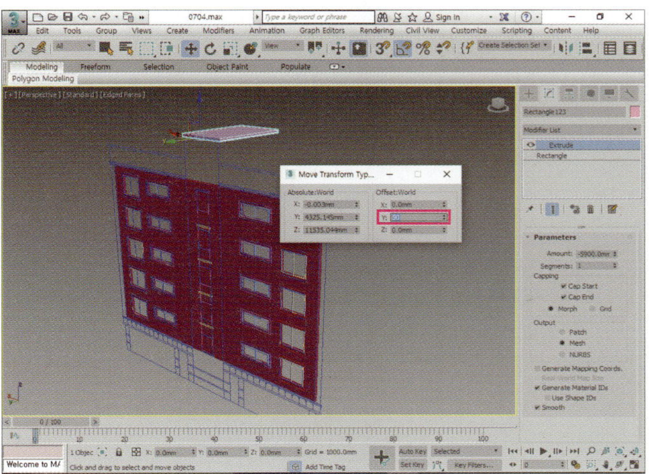

## 04

건물의 계단 부분을 선택한 후 [Modifier List-Extrude]를 적용합니다.
Parameters의 Amount에 '-5800'을 입력합니다.

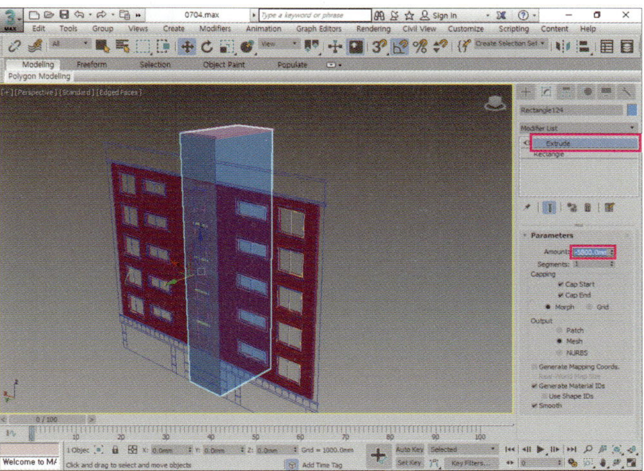

## 05

건물 뒤의 창틀 위아래 돌출 부분을 선택한 후 [Modifier List-Extrude]를 적용합니다. Parameters의 Amount에 '100'을 입력합니다.

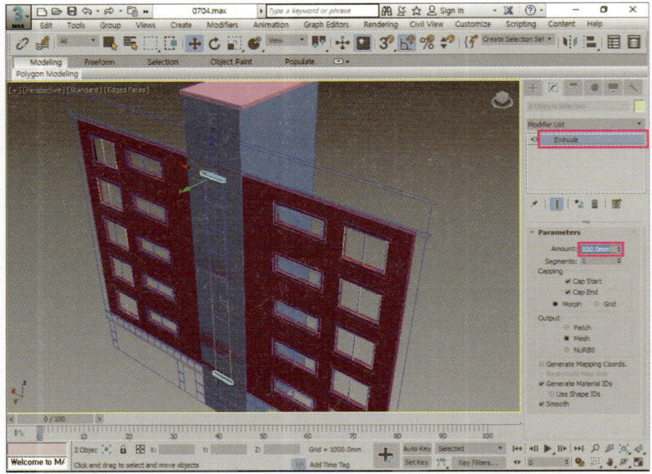

## 06

건물 뒤의 창틀 프레임 부분을 선택한 후 [Modifier List-Extrude]를 적용합니다. Parameters의 Amount에 '−100'을 입력합니다. 높이를 적용한 후 Select and Move(✛)를 선택합니다.

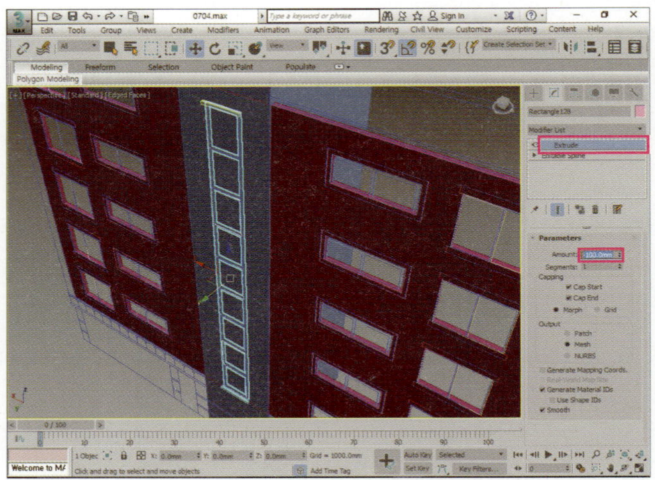

## 07

F12를 누르면 수치를 입력하여 이동할 수 있는 [Move Transform Type-In] 창이 나타납니다. Y에 '−50'을 입력하면 Y축으로 −50㎜만큼 이동합니다.

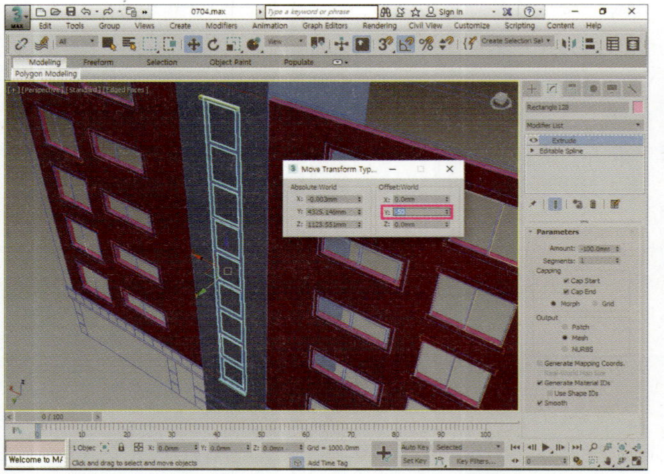

## 08

유리로 사용할 Rectangle을 선택한 후 [Modifier List-Extrude]를 적용합니다. Parameters의 Amount에 '−10'을 입력합니다. 높이를 적용한 후 Select and Move(✛)를 선택합니다.

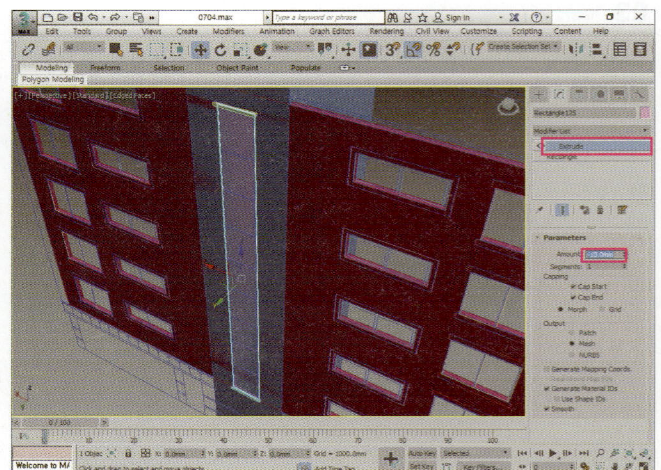

## 09

F12를 누르면 수치를 입력하여 이동할 수 있는 Move Transform Type–In 창이 나타납니다. Y에 '–70'을 입력하면 Y축으로 –70mm만큼 이동합니다.

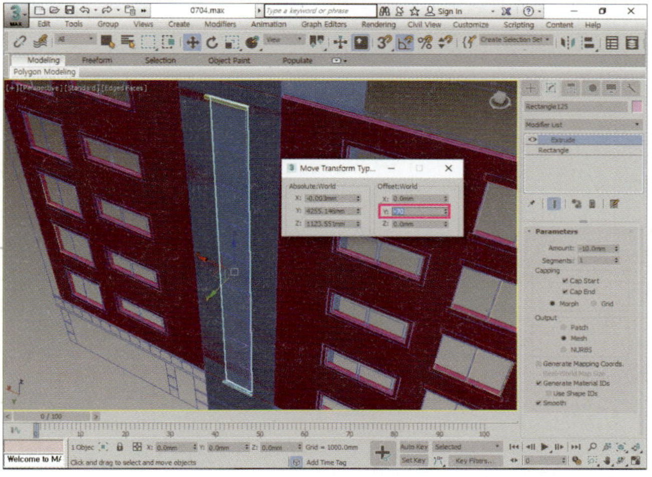

## 10

창문의 돌출 부분을 선택한 후 [Modifier List–Extrude]를 적용합니다. Parameters의 Amount에 '100'을 입력합니다.

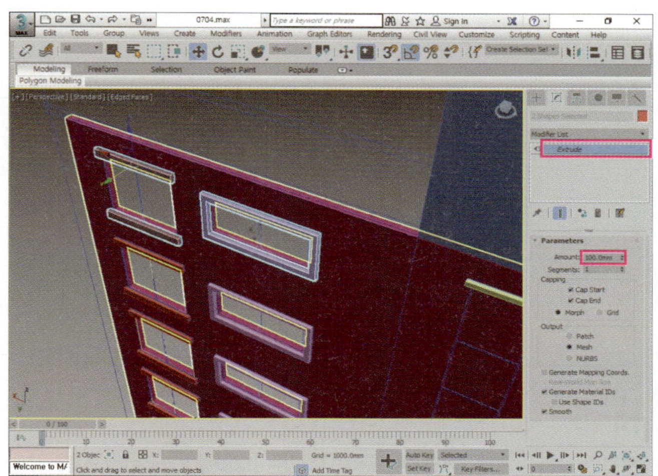

## 11

창문의 프레임 부분을 선택한 후 [Modifier List–Extrude]를 적용합니다. Parameters의 Amount에 '–100'을 입력합니다. Instance로 복사했기 때문에 모든 창문에 Extrude가 적용됩니다.

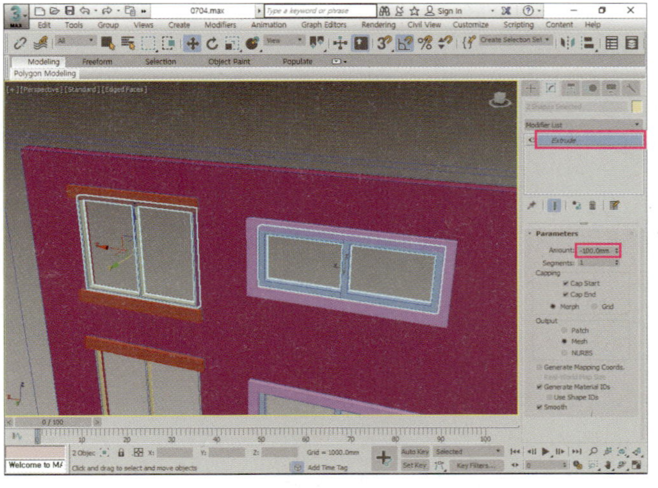

## 12

Back View를 선택합니다. 옆의 그림처럼 유리로 사용할 Rectangle을 Snap을 이용하여 만듭니다.

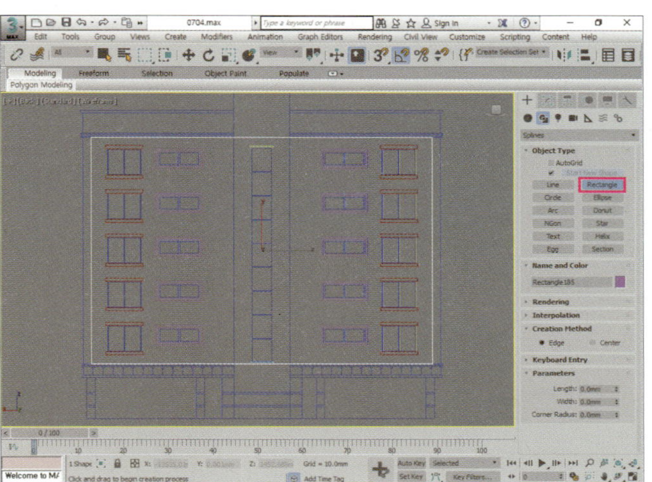

**13**

Rectangle을 선택한 후 [Modifier List-Extrude]를 적용합니다.
Parameters의 Amount에 '10'을 입력합니다.

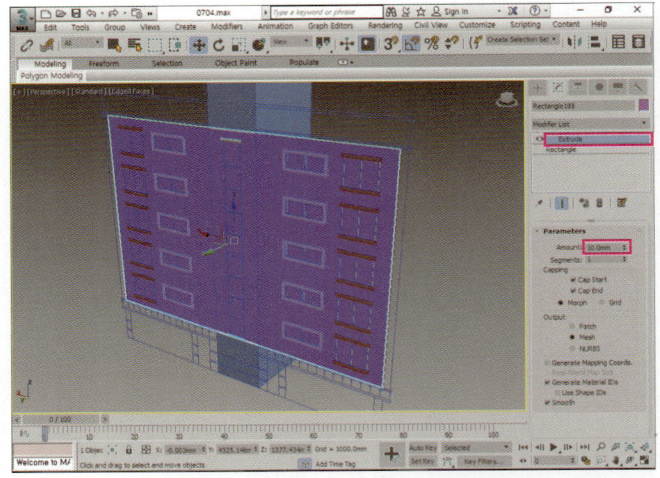

**14**

F12를 누르면 수치를 입력하여 이동할 수 있는 [Move Transform Type-In] 창이 나타납니다. Y에 '-150'을 입력하면 Y축으로 -150㎜만큼 이동합니다.

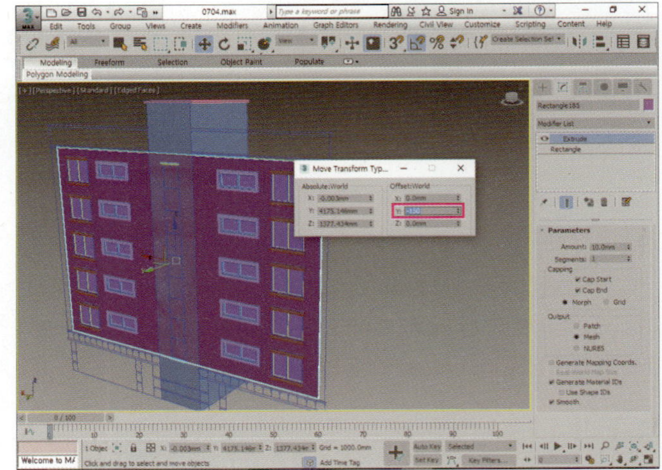

**15**

건물의 뒷부분도 모두 완성되었습니다. 가운데 계단 부분으로 이동하기 위해 그림처럼 마우스를 드래그하여 중간의 모든 Object를 선택합니다.

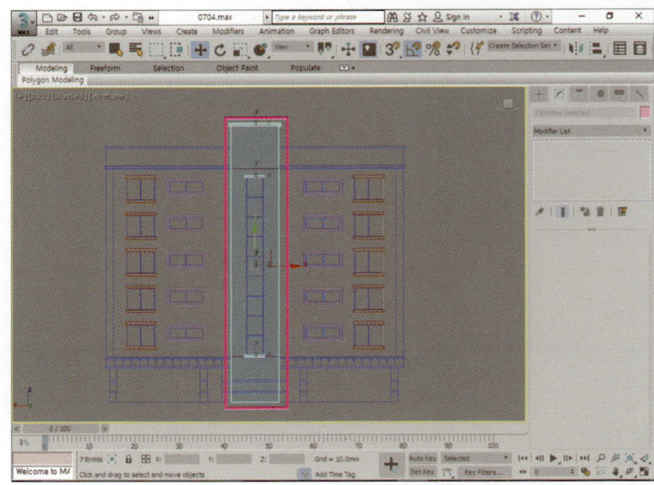

## 16

F12를 누르면 수치를 입력하여 이동할 수 있는 [Move Transform Type-In] 창이 나타납니다. Y에 1300을 입력하면 Y축으로 1300㎜만큼 이동합니다.

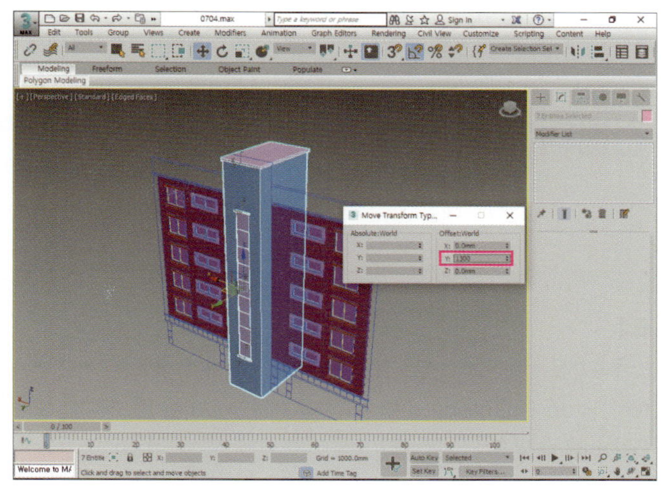

## 17

건물의 배면이 모두 완성되었습니다. 아직 완성되지 않은 부분은 마지막에 만들어 보겠습니다.

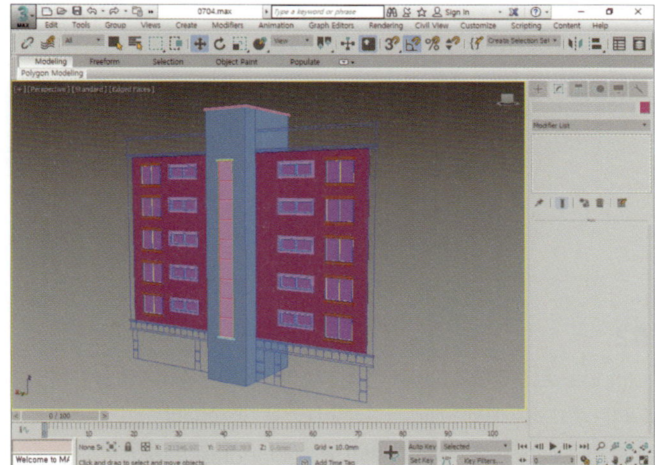

## 18

Viewport의 빈 곳에 마우스 오른쪽 버튼을 클릭하면 나타나는 쿼드 메뉴에서 'Unfreeze All'과 'Unhide All'을 클릭합니다. 숨겨진 Object가 모두 나타납니다. 다음에는 건물의 좌측 부분을 만들어보겠습니다.

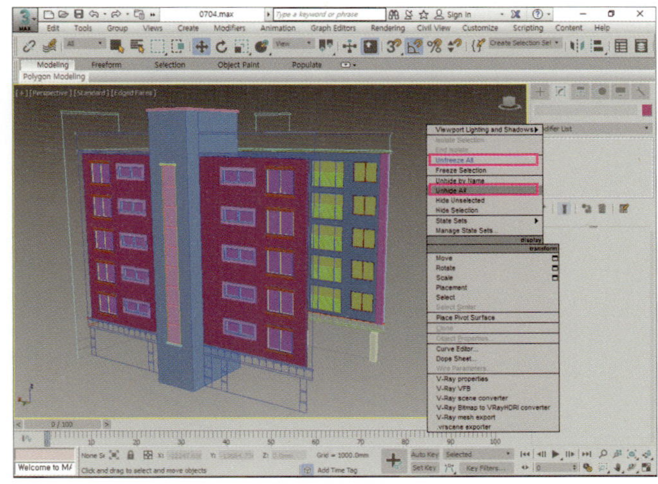

## 07

# 건물의 좌측 만들기

### 01

좌측 도면을 선택한 후 마우스 오른쪽 버튼을 클릭하면 나타나는 쿼드 메뉴에서 'Hide Unselected'를 클릭하여 선택한 Object를 제외한 모든 Object를 숨깁니다.

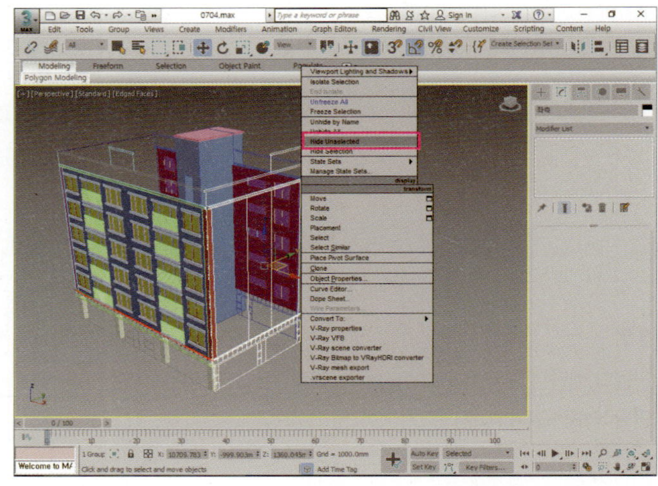

### 02

Left View로 변경하고 도면을 선택한 후 마우스 오른쪽 버튼을 클릭하면 나타나는 쿼드 메뉴에서 'Freeze Selection'을 선택합니다.
건물 옆면에 Snap을 이용하여 벽이 될 Rectangle을 만듭니다.

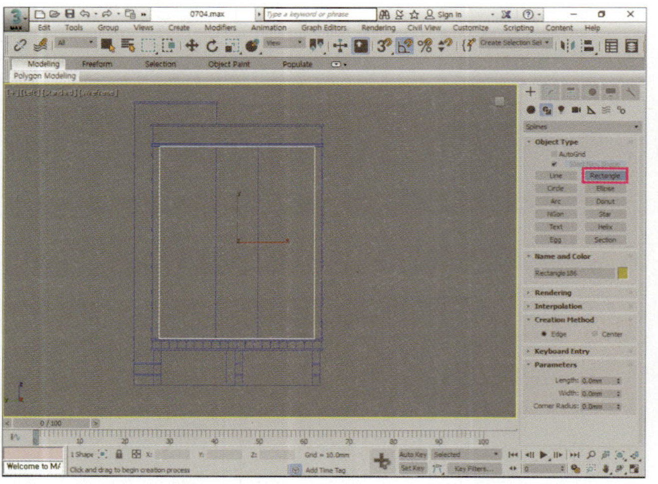

### 03

건물 하단의 왼쪽 끝 포인트 부분에 Snap을 이용하여 Rectangle을 만듭니다.

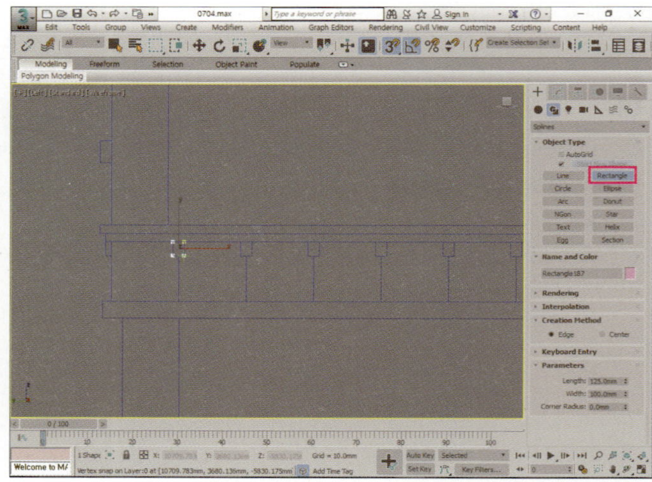

## 04

Rectangle을 만든 후 Select and Move(✥)를 선택합니다. [Menu Bar-Tools-Array]를 선택합니다. X는 '595', Type of Object는 Instance에 클릭, Count에 '19'를 입력한 후 [OK] 버튼을 클릭합니다. X축에 595mm 간격으로 Rectangle이 19개가 만들어집니다. Instance로 체크하여 하나만 편집해도 19개가 동시에 편집됩니다.

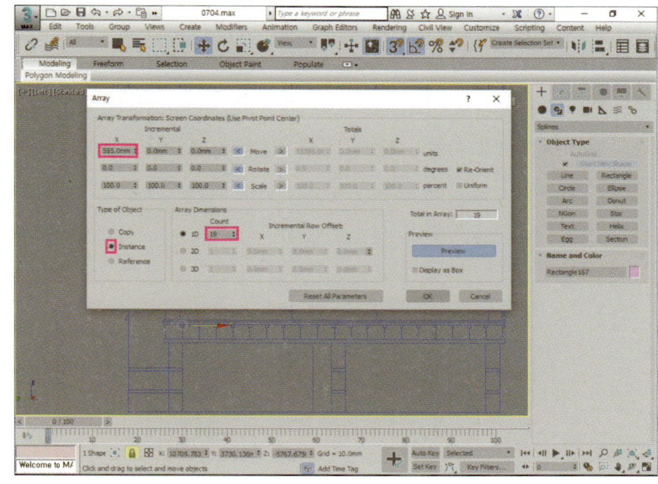

## 05

처음에 만든 건물 옆의 벽 부분을 선택한 후 [Modifier List-Extrude]를 적용합니다. Parameters의 Amount에 '200'을 입력합니다.

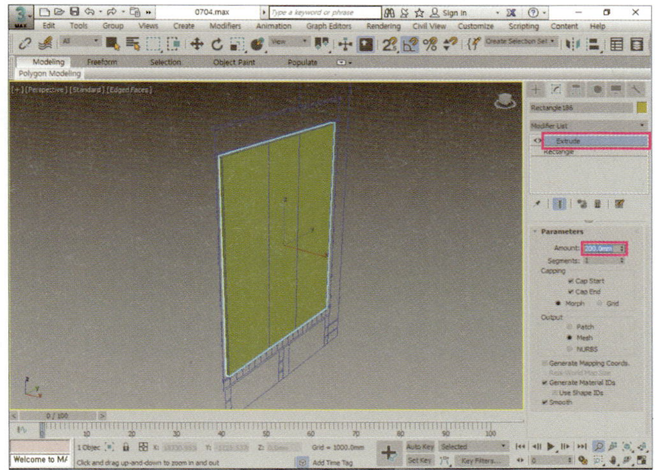

## 06

Left View로 변경합니다. 건물 옆면의 중간 부분에 Snap을 이용하여 Rectangle을 만듭니다.

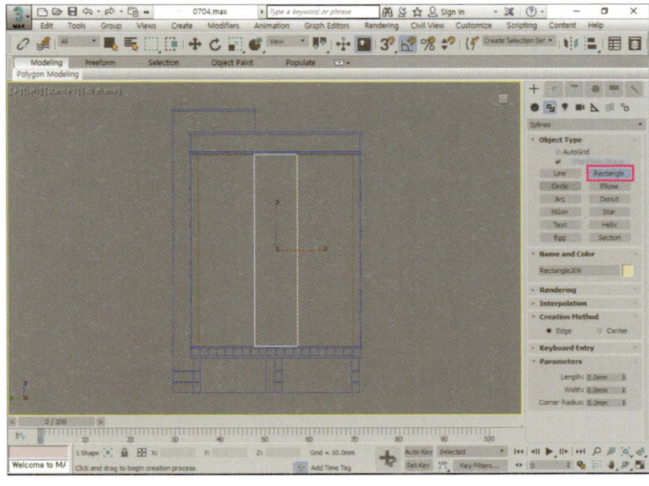

## 07

방금 만든 중간 부분을 선택한 후 [Modifier List-Extrude]를 적용합니다. Parameters의 Amount에 '-10'을 입력합니다.

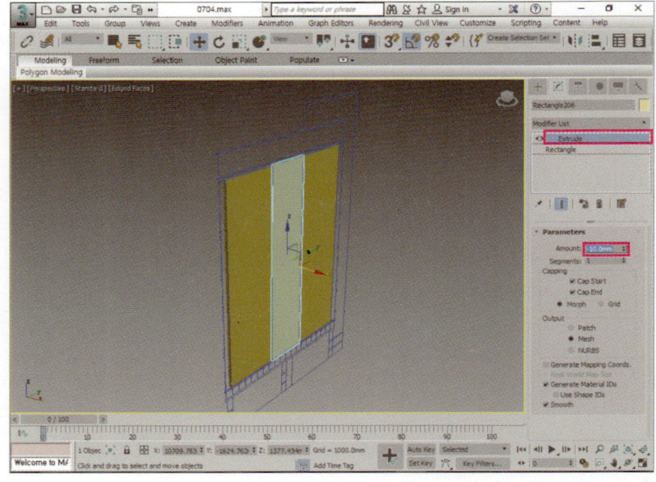

## 08

건물 하단의 포인트 부분에 Rectangle을 선택한 후 [Modifier List-Extrude]를 적용합니다. Parameters의 Amount에 '-50'을 입력합니다.

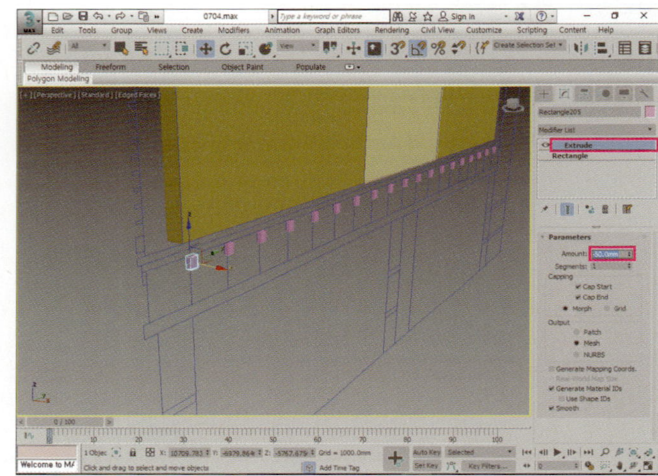

## 09

건물의 좌측까지 모두 완성되었습니다. 이제 남은 부분을 모두 완성해보겠습니다.
Viewport의 빈 곳에 마우스 오른쪽 버튼을 클릭하면 나타나는 쿼드 메뉴에서 'Unfreeze All'과 'Unhide All'을 클릭합니다.

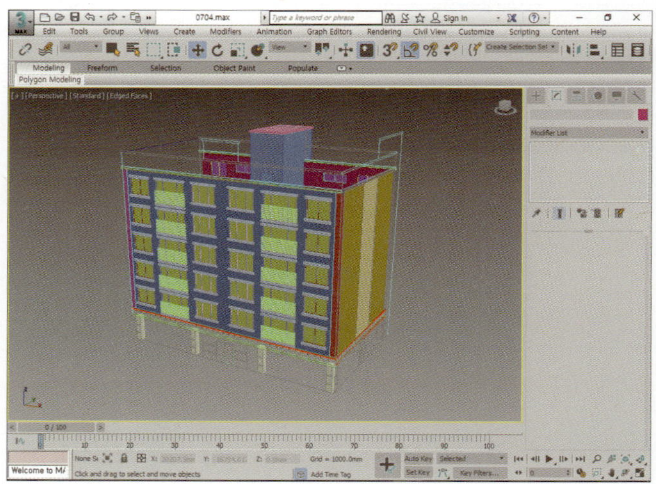

# 건물 Modeling 완성하기



## 01

도면을 배치한 후 처음에 Top View에서 만들었던 건물 평면 크기의 Rectangle을 선택한 후 Snap을 이용하여 건물의 모서리를 기준으로 2개를 더 복사합니다. 옵션은 'copy'에 체크합니다. 그림과 같이 건물 옥상 쪽에 총 3개의 Rectangle을 만듭니다.

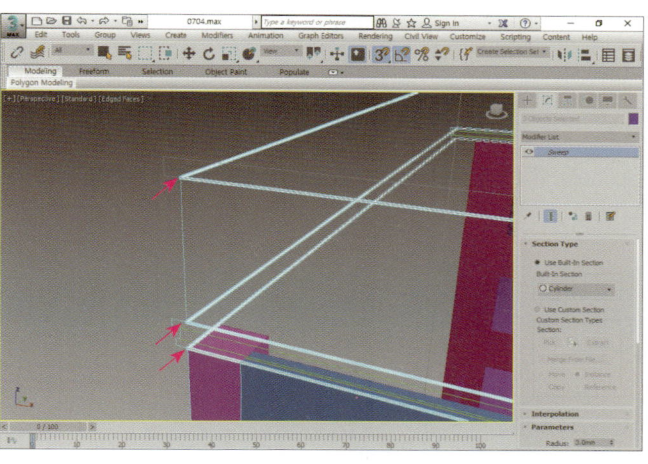

## 02

건물 하단의 Line으로 그린 돌출된 부분이 있는 곳에도 Rectangle을 Snap을 이용하여 복사합니다.

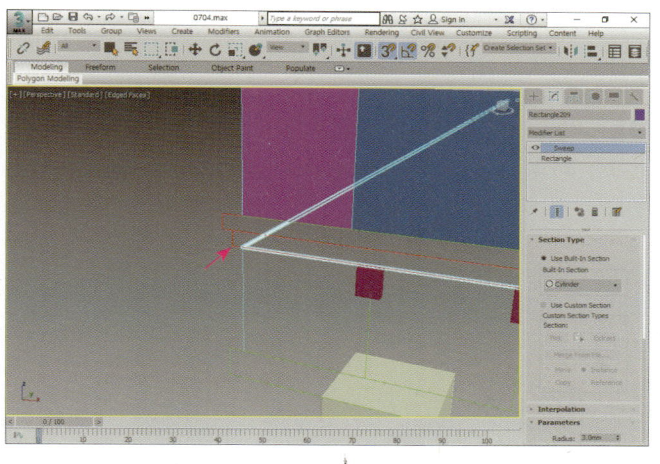

## 03

이제 도면은 필요가 없으므로 Viewport에서 숨기고 작업하겠습니다. 정면, 좌측, 배면 3개의 Group을 선택한 후 마우스 오른쪽 버튼을 클릭합니다. 쿼드 메뉴에서 'Hide Selection'을 선택하여 도면을 화면에서 숨깁니다.

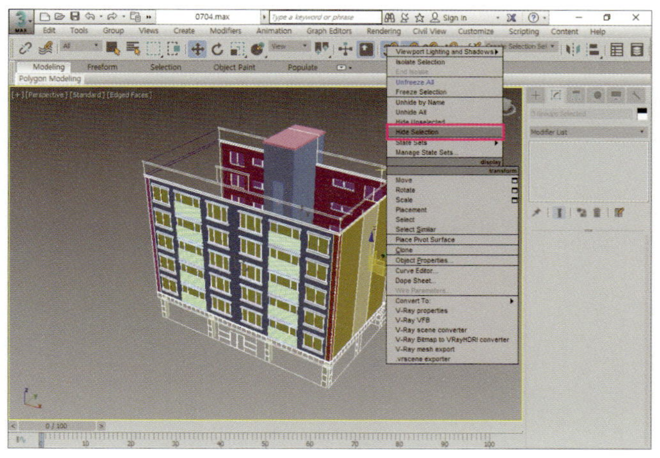

## 04

제일 위의 1번 Rectangle을 선택한 후 [Modifier List-Sweep]을 적용합니다. 'Use Custom Section'을 선택한 후 Pick을 클릭하고 Viewport에서 건물에서 돌출된 Rectangle을 선택하면 그림처럼 테두리가 만들어집니다. [Sweep Parameters]에서 Pivot Alignment를 조절하여 Rectangle과 동일한 위치의 밖으로 돌출되는 형태로 만듭니다.

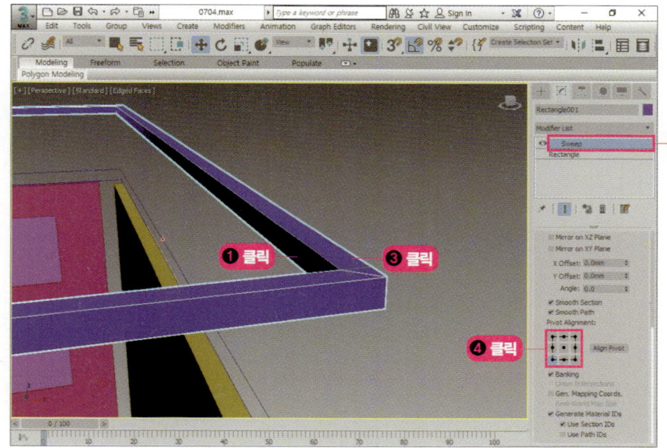

## 05

중간의 2번 Rectangle을 선택한 후 [Modifier List-Sweep]을 적용합
니다. Parameters의 Use Custom Section을 선택하고 Pick을 클릭한
후 Viewport에서 건물에서 돌출된 'ㄷ'자 형태의 Line을 선택하면 아래와
같은 테두리가 만들어집니다.
[Sweep Parameters]에서 Pivot Alignment를 조절하여 Line과 동일
한 위치의 밖으로 돌출되는 형태를 만듭니다.

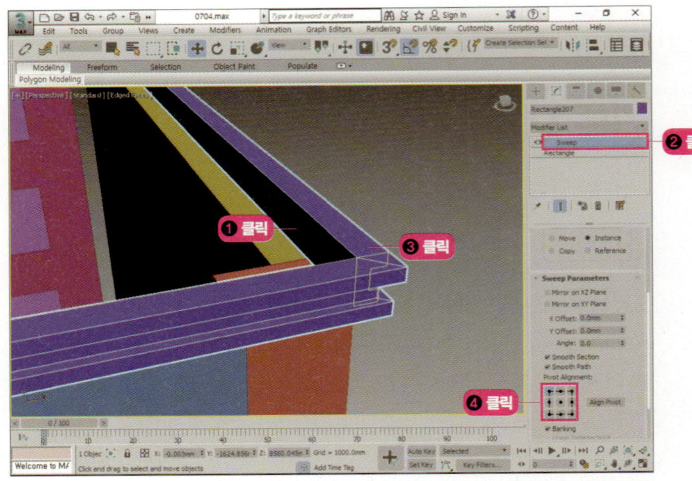

## 06

아래의 3번 Rectangle을 선택한 후 [Modifier List-Edit Spline]을 적용
합니다.

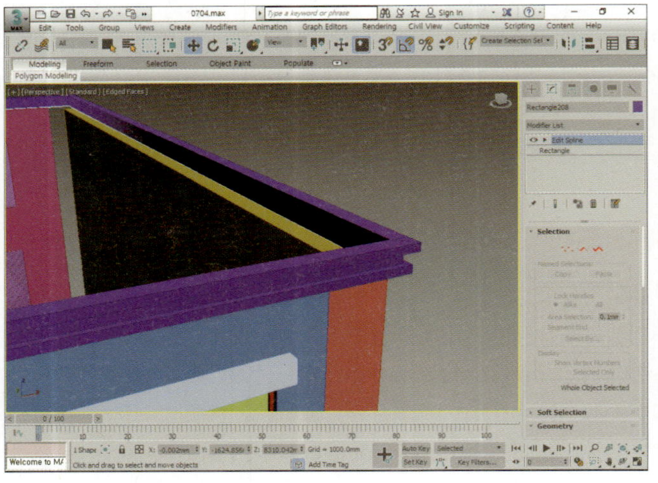

## 07

Spline을 선택한 후 Outline에 '200'을 입력하고 Enter 를 누릅니다.

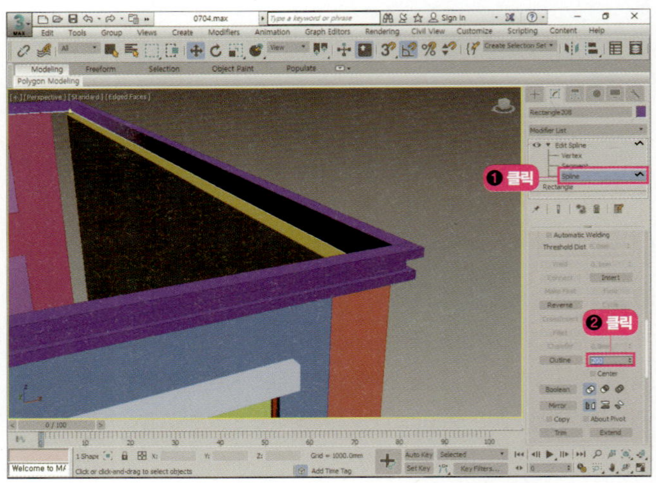

## 08

안쪽으로 두께가 만들어진 Line에 [Modifier List-Extrude]를 적용합니
다. Parameters의 Amount에 '1650'을 입력합니다. 옥상 난간이 완성됩
니다.

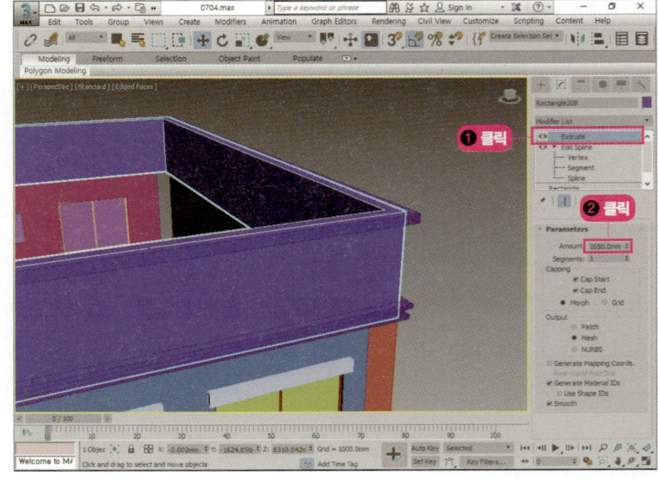

## 09

4번 Rectangle을 선택한 후 [Modifier List-Sweep]을 적용합니다.
'Use Custom Section'을 선택한 후 Pick을 클릭하고 Viewport에서 건
물에서 돌출된 'ㄱ'자 형태의 Line을 선택하면 테두리가 만들어집니다.

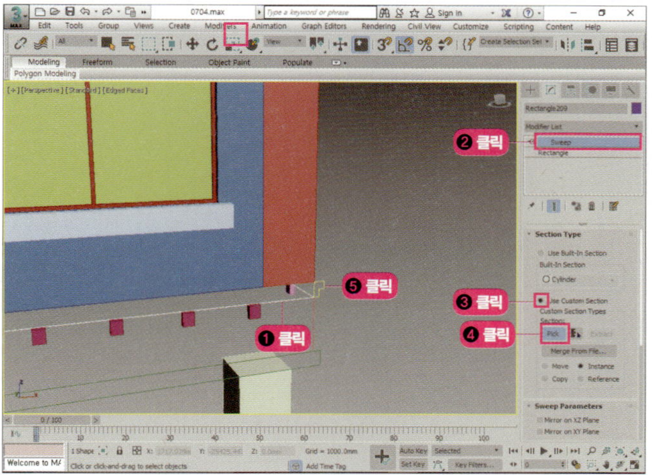

## 10

[Sweep Parameters]에서 Pivot Alignment를 조절하여 Line과 동일
한 위치의 밖으로 돌출되는 형태를 만듭니다.

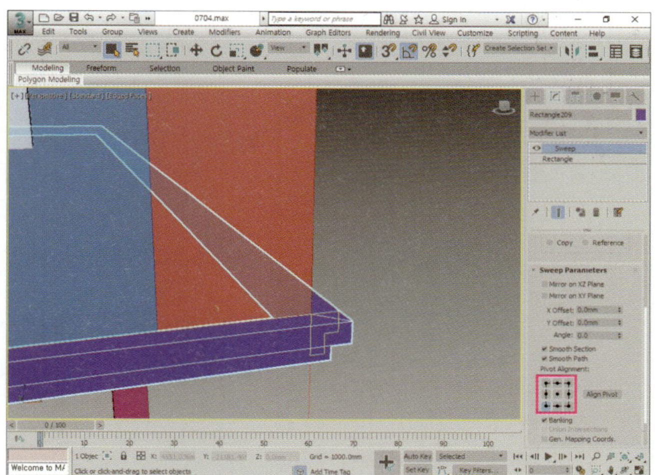

## 11

바로 아래의 정면에서 그린 Rectangle을 선택한 후 [Modifier List-
Extrude]를 적용합니다. Parameters의 Amount에 '-11900'을 적용합
니다.

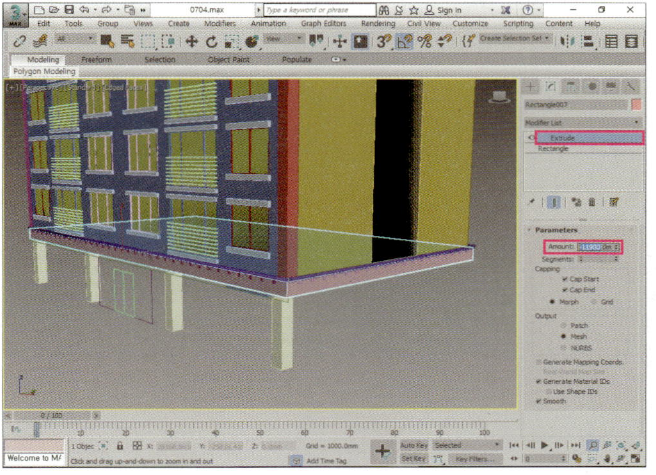

## 12

기둥 위의 Rectangle을 선택합니다. F12를 누르면 수치를 입력하여 이동
할 수 있는 [Move Transform Type-In] 창이 나타납니다. Y에 '-75'를
입력하면 Y축으로 -75㎜만큼 이동합니다.

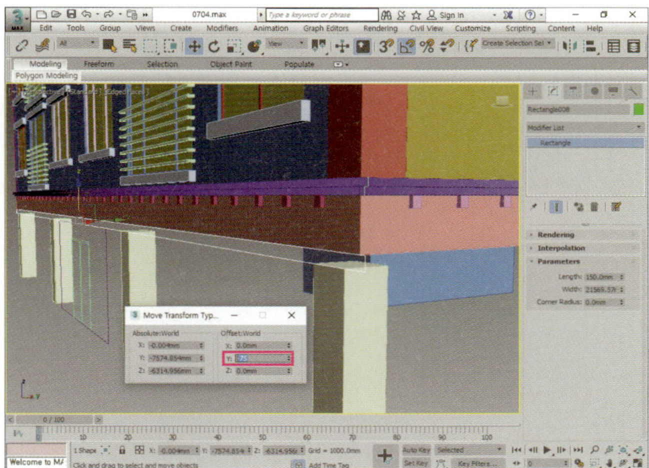

## 13

[Modifier List-Extrude]를 적용합니다. Parameters의 Amount에
'-12050'을 입력합니다.

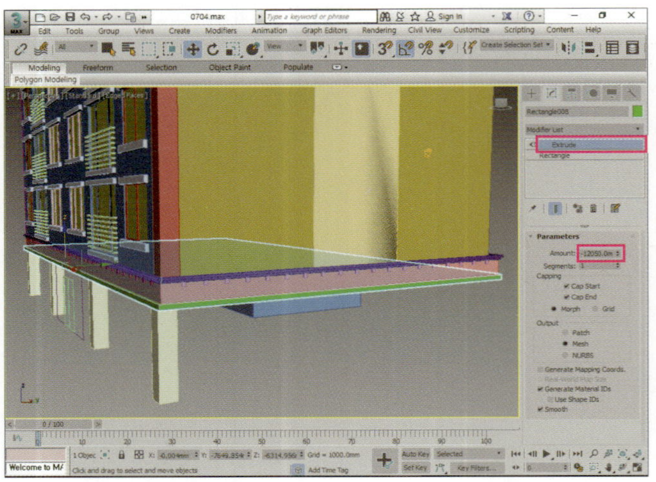

## 14

건물의 기둥 부분을 선택합니다. F12를 누르면 수치를 입력하여 이동할 수
있는 [Move Transform Type-In] 창이 나타납니다. Y에 '100'을 입력
하면 Y축으로 100㎜만큼 건물의 안쪽으로 약간 이동됩니다.

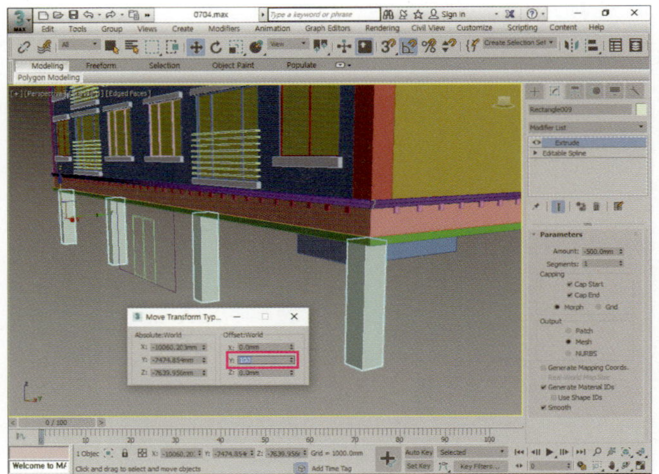

## 15

기둥을 선택한 상태에서 Ctrl + V 를 누르면 제자리에서 선택한 기둥이 복사
됩니다.
'Instance'를 선택한 후 [OK] 버튼을 클릭합니다.

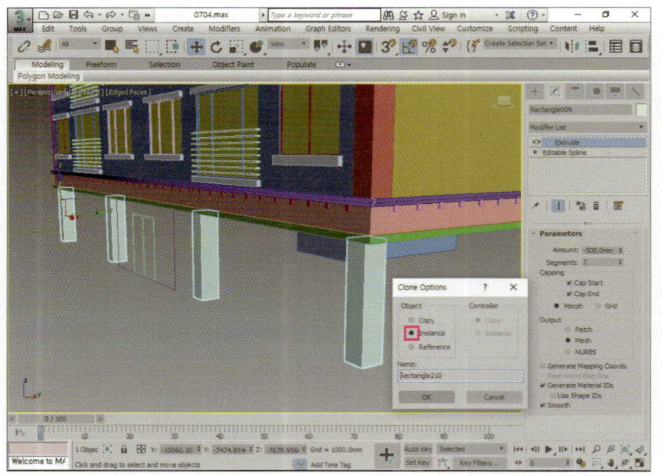

## 16

복사된 기둥이 선택된 상태에서 F12를 누르면 수치를 입력하여 이동할 수 있
는 [Move Transform Type-In] 창이 나타납니다. Y에 '5450'을 입력하
면 Y축으로 5450㎜만큼 건물의 안쪽으로 이동됩니다.

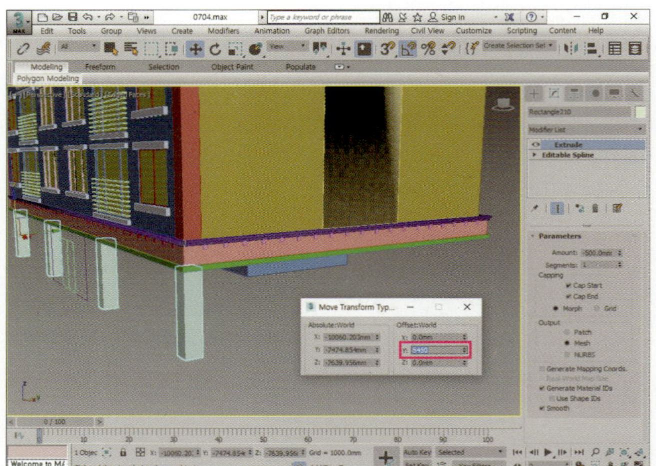

## 17

안으로 이동된 기둥을 선택한 상태에서 Ctrl + V 를 누르면 제자리에서 선택한 기둥이 복사됩니다. 'Instance'를 선택한 후 [OK] 버튼을 클릭합니다.

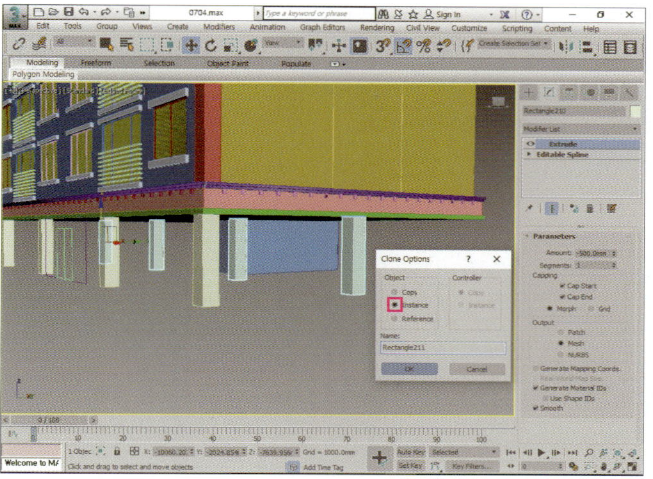

## 18

복사된 기둥이 선택된 상태에서 F12 를 누르면 수치를 입력하여 이동할 수 있는 [Move Transform Type-In] 창이 나타납니다. Y에 '5750'을 입력하면 Y축으로 5750㎜만큼 건물의 안쪽으로 이동됩니다.

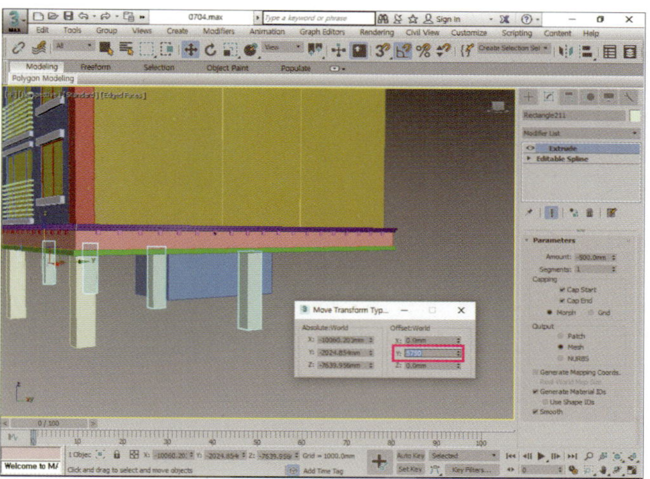

## 19

건물 입구 부분의 Rectangle과 문 부분을 모두 선택합니다. 선택 방법을 Crossing으로 선택하고 선택 영역을 만들면 쉽게 선택할 수 있습니다.

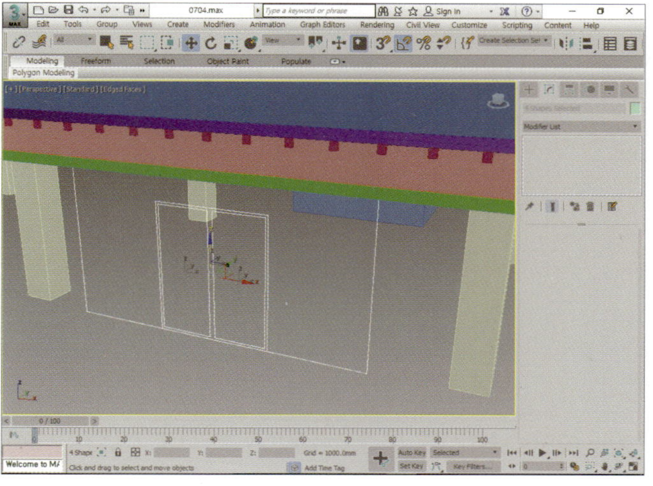

## 20

F12 를 누르면 수치를 입력하여 이동할 수 있는 [Move Transform Type-In] 창이 나타납니다. Y에 '6700'을 입력하면 Y축으로 6700㎜만큼 건물의 안쪽으로 이동됩니다.

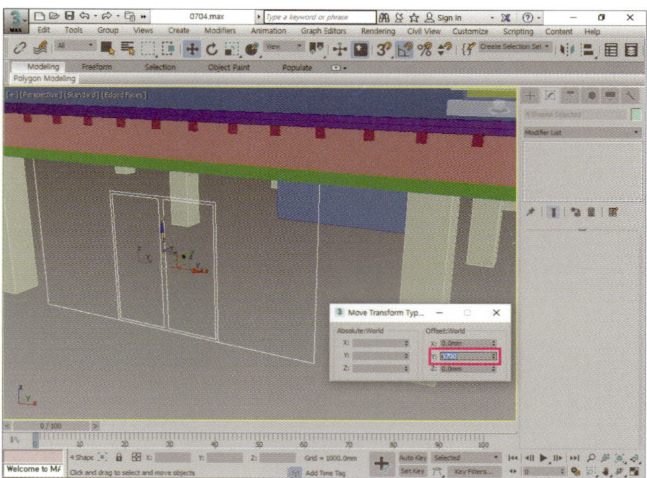

## 21

바깥의 건물 입구가 되는 Rectangle을 선택한 후 [Modifier List-Extrude]를 적용합니다. Parameters의 Amount에 '-5100'을 입력합니다.

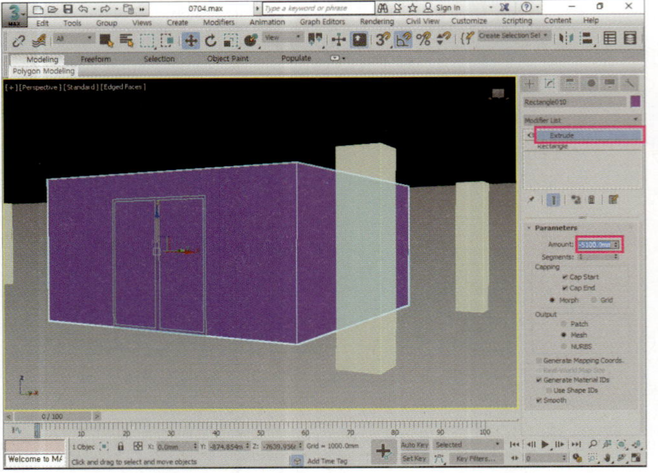

## 22

현관 테두리 부분의 Line을 선택한 후 [Modifier List-Extrude]를 적용합니다. Parameters의 Amount에 '50'을 입력합니다.

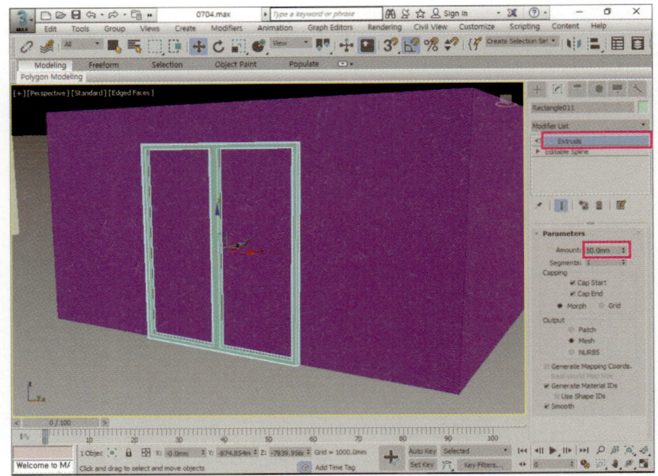

## 23

현관의 유리가 되는 Rectangle을 선택한 후 [Modifier List-Extrude]를 적용합니다. Parameters의 Amount에 '30'을 입력합니다.

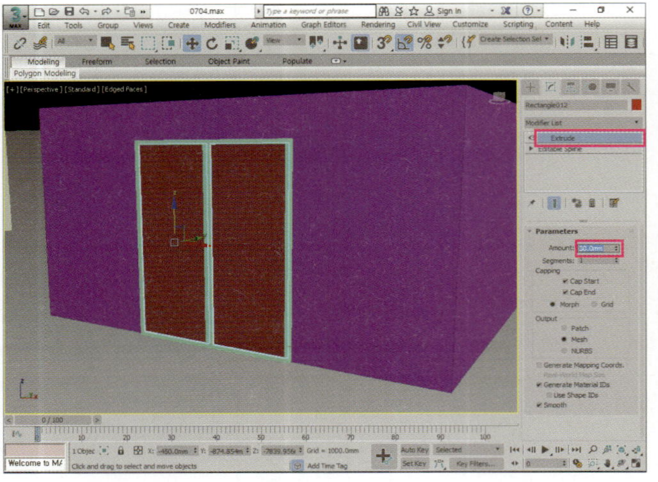

## 24

아까 건물 좌측에서 만들었던 부분을 모두 선택합니다. 옆의 벽과 하단의 돌출된 부분입니다.

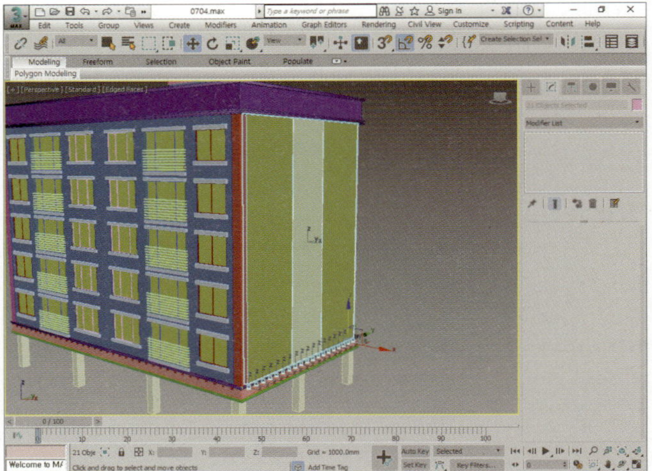

## 25

건물의 중심을 기준으로 Mirror를 이용하여 대칭 복사하기 위해 중심점을 먼저 바꿔보겠습니다. 좌표 위치를 'Pick'으로 선택한 후 건물 벽이 있는 부분을 클릭하면 Rectangle104가 새로 추가됩니다. (Rectangle의 이름은 만든 순서에 따라 달라질 수 있습니다.)

좌표 위치를 Rectangle로 선택하고 Use Selection Center(■)로 Pivot의 위치를 바꿉니다.

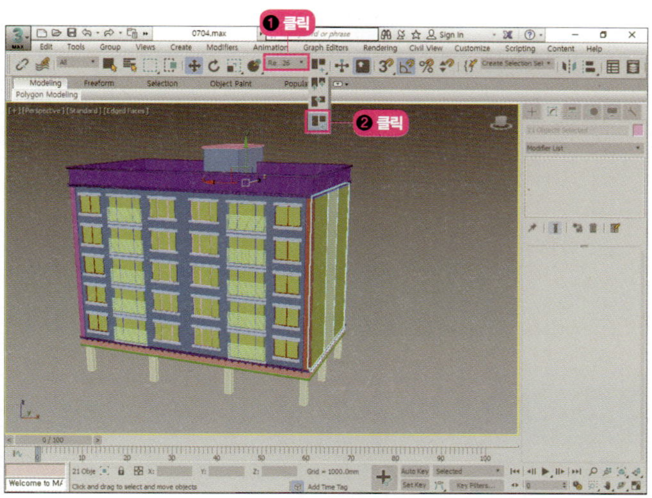

## 26

Main Toolbar의 Mirror(■)를 클릭합니다. Mirror Axis에 X, Clone Selection의 Instance를 선택 하고 [OK] 버튼을 클릭하면 대칭으로 복사됩니다.

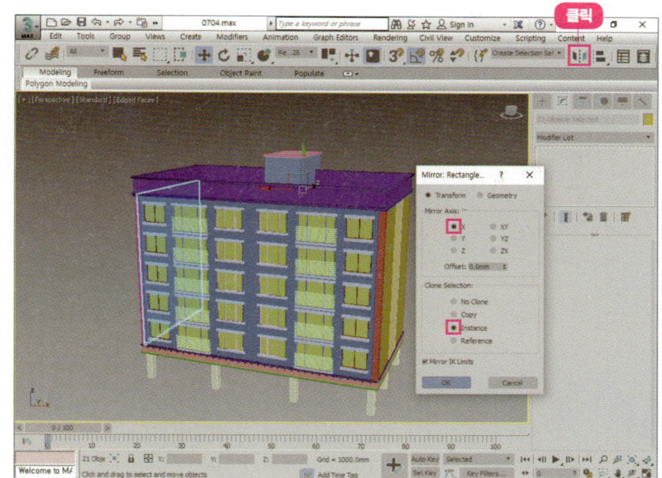

## 27

Top View를 선택한 후 건물의 옥상 안쪽의 크기에 맞게 Rectangle을 Snap을 이용하여 만듭니다.

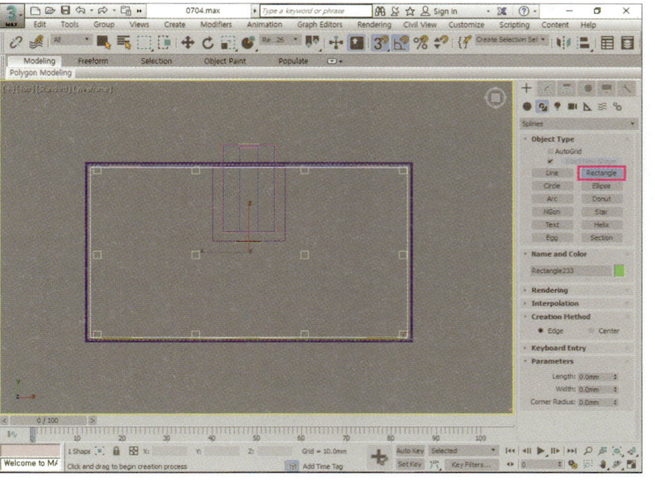

## 28

F12를 누르면 수치를 입력하여 이동할 수 있는 [Move Transform Type-In] 창이 나타납니다. Y에 '-1650'을 입력하면 Y축으로 -1650mm만큼 이동합니다.

 tip Viewport에서 위아래로 움직이는 방향이 Z축이라면 수치를 Z축에 입력해야 합니다.

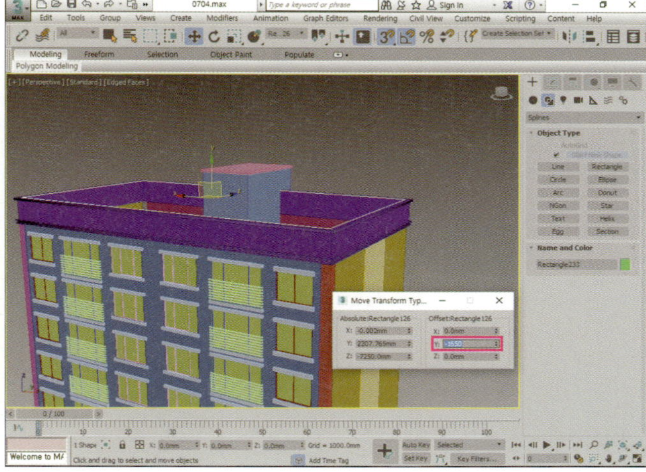

[Modeling-Polygon Modeling-Convert to Poly]를 클릭하여
Rectangle을 Polygon 편집모드로 변환하면 면으로 바뀝니다.

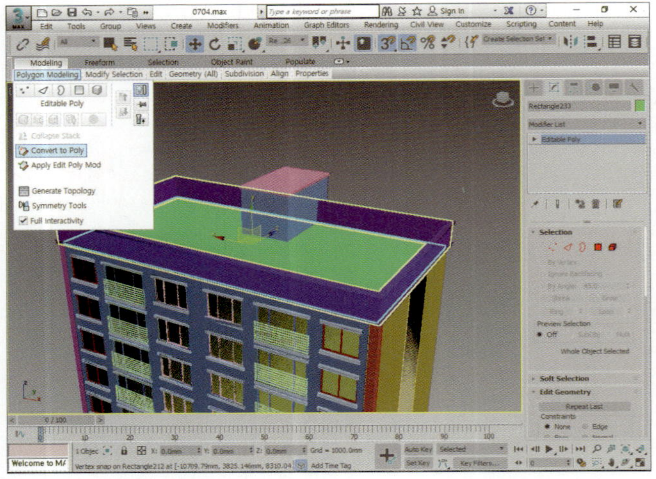



건물 양옆의 기둥 부분을 선택한 후 Ctrl + V 를 누르면 제자리에서 복사됩
니다. Instance를 선택하여 같이 수정되도록 합니다.

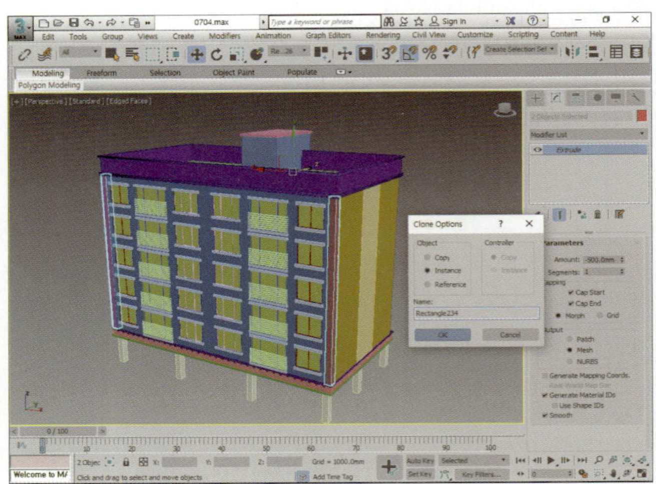



F12 를 누르면 수치를 입력하여 이동할 수 있는 [Move Transform Type-
In] 창이 나타납니다. Y에 '11400'을 입력하면 Y축으로 11400mm만큼 이동
합니다.

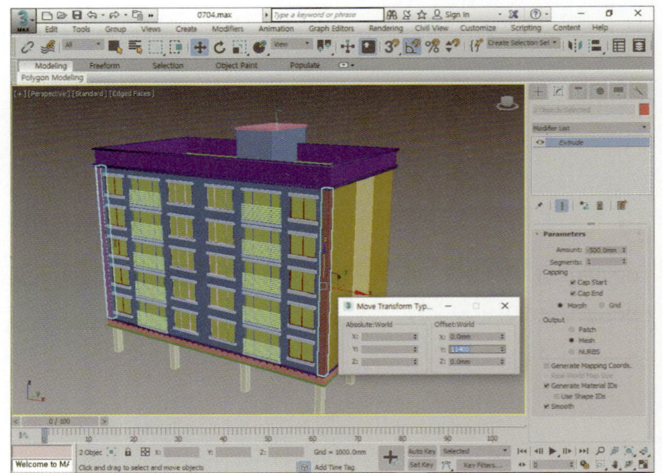

**tip**
Viewport에서 보이는 Pivot의 위치를 확인한 후 이동할 방향에 수치를 입
력해야 합니다.



정면의 건물 하단의 조그만 돌출 부분을 모두 선택합니다. Ctrl + V 를 누
르면 제자리에서 복사됩니다. Instance를 선택하여 같이 수정되도록 합니
다.

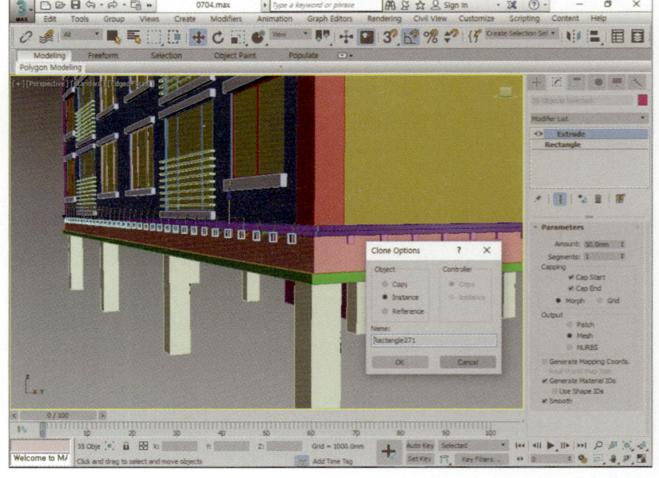

**tip**
같은 종류의 오브젝트를 편집할 때 선택을 쉽게 하기 위해 Group기능을 이
용하거나 오브젝트의 색이나 레이어로 관리하여 Select by Color나
Select by Layer를 사용합니다.

## 33

F12 를 누르면 수치를 입력하여 이동할 수 있는 [Move Transform Type-In] 창이 나타납니다. Y에 '11950'을 입력하면 Y축으로 11950㎜만큼 이동합니다.

Viewport에서 보이는 Pivot의 위치를 확인한 후 이동할 방향에 수치를 입력해야 합니다.

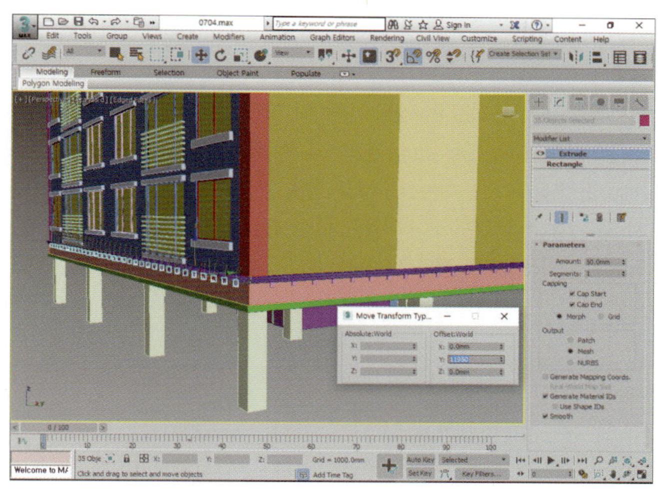

## 34

이제 건물 모델링이 완성되었습니다.

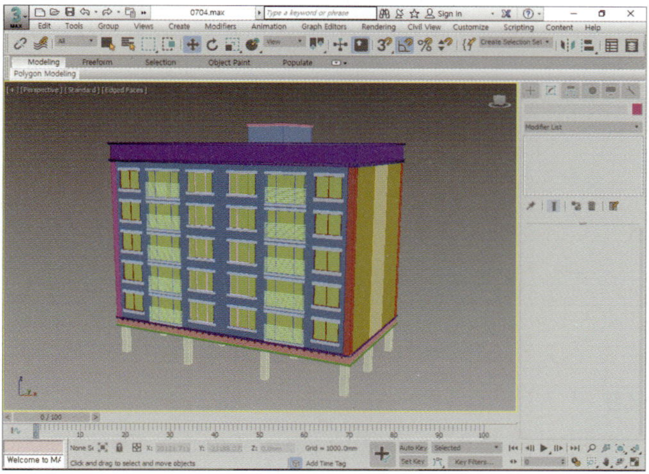

## 35

Top View에서 건물보다 큰 Plane을 만듭니다.

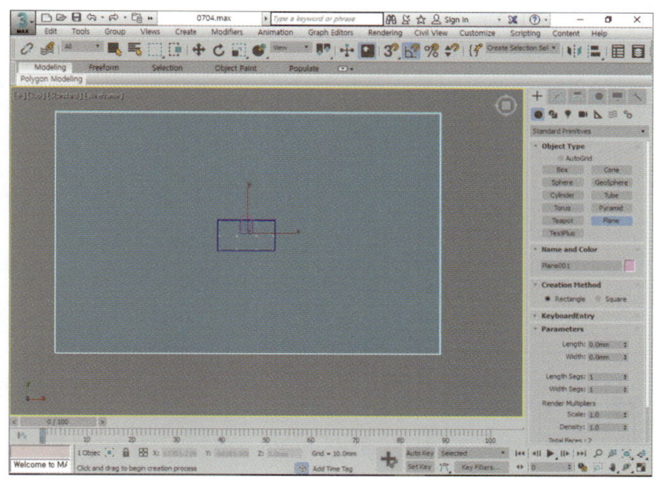

## 36

Front View에서 보면 건물이 Plane의 중간에 있는 것을 확인할 수 있습니다. Plane은 Top View에서 만들었기 때문에 높이가 0인 절대 좌표에 만들어져 있습니다. 그러면 Plane을 건물 아래로 이동하는 것보다는 건물을 Plane위로 이동하는 것이 땅 위에 건물이 서 있는 정상적인 형태가 됩니다. 건물 전체를 선택한 후 [Menu Bar-Group-Group]를 클릭하여 임시로 Group 설정을 합니다.

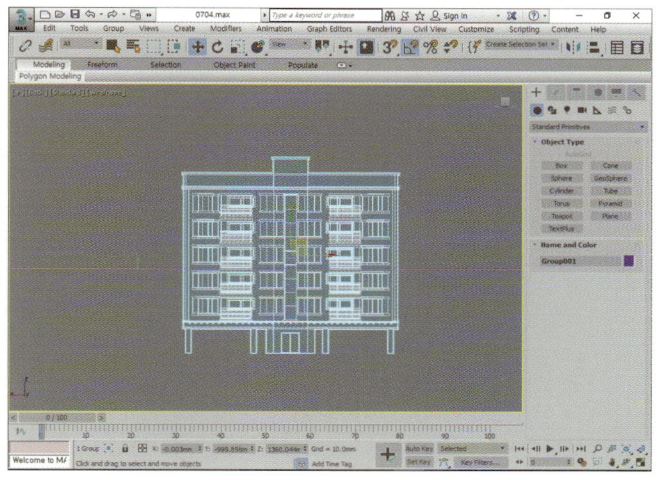

**37**

이번에는 Align이 아닌 Pivot을 이용하여 Object를 정렬하는 방법에 대하여 알아보겠습니다. Select and Move(✛)를 선택합니다.
[Hierarchy-Pivot-Affect Pivot Only]를 선택하면 Object가 이동되지 않고 Object의 Pivot이 이동됩니다. 그림처럼 Pivot을 Snap을 이용하여 가장 아래의 기둥 끝으로 이동합니다.

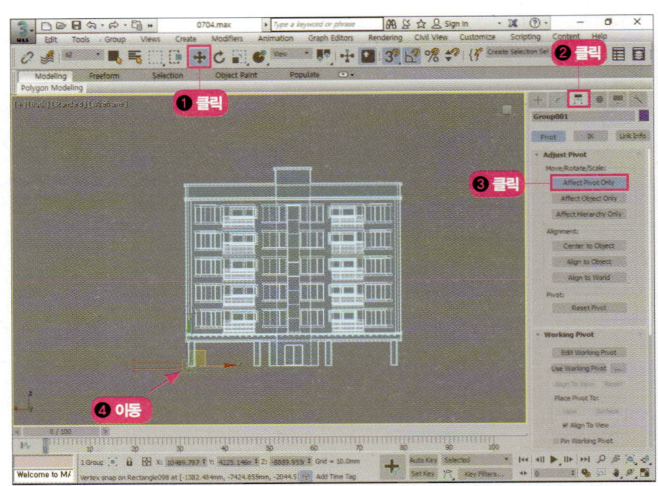

**38**

Pivot이 이동되면 'Affect Pivot Only'를 클릭하여 Object가 이동되도록 합니다. 현재 Pivot의 위치는 높이의 절대 좌표인 Z축을 기준으로 보았을 때 −8889mm입니다.

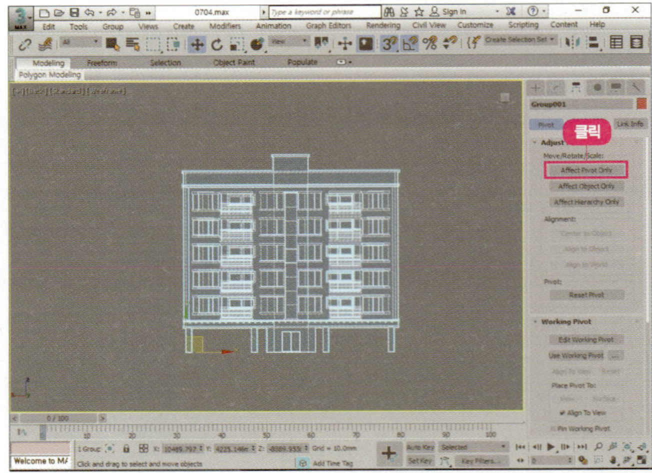

**39**

하단의 좌표 위치에 Z : 0을 입력하면 건물이 높이 값이 0인 지점으로 이동됩니다. 이렇게 Align을 이용하여 Object를 정렬하는 방법도 있지만 Pivot을 이용하여 정확한 위치에 Object를 배치하는 방법도 있습니다.

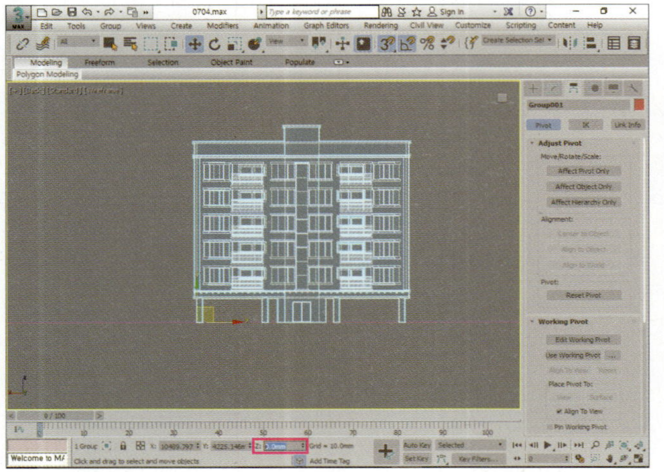

**40**

위치 이동이 끝나면 [Menu Bar-Group-UnGroup]를 클릭하여 Group을 해제합니다.

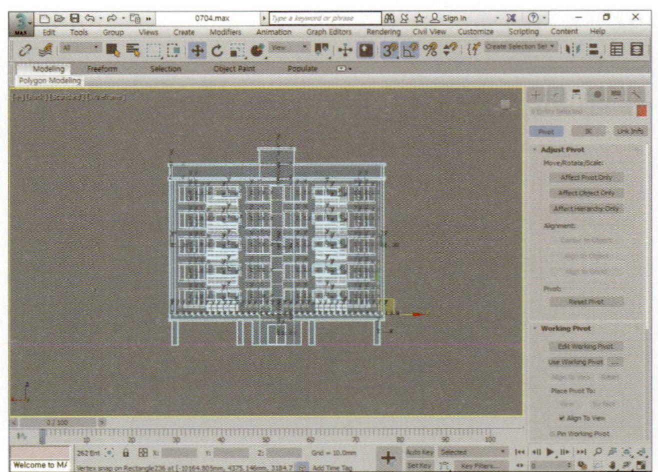

## 41

모델링과 배치가 완성되었습니다.

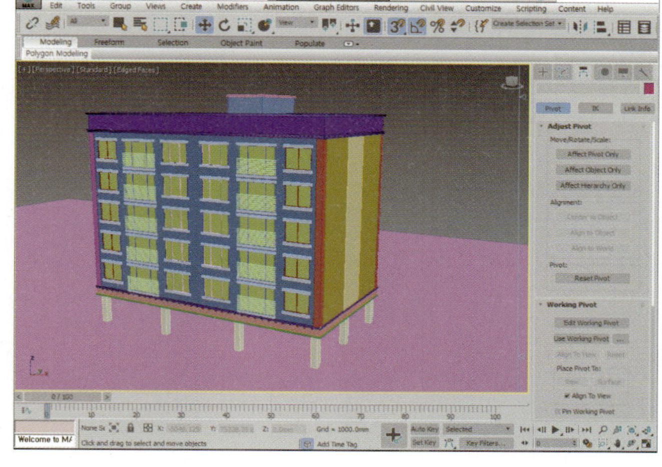

## 42

완성된 Object에 재질을 적용하기 위해서는 이미지가 많이 필요합니다.
3ds Max에서 제공하는 기본 재질로는 표현하는 데 한계가 있고 처음 사용
하는 분은 재질을 구하기도 쉽지 않습니다. Map을 구하기 힘든 분들은
http://www.cgtextures.com에서 재질로 사용할 이미지를 구할 수 있
습니다. 회원 가입을 하면 무료로 하루에 15M씩 이미지를 다운로드할 수
있습니다.

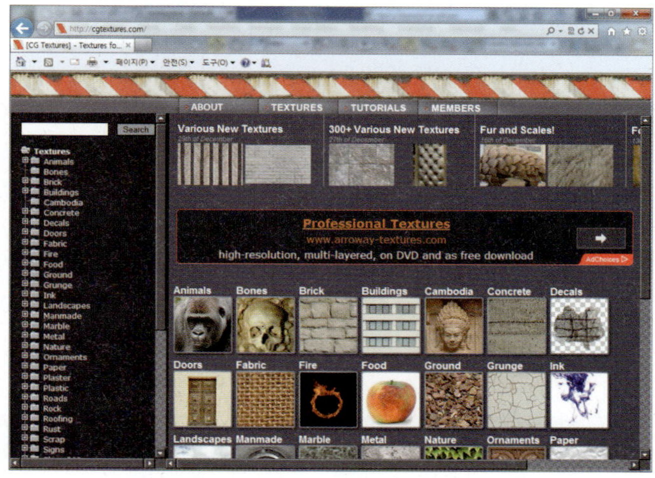

## 43

사이트 왼쪽의 Marble을 클릭하면 다양한 대리석 재질이 있습니다.

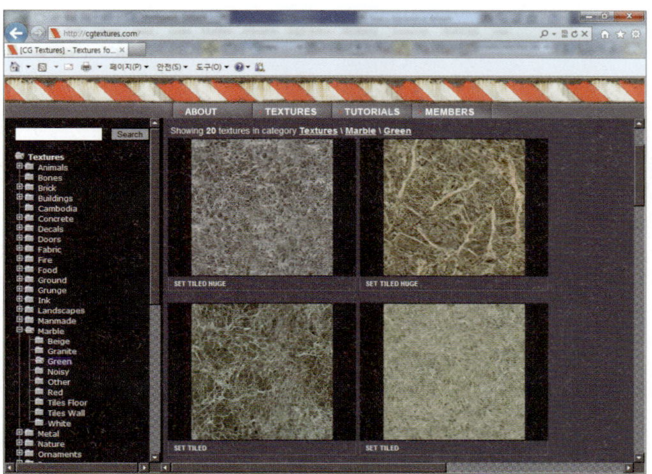

## 44

건물 재질에 사용할 텍스처 이미지를 다운로드합니다.

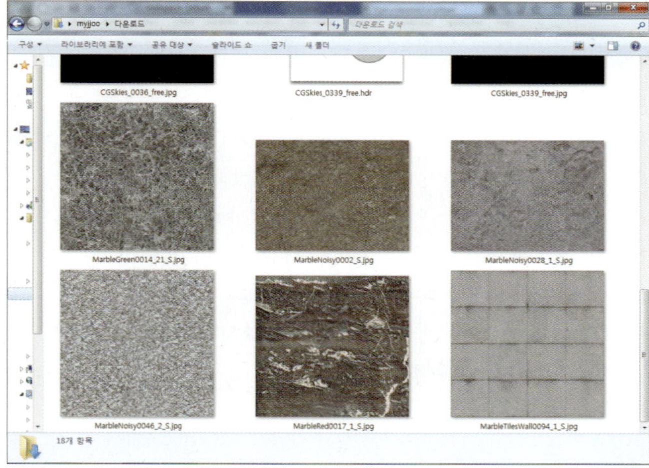

## 45

다운로드한 이미지를 사용하여 재질을 만들었습니다. 재질을 만드는 방법은 앞의 Part에서 설명하였기 때문에 따로 설명하지 않고 완성된 재질만 알아보겠습니다. 같은 재질이 아니라 다른 재질을 사용해도 무방합니다.

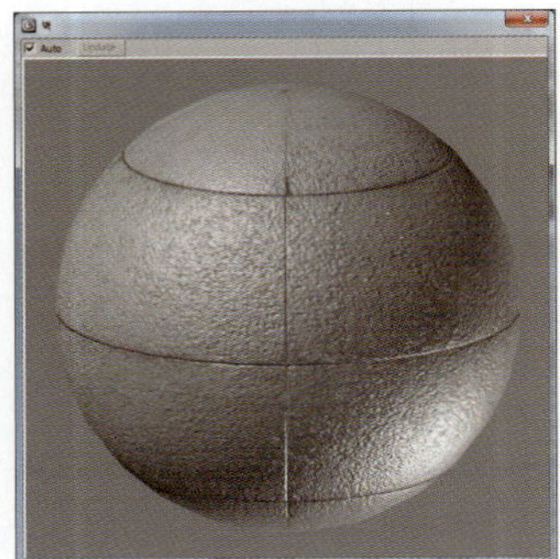

**1. 벽**

Bitmap : MarbleTilesWall0094_1_S.jpg

Reflect : 35, 35, 35

Hilight glossiness : 0.6

Refl. glossiness : 0.75

Max depth : 3

Bump : 60(MarbleTilesWall0094_1_S.jpg)

[Modifier List-UVW Map] 적용

Box 2400x2400x2400

**2. 1층 기둥**

Bitmap : MarbleNoisy0028_1_S.jpg

Reflect : 50, 50, 50

Hilight glossiness : 0.8

Refl. glossiness : 0.95

Max depth : 3

[Modifier List-UVW Map] 적용

Box 1000x1000x1000

**3. 포인트 벽**

Bitmap : MarbleNoisy0002_S.jpg

Reflect : 50, 50, 50

Hilight glossiness : 0.8

Refl. glossiness : 0.95

Max depth : 3

[Modifier List-UVW Map] 적용

Box 1000x1000x1000

**4. 테두리**

Bitmap : MarbleGreen
0014_21_S.jpg

Reflect : 50, 50, 50

Hilight glossiness : 0.8

Refl. glossiness : 0.95

Max depth : 3

[Modifier List-UVW Map] 적용

Box 1000x1000x1000

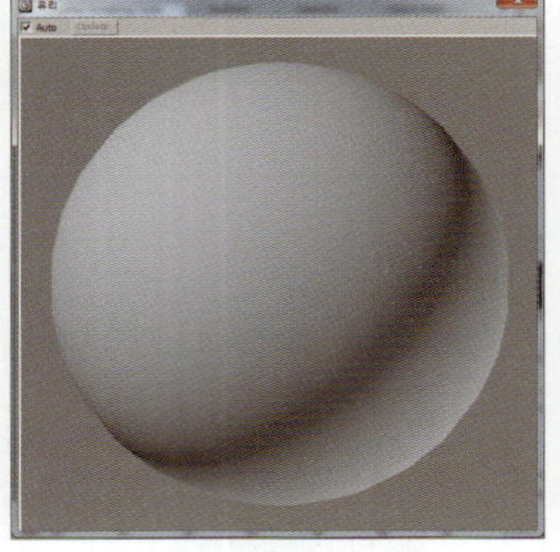

**5. 유리**

Diffuse Color : 139, 154, 168

Reflect : 80, 80, 80

Refl. glossiness : 1

Max depth : 5

Refract : 20, 20, 20

Affect shadows 체크 표시

**6. 창틀**

Diffuse Color : 40, 40, 40

Reflect : 30, 30, 30

Refl. glossiness : 0.85

Max depth : 3

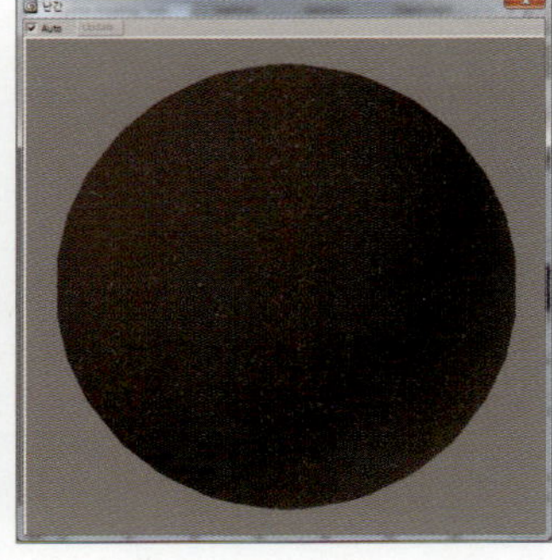

**7. 난간**

Diffuse Color : 7, 7, 7

Reflect : 40, 40, 40

Refl. glossiness : 0.85

Max depth : 3

## 46

재질과 조명을 적용한 후 렌더링을 한 이미지입니다.

## 47

렌더링 한 이미지를 Photoshop에서 하늘과 주변 배경을 리터칭하여 좀 더
완성된 이미지로 만들 수 있습니다.

# Max Creation Graph를 활용한 모델링

Max Creation Graph는 노드 기반 모델링 방법으로 3ds Max의 명령을 그래프 형태로 만들어 사용자가 직접 스크립트를 설정하여 만듭니다.

기존의 스크립트를 제작하는 방법이 아닌 시각적으로 스크립트를 표현하여 초보자도 쉽게 스크립트를 구성할 수 있습니다.



MCG의 기본 개념과 사용 방법에 대하여 알아본다.

## ① MCG 사용 방법 익히기

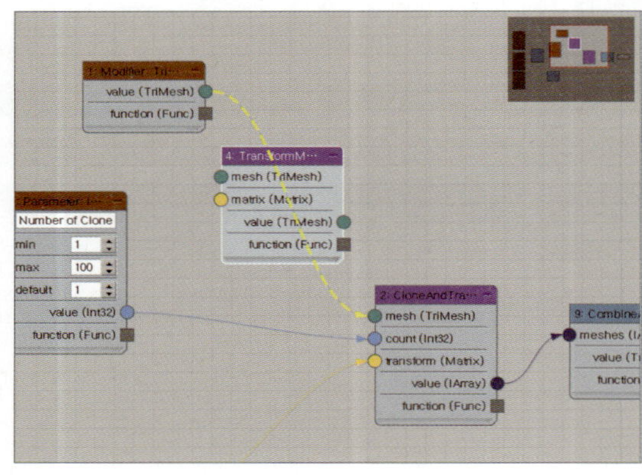
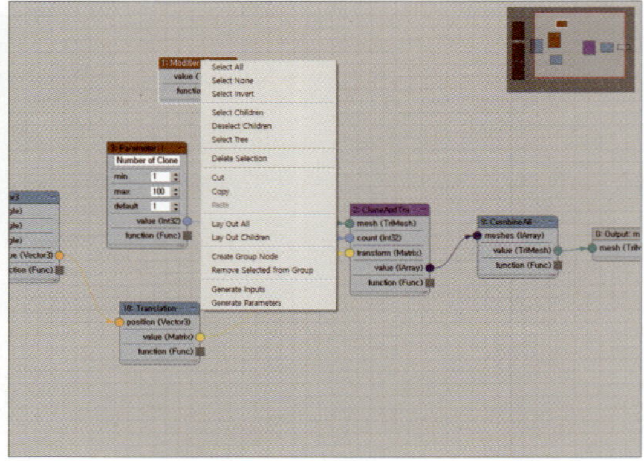

## ② MCG를 이용한 명령어 만들기

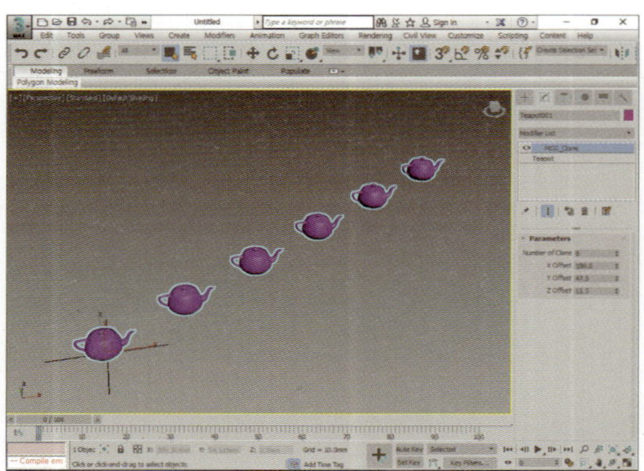
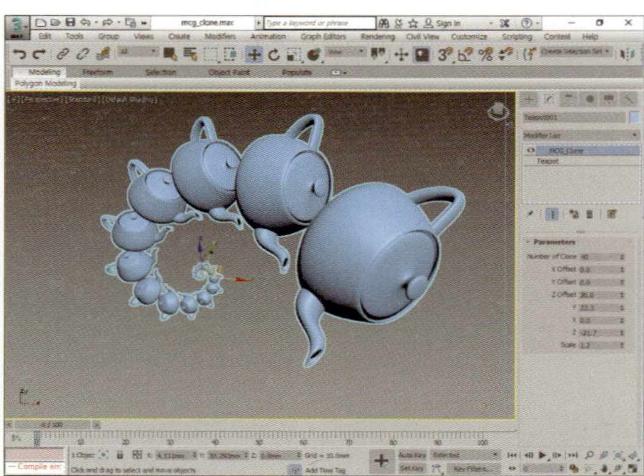

# Max Creation Graph(MCG)란?

## ■ Max Creation Graph 시작하기

- MCG를 시작하기 위해서는 [Menu bar-Scripting-New Max Creation Graph]를 선택하면 새로운 Max Creation Graph 창이 열립니다.

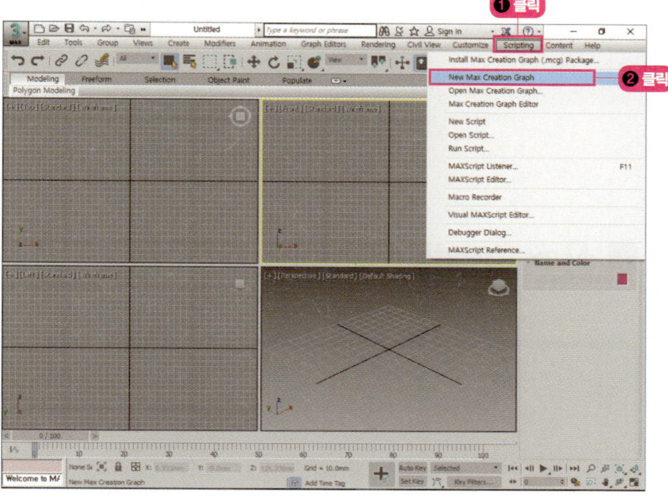

- MCG의 데이터는 노드 기반으로 구성되어 있으며 각 노드에는 입력, 출력, 인스턴스 값으로 구성되어 있습니다.
  이 노드 간에 와이어를 연결하여 데이터의 흐름을 만들고 이에 대한 계산을 인코딩 합니다.

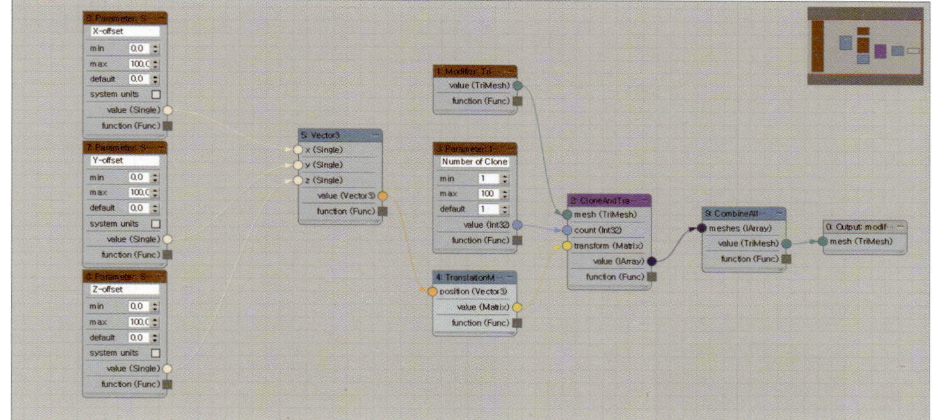

- 노드 간의 데이터는 왼쪽에서 오른쪽으로 진행됩니다.

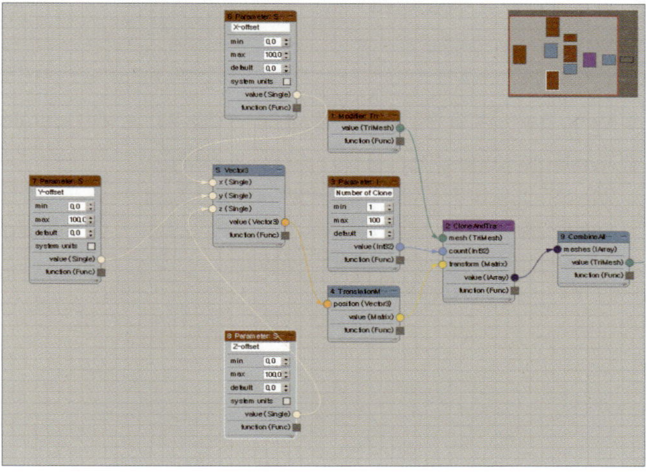

• 와이어가 연결되는 부분을 커넥터라고 하며 입력 커넥터와 출력 커넥터가
  있습니다.
  노드의 왼쪽이 입력 커넥터이며 오른쪽이 출력 커넥터입니다.
  대부분의 노드에는 값과 함수로 레이블이 지정된 두 개의 출력 커넥터가
  있으며 마우스로 드래그하여 커넥터를 연결합니다.

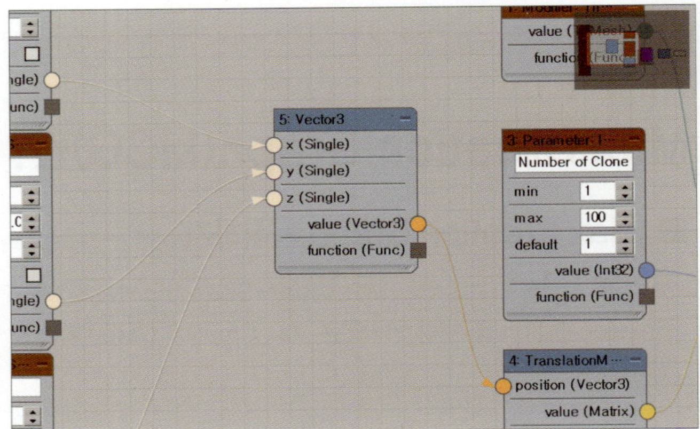

## ■ Max Creation Graph의 화면구성

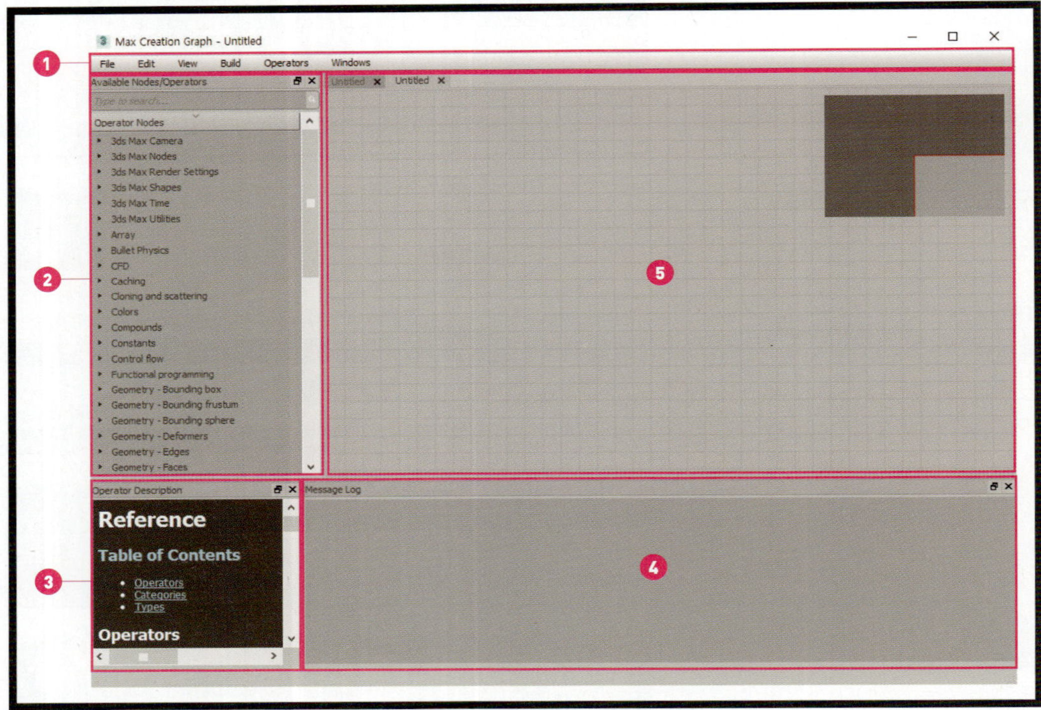

① **Menu bar** : MCG 편집기의 메뉴를 사용할 수 있습니다.

② **Available Nodes/Operators** : Graph에 추가될 수
  있는 모든 노드 및 연산자를 카테고리별로 나열합니다. 필
  요한 노드를 검색하여 사용할 수 있습니다. 사용할 노드를
  우측의 작업창에 드래그하여 사용할 수 있습니다.

③ **Operator Description** : 그래프 창 또는 사용 가능한
  노드/연산자 창에서 선택한 연산자의 함수 및 매개변수를
  표시합니다.

④ **Message Log** : 상태 및 에러 메세지를 보여줍니다.

⑤ **Main Graph window** : 노드를 추가하고 연결하는 작업
  이 이루어지는 공간입니다.

# ■ 노드를 Main Graph window에 추가하는 방법

① 사용할 노드를 우측의 작업창에 드래그하여 추가합니다.

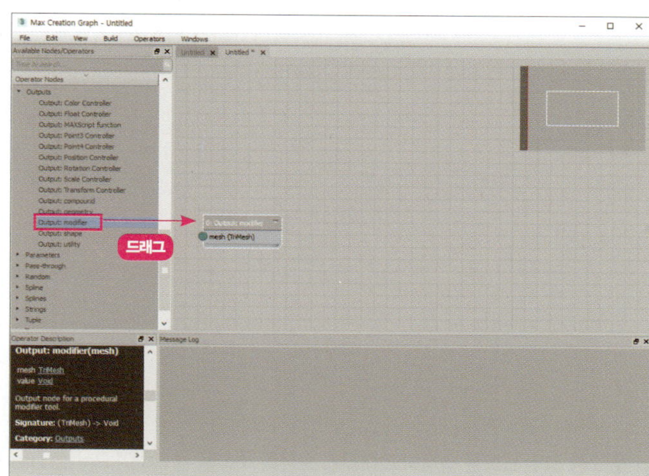

② Main Graph window에서 'X'키를 눌러 사용할 노드를 검색하여 추가합니다.

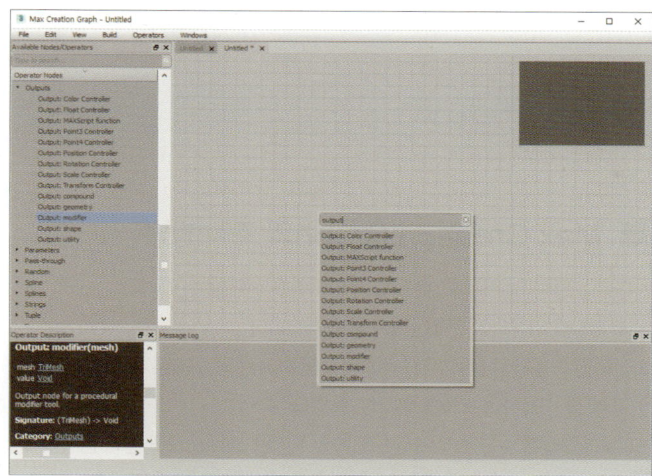

③ 노드 카테고리 위의 검색창에서 사용할 노드를 검색하여 추가합니다.

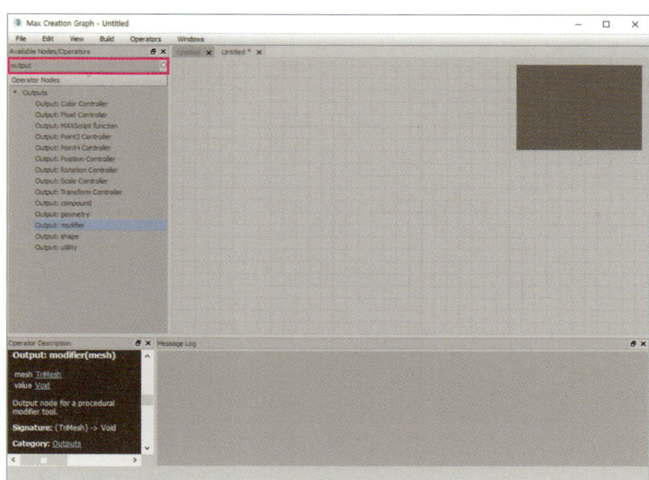

④ 노드의 연결되지 않은 커넥터를 작업창에 드래그하여 연결될 노드를 검색
  하여 추가할 수 있습니다.

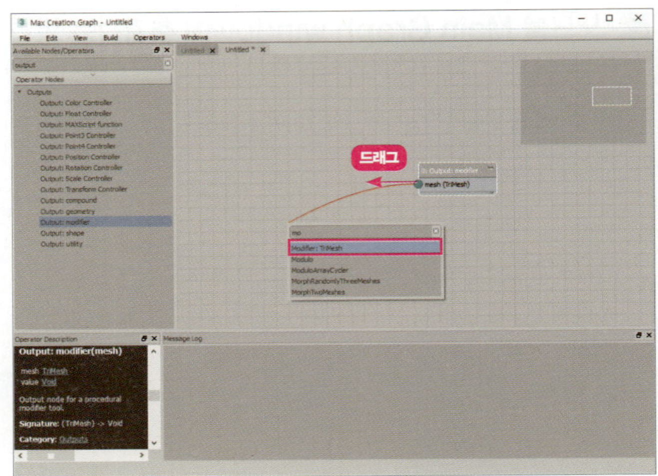

⑤ 필요한 경우 노드를 선택하고 마우스 오른쪽 버튼을 클릭하여 Parameter를 생성할 수 있습니다.

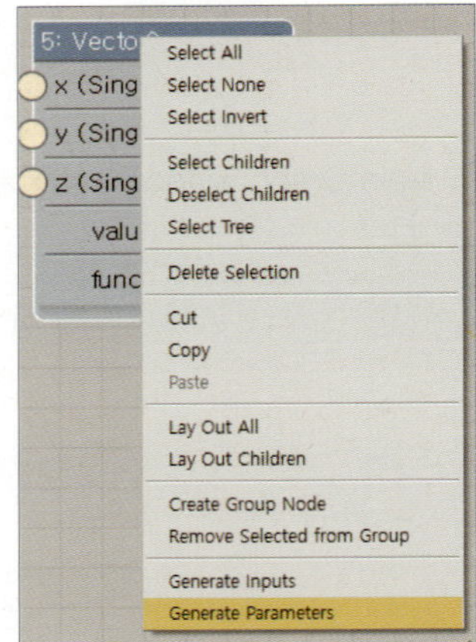

## ■ Max Creation Graph의 조작 방법

• 마우스 클릭이나 드래그로 노드나 와이어를 선택할 수 있습니다.
• Delete 를 이용하여 선택한 노드를 삭제합니다.
• Ctrl 를 이용하여 선택추가, Alt 를 이용하여 선택 해제할 수 있습니다.
• Shift 를 이용하여 노드를 복사할 수 있습니다.
• Ctrl + Alt 를 누른 상태에서 노드를 움직이면 하위 노드도 같이 움직입니다.

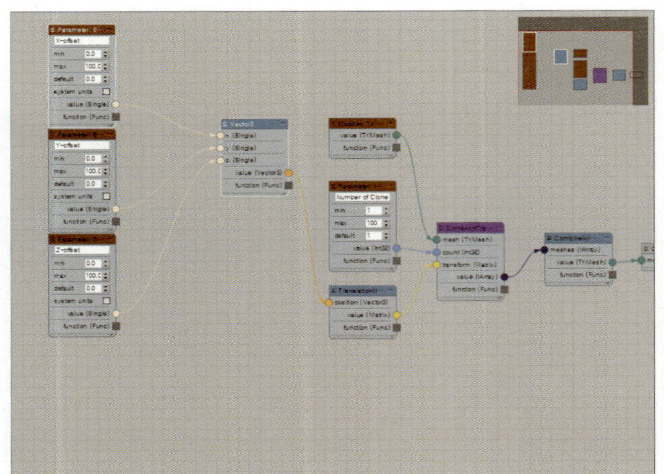

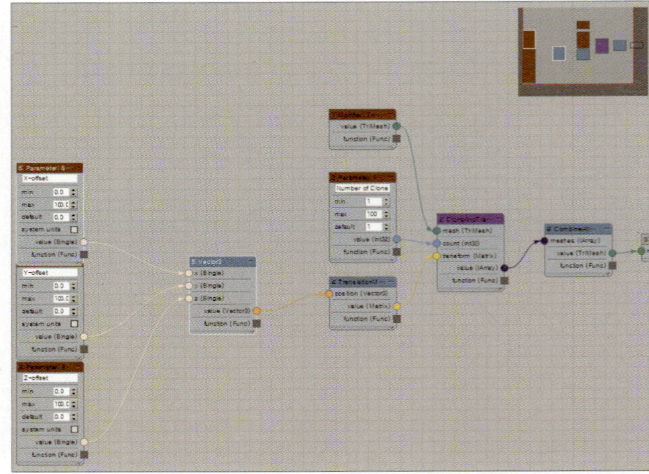

- Ctrl 를 누른 상태에서 선택한 노드를 다른 노드와 노드 사이의 와이어에 위치시키면 와이어가 노란 점선으로 바뀝니다. 이때 선택한 노드를 놓으면 노드 사이에 선택한 노드가 삽입됩니다.

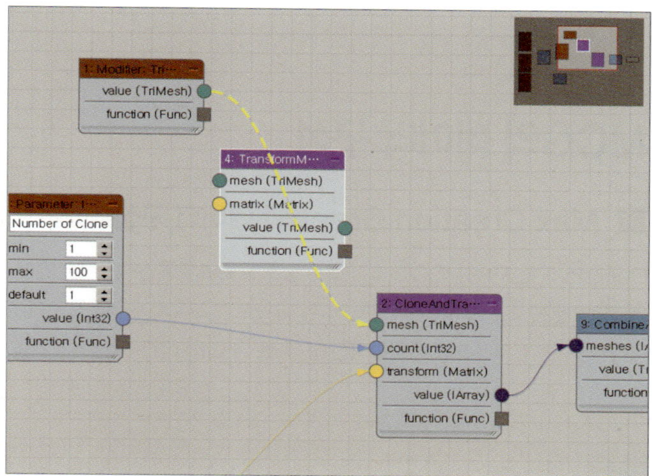

- Alt 를 누른 상태에서 선택한 노드를 움직이면 연결된 와이어가 사라지며 연결이 끊어집니다.

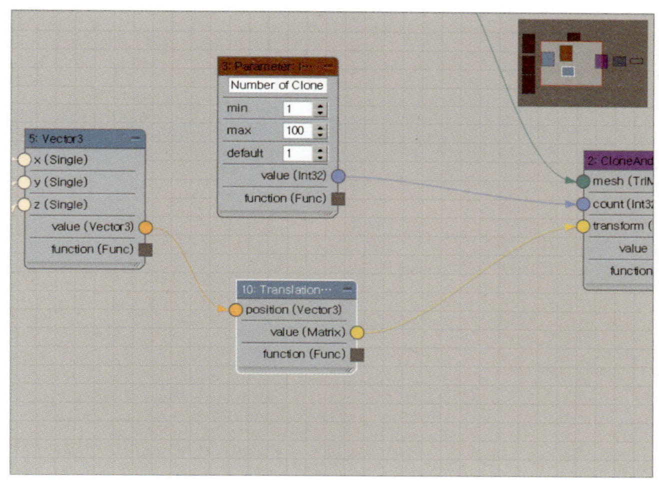

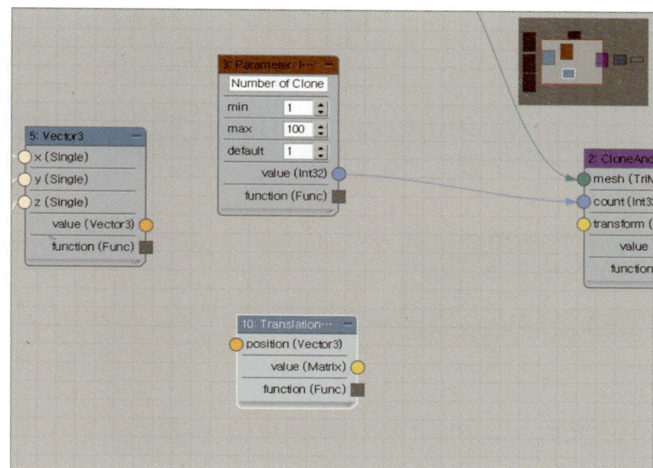

- 노드명에서 마우스 오른쪽 버튼을 클릭하면 추가 메뉴를 확인할 수 있습니다.

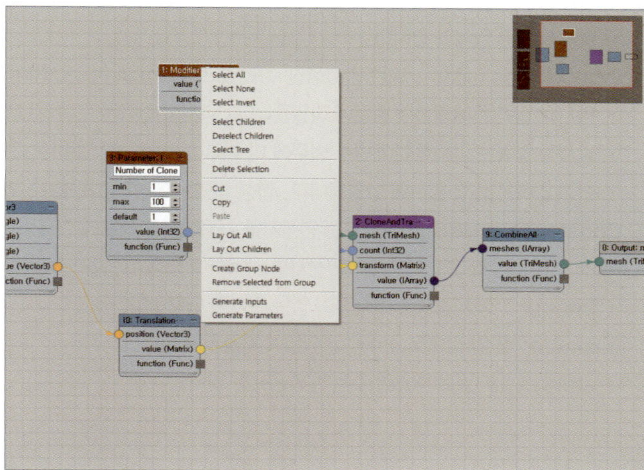

02

# MCG의 데이터 구성

## ■ Max Creation Graph의 데이터 구성

Operator(연산자)는 MCG에 추가할 수 있는 노드의 유형입니다. MCG에 노드가 만들어지는 경우 이를 연산자의 인스턴스라고 합니다.

노드의 이름은 노드가 MCG에 만들어 질 때 노드가 고유하게 식별될 수 있도록 정수가 순서대로 부여됩니다. 그 정수 뒤에 나오는 것이 해당 연산자의 이름입니다. 정수는 '0'부터 노드가 만들어진 순서대로 부여됩니다.

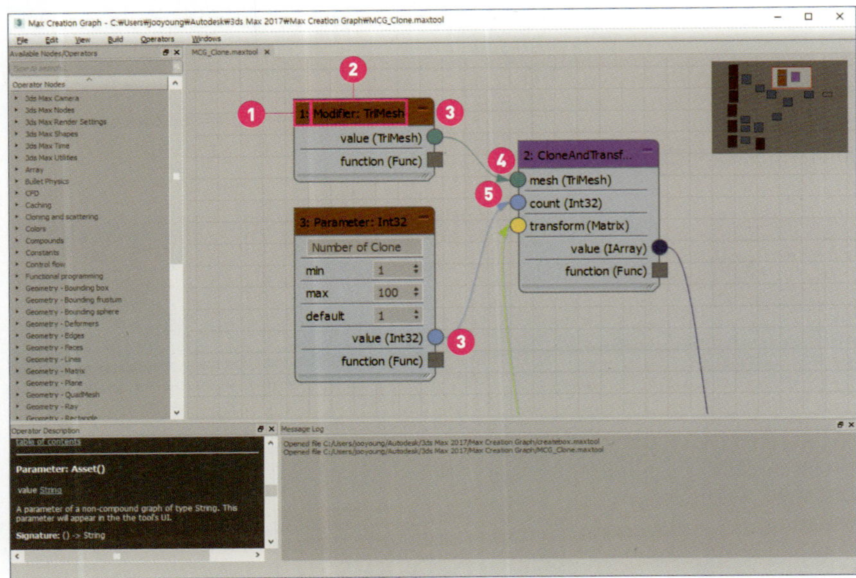

① **노드번호** : 노드가 만들어 질 때 0부터 순서대로 부여됩니다.

② **노드이름** : 노드의 연산자 이름입니다.

③ **Output Nodes** : 출력 노드는 출력 범주에 나열된 출력 연산자에 따라 그래프가 나타내는 도구 또는 합성 유형이 결정됩니다. 각 그래프에는 정확히 하나의 출력 노드가 있어야 합니다.

④ **Input Nodes** : 입력 노드는 명시적일 수도 있고 암시적일 수도 있습니다.

- 명시적 입력은 매개변수 범주에 나열됩니다. 명시적 입력은 도구의 UI에 자동으로 표시됩니다.
- 암시적 입력은 암시적 매개변수 범주에 나열됩니다. 암시적 입력은 도구 유형에 따라 3ds Max에서 제공합니다.
- 합성 입력은 입력 범주에 나열됩니다. 합성 입력은 합성이 사용할 수 있는 입력 유형입니다.

⑤ **Constant Nodes** : 상수 노드는 연산자를 사용하여 그래프에 인코딩될 수 있습니다. 상수 노드에는 편집 상자가 있습니다. 입력하는 텍스트를 기반으로 데이터 유형을 계산합니다. 상수 연산자를 사용하여 다음 유형을 인코딩할 수 있습니다.

- **integer** : 정수 값으로 소수점이 없는 숫자를 입력합니다.
- **single** : 단일 값으로 소수점이 있는 숫자를 입력합니다.
- **string** : 문자열로 텍스트 주위에 따옴표를 입력합니다.

# ■ Max Creation Graph의 Data 유형

각 커넥터에는 연결을 통해 흘러가는 데이터 유형을 나타내는 유형 이름이 괄호안에 표시됩니다.
커넥터는 기본 유형 종류가 동일한 다른 커넥터에만 와이어링 될 수 있습니다.
EX) (Single)과 (Single), (Vector3)와(Vector3)의 연결

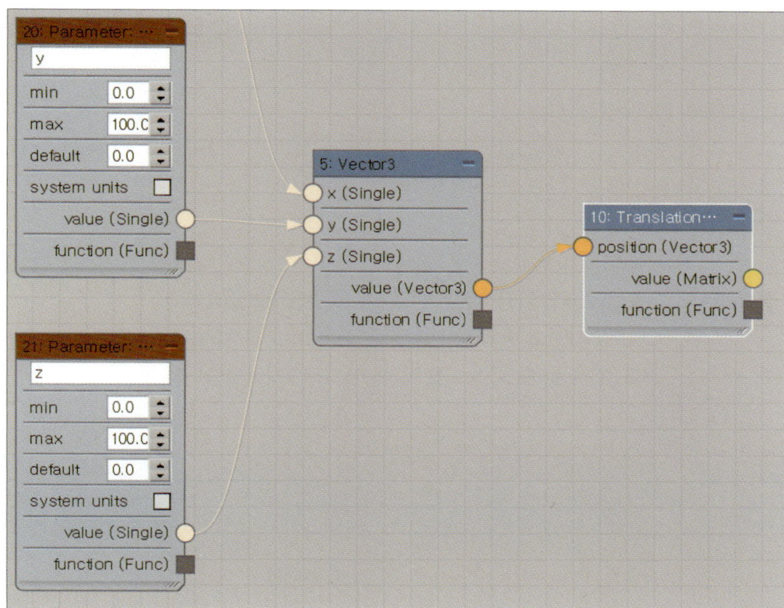

케넥터의 일반적인 유형은 다음과 같습니다.

- **Any** : 연결 중에는 모든 데이터 유형을 허용하지만 평가 중 유형 추정 단계에서는 일반적으로 더 정확한 유형을 결정합니다.
- **sInt32** : 정수 값으로 소수점이 없는 숫자입니다.
- **Single** : 소수점이 있는 숫자입니다
- **Boolean** : 참이나 거짓 값입니다.
- **String** : 텍스트로 표시합니다.
- **IArray** : 순서가 있는 유사한 유형의 데이터 모음입니다.
- **Function** : 계산을 나타내는 하위 그래프입니다.
- **TriMesh** : 면 정점 형태의 삼각형 메시입니다. 메시는 인덱스 버퍼, 정점 버퍼 및 면 법선에서 지정되고 선택적으로 데이터 채널 집합에서 지정됩니다.
- **QuadMesh** : 면 정점 형태의 사변형 메시입니다. 인덱스 버퍼 및 정점 버퍼만 포함합니다. 일반적으로 프로그래밍 방식으로 메시를 만드는 데 사용됩니다.
- **Matrix** : 4x4 매트릭스로, 일반적으로 3D 변환(변환, 회전 또는 배율 조정)을 나타냅니다.
- **Quaternion** : 3D 회전을 나타냅니다.
- **Vector3** : 3개의 단일 정밀도 부동 소수점 값으로 저장된 3D 벡터 또는 3D 점입니다.
- **Ray** : 3D 점 및 3D 벡터입니다.
- **Tuple** : 순서가 있는 두 개 또는 세 개의 다른 유형의 항목 모음입니다.

# MCG의 사용 방법 익히기

## 01

### 오브젝트 생성하기

가장 먼저 기본적인 치수를 수정할 수 있는 오브젝트를 생성하는 방법에 대하여 알아보겠습니다.

### 01

[Menu bar-Scripting-New Max Creation Graph]를 클릭하여 MCG 대화창을 엽니다.

### 02

3ds Max의 가장 기본 도형인 Box를 생성해 보겠습니다.
노드 카테고리 위의 검색창에서 'createbox'를 치면 해당 노드가 나타납니다. "CreateBox" 노드를 작업창에 드래그하여 놓습니다.

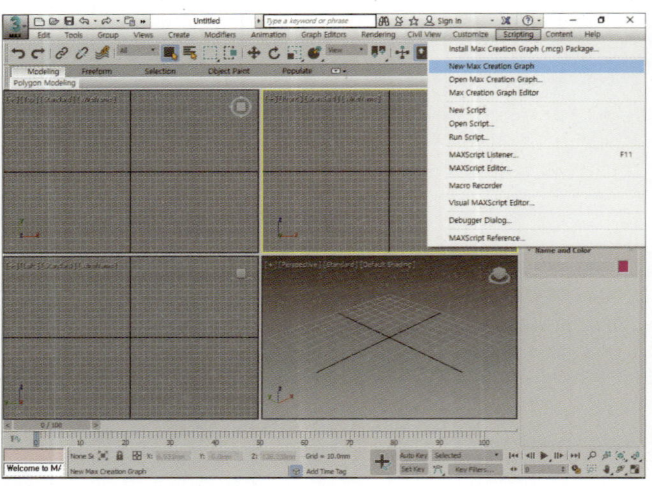

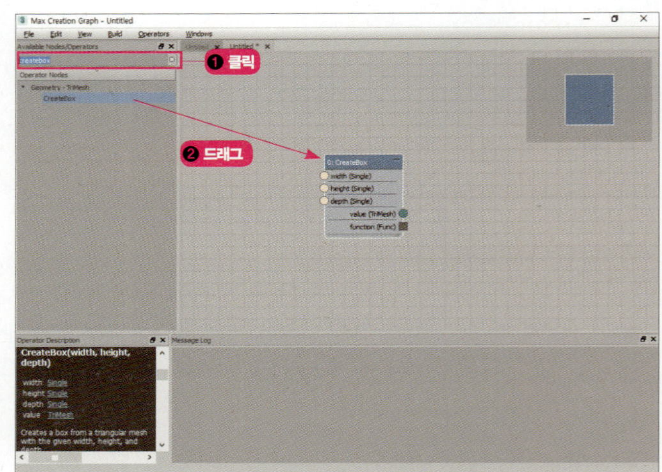

### 03

Box의 크기가 될 Parameter 노드를 추가해 보겠습니다.
노드 카테고리 위의 검색창에서 'Parameter'를 치면 Parameter와 관련된 노드가 검색됩니다. "Parameter:Single" 노드를 작업창에 드래그하여 놓습니다.

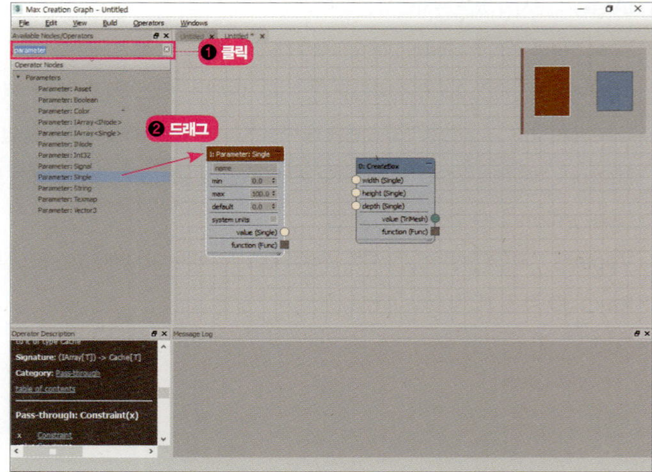

## 04

"Parameter:Single" 노드의 값을 아래와 같이 설정하면 최대 100㎜, 기본 5㎜의 Parameter를 가지게 됩니다.

> name : size, min : 0, max :100, default : 5

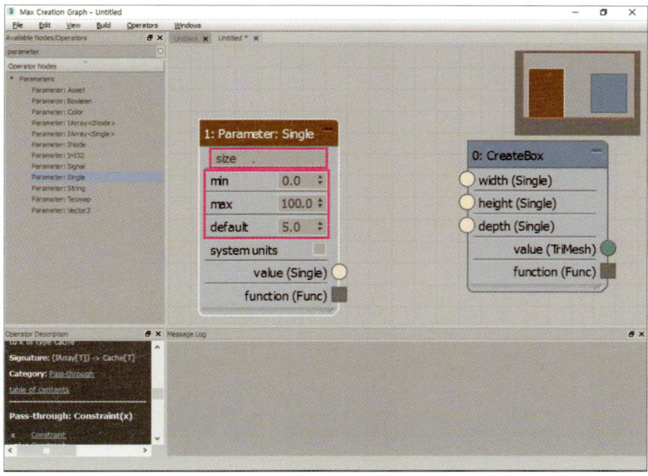

## 05

그림과 같이 "Parameter:Single" 노드의 'value(Single)'와 "Create Box" 노드의 'width(Single)', 'height(Single)', 'depth(Single)'을 와이어로 연결합니다.

width, height, depth가 같은 Parameter로 연결되어 있어 같은 수치가 적용되어 Box를 생성할 경우 정사각형이 만들어 집니다.

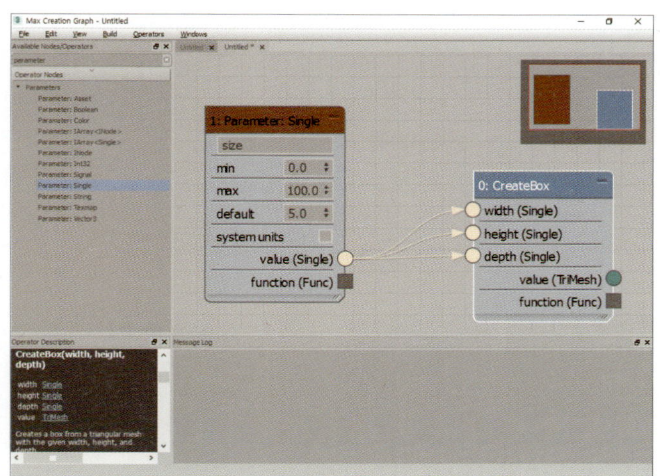

## 06

마지막으로 "CreateBox" 노드의 출력 커넥터에서 빈 공간으로 드래그하여 새로운 노드를 생성합니다. 노드 검색창에서 'Output:geometry'를 검색하여 클릭하면 자동으로 연결됩니다.

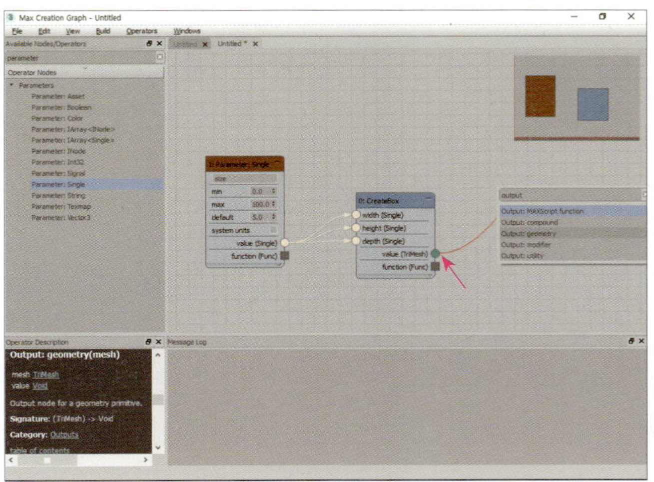

## 07

Max Creation Graph 메뉴 바에서 [File-save]를 클릭하여 createbox로 파일을 저장합니다.

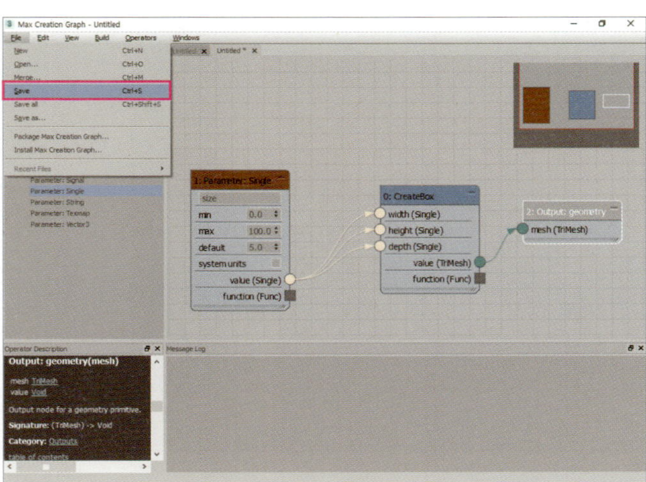

## 08

저장한 후 메뉴 바에서 [Build-Evaluate]를 클릭하여 Script 파일을 생성합니다. 정상적으로 그래프가 만들어지면 Successfully generated MAXScript file… 과 Successfully evaluated MAXScript file…이 로그창에 표시됩니다.

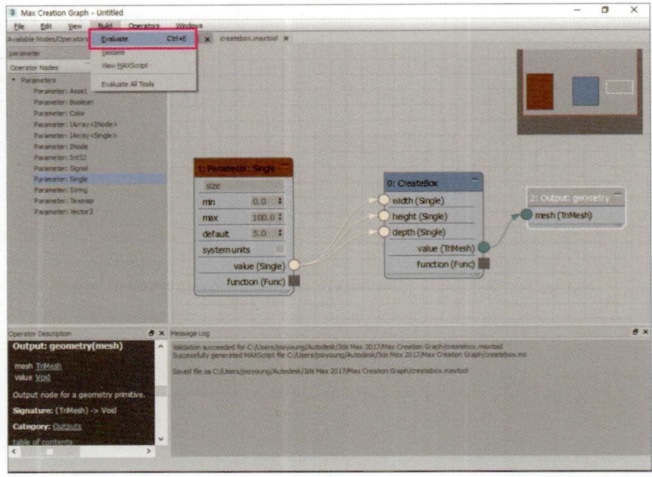

## 09

MCG 창을 닫고 Command Panel의 Create 탭에서 'Max Creation Graph'를 선택합니다.

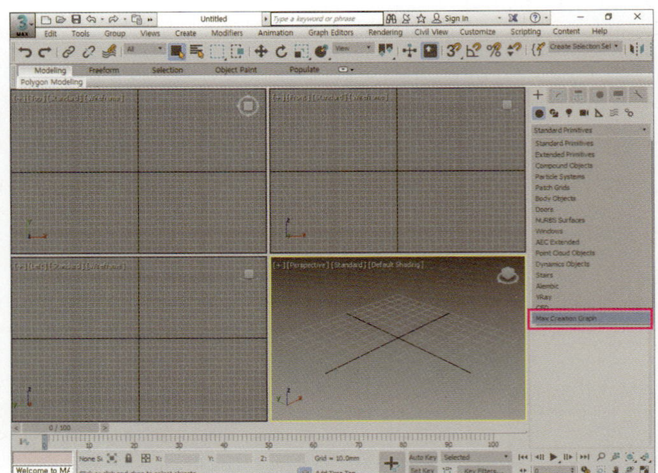

## 10

방금 만든 createbox 메뉴가 추가된 것을 확인할 수 있습니다. createbox를 선택하고 뷰포트에 클릭하면 Size가 5㎜인 정사각형 Box가 생성됩니다.

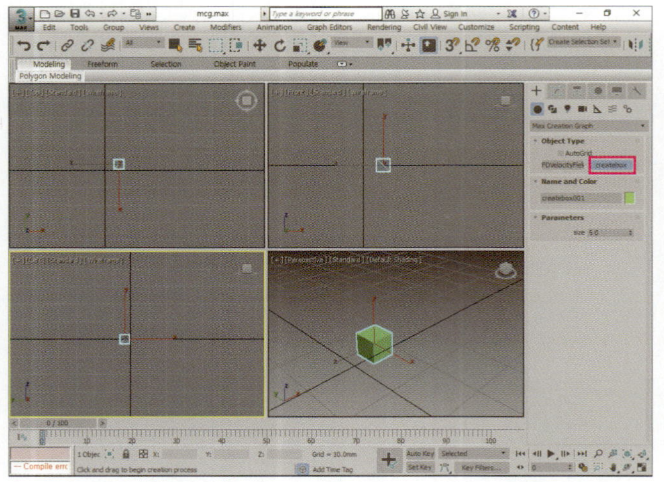

## 11

생성된 Box는 0~100㎜까지 Parameter를 수정할 수 있습니다. 다음에는 Box의 크기를 각각 입력할 수 있도록 수정해 보겠습니다.

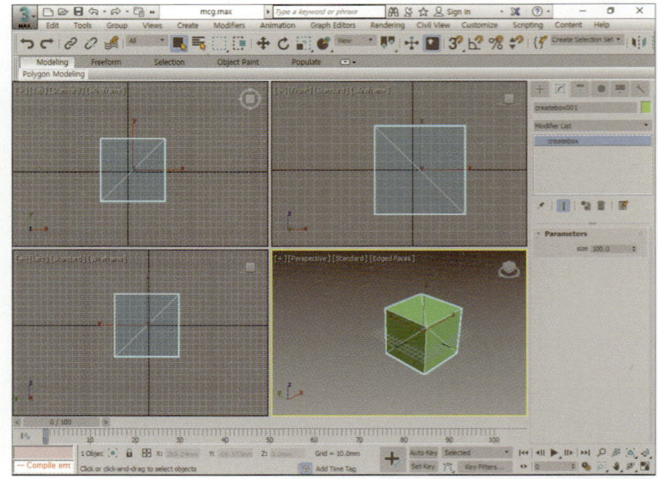

## 12

[Menu bar-Scripting-Max Creation Graph Editor]를 클릭하여 MCG 대화창을 엽니다. 방금 만들었던 'createbox.maxtool' 파일이 바로 열립니다.

 **tip** [File-Open]에서 파일을 선택하여 열 수 있습니다.

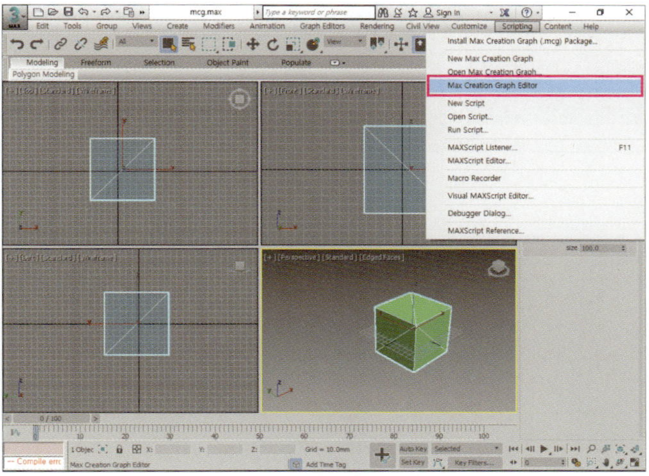

## 13

Alt 를 누른 상태에서 "Parameter:Single" 노드를 위로 움직이면 연결된 와이어가 모두 해제됩니다.

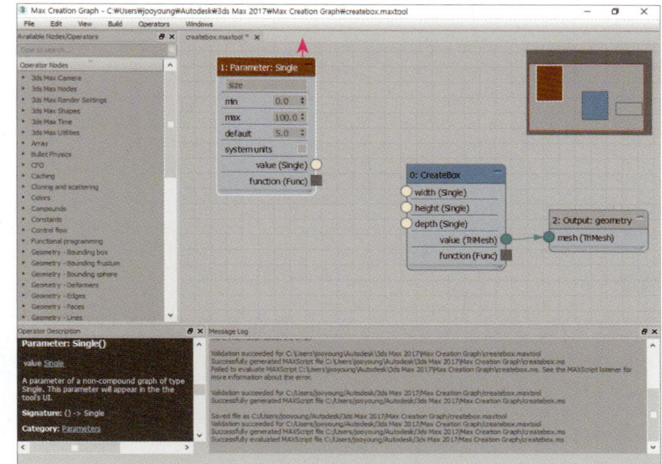

## 14

Shift 를 누른 상태에서 "Parameter:Single" 노드를 아래로 이동하면 복사됩니다. 2번 복사하여 총 3개의 "Parameter:Single" 노드를 만듭니다.

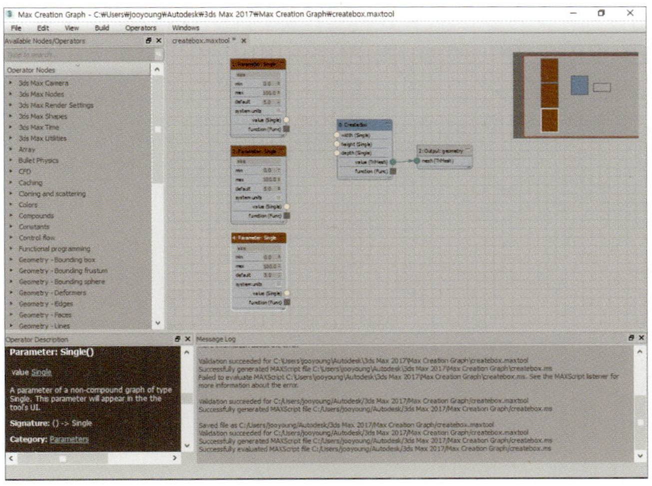

## 15

'size'로 입력된 이름을 각각 Length, Width, Height로 수정합니다.

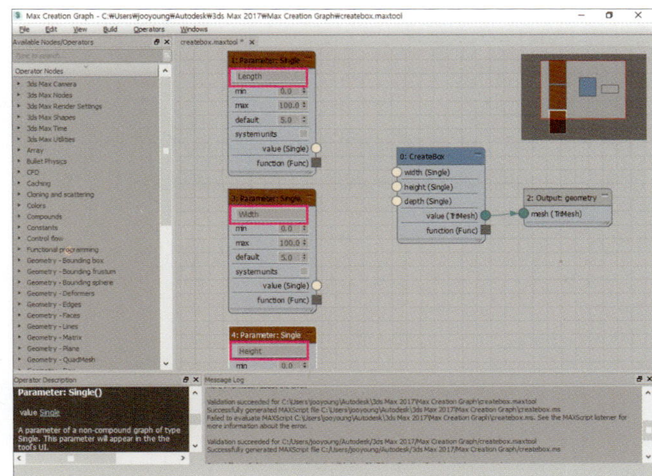

## 16

'Length'와 'depth', 'Width'와 'width', 'Height'와 'height'를 각각 와이어를 연결합니다.

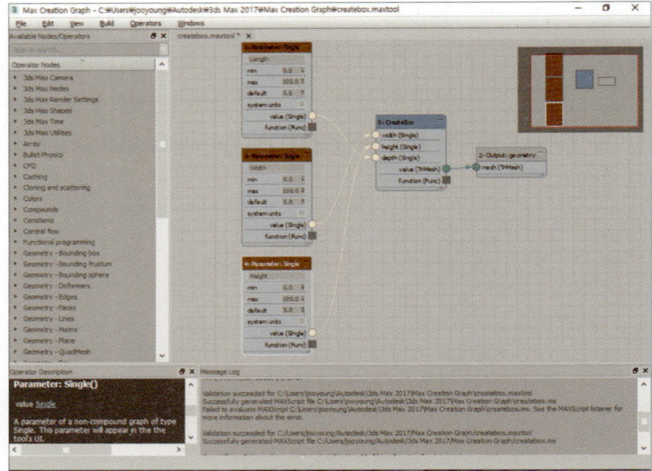

## 17

저장한 후 메뉴 바에서 [Build-Evaluate]를 클릭하여 Script 파일을 업데이트합니다.

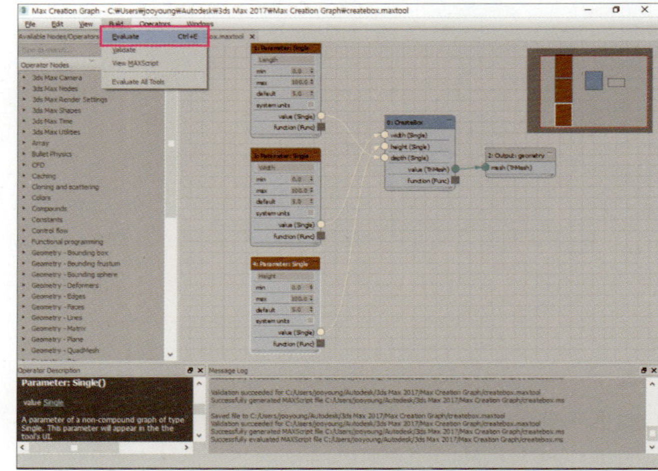

**tip** Evaluate를 실행하기 전에 반드시 작업 파일을 저장해 주세요.

## 18

Create 탭 'Max Creation Graph'에서 'createbox'를 선택하고 Box를 생성하면 Length, width, Height를 각각 수정할 수 있습니다.

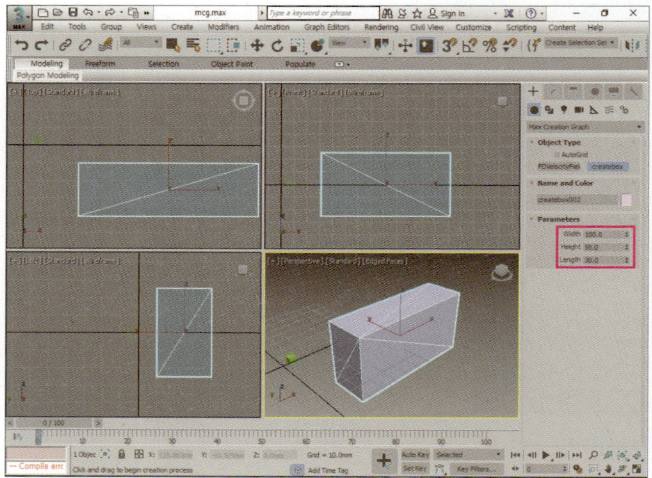

## 01

[Menu bar-Scripting-New Max Creation Graph]를 클릭하여 MCG 대화창을 엽니다.

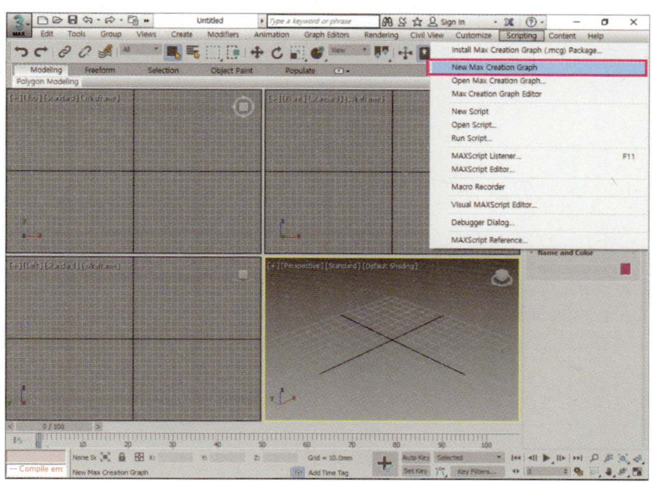

## 02

노드 카테고리 위의 검색창에서 [Outputs-Output:Modifier]를 검색하고 작업공간에 드래그하여 놓습니다.

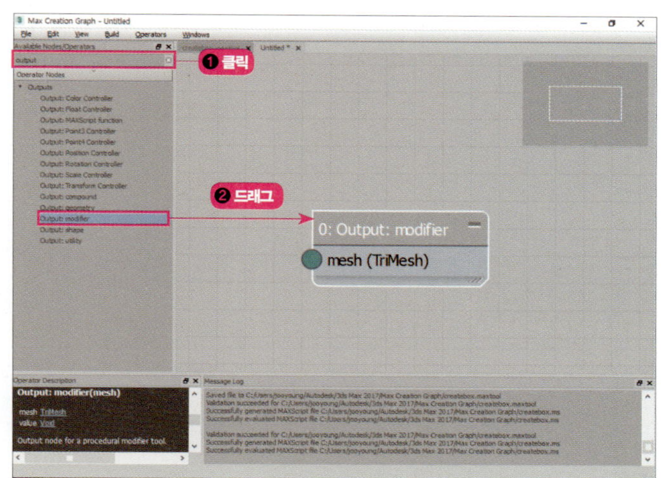

## 03

'Implicit parameters-Modifier:TriMesh'를 검색한 후 작업공간에 드래그하여 놓습니다.

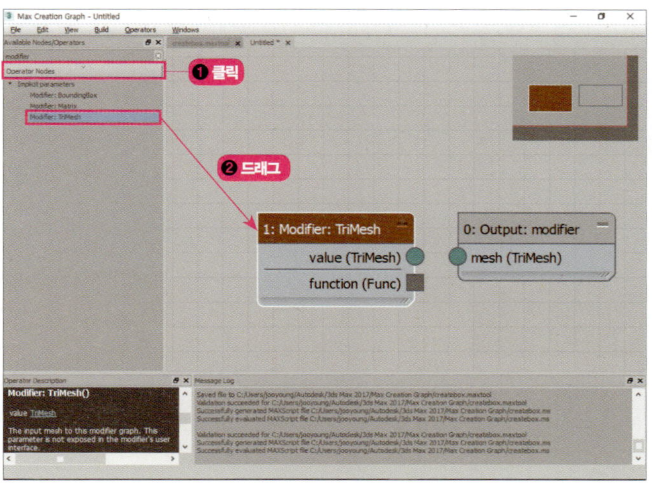

## 04

"CloneAndTransformMesh" 노드를 검색한 후 작업공간에 드래그하여 놓습니다.

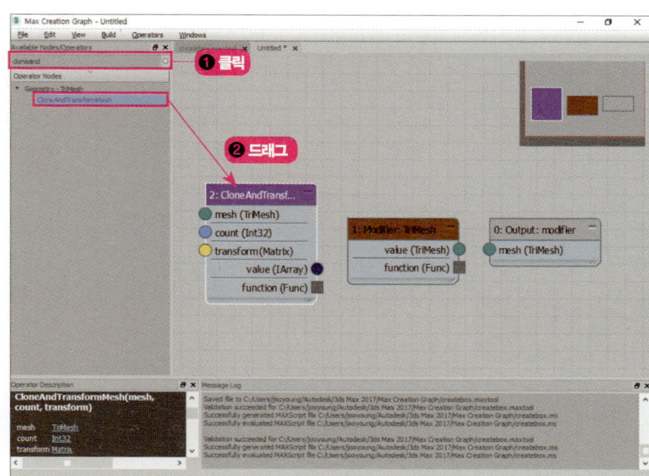

"CloneAndTransformMesh" 노드의 'count(Int32)' 커넥터를 빈 공간
에 드래그하여 "Parameter:Int32" 노드를 추가합니다. 오브젝트를 복사할
수를 설정합니다.

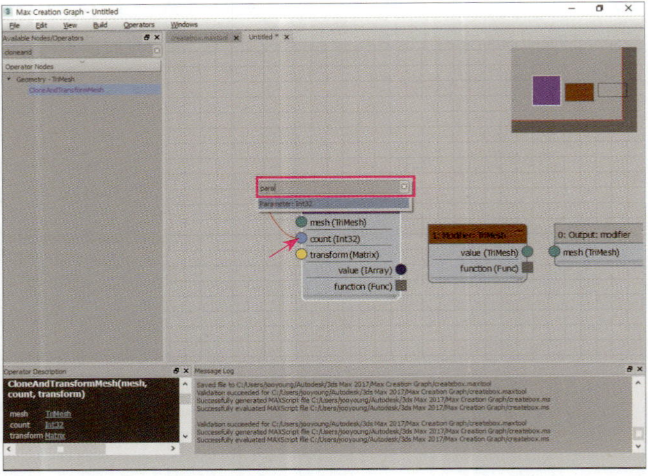



## 06

"Parameter:Int32" 노드의 이름을 "Number of Clones"로 변경하고
min과 default의 값을 1로 수정합니다. 오브젝트가 복사될 개수이며
default는 명령어를 적용했을 때 바로 복사될 수입니다.

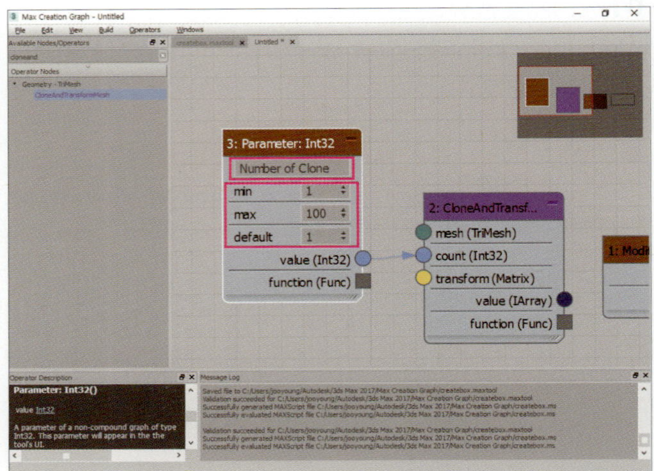



transform(Matrix) 커넥터를 빈 공간에 드래그하여 "TranslationMatrix"
노드를 추가합니다. TranslationMatrix 연산자는 XYZ축의 벡터에 대한
입력을 가지고 있습니다.

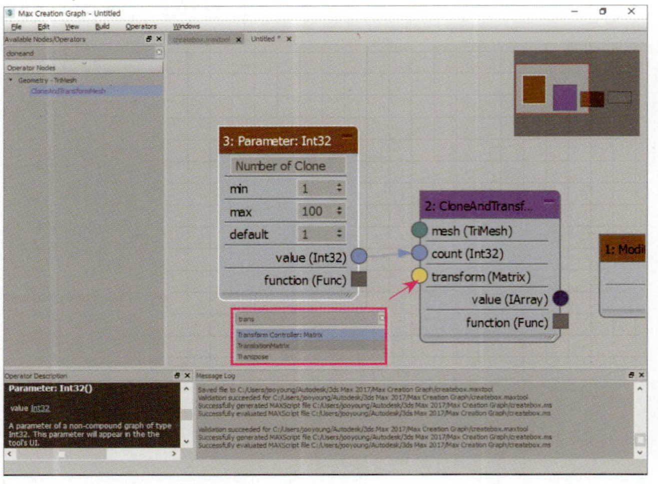



방금 추가한 "TranslationMatrix" 노드의 'position(Vector3)' 커넥터를
빈 공간에 드래그하여 "Vector3" 노드를 추가합니다. TransfomMatrix에
위치 벡터 데이터를 공급 합니다.

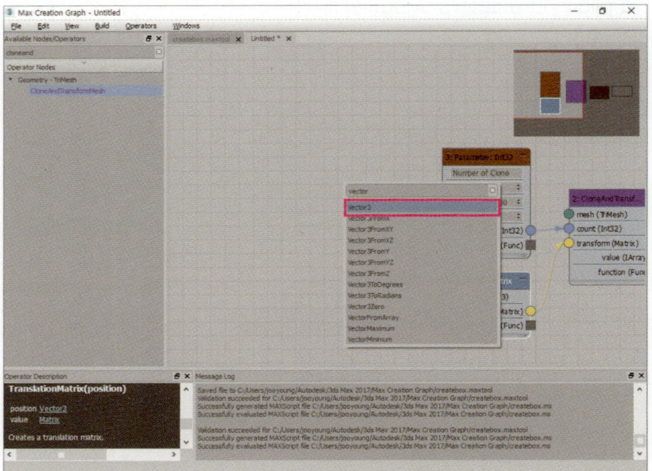

## 09

"Vector3" 노드의 'x(Single)' 커넥터를 빈 공간에 드래그하여
"Parameter:Single" 노드를 추가합니다. X방향으로 배열될 값에 진수를
사용할 수 있도록 싱글 노드를 사용합니다.

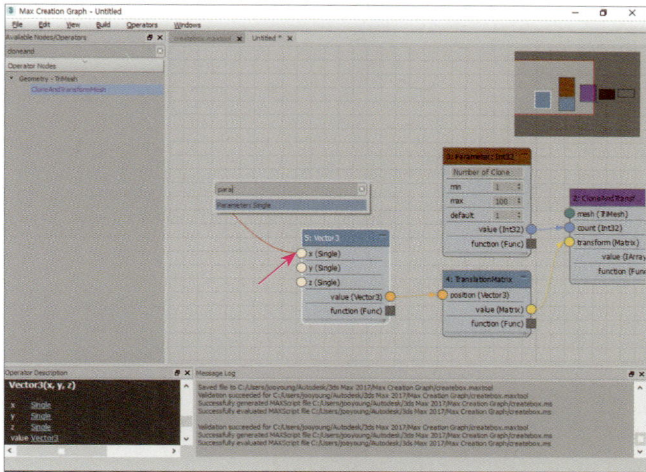

## 10

"Parameter:Single" 노드의 이름을 'X Offset'으로 변경하고 default의
값을 10으로 수정합니다. 오브젝트가 X축으로 Array될 간격이며 default
는 명령어를 적용했을 때 바로 적용될 간격입니다.

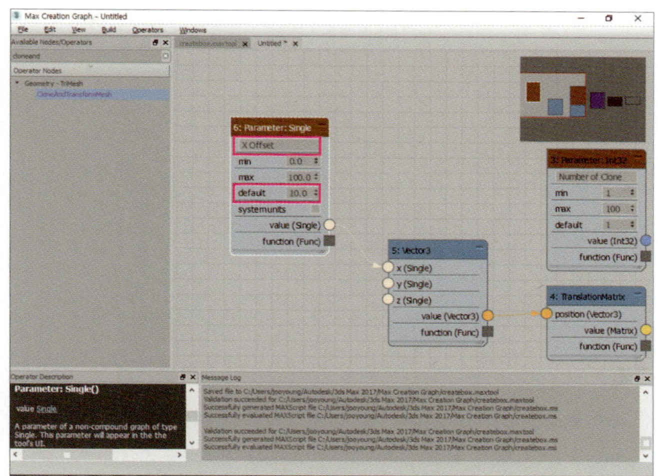

## 11

"Parameter:Single" 노드를 Shift 를 누른 상태에서 아래로 이동하여 두
개를 복사합니다.

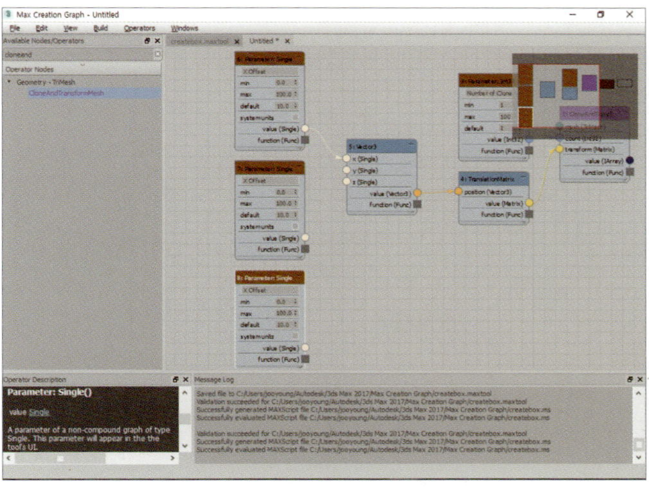

## 12

복사된 두개의 노드를 각각 'Y Offset'과 'Z Offset'으로 변경하고
"Vector3" 노드의 'y(Single)'과 'z(Single)' 싱글에 각각 연결합니다.

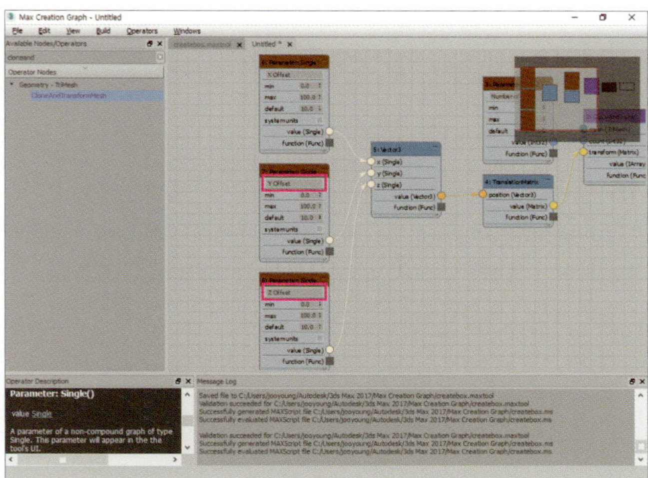

## 13

"CloneAndTransformMesh" 노드의 'value(IArray)' 커넥터를 빈 공간
에 드래그하여 "CombineAllMeshes" 노드를 추가합니다. 하나의 오브젝
트에서 복사된 오브젝트를 하나로 묶어줍니다.

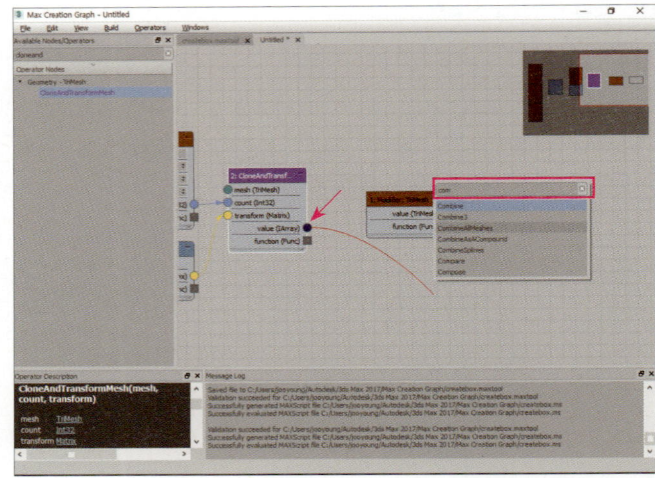

## 14

"CombineAllMeshes" 노드의 'value(TriMesh)' 커넥터와
"Output:modifier" 노드의 'mesh(TriMesh)' 커넥터를 연결합니다.

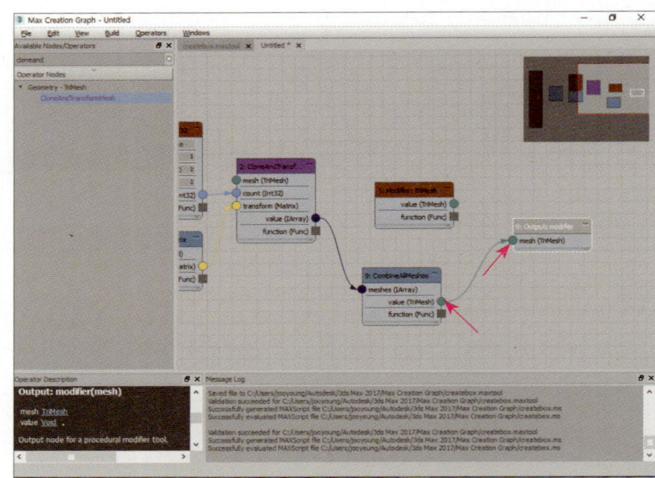

## 15

"CloneAndTransformMesh" 노드의 'mesh(TriMesh)' 커넥터와
"Modifier:TriMesh" 노드의 'value(TriMesh)' 커넥터를 연결합니다.

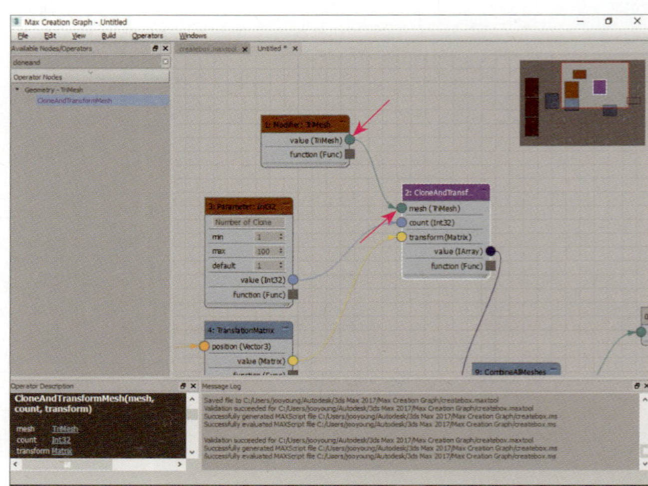

## 16

파일명을 'MCG_Clone'으로 저장하고 메뉴 바의 [Build-Evaluate]를 클릭합니다.

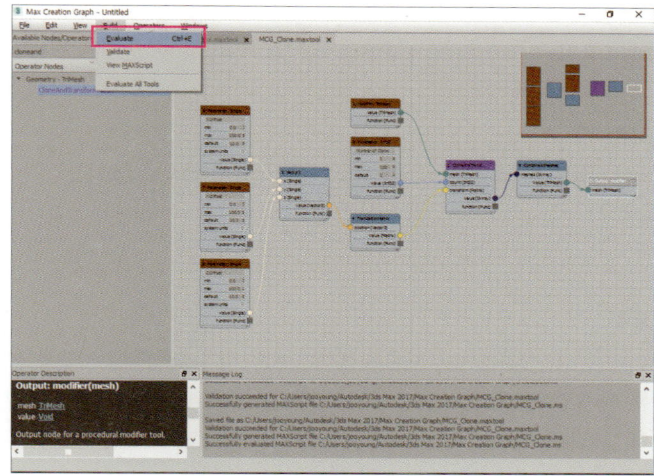

## 17

오브젝트를 생성한 후 Modifier List를 확인해 보면 저장한 파일명으로 새로운 편집명령어가 추가된 것을 확인할 수 있습니다.

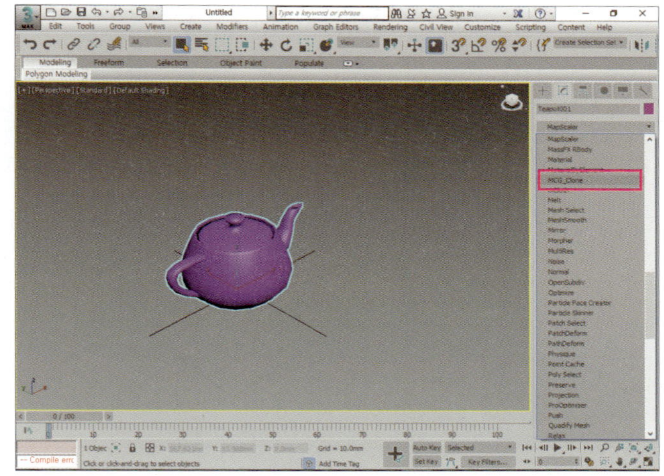

## 18

[Modifier List-MCG_Clone]을 오브젝트에 적용하여 Array와 같은 기능을 바로 적용할 수 있습니다.

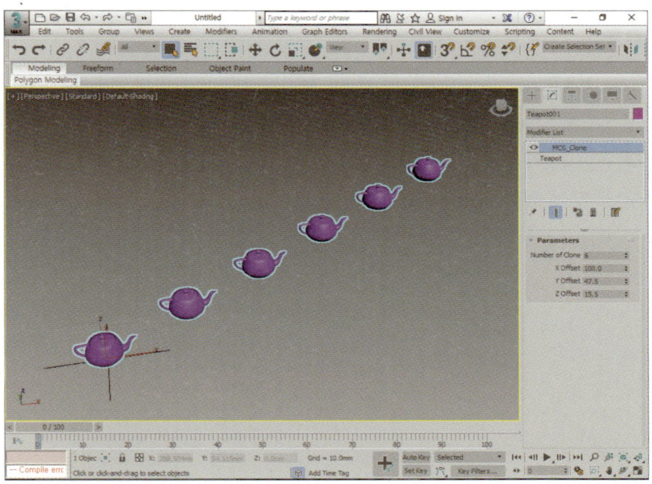

앞에 만들던 'MCG_Clone' 파일을 이어서 작업을 진행해 보겠습니다.

## 01

이번에는 작업창에서 바로 노드를 생성해 보겠습니다. 작업창에서 X 를 누른 다음 검색창에서 multi를 치면 해당되는 리스트만 확인할 수 있습니다. "Multiply"를 클릭하면 노드가 작업창에 생성됩니다. Multiply 연산자는 하나의 출력으로 두 개의 입력 값을 결합 할 수 있습니다.

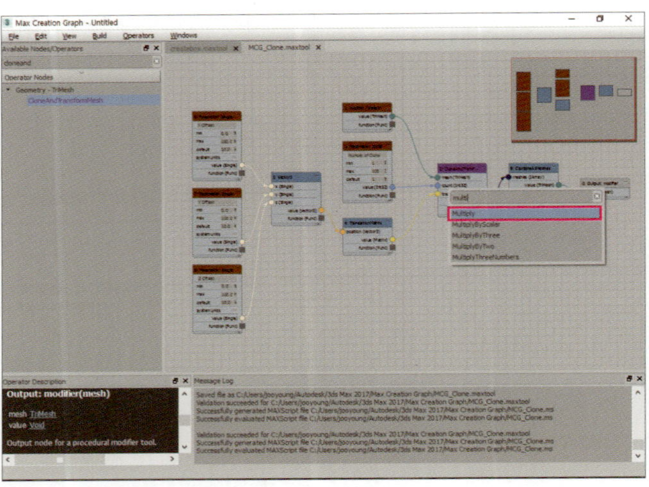

## 02

Ctrl 를 누른 상태에서 "Multiply" 노드를 "TranslationMatrix" 노드와 "CloneAndTransformMesh" 노드의 와이어로 중간에 삽입합니다. 연결될 커넥터는 'x(any)'로 선택합니다. 'x(any)' 커넥터는 기존에 만들어진 Array된 오브젝트의 이동과 거리 값으로 연결됩니다.

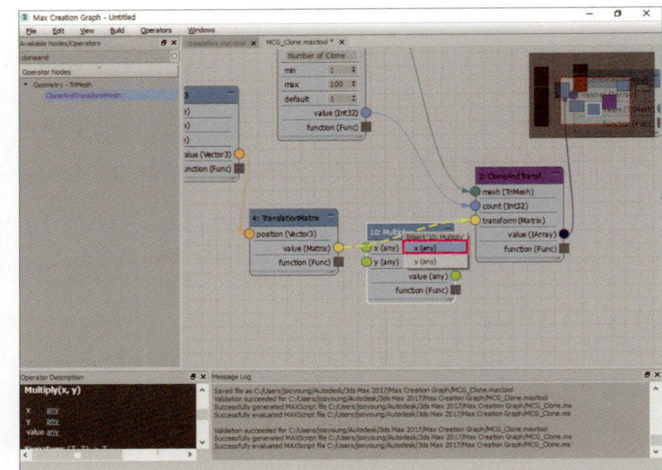

## 03

"Multiply" 노드의 'y(any)' 커넥터를 작업창의 빈곳에 드래그합니다. 새로운 노드를 바로 연결할 수 있으며 'MatrixFromYawPitchRoll'을 선택합니다. 연결될 커넥터는 'value(Matrix)'로 선택합니다. Yaw, Pitch, Roll을 오브젝트에 회전축을 설정하도록 합니다.

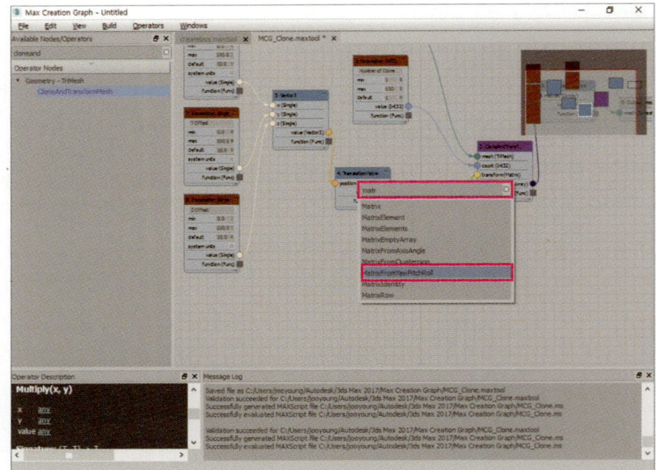

## 04

"MatrixFromYawPitchRoll" 노드에서 마우스 오른쪽 버튼을 클릭한 후
메뉴 중 'Generate Parameters'를 선택하면 Yaw, Pitch, Roll에
"Parameters:Single" 노드가 생성되며 연결됩니다.

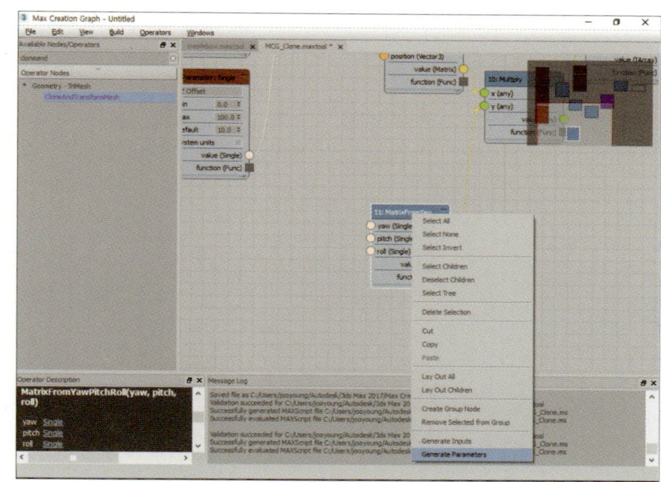

## 05

생성된 "Parameters:Single" 노드의 min 값을 각각 −100으로 설정합
니다.

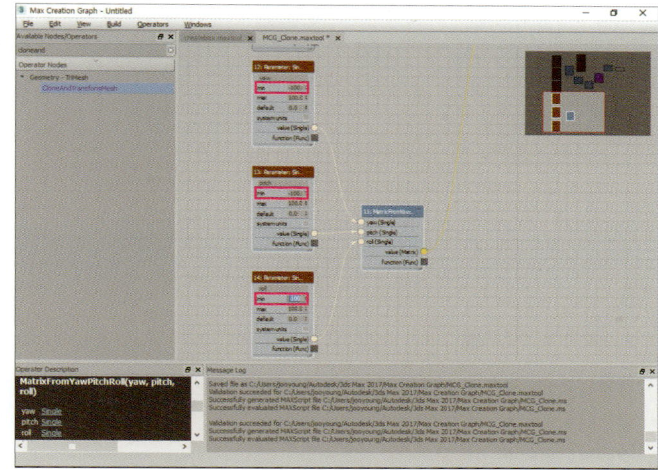

## 06

작업창에서 X를 누른 다음 검색창에서 'tora'를 치면 해당되는 리스트만 확
인할 수 있습니다. "ToRadians" 하나만 존재하므로 클릭합니다.

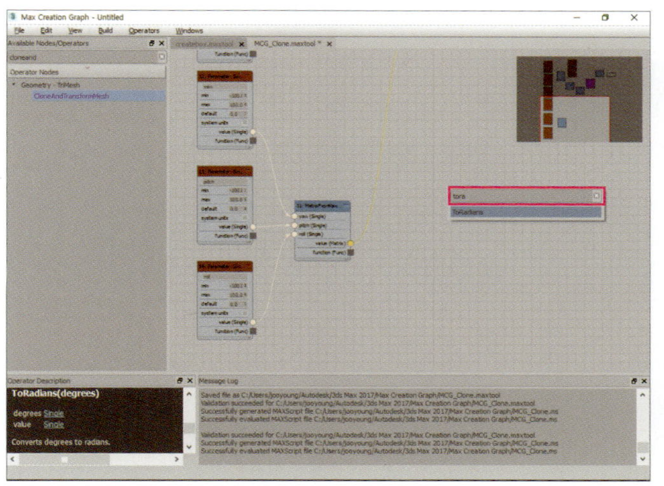

## 07

"ToRadians" 노드를 Shift 를 이용하여 2개를 더 복사합니다.

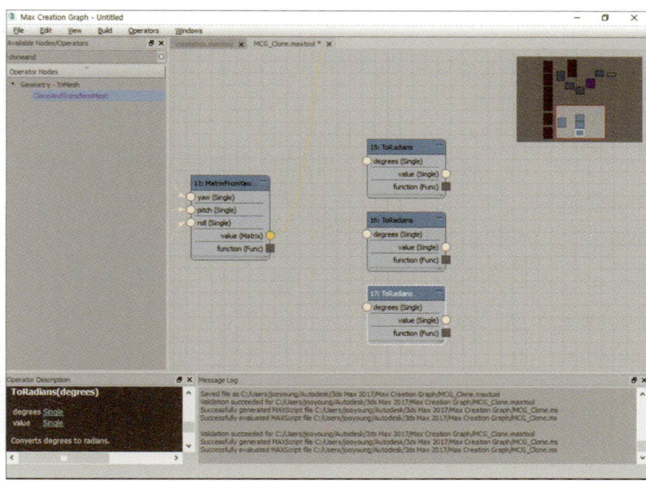

## 08

Ctrl 를 누른 상태에서 "ToRadians" 노드를 그림과 같이 "MatrixFrom
YawPitchRoll" 노드와 "Parameters:Single" 노드 사이의 와이어에 각
각 삽입합니다.

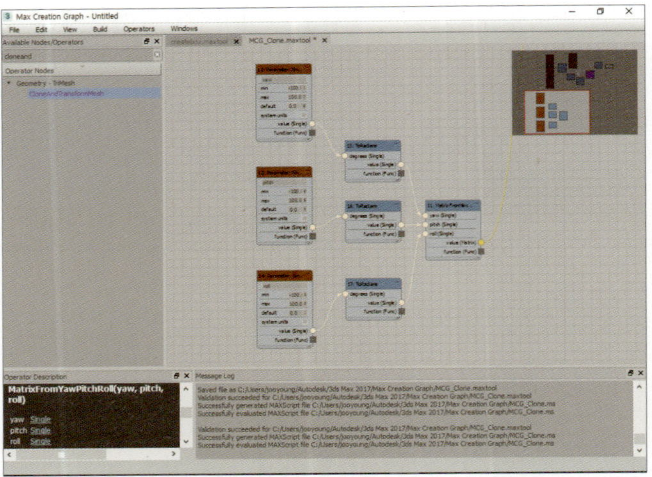

## 09

회전축이 정상적으로 연결되었는지 확인하기 위해 확인을 해 보겠습니다.
먼저 파일을 저장한 후 메뉴 바의 [Build-Evaluate]를 클릭합니다.

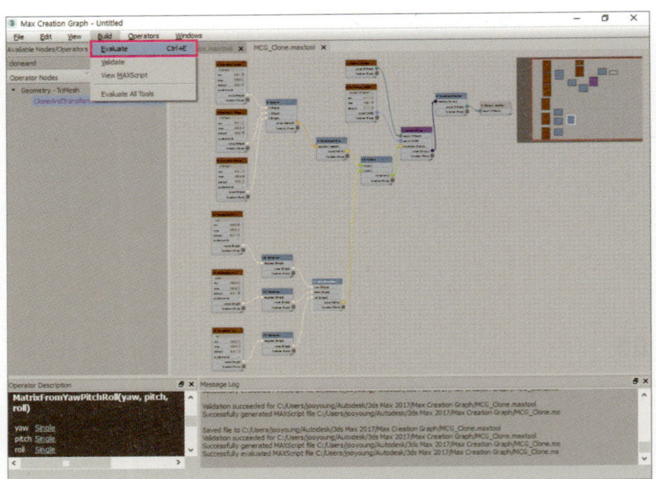

## 10

Viewport에 주전자를 하나 생성하고 [Modifier List-MCG_Clone]을
적용합니다.

Teapot Radius : 10㎜

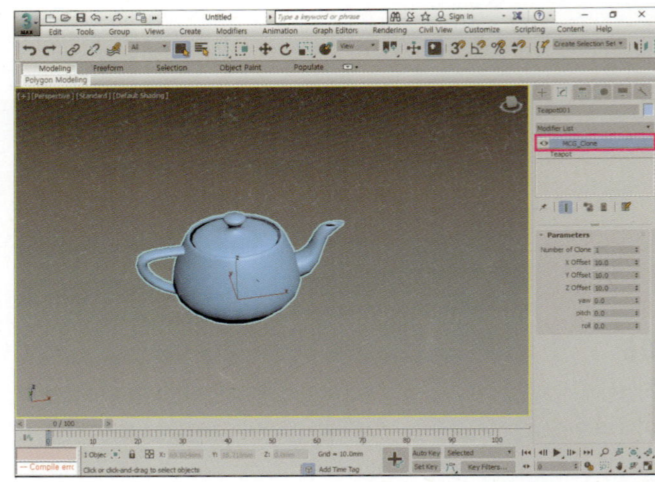

## 11

yaw, pitch, roll 값을 조절하여 오브젝트가 회전되는 방향을 확인해보도
록 하겠습니다.
아래와 같이 수치를 수정합니다.

Number of Clones : 5
X Offset : 50

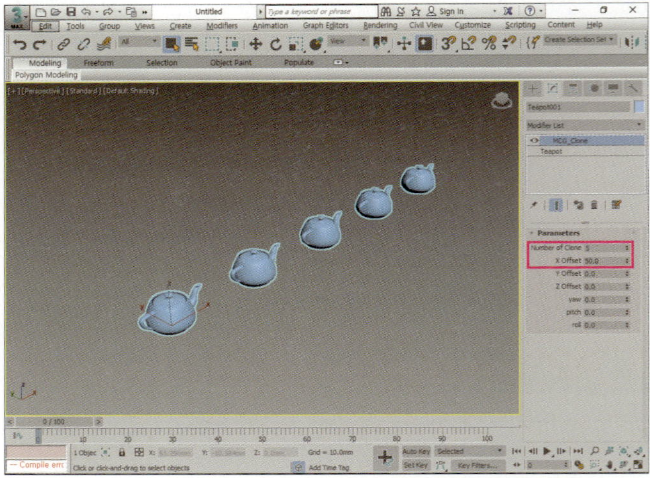

## 12

Parameter의 yaw, pitch, roll의 값을 각각 조절해보면 회전되는 방향을
알 수 있습니다. 회전시켜 보니 yaw는 Y축, pitch는 X축, roll은 Z축으로
회전이 되어야 합니다. yaw, pitch, roll의 수치를 조정하여 주전자가 회전
되는 방향을 확인 후 "Prarmeter:Single" 노드의 이름을 X, Y, Z에 맞게
변경합니다. 주전자를 만든 뷰에 따라 다를 수 있으므로 꼭 회전방향을 확인
해야 합니다. 필자의 경우 yaw는 Y축, pitch는 X축, roll은 Z축을 회전되
어 이름을 각각 변경하였습니다.

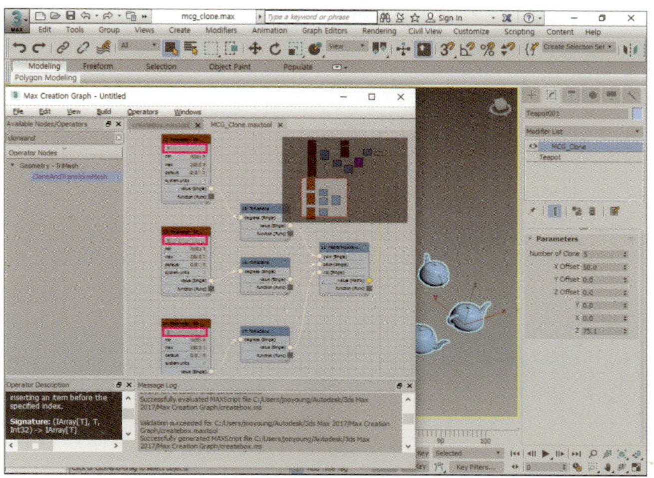

## 13

"Multiply" 노드를 Shift +Drag 하여 그림과 같이 하나를 더 복사합니다.

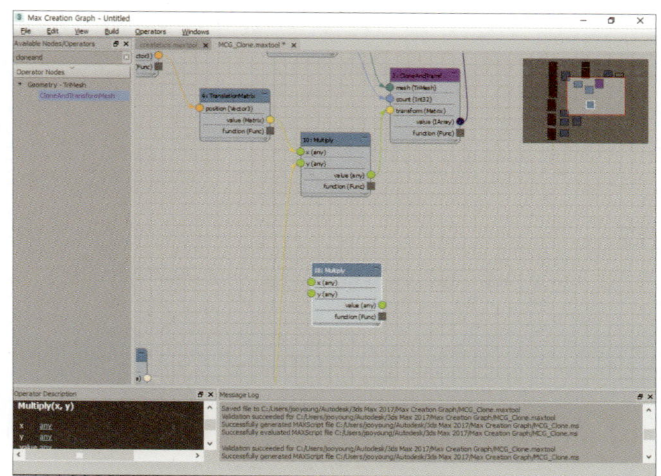

## 14

그림과 같이 기존 "Multiply" 노드의 'value(any)' 커넥터와 복사한
"Multiply" 노드의 'x(any)' 커넥터를 연결합니다. 그리고 복사한
"Multiply" 노드의 'value(any)' 커넥터를 "CloneAndTransform
Mesh" 노드의 'transform(Matrix)' 커넥터와 연결합니다.

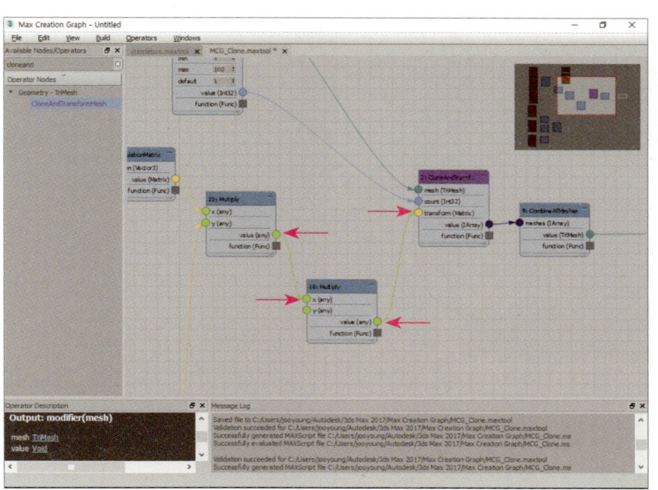

## 15

복사한 "Multiply" 노드의 'y(any)' 커넥터를 작업창의 빈곳으로 드래그합니
다. 노드 검색창에서 "ScaleMatrix" 노드를 검색하여 추가합니다. 커넥터
선택은 'value(Matrix)'로 선택합니다.

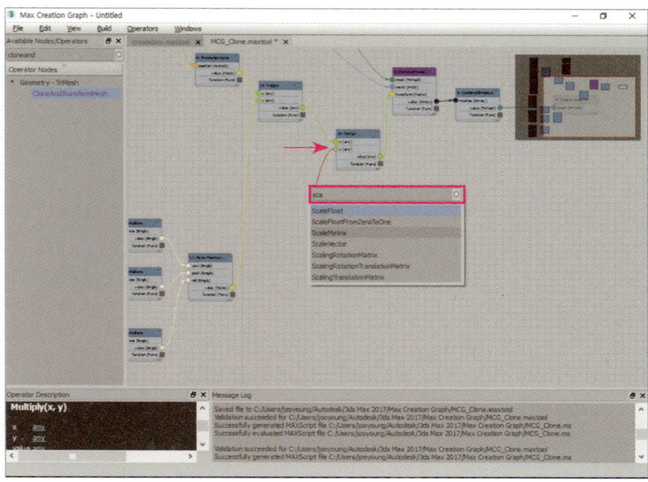

## 16

"ScaleMatrix" 노드의 'scale(Single)' 커넥터를 작업창의 빈곳으로 드래 그합니다.

노드 검색창에서 "Parameters:Single" 노드를 검색하여 추가합니다.

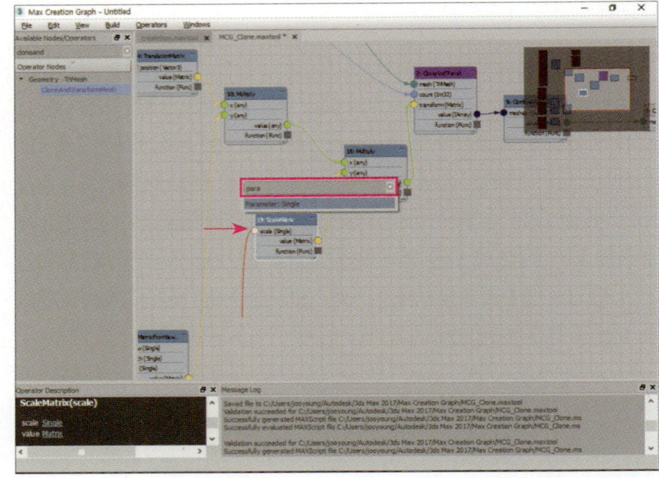

## 17

추가된 "Parameters:Single" 노드의 이름을 'scale'로 변경합니다.

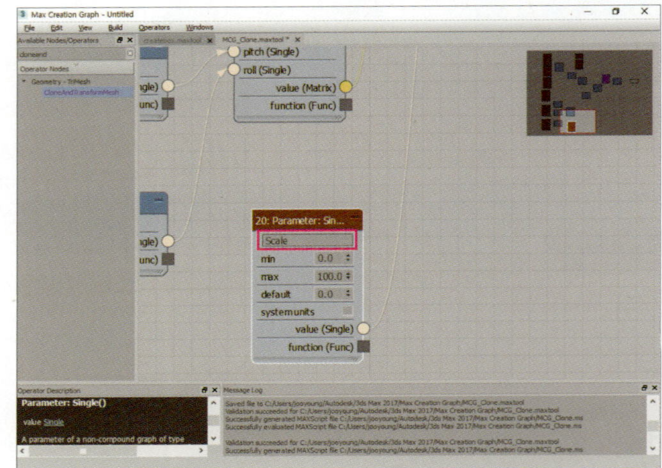

## 18

파일을 저장하고 메뉴 바의 [Build-Evaluate]를 클릭합니다.

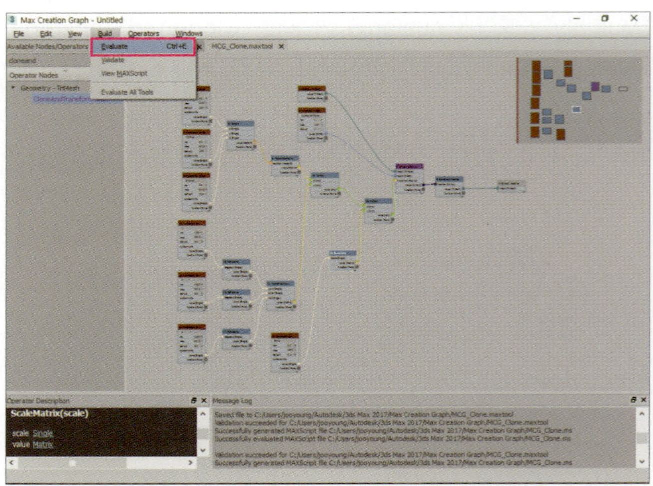

## 19

주전자에 [Modifier List-MCG_Clone]을 적용하고 수치를 조절하면 그림
과 같이 회전하면서 크기를 조절할 수 있는 Array 기능을 만들 수 있습니다.

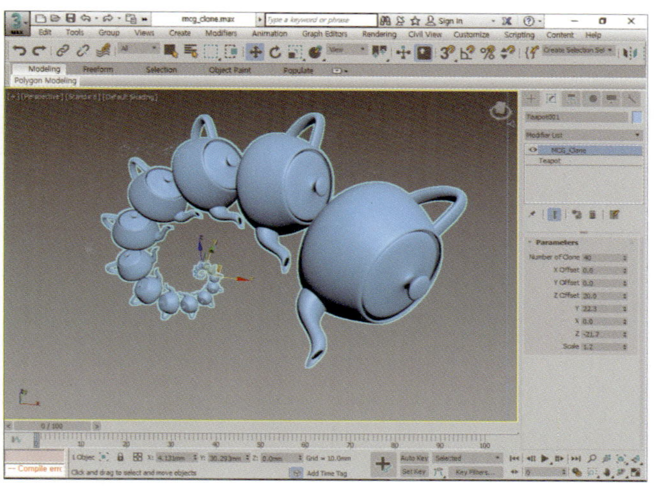

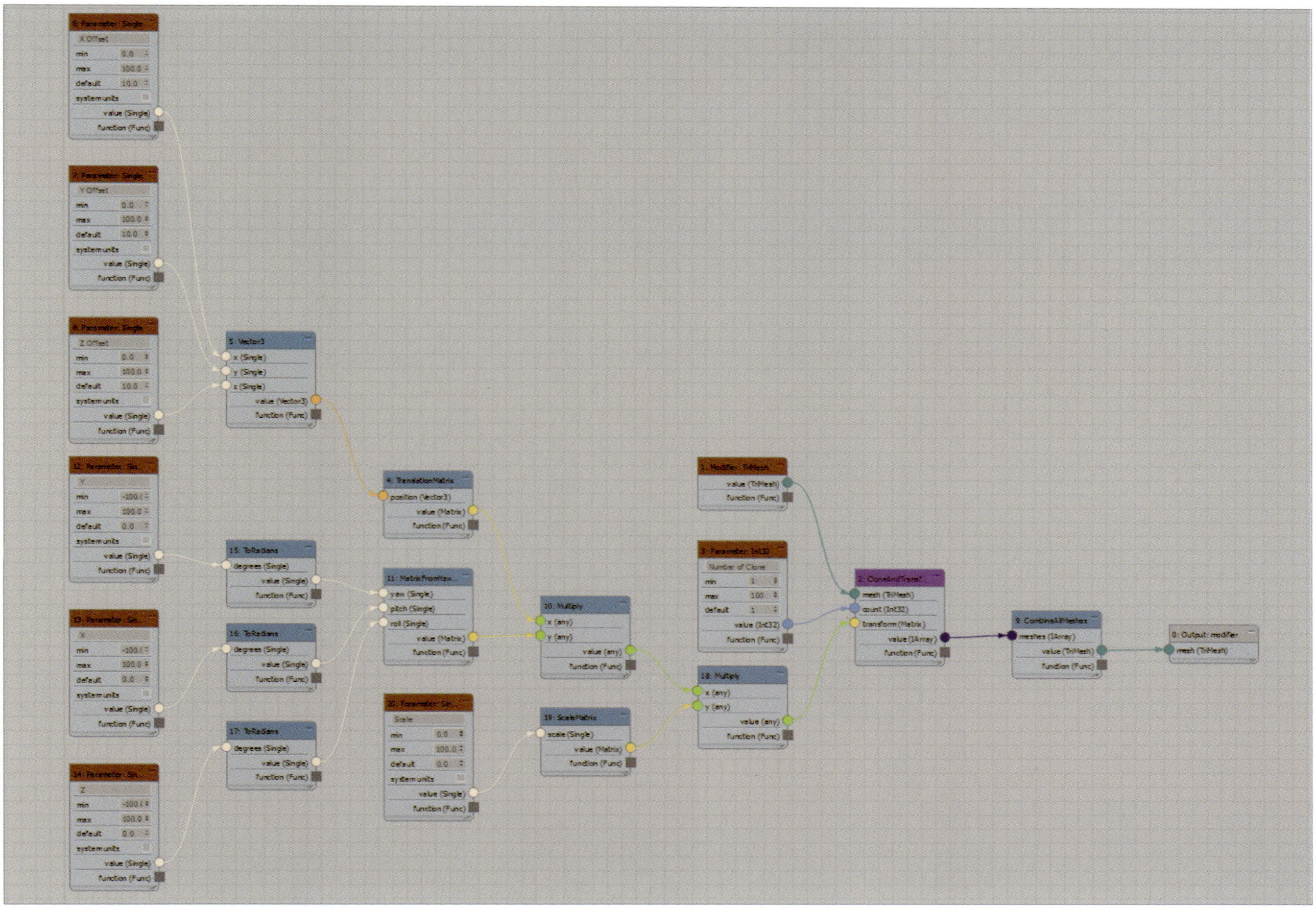

MCG_Clone에 사용된 노드입니다.

PART

3ds
MAX
2017

# 08

# V-Ray의
# 다양한
# 활용 방법

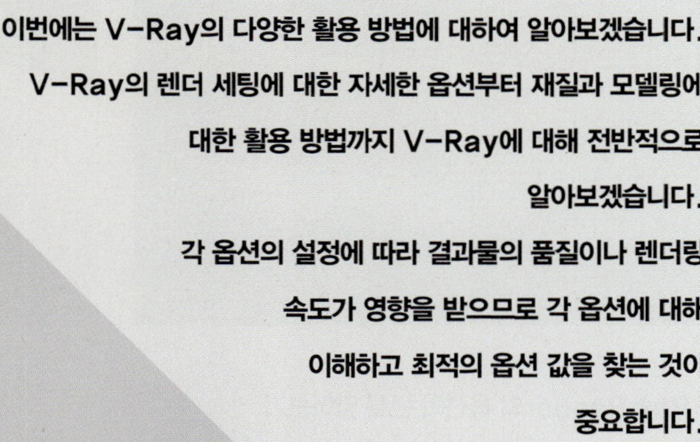

이번에는 V-Ray의 다양한 활용 방법에 대하여 알아보겠습니다.
V-Ray의 렌더 세팅에 대한 자세한 옵션부터 재질과 모델링에
대한 활용 방법까지 V-Ray에 대해 전반적으로
알아보겠습니다.
각 옵션의 설정에 따라 결과물의 품질이나 렌더링
속도가 영향을 받으므로 각 옵션에 대해
이해하고 최적의 옵션 값을 찾는 것이
중요합니다.

# V-Ray의 기본 마스터하기

먼저 V-Ray Toolbar와 렌더 세팅의 옵션에 대하여 알아보겠습니다. V-Ray Toolbar는 자주 사용하는 기능을 모아놓은 것으로 작업시간을 단축시킬 수 있으며 렌더 세팅은 렌더링 시간과 결과물의 품질에 영향을 주므로 옵션 값에 대해 잘 이해하는 것이 중요합니다.

학습 / 목표

V-Ray의 기본 도구와 렌더 세팅의 옵션을 자세히 알아본다.

① V-Ray Render의 다양한 옵션 알아보기

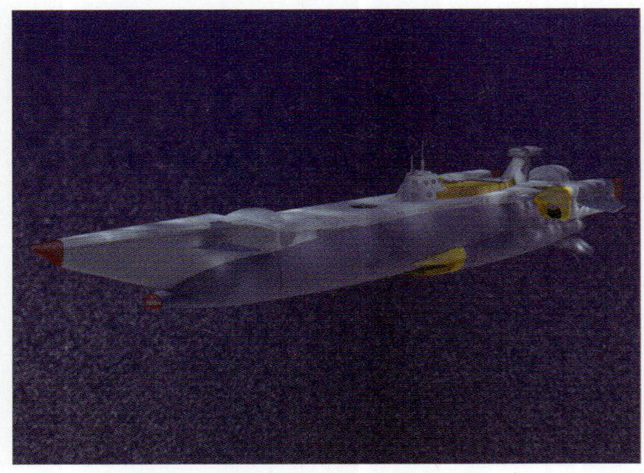
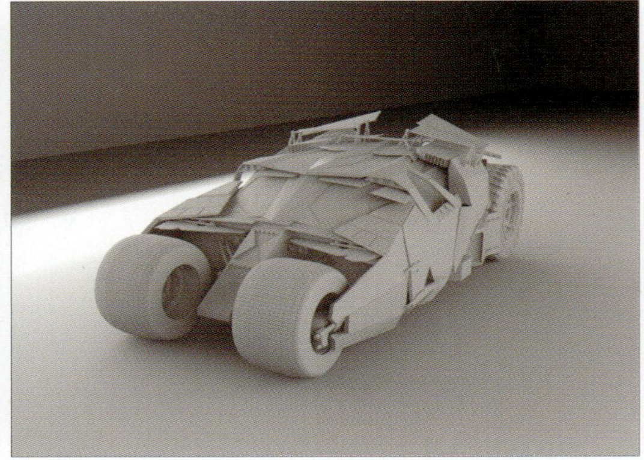

② V-Ray Render의 옵션의 변화 알아보기

# V-Ray Toolbar

V-Ray Toolbar는 V-Ray에서 일반적으로 많이 사용되는 기능을 바로 사용할 수 있도록 구성하였습니다.
기본적으로 3ds Max 작업창의 왼쪽에 수직으로 고정되어 있으며 사용자가 원하는 위치에 배치할 수 있습니다.

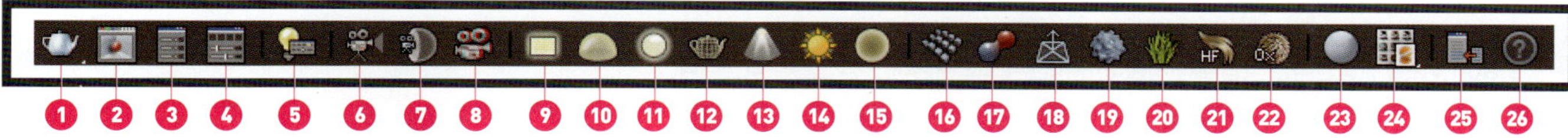

① **Render current Frame / Production Mode(⬛)** : 현재 씬을 바로 렌더링합니다.

  • **Render current Frame / Active Shade Mode(⬛)** : V-Ray RT와 ActiveShade 세션을 시작합니다.

② **Last VFB(⬛)** : V-Ray VFB(Virtual Frame Buffer)를 엽니다.

③ **V-Ray Render Settings(⬛)** : V-Ray의 옵션을 설정하는 렌더 설정 대화상자를 엽니다.

④ **V-Ray Quick Settings(⬛)** : 씬 설정을 간편하게 할 수 있는 V-Ray Quick Settings 대화상자를 엽니다.

⑤ **V-Ray light lister(⬛)** : 씬에 설치된 조명을 쉽게 관리할 수 있는 V-Ray light lister 대화상자를 엽니다.

⑥ **Physical Camera(⬛)** : 실제 카메라와 같은 Physical Camera를 설치합니다. 뷰포트에서 드래그하여 카메라를 설치할 수 있습니다.

⑦ **V-Ray Dome Camera(⬛)** : V-Ray DomeCamera를 설치합니다. 뷰포트에서 클릭하여 카메라를 설치합니다.

⑧ **V-Ray Stereoscopic Camera helper (⬛)** : 스트레오스코픽 3D 영상을 만드는 도우미를 뷰포트에 설치합니다. 설치하면 렌더링 시 두개의 카메라를 일정한 간격만큼 떨어뜨린 것처럼 렌더링이 됩니다.

⑨ **V-Ray Plane Light(⬛)** : 사각형 형태의 조명을 설치합니다.

⑩ **V-Ray Dome Light(⬛)** : 반구 형태의 조명을 설치합니다.

⑪ **V-Ray Sphere Light(⬛)** : 둥근 형태의 조명을 설치합니다.

⑫ **V-Ray Mesh Light(⬛)** : 선택한 오브젝트를 V-Ray Mesh Light로 만듭니다.

⑬ **V-Ray IES(⬛)** : 실사 조명 파일을 사용할 수 있는 Photometric Lights를 설치합니다.

⑭ **V-Ray Sun(⬛)** : 태양광 조명을 만드는 V-Ray Sun을 설치합니다.

⑮ **V-Ray Ambient Light(⬛)** : 특정 방향에서 만들어 지는 조명이 아닌 환경광을 만드는 Ambient Light를 설치합니다.

⑯ **V-Ray Proxy(⬛)** : 외부에서 오브젝트를 참조하는 V-Ray Proxy를 실행합니다. 참조된 Proxy 오브젝트는 Scene에서 자원을 가지고 있지 않고 렌더링 시에만 표현됩니다.

⑰ **V-Ray Metaball(⬛)** : Viewport를 클릭하여 Metaballs 오브젝트를 생성합니다.

⑱ **V-Ray Plane(⬛)** : Viewport를 클릭하여 무한 평면의 Plane을 생성합니다.

⑲ **V-Ray Displacement Modifier(⬛)** : 오브젝트에 V-RayDisplacementMod modifier를 적용합니다. Bump mapping과 유사하나 오브젝트와 외형을 변화시킵니다.

⑳ **V-Ray Fur(⬛)** : 선택한 오브젝트에 V-RayFur를 적용합니다. 러그나 잔디를 쉽게 표현할 수 있습니다.

㉑ **V-Ray HairFarm Modifier(⬛)** : 선택한 오브젝트에 V-RayHairFarm를 적용합니다. 털의 표현에 유용합니다.

㉒ **V-Ray Ornatrix Modifier(⬛)** : 선택한 오브젝트에 V-RayOrnatrixMod modifier를 적용합니다. 머리카락을 표현할 수 있습니다. V-RayHairMtl로 모발의 외형을 제어할 수 있습니다.

㉓ **V-Ray Material(⬛)** : Material Editor에 새로운 V-Ray 재질을 생성합니다.

㉔ **V-Ray VRMAT Material(⬛)** : 새로운 V-RayVRmatMtl을 생성하고 오브젝트에 적용합니다. 그리고 VRmat material editor를 엽니다.

  • **V-Ray VRMAT Material from file(⬛)** : 새로운 V-RayVRmatMtl을 생성하고 오브젝트에 적용합니다. 그리고 .vrmat/. vismat/.vrscene 파일을 검색할 수 있는 대화상자를 엽니다.

㉕ **V-Ray menu registration(⬛)** : V-Ray menus를 등록합니다.

㉖ **V-Ray Help(⬛)** : 온라인 도움말 파일을 엽니다.

# Render Scene Setting의 옵션 알아보기

**UI Views Overview**

V-Ray 3.0에서는 옵션 설정의 효율성을 향상시키기 위해 일부 메뉴에서 UI를 3단계로 설정할 수 있습니다.

- **Default view** : 일반적인 작업에서 사용하며 일반적으로 사용하는 옵션을 나타냅니다.

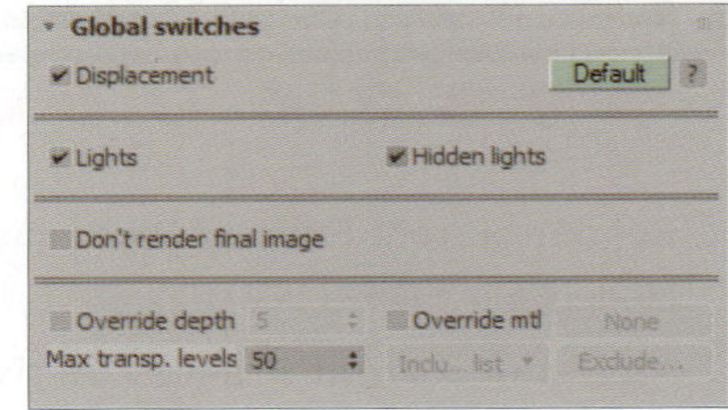

- **Advanced view** : 고급사용자용으로 거의 사용 가능한 옵션을 보여주며 복잡한 워크 플로우나 세부 옵션에 대한 수정이 필요할 때 사용합니다.

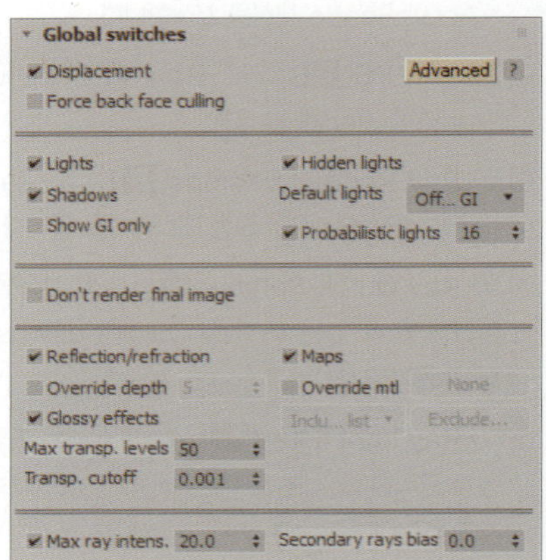

- **Expert view** : 전문가용으로 고급사용자 옵션에서 약간의 옵션이 추가됩니다. 전문가 설정에 나타나는 옵션은 변경하지 않는 것이 좋습니다.

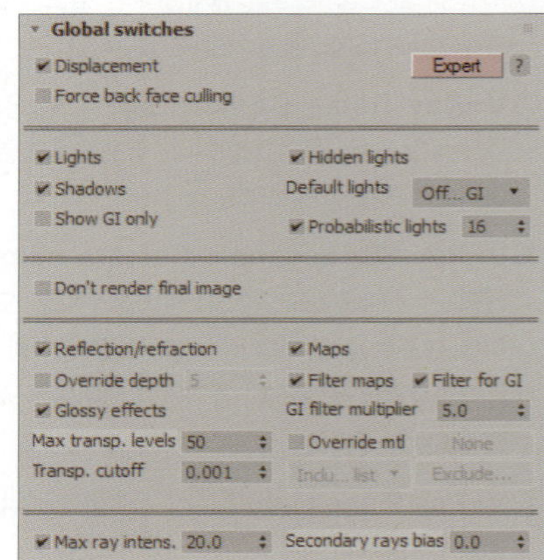

## ■ Global switches

V-Ray의 렌더링에 관련된 조명, 재질, 반사 등의 옵션을 세부적으로 설정할 수 있습니다.

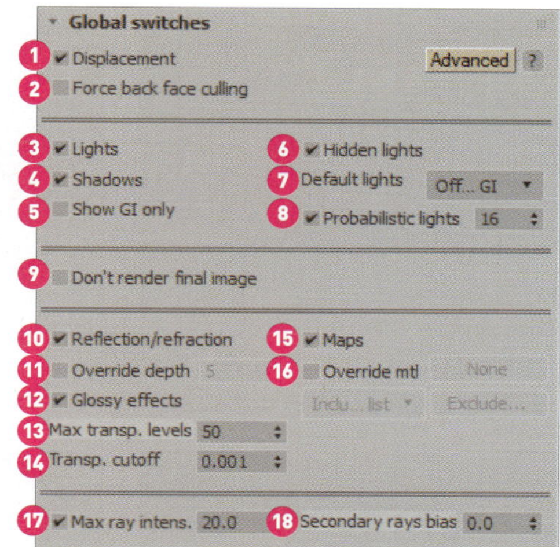

① **Displacement** : 재질에 적용되어 있는 Displacement 효과를 On/Off 합니다.

Displacement : On

Displacement : Off

② **Force back face culling** : 체크하면 오브젝트의 뒷면을 렌더링하지 않습니다.
오브젝트가 닫혀있으면 차이가 크게 없으나 뚫린 면의 경우 쉽게 확인이 가능합니다.

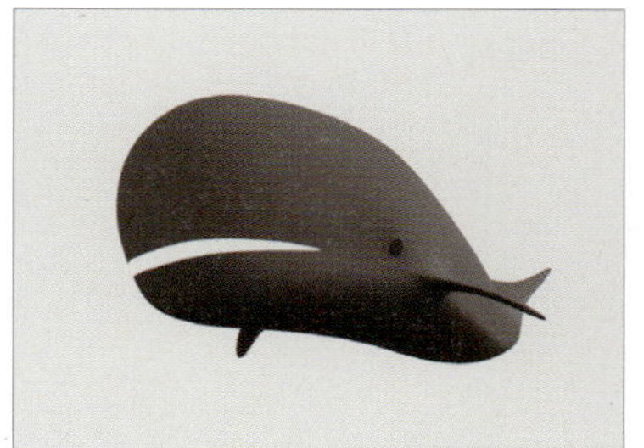

Force back face culling : On

Force back face culling : Off

③ **Lights** : 씬에 설치된 조명을 On/Off 합니다.

Lights : On

Lights : Off

④ **Shadows** : 조명에 의해 만들어지는 그림자의 생성여부를 선택합니다.

Shadows : On

Shadows : Off

⑤ **Show GI only** : 직접광은 렌더링에 영향을 주지 않고 간접광에 의해서만 렌더링이 됩니다.

Show GI only : Off

Show GI only : On

⑥ **Hidden lights** : 숨겨진 조명의 사용유무를 선택합니다. 씬에 설치된 조명을 숨기고 렌더링을 한 이미지입니다.

Hidden lights : On

Hidden lights : Off

⑦ **Default lights** : 3ds Max의 Default light 사용유무를 선택합니다.

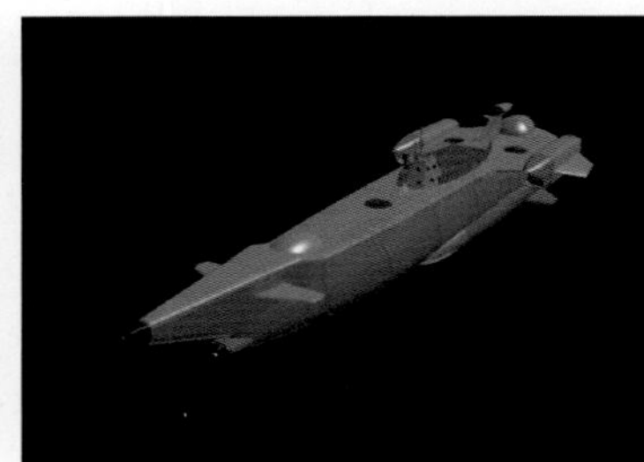

Default lights : Off

Default lights : On

Default lights : Off with GI

⑧ **Probabilistic lights** : 씬에 많은 조명이 있는 경우 최적화된 샘플링작업을 할 수 있습니다.
많은 조명과 GI반사가 많은 씬에서 렌더링이 느려지므로 이 옵션을 선택하면 조명에서 무작위로 빛의 지정된 번호만 계산하여 렌더링 속도를 줄일 수 있지만 이미지에 노이즈가 생길 수 있습니다.

⑨ **Don't render final image** : 체크하면 GI만 연산하고 최종 이미지는 렌더링을 하지 않습니다.

⑩ **Reflection/refraction** : 재질에 적용된 반사와 굴절의 사용유무를 선택합니다.

Reflection/refraction : On

Reflection/refraction : Off

⑪ **Override depth** : 재질에 적용된 반사와 굴절 횟수를 설정합니다. 체크할 경우 재질 편집창에서 설정한 Max depth 값은 적용되지 않습니다.

⑫ **Glossy effects** : 재질에 적용된 glossy 효과의 사용유무를 선택합니다.

Glossy effects : On

Glossy effects : Off

⑬ **Max transp. levels** : 투명한 오브젝트가 겹쳐져 있을 경우 투명하게 표현할 개수를 설정합니다.

⑭**Transp. cutoff** : 오브젝트의 투명도가 설정된 값보다 작으면 불투명하게 표현됩니다.

⑮ **Maps** : 재질에 적용된 맵의 사용유무를 선택합니다. 체크 해제하고 렌더링을 할 경우 재질은 표현되지 않고 Diffuse Color로 나타납니다.

Maps : On

Maps : Off

⑯ **Override mtl** : 설정한 한 가지 재질로 렌더링을 합니다. 테스트 렌더링 시 유용합니다.

⑰ **Max ray intens.** : 렌더링 된 이미지에서 과도한 화이트 노이즈가 발생하는 것을 수치를 조정하여 제어할 수 있습니다.

⑱ **Secondary rays bias** : 면이 겹쳐져 있으면 렌더링 시 얼룩이 지는 현상이 발생하는데 수치를 조정하여 제어할 수 있습니다. 투명한 부분이 겹쳐지는 부분이나 모델링 시 실수로 인한 부분을 해결합니다.

Secondary rays bias : 1

Secondary rays bias : 0

## ■ Image sampler (Antialiasing)

이미지의 퀄리티를 설정하는 곳으로 렌더링 이미지에 적용할 Antialiasing 계산 방법을 선택할 수 있습니다.

### ● Antialiasing이란?

이미지의 경계면에 거칠게 나타나는 계단현상을 없애기 위해 계단 부분에 단계적으로 색상을 채워 부드럽게 표현하는 기술입니다.

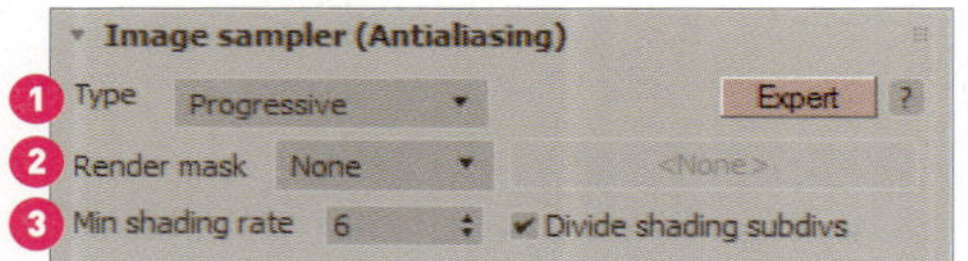

### ① Type

이미지 표현 방법을 선택할 수 있는 곳으로 Bucket, Progressive 의 2가지 Sampler 중 1가지를 선택할 수 있습니다.
예전 버전에서는 Fixed, Adaptive QMC, Adaptive subdivision, Progressive 의 4가지 Sampler가 있었으며 Fixed, Adaptive QMC, Adaptive subdivision이 Bucket으로 통합되었습니다.

· **Bucket** : 픽셀과 픽셀 사이의 명암 차이를 근거로 픽셀 당 다양한 수의 샘플을 만듭니다.

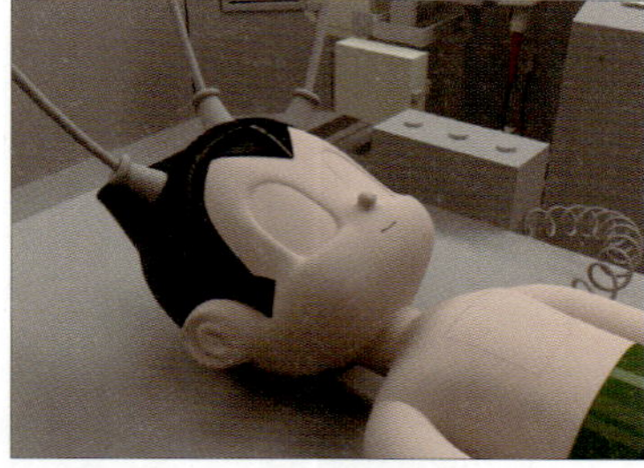

· **Progressive** : 결과물을 한 번에 점진적으로 렌더링합니다.

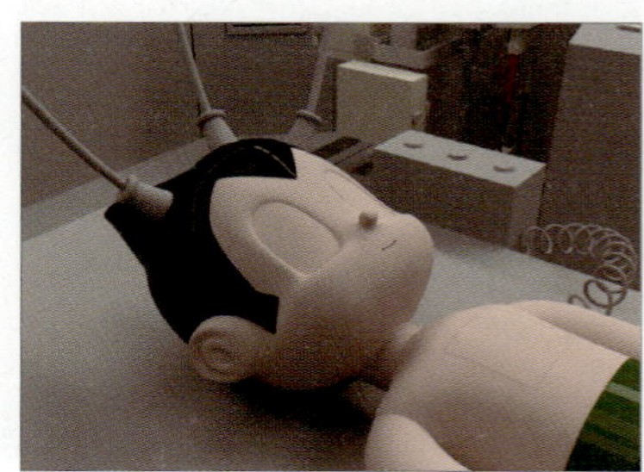

② **Render mask**

렌더링에 마스크 기능을 적용하여 부분 렌더링을 할 수 있습니다. 텍스쳐를 사용하거나 변경사항이 생긴 오브젝트만 선택한 후 부분 렌더링하여 렌더링 시간을 줄일 수 있습니다.

- **None** : Mask를 사용하지 않습니다.
- **Texture** : Texture를 사용하여 마스크를 적용합니다. 검은색은 렌더링을 하지 않습니다.
- **Selected** : 선택한 오브젝트만 렌더링을 합니다. 소수의 오브젝트에 변경이 생겨 다시 렌더링 할 경우 유용합니다.
- **Include/Exclude list** : Selected와 기능은 동일하지만 목록에서 렌더링 할 오브젝트만 추가/제외합니다.
- **Layers** : 선택한 레이어에 포함되는 오브젝트만 렌더링을 합니다.
- **Object** : 지정한 오브젝트 ID만 렌더링을 합니다. 쉼표로 아이디를 구분하여 여러 ID를 렌더링 할 수 있습니다.

③ **Min shading rate**

값이 클수록 Antialiasing에 소요되는 시간이 줄어듭니다.


## ■ Image filter

재질의 Sub-Pixel 필터링을 사용합니다. 모든 이미지 샘플러는 'Plate Match' 필터를 제외한 모든 3ds Max의 표준 Antialiasing필터를 지원합니다. 사용하는 필터에 따라 렌더링 시간이 증가할 수 있습니다.

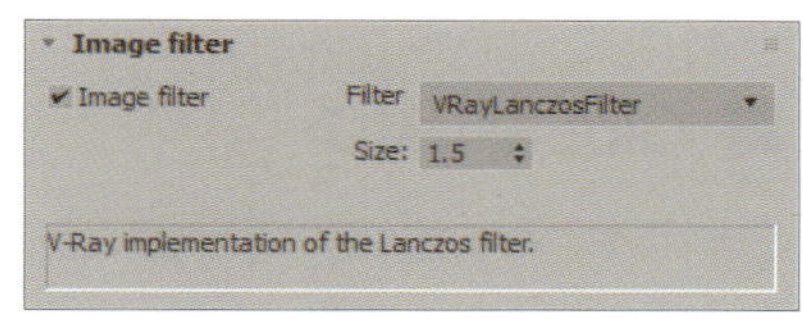


## ■ Bucket image sampler

Image Sampler의 Type을 Bucket으로 설정하면 활성화 됩니다.
픽셀과 픽셀 사이의 명암 차이를 계산하여 픽셀 당 다양한 수의 샘플을 만듭니다.

① **Min subdivs** : 픽셀의 최소 샘플수를 설정합니다. 픽셀의 실제 수는 설정한 수의 제곱으로 샘플을 생산합니다.( -1일 경우 픽셀 당 2개의 샘플을, -2일 경우 픽셀 당 4개의 샘플을, 4일 경우 픽셀 당 16개의 샘플을 생산)

② **Max subdivs** : 픽셀의 최대 샘플수를 설정합니다. 픽셀의 실제 수는 설정한 수의 제곱으로 샘플을 생산합니다.

③ **Noise threshold** : 픽셀이 더 많은 수의 샘플을 필요로 하는 경우 사용됩니다.

④ **Bucket width** : 픽셀의 최대 영역 폭을 설정합니다.

⑤ **Bucket height** : 픽셀의 최대 영역 높이를 설정합니다.

⑥ **L** : 폭의 크기와 동일하게 높이를 설정합니다.

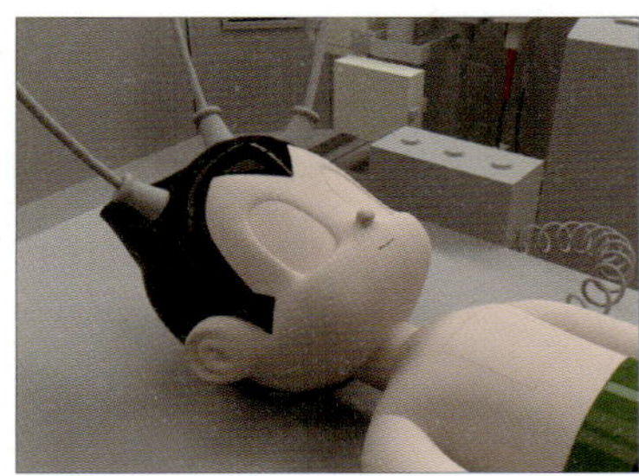

Min subdivs : -1
Max subdivs : 2

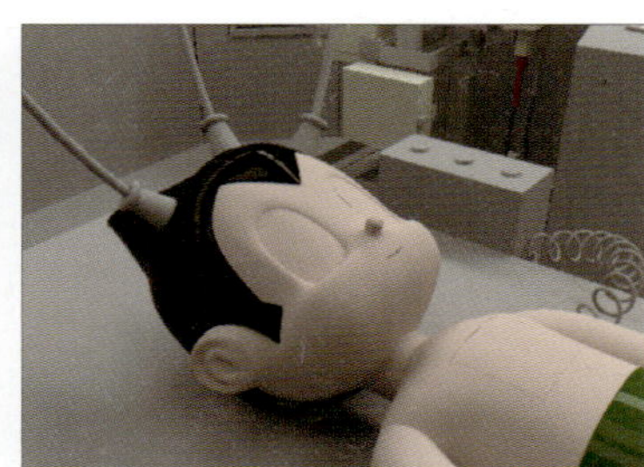

Min subdivs : -1
Max subdivs : -1

## ■ Progressive image sampler

Image Sampler의 Type을 Progressive로 설정하면 활성화 됩니다. Bucket 샘플러와 비슷하지만 이미지를 빠르게 확인하여 완성된 결과물이 나오기 전 수정에 필요한 부분 파악에 용이합니다.

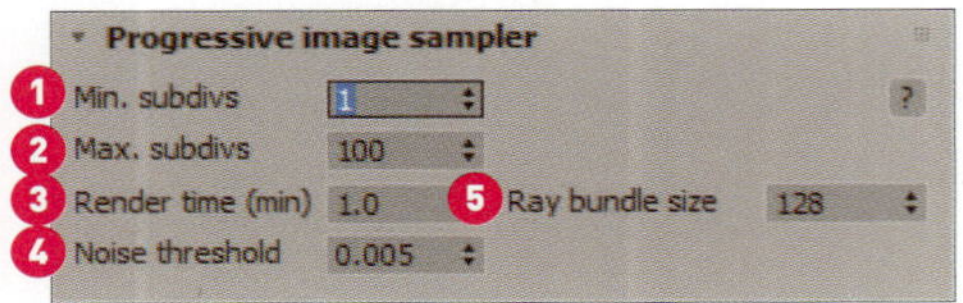

① **Min subdivs** : 각 픽셀의 최소 샘플수를 설정합니다.

② **Max subdivs** : 최대 샘플수를 설정합니다.

③ **Render time(min)** : 렌더링 시간을 설정합니다.

④ **Noise threshold** : 이미지의 Noise 수준을 설정합니다. 0.0으로 설정할 경우 Render time이나 Max subdivs 값에 도달할 때까지 균일하게 샘플링 됩니다.

⑤ **Ray bundle size** : 분산 렌더링 시에 유용하며 값이 클수록 서버의 CPU를 활용하는 데 도움이 됩니다.


## ■ Global DMC

몬테 카를로(Monte Carlo :MC) 샘플링은 흐릿한 효과(anitaliasing, DOF, 간접 조명, 영역 조명, 반사, 굴절, 투명도, 모션 블러 등)를 처리하는 방법으로 V-Ray는 Deterministic Monte Carlo (DMC)라는 몬테 카를로 샘플링의 변형을 사용합니다.

Monte Carlo는 렌더링 할 때 마다 노이즈가 약간씩 다른 결과를 만들지만, Deterministic Monte Carlo는 항상 동일한 결과를 만들 수 있도록 미리 정의된 샘플의 세트를 사용합니다.

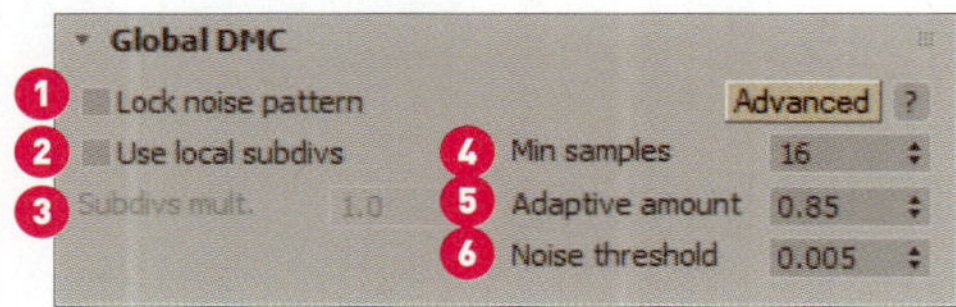

① **Lock noise pattern** : 옵션을 체크하면 샘플링 패턴을 프레임마다 동일하게 설정합니다. 이는 애니메이션에서 좋지 않은 결과를 만들 수 있습니다.

② **Use local subdivs** : 체크하지 않을 경우 V-Ray는 자동으로 이미지 샘플러에 대한 재질, 조명, 기타 음영효과의 샘플링 subdivs 값을 결정합니다. 체크하면 각각의 재질과 조명의 subdivs 값을 사용합니다.

③ **Subdivs mult.** : Use local subdivs를 체크한 경우 모든 subdivs 값을 일괄적으로 제어합니다. 빠르게 샘플링 품질을 제어하기 위해 사용됩니다.

④ **Min samples** : 샘플들의 최소수를 설정합니다. 수치가 클수록 품질은 좋아지지만 렌더링 시간이 길어지므로 보통 기본 값을 사용합니다.

⑤ **Adaptive amount** : 명암의 차이에 따른 샘플들의 수를 제어합니다. 0부터 1까지 조절할 수 있으며 수치가 높을수록 명암의 차이가 많이 나지 않는 부분에서 자체적으로 샘플들의 수를 줄여 렌더링을 빠르게 합니다.

⑥ **Noise threshold** : 노이즈 수치를 설정하여 값이 작을수록 노이즈가 적게 생성되어 높은 품질을 만들 수 있습니다. 대부분의 씬에서 따로 조정할 필요는 없습니다.

# ■ Environment

우리가 살고 있는 대기의 환경과 같이 자연광, 반사, 굴절을 계산하는 V-ray의 환경을 설정합니다. 오브젝트의 재질 표현에 영향을 줍니다.

① GI Environment : 환경(GI)에 적용될 색이나 맵을 설정합니다. 맵이 적용되면 색은 무시됩니다.

· Color : 환경에 적용할 색을 설정합니다.

Color : white

Color : sky

· **Multiplier** : 밝기를 설정합니다.

Multiplier : 1

Multiplier : 2

· **Texture** : Map에 체크하면 Texture를 선택할 수 있습니다. 체크 해제하면 Map은 적용되지 않고 색이 적용됩니다.

② **Reflection/refraction environment** : 오브젝트에 반사나 굴절에 적용될 색이나 맵을 설정합니다. 재질 표현에 영향을 줍니다.

Reflection color : black

Reflection Bitmap

③ **Refraction environment** : 이미지의 굴절만 표현합니다.

④ **Secondary matte environment** : 반사나 굴절에 나타나는 matte 오브젝트를 설정합니다.

# ■ Color mapping

Color mapping은 최종 렌더링 된 이미지의 색상 보정을 위해 사용합니다.
선택한 Color mapping의 종류에 따라 이미지의 밝기나 채도, 명도가 달라질 수 있으므로 적당한
값을 표현할 수 있도록 설정합니다.

① **Type** : 원하는 Color mapping 모드를 선택할 수 있습니다.

- **Linear multiply** : 단순히 이미지의 밝기에 따라 최종 이미지를 표현합니다.

- **Exponential** : 밝은 부분의 채도를 조절합니다. 조명이 강해 하얗게 타버리는 현상을 방지할 수 있습니다.

- **HSV exponential** : Exponential과 비슷하지만 채도를 낮추지 않고 색조와 채도를 유지합니다.

- **intensity exponential** : Exponential과 비슷하지만 밝은 색의 RGB 비율을 유지하면서 색의 명암에만 영향을 줍니다.

- **Gamma correction** : 각각의 색상에 감마를 적용합니다. 현재는 사용하지 않는 모드입니다.
- **Intensity gamma** : 감마 커브를 색상의 강도에 적용합니다. 현재는 사용하지 않는 모드입니다.
- **Reinhard** : Exponential과 Linear multiply를 혼합한 방식입니다. Burn value가 '1'일 경우 Linear multiply로 표현되고 '0'일 경우 Exponential과 비슷하게 표현됩니다.

② **Gamma** : Color mapping 모드와 상관없이 감마 값을 설정할 수 있습니다.
③ **Dark multiplier** : 어두운 부분의 밝기를 설정합니다.
④ **Bright multiplier** : 밝은 부분의 밝기를 설정합니다.
⑤ **Sub-pixel mapping** : 체크하면 Color mapping이 최종 이미지의 픽셀에 적용하지 않고 각 서브 픽셀에 적용합니다.
⑥ **Affect background** : 옵션을 끄면 Color mapping이 배경에 영향을 주지 않습니다.
⑦ **Clamp output** : 체크하면 Color mapping 후 색상을 고정합니다.

## ■ Camera

카메라로 옵션을 변경하여 거리감에 따른 표현과 모션블러 효과 등을 설정하여 다양한 표현을 할 수 있습니다.

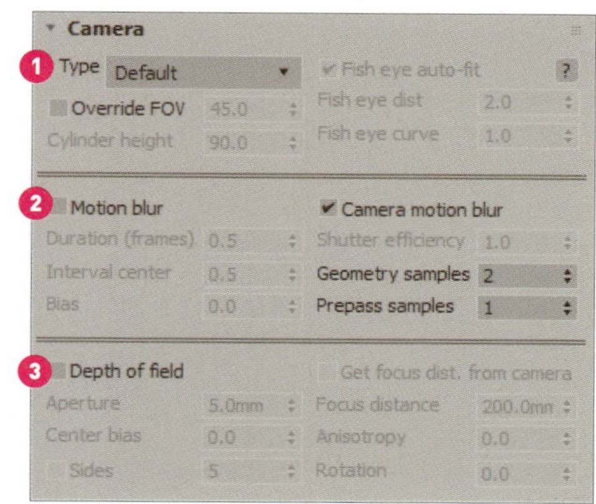

① **Camera type** : 카메라 유형을 선택합니다. 최종 결과물의 형태에 영향을 줍니다.
② **Motion blur** : 빠르게 움직이는 물체를 촬영할 흐리게 찍히는 현상으로 카메라 설정으로 좀 더 빠르게 움직이는 느낌을 줄 수 있습니다.
③ **Depth of field** : 피사계심도라고 하며 렌즈로 일정거리에 초점을 맞추면 초점 기준으로 앞뒤로 흐려지는 효과를 표현합니다.

## ■ Global illumination

V-Ray는 GI 계산 시 품질과 속도사이의 서로 다른 장단점에 따라 몇 가지 엔진 방식이 있습니다. 엔진 방식에 따라 품질이 높은 이미지를 만들 수 있고 속도를 빠르게 할 수 있습니다.

① **Enable GI** : GI를 켜거나 끕니다.
② **Primary engine** : 1차로 반사되는 빛 계산에 사용될 엔진을 지정합니다.
③ **Multiplier** : 최종 이미지에 미치는 밝기를 설정합니다. 1.0의 기본 값은 물리적으로 정확한 이미지를 생성합니다.
④ **Secondary engine** : 2차 반사에 의한 빛 계산에 사용될 엔진을 지정합니다.
⑤ **Multiplier** : 2차로 반사되는 빛의 밝기를 설정합니다. 1.0의 기본 값은 물리적으로 정확한 이미지를 생성합니다.
⑥ **Refractive GI caustics** : 간접광이 투명한 물체(유리 등)를 통과하여 만들어진 Caustics를 표현합니다.
⑦ **Reflective GI caustics** : 간접광이 반사물체에서 반사할 수 있습니다.
⑧ **Saturation** : GI의 채도를 조절합니다. 0일 경우 모든 색상이 사라집니다.
⑨ **Contrast** : GI의 대비를 조절합니다. 0일 경우 GI의 대비가 균일해집니다.
⑩ **Contrast base** : Contrast 향상의 기본 값을 조절합니다.
⑪ **Amb. occlusion** : Ambient occlusion을 활성화 합니다. 0일 경우 Ambient occlusion을 생산하지 않습니다.
⑫ **Radius** : Ambient occlusion의 반경을 조절합니다.
⑬ **Subdivs** : Ambient occlusion의 샘플수를 조절합니다.

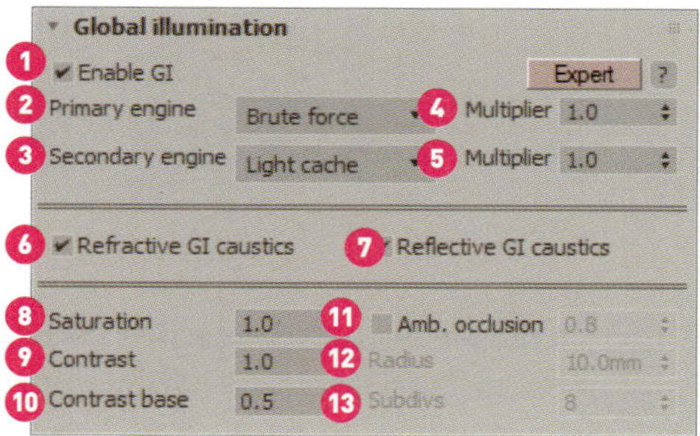

## ■ Irradiance map

Primary engine에서 사용할 수 있으며 3차원 공간의 모든 방향에서 도달하는 빛을 효율적으로 계산하기 때문에 옵션 설정만 잘 한다면 빠르고 좋은 이미지를 얻을 수 있습니다.

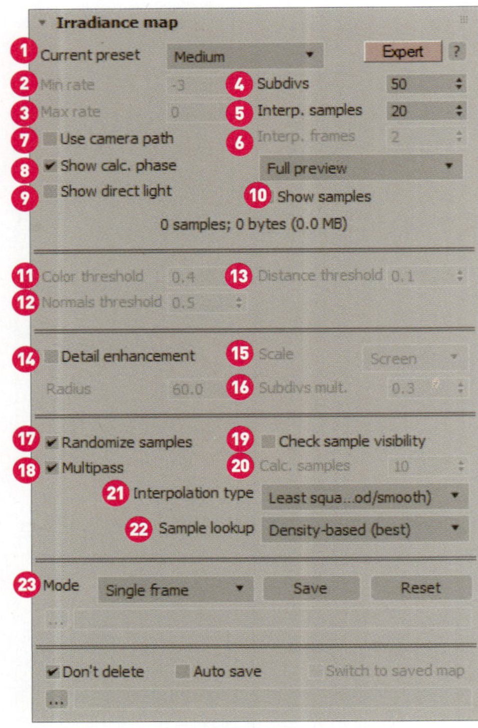

⑨ **Show direct light** : 이 옵션은 'Show calc phase'가 활성화 된 상태에서만 사용할 수 있습니다. irradiance map이 계산되는 동안 간접조명뿐만 아니라 직접조명도 표시해 줍니다.

⑩ **Show samples** : 체크하면 작은 점으로 샘플을 시각적으로 보여줍니다.

⑪ **Color threshold (Clr thresh)** : irradiance map 알고리즘이 간접조명의 변화에 얼마나 민감하게 반응할지를 설정합니다. 값이 작을수록 빛의 변화에 더 민감하여 높은 품질의 이미지를 생성합니다.

⑫ **Normal threshold (Nrm thresh)** : irradiance map이 표면의 세부사항의 변화에 얼마나 민감하게 반응할지를 설정합니다. 값이 작을수록 표면곡률과 작은 세부사항에 더 민감하게 반응합니다.

⑬ **Distance threshold (Dist thresh)** : irradiance map이 표면사이의 거리를 얼마나 민감하게 반응할지를 설정합니다. 0.0일 경우 irradiance map이 모든 근접 오브젝트와 연동되지 않음을 의미합니다. 값이 클수록 오브젝트가 서로 가까운 곳에 더 많은 샘플을 배치합니다.

⑭ **Detail Enhancement** : 이미지에 작은 디테일이 필요한 경우에 irradiance map에 추가 디테일을 적용합니다. 때문에 GI가 흐려지거나 노이즈나 플리커 현상이 생길 수 있습니다.

⑮ **Scale** : 사용할 반경 방법을 선택합니다.
  • **Screen** : 반경은 이미지 픽셀입니다.
  • **World** : 반경은 유닛단위입니다.
  • **Radius** : 세부개선 효과의 반경을 설정합니다.

⑯ **Subdivs mult.** : 샘플의 수를 설정합니다.

⑰ **Randomize samples** : irradiance map계산 시 샘플을 무작위로 생성합니다.

⑱ **Multipass** : 체크하면 렌더링 시 Min rate에서부터 Max rate까지 점진적으로 여러 패스를 만들며 해상도를 점진적으로 늘려갑니다.

⑲ **Check sample visibility** : 체크하면 irradiance map에서만 샘플을 사용합니다. 얇은 양쪽 벽에 서로 다른 조명을 비추었을 때 생기는 '빛샘 현상'을 방지할 수 있습니다.

⑳ **Calc. samples** : irradiance map 계산 시 이미 계산된 샘플들의 수를 나타냅니다. 최적의 값은 10~25 입니다.

㉑ **Interpolation type** : 렌더링 중 irradiance map의 샘플로부터 GI를 보간하는 방법을 선택합니다.

㉒ **Sample lookup** : 렌더링 중 irradiance map이 주변 샘플을 선택하는 방법을 선택합니다.

㉓ **Mode** : 계산된 irradiance map을 저장하거나 재사용 방법을 설정합니다.

① **Current preset** : 사전 설정된 irradiance map의 값을 불러와 사용하거나 Custom으로 선택하여 사용자가 직접 옵션을 설정할 수 있습니다. 이미지의 품질에 따라 선택하며 높은 품질을 선택할수록 렌더링 시간이 길어집니다.

② **Min rate** : 첫 번째 GI패스의 최소 맵 해상도를 결정합니다.

③ **Max rate** : 두 번째 GI패스의 해상도를 결정합니다. Min rate 값보다 높게 설정해야 합니다.

④ **Subdivs** : 가상반구안의 샘플수로 값이 크면 품질은 좋아지지만 렌더링 시간이 늘어납니다.

⑤ **Interp. samples** : 간접조명을 보간하기 위해 사용되는 GI샘플의 수입니다. 값이 크면 부드러운 결과물이 나오지만 GI영역도 흐려질 수 있습니다.

⑥ **Interp. frames** : Animation (rendering)시 GI를 보간하는데 사용되는 프레임의 수를 설정합니다.

⑦ **Use camera path** : 체크하면 V-Ray는 현재 뷰의 전체 카메라 경로에 대한 irradiance map 샘플을 계산합니다.

⑧ **Show calc. phase** : 체크하면 irradiance map이 계산되는 과정을 보여줍니다.

# ■ Light cache

빛의 입자를 뿌려 경로를 계산하는 방식으로 속도가 빠르고 사실적인 빛을 표현합니다.

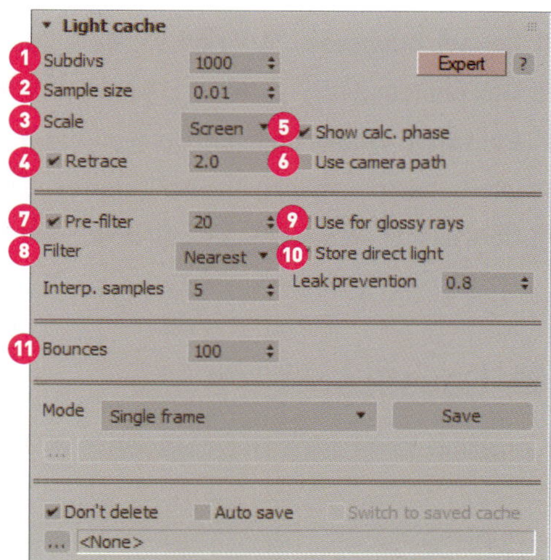

① **Subdivs** : 카메라로부터 빛의 경로를 추적하는 샘플수입니다.

　설정 값의 제곱수로 기본 값 1,000일 경우 카메라에서 1,000,000의 경로를 추적합니다.

② **Sample size** : 방출되는 light cache 샘플의 크기를 설정합니다. 수치가 작을수록 세밀하게
표현할 수 있습니다.

③ **Scale** : 샘플과 필터의 크기를 설정합니다.

　• **Screen** : 카메라 거리에 따라 샘플 크기가 변합니다.

　• **World** : 시스템 units에 따라 샘플 크기가 고정됩니다.

④ **Retrace** : light cache가 너무 큰 에러를 생성할 경우 GI의 정밀도를 향상시킵니다.

⑤ **Show calc. phase** : 렌더링하는 과정을 보여줍니다.

⑥ **Use camera path** : 전체 카메라 경로에 대한 light cache 샘플을 계산합니다.

⑦ **Pre-filter** : light cache에 샘플이 렌더링 되기 전에 필터링됩니다.

⑧ **Filter** : light cache의 render-time filter의 종류를 선택합니다.

　• **None** : 필터링이 수행되지 않습니다.

　• **Nearest** : 음영지점에서 가장 가까운 샘플을 찾습니다.

　• **Fixed** : 음영지점에서 일정거리내의 모든 평균 샘플을 찾습니다.

⑨ **Use for glossy rays** : 정상적인 GI광선 외에 광택광선 빛을 계산하는데 사용됩니다. 광택반사가 있는 장면의 렌더링 속도를 높일 수 있습니다.

⑩ **Store direct light** : light cache는 저장하고 직접광을 불러옵니다.

⑪ **Bounces** : 빛의 2차반사의 최대 횟수를 설정합니다.


# ■ Brute force GI

샘플링 시 빛의 분포를 장면에 맞게 산출하여 평균치를 직접 계산하는 방식입니다.

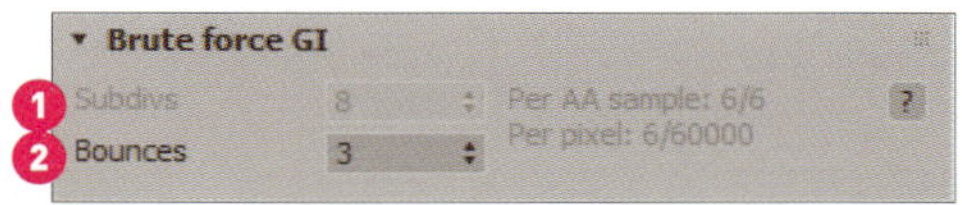

① **Subdivs** : 각 GI에 사용될 샘플수를 설정합니다.

② **Bounces** : 간접광의 반사 횟수를 설정합니다. 수치가 높을수록 장면의 밝기가 향상되지만 속도
는 느려집니다.


# ■ Global photon map

씬의 각 조명의 Photon(광자)의 밀도를 추적하여 적정 값을 계산하는 방식입니다.

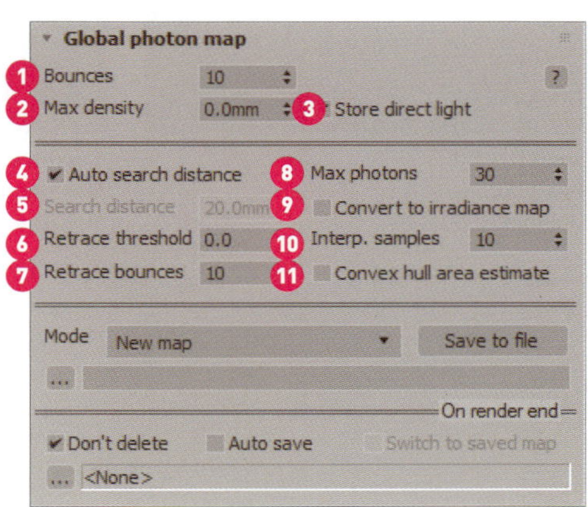

① **Bounces** : 빛의 반사 횟수를 설정합니다. 수치가 높을수록 더 정확한 결과를 만들지만 속도가
느려집니다.

② **Max density** : photon map의 해상도 및 메모리를 제한할 수 있습니다.

③ **Store direct light** : photon map에 직접조명을 저장합니다. 기본엔진으로 사용되거나 씬에
조명이 많은 경우 irradiance map 이나 brute force GI의 속도를 높일 수 있습니다.

④ **Auto search distance** : 적당한 거리에서 광자를 자동으로 검색하여 계산합니다.

⑤ **Search distance** : Auto search distance가 꺼져 있을 때에 사용할 수 있으며 수동으로 광자의 검색거리를 지정할 수 있습니다.

⑥ **Retrace thresholde** : 0.0보다 클 경우 모서리 근처에서 photon map 대신 brute force GI를 사용합니다.

⑦ **Retrace bouncese** : 모서리에서 반사 횟수를 설정합니다.

⑧ **Max photonse** : 음영지점에서 조도에 근접할 때 얼마나 많은 광자를 가져올지 설정합니다.

⑨ **Convert to irradiance mape** : photon map에 저장되어 있는 광자지점에서 조도를 미리 계산하여 적은 수의 광자를 사용할 수 있습니다.

⑩ **Interp. samplese** : photon map이 irradiance map으로 변환되면 가져올 irradiance 샘플의 수를 설정합니다.

⑪ **Convex hull area estimatee** : 광자들에 의해 커버되는 영역을 계산하기 위해 단순화된 알고리즘을 사용합니다.


## ■ Caustics

Caustics는 반사나 굴절을 가진 재질에 빛이 반사되거나 투과되어 나타나는 빛의 산란효과를 표현합니다.

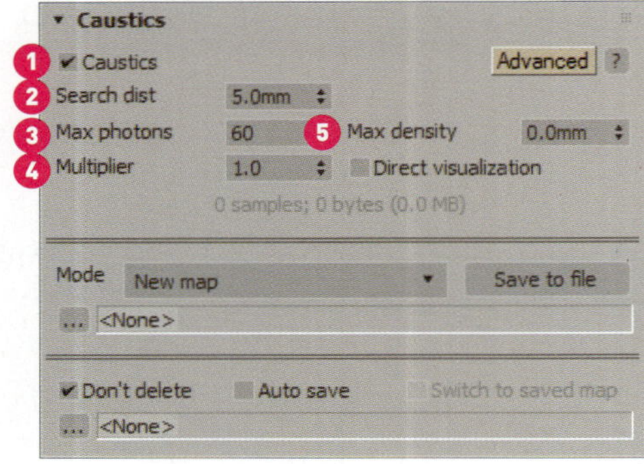

① **Caustics** : Caustics를 체크하여 켜거나 끕니다.

② **Search dist** : 광자(빛의 입자)가 모이는 원의 반경을 설정합니다. 값이 작을수록 선명하며 값이 클수록 Caustics 효과가 부드럽게 표현되지만 렌더링 시간이 길어집니다.

Search dist : 1
Max photons : 10
Multiplier : 10

Search dist : 50
Max photons : 10
Multiplier : 10

Search dist : 500
Max photons : 10
Multiplier : 10

③ **Max photons** : 일정 영역안에 모이는 최대 광자수를 설정합니다. 0을 입력할 경우 검색 영역 내에서 찾을 수 있는 모든 광자를 사용합니다.

 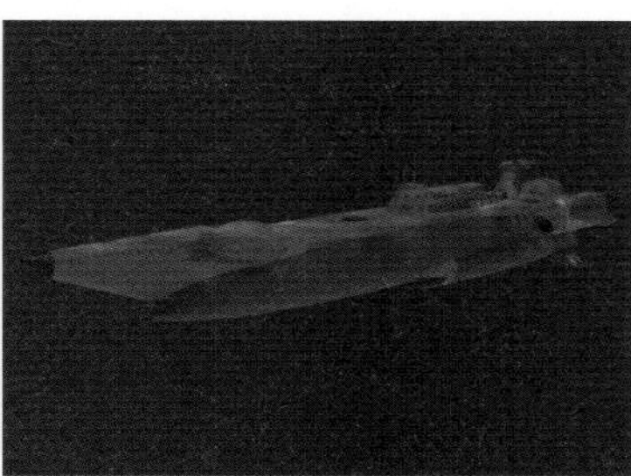 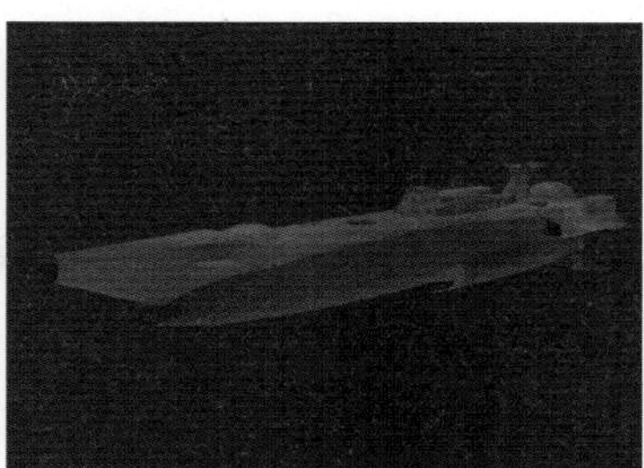

| | | |
|---|---|---|
| Search dist : 300<br>Max photons : 1<br>Multiplier : 10 | Search dist : 300<br>Max photons : 10<br>Multiplier : 10 | Search dist : 300<br>Max photons : 50<br>Multiplier : 10 |

④ **Multiplier** : Caustics의 밝기를 설정합니다. 모든 조명의 밝기에 누적되어 적용됩니다.

 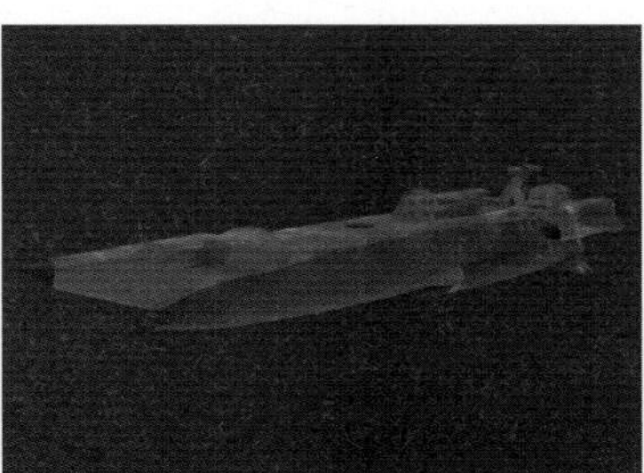 

| | | |
|---|---|---|
| Search dist : 300<br>Max photons : 10<br>Multiplier : 1 | Search dist : 300<br>Max photons : 10<br>Multiplier : 10 | Search dist : 300<br>Max photons : 10<br>Multiplier : 30 |

⑤ **Max density** : 일정 영역안의 광자가 최대로 밀집되는 거리를 설정합니다.

# 360° VR 이미지 만들기

이번에는 예제를 통하여 인테리어 씬의 VR 이미지를 만들어 보겠습니다. 카메라의 옵션을 수정하여 단순한 이미지가 아닌 보다 입체적인 이미지를 만들 수 있습니다.

**예제 파일**
C:/315-5466/Part08/0801.max

## 01

'C:/315-5466/Part08/0801.max' 파일을 불러옵니다.
Part06에서 인테리어 조명을 연습했던 씬으로 VR 이미지를 렌더링 할 때에는 렌더링을 할 때 위치가 중심이 되므로 거실의 중앙에서 사방을 볼 수 있도록 카메라를 거실 중앙에 설치하였습니다. 카메라와 조명세팅은 하였으므로 Render Setup을 진행해 보겠습니다.

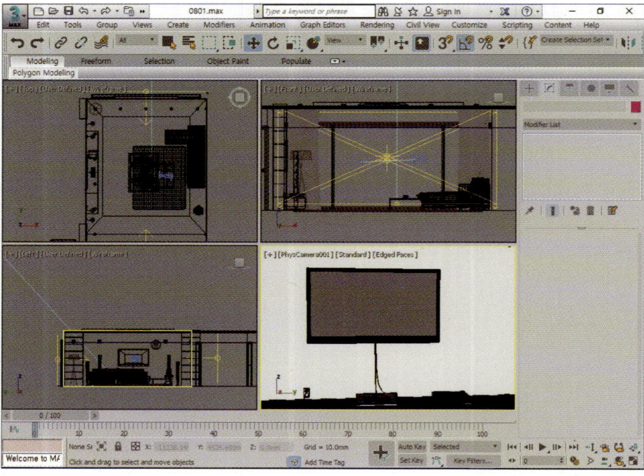

## 02

F10 을 눌러 [Render Setup] 창을 엽니다. Output Size의 크기를 Width : 2000, Height : 1000 으로 설정합니다. Lock 아이콘을 클릭하여 이미지 비율을 2.0 으로 고정합니다.

**tip**  2:1 비율로 렌더링을 해야 VR이 잘 표현됩니다.

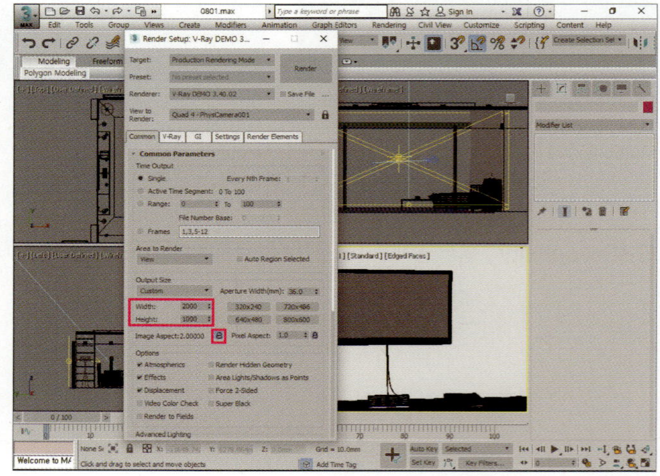

## 03

V-Ray 탭의 카메라 롤아웃 메뉴를 선택하고 아래와 같이 옵션을 수정합니다.

[Camera]
Camera Type : Spherical
Override FOV 체크 후 360입력

## 04

기타 Render Setting은 빠른 렌더링을 위해 최소 옵션만 사용하겠습니다.
V-Ray 탭에서 아래와 같이 수정합니다.

[Image sampler(Antialiasing)]
Type : Bucket

[Image filter]
Filter : VRayLanczosFilter

[Environment]
GI Environment : On 체크

## 05

GI 탭에서 아래와 같이 옵션을 수정합니다.

[Global illumination]
Primary engine : Irradiance map

[Irradiance map]
Current preset : Custom
Min rate : -3, Subdivs : 50
Max rate : -3, Interp.samples : 50

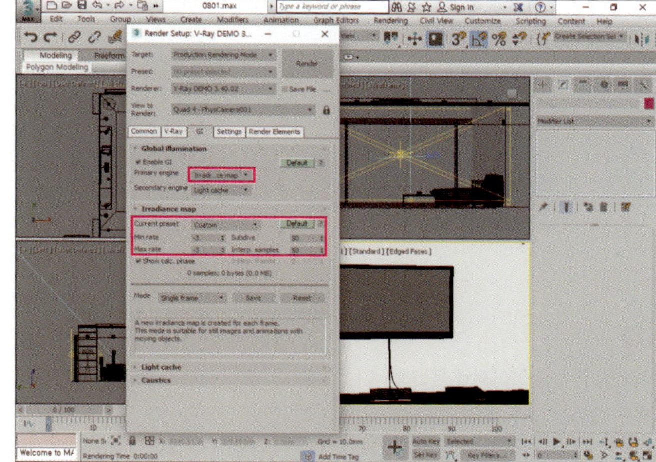

## 06

렌더링을 하면 그림과 같이 360도로 둘러볼 수 있는 구체 형태로 이미지가
만들어집니다.

## 07

VR 이미지는 구글에서 "panorama viewer"로 검색하여 볼 수 있습니다.
다른 방법으로 3ds max에서 간단하게 볼 수 있는 방법에 대하여 알아보겠습니다. 8 를 눌러 [Environment and Effects] 창을 엽니다.

**tip** 개인적으로 DevalVR을 이용하여 VR이미지를 확인합니다.

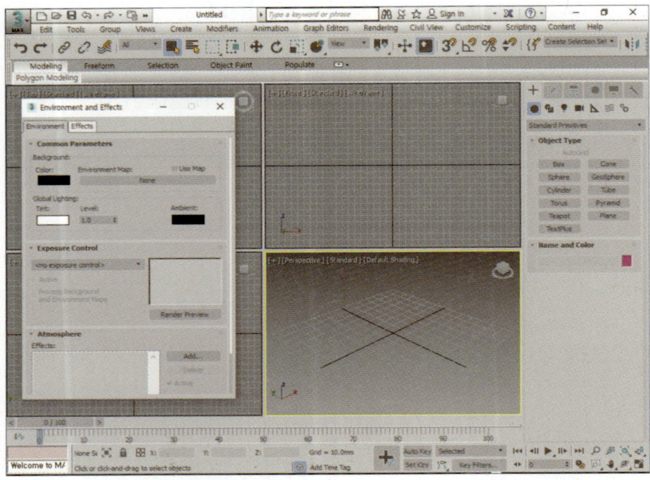

## 08

Environment Map의 'None'을 클릭하고 [Material/Map Browser]
창에서 'Bitmap'을 선택합니다.

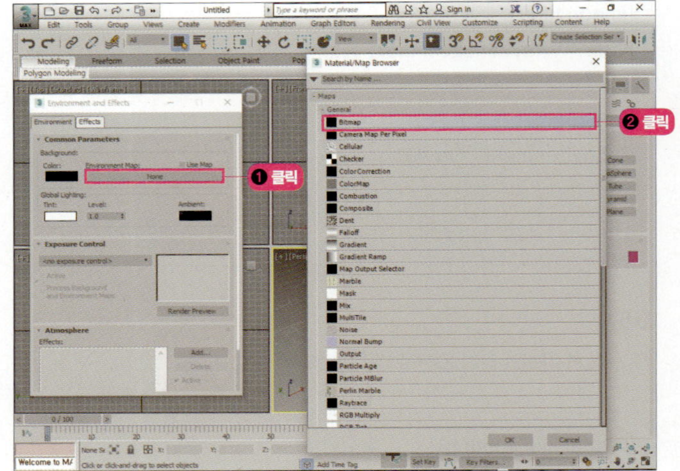

## 09

렌더링 한 VR 이미지를 불러옵니다.
혹은 'C:/315-5466/Part08/0801.tif' 파일을 선택합니다.

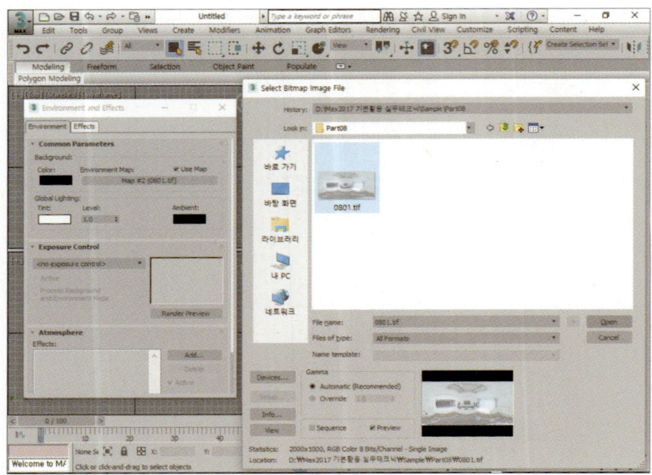

## 10

M 을 눌러 [Material Editor] 창을 엽니다. Environment Map에 적용
한 맵을 재질 창에 드래그 앤 드롭하여 놓습니다. 옵션은 'Instance'에 체크
합니다. Mapping Type을 Environment에 체크하고 'Spherical
Environment'로 변경합니다.

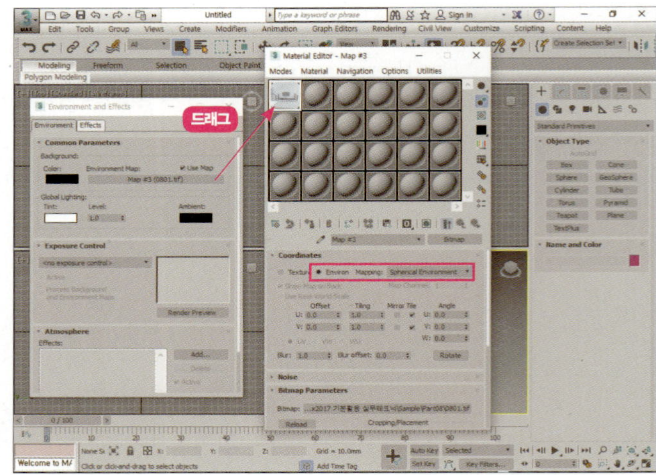

## 11

Viewport Label Menu에서 [+]를 클릭한 후 'Configure Viewports'
를 선택합니다.
단축키는 Alt + B 입니다.

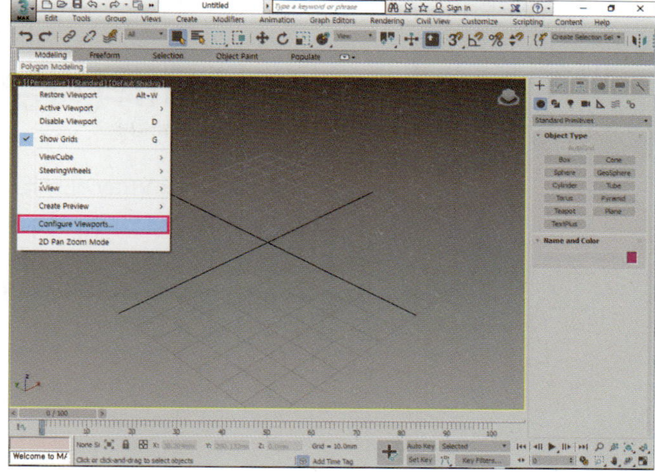

## 12

Background 탭의 옵션을 'Use Environment Background'에 체크하
고 OK를 클릭합니다.

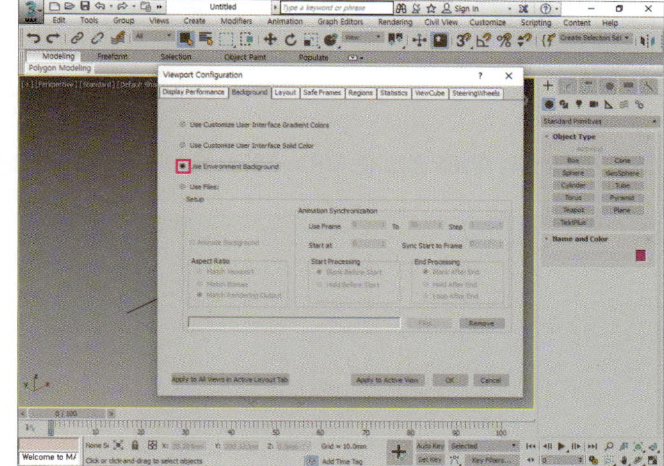

## 13

Environment에서 적용한 맵을 뷰포트에서 확인 할 수 있습니다. 뷰포트를
회전하여 이미지를 360도 확인할 수 있습니다.

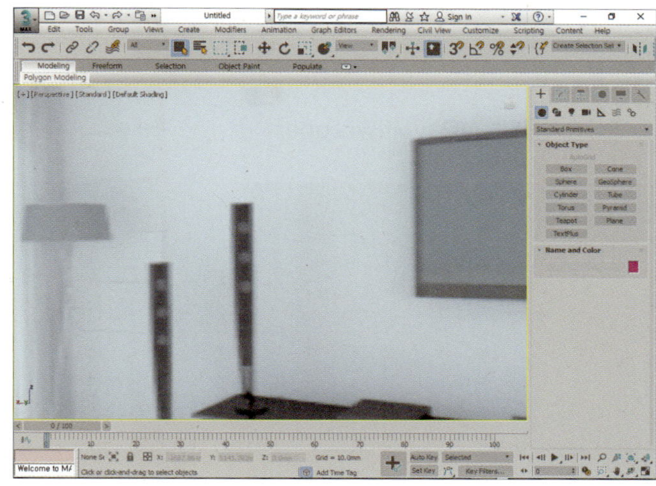

## Chapter 02

# VRayMtl의 다양한 활용 방법

VRayMtl 이외에도 VRay에는 다양한 재질을 제공하고 있습니다. 재질별로 현실적인 느낌을 표현하는데 있어 좀 더 간단하게 사용할 수 있으며, 서로 혼합하여 새로운 재질을 만들 수도 있습니다.

**학습 목표** 자주 사용되는 VRay 재질의 옵션과 활용 방법에 대하여 알아본다.

## ① 두 가지 이상의 재질을 합성하는 VRay2SideMtl과 VRayBlendMtl

## ② 합성에 사용되는 VRayMtlWrapper

# 01

### 양쪽에 재질을 따로 적용하는
# VRay2SideMtl

VRay2SideMtl은 Object의 양쪽에 각각 다른 재질을 적용할 수 있습니다. 종이, 한지, 천, 커튼, 나뭇잎 등 앞에서 조명을 받으면 뒤에서 은은하게 조명이 투과되는 물체에 주로 사용합니다.

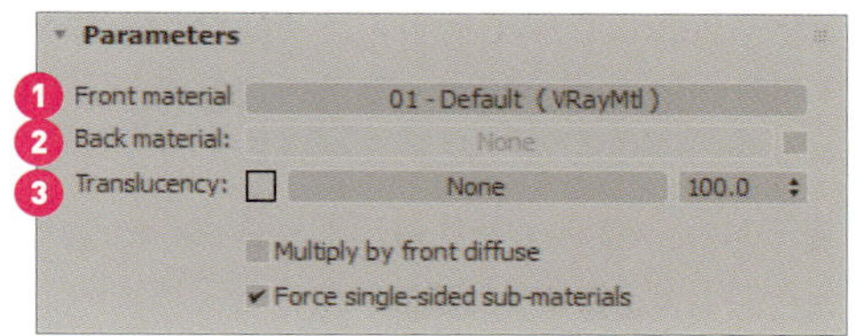


① Front material : 오브젝트의 전면에 적용되는 재질입니다.

② Back material : 오브젝트의 뒷면에 적용되는 재질입니다. 체크해야 사용할 수 있습니다.

Front material 재질만 적용한 경우

Back material에 재질을 적용한 경우

③ Translucency : 전면재질과 뒷면재질의 투명도를 맵이나 색상으로 조절합니다. 어두 울 수록 전면이, 밝을수록 뒷면이 더 잘 보입니다.

Color가 어두운 경우

Color가 밝은 경우

# 02

## 다양한 재질을 혼합하는
# VRayBlendMtl

VRayBlendMtl은 VRay의 기본 재질 위에 여러 가지 재질을 혼합하여 사용합니다.
자동차, 사람 피부, 복잡한 얼룩 등의 복합적인 속성의 재질에 주로 사용합니다.

월E의 녹슨 재질에 활용한 예입니다. Base material에는 노란 금속 재질을, Coat materials에는
녹슨 금속 재질을 적용하였습니다.

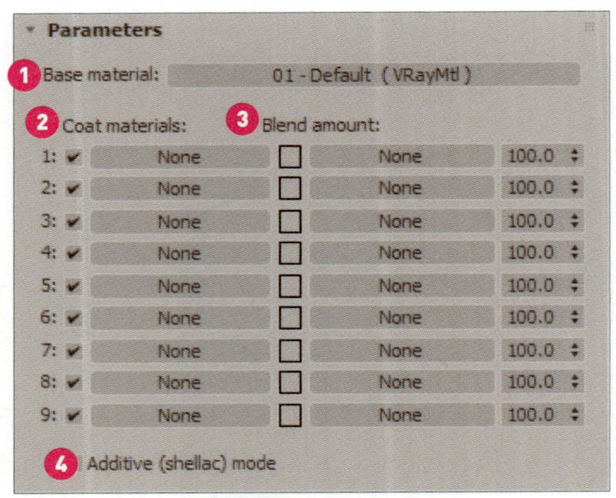

① **Base material** : 기본이 되는 재질입니다.

② **Coat materials** : 기본 재질 위에 추가로 혼합될 재질을 선택합니다.

③ **Blend amount** : 기본 재질과 혼합될 재질의 혼합량을 색상이나 맵으로 설정합니다.

　명도에 따라 혼합량이 달라지며 어두울수록 덜 혼합되고 밝을수록 많이 혼합됩니다.

Blend 색상을 어둡게 할 경우 Base material이 더 많이 표
현됩니다.

Blend 색상을 밝게 할 경우 Coat material이 더 많이 표현
됩니다.

④ **Additive (shallac) mode** : 체크하면 VRayBlendMtl을 Standard Material의 Shellac Material처럼 사용할 수 있습니다.

# 03

## 자체 조명 효과를 가지고 있는
# VRayLightMtl

물체에서 자체적으로 조명 효과를 갖도록 할 때 사용합니다. Standard 재질의 Self-Illumination과 같은 기능이지만 밝기를 조절하거나 맵을 적용할 수 있어 조명 느낌을 더욱 효과적으로 만들 수 있습니다. 전구, TV, 모니터, 네온 등 자체적으로 조명을 가지고 있는 재질에 사용합니다.

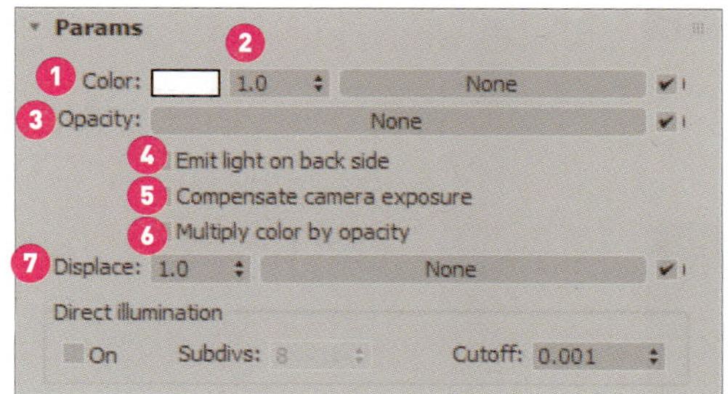

① **Color** : 조명의 색상을 설정합니다.

② **Multiplier** : 조명의 밝기를 설정합니다.

Multiplier : 1
Multiplier : 5

③ **Opacity** : 맵을 사용하여 재질의 투명도를 설정합니다. 조명의 강도에는 영향을 주지 않습니다.

④ **Emit light on back side** : 체크하면 오브젝트의 양면에서 빛을 방출합니다.

⑤ **Compensate camera exposure** : PhysicalCamera에서 노출 보정 값을 보완합니다.

⑥ **Multiply color by opacity** : 조명의 밝기
에 Opacity 맵을 적용합니다.

Opacity에 Falloff맵을 적용했을 경우

⑦ **Displace** : displacement map을 적용하
여 오브젝트를 돌출시킵니다.

Cellular맵 적용 시

# 04

## Object에 적용되는 GI를 조절하는
# VRayMtlWrapper

오브젝트에 적용되는 GI값을 세부적으로 조절하여 효과적인 재질을 만들 수 있습니다. 또한 Matte Shadow와 같은 기능으로 알파 값을 추출하여 다른 이미지와 합성하는데 사용됩니다.

그림과 같이 배경과 합성을 할 경우 바닥에 VRayMtlWrapper를 적용하여 자연스럽게 배경과 합성할 수 있습니다.

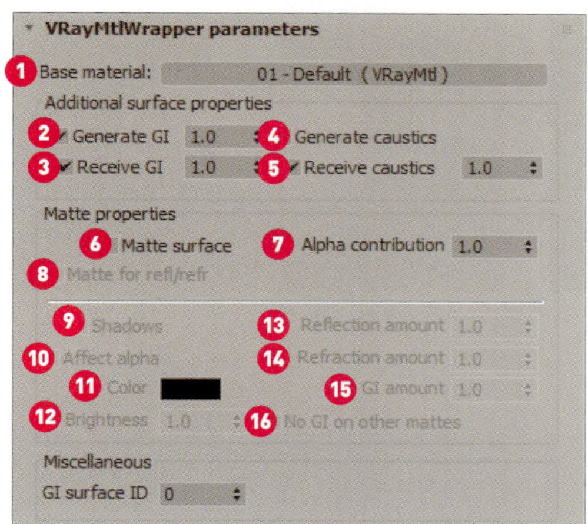


① **Base material** : VRayMtlWrapper의 기본이 되는 재질을 설정합니다.

② **Generate GI** : 재질에 반사되는 빛의 양을 설정합니다.

③ **Receive GI** : 재질에 적용되는 빛의 양을 설정합니다.

④ **Generate caustics** : Caustics(빛의 굴절에 의해 생기는 산란효과) 효과를 표현합니다.

⑤ **Receive caustics** : 재질에 적용되는 caustics 효과를 표현합니다.

⑥ **Matte surface** : 체크하면 재질을 Matte 재질로
표현합니다. Matte가 적용된 상태에서 렌더링을 하면 해
당 부분은 Environment color가 나타납니다.

Matte 표현 전

바닥에 Matte 재질 적용 후

⑦ **Alpha contribution** : 렌더링 된 이미지의 알파
채널의 표현 방법을 설정합니다.

1 : 재질이 적용된 모든 영역이 알파채널로 적용
됩니다.

0 : VRayMtlWrapper가 적용된 재질을 제외한
오브젝트가 알파채널로 적용됩니다.

−1 : VRayMtlWrapper에 적용된 그림자까지
알파채널로 적용합니다.

⑧ **Matte for refl/refr** : Matte 재질이 적용되는 오브젝트가 반사와 굴절이 적용되지 않도록 합니다.

Matte 표현 전

바닥에 Matte 재질 적용 후

Matte for refl/refr 체크 후

⑨ **Shadows** ; 재질이 적용된 오브젝트에 그림자를 생성합니다.

기본 세팅

Matte surface : on    Affect alpha : on
Shadows : on          Color : red

⑩ **Affect alpha** : Alpha 채널에 그림자 효과를 적용합니다.

⑪ **Color** : 그림자의 색을 설정합니다.

⑫ **Brightness** : 그림자의 밝기를 설정합니다. 수치가 낮을수록 그림자가 흐려집니다.

Matte surface : on    Affect alpha : on
Shadows : on          Brightness : 1.0

Matte surface : on    Affect alpha : on
Shadows : on          Brightness : 0.2

⑬ **Reflection amount** ; 반사가 있는 재질에 반사 효과가 적용되는 수치를 설정합니다.

⑭ **Refraction amount** ; 굴절이 있는 재질에 굴절 효과가 적용되는 수치를 설정합니다.

⑮ **GI amount** ; GI 효과가 적용되는 수치를 설정합니다.

Matte surface : on    Affect alpha : on
Shadows : on          GI amount : 1

Matte surface : on    Affect alpha : on
Shadows : on          GI amount : 0.2

⑯ **No GI on other mattes** : 다른 Matte 오브젝트에 반사, 굴절, GI 등의 효과가 적용될지 설정합니다.

# 05

# Edge를 표현하는
# VRayEdgesTex

오브젝트를 구성하고 있는 Edge를 와이어프레임 형태로 렌더링을 합니다.

VRayMtl의 맵으로 사용하며 적용된 재질과 함께 와이어를 표현하거나 와이어만 표현할 수 있습니다.

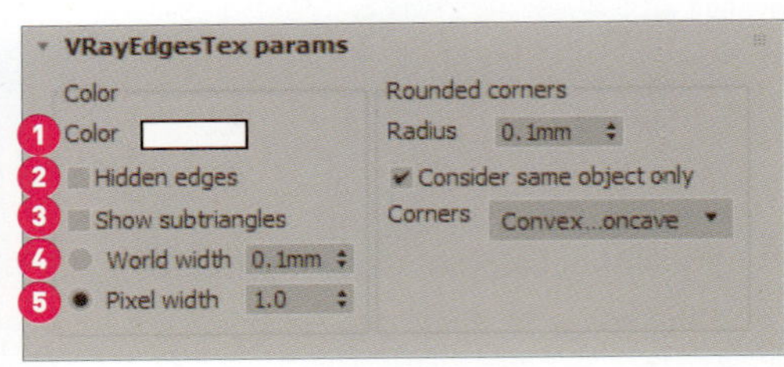


① **Color** : 선의 색상을 설정
합니다.

Color : white

Color : Black

② **Hidden edges** : 오브
젝트를 구성하는 모든
Edge를 표시합니다.

Hidden edges : off

Hidden edges : on

③ **Show subtriangles** : Displacement 맵을 적용한 경우 돌출되는 부분에 Edge를 추가하여 삼각형의 면 구조를 만듭니다.

Show subtriangles : off

Show subtriangles : on

④ **World width** : 선의 두께를 항상 고정된 값으로 보여줍니다.

World width : 0.1

World width : 0.1

⑤ **Pixel width** : 선의 두께를 픽셀 단위로 설정합니다.

Pixel width : 1

Pixel width : 3

# 06

## 경계면에 음영을 표현하는
# VRayDirt

VRayDirt는 다양한 효과를 시뮬레이션하기 위해 사용되는 텍스쳐 맵으로 오브젝트 주변과 모서리에 음영을 넣을 수 있습니다.

일반 렌더링

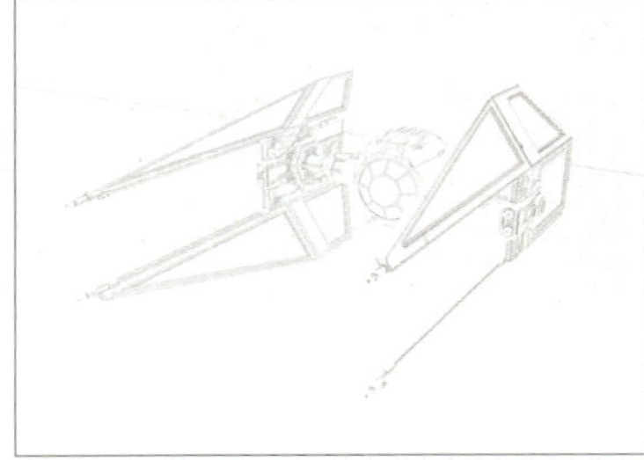
VRayDirt를 이용한 Occlusion 이미지

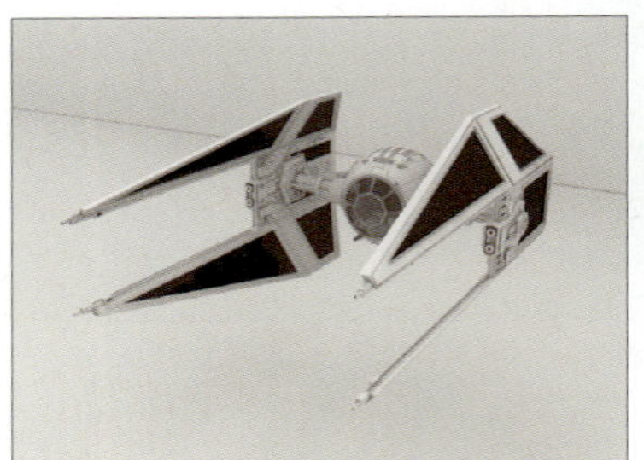
두개의 이미지를 합성하여 음영 추가

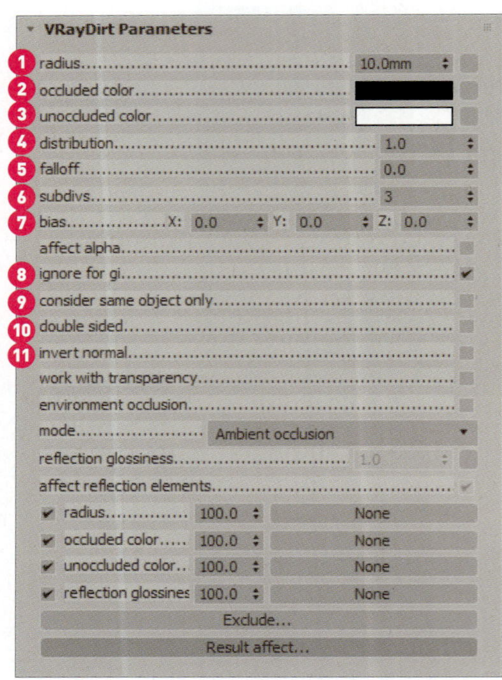

① **radius** : VRayDirt 효과가 생성되는 영역의 크기를 설정합니다. 수치가 높을수록 적용범위가 넓어집니다.

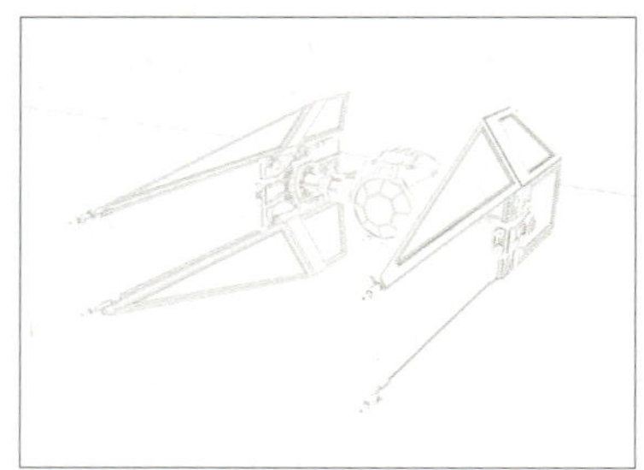
Radius : 10

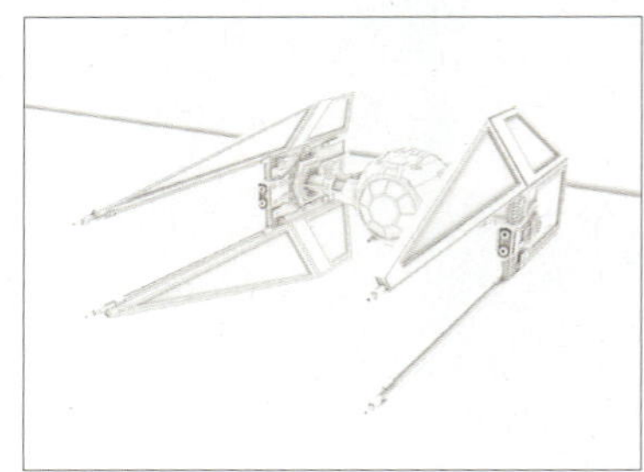
Radius : 100

② **occluded color** : VRayDirt로 표현되는 색상입니다.

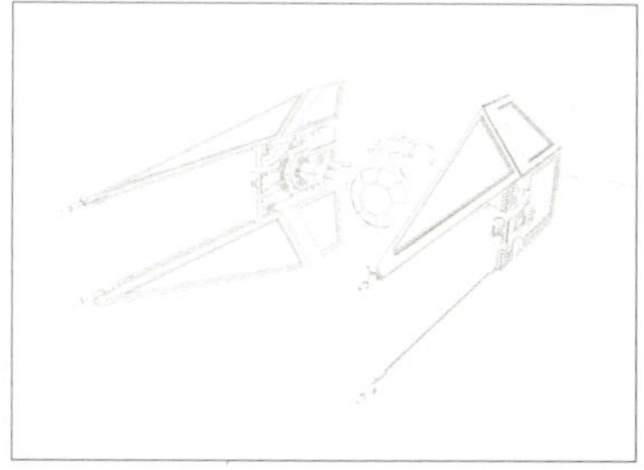

Occluded color : black

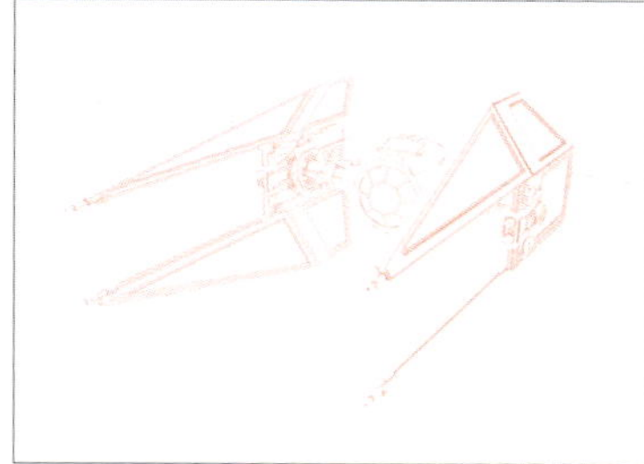

Occluded color : red

③ **unoccluded color** : VRayDirt가 적용되지 않은 부분의 색상을 설정합니다.

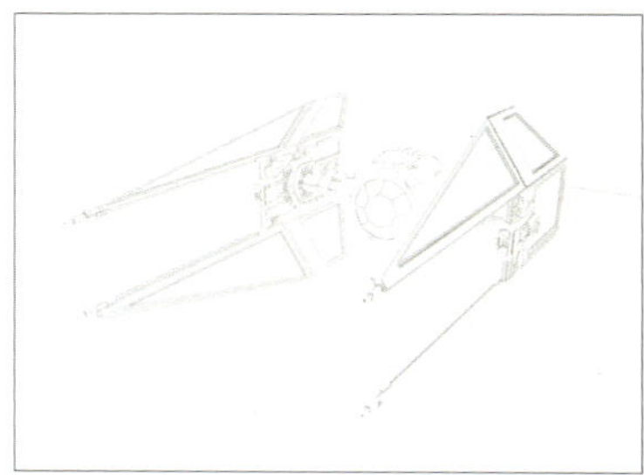

Unoccluded  color : white

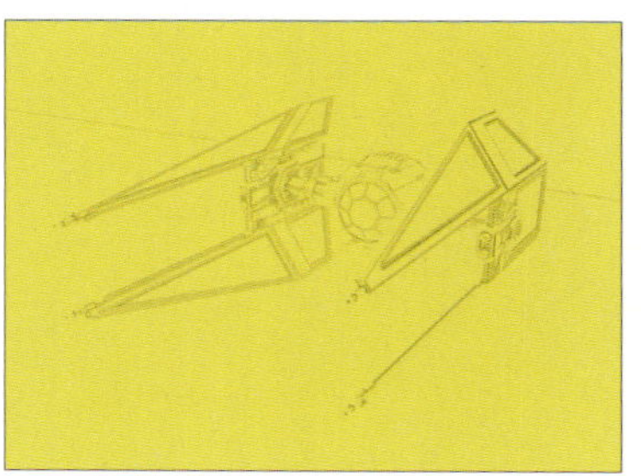

Unoccluded  color : yellow

④ **distribution** : 면과 면이 만나는 부분에 dirt 효과를 더 적용합니다. 값이 클수록 효과범위가 줄어듭니다.

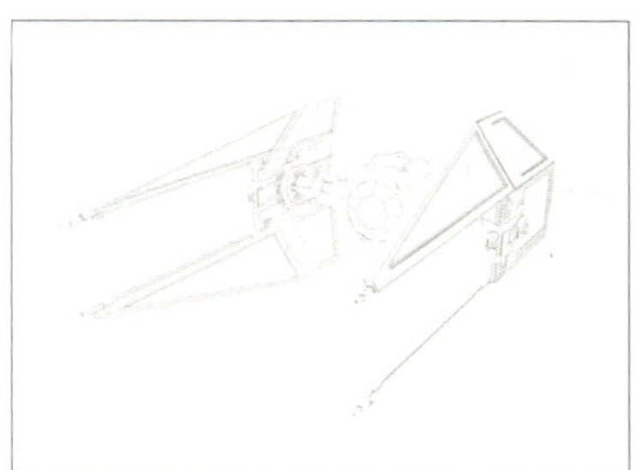

Distribution : 1

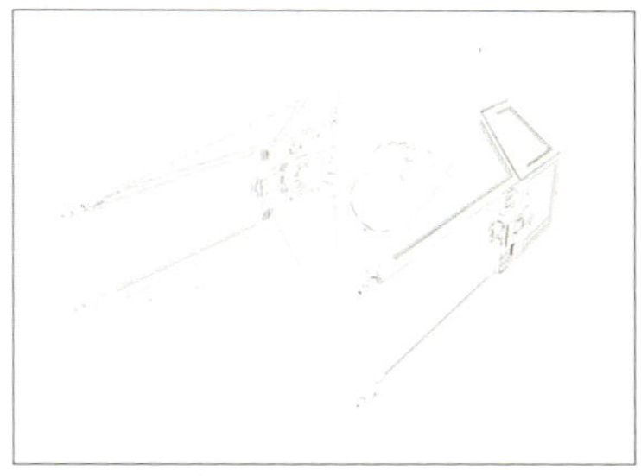

Distribution : 10

⑤ **falloff** : Occluded color와  unoccluded color의 영역사이의  변환속도를 설정합니다.
　수치가 높을수록 dirt가 적용되는 경계가 작아집니다.

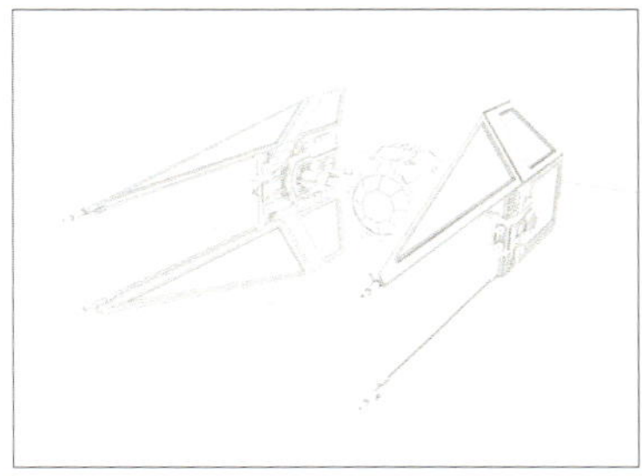

Falloff : 0

Falloff : 10

⑥ **subdivs** : VRayDirt 효과의 샘플수를 설정합니다. 수치가 낮으면 속도는 빠르지만 노이즈가 생성됩니다.

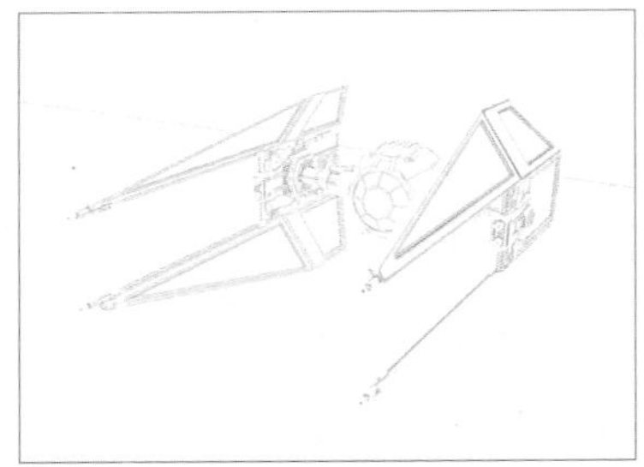

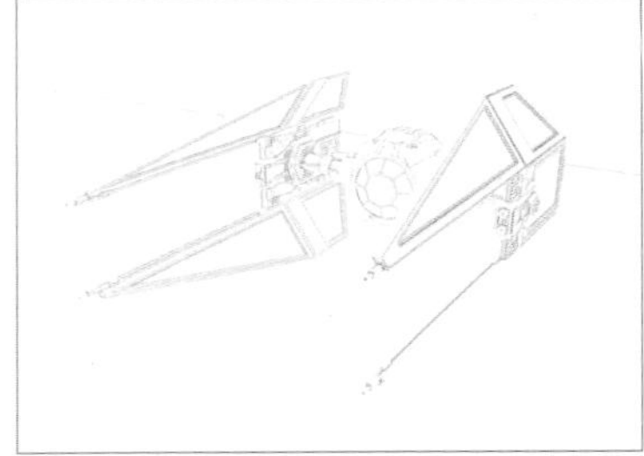

Subdivs : 8

Subdivs : 50

⑦ **bias (X,Y,Z)** : 설정한 방향 축으로 강제로 dirt 효과를 적용합니다.

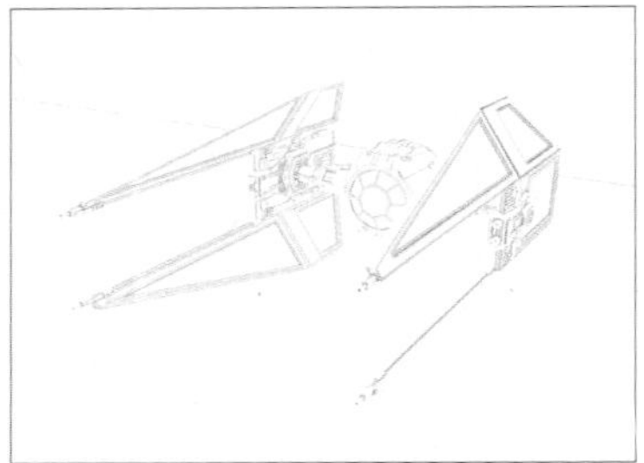

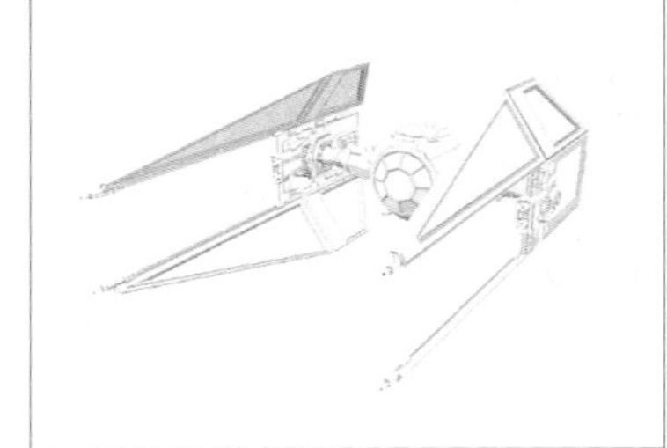

Bias (X : 0, Y : 0, Z :0 )

Bias (X : 0, Y : 0, Z :500 )

⑧ **ignore for gi** : GI 연산 시 dirt 효과를 보여줄지 선택합니다. 체크한 상태에서 렌더링을 하면 GI 효과는 보이지 않고 결과물에서만 보입니다.

⑨ **consider same object only** : dirt가 접촉면과 모서리에 생성되지 않고 오브젝트 자체에 생성됩니다. dirt가 자연스럽고 랜덤하게 퍼지는 효과를 줍니다.

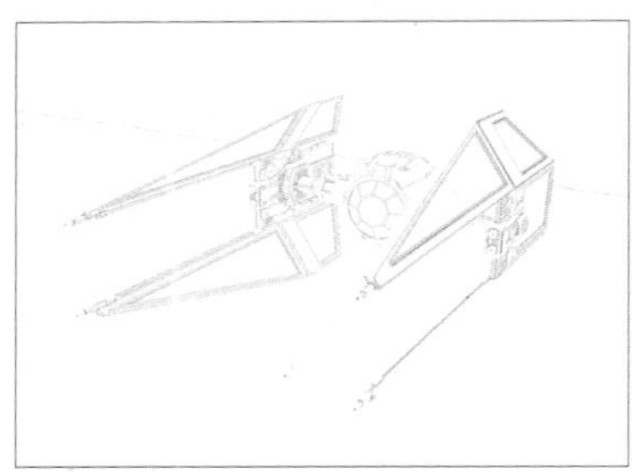

Consider same object only : off

Consider same object only : on

⑩ **double sided** : 체크하면 정 방향과 반대 방향까지 모두 추적합니다.

⑪ **invert normal** : 광 추적 방향을 바꾸어 주어 오브젝트가 만나는 면이 아닌 모서리에 dirt를 적용합니다.

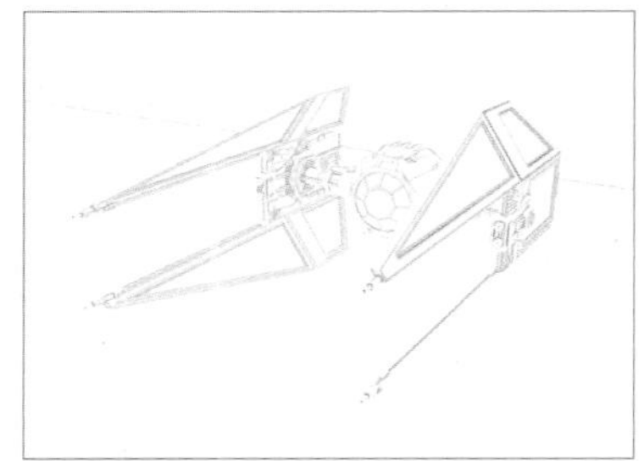

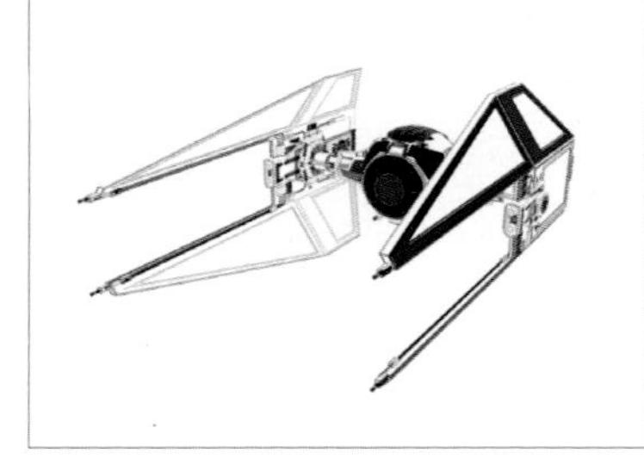

invert normal : off

invert normal : : on

# 07

## 카툰 스타일로 렌더링하는
# VRayToon

VRayToon은 오브젝트에 Outline을 적용하여 렌더링 시 카툰 느낌을 줄 수 있습니다. 또한 일러스트로 작업한 느낌으로 색다른 분위기의 CG를 만들 수 있습니다. Viewport상에서는 확인이 되지 않으며 렌더링 된 이미지에서 확인할 수 있습니다.

**일반 렌더링 이미지**

**VRayToon으로 렌더링 한 이미지**

## ■ VRayToon의 Parameter

이번에는 VRayToon의 파라미터에 대하여 알아보겠습니다. 선의 두께 및 색상과 옵션을 설정하여 다양한 느낌의 선을 만들 수 있습니다.

① **Line Color** : 오브젝트에 적용되는 선의 색상을 선택합니다.

② **Normal threshold** : 오브젝트의 각도에 따라 생성되는 선의 두께를 조절할 수 있습니다.

③ **Pixels** : 고정된 선의 두께를 설정합니다. 값을 올릴수록 선이 두껍게 렌더링이 됩니다.

④ **Overlap threshold** : 오브젝트가 겹쳐지는 부분에 Outline의 생성여부를 설정합니다.

⑤ **World** : 거리에 따라 선의 두께를 다르게 렌더링 합니다. 거리가 가까우면 두껍게, 거리가 멀어지면 얇게 렌더링됩니다.

⑥ **Do reflections/refractions** : 재질에 반사나 굴절이 적용되었을 때 반사나 굴절이미지에도 선의 생성여부를 설정합니다.

⑦ **Opacity** : 선의 투명도를 설정합니다. 0부터 1까지 조절가능하며 수치가 낮을수록 선이 투명해집니다.

⑧ **Trace bias** : 반사/굴절의 적용여부에 따라 Line의 생성여부를 결정합니다.

⑨ **Hide inner edges** : 오브젝트 내부의 선은 보이지 않게 렌더링 합니다.

⑩ **Maps** : 색상, 두께, 왜곡, 투명도를 맵으로 사용할 수 있도록 합니다.

⑪ **Exclude objects** : VRayToon이 적용되거나 적용되지 않을 오브젝트를 따로 선택할 수 있습니다.

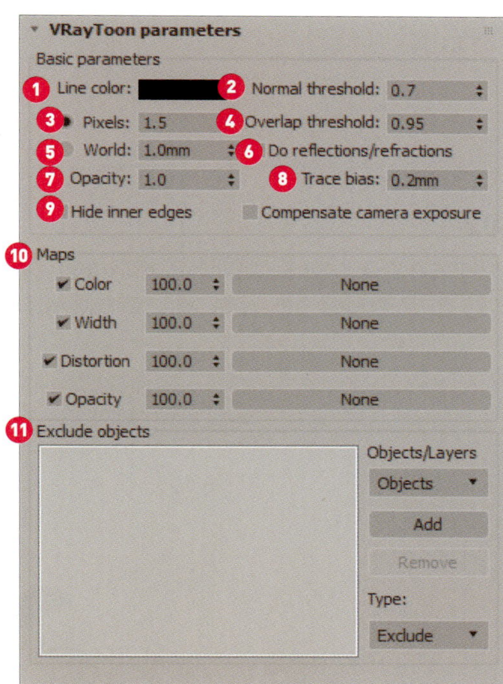

# VRayToon의 기능 익히기

이번에는 예제 파일을 이용하여 VRayToon의 기능에 대하여 알아보겠습니다. 예제 파일에 재질과 세팅이 되어 있으므로 쉽게 연습을 할 수 있습니다.
혹은 미리 만든 맥스 파일로 연습하는 것도 좋은 방법입니다.

**예제 파일**
C:/315-5466/Part08/0802_07.max

## 01

C:/315-5466/Part08/0802_07.max을 불러옵니다.
VRayToon을 사용하기 위해 키보드의 8 를 눌러 [Environment and Effects] 창을 엽니다. Environment 탭을 선택하고 Atmosphere의 [Add] 버튼을 눌러 VRayToon을 선택합니다.

## 02

Effects의 VRayToon을 선택하면 하단에 [VRayToon parameters] 창이 활성화됩니다.
기본 값으로 렌더링을 하면 그림과 같이 오브젝트에 검정색 Outline이 생긴 것을 확인할 수 있습니다.

## 03

Line color와 Pixels의 설정 값을 변경하면 그림과 같이 Outline의 색상
과 두께가 바뀝니다.

## 04

World에 체크하고 렌더링을 하면 Outline의 두께가 거리에 따라 달라지는
것을 확인할 수 있습니다. Camera와 가까울수록 Outline이 두꺼워지고
멀어질수록 Outline의 두께가 얇아집니다.

## 05

Do reflections/refractions에 체크하면 반사와 굴절이 적용된 부분에도
그림과 같이 Outline이 만들어 집니다.

## 06

Hide inner edges에 체크하면 오브젝트 내부의 선은 나타나지 않고 테두리에만 Outline이 만들어집니다.

## 07

Opacity 값을 조절하면 선의 투명도를 조절할 수 있습니다.

# V-Ray로 할 수 있는 모델링 방법

이번에는 V-Ray에서 할 수 있는 모델링 방법에 대하여 알아보겠습니다.
VRayDisplacementMod를 이용하여 사실적인 재질을 표현하거나 Proxy를 이용하여 뷰포트에서의 작업속도를
향상시키고 수많은 객체를 렌더링 할 수 있습니다.

학습
목표

VRay로 할 수 있는 모델링 방법에 대해 알아보고 사용 방법에 대하여 알아본다.

## ① VRayDisplacementMod의 활용 방법

## ② VRayProxy의 기능 익히기

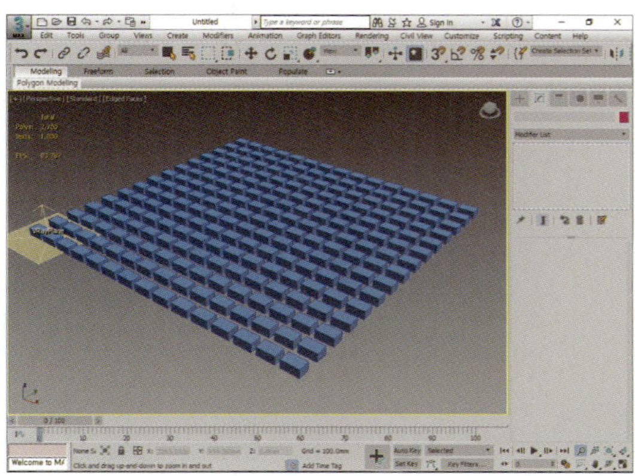

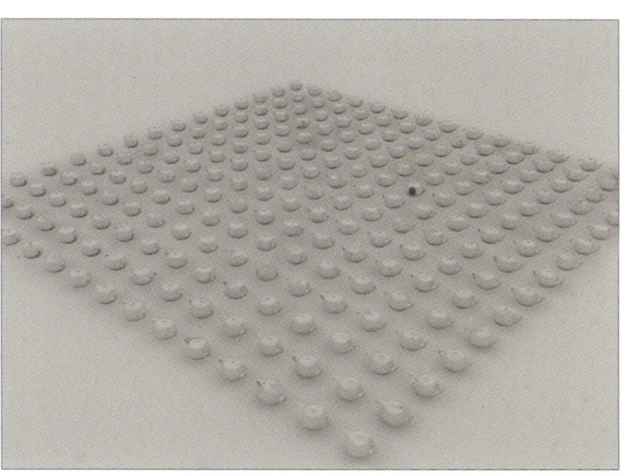

# 01

## VRayDisplacementMod를 이용하여
## 돌출 효과 만들기

VRayDisplacementMod를 사용하면 Bump와 달리 높이를 지정한 만큼 명암 값에 의해 돌출이 되므로 돌출되는 느낌을 효과적으로 만들 수 있습니다.
이번에는 VRayDisplacementMod가 어떻게 사용되는지 알아보겠습니다.

## 01

**수건 재질 만들기**

**예제 파일**
C:/315-5466/Part08/0803_01.max

### 01

'C:/315-5466/Part08/0803_01.max' 파일을 불러오면 화장실 씬이
있습니다. 벽에 걸려있는 수건을 클릭하고 Z 를 눌러 바로 수건으로 이동합
니다.

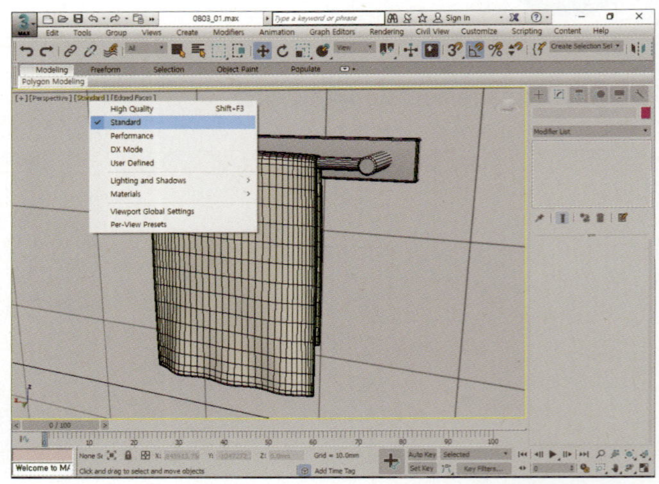

**tip**
VRay의 버전이 안 맞을 경우 씬이 어둡게 나오는 경우가 있는데 Viewport
Label Menu에서 Standard 모드로 변경하면 정상적으로 보입니다.

### 02

수건을 선택한 상태에서 [Modifier List-VRayDisplacementMod]를
적용하고 Amount 값을 수정합니다.

Amount : 5mm

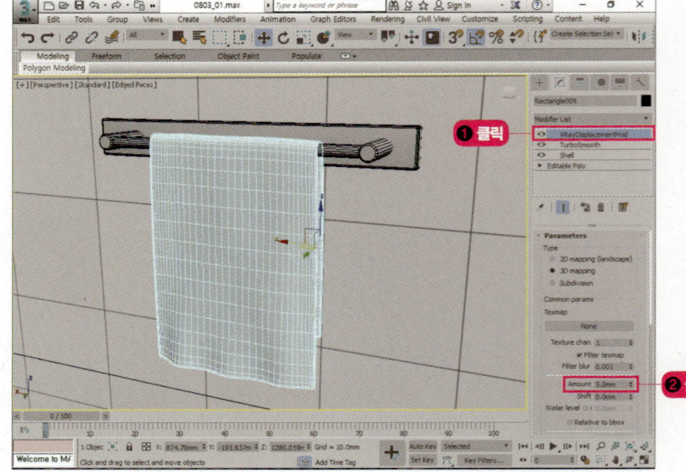

## 03

Texmap을 클릭하여 [Material/Map Browser] 창을 열고 'Bitmap'을
선택합니다.

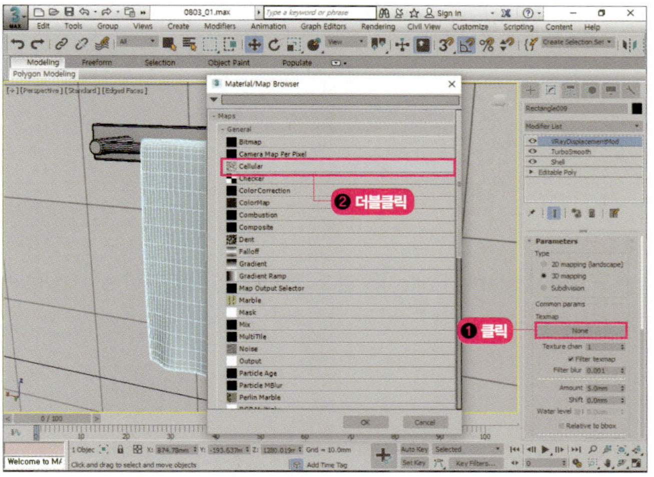

## 04

C:/315-5466/Part08/Noise.jpg 파일을 선택합니다.

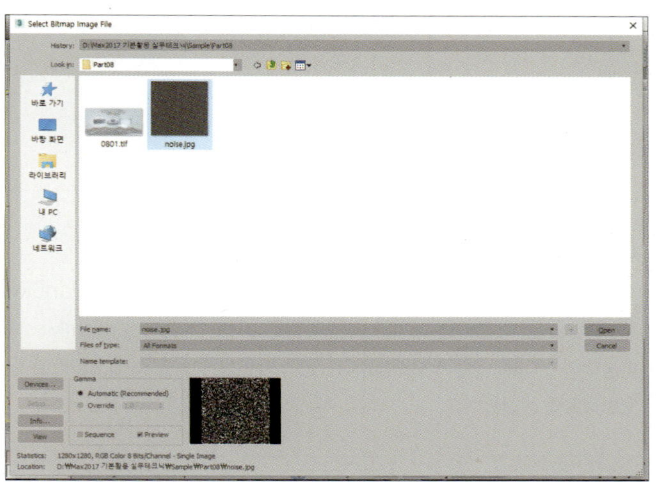

## 05

적용한 맵이 일정한 크기를 갖도록 UVW Map을 적용합니다.
[Modifier List-UVW Map]을 적용하고 아래와 같이 옵션을 수정합니다.

> Mapping Type : Box
> Length, Width, Height Size : 200㎜

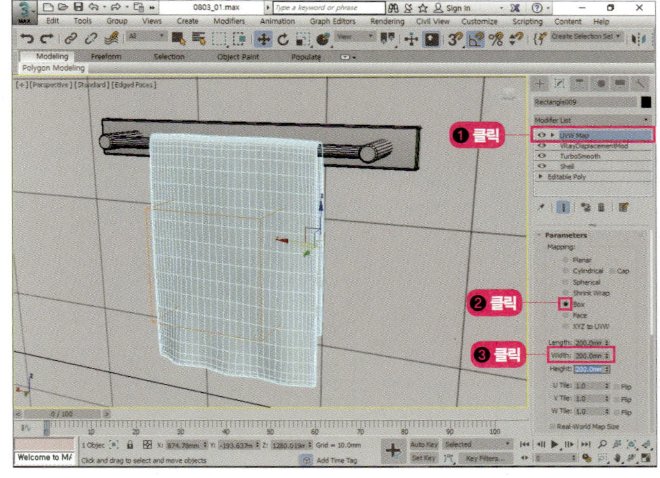

## 06

렌더링을 해 보면 그림과 같이 Noise 맵의 명
암차이에 의해 돌출 효과가 생겼습니다.
VRayDisplacementMod는 적용된 맵의
UVW Map의 크기나 Amount의 높이에 의해
결과가 많이 달라지므로 만족할 만한 결과물이
나오기까지 옵션을 수정하며 테스트를 진행해
보시기 바랍니다.

씬 내의 다른 수건에도 VRayDisplacementMod를 적용해
보세요.

**예제 파일**
C:/315-5466/Part08/0803_02.max

## 01

'C:/315-5466/Part08/0803_02.max' 파일을 불러옵니다. Part06에서 조명세팅을 진행했던 예제와 같은 파일로 VRayDisplacementMod를 이용하여 잔디를 만들어 보겠습니다. 잔디 재질을 적용할 녹색 와이어로 된 오브젝트를 선택합니다.

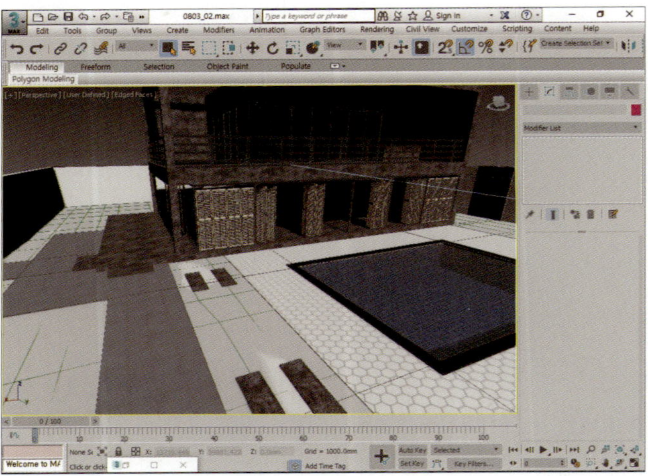

## 02

M을 눌러 [Material Editor]를 열고 그림과 같이 새로운 VRay 재질을 만듭니다.

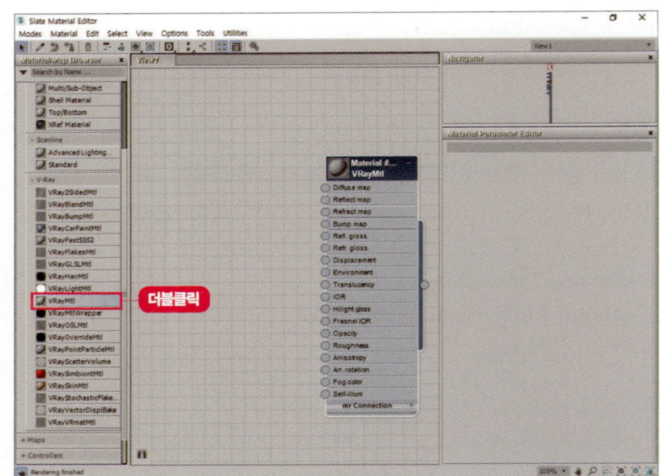



## 03

Diffuse map 앞의 원형 소켓을 클릭하고 드래그하여 Maps 〉 General 〉 Bitmap을 선택합니다.
C:/Program Files (x86)/Common Files/Autodesk Shared/Materials/Textures/3/Mats/SiteWork.Planting.Grass.StAugustine2.jpg를 선택합니다.

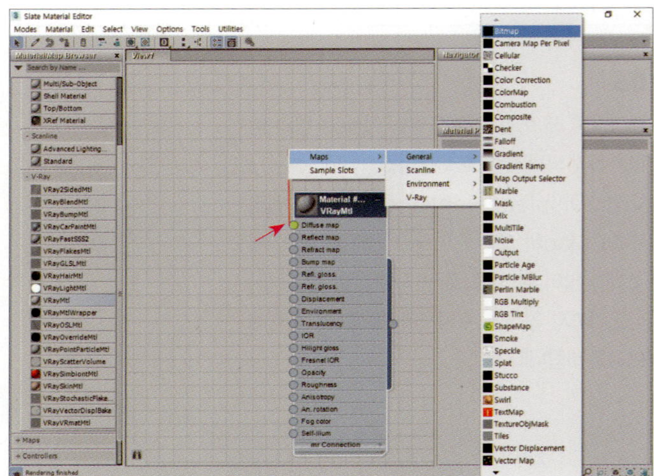

## 04

Bump map 앞의 원형 소켓을 클릭하고 드래그하여 Maps 〉 General 〉
Bitmap을 선택합니다.
C:/Program Files (x86)/Common Files/Autodesk Shared/
Materials/Textures/3/Mats/SiteWork.Planting.Grass.
StAugustine.Bump2.jpg를 선택합니다.

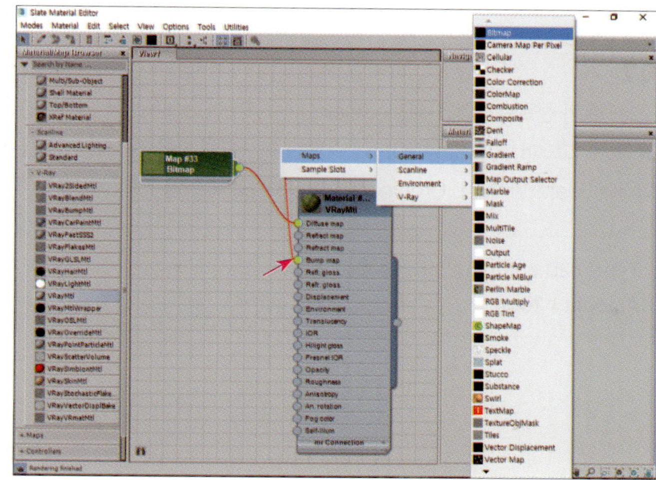

## 05

잔디 재질이 완성되었습니다.
Assign Material to selection(🔲)을 클릭하여 재질을 적용합니다.
Show Shaded Material in Viewport(🔲)를 클릭하여 Viewport에서
재질을 확인합니다.

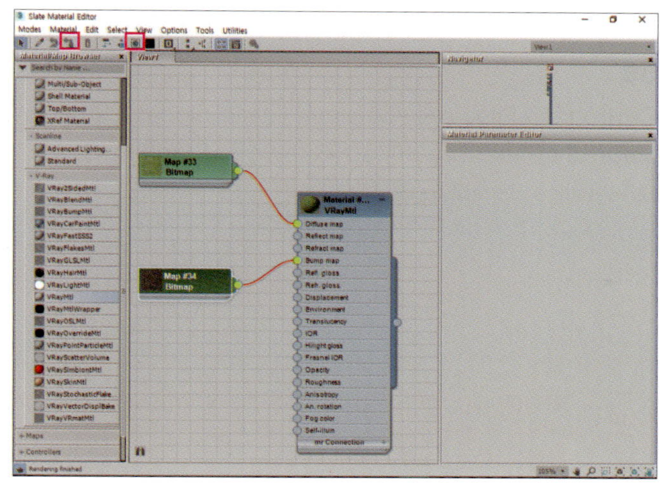

## 06

적용한 맵이 일정한 크기를 갖도록 [Modifier List-UVW Map]을 적용하
고 아래와 같이 옵션을 수정합니다.

> **Mapping Type : Planer**
> **Length : 500㎜, Width : 500㎜**

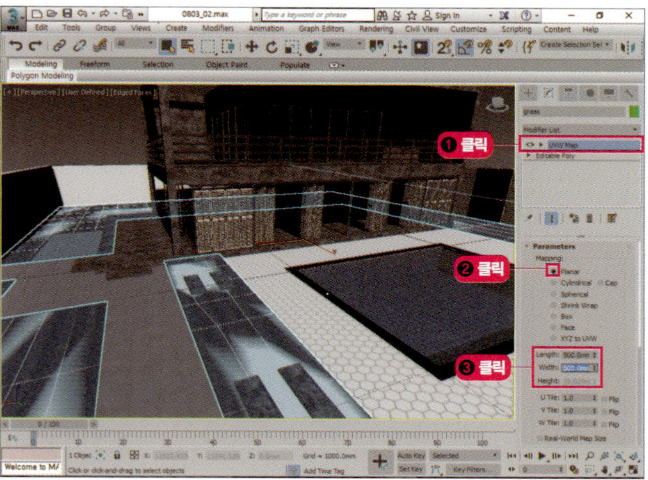

**tip** UVW Map의 크기에 따라 잔디의 느낌이 달라지므로 적당한 크기로 만드는
것이 좋습니다.

## 07

오브젝트가 선택된 상태에서 [Modifier List-VRayDisplacementMod]를 적용하고 Amount 값을 20으로 수정합니다. 그런 다음 Texmap을 클릭하여 [Material/Map Browser] 창을 열고 'Bitmap'을 선택합니다.

> Type : 2D mapping(landscape)
> Amount : 20㎜

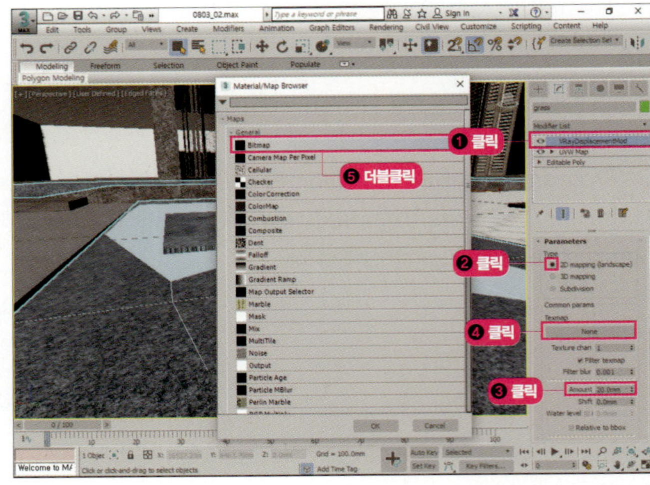

## 08

C:/Program Files (x86)/Common Files/Autodesk Shared/Materials/Textures/3/Mats/SiteWork.Planting.Grass.StAugustine.Bump2.jpg를 선택합니다.

**tip**
VRayDisplacementMod는 음영 값의 차이에 의하여 돌출 느낌을 만들어주므로 꼭 Bitmap이미지가 아니라 기본 Map의 Cellular나 Noise를 적용해도 비슷한 효과를 줄 수 있습니다.

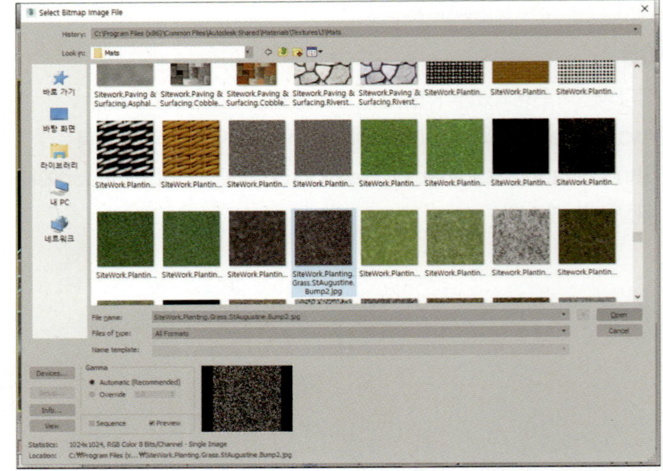

## 09

렌더링을 해 보면 잔디가 돌출된 것처럼 보이는 것을 확인할 수 있습니다.

# 02

# VRay Proxy의 활용 방법

V-Ray Proxy는 오브젝트를 Mesh 형태로 저장하여 Viewport에서는 간단한 형태로 보여주고 렌더링 시에는 실제 오브젝트의 형태를 보여줍니다.
많은 수의 오브젝트와 메모리를 효율적으로 관리하여 가볍게 작업할 수 있습니다.

## 01

아래와 같은 옵션으로 뷰포트에 주전자를 생성합니다.

> Radius : 50mm
> Segments : 64

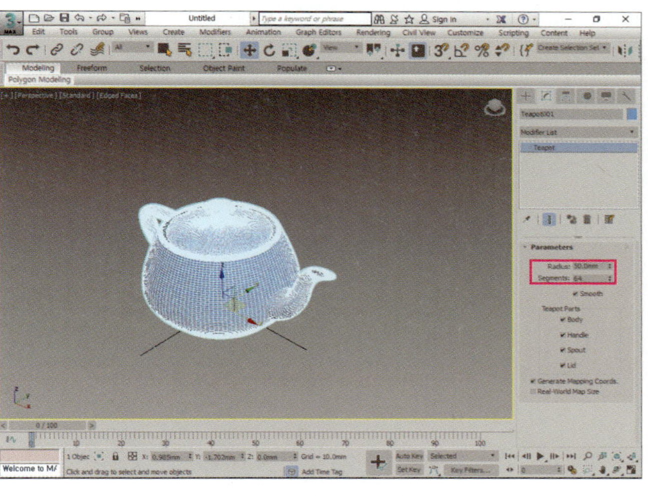

## 02

[Create-VRay-VRayPlane]를 선택하고 뷰포트에 VRayPlane를 생성합니다.

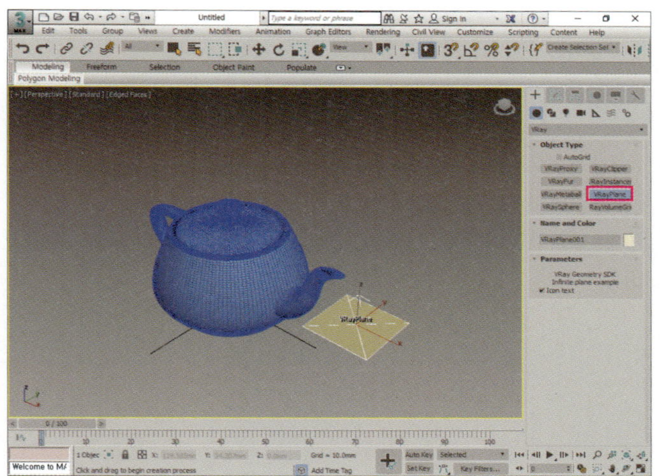

## 03

주전자를 선택하고 [Menu bar-Tools-Array]를 선택합니다.

## 04

Array 대화창에서 아래와 같이 옵션을 설정하고 OK를 클릭하면 주전자가
X,Y축으로 15개씩 총 225개가 복사됩니다.

> Incremental Move X : 200㎜
> [Array Dimensions]
> 2D체크
> Count 1D : 15
> Count 2D : 15  Y : 200㎜

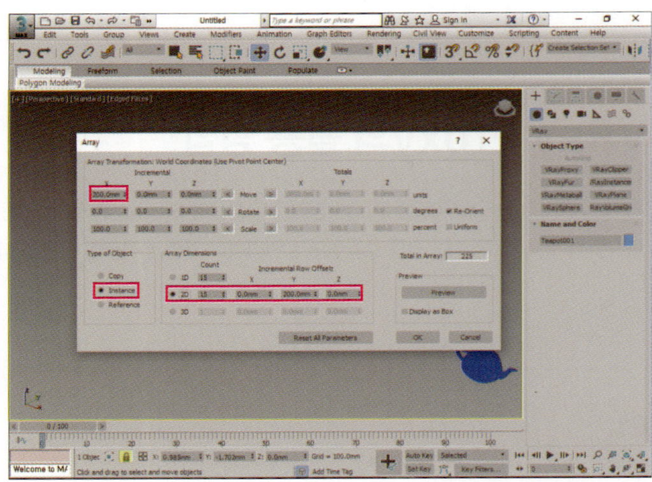

## 05

키보드의 7 을 누르면 현재 씬의 폴리곤수와 FPS가 표시됩니다.
현재 폴리곤 수는 58,982,4000이며 FPS는 100입니다.
FPS는 Frame Per Second 의 약자로 초당 나타내는 프레임수를 의미합
니다.
수치가 높을수록 보여 지는 프레임수가 많아져 부드럽게 보이지만 수치가 낮
을수록 끊어지는 느낌을 받게 됩니다.
현재는 복사하고 아직 움직이지 않았기 때문에 프레임 수치가 높게 나왔습니
다.

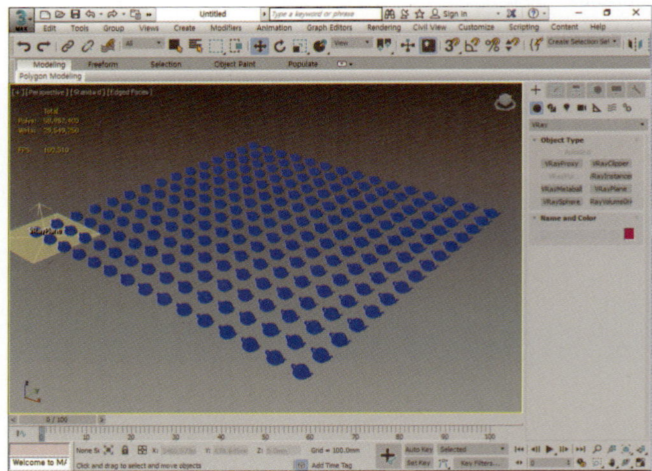

## 06

화면을 움직여 보면 FPS가 3.8로 떨어진 것을 확인할 수 있습니다.(PC의
사양에 따라 달라질 수 있습니다.) 이는 초당 4프레임정도만을 보여주어 작
업 중 화면전환 시 끊어지는 느낌을 받을 수 있습니다.

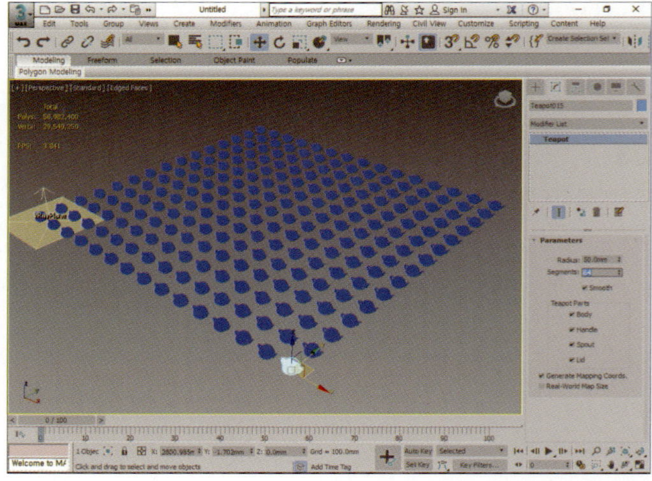

## 07

처음처럼 주전자 하나만을 남기고 나머지는 삭제합니다.
현재 폴리곤 수는 262,144이며 FPS는 122입니다.
주전자를 선택하고 마우스 오른쪽 버튼을 클릭하여 쿼드 메뉴를 열고
아래 'V-Ray mesh export'를 선택합니다.

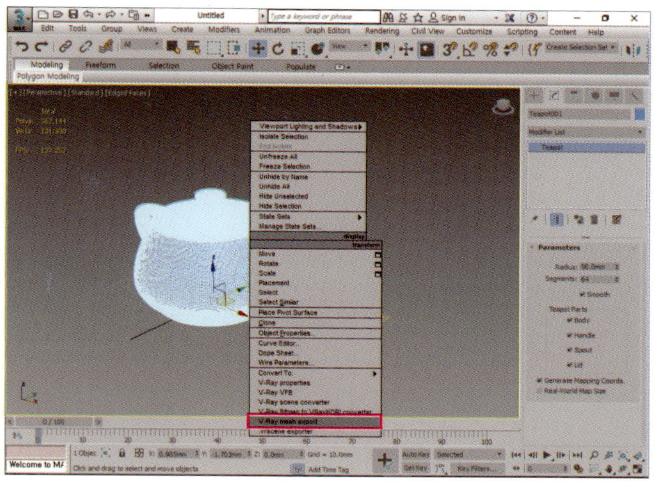

## 08

[VRay mesh export] 대화창이 열립니다.
기본적으로 저장되는 폴더는 '문서/3dsMax/export' 입니다.
중간에 'Automatically create proxies'에 체크하고 OK를 클릭합니다.

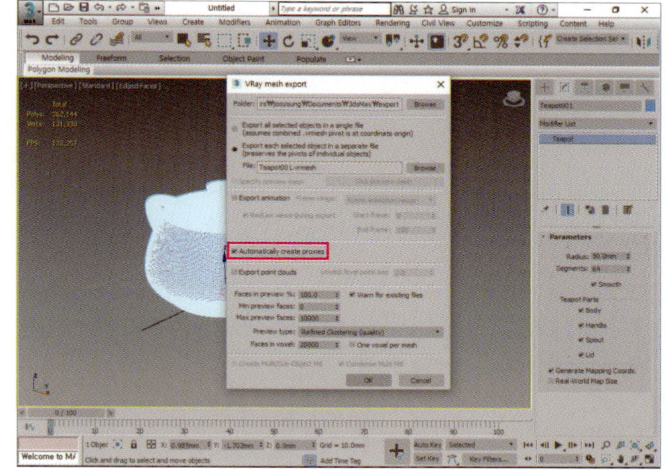

## 09

주전자가 VRayProxy로 변환되었습니다. Modify 패널에서 살펴보면 기
본 주전자의 Parameter에서 Proxy Parameter로 바뀐 것을 확인할 수
있습니다.

## 10

Display 옵션에서 'Bounding Box'에 체크하면 오브젝트가 박스로 보이며 폴리곤수도 같이 줄어듭니다.

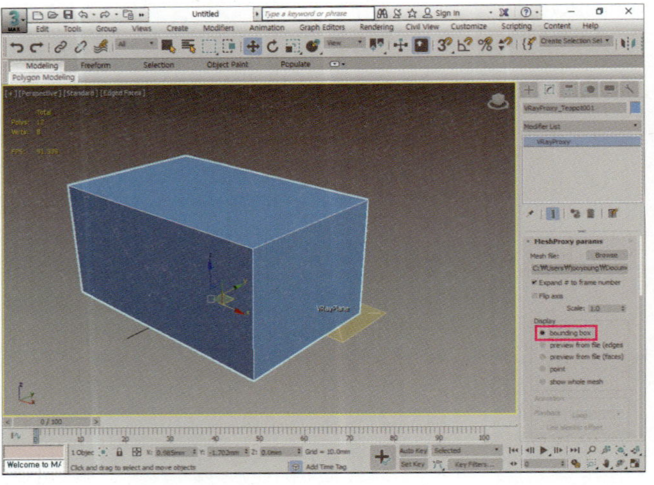

## 11

이전과 동일한 방법으로 주전자를 Array시킵니다.
폴리곤수가 58,982,400에서 2,700개로 줄어든 것을 확인 할 수 있습니다.

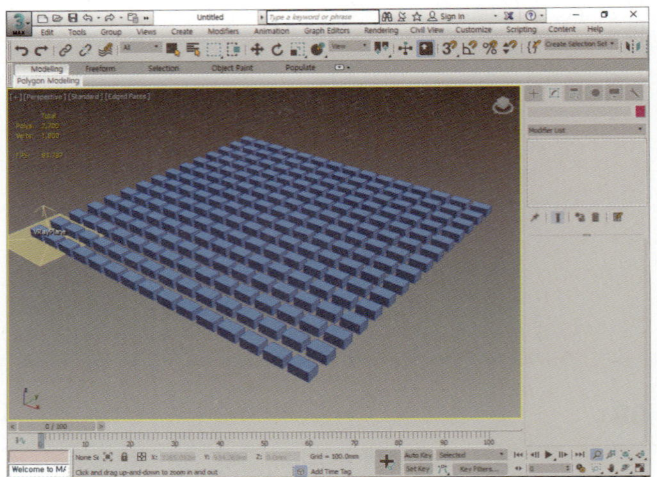

## 12

뷰포트에서는 박스로 보이지만 렌더링을 하면 주전자의 형태로 렌더링이 됩니다. 다른 Proxy파일을 'Teapot001.vrmesh'로 바꾸면 주전자가 다른 파일로 대체되어 렌더링이 됩니다.

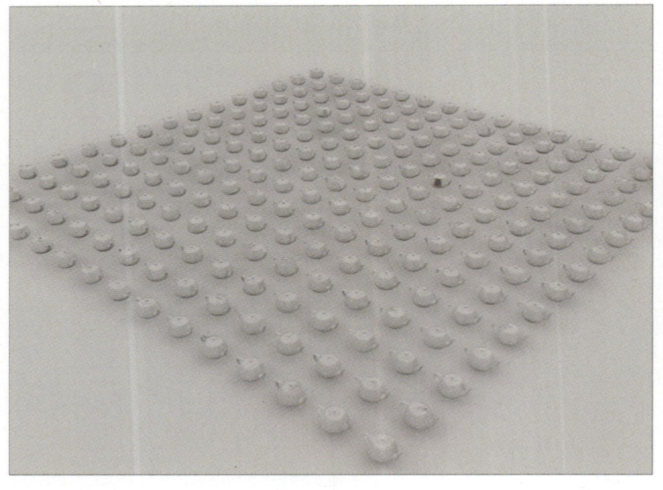

## 13

실무에서는 주로 나무나 잔디 등 렌더링에만 필요한 소스를 VRayProxy로 변환하여 사용함으로써 작업속도를 높이고 필요한 Proxy 파일을 불러와 배치하여 사용합니다.